天
Borderless
下

天下，在乎正义和你

天
Borderless
下

法学新经典

法律解释学导论

——以民法为视角

第三版

王利明 著

法律出版社 LAW PRESS · CHINA
北京

图书在版编目(CIP)数据

法律解释学导论:以民法为视角 / 王利明著. -- 3版. -- 北京:法律出版社, 2021
ISBN 978-7-5197-6225-4

Ⅰ. ①法… Ⅱ. ①王… Ⅲ. ①民法-法律解释-中国 Ⅳ. ①D923.05

中国版本图书馆CIP数据核字(2021)第237156号

法律解释学导论
——以民法为视角(第三版)
FALÜ JIESHI XUE DAOLUN
—YI MINFA WEI SHIJIAO(DI-SAN BAN)

作　　者:王利明
责任编辑:屈　瑶
装帧设计:鲁　娟
出版发行:法律出版社
编辑统筹:学术·对外出版分社
责任校对:杨锦华
责任印制:陶　松
经　　销:新华书店
开　　本:710毫米×1000毫米　1/16
印　　张:49.5
字　　数:749千
版　　本:2021年12月第3版
印　　次:2021年12月第1次印刷
印　　刷:天津嘉恒印务有限公司
书　　号:ISBN 978-7-5197-6225-4
定　　价:198.00元

销售电话:010-83938349　客服电话:010-83938350　咨询电话:010-63939796
地　　址:北京市丰台区莲花池西里7号(100073)
网　　址:www.lawpress.com.cn
投稿邮箱:info@lawpress.com.cn
举报盗版邮箱:jbwq@lawpress.com.cn
凡购买本社图书,如有印装错误,我社负责退换。电话:010-83938349

作者简介

王利明 湖北仙桃人，中国人民大学一级教授、长江学者特聘教授。曾任第九、十、十一届全国人大代表，第九届全国人大财经委员会委员，第十、十一届法律委员会委员，中国法学会副会长、中国民法学研究会会长，国务院学位委员会法学学科评议组成员兼召集人。曾获“第一届十大杰出青年法学家”“中国有突出贡献的博士学位获得者”等荣誉称号。代表作品有《民法总则研究》、《民法典体系研究》、《人格权法研究》、《物权法研究》（上、下卷）、《合同法研究》（第1~4卷）、《侵权责任法研究》（上、下卷）、《法学方法论》、《民商法研究》（第1~10卷）等，论著曾多次获得国家和省部级奖励。

action);二是如何最大限度地发挥现有法律的实际效果。这两个问题都离不开科学的法律解释方法:一方面,在法律适用过程中,法律解释可以说是一个核心环节,这正如法谚所云,"法律不重诵读,而重解释"。只有完成解释活动,才能将抽象的、普遍性的法律规范应用于具体的、千差万别的个案之中。法律解释是沟通立法与司法的桥梁,无解释则必将使法律规范沦为具文,最终将无法形成预期的法律秩序。另一方面,社会关系纷繁复杂,尤其是在日新月异的当今社会,利益格局呈现日趋复杂的格局,不同利益之间的冲突也越来越频繁和尖锐。立法者显然无法对所有的具体法律关系提供一一对应的调整规范。但是,充分发挥法律的调整功能并不等于要制定出数量庞大、事无巨细的法律。在社会转型时期,一旦出现某种新型纠纷和复杂的社会现象,有人就撰文呼吁制定新法,似乎只有不断立法才能有效解决社会中的各种矛盾。在我国基本民事法律体系尚未建立、重要的部门法律尚不健全的时期,这种思路确有一定合理性。但过多的立法未必能有效调整社会关系。现在,西方学者已经开始反思社会的"过度法律化"的问题,哈贝马斯夸张地将其称为法律"对于人类生活世界的殖民化"。①

这就是说,在我国《民法典》已经颁布,民事法律体系已经基本形成的情形下,大规模创设民事法律规则的时代已经结束,法治建设的任务应当是使"纸面上的法律"变为"行动中的法律",最大限度地发挥法律适用的效果,因而我们需要从重视立法论向重视解释论转化。可以说,一个解释者的时代已经到来。换言之,在现阶段,社会主义法治建设的一个重要内容就是通过解释弥补现有法律体系的不足,消除现有法律之间的矛盾,使法律得到有效适用,最大限度地发挥立法的效用,这正是法律解释在今天所应发挥的功能。因此,无论是立法者,还是司法者,都应当高度重视法律解释问题,法学研究也应当比以往更重视法律解释,这也是成文法国家法律发展史上的重要规律。正如帕特森所言,"毋庸置疑,我们的时代是解释的时代。从自然科学到社会科学、人文科学到艺术,有大量的数据显示,解释成为 20 世纪后期最重要的研究

① Habermas, Jürgen (1987a) *The Theory of Communicative Action*, Vol. 2, System and Lifeworld: A Critique of Functionalist Reason, Boston, MA: Beacon Press.

主题。在法律中,'向解释学转向'的重要性怎么评价也不过分"。[①] 诚然,学界关于法律适用中法律解释的重要性已有共识,但关于法律解释方法在整个法治建设中的功能和意义,尚未进行广泛而深入的探讨,尤其就法律解释方法对法治建设的推动作用缺乏系统性研究。法学研究工作应当充分把握这一趋势,开展具有前瞻性的学术研究,尤其是加强对法律解释学的关注。

首先,从立法层面来看,法律解释可以进一步丰富、发展和完善法律。诚然,法治首先要做到有法可依,但是,有法可依也并非要通过大规模的立法活动来完成。过多的法律可能会使人们在规范选择面前变得无所适从,裁判者的法律适用活动也变得异常困难。立法应当重点解决社会生活的主要矛盾,但显然不是要去规范社会生活中的一切问题。在社会生活的基本法律确定之后,通过一定的法律进行必要的配套,再辅之以法律的解释,如此则可以解决社会生活的规范问题。立法并非多多益善,繁杂但不实用的法律,不仅将耗费大量的立法成本,也会使有些法律形同虚设,影响法律的权威和对法律的信仰。法国民法典之父波塔利斯在两个世纪前就曾告诫后世的立法者:"不可制定无用的法律,它们会损害那些真正有用的法律。"这句话在今天仍然有相当的启示意义。实际上,在调整社会关系的过程中,并非所有的问题都需要通过立法来解决,从国外的成熟经验来看,相当多的新问题可以通过法律解释来解决。因此,不难理解的是,《法国民法典》在问世两百多年之后,在农业社会所制定的许多条款在信息时代的今天仍具有相当的生命力。就我国而言,在逐步完善立法的同时,辅以科学的法律解释方法体系并加以合理运用,才能在保证现有立法正确适用的同时,为调整日益复杂的社会关系提供准确的法律依据,成文法的生命力在相当程度上取决于法律解释活动。从这个意义上来说,法律解释活动越发达,科学性越强,成文法的生命力就越长久,其在社会生活中的规范效果就越明显。法律解释活动还可以有效地克服成文法的缺陷,弥补其不足,成为克服成文法刚性和僵化缺点的"润滑剂"。因此,如果相关的解释技术比较落后,成文法在遭遇挑战之后的生命力就显得十分脆弱,许多内容很快会暴露出其滞后性并最终被废弃。法律解释并非终局的、绝

① ［美］帕特森:《法律与真理》,陈锐译,中国法制出版社 2007 年版,序言。

对有效的,需要不断面临多样性的、变动不居的生活关系的挑战和诘问,需要不断回应新的社会问题。[①] 我国《民法典》虽然已经构建了较为完整的民法体系,但与变动不居的社会生活相比,总是会具有滞后性。由于法典本身必须具有一定的稳定性,不能朝令夕改,在此背景下,克服法典滞后性的重要方式,便是法律解释。

其次,从司法层面来看,法律解释有利于保障裁判者依法公正司法。一方面,有利于实现立法的目的,发挥法律的社会效果。虽然法律解释是富有创造性精神的活动,法官存在自由裁量的空间,但是其不能恣意进行解释,要遵守法律解释的基本规则和程序,必须对所作出的裁决清晰阐明其背后的价值判断和论证依据。[②] 另一方面,有利于规范裁判者在解释活动中的自由裁量。这就要求裁判者在进行法律解释时要秉持正确的解释方法,并辅以充分的说理性论证。通过强化裁判说理,可以令当事人信服,进而可以起到定纷止争、息诉服判的作用。[③] 必须承认,目前有些裁判文书中的说理性论证并不充分,这很大程度上是因为我们缺乏方法论的自觉运用。由于实践中没有一套科学的解释方法,导致裁判者针对法律文本的思维模式差异很大,对同一文本的理解相去甚远。同案不同判现象在司法实践中常有发生,更为极端的是,个别裁判者甚至"操两可之说"随意进行裁判,这些现象显然都有损于法律的可预期性和法治的统一。还要看到,有些裁判者动辄以法律效果不符合社会效果为由,简单地对生效的法律规则作否定性评价,甚至完全撇开现行法,追求所谓的"社会效果",这极大地损害了法律的权威性。事实上,在《民法典》颁布后,无法可依现象频出的时代已经结束了,《民法典》不仅提供了基本的裁判依据,而且《民法典》形成的巨大体系效应,使得通过对《民法典》规则的解释、参照、援引、类推,将会有效地弥补法律的规范漏洞。

最后,从执法层面来看,法律解释有利于保障行政机关严格依法执法。按照"规范公权,保障私权"的现代法治理念的要求,行政机关的执

---

① 参见[德]卡尔·拉伦茨:《法学方法论》(第6版),黄家镇译,商务印书馆2020年版,第396页。

② 参见[德]卡尔·拉伦茨:《法学方法论》(第6版),黄家镇译,商务印书馆2020年版,第435页。

③ 参见宋晓燕:《论金融风险控制的司法路径》,载《中国应用法学》2019年第5期。

法权限、执法程序等均应当严格依法进行。法律解释方法的运用有利于保障行政机关严格依法执法,主要表现在两个方面:一方面,法律解释有利于明确《民法典》和相关民事法律的内涵,促使行政机关颁布的规范性文件与《民法典》保持一致,这有利于从源头上有效规范行政执法行为,保障行政机关严格依法执法;另一方面,行政机关的执法依据除制定法外,还包括司法机关的生效裁判文书,法律解释方法的运用有利于达成妥当的解释结论,保障裁判结果的妥当性,这也有利于明确行政机关的执法依据,保障其严格执法。

正是基于上述原因,我们需要大力加强对法律解释方法的研究。以法律解释活动为研究对象的学问就是法律解释学。这门科学早在罗马法时代即已存在,经过两千多年的发展,如今它在西方已经成为一门内容十分丰富的学科。而在我国,这门学科才处于刚刚起步的阶段。我们完全可以在充分借鉴西方经验的基础上,针对中国法律解释的现实和需要,总结传统中国法律解释中的经验以及中国几十年丰富的司法解释实践经验,来构建中国的法律解释学。正如美国比较法学家梅利曼所言,法律植根于文化和历史,是对特定社会发展阶段的制度需求的反映。① 方法问题同样如此,完全照搬照抄西方法律解释方法注定是削足适履。我们需要学习西方观察问题的方法,但是我们不能简单移植他们根植于特定历史文化背景中观察社会现象所获得的结论。我们只有坚持“创造性转换”,秉持“以我为主,为我所用”的态度,才能建立一套符合中国国情的法律解释学体系和方法,并以此有力地助推我国社会主义法治建设的发展和完善。

---

① See John Henry Merryman & Rogelio Perez-Perdomo, *The Civil Law Tradition*, 3rd ed., Stanford University Press, 2007, p. 150.

目　录

导　言　法律解释学

——学科研究对象、体系与发展

解释法律，系法律学之开端，并为其基础，系一项科学性之工作，但又为一种艺术。

——［德］萨维尼（Savigny）

工欲善其事，必先利其器。[①]

——孔子

第一节　法律解释学的概念与研究对象

一、法律解释学的概念

法律解释学是研究法律解释活动的一般规律、方法，旨在正确适用法律的一门学科。一般认为，法律解释是对法律规范的含义及其使用的概念、术语等所作的说明。[②] 法律解释学是法学中的一门重要学科。

---

① 《论语·魏灵公》。

② 参见法学编辑委员会：《中国大百科全书：法学》，中国大百科全书出版社1984年版，第296页。

从词源学角度分析,“解释学”(Hermeneutik)①一词源于希腊文赫尔墨斯(Hermes)。赫尔墨斯是希腊神话中的一位信使,其职责是向众生传递诸神的消息。② 希腊语中的 Hermes 和拉丁语中的 Interpretatio 的含义相同,其大概有三层含义:一是表达;二是解释;三是翻译。③ 海德格尔认为,“解释学”一词源于希腊语中的“解释、翻译”。④ 据学者考证,解释学最早应用于对宗教经典的解释。在罗马时代,对于《新约》和《旧约》等宗教经典的争执导致神学解释学的出现。后来,解释学逐步从神学领域扩展到文学、美学等领域,形成众多分支。例如,出现了哲学解释学、历史解释学、文学解释学等。而当其中的各种解释学理论和技术逐渐应用于法学领域时,法学解释学得以产生,⑤并成为解释学体系中的一个重要组成部分。正是从这个意义上说,许多学者将法律解释学称为解释学的一个门类。事实上,“凡在人们所说的东西不能直接被我们理解,解释学就开始发挥作用”⑥。法律解释学是解释学的一门分支,具体到法律解释学领域,法律解释的对象通常是法律文本,解释学在法学领域的任务就是通过对法律文本的理解和阐释来说明法律文本的含义。

何为法律解释学?学界关于法律解释学的定义众多,有直接从解释学的视角来定义的,也有从法学角度来界定的。本书认为,法律解释学是研究裁判活动中如何准确解释法律,寻找妥当的裁判结论、填补法

---

① “Hermeneutik”一词也被译作“诠释学”或“阐释学”。但是,我国学者殷鼎认为,“解释学”比“诠释学”等译法更为准确。参见殷鼎:《理解的命运》,三联书店 1988 年版,第 5 页。

② 参见朱晓松:《哲学解释学视野下的法律解释分析》,华东政法学院 2005 年硕士学位论文,第 4 页;[德]伽达默尔:《哲学解释学》,夏镇平等译,上海译文出版社 2004 年版,第 100 页。

③ 参见殷鼎:《理解的命运》,三联书店 1988 年版,第 5 页。在德语中,用于表示解释的词语大致可以分为三类:第一类是源于希腊语的 Hermeneutik,该词语与古典的“信使”神话密切相连。第二类是源于拉丁语的 Interpretation、Explikation 等,也是“解释”的意思,与“Hermeneutik”在语义上类似。第三类源于德语自生词汇 Erklärung/Auslegung。二者有所侧重,分别用于表达“Interpretation”“Hermeneutik”这两个更为抽象的“解释”中的不同的描述对象。德国学者也常常用“Auslegung”来表示法律解释。参见[德]伽达默尔:《真理与方法》(下卷),洪汉鼎译,上海译文出版社 2004 年版,后记,第 968 页。

④ 参见梁慧星:《民法解释学》,中国政法大学出版社 1995 年版,第 102 页。

⑤ 参见[德]伽达默尔:《真理与方法》,洪汉鼎译,商务印书馆 2007 年版,译者序言,第 2 页。

⑥ [德]伽达默尔:《哲学解释学》,夏镇平等译,上海译文出版社 2004 年版,第 100 页。

律漏洞的学科，作为一门独立的学问，具有自身独立的解释对象和解释方法。因此，不能简单地照搬解释学的定义，而应当结合法律解释学解释法律规范、指导个案裁判等具体特点来加以理解。具体而言，法律解释学的概念可以从下列几个方面加以理解：

首先，从研究目的来看，法律解释学旨在为裁判者准确阐释法律、寻找诉争案件的裁判依据提供方法指导，以保障裁判者准确理解、阐释并适用法律规范，实现法律的可预期性和安定性，从根本上实现法律公平正义之精神。法律解释学作为一门学科，其存在的意义就在于其研究目的的特殊性，即以法律解释活动的一般规律、方法及其运用为研究对象，旨在促进正确适用法律规范。“徒法不足以自行”，“法律须经解释方得适用”。任何法律规则都是在适用的过程中实现其效力的。法律规范作为一种抽象的表述，只有经过裁判者的解释、援引，才可能作用于具体案件事实，最终产生效力。法律解释是沟通立法与司法的桥梁，是法律适用中无法绕开的环节，无解释则必将使法律规范沦为具文，乱解释则必然扭曲立法目的，最终都会导致法的秩序难以实现。我国多年来的法治实践已一再证明，法律制度再完善，其也需要通过裁判者的准确解释和适用，才能真正贯彻落实立法者的意图，实现保障社会公平正义，维护社会和谐、有序的目标。由于《民法典》颁布后，在适用中也可能会因社会生活的变化出现滞后性，但法典本身也需要保持一定的稳定性，只有通过法律解释的方式，才能有效克服此种滞后性。

其次，从研究对象来看，法律解释学以研究法律解释活动的一般规律、方法以及其运用为对象，其所涉范围十分广泛，可以说，与法律解释活动有关的所有问题都属于该学问的研究对象。但是，法律解释学作为一门系统的学问，其研究的核心对象应当定位为法律解释的诸种方法、运用及序位。达尔文有句名言：“最有价值的知识是关于方法的知识。”因而，深入理解法律解释学的意义和功能是法律实现的基本要求，有效掌握科学的解释方法是从事解释活动的必备技艺，合理选择适当的解释方法是达成正确结论的前提条件，正确运用解释方法是保证结论正当性和妥当性的重要保障。因为一方面，法律解释学所研究的方法源于法律实践，其以实现法律规范的目的为宗旨。应当看到，法律解释方法及其运用是客观存在的，既是司法审判客观规律的体现，也是长期司法审判经验的总结和提炼。这些方法是具有操作意义的，不是抽象、空洞的理论学说,也不是纯粹形而上的、虚无缥缈的学问。另一方面,法律解释学不仅研究法律解释方法,还要研究法律解释方法如何正确运用。方法是人类认识世界和改造世界的思路、途径、方式和程序,是实践过程中最重要、最基本的要素,是主体认识客体的桥梁和工具。[①]法律解释方法是法律解释的思路、方式和程序,它是解释者准确理解和表达法律的工具。从狭义上理解,法律解释方法包括文义解释、体系解释、历史解释、目的解释、反面解释、当然解释、合宪性解释、社会学解释;而从广义上理解,法律解释方法还包括不确定概念和一般条款的解释方法以及漏洞填补的方法。

再次,法律解释学是一门沟通法律研究和司法实践的学科。从传统民法、刑法、行政法等法学学科体系的划分情况来看,我们主要以研究对象的独立性为基础,并结合相关研究方法和研究内容的特殊性,来对学科的独立性予以界定。就法律解释学而言,其研究的法律解释活动及其技术不同于一般法学学科中的价值判断,具有很强的技术性和实证性特征,不能为传统法学学科所包含,应成为法学领域的一个独立学科。法律解释学之所以能够成为一门独立的学科,不仅因为其具有自身的特定的研究对象和体系,以及在此基础上所建立的知识体系,而且因为它是沟通理论和实务的学科,从而使其既不能被法理学也不能为部门法学所包括。一方面,法律解释学是研究法律解释一般规律的学科,就法律解释方法的运用而言,其跨越各部门法,适用于各类性质的法律规范,从这个意义上说,法律解释学具有概括性、一般性、普遍性等特点。法律解释学适用于刑法规范,被称为"刑法解释学";适用于民法规范,被称为"民法解释学"。而作为研究法律解释一般规律的学科,法律解释学的位阶要高于一般部门法的解释学。另一方面,法律解释学也是具体指导法律解释,以实现个案公正裁判为目的的一门学科,具有很强的实用性和可操作性。德沃金指出,"法律是一种不断完善的实践"[②];富勒认为,法律制度是一项"实践的艺术"。法律解释学尤其体现这一特点。因此,其难以归入理论法学的范畴当中。从这个意义上说,法律解释学可谓衔接理论法学和部门法学的中介、沟通理论和实务

① 参见陈寿灿编著:《方法论导论》,东北财经大学出版社 2007 年版,第 1 页。

② Ronald Dworkin, *Law's Emipire*, Harvard University Press, 1986, p. 44.

的桥梁。

最后,从学科分类来看,法律解释学横跨了解释学和法学两个学科,既是解释学与法学的交叉学科,也是解释学在法学领域中的应用,具有与法律这一解释对象密切相关的特殊性。无论受到何种解释理论的影响,法律解释学仍然是法学中的一门分支。简言之,法律解释学是与法学相伴相随的社会现象。从西方法学的发展历程来看,自罗马十二铜表法产生之日起,法律解释就开始出现。古罗马法时期,五大法学家的解释曾被认为是重要的法律渊源。迄今为止,西方的法律解释学已有两千年的悠久历史。而西方法律界围绕法律解释问题也展开了多视角、多层次的研究,产生了不同的研究学派,形成了一系列解释方法。目前,德国、法国等大陆法系国家的法律解释学已经比较繁荣,其中不少研究成果也已经被翻译介绍到中国。在英美法系国家,法律解释长期以来一直是法学研究的重点。从哈特、拉兹到当代的德沃金、波斯纳,都在研究法律解释的问题,我国学界对此也多有介绍。①

在法学领域中,虽然法律解释学以研究法律解释的一般性问题为目的,并且普遍适用于各部门法,但其是既区别于法理学又区别于部门法学的独立学科。作为一门法律科学,法律解释学是具有较强技术性的应用法学,其核心在于法律解释的方法及其运用,其同时也需要从哲学的理论高度对法律解释活动的定性、特征等问题予以研究。法律解释学本质上就是解决法律在实际运用中所产生的问题,其与立法学之间具有一定的差距。它不是设定一般性的普遍规则,更多的是为了解决现实生活中已经出现的纠纷和矛盾。法律解释需求的产生就是因为在大量的个案裁判中产生了对法律理解的争议,因此需要运用法律解释学来确定法律的真实含义,准确裁判案件。只有在具体案件的裁判过程中,法律规则才能具体发挥作用。② 所以,文本中的法律要成为现实生活中的"活法"、变成司法者严格遵循的"行动中的法",就必须借

① 参见[英]哈特:《法律的概念》,许家馨等译,法律出版社 1994 年版;[英]拉兹:《法律体系的概念》,吴玉章译,中国法制出版社 2003 年版;[英]哈特:《法理学与哲学论文集》,支振锋译,法律出版社 2005 年版;[美]波斯纳:《法官如何思考》,苏力译,北京大学出版社 2008 年版。

② 参见[德]哈夫特:《法律与语言》,载[德]阿图尔·考夫曼、[德]温弗里德·哈斯默尔主编:《当代法哲学和法律理论导论》,郑永流译,法律出版社 2002 年版,第 303 页。

助于法律解释学所提供的工具,完成这样一个蜕变,从而最终发挥法律在现实生活中应有的作用。

二、法律解释学的核心是一门有关方法论的学问

在古希腊语中,方法有“通向正确的道路”之义。赫克(Heck)曾经指出:“在所有的改变中,方法的改变才是最大的进步。”①法学方法是一系列关于法律运用和操作的技巧,对这些技巧的抽象和系统研究便构成法学方法论。法学方法论通常包括一般性原则和各种具体的研究方法。前者构成了法学方法论体系的理论基础,如唯物辩证法;后者是在方法论原则指导下的具体方法研究,如价值分析法、实证分析法等,这些具体方法在解决具体法律问题时扮演着极为重要的角色。② 法律解释学主要是有关方法论的学问。

就法律解释学和法学方法论之间的关系,学理上存有不同的看法。一是同一说。这种观点认为,法律解释学和法学方法论是同一问题的不同表达。以拉伦茨为代表的学者,将法学方法论与法律解释学等同。“法学方法论的特征即在于:从诠释学的视角对法学进行自我反思。”“法学方法论既非‘法学的形式逻辑’,亦非‘案例分析技巧手册’。因此,方法论不是要列举一些确定的规则,仿佛只要遵守它们即可确保可靠的法规范适用。解释和所有与解释相关的活动不仅依确定规则进行活动;解释活动始终要求解释者具有创造性的想象力。”③这种观点在德国几乎占据了主导地位。二是区别说。这种观点认为,法律解释学和法学方法论虽然有一定联系,但还是两个不同的概念。法学方法论主要侧重于如何科学地将法律规范(大前提)运用到案件事实(小前提)中去,而法律解释学旨在如何正确地阐释法律规范(大前提)的科学含义。本书认为,从广义上理解,法学方法包括对各种法律现象进行研究的方法,如立法论的内容、司法判决的写作与研究、法学研究的各种方法、法学文献的解读等。从广义上理解,法律解释学可以包括在法学方法论之中,是法学方法论的组成部分。从狭义上理解,可以将法学方法

① Heck, Interessenjurisprudenz und Gesetzestreue, DJZ 9(1905), S. 32.

② 参见郑成良:《法学的研究方法》,载张文显主编:《法理学》,法律出版社 1997 年版,第 16 页。

③ [德]卡尔·拉伦茨:《法学方法论》,黄家镇译,商务印书馆 2020 年版,第 315 页。

论的研究对象仅限定于法律适用过程,在这个意义上,法律解释学和法学方法论存在重叠关系,但二者在研究对象上各有侧重。法律解释学是在确定规则之后如何阐释规则,实现所谓的大前提与小前提的结合。而法学方法论的内容更为丰富。顾名思义,法学方法是应用于研究法律适用过程中的各种方法的总称,其内容不仅在于解释法律,更在于寻找法律;其不仅要结合事实来研究法律规范,还要研究某些法律事实和法律关系,如请求权基础认定、请求权与找法过程等。这一原因导致两者之间存在一定的区别,各自具有不同的研究对象和知识体系。

方法是获取知识的重要手段。对于法学专业毕业生来说,其所面临的实际法律问题远多于课堂上所学的内容,这就需要寻找本不熟悉的法律条文,并通过科学的方法揭示出条文的意思。① 因此,法学知识可以看作法学方法展开的结果,这就不难理解为什么大陆法系的理论认为,从广义上讲,民法学就是民法解释学,二者为同义语。② 在现代法学理论中,法学方法逐渐从法学知识中分离出来,成为一门独立的关于方法的学问。德国一般称为"法学方法论",但其研究对象实质上大体一致。可以说,法学方法的核心研究对象就是法律适用和法律解释。

方法论是以探求如何科学地思考、研究相关问题为目的的一门学科,以发现、提炼研究相关问题的途径为最终目标。法律解释学就是一门探寻如何正确运用各种法律解释方法的学科。法律解释学作为一种方法论的意义主要如下:

第一,法律解释学准确地归纳、总结甚至创造了法律解释活动所采纳的各种解释方法。法律解释学作为一门科学,其不同于自然科学,不能通过公理、定理和逻辑公式等来推导出精确的结论,但其具有特定的研究目的和宗旨,并以此来指导整个研究的内容。尽管法律解释学吸纳了解释学、逻辑学等诸多学科的营养成分,但其在根本上还是对众多司法审判实践经验的总结和提炼。法律解释学是一门以经验方法、形式逻辑方法等为标志的实证研究学问,是理性的体现。③ 一方面,法律

① 参见[日]星野英一:《民法的另一种学习方法》,冷罗生等译,法律出版社 2008 年版,第 5 页。

② 参见梁慧星:《民法解释学》,中国政法大学出版社 1995 年版,序言。

③ 参见郑成良教授在吉林大学的演讲:《法学方法论》,载法律思想网,http://www.law—thinker com,2021 年 5 月 3 日访问。

解释本身是法律适用过程中的一个环节,其必须以法律适用为目标,审判实务中所积累的广泛的法律解释的经验是归纳、提炼法律解释方法的源泉。另一方面,法律解释学是法律操作实务经验的规律性总结。解释是法律实现的一个重要内容,解释本身是法律实践中的一种重要的活动。法律解释学也使法律适用者更加自觉地运用这些方法来处理案件,为裁判者准确理解法律、妥当适用法律提供了方法上的指导。法律解释学是对法律适用中规律的把握。它通过总结法律解释中的规律和方法,将其上升到理论的层次,从而使解释者可以经过短期的学习和培训,掌握法律解释的方法。法律解释学就是法律实践中有关法律的技巧及其应用问题,使"纸上的法律"变成"主体行动中的法律"。①

第二,法律解释学要确定各种正确的法律解释方法,引导裁判者正确地适用法律。法律解释学提供具有共识的法律解释方法,以帮助裁判者准确寻找法律、阐释法律、适用法律。法律解释方法既是法律解释规律的总结,也是司法实践经验的一种归纳,其本身要获得裁判者的普遍共识,是较为成熟的、具有可操作性的方法。法律解释学的主要任务就是要从中国的审判实践经验出发,适当地借鉴国外经验,将各种方法进行总结、提炼和归纳,形成体系化的规则,为裁判者解释法律提供帮助,尤其是要逐步形成一套为法律人所共同认可的方法和规则。有了共同的法律解释方法,也就有了共同的思维模式,从而保障裁判者能够对同一案件寻找相同或相似的法律依据,尤其是对待适用的法律规则形成共同的理解和阐释,以保证类似案件类似处理,实现法的安定性。法律解释学就是要保障法律人具有相同的理念,接受相同的训练,掌握相同的技巧,护佑法治之舟的平稳航行。② 美国学者费希(S. Fish)指出:"虽然法律的规则、标准和话语没有最终的客观性、规范性和确定性,但这并不表明律师和裁判者可以随心所欲,不受制约。对于他们的专业实践的制约,来自这种实践本身及其传统,尤其是来自所有参与这种实践的人所构成的共同体——'解释共同体'。在这个共同体内部,存在一些公认的、约定俗成的标准,它们告诉共同体的成员,哪种法律

① 参见谢晖:《中国古典法律解释的哲学向度》,中国政法大学出版社2005年版,第19页。

② 参见肖扬:《薪火相传寄未来》,载《法制资讯》2008年第2期。

论据是有说服力的、哪种论据处理方式是可接受的、哪种思维方式能够在同行中引起共鸣。”①而法律解释学就是要促进这种共同思维方式的形成。

第三,法律解释学不仅要确定正确的方法,而且要提供如何正确运用这些方法的规则。在形成一定的方法之后,最重要的是如何在实践中运用这些方法,应该遵循哪些规则。“法律解释学并不只是从形式上对法规作简单的解释,而是以创造出对具体事件妥当的法为目的的技术。”②法律解释学不仅是单纯地解释法律的方法,而且要保障这些方法得到正确的运用,因为即使形成了具有共识性的方法,也不意味着这些方法可以为裁判者所任意选取和运用。如果不能形成一定的规则,再好的方法在运用中都会偏离其应有的目的。例如,在通过体系解释可以直接阐释文本含义的情况下,就不必要运用社会效果考量的方法。如果通过文本能够直接阐释立法者的目的,也不必要首先通过历史资料的考察来阐释法律文本的含义。尤其应当看到,在具体运用中,每一种方法都具有自身所特有的目的和程序,不能偏离其自身的目的和运用程序。为此,需要法律解释学确定一系列选择适用法律解释方法的规则。

第四,法律解释学为裁判者提供了一种科学的思维模式。法学方法是法律工作者适用法律的一门技巧,是司法工作者应当具有的一项基本技能。而法律解释学以法律解释为对象,旨在提供一种法律适用的技巧,这正是法学方法论所要解决的问题。法律解释方法是指运用何种规则和技术来理解和阐释法律。法律解释学也可称为“法律解释方法论”,其摆脱了各种具体解释技术的束缚,进入了思维领域。这已经超越了解释实践经验的范围,上升为抽象的法律解释理论系统。③ 例如,对裁判者解释法律思维习惯的总结、对法律解释方法的类型化分析、对各法律解释方法之间逻辑关系的构建、对各法律解释方法运用规则的讨论等。法律解释方法本身就是法律解释学旨在研究法律解释的规则,形成社会对于法律解释规则的共识。

---

① 陈弘毅:《当代西方法律解释学初探》,载《中国法学》1997 年第 3 期。

② 陈金钊:《再论法律解释学》,载《法学论坛》2004 年第 2 期。

③ 参见陈寿灿编著:《方法论导论》,东北财经大学出版社 2007 年版,第 2 页。

法律解释学作为一种方法论,是关于解释活动的一般理论研究。我们不能仅仅局限于解释方法的技术性,而是要对这些技术方法进行理论抽象、概括与分析。法律解释学越富有体系性,也就越能体现解释学的科学性。例如,在古罗马时期就已经存在各类法律解释方法,但是并没有产生真正意义上的法律解释学。法律解释学远远超越传统理解的法律分析,它将法律分析中发现过程体系化并组织起来。① 而只有在萨维尼等学者将法律解释学逐步体系化之后,才逐渐形成了系统化的法律解释学。法律解释学不能简单等同于法律解释方法,它是研究、探索和阐释各种法律解释方法,找出其理论基础,分析这些方法的性质、特点、一般规律、适用范围和程序,讨论各种法律解释方法之间的联系和区别,以及它们的适用顺序等的科学。显然,法律解释学已经超出了经验的范围,上升为抽象的理论层面。所以,法律解释学不局限于方法本身,其主要是一种关于方法论的理论研究。总体而言,这种方法论的研究,既要从实践的层面来总结人类创造和运用各种方法的经验,探求关于方法的规律性知识,又要从哲学的高度对法解释方法的本体论作出回答。

需要指出的是,法律解释学在内涵上除了方法论层面的内容外,还要依托具体部门法的规范展开其研究,因此,其研究对象还包含其他方面的内容。但就其本质而言,主要还是法律解释的方法论在具体部门法上的相应适用,因此,其核心仍是方法论的研究。

三、法律解释学的研究对象

任何科学都建立在专门的研究对象之上,②法律解释学作为一门关于法律解释方法的学问,也具有自身独特的研究对象,这种研究对象的独特性决定了其研究方法和体系的独特性。法律解释学以研究法律解释活动的一般规律、方法以及其适用为对象。法律解释学能够成为一门独立的学科,最主要的原因是其具有自身的研究对象和方法。

法律解释学的研究对象不同于法律解释的对象,其区别在于以下

---

① 参见[英]劳埃德:《法理学》,许章润译,法律出版社 2007 年版,第 488 页。

② 参见[德]伽达默尔:《哲学解释学》,夏镇平等译,上海译文出版社 2004 年版,第 94 页。

两个方面。一方面,法律解释的对象是法律文本,旨在通过对文本的解释得出法律结论;而法律解释学的研究对象主要是解释活动应遵循的方法,旨在通过对解释活动本身的总结而凝练出解释方法。另一方面,法律解释的对象具有特定性,主要表现为实定法;而法律解释学的研究对象具有多样性,包括以法律解释活动为核心的一系列法律现象。法律解释学的研究对象的独立性和特殊性,决定了法律解释学可以成为一门独立学科。

具体而言,法律解释学的研究对象包括如下几方面。

1. 法律解释活动的一般原理

法律解释学是从各种纷繁复杂的解释活动出发,从中提炼出某些条理化、抽象化的有关法律解释的规律的学问。一般而言,法律解释活动应当包括三种类型:一是狭义的法律解释;二是价值补充,即不确定概念和一般条款的具体化;三是漏洞填补。对这些法律解释活动理论上的总结和概括就属于法律解释学上的有关法律解释活动的一般原理,其包括法律解释的主体、法律解释的权限、法律解释的原则、法律解释的对象、法律解释的方法、法律解释方法的运用等诸多内容。[①] 法律解释学的任务是通过研究解释的一般规律,为裁判者正确解释和适用法律提供理论支持。由于法律解释活动在解释主体、解释对象、解释方法、解释结论、说理性等方面具有特殊性,因此,其可以与一般解释学相独立而成为一门具有自身体系的解释学。

2. 法律解释方法的确定

法律解释学所要研究的核心问题是法律解释的各类方法及其运用。法律解释学的任务,首先在于为裁判者提供一套狭义法律解释和漏洞填补的方法。

广义上的法律解释方法包括:狭义的法律解释方法,不确定概念和一般条款的具体化即价值补充方法,法律漏洞填补方法。而狭义的法律解释方法又可以分为:文义解释、论理解释(包括历史解释、体系解释、目的解释等)和社会学解释。各种法律解释方法各具特点,其有各自的适用对象和适用条件。每一种法律解释方法既可以独立存在,也可以和其他解释方法配合使用,共同发挥作用。当然,法律解释方法并

---

① Michel Troper, *La philosophie du droit*, PUF, "*Que sais-je*", 2003, p. 98 et s.

不是一个封闭的系统,而是一个不断发展的体系。例如,德国法律解释学的开创者和奠基人萨维尼曾将法律解释方法分为四种,即文义解释、体系解释、目的解释和历史解释等,[①]这些方法实际是当时法律解释活动及其规律的总结。但随着法律适用活动的日益复杂和法律解释技术的日益发展,解释法律的方法也日益多样化。法律解释学中的法律解释方法是经过千百年来司法实践的检验和学者们的理论总结,是以规范裁判者适用法律为核心的较为成熟的经验的提炼。随着社会的进步、法律理解的加深,法律解释方法也会不断地完善和丰富。正确适用法律解释方法对裁判者准确理解法律含义,消除法律规则之间的冲突和矛盾十分必要。法律只有通过解释方法来发现、补充和修正,才会获得运用自如、融通无碍的弹性。[②]

3. 法律解释方法的运用

法律解释学不仅要提供各种解释法律的正确方法,还需要帮助解释者掌握这些方法运用的技巧,以及对运用这些方法进行解释的结果所进行的论证,从而确定合理的解释结论。具体来说,法律解释方法的运用包括下列几个方面:第一,明确各种法律解释方法运用的前提。在法律解释中,各种解释方法的运用都有其特定的适用对象和前提,只有将符合特定适用条件的法律解释方法运用到适合的案件中,才能产生良好的效果。例如,通常只有在借助于文义解释还不能确定文义的客观含义,或出现多种可能的解释结果时,才能运用目的解释方法。第二,确定各种法律解释方法运用的程序。各种法律解释方法在实际运用中有一定的先后次序和步骤,只有遵循这样的步骤,才能得到正确的解释结论,有效地消除法律解释中的随意性。第三,确定各种法律解释方法的先后顺序。在狭义法律解释、价值补充、漏洞补充这三大法律解释方法中存在适用的先后顺序;在这三大法律解释方法中,各种具体解释方法也存在适用的先后顺序。例如,在能够通过狭义法律解释方法确定规则含义的情况下,原则上就不必要通过价值补充或漏洞补充的方法进行解释;在能够通过文义解释确定相关法条含义的情况下,就不

---

① 参见[德]萨维尼、[德]格林:《萨维尼法学方法论讲义与格林笔记》,杨代雄译,胡晓静校,法律出版社 2008 年版,第 7 页。

② 参见季卫东:《法律解释的真谛(上)——探索实用法学的第三道路》,载《中外法学》1998 年第 6 期。

必要通过目的解释等解释方法来确定相关法律规定的含义。第四,强化解释结论的论证。法律解释过程并非简单的阐释法律的过程,它必须包含法律论证的过程。法律解释学要求裁判者解释法律时必须进行论证。法律解释结论的论证也就是法律解释结论合理性的一个证明,将使法律解释具有客观性和准确性。尤其是各类解释方法的运用可能产生复数解释的结果,此时就需要从复数解释中选择出一种最佳的解释结果,这就需要对各类解释结果的合理性进行验证,这一验证过程实际上也是论证过程。古人云:法无二解。此话实际就是要求选择最妥当的法律解释结论,法律不能有多重的解释。

法律解释学的任务并非为裁判者提供极大的自由裁量或能动司法权力的学说,而是通过研究方法的正确运用,指明裁判者进行法律解释的路径,规范裁判者的法律解释行为,限制裁判者自由解释的权限,其最终目的是要实现法的安定性与妥当性的平衡,保障裁判者依法公正作出裁判。

第二节　法律解释学与相关学科的关系

一、法律解释学与解释学

如前所述,法律解释学是解释学的一门分支,正因如此,解释学的基本原理和方法在法律解释学中均有所体现,法律解释学运用了许多解释学的基本原理和技术性规则。例如,文义解释需要借助语义学解释规则,体系解释需要运用解释学中的“解释循环”原理。在法律解释活动中,需要解释者和被解释对象进行互动,解释者需要置身于特定的解释情景之中。因为解释者针对特定语言的解释活动是“在空间、时间中的语言现象,而不是某种非空间、非时间的非物”。① 解释者在理解特定法律语言和术语时,其脑海里就会根据自己的经验认识浮现出一幅图景,②如

① ［英］路德维希·维特根斯坦:《哲学研究》,陈嘉映译,上海人民出版社2005年版,第54页。

② 参见［英］路德维希·维特根斯坦:《哲学研究》,陈嘉映译,上海人民出版社2005年版,第63页。

果这幅图景与被理解语言的“空间、时间”相符合,也即与被解释对象适用的特定场景相吻合,则解释者就作出了正确的理解。然而,解释者的认识经验毕竟是有限的,因此,其仅凭经验浮现出的图景很可能与被解释语言的“空间、时间”不符,这就容易产生错误的解释。而法律解释学就是为了克服解释者认识经验不足带来的消极影响,这也是通常所谓的克服解释者“前见”有限性的不足。因而,解释学中克服“前见”的理论都是适用于法律解释学的,也是指导法律解释方法选择和适用的重要思想。

但是,法律解释学是解释法律的科学,它所针对的文本是法律条文,也就是制定法,因此,其又不同于一般的解释学。法律解释学因解释主体、解释对象、解释任务等多方面的特殊性,必然具有独立于其他解释学分支的特殊规则。正是因为这些特殊性,才使法律解释学能够与其他解释学加以区分,并成为一门独立的学问。具体来说,法律解释学的特殊性表现在如下方面:

第一,研究对象的特殊性。从研究对象来看,法律解释学主要以法律解释活动、法律解释方法为中心。法律解释学关注的最终素材是法律文本,此点不同于其他解释学,其他解释学关注的可能是文艺作品或者历史、宗教典籍等。

第二,研究方法的特殊性。法律解释学具有较强的实践性和技艺性,其是对解释者解释法律,发现裁判依据的大前提的实践活动的理论总结和概括。法律解释学是一门综合经验方法、逻辑方法的实证研究学问。[①] 一方面,法律解释具有较强的经验性,其本身就是一个适用法律的过程,必须以法律适用为目标;另一方面,法律解释学又是法律操作实务经验的规律性总结。从这个意义上说,法律解释学是侧重于研究各种具体解释方法的学问,主要是运用经验和逻辑所进行的实证研究,是一门能够以经验和逻辑加以验证的科学。审判实务中所积累的广泛的法律解释的经验是归纳、提炼法律解释方法的源泉。不过,尽管法律解释学注重逻辑分析,但其更看重实践理性。法律解释实践的发展,也会逐步丰富和完善法律解释学,提升法律规则适用的妥当性,最

① 参见郑成良教授在吉林大学的演讲:《法学方法论》,载法律思想网,http://www.law—thinker.com,2021年5月3日访问。

终推动法律解释学的完善。

第三,研究目的的特殊性。法律解释学的研究目的是为法律的解释和适用提供科学的方法,从而保障裁判的统一,维护法律秩序的稳定。解释是法律实现的一个重要环节,是使“纸上的法律”变成“行动中的法律”的重要技术。[①] 而法律解释学正是研究促成这一转变过程的方法的学问,即有关法律适用技巧的学问,因此,学者们通常将其归入法学方法论的范畴。通过法律解释学的研究,要为法律共同体提供方法论指导。贝蒂(Betti)认为,所谓的法律适用,是一种就既定法律规范所为之适当行动、选择与执行,在具体案件中给予适当法律分析,以确保法律的正确适用,而解释便是此种法律适用的基础。[②] 法律解释学的研究目的就是为正确适用法律提供指导,但解释学的范围更为宽泛,其研究目的也不限于法律的适用层面,它包括了各种与解释相关的活动,甚至各种解释活动与司法没有直接关联。

第四,评价标准的特殊性。法律解释学的价值就在于其能最终推动法的秩序的形成,因为成熟的法律解释学应有助于提高法律制度的可预期性,从而也有利于维护法律秩序的稳定。评判一门解释学理论是否成熟、是否妥当,也应以此为标准,在这方面不同于其他解释学。例如,文学解释学、历史解释学等其他解释学的主要任务是促成文学鉴赏能力的提高、历史真实的发现与解读。

第五,研究主体的特殊性。法律解释学主要是法律共同体研究和运用的学问,而法律解释学的研究成果也彰显了法律人共同体的思维方式和特点,使法律人群体具有与其他职业群体不同的思维特点。在现代社会,法院是专门适用法律的机构,裁判者群体作为职业化的专业群体,有其统一的法律思维模式和推理方法。法律推理不是任意的推导和演绎,而具有独立的思维方式和方法,这是法律逻辑和裁判者共同思维一般规律的体现。法律适用本身具有很强的技术性和技艺性的特点。正是因为裁判者职业的专业化,才为法律解释学的产生提供了前提。如果裁判者不重视裁判活动的技术性、专业性,法律适用被看作平

---

① 参见谢晖:《中国古典法律解释的哲学向度》,中国政法大学出版社 2005 年版,第 19 页。

② See Emilio Betti, *On a General Theory of Interpretation*, The American Journal of Jurisprudence, Vol. 32, p. 266.

民化、非技术性的工作,则法律解释学的产生也没有必要。

第六,法律解释学的研究活动具有开放性。从法律解释学的产生历史来看,其本身就是综合多学科研究成果的产物,尤其是融合了传统的自然科学理论与宗教典籍精神科学的解释理论。在这个意义上讲,法律解释学的研究也能够建立起法学与其他人文社会科学的良性交流和沟通的平台。就法律解释学中的方法而言,其总结了司法实践从事法律解释活动的一般规律,反映了法律人普遍运用的一种思维方式,归纳了法律人为准确把握法律文本含义所采用的技艺,因此,其必然随着法律解释活动经验的积累而不断丰富和发展。

尤其需要指出的是,法律解释学是法学的一门分支,它要服从于法学基本目的,具有法学学科的共同特点。法律解释学同其他解释活动的差异包括解释方法、解释主体、解释结论等方面的差异,都是围绕解释的特殊对象——法律来展开的。法律的特点决定了法律解释学的特殊性。按照一般的理解,"法学"是一个词义宽泛的术语,即"法律科学"之简称,[①]是一门以法律现象为研究客体的学科,包括法社会学、法史学、比较法学、法哲学等不同的分支。[②] 法学的任务是研究法律制定、适用、发展的一般规律。法学的研究对象主要是法律,而法学的方法大量采用解释和推理。法律解释学实际上就是反映了法学本身所包含的法律适用的技巧和方法,包含了法律解释的方法论研究。正如学者所言,如果将法学视为阐释法律的科学,那么,法律解释学也可以称为法学或者实证法学。[③] 总之,由于法律解释学担负着解释法律、适用法律的重任,因此,其具有与一般解释学不同的特点。

二、法律解释学与法理学

在德语中,"Jurisprudenz"一词通常指法学;在英文中,"Jurisprudence"则指法理学。法理学是研究法的一般理论的学科。换言之,法理学是研究法律制定、实施、遵守等法律现象的一般规律的学科。根据维基百科(wikipedia)的解释,"Jurisprudence"一词由"Juris"和"prudentia"两个

---

① 参见胡旭晟:《法学:理想与批判》,湖南人民出版社 1999 年版,第 12 页。
② 参见王夏昊:《法学方法论的概念及其地位》,载《清华法学》2008 年第 1 期。
③ 参见杨仁寿:《法学方法论》,台北,三民书局 1986 年版,第 20 页。

词根组成;“Juris”词根来源于拉丁文“jus”,意思是“法律”;“prudential”在拉丁文中的意思是“知识、智慧”。所以,“Jurisprudence”一词的含义就是“关于法律的知识”。但是,这样的表述显然是宽泛的,法理学的研究对象主要是法律制定、实施、遵守中的各种规律。① 按照拉伦茨的观点,“法学是主要将法置于规范性视角之下并由此探究规范之‘意义’的学问。”②这就与法律解释学具有天然的、密切的联系。许多学者将法律解释学视为法理学的分支,这种看法不无道理。原因在于:

第一,就研究对象而言,法律解释学以法律适用中的解释现象的一般规律为研究对象,该对象可以包括在法理学的研究对象之中,因此,法理学是研究法的一般理论的学问,其必然要涉及法律解释活动。法律适用是法现象的一个重要环节,是法律实现的必经途径。毫无疑问,作为研究法现象的法理学,必然也要研究法律适用;而法律解释是法律适用活动中不可或缺的环节。所以,法律解释学只是研究了法理学中的部分内容,可以包括在法理学之中。

第二,从研究方法来说,法理学的多种研究方法可以大量地应用于法律解释学之中。法理学中的许多基本原理都可以广泛运用于法律解释活动之中,并有可能与法律解释活动的特点相结合,从而成为法律解释学的内容。例如,法理学对法的基本概念的阐释,有助于对法律解释学的对象进行清楚的界定;法理学对法律渊源的界定,为法律解释者正确地寻法提供了基础;法理学关于法的“确定性”等法律性质问题的探讨,为法律解释的目标和结论提出了标准;法理学关于立法、司法体制的阐释,有利于明晰法律解释的功能;法理学涉及法律体系的一般理论问题,有利于体系解释的展开。③ 所以,法律解释学是不可能离开法理学而单独存在的。

第三,从适用范围来看,法理学和法律解释学的相关原理、规则都可以普遍适用于各类部门法,都具有普遍性、概括性的特点。据此将法

---

① 在相当长时间里,在美国和英国,主要是从职业技术角度对法理学展开研究的。包括分析法学的解释、分析与认定事实的技术以及设计法规与法律制度的技术等。当下美国法理学的主流追随了法律现实主义的召唤,避免了原来教科书的教条,更多地强调使事实条理化与为社会变革设计方案的技术。参见[美]德沃金:《认真对待权利》,信春鹰等译,上海三联书店2008年版,第14~29页。

② [德]卡尔·拉伦茨:《法学方法论》,黄家镇译,商务印书馆2020年版,第253页。

③ 参见[英]劳埃德:《法理学》,许章润译,法律出版社2007年版,第4页。

律解释学视为法理学的分支,也不无道理。

但是,此种意义上法律解释学所关注的法律解释活动主要还是一种抽象的宏观现象,如果具体到各种法律解释方法及其运用等具象的、微观的法律解释活动,其也可以从法理学中分离出来成为一个独立的学科,构成一个独立的知识体系。其主要原因如下:

第一,学科的交叉性。法律解释学以准确理解和适用法律为目的,横跨了法学和解释学两个学科,属于法学和解释学的交叉学科。其研究对象虽是各类法律规范,但并非以一般学习、理解法律规范为目的,而是服务于司法裁判的实际需求,其以实务操作为目标的特点使之与法理学之间具有明显的差异。同时,其虽然运用了大量的解释学原理和规则,但其目的和通常的解释学目标又有相当的差距。法律解释学是沟通理论和实务的一门学问,是理论法学和应用法学之间的桥梁,这种边缘学科的特点决定了法律解释学要大量地从其他学科中汲取经验和养分。它不仅具有技术性,而且具有深厚的哲学基础。它以解释学为理论基础支撑,每一次哲学思潮的出现,都会给解释学带来深远的影响,进而影响到法律解释学。例如,语言哲学的发展就对法律解释学提供了新的启示。同时,法学理论的新发展以及新的思潮的出现也都会在一定程度上丰富和发展法律解释学的内容。法律解释学有助于搭建不同学科交流的平台。法律解释学通过抽象出各法学学科解释法律的一般规律,促进了各学科学术的交流和沟通。

第二,体系的完整性。法律解释学具有自身完整的知识体系。首先,这是由其特定的研究对象决定的。法律解释活动的一般规律及其方法具有自身的特征,这些知识经过总结,可以形成一个独立的知识体系。其次,各类法律解释方法在长期的案件裁判实践中不断丰富和完善,已经形成了相对完善的体系。自罗马法以来,经过概念法学、自由法运动的发展,尤其是萨维尼等人的卓越贡献,目前法律解释学已经形成了包含自己独特的概念、制度、规则的理论体系。最后,法律解释学的各方面内容也具有内在的逻辑。正是由于有这种严谨的逻辑的支撑,使法律解释学形成由各个理论组成的、相互联系的有机整体,具有了强大的生命力。

第三,内容的应用性。法理学相对于应用法学而言,其属于理论性的学科。[①] 法理学探讨法的概念、本质、功能等法的一般性问题,具有很强的思辨特征。尤其在我国,法理学主要是探求法律规范制定、运用的一般规律,一般不直接指导裁判者在实务中对于个案的裁判,所以它的可操作性并不强。而法律解释学与此不同,其具有突出的实用性和技术性的特点。法律解释学主要是以法律适用中的方法作为其研究对象,其目的是解决案件裁判中如何选取、理解法律。法律解释学是研究法律解释的学问,正是因为它具有技术性,因而可以在各个部门法中适用;由于其具有价值中立性,因此可以为具体的部门法所运用。法律解释学是以法律解释的实践为基础发展起来的,它虽然也存在理论思辨的成分,但更多地具有经验(empirical)的色彩,主要目的就是指导并规范裁判者如何从事具体的法律理解以及案件裁判。法律解释学具有应用法学(praktische Rechtswissenschaft)的特点,其实践性的特点十分突出。当然,在充分总结实践中的技术方法后,也需要从哲学理论上研究其本体论问题。

第四,适用范围的特定性。法理学以研究法的一般规律为特点,为所有研习法律的人提供共通的知识,从这个意义上说,它的适用范围是十分宽泛的。法律解释学的适用范围是特定的,其主要是为案件裁判者裁判具体个案服务的。司法裁判活动通常是逻辑三段论的运用活动,而法律解释作为确定大前提的活动,是裁判活动的重要环节和有机组成部分。当然,学者也可以对法律进行解释,但大多数仅仅是为裁判者提供参考。如果说法理学是所有法律人所需的共通知识,那么,法律解释学就是从事案件裁判的法律人共同运用的知识,是法律人理解和运用法律的工具。

从今后的发展趋势来看,法律解释学的作用将会越来越凸显。过去,我们将法律解释学包括在法理学之中,强调其理论性、抽象性、概括性的特点,而一定程度上忽略了其应用性和可实际操作性的品格。这在一定程度上并不利于充分发挥法律解释学的功能,体现其应有的价值。多年来,我国法理学的研究特点过于抽象,与具体司法操作实践存在相当的距离。将法律解释学完全作为法理学的一部分,可能会忽视

---

① 参见刘作翔:《法理学的定位——关于法理学学科性质、特点、功能、名称等的思考》,载《环球法律评论》2008 年第 4 期。

法律解释学应用性的特点。基于这种考虑,本书认为,将法律解释学从法理学中分离出来,并不断地充实、完善其内容是十分必要的。

三、法律解释学与部门法学

部门法学是指以社会上某类特定性质的法律关系作为调整对象的法律规范的总和。法律解释学与部门法学的关系非常紧密。从性质上看,法律解释学与部门法学都旨在通过解释法律而准确地应用法律,都要以特定的法律文本为解释对象,且都要以正确解释法条和准确适用法律为目的。从这个意义上说,法律解释学与部门法学有着不可分割的天然联系。部门法学是法律解释学形成和发展的土壤,每个部门法都为法律解释学提供了解释的素材和对象,部门法学的发展必然极大地丰富法律解释学的内容。在《民法典》的适用过程中,必然需要借助于各种法律解释的方法,探求立法目的和意旨,从而准确适用《民法典》。可见,法律解释学的发展也会保障部门法学在实践中得到准确的运用,同时,《民法典》本身也是法律解释的对象,其丰富的内容将为解释提供素材,促进法律解释学的发展。任何一门学科的理论性、科学性程度都与其所运用的方法的成熟程度有密切关系。由于法律解释学为部门法学提供了解释法律的方法,因而必然会促进部门法学的发展和完善。例如,实践中,许多部门法学规范的产生最初是由裁判者在个案裁判中通过法律解释的方法加以阐释、明确,而后才提炼上升为明确的法律条文的。就民法学而言,法律解释学所提供的方法,不仅是裁判者适用法律的方法,而且已经成为民法学研究的重要方法。民法学的重要任务就是以民法为研究对象,以解释论的探讨为其重要内容。如果缺乏一套科学的方法,民法学的解释论研究就缺乏方法论的指导。

归根结底,法律解释学与部门法学是不同的学科,它们之间必定存在明显的差别。有学者认为,两者是从抽象和具体不同层面的视角出发,对于法条适用的研究,可以说是“道”与“术”的关系。① 此种观点有一定的道理,但如果我们将法律解释的一般规律和方法看作普遍适用于各种解释活动的知识,或者视为一种正确的思维方法,那么,法律解释学所提供的这些知识也可以看作一种“道”。而部门法学主要研究各

---

① 参见孔祥俊:《法律方法论》(第1卷),人民法院出版社2006年版,第9页。

种具体法条的含义,探寻运用法律解释方法所得出的结论,从这种角度来看,把部门法学看作一种“术”也不无道理。具体来说,法律解释学与部门法学具有如下区别:

第一,从研究对象来看,部门法学的研究不仅限于解释论的研究,而且包括立法论研究。也就是说,不仅研究法律的“实然”现象,也研究“应然”状态,尤其是要以民法典为中心,研究民事法律的实施,发展与完善的规律。而法律解释学立足于解释论,不考虑立法方面的问题,而主要是对既有的规则进行正确解释,以保障其准确适用。部门法学不仅仅解决法律适用的问题,还需要考虑立法等更广泛的范围,而法律解释学更多地侧重于法律规范在个案中的裁判。

第二,从适用范围来看,部门法学是以相应的部门法为中心的一门学科,部门法因其研究对象的不同而存在重大区别。然而,法律解释学是以解释方法为中心的一门学科,其与部门法学之间具有指导和被指导的关系,法律解释学的核心原理是各部门法所通用的。法律解释学是适用于部门法学的方法论,其为部门法学中解释法律现象提供了一种方法或思维。这套方法对于民法、刑法等各个领域的司法实践都有指导意义,从而在部门法的实践中形成了民法解释学、刑法解释学、宪法解释学等。由于各个部门法学要运用法律解释学的一般原理,从这个意义上说,部门法中的解释学都是法律解释学在具体的法律部门中的运用和延伸。

法律解释学是对各个部门法所运用的解释方法的系统归纳,它普遍运用于一切部门法的研究和适用活动。实际上,在部门法的研究中,学者们也在自觉不自觉地运用各种解释方法去阐明自己的解释结论,而这些解释、论证的路径也可能被裁判者在司法实践中所学习和采用。法律解释学并非为了解释具体法律部门的法律条文,也不是各种法律解释方法的简单列举,而旨在从中总结出规律,从而形成系统理论。法律解释学并非研究具体法律条文的解释,而是研究所有法律条文解释中的共同方法和规则。而部门法只是针对其特定调整对象展开的,其解释的文本通常也限于该部门法之内。法律解释学的主要目的不是阐释每一个法律,阐明每一个具体条文的确切含义,而是找寻法律人如何准确解释法律的方法。

第三,从学科特点来看,部门法学具有较强的本土性、国别性,同一部门法在不同的国家可能有较大的差异,因此,各国部门法学所解释的对象和结论存在较大差异,但是,从比较法来看,对成文法的解释方法具有很大的相似性。这主要是因为,法律规范和文本受各国政治、经济、文化传统的影响较大。而解释方法作为一种发现和阐释法律的工具,在一定程度上具有工具的中立性,这就决定了文义解释、体系解释等解释方法在不同的国家往往都是解释者所共同采用的方法。无论解释者持有何种观点,或者具有何种学说背景,又或者站在何种立场,都要依照法律解释学所提供的系统方法进行解释。

第四,从功能来看,部门法学是以调整各类法律关系的设立、变更、消灭作为其目标的,而法律解释学是针对某个具体案件就某个法律关系在某阶段的特定适用所进行的研究,其并不研究具体的法律关系以及法律关系的权利、义务内容和归属。

法律解释学实际上不仅要帮助我们理解具体的法条的含义,而且要帮助我们提高如何自觉运用正确方法解释法律的能力。对整个部门法的理解,常常可以借助于各部门法学来完成对现行法的解释。但是,对于所有法律理解中的规律的探寻,则不是部门法学所能完成的任务。每个部门法学的研究重点不在于揭示法律体系解释中的规律性问题。法律解释学不仅注重于法律的适用,也在适用中弥补法条的漏洞,在一定程度上推动法律的创新。所以,萨维尼指出:法律解释 = 法律重建(rekonstukzion)。解释者应当站在立法者的立场上,模拟后者再次形成法律思想。①

第五,法律解释学具有典型的方法论学科的特点,以及为具体部门法提供思考分析方法的功效。法律解释学中尤其广泛应用了逻辑学等学科的知识。例如,类型化等方法本身是一种思维方式,而一般法学总是与实质性的价值判断的结论相关;解释过程中,往往掺入了解释者的"前见"和价值判断,该"前见"和判断对解释结论的形成具有重要影响。所以,法律解释学不仅仅是要提供一套解释的方法,而在很大程度上要为裁判者的自由裁量作出一些限制。"在法律解释中,如果不同解释方法的选择完全取决于裁判者的偏好,或者解释中受到裁判者'前

① 参见[德]萨维尼、[德]格林:《萨维尼法学方法论讲义与格林笔记》,杨代雄译,胡晓静校,法律出版社2008年版,第7页。

见'的较大影响,那么,法律解释学的研究就似乎没有意义了。"[①]法律解释学是一种一般意义上的方法论,而不局限于特定的部门法。但法律解释的方法和规则应当尽可能避免"前见"所带来的不确定性和消极影响。部门法学主要以法律条款为研究对象,其围绕对法律条文的注解展开,其重点在于阐释法律文本的含义及其理由。而法律解释学重点在于,根据诉争的案件事实,对相关法律进行剪裁,得出与案件事实密切关联的法律文本的意思。基于这一原因,日本法学家碧海纯一认为,法律解释学大体上相等于实用法学,此种观点有一定的道理。[②]

四、法律解释学与民法解释学

法律解释学涉及的范围很宽泛,包括对刑法、民法、行政法等不同法律部门的解释学。本书之所以以民法的解释活动为视角,除了因为笔者长期研习民法这一原因之外,更主要的原因在于,民法解释学最集中体现了法律解释学的特点,其主要表现如下:

第一,从近代起源来看,法律解释学与民法解释学一直存在密切的联系。二者的关联性最早可以追溯到罗马法时代,早期罗马法虽然是诸法合体、民刑不分,但其主体部分属于民法领域。而早期罗马五大法学家的著述对法律解释方法的研究可以说主要以民法为对象展开,近代的萨维尼等学者更是在研究罗马法文献的基础上重新构建了近代民法体系,同时在解释的方法论上留下了宝贵的遗产。在这些法学家的著作中,实际上已经把民法解释学等同于法律解释学。因此,法律解释学主要是以民法文本为主要解释对象的。

从近代以来的法典化运动来看,民法典往往是大陆法系法治现代化的标志,因此,法律解释学产生之初就是以民法为其解释对象的,法律解释学的理论基本上是从民法解释学脱胎而来。因此,民法解释学最充分地体现了法律解释学的方法和思想,也可以说,法律解释学是从民法解释学中诞生的。从大陆法系的法学发展历史来看,民法学一直是法学思想的发源地。民法学作为法学思想发源地的特殊地位决定了

---

① Franz Bydlinski, *Juristische Methodenlehre und Rechtsbegriff*, Wien/New York, Springer Verlag, 1982, S. 554.

② 参见[日]川岛武宜:《现代化与法》,王志安等译,中国政法大学出版社 1994 年版,第 303 页。

民法解释学的理论广泛地被其他法律部门的学者所吸收和借鉴。

第二,民法包含了所有部门法中最丰富的价值判断结论,协调了最丰富的利益关系类型。以民法为对象讨论法律解释学,能够解释法律解释学的各个层面的问题。尤其应当看到,我国《民法典》的颁布为法律解释方法的运用不仅提供了重要解释对象,而且《民法典》也为总结、提炼、归纳各种解释方法提供了丰富的素材和依据。这些丰富的解释素材可以充分调动裁判者采取各种方法解释法律的积极性,并为准确运用各种法律解释方法填补法律漏洞提供了广阔的空间。民法中包含了许多基础性的概念,这些概念的解释也是其他法律部门的规则解释的前提。例如,“占有”“财物”等概念的界定也是刑法解释的基础。此外,民法协调的利益关系类型也是最丰富的。总体上讲,其既协调平等主体之间的利益关系,也协调平等民事主体利益与公共利益之间的关系,从其协调的利益关系类型的丰富性来看,是任何其他部门法都无法比拟的。

第三,民法解释学是法律解释学在部门法中最充分的体现。民法的内容丰富需要采用各种法律解释方法。例如,社会学方法、比较法方法等,即使在其他法律部门适用有限的方法,也可以在民法中获得广泛适用的空间。另外,民法的私法性质决定了裁判者对其进行解释时拥有更大的权限。在私法领域,贯彻“法无明文禁止即为允许”的规则,这就使裁判者在解释民法时应当尽可能地保障民事主体的自由。这就意味着,民法以保障权利为目的,在法条运用上弹性较大,在一定程度上允许裁判者自由裁量,因此运用法学方法的空间较大。尤其是民法与刑法不同,刑法中贯彻罪刑法定原则,裁判者不能进行漏洞填补的操作;而在民法解释中,裁判者可以通过类推适用等各种方法进行漏洞填补。可以说,民法学是培育和孵化法律解释学的最佳土壤。

第四,民法具有浓厚的实践品格,它既是社会经济生活在法律上的反映,又是司法实践经验的总结。而社会生活处于不断变动之中,法律适用的实践活动也因而不断发展,民法也就需要对社会生活的这种变动作出及时反应。但这又与成文法固有的滞后性相矛盾,在此情况下,民法解释学的意义就在于,对既有制定民法予以补充和创新,以实现民法制度与时俱进、体系丰富完善的目的。

第三节　法律解释学的体系与研究方法

一、法律解释学体系

（一）建立法律解释学体系的必要性

法律解释学体系是指法律解释理论的各个具体部分组成的具有内在逻辑的有机整体。日本学者川岛武宜认为，法律解释学研究的是法院在进行裁判活动时所遵循的规范。① 法律解释学不同于法律解释本身，法律解释是以法律文本为研究对象，而法律解释学是研究法律解释活动及其一般规律的学科，或者说，其是以法律解释为研究对象的分支学科。② 从宏观的方面来看，法律解释学的研究范围包括对解释主体、解释对象、解释方法、解释的分类、解释的过程等问题的研究。③ 正是以这些研究对象为基础，才形成了完整的法律解释学的理论体系。

建立法律解释学的体系，对解释者有效开展解释活动具有重要意义，主要表现为：第一，为解释活动提供操作规则，使解释活动有章可循，保证准确理解和适用法律。即便是解释者面临疑难复杂的问题，也可以选取相应的方法，按照解释规则逐步得出结论。第二，有利于限制裁判者的恣意裁判行为。如果解释者都掌握了一套科学合理的解释方法，则可以在解释结论的获取路径上达成很多共识。某一结论是否根据严格的解释方法来得出的，直接决定了该结论的说服力和妥当性。如此一来，解释者，尤其是裁判者，不能恣意裁判，而必须在一定的规则指导下得出解释结论。因此，解释方法的体系化，有助于限制裁判者的恣意裁判行为，提升解释结论和裁判的妥当性。第三，法律解释方法的体系化有利于解释者根据不同的解释对象，准确理解、选择和应用解释方法。解释者可以在体系化的解释方法综合体中选择具有可行性的办

---

① 参见［日］川岛武宜：《现代化与法》，王志安等译，中国政法大学出版社 1994 年版，第 286 页。

② 参见孙国华主编：《中华法学大辞典·法理学卷》，中国检察出版社 1997 年版，第 110 页。

③ 参见陈金钊：《法律解释的哲理》，山东人民出版社 1999 年版，第 21 页。

法,及时得出妥当的解释结论,这就可以节约解释者的时间和劳动,降低解释活动的成本。

从中国改革开放以来的法律发展过程来看,我国法治建设的重心在很长时间内主要是解决无法可依的问题,但是对法律如何有效适用的问题,尚未给予足够的关注,也缺乏对法律制度本身的解释技术和方法的关注。[①] 在相当长的时间内,我们不仅没有就文义解释、目的解释、社会功能解释等具体解释方法达成共识,甚至连运用这些方法的基本理念都尚未形成一致意见。一提到法律的解释,有不少人就将其简单地等同于法律文本字面含义的认识。而当遇到更深层次的批评和考验时,这种朴素的解释观念又难以作出有针对性和说服力的回答。随着《民法典》的颁布,基本法律规则已经建立之后,就必然要求构建一套完整的规则体系,对这些已经较为完整的规范体系进行解释,从而保障法典的准确适用。

(二)法律解释学的体系构建

法律解释学本身是具有内在逻辑的体系,它作为一门裁判者在适用法律过程中解释法律一般规律的学科,以准确理解、阐释和适用法律,并以发展和完善法律为其宗旨和目的。法律解释学作为一门科学,尤其自身的学科体系,笔者认为,这个体系主要应当包括如下几个方面的内容。

1. 法律解释的一般理论

法律解释的一般理论可以看作法律解释学的总论,其主要探究法律解释的一般性、共同性的原理和规则。该部分以法律解释的主体、法律解释的目标、法律解释的基本原则、法律解释的对象、法律解释学的历史演进等法律解释的一般性理论为内容。总论就是对一般性理论的研究,或者说,是对分论中的共同问题进行研究。通过总论部分的研究,要明确法律解释的指导性原则,掌握作为一门学科的法律解释学的历史与未来,从而从宏观层面把握法律解释问题。总论重点研究如下问题:一是法律解释的原则。法律解释的原则是指导裁判者进行解释,

---

① 参见鲍艳、熊丙万:《中国司法观念和司法方法的转型——来自"王海打假案"十年司法史的启示》,载王利明主编:《判解研究》(2013 年第 3 辑,总第 65 辑),人民法院出版社 2014 年版。

也可以说是对解释活动中裁判者自由裁量权的限制,为各种具体法律解释方法的研究和运用奠定了理论基础。二是法律解释的对象。法律解释学有其特殊的研究对象和目标,因为它是裁判者进行的解释,围绕裁判者的解释活动而展开。三是法律解释的主体。法律解释以司法裁判者为中心,这可以有效地回答法律解释应由谁来解释、解释什么、为什么解释、怎样解释等一系列问题,为法律解释学提供了一套基本理论框架。裁判者需要把解释的结果运用到裁判中,裁判者负有更为严格的论证义务,从而需要运用解释方法。解释的过程是揭示文本真实含义的过程,同时,也是提升裁判者职业素质的过程。正因为法律解释活动本身具有特殊性,因此,可以探寻法律解释活动的特殊规律,并形成法律解释学的一般理论。

2. 法律解释方法

法律解释方法可以看作是法律解释学的分论,其主要探讨各种法律解释方法的内涵、适用范围、适用步骤以及与其他法律解释方法的关联性等。笔者认为,法律解释方法可分为狭义的法律解释的理论、价值补充的理论和漏洞填补的理论。因此,法律解释学的分论就是在法律解释方法的基础上构建起来的,如果法律解释的方法形成一个体系,法律解释学本身才能形成完整的体系。如果方法本身不成体系,解释学也无法自成体系。所以,在构建法律解释学理论体系时,要着重构建完整的体系性的解释方法。

多年来,我们的解释学之所以无法形成严谨的体系,很大程度上是因为没有一部作为解释的主要对象的民法典,且没有科学、完整地总结实践中的解释经验,也没有据此形成解释方法的体系。但是,在确定法律解释方法时,必须明确几个标准,即解释的方法必须具有经验性、逻辑性、论理性、成熟性、可操作性、共识性。法律解释学之所以可以成为一门科学,很大程度上是因为法律解释方法不仅具有上述特点,而且它具有自身完整的理论体系。法律解释学未必包含了实践中所有的解释方法,但应包含主要的解释方法,并足以满足解释的需要。正是因为不同解释对象在表现形态、内涵和外延上的不同,决定了其所需求的解释方法的差异。根据不同解释对象的特点设计相应的解释方法,具有较强的针对性和适应性,能够保证有的放矢。

3. 法律解释方法所应遵循的基本规则

各种法律解释方法在运用过程中不仅要遵循相关的程序,还应当遵循一定的规则。例如,按照通常理解进行解释、同一解释、特定术语按照规定的含义进行解释等,这些解释规则针对不同的解释方法而确定,其能够保障各种解释方法的准确运用,从而保证解释结论的妥当性。各种解释方法虽然在形式上相对独立,但其都服务于法律解释的目的,在遵循解释的基本规则的情形下,运用相关解释方法所得出的解释结论也应当具有统一性,这也意味着,运用各种解释方法所得出的解释结论应当具有相互验证性。尤其应当看到,各种解释方法在体现出层次性的同时,绝不是全然独立的;相反,各种方法存在不同程度的联系,在解释活动中往往需要被综合应用。尤其是越复杂的方法,越需要以简单的方法为基础和支撑。例如,体系解释、目的解释都以存在多种可能文义或者文义不清为前提,而该前提的产生即为文义解释的结果。在不确定概念的具体化过程中,解释者也需要考虑立法目的,对某一情形予以判断。在解释实践中,如果一种方法还不足以探明规范意旨,则需要在此基础上,综合应用更为复杂的解释方法,直至得出最终的结论。

法律解释学的终极目的是要服务于妥当寻求裁判结论,实现个案的公平正义。我们之所以研究法律解释活动及其方法,在根本上就是为了探寻一套可以增进法律稳定性和体系性的方法,这就要求我们在法律解释方法上达成基本共识,要求法官在解释法律时,应尽可能适用相同的方法和规则,而不能随心所欲地解释法律,否则可能出现法律解释方法的误用,反而影响法律解释方法的运用。法律解释是沟通立法与司法的桥梁,是法律适用中无法绕开的环节,无解释则必将使法律规范沦为具文,乱解释则必然扭曲立法目的,最终都会导致法的秩序难以实现。

二、法律解释学的研究方法

经由科学方法获得知识才是最可靠的。解释学理论的蓬勃发展极大地促进了法学研究的发展,也为法律解释学的发展提供了新的生长点。尤其是自 20 世纪 60 年代中期以来,哲学诠释学在传统诠释学的基础上取得了长足发展,为作为诠释学一个类别的法律解释学提供了新的研究路径。

1. 解释学的方法。法律解释学是解释学的分支，所以，其也要大量运用解释学的方法。例如，解释学理论中的前见理论、解释学循环等在法律解释中也经常被采用。解释学中的客观性理论对于法律解释学的发展也产生了重大影响。

2. 逻辑分析方法。法学本身是追求严谨逻辑的科学，解释学也不例外。解释学本身就是司法三段论推理的重要组成部分，而体系解释、反面解释、类推适用等方法实际上都是逻辑推理的展开。法律解释学中所遵循的规则包括了演绎、归纳等逻辑推理方式。法学方法应当不断地运用逻辑推论。

3. 社会实证方法。法律解释学是指导法律解释活动的科学，也是对法律解释活动中规律的总结。所以，法律解释学的研究应当采用社会实证方法，即通过调研、走访、问卷等各种方式，了解各种法律解释活动的现状和规律，并以此为基础进行理论上的提升。① 通过实证调查来进行挖掘和分析，用实证数据或描述来说话。

4. 历史研究的方法。法律解释学中的历史解释深受历史研究方法的影响，也是历史研究方法在解释学中的具体运用。通过历史研究，我们也可以探求法律解释学的起源和发展，并掌握其发展趋势。另外，历史研究的方法还可以开拓法律解释学研究的视野，了解各个国家、各个历史时期的法律解释学。

5. 比较法的方法。近代以来的法典化运动使制定法在各国受到普遍重视。与此相应，法律解释学也开始繁荣发展。通过对各国法律解释学理论研究成果的分析，可以为我国法律解释学的研究提供有益借鉴。同时，比较法的采用也为我国学者与国外学者的交流奠定了基础。

6. 体系研究方法。体系研究就是整体研究的方法，同时，体系也应当保持其开放性。正如耶林所指出的，“在体系中开启了一个无可测度的活动空间，一个无穷尽的研究与发现领域，以及一个丰富的智慧乐趣的来源”②。在体系研究中，分类、比较、类型化等方法都是重要方法。

---

① 一百多年前，霍姆斯就曾说：“对法律理性研究的未来，掌握在熟悉统计与经济学的人手中。”See Holmes, *The Path of Law*, 110 Harvard Law Review 991, 1001 (1997).

② Jhering, Geist, Ⅱ, 2, S. 388.

第四节 我国法律解释学的研究现状及未来发展

一、我国法律解释学的历史发展

法律解释学是一门古老而又常新的学问。自第一部成文法颁布之日起,法律解释活动就已经随之产生。在人文社会科学领域,法学包括法律解释学,堪称最为古老和传统的学问,其与神学、医学并列为三大职业学问(the three professions)。[①] 可以说,无论是成文法国家,还是判例法国家,法律的解释都是必不可少的。之所以说法律解释学是一门古老而又常新的学问,主要原因在于,法律解释的对象即法律文本在不断地发展变化,因为无论从形式上还是从实质内容上讲,法律本身是不断发展和演变的,不同的时代又面临不同的问题;而西方自近代以来,经过萨维尼等人的发展,法律解释学日益成为一门成熟的学问,形成比较完整的知识体系。虽然法律解释学所探讨的解释方法等具有价值中立性,具有普适性的特点,但法律解释的对象毕竟是不同国家的法律;法律植根于各国的政治经济制度和历史文化传统,异域文化可资借鉴,但毕竟难以直接指导中国的法律解释活动。在大力开展中国特色社会主义法制建设的今天,加强针对中国法律适用活动的法律解释研究,也成为当代法律人面临的重点课题。

就中国而言,法律解释活动及解释方法的运用要早于西方世界。据考证,早在秦代的《法律问答》中,就已经通过问答的形式对秦律中律文的立法意图进行说明。此后,我国律学逐步发展起来。在秦汉时期,私家注律也盛行一时,先后出现了叔孙宣、郭令卿、马融、郑玄等律学家;魏晋时期的《注律表》、唐代的《唐律疏议》、宋代的《律文音义》和《律文释义》、明代的《律令直解》等,都反映了我国古代法律解释活动的繁荣状况,其中不乏体现了今天所谓文义解释、体系解释和历史解释等基本方法。然而,法律解释被当作一门学问加以专门研究,还属于近几十年的现象,经历时间非常短。

---

① 参见杨仁寿:《法学方法论》,台北,三民书局1986年版,第20页。

在我国,自党的十一届三中全会以来,随着立法的逐步健全,我们逐步开始了法律解释工作。法律解释研究的重心是对立法的注释理解,从而宣传、普及有关立法,为司法和执法提供参考。法律解释研究主要以"注释法学"的形式出现,仅针对具体的问题进行就事论事的探讨,而没有注重方法论的探讨。但是,法律适用中出现的问题暴露了法律解释学的缺乏,对于司法实践不能提供有益的指导。例如,同一案件在一审、二审中,裁判者的理解存在较大的分歧。尤其是裁判者在法律与具体案情事实的联结方面,无法通过解释理论指导找法、释法、用法等活动。有的裁判者还以追求社会效果为名而撇开法律的规定,这在很大程度上都与我国法律解释学不发达有关系。法律解释学的任务就是为裁判者解释法律提供方法上的指导,而我国法律解释学的发展状况也直接制约了裁判者的严格执法和正确司法。正是基于这一原因,近年来,我国法学界尤其是民法学界,逐步从"注释法学"向法律解释学的方向发展。有学者认为,由于立法和司法的现实需求,过去的民法学研究方法具有偏向制度的特点,但此种研究方法也存在弊端。因此,采用体系化和学科交叉的研究方法,[①]克服单纯的法律逻辑分析方法,是我国未来民法学的重要研究方法。[②]

自改革开放以来,我国法律解释学经历了起步和发展的阶段,从其发展的轨迹来看,大概经历了三个阶段:(1)学说继受阶段。在初期,我国学者主要对国外的法律解释学理论进行继受。例如,段匡教授的《日本民法解释学》就主要是介绍日本的法律解释学理论。再如,黄家镇教授翻译的拉伦茨教授的《法学方法论》,也为直接继受德国法律解释学奠定了基础。(2)理论反思阶段。在经历了初期的积累之后,我国学者开始对国外的法律解释学理论进行反思,并结合我国特有的国情,例如司法解释制度、最高人民法院公报制度等,反思学说继受过程中借鉴而来的国外理论,并努力实现其与我国实际的结合。(3)理论形成阶段。除了我国台湾地区学者已经就法律解释学展开了一些系统研究之外,

---

① 2006 年 5 月 25 日在中国人民大学法学院举办的"民法学与宪法学学术对话"是民法学者与其他学科学者加强学术交流的重要活动,会议内容参见夏林正:《"民法学与宪法学学术对话"纪要》,载《法学》2006 年第 6 期。

② 参见王轶:《对中国民法学学术路向的初步思考——过分侧重制度性研究的缺陷及其克服》,载《法制与社会发展》2006 年第 1 期。

梁慧星、孔祥俊等人以民法为视角，对法律解释学的基本理论和体系作了认真研究。尤其是近几年来，随着《民法典》的颁布，一大批法典评注、解释、释义相继问世，其中大量运用了各种法律解释的方法，促进了法律解释学在民法领域的实践运用和发展。

二、我国法律解释学发展中呈现的特点

总体来说，现阶段我国法律解释学具有如下特点。

1. 概念法学思潮对我国法律解释学仍然存在一定的影响

在大陆法系国家，法律解释学的发展经历了从概念法学到自由法运动的发展历程。所以，其法律解释学大致经历了概念法学阶段和自由法运动阶段。王伯琦教授认为，“我们从古至今未有过概念法学，以后亦不见得会有概念法学发生。”①但实际上，我国自清末变法以来，一直采纳潘德克吞体系，国民党民法几乎完全照搬德国模式。正如梅仲协先生指出：“现行民法采德国立法例者十之六七，瑞士立法例十之三四，而法日苏联之成规，亦尝撷一二。”②改革开放以来，我国民事立法并未“定于一尊”，生搬硬套国外的法律制度，而是从中国的实际出发，着力解决中国的实际问题，并借鉴两大法系的先进经验。因此，在体系上形成了许多重要的创新。当然，由于清末以来对德国法的既受，概念法学的影响在一定程度上仍然存在。这尤其表现在，有的论著从概念到概念，满足于概念体系的完整和逻辑体系的自洽，但往往忽略了法律概念背后的价值，以及在实践中的运用等。因此，“克服概念法学弊端”仍然是一项需要高度重视的工作。

2. 法律解释学与司法实践的联系和互动性不断增强

法学本身是一门实践之学，法律解释学更是一门需要应用于司法实践的学科，但长期以来，不少研究者更注重法律解释学的理论范式、逻辑推演，有的法律解释学研究极少研究实务案例，不以解决实务问题为导向，使得法律解释学丧失了作为应用学科的特征。还有的论著仍然以过时的外国案例为研究对象，忽略了社会生活变化的实际，使得法律解释学沦为自说自话的封闭学科，而与生动鲜活的社会实践渐行渐

---

① 王伯琦：《王伯琦法学论著集》，台北，三民书局1999年版，第33页。

② 梅仲协：《民法要义》，中国政法大学出版社1998年版，序言。

远。但是,近几年来,随着我国司法改革中不断推进司法公开,裁判文书公布的范围不断扩大,因而,法律解释学本身也日益强调对司法裁判的研究,不仅注重以大量丰富的案例解释理论,同时,裁判者也越来越注重运用法律解释方法作为裁判说理的依据。事实上,中国的司法裁判案例资源极为丰富,是法律解释学尚未开掘的一座富矿。“截至2020年8月30日18时,中国裁判文书网文书总量突破1亿份,访问总量近480亿次。”[①]迄今为止,我国裁判文书上网的总数居全球首位。因此,未来中国的法律解释学必须进一步构建与司法实务的水乳交融关系。只有与中国的实践相结合,才能够真正服务于中国司法实践中的现实问题,发展出适应实践需要的中国法律解释学理论。

3. 解释学理论具有复合学说继受的特点

我国法律解释学的理论主要受到两大法系各国解释学理论的影响。从大陆法系来说,对我国影响最大的当属德国和日本的学说。在我国台湾地区,其法律解释学主要受到德国的影响。我国台湾地区学者陈爱娥翻译了德国学者卡尔·拉伦茨的著作《法学方法论》;黄茂荣教授也以德国的原始资料为基础,撰写了《法学方法与现代民法》一书;杨仁寿的《法学方法论》、王泽鉴教授的《法律思维与民法实例》也主要受到德国法律解释学理论的影响。而在我国大陆,法律解释学的理论最初受到德国、日本以及我国台湾地区理论的影响。近些年来,大量英美学者的相关著述被翻译后引入国内,例如德沃金、庞德、梅利曼等,并受到国内学界的关注和引介。当然,在广泛借鉴国外关于法律解释学研究成果的同时,需要注重总结我国的审判实践经验,[②]并在此基础上推动我国法律解释学的发展与进步。“作为一个后法典化国家,不仅需要借鉴其他国家法典制定的成功经验,也需要对这些国家制定的特定历史进行考察,不能亦步亦趋地走在其他国家的后面。”[③]这就要求我们在复合继受过程中不断创新,实现中国本土法律解释学的体系化。

---

① 姜佩杉:《中国裁判文书网文书总量突破一亿份 司法公开规范司法行为促进司法公正》,载中国法院网,https://www.chinacourt.org/article/detail/2020/09/id/5433643.shtml。

② 参见梁慧星:《民法解释学》,中国政法大学出版社1995年版;张志铭:《法律解释操作分析》,中国政法大学出版社2000年版;孔祥俊:《法律方法论》(全三卷),人民法院出版社2006年版。

③ 许中缘、熊丙万:《民法典体系化的哲学——评王利明教授的“民法体系化”思想》,载《法制与社会发展》2009年第3期。

4. 我国法律解释学与立法的逐步完善同步发展

"法律是一种不断完善的实践"①,法律解释学更是如此。法律解释学的对象是法律规则,其必然以立法的逐步完善为前提。在我国,法律解释学的发展是伴随着立法的完备而同步发展的。民法解释方法的对象主要是民事法律规范,在民法法典化国家,该对象主要表现为《民法典》和一系列民事配套法律法规。之前,由于我国一直没有颁布《民法典》,这对法律解释学的发展也有一定的影响。此种影响主要表现在两个方面:一方面,《民法典》的颁布对促进法律解释学的完善具有基础性意义。由于解释者面对的是繁杂而分散的民事法律规范,对相关法律文本(解释对象)的收集和研究的负担较重,且准确性和全面性也受到一定的影响,但在民法法典化之后,民事法律规范集中体现为《民法典》,解释者无论是在法律文本的收集整理方面,还是在民法体系中探究文本意义的准确性方面,都更为便利。"民法典的制定乃基于法典化的理念,即将涉及民众生活的私法关系,在一定原则之下作通盘完整的规范。"②尤其是法典化就是体系化,《民法典》的颁布可以为体系解释、目的解释等解释方法的运用提供基本的前提。另一方面,《民法典》的准确实施也有赖于法律解释方法的准确运用。《民法典》的生命力在于实施,保障《民法典》的实施仍然需要借助于法律解释学的方法,可以说法律解释学是架起书本上的法律与行动中的法律之间的桥梁。通过各种法律解释方法阐释《民法典》规则的含义,对于保障《民法典》规则的准确适用具有重要意义。即便《民法典》内出现了矛盾与不和谐之处,也可以通过解释方法的运用进行调和;即便《民法典》的规则表面上存在缺失,也可以通过运用法律解释方法查漏补缺,并不断发展和完善《民法典》的规则。

5. 我国法律解释学与司法解释相互促进

我国的司法解释是具有中国特色的解释制度,在法律解释中发挥了非常重要的作用。可以说,在西方国家中,裁判者通过判例完成的法律解释工作,在我国很大程度上是通过司法解释来完成的。司法解释统一了法律的解释和适用,为裁判者的解释提供了指引,并且弥补了立

---

① Ronald Dworkin, *Law's Emipire*, Harvard University Press, 1986, p. 44.

② 王泽鉴:《民法总则》,中国政法大学出版社2001年版,第22页。

法的不足。[1] 随着《民法典》的颁布，大规模通过司法解释创设规则的时代已经结束，今后司法解释的重心应当围绕《民法典》的全面贯彻实施而展开。在这一背景下，法律解释学既要为司法解释正确解释民法典提供一定的方法，同时也要发现法律漏洞，为司法解释提供法律漏洞填补的指引。

三、《民法典》时代法律解释学的发展与展望

"法典编纂之举是立法史上一个世纪之大事业。国家千载之利害、生民亿兆之休戚，均依此而定。"[2]《民法典》的颁布将开启法律解释学发展的新篇章。如前所述，在我国当前关于法律解释学的研究当中，研究的成果不少，学界关于解释的方法提出了诸多意见，但是并未建立起一套具有共识性的解释规则；有些关于法律解释规则的意见并未在司法实践中得到普遍应用，从而成为裁判者的技能，以至于造成了不同人针对同一条文的解释相去甚远的现象，实践中同法不同解、同案不同判的现象比比皆是，一定程度上损害了法律的可预期性和司法的权威性。[3] 为此，需要通过法律解释学为裁判者提供正确的解释方法，以助推同案同判的实现。随着我国《民法典》的颁布，我国法律解释学也将随之不断发展和完善。可以预见，在《民法典》时代，我国的法律解释学将完成以下几个转化：

一是法律解释学的地位日益凸显。一方面，《民法典》颁布后，从注重立法论的研究转向注重解释论的研究。在目前我国社会主义法律体系已经初步建立起来的背景下，法律的解释和适用问题显得更为重要。解释者的任务就是通过解释活动来提高法律对社会的适应性。法律解释必须在适用到具体个案时才会产生意义，现实法律无法自身产生解释。在这一背景下，我国应当从"立法者的时代"转向"解释者的时代"。我国法学研究关注的目标更多的是法律适用问题，而主要不是法律制定问题。另一方面，从机械适用法律转向注重方法论的研究。随着我国裁判者队伍素质的提高，法律体系向法治体系转化，法律在司法

---

① 参见曹士兵：《最高人民法院裁判、司法解释的法律地位》，载《中国法学》2006 年第 3 期。

② ［日］穗积陈重：《法典论》，李求轶译，商务印书馆 2014 年版，第 1 页。

③ 参见江必新：《在法律之内寻求社会效果》，载《中国法学》2009 年第 3 期。

中的准确适用被提到更为重要的位置,然而,对法律的准确理解有赖于科学、系统的法律解释方法的指导。从这个意义上说,从机械适用法律到注重方法论的研究,符合司法实践推动科学法律解释活动的发展趋势。

二是注重法律解释方法的运用。由《民法典》所形成的体系化具有统一法律规则、便利找法用法、便于体系释法和利于查缺补漏的功能。这些功能是《民法典》体系化的当然效应,也是体系化功能的具体展现。为确保上述功能得到实现,必须要充分发挥法律解释方法的作用,尤其是要从重视抽象性的司法解释的研究转向个案的法律解释的研究。从我国近几十年来的法律实践来看,作为学术研究对象的法律解释活动多为司法解释,个案中的法律解释还未能成为法学研究的重点。随着社会诉争案件和法律问题的复杂化,个案法律解释的重要性也日益凸显,法律解释学也应当作相应的转向。

三是通过法律解释进一步发展、完善了《民法典》。《民法典》具有的强大的规范储备功能和资讯集中功能,使其成为民事案件裁判的"工具库"。《民法典》通过各编规定的相互参引、准用、类推,在很大程度上弥补了规范的缺失问题,但这些功能的发挥有赖于法律解释方法的运用。同时,社会生活是变动不居的,《民法典》一经颁布,其规则将不可避免地具有滞后性,此时,如何不断发展、完善《民法典》规则,使其能够调整不断发展变化的社会生活,也有赖于法律解释方法的运用。《法国民法典》和《德国民法典》分别历经二百多年和一百多年长盛不衰,很大程度上就是借助于法律解释方法的运用。因此,在我国《民法典》颁布之后,我们也应当注重发挥法律解释方法的作用,以充分发挥《民法典》调整社会生活的功能,并使《民法典》保持旺盛的生命力。

四是法律解释学将自成体系。随着《民法典》的颁布,法律解释的方法将被广泛运用,法律解释学将会不断形成和发展。同时,法律解释学发展之后,也将进一步促进法学研究的发展。一方面,法律解释学的发展将不断丰富法律研究的方法。尤其是法官在法律解释实践中的经验和做法,将极大地丰富法学研究的素材。法官所作的有权解释是法律人职业群体智慧的重要组成部分,学者通过分析总结各个有权解释的内容,不仅有利于了解法律解释实践的发展动态和存在的问题,而且可以启发其法学思维,并以此作为学理解释结论的基础。当前,我国法律解释学的研究比较注重比较法的引介和理论的分析，未能重视对法官智慧的总结和提升。在此背景下，强调有权解释对于法学研究的作用，就更具有现实意义。另一方面，法律解释学的发展也有助于形成法律的理论体系。法官的法律解释并非简单的法律适用，其通常需要在现行法的整体框架内开展解释，其在解释的过程中也通常渗透对法条本身合理性的考察以及法条与民法体系的关系的论证。也有法院结合理论学说动向，研究既有判决，通过运用各种法律解释方法努力形成法律框架，在缺乏具体法律规范时，援用法律原则、一般性条款等抽象性规范来裁判案件。这样便逐渐形成新的判例、促成新的学说，从而在法律上确立了新的法秩序。[①] 例如，法国等部分大陆法系国家侵权法条文少、抽象程度高，法官在为数不多的几条法律文本指导下创造了丰富的具体侵权法律制度。这些又可以成为学者完善其理论体系的重要参考，从而最终有助于形成完善的理论体系。此外，法律解释学的发展也丰富了法学研究的方法。法学研究的方法是学者进行研究的工具。法学研究方法与有权解释活动之间往往呈现相互影响的态势，法官等进行有权解释的方法有时也会影响学者进行研究的方法。例如，法官采用比较法的方法来进行法律解释，这也可以为学者的研究所采用；法官采用社会学解释方法，也可以为学者采纳社会学研究方法提供借鉴。

五是从抽象的法律理论的研究转向对法律操作技巧的研究。我国法理学过分注重抽象的法理思辨，而在一定程度上忽视了对部门法的指导。法律解释学作为部门法学和法理学之间的桥梁，其不仅可以沟通各个法学学科，而且可以为部门法学的研究提供方法论上的指导，因此应更重视法律解释学研究。

上述发展趋势既是与我国法治不断发展完善的趋势相吻合的，也是与我国司法公正的要求相一致的。为此，我们需要密切关注司法实践的发展，认真总结我国司法中法律解释的新情况和新经验，大力推进法律解释学的研究，构建我国法律解释学的理论体系，从而为司法实践提供有益的理论指导。

---

① 参见[日]北川善太郎：《日本民法体系》，李毅多等译，科学出版社 1995 年版，第 116 页。

第一编

法律解释方法的基本理论

第一章　法律解释方法概述

抽象的条文并不能对具体案件进行裁判。

——[美]霍姆斯(Holmes)

法无解释不得适用。

——法谚

法律是一个需要阐释的概念。

——[美]罗纳德·德沃金(Ronald Myles Dworkin)

法律解释的最佳方式,在于使法律与法律调和。

——法谚

案例1:【王海打假案】原告王海于1996年9月15日在被告处购买日本索尼公司生产的SPP—X90型无绳电话机两部,每部价格人民币3173元,共计人民币6346元。同年10月7日,案外人李某某代理王海到被告处投诉,以该商品不符合国家频率标准,无邮电部进网许可证和商检局安全质量许可证为由,要求被告退货款并加倍赔偿人民币12,692元。因协商未果,王海依据《消费者权益保护法》第49条(现为第55条)向人民法院提起诉讼,要求销售者支付双倍赔偿。法院认为,"原告明知是禁销产品而购买的行为也是有过错的。原告在三十几天内购买现代通信设备如此之多,并非为个人生活消费需要,因此,该纠纷不宜适用《中华人民共和国消费者权益保护法》第四十九条的规定处理。”

简要评析:在该案中,法官首先需要回答这样一个关键问题:王海是否属于该条规定的“消费者”。可以说,类似问题在法律适用中比比皆是。《消费者权益保护法》第2条规定:“消费者为生活消费需要购买、使用商品或者接受服务,其权益受本法保护;本法未作规定的,受其他有关法律、法规保护。”在该案中,法院认为,王海知假买假不是为了满足生活消费需要而购买,因此不属于“消费者”。但在类似案件中,不少法官也认为,知假买假者也属于“消费者”;甚至有人将《消费者权益保护法》第2条规定的“消费者”视为一个群体性概念,理解为整个潜在的消费者共同体。

从文义解释来看,应当将“经营活动”之外的其他购买行为都视为“消费”,从这个意义上理解,知假买假的行为就属于“消费”。尤其是从目的解释来看,《消费者权益保护法》本身蕴含了立法者所考虑的公共政策和目的,通过惩罚性赔偿来激励消费者积极同制假售假行为作斗争,以维护消费者权益。这里所保护的消费者并不限于已经实际购买商品的消费者,还包括潜在的未来消费者群体。出于保护潜在的未来消费者的目的,王海就很可能被归入“消费者”的范畴,因为知假买假的行为可以有效遏制经营者的售假行为,这有利于提高商品或者服务的质量,有利于保护潜在的未来消费者的人身、财产权益。因此,王海虽然知假买假,但其仍应属于消费者。

案例2:张先生购买了世纪花园公寓一套,将其租给李先生,租期为5年。后张先生出国定居,房屋都由李先生打理。李先生入住之后,发现自家公寓门前的一块绿地被开发商占用作为车位,便找开发商交涉。开发商认为,李先生作为承租人,无权就该绿地主张权利,双方为此发生争议。

笔者认为,本案涉及对业主概念的界定,即承租人是否属于业主?这就涉及对“业主”概念的解释,即承租人是否仍然处于“业主”的可能文义范围之内。关于业主的范围,《最高人民法院关于审理建筑物区分所有权纠纷案件适用法律若干问题的解释》(以下简称《建筑物区分所有权司法解释》)第1条所规定的“业主”,既包含已经通过登记取得建筑物所有权的人,也包括基于非法律行为取得专有部分所有权的主体,甚至及于已订立商品房买卖合同且已合法占有建筑物专有部分的主体。这表明“业主”为专有部分所有权人,或者依据取得实际占有的主体。承租人仅为债权人,不应当在该条所规定的文义范围内。而如果将“业主”解释为包括承租人,则已经超出了其文义的可能范围,即进入漏洞填补的范围。因此,通过狭义法律解释无法将承租人纳入“业主”的范围。在本案中,李先生并不属于业主,其要就物业主张权利,必须取得业主张先生的授权。

第一节 法律解释概述

一、法律解释的概念及其特征

法律解释,在英文中称为 statutory interpretation,德文为 Gesetzesauslegung,都是指针对成文法所作的解释,是解释主体对法律文本进行理解和说明的活动。法谚有云:“法律不重诵读,而重理解。”(Non in legend, sed in interlligendo leges consistunt)法律之所以需要解释,主要原因在于:一方面,成文法自身的概括性和抽象性决定了法律只有在解释之后,才能得以具体适用。法谚亦有云,“法律非经解释不得适用”“抽象的条文并不能对具体案件进行裁判”①,其必须经过解释,才能与具体的案件相互联结,完成法律对案件事实的适用。② 另一方面,法律的发展和完善也必须借助于法律解释活动。可以说,不完善性、滞后性是成文法的固有特征,这就要求借助于法律解释来弥补成文法的这些固有不足,从而使现有社会关系能够得到法律的有效调整。正是基于法律解释技术和方法在法律适用和法律发展完善中举足轻重的意义,有学者宣称,“解释是维持法律生命力的心脏”。③ 法律解释是沟通立法者意思和人们对法律理解的媒介,是法律从纸面走向生活的工具。法律作为具有普遍适用意义的行为规则,要求人们按照特定的方式和程序从事行为,而具体

---

① O. W. Holmes, *The Common Law*, 1881, p. 5.

② 参见[日]星野英一:《民法的另一种学习方法》,冷罗生等译,法律出版社 2008 年版,第 75 页。

③ Patrick Nerhot, *Interpretation in Legal Science*, *in Law*, *Interpretation and Reality*: *Essays in Epistemology*, Hermeneutics and Jurisprudence, p. 194.

到个案中的实际适用,其需要通过解释方法予以揭示。

法律解释与一般的解释存在诸多类似之处。例如,它们都是针对文本的解释,都具有历史相对性特点,都具有对概念框架依赖性的特点,都受到解释者前见、解释语境、解释学循环等因素的影响等。但是,与一般解释相比较,法律解释具有其自身的特点,具体表现如下:

1. 主体特征,即法律解释的主体主要是裁判者。诚然,任何人都可以而且有必要理解和阐释法律,但我们所说的解释主要是寻求纠纷解决的大前提的适用法律活动。因此,并非任何人的解释活动都是在一定方法指导下实施并运用于具体的裁判活动,通常,裁判者的解释活动才具有此种活动的性质。我们所探讨的法律解释主要以司法裁判活动为分析对象,指的是裁判者在个案裁判中,对与案件相关的法律规范进行解释的活动。与广义上的法律解释相比,裁判者在具体个案的法律适用中发现、理解和阐释法律的活动即为狭义上的法律解释活动。此种法律解释活动是以司法权为中心的法律适用活动,是法律解释学研究的重点。此种解释之所以要成为法律解释学的考察重点,原因在于:一是此种解释具有个案拘束性,即针对特定个案所作的解释,可以直接发生法律效力,成为案件的大前提。二是此种解释对其他案件具有参考价值。虽然法律解释的结论并不具有普遍拘束力,但是,它可能对同类案件具有参考价值。三是此种解释具有典型性。在法律解释学上,裁判者所进行的解释是最典型的,最充分地反映了解释活动的特点和规律。法律解释学是从裁判者解释法律的活动出发,总结其规律,为法律适用活动提供理论基础[①],因而只能以裁判者的解释活动为考察对象。法律解释学强调解释方法的普遍运用,是在裁判者的共同的解释经验基础上提炼出来的关于解释的一般理论。因此,法律解释学意义上的法律解释的主体主要限定为裁判者。

2. 对象特征,即法律解释的对象主要是法律文本。解释都是依据一定的方法对文本进行理解和阐释的活动。“解释学是关于与文本相关联的理解过程的理论。其主导思想是作为文本的话语的实现问题。”[②]“文

---

① 参见陈金钊:《法律解释的哲理》,山东人民出版社1999年版,第41页。

② [法]保罗·利科尔:《解释学与人文科学》,陶远华等译,河北人民出版社1987年版,第41页。

本”的概念及其解释是所有解释学的基础和核心，甚至可以称为社会科学的重要方法和内容。[①] 在成文法背景下，法律的安定性和法制的统一性要求法律以文本形式表现出来，这些法律文本就是法律解释的对象。裁判者在具体个案中适用法律，就是以文本作为其裁判依据，而且原则上必须从文本中寻求可供适用的大前提，而不能脱离文本。“解释的全部前提条件都必须存在于法律自身之中，唯其如此，解释本身才能具备一般性与必然性。”[②]法律解释学与其他解释学的区别就在于解释对象的特殊性，即其以法律文本作为解释对象。法律文本具有权威性和约束力，它不仅体现为对当事人的约束，而且体现为对裁判者自身的约束。因此，裁判者在阐释中应当首先表现出对文本的忠诚。正如列贝尔所指出的，“最重要的是，在阐释中必须保持对文本的忠诚，阐释是一个个特定的因素积累而成的，不应把一些无关的东西塞进文本”[③]。对文本的忠诚就是对法律的忠诚，裁判者不应该完全撇开文本，而以自己所理解的社会效果来替代文本的含义。狭义的解释方法和价值补充都是在文义的可能范围内进行解释，漏洞填补也应该从文义出发来识别漏洞。即使不能从文本中找到填补漏洞的规则，也要尽可能从文本的相关规则中采用类推等方式来确定具体的规则。法律文本的特殊性决定了其应当有特殊的解释方法，而不应简单照搬解释学上的一般解释方法。

3. 目的特征，即法律解释的目的是准确阐释、发现、发展法律。萨维尼曾言：“解释法律，系法律学的开端，并为其基础，系一项科学性的工作，但又为一种艺术。”[④]在萨维尼看来，法律解释既是一门艺术，又是一门科学。[⑤] 笔者认为，一方面，解释是一门科学。应当指出，如果用科学具有计量性的标准衡量，那么法律解释可能并非一门科学。但如果

---

① 参见曹志平：《理解与科学解释——解释学视野中的科学解释研究》，社会科学文献出版社 2005 年版，第 152 页。

② ［德］萨维尼、［德］格林：《萨维尼法学方法论讲义与格林笔记》，杨代雄译，法律出版社 2008 年版，第 8 页。

③ Francis Lieber, *Legal and Political Hermeneutics: Principles of Interpretation and Construction in Law and Politics*, F. H. Thomas, 1880, p. 170.

④ 转引自王泽鉴：《法律思维与民法实例》，中国政法大学出版社 2001 年版，第 212 页。

⑤ 参见［德］卡尔·拉伦茨：《法学方法论》，黄家镇译，商务印书馆 2020 年版，第 396 页。

将法律看作正确阐释法律规范的意旨,探寻法律发展的规律或者不断认识法律的真理,从这一意义上可以说它就是一门科学。按照萨维尼的看法,“借助这种活动‘我们可以认识法律的真理,更确切地说是通过运用有规律的程序,法律的真理可以被认识到’,此时,他明显是将法律科学的陈述隶属于真理概念。”①另一方面,法律解释又是一门艺术。借助于法律解释这种艺术,就使得裁判者更能清晰地理解文本,并在法律存在漏洞时,充分发挥主观能动性续造法律。科学的法律解释工作是以科学的解释方法为先导的。只有从根本上掌握了法律解释的方法,才能实现法律适用的准确、统一、一致,真正实现立法者所预期的效果。法律解释的直接目的在于:

一是准确阐释文本的含义,从而忠实贯彻立法精神。为公正地裁判,准确地适用法律,法律解释有助于克服机械适用法律的弊端,准确理解法律的意旨。正如拉伦茨教授所指出的,“解释乃是一种媒介行为,借此,解释者将他认为有疑义文本的意义,变得可以理解”②。法律解释的过程是理解、阐释法律和发现法律的过程。通过解释,使法律规范与案件事实相联结。③而狭义的法律解释就是发现法律、探求法律真意的过程,它最直接、最充分地表现了法律适用的特点。裁判者在具体个案的裁判中,应当准确理解立法者的立法目的和宗旨,在具体个案中体现立法者的精神。法律解释也有利于约束裁判者的自由裁量权,保障裁判者依法公正裁判。

二是发现法律。发现法律其实就是寻找并确定契合个案事实的大前提,从而实现寻求准确的裁判规则。“徒法不足以自行”,在司法三段论中,大前提和小前提的连接并非自动的过程,大前提和小前提也并非一一对应的关系,小前提并非可以轻易地与大前提连接。适用法律的难点在于大前提和小前提的连接,而适用法律的艺术也表现于此。所以,伽达默尔指出:“如果有人认为法律在某个具体案件上的运用只是把个别置于一般之中的逻辑归属过程,那显然是一种外行的看法。”④

---

① [德]卡尔·拉伦茨:《法学方法论》,黄家镇译,商务印书馆2020年版,第398页。

② [德]卡尔·拉伦茨:《法学方法论》,陈爱娥译,商务印书馆2003年版,第19页。

③ Larenz, *Mehtodenlehre der Rechtswissenshcaft*, 3. Aufl., 1975, S. 298.

④ [德]伽达默尔:《真理与方法》(下卷),洪汉鼎译,上海译文出版社1999年版,第685页。

“法由浩如烟海的法律规范组成。必须从这些大量的规范中挑选出‘适合于’当时的问题或纠纷的法律规范并予以适用，也就是‘解释’（auslegen）。”[①]从这个意义上说，法律解释方法是寻找大前提的司法技术、找法技术，是发现并转述立法者的价值判断于具体案件的方法。法律解释方法就是一个发现立法者体现在实定法中的价值判断，从而确定纠纷解决的大前提的方法。[②] 法律解释就是连接大前提和小前提的桥梁，使法律得到有效的适用。

三是完善法律。法律解释的重要目的之一是通过解释使法律规范相互之间形成一种有机的、和谐的整体，形成逻辑的体系。“这意味着在法条可能的文义范围内和意义脉络范围内进行解释时应尽可能避免评价矛盾。”[③]一方面，借助于法律解释，可以发现现行法律的缺陷或矛盾，进而可以通过立法或漏洞填补的法律解释技术完善法律规则，从而使得法律体系的破损得以修补。在成文法国家，这种功能尤其体现在对成文法的修补之中。由于许多法律是在不同时期制定的，体现了不同时期立法者的价值判断，所以难免形成冲突和不和谐问题，这就需要通过法律解释来促进法律的和谐、统一。而在判例法国家，法官通过法律解释的“区别技术”推翻先例时，也并不是意味着对既有法律的否定，而恰恰相反，正是在以特殊的方式维护法律整体，从而使得法律更加具有可适用性。[④] 正如法谚所云：“法律解释的最佳方式，在于使法律与法律调和。”法律解释的重要功能之一便是构建逻辑自洽、秩序统一的法律体系，通过法律解释消除法秩序中的体系违反，从而使得法律所追求的价值以可理解及验证的方式，落实到社会生活之中。[⑤] 另一方面，法律解释的运用，可以充分调动裁判者完善法律的积极性。[⑥] 在法律解释的技术使用不充分时，裁判者往往是被动地机械适用法律；而在法律解释技术的使用充分时，裁判者可以主动地适用法律，从而为法律体系的

---

① ［德］魏德士：《法理学》，吴越等译，法律出版社2005年版，第287～288页。

② 参见王轶：《民法价值判断问题的实体性论证规则——以中国民法学的学术实践为背景》，载《中国社会科学》2004年第6期。

③ ［德］卡尔·拉伦茨：《法学方法论》，黄家镇译，商务印书馆2020年版，第421页。

④ 参见谢晖：《解释法律与法律解释》，载徐显明主编：《山东大学百年学术集粹》（法学卷），山东大学出版社2001年版，第218页。

⑤ 参见黄茂荣：《法学方法与现代民法》，法律出版社2007年版，第462页。

⑥ 参见余继田：《实质法律推理研究》，中国政法大学出版社2013年版，第281页。

完善提供更为丰富的素材。

四是发展法律。法律不可能不存在漏洞,法律的发展过程在很大程度上是裁判者不断补充和完善法律规则、填补法律漏洞的过程。立法即使很完备也会随着社会生活的发展而出现滞后性。即便在《民法典》颁布之后,规则已经基本完备,但其也不可避免地存在滞后性。针对此种滞后性,简单通过频繁地修改法律,不仅成本巨大,也会影响法律的稳定性,因此就需要通过法律的解释克服此种滞后性,从而不断地填补漏洞,并发展和完善法典。法律解释也成为法律体系中新规范的生长起点。法律解释可以为新的规范提供客观信息和经验积累,①新的制度体系的形成离不开既有法律解释经验的总结。能够作为新规则生长基础应当是符合法律内在价值体系的解释结论,而对于内在体系外的解释结论,因为其构成特例,因而应当严格限制其扩张。②

4. 方法特征,即法律解释是法律人运用特有的专业化的思维和解释方法阐明法律的活动。法律解释学本质上也是一种找法用法的工具。按照拉伦茨的观点:“法律人(Jurist)之所以成其为法律人,而不是法史学家或法社会学家,就在于它运用法学(jurisrordentieller)的方法。”③尽管伽达默尔等人指出,一般解释学的基本理论,例如文本理论、意义理论、理解和解释的概念、解释的方法和原则等,对于法律解释学来说具有相当的指导意义。④ 但是,法律解释学毕竟不是哲学解释学在法律领域的简单演绎,它是建立在对法律概念、规则和制度的研究之上的。法律解释学也包含了其自身独特的解释方法,例如比较法的运用、社会学解释、目的解释、合宪性解释等。这些特殊的方法也是由法律解释对象的特殊性所决定的。法律解释方法是适用于各种部门法解释的技艺,是对法律解释规律的一般性总结。要掌握准确适用法律的技巧,必须从法律解释的方法入手。法律解释方法的经验性、逻辑性、论理性、可操作性、共识性、成熟性等特点都有助于保障部门法的准确适用。还要看到,法律解释的受众特征直接对法律解释的方法发生影响。在

---

① 参见徐向华主编:《立法学教程》,上海交通大学出版社2011年版,第227页。

② 参见[奥]恩斯特·A. 克莱默:《法律方法论》,周万里译,法律出版社2019年版,第69页。

③ [德]卡尔·拉伦茨:《法学方法论》,黄家镇译,商务印书馆2020年版,第248页。

④ 参见徐振东:《宪法解释的哲学》,法律出版社2006年版,第53~54页。

一般解释活动中,其受众并没有特别的限制。而在法律解释活动中,其受众是特定法律程序中的主体,包括裁判者和案件当事人。法律解释活动是为了作出裁判而进行的,因此需要针对纠纷的当事人进行解释。

5. 价值判断特征,即在法律解释中,裁判者要采取一定的价值判断。法律解释应当是客观的,裁判者的价值判断并非完全基于其个人的价值立场而进行,其应当受到一定的限制。裁判者受到的限制首先来自制定法。虽然制定法是通过文字的形式存在的,价值判断只是隐藏在文字的背后。[①] 裁判者在解释过程中往往通过采取一定的价值立场、价值理念进行裁判,从而实现裁判中的公平、正义。在这个过程中,法律解释具有一定程度的主观性。为了在维护法的安定性的同时实现妥当性,法律解释又需要具有一定的创造性,[②]这也需要伴随着价值判断。但是,价值判断往往具有多元性的特点,裁判者在选取特定的价值取向时不应当是随意的,而应当经过严谨论证。裁判者必须阐明其采取特定价值取向的原因。例如,立法者的价值决定、社会一般人的价值立场等。法律解释是法律适用中的活动,它是为了适用法律而进行的。正如埃塞尔(Esser)所言,"法律解释是指以解释方式阐明抽象法律条文的含义,借以将其明确适用于具体案件,其须趋向于价值之衡量"[③]。在法律解释过程中,作为被解释对象的法律就是立法者价值判断的产物。解释的过程实际上就是探求立法者所作价值判断的过程,其本身也掺杂了解释者自身价值立场的影响因素。法律解释的方法就是为了确立相应的规则,使裁判者的价值判断尽可能符合立法者的意图。

6. 效力特征,即法律解释具有拘束力。法律解释不同于学理解释之处在于,法律解释结论具有法律拘束力,能够直接作为裁判结论。法律解释的拘束力主要表现在:一是法律解释的结论可以作为裁判的大前提,也就是说,其可以作为案件裁判的依据。二是法律解释的结论将直接影响裁判的结果,尤其是在适用某一个裁判规则得出最终的裁判结论后,将产生既判力的法律效果。三是法律解释的过程即便体现为

---

① Canaris, Die Feststellung von Lücken im Gesetz, 1964, S. 19f.

② 参见杨仁寿:《法学方法论》,台北,三民书局1986年版,第118页。

③ J. Esser, *Vorverstäddnis und Methodenwahl in der Rechtsfindung*, 1970, S. 159ff.

说理过程,也可以产生一定的拘束力。其既约束案件当事人,即依据法律解释方法得出的裁判结论对当事人具有法律拘束力,同时,其也约束裁判者自身,也就是说,如果裁判者在说理中运用法律解释方法不当,也可能影响裁判的效力。四是法律解释可以有效约束和规范法官的自由裁量权。因为缺乏法律解释的裁判说理有可能使解释结论具有"武断与专横之嫌",既不能保证裁判的公正性,也可能损害司法的公信力,因此,通过裁判说理能够有效规范裁判活动。

二、法律解释与一般解释的区别

一般认为,法律解释和法律诠释是同一概念,都具有通过各种方法来阐释法律文本的含义。"解释"一词(interpretation)既可以译为"解释",也可以译为"诠释"。[①] 如前所述,法律解释在主体、对象、目的、方法、价值判断等方面具有自身的特征,也正是法律解释活动的上述特征决定了"法律解释"作为一种独特的解释活动的意义。就法律解释之外的诸种其他解释活动而言,又大致可以分为自然科学解释和精神科学(即与自然科学相对应的人文社会科学)解释。前者主要是一种描述性的、说明性的解释,遵守严格的逻辑,解释结论受解释者主观因素的影响较小;而后者主要是一种阐释性和创造性的解释,受解释者主观因素的影响比较大。[②] 就法律解释而言,可以说其兼具自然科学解释和人文社会科学解释的特点:一方面,在很多场合,法律解释也要遵循具有自然科学特点的严密逻辑,逻辑三段论就是一个典型的表现;另一方面,

---

① 有学者使用了"诠释学",而不是"解释学",其目的要么在于追求古朴的文风,要么在于侧重表达法律解释这一人文社会科学领域的解释与自然科学解释的不同。笔者之所以采用"解释",是因为在汉语语境中,"诠释"除了具有古文风之外,与"解释"没有实质性差异,采用"解释"一词可以方便读者阅读和理解。关于该问题,可参见[德]伽达默尔:《真理与方法》(下卷),洪汉鼎译,上海译文出版社2004年版,第968页;朱庆育:《意思表示解释理论》,中国政法大学出版社2004年版,第16页。

② 在德语中,有Erklärung/Auslegung的表述。这两个词各有所侧重,分别用于表达"Interpretation""Hermeneutik"这两个更为抽象的"解释"中的不同的描述对象。前者主要用于表述自然科学领域的解释活动,后者主要用于表达人文社会科学领域的解释活动。《真理与方法》一书中也经常用"Auslegung"一词表示解释,现有大部分德文法哲学著述也用"Auslegung"来表示法律解释。关于自然科学解释与人文社会科学解释的区分,以及在德语表示上的差异,参见[德]伽达默尔:《真理与方法》(下卷),洪汉鼎译,上海译文出版社2004年版,第968页。

法律解释不可避免地受到价值判断的影响，与社会学等科学存在本质上的联系。此外，法律解释与一般的解释主要是针对文本的解释，都具有历史相对性特点，都具有对概念框架依赖性的特点，都受到解释者前见、解释语境、解释学循环等因素的影响。例如，“文本”的概念及其解释是所有解释学的基础和核心，甚至可以称为社会科学的重要方法和内容。[①] 尽管如此，法律解释的特征使得法律解释与一般解释（自然科学解释，神学、文学、史学、哲学等人文社会科学解释）具有明显区别，具体如下：

第一，法律解释是一种职业解释活动。一般的解释没有主体的限制，文本的阅读者都可以成为解释者。与此不同的是，法律解释在法律活动中的不同地位和功能决定了其具有有权解释与无权解释之分，而有权解释的主体具有特定性，通常局限于司法裁判职业群体，尤其是适用法律的裁判者。正可谓，人人都可以理解法律，但并非人人可以解释法律。法律解释主体的限制决定了法律解释活动并非一个简单的法律规范的理解问题，更多的是需要对法律规范的含义进行阐释。而在一般解释活动中，解释者享有极大的自由，可以根据自己的偏好和意志进行自由的理解，在过程上更为自由，解释结论更为丰富，并且没有复数结论之间的优劣之分。但由于法律解释是以裁判者为中心所作出的有权解释，其本质上是一种适用法律的活动环节。[②] 因此，对这种解释活动必须进行一定的规范。从这个意义上说，法律解释学是规范和限制法律解释的学说。

第二，解释结论的唯一性。法律作为行为规则的属性决定了法律解释结论的唯一性。因此，法谚有云：法无二解。由于一般解释活动的对象不是具有强制约束力的事物，因此，每个人对其解释的对象可以作不同的理解和运用。例如，对于同样的文学作品，两个读者完全可以在内心勾勒出不同的故事场景，并达到精神愉悦的目的。并且这种创造性的理解还通常是推动该门学问发展的重要原动力。而法律解释重在寻找作为裁判的依据，因此，解释的结论必须是唯一的。

---

① 参见曹志平：《理解与科学解释——解释学视野中的科学解释研究》，社会科学文献出版社2005年版，第152页。

② 参见陈金钊：《法律解释的哲理》，山东人民出版社1999年版，第41页。

第三,与法律适用关联密切。一般解释活动都是解释者根据自身的需要而从事的解释活动。从解释的目的来看,在普通解释学中,解释者的目的具有多元性和开放性。面对文学文本,解释者的目的可能在于追求诗情画意的美感,也可能出于对文本所反映的社会现实的探究;面对历史资料,解释者可能致力于探求真实历史的整体背景,也可能力求发现历史长河中的纷繁细节;面对哲学论著,解释者通常志在探求论著蕴涵的科学哲理,也可能寻求和学习哲人的抽象思维和逻辑习惯。但与此不同的是,法律解释的目的具有唯一性和明确性。法律解释实际上是法律适用过程的一个环节,"法律解释乃是法适用之不可欠缺的前提,要得到妥当的法适用,必须有妥当的法律解释"①。也就是说,法律解释尤其是司法适用中的解释,其目的就在于为诉争案件的裁判提供一个"三段论"的大前提。所有解释活动的展开和解释方法的采用,都是为了达成关于特定文本的统一具体解释结论。也可以说,法律解释和其他普通解释的根本区别在于,前者是服务于法律适用的,后者并不具有此目的。

第四,从解释方法来说,一般解释的方法是多样的,对解释方法的遵从并不是一个必然的要求。而法律解释方法强调其规范性,这也是追求法律文本的统一解释、培育法律职业共同体的必然要求。法律解释也具有一些不同于一般解释的自身独特的方法,例如社会学的方法、合宪性解释等。即便是一般解释学上所采用的文义解释等解释方法,其和法律解释学上的文义解释等解释方法相比,也是有明显区别的。例如,即使是在文义解释中,法律文本的解释不仅要符合一般语法规则的要求,还要符合专业人士对其含义理解的要求。再如,一般解释主要运用文义解释、体系解释方法,以探求文本的真实含义,而法律解释更看重对立法者目的的理解和解释。

第五,价值判断的特殊性。在自然科学领域,通常排斥解释者主观因素对解释结论客观性的影响。而在人文社会科学领域,受解释者自身价值立场的影响较大,且不同解释者在前见上的差异也会直接影响到解释结论的异同。其针对同一解释对象,可能会得出完全相反的解

---

① [日]矶村哲:《现代法学讲义》,转引自梁慧星:《民法解释学》,中国政法大学出版社1995年版,第193页。

释结论。即使是以客观性、真实性为生命的历史学研究,不同的人也可能基于不同的价值判断得出不同结论。各种历史典籍及评注已经表明这一点。但是,法律解释在价值判断方面具有特殊性:一方面,法律解释结论的同一性要求解释者的价值立场具有一致性。针对同样的问题,不同的解释者理应采取同样的价值判断。法律解释要么是发现并转述立法者在法律中的价值判断结论,要么是自己做出价值判断。另一方面,在法律解释的价值判断中,需要着重考虑法的安定性与妥当性的关系,尽量在二者之间找到一个平衡点。

总之,我们所说的法律解释特指裁判者在适用法律过程中进行的有权解释活动。自近代以来,法典化运动的发展,产生了比较频繁和迫切的成文法解释的需要。而哲学解释学自身的发展完善,也推动了解释理论的发展,并逐渐被运用于法律领域。基于法律适用的需要,法律解释学也逐渐脱离了解释的一般理论,而发展成为解释学的重要分支。同时,法律解释学的自身发展,也越来越显现出其自身的独特性。法律解释受理论界关注的程度日益增加,关于法律解释方法的研究已经成为一门相对独立的学问。

三、法律解释的功能

大千世界的万事万物都需要解释,“法律是需要解释的概念”。①法律解释的目的并非“就法论法”,而在于准确适用法律,从而实现法的安定性和妥当性的平衡。法律解释是适用法律的一种手段。法律解释的作用就是解释者通过法律解释和法律适用其达到所要的效果。

(一)关于法律解释功能的学说

关于法律解释的功能,学界存在不同的看法,概括起来有以下几种观点:

1. 文义阐释说。此种观点认为,法律解释(statutory interpretation)就是解释者将自己对法律文本意思的解释通过某种方式表现出来。②换言之,法律的解释是科学地阐明法律规定的内容与含义,确切地理解法

① *Law is an Interpretive Concept*, See Ronald M. Dworkin: Law's Empire, Cambridge/Mass: The Belknap Press of Harvard University Press, 1986, p. 47.

② 参见张志铭:《法律解释概念探微》,载《法学研究》1998 年第 5 期。

律规范中所体现的统治阶级的意志,从而保证法律规范的准确适用。①

文义阐释说准确地概括了法律解释的功能。应当说,所有的法律解释最终都是为了阐释法律的文义,虽然方法各有不同,但都是为了谋求阐释法律的文义这一终极目标。价值补充的方法最终也是通过将不确定概念和一般条款具体化的方式来阐释法律的文义。各种漏洞填补方法表面上似乎是寻求新的规则,但在寻找和确定这些新规则过程中同样需要对其文义进行解释,使其能够和具体案件相连接。因此,法律解释的直接目的就是阐释文义,至于在狭义解释方法中需要通过目的解释的方法来探求立法者的目的和意图,只不过是探求法律文义的一种方法和手段。社会效果考量也是为了探求法律文义是否符合社会现实需求。然而,阐释法律文义并非法律解释的唯一目的。文义的阐释不是法律解释的终极目标,各种解释方法的运用最终是为了确定解决纠纷所依据的法律规范,即确定法律适用的"大前提"。所以,将阐释法律的文义作为法律解释的唯一功能是欠妥当的。

2. 寻找法源说。此种观点认为,法律解释并不是简单地解释法律的过程,而是包括了法律发现、法律理解和作出裁决的全过程。寻找法源就是在司法三段论中确定大前提,即寻找法律渊源的过程。例如,日本学者来栖三郎认为,法律解释"不只确定作为法源的制定法的意义,且以确定何者应当是法为目的的作业"。②

应当看到,法律解释的一个重要任务是寻找法源,但是寻找法源的概念仍过于宽泛。它将法律解释等同于法律适用,包括了法律适用中的各个环节,即寻找法律,理解阐释法律,经过司法三段论得出判决结果。应当承认,寻找法源说看到了法律解释与其他解释的不同之处,即它具有与纠纷解决密切联系的特点。这一观点实际上将事实认定、法律寻找和解释、裁判的作出都作为法律解释来理解,显然不甚妥当。严格地讲,寻找法律的过程是整个法学方法论的过程。而法律解释通常只是在已经寻找到待适用的法律规则后,就该规则的具体含义所进行的解释。从这个意义上说,寻找法源其实只是法律解释的部分任务,在

---

① 参见孙国华:《法学基础理论》,法律出版社 1982 年版,第 296 页。

② [日]来栖三郎:《法的解释与法律家》,载《私法》第 11 号。转引自[日]碧海纯一:《现代法解释学中的客观性问题》,载《现代法 15,现代法学的方法》,岩波书店,第 1 页。

已经找到待适用的法律规则之后,还需要进一步对该规则进行解释,使之与具体的案件事实相联系。因此,寻找法源说虽不无道理,但不能概括法律解释的全部功能。

3. 价值发现说。此种观点认为,法律解释并非简单地解释法律条文,而是要发现法律条文背后的价值并进行判断的过程。例如,日本学者尾高朝雄认为,法律解释不是单纯就法律的理论认识作业,而是将借由成文法形式以表现出其轮廓的价值体系,予以具体地形成和发展的作业。法律解释学的论证,不是单纯真理的论争,而是价值观上的斗争。①

价值发现说是从价值判断的角度来阐明法律解释。不容置疑,价值判断是贯穿于法律解释的重要内容,也可以说,几乎所有的法律解释都是价值判断过程。但是,价值发现说强调价值的取舍,具有过分抽象的弊端,没有为法律解释提供比较明晰的说明。一方面,在文义解释中,如果文义清晰,通过文义一般理解能够解释出其含义,则立法者的意图已经通过文义表示,而无须价值判断。另一方面,对文义阐释的过程始终伴随着价值判断。法律文本的字面含义是比较容易理解的,甚至初懂法律的人也可以从文本本身的字面含义来了解文本的大致意思。但是,如何透过文本来把握立法意图和目的,并非易事。裁判者不是机械的执法者,也不是仅仅服从于法条的字面含义,其可以通过目的解释、扩张解释、目的性扩张等各种方法,来对法律条文做出超出其字面含义或者窄于其字面含义的解释,从而实现立法目的。这一过程本身就是一个价值判断的过程。因此,价值判断和文义解释是很难分开的。更何况,价值判断包含的范围非常宽泛,不仅包括了对立法目的的探求,还包括了利益衡量等。② 而利益衡量却很难作为一种独立的法律解释方法存在。

4. 探求意图说。此种观点认为,法律解释的功能是探求立法意图,其中包括立法者立法时的主观意图和法律本身所反映出的客观的立法目的与意图。③ 法律解释就是指解释者将自己对法律文本意思的理解

---

① 参见杨仁寿:《法学方法论》,台北,三民书局 1986 年版,第 19 页。

② 参见吴庆宝主编:《法律判断与裁判方法》,中国民主法制出版社 2009 年版,第 256 页。

③ 参见孙国华、郭华成:《法律解释新论》,载《政治与法律》1988 年第 5 期。

通过某种方式展示出来的活动。[①] 有的国家民法典甚至明确规定,法律解释必须探求立法意图。例如,《意大利民法典》第12条规定:“在适用法律时,只能根据上下文的关系,按照词句的原意和立法者的意图进行解释,而不能赋予法律另外的含义。”

探求意图说是从探求立法意图的角度来阐明法律解释的任务。应当看到,法律条文在不明晰的时候,确有必要探求立法者的意图。裁判者所承担的任务主要是要在适用法律时探明立法者制定该条文时采用的字句的意思,探求立法目的和意图是许多法律解释的重要工作。例如,目的解释和历史解释就是为了探求立法目的;而其他许多解释方法也需要以探求立法目的为基础,例如扩张解释和限缩解释都要以探求立法目的为前提,而后才能在此基础上进行扩张或限缩。运用社会学解释方法也要考量立法目的,所追求的社会效果不能完全偏离立法目的。即使是漏洞填补的方式,也不能完全离开立法目的探求,而必须在可能的立法目的前提下寻求法律漏洞填补的方法。探求意图说也解释了很多情况下法律解释的内容,但是,探求意图仍然不能作为法律解释的唯一功能。因为,一方面,探求意图主要还是阐释法律文义的手段或途径,而法律解释是希望通过探求立法目的来解释法律文义,从而寻得解决纠纷的“大前提”。另一方面,裁判者不能完全通过探求立法意图来确定“大前提”。在一些案件中,立法者的意图有利于案件的处理,但是,“代议制立法机关是那样复杂,在法庭中再现立法者的意图并表现其历史过程”。[②] 在我国,立法过程也较为复杂,立法意图的寻找本身非常困难。更何况,立法意图只是法律解释的依据之一,并非法律解释的全部。例如,社会学意义上的社会效果、比较法的经验、法律的外在体系等都是法律解释的依据。

(二)法律解释的功能

本书认为,法律解释的直接目的是通过运用各种法律解释方法来阐释法律文本的含义,寻找裁判依据。但是,在解释法律过程中,通过对各类解释方法的运用和合理逻辑推演,客观上往往起到消解法律歧

---

① 参见张志铭:《法律解释操作分析》,中国政法大学出版社1999年版,第16页。

② John Henry Merryman & Rogelio Perez-Perdomo, *The Civil Law Tradition*, 3rd ed., Stanford University Press, 2007, p. 44.

义、阐明模糊概念、填补法律漏洞等效果或功能，具体如下：

1. 准确阐释法律文本的含义

法律解释的对象首先是法律文本，即法律规范中的“条文”。“在任何法律制度中，法院的首要任务是确定特定法律条款的含义。”[①]狭义解释的各种方法都旨在确定文本的含义，从而确定纠纷解决的大前提。只不过在解释过程中，各种解释文义的方法之间存在差异，故形成了各种不同的分类。例如，历史解释旨在通过立法的历史过程来探求法律文本的含义，目的解释旨在通过立法者的立法目的来探求法律文本的含义，而社会学解释则旨在通过社会效果的考量来探求法律文本的含义。所以，各种狭义法律解释方法都旨在确定法律文本的含义。即便是价值补充，也是通过对不确定概念和一般条款的具体化来确定法律文本的具体含义。按照拉伦茨的看法，所有的法律文本原则上都能够被解释，也需要被解释；法律需要解释，这并不是因为法律本身具有缺陷，而是使对文本的理解更加精细、准确。因而，解释实际上是法律得到正确适用的一种工具和方法。[②] 据此，本书认为，各种狭义的解释方法都要回到对法律文本含义的阐释中来。

在进行法律解释之前，解释者需要对法律文本先加以理解。但需要指出的是，“理解”只是解释者内心的体悟，而“解释”则是将此种体悟表达于外的过程。法律解释中虽然需要解释者先对法律文本加以理解，但理解本身并不是解释过程的一部分。在理解的基础上，解释者要对法律文本加以阐释。所谓阐释，是指法律人在理解的基础上，将法律文本的含义表达出来。阐释的过程需要运用主客观结合的法律解释观来对文义进行阐明。阐释首先应该从文本本身的含义出发来进行理解。但是，阐释法律又不能仅仅拘泥于文本的字面含义。文本的字面含义并非阐释法律的唯一依据，按照法律解释中法的妥当性的要求，必须参照诸多因素进行阐释，以得出妥当的法律解释结论。此时，要考虑法律的外在体系、内在体系、立法历史、社会学意义上的社会效果、比较法的经验等。

---

① 孔祥俊：《法律解释方法与判解研究》，人民法院出版社 2004 年版，第 322 页。

② 参见[德]卡尔·拉伦茨：《法学方法论》，黄家镇译，商务印书馆 2020 年版，第 264 页。

2. 寻找并确定解决纠纷的大前提

裁判者解释法律的首要目的在于寻找裁判依据,也就是说,通过解释法律而确定解决纠纷所依据的法律规范。此处所说的“寻找”不是一个宽泛的寻找法律的过程。一般的找法活动属于法学方法论的范畴,就法律解释学而言,其所说的“找法”是指通过法律解释,寻找裁判依据,使据以适用的法律规范的含义更加明确,能够准确地适用于个案之中。解释法律文义的目的也是实现确定裁判的法律依据这一“找法”的目标。恩吉施指出:“作出结论本身……(不需要)我们费太大的力气,主要的困难在于寻找前提。”①“法由浩如烟海的法律规范组成。必须从这些大量的规范中挑选出‘适合于’当时的问题或纠纷的法律规范并予以适用,也就是‘解释’(auslegen)。”②从这个意义上说,解释方法都是寻找大前提的司法技术、找法技术,是发现并转述立法者的价值判断于具体案件的方法。

在法律解释中,找法过程包括以下几个方面的内容:

第一,在确定了案件事实之后,寻找适用于该案件的法律规范,即所谓的大前提。所谓“以法律为依据”,就是要寻找恰当的大前提。魏德士指出,“法的获得属于方法问题”③,也就是说,欲找到恰当的大前提,必须借助法律解释学的技术。法律的一般性和非人格性的特征决定了只有将其与具体案件事实相联系,才能产生最佳的调整效果。而法律与具体案件事实是否能够形成有效的连接,需要遵循特定的规律、依循一定的方法,发现抽象的法条,并阐释其文义,在法无规定的时候填补法律的漏洞。

第二,如果存在多个可供适用的大前提,还需要通过法律解释来选择最为妥当的大前提。拉伦茨曾经指出,法律解释方法在运用中,按照司法三段论的原理,首先要从现行有效的法律规范中抽取出所有个别规范共通的法律理由并予以一般化,同时必须详细审查,这种审查方式包括积极审查和消极审查,积极审查是指通过对事实审查判断某一规范是否可以适用,而消极审查则是排除某一规范的适用。因特定事件

---

① [德]卡尔·恩吉施:《法律适用的逻辑结构》,第13页。转引自[德]罗伯特·阿列克西:《法律论证理论》,舒国滢译,中国法制出版社2002年版,第284页。

② [德]伯恩·魏德士:《法理学》,吴越等译,法律出版社2005年版,第287~288页。

③ [德]伯恩·魏德士:《法理学》,丁晓春、吴越译,法律出版社2003年版,第289页。

类型的特性而采取不同的方法。①

第三,明确了具体适用的某个大前提之后,如果对该大前提也存在复数的解释以至于存在不同的法律后果时,则仍需要进行法律解释。在论证连接过程时,不仅要对援引的规则进行解释,而且要论证规范要件与案件事实要件事实的对应性。在连接过程中,有可能发现多个法条都与案件事实存在对应性,此时应根据最密切联系原则选择妥当的裁判依据,除了构成要素以外,还要从价值判断着手,考虑是否具有最密切的联系性。

第四,通过解释使大前提和案件事实即小前提相连接。法律解释的过程可以说是一个寻找大前提的作业,连接要实现大小前提的结合,而这一结合的过程往往需要循环往复地考察。事实上,事实要件和法律规范的联系,在实践中的操作也并非一次就终结的,在法律适用过程中,法官往往需要通过在大前提和小前提之间反复地考察才能够实现有效连接。因此,在德国,恩吉施教授首先提出了所谓"目光的往返流转"(Hin-und Herwandern des Blickes)。他认为:"对于大前提而言,重要的是什么与具体情形存在关联,而对具体情形而言,重要的是什么与大前提存在关联。但如果人们予以更仔细的考虑,那么这里仅涉及大前提与生活事件之间的持续相互影响,一种在大前提与生活事件之间的目光往返流转(Hin-und Herwandern des Blickes zwischen Obersatz und Lebenssachverhalt),而不涉及一个有瑕疵的循环。"②他强调了法律的适用是一个多阶段、逐步深入的选择过程,通过这一过程,将不相关的规范、解释可能和事实被一步步地排除出去③。拉伦茨教授也强调了在法学方法论中目光流转于规范与事实之间的必要性。他认为,以案件的事实为起点,判断者进一步审查,可以适用在案件事实的法条有哪些,根据这些法条的构成要件再进一步补完案件事实,如果法条本身不适宜作立即的涵摄,便须针对案件情境作进一步的具体化④。通过目光

---

① Vgl. Larenz /Canaris, Methodenlehre der Rechtswissenschaft, 3. Aufl., Springer, 1995, S. 205f., 217 f.

② Karl Engisch, *Logische Studien zur Gesetzesanwendung*, 3. Aufl., Heidelberg, 1963, S. 14–15.

③ 参见[德]齐佩利乌斯:《法学方法论》,金振豹译,法律出版社 2009 年版,第 130 页。

④ 参见[德]卡尔·拉伦茨:《法学方法论》,黄家镇译,商务印书馆 2020 年版,第 356 页。

往返流转,在事实和法律之间来回穿梭,从而寻找最密切联系的规则。

当然,也不能把找法过程简单地等同于法律解释。易言之,找法过程和法律解释虽有重合,但还是有区别的。在找法过程中,应当选择何种解释方法来对法律文本的含义进行阐释,必须有一定的规则,而这种规则就是法律解释的内容。如何通过解释法律阐释文本的含义和目的、寻求立法者的意图,使法律规定能够适应社会发展的需求,这些都不是“找法”这个概念所能涵盖的。此外,法律规则能否通过裁判活动的适用而体现正义、安全等价值,均有赖于裁判者对法律的解释。为了保障法律解释活动能够实现立法的规范目的,裁判者的解释活动也必须受到严格的规范和约束。有关法律解释方法的运用规则、程序、顺序等都旨在保障裁判者能够正确地“找法”。

3. 发展和完善法律

法律解释的过程不仅是一个适用法律的过程,也是一个发展和完善法律的过程。成文法天然具有一定的滞后性,如果某一法律条文所规范的社会关系存在的背景发生了重大变化,原来的成文法可能已经不适应新的社会生活,则需要裁判者通过法律解释的方法并根据新的社会情况发展法律。一方面,法律表述具有一定程度的模糊性和不确定性,通过文义解释等方法可以使其具体化,通过目的解释、历史解释等方法可以使其明晰化。在狭义解释中,扩张解释或者限缩解释等方法本身已经突破了法律文本的字面含义。裁判者通过对实践中生活事实的理解,通过扩张的方法,来创造性地填补立法者在文义表达上的局限。通过体系解释等方法也可以化解体系内部的矛盾和冲突,通过社会学解释等方法可以促进法律的与时俱进。因而,各种狭义解释方法也具有发展和完善法律的功能。另一方面,在不确定概念和一般条款的具体化过程中,也可以使法律保持适当的开放性,使这些概念、条款能够适应社会变化的需要。尤其应当看到,在法律漏洞填补的情况下,通过裁判者填补漏洞,有助于发展和完善法律。在现代社会,裁判者不得以法无明文规定为由而拒绝接受对民事案件的裁判,也不得以法律规定不明确为由而拒绝援引法律条文,凡是不援引法律规定的裁判均为恣意裁判。但在法律存在漏洞,又难以通过法律的及时修改得以完善的情况下,就可以通过裁判者填补漏洞来解决个案适用中的不完善问题,[①]这个过程就是对法律的完善。拉兹在其关于为什么要进行法律解释的讨论中指出,进行法律解释可以有四个方面的理由:连续性(continuity)、权威性(authority)、法律的发展(legal development)和公平(equity)。他认为,前两项,即保持法律的连续性与权威性是法律解释的核心功能,也是法律解释区别于其他解释(如艺术解释、文学解释)的关键所在。[②] 笔者在本书中所强调的发展和完善法律也正是此意。

在法律解释过程中,裁判者不是创造法律,而是通过发现立法意图和立法目的来弥补法律的漏洞。法律解释的运用也为法典的修改提供了可靠的实证经验。"每一次发展的法律体系,都必须经过一段由司法判决以形成法律的时期。"[③]从大陆法系国家的法律发展来看,正是在裁判者的解释中发展出了缔约过失责任、情势变更原则、一般人格权、附保护第三人效力的契约等制度,从而使法律与社会生活相协调,[④]使古老的民法焕发了新的生机。在我国司法实践中,裁判者有时也针对法律漏洞,结合习惯、法律原则等创造尚未由立法计划所预测或者完成的法律规则,进而填补漏洞。在我国《民法典》颁布前,裁判者通过法律解释的方法已经形成的规则,逐步也已经为民法典所采纳。例如,情势变更、禁止权利滥用、第三人代为履行、侵害人格物的精神损害赔偿等制度,逐渐被司法解释和《民法典》所吸纳。由此可见,裁判者在裁判中解释法律得出的结论,也在不断促进着法律的发展与完善。法律解释在发展和完善法律方面的作用主要体现在:

一是填补法律漏洞。"法典不可能没有缝隙。"[⑤]事实上,法律漏洞是两大法系共同面临的法律难题,如何确定法律漏洞以及如何对其进行填补成为几十年来法学界讨论的核心问题之一。由于人类认识客观世界的局限性和法律的滞后性等原因,决定了法律漏洞是任何国家民法中都不能回避的一个问题。具体到法律适用中,由于法律的不完善

---

① See John Henry Merryman & Rogelio Perez-Perdomo, *The Civil Law Tradition*, 3rd ed., Stanford University Press, 2007, p. 46.

② See Joseph Raz, *Why Interpret*, 9 Ratio Juris 349, 357 (1996).

③ Ehrlich, E., *The Sociology of Law*, 36Harv. L. Rev. 130(1930), p. 134.

④ 参见[德]维亚克尔:《近代私法史:以德意志的发展为观察重点》(下),陈爱娥等译,上海三联书店 2006 年版,第 496 ~ 510 页。

⑤ Hans Hattenhauer, Einführung, in Allgemeines Landrecht für die Preußischen Staaten von 1794, at 1, 21.

和缺失,裁判者经常面临适用法律的困难。裁判者有时无法找到据以裁判案件的依据,有时找到的依据不止一个,且彼此间存在冲突,这都会使裁判者的选择面临困难。在此情况下,立法机关很难在短时间内作出反应,裁判者只能通过积极地填补法律漏洞,以依法作出公正的裁判。从这个意义上讲,填补法律漏洞是裁判者行使司法审判权过程中的一项重要活动。总体上说,大陆法系学说的发展正呈现出一种积极鼓励裁判者发挥其在填补法律漏洞方面的造法功能、发现社会生活中的活的法律的趋向,此种学说的发展已对大陆法系国家民法的发展产生了十分重要的影响。所以,民法典在给裁判者适用法律带来巨大方便的同时,也因为法律的解释方法的多样化而给民法典带来了新的生命和活力。一些大陆法系国家在制定新的民法典时,都非常注重给裁判者解释法律留下足够的空间。

二是克服成文法的刚性并弥补其不足。成文法具有一般性、非个别性调整的特点,即它具有抽象的、一般的属性,所以,它需要通过解释使其能够涵摄到特定的案件。成文法在适用中也可能存在在规则之间、用语之间、表述之间出现并不完全和谐一致的现象,尤其是法律是在不同时期制定的,体现了不同时期立法者的价值判断,难免形成冲突和不和谐问题,这就需要通过法律解释来促进法律的和谐、统一。正如法谚所云:"法律解释的最佳方式,在于使法律与法律调和。"成文法也具有不可避免的滞后性,这就需要裁判者通过探求立法者的本意,考虑国家、社会在不同时期的发展需要,平衡各方当事人的利益,在这些抽象概念中确定具体的规则或者确定这些概念适用的具体对象与范围,从而丰富民法典的内容。① 法律解释活动还可以有效地克服成文法的刚性,缓和其滞后性,弥补其缺陷,从而成为克服成文法刚性和僵化缺点的"润滑剂"。从这个意义上讲,法律解释活动越发达,科学性越强,成文法的生命力就越长久,其在社会生活中的规范效果就越明显。如果相关的解释技术比较落后,成文法在遭遇挑战之后的生命力就显得十分脆弱,许多内容很快会暴露出其滞后性并最终被废弃。所以,在大陆法系"除了法条上所谓漏洞的填补外,对于严格遵守条文而造成困

---

① 参见[法]雅克·盖斯旦、[法]吉勒·古博:《法国民法总论》,陈鹏等译,法律出版社2004年版,第415页。

难,不公平或是当事人借着法条以为诈欺之工具者,裁判者还必须加以消灭或减少此种情形的产生。他们所使用的方法是对法条作广泛的解释(extensive interpretation),凭借此种方法,裁判者可以扩张、限制或修正制定法的范围和意义以引导正义”①。

三是细化成文法的一般性规定,并发展和完善法律规则。成文法一般性、概括性的特点需要借助法律解释予以细化,同时,法官在解释法律过程中,又可以不断地运用规则创设新的规则。“每一次发展的法律体系,都必须经过一段由司法判决以形成法律的时期。”②近几十年来,德国、法国法院的部分判例在一定程度上弥补了立法的空白,对其他案件的裁判具有指导性和约束力。法典中的一些弹性条款,如诚实信用、善良风俗、公共利益等,正是裁判者在具体案件中需要进行解释的对象。裁判者也通过对这些条款的解释产生了一些新的规则,例如,法国法中的禁止权利滥用规则、因物所生的责任的规则、先契约义务规则等,都是通过法律解释的方式创设的。如前所述,法国侵权法规则主要是通过判例来创设的。“结果是,《法国民法典》中有很多空隙,它们已经被后来的注释者和法院所填补。”③而德国法的诚信原则较为抽象,裁判者通过解释该原则,创设了一系列新的制度,包括缔约过失责任、禁反言、情势变更、禁止权利滥用、合同目的解释、权利失权、恶意抗辩、申述丑行者不被采纳、欺诈所得必须返还、积极侵害债权等制度④。这些新的制度和规则极大地丰富了民法典既有条文的内容,使法典能够与时俱进,焕发出新的活力。在我国,细化成文法的一般性规定也是司法的一项重要任务。以王海打假案为例,正是通过裁判者的解释,将知假买假者纳入消费者的概念之中,这也进一步细化了《消费者权益保护法》所规定的“生活消费”的内涵。在 2013 年出台的《最高人民法院关于审理食品药品纠纷案件适用法律若干问题的规定》中,就采纳了一些

---

① 邓衍森:《法律哲学上司法造法的若干问题》,载《东吴法律学报》第 1 卷第 2 期。

② Ehrlich, E., *The Sociology of Law*, 36Harv. L. Rev. 130(1930), p. 134.

③ [英]劳生:《一个普通法学者对法典编纂的看法》,付再明译,载《外国法译评》1987 年第 1 期。

④ 参见[德]莱因哈德·齐默曼、[英]西蒙·惠特克主编:《欧洲合同法中的诚信原则》,丁广宇等译,法律出版社 2005 年版,第 476 页。

案例的经验,承认知假买假者也属于消费者。[①]

当然,发展法律又不等同于让裁判者自由创设法律。法律的安定性始终是成文法的追求,防止裁判者的恣意解释和创设也是实现这一追求的必要做法。这就需要按照庞德的建言那样,"探索变化原理"。法官只能在法律规范的框架内解释和适用法律规则。关于法律解释与法律规则之间的关系,萨维尼曾经指出,在解释的过程中,"裁判者从外部把某些东西添加到法律规则之中"。[②] 一些学者甚至认为,裁判者解释法律过程中,"没有创造,就没有解释"。[③] 裁判者通过解释完善法律体系,其方式包括类比推理、"空隙立法"、剪裁事实、法律发现、重新界定概念术语乃至"造法"。[④] "裁判者把抽象的法律和具体的案件事实相结合的过程是一个创造性的解释过程,每个裁判者都是在创造性地进行法律解释。这就是法律解释的创造性特征。"[⑤]上述观点不无道理,因为法律解释过程并非机械的过程,在某些案件,特别是在疑难案件中,裁判者解释法律也要具有一定的"创造性",但这种创造和"造法"仍然是有区别的。在狭义的法律解释中,裁判者对法律的解释仍然是在可能的文义范围内来阐释文本的内涵,因而并没有超出法条固有的"射程"。法律本身具有一定程度的抽象性、模糊性,只能交由裁判者在具体案件中予以具体化,这种活动是由法律授权的。裁判者在具体解释法律过程中,也使法律条文的内涵、外延更加清晰、确定,与现实案件的事实有效衔接。从这个角度上讲,裁判者的法律解释活动仍然是适用法律的过程。即使是通过漏洞填补来完善和发展法律,也不是从事

---

① 参见《最高人民法院关于审理食品药品纠纷案件适用法律若干问题的规定》第 15 条第 1 款规定:"生产不符合安全标准的食品或者销售明知是不符合安全标准的食品,消费者除要求赔偿损失外,依据食品安全法等法律规定向生产者、销售者主张赔偿金的,人民法院应予支持。"

② [德]萨维尼、[德]格林:《萨维尼法学方法论讲义与格林笔记》,杨代雄译,胡晓静校,法律出版社 2008 年版,第 173 页。

③ R. Dworkin, *Law's Empire*, Fontana Press, 1986, preface, Ⅲ. Patrick Nerhot, *Interpretation in legal science*, in Patrick Nerhot ed., Law, Interpretation and Reality, Kluwer Academic Publishers, Essays. in Epistemology, Hermeneutics and Jurisprudence. Dordrecht, Boston, London: Kluwer Academic Publishers, p. 195.

④ 参见苏力:《解释的难题:对几种法律文本解释方法的追问》,载梁治平主编:《法律解释问题》,法律出版社 1998 年版,第 32 页。

⑤ 韩成军:《法律解释的创造性》,载《江海学刊》2008 年第 1 期。

法律创设的立法活动，而只是积极意义上的法律解释。裁判者在解释法律中的任务主要不是创造，而是发现立法者的意旨或法律的意旨，裁判者只不过是遵从立法者的意思来解释和适用法律。正如有学者所指出的，“裁判者、律师和学者曾经在数个世纪中争论成文法和宪法解释只是要发现文本的含义，而不是强加或创造某种意义。法治本身要求，法律而非个人对案件进行裁判。如果司法的过程超出了法律解释的范围，就会导致无法无天的局面”①。

四是强化裁判说理。法律解释本身就是裁判说理的过程。“陈述判决理由是公平的精髓。”②在确定一定法律关系的基础上，法官需要援引法律适用于具体的个案进行裁判，但法律的适用不是简单地援引法条的过程，而需要进行妥当地解释。法官需要结合案件事实，对所适用的法条进行文义的、体系的、目的的、历史的等多方面的解释，确定法条的含义，从而寻找与案件事实关联更为密切的大前提。法律解释的过程其实也就是一个说理的过程。具体而言，一是针对当事人所援引的法条说理。当事人在提出请求时，往往也会援引一定的法条，而法官往往也需要对该法条进行解释，并进而确定当事人的主张能否成立。二是法官就其援引法条进行解释。法官当然可以直接援引法条作出裁判。但法官在援引法条时，应当详细阐释所援引法条的含义，并阐述该法条的构成要件及其与案件事实存在何种联系，依据该法条将产生什么样的法律效果等，而不能只是简单地列举几个法条，或者撇开具体的法律规则而直接援引法律原则裁判，这样的裁判都不是真正的依法裁判。三是法律解释过程中的说理，即法官要采取科学的解释方法，就同一法律规则尽可能与其他法官的解释结论相同。法官在解释法律时，应尽可能适用相同的方法和规则，不能随心所欲地解释法律。法律解释的运用也为法典的修改提供了可靠的实证经验。裁判者解释法律的过程其实也是一个验证法律规则是否符合现实需要、能否妥善解决待决纠纷的过程。从司法解释中形成的法律规则，必然在实际运用中是行之有效的。我国《民法典》就是大量采纳了司法解释的规则，因为这

① Miranda Oshige Mcgowan, *What is Legal Interpretations? Against Interpretation*, 42 San Diego L. Rev. 711(2005).

② ［英］彼得·斯坦、约翰·香德：《西方社会的法律价值》，王献平译，中国人民公安大学出版社1990年版，第99页。

些规则已经经过实践的验证,从而保证了《民法典》的实践性和可适用性,也会具有很强的可操作性。

四、法律解释与立法解释、司法解释、学理解释的关系

(一)法律解释与立法解释

就最广义而言,任何对法律文本的阐释都属于法律解释。从这个意义上说,立法解释也是法律解释。所谓立法解释,是指立法机关依据其立法权对成文法进行的有权解释。从立法学的角度来看,除法律另有授权外,应当遵从"谁制定,谁解释"的原则。《中华人民共和国立法法》(以下简称《立法法》)第45条规定:"法律解释权属于全国人民代表大会常务委员会。法律有以下情况之一的,由全国人民代表大会常务委员会解释:(一)法律的规定需要进一步明确具体含义的;(二)法律制定后出现新的情况,需要明确适用法律依据的。"这就明确了立法解释权的主体和权力范围。虽然我国立法机关在民事领域的立法解释较少,但这些解释还是存在的。例如,2014年,全国人民代表大会常务委员会通过了《关于〈中华人民共和国民法通则〉第九十九条第一款、〈中华人民共和国婚姻法〉第二十二条的解释》。

法律适用中的法律解释与立法解释具有密切联系:一方面,它们都是对法律文本所做出的阐释,都包括了对制定法进行解释的内容;另一方面,法律解释者在从事法律解释过程中,也应当以立法和立法解释为基础。正是从两者之间的联系性出发,有学者认为,法律解释应当包括立法解释、司法解释、学理解释,是所有以法律为对象的解释活动的总称。① 这一看法不无道理,但本书中所说的"法律解释"是一个特定的概念,它特指在司法过程中,裁判者在法律适用中对法律所进行的解释,不包括立法解释和学理解释。立法解释与法律解释具有明显的区别,主要表现如下:

第一,性质不同。立法解释在性质上仍然是立法活动的组成部分,立法解释活动是立法权的延伸,是完善和发展法律的方式。就立法解释而言,其主体是立法机关,具体体现为立法机关行使立法权的行为。在立法解释完成以后,立法解释本身成为法律的一部分,也应当成为法

---

① 参见鲁千晓、何媛:《司法方法学》,法律出版社2009年版,第246~247页。

律解释的对象。而法律解释是适用法律的活动,是法律在实际运用中的具体化过程。就裁判者的法律解释而言,其是在个案裁判过程中行使司法权的活动,目的在于探求法律规范的含义,正确适用法律,保证案件的公平裁判,实现个案中的社会正义。尽管立法解释也要填补法律漏洞,但其所针对的立法漏洞本质上属于立法范畴,是需要由立法机关来补救的漏洞,而裁判者在法律解释中所进行的漏洞填补在性质上仍然是一个"寻法"的司法活动,而非立法活动。

第二,解释的主体不同。立法解释是法的制定机关对于其制定的法律的解释。在我国,法律解释权属于全国人民代表大会常务委员会。因此,"立法解释专指我国人民代表大会常务委员会行使对宪法和法律的解释权的理论和制度"①。至于全国人民代表大会常务委员会以外的机关,其有权制定规范性法律文件,并依法解释其制定的规范性法律文件,从这个意义上说,也可以属于广义上的立法解释主体。例如,国务院制定了行政法规以后,它也可以对其制定的行政法规进行解释,但其并不是《立法法》第45条所规定的立法解释范畴。而法律解释的主体主要是裁判者。当然,除裁判者之外,仲裁员等在适用法律过程中也存在解释和运用法律的需求。

第三,解释的对象不同。立法解释的对象主要是立法机关制定的法律法规,而且各个立法机关只能对自己制定的规范性法律文件进行解释。而法律解释中的解释对象不仅包括立法机关制定的法律法规,而且包括最高人民法院制定的司法解释等规范,因此,法律解释中的解释对象范围比较宽泛。考虑到立法解释具有立法的性质,不过是以解释的形式存在的成文法,所以,立法解释本身也是法律解释的对象。

第四,适用范围与效力不同。立法机关进行解释,实际上确定的是具有普遍约束力的规范。萨维尼认为,"如果立法者本身对一部法律进行阐明(立法解释),那么,这一阐明就是通过前一法律而产生的新的法律,而不是对前一法律的解释"②。因此,立法解释具有立法的性质。此种解释具有普遍的拘束力,而且具有与被解释的规范性法律文件同等

① 郭华成:《法律解释比较研究》,中国人民大学出版社1993年版,第151页。

② [德]萨维尼、[德]格林:《萨维尼法学方法论讲义与格林笔记》,杨代雄译,胡晓静校,法律出版社2008年版,第77页。

的效力。《立法法》第50条规定:"全国人民代表大会常务委员会的法律解释同法律具有同等效力。"因此,其应当被理解为立法行为。但立法解释通常都是根据现实的一般需要做出,而不是针对个别案件中适用法律的需要做出的。所以,立法解释虽然会使法律具体化,但是,其往往还具有一定的抽象性。[①] 法律解释(我国的司法解释另当别论)大都针对个案做出,原则上仅具有个案拘束力,只对特定的个案发生效力。当然,如果裁判者对于法律的解释获得普遍认同,该解释经过长期适用也可以通过指导性案例等方式,对裁判者的个案裁判也可能产生参考适用的效果。

第五,解释的启动程序不同。立法解释作为一种立法活动,应当遵循相应的程序。立法解释具有主动性,在颁布法律之后,立法机关可以根据社会需要主动做出。何时进行立法解释,针对何种法律规范进行解释,都可以由立法机关自主确定。而法律解释是法律适用活动的一部分,法律适用本身具有被动性,裁判者不能主动对某些法律问题做出解释,只有在案件审理过程中才存在法律解释的必要性。法律解释是裁判者在司法过程中对与案件有关的法律进行解释从而对案件作出正确判决的审判活动,[②]因此,法律解释大都是事后解释,即裁判者进行的法律解释,通常都是在纠纷发生之后进行的解释。而立法解释虽然可以是事后解释,但通常都是以事前解释的形式表现出来的。

第六,解释的表现方式不同。立法解释要具有普遍的拘束力,它实际上相当于立法,因此必须采取书面的形式向社会公开,这也符合现代法治国家对于立法公开性的要求。而法律解释则是裁判者适用法律中的活动,它大多体现在判决书之中,且应当伴随一定的说理与论证,以证明相关法律解释结论的妥当性。在我国,司法解释既可能是针对个案的,也可能是以规范性文件表现出来的,并不体现在判决书之中。因此,法律解释的表现形式与立法解释并不相同。

从今后的发展趋势来看,我们不仅应当重视立法解释,而且应当重视以裁判者为主体的法律解释。在成文法体制下,要发挥成文法的最大效用,很大程度上依赖裁判者的解释,解释活动越发达,成文法的生

---

① 参见孔祥俊:《法律解释方法与判解研究》,人民法院出版社2004年版,第177页。

② 参见孔祥俊:《法律解释方法与判解研究》,人民法院出版社2004年版,第177页。

命力就越长久。法律解释活动还可以克服成文法因非人格性所表现出来的弱点，使裁判者针对个案进行适当的变通适用。在我国社会转型时期，由于社会生活急剧变化、利益格局不断调整，法律难以及时对社会生活进行应对，难免会产生一定的滞后性。因此，有必要使法律保持适度的抽象性，而将其具体化的问题留给法律解释，使裁判者能够以法律的规定为指导，运用正确的解释方法，平衡各方当事人的利益，以追求最大的法律效果和社会效果。从这个意义上说，法律解释也是规则统一和规则多元之间平衡的需要。

（二）法律解释与司法解释

在我国审判实践中，法律解释常以司法解释的形式表现出来。所谓司法解释，是指最高人民法院、最高人民检察院依法进行的法律解释。在本书中，司法解释是一个特定的法律术语，特指由最高人民法院依据其职权所做出的有权解释。与法律适用中的法律解释不同的是，司法解释的主体仅限于最高人民法院。[①] 虽然司法解释也需要运用一定的解释方法，但其不完全是我们所说的法律解释。在我国，司法解释具有双重属性，它既具有准立法的性质，也具有法律解释的属性。就其准立法性而言，它与法律解释不同，表现在：一方面，司法解释具有普遍的拘束力，它不是针对个案，而是针对具有普遍性的特定问题而作出的。从司法实践来看，司法解释本身也可以像法律一样被裁判者在判决之中作为法律渊源加以援引。另一方面，司法解释确定的都是一种抽象性的规则，在形式上是以法律文本形式存在的。绝大多数司法解释"属于不针对具体个案的抽象解释，各种名称大致有'意见'、'解释'、'解答'、'规定'、'决定'、'办法'、'批复'、'答复'、'通知'、'复函'、'函'、'纪要'等"。[②] 从实质层面来看，司法解释属于造法性的活动，其主要不是针对个案中应当适用的规范的解释，而大多是创制新的规范。因此，从这个意义上说，它与传统的法律解释的含义有所不同。也正是基于这个原因，本书将不专门讨论司法解释的问题。

但也应当看到，司法解释本身也具有法律解释的特性，这主要表现在：第一，其解释的对象依然是法律文本，故司法解释也是解释法律，在

---

① 参见孔祥俊：《法律解释方法与判解研究》，人民法院出版社 2004 年版，第 177 页。

② 张志铭：《关于中国的法律解释体制的思考》，载《中国社会科学》1997 年第 2 期。

这一点上,它完全符合法律解释的特征。司法解释是针对已经颁布和生效的法律所进行的解释,从广义上也可以将司法解释纳入法律解释的范围之中。第二,司法解释主要是针对法律具体适用的需要而进行的解释,其目的在于统一裁判规则,填补法律漏洞,确立裁判依据。从这个意义上说,司法解释的目的也是帮助裁判者在裁判过程中寻找大前提,这与法律解释具有类似性。司法解释和法律解释一样,都需要通过诉讼活动了解法律完善的需要,从而对此做出应对。第三,司法解释也需要运用法律解释的各种方法来进行解释,例如文义解释、体系解释、目的解释、社会学解释等。司法解释和一般的法律解释一样,都必须以探明法律的意旨为其目标,不能违背法律的意旨。司法解释大量地采用了填补漏洞的方法,具有明显的造法功能。第四,司法解释和法律解释都为法律规则的完善提供了可靠的实证经验,从司法解释中所形成的法律规则必然是在实际运用中行之有效的。正是从这个意义上,也可以把司法解释纳入法律解释的范围,法律解释学也应当将司法解释作为其研究对象。

同时,我们也应当看到,司法解释是我国法律中的特殊范畴,不能将其与一般的法律解释简单混同。我国有学者将司法解释和法律解释分别称为规范性司法解释和个别性(具体)司法解释,[①]这也不无道理。具体来说,两者的区别主要表现如下:

第一,是否可以作为法律的渊源不同。在我国审判实践中,裁判者往往直接援引最高人民法院的司法解释判案,这就使最高人民法院的司法解释具有了法律渊源的效力,因此也称为“准立法”。而在我国法律体制之下,判例并不是法律的渊源。裁判者针对个案进行的法律解释不具有普遍的拘束力,不能成为法律渊源。

第二,主体不同。法律解释的主体是所有裁判者,确切地说是审理具体案件的裁判者。而司法解释的主体只能是最高人民法院,地方各级人民法院虽然也享有审判权,并可以针对个案中存在的法律问题进行相应的解释,但并不能发布司法解释。

第三,是否要求阐明其解释方法不同。在法律解释中,裁判者应当

① 参见范愉:《关于法律解释的几个问题》,载江伟主编:《中国民事审判改革研究》,中国政法大学出版社 2003 年版,第 574 页。

阐明其所使用的法律解释方法,如文义解释、历史解释等,并且应当伴随必要的说理、论证。尤其是对于解释结论是否能和法律适用中的大前提、小前提相吻合,需要做出说明。而在司法解释中,其发布主体可能实际采用了法律解释中的各种方法,但并不需要阐明其解释中所使用的方法。

第四,法律效力不同。法律解释是针对具体个案的,其效力是个别性的,且只能拘束个案。① 而司法解释虽然也可能是针对个案进行的,但具有普遍的拘束力,裁判者在审判所有案件中都必须遵循司法解释的相关规定,也有义务援引司法解释作出裁判。

第五,功能不同。法律解释的功能是要在司法活动中寻求可供适用的法律,并探明其含义,从而在个案中准确理解法律、适用法律。因此,法律解释的作用都是和个案的裁判相联系的。而司法解释的功能具有多样化的特点,其重要的功能是要统一法律适用,防止裁判者因各种原因进行各取所需的理解,从而对各级人民法院的审判工作起到指导作用。尤其需要指出的是,当前司法解释在填补法律漏洞中也发挥着重要作用。在我国,通过裁判者的个别活动来填补法律漏洞,尤其是通过填补漏洞确定某个规则,对于裁判者来说还是一件难以胜任的事情。然而,通过司法解释来填补漏洞具有较高的权威性和可行性。因此,它是一种具有造法性质的活动。一旦规则与实际需要发生脱节,立法不可能及时修改,则需要灵活的司法解释弥补法律的缺陷。正如一些学者所指出的,“正是有了最高人民法院的各种司法解释,才使得各级人民法院依法审判成为可能”。② 从实践来看,司法解释已实际发挥了填补法律漏洞的重要作用,这一点是一般的法律解释活动仍然难以承担的。

第六,程序不同。我国最高人民法院针对司法解释的制定和发布规定了相应的程序,因此,司法解释的制定要遵循法定的程序要求,例如立项、起草、论证、通过、备案等。③ 而法律解释是裁判者在适用法律过程中的活动,它往往是裁判者将自己对法律的理解进行说理和论证

---

① 参见范愉:《关于法律解释的几个问题》,载江伟主编:《中国民事审判改革研究》,中国政法大学出版社 2003 年版,第 574 页。

② 王玧:《中国司法解释发展之回顾》,载《人民司法》1998 年第 3 期。

③ 参见《最高人民法院关于司法解释工作的规定》第 9 条以下。

的过程。从世界范围来看,法律解释并不要求严格遵循相应的法定程序。当然,裁判者进行法律解释要遵循一定的规则,并尽到其说明和论证的义务。

严格地说,大量的司法解释与充分发挥裁判者在解释中的作用之间经常形成一种张力。司法解释越多、越具体,则裁判者在解释法律中受到的限制就越严格。但事实上,社会生活不断发展,案件类型也日新月异,法官在司法裁判实践中会遇到大量的新型案件,其可能是民法典在制定中并未为立法者所预见的,因而,需要裁判者作出解释。而裁判者的解释无法被司法解释完全取代。与立法活动类似,司法解释也具有一定的滞后性,因为一旦在实践中出现某个新问题,就会立即作出回应,而需要经历实践的积累。因而,在司法解释颁行之前,不可避免地需要裁判者的解释,可以说裁判者的解释空间无法避免。而且由于司法解释具有准立法的功能,因此,即便其对特定的新型问题作出了规定,其规定也具有抽象性和概括性,如何将其与特定的案件事实相连结,以及如何解释适用该规则,也仍然有赖于裁判者的解释。因此,在加强司法解释的工作的同时,也应当充分发挥裁判者在个案中所作出的解释的重要作用。

(三)法律解释与学理解释

学理解释是指学者对于法律文本从理论上进行的解释。学理解释也是广义上的法律解释的一种,它是学者对于法律所进行的并无法律拘束力的解释。从法律发展的历史来看,学理解释对于法律适用的重要性经历了一个变化的过程。在罗马法时代,五大法学家的著述曾经成为法律的直接渊源。① 而近代的法典化运动则导致学理解释在法律适用中作用的衰落,有些国家的立法者甚至明令禁止进行学理解释。而时至今日,学理解释在法律适用中的重要性日渐提升。虽然在现代法治国家,独立的“法学家法”是不存在的,②但是,学理解释往往会产生极大的影响力,成为漏洞填补的重要依据。例如,在德国,耶林教授所倡导的缔约过失责任制度就曾经受到裁判者的重视,并成为裁判者

---

① 参见周枏:《罗马法原论》(上册),商务印书馆2001年版,第69页。

② 参见[德]魏德士:《法理学》,吴越等译,法律出版社2005年版,第113～114页。

造法的依据。[1] 尤其是学者大量运用比较法、法经济学、法社会学等理论,可以丰富法律解释的依据,开阔法律解释的视野。这些都可以对裁判者起到启示的作用。有的国家法律甚至承认,在没有法律和习惯的情况下,应当尽可能尊重通说见解进行解释。因而,在特定情况下,学理解释的结论也可能成为法律的渊源。[2] 学理解释除了在结论上为诉争案件提供裁判的规则外,它还在结论的推导过程中展现思考的方法和解释的方法,这也可以为裁判者所借鉴。[3] 在我国现阶段,学理解释对立法解释和法律解释具有参考和辅助的作用,裁判者解释时,常常大量参考学理解释的结论。从今后的发展趋势来看,学理解释的重要性也将日益凸显,并将成为法律发展的重要动力。

学理解释和法律解释也存在明显的差异,具体表现如下:

第一,解释的主体不同。从广义上说,任何人对法律所进行的个人理解都可以看作一种学理解释。学理解释是解释者的自由活动,既不需要法律授权,也不受法律在解释方面的严格限制。学理解释并不以一定的主体资格为前提,因此,其主体范围是广泛的。而法律解释的主体是有严格限制的,即主要是裁判者,确切地说,是对于具体个案行使审判权的裁判者。相关主体即便具有裁判者的身份,但如果其对具体个案不享有审判权,其也无法在个案中进行法律解释。

第二,解释的法律效力不同。学理解释的主体并不享有司法权,也不享有立法权,因此,学理解释并不具有法律拘束力,学理上被称为无权解释。当然,某些权威学者对法律的学理解释也可能对法律解释产生一定的影响,并最终影响法律解释的结论,但其本质上仍然属于一种无权解释。而裁判者进行的解释是有权解释,是针对个案且具有约束力的解释。[4] 法律解释的结论直接约束个案,具有法律效力。需要指出的是,在有些国家和地区,民法典也承认学理解释可以成为法的渊源。例如,《瑞士民法典》第 1 条第 3 款规定,裁判者应依据稳妥的学说与实务惯例,来填补法律漏洞。不过,即便在例外的情况下承认法理可以成

---

① 当然,德国 2002 年的《债法现代化法》通过以后,缔约过失责任制度已经成文化,裁判者可以直接依据法律进行适用。

② 参见《瑞士民法典》第 1 条。

③ 参见[美]劳埃德:《法理学》,许章润译,法律出版社 2007 年版,第 487～488 页。

④ 参见尹洪阳:《法律解释疏论》,人民法院出版社 2006 年版,第 166 页。

为法律渊源,也并不能因此而认为学理解释是一种有权解释。

第三,与个案中适用法律的关系不同。这就是说,两者在是否具有个案针对性方面不同。学理解释并非都是为了解决个案中的法律适用问题。学理解释既可以是针对个案进行的,也可以不是针对个案进行的。学理解释通常不是为了个案中适用法律的需要,往往是以理论研究为目的而进行的非个案针对性的解释。而法律解释是服务于裁判者法律适用过程的,故仅仅是针对个案所进行的法律解释。

第四,对解释结论的要求不同。与法律解释要求有最终的结论不同,学理解释是自由开放的,因此,其结论应当是多元的,这也是学术自由的要求。但法律解释最终要服务于个案中的裁判,故其结论必须是单一的、确定的,不能以复数解释作为其裁判依据。

第五,解释的目的不同。学理解释大多是基于学术研究和法学教育的需要而作出的,其并不是法律适用的环节,也不是为了发现具体案件中可供适用的法律,所以,学理解释不是直接针对个案的法律适用而进行的。但法律解释的目的不同,考夫曼认为,法律解释实际上是在法律适用中发现法律的过程。① 因此,法律解释的目的都是在个案适用中解决法律适用的大前提问题,都要服务于个案中解决纠纷的需要。

第二节　法律解释的主体

正如神父是圣经的真正解释者,而法官是法律的真正解释者。②

——[德]卡尔·马克思(Karl Marx)

法官的责任是当法律运用到个别场合时,根据对法律的诚挚的理解来理解法律。③

——[德]卡尔·马克思(Karl Marx)

---

① 参见[德]考夫曼:《法律哲学》,刘幸义等译,法律出版社2005年版,第95页。

② 《马克思恩格斯选集》(第1卷),人民出版社1995年版,第435页。

③ 参见[德]马克思等:《马克思恩格斯全集》(第1卷),人民出版社1956年版,第76页。

一、法律解释的主体主要是裁判者

（一）法律解释的主体包括法院和仲裁机构

法律解释的主体，是指对法律进行理解和阐明的个人和组织。法律解释有广义和狭义之分。从广义上讲，法律解释是任何人对法律文本所作的解释和说明。[①] 在这个意义上，法律解释的主体是多样的，除了立法者、司法者，一般的学者和民众都可以解释。因此，广义上的解释既包括了对法律文本的解释，也包括了对法律之外的规范的理解和解释。学理解释和任意解释都属于"解释法律"的组成部分。[②] 从狭义上说，法律解释专指裁判者针对法律所作的解释，主要是法院和仲裁机构在裁判案件过程中为适用法律而对法律文本作出的解释。在法律解释学中，法律解释的主体采狭义说，即法律解释是裁判者在法律适用过程中解释法律文本以适用于特定案件的活动。以著名的"王海打假案"为例，在该案中，关于王海知假买假行为能否适用《消费者权益保护法》第 49 条[③]的规定，其实学界有许多讨论，学者也都作了不同的解释，但这些解释并不能作为裁判依据，因此不具有法律适用的效力。而只有裁判者在具体个案中的解释，才能成为裁判依据，其才属于严格意义上的法律解释活动。因此，从狭义上理解，法律解释应当以裁判者为中心。

将法律解释主体限于裁判者（包括法院和仲裁机构）具有法律依据。这是因为，本书所探讨的法律解释限定为法律适用过程的一个阶段，其在根本上服务于个案的公正。法律解释活动是法官日常法律实践工作中的重要环节，但法官从事解释活动主要针对具体个案，其解释活动具有个案关联性的特点。正如有学者所指出的，在解释民法时，必须确定该民事法律规定，对于某种特定之法律事实，是否具有关联性，以便追求民事案件之公正与合法之裁判。[④] 将法律解释的主体限定为裁判者，也符合我国《民法典》的立法意旨。我国《民法典》常常使用"法院或者仲裁机构"的表述，来概括裁判者。例如，《民法典》第 148 条

---

① 参见孙国华、郭华成：《法律解释新论》，载《政治与法律》1988 年第 5 期。

② 参见陈金钊：《法律解释的哲理》，山东人民出版社 1999 年版，第 46 页。

③ 《消费者权益保护法》已于 2013 年修正，第 49 条已改为第 55 条，赔偿数额改为 3 倍。

④ 参见吴光明：《民法总则》，台北，三民书局 2008 年版，第 26 页。

规定:“一方以欺诈手段,使对方在违背真实意思的情况下实施的民事法律行为,受欺诈方有权请求人民法院或者仲裁机构予以撤销。”这就是说,《民法典》将裁判者表述为两大类:一是法院;二是仲裁机构。可见,法律解释的主体并不限于法院,还包括仲裁机构。

法律解释以裁判者为中心,可以有效地回答法律解释应由谁来解释、解释什么、为什么解释、怎样解释等一系列问题,为法律解释学提供了一套基本理论框架。裁判者需要把解释的结果运用到裁判中,且负有一定的论证义务,从而需要采用解释方法。尤其是在法律模糊不清或者存在漏洞时,裁判者对法律的解释将成为案件裁判的直接依据,从而发生法律效力。只有裁判者的解释活动才具有此种活动的性质,此种法律解释活动是以裁判权为中心的法律适用活动。法律解释学强调解释方法的普遍运用,是在裁判者的共同的解释经验基础上提炼出来的关于解释的一般理论。需要指出的是,立法机关也需要对法律作出解释,但是,其本质上属于立法活动,而非法律适用活动,因此,其不属于法律解释学探讨的范畴。例如,2014 年 11 月 1 日,立法机关通过了《姓名权立法解释》,该解释就属于立法解释。而我们所说的法律解释主要是指在法律适用过程中裁判者对法律的适用所作的仅有个案拘束力的解释。

(二)法律解释的主体主要是裁判者的理由

法谚云:“法官的活动就是阐释法律。”(Praxis judicum est interpres legum)在国外的法律解释学中,解释主体的范围比较狭窄,仅限于裁判者。因为在西方的法律制度中,案件的裁判者必须根据法律对具体的案件独立行使审判权,作出裁决,因此,法律解释是裁判者适用法律活动的重要组成部分。[①] 我国实行中国特色的人民代表大会制度,依据我国《宪法》,人民法院享有独立的审判权,法律解释的主体主要是法官,因为法律适用是以司法为中心的,法律解释学就是要为司法提供法律适用的技巧。虽然在国外的解释学理论上,法官实际上指的是裁判者个体,但在我国的司法体制中,除裁判者外,法律解释的主体还包括法院。所以,在裁判文书中,通常表述的都是“本院认为”,而不是单个裁判者的看法。各级法院依法享有法律解释的权力,因此也应当成为法

---

① 参见[德]魏德士:《法理学》,吴越等译,法律出版社 2005 年版,第 304 页。

律解释的主体。

从法律解释学的角度来看，法律解释的主体主要是司法裁判者，理由如下：

第一，司法裁判在法律适用活动中具有典型性。我妻荣教授认为："法律，特别是私法，在最广泛的意义上以裁判为其中心。"[①]裁判者是法律解释的主体，法律解释主要是在法律适用中发挥功能的：一方面，立法机关和行政机关虽然也会遇到法律解释的问题，从事法律解释活动，但其职能主要是法的创制和执行，解释法律并非其主要职能，而只是其工作中的一个环节。另一方面，仲裁、调解等活动虽然也必须运用法律解释，但是现代法治国家以司法为纠纷的最终解决手段，司法是社会正义的最终守护者。ADR（多元化纠纷解决机制）虽然是一种趋势，但诉讼外的纠纷解决方式并不能完全取代诉讼，而只能起到补充作用。此外，仲裁、调解等程序虽然有其灵活性的特点，但其基本结构仍然是以司法程序为模板设计的。所以，法律解释所遇到的问题主要发生在司法裁判过程中，其解决也具有典型意义。研究以司法裁判为中心的法律解释方法，对于仲裁、调解具有重要的参照作用。

第二，司法裁判在法律适用活动中具有终局性。法律条文虽然是对社会上千千万万类似的行为所作出的一种抽象概括，但其内涵较为抽象，与具体的案件事实并不存在完全对应的关系，其还需要借助法律解释活动，将其具体化，并适用于特定的个案。法律解释作为与法律适用相伴而生的活动，[②]在法律适用过程中，裁判者在将法律解释结论适用于特定的个案之后，所作出的裁判结论也依法具有终局的法律拘束力。司法是解决纠纷的最后一道防线，而司法裁判对纠纷的解决也具有终局的效力。从这个意义上，我妻荣教授认为，法律解释应当以裁判为中心。此种观点是不无道理的。

第三，司法裁判中的法律解释具有法律效力。法谚云："判决创设权利，法之解释亦有法之效力。"（Sententia facit jus, et legis interpretation

---

① ［日］我妻荣：《债权在近代法中的优越地位》，王书江等译，中国大百科全书出版社1999年版，第354页。

② 参见胡玉鸿：《在政治、法律与社会之间——经典作家论裁判者的角色定位》，载《回顾与展望：人民法院司法改革论坛研讨论文》，第251页。

legis vim obtinet)裁判者通过运用法律解释方法所得出的解释结论对个案具有拘束力,此种解释具有个案拘束性,即针对特定个案所作的解释,可以直接发生法律效力,成为案件的大前提。其他的解释虽然也有利于确定法律规则的内涵,但其不能对个案产生拘束力。而且司法裁判中的法律解释对其他案件具有参考价值。在其他纠纷解决方式之中,虽然也强调依法进行,但其可以对法律规定进行适当的变通。例如,在调解过程中,调解机构虽然要依法确定当事人的权利、义务,但并非完全依据法律来得出结论,而可以根据当事人的自主自愿依法达成调解结果。在司法裁判之中,裁判者必须服从法律,严格依据法律来确定当事人的权利、义务和责任。法律解释学通过对裁判者的解释活动进行规范,以实现司法裁判者"依法裁判"的目的。法律解释结论对当事人也具有拘束力,即依据法律解释结论所作出的司法裁判一旦生效,在当事人权利、义务的确定方面即发生效力,可以产生终局的拘束力。

第四,司法裁判更强调判决的说理性。以司法裁判者为中心,可以有效地回答法律解释应由谁来解释、解释什么、为什么解释、怎样解释等一系列问题,从而为法律解释学提供一套基本的理论框架。裁判者需要把解释的结果运用到裁判中,并负有更为严格的论证义务。尤其是在法律模糊不清或者存在漏洞时,裁判者对法律的解释将成为案件裁判的直接依据,从而发生法律效力。

在检察院行使法律监督权、提起抗诉的程序中,检察院也会提出抗诉意见,在此类意见中也往往涉及对法律的解释,甚至当事人也可以在诉讼中就法律文本作出自己的解释,而且可以就此展开论证。但这些解释在司法裁判中并不是权威的解释,法院对法律文本的解释才属于具有法律效力的解释。由于法律解释学以司法裁判活动为主要考察对象,正是从这个意义上说,法律解释的主体主要限于法院。

(三)法律解释的主体也包括仲裁机构

仲裁机构也具有裁判者的功能,因为它要对仲裁案件作出裁决。从我国的实践来看,仲裁机构虽然是民间组织,但是,它是基于当事人的协议而依法裁决纠纷。在我国,虽然案件裁决是由仲裁庭或仲裁员作出的,但是,其最终由仲裁机构的名义作出,法院执行的也是仲裁机构的裁决。所以,仲裁机构作为一个整体,具有裁判者的功能。在仲裁过程中，仲裁机构也要解释法律，在这一点上与法院处理案件的模式是相同的。

（四）其他主体对法律的解释

从狭义上看，法律解释的主体主要是法院和仲裁机构。当然，所有法律人在从事法律活动中都会对法律进行解释，例如律师、学者、公证员等。即使在西方，其法律解释学也正在突破传统的范围。从广义上看，如果将裁判者作为法律解释的唯一主体，显然过于狭窄，与我国法律实践也不相符合。就个案中的法律解释而言，我国法律解释的主体不应限于裁判者，而应包括所有法律人，如仲裁员、检察官等，甚至还应包括立法机关、执法机关等国家机关。行政执法机关在行政执法过程中也需要运用法律解释方法。一是执法过程中针对行政行为特别是抽象行政行为是否符合上位法，也需要论证和解释。行政法规的制定和执行工作，首先就需要对现有的法律进行解释。二是在成文法存在模糊和矛盾情况下，行政主体的执法行为也需要通过法律解释，才能保障其行为的合法性。行政法规、规章的执行也应当探究法律的目的，以最大限度地实现该目的。三是在行政行为发生争议的时候，除行政诉讼之外，还存在大量的行政复议，在复议程序中，行政主体需要适用法律解释。此外，行政机关还负有调解的职责。在调解的过程中，调解机构或调解人也要准确地理解和解释法律，以合理确定当事人的权利、义务和责任。正如有学者所指出的，把法律解释单列为一种权力，并在不同的国家机关之间对这种权力进行分配，构成了当代中国的法律解释体制。[①] 为了减轻裁判者的诉讼负担，我们也重视发展多元化的纠纷解决机制，尤其是诸如行业调解、行政机关的调解等调解中，也需要解释和适用法律。

关于立法活动中，立法者是否需要借助于法律解释方法的问题，值得探讨。笔者认为，法律解释虽然不同于立法活动，但是，并非立法者不需要借助于法律解释方法。立法者进行立法解释也需要借助于法律解释方法，对现有的法律进行解释。从立法活动来看，也需要将法律解释方法运用于立法活动。诚然，法律解释是法律制定以后，

---

① 参见张志铭：《中国的法律解释体制》，载梁治平主编：《法律解释问题》，法律出版社1998年版，第165页。

提供给法律人的解释法律的方法,以立法的存在为前提。在立法活动中,也需要借助一定法律解释的方法。一方面,立法者通过采用法律解释方法,可以对现有的法律进行分析,从中发现制定法的不足和缺陷。例如,《物权法》制定中,平等保护是否违宪的问题曾引发争议,这就需要对此进行合宪性解释。另一方面,法律的完善也并不都需要通过废、立、改的方式进行。例如,立法者在立法过程中可能出现表述错误等问题,或者由于新的社会关系的出现,现有的法律无法直接调整。在这些情况下,应当先通过法律解释来最大限度地发挥现有法律的功能。只有法律解释无法解决这些现实问题时,才有必要通过废、立、改的方式来完善法律。毕竟立法需要投入大量社会成本,而且法律的频繁修改也会影响法律的权威。如果能够通过法律解释的方法弥补法律的漏洞,使之能够与时俱进,就没有必要对法律废、立、改。所以,法律解释学对于立法技术的提高、对于立法的科学性、对于法律内容的完善,都具有重要意义。虽然立法者需要借助于法律解释方法,但由于我们所说的法律解释专指法律适用的解释,因此,立法者并非法律解释的主体。

从无权解释的角度来看,律师、学者等也要采用法律解释方法。一方面,法律解释学在社会上的应用日益广泛,除了解决讼争中的裁判者和仲裁员之外,律师、法务人员等在法律实践过程中无论是订立合同、法律谈判还是参与诉讼,都需要解释法律。在广义上,学理解释仍然属于法律解释,这些解释在法律解释活动中仍然占据重要地位。[①] 法律解释是学者释法的过程中必须运用的方法。另一方面,学者要构建法律体系、完善现行法,都需要运用法律解释学中的方法。学者释法的过程,需要运用各种法律解释的方法,如文义解释、目的解释等。只有各个学者对法律解释的方法达成最低限度的共识,才能在此基础上进行交流。否则,就很容易形成自说自话的局面,学术研究的科学性也会因此受到影响。此外,法律在现实生活中的实现,并不完全都是通过裁判者来完成的。从更广泛的意义上来讲,除裁判者之外的很多法律实践者也会借助于法学家的解释从事法律活动。例如,公司法务人员在签订合同时,涉及对《民法典》合同编及相关法规的理

① Jean-Louis Bergel, *Méthodologie juridique*, PUF, 2001, p. 234.

解,其往往参考法学家的相关著述。在这些过程中,我都能看到法律解释活动的存在。这些解释也需要遵守解释学的一般规律。法律解释学的各种方法作为一种工具,可以为广大法律实践者所运用。但是,由于律师、学者等主体所作的解释属于无权解释,所以他们并不是法律解释的主体。

总之,在法治社会中,所有法律人所从事的法律活动都是对法律的理解和解释的活动。法律解释学作为一门工具,也广泛运用于各种解释活动之中,但这并不意味着各个解释者都是法律解释学上所说的法律解释的主体。笔者认为,从法律适用层面来看,法律解释作为特定的概念,其主体也应该特定化,即主要应当限于法院和仲裁机构。

二、法律解释既是裁判者的权力也是裁判者的义务

如前所述,法律解释的主体是裁判者。这首先就意味着,法律解释的职权归属于裁判者。一方面,“法无解释不得适用”,这句法谚深刻地表明了法律解释对制定法律的重要性。法律在制定以后,立法者已经将法律解释的权限交给了裁判者。法律文本一旦制定出来,如何解释并非立法者所能完全控制的,但在解释的过程中,裁判者应该努力探求立法者的意志和准确地阐释文本的含义。只有在立法者遵循一定的立法技巧、按照一定的法律逻辑进行立法的情况下,才能够使解释者顺利地进行各种解释活动。甚至法律解释的空间大小很大程度上都要受制于立法的选择。从这个意义上讲,解释者的解释活动在一定程度上是立法者刻意安排的结果。裁判者的法律解释权也必然受到多种因素的限制,其中最重要的是受立法者的意图和目的限制。解释者的职责之一就是要揭示立法者的意图和目的。对于裁判者的解释活动,如果解释者的解释结果违背了立法者的意图,立法者可以通过新的立法活动终结解释者的解释活动。① 另一方面,法律解释不是一种学术活动,而是一种适用法律的活动。虽然一些学理解释可能成为法律解释的重要参考,但是学理解释不能代替法律解释。无论作出学理解释的学者多

① Pierre-André Côté, L'interprétation de la loi, Une création sujette à des contraintes, in D. Bourcier et P. Mackay, Lire le droit, Langue, texte, cognition, LGDJ, 1992, p. 150 – 151.

么权威,其毕竟不具有法律约束力,且与个案的裁判没有直接的联系,不能作为裁判的直接依据。在理论上,这两种方式也容易发生混淆。例如,学者对立法史的研究与裁判者在裁判中运用的历史解释方法容易混淆。在实践中,有必要对两种不同的解释方法加以严格区分,尤其是要明确作为裁判者裁判依据的法律规范来源。由此可见,法律解释作为一种适用法律的活动是专属于裁判者的。

但是,仅仅将法律解释看作是裁判者的权力,这一理解也过于简单化。笔者认为,法律解释与其说是裁判者的权力,不如说是裁判者的一项义务。因为解释并不是纯属于裁判者自由裁量的情形,相反,应当遵循一定的方法,并且受到一定的解释规则的限制。准确地、科学地运用解释方法,才能够解释法律、适用法律,而不能随意地更改立法者的意图或创设法律。拉兹认为,虽然从表面上看,裁判者造法像制定法一样具有约束力,但裁判者造法"经常要面对潜在的(尽管是温和的)更改"。[①] 这种属性在通常的立法中是不存在的。哈特认为,如果裁判者对解释法律享有不受限制的自由裁量权,则法律将变成"裁判者可以自由裁量"的规范。裁判者解释法律并不等于创造法律。[②] 即使是就法律的漏洞填补而言,虽然已经构成了法律的续造,但是按照拉伦茨的看法,"这种法续造虽然在'制定法之外'(extra legem),即超越制定法的规则体,但仍在'法之内'(intra ius)仍在整体法秩序及其赖以为基础的法律原则的框架内"。[③] 裁判者不是创造法律,而是"确定字义,纠正辞句,补充法意"[④],并通过发现立法意图和立法目的来弥补法律的漏洞。所以,漏洞填补也不是完全交由法官自由裁量的权限,相反,漏洞填补必须在成文法确定的法秩序内进行。

在我国《民法典》颁布后,就民事领域而言,基本的民事法律规范已经齐备,需要由解释者在解释中大规模创设规范的时代已经过去,裁判者的重要任务已经转变为如何准确地理解、适用、阐释《民法典》,在这一过程中,必须要正确运用法律解释的方法。所以,法律解释的方法可

---

① [英]约瑟夫·拉兹:《法律的权威》,朱峰译,法律出版社 2005 年版,第 170 页。

② See E. Kellaway, *Principles of Legal Interpretation of Statutes, Contracts and Wills*, Butterworths, 1995, p. 13.

③ [德]卡尔·拉伦茨:《法学方法论》,黄家镇译,商务印书馆 2020 年版,第 519 页。

④ 梅仲协:《民法要义》,中国政法大学出版社 1998 年版,第 12 ~ 13 页。

以说既是为法官解释提供了便利，更是对法官的自由解释进行了合理的限制。而法官要准确适用法律，就必须接受此种限制，恰当地运用法律解释的方法。从这一意义上讲，准确地解释法律也是裁判者的基本义务。

法律解释是法官适用法律的活动。遵循文本、准确地解释文本，这就是法官的基本义务。解释是一门科学和艺术，而科学的法律解释工作是以科学的解释方法为先导的。赫克（Heck）曾经指出："在所有的改变中，方法的改变才是最大的进步。"只有从根本上掌握了法律解释的方法，才能实现法律适用的准确、统一、一致，真正实现立法者所预期的效果。具体而言，裁判者准确解释法律的必要性在于：

第一，有利于实现立法的目的和意旨，保障法律的准确适用。法律解释工作的重要任务是探寻立法者的意志，其根本目的就是要探求制定法的目的，通过立法目的的考量，将现行的规定适用于待决案件。狭义的法律解释就是发现法律、探求法律真意的过程，它最直接、最充分地表现了法律适用的特点。裁判者在具体个案的裁判中，应当准确理解立法者的立法目的和宗旨，在具体个案中体现立法者的精神。例如，在"王海打假案"中，需要结合《消费者权益保护法》的立法目的和宗旨来判断王海是否属于消费者，《消费者权益保护法》的重要目的即在于保护消费者的利益，在存在多个合理的解释结论时，应当选择最能实现该立法目的的解释结论。

第二，有利于克服机械适用法律，实现法律的社会效果。法律解释的重要目的是要防止司法活动的机械性，德沃金将法律的解释看作对一个系列小说的创作和解读。要通过解释使整部小说更连贯，通过解释使每个故事是最好的故事，而不仅仅是使那个故事成为它本身。① 如果裁判者在适用法律中机械理解法律，死抠字眼，则很难保障法律的准确适用。例如，在前述王海案中，裁判者只是机械地理解生活消费的概念，而否定王海为消费者，这表面上是尊重法律文本，但实际上忽略了立法者保护消费者、遏制不诚信经营行为的立法目的和宗旨。裁判者

---

① See Ronald Dworkin, Law, Philosophy and Interpretation, 80 Archiv für Rechts-und Sozialphilosophie, 463, 467 (1994).

不是创造法律,而是“确定字义,纠正辞句,补充法意”①,并通过发现立法意图和立法目的来弥补法律的漏洞。我国原《合同法》不承认情势变更原则,这一立场显然不能满足实践需要。例如,因“非典”疫情的出现,导致住宿合同、旅游合同取消,如果不认可情势变更原则,当事人的利益关系很难得到妥善调整。所以,我国一些法院根据对诚信原则和公平原则的解释,创造性地解释出了情势变更原则。②

第三,有利于保障法律适用的统一性。博登海默指出,“正义的一个基本原则要求,法律应当以相同的方法处理基本相似的情形”③。不同地域、不同审级的法院,对特定法律规则的解释应当趋于统一。通过运用形成共识的法律解释方法、遵循共同的解释规则,促使裁判者达成最妥当的法律解释结论,并以此为依据进行裁判,这有利于保障法律适用的统一,使同样的争议得到同样的裁判。司法实践中,许多裁判者不敢运用法律解释方法去解释法律,以至于机械地按照法律文本的字面含义来适用法律,死抠文字字眼、僵硬地适用法律,这可能影响法律的准确适用,也可能导致“同案不同判”“同法不同解”的现象,影响司法的权威性与公信力。例如,类似于“王海打假案”的纠纷在全国发生多起,但判决结果却大相径庭,因为裁判者对消费者和生活消费的概念解释不同,以至于对知假买假者是否属于消费者的问题,形成不同认识,出现“同案不同判”的结果。再如,在“王海打假案”中,法院在运用目的解释方法时,如果对目的解释方法形成共识,则有利于裁判者准确探求立法的目的,保障裁判的统一。

第四,有利于约束裁判者的自由裁量权,保障裁判者依法公正裁判。法律解释有利于约束裁判者的自由裁量权,防止裁判者对法律操两可之说,任意解释。以“王海打假案”为例,如果类似案件的标准极不统一,则给裁判者极大的自由裁量权,遇到这种案件都可以按照自己的理解进行裁判,既可以支持王海,也可以支持商家。两种看法

---

① 梅仲协:《民法要义》,中国政法大学出版社 1998 年版,第 12 ~ 13 页。

② 相关案例和司法实践中的具体做法,参见吴小晗:《在自由与公正间抉择》,载公丕祥主编:《法官办案经验》,法律出版社 2009 年版,第 121 页。《最高人民法院关于适用〈中华人民共和国合同法〉若干问题的解释(二)》(已失效)第 26 条确认了情势变更原则。

③ [美]E. 博登海默:《法理学——法哲学及其方法》,邓正来、姬敬武译,华夏出版社 1987 年版,第 496 页。

似乎都在法律的文义含义范围之内,这显然赋予裁判者过大的自由裁量权,影响司法的统一。而法律解释要求裁判者尽可能地采用多种解释方法来验证解释结论的妥当性,而不是简单地从字面含义来理解法律含义,这有利于约束裁判者的自由裁量权,保障解释结果的可靠性。

第五,有利于保障人们行为的合理预期,实现法律的安定性。法律解释使抽象的法律规范能够运用到个别的案件之中,实现所谓"从一般到个别"的认识论转换过程。然而,由于法律规则具有抽象性,在将其与具体案件事实相连接时,不同的解释者所得出的解释结论可能是不一样的,这就可能影响人们行为的合理预期。再以"王海打假案"为例,在类似的案件诉至法院后,如果解释结论不同,人们对能否实施知假买假行为缺乏合理的预期,这也同样会影响《消费者权益保护法》第 49 条①关于赔偿规则的适用。法律适用需要借助于解释。法律解释是沟通立法者意思和人们对法律理解的媒介,是法律从纸面走向生活的工具。适用法律的过程本身就是一个解释的过程,②解释规则越统一,解释的方法越接近,则解释的结论就更能够为人们合理预期。

第六,有利于提高裁判文书的说理水平。法律解释过程本身也是一个说理论证的过程。在前述王海案中,如果裁判者仅以王海知假买假的行为不符合生活消费的概念而否定王海为消费者,则该裁判的过程就过于简单和武断,这就需要结合多种法律解释方法来综合判断,例如需要结合目的解释、体系解释等多种方式,来综合判断王海是否为消费者。众所周知,我国目前司法裁判说理的严重不足已经成为广为社会诟病的问题,并直接影响了裁判的权威性。实践中,有的判决不针对当事人的诉求来说理,或者虽讲出了一些道理和理由,但毫无针对性。有的判决甚至根本不援引具体的法律规则,而只是援引法律原则(如诚信原则、公平原则)裁判,此种情况俗称"戴高帽"的判决。此类判决看起来层次很高,但实际上,由于这些基本原则放之四海皆准,可以适用

---

① 《消费者权益保护法》已于 2013 年修正,原第 49 条已改为第 55 条,赔偿数额改为 3 倍。

② 参见[德]卡尔·拉伦茨:《法学方法论》,黄家镇译,商务印书馆 2020 年版,第 274 页。

于任何案件,因此等于没有援引法条裁判。许多判决书,不要说当事人看不懂理由,就是法学专业人士,在看完之后也是一头雾水。大量的判决在陈述了案件事实以后,在真正需要分析的时候"打住",直接写明"依据……条,判决如下……"但援引该条究竟是什么含义,为什么可以根据该条得出裁判结论,这些问题都没有做任何阐释,以至于其既不能说服当事人,也无法说服社会公众,甚至连裁判者自身也无法被说服。公开裁判者的法律解释过程,有利于使当事人乃至社会公众了解裁判者适用法律的理由,从而提高当事人和社会公众对裁判结论的认可度。

总之,法律解释最终是为了保障裁判者准确理解法律含义,作出公正、合理的裁判。在法律解释过程中,裁判者可能运用多种法律解释方法,以验证其解释结论的妥当性,这也有利于保障裁判活动的客观性。

三、对解释活动的限制

从兼顾法的安定性和妥当性出发,在法律解释中,既要允许裁判者能动地司法,创造性地解释法律,又要求裁判者保持一定的克制,遵守法律解释活动的限制规则。在任何国家,法律解释都要受到一定的限制,法律人(包括裁判者)对法律的解释并不是任意的行为;相反,他应该受到较多的限制。① 从法治的内在要求出发,裁判者的任务不是随意创设规则,而是要贯彻制定法中的规则。德沃金认为,裁判者不可自由地解释法律。因为"法院是法律帝国的首都,裁判者是帝国的王侯,但不是它的先知和预言者"。② 在他看来,裁判者在做出法律解释时不得无视已经存在的法律传统和以往的常规惯例,而必须遵循法律传统,遵循平等、公平、正义与正当程序等原则。根据这些原则做出的解释才是最佳的解释,并符合"完整性法律"的概念。③ 从法律解释的实践来看,虽然随着社会的发展,裁判者解释法律的权限在不断地增加,但能动司法所受到的限制也是一直存在的,并且呈现出限制规则更加严格的趋势。虽然美国学者 Bishop Hoadley 早在 1717 年就指出:"谁有完全的

---

① 参见[德]魏德士:《法理学》,吴越等译,法律出版社 2005 年版,第 346 页。

② Ronald Dworkin, *Law's Empire*, Fontana Press, 1986, p. 407.

③ See Ronald Dworkin, *Law's Empire*, Fontana Press, 1986, p. 152.

权力去解释任何明文或口述的法律,谁即是真正之立法者,由他决定法律之意思及目的,而非最初制定或口述法律之人。"[①]但这种观点并没有得到广泛的认可,即便是在判例法之下,人们对裁判者享有任意解释法律权力的观点也持否定态度。美国著名裁判者卡多佐曾指出:"裁判者的创造功能并非毫无限制地创造新法律秩序,而是在既有的法律秩序中,协助立法者共同促进大家所信仰的理想的法律秩序的实现。"[②]在两大法系中,要求严格遵循文本进行解释的文本主义和严格主义始终是解释论的重要理论,并且至今仍然产生了重要影响,[③]这表明法律解释中的能动是受限制的。所以,法律解释不是裁判者任意解释的权力,其必须充分尊重和发现立法者的意图。裁判者作为解释的主体,其并非制定法律和创造法律的主体。

对解释活动的限制实际上也是对法官自由裁量权的限制,特别是对个案裁判公正的保障。法律解释学作为研究法律解释活动的学问,也必然要以对法律解释活动的限制规则作为其研究对象之一。法律解释的主观性与客观性之争一度成为法律解释中的核心问题。不过,当前学理上普遍认为,法律解释活动的主观性是客观存在的,而问题的关键在于如何尽可能减少解释者前见对解释结论客观性的不当影响。法律解释学需要研究各种解释法律的方法,但这些方法的研究并不是要增加法律解释的任意性,扩大解释者的自由和权限,也并非简单地提供可以自由选择、各取所需的方法,而是在给解释者提供解释方法的同时,尽可能地规范解释权的行使,从而有效规范和限制法官的自由裁量权。具体来说,裁判者的法律解释活动应当受到如下因素的限制:

第一,解释对象的限制。解释者必须受解释对象的限制。正如约翰·马歇尔所言,"司法权的行使总是以实现立法机关的意志,即法律规范为目的,而绝不能受法官个人意志的丝毫影响"。[④] 也就是说,当存在法律规定时,法官应当严格适用该规定来判决,这也是法官履行职责

① Louis Fisher, *Constitutional Dialogues: Interpretation as Political Process*, Princeton University, 1988, p. 44.

② Cardozo, *A Ministry of Justice*, 35Harv, L. R. 113(1921).

③ 参见季卫东:《法律解释的真谛(上)——探索实用法学的第三道路》,载《中外法学》1998 年第 6 期。

④ Osborn v. Bank of the United States, 22 U. S. 738, 866(1824).

的基本要求。在法律解释中,解释者应当受到法律文本本身的束缚。一方面,解释者必须在准确理解现行规则的基础上对其进行正确的、具体的阐释,解释必须针对、援引现行规则。除了填补法律漏洞的情况以外,绝不可以在无任何法律依据的情况下通过解释自由创设规则。另一方面,解释原则上应受法律文本的束缚,要依循法律规则的字面含义,不可对含义随意延伸,而使解释的含义与法律规则的固有含义相冲突。法律解释必然包含了解释者本身的主观因素。也就是说,法律条文的字面含义并非法官裁判案件的唯一依据。法官必须避免机械地适用法律的倾向,注重利益衡平,追求法律与情理的互动。[①] 但首先必须面对客观的法律文本,按照客观的规范的文义进行解释,不能偏离法律的文义而任意曲解法律。法谚有云,"对法律最好的解释是法律本身","法律的文字意思就是法律的精神"。[②] 虽然此种说法略显绝对化,但其表明了法律文本对解释活动的重要性。法律文本也确立了解释的方向,解释者必须从法律文本出发,忠实于文本。例如,在破产程序中,债权平等是原则,而在司法中能否突破这一原则?2004 年 11 月 4 日发布并于 2020 年修正的《最高人民法院关于人民法院民事执行中查封、扣押、冻结财产的规定》第 15 条规定:"被执行人将其所有的需要办理过户登记的财产出卖给第三人,第三人已经支付部分或者全部价款并实际占有该财产,但尚未办理产权过户登记手续的,人民法院可以查封、扣押、冻结;第三人已经支付全部价款并实际占有,但未办理过户登记手续的,如果第三人对此没有过错,人民法院不得查封、扣押、冻结。"该解释已经突破了债权人平等受偿的原则,赋予特定债权人优先地位。但是,司法的能动应当是有限的,不能突破法律的明确规定。例如,该解释不能突破物权法定原则,不能认为交付了全部价款并占有房屋的买受人可以对抗第三人,并可以对抗已经办理了登记手续的买受人。再如,它不能改变破产法的规则,该解释仅能适用于执行案件不能适用于破产案件。

尤其需要指出的是,在狭义的法律解释和价值补充之中,解释者也

---

① 参见公丕祥:《能动司法的理念与实践》,载《第一届长三角地区人民法院司法协作和发展论坛论文集》,第 23 页。

② 孙笑侠编译:《西方法谚精选》,法律出版社 2005 年版,第 80 ~ 81 页。

不能偏离可能的文义范围。法律的文义中有所谓核心文义和可能文义等多种含义。核心文义是法律条文中处于核心区域的含义。法律的可能文义，也称为法律文义的射程范围，它划定了法律解释的最大可能空间，也划定了狭义法律解释和漏洞填补的界限。[①] 如果法律文本不能准确地表达法律的意旨，解释者也不能拘泥于文本。但是，任何解释都不能偏离法律的可能文义的范围，否则，裁判者就有“违法”适用法律的嫌疑。例如，《道路交通安全法》中所说的“机动车”包括摩托车、电瓶车，这仍然处于文义的可能范围之内，但如果将其解释为包括自行车和人力三轮车，就超出了其可能的文义范围。

第二，立法目的的限制。解释最终必须符合立法目的。任何法律解释都是为了实现立法的规范目的。[②] 一方面，从法律解释主体的定位来看，裁判者作为解释的主体，其并非制定法律和创造法律，而是适用法律。按照法治的要求，裁判者只能执行法律，而不能创造法律。即便其在法律解释中可以通过漏洞填补的方式来发现法律，这只不过是通过发现立法者的意思来帮助立法者完善法律。法律的解释者是“立法者的协助人，应看出立法者借助其规范所拟达成的目的，并协助之”。[③] 另一方面，立法规范目的的探究可以保证解释的客观性，避免裁判者的主观判断渗入其中，裁判者不应当将自己的价值判断掺杂其中。波塔利斯曾指出：“为了能使社会保持运转，裁判者必须有权解释和替代法律……在赋予裁判者行使职责的适当权限的同时，我们必须提醒裁判者的是同样源于其权力性质的那些限制。裁判者必须具备立法者的精神，但是他不可以与后者分享立法权。”[④]从根本上说，遵循立法目的还是由司法权和立法权的职责分工决定的。裁判者作为司法者，只能准确地适用法律，其必须受到立法的规范目的的制约。在狭义的法律解释中，一旦文义解释出现复数解释的可能，就需要通过目的考量等手段来阐释文本的含义。无论是限制解释，还是扩张解释，都不应偏离立法目的。尤其是在应用社会学解释方法，采用社会目的考量时，裁判者更不能偏离立法目的而一味追求所谓的社会效果。即使是在漏洞填补的

---

① 参见黄茂荣：《法学方法与现代民法》（第 5 版），法律出版社 2007 年版，第 334 页。

② 参见［德］魏德士：《法理学》，吴越等译，法律出版社 2005 年版，第 346 页。

③ ［葡］孟狄士：《法律研究概述》，黄显辉译，澳门大学法学院 1998 年版，第 149 页。

④ 石佳友：《民法法典化的方法论问题研究》，法律出版社 2007 年版，第 175 页。

情况下,在法律没有具体规定时,裁判者也有必要进行目的考量,确定立法者是否留下了法律漏洞并允许填补漏洞,或者要求裁判者通过转引其他法律规范、类推适用等方法来得出解释结论。

第三,方法适用顺序的限制。法律解释提供了各种方法,但这些方法的运用并非任意而为。裁判者在运用各种法律解释方法时,必须遵循一定的顺序,受到一定的限制。一方面,裁判者采用文义解释以外的其他法律解释方法时,必须先论证其必要性。因为清晰的法律文本是不需要解释的,裁判者只应按照通常理解或者专业领域的理解进行解释,而没有采用其他法律解释方法的必要。如果裁判者认为法律条文的含义不清晰,需要借助其他方法予以明确的,就必须论证其必要性。另一方面,在采用各种狭义法律解释方法时,必须遵守各种解释方法所要求的特定条件、程序和规则。裁判者只有遵守了这些条件、程序和规则,其才可能准确地进行解释。例如,反面解释要求被解释的法律条文中的构成要件和法律后果之间至少存在必要条件关系。再如,在体系解释中,“例外规定应当作严格解释”就是一项应当被遵守的规则。此外,狭义的法律解释方法应当优先于漏洞填补的方式。换言之,在法律解释中,如果可以运用狭义的法律解释方法,就不应当运用漏洞填补的方法。虽然裁判者并没有义务运用所有的狭义法律解释方法来进行解释,但是,裁判者在进行漏洞填补之前,应当尽可能采用所有的狭义法律解释方法,以明确法律条文的含义。只有穷尽了所有的狭义法律解释方法之后仍然不能得出妥当的解释结论时,才可能运用漏洞填补的方法。

第四,裁判者受论证义务约束的限制。“法院判决是否具有说服力,在于其结果是否能够经受理性的检验。”①裁判者进行漏洞填补,要尽到更充分的论证义务。就法律漏洞存在与否的认定而言,裁判者必须对其进行比较充分的论证。此时,裁判者要负担比较重的论证义务。此外,在进行漏洞填补时,裁判者也应当尽到较重的论证义务,包括其所选择的漏洞填补方法(如习惯法、类推适用等),其对于特定方法的运用过程。因为裁判者进行漏洞填补实际上已给予了法官较大的自由裁量的权力,为了避免司法的任意性,维护当事人的权益,裁判者必须尽可能充分地进行论证。

---

① [德]魏德士:《法理学》,吴越等译,法律出版社 2005 年版,第 303 页。

总之,对法律解释主体的解释活动的限制,不仅是由立法与司法的职责分工、法律授予司法机构的权限所决定的,也是限制司法机构的自由裁量权、保障法的稳定性和安定性所必需的。

第三节 法律解释的目标

是法律文本而不是立法者的意图在规范人们的行为。

——[美]斯卡利亚(Scalia)大法官

志有之,言以足志,文以足言;不言,谁知其志?

——《左传·襄公二十五年》

一、法律解释的目标概述

法律解释的目标,是指解释者通过解释活动探究立法者的意思或者法律的规范目的。法律解释的对象和法律解释的目标是两个不同的概念。法律解释的对象,也称为法律解释的标的,是指法律规范的"条文"。而法律解释的目标是指法律解释究竟是探究立法者的意思还是法律本身的意旨。① 学理上对法律解释的目标与法律解释的对象进行了区分。一般认为,这两者的区别主要表现在:一方面,法律解释的对象,也称为法律解释的标的,它是指法律文本或法律的"条文"。而法律解释的目标是指通过解释活动所欲达到的直接目的。② 法律解释的对象是指作为解释活动基础的法律文本,而法律解释的目标是探究该文本所表达的意思,对象是目标的载体。另一方面,法律解释的对象属于事实判断的范畴,而法律解释的目标是价值判断的范畴。法律解释的最终目标只能是探求法律在今日法律秩序的标准意义,且只有考虑历史上立法者的规定意向及其具体的规范意旨,而不是完全忽视它,如此

① 参见黄茂荣:《法学方法与现代民法》(第5版),法律出版社2007年版,第323~324页。

② 参见黄茂荣:《法学方法与现代民法》(第5版),法律出版社2007年版,第323~324页。

才能确定法律在整个法秩序的标准意义。①

探讨法律解释的目标,一是要确定各种法律解释方法存在的正当性。法律解释的目标就是要通过各种方法的运用来探究立法者的真意或者法律的意旨。按照主观说,法律的意思由立法者决定,解释者只是将立法者的原意发现出来,只有能够发现立法者原意的解释方法才是正当的。所以,各种方法的存在都以法律解释的目标作为标准,只有那些可以实现解释的目标的方法,才可以作为法律解释的方法。例如,利益衡量虽然能够解释法律的正当性,但是不能发现立法者的真意,故只能作为附随于解释方法的论证方法。二是选择何种法律解释方法。法律解释的目标是选择和运用法律解释方法的基础,而法律解释方法的选择和运用又是实现法律解释目标的手段。② 按照主观说,法律解释的目标是探求立法者的真意,所以,历史解释方法应当作为重要的解释方法,只有在历史解释无助于探明立法者真意时,才应当选择其他论理解释方法,如目的解释、体系解释等。文义解释之后,是直接进入历史解释,还是采取目的解释的方法,这就涉及法律解释目标的确定。按照主观说,应当先采用历史解释方法,然后再采用体系解释、目的解释等方法。而按照客观说,应当先采用目的解释方法,然后再采用其他解释方法。三是确定何种法律解释结论是最妥当的。法律解释的目标原则上是探求立法者的意思,只有在例外情况下才探求法律的意旨。而各种法律解释方法对于探求立法者的意思的意义并不相同。文义解释实际上为我们通过法条的字面含义来确定其立法者的意思提供了通道。历史解释实际上是借助立法资料来探求立法者的意思。而社会学解释、比较法解释等则与立法者意思的探求联系不太密切。按照主观说,法律解释应当探求立法者制定法律时的真意。如果体系解释的结论和历史解释的结论不同,就应当以历史解释的结论为准,因为它更符合法律解释的目标。裁判者究竟依据什么来阐释法律文本,其是依据立法者的意思来解释法律,还是依据法律的意旨来解释法律,这会导致解释方法和解释结果的差异。在采用各种法律解释方法时,其可能得出不同

---

① 参见[德]卡尔·拉伦茨:《法学方法论》,黄家镇译,商务印书馆 2020 年版,第 438 页。

② 参见孔祥俊:《法律方法论》(第 1 卷),人民法院出版社 2006 年版,第 673 页。

的解释结论。此时,裁判者就要在各种解释结论中做出选择,而其选择的依据应当是法律解释的目标。

我们试举一例来分析。例如,某政府将其管辖范围内的一处居民区拆迁,并于2021年2月20日公布了政府的征收决定。但因为拆迁人(某拆迁公司)一直没有与被拆迁人(李某和张某)达成补偿协议,因而,李某和张某拒绝拆迁。后来,拆迁公司直接在法院起诉,要求李某和张某搬出该房屋,并请求法院强制拆迁。其理由就是《民法典》第229条的规定,即"因人民法院、仲裁机构的法律文书或者人民政府的征收决定等,导致物权设立、变更、转让或者消灭的,自法律文书或者征收决定等生效时发生效力"。而李某和张某则提出,因为没有与拆迁人达成补偿协议,所以,该房屋仍然属于其所有。本案涉及对《民法典》第229条的解释,即房屋所有权是否应从政府征收决定生效时发生变动。对于本案来说,从解释目标来观察,可以有两种不同的解释,无论如何解释,都要确定物权何时变动的问题。如何理解《民法典》第229条关于"征收决定等生效时发生效力"的规定?一种观点认为,应当探求立法者制定原《物权法》之时的真实意思,从而探究该条的含义。因为从制定原《物权法》的历史资料来考察,似乎可以得出结论,即"征收决定生效时"物权就变动。但是,如此理解可能赋予政府过大的权力,并导致公民的财产权被不当剥夺。另一种观点认为,应当从文本出发,通过体系解释等方法来理解"征收决定等生效时发生效力"的含义,即通过与《民法典》第243条结合来解释该法第229条中"征收"的含义。既然该法第243条明确规定,征收必须符合公共利益的需要、必须符合法定的程序、必须依法做出补偿,就只有在符合这3个要件的情况下,才能构成第229条中的"征收",从而导致被征收人房屋所有权的移转。在上例中,究竟应从立法者的真意出发来确定法律条文的含义,还是应从法律文本出发来探究法律文本的含义?应当看到,在上例中,围绕《民法典》第229条的制定,确实存在各种法律草案建议稿、立法过程的讨论资料。但是,如果采取客观说,在解释中应当从法律文本出发,这些立法资料只能作为解释的参考。但从该条文的文义来看,征收的含义应当是指满足了上述三个要件,才能导致被征收人的所有权的移转。这就表明,如果法律解释含义出现复数解释,是继续运用体系解释等方法来解释,还是直接采用历史解释来探究立法者立法时的意图?因此,法律解释的目标探讨就决定了解释方法的选择问题。

二、关于法律解释目标的几种基本学说及其评述

拉丁法谚云,“法是善良与公平的艺术”。然而,自罗马法复兴以后,法律人一直认为,只有立法者才能真正实现法的善良与公平的目的。至于法律适用者只是忠实地实行法律,即可达到这一目的。但是,经过数个世纪的实践证明,如何将法律的抽象性规则与具体的个案连接才能实现法的善良与公平,则时常成为法学家探讨的问题。法律本身也会存在缺陷,甚至漏洞,在此情形下,如何才能在适用法律中实现法的目标,成为法律解释学的争议话题。[①] 围绕着法律解释的目标,自19世纪后半叶以来就形成了不同的学派,即主观说(subjektive theorie)和客观说(objektive theorie)。下面对此具体阐述。

(一)主观说

主观说又称意志说。根据该学说,“解释目标或是对历史上立法者所需要阐明的意思的探求”。[②] 在主观说看来,法律是立法者的意志行为。立法者制定任何法律都要追求一定的目的。“裁判者的职责乃是宣告和解释法律,而不是制定法律。”[③]既然通过现代民主制度和立法程序已经制定了法律,而且将民众的意志体现在了法律之内,那么,作为司法者的裁判者就应当遵循这一意志,不能违背,这是裁判者的司法者角色所决定的。法律解释方法中的目的解释、历史解释等也都是为探求立法者的意图服务的。[④] 法律解释的目的就是探究历史上立法者的意旨,即立法者制定法律时的意思。解释法律应该以立法者立法时的具体意思为解释的基础和依据。[⑤] 为此,裁判者在解释中应当

---

① 参见[德]英格博格·普珀:《法学思维小学堂》,蔡圣伟译,台北,元照出版有限公司2010年版,第91页。

② J. Wroblewski, *L'interprétation en droit: théorie et idéologie*, in: A. P. D. 1972, T. 17, p. 65.

③ [美]E. 博登海默:《法理学:法律哲学与法律方法》,邓正来译,中国政法大学出版社1999年版,第554页。

④ See Robert Alexy, Kiel and Ralf Dreier Göttingen, *Statutory Interpretation in the Federal Republic of Germany*, in D. Neil MacCormic and Robert S. Summers eds., Interpreting Statutes, A Comparative Study, Dartmouth, 1991, p. 93.

⑤ 参见郭成华:《法律解释比较研究》,中国人民大学出版社1993年版,第55页。

通过采用历史解释等方法,以立法资料和文献等素材为基础,来探究立法者的原意。在19世纪,主观说曾经是主导性学说,盛行于当时的法律解释学中。“19世纪的司法者,其职责惟在根据法律所建立的概念,用逻辑推演,遇有疑义或法律有缺漏时,亦必须探求立法者立法当时的意思,予以解释。一切均应以立法者的意思为依归,因此,立法当时的会议记录,成为极端重要的文献。”①

应当承认,在西方国家,虽然主观说已经不再是法律解释学中的主流学说,但是,该学说强调尊重立法者的意思,强调裁判者的职责是遵循法律,司法就是要实现法律中体现的立法者的意志。只有探求立法者的意图,才符合裁判者的角色定位,这些观点在今天仍然具有合理性。裁判者的职责是服从法律和执行法律,裁判者的“上司”只能是法律。在任何时间、任何地点、任何场合,裁判者都应当遵从法律、依法裁判,这就要求裁判者应当以谦卑的、虔诚的态度对待法律。而遵从立法者的意旨就符合裁判者的职责定位。裁判者在解释法律时,都要探求历史上立法者的意思,这样不仅可以使解释结论趋于相同,而且可以使当事人在一定程度上预见裁判者的解释结论,这就必然促使法律的可预期性大大提升,从而满足了法的安定性的需要。主观说在一定程度上有利于规范裁判者的自由裁量权。在法律适用中,裁判者应当正当行使其自由裁量权。裁判者不能随意假定立法者在制定法律时考虑不周或者犯下错误,而武断地认为自己比立法者更高明,随意按照个人所理解的社会效果来代替立法原意。如果裁判者总是认为自己比立法者更聪明,总是在法律之外寻求司法的社会效果,不仅违反了法治社会的基本精神,而且会导致裁判者的专断。②

但是,主观说也确实存在其固有的缺陷:一方面,主观说认为,裁判者必须忠实于立法者的意旨,这就严格地限制了裁判者司法能动性的发挥。立法者不是万能的,也会出现表述错误,其也不可能预见到未来社会的发展。“有限之律,难以律天下无穷之情。”法律发展的历史已经证明,任何国家的立法机关都不可能制定十分完备的、覆盖所有现实问题且能够适应社会发展需要的、在实务中只需裁判者照搬适用的法律。

---

① 王伯琦:《近代法律思潮与中国固有文化》,清华大学出版社2005年版,第140页。

② 参见江必新:《在法律之内寻求社会效果》,载《中国法学》2009年第3期。

立法者不是万能的“上帝”或“神灵”,这样的完美法律,在世俗社会中永远不存在。[①] 所以,法律文本出现瑕疵、不完善等都是难免的,更何况语言功能的局限性决定了它不一定能够准确表达立法者的意图。在此情况下,就需要发挥裁判者的能动作用,在司法允许的范围内,对立法者的意旨进行适当的调整。另一方面,在法律解释中,严格查找立法者的意图是必要的,但有时是十分困难的。在许多情况下,裁判者很难探寻立法者的意旨,特别是立法者制定法律时的意旨。然而,主观说固有的缺陷就在于,过分拘泥于立法者固有的意思,可能忽视法律条文自身的独立价值,不能探求出立法适应社会发展所应具有的内涵。正如王泽鉴所指出:“立法者之意思固应尊重,但政府与人民所共信守者,乃基于法律文义所表现之客观规范意旨,何况立法者的意思如何,实难查询。”[②]如果法律颁行的时间比较短,则探求立法者的意图相对容易,且因为时间不长,立法者的意图也未发生变化。如果法律颁布时间较长,则严格要求裁判者必须探求立法者的意旨,那么,或者导致裁判者无所适从,或者导致裁判者以主观判断随意认定立法者的意旨。立法者意旨的探求也是在变化之中的,尤其是在社会急剧转轨时期,利益多元化,社会矛盾加剧,社会变化迅速,立法者的意图可能难以适应社会发展的需要。例如,1986 年发布的《民法通则》第 58 条第 6 项规定“经济合同违反国家指令性计划的”无效。这实际上反映了立法者制定之时的目的是保障国家计划的实施。显然,随着我国经济体制改革的进行,该条已失去其现实意义,也没有被《民法典》吸收采纳。

(二)客观说

与主观说相对应的是客观说,该学说认为,法律解释并不在于探求立法者制定法律时的意旨,而旨在探求法律文本的意旨。[③] 也就是说,探究法律文本所包含的合理含义。因为法律一旦公布以后,就脱离了立法者之手,其本身就具有客观的含义,[④]与立法者相分离而成为一种客观独立的存在。法律的约束力体现为独立存在于法律内部的合理含

---

① 参见沈岿:《司法解释的“民主化”和最高法院的政治功能》,载《中国社会科学》2008 年第 1 期。

② 王泽鉴:《法律思维与民法实例》,中国政法大学出版社 2001 年版,第 216 页。

③ 参见王泽鉴:《法律思维与民法实例》,中国政法大学出版社 2001 年版,第 217 页。

④ 参见杨日然:《法理学论文集》,台北,月旦出版社股份有限公司 1997 年版,第 522 页。

义,而不是立法者赋予法律的主观意义和精神。[①] 法律解释的目标就是阐明解释时法律条文客观上所表现出来的意思,而不是制定法律时的立法者原意。[②] 正如德国联邦宪法法院所指出的,“对法律解释而言,重要的是在法律之中所表达的客观的立法者意思,以及从法律规定的字义、意义关联与规定的可认识目的中得出的意思”[③]。法律文本是立法者对此进行表达的基础。[④] 所以,法律的解释应当从文本出发,探究一般人对法律规范所了解的含义,或通过文义、体系等方式确定法律文本客观上表达出来的含义。[⑤] 各种立法资料(如立法理由书、议事录等)仅仅是参考资料,并不具有法律约束力。[⑥] 客观说强调法律文本的含义应该随着社会的发展而不断得以改变,而不仅仅是揭示立法者的“意图”。[⑦] “法律需要变化,老的原则总是需要被新的原则所代替。法律规范的科学性的保持并不是静态,而是动态。”[⑧]所以,在解释过程中,解释者要寻求法律文本本身所蕴含的意思。因为法律一旦颁布,随着社会生活的发展,它就可以超出立法者的原有预期而丰富甚至改变其内涵。

早在罗马法中就已经包含了客观说的思想。拉丁法谚云,“法律条文的字义不容背离”(A verbis legis non est recedendum)。[⑨] 这实际上就是要求裁判者在解释法律时应当尽可能尊重法律条文本身的含义,或者说,尊重法律的意旨。但是,一般认为,该学说是从 19 世纪末期发展而来的。[⑩] 当时,随着自由法学的发展,客观说逐渐产生了重大影响。

---

① 参见袁春湘:《法律解释的解释》,载《法律适用》2008 年第 8 期。

② Vgl. Hans Joachim Koch and Helmut Russmann, *Juristische Begrūndungslehre*, Munich: C. H. Beck, 1982, S. 21, 25.

③ [德]考夫曼:《法律哲学》,刘幸义译,法律出版社 2005 年版,第 127 页。

④ See Walter Sinnott-Armstrong, *What is Legal Interpretation?*, 42 San Diego L. Rev. 489.

⑤ 参见[德]魏德士:《法理学》,吴越等译,法律出版社 2005 年版,第 341 页。

⑥ 参见吴学义:《法学纲要》,中华书局 1935 年版,第 72 页。

⑦ See E. Kellaway, *Principles of Legal Interpretation of Statutes, Contracts and Wills*, Butterworths, 1995, p. 65.

⑧ Xavier LABBEE, *Les critères de la norme juridique*, Droit / Manuel, Presses Universitaires de Lille, 1995, p. 84.

⑨ See E. Kellaway, *Principles of Legal Interpretation of Statutes, Contracts and Wills*, Butterworths, 1995, p. 49.

⑩ 参见王泽鉴:《民法实例研习》(第 1 册),1982 年自版,第 129 页。

而随着20世纪20年代司法能动主义的发展,裁判者的自由裁量权日益扩大,客观说逐步占据了主要的地位。例如,在德国,目前客观说占据了主流地位,其法律解释理论认为,与对立法者主观意旨的探究相比,对文本的客观含义的理解更为重要。① 利益法学派的重要代表人赫克(Heck)在讨论法律解释的目标时曾做了一个形象的类比:假设有一幅古画,记录了如亚历山大之战的场景。但随着时光流逝,出现很多破损。该画的主人欲请一画家进行修补。有两种可供选择的修补方式:一是用数学的方法计算出画面上线条的基本规律,然后再从现存部分将线条延伸开来,将该画修补完成;二是请画家按照该画的意境主动地完成修补。这就要求画家对该画有整体的理解,再从美感与艺术的角度进行补救。前者可以说是一种主观说的安排,后者则是更尊重法律本身意旨的补救办法。通过比较这两种方式,赫克认为客观说更为合适。②

在一定程度上,客观说是在主观说的基础上发展而来的,它实际上是为了弥补主观说的弊端而形成的理论。客观说的合理性在于:第一,它注重法律文本的约束力,而不是立法者意旨的约束力。正如美国斯库利亚大裁判者所说,是文本在规范人们的行为,而不是立法者的意图在规范人们的行为。③ 客观说强调,裁判者在法律解释过程中需要以法律文本为中心,而不是以立法者为中心。柯乐教授(J. Kohler)认为,"法律可能比立法者更聪明"。④ 这就看到了法律本身可以独立于立法者而形成理性的体系。立法者的意图是通过文本表现出来的,而法律作为行为规则,其都是通过具体文本来体现的。所以,裁判者探求法律的意旨,这也符合法律公开性的要求。因为法律文本是面向社会公开的,容易为人们所获取,而立法者的意旨是通过往往并不为人们所熟悉的立法资料才能探求到的。因此,按照法治的要求,也应

---

① Vgl. Hans Joachim Koch and Helmut Russmann, *Juristische Begrūndungslehre*, Munich: C. H. Beck, 1982, p. 21 – 25.

② Heck, Begriffsbildung und Interessenjurisprudenz, *Redigiert von Roland Dubischar*, Verlag Gehlen, 1968, S. 169, 170.

③ Zimmermann, *Die Verbingdung von subjektiver und objektiver Auslegungsmethode*, JBl 1953, S. 585.

④ [德]魏德士:《法理学》,吴越等译,法律出版社2005年版,第311页。

当以文本为中心。[①] 第二,它保持了法律的适应性。客观说认为,法律从颁布之日起已经与立法者脱离了关系,如果坚持以立法者的意思为解释的目标,就可能背离当前的社会情事,难以保持法律文本与社会现实的适应。立法者的意图是以当时的社会背景和社会关系为基础的,一旦法律规范的社会背景发生变化,则立法者的意图未必适合新的社会背景。法律解释并不是静态的,而是动态的,正如穆勒教授所指出的,法律解释并不是考古发现,而是辩证的创造,解释并不仅仅是对历史的细微之处的注解,而是一种将过去的意义适用于当代的问题和环境的诠释。[②] 客观说认为,如果固守立法时的意思,就不能顺应时代的发展,从而难以适应人类社会的不断要求。[③] 因此,客观说满足了发展着的社会需要,使法律保持了其应有的适应性和活力。"如果人们是主观解释的追随者,那必须问及,历史上立法者那种意义与字面含义相连,什么是基于系统关联之上的意义,这种关联存在于立法者的意图之中,历史上的立法者追求的是何种目的。如果人们遵循这种理解:法律的今日之目的是决定性的,那么解释方法不允许主观地,而必须是客观地被询问。"[④]第三,它注重司法的能动性。按照客观说,如果法律出现了模糊、不完善等问题,则应允许裁判者发挥其能动作用,来完善法律。裁判者不能用昨天颁布的法律,来解决未来发生的每一个案件。[⑤] 如果必须以立法者制定法律时的意思作为解释的目标,裁判者就只能消极地发现立法者的原意。如果法律文本的字面含义存在一定的可以通过法律解释弥补的缺陷,裁判者可以通过各种方法弥补这一缺陷。如果因为社会的发展,立法者的意旨不能适应社会的需要,则裁判者通过探求法律的意旨,也可以满足新的社会需要,从而起到弥补立法者不足的

---

① See Robert Alexy, Kiel and Ralf Dreier Göttingen, *Statutory Interpretation in the Federal Republic of Germany*, in D. Neil MacCormic and Robert S. Summers eds., Interpreting Statutes, A Comparative Study, Dartmouth, 1991, p. 74.

② Friedrich Mueller, *Discours de la méthode juridique*, Traduit de l'Allemand par Olivier Jouanjan, PUF, 1996, p. 39 – 40.

③ 参见郭成华:《法律解释比较研究》,中国人民大学出版社 1993 年版,第 55 页。

④ [德]阿图尔·考夫曼等主编:《当代法哲学和法律理论导论》,郑永流译,法律出版社 2002 年版,第 382 页。

⑤ 参见陈金钊等:《法律解释学》,中国政法大学出版社 2006 年版,第 230 页。

作用。①

但是,客观说也存在明显的缺陷。一方面,其因过度强调文本的客观含义,而可能忽略了对立法者意图的探讨。任何法律都是在立法意图的指导下产生的,法律文本是立法者意思的体现。“没有立法者的意图,也就不会有立法文本。”文本的含义与立法者的含义完全独立是不可能的,如果文字的含义的确与立法者所要实现的含义具有某种关联,裁判者就能够根据文字的含义对立法者的意图进行解释。② 如果不探寻立法者的意图,就难以了解法律本身的真实含义,也难以实现立法者所追求的效果。因此,如果完全不考虑立法者意图,对法律文本意思的理解可能是不全面的。另一方面,其可能导致法的安定性受到影响。在很多情况下,因为立法的时间有限、立法者的任务繁重、理论准备不足等,法律最终不一定完全符合理性的要求。而且语言的表达功能是有限的,不能有效表达立法者意图的情形是可能发生的。客观说认为,裁判者不应注重探究立法者的意旨,其就可能以自己的价值判断代替立法者的意旨,如此不仅曲解了法律的含义,而且可能导致法的安定性受到影响。因为不同的裁判者会有不同的价值判断,解释的结论可能因不同裁判者的价值立场的不同而存在差异,这就可能影响法律适用的统一。

从大陆法系国家的总的发展趋势来看,其是朝着客观说的方向发展的。在概念法学占统治地位的时代,法律解释只能探求立法者的真意,司法者只能遵循立法者的意思进行裁判,司法权要保持其克制性。③ 而随着自由法运动的展开,立法者真意在法律解释中的地位不断下降,客观说也逐渐为多数学者所赞同。尤其是随着社会的发展,成文法经常显示出滞后性,法律漏洞时有发生。客观说既可以很好地解释法律漏洞存在的原因,也可以解释裁判者填补漏洞的合理性。

---

① 参见[德]卡尔·拉伦茨:《法学方法论》,黄家镇译,商务印书馆 2020 年版,第 408 页。

② See Antonin Scalia, *Common-Law Courts in a Civil-Law System: The Role of United States Federal Courts in Interpreting the Constitution and Laws*, in Amy Gutmann ed., A matter of Interpretation: Federal Courts and the Courts and the Law17, 1997, p. 968

③ 参见季卫东:《法律解释的真谛(上)——探索实用法学的第三道路》,载《中外法学》1998 年第 6 期。

（三）折中说

考虑到主观说和客观说都具有一定的缺陷，也有学者提出了折中说，以化解主观说和客观说的对立。折中说试图在主观说和客观说之间选择一种折中的方案来缓和两者的冲突。这一学说肯定了法律解释中应当尊重立法原意，不可随意超越立法原意，同时又强调法的妥当性。[①] 其认为，主观说过度强调了立法者的主观意旨，而忽略了立法者的意旨可能与法律文本相脱节，忽略了社会的发展可能使法律出现滞后性等现象，对于立法者出现的表述不完善和错误，也没有给予裁判者予以弥补的应有权力。这就可能导致法律与社会现实的脱节，不能使法律不断适应社会发展的需要。[②]

虽然折中说都强调应当结合主观说和客观说两种主张，但有的认为应当以主观说为主、兼顾客观说，有的则认为应当以客观说为主、兼顾主观说。[③] 这就形成了两种折中观点。一是以主观说为主的折中说。此种观点认为，法律解释原则上应当采用主观说，只有在根据主观说将导致不正义或有足够的理由认为法律原有的价值判断已明显滞后时才能超越立法原意。[④] 解释者首先应以历史解释的方法确定立法者的规范意图、目的和价值选择，在立法者的意思无法认知或对现代情势所产生的问题未提供解决基准的场合，则应考虑在法律文本可能的文义范围内，检讨可能的理由和基准，确认对当下法律适用合乎目的的意义。[⑤] 在法律解释中，首先应当采用主观说，探求立法者的意旨。如果确实发现立法存在滞后、表述不明，甚至出现立法错误，裁判者就应该按照客观说，从文本出发进行解释和补充，适应社会的需要，来协调法律与社会之间的矛盾。Zimmermann 认为，裁判者应当以主观说为考察的起点，但“当法律远离现实、非理性违反目的以及不正义时，当法律已经失去其作为秩序思维的意义时；当法律不再规范生活而是在阻碍生活时；当法律已经失去合法之倾向时；裁判者就应该将其忽略不顾”。[⑥] 二是

---

① 参见吴丙新：《修正的刑法解释理论》，山东人民出版社 2007 年版，第 66 页。

② Zimmermann, *Die Verbingdung von Subjektiver und Objektiver Auslegungsmethode*, JBl 1953, S. 585.

③ 参见陈兴良主编：《刑法方法论研究》，清华大学出版社 2006 年版，第 51 页。

④ 参见李希慧：《刑法解释论》，中国人民公安大学出版社 1995 年版，第 79 ~ 80 页。

⑤ 参见袁春湘：《法律解释的解释》，载《法律适用》2008 年第 8 期。

⑥ Zimmermann, *Entscheidung gegen das Gesetz*, JR 1951, S. 132.

以客观说为主的折中说。此种观点认为,历史上的立法者意思往往难以确定,或者随着社会的发展已不能符合现实的需要。所以,在法律解释中,首先应该从客观的文本出发来探求立法原意,而不应当探究历史上立法者的原意,解释者更应探究立法者基于今日所应有的认知而可能具有的意思。[①] 即要探究如果历史上的立法者处于今天的社会背景之下,其所可能做出的价值选择。正如王泽鉴教授所指出的,"法律解释的目的固在解释客观化的法律意旨,但是法律意旨的探求仍应斟酌立法者具体的规范意思、价值判断及利益衡量,不能完全排除立法者意思于不顾。在此意义上,法律解释实乃属结合客观意旨与主观意思,致力于实践正义的一种过程。"[②]

折中说既注重主观说和客观说的优点,又看到了两者的缺陷,试图在此基础上寻求一种中间路线。其认为不仅要注重探究立法者的意图,而且要注重法律文本的重要性,强调法律对社会发展的适应性。就既注重立法者的意旨又注重法律文本的重要性而言,本书赞成以客观说为主的折中说的观点。以主观说为主的折中说认为应该从主观说入手来解释法律文本,这一点是值得推敲的。因为,一方面,法律解释的对象是摆在解释者面前的客观存在的法律文本。立法者的意图是在文本中表现出来的,而对人们行为的规范都是通过文本的规定来实现的。因而,法律解释首先应当以客观的法律文本为出发点,而不能以探究立法者的意思为出发点。另一方面,立法者的意思本身有时是很难探寻的。在现代法治社会,法律实际上是公众意志的表达,立法的过程本身也是集体参与的过程。"法律的草拟,历经各单位机关,何人为立法者,殊难确定。""受法律规范之人所信赖的,乃法律的客观表示,而非立法者主观的意思。"[③]而且,立法活动本身就是多方利益的协调与博弈的过程,各利益相关方都谋求表达和贯彻其利益,最终实际上是各方利益的平衡和妥协,也是各方意志的综合体现。这也增加了准确探究立法者的意思的难度。尤其是在我国,为了体现立法的民主性和科学性,立法机构尽量吸收民众参与,法律实际上是集体智慧的结晶。另外,立法过

---

① 参见黄建辉:《法律阐释论》,台北,新学林出版股份有限公司2000年版,第25页。

② 王泽鉴:《法律思维与民法实例》,中国政法大学出版社2001年版,第219页。

③ 王泽鉴:《法律思维与民法实例》,中国政法大学出版社2001年版,第217页。

程本身的局限性也增加了探究立法者意思的难度。许多立法资料不全,一些立法资料并不对外公布,这就增加了考察历史上的立法者意思的难度。特别是如果法律制定的年代久远,往往很难收集准确的背景材料。在法律颁布后,尤其在经历了较长时间后,法律赖以存在的社会经济条件等已经发生了深刻的变化,如果仍以法律颁布时的立法者意思来调整今天的社会关系,则不尽合理。因为社会情况已经变迁,原来立法者的意思已经不能符合社会的变迁,也不能符合社会需要。[①] 而且,“对立法者的意图的理解,只是我们作为某个特殊的主体对立法者意图的特定含义的理解,这可能不是立法者的特定含义”[②]。因此,以主观说为基础探求立法者的原意可能造成更大的偏差,增加法律解释结论的不确定性。据此,应当采取以客观说为主的折中说。

三、法律解释的目标——应当采取以客观说为主的折中说

主观说和客观说不无道理,但笔者认为,应当结合主观说和客观说的优点,摒弃其缺陷,采取以客观说为主的折中说。从法律解释学的发展趋势来看,是从主观说向客观说发展。主观说强调立法与司法的严格区分,司法者的职责就是贯彻和执行法律,而不能参与到立法活动之中。但是,随着社会的发展,人们逐渐认识到,立法者无法垄断立法权,司法者可以充当立法者的助手。在此背景下,如果仍然强调法律解释中的主观说,就与社会赋予司法者的新的角色不一致。另外,客观说赋予了裁判者较大的自主空间,其可以根据社会的变化而妥当确定法律的含义,而不必固守立法者当初的设想,这就可以使法律具有较大的灵活性和适应性,使法律保持与时俱进。

采取以客观说为主的折中说,具体而言,应当从如下几个方面展开:

第一,应当从文本出发探究立法者的意思。这就要求解释者根据法律文本进行解释;只有无法从法律文本中得出解释结论时,才应从法律文本之外的因素考虑。裁判者绝对不能完全撇开法律文本,从所谓

---

① 参见杨日然:《法理学论文集》,台北,月旦出版社股份有限公司1997年版,第522页。

② Antonin Scalia, *Common-Law Courts in a Civil-Law System: The Role of United States Federal Courts in Interpreting the Constitution and Laws*, in Amy Gutmann ed., A matter of Interpretation: Federal Courts and the Courts and the Law17, 1997.

社会效果或社会目的等因素考虑而自由解释法律。法律解释需要尊重立法者的意旨,但是,在整个解释过程中,都要从文本出发来探究立法者的意思。以客观的法律文本为出发点,不仅仅是严格执法、公正司法的要求,而且是从维护民众利益的角度来考虑的。因为法律是向社会公众颁布的,社会公众通常都只能从法律客观表现出来的意旨来理解法律。所以,以法律的意旨作为解释的目标,实际上是尊重了民众对法律的理解,保护了民众对法律的信赖①。

虽然法律解释应当以客观说为主,但是,也应当兼顾主观说。这就是说,法律解释也应当考虑立法者的原意。虽然法律解释的目标并非探究立法者的原意,但是,立法者的原意在法律解释过程中仍然具有重要地位。一方面,立法者原意对于裁判者具有一定拘束力。裁判者的角色定位决定了其应当尽可能贯彻立法者的原意,这也是立法者与司法者角色分工的要求。毕竟立法者原意代表了社会公众的利益和意愿,代表了立法者对特定案件类型所作的价值判断。司法者作为法律的适用者,应当尽可能尊重立法者的原意。法律解释毕竟属于一种解释,而不能代替立法者的职能。法律解释以法律文本展开,只有尊重立法者的意思,才能对解释者产生一定的限制,使其不至于逾越解释的边界而代行立法的职能。此处所说的立法者不是某一具体的个人,而是整个立法机构。所以,在探求立法者真实意思时,不能仅仅从某个参与者的意思来确定立法者的意思,而应当从整个立法机构来确定其意思。例如,在我国,只能从全国人大宪法和法律委员会、法制工作委员会等机构制定法律时的资料来解释。另一方面,立法者原意在各种法律解释方法中都发挥了重要的作用。文义解释就是要求解释者为阐明文本的含义,首先要从法律文本出发,阐释文本的字面含义。如果文义阐释出现复数,应当通过探究立法者目的和意旨的方式来阐明文义。立法者在运用法律语言时,是一般语言的特殊表达,如果法律语言赋予了一般语言以法律上的含义,应当遵循立法者在这一语言中所蕴含的意旨。因此,文义解释旨在探究立法者的规范立场。目的解释其实就是要求探究立法者立法条文背后所涵盖的立法目的,而历史解释也是通过考察立法者当时的立法意思,进而寻求文本的含义。在扩张解释、限缩解

① 参见苏彩霞:《刑法解释方法的位阶与运用》,载《中国法学》2008年第5期。

释、目的性扩张、目的性限缩等诸多方法的运用中,立法者原意都扮演了重要的角色。所以,如果法律解释离开了立法者的意思,就不能揭示文本的真实含义。

第二,探寻立法者的意思也并非探寻立法者当时的意思。也就是说,即使考察“立法者意思”,也不完全是立法者单纯就特定条文所表达的意思,而是立法者在特定条件下的综合考量。对立法目的的探究也应当首先从文本出发,同时参考立法过程中的史料记载。如果随着社会的发展,历史上的立法者的意思与现实需要不符,就要考察立法者在当下所应当具有的意思。这个过程中所要考察的,不仅仅是立法者所进行的特定选择,而是其为什么要进行这样的选择,其所依据的社会背景是什么,其所做出的价值判断是什么,以及相比其立法之前的社会历史状况,其选择在发展的观点下的定位是什么等事项。探究当时立法者的意思的目的在于准确把握文本的变化过程,从而了解文本的应有含义。

因此,在解释立法者的意思时,不能拘泥于立法者的原意。应当使法律解释结论具有开放性,能够接纳当下的价值观,不断与时俱进。法律的含义都处于变迁状态之中,正义的观念也在不断变化。因此,法律解释者应采用“现时取向”(gegenwartsbezogen)的解释论。正如拉伦茨所言,“因时间的演进,某些问题的重要性泯灭,某些新问题日益重要,法律解释者都希望,在法律当中寻获其时代问题的答案”。① 如果历史上立法者的意思与当下社会的背景已经发生了脱离,解释者应当结合现实,对法律做出符合当下社会需求的解释。这也是法律解释中客观折中说的基本含义。“现代法学之使命,端在促进吾人之社会生活。”② 法律也需要与时俱进,解释者在解释中也必须贯彻此项原则,把握社会经济的需要,最终实现法律的妥当性。这是历史上智慧的立法者也会做出的选择。因而必须以立法者处于当下社会所应有的意思来进行解释。③ 在法律明显滞后的情况下,也要从文本出发,对文本不适应社会需求的情况作充分的论证。以客观的法律文本为出发点,也要求我们

---

① [德]卡尔·拉伦茨:《法学方法论》,黄家镇译,商务印书馆2020年版,第402页。

② 杨仁寿:《法学方法论》,台北,三民书局1986年版,第88页。

③ 参见杨仁寿:《法学方法论》,台北,三民书局1986年版,第118页。

注重法律的与时俱进。法律解释的最终目标在于完善法律,使法律更契合社会、伦理、经济的发展与变迁。德沃金将法律的解释看作对一个系列小说的创作和解读。要通过解释使整部小说更连贯,要通过解释使每个故事是最好的故事,而不仅仅是使那个故事成为它本身。[①] 这也说明了解释中重视社会现实需要的必要性。立法意图所产生的社会背景具有变动性,这种变动既可能是缓慢的变动,也可能是剧烈的变动。在某些情况下,立法意图所产生的社会背景经过很长时间可能仍然能够保持稳定;在另外一些情况下,此社会背景可能经过很长的时间会发生变动。[②]

以《企业破产法》的破产债权优先受偿顺序为例。在《企业破产法》制定和修改过程中,立法者所考虑的企业破产原因主要为经营不善和市场风险。而实践中,导致企业破产的情形远非仅限于此。在三鹿奶粉事件中,企业因为产品大规模侵权而负担大量的损害赔偿责任,该责任的承担就足以导致企业的破产。因而,让受害者的人身损害赔偿债权优先于企业的其他债权受偿具有充分的理由,因为众多受害者遭受了人身伤害,需要从破产企业的财产中获得优先受偿,以维护人的生存权利和社会的稳定。相对于合同当事人,侵权行为所产生的非自愿债权人(尤其是人格权利受到侵害的债权人)完全是无辜的受害者,其被迫成为公司的债权人,法律对这些弱者提供更多的保护,才能体现法律所追求的公平价值观。[③] 但是,根据我国《企业破产法》所设定的破产财产分配顺序,广大受害者的人身损害赔偿债权不具有优先性,而与其他普通债权属于同一受偿顺序。这就说明,立法者在制定和修改《企业破产法》时的意图已经不完全符合剧烈变化的社会背景,难以成为调整当前社会关系的意旨。在这种情况下,如果继续按照立法者的原本意图来调整现有社会关系,则可能有违法律的基本公平正义理念。随着时代的发展、时间的流逝,社会的主流价值观念会逐渐发展变化,在此情况下,应当通过法律解释将变化的价值观念融入法律之中,从而实现法律的“与时俱进”。

---

① See Ronald Dworkin, *Law, Philosophy and Interpretation*, 80 Archiv für Rechts-und Sozialphilosophie, 463, 467 (1994).

② 参见杨日然:《法理学论文集》,台北,月旦出版社股份有限公司1997年版,第522页。

③ 参见孟强:《单船公司破产债权受偿顺序问题研究》,载《法学》2008年第2期。

第三,在法律解释过程中,裁判者应当探究文本在当下的客观含义。一方面,裁判者要从文义出发。文义既是法律解释的起点,也是法律解释的终点。裁判者的职责就是要探求法律的本来含义,如果文义是明确的、清晰的,就不能够随意地去寻找立法目的,从而改变法律的文义;更不能够以法律效果和社会效果相统一为由,随意改变法律的含义。此外,如果法律有具体规定,裁判者应当适用该具体规定,而不能通过解释原则来代替该具体规定,避免"向一般条款逃逸"。另一方面,裁判者应当探求法律文本在裁判之时的客观含义。朱熹指出:"且就文本,不须立说,别生枝蔓。"①其本意是说在解释时,应首先探究文本的原意,"不可另注脚成文",更不能"六经注我"。法律解释也是如此。在裁判者适用法律的过程中,必须要牢固树立法律至上的观念,以尊重文本为基础,而不能舍弃文本随意发挥。只有在文本意思存在复数解释时,才有必要通过其他证据去探寻立法者的意图。在法律解释过程中,解释者必须受文本的拘束。

还应当指出的是,法律解释的重要目的在于要使法律相互之间形成一种有机的和谐。"这意味着在法条可能的文义范围内和意义脉络范围内进行解释时应尽可能避免评价矛盾。"②如果按照立法者的意旨进行解释,可能出现规范之间的冲突时,则裁判者就负有一种通过法律解释艺术尽可能地避免此种规范矛盾发生的义务。一方面,在解释法律时要推定立法文本本身就是体系化的产物,法律是一个有机的体系。这就是所谓的"立法理性推定"规则。③ 这一推定包含几个要素,即立法者是逻辑一致的,立法者遵循了宪法等规范对立法权施加的有关限制,立法者没有做不必要的重复或冗余,立法者是富有理性的(没有规定任何不可能实现之事)。④ 裁判者的任务和职责就是要通过解释将体系性予以再现。另一方面,要运用解释的艺术,消除法条之间可能产生的冲突和矛盾。例如,《民法典》第992条明确规定:"人格权不得放弃、

---

① 《朱子语类》卷十九。

② [德]卡尔·拉伦茨:《法学方法论》,黄家镇译,商务印书馆2020年版,第421页。

③ François Ost, *L'interprète logique et systématique et le postulat de rationalité du législateur*, in *L'interpretation en droit*, Publications des FUSL, Bruxelles, 1978, p. 163 et s.

④ Paul Delnoy, *Eléments de méthodologie de l'application du droit*, 2e éd., Larcier, 2006, p. 180 – 184.

转让或者继承。”而《民法典》第1013条规定:“法人、非法人组织享有名称权,有权依法决定、使用、变更、转让或者许可他人使用自己的名称。”此处,第1013条规定的法人可以转让其名称权,而第992条并未规定人格权不得转让的例外,因此二者之间就发生了一定的冲突。在解释上,就应当认为第1013条构成法人名称权的特别规范,优先于人格权的一般规范而适用,从而消弭二者之间的冲突。

在某些情形下,法律文本的含义可能与立法者的意思发生脱离。按照黑格尔的观点,世界历史是一个过程,在这个过程中客观理性逐渐展开。客观理性的具体化既表现在人民精神当中,也表现在法律和道德当中。解释者应该在法律的各种可能文义之中选择最符合客观理性的语义,而不是探究立法者当时的意思。[①] 这一论断在一定程度上也表明了法律文本比立法者更聪明。立法者毕竟是特定时空下的人,他们也会存在智力、能力等方面的局限性。而法律文本可以超越其立法者,突破立法者的局限。也正是这个原因,有时也会出现“法律文本比立法者更聪明”的情况。例如,《民法典》第994条规定,死者的姓名、肖像、名誉、荣誉、隐私、遗体等受到侵害的,其配偶、子女、父母有权依法请求行为人承担民事责任。关于死者人格利益中的财产利益是否受法律保护,《民法典》并未作出明确规定,立法者的意旨也不明确。但从《民法典》第994条的规定来看,在死者人格利益遭受侵害的情形下,相关主体有权请求行为人承担民事责任,而民事责任具有多种责任承担方式,其也包含了财产损害赔偿,因此,在解释上可以认为,《民法典》第994条也对死者人格利益中的财产利益提供保护。霍姆斯提出:“我们并不探求立法者的意思,我们只探求法律文本的含义。”[②]笔者认为,霍姆斯并不是否定探究立法者的意思,而是说在探究立法者意思的过程中,应以文本为参照,而不能撇开文本探究立法者的意思,否则将使法律解释失去基本的依托。只有在对文本进行文义解释出现复数解释之后,通过文本难以探究立法者的真意,此时就需要通过历史解释等方法探究立法者的立法本意。

---

① 参见[德]齐佩利乌斯:《法学方法论》,金振豹译,法律出版社2009年版,第29页。

② Oliver Wendell Holmes, *The Theory of Legal Interpretation*, Harvard Law Review, Vol. 12, No. 6, p. 419(1899).

第四节　法律解释的对象

文本的意义并不是隐藏于文本之后，而是袒露于解释者之前。(*Le sens d'texte n'est pas derrière le texte, mais devant lui*)

——[法]保罗·利克尔(Paul Ricoeur)

是法律文本在规范人们的行为，而不是立法者的意图在规范人们的行为。[①]

——[美]斯卡利亚(Scalia)大法官

我们并不探求立法者的意思，我们只探求法律文本的含义。[②]

——[美]霍姆斯(Holmes)大法官

一、法律解释的对象

(一)法律解释的对象是法律文本

法律解释的对象，是指法律解释活动所指向的客体，即解释者在解释活动中所指向的对象。从哲学解释学的角度来看，解释的对象是语言。法律解释学也是如此，只不过，法律解释学的对象必须是以法律文本形式表现出来的语言，通常是某一法律的部分条款或陈述。[③] 在法律解释活动中，裁判者都是针对特定的对象进行解释的，解释就是对文本的解释。所谓"文本"，就是由书写固定下来的任何话语。更具体地说，就是要确定法律规范。[④] "与所有语句一样，法条也是词素与词素的联

---

① Antonin Scalia, *Common-Law Courts in a Civil-Law System: The Role of United States Federal Courts in Interpreting the Constitution and Laws*, in Amy Gutmann ed., A matter of Interpretation: Federal Courts and the Courts and the Law 17, 1997.

② Oliver Wendell Holmes, *The Theory of Legal Interpretation*, Harvard Law Review, Vol. 12, No. 6, p. 419(1899).

③ Michel Troper, *Interprétation*, in Denis Alland & Stéphane Rials, Dictionnaire de la Culture juridique, PUF, 2003, p. 845.

④ 参见利科：《解释学与人文科学》，陶远华等译，河北人民出版社1987年版，第148页。

结组合。它以普遍化的方式描述案件事实,‘构成要件’,并赋予其同样以普遍化的方式描绘的‘法律后果’(Rechtsfolge)。”①法律解释和一般解释相同,都是以文本为对象的。正如伽达默尔所指出的,文本正是神学的、法学的和文学批评的三类文本,是解释学偏爱的对象。② 考夫曼也指出:“法律者在其职业生涯的每时每刻均与语词、句子和文本结下不解之缘。之于法律者,语言不仅是理解不语的客体之当然实用工具,其本身也是法律者工作的核心对象——他要理解法律,描述事实行为,根据规范对案件进行推论。”③因此,法律解释的对象也是法律文本。

法律解释以文本为对象,这显然不同于法律解释学的对象。法律解释学的对象,不同于法律解释学的研究对象,后者是法律解释活动。其包括法律解释的主体、法律解释的权限、法律解释的原则、法律解释的对象、法律解释的方法、法律解释方法的运用等为研究的对象和内容。法律解释学的研究对象不同于法律解释的对象,其区别在于:一方面,法律解释的对象是法律文本,旨在通过对文本的解释得出法律结论,而法律解释学的对象主要是解释活动应遵循的方法,旨在通过对解释活动本身的规律总结得出解释方法;另一方面,法律解释的对象具有特定性,主要表现为实定法,而法律解释学的对象具有多样性,包括以法律解释活动为核心的一系列法律现象。法律解释学的研究对象的独立性和特殊性决定了其可以成为一门具有体系性的学科。

什么是法律文本?此处所说的法律文本,是指各种作为裁判依据的制定法,包括法律(全国人大及其常委会制定的法律)、法规、司法解释等规范性法律文件。作为法律解释对象的法律文本,其特点如下:

第一,法律文本是以文字表现出来的规范性法律文件。在成文法背景下,法律文本不是对个案判例的总结,而是由立法机关颁布的具有效力的法律文件。法律文本的特点在于规范性和权威性,这是法律文

---

① [德]卡尔·拉伦茨:《法学方法论》,黄家镇译,商务印书馆2020年版,第321页。

② 参见[德]伽达默尔:《哲学解释学》,夏镇平等译,上海译文出版社2004年版,第91～92页。

③ [德]考夫曼:《当代法哲学和法律理论导论》,郑永流译,法律出版社2002年版,第291页。

本与一般解释对象的区别所在。文学、哲学、艺术学等学科都以文本为解释对象,但是,它们解释的对象并不具有规范性和权威性。所谓规范性,是指法律文本是一种规范化的文本,这表现在它是立法制度或程序运作的产物,而非个人的自由创作①;规范性就是立法者将一般语言用法律的形式表现出来,形成约束一般人的行为规则。法律文本必须是以文字形式表现出来的。所谓权威性,是指其是国家立法机关制定的、司法机关必须遵守的法律文件。“法律解释”的概念,在英文中称为statutory interpretation,德文为Gesetzesauslegung,可见,在两大法系中,法律解释的用语本身都包含了其对象是成文法的含义。法律解释学首先针对的是成文法,只有先制定了成文法,才需要法律解释学。法律文本是解释的依据,只有在以成文法为主的法典法系国家,法律解释的方法论才大行其道。虽然在英美法系国家也有解释,但是其思维方法与大陆法系的思维方法仍存在区别。

在我国,作为法律解释对象的文本首先是指国家立法机关制定的法律,而在民法领域,所谓以法律文本为中心,实际上就是以《民法典》为中心。在《民法典》颁行前,民事法律规范以单行法的形式出现,而在《民法典》颁行后,《民法典》成为民事规范的集大成者。在各项民事法律中,《民法典》是基础性法律,是私法的基本法,民法典和民事单行法之间的关系,就像树根、主干与枝叶之间的关系,民法典是树根和主干,而民事单行法是枝叶,各项民事法律构成了一个完整的体系。《民法典》为民事单行法的制定提供了民事基本法的依据。《民法典》在民事法律体系中具有基础性地位,也是民事法律适用的基本依据。民事法律规范集中规定于《民法典》之内,也散见于单行法之中。在找法的过程中,必须以《民法典》为基础,即先从《民法典》出发找法释法。因为一方面,《民法典》作为调整民事关系的基础性法律,统摄各个民事单行法。另一方面,只有从《民法典》出发来寻找法律依据,才能节省执法和司法成本。截至2020年年底,我国已有279部法律,其中许多单行法都包含民事法律规范,在寻找解决民事纠纷的裁判依据时,如无正当或特别的理由,不宜直接以单行法为依据,而应当以《民法典》为实体法律适用的主要法源。当然,《民法典》也设置了一些引致条款,如果需要依

---

① 参见张志铭:《法律解释原理》(上),载《国家检察官学院学报》2007年第6期。

据这些引致条款适用单行法时,才应当适用单行法的规定。只有从《民法典》入手寻找法律依据,才能起到纲举目张的效果,提高执法和司法效率,保障法律适用的统一。

除了法律之外,在审判实践中作为裁判依据的行政法规和司法解释都作为解释的对象,这是毫无争议的。问题在于,法律文本是否可以包括规章和地方性法规等规范性法律文件?笔者认为,从广义上理解,规章和地方性法规等也属于法的范畴,在缺乏法律依据的情况下,也可以作为裁判的重要参考。《最高人民法院关于裁判文书引用法律、法规等规范性法律文件的规定》第 4 条规定:"民事裁判文书应当引用法律、法律解释或者司法解释。对于应当适用的行政法规、地方性法规或者自治条例和单行条例,可以直接引用。"因为行政规章和地方性法规的效力等级较低,而且可能受到部门利益和地方利益的影响,在没有上位法支持的情况下,如果完全将其直接作为裁判依据,可能导致不公平的结果。但是,如果这些规范性法律文件符合法律和行政法规的原则和精神,尤其是这些规范性法律文件中的规范有上位法的支持,或者说是对上位法的具体化,裁判者就可以直接适用。在此情况下,行政规章和地方性法规也可以是解释对象。

第二,法律文本必须是生效的法律文件。霍姆斯指出,生效的法律文本具有唯一的含义,因为它要实现特定的目的。[①] 在成文法传统下,制定法而非判例是法律渊源。一方面,就法律解释对象来说,文本并非一切法律文本,而只是生效的法律文件。法律解释的对象虽然是法律,但并非一切法律,而仅仅指现行生效的规则。因此,已经失效的规则或者不适用于待决案件的规则(如外国法),都不是法律解释的对象。另一方面,这些文本原则上是当事人行为时生效的法律文本。法律应当是可预期的行为规则,所以,原则上说,只有在当事人行为之时已经生效的法律文本才能作为法律适用的基础,否则,法律就变得不可预期,也难以实现其行为规范的功能。

第三,法律文本必须是能够作为裁判依据的规范。裁判者之所以要针对文本进行解释,是因为其本身要寻找司法三段论中的大前提,以

---

① See Holmes, *The Path of the Law*, In Collected Legal Papers, Peter Smith, N. Y. 1952, p. 181.

得出妥当的判决结果。法律解释本身就是适用法律的组成部分,它就是要将法律规范适用于具体个案。所以,只有个案中能够作为裁判依据的法律文本才能成为解释的对象。从法律规范类型的角度来看,法律规范可以分为行为规范和裁判规范。一般而言,行为规范只是要求行为人实施特定的行为,主要约束行为人。裁判规范是裁判者依据相关的内容进行裁判,其主要约束裁判者。多数情况下,法律规范既是行为规范,又是裁判规范。就民法而言,绝大多数行为规范都是裁判规则。“民法属于行为规范,对于此种规定如不遵守,而个人相互之间惹起纷争时,就得向法院诉请裁判,此时法院应以民法为其裁判之准绳。”[①]在法律解释活动中,其对象只能是裁判规范,而不能是单纯的行为规范,因为只有裁判规范才能作为裁判的依据。

解释的对象中是否应当包括事实?有学者认为,解释的对象中应当包括事实。比如,法律规定,在出现事实(P)的时候,其法律后果是采取某行动(Q)。显而易见,在得出应当采取(Q)行动前,必须检验是否符合(P)事实。但是,事实的判断本身不是对某一经验事实的简单确认。因此,裁判者可能断定某一行为并未发生。裁判者的这一决定也是具有法律效力的。[②] 这一观点认为,对事实的法律性质的认定也被认为是法律解释的过程。定性过程就是将某一事实归结为某一范畴的过程。按照这一观点,解释的对象不仅包括文本,也应该包括事实(事实的发生和事实的性质)。[③] 从实践来看,意思表示也存在解释的问题。但意思表示属于事实的范畴,不应当将意思表示的解释也归入法律解释。笔者认为,法律解释是法律适用中大前提确定的过程,它仅仅包括对法律文本的解释,不应当包括对案件事实的认定。在界定法律解释对象时,必须界定客观事实和法律文本。事实的认定属于“发现”的问题,而不是“解释”的问题。在诉讼中,就是要通过证据来发现、再现事实。而法律的适用才是“解释”的问题。对于事实的发现,裁判者只能以中立的立场来客观地判断,而不能渗入主观判断的成分。而在法律

① 郑玉波:《民法总则》,台北,三民书局1984年版,第15页。

② Michel Troper, *Interprétation*, in Denis Alland & Stéphane Rials, Dictionnaire de la Culture juridique, PUF, 2003, p. 845.

③ Michel Troper, *Interprétation*, in Denis Alland & Stéphane Rials, Dictionnaire de la Culture juridique, PUF, 2003, p. 845.

的解释过程中,裁判者可能需要运用其主观价值判断。

(二)法律解释以法律文本为对象的必要性

“文本”的概念及其解释是所有解释学的基础和核心,甚至可以称为社会科学的重要方法和内容。① 伽达默尔认为,“能够理解的存在就是语言”。② 语言和世界的关系绝不是单纯符合其所指称或代表的事物的关系,而是摹本与原型的关系。语言是对世界的再现,而语言本身是需要理解和解释的。语言是通过文本等载体来表现的,这就决定了解释学需要以文本为解释对象,法律解释也不例外。正是从法律文本出发,才形成了法律解释的各种方法(如文义解释、体系解释等),进而构建了法律解释学的体系。法律解释活动的特殊性决定了以法律文本作为法律解释的对象。其原因在于:

1. 法律解释活动乃是适用法律的活动

所谓法律适用,“就是发现体现在一般抽象性的‘法律规范’中并由法律渊源学说来定义的有效的法,并将其符合事实地适用于当时的纠纷”③。庞德曾经指出,法律的发现与法律解释、法律适用是紧密相连的。④ 此处所说的法律适用,是指将法律具体运用到个案以解决纠纷的整个过程,一般是以司法三段论的形式表现。法律解释与法律适用的密切联系首先表现在,法律解释是法律适用的一个环节。这就是说,在个案中,根据司法三段论,法律解释就是为了解决“大前提”的问题。就法律的适用而言,一般采用司法三段论的模式,这一模式包括寻找大前提、确定小前提、推出法律后果三个部分。具体来说,寻找大前提就是寻找待适用的法律规范,确定小前提就是确定案件事实,推出法律后果就是将待适用的法律规范与具体案件事实相连接,并在此基础上得出裁判结果。而法律解释就是其中的一个环节,即“寻找大前提”之后,通过解释大前提,确定相应法律规范的含义,以确定是否可以适用到具体案件中。虽然在法律解释过程中还没有进入第三个环节,即“推出法律

① 参见曹志平:《理解与科学解释》,社会科学文献出版社2005年版,第152页。

② [德]伽达默尔:《真理与方法》(Ⅰ),洪汉鼎译,商务印书馆2007年版,译者序言,第11页。

③ [德]魏德士:《法理学》,丁晓春、吴越译,法律出版社2005年版,第285页。

④ 参见[美]罗斯科·庞德:《普通法的精神》,唐前宏等译,法律出版社2001年版,第126页。

后果”环节，但是，解释大前提的目的就是要将相应的法律规范运用于具体案件，故法律解释也是上述第三个环节的基础，是一个适用法律的作业。

需要强调的是，法律解释过程不仅仅是一个找法的过程，法律解释又要围绕案件事实而展开，法律解释就是在法律与事实之间交互阐释而追求裁判规范的过程。[①] 正如德国法学家埃塞尔所指出的，“每一次解释都是一种成文法及未成文法的结合，借此才能创造出真正实证的规范（行动中的法）”。[②] 从这个意义上说，法律解释是法律适用的一个重要组成部分。考夫曼指出，法律解释实际上是在法律适用中发现法律的过程。[③] 法律解释大都存在于法律适用中，表现为裁判者找法，确定大前提。从这个意义上，也有学者将法律解释看作法律适用的过程。从解释的目的上看，其基本目标也是服务于法律的适用。

法律解释与法律适用的密切联系性也是法律解释不同于其他解释的特点。从解释学的角度来看，伽达默尔认为，解释的目的就在于“理解、解释和应用”。[④] 在解释学上，任何社会现象都是需要解释的，解释是适用于任何一门学科的方法。但是，法律解释学不同于其他任何一种解释学的特点在于，它是在法律适用中所进行的解释。它的目的不是解释某种现象，而是通过解释寻求裁判依据。这种功能特定性决定了其在解释的对象、方法、目的等方面均有自己的特点，不同于其他解释现象。一个最典型的特点表现在：在一般的解释学上，解释往往被称为“理解”，解释的过程被认为是理解的过程，但法律解释与此不同，其旨在适用法律。所以，解释者不能仅仅在内心世界理解文本，还必须将其对文本的理解予以公开、论证，并运用到具体个案中。在伽达默尔看来，对于解释应当进行宽泛的理解，即只要文本被阅读、被理解，就是被解释了，但是，法律解释是与法律适用联系在一起的，“法律制定的有效性要求在于它像文本一样，不管它是否像法律条文那样编纂成文，它在实际运用中总是需要解释，这反过来又说明，任何实际运用总已包括了

---

① 参见袁春湘：《法律解释的解释》，载《法律适用》2008 年第 8 期。

② ［德］卡尔·拉伦茨：《法学方法论》，黄家镇译，商务印书馆 2020 年版，第 185 页。

③ 参见［德］考夫曼：《法律哲学》，刘幸义译，法律出版社 2005 年版，第 95 页。

④ 洪汉鼎主编：《理解与解释：诠释学经典文选》，东方出版社 2001 年版，第 224 页。

解释”。[1] 这也就说明了,单纯的法律理解还不能代替法律的运用。法律解释的特点就在于,服务于法律运用的需求,必须将法律解释公开化。在一般的解释活动中,理解是解释的前提,没有理解不可能有解释,理解本身就是解释。但是,在法律解释中,理解和解释仍然存在一定的区别,表现为:理解是裁判者在适用法律时的主观认识,是心理上的认识,不需要进行任何说明。而解释必须包括“说明”的过程,即必须阐明其意义。法律解释更强调的是外在的阐释而非内心的理解。正是因为法律适用的目的性,导致了法律解释所具有的各种特点,并在此基础上构建了法律解释学的整个体系。所以,我们不能将法律解释和法律适用相互割裂。如果将法律解释和法律适用割裂开,法律解释就会变成单纯的学术问题,而不是法律的具体运用。而法学方法论的目的是要规范裁判者的法律适用,而不仅仅是以学术的角度来理解法律。尤其需要指出的是,法律的解释必然是以个案为出发点,通过解释法律,寻求裁判依据,妥当解决纠纷。这正如有学者所指出的,适用法律和解释法律这两种司法活动或过程是关系密切、不可分割的,甚至可理解为同一件事情。[2] 德国学者达姆(Dahm)认为,“适用法律即是解释法律;而解释法律则是合于法律意旨地予以阐释”。[3] 法官,顾名思义就是司法的官,遵循文本、准确地解释文本,这就是法官的基本义务。

2. 所有的法律文本都需要解释且能够被解释

拉伦茨认为:“所有的法律文本原则上都能被解释,也需要解释。”[4]一方面,所有的法律文本都需要解释。因为法律文本本身具有一般性与抽象性的特点,需要在适用过程中将其转换为与具体案件事实相连接的规则,这就需要通过解释将其从抽象的法律文本转化为具体的裁判规则。而且文本是将一般语言以法律语言的形式表达出来,但是,如果法律的语言具有法律上的特殊含义时,本身就需要进行解释。法律规范要作为裁判规则,必须确定其构成要件和法律效果,而对其构成要件和法律效果的寻找,不通过法律解释是难以实现的。另一方面,

---

① [德]伽达默尔:《真理与方法》(Ⅱ),洪汉鼎译,商务印书馆 2007 年版,第 417 页。

② 参见陈弘毅:《当代西方法律解释学初探》,载梁治平主编:《法律解释问题》,法律出版社 1998 年版。

③ Dahm,*Deutshces Recht*,2. Aufl. ,S. 40f.

④ [德]卡尔·拉伦茨:《法学方法论》,黄家镇译,商务印书馆 2020 年版,第 265 页。

法律文本都能够被解释。在文本中,有一些生活的用语可能不需要解释。例如,对于数字、地名等用语,往往不需要法律解释。但是,几乎所有的法律条文都是能够被解释的,尤其要特别强调的是,法律适用的过程不是一个单向的过程,其可能需要在确定待适用法律、明确案件事实等各个环节不断反复。既要根据案件事实来寻找相应的法律,而对法律的解释又可能要求对照案件的事实,以判断是否与裁判规则相吻合。这些都决定了法律只有被解释才能适用。因此,法律解释的正确与否是法律能否得到正确实施的关键。抽象性、概括性、有限性的法律规范需要通过法律解释这座桥梁才能适用于具体的人和事。①

3. 严格适用法律需要遵从法律文本

解释活动本身就是适用法律的活动,解释者不能脱离文本随意解释,只能从文本出发,将"纸上的法律"变成"行动中的法律"。法律的成文化和公开化是法解释学产生的必要前提。② 在制定法未出现的远古习惯法时代,由于没有公开的成文法,所以裁判是具有一定神秘性的神意裁判,裁判者也无须对裁判的理由进行论证和说明。而在法律文本公开之后,民众对法律文本的内容产生了合理的期待,因而产生了法律的可预测性。虽然人们对法律的理解可能存在差异,但是,法律文本的基本内容是不容偏离的,这是法的安定性的必然要求。③ "文本是解释之源。正因如此,文本被赋予反面的职能:消除那些在法律的文字中不具有任何支持或至少没有任何'相应'或回响的含义。"④在成文法国家,以法律文本作为解释对象,就有助于减少和消除对法律的任意性甚至荒谬的解释,实现法律的确定性。由此也决定了法律文本必然成为法律解释的对象。

在成文法国家,法律主要以法律文本为载体。以文本为中心,其实就是以法律为中心。裁判者顾名思义就是"司法之官",其基本职责就是严格地执行法律,裁判者对法律的服从首先表现在对法律文本的服

---

① 参见梁治平主编:《法律解释问题》,法律出版社 1998 年版,第 204 页。

② See Robert Alexy, Kiel and Ralf Dreier Göttingen, *Statutory Interpretation in the Federal Republic of Germany*, in D. Neil MacCormic and Robert S. Summers eds., Interpreting Statutes, A Comparative Study, Dartmouth, 1991, p. 74.

③ 参见舒国滢:《法学方法论问题研究》,中国政法大学出版社 2007 年版,第 383 页。

④ [葡]马沙度:《法律及正当论题导论》(第 2 版),黄清薇、杜慧芳译,澳门大学法学院 2007 年版,第 152 页。

从。一方面,裁判者解释法律,首先要推定文本都是合理的,而不能对文本的科学性和合理性持怀疑态度。现代法律解释活动以被解释的法律文本是理性形成的为假设前提。[①] 裁判者解释法律,不是创造法律,而是"确定字义,纠正辞句,补充法意"[②],并通过发现立法意图和立法目的来弥补法律的漏洞。裁判者不能以怀疑的态度来对待法律文本。解释者也不能简单地以"追求社会效果"为由,撇开法律文本,而以其自己理解的意思来代替法律的意旨。"在一切国家,裁判者为了避免被人指摘为武断,原则上比较喜欢不脱离法律字面规定,尊重立法者意图的解释。"[③]另一方面,在解释过程中,都要从文本出发来探求文本的含义和立法意旨。文本的含义就是立法者所要表达的含义。[④] 如果法律文本是清晰的,解释者就不应当进行论理解释和社会学解释。在整个狭义的法律解释活动中,各种解释方法都要求从文本出发来阐释法律,寻求立法目的和规范意旨。事实上,无论是主观说还是客观说,并非在于是否要以文本为对象,而在于如何最终确定法律文本的含义。法律文本是探讨立法者真意的途径。目的的考察需要通过文本本身来探求其立法目的,而不能将裁判者自身的价值判断作为法律的目的。如果在解释过程中确实发现法律文本规定不合理,裁判者也要从文本出发,通过各种解释方法的运用以及论证说理,尽可能使其获得合理化的解释,选择最佳的解释结果。此外,即使在漏洞填补的情况下,也要从文本出发来发现漏洞。例如,在判断是否构成法律漏洞时,要从法秩序的整体精神和法律的目的出发,这在很大程度上依赖于对法律文本的考察。而在漏洞填补时,裁判者也经常需要借助于法律文本的分析。例如,目的性扩张就需要对既有法律规定的目的进行考察,然后才能扩张,而目的的探究也需要分析法律文本。

4. 以法律文本为解释对象是完善法律的要求

将法律解释的对象确定为法律文本,这对于法律自身的完善也具

---

① Nils Jareborg, Brotten 1, Stockholm: *P. A. Norstadt & Söners Förlag*, 1979, p. 64.

② 梅仲协:《民法要义》,中国政法大学出版社 1998 年版,第 12~13 页。

③ [法]勒内·达维德:《当代主要法律体系》,漆竹生译,上海译文出版社 1984 年版,第 110 页。

④ See Jeffrey Goldsworthy, *What is Legal Interpretation? Moderate Versus Strong Intentionalism*, 42 San Diego L. Rev. 2005, p. 672.

有重要意义。“有限之律,难以律天下无穷之情。”社会生活是不断变化的,而法律总是具有一定的滞后性。成文法本身的滞后性和不完备性决定了不能要求通过法律文本来调整所有具体法律关系。毕竟立法程序复杂、成本较高、历时较长,法律的所有缺陷不可能都通过立、改、废予以弥补,这不仅成本高昂,而且是不可能实现的。此外,法律的频繁修改和制定会导致法律的不稳定性,法律的权威也会受到影响。因此,最佳的办法是最大限度地利用现有的立法资源,通过法律解释的方法,针对现有的法律文本进行研究和分析,确定需要完善之处。笔者认为,针对法律文本中存在的问题,如果通过狭义的法律解释方法可以解决,应当交给司法来完善,并不一定需要通过立法活动采用废、立、改的办法来解决。这就需要解释者从文本出发来寻求立法者的意旨,寻求最佳的解释结论。拉伦茨教授在其《法学方法论》中曾经指出,文义解释确定了解释的最大可能范围,在此基础上,通过体系解释、历史解释、目的解释等方法,最终确定其妥当的含义。[①] 在狭义的法律解释中,裁判者可以在解释所允许的范围内,对现有的法律进行完善。即使存在法律漏洞,裁判者也可以通过漏洞填补的方法来弥补现行法的调整空白。可以说,借助于法律解释,法律的文本可以在适用中自我完善,在一定程度上消除它的瑕疵。当然,通过法律解释的方法完善法律也存在其局限性。在存在法律漏洞的情况下如果立法程序和成本允许,也要尽可能通过法律的“立、改、废”工作来弥补其缺陷。在法律解释中强调对文本的尊重,将有助于形成尊重法律的良性循环。

(三)法律解释的对象与法律解释的目标

如前所述,法律解释的目标是指解释者通过解释活动探究立法者的意思或者法律文本的意旨。法律解释的对象与法律解释的目标之间存在密切的联系。一方面,法律解释的目标就是要有效地阐明法律文本的含义。无论是主观说,还是客观说,其都是要依据一定的标准来最终确定法律文本的含义。萨维尼认为,“解释等于对法律所包含的思想的重建,前提是可以直接从法律本身探知这种思想”。[②] 按照主观说,法

---

① 参见[德]卡尔·拉伦茨:《法学方法论》,黄家镇译,商务印书馆2020年版,第406页。

② [德]萨维尼、[德]格林:《萨维尼法学方法论讲义与格林笔记》,杨代雄译,胡晓静校,法律出版社2008年版,第9页。

律不仅仅是文义和逻辑的解释,而更应当注重文本背后的立法者的思想和意图的探究。而按照客观说,法律解释就是要探究法律的意旨,从而最终确定法律文本的含义。因此,就是否以法律文本为解释对象,两者并没有分歧,关键的分歧在于,最终依据何种标准来确定法律文本的含义。从这个意义上说,一切法律解释活动都必须以法律解释的目标为指引。另一方面,法律解释的目标的实现需要依赖于法律解释的对象。法律文本本身也是确定立法者意旨或法律意旨的重要依据。例如,体系解释实际上是借助法律条文之间的相互比较,从而推定立法者的真实意思;而法律中开宗明义所表明的立法目的也可以作为确定法律意旨的重要依据。当然,无论是立法意图还是立法目的,都无法通过法律文本完全予以明确。"法律文本的起草者从来都不可能用十分清晰和全面的语言来表述其意欲表达的意思。"①因此,探究立法者意旨或法律意旨也不能仅仅依据法律文本本身。

但是,法律解释的对象与法律解释的目标也存在明显的区别,两者的区别主要表现在以下方面:

第一,范畴不同。法律解释的对象是法律解释活动所指向的客体,即法律文本;而法律解释的目标是法律解释活动所要实现的目的,即究竟是探求立法者意旨还是探求法律的意旨。在解释对象的基础上,通过选择不同的解释目标,会得出不同的解释结论。笔者认为,解释者仍然应当采用主客观结合的方式,针对解释的对象,从文本出发探求文本的含义,并应当考虑有关条款的整体性、制定法律的资料等,以准确理解立法的意图和目的。②

第二,两者的性质不同。法律解释的对象就是法律解释的客体,它回答的问题是裁判者要解释什么。而法律解释的目标所要回答的问题是法律解释的宗旨是什么。可以说,两者的抽象性层次是不同的,解释对象是微观问题,而解释目标是宏观问题,它对于整个法律解释学中的问题具有体系性影响。

第三,内容不同。法律解释的对象是法律文本,它是指以文本形式

---

① Jeffrey Goldsworthy, *What is Legal Interpretations*, *Legal Intentions*, *Legislative Supremacy and Legal Positivism*,42 San Diego L. Rev. ,2005,p. 493.

② 参见[葡]孟狄士:《法律研究概述》,黄显辉译,澳门大学法学院 1998 年版,第 154 页。

表现出来的规范性法律文件。例如,全国人大及其常委会制定的法律。法律解释的目标并非简单地确定法律文本的字面含义。如果采主观说,法律解释的目标在于探求立法者在制定法律时的意图和目的。[①] 此时,解释法律就是要最大限度地实现立法者的意图和目的。而如果采客观说,法律解释的目标在于探求法律的意旨。无论是采主观说还是客观说,都不能简单地从法律文本的字面意思进行解释,有时需要作超出字面的解释,有时需要作窄于字面的解释,有时需要从法律文本之外寻找可供适用的法律规则,这些都需要借助于各种法律解释方法的妥当和综合运用。

二、法律解释的具体对象——可能的文义

法律解释的对象是法律文本,更具体地说,狭义法律解释的具体对象是可能的文义。所谓可能的文义,是指法律文本所可以包括的含义,或者说文义的射程范围。法律表述是一般语言的特殊表达,但是法律语言又有其特定的语言框架范围。这一框架范围就是可能的文义范围。[②] 哈特(Hart)曾指出,任何词语都有其核心的无争议的内涵(central core of undisputed meaning),但也有其相对开放的内涵(open texture)。[③] 他认为,就规则可适用的核心实例来说,规则的适用是毋庸置疑的。但模糊的边缘是不同的。"每当我们把特定的具体情况涵摄于抽象的规则时,总是会同时出现确定性的核心以及值得怀疑的边缘。"[④]哈特认为,对于法概念的掌握,只要做到对核心内容具有比较清晰的了解,再找出核心内容与边缘范围的相同、相异和相似处即可。这类似于赫克(Heck)所说的"概念核心"(Begriffskern)和"概念场域"(Begriffshof)。例如,《民法典》第1012条所规定的姓名,其核心区域是自然人的本名,它的边缘区域包括了笔名、艺名、网名、译名、字号、简称。所以,某种行为侵害了他人的本名时,就属于典型的侵害姓名权的

---

① 参见张志铭:《法律解释操作分析》,中国政法大学出版社1998年版,第36~50页。

② 参见[德]卡尔·拉伦茨:《法学方法论》,黄家镇译,商务印书馆2020年版,第406页。

③ 参见[英]H. L. A. 哈特:《法律的概念》,许家馨、李冠宜译,法律出版社2006年版,第117页。

④ [英]H. L. A. 哈特:《法律的概念》,许家馨、李冠宜译,法律出版社2006年版,第117页。

行为;而当某种行为侵害笔名、艺名、网名、译名、字号、简称时,则要依据《民法典》第1017条进一步确定是否符合侵权的构成要件。在法律解释学上,核心文义和边缘文义区分的意义如下:

第一,解释的必要性的确定。解释的基本规则是:清晰的文义不需要解释。但如何理解"清晰的文义"?拉伦茨认为,清晰的文义不需要解释的说法具有误导性,因为法律语言在绝大多数情形下,是对一般语言的特别使用,即便按照一般语言解释是清晰的,但是在法律语言看来可能是不清晰的。有时制定法并没有赋予其特殊意义,因此需要回到一般语言进行解释①。这种说法是不无道理的。但是,此处所说的"清晰的文义"是指概念的核心文义是清晰的。也就是说,无论是从一般语言的角度还是法律用语的角度理解,核心文义基本上是没有争议的,它往往不需要进一步解释,这符合"清晰的文义不需要解释"的规则。而对于边缘文义来说,其内涵模糊,往往需要进一步解释,即借助于各种法律解释方法确定其是否可以适用于待决的案件事实。核心的文义通常是清晰的,不需要其他法律解释方法的运用。就边缘文义来说,其可能与其他概念或规则存在交叉,此时就需要裁判者从各个不同的规则中做出选择,以确定可供适用的大前提。哈特认为,开放性结构(边缘文义)的特点就在于其具有不确定性。一般化的语言所提供的指引是有限的,所以,边缘文义能否适用于个案就具有不确定性。在边缘文义中,赋予了裁判者自由裁量的权力,这也是法律解释学需要研究的重心。②

第二,狭义法律解释方法的运用。各种狭义法律解释方法都是在可能的文义范围之内进行解释,而可能的文义范围包括核心文义和边缘文义。可能的文义范围界定了法官解释权力行使的边界,也就是说,法律解释并不能超出可能的文义范围进行解释,否则法官就逾越了解释的权限。"故而,文义肩负双重任务:它是法官查明意义的出发点,同时也划定其解释活动的界限。"③文义解释之所以是各种狭义法律解释

① 参见[德]卡尔·拉伦茨:《法学方法论》,黄家镇译,商务印书馆2020年版,第432页。

② 参见[英]H. L. A. 哈特:《法律的概念》,许家馨、李冠宜译,法律出版社2006年版,第123页。

③ [德]卡尔·拉伦茨:《法学方法论》,黄家镇译,商务印书馆2020年版,第406页。

方法的出发点,原因在于,它能够确定出核心文义和边缘文义的范围。而可能的文义又界定了整个狭义解释方法的界限。这就是说,只要在可能的文义范围内,就可以运用各种狭义的法律解释方法来解释;而一旦超越这一范围,就要使用漏洞填补方法。正是从这一意义上说,可能的文义"划出法律解释活动的最大回旋余地"。①

第三,各种解释方法的区分。法律解释学中方法的分类主要是基于可能文义的界定。一方面,从狭义法律解释方法和漏洞填补方法来看,其区别就在于是否超出了可能文义的范围。边缘文义的范围可以用于区分狭义的法律解释和漏洞填补。德国学者齐佩利乌斯(Zippelius)曾指出:"法律解释"和"法律漏洞的填补"两者是不同的,它们之间的界限就在于法规中文义的可能范围。在法律文字意义的空间之内操作,就是对法律的解释;而超越文义界限,就是发现并填补法律漏洞。② 另一方面,价值补充与狭义法律解释方法和漏洞填补方法的区分也在于,在价值补充的情况下,它并没有超出文义的可能范围,所以不是漏洞填补。但是,它主要不是探求边缘文义,由于不确定概念和一般条款的内涵比较模糊,其边缘文义的范围也难以确定。

三、法律解释的对象与相关概念的区别

(一)法律解释的对象与法律渊源

法律渊源是指法律规范借以表现的形式,它主要表现在各国家机关根据其权限范围所制定的各种规范性文件之中。法律的渊源主要包括裁判规则和行为规则两个方面。从司法上来看,凡是成为裁判依据的规则,无论其是否为法律规范,只要能够作为裁判者判案的依据,都应当成为法律渊源。应当看到,法律渊源和法律解释的对象具有密切的联系:法律解释是适用法律的活动,所以,法律的渊源才能成为法律解释的对象。法律渊源的主要内容是制定法,而法律解释的对象正是以制定法形式表现的法律文本。不仅在狭义法律解释中要以法律渊源为其解释对象,即使在漏洞填补中也要考虑法律渊源的问题,因为只有界定了法律渊源才能从中发现是否存在漏洞以及填补漏洞的方法。法

---

① 黄茂荣:《法学方法与现代民法》(第5版),法律出版社2007年版,第340页。

② Uwe Wesel, *Juristische Weltkunde*, Frankfurt a. M. 1990, S. 178.

律渊源是裁判者判决案件时要适用的依据,而法律解释本身就是为了适用法律而确定其大前提。但是,我们也不能将法律渊源和法律解释的对象相互等同,两者之间存在如下区别:

第一,法律解释的对象是客观存在的法律文本,法律文本实际上是以书面语言表现的。而法律渊源可能以法律文本的形式表现,也可能不以法律文本的形式表现。就法律渊源来说,根据其存在形式的不同,可以分为文本性法律渊源和非文本性法律渊源。前者是指各种制定法,包括有法律约束力的法律文件;后者是指习惯法、法理等没有通过文本形式表现的法律。就法律解释的对象是否应当包括习惯,存在不同看法。[①] 从法律渊源的角度来看,习惯、学说、国际条约等都可以成为法律渊源的组成部分,法律渊源中只有部分可以成为法律解释的对象,即只有制定法才能成为法律解释的对象。而习惯等不一定以成文的形式表现,通常情况下不是以文本的形式来表现的。笔者认为,法律解释的对象不应当包括习惯。我们通常所说的习惯往往是在生活实践中广为人知的做法,是人们长期生活经验的总结。在漏洞填补的情况下,习惯法也可能作为漏洞填补的依据。但是,在实践中,习惯法的存在原则上应当由裁判者依据职权来判断,因为它属于法律问题,而不是事实问题。习惯成为习惯法,并非自然进入法律适用领域,它必须经过裁判者的合法性审查,确定不违反法律的强制性规定和公序良俗,才能成为漏洞填补的依据。

第二,法律解释的对象应当是制定法,它是立法机关制定的、具有普遍拘束力的规则,因此,裁判者应当在法律适用中援引,并通过解释确定其妥当的含义。而法律渊源只是法律的来源,其并非都对社会公众具有普遍的拘束力,裁判者也未必一定将其作为司法三段论中的大前提。例如,在一些国家和地区,承认学理也可以作为法律渊源。学说只是学者的观点,并不能拘束裁判者和社会公众。所以,从法律解释对象的角度来说,习惯和学说不能成为法律解释的对象。至于国际条约能否作为法

---

① 我妻荣指出:“对民法的各种法源,确定其内容的过程称为民法的解释。对作为不成文法的习惯法和判例法,解释也是必要的。确认习惯的内容,判断其法的确信之有无的过程是习惯法的解释;将各个判决内在的合理性加以抽象,并构成一般性的法规范,是判例法的解释。”[日]我妻荣:《新订民法总则》,于敏译,中国法制出版社2008年版,第25页。

律解释的对象，则必须考虑其是否能够直接运用于裁判活动。[①] 如果其可以直接适用于裁判活动，就可以成为法律解释的对象；否则，就不是法律解释的对象。

第三，作为法律解释的对象的文本都是与裁判有关系的，是司法中可适用的规范。因为法律解释是以裁判为中心展开的活动，解释的对象是与裁判相关的文本。法律渊源的范围可能是广泛的，但是，有些法律渊源与裁判没有关系，就不能成为解释的对象。当然，在我国，宪法虽然不是裁判规范，但是，它也需要解释，宪法解释学也是一门重要的学科。考虑到我国并没有宪法诉讼，而且，宪法也不能直接作为裁判规范，因此宪法的直接效力理论并没有存在的空间。[②] 在实践中，裁判者不直接以宪法作为个案裁判的依据，因此，在我国，宪法主要不是裁判者在个案中解释的对象。至于宪法在合宪性解释中的作用，也并非使其成为法律解释的主要对象，此时，解释的对象仍然是部门法的规范，宪法只是作为解释的依据。

（二）法律文本与法律规范

法律文本与法律规范既有联系又有区别。法律规范主要是通过法律文本体现的，法律文本是最为典型的法律规范载体。无论是不完全规范还是完全规范，通常都是在法律文本中得以确立。正是因为这一原因，在法律解释学上常常将法律文本与法律规范相等同。但严格地说，法律文本与法律规范是存在区别的，主要表现在：

第一，从广义上理解，法律规范既可以通过制定法的形式表现出来，也可以通过习惯法、法理等形式表现出来，所以，法律规范并非一定表现为法律文本。只有在法律规范是以文本的形式体现的时候，法律规范和法律文本才具有同一性。

---

① 条约者，国家与国家间所缔结之契约也。关于条约之国内效力如何，议论不一，有谓条约系国家与国家间之契约，则只能拘束其当事之国家，而不能直接约束其国民者；有谓条约虽一面为国际间之契约，但同时亦为国家之意思决定，其公布即为对于国民发生拘束之表示，因此当然有拘束国民之效力者，应以后说为当。如此则条约与法律有同等之效力，唯条约倘与法律相抵触时则如何？一般理论认为，如条约批准在法律之后，自应适用“后法优于前法”之原则，而以条约为有效；若条约批准在法律之先，即应将法律有抵触之点予以修正。换言之，原则上以条约之效力为优也。参见郑玉波：《法学绪论》，台北，三民书局2008年版，第26页。

② 宪法是否可以直接适用，理论上存在直接效力说和间接效力说。参见陈新民：《德国公法学基础理论》，山东人民出版社2001年版，第287页。

第二,文本是规范的载体,但是,法律规范则是通过具体的法律条文展现出来的。文本是一个笼统的概念,而规范则是个别的。即使在成文法背景下,法律规范也不能简单等同于法律文本。法律规范是包含了构成要件和法律后果的完整规范。而就法律文本中的具体条文来看,其并非都包含了构成要件和法律后果。如果一个条文具备了构成要件和法律后果,则可以构成完全规范。而通常情况下,则是由数个条文共同确定了构成要件和法律后果。在这种情况下,这些规范都构成不完全规范。可见,法律规范是借助于法律文本中的若干个法律条文来体现的,它们不一定都形成完整的法律规范。

第三,法律解释虽然以文本为依据,但是其具体针对的都是规范。考夫曼认为,规范是在具体事实中被解释成构成要件的,而具体事实是在规范的适用中被认定为法律事实的。所以,规范和事实都是方法论中的素材。① 他认为,法律规范就是通过解释确定出来的、已经联结到具体案件上的规则。法律规范被确定以后,法律解释的过程已经完结。法律解释的对象应当是法律文本,但是文本不能直接适用于案件,只有从文本解释而得出的规范,才是可以适用于具体案件的大前提。法律文本是法律规范的载体,而法律规范是法律文本的内容。②

(三)法律文本与法律资料

所谓法律资料,是指法律文本之外的用于阐释法律文本的各种材料。立法资料是指与立法过程有关的材料。立法材料实际上记载了立法的背景。例如,制定法律过程中讨论的记录、法律草案建议稿、习惯等。在法律解释中,法律资料也可以发挥一定的作用。例如,在历史解释中,立法资料就可以帮助阐释立法者的真实意思;在漏洞填补中,习惯是确定大前提的依据。据此,许多学者认为,“司法中所说的法律解释并不限于对法律文本的解释,甚至主要不是对法律文本的解释”。③因为在法律解释中,法律文本是有限的,大量案件需要通过法律文本之外的其他素材来规范。但笔者认为,法律资料并非解释的对象,而只是解释中的参考性资料。主要原因在于:一方面,从狭义解释活动来看,

---

① Arthur Kaufmann, *Grundprobleme der Rechtsphilosophie*, C. H. Beck, 1994, S. 74, 77.

② 参见张志铭:《法律解释操作分析》,中国政法大学出版社1998年版,第31页。

③ 参见张志铭:《法律解释操作分析》,中国政法大学出版社1998年版,第14页。

解释者并非要探究法律资料本身的含义，而只是通过资料来阐明法律文本本身的含义。这些材料既可以是官方的，也可以是民间的。在法律解释过程中，文本以外的相关资料主要是充当证明材料的角色，通常用于证明法律文本制定时的社会背景、制定相关文本的立法目的、立法者关于文本的意思表达等问题。显然，与法律文本相比，法律资料的权威性和效力都不可与其相提并论。另一方面，从对应关系来看，法律文本与法律资料并非处于一一对应关系，有些文本存在相关资料，而有些文本可能因时间久远、保存不善等缺乏任何资料。① 此外，法律文本是立法机关向社会正式公布的，而法律资料则并非要向社会公布；法律文本是具有普遍约束力的，而法律资料并非具有普遍约束力；法律文本是唯一的，而法律资料可能是数量繁多的。例如，正式公布的《物权法》只有一部，而该法律的审议稿却有 8 个。法律文本是法律解释的对象，而法律资料只是法律解释中参考的依据；法律解释的对象是法律解释所指向的客体，法律解释的依据是为了理解和说明解释对象而借助的资料，法律资料并非解释所指向的客体，而是用来阐明法律文本的依据。

第五节　法律解释的方法

中吾矩者，谓之方，不中矩者，谓之不方，是以方与不方，皆可得而知之，此其故何？则方法明也。

——墨子《天志》

若要成功地解释法律，必须协调应用不同的解释方法。

——［德］萨维尼(Savigny)

法律的事实以解释过程为前提。②

——［法］勒内·达维德(Rene. David)

---

① 参见张志铭：《法律解释操作分析》，中国政法大学出版社 1998 年版，第 36～50 页。

② ［法］勒内·达维德：《当代主要法律体系》，漆竹生译，上海译文出版社 1984 年版，第 109 页。

一、法律解释方法概述

(一)法律解释方法的概念

法律解释方法,是指法律解释的思路、方式和程序。它明确了按照什么样的方式理解和阐释法律,并填补法律漏洞。简言之,法律解释方法,就是准确阐释法律和完善法律的具体方法或者路径。法律解释方法应当以制定法为基础或依据,遵循依法裁判的精神来探明制定法的含义。如果制定法存在缺陷,还必须借助漏洞填补的方法来确定可供适用的法律规范。法律解释学的重要任务就是提供一套形成共识的法律解释方法,并将这些方法上升为系统化的理论,以指导法律解释实践。

法律解释方法可以分为广义和狭义两种。从狭义上理解,其就是指狭义的法律解释方法;狭义的法律解释,就是在法律对于待决案件已有规定,并且在其文义的可能范围之内进行的解释。而从广义上理解,法律解释方法是以狭义的法律解释、价值补充和漏洞填补三种基本类型来构建法律解释学的基本体系。狭义的法律解释方法包括文义解释、论理解释和社会学解释。价值补充是针对不确定概念和一般条款所进行的具体化。所谓漏洞填补,又称为法律补充,是指在存在法律漏洞的情况下,通过习惯法、类推适用、目的性扩张等方式填补法律漏洞,确定待决案件中的大前提。[①] 至于解释方法中具体包括哪些类型,学界存在不同的看法。仔细分析中外学者所总结、概括和提出的各种法律解释方法,笔者认为,其共同特点如下:

第一,解释目的的特殊性。法律解释本身是法律适用的组成部分,因此,各种法律解释方法的主要目的在于寻找大前提、确定裁判依据。这里所说的裁判依据具有个别性和具体性,应当是切合具体法律关系和具体案情的法律规则。在狭义的法律解释中,应当针对适用的规则,在可能文义的范围内对文本的含义进行阐释。在漏洞填补的情况下,虽然并没有明确的大前提,但通过漏洞填补最终要确定可供裁判援引的具体规则。所以,所有的法律解释方法最终都要确定出可适用的解决个案的具体规则。这种直接目的性决定了某种方法能否成为法律解

---

① 参见王泽鉴:《民法总则》,中国政法大学出版社2001年版,第64页。

释方法或者是论证方法。如果某种方法在适用中不能最终提供可供适用的大前提，那么，它就不能作为法律解释方法来运用。例如，没有与特定的法律解释活动和漏洞填补活动结合在一起的利益衡量，既不可能得出任何确定的结论，也不可能为纠纷的处理提供任何明确的裁判依据。所以，利益衡量不能作为一种独立的法律解释方法。

第二，解释方法间的相对独立性。各种狭义解释方法都有其适用的特殊性和特定范围，并且通过这些方法的运用，有可能得出妥当的解释结论。就狭义法律解释方法来说，其都旨在确定和阐释法律文本的含义，但是，在最终确定和阐释文本含义中，具体方式方法又有所不同，并表现出各自不同的特点。例如，有的直接从文本的字面含义出发来阐释，有的需要通过体系方法来阐释，有的需要通过社会效果、立法目的等因素的考量来确定文本的含义。正是因为这些方法的独特性，决定了其可以成为一种特殊的解释方法。尤其是这些方法与文义解释相配合，有可能确定出某种解释的结论，这就决定了它们作为方法的相对独立性。在漏洞填补的情况下，任何一种漏洞填补都是单独运用的，很难与其他方式相互配合。也正因如此，它们能够作为法律解释的方法。相反，不能相对独立存在的方法就不应当作为法律解释方法存在。例如，利益衡量本身具有附随性，只能依附于其他法律解释方法之中。换言之，绝大多数法律解释方法都要进行利益衡量，例如社会学解释方法就是对多种社会冲突利益进行比较和权衡的结论。因此，不能将利益衡量作为一种独立的法律解释方法或漏洞填补方法。

第三，解释方法的共识性。法律解释方法是法律解释规律的总结，也是法律人共同认可的方法。所以，法律解释方法应当逐步取得法律人的共识，至少应取得有权解释者的共识。德国法学家 H. 科殷说："统一的观点也是法学解释的基本规则之一，对契约的解释也好，对法律的解释也好，无不如此。"①当然，法律解释方法能够取得共识的根本原因在于，其反映了法律解释活动的规律，并且是解释经验的总结，同时，我国《民法典》的相关规定也为解释方法的共识性形成提供了依据。例如，《民法典》第 1 条所规定的立法目的，就为目的解释等方法提供了法律基础。法律解释学的任务就是要将这些经验总结出来，形成普遍的

---

① ［德］H. 科殷：《法哲学》，林荣远译，华夏出版社 2002 年版，第 211 页。

共识,从而运用于实践中。法律解释方法研究的目的,就是要形成法律推理中共同的规则,实现法律适用中的统一。如果某种方法在形成之后不能取得普遍的共识,甚至遭到众多法律职业人的质疑,则其很难成为一种独立的解释方法。如果裁判者之间各自都有其自己理解的法律解释方法,那么,裁判者之间就会自说自话,推理的方法和推理的过程都各有特点,这可能导致类似案件不同处理,司法裁判的可预期性不复存在。这也无法保障裁判的公正。①

第四,解释技术的技艺性。美国学者庞德指出,司法是一门艺术,作为司法过程中的核心环节和步骤,法律解释方法无疑是帮助裁判者寻找大前提的一门艺术,也可以说就是找法的技艺。萨维尼指出:"解释是一种技艺,此种技艺的养成通过我们所掌握的古代和现代的大量优秀典范而被促成。"②法律解释学上的方法都是对人类运用法律的实践总结的产物,是人类实践理性的产物。它最充分地体现了法律的技艺性特征。各种方法既不是要探究某种所谓的终极真理,也不是探究学术问题的技巧,而是直接服务于具体个案中的法律适用问题,并要最终解决争议的个案。法律解释方法具有技艺性,就是要强调其实践特征,尤其是能够在个案中寻找大前提、解释大前提,服务于诉争个案的解决。法律解释方法源自实践,又服务于实践。在这方面,法律解释方法不同于通常所说的法学研究方法。法学研究方法的运用是为了寻找学术共识。例如,同样是历史解释,在法学研究中,可以通过历史解释考察制度的来龙去脉,而法律解释方法中的历史解释则是运用相关立法资料,去分析和探究立法者的价值判断结论。所以,一般的历史研究的方法不能直接解决个案的争议,不能直接成为法律解释的方法。解释方法的技艺性特征还表现在:按照方法来开展活动是有章可循的,可以保证解释活动按照客观的规律逐步推进,节省解释活动的成本,并保证解释结论的正确性。正确的方法能够保证裁判者采取正确的解释路径,避免做无用之功。

第五,方法适用的序位性。序位性强调法律解释方法的运用是有先后顺序的,并不是可以由裁判者任意选取的。通过各种方法的运用,

---

① 参见江必新:《在法律之内寻求社会效果》,载《中国法学》2009 年第 3 期。

② Savigny, *System des heutigen Römischen Rechts*, Bd. 1, Berlin, 1840, S. 211.

探究立法者的意旨或立法目的等,其正当性程度的高低与发现立法者价值判断的可能性高低是联系在一起的。从这个角度上说,各种法律解释方法的排序是可能的。价值共识的高低和法律解释方法的运用顺序是有关联的。例如,文义解释相对于目的解释,更容易形成价值共识,因此应当优先适用。之所以存在多种法律解释方法和漏洞填补方法,就是因为在特定情况下,解释结论的寻找和漏洞填补结论的确定,是无法运用其中的某些方法来确定的。当一种法律解释方法无法在确定处理纠纷的大前提上发挥作用时,就可以考虑采用其他方法。例如,在文义解释无法确定结论时,就可以考虑体系解释。在文义解释和体系解释都无法得出解释结论时,就可以考虑目的解释。在运用目的性扩张、目的性限缩方法无法填补漏洞时,运用基本原则来填补漏洞就可以发挥作用。

第六,解释方法的可验证性。法律解释方法不仅可以彼此结合起来运用,得出妥当的解释结论,而且各种方法可以相互验证,以确保结论的妥当性。所谓相互验证,是指在文义解释的基础上,通过某一方法得出了复数解释结论,而这些结论又可以用其他解释方法来予以检验。例如,体系解释、目的解释都以存在文义复数解释为前提,但它们都可以验证文义解释结论的妥当性。“越能经得起所有证伪实验考验的理论,其可靠性越强。”①通常来说,通过不同解释方法得出的结论的一致性越高,则解释结论的妥当性越强。但如果经不同方法得出的结论相互冲突或者矛盾,则不能轻易以某一种解释方法的结论作为定案依据,而需要考虑不同解释方法的优先适用顺序,以寻找妥当的法律解释结论。

第七,解释结论的唯一性。法律解释最终是为了具体个案寻找大前提而提供可供裁判的依据,所以,法律解释必须确定唯一的结论。列贝尔指出:“词语只能有一个真实的含义。”②在解释结论上,法律解释要求结论的唯一性或者说独断性;而一般的解释往往有复数解释的存在。正是因为法律解释学具有上述特点,才有可能对这些方法进行总

---

① ［德］卡尔·拉伦茨:《法学方法论》,黄家镇译,商务印书馆2020年版,第565页。

② Francis Lieber, *Legal and Political Hermeneutics, or, Principles of Interpretation and Construction in Law and Politics*, F. H. Thomas, 1880, p. 173.

结归纳,形成法律解释学。

德国民法解释学的创始人萨维尼也曾言,法律解释“是一种精神工作,因此,无论它通常看起来如何简单,它仍然是科学行为,是法学的开端和基础”。[①] 整个法律解释学的核心部分是研究法律解释的方法。这是因为,一方面,法律解释学本身就是有关法律解释技术的学问,这就是说,它研究的就是法律解释的方法,而不是法学的基本原理。另一方面,法律解释学的整个理论体系都是围绕法律解释方法来构建的,离开了法律解释方法,就没有法律解释学的存在。

(二)法律解释方法与法学研究方法

法律解释方法不同于一般的法学研究方法。所谓法学研究方法,是指研究各种法律现象的方法。其大体上包括价值分析方法和实证分析方法两大类。实证分析方法又分为社会调查方法、历史学的方法、比较的方法、逻辑分析方法和语义分析方法。就法律解释学来说,其更侧重于实证分析方法中的逻辑分析方法和语义分析方法。[②]

俄国著名生物学家巴甫洛夫指出:“方法掌握着研究的命运。”[③]研究方法和解释方法既有联系,又有区别。从联系的角度来看,两者之间存在共同之处。法律语言是传达国家意志的载体,在立法、执法和司法过程中,其本身就伴随着语言的操作过程。因此,正确地使用和解释法律语言,就直接与秩序和人们的切身利益联系在一起。如果不能合理地对法律语言进行解释,或者法律本身就是语意含糊或前后矛盾的,那么,法律就很难承担自己的使命。[④] 法律解释方法与法学研究方法具有密切联系,许多研究方法也是解释法律的方法。例如,法社会学方法和比较法的方法已经成为法律解释的方法。尤其是在进行解释论的研究时,要以现行法为对象,重点阐释现行法的含义。法学研究在很大程度上也是对法律的理解和解释。正像所有的社会科学都是对社会现象的

---

① [德]萨维尼:《当代罗马法体系》(第1卷),朱虎译,中国法制出版社2010年版,第161页。

② 参见郑成良:《法学的研究方法》,载张文显主编:《法理学》,法律出版社1997年版,第19~25页。

③ [苏联]巴甫洛夫:《巴甫洛夫全集》(第5卷),人民卫生出版社1959年版,第18页。

④ 参见郑成良:《法学的研究方法》,载张文显主编:《法理学》,法律出版社1997年版,第25页。

理解一样,[①]法学也是对法律现象的理解。所以,法学研究方法很难与法律解释方法脱离开。但是,法学研究方法与法律解释方法存在差异,其区别如下:

第一,研究对象不同。法学研究的对象更为广泛,其是以整个法律现象作为其对象,包括法律的起源、部门法、法律发展的历史规律、法律的效力等。而法律解释的对象主要是法律文本,所以,法律解释的方法是以文本的理解和解释为核心而形成的方法。

第二,侧重点不同。例如,就历史解释方法而言,法学研究方法要从制度的渊源开始,探讨其演变的过程。而在法律解释中,历史解释只是关注立法本身的过程,绝不可能也没有必要从漫长的法律发展历史来考察。在立法论的法学研究中,研究者更注重运用价值判断的方法来对相关利益进行判断和取舍。而在法律解释方法中,解释者更侧重于发现法律应当具有的意思。虽然解释难免带有一定的主观性,但是,其主要是贯彻立法者所作的价值判断,解释者应尽可能遵循立法者的意思,确定相应的价值判断结论。

第三,法学研究方法并非要得出唯一的结论,而法律解释方法要得出唯一的结论,避免复数解释。在法学研究方法中,其结论是多元的,并不要求学者对同一现象的结论达成共识。在解释论的法学研究中,即便研究者明确了立法者所作的价值判断,也可以根据自己的价值立场提出新的解释结论。因此,解释结论可以是多元的。但法律解释是要寻求个案的裁判结论,在裁判中,法无二解,只能寻求最妥当的裁判结论。

第四,法学研究方法的多样性受到越来越多的重视。为了活跃思想、繁荣学术,促进知识的增长,需要鼓励多元化的方法的运用。法学研究坚持学术自由的原则,按照"双百"方针,鼓励学术的创新和理论创新。因此,其在方法上也鼓励创新。但法律解释方法强调严谨和规范,要求取得法律人的共识,以实现法律适用的统一性。法律解释方法必须针对解释对象得出一个统一的解释结论。而法学研究通常可以假定需要分析的对象,再根据各种方法得出结论,这个结论并不一定要解决一个实际的问题,而主要是提供解决的思路。

---

① 参见洪汉鼎主编:《理解与解释》,东方出版社2001年版,编者引言,第23页。

第五,在目的上,法学研究的目的是探求真理,而法律解释只是要寻求个案裁判依据,妥当地适用法律。另外,从程序上看,各种法律解释方法在适用中也有其特定步骤。只有遵从这些方法,才能找到准确的解释结论。法律解释学探究法律解释方法,需要确定操作规程,而这一规程就表现为其具体步骤。按照解释方法适用的顺序解释法律、寻求裁判规则十分重要。例如,在审判实践中,裁判者经常援引法律原则来判案,而忽略了对具体裁判规则的寻找。这就导致裁判者在裁判中可能向“一般条款逃逸”,使其在适用法律中自由裁量权过大,不能保证类似案件获得类似处理。而法学研究的方法原则上没有适用程序的限制。

二、法律解释方法的体系构建

(一)法律解释方法的发展

随着法律解释学的发展和法律实践的展开,法律解释方法也是不断发展的。在早期的神学解释学之中,形成了四种基本的解释规则和技巧:即字面的解释、经学的解释、神秘的解释和寓意的解释。[①] 这些方法对于法律解释学产生了一定的影响。在罗马法时代,法律解释主要是文义解释。到中世纪时期,法律解释方法有所发展,但仍然没有形成成熟的方法。前期和后期注释法学派都是援用文义解释的方法来探究罗马法的真谛。注释法学家对罗马法大全的全部内容都采取逐字逐句的训诂的注释方式,因而基本上采取的都是文义解释、体系解释等方法。[②] 其注重采用经院哲学的解释方法,偏重从语义学的角度解释法律,主要以罗马成文法、敕令、法学家的解答等为解释对象,而缺少历史的、社会的解释方法等。[③] 在19世纪法典化运动的早期,立法者对法律解释持消极态度,法律解释方法也没有得到发展。例如,拿破仑法典的立法者认为,民法典已经涵盖了所有的内容,所以解释就只能存在于文本之中。埃布劳(Hébraud)教授认为,“裁判者是法律的活的话语,是法

---

① 参见徐振东:《宪法解释的哲学》,法律出版社2006年版,第8页。

② 参见戴东雄:《中世纪意大利法学与德国的继受罗马法》,台北,作者1999年自版,第64页。

③ 参见戴东雄:《中世纪意大利法学与德国的继受罗马法》,台北,作者1999年自版,第67页。

律的臣仆”。[①] 所以，裁判者解释法律就必须忠实于文义，其主要应当采用文义解释的方法。但为了准确探究立法者的真意，目的解释的方式逐渐发展起来。许多法国学者认为，目的解释与注释解释（exegetic）就成为最基本的方法。目的解释就是寻找成文法规定的目的。[②]

在19世纪前期和中期，德国的历史法学派促使历史方法的形成，也使习惯法的地位得到空前提升。尽管萨维尼认为，法律解释是一种重构，但他仅承认了四种法律解释的方法，即文义、逻辑、体系和历史。后来，随着自由法运动的发展，利益衡量等填补漏洞的方法不断被认可。法律解释学经过德国学者恩吉施、拉伦茨、埃塞尔等人的总结和整理，逐渐形成了一套比较完整的体系。这个体系在形成过程中受到诸多因素的影响：一是受到各种法学流派思想的影响。德国出现了各种不同的法学流派，如目的法学、利益法学、规范法学，不同的法学流派所采用的法律解释方法也各不相同。在英美法系国家，裁判者也在实践中总结了法律解释的方法，其方法与大陆法系存在相通之处。二是受到哲学解释学的影响。哲学解释学的理论也处于不断发展变化的过程之中，其理论发展也不断影响着法律解释方法的演变。例如，哲学上的解释学循环理论促进了体系解释的发展。拉伦茨曾指出：“理解的循环运动并非单纯地返回到原来的出发点——否则其将变成同义反复——而是文本的理解提升到新的层次。”[③]这显然是受到解释学循环理论的影响。三是法学发展的影响。法学的发展出现了新的趋势，如法经济学、法社会学、比较法学等。这些新型学科的发展也促成了新的法律解释方法的出现。例如，法社会学的发展就促成了社会学方法的出现。严格地说，法律解释学也是一门边缘学科，它是法学和哲学解释学的交叉，法学和哲学等学科的发展必然完善了法律解释的方法体系。由此可见，法律解释方法本身是一个开放的体系，而且较多地受到外部因素的影响。

---

① Pierre Hébraud, *Le juge et la jurisprudence*, in Mélanges Paul Couzinet, Universitédes Sciences sociales de Toulouse, 1974, p. 333. 转引自石佳友：《民法典与法官裁量权》，载《法学家》2007年第6期。

② J. Charmont & A. Chausse, *Les interpretes du Code civil*, in Le Code Civil, 1804 – 1904, 1 Le Livre du Centenaire 131 (1904).

③ ［德］卡尔·拉伦茨：《法学方法论》，黄家镇译，商务印书馆2020年版，第266页。

在我国,早在云梦秦简的《法律问答》中就已经运用了文义解释方法,而且在我国几千年的律学中也已经出现了一些法律解释的方法。从我国古代律学中所采用的方法来看,并不少于西方学者所总结的方法。但在古代社会,我国的法律解释学并不发达,这些方法没有系统化、理论化,也没有形成法律解释学。当然,在中国古代的训诂学中,采用了"据文证义"的方法,该方法就是指在语境、语篇中分析词义。[①] 这些方法的确具有其独特的特点。

自中华人民共和国成立以来,我国法律解释学经历了一个形成和发展阶段。我国改革开放以来,社会主义法治建设进入了蓬勃发展时期,法学也逐渐发展繁荣。但是,法律解释方法以及法律解释学的研究一直未能引起高度重视。学术界在理论上对于法律解释学的研究尚不够深入,缺乏法律解释方法的成熟理论成果供实务界参考和借鉴。在我国司法实践中,也缺乏对于法律解释方法的训练,裁判者在裁判案件中尚不能熟练运用解释方法来寻找妥当的大前提。裁判者对于解释方法尚缺乏基本的共识。例如,对于解释方法的类型、各种解释方法的特点、适用的先后顺序等都缺乏较为一致的观点,导致司法实践中对于法律的解释和适用极不统一。某些案件中,一审和二审所认定的事实和适用的法律基本相同,但最终的裁判结果却相差甚远。例如,在"中国人民解放军警卫第一师仪仗大队与深圳市信禾工艺品有限公司名称权、肖像权、名誉权侵权纠纷上诉案"中[②],涉及对《民法通则》(已失效)第99条有关名称权的规定的解释。在该案件中,一审法院和二审法院因为对解释方法的理解的不同,而导致解释结论的大相径庭。[③]

当然,从狭义法律解释方法来看,经过长期发展,裁判者在解释法律的实践中形成了一些比较固定的方法,其中最典型的是文义解释、体系解释和目的解释。例如,在杜某、陈某诉某海关行政处罚一案中,一

---

① 参见陈兴良主编:《刑法方法论研究》,清华大学出版社2006年版,第61页。

② 参见北京市第一中级人民法院民事判决书,(2006)一中民终字第3240号。该案的案情为:2005年上半年,三军仪仗队官兵在北京市场上发现了一个出售"红色八一步枪"和"将军佩剑"的商家宣传册,宣传册当中随意使用了三军仪仗队的名称和形象。2005年4月,三军仪仗队向法院提起诉讼,认为信禾公司蓄意侵犯仪仗队的名称权、肖像权、名誉权,请求法院判令信禾公司赔偿248万元。

③ 参见王文胜、周晓晨:《重构法律解释学中的反面解释》,载《判解研究》2007年第6期。

审、二审法院通过对“运输”一词的文义解释，得出了“运输”不包括“携带”的结论。[①] 再如，李某诉某饮食店消费者保护案中，法院采用体系解释的方法，认为《消费者权益保护法》第 7 条的规定并不保护第三人侵权所造成的损害。[②] 裁判者不仅注重狭义的法律解释方法，也善于运用漏洞填补的方式，包括通过利益衡量、习惯法、法律基本原则等来填补法律漏洞。尤其应当看到，我国最高人民法院发布的司法解释虽然具有准立法的性质，可以作为审判中的法律渊源加以适用，但司法解释也是一种法律解释活动，在司法解释过程中也大量运用了文义解释、体系解释、限缩和扩张解释、目的解释等各种方法，而且司法解释还大量填补了立法中的漏洞。在我国，虽然裁判者所从事的法律解释活动受到了司法解释的严格限制和规范，但这并不意味着司法解释就可以完全代替裁判者在具体个案中的解释活动。以裁判者为主体的解释活动仍然是我国法律适用的最基本的环节。但由于解释方法的标准不统一、不规范，导致裁判者缺乏解释方法的基本共识，这种局面对于法律的适用造成了极大的混乱。

从我国的司法实践来看，除了解释方法的不统一之外，在法律解释方法的运用上也存在如下几个问题：一是在许多案件中，裁判者过度依赖于文义解释，完全从文本的字面含义出发进行解释，而丝毫不敢偏离文本的字面含义，这在相当程度上与我国法律解释学不发达有关系，也与裁判者能动性不足、权威性不足等因素有很大关系。尤其是在文义解释过程中存在死抠文义、僵化理解法律条文的现象。例如，在前述“三军仪仗队”一案中，一审法院认为：“依据我国《民法通则》，民事主体有权禁止他人干涉、盗用、假冒其名称权，但信禾公司的行为既不构成对专有名称的干涉、盗用、假冒，也未使用‘三军仪仗队’直接为其产品进行的文字宣传，故不构成侵犯三军仪仗队的名称权。”该种看法就有过分拘泥于法律条文、僵化理解法律规定的倾向。二是在某些案件中，裁判者完全撇开法律文本，直接以社会效果来替代严谨的法律解释过程，这导致了法律解释中的过分随意性。三是在判决中很少运用历史解释、比较法的方法等方式。很多人认为，这些解释方法是学者研究

---

① 参见广东省高级人民法院行政判决书，(2000)粤高法行终字第 9 号。

② 参见《最高人民法院公报》(2002 年卷)，人民法院出版社 2003 年版，第 271 ~ 272 页。

法律的方式,而不是法律解释的方法。甚至有人认为,法律一旦颁布,就与立法者相互分离,任何历史的探讨都没有意义,而只能从法律文本出发进行解释。比较法的方法虽然重要,但是,裁判者极少敢于在判决中援引域外的法律,作为判决的参考依据。尽管不少法院的判决实际上借鉴了国外的立法或判例学说,裁判者甚至在经验总结中承认其采用了比较法的方法,但是在判决中极少直接地体现对国外法律或判例的参考。例如,某法院在离婚案件判决中引入了国外的"终身定期金"制度,判决原告在离婚后继续负担被告的部分生活费。主审裁判者在解说中认为,其是采用比较法经验所作出的判决,但在判决中没有明确表明是借鉴国外的经验。[①] 四是使用的一些法律解释方法不够规范。例如,前述"三军仪仗队"一案中,关于反面解释方法的运用就存在不够规范之处。五是在法律解释和漏洞填补中过多地运用法律基本原则来作为裁判的依据。在一些案例中,可以看出裁判者存在"向一般条款逃逸"的现象,即使用宽泛的一般原则,例如诚实信用原则、公序良俗原则等,而不是具体的法律规则进行判案。为此或许可以省掉裁判者寻找大前提的麻烦和不必尽到充分论证说理的义务,但使判决缺乏说理性,且裁判的依据显得十分淡薄,往往难以使当事人服判息讼。

正是因为上述原因,有必要在借鉴西方经验的基础上,针对中国法律解释的现实和需要,总结传统中国法律解释中的经验以及中国几十年丰富的司法解释实践,来构建中国的体系化的法律解释方法。

(二)法律解释方法的确定

正如美国比较法学家梅利曼所言,法律根植于文化和历史,是对特定社会、特定时期的制度需求的反映。我们需要学习西方观察问题的方法,但是我们不能简单照搬它们经由这些方法观察社会现象所获得的结果。另外,即便是对于西方观察问题的方法,我们也要进行必要的"创造性转换"。德沃金 1995 年在为《认真对待权利》的中文版所做的序言中也明确指出,他的权利理论"并不是适用于所有文化的普遍模式,一个在任何时候、对所有人都能决定什么是对、什么是错、由谁来决

---

① 参见王铭:《融民俗文化法律文化于一体　求法律效果社会效果之统一》,载公丕祥主编:《法官办案经验》,法律出版社 2009 年版,第 29 页。

定对错的模式”。[①] 本书所讨论的方法正是循着上述思路来进行的体系性探索。但是,我们也应当看到,社会科学的方法也具有一定的价值中立性,在理论上成熟的方法可供不同国家和地区的学者进行参考和借鉴。因此,对于西方国家成熟的法律解释方法,我们也可以加以参考和借鉴,并通过与我国国情和审判实践的结合,而转化为适合我国司法实践的法律解释方法。

我们需要讨论的就是,究竟哪些方法可以成为法律解释的方法,哪些方法能够成为固定的方法在审判实践中运用,其标准如何确立?在现代法律体系下,法律解释主要是实现法律对社会的调整的具体化,从而适应社会、经济政策的要求。在很多争议的案件中,裁判者能够运用法律对此进行解决,但很多案件的解决都需要依赖法律解释的方法达到目的。法学的研究对象是法律,其方法就必须适应法学的特征。[②] 同样,法律解释学中所讨论的方法必须具有自身的特点,各种法律解释的方法之所以能够成为法律解释学中的独立方法,不仅在于其自身具有独特的适用范围和特点,尤其是有助于得出解释的结论。法律解释方法有助于准确寻求裁判依据、阐释法律文本的含义,帮助裁判者正确适用法律。但迄今为止,学界关于法律解释方法的看法不一,并未取得共识,裁判者对解释方法也未达成共识。笔者认为,要成为法律解释的方法,应当符合如下标准:

第一,解释的方法必须具有经验性。霍姆斯指出,法律的生命不在于逻辑而在于经验。这实际上强调了经验对于法律形成和发展的作用。法律解释方法是经过实践检验而被认为是合理有效的方法。法律解释学是研究法律解释的学问,它具有鲜明的实践品格。各种法律解释方法都源自审判实践经验,是对审判实践的总结和提升。从我国来看,各级人民法院都从事法律解释的活动,而且其有意无意地运用了各种法律解释方法。在实践中,已经形成了一些经验,法律解释方法必须提炼和总结这些经验而形成系统的方法,所以,它必然具有经验性的特点。但是,法律解释方法并非经验的简单重复,而是对经验的总结和提

---

① [德]德沃金:《认真对待权利》,信春鹰等译,上海三联书店2008年版,第28页。

② 参见[德]霍恩:《法律科学与法哲学导论》,罗莉译,法律出版社2005年版,第121页。

升。可以说,法律解释的方法源于实践的经验,具有实践理性的特点,但同时又要在实践的基础上形成系统的理论。此外,解释方法的经验性还要求其必须接受客观实践的检验。任何科学性的解释方法都要服从客观实践的检验。"经验能够帮助我们选择法律解释的方法。"[①]对这种检验,首先要考虑公平正义的验证,能否有利于实现公平正义。此外,也要考虑效率要求,"当一种解释路径需要昂贵的成本与很多的时间的时候,我们或许就会放弃这种解释方法"。[②] 当然,法律解释方法又不完全等同于实践中的操作技巧,解释方法是在哲学诠释学等指导下进行理论阐释而形成的体系化的方法。

第二,解释的方法必须具有逻辑性。逻辑是思维的工具,是思维对事物的反映。[③] 科学要追求普遍的真理,发现事物之因果,必须运用逻辑。[④] 特定的方法要成为法律解释方法,必须是符合逻辑的。亨普尔提出"科学解释就是逻辑论证"的重要命题,[⑤]这就是说,解释的方法必须具有逻辑性。各种法律解释方法实际上是对逻辑规律的运用,例如矛盾律、同一律、三段论推理等的运用。只有运用逻辑的推论等方式,按照严谨的逻辑进行解释,才能使解释方法具有科学性,增强解释的说服力。例如,反面解释、体系解释、类推适用本身就是逻辑的展开,它们在很大程度上是形式逻辑在解释方法中的运用。逻辑是关于论证的科学,而论证是推论的应用。当然,强调解释的方法具有逻辑性,并非意味着,法律的解释是机械的逻辑推演。[⑥] 有些法律解释方法的运用并非单纯的逻辑过程,要考虑立法者的目的、社会发展和变动需要等因素。

第三,解释的方法必须具有论理性。A. Aarnio 认为,"法律教义的中心任务就是论证规范立场的正当性……问题就是合理论证所解释问题达成我们所需要接受的意义,从而使我们相信这种论证是合理与正

---

① Cass R. Sunstein, *Must Formalism Be Defended Empirically*, 66 U. Chi. L. Rev. 643 (1999).

② Andrei Marmor, *Interpretation and Legal Theory* 1 (rev. 2d ed. 2005).

③ 参见朱志凯主编:《逻辑与方法》,人民出版社 1995 年版,第 3 页。

④ 参见王伯琦:《近代法律思潮与中国固有文化》,清华大学出版社 2005 年版,第 135 页。

⑤ 参见曹志平:《理解与科学解释》,社会科学文献出版社 2005 年版,第 21 页。

⑥ 参见王伯琦:《近代法律思潮与中国固有文化》,清华大学出版社 2005 年版,第 137 页以下。

确的”。[①] 因此,任何解释方法的科学性都必须辅以论证。一方面,解释方法如何运用、其结论如何得出,这就是论证和说理的过程。这个过程必须符合人们的思维习惯和思维方式,能够为人们所理解,而不能是违反常理的“强盗逻辑”“荒谬的逻辑”。[②] 文义解释是比较简单的方法,在此基础上的解释方法都要伴随说理的过程。尤其是要作出偏离法律条文字面含义的解释时,裁判者必须负有必要的论证义务。解释的结论距离核心文义越远,解释者的论证义务就越重。另一方面,法律解释方法的运用就是要避免复数解释,选择最妥当的解释结果。但是,何种解释结果是最妥当的,为什么某一种解释结果更为妥当,这些都需要进行论证。尤其应当看到,在存在法律漏洞的情况下,裁判者要进行漏洞填补,更需要进行说理论证。

第四,解释的方法必须具有成熟性。所谓解释方法的成熟性,一方面是指该种解释方法在法律解释学的理论上已经形成了基本的共识,关于该种解释方法的特点、适用标准等都已经在理论上具有初步的共识。另一方面,一种成熟的解释方法必须是在审判实践中经过检验的、证明是可行的方法。随着哲学解释学和法学本身的发展,法律解释的方法必然也会不断发展完善。例如,社会学方法实际上是随着法社会学的出现才逐渐被认可的,这实际上反映了法学发展对法解释学的影响。法律解释方法是实用的方法,其适用结果将会直接影响到裁判者的裁判结果,对于当事人的利益具有直接的影响。因此,解释方法必须具有成熟性,才能够成为裁判者裁判案件中寻找大前提的方法,并保障裁判结果的公平性。

第五,解释的方法具有可操作性。解释方法作为从实践中产生的理论,也应当能够运用于解释实践。所谓解释方法的可操作性,是指这些方法在具体的裁判活动中有助于寻求大前提,并解释大前提。庞德曾经指出:“法律的发现与法律解释、法律适用是紧密相联的。”[③]法律解释方法都是用于寻求待决案件法律依据的规则,也就是确定大前提,

---

① A. Aarnio, *The Rational as Reasonable: A Treatise on Legal Justification*, D. Reidel Publishing. Company, Dordrecht/Boston/Lancaster/Tokyo 1987, p. 67.

② 刘江编著:《逻辑学推理和论证》,华南理工大学出版社 2004 年版,第 3 ~ 4 页。

③ [美]罗斯科·庞德:《普通法的精神》,唐乾宏等译,法律出版社 2001 年版,第 126 页。

只有有助于寻求妥当大前提的方法才具有可操作性。各种解释方法在体现出层次性的同时,绝不是相互独立的;相反,各种方法之间存在不同程度的联系,在解释活动中需要综合运用。解释者按照方法所确定的思路和方式,能够得出有效的解释结论。如果解释方法深奥难懂,无法为普通的解释者所掌握,也就自然无法运用于解释实践,其价值就值得重新考虑。

第六,解释的方法具有价值中立性。方法是从工具意义上使用的,其只是通向目的的手段。所以,方法本身是用来探求立法者的价值取向的,其本身并没有价值取向的问题。立法都是带有很强的价值判断和价值倾向的,方法是用来探究这一价值取向的工具。① 但是,解释过程本身难以避免主观因素的渗入,所以,解释方法的选择和适用也可能包含了一定的价值取向。

第七,解释的方法具有共识性,法律解释方法是经过法律解释实践长期发展和演变所形成的,为法律人所共同认可的方法。"法律作为与社会生活实际相适应和相协调的工具,针对普遍的人和一系列不确定的个案,必须尝试从中提炼一个对所有人和所有个案都有价值的意义。因此,必须确定一个在法律上的决定性意义,以便保证一个最起码的解决方案的一致性。为了这个目的,确定一组指导解释者活动的指引或标准是必不可少的,它避免了每一个解释者的诡辩和专断,这些诡辩和专断与社会生活不相融,亦与法律安定性不相融。这样的一组解释学指引或规则构成了所谓的解释方法论或法律解释学。"②如果解释方法五花八门、众说纷纭,最终也必然导致解释的结论形成"公说公有理,婆说婆有理"的混乱局面,不利于维护法律的安定性和妥当性。

在我国,为了解决法律解释中共识性不足的问题,克服同案不同判、同法不同解的问题,最高人民法院往往通过制定司法解释的方法,着力解决司法标准的统一问题。然而,仅仅通过司法解释,并不能有效地解决这一问题。一方面,司法解释本身比较抽象,我国目前采取抽象性司法解释的方法,而不是针对个案作出的解释。所以,这种解释本身

① 参见[德]魏德士:《法理学》,吴越等译,法律出版社2005年版,第410页。

② [葡]马沙度:《法律及正当论题导论》(第2版),黄清薇、杜慧芳译,澳门大学法学院2007年版,第147页。

也需要解释。如果缺少共识性的解释方法,对司法解释本身如何理解,也会存在争议。另一方面,司法解释的涵盖范围有限,其主要是就司法实践中存在较大争议的问题所作出的解释。从司法实践来看,大量的个案并不受司法解释的调整,而仍然需要通过法律解释的方法,解释立法的规定以确定裁判规则。笔者认为,解释方法要形成裁判者广泛的共识,需要理论工作者将司法实践中解释的经验提炼出来,总结实践中的解释方法。这些解释方法要从实践中来,又要运用到实践中去,逐渐地被实务工作者认可和理解。尤其是法律人之间要在交流和对话的过程中,就解释方法问题达成共识。

三、法律解释方法的具体确定

法律解释方法可以有多种分类,一般认为,法律解释方法可以分为三部分:即狭义的法律解释、一般条款和不确定概念的具体化(又称为价值补充)、漏洞填补。正是在这三种法律解释方法的基础上,构建了法律解释学的体系。

(一)狭义的法律解释方法

法谚云:“法律之解释,不外阐明、引申及限缩而已。”据此,一般将狭义的法律解释分为文理解释、论理解释两种。古罗马的法学家主要是采用文义解释和类型化解释。① 到共和时期,罗马大裁判者已经开始采用论理解释方法,甚至根据“公平、正义”等原则修改滞后的法律。萨维尼在1804年的《当代罗马法体系》一书中,通过考证罗马法学家在法律解释中所运用的方法、技巧以及方法的运用经验,归纳出了法律解释学的基本原理。他认为,法律解释的目的在于,重建存在于法律中的思想。此种重建所依据的因素包括文义、逻辑、历史、体系,因而法律解释是由这四种基本的解释方法构成的。② 自20世纪以来,法律的解释方法又得到进一步发展。随着法社会学的发展,社会学解释方法开始形成;随着比较法的发展,比较法的方法也受到关注。狭义法律解释方法诸如文义解释、体系解释、当然解释、目的解释等,其都是在可能文义的

---

① See E. Kellaway, *Priciples of Legal Interpretation of Statutes Contracts and Wills*, Butterworths, 1995, p. 3.

② 参见[德]考夫曼:《法律哲学》,刘幸义译,法律出版社2005年版,第63页。

范围内对法律文本所作出的解释,是法律解释中最基本的方法,也是法律解释中广泛适用的方法。在我国《民法典》颁行之后,法律规范已经基本齐备,需要填补法律漏洞的情形较少,大量的都是通过狭义法律解释方法对法律本文进行解释。

(二)价值补充

所谓价值补充方法,是指针对不确定概念和一般条款,通过裁判者的价值判断,使其内涵具体化,从而确定具体的裁判依据。[①] 价值补充介于狭义的法律解释方法与漏洞填补方法之间,其主要适用于不确定概念和一般条款。不确定概念和一般条款的内涵较为抽象和宽泛,裁判者在个案中加以运用时需要进行价值判断,将其具体化。虽然狭义的法律解释与法律漏洞填补方法的适用过程中也存在价值判断,但价值判断在价值补充方法中的作用更为突出,其是不确定概念和一般条款具体化的主要标准。

价值补充方法主要是指不确定概念和一般条款的具体化,其中最典型的是类型化。不确定概念和一般条款的内涵较为宽泛,无法通过狭义的法律解释得出妥当的裁判结论。例如,《民法典》中所规定的"公共利益"就是一个不确定概念,该概念的内涵较为宽泛,无法直接通过文义解释等方法予以适用,这就有必要运用价值补充的方法对其进行类型化,从而针对具体案件得出妥当的裁判依据。

(三)法律漏洞填补

法律漏洞填补方法包括类推适用、目的性扩张和目的性限缩、基于习惯法的漏洞填补以及基于法律原则的漏洞填补等。法律漏洞填补方法主要是为了填补制定法的漏洞,即在缺乏法律规定,或者法律规定之间相互冲突的情形下,运用漏洞填补方法得出妥当的裁判结论。由于漏洞填补方法主要适用于法律未作规定的情形,裁判者在填补法律漏洞时具有较大的自由裁量权,因此,裁判者在运用法律漏洞填补方法时负有较重的说理论证义务。

传统民法解释学认为狭义法律解释与漏洞填补没有直接关系,二者是截然不同的两类法律方法。但是,二者在本质上仍然有着密切联

---

① 参见沈敏荣:《法律不确定性之克服——论法官在法律制度中的作用》,载《政治与法律》1998 年第 2 期。

系,狭义的法律解释在漏洞填补中也同样具有重要意义。因为各种狭义的法律解释方法,有助于认定法律漏洞的存在。文义解释是确定漏洞是否存在的前提,因为文义解释确定了法律可能文义的范围,体系解释也有助于认定法律漏洞。此外,各种狭义的法律解释方法还可能辅助漏洞填补方法来运用。例如,在运用目的性扩张或目的性限缩等方法时,可能需要借助于历史解释等方法,来确定立法目的。

但这三种方式毕竟是三种不同的方法,其主要区别如下:

首先,三种解释是以法律文义为基础进行的区分。狭义的法律解释是在法律文义的可能范围之内作出的解释,在狭义的法律解释中,其边缘文义的界限相对明晰。价值补充虽然也是在法律文义的可能范围之内,但是,作为其解释对象的一般条款和不确定概念的文义非常宽泛。而在漏洞填补的情况下,或者已经超出了法律文义的可能范围,或者损及了法律的核心文义。在狭义的法律解释中,解释的结论处于文义的可能范围之内,或者说处于文义的射程范围之内。而在漏洞填补的情况下,裁判者所选择的大前提已经超出了法条文义的可能范围。

其次,三种解释的方法也存在较大差异。狭义的法律解释、价值补充和漏洞填补的适用前提不同,与此相对应,其解释方法也存在较大的差异。在狭义的法律解释中,其解释方法包括文义解释、论理解释和社会学解释;价值补充的方法主要是类型化的方法;而漏洞填补的方法则包括比较法方法、依习惯法填补漏洞、目的性扩张、目的性限缩、类推适用等。需要指出的是,某些法律解释方法在适用中究竟属于狭义的法律解释方法还是属于漏洞填补,并非泾渭分明。例如,比较法的方法既可以作为狭义的法律解释方法,又可以作为漏洞填补的方法。严格地说,漏洞填补已经不是法律解释,而是法律补充。但是,从广义上说,漏洞填补也是法律解释的组成部分。

最后,三种解释体现了立法权和司法权的不同关系。在狭义的法律解释中,司法权的行使就是要贯彻经过立法权行使而确定的法律文本。在价值补充的情况下,立法机关实际上是委托司法者结合社会实际对一般条款和不确定概念进行具体化。而在漏洞填补的情况下,实际上是立法机关授权司法裁判者填补法律漏洞,弥补法律不足。

四、法律解释方法的分类

(一)内在解释和外在解释

所谓内在解释,是指依据所要解释的法律文本自身的要素而进行的法律解释。在内在解释中,解释者所参考的依据是法律文本、逻辑、目的等。内在解释的前提在于确信立法的正确性,相信法律文本本身是完善的。解释者应当从客观的文本出发,探求立法目的和意旨,阐释文本的准确含义。

所谓外在解释,是指依据所要解释的法律文本之外的要素而进行的法律解释。在外在解释中,解释者所参考的依据是法律文本之外的因素,如立法资料、社会学效果等。外在解释的前提在于,认为法律文本与相关因素之间存在密切联系,只有结合相关因素的考量才能确定法律条文的妥当含义。正如凯尔森所言,法律解释就是要寻求文本“最有意义的意思”。因此,要从文本恒定的措辞出发,通过解释的方法来面对变动中的环境和社会需要。[①] 例如,通过法律条文的可能含义的社会学效果考察,确定能够实现最佳社会效果的解释结论。区分内在解释和外在解释的意义在于,从法律解释方法的先后顺序来看,应该先进行内在解释,然后再进行外在解释。只有在难以通过内在解释得出较为合理的结果时,才需要进行外在解释。

(二)基础性的解释方法和非基础性的解释方法

根据解释方法的功能,可以将其区分为基础性的解释方法和非基础性的解释方法。基础性的解释方法,主要是指文义解释,因为文义解释是法律解释的基础。在许多情况下,仅通过文义解释就可以获得妥当的结论。但是,如果文义解释出现了复数解释可能,就需要借助于其他解释方法得出妥当的法律解释结论。正是从这个意义上,可以说文义解释也是其他法律解释的基础。目的解释也可以成为限缩、扩张等解释的基础,因为这些解释方法在运用中首先应当以目的解释为基础。而非基础性的解释方法,是指在法律解释中并非起到基础性作用,而只是发挥辅助、验证、协助等作用的解释方法,其常常是配合其他方法发挥作用。例如,历史解释往往是配合目的解释发挥作用的。区分基础

---

① Jean-Louis Bergel, *Méthode juridique*, PUF, Thémis, Droit privé, 2001, p. 246 - 250.

性的解释方法和非基础性的解释方法的意义在于：一方面，这两种方式在解释中的作用不同。通常情况下，基础性的法律解释方法可以独立运用，从而得出解释结论；而非基础性的法律解释方法需要与基础性的法律解释方法结合起来运用才能得出妥当的解释结论。另一方面，在进行非基础性解释时，首先必须进行基础性解释，不能跨越基础性解释。

（三）文义解释、论理解释和社会学解释

就狭义的法律解释而言，其可以分为文义解释、论理解释和社会学解释三种。

1. 文义解释

文义解释也称为文理解释，是指依据法律条文的通常含义或者特定专业领域的含义进行的解释。法律解释始于文义，并最终回归到文义。法律都是通过文本表现的，法律语言都表达了特定的含义。正如德国学者迈尔·海奥茨所指出的，“字义具有双重任务：它是裁判者探寻意义的出发点，同时也划定其解释活动的界限”①。这就是说，既要保证在可能文义的界限内进行解释，又要符合立法者本意，这就是文义解释的作用。法律语言可能是由概念组成的，通过阐释概念就能够明确法律的含义。另外，法律条文也是语句的表达，只有解释这些语句才能明确法律的含义。在文义解释过程中，要探寻可能文义的含义。

2. 论理解释

论理解释，是指按照一定的解释方法，对法律文本的含义进行阐释、论证。它主要包括体系解释、历史解释、目的解释、合宪性解释、比较法解释。最初，在罗马法中，法律的解释主要是文义解释，以后逐渐产生了论理解释。② “论理解释者，乃不拘泥于法文之字句，而以法秩序之全体精神为基础，依一般推理作用，以阐明法律之真义者也。”③论理解释方法的特点在于：第一，其与文义解释的关联密切。例如，体系就需要借助于法律规则、概念的具体语境，借助于其他法律规则和概念阐

---

① Zutreffend sagt MEIER-HAYOZI9：“Der Wortlaut hat danach eine doppelte Aufgabe：Er ist Ausgangspunkt für die richterliche Sinnesermittlung und steckt zugleich die Grenzen seiner Auslegungstatigkeit ab”.

② 参见陈朝璧：《罗马法原理》，法律出版社2006年版，第25页。

③ 郑玉波：《法学绪论》，台北，三民书局2008年版，第74页。

释其含义。体系解释将一个法律概念置于整个条文甚至整个文本中进行解释,一个法律条文要置于整个章节或整部法律中进行理解。第二,论理解释虽然与文义解释的关联密切,但其并不是简单地从字面进行解释,而是要运用一定的逻辑方法,或者借助于历史上立法者立法目的的考察,或者进行合宪性审查等,阐明法律规则的含义。第三,它需要进行说理、论证。在运用论理解释时,解释者应当进行相应的说理、论证。例如,解释者在进行历史解释时,其需要考察历史上立法者的规范目的和意志,探明立法者在制定法律时的原意,得出妥当的裁判结论。与文义解释相比,解释者在进行论理解释时应当负担更重的说理、论证义务。正是从这个意义上说,可将上述解释方法称为论理解释。

3. 社会学解释

社会学解释,是指通过法律条文的社会学效果考察,从而确定法律条文含义的方法。社会学解释方法是一种辅助性的法律解释方法,其主要发挥一种解释、验证的功能。社会学解释方法主要借助社会效果考察的方法对法律规则进行解释。与文义解释和论理解释相比,社会学解释方法赋予裁判者更大的自由裁量权。为了维持法律秩序的稳定,应当将社会学解释方法界定为一种辅助性的解释方法,其主要发挥解释结论的选择和验证功能。而且社会学解释方法所得出的解释结论距离法律规则的核心文义较远,裁判者在运用社会学解释方法时,其应当负担更重的说理、论证义务。

这三种解释的主要区别在于:第一,解释的依据是不同的。在文义解释之中,其解释的依据是法条的用语。而在论理解释中,其解释的依据是立法目的、立法资料、法律的外在体系、宪法等。而社会学解释的依据是法律的社会效果。第二,解释的顺序不同。文义解释是法律解释的前提。通过文义解释,其有复数解释可能性时,就应当进行论理解释和社会学解释,以明确法律的含义。① 论理解释仅次于文义解释,但在社会学解释之前适用。第三,解释的效力不同。一般认为,解释的结果,如果文义解释(文理解释)与论理解释有冲突,则应以论理解释为准。② 社会学解释与论理解释发生冲突时,应根据具体情况来分析。

---

① 参见杨仁寿:《法学方法论》,台北,三民书局1986年版,第128~129页。

② 参见郑玉波:《法学绪论》,台北,三民书局2008年版,第78页。

(四)严格解释、扩张解释和限缩解释

在效果上,可以将法律解释区分为严格解释、扩张解释和限缩解释。所谓严格解释,是指按照法律规范的字面含义对法律规范所作的解释。[1] 所谓扩张解释,是指按照狭义法律解释方法确定的法律条文的含义,较之于其字面含义比较宽泛。所谓限缩解释,是指按照狭义法律解释方法确定的法律条文的含义,较之于其字面含义比较狭窄。[2] 这三种解释的主要区别在于:第一,在三种解释中,其结论与法律条文的字面含义的关系不同。在严格解释中,其结论与字面含义相同;在扩张解释中,其结论比字面含义宽泛;而在限缩解释中,其结论比字面含义狭窄。[3] 如果按照狭义的法律解释方法确定的法律文义,属于法律的宽泛文义或者属于法律的狭窄文义,此时,就要采用扩张解释或限缩解释。[4] 第二,就论证义务来看,裁判者进行这三种解释时负担的论证义务不同。一般的解释都是严格解释,不能随意扩张或限缩立法的内涵。但是,在特殊情况下,可以采取扩张解释或限缩解释。[5] 在严格解释中,裁判者的论证义务较轻,其按照法律条文的字面含义进行解释即可;而在扩张解释和限缩解释中,裁判者的论证义务较重,因为解释结论与法律条文的字面含义存在较大的差异。第三,这三种法律解释并非从法律解释方法上所作的区分,而只是从解释结果上的区分。因此,要实现这些解释结果,就必须借助于各种法律解释方法。

五、法律解释方法与法律适用

法律解释方法是提供给裁判者解释法律的技术。方法的确定为裁判者在解释法律时提供了极大便利,但法律解释并非任意的行为,它是要受到一定的程序和规则约束的。这种约束表现在诸多方面,这就是法律解释活动的受限制性。之所以要作出这些限制,其最终目的是要保障解释的科学性,准确地阐释法律文本,寻找妥当的裁判依据,以维护裁判的公正,发展和完善法律。

---

① 参见孔祥俊:《法律方法论》(第2卷),人民法院出版社2006年版,第724页。

② F. Bydlinski, *Juristische Methodenlehre und Rechtsbegriff*, Wien/New York 1982, S. 440.

③ 参见龙卫球:《民法总论》(第2版),中国法制出版社2002年版,第93页。

④ F. Bydlinski, *Juristische Methodenlehre und Rechtsbegriff*, Wien/New York 1982, S. 440.

⑤ Paul Delnoy, *Elément de méthodologie juridique*, Larcier, 2006, Bruxelles, p. 196.

虽然法律解释没有固定的程序,但是,法律解释方法在实际运用中应当遵循一定的规则。为了限制裁判者在解释中的过大的自由裁量权,有必要通过规定明确的规则来规范裁判者的自由裁量权。笔者认为,法律解释之所以需要规则,其原因在于:首先,这是规范法律解释活动的需要。法律解释学是实践规律的总结,既然是规律,就必然要体现为一定的步骤。在一定程度上,法律解释学就是确定法律解释活动的“路线图”,从而规范法律解释活动。在哲学解释学上,认为任何解释者都存在前见。所谓前见,是指在我们对事物进行解释之前,在心中其实均已对所欲解释的对象有初步的理解与看法。这些“前见”将成为解释时的一个基础,并且与日后所进行的解释之间存在一种循环、回馈的关系。任何理解都存在先决条件,而这些先决条件是由先有、先见和先知构成的。在海德格尔看来,前见是一种主观意识,并非偏见。而伽达默尔更进一步指出,前见是历史给予个人的。“个人的前见比起个人的判断来说,更是个人存在的历史实在。”①对于一般的解释活动而言,承认前见并通过“视阈融合”(Horizont verschmelzung),即理解者自身的视阈与文本视阈之间的交流,来逐渐消除前见。② 但是,对于法律解释来说,应当尽可能避免前见带来的消极影响。否则,法律解释中就会出现“公说公有理,婆说婆有理”的现象,甚至得出荒谬的解释结论。为了克服此种前见的消极影响,就有必要对法律解释方法的运用加以适当限制。其次,这是各种法律解释活动之间的内在联系决定的。各种法律解释活动之间存在内在关系,正是这种内在关系决定了法律解释活动要遵循一定的步骤。例如,各种法律解释方法之间存在内在联系,有些法律解释方法必然以另一些法律解释方法的运用为前提,因此,法律解释的各种方法的运用必然存在先后顺序。此外,这也是法律解释中的逻辑的要求。在法律解释中,遵守特定的逻辑和步骤可以提高所得结论准确性的概率。如果不考虑方法适用的逻辑顺序,虽然解释者也可能凭直觉得出正确的结论,但这种模式蕴含着巨大的潜在风险,即得出的结论是错误的,并且错误的可能性很大,这就不符合法的安定性的

---

① [德]伽达默尔:《真理与方法》(Ⅰ),洪汉鼎译,商务印书馆2007年版,第377页。

② 参见[德]伽达默尔:《真理与方法》(Ⅰ),洪汉鼎译,商务印书馆2007年版,译者序言,第8页。

要求。

一般认为,法律适用的过程包括三个阶段:一是法律的发现(Rechtsfindung);二是法律的解释(Rechtsauslegung);三是法律的应用(Rechtsanwendung)。[①] 司法中适用法律,无论是民事案件还是刑事案件,都要经过这三个阶段。法律的适用过程,就是根据一般性的法律规范(大前提)与事实认定(小前提),按照符合演绎的方式将判决从一般性的法律规范之中演绎出来。因为法律规范的抽象性和概括性,需要借助法律解释的桥梁,将其适用于具体个案,所以,法律解释的步骤应该从如下方面展开:

1. 找法

按照逻辑三段论方法"找法"。在形式逻辑上,三段论的推论形式为:大前提是 T,小前提是 S,如果 T 有法律效果 R,则当 S 与 T 相对应时,也能够产生 R 的效果。

$T \rightarrow R$(如果具备 T 的要件,则适用 R 的法律效果)

$S = T$(特定的案件事实符合 T 的要件)

$S \rightarrow R$(得出结论即适用 R 的法律效果)

在司法三段论中,大前提是指能够引起法律效果的法律规范。从逻辑学上看,大前提包括大项和中项。在司法三段论中,大项对应法律效果,中项对应法律规范的构成要件。小前提包括小项,小项即事实要件。三段论推理需要通过中项的媒介作用,推导出大项与小项之间因连接所产生的结论,只要大、小前提是真实的,结论也必然是真实的。

如果大前提和小前提吻合,就将产生一定的法律效果,即裁判结论。以《民法典》第 1165 条第 1 款为例,司法三段论可以通过如下公式予以概括:

大前提:因过错致他人损害应当承担侵权责任

小前提:某人因为自己的过错造成了他人的损害

结论:某人应当承担侵权责任

应当看到,寻找法律本身与法律解释密不可分:一方面,裁判者必然要对案件事实进行定性,确定其中的法律关系性质,这就是事实

① 参见杨日然:《法理学论文集》,台北,月旦出版社股份有限公司 1997 年版,第 517 页。

的“定性”或者“识别”。另一方面,裁判者需要解释大前提(裁判规范)与小前提(案件事实)之间的联系。大前提与小前提的联结过程也是一个法律解释的过程。所谓的涵摄过程,就是指将具有一般性的法律文本与个别性的事实之间进行结合的过程,在此基础上作出公正的裁判结论。需要指出的是,寻找裁判依据并非一次性的过程,它是一个不断反复的过程,尤其是要通过事实和法律之间的相互作用来寻找大前提。

2. 释法

在“找法”之后,对于所找到的法律文本本身的适用范围、含义、立法意旨等依据一定的方法进行解释,裁判者应当运用各种方法进行阐释。

一是确定法律条文本身是否需要解释。如前所述,按照“清晰的文义不需要解释”的规则,如果所要适用的法律条文的核心文义是清晰的,且可以适用于待决案件,则裁判者就不必进一步解释,而可以进入涵摄的环节。

二是确定解释的对象。如果解释的对象是文义本身,无论是涉及核心文义,还是边缘文义,只要在可能文义的范围内,都属于狭义的法律解释。如果解释的对象是不确定概念和一般条款,就需要进行价值补充,可以运用类型化等方法。但如果超出了边缘文义的范围,裁判者就可能要进行漏洞填补。

三是选择解释的方法。无论采取何种解释方法,都应当以文义解释为起点。只有通过文义解释不能确定其含义时,才能采用其他解释方法。此时,就需要选择适当的法律解释方法。但是,在作出此种选择时,应当考虑到法律解释方法的自然顺序,通常要进行体系解释、当然解释、反面解释,在此种方法不能得出解释结论时,才有必要进行目的解释。如果目的解释仍然不能得出结论时,才应采用社会学解释、合宪性解释等方法。各种方法的运用应当遵循一定的顺序,裁判者不能完全凭借个人的兴趣、嗜好等选用任何解释方法。在运用每一种具体解释方法时,也应当遵循一定的步骤。例如,首先必须进行文义解释,如果文义的含义是清晰的,就不必采用其他的方法进行解释;如果文义的含义存在复数解释可能性,则运用论理解释和社会学解释方法。

四是解释过程中必须遵循解释的基本规则和程序。各种解释方法的内容十分丰富，都包含了特定的解释规则。例如，体系解释就包括了借助整体理解个别、同类解释、明示其一排斥其他、例示性规定优先于概括性规定等规则。每一种具体解释方法的运用，其也存在一定的步骤，这就是所谓的“程序”。例如，合宪性解释必须首先运用其他法律解释方法得出复数的解释可能；其次，依据案件事实选择相关的宪法规范，并解释该宪法规范；最后，通过法律规范的复数解释与宪法规范的结合排除不符合宪法的解释结论。

五是各种解释方法应当相互结合使用，相互验证解释结论。通常情况下，如果多种方法都能得出同一解释结论，就意味着该解释结论是可靠的。如果不同的解释方法得出的解释结论并不一致，裁判者则应当谨慎地选择解释结论。例如，可以以社会公认的正义观念为依据，确定妥当的解释结论。

六是价值补充要针对特定的对象。价值补充应当遵循其方法，即类型化。所以，凡是涉及不确定概念和一般条款，就不必再进行狭义的法律解释。在进行价值补充的过程中，应当考虑立法者所作的价值指引。

七是漏洞的填补应当是在穷尽了所有狭义法律解释方法和价值补充之后进行的。裁判者首先要确定是否存在法律漏洞，只有在认定规则的缺失违反立法计划时，才有必要进行漏洞填补。在法律漏洞填补中，各种漏洞填补方法也有适用的顺序。例如，首先要运用类推、习惯法填补、目的性扩张和目的性限缩；然后才能依据法律的基本原则进行漏洞填补。各种漏洞填补方法也具有其自身的适用步骤，而在运用具体的漏洞填补方法时也需要遵循相应的步骤。

3. 涵摄

所谓涵摄，是指在三段论推理的过程中，通过一定的方法将大前提中的规范要件和小前提中的事实要件密切地结合在一起，以得出妥当的裁判结论。涵摄的根本功能是实现特定案件中事实要件与规范要件的密切联系与妥当对应。裁判者在涵摄过程中需要采用演绎推理的形式，确定小前提是否可以涵盖在大前提之下，从而在案件推理中建立规范与事实之间密切而妥当的联系。司法实践中，有的裁判者喜好援引过多的条款,似乎认为,条款援引越多越有说服力。[①]实际上,裁判过程中的有效涵摄并不在于条款的多少,关键在于所援引的条款是否具备了构成要件和法律效果,是否成为完全法条并和案件事实具有对应性。与事实没有对应性的条款援引得再多,也不过是无用的堆砌。齐佩利乌斯教授认为,在法律思维过程中,"涵摄"的意义就是把通过法律用语所指称的一般概念等同于具体的情境要素,然而,这种同等对待并不一定仅仅是法律上规定的要素在具体案件中的完全一致的重新发现。如果在具体事实与抽象概念之间具有密切联系性,则可以完成涵摄过程。

涵摄并不止于最密切联系规则的寻找,而在于作出妥当的裁判结论。因为一旦完成了涵摄,即产生法律责任或其他法律效果,例如认定合同有效或无效,解除或撤销能否成立等。进入涵摄阶段后,实际上就是进入了一个寻求裁判结论的过程。涵摄过程的完成,正如 Bydlinski 所指出的,意味着"案件事实被作为小前提而被涵摄到作为大前提的法律规范之上,最终得出结论"。[②] 也就是说,作为一个整体,在完成涵摄的工作时,除了考察事实与规范之间的密切联系性,还必须考察涵摄后所达成的法律效果。裁判者在寻找裁判规则时应当确定该规则与特定案件事实是否具有密切联系,以及当事人具体应承担怎样的责任或义务。在某些情况下,规范所确定的法律效果可能是较为抽象的原则性规定。例如,《民法典》第 1165 条第 1 款规定,行为人因过错侵害他人民事权益造成损害的,要承担侵权责任。裁判者寻找到这一根据后,仍然还不能确定具体的法律效果,还需要确定当事人应承担的侵权责任类型以及责任的具体范围。在这样一个过程中,也需要对法律进行解释。

4. 论证

所谓法律论证(legal argumentation),是指通过提出理由(前提),以证明特定法律决定(裁判结论)的正当性和妥当性的活动,或者说是通过合乎逻辑、事实或理性的方式来证明立法意见、司法决定、法律陈述

---

① 参见邹碧华:《要件审判九步法》,法律出版社 2010 年版,第 172 页。

② Vgl. Bydlinski, *Juristische Methodenlehre und Rechtsbegriff*, Aufl. 2, Springer Verlag, 1991, S. 41.

等有关法律主张的正确性和正当性的活动。[①] 论证是为将法律规范适用于特定的事实而获得结果提供正当性的依据。[②] 在法律解释方法的具体运用中,裁判者有义务对各种解释方法的运用进行论证,包括为什么进行解释,解释什么,采用何种方法解释,需要遵守哪些解释规则,通过解释可以得出什么样的结论,等等。论证的过程其实也是解释法律的过程。在解释中,要特别注重各种方法的相互结合、互相辅助,因为各种方法之间是具有内在联系的,并形成逻辑体系。只有各种方法综合运用并相互验证,才能得出妥当的法律解释结论。[③] 正如格雷教授所指出的,在将法律解释理论运用于具体法律条款时,应该根据"精确的、可预见的推理过程",此处的所谓"推理"包括法律条文的具体内涵和立法者的立法意图,既包括演绎的推理又包括归纳的推理。[④]

但各种方法之间是如何相互验证的,也需要进行论证。一般来说,相关的解释结论离法律规则可能的文义越近,则裁判者的说理论证义务越轻;反之,则裁判者的论证义务越重。尤其是在漏洞填补的情形下,并不存在直接可援引的具体法律规则,裁判者需要进行法律的续造,为限制裁判者的自由裁量权,需要课以裁判者较重的论证义务。

第六节　法律解释与意思表示的解释

解释是一门法律文本自我表达的艺术。

——[德]海尔曼(Herman)

法律条文的字义不容背离。

——法谚

---

① 参见葛洪义:《试论法律论证的概念、意义与方法》,载《浙江社会科学》2004 年第 2 期。

② See James A. Holland & Julian S. Webb, *Learning Legal Rules*, Oxford University Press, 2006, p. 124.

③ 有关法律解释方法的综合运用,请参见本书第六章第二节。

④ See E. Kellaway, *Principles of Legal Interpretation of Statutes, Contracts and Wills*, Butterworths, 1995, p. 51.

一、法律解释与意思表示的解释的共同性

所谓意思表示的解释,是指裁判者在裁判活动中,通过各种方法探明当事人所表达出来的从事特定法律行为的意思的活动,或者说是确定意思表面的意义。[①] 它包括合同的解释、遗嘱的解释等。意思表示与法律行为的概念常常是互用的,法律行为之中必然包含意思表示,但又不限于意思表示(如有的法律行为需要经过批准)。通常我们所说的"法律行为的解释"实际上仅指其中的意思表示的解释,所以,"意思表示的解释"的概念更为准确地表达了其解释的对象。无论是法律解释还是意思表示的解释,都是法律适用中的解释活动。在霍姆斯看来,法律解释与合同解释在方法上并无本质区别。二者都要以文本为中心,都要遵循文字的基本含义,[②]这就决定了两者具有不少相似之处,主要表现如下。

第一,从解释的主体来看,两者都是裁判者进行的解释。法律解释是裁判者适用法律时就法律问题所进行的解释,而意思表示的解释是裁判者适用法律时就事实问题所进行的解释,所以,两者在本质上都是为了解决纠纷而进行的解释活动。魏德士认为:"法律行为解释和法律解释也具有共同性,在这两种解释中,目的都是查明其真实意图……那么该真实意思在这两种文本的解释中就是非常关键的因素。"[③]在意思表示的解释和法律解释中,都需要裁判者行使审判权来解决争议。确切地说,此种解释是裁判者就当事人的意思表示所进行的解释。因为意思表示的解释并不是当事人对意思表示的理解,它只是裁判者在争议发生以后针对有争议的意思表示所进行的解释。

第二,从解释的规则来看,两者也存在相似之处。从解释的方法来看,两者都包括了文义解释、体系解释、目的解释等方法。在英美合同法中,合同解释的规则主要包括符合常理原则、阐明条款含义和目的原则、特别条款优先于一般条款原则、合同体系解释原则、手写记录优于

---

① 参见史尚宽:《民法总论》,中国政法大学出版社 2000 年版,第 459 页。

② See Oliver Wendell Holmes, *The Theory of Legal Interpretation*, Harvard Law Review, Vol. 12, No. 6, p. 419(1899). 有一种观点认为,当事人之间的合同也是法源之一。如果采用此种观点,则意思表示的解释也应当纳入狭义的法律解释之中。

③ [德]魏德士:《法理学》,丁晓春、吴越译,法律出版社 2005 年版,第 309 页。

打印文本且打印文本优于印刷文本的原则、合法性原则、公共利益优先原则。[①] 而这些规则与法律解释规则存在类似之处。我国《民法典》的制定过程已经体现了这一点。例如,我国《民法典》第498条允许裁判者在对格式条款的理解产生争议时进行解释,但该条又对裁判者的解释做出了限制,主要表现在:一是裁判者应当按照通常的理解来解释发生争议的格式条款;二是当对格式条款存在两种以上理解时,《民法典》强制性要求裁判者必须做出不利于格式条款提供方的解释;三是当格式条款与非格式条款不一致时,裁判者应当采用非格式条款。这些规则虽然都是针对合同的解释而制定的,但是,这些方法运用在意思表示的解释之中,也并不存在适用上的困难。

第三,从解释的目标来看,两者都有从主观说向客观说发展的趋势。多数学者认为,二者的解释目标都是客观的意思。就法律解释来说,应当采取客观说,即以法律的规范意旨作为其解释目的。就意思表示的解释来说,也应当采取客观说,即以表意人表示出来的、相对人理解的意思作为其解释的目标。无论在法律解释还是意思表示的解释的历史中,早期都强调主观说,法律解释要求探究立法者的意旨,而意思表示的解释则要求探求表示人的真实意思。但是,随着社会的发展,二者都趋向于采客观说,如何判断合同中当事人的真实意思,这是裁判者必须面临的难题。在前两个世纪中,先后出现了三种不同的方法。在19世纪初期,裁判者对合同语言采用主观解释的方法,探求合同当事人的真实意思。而到了20世纪初期,裁判者转而采用客观解释方法,以一个熟悉相关情景的普通人的理解标准来解释合同条款。[②]《美国合同法重述》和《美国统一商法典》等表明,当代合同语言解释学兼采主观解释法和客观解释法:当各方当事人达成一致意见时采用主观解释法,而在各方之间意见发生分歧时采用客观解释法。[③] 在法律解释中,强调探究法律的意旨;而在意思表示的解释中,强调以表示人客观上表示出来

① See Jiri Janko, *Linguistically Integrated Contractual Interpretation: Incorporating Semiotic Theory of Meaning-making Into Legal Interpretation*, 38 Rutgers L. J. 601(2007).

② Charles L. Knapp, Nathan M. Crystal & Harry G. Prince, *Problems in Contract Law: Case and Materials* 420 – 23(4th ed. 1999).

③ Charles L. Knapp, Nathan M. Crystal & Harry G. Prince, *Problems in Contract Law: Case and Materials* 421 – 22(4th ed . 1999).

的意思作为解释的目标。当然,法律解释的目的应当是主客观的结合,既要探求立法者的目的,又要阐释法律本身的含义。但意思表示的解释的目的在于确定当事人的真实意思,从而正确解决纠纷。

第四,从解释的运用来看,两者都有个案针对性的特点。无论是法律解释还是意思表示的解释,都是在发生了纠纷并起诉到法院以后,才由裁判者进行解释。这两种解释都具有个案针对性的特点,裁判者只是就具体案件中的意思表示或可适用的法律进行解释,其解释对于该案件以外的意思表示或个案外的法律适用都不具有拘束力。

二、法律解释与意思表示的解释的区别

意思表示的解释不能归入法律解释的范畴,但是,一些学者认为,民法的解释包括法律解释和意思表示的解释。例如,有学者认为,“民法之解释系指由特定之机关、社会组织与个人根据立法之精神、国家之政策以及法律意识,对民法或法律行为条款之合意,所作之说明与阐释”。[①] 笔者认为,不能将意思表示的解释和法律解释混同。两者区别主要表现在:

第一,性质不同。从性质上看,法律解释与意思表示的解释是不同的。法律解释属于法律问题,而意思表示的解释属于事实问题。意思表示的解释就是要确定当事人的真实的意思表示或者表示出来的意思的内容,其本质上属于事实的认定问题。对合同的解释属于事实判断。例如,对合同中当事人具体权利、义务的确定是一个事实发现的过程。尤其是在很多案件中,当事人约定的权利、义务与实际的权利、义务之间存在差异。例如,当事人为了逃避税收,将售房合同写为合作开发合同,或者将建设用地使用权的转让表述为联营合同等,对该类合同进行解释仍然是事实发现的过程。但法律解释并非发现事实,而是阐明法律规范的确切含义、真实意旨、适用范围、构成要件和法律后果。[②] 法律解释属于价值判断的范畴,其是正确适用法律的必要前提。即便当事人在合同中就特定的法律解释条款作出了选择和约定,对其解释也可以严格区分为法律解释与意思表示的解释两个层面:一方面,当事人关

---

① 吴光明:《民法总则》,台北,三民书局 2008 年版,第 23 页。

② 参见梁慧星:《民法总论》(第 2 版),法律出版社 2001 年版,第 313 页。

于“是否选择适用特定法律文本”属于意思表示的解释；另一方面，被约定的法律文本“具有什么样的含义”则属于法律解释。因此，两者在司法三段论中的位置不同。法律解释是为了发现或形成一般法律规范，作为裁判的“大前提”；而意思表示的解释则是为了发现或形成裁判的“小前提”。[①]

第二，解释的对象不同。法律解释的对象是法律本身。而意思表示的解释的对象是意思表示。法律解释的对象是具有普遍约束力的规则，意思表示的解释的对象是仅仅约束当事人的意思表示。法律是针对所有的人实施的，而意思表示只是针对一个特定的人发出的，因此，对意思表示进行解释时，应当考虑到受领人独特的受领能力，这与法律解释的方法是不同的。[②] 虽然合同具有法律效力，但是，合同与法律的根本区别在于，它不是立法机关制定的、具有普遍适用性的规则。合同仅约束当事人，而不能约束社会一般人。“法律和法律行为的主要区别在于相关规则针对的对象群不同。这一点导致了解释原则和标准的差异。”[③]所以，不能将合同作为法源来对待。由于法律是适用于不特定多数人的，因此，法律解释要考虑普通民众的理解能力。正如孟德斯鸠所指出的：“法律是为具有一般理解力的人们制定的。”[④]无论如何，在法律解释中，具体当事人的特殊的理解能力不能作为法律解释的决定性依据。而法律行为是仅对于当事人有效的，因此，法律行为的解释原则上依当事人的理解能力为标准进行解释。如果当事人的理解和意愿是一致的，就没有必要考虑“客观的表示”。[⑤]

由于解释的对象不同，所以，在解释中是否需要有案件当事人参与，也存在区别。与法律解释不同，在意思表示的解释中，虽然解释是裁判者的权力，但也有可能需要当事人的参与。例如，法律规定当事人可以达成补充协议，同时，当事人还负有义务就合同相关条款作出说

---

① 参见杨仁寿：《法学方法论》，中国政法大学出版社 1999 年版，第 17 ~ 18 页；朱庆育：《意思表示的解释理论》，中国政法大学出版社 2004 年版，第 160 页。

② 参见[德]迪特尔·梅迪库斯：《德国民法总论》，邵建东译，法律出版社 2000 年版，第 233 页。

③ [德]魏德士：《法理学》，丁晓春、吴越译，法律出版社 2005 年版，第 309 页。

④ [法]孟德斯鸠：《论法的精神》（下册），张雁深译，商务印书馆 1963 年版，第 298 页。

⑤ Franz Bydlinski, *Juristische Methodenlehre und Rechtsbegriff*, Wien/New York, 1982, S. 466.

明,提供相关证据。而在法律解释中,裁判者负有解释法律的义务,其无权要求案件当事人就法律做出解释或说明。在个案裁判中,离开了裁判者的法律解释,法律是无从适用的。

第三,解释的方法不同。法律解释所适用的方法显然不同于一般的意思表示的解释的方法。例如,法律解释需要探讨立法的目的,因此,目的解释是法律解释的重要方法。而在意思表示的解释中也有目的解释,但此种目的应当理解为双方当事人订立合同时所追求的目的,其含义与法律解释所考量的目的并不相同。法律解释所采用的一些方法,例如限缩解释、扩张解释等是不能在法律行为的解释中采用的。在解释法律规范时,总的趋势是,裁判者的解释权限具有扩大的趋势。但是,对于合同的解释,法律上有较多的限制。从我国法律规定来看,在合同漏洞的填补方面,我国《民法典》第 509 条、第 510 条、第 511 条详细规定了漏洞填补的方法,不允许裁判者随意填补合同漏洞。但是,对于法律漏洞的填补,法律仍然允许裁判者在法律漏洞填补方面享有的较大的自由裁量权。

第四,裁判者在是否可以宣告被解释对象无效方面不同。在法律解释中,裁判者是否可以宣告特定的法律条文无效,这取决于各国不同的司法体制。从我国来看,裁判者并不享有违宪审查的权力,因此,其不能直接认定特定的法律条文无效。而在意思表示的解释中,裁判者可以依据法律来认定当事人的意思表示的效力,对于违反法律强制性规定和公序良俗的条款可以直接认定其无效。

第五,在意思表示的漏洞填补和法律漏洞填补方面存在较大的差别。一方面,针对合同漏洞的填补,可以直接将当事人的系列交易和习惯纳入合同内容之中。因为当事人之间的习惯是其系列交易的总结,即使没有载入合同,也可以推定为属于当事人的意思。“在解释法律行为中当事人的意思时,颇有参考的价值,学说上称为合意惯行(usages conventionals,geschaftsgebrauch)。当事人于行为时,即默认这是他们意思的一部分,所以在解释意思表示时,极有参考价值。”①但是,当事人之间的交易惯例不一定能够成为习惯法和法律漏洞填补的依据。另一方面,合同漏洞的填补方法和法律漏洞的填补方法也存在区别。例如,我

① 王伯琦:《近代法律思潮与中国固有文化》,清华大学出版社 2005 年版,第 313 页。

国《民法典》第 510 条规定:“合同生效后,当事人就质量、价款或者报酬、履行地点等内容没有约定或者约定不明确的,可以协议补充;不能达成补充协议的,按照合同相关条款或者交易习惯确定。”《民法典》第 511 条也规定了根据任意性法律规范填补漏洞的规则。在通常情况下,需要援引任意性规范作为填补合同漏洞的依据。[①] 因此,在填补合同漏洞时,首先应由当事人达成补充协议,在不能达成补充协议的情况下,由裁判者按照合同有关条款或者交易习惯来确定;通过上述方法仍然不能填补合同漏洞的,再运用法律中的任意性规范来填补。但是,这些规则显然不能适用于法律漏洞的填补。

此外,从程序的角度来看,在意思表示的解释中,裁判者可以要求当事人为该解释提供证据,或提供证明。“如果双方当事人均不知道或者不应当知道对方当事人的意思,解释负担的分配对此具有决定性意义。负有解释义务的当事人应当力求证明其主观意图的法律效力。”[②] 而在法律的解释中,裁判者却不能要求法律的制定者为该法律解释提供证据。立法者并不必为其立法的意思提供证明。[③] 因为法律解释纯粹是裁判者行使审判权的体现,是专属于裁判者的职权活动。

正确区分法律解释和意思表示的解释,对于针对不同的对象确立不同的解释方法和规则,保障法律解释方法的正确适用具有重要意义。

第七节　法律解释的基本原则

解释是一种媒介行为,借助解释,解释者使得在他看来有疑义的文本意义,变得可以理解。[④]

——[德]卡尔·拉伦茨(Karl Larenz)

---

① 参见[德]迪特尔·梅迪库斯:《德国民法总论》,邵建东译,法律出版社 2000 年版,第 258～260 页;[德]卡尔·拉伦茨:《德国民法通论》(上),谢怀栻等译,法律出版社 2004 年版,第 476 页。

② E. Allan Farnsworth, *Farnsworth on Contracts*, § 7.9, at 282 – 283. (3d ed. 2004).

③ Franz Bydlinski, *Juristische Methodenlehre und Rechtsbegriff*, Wien/New York, 1982, S. 466.

④ [德]卡尔·拉伦茨:《法学方法论》,黄家镇译,商务印书馆 2020 年版,第 284 页。

抽象的条文并不能对具体案件进行裁判。①

——[美]霍姆斯(Holmes)

法律解释的原则,是指裁判者在运用一定的解释方法解释法律时所应当遵循的一般原则,也是裁判者在解释法律过程中应当遵循的基本准则。例如,清晰文本不用解释、忠实于法律文本、忠实于立法原意和立法目的、兼顾法律的安定性和妥当性等原则都是裁判者在解释法律过程中,应遵循的最低限度的共识。虽然这些原则不是法律明文规定的,但其是法律自身属性及实践理性的基本要求,产生于法律解释实践之中。裁判者对法律解释活动的规律和特征的共识性越高,法律解释就越清晰、越明确,相应的具有普遍性的规律就可以成为原则;而在裁判者共识度较低时,则难以产生解释法律的基本原则。所以,法律解释原则的清晰性从一个侧面反映了一个国家或地区裁判者解释法律的水平,也能折射出法律共同体发育的水平。法律解释的原则有些体现为一些价值理念和对法律解释具体操作的要求,有些则反映为法律解释的具体目标和要求。尽管法律解释的基本原则没有在成文法中规定,但其是保障裁判者正确解释并适用法律的规则,因此也应是裁判者在裁判中所应负有的义务。

法律解释的原则体现了法律解释中的价值理念,可以说是指导法律解释的价值理念。同时,法律解释方法的运用要受到这些原则的指导。解释的规则是指导裁判者进行解释,也可以说是对解释活动中裁判者自由裁量权的限制。维特根斯坦(Wittgenstein)认为,解释规则代表着一种路标的符号(sign),它告诉我们何时左转、何时右转。但是,路标并不会在所有迷途都存在,这就需要我们对如何行走进行判断。②而解释的方法虽然也是对裁判者的限制,但它是供裁判者选择的方式。法律解释学的重要任务就是要寻求一定的解释方法和规则,从而保障裁判者正确解释法律、适用法律,实现裁判的公平正义。法律解释学还要利用各种解释方法来规范裁判者的自由裁量权。③ 从审判实践来看,

① O. W. Holmes, *The Common Law* 1881, p. 5.

② See Ludwig Wittgenstein, *Philosophical investigation* 201 trans. by G. E. M. Ansombe, 1958.

③ 参见桑本谦:《法律解释的困境》,载《法学研究》2004 年第 5 期。

裁判者们应该按照什么样的标准、选择什么样的方法来解释法律，对此缺乏一个统一的认识，同样一个案件，一审、二审判决差异非常大。造成的结果就是，对同一个法律条款，即使规定可能是清晰的，也会产生不同的理解。例如，在“三军仪仗队案件”中，一审、二审的判决差别极大，主要分歧就在于对于同一个法条怎么解释，运用何种方式解释法律，解释中应当遵守什么规则。如果裁判者接受了共同的规则，判决的可预期性就可以大大提高，法律的公平正义也会受到较少的质疑。尤其是裁判者如果遵循共同的解释规则，则法律本身的确定性得以实现，制定法律的目的也能够最大限度地实现。

法律解释的规则和法律解释的方法是密切联系在一起的。任何法律解释的方法都应当存在自身的规则。特定的法律解释方法之所以具有存在的价值，就在于其具有规则的独特性。而前述的程序本身也是一种规则。但是，我们此处所说的解释原则只是裁判者从事解释工作中应当遵循的一般规则，它是指裁判者在从事任何解释活动时所必须要遵循的共同规则，与各种解释方法在具体运用中的程序规则并不完全相同。

裁判者作为解释的主体，其解释的权限应当受到限制。一方面，我们必须承认裁判者是解释的主体。另一方面，应当规范其解释的权限。法律解释的原则不仅可以起到指导和规范裁判者从事法律解释活动的作用，而且可以增进法律解释结论的科学性和准确性，保障裁判者通过解释寻求妥当的解释结论。具体来说，法律解释的原则包括如下几点。

（一）清晰文本本身无须解释

清晰文本本身无须解释（Intertpretatio cessat in claris，in claris non fit interpretatio）[①]，这一规则也称为“明晰性规则”。它是指如果文本本身的意义是清楚的，也能够按照通常的理解得出结论，则裁判者没有必要按照自己的理解进行解释。这是自罗马法以来的一项重要解释原则。[②]

然而，对于该原则的合理性，学者之间存有不同的看法。在古典理

---

① Paul Delnoy，*Elément de méthodologie juridique*，2e éd.，Larcier，2006，p. 185.

② 但在罗马法上还有一项规则，“即使裁判官告示在这一点上非常清晰，解释仍不应被忽视”（Quamvis sit manifestissimum Edictum Praetoris，attamen non est negligenda interpretatio ejus）。

论上,推定法律的意思是完全清晰的。换言之,法律的意思是“预决的”(predetermination)。所以,该原则适用的范围非常宽泛。但是,随着法律解释学的发展,对“清晰的文本”这一概念本身也提出了挑战。拉伦茨等学者认为,每个法律术语都有解释的余地。因为文义具有多样性。“假使以为只有在法律文字特别‘模糊’、‘不明确’或‘相互矛盾’时,才需要解释,那就是一种误解;全部的法律文字原则上都可以,并且也需要解释。”[①]因此,对该原则提出了质疑。也有人认为,语言表达不可能永远都是清晰的,立法者也可能会犯错误,作出明显矛盾的规定或者错误的表达。[②] 即使在“法律措辞明显的简单直接、立法意图一目了然”的情况下,也需要解释。[③]

但是,在法律解释学上,这一原则仍然具有其存在的合理性。笔者认为,所谓“清晰文本”,是指经过文义解释,确定法律文本的含义是单一的,且对其含义的理解存在基本的共识。它包括两层含义:一是法律的含义不存在复数解释的可能。法律文本的含义有多种解释可能,这是常态,不过,在例外情况下,法律也可能仅有单一的含义。二是法律的核心文义是清晰的。法律的核心文义的清晰,主要是指人们对于该核心文义的理解存在共识。对于清晰的文本,只需要对其进行文义解释,而不需要运用其他法律解释方法。换言之,清晰的文本虽然需要进行文义解释,但是,因为对其理解存在共识,所以,只需要将该共识表示出来,无须作更多的解释。例如,《循环经济促进法》中的“废物”,这些概念实际上来自生活语言,而且其含义与生活语言中的含义并无区别,一般人对其的理解是基本相同的,因而不需要进一步进行解释。“如果没有疑问,那就不需要解释,裁判者就不能以解释为借口更改法律的规定(interpretatio cessat in claris),因此解释的前提必须厘清何者法律的规定是清晰的,何者法律的规定是模糊的。”[④]对于清晰的文本不需要解释,这主要在于限制裁判者在解释中的自由裁量权,理由如下:

---

① [德]卡尔·拉伦茨:《法学方法论》,黄家镇译,商务印书馆2020年版,第263页以下。

② 参见[德]魏德士:《法理学》,吴越等译,法律出版社2005年版,第315页。

③ See Barwick, *Judiciary Law: Some Observations Thereon*, 33 Contemp. Legal probs. 241 (1980).

④ Lasserre-Kiesow Valérie, *La technique législative—étude sur les codes civils français et allemand*, LGDG, 2002, p. 222.

第一，确定解释的范围。如果人们对于法律文本的核心文义已经形成了基本的共识，裁判者就不应当否定这一共识，而另行解释。否则，就可能以裁判者个人的判断取代基本的共识。所以，清晰的核心文义就确定了裁判者的解释权限，在清晰的文义范围内，其不必进行解释。在清晰的核心文义之外，才有解释的必要。例如，因登记取得所有权规则的合理性是不需要解释的，但出现了以恶意欺诈等方式骗取登记的情况时，是否取得所有权，此时核心文义之外的边缘区域不清，则是需要解释的。在仅存在核心文义而不存在边缘区域，且核心文义又是清晰的情况下，笔者认为，对此也是不需要再解释的。例如，《民法典》第216条规定以不动产登记簿作为确定权属的依据，其内容非常清楚，基本上不存在边缘区域。在此情况下，也不需要就此做进一步的解释。所以，“如果法律没有不明之处，就不存在解释问题，因为在这种情况下，解释不仅无益，而且是有害的”。[①] 当然，在找法过程中，针对适用的法律都是比较简单的，而且在法律规定也非常清晰的情况下，裁判者没有必要“画蛇添足”地运用其他法律解释方法。例如，债务人借款到期没有归还本金及应支付本息，致人财物损害依法应赔偿损失等，这些案件本身不需要对法条的适用做过多的解释，如果裁判者还要借助体系解释、历史解释、目的解释等来确定法条的含义，就显得多余且无必要。

第二，如果按照通常的理解或其专业领域的含义，核心文义是清晰的，则裁判者不能通过解释随意改变这一文义。例如，《民法典》合同编中规定的“第三人”和程序法上的“第三人”概念都有其特定的含义，裁判者不能根据自己的理解来随意解释这一概念。例如，不能将程序法上的“第三人”解释为除了原被告以外的所有人。应当看到，法律本身是与时俱进的，随着法律的发展，文本的含义会有所变化。但是，对于法律文本的约定俗成的含义，裁判者没有充足的理由，不能随意改变。

第三，法律文本是清晰的，但裁判者认为其不清晰的，则应当进行充分的说理、论证。如果法律文本的含义是单一的、清晰的，那么，裁判者运用各种法律解释方法进行解释，可能会导致裁判者脱离文本的控

---

① Jaro Mayda, *Geny's Methode After* 60 *Years*: *A Critical Introduction*, in Francois Geny, Methode d'Interpretation et Sources en Droit Prive Positif.

制,甚至会作出荒谬的解释,这也不利于规范裁判者的自由裁量权。对于清晰的文本,如果裁判者一定要进行解释,就必须给出充足的理由。"清楚的、一般的词义仅仅是解释的出发点,谁若想给条文增加其他的意思,必须为此承担证明的责任。"[①]

但是,法律本身是否清晰是一个相对的概念,必须根据案件中法律适用的特殊情况来判断。这尤其表现在法律概念存在核心文义和边缘文义的区分的情况下,如果待决案件处于法律概念的核心文义范围内,此时就是清晰的;而如果待决案件处于法律概念的边缘文义区域,此时就是不清晰的。对于清晰的法律无须解释不能作绝对的理解,更不能因此认为不需要进行法律解释。因为法律不可能都是清楚的,有时某个条文看起来没有疑义,但如果适用到具体案件中仍然存在各种解释的可能。[②] 例如,年满18周岁是完全民事行为能力人。数字的概念一般来说是没有争议的,但问题在于,如何确定某人是否年满18周岁,是以周岁还是虚岁计算,这本身也需要解释。我们不能指望立法者回答每一个法律理解中的争议,而裁判者在适用法律时必然遇到法律的阐释问题,所以,法律解释成为裁判者适用法律的前提。

(二)忠实于法律文本

在成文法体系之中,法律是通过文本来表现的。从这个意义上说,所谓忠于法律,首先体现为忠实于法律文本。在我国,法院由人大产生,并接受人大监督。法院是适用法律的专门机构,其职责就是准确适用法律,依法办案,公正裁判。法律是全体人民意志的体现,忠实于法律实际上就是忠实于人民的意志和利益。因此,在执行法律的过程中,法院应当忠实于法律的立法目的和立法意图;在适用法律过程中,就是要忠实于法律文本。

在法律解释过程中,忠实于法律文本首先要求裁判者应当对法律文本表示一种敬畏和基本的尊重。解释者面对符合全体人民意志的法律文本,应当显示出必要的谦卑。正如列贝尔所指出的,"最重要的是,

---

① [德]H.科殷:《法哲学》,林容远译,华夏出版社2002年版,第211页。

② 参见[葡]孟狄士:《法律研究概述》,黄显辉译,澳门大学法学院1998年版,第143页。

在阐释中必须保持对文本的忠诚”[①]。尊重法律文本,就是尊重立法,尊重法律的权威。解释者不能抱着一种怀疑的心态,甚至是批判的心态来对待法律文本,更不能以优越于立法者的心态来解释法律。只有树立忠诚的观念,才能解释好法律,运用好法律,履行裁判者应有的职能。魏德士指出:“裁判者无权以其自身的正义观代替现行法,并因此破坏法律共同体的意志,如果裁判者的良心不容许他服从法律,那他就必须放弃裁判者的职务。民主法制国家的宪法不允许以裁判者个人的正义观代替立法的意志。”[②]裁判者不能随意假定立法者在制定法律时考虑不周或者犯下错误,而武断地认为自己比立法者更高明,随意按照自己的理解标准来代替法律。裁判者首先应当以谦卑的、虔诚的态度对待法律。如果法律中确实存在个别条款不合理,裁判者也应当通过体系解释、历史解释等方式确定立法者真实的意思;如果法律中个别条款的规定确实不妥当,裁判者也只能在法律解释方法所允许的范围内适当加以修正,但对此应当作出充分的说理、论证,不能以缺乏个别条款而否定整个法律制度。裁判者首先必须明确,其所作的裁判活动就是要实现立法者的意图,这是其基本任务和职责。如果裁判者总是认为自己比立法者更聪明,这也违反了法治社会的基本精神。

其次,在法律解释中,任何一种法律解释方法都应当是限制和规范裁判者进行随意解释的方法。各种法律解释方法的运用顺序也应当体现出裁判者对法律文本的尊重。所以,各种解释方法都应当从文义解释出发,并且要最终落脚于对法律条文的含义确定之上。从这个意义上说,文义解释既是法律解释的起点,亦是其终点。即使是目的解释方法,其也应作为文义解释的辅助方法,并最终服务于确定法律的含义,或者帮助裁判者就某个法律用语的含义达成共识。即使是在法律存在漏洞时,填补漏洞也应当以法律为依据。

(三)忠实于立法目的和立法意图

裁判者忠实于法律,还要求其在解释法律时必须忠实于立法目的和立法意图。在大多数情况下,立法目的和意图都是通过法律文本来

---

① Francis Lieber, *Legal and Political Hermeneutics, or, Principles of Interpretation and Construction in Law and Politics*, F. H. Thomas, 1880, p. 170.

② [德]魏德士:《法理学》,吴越等译,法律出版社2005年版,第400页。

体现的。但是,在有些情况下,某些立法目的和意图并无相应的文本来予以体现,这就要求裁判者在文本之外寻求立法目的和意图。在法律解释学上存在一个重要的规则,即"法律的精神设定了自身适用范围的限制"(Ubi cessat legis ratio,ibi cessat ejus dispositia)。[①] 对此可以从两方面理解:一方面,法律解释不能脱离立法者的目的,但是,它应当是文本所表示出来的立法者的意图,解释者不能脱离这一意图随意进行解释。另一方面,法律的意旨也是法律解释的重要依据。任何一部法律的起草都必然基于特定的立法目的和意图,立法目的和立法意图在某种意义上是支配法律规则设计的灵魂,一部法律的各项法律原则都是特定的立法目的和立法意图的体现。裁判者无论是进行法律解释还是进行漏洞填补,都不能偏离特定的立法目的和意图。

忠实于立法目的和立法意图要求裁判者在解释法律时,首先必须从文本出发,通过文本的含义来解释法律,而不能撇开文本,任意地依据自己的价值立场或主观感受来进行解释。文本的含义只不过是法律起草者所意图表达的含义,背离了立法目的和立法意图的解释就谈不上是忠实于法律文本的解释。其次,在出现复数解释的情况下,就应当进一步探究立法目的和立法意旨。只有那些符合立法目的和意图的解释,才是妥当性较高的结论。"当语词具有非常广的明确意义,或者没有限制的意义,或者没有固定的意义,对该词语的意义的解释,首先需要明确立法者所应该明确达到的目的,从而来确定立法者的真实意图。"[②]例如,关于机动车交通事故责任,《民法典》第1213条规定了发生交通事故后属于该机动车一方责任的,先由保险公司在机动车强制保险责任限额范围内予以赔偿,据此保险公司的赔付是否必须以机动车一方负有责任为前提,对此存在不同的理解。但是,多数人认为,从有利于对受害人保护、及时解决纠纷出发,无论机动车一方是否应当负责,保险公司都应当赔付。此种解释更符合立法保护生命健康权的目的,是比较妥当的。再次,在一般条款和不确定概念的具体化过程中,也应当遵循立法目的和意图。对这些概念和条款的解释,必须与它们

① Paul Delnoy, *Elément de méthodologie juridique*, 2e éd., Larcier, 2006, p. 186.

② E. Kellaway, *Principles of Legal Interpretation of Statutes, Contracts and Wills*, Butterworths, 1995, p. 72.

所处的法律追求的目的相适应,也不应违背法律设置该条款和概念的意图。最后,在漏洞填补的情况下,立法目的和立法意图更是进行漏洞填补的各种方法的运用依据。在某种意义上,对立法目的和立法意图的探究,可以起到验证解释结论妥当性的作用。例如,《民法典》第1253条第1句规定:“建筑物、构筑物或者其他设施及其搁置物、悬挂物发生脱落、坠落造成他人损害,所有人、管理人或者使用人不能证明自己没有过错的,应当承担侵权责任。”但自然悬挂物掉下致害,例如房檐下的冰溜子掉下致人损害是否属于该条所谓的“悬挂物”致人损害的范畴,存在不同理解。笔者认为,自然悬挂物已经超出了“悬挂物”的文义范围,显然不应该适用该条有关的“悬挂物”的范畴。只有通过目的性扩张的解释方法才能将其纳入“悬挂物”的范畴。

在探究立法目的和意图时,裁判者应当严格遵循各种法律解释方法,并且要尽可能通过各种方法的相互印证、相互补充来客观地探求立法目的和立法意图。尤其是裁判者进行条文的限缩解释、扩张解释、目的性扩张解释等时,更需要严格遵循立法目的。

(四)妥当地进行价值判断

法律解释是一个价值判断的过程,解释法律就是发现法律背后的价值。但是,法律解释既不是纯粹主观的判断,也不是裁判者任意的解释,而应当实现一般正义与个别正义的结合。[①] 价值判断之所以在法律解释中被广泛运用,一方面,是因为解释并非死抠文字,它总是要以一定的价值为指导进行含义的选择。解释者必然选取一定的价值取向来进行解释。另一方面,在解释出现复数结论时,解释者必须选择最妥当的解释结论。在此过程中,解释者实际上也是以一定的价值取向为基础进行选择。价值判断是司法艺术的体现,因为裁判者解释和适用法律,绝不是机械的操作工作,而是创造性的、艺术性的活动。解释法律就是发现法律背后的价值判断的过程。价值判断往往是裁判者在审理具体案件的过程中,对同一案件所涉及的不同的、往往处于相互冲突的诸种价值,做出取舍或者确定优劣顺位,并依此作出裁判。例如,如何解释《民法典》第311条有关善意取得的规定?这里就涉及两种价值:其一,原所有人的利益保护;其二,善意第三人的利益保护。由于只可

① 参见孔祥俊:《法律解释方法与判解研究》,人民法院出版社2004年版,第65页。

能由其中一人取得所有权,因此,两种价值处于冲突和对立的状态。而立法者基于保护交易秩序和安全的考量,最终规定将所有权赋予第三人,这里就体现了向保护交易安全倾斜的价值判断。司法者必须理解立法者的立法政策,并根据这一特定的立法政策,结合个案的司法进程进行价值判断,以此出发寻找妥当的解释结论。

在立法者已经作出了妥当性价值判断的情况下,司法者的法律解释工作的重要任务在于揭示立法者的价值判断。由于“价值判断,也就是‘价值秩序’的存在,人们才获得了行为安定性。任何具体的法律秩序都是以立法者肯定的、通过规范证实和巩固的价值秩序为基础”。[①]对于特定的案型,立法者在立法之时可能已经进行过认真的考量,并做出了自己的价值决定。例如,《民法典》第 311 条的规定就表明,只要符合特定的条件,立法者倾向于优先保护交易安全,而不是原权利人的权利。此时,裁判者应当尽可能遵循立法者所做出的价值判断,而不能违背这一价值判断。但是,在许多情况下,立法者并未做出这样的价值取舍;或者立法者的价值判断意图不明,十分难以察觉。这就需要裁判者通过法律解释,从法律的一般精神和原则出发,自主地和创造性地做出其价值判断。妥当的价值判断应当从如下几个方面来理解:

第一,必须从文本出发,发现立法者所作的价值判断,并将这种判断体现在法律解释之中。日本学者川岛武宜认为,法律解释是价值判断,但是,这种价值判断又应当以价值体系的客观性为基础。法律解释仍然是客观性的问题。[②] 这里所说的客观性实际上就是指立法者所已经作出的价值判断。例如,《民法典》第 1019 条第 2 款规定:“未经肖像权人同意,肖像作品权利人不得以发表、复制、发行、出租、展览等方式使用或者公开肖像权人的肖像。”从该规定来看,在肖像权和著作权发生冲突的情形下,肖像权要优先于著作权受到保护,其背后体现的是人格权保护优先于财产权的价值理念。

第二,裁判者要遵循法律的基本原则和精神,作出尽可能符合法律的基本原则和精神的价值判断。一提到法律的解释,有不少人就将其

---

① [德]魏德士:《法理学》,吴越等译,法律出版社 2005 年版,第 52 页以下。

② 参见[日]川岛武宜:《科学法的解释》,载日本法社会学会 1979 年编:《日本的法社会学》,第 79 ~ 80 页。

简单地等同于对法律文本字面含义的认识。而当遇到更深层次的批评和考验时，这种朴素的解释观念又难以作出有针对性和说服力的回答。事实上，法律解释不是简单地阐释文义，裁判者应当努力发现文义背后所隐藏的立法者的价值取向。例如，《民法典》第120条规定："民事权益受到侵害的，被侵权人有权请求侵权人承担侵权责任。"此处所说的"民事权益"是否包括债权？这就要从个案出发，考虑社会一般行为自由的保障和受害人权益保护的平衡。在特殊情形下，如果第三人故意甚至恶意侵害债权，也应当将债权包含进来。如果法律文本本身没有规定或者规定不明，这就需要裁判者从法律的一般原则或者法的精神出发，结合具体的个案事实来进行法律解释工作，并作出符合法律原则和精神的价值判断。在特殊情况下，法律在个别条文中所作出的价值判断未必是妥当的，或者是过时的，在此情况下，需要裁判者基于公平正义的理念，对既有的价值判断作出调整，在个案中实现公平正义。

第三，裁判者要尽可能遵循社会上大多数人具有普遍共识的价值判断，而不能随意以自己的价值判断作为标准。尤其是应当按照公平正义的理念，认真探究社会生活关系和案件中的各种利益关系，从现实生活中发现妥当的价值判断。法律文本都存在一个"语义空间"，这个空间具有一定的弹性。这就使法律具有适应性，使其具有了与整个事实情景及占主导地位的社会伦理观念变迁相适应的能力。[①] 价值判断说到底还是要服务于公平正义的实现。H. 科殷说："通晓正义的诸方面，或者如果人们愿意，通晓自然法，是法律解释的一个必要基础；解释犹如法律本身一样，也服务于正义，正义的各种原则表现在实在法的解释里。"[②]无论选择何种解释方法，无论是对法律文本进行扩张解释还是限缩解释，最终都是要做出符合公平正义要求的价值判断。[③] 任何一种解释方法，如果其结果不符合公平正义的要求，就不能称为妥当的解释。

（五）兼顾法的安定性和法的妥当性

在法律解释的过程中，如何妥当地安排好法的安定性和妥当性之

---

① 参见[德]齐佩利乌斯：《法学方法论》，金振豹译，法律出版社2009年版，第67页。

② [德]H. 科殷：《法哲学》，林荣远译，华夏出版社2002年版，第213页。

③ 参见陈靖宇：《论现代法律解释的基本理念》，载褚红军主编：《历史与变革：无锡法院纪念改革开放30周年文萃》，人民法院出版社2008年版，第463页。

间的关系,是法律解释的核心问题。我妻荣先生曾经将民法解释学的两大任务确定为:解释的结论要清晰、明确,而且要符合公平正义的要求。[①] 归根结底,就是要在法的安定性与法的妥当性之间实现兼顾。所以,可以说,整个民法解释学的基本使命就在于协调法的安定性和妥当性之间的平衡关系。

1. 维护法的安定性

法的安定性是法治的基本要求。所谓法的安定性,也称为法的可预期性,是指法律规则应当形成稳定的社会秩序,从而使法律主体能够形成稳定的预期。换言之,在主体实施某种行为之前,应当可以预知行为的后果。因为只有在一个安全的、有秩序的法律环境中,人们才能对其行为后果产生合理期待,从而实现法律规范人们行为的目的。马克斯·韦伯曾经提出,法律发展的趋势是向形式理性发展。而"可预见性""可计算性"是法律理性的本质特征,这实际上就是强调法的安定性。通过解释,使法律规范体系化,消除法规之间以及法条之间的冲突和矛盾,从文本出发并探求立法目的和意旨,从而实现法的安定性。

法的安定性价值是法律的重要价值,法律就是要实现人们对生活的可预期性。法律解释应当尽可能地实现法的安定性,"法律解释的理论着眼于不同的基本价值,对此的分析主要存在于两个极端方面:一方面是法的稳定性、法的确定性或法的安全性;另一方面是需要满足社会的需要,也就是说满足不断变化的社会生活的需要。前者是法的安定价值,后者是法的妥当价值。解释的理论就在这两种价值之间进行折中"。[②] 因而在具体个案中,同法应同解,同案应同判,从而维护法律秩序的稳定。为此,裁判者在解释法律时应尽可能适用相同的方法和规则,不能随心所欲地解释法律,避免出现"公说公有理""婆说婆有理"的现象。解释者不能持两可之说,更不能"翻手为云、覆手为雨"。法律解释要尽可能实现其统一性,依法审判的重要内容也体现在,同样的问题应当得出同样的结果。法律解释应当坚持一致性或者融贯性

① 参见[日]我妻荣:《新订民法总则》,于敏译,中国法制出版社2008年版,第26~27页。

② J. Wroblewski, *l'interprétation en droit: théorie et idéologie*, in: A. P. D. 1972, T. 17, p. 67.

(coherence)的原则,[①]这是法律解释的一般原则。需要指出的是,在法律解释中也可以具有一定的创造性,但是,这种创造性不应当对法的安定性造成过大的冲击。而且,裁判者进行创造性的法律解释应当负担更重的论证义务。例如,我国《民法典》第1180条规定:"因同一侵权行为造成多人死亡的,可以以相同数额确定死亡赔偿金。"如果裁判者认为,在特殊情况下可以不适用该规则,仍然按户籍确定死亡赔偿金,就应当尽到非常充分的说理义务。为了实现法的安定性价值,裁判者必须遵循法律解释的程序和规则,避免以主观感受任意从事法律解释,导致法的不确定性。

2. 维护法的妥当性(rationality,reasonablity)

法律解释也要实现法的妥当性。[②] 所谓法的妥当性,是指法律必须妥当规范社会生活,实现正义的目标。妥当性是社会实质正义的要求,也是法律始终与社会需求相一致的需要。妥当性"就是解释的结论必须满足法律确定性的要求,同时又是合情合理的。法律的妥当性是法律的目的所在,也是法律、法治的德性要求"。[③] 法的妥当性要求,在解释中不能过分拘泥于文字,而应当注重社会发展需要,克服法律的滞后性。在法律解释方法中,社会学解释方法就是以法社会学为基础,探求法律的社会学效果,这实际上是通过法律之外因素的考量来确定法律解释的妥当性。例如,在"王某某诉千阳县公路段人身损害赔偿案"中,被告认为,原告冒风出行,被折断的树枝砸伤,其本身也有过错。但法院认为,此种抗辩不能成立。法院就类推适用《民法通则》(已失效)第126条的规定来处理。[④] 笔者认为,在林木折断致人损害的案件中,即使受害人具有一般过错,甚至重大过错,也不能免除林木的所有人或

---

① See Patrick Nerhot, *Interpretation in Legal Science*, in Law, Interpretation and Reality: Essays in Epistemology, Hermeneutics and Jurisprudence, p. 196.

② 参见杨仁寿:《法学方法论》,台北,三民书局1986年版,第118页。

③ 张志铭:《法律解释原理》(下),载《国家检察官学院学报》2008年第2期。

④ 1988年7月15日,原告王某某之夫马某某下班后骑自行车回家,行至千阳县电力局门前公路时,遇大风吹断公路旁护路树,马某某躲闪不及,被断树砸中头部,当即倒地昏迷,由同行人送入医院,经抢救无效死亡。二审法院认为,上诉人千阳县公路管理段对该段公路护路树负有直接的管理责任。在上级批文决定采伐更新虫害蛀朽的护路树一年有余的时间内,其不采取积极措施,致使危害结果发生,主观上的过错不能推脱,应当承担责任。受害人冒风行进,主观上没有过错,与被断树砸死不存在因果关系,不应承担责任。

管理人的责任,因为毕竟受害人无法预见到林木的折断。因此,裁判者的判决有助于实现法的妥当性。而合宪性解释则要求在宪法的范围内进行解释,这实际上也是为了保证法律解释不能产生与宪法冲突的结果。

在法律解释中,实行利益衡量,既包括对立法者曾经进行的利益衡量再现和再考量,也包括裁判者自己针对待决案件中的相关利益进行衡量。利益衡量的结果就是实现相关当事人利益的相互协调和相互平衡,这也是为了实现法的妥当性。实现法的妥当性,尤其体现在法律解释的创制功能上。此处所说的创制功能,主要是指在存在法律漏洞的情况下,通过漏洞填补方法的运用填补法律漏洞,拉伦茨将其称为“法官法的续造”。在这种解释中,裁判者享有自由裁量的权力。[①] 但裁判者必须正确认定漏洞,并应按照漏洞填补方法的顺序和规则进行填补,以保障法的安定性不受损害。

3. 兼顾法的安定性和妥当性

法律解释既要维护法律的安定性,也要追求法律实施效果的妥当性。所谓“兼顾”,顾名思义,就是“同时顾及”的意思,其含义就是要同时满足安定性和妥当性的要求。法律区别于其他社会规范的典型特征就在于其安定性。“兼顾”意味着不能片面强调某一种价值。如果仅仅追求法律的安定性,则会导致机械的法律适用活动,尤其是面对法律滞后性这一固有特征,片面地追求安定性不利于法律对社会生活的妥当调整。反之,如果仅仅追求法律的妥当性,则有可能将法律抛弃在一边,甚至置法律的明文规定于不理,导致裁判者的任意解释和裁判,损害法律的可预期性,影响人们的行为自由。兼顾两者的关系,既要寻求妥当的裁判依据,又要在特定社会背景下实现对公平正义的追求。说到底,就是要实现法的一般正义和在具体个案中的个别正义的结合。具体说来,在解释中,既要忠实于文本,忠实于立法原意,尊重以往的解释结论,又要顾及社会背景所发生的变化,不能机械地拘泥于法律条文的用语,死抠字眼。在法的安定性和法的妥当性发生冲突时,就要尽可能协调二者的关系。

---

① 参见[德]卡尔·拉伦茨:《法学方法论》,黄家镇译,商务印书馆2020年版,第464页。

（六）充分说理论证的规则

充分说理论证的规则是指裁判者在解释过程中，有义务对其解释结论的做出和对复数解释结论的选择的过程进行充分说理和论证。说理论证也是裁判者在解释法律过程中所应当承担的一项基本义务。之所以在解释过程中要强调说理论证，一方面，是因为解释者在进行法律解释时都是从特定的价值取向出发，如果解释者所持有的价值取向不同，即使是面对相同的法律条文，也完全有可能得出不同的解释结论。从海德格尔到伽达默尔，都强调解释的前见，解释者总是自觉不自觉地带有前见。① 但前见也可能导致偏见，从而影响解释结论的妥当性。为了使解释结论具有妥当性，解释者有义务对其解释结论进行论证。另一方面，判决书中要强化说理过程，因为其具有法律上的拘束力。任何基于公权力行使而作出的决定都必须说明理由。为了实现法律解释的正确性和裁判的公正性，裁判者必须将其解释的过程公开，并对其解释进行充分说明和论证。裁判者在解释中的自由裁量空间越大，离可能的文义范围越远，裁判者应当负有的论证义务就更重。

笔者认为，在以下情况下，应当强化裁判者的充分说理论证的义务：一是在存在复数解释的情况下，裁判者选择某一种解释结论应当进行充分的说理论证。二是裁判者选择的解释结论不同于多数人理解的解释，应当进行充分的说理论证。例如，依据《民法典》第 1222 条的规定，如果医疗机构实施了违反法律、行政法规、规章以及其他有关诊疗规范的规定的行为，则医疗机构有过错。该条所规定的"推定"属于不可推翻的推定，如果裁判者将其解释为可以推翻的推定，则其应当尽到充分的论证义务。三是裁判者对法律的解释明显与法律的字面含义不一致，其应当负有充分说理论证的义务。例如，我国《民法典》第 1229 条规定："因污染环境、破坏生态造成他人损害的，侵权人应当承担侵权责任。"该规定明显排斥了违法性要件，但如果裁判者认为，合法排污造成损害不应当赔偿，则应当对此充分地说理论证。四是在不确定概念和一般条款具体化的过程中，裁判者应当充分地说理论证。例如，《民法典》第 1236 条规定："从事高度危险作业造成他人损害的，应当承担

① 参见［德］伽达默尔：《真理与方法》（Ⅰ），洪汉鼎译，商务印书馆 2007 年版，第 369 页、第 378 页以下。

侵权责任。”一般认为,该条属于高度危险责任一般条款,但是,对于该条的适用范围如何,裁判者在解释时应当充分地说理论证。五是在漏洞填补的情况下,裁判者不仅要充分论证漏洞的存在,而且要充分论证如何进行漏洞的填补,例如运用习惯法、类推适用、目的性扩张、目的性限缩、依据法律的原则等。

还应当看到,法律解释具有拘束力。裁判者的解释结论将影响诉讼过程的各方主体,因此,裁判者在进行法律解释时,如果其解释的结论不合理、论证不充分,其结论的权威性也可能受到当事人的质疑,从而在二审后,要求再审。只有论证充分、说理清晰、结果妥当的解释结论,才能够为各方当事人所信服,才能维护司法裁判的权威性。

第八节 法律解释的结论

言无二贵,法不两适。

——《韩非子·问辩》

词语只能有一个真实的含义。

——[美]列贝尔

一、法律解释结论的特点

法律解释结论,是指解释者通过运用一定的解释方法而阐释法律文本的含义,确定裁判依据。该结论的得出,并非为了单纯满足某个解释者的私人偏好,而是要寻求妥当的裁判依据。因为法律的解释仅指“找法”的过程,主要是指发现和确定法条的含义,以适用于特定案件。法律解释的结果就是确定三段论中的大前提,即可供适用的法律规范。法律解释结论的得出虽然是大前提的确定过程,但是,这一结果不能脱离特定个案中的事实。因为大前提的确定和事实的认定是交互作用的,法律解释结论的得出不能脱离事实的认定。阐明文本本身的含义,也是为了确定裁判依据。我们说的解释都是裁判活动的组成部分,它是针对个案而发生的。①

董仲舒说："诗无达诂，易无达占，春秋无达辞。"②其意思是对《诗经》没有通达的或一成不变的解释，《周易》没有一成不变的预测，《春秋》没有一成不变的用词，故因时因人而有歧异。后人将此引申为"文无达诂"，意思是说对于任何文本的解释，都没有一成不变的定论。但是，对于法律解释结论而言，又不可众说纷纭、莫衷一是，因为裁判者要通过解释来确定明确的裁判依据，并运用到个案之中，如果将似是而非的解释运用到裁判中，或者选取多种裁判依据，就不能作出公正的裁判，将会影响司法裁判的权威性。法律解释的结论具有如下特点：

第一，解释结论的有效性。法律解释的结论不是学理性的研究，而是在司法审判中具有实际意义和法律拘束力的意见。在司法判断的三段论中，法律解释的结论是确定三段论大前提，对于案件的判决结果具有决定性的意义。可以说，法律解释的结论是裁判者在"找法"过程中具有权威性的意见。法律解释结论是具有法律拘束力的，因为法律解释结论是生效裁判的依据，它本身要构成裁判的组成部分。裁判一旦作出，这一解释结果就会对当事人发生拘束力。

第二，解释结论的外在性。法律解释的结论并非仅仅是主观的意识活动，它还包括外部的阐释活动。解释不仅仅是内心的活动，还必须表现为外在的活动。解释结果必须形之于外，它是裁判者对法律规范的个人认知的论证过程。因此，解释结论必须展现于裁判之中。虽然"一切理解都是解释"，③但因为法律解释的结论不是为解释者自己做出的，而是为案件的当事人做出的，因此，只有表达出来才能具有说服力，而这种说服力正是司法判决权威性的来源。

第三，解释结论具有确定性。古人说，言无二贵，法不两适。法律解释的结论之所以需要确定性，因为它是司法判决的基础，必须具体、明确、没有歧义。法的安定性、确定性必然要求解释结论是确定的。确定性首先表现在单一性上。法律解释结论是单一的。在法律解释之初，制定法可能有数个解释，但是，在解释结果得出之时，就只能是单一

---

① Paul Delnoy, *Elément de méthodologie juridique*, Larcier, 2006, Bruxelles, Delnoy, p. 195.

② （西汉）董仲舒：《春秋繁露·精华第五》。

③ ［德］伽达默尔：《真理与方法》（Ⅰ），洪汉鼎译，商务印书馆 2007 年版，第 525 页。

的解释结论。确定性要求法律不能成为橡皮筋,如果同样的案件得不到同样的处理,一个法律条文今天被这样解释,明天又被那样解释,这事实上就是"非法之法"。[①] "法律解释使法律具体化、明确化和体系化。它对不确定概念和不明确的规定予以具体化和明确化,以维护法律的安定。对法律之间有互相矛盾或抵触之处,更须通过解释的方法,阐述其正确的含义使之臻于统一。法律的解释是法律确定化的必经途径。"[②]法律解释就是要确定司法三段论中可供适用的法律规范,并厘清这一法律规范的准确含义,因此,法律解释的结论是确定的。

第四,解释结论具有妥当性。所谓妥当性,是指在价值取向多元的背景下具有较高可接受性的结论。可接受的程度越高,可接受的范围越广,解释的结论就越具有妥当性。按照拉伦茨教授的观点,法律解释不可能有绝对正确的解释,也不存在终局的解释。社会生活处于不断的发展变动之中,法律规范的含义本身也应适应不断变化的社会生活。[③] 例如,"高利贷"这一概念,在不同的时期可能有不同的含义。所以,法律解释结论只能是妥当的,符合特定案件处理要求的,不可能是绝对准确、不变的。解释结论的妥当性是法的合正义性的要求。妥当性并不等于唯一正确性。唯一正确性是在价值一元的背景下,任何案件都会有一个符合终极价值判断标准的正确答案。但是,在现代社会价值多元的背景之下,在不同的主体之间很难形成唯一的判断标准,只能依靠多数人的可接受性的标准来确定解释结论的妥当性。

法律解释的结论虽然具有确定性的特点,但法律解释常常出现复数解释的现象,笔者认为形成复数解释的主要原因如下:

第一,文本语言表达的局限性。科殷(Coing)认为,人类所有精神活动的成果,都必须通过语言而产生、存续,通过语言的媒介,思维与理解,方有其存在的基础。一切法律规范都必须以语言的形式表达出来。[④]

---

① 参见江必新:《在法律之内寻求社会效果》,载《中国法学》2009 年第 3 期。

② 沈敏荣:《法律不确定性之克服——论法官在法律制度中的作用》,载《政治与法律》1998 年第 2 期。

③ 参见[德]卡尔·拉伦茨:《法学方法论》,黄家镇译,商务印书馆 2020 年版,第 396 页。

④ 参见[德]魏德士:《法理学》,吴越等译,法律出版社 2005 年版,第 71 页。

语言是表达法律的工具,法律不能脱离语言而独立存在。[①] 但是,语言本身固有的模糊性、多义性、不确定性等特点,尤其是将生活语言转化为法律语言的困难,都使语言在很多情况下很难准确表达立法者的意图。而且,社会生活不断发展,也使法律所使用的语言与社会生活发生一定的脱节。语言的表达功能是有限的,不能有效地表达立法意图的情形是可能发生的。当某一语言被创造出来之后,如果始终在同一个语境中使用,其意义很可能只有一种,语言的使用者也有统一的认识。[②] 但是,如果语言运用的环境发生变化,则可能产生新的意义。法律规则本身也具有不确定性,法律规则的具体范围(scope of rules)有可能经常难以确定。无论是裁判者,还是立法者,都不可能对法律规则提供事无巨细的解释。[③] 所以,解释者在解释词语的过程中,都会因语言的局限性而产生复数的解释结论。尤其是对文义解释而言,尽管它是解释法律的重要方法,但是,语言的局限性决定了文义解释的结论可能并不确定和唯一。

第二,法律解释者在解释中"前见"的存在。在解释学的原理上,任何解释都存在"前见"(Vorurteil)。"前见"本身不是偏见和错误判断,它是解释者固有的主观判断。例如,作为消费者的解释者可能倾向于对"消费者"概念做宽泛解释。实际上,"前见"就是先行的判断。解释者总是自觉不自觉地带有"前见",[④]从而使解释学为了克制"前见"的不适当影响而显得更为重要。解释者既以"前见"为介入理解的前提,这就意味着解释随着主观因素的介入,必然在很大程度上使这个过程本身带着浓厚的个人意志或受到个人学识背景乃至个人气质的因素影响。[⑤] 海德格尔认为,人是不可能在没有任何预设的前提下去进行解释

---

① See E. Kellaway, *Principles of Legal Interpretation of Statutes, Contracts and Wills*, Butterworths, 1995, p. 16.

② 参见[德]魏德士:《法理学》,吴越等译,法律出版社 2005 年版,第 72 ~ 73 页。

③ See James Holland & Julian Webb, *Learning Legal Rules*, 6th edition, Oxford University Press 2006, p. 114.

④ 参见[德]伽达默尔:《真理与方法》(Ⅰ),洪汉鼎译,商务印书馆 2007 年版,第 369 页。

⑤ 参见黄宏耿:《基本法解释的若干问题》,载澳门大学法学院编:《硕士论文集》,2007 年版,第 142 页。

的。[1] 这就是说,法律解释具有一定的主观性,它往往是以解释者对生活事实的经验性认识为前提的。尽管法律解释学要尽量克服和减少"前见"带来的消极影响,但无法完全避免"前见"。

第三,法律解释方法的局限性。每一种法律解释方法都是独特的,也都有其特定的适用范围。例如,反面解释只能适用于既有法律规定中构成要件和法律后果之间存在充分必要条件或必要条件的关系。由于各种解释方法也都有其独特的功能,运用各种解释方法得出的结论可能会存在差异。尤其是各种解释方法的运用具有一定的顺序,但是,这种顺序并非固定的、强制性的,解释者仍然有自由选择的空间。每个解释者可能会青睐不同的方法,而采用不同方法得出的解释结论可能并不一致。

第四,法律解释中价值判断的存在。价值判断,是指解释者在解释过程中对不同价值的取舍。在解释法律时进行价值判断,主要是指依照法律的目的(法律总是意欲实现某种目的)、冲突利益的衡量、社会效果的考量、正义的要求等对法律文本的含义进行阐释。[2] 价值判断过程中可能涉及"前见",但是,价值判断产生的原因和过程又不完全等同于"前见"。法律解释中之所以需要价值判断,从根本上说是因为法律解释就是法律适用的过程,它必然给予裁判者自由裁量的权力。具体到法律解释中,价值判断是解释本身所蕴含的自由裁量空间而造成的。例如,不确定概念的具体化,法律本身就留给了解释者做出价值判断的余地。在漏洞填补的情况下,解释者更是享有较大的空间进行价值取舍。从总体上看,解释活动大多是一种价值判断活动,即便是具有高度共识的结论,也需要予以说明,而说明、论证的过程本身也是价值判断的过程。由于解释者所持的价值判断标准不同,也决定了法律解释可能会出现复数解释。

二、复数解释情况下对解释结论的选择

如前所述,出现复数解释是法律解释中不可避免的结果。关键在

---

① See Heidegger, *Being and Time* (*Sein und Zeit*), Translated by Macquarrie & Robinson, 1957, p. 191.

② 参见陈靖宇:《论现代法律解释的基本理念》,载褚红军主编:《历史与变革:无锡法院纪念改革开放30周年文萃》,人民法院出版社2008年版,第463页。

于,是否存在唯一正确的结论。笔者认为,在法律解释中,应当选择唯一的结论,而不是多元的结论。但是,解释者所选择的结论并非唯一正确的。所以,在出现复数解释时,解释者应当努力探寻最妥当的解释结果。

在存在复数解释的情况下,关于是否存在最妥当的法律解释结论,学者争议较大。德沃金、哈特等学者曾经就法律问题是否存在唯一正解展开过争论。德沃金认为,在案件审理中存在唯一正解。“若有人主张没有唯一正解,则依道德上的要求来看,这种主张在道德上及法律上都应极不具说服力。”[①]他认为,即便是在疑难案件中,也存在唯一正解,它是指法律内含了任何案件包括疑难案件的最佳解决方案。[②] 法律解释只能有“唯一正确的答案”,这是裁判者在判决中应当尽力追求的结果。[③] 在他看来,裁判者应受原则的拘束,法律原则总是能够提供道德论据,证明某一道德理论比另一个更正确。[④] 针对德沃金的意见,美国法学家波斯纳提出了尖锐批评,波斯纳认为,疑难案件中不存在非对即错的正确答案,而只是存在从实用主义角度上说妥当性的答案;疑难案件的决定经常不是非对即错的,而是处于中间状态。但两者并不是截然对立的,在价值多元的世界上,可接受性最高的结论往往就是所谓的“唯一正确的答案”。某些案件的“正确解答”,或许正存在于这些中间状态之中,因此限定以“是”与“否”这种两值状态出现的司法选项,因其本身的缺陷而无法涵盖所有的答案,从而导致疑难案件并无“唯一正解”。[⑤] 疑难案件的解决可能需要依次运用多种法律解释的方法。在疑难案件中,法官即使无明确的“规则”可依,也并非无“法律”可依,因为构成法律的尚有“原则”,其将可以为法官提供足以解决一切案件的

---

① Ronald Dworkin, *Law's Empire*, Cambridge, Masachusetts, Cambridge, MA: Harvard University Press, Belknap Press, 1986, p. 4.

② 参见[美]德沃金:《法律帝国》,中国大百科全书出版社 1996 年版,第 70 ~ 79 页、第 201 ~ 214 页。

③ 参见林来梵、王晖:《法律上的“唯一正解”——从德沃金的学说谈起》,载《学术月刊》2004 年第 10 期。

④ 参见林立:《法学方法论与德沃金》,中国政法大学出版社 2002 年版,第 186 页。

⑤ 参见[美]波斯纳:《法理学问题》,苏力译,中国政法大学出版社 2002 年版,第 249 页。

依据。[①]

应当承认,法学不像数学那样,能够准确地计算出唯一正解,而有可能存在数个可供适用的规范。在找法的过程中,经常存在数个可供适用的规范,有学者将其原因概括为“裁判形成过程中的变动性因素(如对案件材料的不同加工、对法律制度的不同理解、裁判者不同的知识结构和不同的法感情等)”。[②] 如前所述,出现复数解释是法律解释中不可避免的结果。在出现复数解释时,就需要确定德沃金所说的“唯一正解”。其实,所谓“唯一正解”,其实就是要寻找最密切联系的规则。

在法律适用中,之所以需要寻求最妥当的裁判结论,理由在于:一方面,这是公正裁判的必然要求,是实现法的安定性的需要。公正裁判要求裁判者不能“操两可之说”,这将给裁判结果带来极大的不确定性;公正司法要求法律解释只能用一个尺度、一个标准,用一个确定的解释结论进行裁判。法的安定性要求类似案件类似处理。如果承认法律解释最终存在多个解释结论,这就可能造成类似案件得到相反的处理,势必影响法的安定性。有学者认为,法是共同生活的秩序,从法的安定性出发,不能任由个人见解的不同各行其是,在所有个人之上,非有一共同的秩序不可。[③] 这也说明选择最妥当结论对于法的安定性的必要性。另一方面,这是法律权威性的要求。当事人之所以将争议诉至法院,是因为他们相信法院能够公正地作出裁判。如果承认法律解释最终结果的复数性,则同样的法条可以有多种不同的理解和适用,尤其是可能出现不同法院对同类案件作出不同的判决,容易使法的公平性和合理性受到质疑。裁判者“操两可之说”,可能使当事人对司法的公信力产生怀疑。齐佩利乌斯(Zippelius)认为,相同处理的原则可以说是法律解释学的灵魂。而进行类型比较,就是要掌握被比较案型间的相同特征与不同特征,从而衡量是否应当做相同或不同的处理。[④] 还要看到,这也是实现法制统一性的需要。法律适用的统一性是法制统一性的重要

---

① 参见林立:《法学方法论与德沃金》,中国政法大学出版社 2002 年版,第 66~67 页。

② 陈增宝等:《裁判的形成——法官断案的心理机制》,法律出版社 2007 年版,第 186~197 页。

③ 参见林文雄:《赖特布鲁的自然法论》,载《法实证主义》(增订第 3 版),第 19~20 页。

④ Zippelius, *Der Typenvergleich als Instrument der Gesetzesauslegung*, in Jahrbuch für Rehctssoziologie und Rechtstheorie Band. 2, S. 486.

内容,不同地域、不同审级的法院对特定法律的解释应当趋于统一。裁判者通过寻求最妥当的法律解释结论,并以此为依据进行裁判,可以实现法律适用的统一。

但是,法律解释中所选择的结论不是绝对正确的结论。我们所说的法律解释的最妥当结论并不等于绝对无误的解释。其原因在于:一方面,法律解释是价值判断的结果,而价值判断是多元化的,所以,列贝尔指出:"解释不是目的,而是一种手段。因此,也许还存在更好的解释。"①法律解释只是要求选择最妥当的结论,但是,这个结论并非绝对正确。另一方面,科学认识方法的特点就在于追求真理的客观性。科学不是绝对的真理,绝对真理只是人们追求的目标。科学的精神不是发现绝对真理,而是坚持不懈地探索真理,进一步地接近真理。所以,就法律解释来说,它并非要寻求绝对无误的解释,它也是在不断探索更为合理的解释结论。此外,随着社会的发展,解释中所做出的价值判断也可能会发生变化。过去作出的妥当的价值判断在新的社会背景下可能并不合适。所以,法律解释不同于数学上的计算,它不是要寻求唯一正确的结论。法律上的结果没有绝对正确与错误的结果,而只有合理与妥当的结果,最终的结果应当是经过利益衡量之后最为妥当的结果。另外,由于法律解释是一种人的主观活动,难免会介入解释者的主观因素,且法律解释中必然包含价值判断,这就决定了法律解释不可能像数学的公式推导那样绝对无误。

法律解释的目的是寻求法律适用的大前提。这一大前提应当是合理的、最妥当的大前提。尽管如此,法律解释作为一门实践性学问和技巧,在存有复数解释的情形下,如何选择最妥当解释结论?笔者认为,最妥当结论的标准可以从如下几个方面考虑:

第一,密切联系性。这就是说,在法律解释中,对大前提的解释就是要使其与小前提发生对应和连接,其联系性越密切,就表明特定法律规范适用于该案件的合理性越强,也就越能达到解释的目标。古罗马法谚曾确立了这样一个重要的规则,"如果一个表述包含两种含义,应采纳更适合于事务处理的含义"(Quotiens idem sermo duas

① 转引自徐振东:《宪法解释的哲学》,法律出版社2006年版,第48页。

sententias exprimit, ea potissimum excipiatur, quae rei gerendae aptior est)。[①] 法律解释的最终目的在于严格适用法律,将法律适用到具体的个案中去,将案件事实与逻辑三段论中的小前提实现最妥当的连接。因此,解释的结果越具有密切联系性,越能够保障裁判的公正。在寻求最妥当结论时,首先就要判断密切联系性,选择与案件最密切相关的法律。

第二,最忠实于法律文义和立法目的。裁判者要忠诚于法律,而这首先体现为对法律文义的忠诚。这就是要从文本出发,忠实于文本的含义,而不能随意歪曲或超越文本。正如列贝尔所言,“为了保证公平、忠诚的诠释,对整个文本进行考量是必须的”。[②] 这就要求首先从文义解释入手,确定核心文义和边缘文义,如果核心文义是清晰的,就应当直接适用,而不应继续进行不必要的解释。如果通过文义解释可以确定核心文义,而且解释结论是单一的,这就是最妥当的结论。在进行文义解释后,如果出现了复数解释可能,就要对立法目的进行考量。立法目的的考量要采用多种方式。正如耶林所言,一切法律都是有目的的。忠实于法律很大程度上就要贯彻立法目的,通过法律解释得出最接近于立法目的的妥当解释。

第三,最大限度地实现个案的公平正义。法的本质在于公平,法律解释最终极的目标在于实现公平正义。在解释中,我们不能泛泛地以公平正义来代替解释,但是,解释的结果必须借助于个案的公平正义的标准来检验。无论何种解释,其最终都要符合公平正义的要求。例如,在高空抛掷物致害案件中,是类推适用共同危险行为,还是类推适用共同侵权行为,或者适用过错侵权一般条款免除被告的责任,实践中出现了多种解释。这些解释都不无道理,但是,最妥当的解释是能够最大限度地实现公平正义的解释。这就是说,如何有效地保护受害人,对受害人遭受的损害提供救济,并且适当兼顾被告的利益。因此,可能实施加害行为的业主承担适当的补偿责任是最妥当、最公正的方式。这就要求裁判者在解释过程中妥当地进行价值判断,并进行利益平衡。法谚

---

① Savigny, System des heutigen Römischen Rechts, Bd. 1, Berlin, 1840, S. 230.

② Francis Lieber, *Legal and Political Hermeneutics, or, Principles of Interpretation and Construction in Law and Politics*, F. H. Thomas, 1880, p. 170.

有云,“法爱衡平”,“裁判者心中应常有衡平”。[①] 选择妥当的解释结论,表面上看是法律的理解与适用问题,实质上是对各种不同利益的处理问题,这个过程也是一个利益平衡的过程。此外,公平正义的要求还意味着,法律解释应当产生良好的社会效果。我们探讨法律解释的目标,只是指导我们遵循何种思路来解释法律规则。但是,它并不能解决如何在运用中实现最妥当的效果。选择的解释结论是否可以产生最妥当的效果,这也是我们评判是否符合公平正义要求时要考虑的因素。

第四,兼顾法的安定性和妥当性。裁判者在进行任何解释时都要考虑到两种价值,即法的安定性和法的妥当性。我妻荣教授指出:“文理解释与形式上的逻辑解释,还有所谓反对解释,虽然适合于维持一般确定性,却往往存在缺乏具体妥当性的遗憾。与此相反,所谓目的性逻辑解释与类推解释,可以说本来就只是以具体妥当性为目标的手段,所以如果不进行严密的研究,明确理解其目的性理论体系的构成,以及构成类推根据的合理性,就有使民法的解释堕落成修正主义的判断,从而使民法有失去一般确定性的危险。”[②]此种观点说明,在法律解释中,安定性和妥当性两种价值会发生一定的冲突。裁判者的任务是要妥当运用各种解释方法,使这两种价值得到兼顾。因此,解释出来的结论应当既符合人们对法律的稳定预期,又体现社会实际需要。

第五,内容具有确定性。经过解释获得的结论要作为裁判依据,其在内容上必须具有确定性,条文的含义经过解释应当是清晰、明确的。古罗马法谚曾确立了这样一些重要的规则,即“当法律的字义出现模糊时,应尽可能地采纳没有缺陷的含义”(In ambigua voce legisea potius accipienda est signification, quae vitio caret)。[③] “如果一个表述包含两种含义,应采纳更适合于事务处理的含义”(Quotiens idem sermo duas sententias exprimit, ea potissimum excipiatur, quae rei gerendae aptior est),[④]这也说明了解释结论应具有确定性。法律规则最终需要适用于案件的裁判,以解决纠纷,如果某个规则出现了多种含义,在解释上应当尽可能地采取有利于解决纠纷的解释来确立规则的含义。

---

① 郑玉波:《法谚(二)》,法律出版社 2007 年版,第 362 页、第 363 页。

② [日]我妻荣:《新订民法总则》,于敏译,中国法制出版社 2008 年版,第 26 ~ 27 页。

③ Savigny, *System des heutigen Römischen Rechts*, Bd. 1, Berlin, 1840, S. 230.

④ Savigny, *System des heutigen Römischen Rechts*, Bd. 1, Berlin, 1840, S. 230.

在出现复数解释结论时,解释结论必须伴随法律的论证。在复数结论中,为什么选择其一而舍弃其余,都需要裁判者进行充分的说理和论证,使当事人信服其解释结论,从而服判息讼。

第二章　法律解释方法及其理论的历史发展

法律的成文化和公开化(openess)是法解释学产生的必要前提。

——[德]罗伯特·阿列克西(Robert Alexy)

解释学是一门艺术,即从文本中得出其中没有的东西。[①]

——[德]奥多·马克瓦德(Odo Marquard)

第一节　西方法律解释方法的发展

一、古罗马法律解释学

法律解释学是一门古老的学问,其最初来源于诠释学。“诠释学”(Hermeneutik,Hermeneutics)一词源自希腊文“Hermeneutikos”,是指诠释、描绘,其最初运用于神学和语文学两个领域。[②] 但是,在古希腊,诠释学

---

① 转引自[德]魏德士:《法理学》,吴越等译,法律出版社 2005 年版,第 303 页。

② 诠释学作为一门独立的学科,是在 19 世纪发展起来的。19 世纪德国神学家、哲学家施赖尔马赫(Friedrich Schleiermacher)基于诠释学应全面落实在哲学思想方法的观点而提出“一般诠释学”理论,此后,诠释学就成为哲学上思辨、论证的方法学。

(Hermeneutik)最初用于对荷马及其他诗人诗歌的解释,以及神学中对《圣经》的理解,后来才运用到法学领域。[①] 尽管关于古希腊法学家如何解释法律的文献很少,但古希腊哲学家所常用的演绎法无疑是法律解释学的重要方法。例如,亚里士多德曾创设了三段论式的演绎法,对法典和圣经的解释提供了一定的方法。[②]

一般认为,法律解释学肇始于古罗马时代。[③] 自《十二表法》开始,成文法的解释问题就成为古罗马法学家面临的课题。在帝政前期,曾出现过五大法学家著书立说、自由解释法律的现象。当时的解释主要是学理解释,而且具有法律渊源的性质。在奥古斯都时期,法学家已经形成了专门的职业,由皇帝指定的法学家享有解答法律的特别权利(Jus respondendi)。如果他们的意见一致,则产生法律(lex)的效力。[④] 公元5世纪颁布的《学说引用法》又对五大法学家的意见的效力作了具体规定。[⑤] 在古罗马时期,法学家采取形式主义的方式,对法律的文义进行严格解释。例如,盖尤斯曾经在《法学纲要》中提到,《十二表法》第8表第11条规定:“不法砍伐他人树木(arbores)的,每棵处25 盎司的罚金。”当时某人的葡萄藤(vines)被他人砍伐,其赔偿诉讼被认定为无效。[⑥] 但是,到了罗马共和末年,法律解释的方法已经从严格的字面解释向论理解释发展。法律解释活动注重探讨法律的真实意思。例如,在《学说汇纂》第15章中,查士丁尼认为,如果法律规范相互矛盾,则应该确定这些规范的内在含义。[⑦]《学说汇纂》曾记载塞尔苏斯的话语:“罗马法学昌明时代,解释法律,不拘文字,悉本于法律全部之精神

---

① 参见陈靖宇:《论现代法律解释的基本理念》,载褚红军主编:《历史与变革:无锡法院纪念改革开放30周年文萃》,人民法院出版社2008年版,第460页。

② 参见[英]罗素:《西方哲学史》(上卷),何兆武、李约瑟译,商务印书馆1963年版,第257页。

③ 参见梁慧星:《民法解释学》,中国政法大学出版社2000年版,第3页。

④ 如果他们的意见不一致,法院可以采纳其中多数人的意见来判决案件;如果各类意见主体数量相当,则以博彼尼安的意见为准;如果博彼尼安未提出意见,则裁判者可以自由决定采用何种学说作出裁判。参见黄右昌:《罗马法与现代》,北京大学出版社2008年版,第41页。

⑤ 参见周枏:《罗马法原论》,商务印书馆1994年版,第102页。

⑥ 参见周枏:《罗马法原论》,商务印书馆1994年版,第103页。

⑦ 参见[葡]孟狄士:《法律研究概述》,黄显辉译,澳门大学法学院1998年版,第146页注195。

而解释之。”[①]据学者考证，从公元前 11 世纪开始，罗马法的解释方法就表现为一种多样化的法学活动，[②]其在法律解释学方面已经取得了一定的成就，主要表现在：一是确定了法律解释学的一些重要规则。例如，在罗马法上曾经确立了“清晰的法律无须解释”（in claris non fit interpretatio）、特别法优先于普通法、后法优先于前法、省略的规定视为故意省略、明示规定视为排除规定、尽量作有效解释等规则。这些解释规则对于今天的法律解释方法仍然具有重要影响。二是形成了一些法律解释的方法。尽管不少学者认为，罗马法学家的解释主要偏重于文义解释，但是，在罗马法时期，伴随着法律解释活动的进行，法律解释的方法也得以逐步发展。古罗马的法学家主要是采用文义解释和类型化解释方法。[③] 到共和时期，罗马大裁判者已经开始采用论理解释方法，甚至根据“公平、正义”等原则修改滞后的法律。[④] 尤其是，罗马法采用了类推解释的方法，在帝政时期，由于文字解释逐步倾向于论理解释，凡是法律没有规定的，常常采用类推解释的方式来解释法律。[⑤] 自罗马法后期，罗马法学家曾运用分析解释法（discernment）、分类解释法（classification）和词源解释法（etymological）来解释法律。[⑥] 因此，已经产生了类似于现在的漏洞填补的方法。但是，以后罗马法在解释方法上也产生了一些变化，[⑦]甚至又回到了严格的文义解释时代，放弃了论理解释和类推解释的方法。[⑧] 可以说，这些解释方法是法律解释方法的最初模型，并且也极大地促进了罗马法的发展。虽然随着时代的变迁，许多罗马法的具体条文在当代已经失去了意义，但是，其法律解释方法

---

① 陈朝璧：《罗马法原理》，法律出版社 2006 年版，第 25 页。

② See E. Kellaway, *Principles of Legal Interpretation of Statutes Contracts and Wills*, Butterworths, 1995, p. 3.

③ See E. Kellaway, *Principles of Legal Interpretation of Statutes Contracts and Wills*, Butterworths, 1995, p. 3.

④ 参见周枏：《罗马法原论》，商务印书馆 1994 年版，第 104 页。

⑤ 参见陈朝璧：《罗马法原理》，法律出版社 2006 年版，第 26 页。

⑥ See Eakellaway, *Principle of Legal Interpretation of Statutes, Contracts and Wills*, Butterworths, 1995.

⑦ 自《国法大全》制定以后，皇帝严格要求援引法律必须尊重法律条文，否则将以伪妄罪予以惩治。优帝一世曾禁止对其颁布的 3 个法律作任何解释。参见周枏：《罗马法原论》，商务印书馆 1994 年版，第 99 页。

⑧ 参见陈朝璧：《罗马法原理》，法律出版社 2006 年版，第 26 页。

至今仍有意义,现在的许多法律解释方法,例如文义解释、目的解释、类推适用等都可以追溯到罗马法。

需要指出的是,虽然罗马法上的法律解释方法已得到一定程度的发展,但尚未形成体系化的理论。① 当时虽然出现了伴随实定法的法律解释活动,甚至通过不同的方式来解释法律,但是,相关著述也仅仅是对法律意思的阐释,还没有上升到对解释方法的系统总结和研究的高度。而且,也没有形成一门研究法律解释的学问。②

二、中世纪时期的法律解释学的发展

罗马帝国灭亡以后,罗马法也随之在欧洲沉寂了相当长一段时间。在漫长的中世纪寺院法占据了显要位置,因此,法律解释学与神学解释学密不可分。在人定法之外,中世纪很多国家都承认自然法、神法等法律渊源的存在。例如,中世纪神学家阿奎那有关解释圣经的一些思想成为罗马天主教会教义部分的核心内容。他根据圣经解释了永恒法、神法、自然法和人定法。③ 早期对圣经文本的研究和解释的技术及经院哲学的推理方法,都对后来罗马法文献和法律渊源的解释产生了重大影响。经院哲学兴起于 11 世纪,④它是一种为宗教神学服务的思辨哲学。它最初是为研究基督教教义服务的,但是,因为宗教法与基督教教义密不可分,所以,它也对法律的解释产生了影响。中世纪研究一切法律学都是以经院哲学的方法为出发点的。这种方法为前期注释法学家所采纳。经院主义哲学所采取的分类和定义的技术,也对前期注释法学家解释罗马法提供了有效的方法。⑤

在中世纪罗马法复兴阶段,法律解释学也得到了相应的发展。罗马法复兴是由前期注释法学派和后期注释法学派共同完成的。13 世纪

---

① Leage Roman Private Law 23 – 26; Grey The Nature and Sources of the Law 31170s 280 180s 405; Buckland Text Book on Roman Law 3ed 2 21 24 53 241.

② 参见夏贞鹏:《概念法学 vs 自由法学的法解释学命题考察——写在“民法典”之前》,载陈金钊、谢晖主编:《法律方法》(第 2 卷),山东人民出版社 2003 年版,第 439 页。

③ 参见麦克尼德(Ian mcleod):《法理论的基础》,台北,韦伯文化公司 2005 年版,第 45 页。

④ 一般认为,爱尔兰人 J. S. 埃里格纳是经院哲学的创始人。他认为一切真正的哲学与基督教教义是吻合的,两者的不同在于,哲学以思考为主,宗教以信仰为主。

⑤ 参见蒙晓阳:《为概念法学正名》,载《法学》2003 年第 12 期。

以前的前期注释法学派又称为波诺尼亚法学派，以伊洛勒里乌斯(Irnerius)为代表，因萌芽于意大利波诺尼亚大学而得名。以伊洛勒里乌斯为代表的注释法学家通过对罗马法解释而使罗马法得以复兴。伊洛勒里乌斯是注释法学派的始祖，培养了不少卓越的弟子，其中最著名的是被誉为"法的百合"的四博士，即博尔噶儒士(Bulgarus)、玛提努斯·高西安(Martinus Gosia)、雅克布斯(Jacobus)和胡果·拿温那特(Hugo de Porta Ravennate)。前期注释法学家的主要任务就是致力于恢复查士丁尼时代编纂的罗马法大全，即《学说汇纂》《查士丁尼法典》《法学阶梯》《新律》。他们将罗马法大全奉为"成文的理性"(ratio scripta)，"将成文法视同圣经，以为不许质疑之绝对的权威之点"。[①] 他们对罗马法的解释采取一种谨慎、严肃的态度，对罗马法大全的全部内容都采取逐字逐句的训诂的注释方式，因而基本上采取的都是文义解释、体系解释等方法。[②] 他们所进行的解释的特点是采用经院哲学的解释方法，偏重从语义学的角度解释法律，而缺少历史的、社会的解释方法等。[③] 由于注释法学家们的努力，古典罗马法的研究在12世纪得以在意大利和法国繁荣起来。

13世纪至16世纪初期，在欧洲出现了以甘狄努斯(albertus Gandinus)为代表的后期注释法学派。他们与前期注释法学派的不同之处在于：一是解释对象的范围不同，其不再仅仅针对罗马法进行注解，而将注释的重点放在注疏、论证、评论(commentariy)上面。所以，后期注释法学家又被称为"疏证法学家"。[④] 二是在解释的深度上，其不再对罗马法作总体解释，而采取对个别法律问题进行深入研讨的方式，尤其注重鉴定各种法律问题和法院实例。[⑤] 因此，后期注释法学家更注重实际操作层面的解释，该学派对法院的实际裁判工作具有较大

---

① 史尚宽：《民法总论》，中国政法大学出版社2000年版，第45页。

② 参见戴东雄：《中世纪意大利法学与德国的继受罗马法》，台北，作者1999年自版，第64页。

③ 参见戴东雄：《中世纪意大利法学与德国的继受罗马法》，台北，作者1999年自版，第67页。

④ 参见董皞：《司法解释论》，中国政法大学出版社1999年版，第120页。

⑤ 参见孙笑侠：《法学的本相——兼论法科教育转型》，载《中外法学》2008年第3期。

的影响力,后期注释法学家也因此被称为“法鉴定家”。[①] 后期注释法学派在法律解释方面不再致力于恢复罗马法,而在于罗马法的实际运用。[②] 其特点主要表现在重视法律的实务操作。他们对前期注释法学家的注释理论进行了深入的论证,同时提出了批判性的见解。后注释法学派在解释活动方面的重要特点是:注重对法律问题进行深入的分析和归纳,注意分析其构成要件、因果关系、法律后果等,然后再进行逻辑上的归纳整理。[③] 因而,其采取的是文义和逻辑结合的方式。通过对文本逻辑结果的分析解释出法律条文的真实含义。

中世纪注释法学家的研究最初仅在意大利产生影响,后来,随着文艺复兴运动的展开和罗马法继受运动的开始,其范围逐渐扩大到整个欧洲。注释法学家所使用的法律解释方法也随之传播到欧洲很多国家,对近代法律解释学的发展产生了深远影响。在注释法学派之后,也有一些学者运用神学的解释方法,并对法律解释学的发展产生了一定的影响。例如,16 世纪英国神学家弗拉西乌斯提出了两项解释《圣经》和其他典籍的基本方法与原则:语法解释和心理学解释。[④] 再如,荷兰哲学家斯宾诺莎提出,只有了解了《圣经》的历史和作者的情形,才能真正推出《圣经》的真意和作者的原意。[⑤] 14 世纪至 16 世纪,在文艺复兴思潮的带动下,中世纪的罗马法迅速地辐射至整个欧洲大陆,并为以后的大陆法系奠定了重要基础。[⑥] 而文艺复兴的发展也在一定程度上推动了法律解释学的发展。

三、近代法律解释学的发展——法律解释学的体系化

从中世纪到 18 世纪,法典化运动开始发展。伴随欧洲大陆轰轰烈

---

① 参见戴东雄:《中世纪意大利法学与德国的继受罗马法》,台北,作者 1999 年自版,第 78 页。

② 参见戴东雄:《中世纪意大利法学与德国的继受罗马法》,台北,作者 1999 年自版,第 105 页。

③ 参见戴东雄:《中世纪意大利法学与德国的继受罗马法》,台北,作者 1999 年自版,第 83 页。

④ 参见徐振东:《宪法解释的哲学》,法律出版社 2006 年版,第 10 页。

⑤ 参见[荷]斯宾诺莎:《神学政治论》,温锡增译,商务印书馆 1997 年版,第 109 页。

⑥ 参见黄宏耿:《基本法解释的若干问题》,载澳门大学法学院编:《硕士论文集》,2007 年版,第 112 页。

烈的法典化运动,法学方法在中世纪末文本注释研究的基础上借鉴了启蒙思想的理性主义的方法,形成了相对成熟、完整的理论体系。虽然欧洲进入近代以后,罗马法的文义解释仍然占据主流地位,但是,已有学者在法律解释的方法论上有所建树。例如,17 世纪,大哲学家莱布尼茨曾于 1667 年撰写《法学研究和讲授的新方法》,这部著作可以算是法学方法论的先驱。受其影响,18 世纪后期,德国一些学者也开始探索法学方法。与此同时,普通法国家的学者也开始探讨法学方法问题。例如,英国学者霍布斯(Thomas Hobbes)在其名著《利维坦》一书中,就已经提出法律解释对政权稳固所具有的必要性。①

在法典化运动的早期,法律解释学以文义解释为主,而且,探求立法者在立法时的真意成为主流。在此期间,法律解释的主观说十分盛行。产生这一思想的深刻原因在于,在法典化时代的早期,法典的制定目的之一就是尽可能避免学者对法律进行解释。18 世纪末出现的法典化运动在相当程度上是对旧制度下裁判者的司法专横的制约,其目的在于制约裁判者的神秘司法和任意司法。恰如梅利曼所指出的,“对裁判者执政的忧虑,笼罩着法国革命后的改革,并成为整个法典化进程中的一大特征”②。正因如此,裁判者的角色被固定为简单机械地适用法律的工具,裁判者也被孟德斯鸠描述为法律的“传声筒”。③ 例如,《普鲁士邦法》颁布之后,普鲁士国王腓特烈二世明确禁止裁判者“对于清晰和明确的法律措辞出现哪怕是最轻微的偏离,哪怕是以某些具有逻辑性的推论或者基于解释法律目的为借口”。④ 所以,在出现疑问的情况下,裁判者必须征询立法委员会的意见。⑤《法国民法典》制定时,人们普遍认为,民法典的制定目的之一就是要限制裁判者的自由裁量。

① 参见[英]霍布斯:《利维坦》,黎思复、黎廷弼译,商务印书馆 1986 年版,第 214 ~ 215 页。

② John Henry Merryman & Rogelio Perez-Perdomo, *The Civil Law Tradition*, 3rd ed., Stanford University Press, 2007, p. 29 – 30.

③ Hans Hattenhauer, *Einführung*, in Allgemeines Landrecht für die Preußischen Staaten von, 1794, at 1, 21.

④ Publikationspatent of 1794, art. XVⅢ, quoted in Konrad Zweigert & Hein Kötz, *Introduction to Comparative Law* 91 (Tony Weir trans., 1987).

⑤ Allerhöchste Königliche Cabinetts-Ordre die Verbesserung des Justitz-Wesens betreffend vom 14. April, 1780.

按照“三权分立”的思想,裁判者只能行使司法权,绝不应行使造法的权力,因为这是属于立法者的权力。[①] 拿破仑本人也表明了这种态度,在得知马尔维尔将对民法典进行评论时,拿破仑认为评论会毁掉了他的工作。[②] 所以,在法典化运动的前期,法律解释学仍然限于罗马法上的文义解释,拘泥于文本,并且严格排斥裁判者在解释中的能动作用。正如有学者所指出的,难怪法国的理论家“如同圣经的注释者一样,仅仅对民法典的细枝末节进行解释”。[③] 甚至到了19世纪,不少法学家认为在解释中不能有丝毫地偏离文本。例如,法国著名学者Demolombe提出:“我的座右铭、我的信义职业就是:文本是最主要的。”Laurent也指出:“遵守法律,即使是恶法亦然。”[④]

但法典化运动的客观结果却导致了法律解释方法的发展。一方面,法典化的形成使法律解释的功能大大加强,比以往任何时候都更显重要。这也在客观上促进了解释方法的多样化。另一方面,法典本身固有的滞后性、抽象性等特征又为解释留下了大量的空间,裁判者在解释中的能动作用(包括在填补漏洞中的作用)也在大大加强。所以,法典化的初衷是限制解释,但是,其最终结果恰恰相反。就民法解释而言,民法典为各国学者提供了一个法律解释的典范文本,使法律解释学成为真正的有的放矢的学问。因为无论法典规定得如何全面、详细,它都不可避免地需要适用中的解释。正如法谚所云,“法律不经解释无法适用”。正因如此,在法典化时期,法律解释学并未消亡,反而蓬勃发展,日趋成熟。近代法律解释学的发展尤其以德国为代表。在《德国民法典》的制定过程中,各学派的重大争论更是促进了法律解释学的深入发展。其中,以萨维尼为代表的历史法学派以历史的方法探究法律本源,抽象出法律的一般规律,完成了法律解释学的科学化和体系化,从而奠定了近代法律解释学的基础。在其1804年的《当代罗马法体系》一书中,萨维尼通过考证罗马法学家在法律解释中所运用的方法、技巧

---

① See John Henry Merryman & Rogelio Perez-Perdomo, *The Civil Law Tradition*, 3rd ed., Stanford University Press, 2007, p. 35 – 36.

② See Shael Herman, *From Philosophers to Legislators, and Legislators to Gods: the French Civil Code as Secular Scripture*, U. Ill. L. Rev., 1984, p. 619.

③ See Shael Herman, *From Philosophers to Legislators, and Legislators to Gods: the French Civil Code as Secular Scripture*, U. Ill. L. Rev., 1984, p. 619.

④ [葡]孟狄士:《法律研究概述》,黄显辉译,澳门大学法学院1998年版,第147页。

以及方法的运用经验,归纳出了法律解释学的基本原理。他认为,法律解释的目的在于重建存在于法律中的思想。此种重建所依据的因素包括文义、逻辑、历史、体系,因而法律解释是由这四种基本的解释方法构成的。[①] 通过上述四种解释方法,就可以重建这一思想,达到发现法的目的。[②] 萨维尼认为,应该将历史的方法和体系的方法作为探讨法学发展规律的基本方法。"历史的方法"是要求考虑在特定的历史状态下法律的产生,而"体系的方法"则要求将法律规范整体理解为一个逻辑严密的整体。[③]

萨维尼的历史法学派极大地推动了概念法学的发展,他的弟子普赫塔(Puchta)更是深化了这种体系化的方法,甚至建立了"概念金字塔",并在此基础上发展了"形式概念法学"(fomalen begriffsjurisprudenz)。[④] 概念法学的产生有其深刻的背景:从学术传统来看,德国法学长期以来注重法律的逻辑性,法律话语由学者主导,立法十分注重法律概念的逻辑周延性,由此导致法律用语十分晦涩难懂,这使法律适用过程中的法律解释成为一个必需的过程;而由于概念本身的逻辑周延性,因此,一切解决问题的答案都被认为可以从概念之中推导出来。这些都导致了概念法学在德国曾十分流行。[⑤]

概念法学对法律解释学的主要影响在于:第一,它倡导"明确与简洁的概念秩序"。[⑥] 概念法学主要采取概念解释的方法,由于尊崇罗马法中的"法学汇编",也被称为"潘德克顿"学派或"注释法学"。[⑦] 因此,概念法学对于概念的清晰性和科学性产生了较大影响。第二,它强调法律体系的逻辑自足性。在概念法学看来,法律秩序是"完整"的概念

---

① 参见[德]考夫曼:《法律哲学》,刘幸义译,法律出版社 2005 年版,第 63 页。

② 参见[德]考夫曼:《法律哲学》,刘幸义译,法律出版社 2005 年版,第 127 页。

③ Dombek, *Das Verhältnis der Tübinger Schule zur deutschen Rechtssoziologie*, Berlin, 1969, S. 13.

④ 参见吴从周:《民事法学与法学方法》(第 2 册),台北,一品文化出版社 2007 年版,第 3～4 页。

⑤ Karl Engisch, Einführuug in das juristische Denken, 10 Aufl, Verlag W. Kohlhammer stuttgart, 2005, S. 140f.

⑥ P. Wahlgren, *Automation of Legal Reasoning*, Kluwer Law and Taxation Publishers, 1992, p. 50.

⑦ See H. Mazeaud, J. Mazaud & Francois Chabas, *Lecons De Droit Civil*, 12th ed., 2000, p. 171 – 176.

体系,或者说是演绎或者分析的体系,从基本概念可以推导出特别概念,在概念的推演中,通过逻辑的演绎,将法律规则适用于事实。① 任何问题均可通过法律体系中的既定法律来解决,而无须借助法院来补充成文法。其对司法造法持批判态度,否认法律漏洞的存在。② 第三,它采取了严格的司法克制主义。在一定程度上,它要求裁判者从概念和规则出发,实际上规范了裁判者适用法律的行为,也限制了裁判者越权造法。这和当时的"三权分立"思想是相一致的,因为立法者总是希望运用周密的严格规则,从而在司法中排除裁判者的自由裁量。③ 第四,它注重法的安定性价值。概念法学强调法律的概念逻辑性和体系性、科学性,尤其是强调法的安全性和稳定性,而注重法的安全性和稳定性也恰好符合19世纪自由资本主义时期的经济和社会的需要。从这一目的出发,裁判者的职责是努力发现并探求立法者的真意及法律规则的内涵,而绝不可创造法律。④ 裁判者进行法律解释,就是重构立法者的意思,并严格遵从立法者的意思。概念法学在很大程度上限制了裁判者在司法过程中的能动性,裁判者的法律适用活动被视为一种机械的活动,法学思想也曾被称为"机械法学"。"裁判者的功能就是在法律概念之下,对事实进行判断。"⑤第五,它促进了法律解释学的体系化。在概念法学之下,法律解释就是探究立法者的真意,为此产生了各种法律解释方法,如前所述,萨维尼等人将其概括为:文义解释、历史解释、体系解释、逻辑解释等。这些方法形成了初步的法律解释学的体系。

需要指出的是,由于概念法学主张严格限制法律的解释,严格限制了司法在解释方面的能动性,所以,它使裁判者的解释权限十分有限。尤其是,它完全排斥了漏洞填补。因此,在法律解释方法上,其主要采纳了文义解释、体系解释、历史解释、逻辑解释,对于漏洞填补持排斥态

---

① See Philipp Heck, *The Formation of Concepts and the Jurisprudence of Interests*, in The Jurisprudence of Interests, 106.

② 参见碧海纯一:《法哲学概论》,昭和五十六年(1981年)全订第1版,第204页。

③ 参见聂贞鹏:《"概念法学VS自由法学"的法解释学命题考察》,载陈金钊主编:《法律方法》2003年第2期。

④ 参见梁慧星:《20世纪民法学思潮回顾》,载《中国社会科学院研究生院学报》1995年第1期。

⑤ Philipp Heck, *The Formation of Concepts and the Jurisprudence of Interests*, in The Jurisprudence of Interests 106.

度,也不可能形成社会学解释方法。由于严格限制裁判者的自由裁量,所以,在法律存在缺陷(尤其是出现法律漏洞)的情况下,裁判者无法通过解释方法的运用来弥补缺陷,使法律更好地应对社会发展的需要。概念法学虽然维护了法的安定性,但是,没有兼顾法的妥当性。① 事实上,无论法典规定得如何全面、详细,它都不可避免地具有不周延性和滞后性,需要法律解释予以补充和发展。正因如此,在法典化时期,法律解释学日趋成熟,但同时孕育着后来的自由法运动。

四、现代法律解释学的嬗变——自由法运动的兴起和反思

尽管在近代,概念法学曾经一度成为统治整个法学领域的学说,但由于固有的缺陷,其时常受到抨击和诘难,由此导致了 19 世纪末期开始的自由法运动。自由法运动开始于以耶林(Rudolf Von Jhering)为代表的目的法学派,为以赫克为代表的利益法学派所发展,并将其推到新的高度。②

至 19 世纪中叶,概念法学已经发展到了顶峰,并成为主导欧洲大陆的法学思潮,以至于目的法学的创始人耶林早期也深受概念法学的影响。在其早期的著作中,耶林认为,法律具有一个自我行使权力的组织,法律的目标能够得以自我实现。但后来在对概念法学深刻检讨的基础上,耶林的观点发生了突然的转变,从而开创了目的法学。他对概念法学提出了尖锐的批判,认为其在做抽象的概念游戏,而忽视了法律在现实生活中的目的和任务。1877 年,耶林在其名著《法的目的》中提出,“目的是整个法的创造者”。其认为,法律是人类意志的产物,是社会的产物,是基于特定人群的目的而产生。“法律的本质秩序,就是一个由法律目的出发,随时代经过而确定的法律体系。”③因此,法律的解释必须先了解法律的目的。④ 任何法律无不具有共同的,即所谓实际的意图(practical motive),尽管法律具有历史的渊源关系,但法律绝大部

---

① 参见梁慧星:《民法解释学》,中国政法大学出版社 1995 年版,第 62 页。

② 参见舒国滢等:《法学方法论问题研究》,中国政法大学出版社 2007 年版,第 84 页。

③ 转引自吴从周:《民事法学与法学方法》(第 2 册),台北,一品文化出版社 2007 年版,第 123 页。

④ 参见夏贞鹏:《概念法学 vs 自由法学的法解释学命题考察——写在“民法典”之前》,载陈金钊、谢晖主编:《法律方法》(第 2 卷),山东人民出版社 2003 年版,第 444 页。

分都是国家意欲达到某种目的而制定出来的。由于目的是相对的,因此法律必须根据时代的需要和文明化的程度而调整其规则。[①] 耶林强调,为了满足新的变化需要,法律技术要富有弹性。“所有在法律之泥土上的一切,都是被目的所唤醒的,而且是因为某一个目的而存在,整个法律无非就是一个独一的目的创造行为。”[②]同时他认为,“法律的标准并不是绝对的真实,而是相对的目的。正如医生不能对所有的病人开出同一种药方,而只能根据病人各自不同的病情开出不同的处方,因此法律不能对案件提供相同的规则,其也该适合不同情况的人们、不同民众的需要以及不同时代的人的需要。”[③]耶林对概念法学的挑战及对目的法学的提出,极大地推动了自由法学的发展。他倡导的目的法学对法律解释学的最大贡献在于,法律解释不能拘泥于概念体系,而应当从目的出发来解释法律,并使法律尽可能适应社会发展的需要。所以,它将法律解释从概念法学中解放出来,避免了解释的僵化。尽管耶林并没有明确提出裁判者造法的理论,但其目的法学为裁判者的自由裁量权的行使提供了一定的理论依据。

自由法运动的另一个重要学派是利益法学派,其代表人物是赫克(Heck)。赫克认为,法律本质是利益冲突的产物,每一条法律规则都是以特定的利益为基础的。“从历史的观点来看,法律是利益的产物。这今天仍为大家所赞同。”[④]立法者的目的在于协调这些利益。只有客观认识和衡量这些利益后,才能正确认识法律规范。[⑤] 就法律解释而言,赫克强调应当采用历史的解释方法,裁判者应受到制定法的拘束,但其认为,裁判者不是盲目的服从,而要做出对立法者的利益衡量,进行利益探究的工作。“裁判者是一种‘思考的服从’,不是要求单纯逻辑地适用概念,而是要求一种考量到利益评价……一种考虑到‘法律之精神与

---

① 参见[德]魏德士:《法理学》,吴越等译,法律出版社2005年版,第233~234页。

② Jhering, Rudolf Von, *Der Zweck im Recht*. 2 Bd. Leipzig, Breitkopf und Härtel, 1877, S. 52.

③ Jhering, Rudolf Von, *Der Zweck im Recht*. 2 Bd. Leipzig, Breitkopf und Härtel, 1877, S. 52.

④ Philipp Heck, *The Jurisprudence of Interests: An Outline*, in The Jurisprudence of Interests 34.

⑤ 参见[德]卡尔·拉伦茨:《德国民法通论》(上),谢怀栻等译,法律出版社2003年版,第97页。

意义’的判决。当然,这样的判决是以一种正确的法律解释为前提的。”[①]所以,赫克的利益法学为裁判者解释中的能动提供了理论依据。尤其是其主张裁判者可以在解释中填补漏洞,这也是对法律解释学的重大发展。他认为,由于立法者的观察能力有限,不可能预见到将来的一切问题,同时由于立法者的表现手段有限,即使预见到将来的一切问题,也不可能在立法上完全表现出来,这样法律漏洞是必然存在的,甚至法律漏洞可能从立法颁行时就存在。裁判者的任务就是要协助立法者填补法律的漏洞。裁判者在填补漏洞的过程中必须受立法者意图的拘束,[②]同时,漏洞填补的基本原则也就是利益平衡。[③] 赫克指出,反对概念法学的僵化性,并不是反对法律的概念形成,或反对裁判者受现行法的拘束,更不是反对科学性的概念形成。没有概念不可能思考。法学当然也要形成概念。[④] 这些观点对法律解释学产生了重大影响。

19 世纪末期,产生了以埃尔利希(Eugen Ehrlich)为代表的社会法学。他认为,法律是一种规范的结构,是与社会发展紧密相连的,法律发展的重心不在于国家的活动,而在于社会本身,必须从社会中寻找。法律与社会具有区分的同时也具有紧密的联系。[⑤] 埃尔利希在 1913 年撰写了《法律社会学的基本原理》一书,系统地阐述了其社会法学的主张。在其著述中,他充分肯定了萨维尼关于法应当体现民族精神的主张,同时批判萨维尼并未澄清习惯法的概念,认为法律发展的重心不在于立法、法学或审判,而在于社会本身。法律主要不是国家制定的具有一定拘束力的法规,而是从社会中自然产生的行为规范,这即是埃尔利希所说的“活的法律”。[⑥] 法律是社会发展过程中的决定因素以及社会

---

① 吴从周:《民事法学与法学方法》(第 2 册),台北,一品文化出版社 2007 年版,第 10 页。

② See Philipp Heck, *The Jurisprudence of Interests: An Outline*, in The Jurisprudence of Interests 34.

③ 参见吴从周:《民事法学与法学方法》(第 2 册),台北,一品文化出版社 2007 年版,第 12 页。

④ See Heck, Begriffsjurisprudenz, S. 41f. 转引自吴从周:《民事法学与法学方法》(第 2 册),台北,一品文化出版社 2007 年版,第 60 页。

⑤ See P. Wahlgren, *Automation of Legal Reasoning*, Kluwer Law and Taxation Publishers, 1992, p. 56 – 57.

⑥ 参见梁慧星:《20 世纪民法学思潮回顾》,载《中国社会科学院研究生院学报》1995 年第 1 期。

因素的发展产物。[①] 由法律人制定出来的法律只是对法律的争执作判决的法律,只是社会中存在的诸法律之一,而法律应该是多元的,法学家的任务便在于探求生活中的法。埃尔利希并不重视制定法,他认为立法者因疏忽而未预见或因情势变更等原因使法律发生各种漏洞,此时裁判者享有自由裁量权,可以自主主观地发现法。[②] 埃尔利希强调生活中的法及裁判者可以自主地发现法的观点,尽管为裁判者造法提供了理论依据,但也极容易否定制定法的权威和造成司法专横现象。针对埃尔利希的主张,另一个自由法学的代表人物福克斯(Ernst Fuchs,1859~1929)虽基本赞同,但福克斯却认为法律漏洞不可由裁判者自主地发现,而应由裁判者根据社会学研究获得的、社会实际存在的"交易习惯"和善良风俗加以填补,从而对裁判者造法权力的行使设定了限制。

自由法运动的最大成就就是突破了概念法学的思维模式。就法律解释而言,其贡献主要在于:一方面,其使法律解释活动突破了法律体系和逻辑的樊篱,开始涉猎体系和逻辑之外的目的因素、利益因素、社会变动因素等,使裁判者不再拘泥于法律条文而可以超越法律的字句和概念,将视线转向法律条文所依据的价值观念和一般评价标准。[③] 另一方面,自由法运动也突破了"概念金字塔"神话的制约,不仅使人们认识到法律是有缺陷的,概念本身也不是完美无缺的,同时强调了裁判者在填补漏洞中的重要任务。这就是说,概念法学强调法的安定性而忽视了其妥当性,而自由法运动就是要通过法律解释实现法的妥当性价值。应当看到,概念法学是追求法律安定性的指导理念,与19世纪的法治理念以及分权的思想都是相一致的。而19世纪末期以来发展的自由法运动则强调了法的妥当性,[④]其在一定程度上也满足了20世纪对司法能动性的要求。但过度的司法自由化、裁判者造法也在一定程度上产生了相应的弊端。例如,法国的侵权行为法主要是由裁判者的

---

① See P. Wahlgren, *Automation of Legal Reasoning*, Kluwer Law and Taxation Publishers, 1992, p. 56-57.

② 参见梁慧星:《20世纪民法学思潮回顾》,载《中国社会科学院研究生院学报》1995年第1期。

③ 参见[德]卡尔·拉伦茨:《德国民法通论》(上),谢怀栻等译,法律出版社2003年版,第97页。

④ 参见梁慧星:《民法解释学》,中国政法大学出版社2000年版,第64页。

判例和解释组成的法律。法国学者 Savatier 承认“法国民法典的某些部分已经不再是成文法,而已变成判例法了”。[①] 正如我国台湾地区学者朱柏拉所指出的,在大陆法系,因侵权行为法过于原则,因此,“在法学方法论上,除非其已有特殊的立法予以规范,否则,自只能期待裁判者造法予以完成,就此点而言,除可谓系侵权行为法学方法论上的一个转变外,亦可谓与英美法系的判例法的法学方法论渐趋融合的一种表现”。[②] 主张裁判者造法,将侵权法主要变成了判例法,这也未必符合大陆法系的传统,且给予了裁判者过大的自由裁量权力。

总结整个法律解释学的发展过程可以看出,法律解释学受到各种法学思潮的影响。法律解释学作为法学的重要分支,其与整个法学思潮的变迁息息相关。在不同的法学思潮之下,法律解释学表现出不同的指导思想和内容。同时,法律解释学也受到不同时期对法的安定性和法的妥当性的价值取向的影响,对法的安定性的尊重必然要求对裁判者自由解释的限制,而对法的妥当性的尊崇必然需要发挥裁判者的主观能动作用。

五、法律解释在当代的发展趋势

传统的法律解释方法的特点归纳起来主要有两点:一是任何解释不能脱离文本,且必须探究立法者的原意;二是条文的运用必须采用严格的逻辑推理。[③] 例如,在英美法中特别强调文义规则、黄金规则[④]等解释规则的运用。总的来说,两大法系的解释规则都强调立法者对司法的约束。但经过 19 世纪末期以来的自由法运动的兴起及其反思,特别是第二次世界大战以来法学思潮的演化,现代法律解释学的发展呈现出多元化的局面,各国法律解释学都以其不同的路径在发展,并按照

① 邓衍森:《司法判例的规范理论》,载《东吴法律学报》(第 4 卷)1984 年第 2 期。

② 朱柏松:《侵权行为理论发展之新趋势》,载《法学丛刊》第 153 期。

③ 参见王伯琦:《近代法律思潮与中国固有文化》,清华大学出版社 2006 年版,第 176 页。

④ 所谓黄金规则(The Golden Rule),即将某法律的全部内容看成一个整体,并将被解释的文本置于整体中,得出其通常的含义,除非此种结论明显不合理,或者明显与整体的其他内容不连贯。一旦出现此种情况,裁判者需要尽量赋予该文本更为妥当的含义。

本国的需要发展。例如,在美国成文宪法的背景下,宪法解释学十分发达;[①]而在欧洲大陆一些国家,私法的解释学十分活跃。而裁判者对法律解释的态度和适用的方法也不完全相同。例如,有学者认为,在方法路径上,法国与德国的司法体系中存在诸多不同。法国的私法法院在解释中倾向于形式主义传统,而德国的法院更喜欢自由解释。[②] 但从总体上说,各国法律解释学都注重协调法的安定性和妥当性,所以,传统上极端的机械司法和极端的裁判者造法理论都不符合现代社会的需要。大多数学说都是在发挥裁判者的能动作用和限制裁判者的自由裁量之间保持一种平衡,以协调法律的形式安定性和社会妥当性。具体而言,在当代,法律解释存在如下发展趋势:

第一,法律解释学的适用范围逐步扩大,由私法领域渗透到公法领域乃至整个法律体系。在美国,历来重视宪法解释学,这一领域比较发达。而在欧洲,法律解释学传统上在私法领域相当发达,但是,近几十年来,公法领域的法律解释学也十分发达。例如,第二次世界大战后对于纳粹主义践踏基本人权的惨痛经验,各国开始扩展宪法的人权保护功能,因此宪法解释学日益受到重视,并成为法律解释学的重要内容。在德国,被联邦宪法法院所实践的宪法解释学已经成为宪法适用的重要工具。[③] 宪法法院的设立使得宪法的解释成为法律解释的重要内容。

第二,法律解释方法多样化。法律解释学作为一门学问,是以解释方法的多样化和体系化为标志的。在罗马法时期,虽然存在法律解释方法,但是,解释方法比较简单,种类较少,还没有形成法律解释学的初步体系。在19世纪,萨维尼曾经概括了四种法律解释方法,即文义解释、逻辑解释、历史解释和体系解释。自此,法律解释方法已经多样化、体系化。自20世纪以来,法律的解释方法又得到进一步发展。随着法社会学的发展,社会学解释方法开始形成;随着比较法的发展,比较法的方法也受到关注。尤其是随着宪政制度的发展,宪法解释日益重要,

---

① See Sotirios A. Barber et al., *Constitutional Interpretation*, Oxford University Press, 2007.

② See John P. Dawson, *The General Clauses, Viewed from a Distance*, 41 Rabels Zeitschrift 441 (1977).

③ See Donald . P. Kommers, *The Constitutional Jurisprudence of the Federal Republic of Germany*, 1997, p. 42.

它也对私法产生了影响,合宪性解释在私法的法律解释中的地位不断增强。1908 年瑞士联邦法院在一个判决中首次采用合宪性解释,并提出,“法律解释不逾越宪法的范围,才能称为正确的解释”①。此后,合宪性解释被各国法院所认可。自第二次世界大战以来,合宪性解释的地位日益突出。有学者认为,合宪性解释是法律解释中的最后屏障,它是为了避免法律解释方法的滥用,以保障人权和人的尊严。正是因为法律解释方法的多样性,并在实际运用中逐步获得了共识,所以,法律解释学才真正形成一门学问。

第三,裁判者在法律解释中的能动性得到确认。在 19 世纪,受概念法学的影响,裁判者的能动性不被认可,“法典至上”“法典万能”的思想极为流行,裁判者只能发现法律,并机械地适用法律。正如孟德斯鸠所说,“裁判者是法律的嘴”。其不可能创造法律。但是,自 20 世纪以来,裁判者在法律解释中的能动性逐渐加强。目的法学、利益法学等法学流派的发展深刻地影响了法律解释学,促使裁判者在解释中的能动作用大大加强。一方面,裁判者在解释法律中不仅仅受限于文义,也不仅仅受立法者真意的制约,他要从变动的社会需要出发来发现法律的含义,使法律尽可能与社会需求相吻合。另一方面,承认了法律漏洞的存在,并允许裁判者进行漏洞填补。这些都表明司法的能动性逐步加强。当然,在承认裁判者能动性的同时,各国也强调对裁判者的约束。②

第四,法律解释强调探究法律文本的意旨。在近代法律解释学中,法律解释目标的“主观说”是主导性学说,其强调裁判者要发现立法者的意思,并遵从立法者的意思。而现代法律解释学强调解释的目标适用“客观说”,即遵从法律的意旨。例如,Sylvie Parent 认为,《魁北克民法典》的解释理论“最主要的特征就是逐渐采纳理性主义与形式主义”。③ 因为立法者的意思是主观的,往往难以探求,而且,立法往往是各种利益诉求的反映,法律是利益衡平的结果,立法究竟反映了何种利

---

① 苏永钦:《合宪性控制的理论与实际》,台北,月旦出版社股份有限公司 1994 年版,第 1 页。

② 参见[美]约翰·亨利·格利曼:《大陆法系》(第 2 版),顾培东等译,法律出版社 2004 年版,第 39 ~ 42 页。

③ Dominique Lizotte, *Sylvie Parent*, *La doctrine et l'interpretation du Code civil*, Montreal, Themis, 1997, 229 39 C. de D. p. 935.

益诉求很难考量。而且,立法者的理性也是有限的,其不可能预见一切,所以,完全按照立法者的意思解释法律也不能适应社会发展的需要。而“客观说”可以避免“主观说”的上述缺陷,从而指导裁判者作出妥当的解释。

第五,合宪性解释规则的发展。合宪性解释规则是在两大法系普遍存在的一种法律解释方法。虽然也涉及对宪法规则的解释,但其本质上并不是直接运用宪法规则裁判,而是在出现复数解释结论的情形下,借助宪法规则作出解释选择。此种解释方法对于维护国家法秩序的统一与稳定,保障宪法的贯彻实施十分必要。① 作为合宪性解释的雏形,“合宪性推定原则”最早产生于美国。合宪性审查理论是指美国的法院在进行违宪性审查时,应遵循最大可能地先对相关的法律进行合宪性解释,只有在无法进行合宪性解释时才作出违宪的判决的原则,因此这一原则被称为“合宪性推定原则”。早在 1782 年,美国弗吉尼亚州的司法实践中就运用了“合宪性推定原则”②。这一原则经过霍姆斯、布兰代斯等人的倡导,逐渐成为美国司法审查中的一项重要原则。③ 在 1884 年的 Grenada County Supervisors v. Brogden 一案中,最高法院就指出,在法律的解释中,法官必须用一定的方法,使得解释结论避免违宪。在 1885 年的 Presser v. Illinois 一案中,法官更是明确指出,在州法可能的范围内,必须作出与宪法能够并存的解释。④ 这一观点从合宪性推定原则出发,形成了美国法上合宪性解释的起源。而在德国,自 20 世纪以来,拉伦茨是合宪性解释的重要倡导者。拉伦茨在总结联邦宪法法院的实践经验基础上,认为在法律存在多数解释时,必须优先选择最能符合宪法原则的解释方案。⑤ 虽然也有德国学者(如 Bettermann 教授等)对合宪性解释提出批评,⑥但是合宪性解释却仍然是德国法院通

① 参见夏正林:《“合宪性解释”理论辨析及其可能前景》,载《中国法学》2017 年第 1 期。

② 王书成:《合宪性推定论:一种宪法方法》,清华大学出版社 2011 年版,第 18 页。

③ 参见王广辉等编著:《比较宪法学》,武汉大学出版社 2010 年版,第 464 页。

④ 参见李鸿禧:《违宪审查论》,台北,元照出版有限公司 1999 年版,第 157 页。

⑤ 参见[德]卡尔·拉伦茨:《法学方法论》,陈爱娥译,商务印书馆 2005 年版,第 217 页。

⑥ 参见陈新民:《法治国公法学原理与实践》(上),中国政法大学出版社 2007 年版,第 434 页、第 438 页。

过宪法规范限缩法律解释的重要手段。[①] 在1958年的“吕特案”判决书中，德国联邦宪法法院就采取了合宪性审查。同年，在对《联邦营业税法》的解释中，联邦宪法法院便通过对条文的严格解释，从而实现了避免其违宪的目的，保证了《联邦营业税法》的合宪性。[②] 从合宪性解释的发展趋势来看，其在确保法律与宪法保持一致的功能方面，是其他解释方法无法替代的，因而其适用范围不断扩张，其使用也越来越普遍。

第六，在解释过程中越来越强调价值判断。自20世纪中叶以来，蓬勃兴起的“价值法学”(Wertungsjurisprudenz)注重价值导向的思考。[③] 这对法律解释学也产生了一定的影响。特别是以罗尔斯、德沃金等为代表的美国学者，针对法治背后的平等、正义、权利等价值因素展开深入探究和思考，对法律解释学具有重要的指导意义。近几十年来，法律解释中的价值判断日益重要。可以说，整个法律解释学在很大程度上就是围绕法的安定性和法的妥当性进行平衡和协调的。除此之外，价值判断在法律解释学中还有如下意义：一方面，利益衡量作为法律解释中的重要工具十分流行。利益衡量通过分析和比较利益，实际上就是做出价值判断的过程。现代法律解释学将利益的分析和衡量纳入分析和论证的工具，是极其有益的。另一方面，法律发展的一个重要趋势就是，在文义解释、目的解释等之外，考虑其社会目标、社会效果等。[④] 例如，在社会学解释中，非常重视价值的判断，而且通过社会效果的考量，来确定妥当的价值判断结论。

需要指出的是，两大法系立法模式的不同引起了法律解释规则的差异。有学者认为，总体而言，与英美法系相比，大陆法系解释更注重探求法律的目的，因为大陆法系的立法更倾向于采用目的性模式(Purposive Approach)，此种模式对法律解释产生的影响已经开始促进裁判机制的转变。英美法系与此不同，其立法者尊崇穷尽性模式(Exhaustive Approach)，力求将法律文本规定得事无巨细。而一直被坚守的大陆法系传统强调法律的简明性和高度的抽象性。这就意味着，

① 参见徐晨：《行政法理论与判解研究——以司法审查为中心》，中国政法大学出版社2017年版，第230页。

② 参见王广辉等编著：《比较宪法学》，武汉大学出版社2010年版，第466页。

③ 参见黄建辉：《法律阐释论》，台北，新学林出版股份有限公司2000年版，第14页。

④ 参见黄茂荣：《法学方法与现代民法》(第5版)，法律出版社2007年版，第332页。

目的性模式以及目的解释在大陆法系的解释过程中处于中心地位。在此模式下,法院需要广泛考虑法律的经济、社会目标。而在英国法庭上,此种做法广受诟病,被指责为“赤裸裸的篡夺立法者的权力”(Naked usurpation of the Legislative Function)。[①] 因此,目的解释在英美法系中并没有得到足够的重视。虽然此种观点有些绝对,但其反映了不同的法律传统和立法模式下,法律解释的路径也存在较大差异。

第二节 我国法律解释方法的发展

一、我国古代的法律解释

中华文明上下五千年,源远流长,中华法系被公认为世界五大法系之一,并成为中华文明的重要组成部分。在我国古代法制漫长的历史发展进程中,法律解释活动也伴随着立法活动逐步发展,有关法律解释的历史资料可谓“汗牛充栋”,法律解释理论独具特点,其内容涉及解释主体、解释方法、解释效力、解释案例等诸多方面。早在春秋战国时期,曾出现了“子产铸刑鼎”“邓析编竹刑”“晋人铸刑书”等故事,这也可以说是我国古代律学的最初体现。但按照通说,我国古代的法学称为律学,发端于秦汉。[②] 至秦朝时,法律解释学也已经开始出现。例如,云梦秦简的《法律问答》(共 187 条),是以问答的形式对秦律主体部分的刑法的条文、术语以及律文的意图做出的明确解释,[③]这可以说是我国最早的一部比较全面的官方法律解释文本。[④] 自汉朝时,私家注律盛行一时。据史料记载,当时曾出现了叔孙宣、郭令卿、马融、郑玄等著名儒学大家以经注律,各自观点也不尽一致。用现代的观点来看,这些解释也可以看作法律解释。汉朝时,也存在官方的法律解释。例如,当时将经

---

① James Holland & Julian Webb, *Learning Legal Rules*, 6th edition, Oxford University Press, 2006, p. 263.

② 参见陈兴良主编:《刑法方法论研究》,清华大学出版社 2006 年版,第 23 页。

③ 参见赵晓耕主编:《中国法制史原理与案例教程》,中国人民大学出版社 2006 年版,第 94 页。

④ 参见赵晓耕主编:《中国法制史原理与案例教程》,中国人民大学出版社 2006 年版,第 94 页。

过朝廷整理出来的断案成例称为“决事比”。“决事比”就是比照前例推理断案。例如,《汉书·刑法志》中记载:“若今律,具有断事,皆依旧事断之,其无条,取比类以决之,故云决事比。”在魏晋时期,法律解释活动取得了重大发展。魏晋时,律学已成为显学。[①] 在《晋律》制定以后,张斐就对其进行注解并作成《注律表》。该注解从法理学的角度对《晋律》的篇章结构、定罪量刑等基本原则做了简明、深刻的阐述,对罪与非罪、此罪与彼罪进行了明确的区别说明。[②] 该注解曾被认为具有与《晋律》同等的法律效力。然而,自东晋以后,律学研究已经逐渐由“私学”转变为“官学”。[③] 自此以后,律学也一度受到较多的限制,其发展受到一定程度的压抑。

唐朝是我国古代法制发展的鼎盛时期,《唐律》被认为是我国古代法的集大成者。在唐朝,我国古代法律解释学也获得了蓬勃发展。唐朝时期,律学得到了极大的发展,长孙无忌等人整理收录了唐代一些重要的令、格、式,编撰成举世闻名的《唐律疏议》。它是我国历史上首次颁布的由官方正式撰定、附于律典正文行用的法律注解。[④]《唐律疏议》的内容包括三部分,即律文、注文和疏文。注文是指对律文的说明解释,疏文是对律文和注文的说明解释。而其中的“疏”,又由“议”及“问答”部分组成。“议”是解释议论部分,“问答”是假设案例的提出与解答。[⑤] 从法律解释学的角度来看,《唐律疏议》也可以说已经具有了现代法律解释学的特点。其所采用的解释方法虽然主要是文义解释,但是,其已经开始从立法意旨和历史沿革方面对法律进行解释。例如,《唐律疏议》中所称的“五刑之中,十恶尤切,亏损名教,毁裂冠冕,特标篇首,以为明诫”即为对立法意旨的说明。[⑥] 唐律名例中规定了“诸断

① 参见谢晖:《中国古典法律解释的哲学向度》,中国政法大学出版社2005年版,第50页。

② 参见乔伟主编:《中国法制通史》(第3卷),法律出版社1999年版,第176~177页。

③ 参见曾坚:《中国古代法律注释与当代法律解释学的差异》,载《贵州社会科学》2008年第12期。

④ 参见赵晓耕主编:《中国法制史原理与案例教程》,中国人民大学出版社2006年版,第195页、第221页。

⑤ 参见李志敏:《中国古代民法》,法律出版社1988年版,第7页。

⑥ 参见张晋藩、怀效锋主编:《中国法制通史》(第7卷),法律出版社1999年版,第33页。

罪无正条,其应出罪者,则举重以明轻,其应入罪者,则举轻以明重”。这实际上比西方法律解释中的当然解释早了一千多年。唐律以后,历代法制都采纳了该解释规则。① 在唐朝,法律解释主要还是官方解释。

宋元时期,律学逐渐走向衰落,即使是官方解释也并不发达。在宋朝,律学博士傅霖曾经撰写过《刑统赋》一书,经学家孙奭(shì)曾撰写了《律文音义》《律文释义》两本书,也是对当时所颁行法律的学理解释。② 但在当时,法律解释学并不发达。到明清时期,私家注律开始逐步发展起来。例如,在明朝,曾出现了何广的《律解辩疑》、张楷的《律条疏议》、雷梦麟的《读律锁言》、应廷育的《读律管窥》、王樵的《读律私笺》等。有学者统计,明代的私家律学著述达一百余部,③明清两代的律注文献和其他法学著作在200种以上。④ 尤其是在明朝以后,律与例并存,导致判例法迅速发展。法律解释也进入新的阶段。⑤ 在明朝,私人的法律注解较多,但性质上只是律学家对法律的学理解释,没有法律上的约束力。能够产生法律效力的仍然是官方的法律解释。例如,在《大明令》颁行后不久,朱元璋特命令编撰《律令直解》,在各郡县颁行,使百姓都知晓,该解释便具有法律效力。⑥ 清朝乾隆时期曾颁布了《大清律例》,其中既有法律规定又有判例,即所谓律与例的合一,构成法律的完整体系。当时,还出现了比较发达的私家注律,清代政府对私家注律较为重视,认为是“备律所未备”。⑦ 例如,《大清律辑注》《王肯堂笺释》《大清律例集注》和《大清律例全纂》等优秀释著对清代司法活动的影响相当广泛。私家注律是清代注释律学的主要代表。⑧ 一些私家注律不失为法律解释的经典文献。例如,清代王明德在《读律佩》一书中,对解律之法做了体系性的归纳,提出读律八法:一曰扼要,二曰提纲,三曰寻源,四曰互参,五曰知别,六曰衡心,七曰集义,八曰无我。该部著作

---

① 参见王伯琦:《近代法律思潮与中国固有文化》,清华大学出版社2005年版,第165页。

② 参见王立民主编:《中国法制史》,上海人民出版社2003年版,第233页。

③ 参见何勤华:《中国法学史》(第2卷),法律出版社2000年版,第198页以下。

④ 参见杨一凡主编:《新编中国法制史》,社会科学文献出版社2005年版,第161页。

⑤ 参见杨一凡主编:《新编中国法制史》,社会科学文献出版社2005年版,第161页。

⑥ 参见张晋藩主编:《中国法制史》(第2版),高等教育出版社2007年版,第216页。

⑦ 参见《大清律例汇辑便览·凡例》,同治十一年(1872年),江苏臬署刻本。

⑧ 参见何敏:《从清代私家注律看传统注释律学的实用价值》,载《法学》1997年第5期。

对律学的解释已经提出了比较系统的理论。①

纵观我国古代法律发展的历史,可以看出,我国的法律解释也与中华文化一样是博大精深、丰富多彩的,并曾对日本、朝鲜等周边国家产生了巨大的影响。② 具体来说,我国古代的法律解释具有如下特点:一是从解释主体上来看,以官方解释为主体,强调了官方解释对裁判者具有法律拘束力,且其为具有权威性的独断型解释。③ 统治者大都奉行"刑为民不可知,则威不可测"的理念,注重垄断解释权,强调令行禁止、"法无二解",也一直担心法律的解释会导致"操两可之说、设无穷之辞""是非无度"的后果。官方颁行法律之后,还组织对法律进行注疏,将注疏同法律一起公布于世,且同法律正文一起发生法律效力,这对于准确注释法律条文的含义,阐明法典的精神实质和立法原意,维护法律在社会生活中的统一适用发挥了重要作用。④ 但是,在不少朝代,即使官方解释十分发达,私家注律仍然存在,并且在有些朝代还十分活跃。私家注律也对法律解释发挥了重要作用,并成为我国律学的重要内容。私家注律虽然是学理解释,一般不具有法律效力,但在一些历史时期,部分律学家的解释经官方认可后,可以发生法律效力。⑤ 二是从解释方法上看,仍然比较简单。古代律学以文义解释为主,注重律文的注释,包括对法律名词、概念以及法条适用等进行详尽的论述。有时,其也通过法律制定历史的分析和法律制定目的的分析来阐明法律的含义。另外,从解释方法上看,古代法律解释注重"以经注律",即将儒家思想融入律学之中。⑥ 注重儒家文化与法律的结合,将天理、人情等因素的考量融入法律解释之中。⑦ 这种方式已与现代所说的社会学解释方法具有类似性。三是法律解释注重实用和操作。在古代,无论是官方释律

---

① 参见(清)王明德:《读律佩觿》,何勤华等点校,法律出版社2001年版。

② 参见何勤华:《略论明代中国律学对周边国家的影响》,载《法制日报》2000年4月16日,第3版。

③ 参见洪汉鼎:《诠释学——它的历史和当代发展》,人民出版社2001年版,第16页。

④ 参见何敏:《从清代私家注律看传统注释律学的实用价值》,载《法学》1997年第5期。

⑤ 参见谢晖:《中国古典法律解释的哲学向度》,中国政法大学出版社2005年版,第55页。

⑥ 参见何勤华:《略论明代中国律学对周边国家的影响》,载《法制日报》2000年4月16日,第3版。

⑦ 参见谢晖:《中国古典法律解释的哲学向度》,中国政法大学出版社2005年版,第136页。

还是私人注律,其目的都在于灵活地运用法律,注释目的以致用为主。古代律学是以实践运用为目的的学问,律学中包括律例注释和对法律的研究。其实律学也是一种对法条的解释,有学者将"律学"称为"法律解释学",也不无道理。① 其最大的特点在于强调实践。四是法律解释的对象以刑律为主。这与我国古代法"民刑不分、以刑为主"的特点是相一致的。在我国古代各个朝代,一般都只有一部法典(如《唐律疏议》),其特点是以刑为本,民刑不分。正因为其对象是刑律,因此,对民法解释方法的发展形成了一定的限制。五是许多朝代的判词都十分注重说理,例如,从秦朝的比附援引、依律定罪到西汉时期的春秋决狱,从唐宋时期以事实为依据、援引律例制作判词,到清代判词中开始出现专门说理的段落,各具特色,但尚未形成裁判说理的一般理论。

在清末变法时期,我国就开始融入大陆法系,西方的法制也开始整体地进入中国。清末以后,官方的法律解释活动开始受到重视。尤其是在民国时期,官方的法律解释活动比较频繁。在北洋政府时期,作为最高司法机关的大理院经常就有关法律事项作解释,其是典型的官方解释,从形式上看包括判例和解释例。据统计,从 1913～1927 年,大理院积累的民事判例达一千七百多则,民事解释例达三百余件。② 由于这个时期社会处于急剧的变革时期,法律的制定比较缓慢,不能满足当时社会的需要,因此,大理院逐步通过民事判例和解释例的方式来填补法律漏洞。例如,1913 年,大理院在上字第 64 号判决中明确指出:"判断民事案件应先依法律所规定;法律无明文者,依习惯法;无习惯法者,依条理。"这也就确认了习惯法和条例的补充性法律渊源地位。③ 在中华民国时期,随着民法典的颁布,法律解释学也获得了新的发展,解释对象主要是民法典,学者的解释尤其注重比较法的方法。除此之外,有关习惯的研究也比较发达。《中华民国民法典》的颁布从整体上改变了清末变法以来民事法律千疮百孔的困境,为裁判者民事审判提供了充分

① 参见谢晖:《中国古典法律解释的哲学向度》,中国政法大学出版社 2005 年版,第 1 页。

② 参见张生:《中国近代民法法典化研究》,中国政法大学出版社 2004 年版,第 130～133 页。

③ 参见张晋藩主编:《中国法制史》(第 2 版),高等教育出版社 2007 年版,第 317 页;杨一凡:《新编中国法制史》,社会科学文献出版社 2005 年版,第 530～531 页。

的法律依据。因此,在司法实践中,填补法律漏洞的解释活动也随之减少。

二、中华人民共和国成立以来的法律解释方法的发展

中华人民共和国成立以来,我国的法制建设经历了一个曲折的发展过程,法律解释活动也随着法制建设的进程而不断发展。在中华人民共和国成立前夕,1949 年 9 月通过的《中央人民政府组织法》(已失效)第 7 条规定,中央人民政府委员会有权制定并解释国家的法律。由此表明了党和政府对法律解释活动的重视。中华人民共和国成立以后,我国就开始展开了司法解释活动。例如,1950 年 1 月 1 日最高人民法院西南分院发布了《关于剥夺政治权利的期间从何时起算的解答》,最高人民法院 1950 年 11 月 10 日发布了《处理烟毒犯应坚决废止专科与易科罚金办法》。1954 年《宪法》第 31 条规定,全国人大常委会有权解释法律,据此,立法解释的权力由《中央人民政府组织法》第 7 条规定的中央人民政府委员会转移到全国人大常委会,但在该部宪法中并没有确认最高人民法院和最高人民检察院所享有的司法解释权。1954 年 9 月颁布并于 1983 年 9 月修订的《人民法院组织法》规定,最高人民法院对于在审判过程中如何具体应用法律、法令的问题进行解释。这一规定就已经授予了最高人民法院解释法律的权限,并且针对的是审判中法律的适用问题。1955 年 6 月全国人大常委会通过的《关于解释法律问题的决议》(已失效)规定,凡关于法律、法令条文本身需要进一步明确界限或作补充规定的,由全国人大常委会进行解释或用法令加以规定;凡关于审判过程中如何具体应用法律、法令的问题,由最高人民法院审判委员会进行解释。这就进一步确认了最高人民法院的司法解释权。从此,我国就建立了具有中国特色的司法解释制度,即通过最高人民法院发布司法解释,在性质上,其既具有法律解释的特点,又具有立法活动的特点。

1978 年 12 月,中共十一届三中全会做出了把全党全国的工作重点转移到社会主义现代化建设上来的决策,确立了加强社会主义民主和建设社会主义法制的基本方针,我国法制建设进入了重建和繁荣时期。改革开放为我国法制建设提供了良好的社会经济环境。在此背景下,司法解释工作也日益凸显其重要性。1979 年通过、1983 年修订的《人

民法院组织法》第33条规定:“最高人民法院对于在审判过程中如何具体应用法律、法令的问题,进行解释。”1981年五届全国人大第十九次常委会通过的《关于加强法律解释工作的决议》第2条规定,凡属于法院审判工作或检察院检察工作中具体应用法律、法令的问题,分别由最高人民法院和最高人民检察院进行解释,“两院”解释如有原则性的分歧,报请全国人大常委会解释或决定。这一规定是全国人大常委会对司法解释做出的最明确的授权,这些规定再次确认了20世纪50年代初期有关法律赋予最高人民法院的司法解释权,这种权力是最高人民法院和最高人民检察院所独享的,颁行司法解释也是严格执法、统一司法的重要方式。自这些授权发布以后,最高人民法院的司法解释工作就进入了新的历史阶段。最高人民法院针对一系列重要的法律颁布了有关司法解释。

由于司法解释活动具有准立法的特点,且在社会生活中的作用日益突出,为了规范司法解释活动,最高人民法院于1997年发布了法发〔1997〕15号《最高人民法院关于司法解释工作的若干规定》(已失效),进一步明确了司法解释的性质、效力、分类和程序。该规定明确宣布,最高人民法院制定并发布的司法解释,具有法律效力。① 凡是由最高人民法院发布的司法解释,应当经审判委员会讨论通过。司法解释的形式分为“解释”“规定”“批复”三种。② 在该规定出台以后,司法解释的形式逐步统一,解释的程序进一步完善,解释的制定也越来越公开化。为了进一步加强立法机关对司法解释活动的监督,2005年12月16日,十届全国人大常委会第四十次委员长会议制定了《司法解释备案审查工作程序》。《司法解释备案审查工作程序》规定,最高人民法院、最高人民检察院制定的司法解释,应当自公布之日起30日内报送全国人大常委会备案。国务院等国家机关和社会团体、企业事业组织以及公民认为司法解释同宪法或者法律相抵触的,均可向全国人大常委会书面

---

① 《最高人民法院关于司法解释工作的若干规定》第4条至第6条。

② 根据该规定,对在审判工作中如何具体应用某一法律或者对某一类案件、某一类问题如何应用法律制定的司法解释,采用“解释”的形式。根据立法精神,对审判工作中需要制定的规范、意见等司法解释采用“规定”的形式。对高级人民法院、解放军军事法院就审判工作中具体应用法律问题的请示制定的司法解释,采用“批复”的形式。修改或者废止司法解释,采用“决定”的形式。

提出审查要求或审查建议。

近几年来,最高人民法院开始积极探索典型案例指导制度,即针对具体法律适用的问题,发布指导性案例。这种方式既可以克服抽象性司法解释的固有缺陷,有利于发挥办案裁判者的主观能动性,有利于不断积累审判实践中的丰富经验,还可以改变现在的抽象性司法解释成为变相立法行为的情况。由于指导性案例制度是对制定法的补充和完善,属于对审判工作中具体应用法律所作的解释,因此更符合司法解释制度的本来含义,也符合司法裁判背景。[①] 笔者认为,从今后的发展趋势来看,应当逐步推行指导性案例制度,使大量的司法解释通过指导性案例表现出来。

在我国法律解释活动的发展过程中,以裁判者为主体的法律解释活动也伴随着立法的完善而不断发展。在改革开放初期,由于立法不健全,裁判者据以裁判的依据主要是政策,法律解释活动比较简单。但随着《民法通则》等一系列重要的民事法律的颁布,民事法律体系日益丰富和完善,法律解释活动也围绕各种民事法律来展开。

随着我国《民法典》的颁布,法治建设的重心已从立法论转向解释论,一个解释者的时代已经到来。《民法典》文本中实际上已经为总结、提炼、归纳各种解释方法提供了丰富的素材和依据。这些丰富的解释素材可以充分调动裁判者采取各种方法解释法律的积极性,也为各种法律解释方法的发展提供了肥沃的土壤。在单行法时代,民事法律制度的体系化效应难以凸显,体系解释也往往只能局限在各个单行法之内。而《民法典》的出台,则使民事法律规范体系得到了极大地完善,体系解释可以在更广泛和更深入的层面展开。例如,我国《民法典》虽然没有规定债法总则,但是却通过各项规则实际上完成了债法总则的功能。《民法典》在合同编通则中,大量使用了债权债务概念,这就意味着该规则不仅仅适用于合同,还可以依据具体情形适用于其他债权债务关系,但如果《民法典》表述为合同的权利义务关系,则一般意味着该规则仅适用于合同之债(参见《民法典》第 557 条第 2 款)。《民法典》文本相较于各单行法的变化也为历史解释提供了素材。在立法史的考察

---

① 参见刘峥:《论司法体制改革与司法解释体制重构——关于我国司法解释规范化的思考》,载《法律适用》2000 年第 1 期。

中,解释者可以更加清晰地理解法律规范的演变,从而为探寻立法目的提供了可能。《民法典》所具有的强大的体系性功能,也为查漏补缺、识别法律漏洞提供了依据。以整体类推方法的运用为例,这种方式在单行法时代是很难采用的,但在《民法典》颁布之后,其才有可能得到实际运用。

《民法典》的颁布对法律解释学不仅提出新的任务,也进一步丰富了法律解释的内容, 具体来说:

第一,《民法典》第一章关于立法目的和原则的规定提供了法律解释的价值基础,《民法典》不仅坚持私法自治的价值,而且适应时代精神发展的需要,确立了人文关怀的价值,充分保护弱势群体的权益,维护个人的人格尊严,甚至通过相应的条款,确认在人格尊严和私法自治发生冲突的情形下,优先保护人格尊严,这也丰富了民法学的内在价值体系。《民法典》第1条规定:"为了保护民事主体的合法权益,调整民事关系,维护社会和经济秩序,适应中国特色社会主义发展要求,弘扬社会主义核心价值观,根据宪法,制定本法。"该条不仅确立了立法目的,同时为法律解释方法的运用奠定了价值基础。因而,无论是目的解释,还是目的性扩张和目的性限缩,首先都要从立法目的着手,不能偏离这样一个基本的立法目的进行法律解释和漏洞填补。从该目的展开,可以为法律规则的解释提供价值和规则指引。例如,涉及对无权处分效力的解释,就需要平衡受让人的权益与原权利人权利之间的冲突和矛盾。此时,从目的解释出发,就需要探寻其背后的目的价值,而这个目的正是由第1条规定的"维护社会和经济秩序"的表述中得出维护交易安全这一重要立法目的的。

第二,《民法典》价值的序位性也会对法律规则的解释产生重要影响。例如,《民法典》第1019条第2款规定:"未经肖像权人同意,肖像作品权利人不得以发表、复制、发行、出租、展览等方式使用或者公开肖像权人的肖像。"从该规定来看,在肖像权和著作权发生冲突的情形下,肖像权要优先于著作权受到保护,其背后体现的是人格权保护优先于财产权的价值理念①。民法典规则所体现的价值的序位性,也要求在运

① 参见王利明:《人格尊严:民法典人格权编的首要价值》,载《当代法学》2021年第1期。

用各种法律解释方法时，不能仅从法律文本进行机械解释，而应当探究民法典规范所体现的价值理念，并在此基础上运用各种法律解释方法。

第三，《民法典》第1条关于依据宪法制定本法的规定，为合宪性解释提供了依据。该规定为合宪性解释方法的运用提供了依据。我国社会主义法律体系是在宪法的指引下形成的一个规则体系和价值体系。因此，要维护法制的统一，首先必须保障宪法的实施，维护宪法的权威[①]。该规定也表明，民法典规范的价值和效力来源于宪法规定。[②] 这就是宪法学者所说的"法源法定"。民法典的规则必须符合宪法的原则和精神。因此，合宪性解释方法的运用也有利于实现对民法规范的合宪性控制，使民法典符合宪法的精神。

第四，以《民法典》规定为基准，遵守解释的基本规则。法律解释方法的运用需要遵守一定的规则，这就首先需要从《民法典》的规定着手，解释《民法典》所确立的一些解释规则。例如，《民法典》第464条第2款规定："婚姻、收养、监护等有关身份关系的协议，适用有关该身份关系的法律规定；没有规定的，可以根据其性质参照适用本编规定。"在该规定中，实际上明确了运用参照适用的方法，必须要根据法律关系的性质来确定，这与域外的民法典相比较是独具特色的，国外的一些国家的民法典虽然也规定了类似的参照适用条款，但并没有规定依据其性质参照适用，所谓依据其性质，就是不仅要考虑被参照适用的法律规范的性质，也要考虑争议案件的法律关系的性质，并对二者进行比较，并在此基础上进行参照适用，这就为裁判者准确适用参照适用条款提供了明确的法律指引。

第五，《民法典》规定的动态系统论为利益衡量方法的运用提供了依据和指引。动态系统论认为，调整特定领域法律关系的法律规范包含诸多构成因素，但在具体的法律关系中，相应规范所需因素的数量和因素的强度有所不同，也就是说，调整各个具体关系的规范因素是一个动态的系统。[③] 与要件构成说不同，动态系统论并非采取全有全无的观

---

① 胡康生：《学习宪法　忠于宪法　维护宪法权威》，载《中国人大》2009年第5期。

② 参见韩大元：《由〈物权法（草案）〉的争论想到的若干宪法问题》，载《法学》2006年第3期。

③ 参见[日]山本敬三：《民法中的动态系统论——有关法评价及方法的绪论性考察》，解亘译，载梁慧星主编：《民商法论丛》（第23卷），法律出版社2002年版，第177页。

点,而强调对各种因素的影响进行动态衡量①,实际上就是要求法官对各种因素进行考量,以实现一种利益平衡。《民法典》第998条规定:“认定行为人承担侵害除生命权、身体权和健康权外的人格权的民事责任,应当考虑行为人和受害人的职业、影响范围、过错程度,以及行为的目的、方式、后果等因素。”这实际上是在法律上引入了动态系统论的方法,将其作为认定侵害人格权民事责任的重要方法。《民法典》在作出此种规定时,确立了法官的考量因素,这些因素实际上要求法官在个案中运用利益平衡的方法解释法律规则,援引法条解决纠纷,应当考量法律规定的因素。所以,法定的因素也为限制法官的自由裁量以及准确考量各种因素提供了明确的指引。

① [日]山本敬三:《民法中的动态系统论——有关法评价及方法的绪论性考察》,解亘译,载梁慧星主编:《民商法论丛》(第23卷),法律出版社2002年版,第207~220页。

第二编

法律解释的具体方法

第三章　狭义的法律解释方法

言无二贵，法不两适。

——《韩非子·问辩》

法律解释，保持法律效力。

——法谚

案例：张某下班之后邀请李某、王某一起吃饭喝酒，在席间，因为王某不胜酒力，几杯下去之后便醉倒在座椅上，张某和李某便护送王某回家，走到王某家门口时，王某突然清醒，提出既然已到家门口，无须再送，请张某、李某回家。待张某、李某回家之后，王某便在门前的石凳上睡着。因北方天气寒冷，王某因处于醉酒状态而在夜间被冻死。王某家属将张某和李某诉至法院，认为二人未尽到安全保障义务，应当对王某的死亡承担赔偿责任。但张某和李某认为此种情形并不符合《民法典》第 1198 条的规定。

本案中，当事人之间的争议之一在于，行为人的行为是否违反了安全保障义务。从广义上说，此类案件也应属于违反安全保障义务责任的类型，且属于因在先行为而引发的安全保障义务，违反此种安全保障义务也应当承担责任。但我国《民法典》第 1198 条关于违反安全保障义务的主体限于经营场所、公共场所的经营者、管理者和群众性活动的组织者，并未包括其他类型。因此，因先前行为引发的违反安全保障义务的责任，难以适用该条的规定。一些学者解释认为,《民法典》第1198条是关于安全保障义务的一般条款,但从该条规定来看,该条所规定的安全保障义务范围限定于“场所责任”和“组织者责任”两大类,因此,该条是一个封闭式列举,不应当将其认定为一般条款。该案应当适用过错责任的一般条款,即《民法典》第1165条第1款,也就是说,共同饮酒者在他人醉酒的情形下,未尽到适当必要的注意义务,对损害的发生存在过错,应承担过错责任。

第一节　狭义的解释方法概述

一、狭义的法律解释方法的特征

狭义的法律解释,就是在待决案件已有法律规定的情况下,裁判者在法律文本的可能文义范围之内进行的解释。[①] 它是在法律文义范围之内,采用文义解释、论理解释等方法来确定法律文本的含义。[②] 狭义的法律解释针对据以适用的法律规则,在其可能的文义范围内,通过相关的解释方法确定最终的解释方案。凡是在可能文义范围内进行解释的方法都是狭义法律解释方法,包括文义解释、体系解释等。狭义法律解释是典型的法律解释形态,也是最基本的法律解释方法,法律解释本身是通过一系列的解释方法,确定法律规则的含义,从而将相关的解释结论适用于待决案件。正如有学者所指出的:“时至今日,法律解释已经成为一种解释的方法,主要是裁判者对法律文本的语言含义以及其他立法文本所遇到的疑难问题进行解决。”[③]对于漏洞填补、价值补充等方法,学理上尚未达成共识,而对于狭义的法律解释方法主要类型已经逐渐达成共识。尽管对于社会学解释方法等是否可以作为一种独立的解释方法,尤其是对各种狭义解释方法的功能、运用的规则、先后顺序等,仍然没有达成普遍的共识,但学理上对狭义法律解释方法的基本类

---

① 参见杨仁寿:《法学方法论》,台北,三民书局1986年版,第119页。

② 参见杨仁寿:《法学方法论》,台北,三民书局1986年版,第123页。

③ E. Kellaway, *Principles of Legal Interpretation of Statutes Contracts and Wills*, Butterworths, 1995, p. 3.

型已有一些共识,且有关狭义的解释方法的理论也不断趋于完善。因此,法律解释学能够作为一门科学逐渐成熟。狭义法律解释也是司法三段论的重要环节,司法三段论首先需要确定大前提,即确定据以适用的法律规则,而狭义的法律解释则可以确定该法律规则的含义,从而为司法三段论的适用创造条件。因此,狭义法律解释也是法律适用的环节,是涵摄的基本前提。

关于狭义法律解释方法的类型,按照拉伦茨教授的观点,包括文义解释、关联解释、历史解释、目的解释、合宪性解释。① 在我国学者中,狭义的法律解释方法的具体表述各不相同,存在较大争议。笔者认为,学者之间应当对狭义的法律解释方法达成基本的共识,从法律适用的角度来看,只有如此,才可能保证裁判者推理方式的共同性,也有利于实现法治的统一。尤其是,狭义的法律解释方法具有典型性,如果对此都难以达成共识,整个法律解释方法的共识就更难以达成。狭义的法律解释方法的特征如下。

第一,狭义法律解释方法适用于法有规定的情形。与法律漏洞填补的情形不同,狭义法律解释方法适用于法律有明确规定的情形。狭义法律解释方法主要通过文义解释、体系解释等多种解释方法,确定法律规则的含义,因此,其适用前提是存在据以解释的法律规则。拉兹主张,可以区分为"法有规定"与"法无规定"两种情形下的法律适用。在这两种情形下,法律解释都有发挥作用的余地。② 狭义解释方法既然是在法律有明确规定的情况下所进行的解释,其主要目标是"确定字义,纠正辞句,补充法意"③,因此,这一方法只能是针对既有的法律规范所进行的阐释,而不是创造性的过程。裁判者作出此种解释只不过是适用法律,而不是创造法律,其要受到立法者比较严格的拘束。在狭义的法律解释方法中,也存在价值判断,但不能超出法律文义的可能范围。它以法律对于待决案件的裁判依据已有规定为适用前提。所谓待决案件,确切地说,就是发生争议的案件事实。案件事实是法律适用中的小

---

① 参见[德]卡尔·拉伦茨:《法学方法论》,黄家镇译,商务印书馆2020年版,第440页以下。

② 参见[英]约瑟夫·拉兹:《法律的权威——法律与道德论文集》,朱峰译,法律出版社2005年版,第159页。

③ 梅仲协:《民法要义》,中国政法大学出版社1998年版,第12~13页。

前提。狭义的法律解释方法,就是要通过解释、寻找法律适用中的大前提,将其运用到待决案件之中。狭义的法律解释方法不同于漏洞填补方法就在于法律对特定案件事实的裁判依据已经作出了规定。在狭义的法律解释中,存在可以查找到的、以语言形式存在的制定法。而在漏洞填补的情况下,并不存在制定法。[①] 这是狭义的法律解释方法与漏洞填补方法的重要区别。

第二,狭义法律解释方法是在可能文义范围内进行解释的方法。所谓可能的文义,是指法律文本所可以包含的含义,或者说文义的射程范围。各种狭义法律解释方法都是在可能的文义范围之内进行解释,而可能的文义范围包括核心文义和边缘文义。文义解释之所以是各种狭义法律解释方法的出发点,原因在于,它能够确定出核心文义和边缘文义的范围。而可能的文义又界定了整个狭义解释方法的界限。这就是说,只要在可能的文义范围内,就可以运用各种狭义的法律解释方法来解释;而一旦超越这一范围,就可能需要使用漏洞填补方法。正是从这一意义上说,可能的文义“划出法律解释活动的最大回旋余地”。[②] 以业主的概念为例,已经取得房屋所有权的人,就属于其核心文义。而已经签订了房屋预售合同,并没有办理过户登记,尚未取得所有权的人,则属于其边缘文义。此外,已经合法占有房屋的人(如承租人),在特殊情形下也可能行使业主的权利,这也属于其边缘文义。在实践中,经常发生这样的疑问:某人已经交付了购房款,没有实际占有,是否是业主?某人已经占有了房屋,但没有缴清所有的房款,是否是业主?某人已经办理房屋登记,但没有支付房款,是否是业主?某人长期租用业主的房屋,事实上以业主的名义行使权利,是否是业主?这些都涉及对“业主”这一概念的解释。如果是就核心文义所作的解释,都属于狭义法律解释的范畴,而就边缘文义作出解释,有可能属于价值补充。如果已经超出了核心文义和边缘文义的范围,就已经进入漏洞填补的领域,而非狭义的法律解释。它以探究法条的可能文义为适用的界限。通说认为,狭义的法律解释与漏洞填补的区别在于,是否超出了法条的可能

---

① Franz Bydlinski, Juristische Methodenlehre und Rechtsbegriff, Wien/New York, 1982, S. 470.

② 黄茂荣:《法学方法与现代民法》(第5版),法律出版社2007年版,第340页。

文义。只要判决是依据法律的文义而作出的，它就可以认为是直接遵从了立法者的意旨。如果超出了文义的可能范围，就必须借助其他的理由来加以论证和说明。①

第三，它在本质上是解释性而非创造性的方法。狭义的法律解释方法既然是在法律有明确规定的情况下所进行的解释，因此，这一方法只能是针对既有的法律规范所进行的阐释，并非创造性的过程。裁判者进行此种解释只不过是适用法律，而不是创造法律，其要受到立法者的比较严格的拘束。狭义的法律解释方法是描述性和解释性的，而漏洞填补方法是创造性和补充性的。在狭义的法律解释方法中也存在价值判断，但是不能超出法律文义的可能范围。

第四，狭义法律解释方法是最为基础、最为常见的法律解释方法。一方面，狭义法律解释方法是最为基础的法律解释方法，在具体个案裁判过程中，裁判者首先需要对法律文本进行解释，而最先运用的法律解释方法就是狭义的法律解释方法；狭义法律解释方法在整个法律解释方法体系中处于最为基础的地位，即在法律适用过程中，首先应当适用狭义的法律解释方法，只有在狭义的法律解释方法难以适用时，才能考虑适用价值补充和漏洞填补方法。另一方面，狭义法律解释方法是最为常见的法律解释方法，因为在法律解释中，法律漏洞的出现是非常态的。通常情况下，纠纷发生后，一般都可以找到相关的裁判依据，既有的法律规定基本上可以满足裁判的需要，而不必借助于裁判者造法的方式。从裁判者的日常审判实践来看，其基本上都是在运用狭义的法律解释方法来解释法律。狭义的法律解释就是发现法律、探求法律真意的过程，它最直接、最充分地表现了法律适用的特点。

需要指出的是，法律解释方法主要是裁判者、学者等法律共同体在长期的法律实践中总结出来的规则，其不仅有利于指导裁判者解释法律文本、寻找妥当的裁判规则，也有利于规范裁判者的解释活动。②

---

① Canaris, Die Feststellung von Lücken im Gesetz, 1964, S. 20.

② See James Holland & Julian Webb, *Learning Legal Rules*, 6th edition, Oxford University Press, 2006, p. 123.

二、狭义的法律解释方法的适用范围

对于狭义的法律解释方法的适用范围,不能完全以学者自身的认识为标准,更不能自说自话。毕竟法律解释方法是规律性的总结,它建立在经验和逻辑的基础上。所以,在判断某种方法是否属于狭义的法律解释方法时,应当根据前述经验性、逻辑性等标准加以确定。尤其应当看到,在确定了这些方法是属于法律解释方法的范畴之后,还要进一步界定它与漏洞填补方法的区别,这是界定狭义的法律解释方法和漏洞填补方法的需要。

如前所述,狭义解释方法是以文义解释为前提,通过文义解释有时并不能确定其唯一的含义,而只是确定了其可能的文义。可能的文义显示出该解释方法的范围功能,它划出了法律解释活动的最大回旋余地。[①] 狭义的法律解释方法的最大特点就是,其必须处于法律文本的可能文义范围之内,也就是说,解释的结果不能超出该文义的可能范围。在确定法律文本的可能文义范围时,必须区分规范的核心文义和边缘文义。所谓核心文义,又称为概念核心(Begriffskern),它是指法律文本的最基本含义。所谓边缘文义,是指法律文本中除核心文义的部分。法律文本中使用的大多数概念具有稳定的意义内涵,但同时具有一个"边缘领域",这就需要通过解释来确定其含义。利益法学的创始人赫克曾经形象地描述道:"概念的核心、距离最近的词义、概念的延伸使我们认识了陌生的词。它好比黑暗中被月晕围绕的月亮。"[②]赫克主张将概念分为概念核心(Begriffskern)及概念外围(Begriffshof)来认识。在概念核心里,概念的内容和范围是完全清楚的,即可以核心概念来处理;在其周围则是概念的外围,在此即有许多疑问产生,越向外围,争议越大。考夫曼认为,应当区分规范的核心范围与边缘范围。[③] 即使是具体的法律概念,也具有抽象的内容,当裁判者对各种利益进行衡量时,需要看所调整的内容是法律概念的核心领域还是处于法律概念的"边缘"领域。[④] 这种分类在法律解释学上具有重要意义。例如,《民法典》

---

① 参见黄茂荣:《法学方法与现代民法》(第5版),法律出版社2007年版,第340页。

② 参见[德]魏德士:《法理学》,吴越等译,法律出版社2005年版,第79页。

③ 参见[德]考夫曼:《法律哲学》,刘幸义译,法律出版社2005年版,第127页。

④ 参见许中缘:《体系化的民法与法学方法》,法律出版社2007年版,第103页。

第1208条中所说的“机动车发生交通事故”，其可能的文义范围比较广泛，诸如机动车正常行驶中轮胎爆裂导致撞伤他人、机动车停靠路边时被其他机动车撞上、机动车上的乘客抛掷物品砸伤行人等都可能被理解为“机动车发生交通事故”。在此情形下，需要进一步区分核心文义和边缘文义。可能的文义范围也是对裁判者进行解释的一种约束，在此范围内，裁判者再运用狭义解释方法确定法律的含义。

在确定核心文义时，要区分积极选项和消极选项。所谓积极选项是指可以将包容到概念中的对象纳入法律条文的适用范围的事物；所谓消极选项，是指可以排除在法律条文的适用范围之外的事物。前者属于核心文义的范畴，后者应当排除于法律条文的适用范围。① 边缘文义，又称为概念外围（Begriffshof），它是指法律文本中除核心文义的部分。法律文本中使用的大多数概念，具有稳定的意义内核，但同时具有一个“边缘领域”，这就需要通过解释来确定其含义。在概念核心里，概念的内容和范围是完全清楚的，即可以核心概念来处理；在其周围则是概念的外围，它们是否属于法律条文的适用范围不甚清楚，也被称为“中立选项”。如果概念中明显排斥特定的对象，则并不属于概念外围。例如，《民法典》物权编规定了建筑物区分所有权的主体是业主。何为业主？一般认为，业主是指产权或者企业的所有者。② 但是，在实践中，往往找不到所有权人，物业管理公司常常将承租人作为业主。这就涉及“业主”概念的解释。按照通说，“业主”的核心文义应当是指物业的所有权人，所有权应当是“业主”的核心文义。以登记取得所有权的人，毫无疑问应当是业主，即使没有登记，已经占有物业的，并事实上已经取得所有权的人，也应当属于“业主”。已经交付房款，但尚未占有房屋的人，虽然其将来可能取得房屋所有权，但其并没有实际占有房屋，因此，其不属于“业主”。至于承租人，虽然其已经占有房屋，但其不可能取得房屋所有权，其距离“业主”的核心文义较远，所以，通过狭义的法律解释，无法将其纳入“业主”的范围。在特殊情形下，承租人即使要代行业主的权利，其也应当属于漏洞填补的范畴，而不属于狭义的法律

---

① 参见［德］英格博格·普珀：《法学思维小学堂》，蔡圣伟译，台北，元照出版有限公司2010年版，第73页。

② 参见《现代汉语词典》，商务印书馆1991年版，第1349页。

解释。

各种狭义的法律解释方法,都不能脱离法律的可能文义。文义解释就是要确定法律的字面含义。体系解释是通过法律的外在体系或者说法律条文之间的相互关系,来确定法律的文义。目的解释是通过探究法律的目的,在可能文义的范围内,确定最符合法律目的的含义。扩张解释就是将法律的文义扩张到其边缘地带。但究竟其延伸多远,法律上并无明确限制。一般认为,超出该边缘地带,就不属于扩张解释,而属于漏洞填补的范围。而限缩解释通常是将法律的文义限缩到其核心文义范围内。如果限缩已经损及其核心文义,就不再是限缩解释,而属于目的性限缩。就社会学解释而言,其也必须是在可能的文义范围内,使法律保持与社会需要的衔接。通常,文义的核心区域比较明确,而边缘区域比较模糊,所以,对于法律文本文义的边缘区域应当通过探究其立法目的和意旨、社会效果考量等来加以确定。如果超出该边缘区域的解释就属于漏洞填补,成为法律补充。因为狭义的法律解释要重构现行法的规定,而漏洞填补则要超出现行法。①

狭义解释方法以可能的文义范围为界限,表明了其与价值补充方法和漏洞填补方法的区别,这也是狭义法律解释方法作为独立的法律解释方法类型的基础。具体来说,明确狭义的法律解释方法以可能的文义范围为界限,具有如下几个方面的意义:

第一,明确界定了狭义法律解释方法与漏洞填补的基本界限。法律解释学中方法的分类,主要是基于可能文义的界定。从狭义法律解释方法和漏洞填补方法来看,其区别就在于,是否超出了可能文义的范围。这并不是说,裁判者绝对不能逾越文义的范围进行解释,但是,其只是在狭义的解释方法无法解决的情况下,才能按照漏洞填补的方法进行解释。② 狭义的解释方法应当以可能的文义范围为界限来划定其适用范围,这是严格适用法律的要求。德国学者齐佩利乌斯(Zippelius)曾指出:“法律解释”和“法律漏洞的填补”两者是不同的,它们之间的界限就在于,如何确定法律中文义的可能范围。哈特(Hart)

① Franz Bydlinski, Juristische Methodenlehre und Rechtsbegriff, Wien/New York, 1982, S. 469.

② 参见[德]卡尔·拉伦茨:《法学方法论》,黄家镇译,商务印书馆2020年版,第406页。

也指出，任何词语都有其核心的无争议的内涵（central core of undisputed meaning），但也有其相对开放的内涵（open texture）①。虽然狭义的法律解释是围绕这两者展开的，但是，如果核心文义是清晰的，没有争议的，就可以直接得出解释结论，这符合"清晰的文义不需要解释"的规则。通过狭义法律解释方法所得出的解释结论并没有超出法律文本可能的文义范围，而通过漏洞填补方法所得出的解释结论则超出了法律文本可能的文义范围，这也是二者的主要区别。

第二，必须以法律文本为基础进行解释。可能的文义是以法律文本为基础确定。"裁判者的价值判断并非完全基于自己个人的价值立场而进行，他应当受到一定的限制。裁判者受到的限制首先来自制定法。虽然制定法是通过文字的形式存在的，价值判断只是隐藏在文字的背后。"②依法裁判必须要尊重法律文本，按照拉伦茨的观点，可能的文义就是依一般语言用法，或立法者标准的语言用法所能够指称的意义。语言上可能的文义，未必始终能精确界定，但是，在大多数情况下是可以界定的。③ 狭义法律解释方法是在文义的可能范围之内进行的解释，这就要求各种狭义法律解释方法都必须以法律文本为基础进行。而法律漏洞通常是在没有法律规定，或者规定之间存在矛盾等情况下，裁判者需要创造性地探究合理的法律规则。在漏洞填补中，其对象并非文本，所以，不宜将其置于狭义的法律解释方法之中。

第三，解释必须从文义出发，再回归到文义本身。法律解释的出发点是法律条文的含义。同时，各种狭义解释方法的最终目的也是要确定法律文本的文义。虽然各种狭义解释方法的具体程序和手段各有不同，但最终都是为了实现上述目标。因此，凡是不能服务于探求法律文本可能文义范围这一目标的解释方法都不能归属于狭义法律解释方法。当然，法律解释回归到文义本身是一个复杂的过程，尤其是在解释过程中往往会出现复数解释结论。如何在数个解释结论中进行选择，得出妥当的解释结论，是解释活动的核心内容。法律规则最终是需要运用于案件的裁判以解决纠纷，如果某个规则出现了多种含义时，在解

---

① 参见［英］H. L. A. 哈特：《法律的概念》，法律出版社 2006 年版，第 117 页。

② Canaris, *Die Feststellung von Lücken im Gesetz*, 1964, S. 19f.

③ 参见［德］卡尔·拉伦茨：《法学方法论》，黄家镇译，商务印书馆 2020 年版，第 406 页。

释上应当尽可能地采取有利于解决纠纷的解释来确立规则的含义。

第四,狭义法律解释方法要求裁判者应当在法律规则的可能文义的范围内进行合理解释,而不允许裁判者随意进行创造性解释。在法律文本可能的文义范围内解释是通过文义解释等方式阐释法律文本本身的含义,其不需要进行过多的价值判断。可能文义的范围就是立法者对于司法者所授权的可以自由裁量的范围,在此范围内的解释,解释者仍然贯彻了立法者的意思,而不是自行进行造法活动。在法律文义可能范围内进行的解释活动,仍然应当属于立法者意志的体现。而填补法律漏洞则需要进行一定的价值判断,在法律漏洞认定方面,只有在由于立法者未能预见社会现实而造成法律规范的缺失时,才能认定法律漏洞的存在。而这种不圆满状态的认定,就是以既有法律文本可能的文义范围为标准的。如果在可能的文义范围内能够寻得相应的法律规则,则只要借助于狭义法律解释方法就可以了,反之,在可能文义范围内还不能获得可供适用的法律规则时,则必须通过漏洞填补来创设法律规则。只要处于法律文本的可能文义范围之内,就不应当认定其属于法律的“创造”,这也有利于当事人接受判决结果。

第五,它有助于确定裁判者的论证负担。在探求法律意旨的过程中,必然伴随着说理论证。可能文义范围之内和可能文义范围之外,对于裁判者说理认证的要求是有差异的。正是因为狭义的法律解释方法是在法律规则可能的文义范围内进行解释,因此,裁判者在适用狭义的法律解释方法时,其论证负担相对较轻。首先,在法律漏洞填补的情形下,裁判者需要论证存在法律漏洞;其次,还要论证其填补法律漏洞方法的合理性等,因此,其论证负担较重;而在裁判者运用狭义的法律解释方法时,由于其是在法律规则的文义范围内进行解释,属于“依法裁判”,因此,其就所选择的解释方案的论证义务相对较轻。如果待决案件处于核心文义之中,核心文义是清晰的,而且待决案件可适用该核心文义,即使当事人对其存在争议,裁判者也可以直接适用。而如果待决案件处于边缘文义之中,裁判者则需要尽到充分说理的义务,采用多种解释方法来确定法律文本的含义。

三、狭义的法律解释方法的具体运用

在狭义的法律解释方法确定之后,必须正确地运用这些方法,才能

获得最妥当的解释结论。但是,解释方法的运用过程并非任意性的过程,即便是公认的法律解释方法,解释者并非可以随意选择其所青睐的方法。狭义的法律解释方法的运用也应当受到规范和限制。具体而言,狭义的法律解释方法在具体运用中,应当注意如下几点:

第一,必须从文义解释出发,并且最终要回到法律的文义的范围之内。从内容上来看,狭义的法律解释方法在运用中不能超出法律的可能文义范围。"探求文字(规定)之意旨所在者,为解释学之功能。盖只有解释学上的探究,才能充分考虑预先储藏于该规定之上之价值。"[①]如果法条文义的核心区域,其含义比较明确,则通过文义解释就足以明确三段论推理中的可供适用的大前提,就没有必要再借助其他法律解释方法。无论运用何种法律解释方法,都不能超越文义的可能范围,否则,就脱离了狭义的法律解释,而进入了漏洞填补领域。如果对于法条文义和边缘区域,通过文义解释出现了复数解释结论,就需要借助其他法律解释方法,如通过目的解释、比较法解释等方法来选择和确定唯一的解释结论。[②] 但是,无论采取何种狭义的解释方法,最终还是要确定文义的含义,从这个意义上说,各种狭义的解释方法都是从文义解释开始,最后还要回到文义解释上来,即始于文义,终于文义。

第二,考量立法目的是解释中的重要方法。法律在实施过程中,往往会出现漏洞或者不甚清晰的情况,在此情况下,就需要探寻立法目的,阐明立法意旨。所以,法律解释的重要任务之一,就是要探究法律规则背后所想要实现的目的。而在这一过程中,通过目的解释、历史解释等方法来确定立法者的目的,从而选择和确定解释结论,则是追寻法律规范目的的重要方法之一。[③] 也正是因为这一原因,目的解释被称为法律解释方法中的"桂冠"。我国司法实践也注重运用目的解释方法。例如,在"李某某与中国农业银行股份有限公司重庆云阳支行储蓄存款合同纠纷案"中,关于表见代理的构成要件,法院认为:"合同法第四十九条规定:'行为人没有代理权、超越代理权或者代理权终止后以被代理人

---

① 黄茂荣:《法学方法与现代民法》(第5版),法律出版社2007年版,第81页。

② 参见[日]加藤一郎:《民法的论理与利益衡量》,有斐阁昭和四十九年(1974年)版,第36页。转引自梁慧星:《民法解释学》,中国政法大学出版社2003年版,第215~216页。

③ 参见[日]加藤一郎:《民法的论理与利益衡量》,有斐阁昭和四十九年(1974年)版,第36页。转引自梁慧星:《民法解释学》,中国政法大学出版社2003年版,第215~216页。

名义订立合同,相对人有理由相信行为人有代理权的,该代理行为有效。'该条规定目的是保护善意第三人的合法权益、促进市场交易安全。从立法目的解释表见代理的构成要件,应当包括代理人的无权代理行为在客观上形成具有代理权的表象,相对人在主观上善意且无过失地相信行为人有代理权。"①

第三,要遵循各种狭义的解释方法的规则。各种狭义的解释方法各有其特性。例如,文义解释主要运用语言学等方法阐释文义,而体系解释和反面解释注重采用形式逻辑的方式解释文义,目的解释注重条文背后的立法者目的来解释文义,历史解释注重借助立法史的考察方法来阐释文义,社会学解释方法着重于通过社会效果的考量来解释问题。各种狭义的解释方法各具特点,并应当遵守的相应的解释规则。例如,文义解释应当采用通常的理解来解释文义,社会学解释应当注重法律效果和社会效果的统一。裁判者在运用这些解释方法时必须受到这些规则的限制,只有遵循这些规则,才能保证解释方法运用的妥当性。此外,狭义的法律解释方法大量运用了解释学的基本原理,所以解释学的一些重要规则仍然可以运用于狭义法律解释活动之中。

第四,要遵循狭义解释方法的先后顺序。所谓法律解释的步骤,是指裁判者在法律解释过程中依据一定的规则,按照一定的顺序,选择和解释法律以及法律解释方法。狭义的法律解释方法的运用要遵守其自身的运用规则和运用步骤。解释的步骤本身就是一种程序。虽然迄今为止,学者对法律解释方法的种类存在不同看法,但是,各种法律解释方法都有其自身的规律可循。笔者认为,狭义解释方法的先后顺序应当是:首先进行文义解释,在文义解释出现复数解释结论时,通过当然解释、反面解释、体系解释、限缩扩张等方法来确定文本的含义;其次在这些方法运用之后,仍然存在复数解释结论时,再采用目的解释、历史解释等方法来探求立法目的和意图以确定文义,并应当采用合宪性解释对各种解释结论进行评价和控制;最后,当文本的含义与现实社会生活发生脱离时,就需要借助于社会学的解释方法来进行社会效果考量。如果依循这种解释的先后顺序,就能得出妥当的解释结论。

第五,当出现复数解释结论时,要运用多种方法相互验证并进行充

---

① 中华人民共和国最高人民法院民事判决书,(2013)民提字第95号。

分的说理和论证。一方面,在出现复数解释时,通过多种解释方法进行验证,如果所得出的结论是一致的,这种结论通常是妥当的。如果各种结论之间是相互冲突和矛盾的,则需要运用解释方法运用的优先顺序来确定何种结论更为妥当。另一方面,在出现复数解释的情况下,解释者选择何种解释结论应当作说理论证。凡是公正的裁判都是说理充分的裁判,而这种充分说理,很大程度上就体现在正确适用法律的说理上。也就是说,为什么适用某个法条而不是另一条,该条和案件具体事实如何发生连接,都需要裁判者充分说明理由。一个论证充分的裁判书也有利于当事人服判息讼。尤其是在进行漏洞填补时,裁判者必须在规范的范围内进行漏洞填补,而不能随意为之,必须进行充分的说理论证,否则会出现"向一般条款逃逸"的现象。例如,在"李某某、王某某等与安邦财产保险股份有限公司陕西分公司、陈某某等机动车交通事故责任纠纷案"中,关于当事人醉酒驾驶能否免除保险公司的责任,法院认为:"虽《机动车交通事故责任强制保险条例》第 22 条规定了驾驶人员醉酒驾车的'免责'情形,但首先,从文义解释分析,《机动车交通事故责任强制保险条例》第 22 条规定,醉酒驾车情形下,安邦财保陕西分公司无须承担的仅仅限于'财产损失',即与人身损失相对应的物质性财产损失(如车辆损失、财物损失等),而本案中四原告诉求的各项损失均为人身伤害损失而非'财产损失'。从目的解释分析,本条例的立法目的在于为被保险人转嫁责任风险并为受害人提供及时、可靠的物质救济。再从体系解释看,《中华人民共和国道路交通安全法》第 76 条规定'机动车发生交通事故造成人身伤亡、财产损失的,由保险公司在机动车第三者责任强制保险责任限额范围内予以赔偿'。由此可以明确安邦财保陕西分公司承担的是无过错责任,即不论投保人在事故中是否存在过错,只要造成第三者人身或财产损失的,其都应当在保险范围内承担赔偿责任。"①在该案中,法院就综合运用了文义解释、目的解释、体系解释等多种狭义法律解释方法。

第六,在进行狭义的法律解释时,需要兼顾法律的安定性和妥当性。除了文义解释应作为最基础的解释方法之外,各种法律解释方法都有其独特的特点,不能泛泛地讨论哪种方式更为优越、哪种方式可以

---

① 陕西省西安市中级人民法院民事判决书,(2013)西民二终字第 00980 号。

替代另一种,它们都是从不同的角度来发挥解释的作用。法律解释学并不是要探讨何种法律解释方式的优劣,而在于探讨如何运用解释方法以得出最佳的解释结论。① 在进行狭义的法律解释时,需要妥善处理法律的安定性和妥当性的关系。狭义的法律解释要承担的重要任务就是要使法律的一般确定性与具体妥当性相结合。这两者之间可能经常发生冲突,民法解释就是要将一般确定性与具体妥当性相调和。例如,严格按照法律条文的含义进行解释,就有助于维护法的安定性。但是,如果要考虑法律的目的等,就可能进行法律的限缩解释或扩张解释,此时实现了法的妥当性,但法的安定性可能会受到影响。文义解释和逻辑解释有助于维持一般确定性,但是,往往不能实现具体妥当性。而目的解释等符合具体妥当性,但又很可能影响一般确定性。② 所以,解释者在运用各个法律解释方法时,要伴随论证和说明的义务。

第二节　文义解释

文本的意义问题应当是许多老练的法学家关心的中心问题。

——[美]帕特森

一般文言应以一般意义而理解,恰如关于特定物之文言仅指该特定物一样。③

——郑玉波

法律条文的本意不容背离。

——[英]爱德华·柯克(Sir Edward Coke)

案例1:2021年1月,某地突降大雪。某市居民张某的房屋上结了冰坨子。第二天,天晴了,冰雪融化。冰坨子融化,掉落后砸在钱某的

---

① 参见[日]我妻荣:《新订民法总则》,于敏译,中国法制出版社2008年版,第26页。

② 参见[日]我妻荣:《新订民法总则》,于敏译,中国法制出版社2008年版,第26页。

③ 郑玉波:《法谚(一)》,法律出版社2007年版,第307页。

汽车上。后来，该车送往修理厂修理，花费修理费若干。车主钱某起诉张某，要求赔偿其汽车的损失。而张某提出抗辩，认为这完全是因为自然原因造成的。《民法典》第1253条规定："建筑物、构筑物或者其他设施及其搁置物、悬挂物发生脱落、坠落造成他人损害，所有人、管理人或者使用人不能证明自己没有过错的，应当承担侵权责任。所有人、管理人或者使用人赔偿后，有其他责任人的，有权向其他责任人追偿。"在本案中，需要讨论的问题是，房屋上的冰坨子是否属于《民法典》第1253条中的搁置物、悬挂物？一种观点认为，此处所说的"悬挂物"是指基于人的有意识活动而悬挂于建筑物或其他设施之上的物。另一种观点认为，此处所说的"悬挂物"既包括基于人的有意识活动而悬挂的物，也包括基于其他原因而悬挂的物（如基于自然力）。笔者认为，从文义解释的角度来看，"搁置物、悬挂物"的含义应当按照通常的理解来确定。而按照一般人的理解，搁置物和悬挂物应当是基于人的有意识的行为而设置的物，所以，本案不应当适用《民法典》第1253条的规定。

案例2：2021年6月，村民夏某赶牛回家途中，遇到一群野狗，牛受到惊吓，就跑往路旁的田地里，将梁某的秧苗践踏，导致梁某遭受财产损失。受害人梁某请求夏某赔偿，但是夏某拒绝赔偿。梁某起诉到法院。依据《民法典》第1245条的规定："饲养的动物造成他人损害的，动物饲养人或者管理人应当承担侵权责任；但是，能够证明损害是因被侵权人故意或者重大过失造成的，可以不承担或者减轻责任。"如何理解该条规定的"饲养的动物造成他人损害"的含义？一种观点认为，此处所说的"动物造成他人损害"是指造成他人人身损害，而不包括财产损害，所以，牛造成秧苗损害不应当赔偿。另一种观点认为，此处所说的"动物造成他人损害"既包括造成他人人身损害，也包括造成他人财产损害，所以，牛造成秧苗损害也应当予以赔偿。笔者认为，从"损害"概念的含义来看，在没有特殊解释的情况下，它既包括侵害人身造成的损害，也包括侵害财产造成的损害。

一、文义解释的概念

文义解释，是指对法律文本的字面含义所进行的解释，[①]或者说，是

① 参见王泽鉴：《民法总则》，中国政法大学出版社2001年版，第51页。

根据制定法的字面含义进行的一种具体化的解释。一方面,文义解释是针对法律文本的字面含义,按照语法结构和语言规则、通常理解等方法所进行的解释。例如,按照法律条文的词组联系、句子结构、文字结构、文字排列及标点符号等解释法律文本的字面含义。另一方面,文义解释原则上就是要使文本的字面含义具体化,阐释其字面含义,确定文本的准确意思。例如,在"七旬太婆横穿篮球赛场被撞伤索赔"一案中,①二审法院审理认为,七旬太婆李某横穿篮球赛场被撞伤应视为"自甘冒险"行为,所产生的损害后果,应由其自行承担。法院援引《民法典》第1176条的规定:"自愿参加具有一定风险的文体活动,因其他参加者的行为受到损害的,受害人不得请求其他参加者承担侵权责任……"认为构成自甘冒险,这就涉及对"自愿参加"的解释。问题在于,"自愿参加"者是指自愿参加具体文体活动的人,还是包括所有虽未参加文体活动但进入了特定的文体活动区域者?本案中,法院采纳了第二种观点,因此认为原告的行为构成自甘冒险。笔者认为,这种解释显然不符合立法原意。"自愿参加"者应当是指实际参与文体活动者,此处立法的目的应当在于免除在自愿参加文体活动时参加者和组织者可能承担的侵权责任,这一规定也旨在避免因为可能承担侵权责任而不愿参与、开展文体活动。

在适用法律的过程中,裁判者除了在极其例外的情况不需要进行文义解释以外,在绝大多数的法律适用过程中,无论是确定了大前提还是在寻找大前提之后,都要对作为大前提的法律规则、概念、用语等进行文义解释。例如,《民法典》颁布后,涉及许多概念需要进一步地澄清。例如,"利害关系人""合法利益""善意第三人"等,均需要通过解释的方法,对具体范围加以明确。对于法律解释的方法,在理论上或许仍然存在一定的争议,但是对于文义解释作为法律解释的首要解释方法,无论在学术界还是实务界,都是没有任何异议的。掌握文义解释的基本方法、原理、规则,可以说是裁判者适用法律的基本前提,也是其应当接受和掌握的基本技艺训练。

法律以法律文本为其载体,或者说,它是以书面语言的形式出现

---

① 参见刘志月:《七旬太婆横穿篮球赛场被撞伤,赔不赔》,载《法治日报》2021年5月17日。

的。因此,文义解释就是对书面语言即法律文本的字面含义的解释,它是法律解释中最常用、最基础的解释方法。从解释学的角度来看,文义解释并非仅仅限于法律文本的解释,它实际上是所有社会科学的方法,任何学科都面临对概念、术语等的解释问题。例如,神学中要解释《圣经》,也需要文义解释。[①] 整个解释学就是要研究文本的理解和阐释问题。但是,法律解释作为一种特殊的解释活动,其又有不同于其他解释的特点。从法律解释学上来说,文义解释不同于其他社会科学上的解释,它解释的对象是法律文本,而且其解释活动是适用法律过程中进行的。在法律解释学上,文义解释是一种特殊的解释方法,较之于其他解释方法,其具有自己的特点。

第一,文义解释旨在解释法律文本的字面含义。什么是文义?"文义"实际上就是文本的字面含义,它是指所有以制定法形式表现出来的法律规范的含义。而法律文本所具有的一定程度的不确定性和模糊性是引发文义解释的前提。诚如郑玉波先生所言:"文字虽为表达意思之工具,但究系一种符号,其意义须由社会上客观的观念定之。因而著于法条之文字,果能表达立法者之主观意思否,自非立法者所能左右。然则立法者纵属万能,但因其意思须借文字以表达之故,亦势难毕现无疑。"[②]文义解释虽然是对法律文本的用语进行的解释,它不仅包括对概念、术语的解释,而且包括对法律条文整体的解释。文义解释旨在理解文本的意义,它是通过解释概念、术语的含义,分析概念、术语在文句中的地位、结构和句法构成,以求对其具体含义的理解。文义解释的对象就是以制定法形式表现出来的法律文本,具体包括法律文本中的概念、术语、法条。一方面,解释者应当是就法条论法条,就文字论文字来阐释文本的含义。另一方面,解释者要依循法律文本所表述出来的客观含义进行解释,不可对规则的含义随意扩张或缩小,使解释的含义与文本的字面含义发生过分的偏离。虽然在许多情况下,单纯从文义出发进行解释,并不能准确地解释法条的真正含义,需要目的解释、体系解释等配合适用,但文义解释本身并不需要探究立法目的或作过多的价

---

① 参见[德]N. 霍恩:《法律科学与法哲学导论》,罗莉译,法律出版社 2005 年版,第 132 页。

② 郑玉波:《民法总则》,台北,三民书局 1984 年版,第 39 页。

值判断,否则就容易脱离文义解释而进入目的解释等其他解释方法领域了。文义解释存在的假设前提是,法律文本非常确切地表达了立法者的意图,并且立法者也使用了充分地表达其意图的措辞。[①]

第二,它是解释的起点,也为其他解释方法划定界限。所有的解释活动都是从文义解释开始的,如果能够通过文义解释阐明文义,则不需要采取其他方法。可见,文义解释是最为基础、优先适用的解释方法。在某些情况下,文义解释可能会得出复数的解释结论,但是这并不意味着文义解释在此时就丧失了意义。在不能直接通过文义解释确定单一的解释结论时,文义解释的功能就体现为确定可能的文义范围,而这一范围可以为其他解释方法的适用划定界限。所以,拉伦茨认为,文义解释可以为"进一步的解释活动划定了区域"。[②] 这一功能事实上将文义解释与其他解释方法联系起来,它一方面反映了其他解释方法可以成为文义解释的必要补充;另一方面也反映了文义解释作为最基本的解释方法,发挥了对其他解释方法进行限制的功能。在一般情况下,其他狭义的解释方法均应当遵循文义解释所划定的界限,在可能的文义范围内进行解释活动。"文字还不是法律规范",[③]因此在一些特殊场合,文义所展现的规范却可能与立法目的不符甚至相悖,此时,就有必要违背文义进行解释。[④] 但是,此种超出文义可能范围的解释可能已经不再属于狭义的解释了,而是漏洞填补方式。

第三,它原则上不需要考虑立法目的等文本以外的因素。相对于其他解释方法而言,文义解释的依据相对比较单纯,可以说是"就法条论法条"。文义解释的重要特点在于,其不需要借助于立法目的考量和立法资料的考证,来确定立法者的立法目的,而直接可以从法律文本的字面含义出发对其进行阐释。如果文义解释中的标准包含了其他狭义法律解释方法中的标准,就会导致文义解释方法架空了其他法律解释方法,也使得文义解释变成内涵宽泛、无所不包的解释方法,完全替代

---

① Jean-Louis Bergel, *Méthode juridique*, PUF, Thémis, Droit privé, 2001, p. 246 – 248.

② [德]卡尔·拉伦茨:《法学方法论》,黄家镇译,商务印书馆 2020 年版,第 409 页。

③ [奥]恩斯特·A. 克莱默:《法律方法论》,周万里译,法律出版社 2019 年版,第 51 页。

④ 参见[奥]恩斯特·A. 克莱默:《法律方法论》,周万里译,法律出版社 2019 年版,第 52 页。

了其他的解释方法。例如,《民法典》第 1183 条第 1 款规定:“侵害自然人人身权益造成严重精神损害的,被侵权人有权请求精神损害赔偿。”从文义解释来看,该条规定将精神损害赔偿仅仅限于“侵害他人人身权益”的情形,没有包括侵害财产权益的情形,如果认为精神损害赔偿可以包括特殊情况下侵害财产权益的情况,则超出了该条规定的文义范围,需要采用其他的解释方法。文义解释是对字面含义进行具体化的阐释,既不需要对其进行扩张,也不需要对其进行限缩。一方面,文义解释一般不需要法官进行价值判断。文义解释是依据法律文本的通常含义、依据文义解释的一般规则,从而确定法律解释的结论。[①] 在文义解释的情况下,不需要作过多的价值判断,当然,在解释过程中,在对文本的字面含义进行具体化的过程中,并非不考虑任何的法律的价值判断,但是文义解释仍限于文义本身。另一方面,文义解释所依据的解释材料是法律规范本身所包含的。[②] 这就是说,文义解释仅仅是针对文本本身来解释法条,通过对文本所使用语言的含义来进行解释。这是文义解释与其他狭义法律解释方法的区别所在,其他的狭义法律解释方法依据的解释材料是待解释法条以外的因素,如立法史、立法目的、社会学效果、比较法等。从这个意义上说,文义解释的方法相对简单。

第四,它一般不涉及价值判断。如前述,文义解释主要是就文本论文本,它原则上不涉及价值判断。如果文义解释涉及价值判断,实际上就成为通过其他方式来进行的解释,如目的解释等。例如,借助法律的外在体系来解释,就在文义解释的基础上借助了体系解释的方法。正是因为这一点,文义解释是最为基础的法律解释方法。一方面,文义解释要按照语义学上的方法进行解释。这就是说,文义解释要借助于词典、习惯的理解等方式确定法律条文的含义。例如,《民法典》物权编中的“占有”,在语义学上的含义就是控制和支配。另一方面,如果通过文义解释能够直接得出唯一解释结论,则不需要运用其他解释方法。只有在通过文义解释得出复数解释结论时,才需要运用其他解释方法。

探求法律文本的文义是法律解释的首要目的。文义解释是所有法

---

① See Miranda Oshige Mcgowan, *What is Legal Interpretations? Against Interpretation*, 42 San Diego L. Rev. 711(2005).

② F. Bydlinski, Juristische Methodenlehre und Rechtsbegriff, Wien/New York, 1982, S. 437.

律解释的起点,也是一切法律解释的终点。“法学之终极目的,固在穷究法之目的,惟终不能离开法文字句。”[①]但文义解释必须在可能文义的范围内,且主要是对核心文义进行解释,确定可能文义的范围,包括确定法律条文的核心文义和边缘文义。法律条文的含义可以进一步区分为核心文义和边缘文义。在核心文义的范围内,法律的适用通常是没有争议的,如果待决案件处于该范围内,就可以直接得出结论,不必进一步进行解释。如果要对边缘文义进行解释,则可能需要借助于目的性扩张、类推适用等方法。例如,在诉讼时效制度中,我国《民法典》第195条规定,债权人提起诉讼可以导致诉讼时效中断。[②] 如果待决案件中的债权人申请追加当事人,这应当仍然处于“提起诉讼”的文义射程范围之内,这可以通过扩张解释,从而适用《民法典》第195条。而如果债权人申请仲裁,则应当解释为申请仲裁已经超出了“提起诉讼”的文义射程范围,这就构成法律漏洞,解释者可以通过目的性扩张来填补法律漏洞。[③]

文义解释是所有解释方法中最为基础的解释方法,也是所有法律解释方法中首要的解释方法,任何法律解释方法的采用都需要建立在文义解释的基础上,因为探求法律文本的文义是法律解释的首要目的。法律解释的目的并非探究法律的一般规律,而主要是阐释现存有效的法律文本的字面含义,寻求妥当的法律解释结论。因此,阐释法律文本的含义则是法律解释的重要目的,而文义解释在很多情况下就能够解决法律适用中的主要问题。[④] 因此,在两大法系中,文义解释都是诸种法律解释方法中最为基础的方法。[⑤]

---

① 杨仁寿:《法学方法论》,台北,三民书局1986年版,第120页。

② 《民法典》第195条规定:“有下列情形之一的,诉讼时效中断,从中断、有关程序终结时起,诉讼时效期间重新计算:(一)权利人向义务人提出履行请求;(二)义务人同意履行义务;(三)权利人提起诉讼或者申请仲裁;(四)与提起诉讼或者申请仲裁具有同等效力的其他情形。”

③ 当然,《最高人民法院关于审理民事案件适用诉讼时效制度若干问题的规定》通过以后,这些解释方法就没有必要了,因为该规定第13条已经作出了明确规定。

④ 参见谢晖:《中国古典法律解释的哲学向度》,中国政法大学出版社2005年版,第19页。

⑤ 在英美法中,文义解释规则(the Literal Rule)历来是解释中最重要的规则。

二、文义解释是法律解释的起点和终点

(一)文义解释是法律解释的起点

“文义是所有解释的首要的出发点。”[①]在法律解释学的发展史上,最初的解释比较倚重于文义解释。在概念法学盛行之际,文义解释方法被推向极致。因为概念法学强调裁判者严格遵循法律,严格遵循立法者的意思。在此背景下,文义解释的地位得以彰显。传统的法学将成文法视为一种符号技术,并以法条作为研究的唯一对象,所以文义解释成为主要的方法。[②] 萨维尼指出:“文义解释只应当依据语词含义而进行,并应作为有效规则,适用于普遍情况。”[③]但是,随着自由法运动的发展,法律解释方法也不断丰富,出现了目的解释、社会学解释等方法。不过,无论解释方法多么复杂,其形态有多少增加,文义解释仍然是法律解释中重要的方法。例如,在麦考密克和萨默斯主编的《制定法解释比较研究》一书中,作者考察了阿根廷、德国、芬兰、法国、意大利、波兰、瑞典、英国和美国 9 个国家的实践,认为,如果语义论点的解释条件得以满足,它就优先于其他解释论点的考虑而被运用。只有首先考察语义解释的解释结果,并且有某种理由对此结果的合理性表示怀疑,才能进行其他解释。所以,文义解释在这些国家都处于优先地位。[④]

文义解释是首要的解释方法,是法律解释的起点。主要理由如下:

第一,就法律解释的对象和目的而言,法律解释以文本为对象,最终是为了探究文本的含义。解释法律必须从文义解释入手,首先了解法律条文的含义,确定其词句的意义,然后才能采用其他方法。从文本出发,也就是从文本的基本含义出发,文义解释也是一切法律解释的起点。法谚说:“法律文字不容违反。”“对法律最好的解释是法律本身。”[⑤]条文的用语和语句是按照通常的意思以及法律用语的特殊意思进行直接解释。对文义的阐释,为法律适用奠定了基础。法律是以语言的形式表现出来的,只有通过解释语言的含义,才能适用法律。在我

---

① [德]魏德士:《法理学》,吴越等译,法律出版社 2005 年版,第 319 页。

② 参见杨仁寿:《法学方法论》,台北,三民书局 1986 年版,第 123 页。

③ Savigny, *System des heutigen Römischen Rechts*, Bd. 1, Berlin, 1840, S. 320.

④ 参见张志铭:《法律解释操作分析》,中国政法大学出版社 1999 年版,第 174 页。

⑤ 孙笑侠编译:《西方法谚精选》,法律出版社 2005 年版,第 80 页。

国司法实践中,有关判决中也明确确认,解释法律应当先从文义着手。①

第二,就促进法律的可预期性和安全性而言,必须以文义解释为首要方法。文义既确定了行为规则,也确定了裁判规则。法律颁布之后,形诸外,让人们可以通过阅读而知悉。同时,人们对法律的文义也产生了信赖。如果裁判者在适用法律中可以撇开文本的含义而随意解释,就损害了人们对法律的信赖,也使得法律处于不稳定的状况,而且,使人们感觉到法律"威猛莫测",甚至动辄得咎。② 同时,文义解释也是保障法律解释客观性的手段。因为就法律概念和法律条文本身而言,最有效地避免裁判者依据其主观意思随意进行解释的方法,就是要对文义作出清晰、明确的解释。由于文义的内容在大多数情况下都是可以确定的,通常不存在过多争议,因此,解释的标准和解释的结果更具有客观性。所以,文义解释能够保障法律解释的客观性。

第三,就法律解释的步骤而言,只有从文义解释开始,才能发现是否有必要采用其他方法。"法律适用之困难,主要在于解释上,而非在于语义上的问题,盖在适用法律之际,其所困扰者并非在于法律规定之文义,而在于利用这些文字所要表达之规范意旨的探求。因为语义学上的探求,只能说明法律所使用之文字的文义所在,而无法说明该规定之规范意旨所在。"③如果通过文义解释发现文义本身是清晰的,或者文义的核心区域是明晰的,且待决案件仅仅涉及核心文义,就不需要采用其他方式。只有在法律文义有多种解释可能,且通过文义解释无法确定文义的含义时,才有必要运用其他法律解释方法来确定妥当的解释结论。

第四,只有通过文义解释,才能确定狭义的法律解释和漏洞填补方法的适用。如果通过文义解释无法得出唯一的、确定的含义,就需要通过其他解释方法进一步确定其内涵。"可能的文义"是区分狭义的法律解释和法律补充(漏洞填补)的标准。④ 法律漏洞是否存在,其判断标

---

① 参见《杨庆峰诉无锡市劳动和社会保障局工伤认定行政纠纷案》,载《最高人民法院公报》2008 年第 1 期。

② 参见苏彩霞:《刑法解释方法的位阶与运用》,载《中国法学》2008 年第 5 期。

③ 黄茂荣:《法学方法与现代民法》(第 5 版),法律出版社 2007 年版,第 81 页。

④ F. Bydlinski, *Juristische Methodenlehre und Rechtsbegriff*, Wien/New York, 1982, S. 441.

准就是,待决案型是否超出了文义可能的射程,或者说,待决案型是否超出了法条文义的可能射程。而法条文义的可能射程只能通过文义解释来确定。法律漏洞的存在与否取决于法条文义可能的射程。如果在其射程之内,则可以通过扩张解释等加以适用;而如果在其射程之外,就要通过目的性扩张、类推适用等方法来适用。例如,在受害人的监护人具有过错的情况下,可以认为,我国《民法典》第1173条中"被侵权人对同一损害的发生或者扩大也有过错"的文义射程包括"受害人一方的过错",因此可以通过扩张解释即可,而不宜采用漏洞填补的方法。再如,在诉讼时效制度中,我国《民法典》第195条第3项规定,债权人提起诉讼或仲裁可以导致诉讼时效中断。如果待决案件中的债权人申请追加当事人,应当认为仍然处于"提起诉讼"的文义射程范围之内,因而应对《民法典》第195条第3项作扩张解释。文义解释是其他狭义的法律解释方法运用的前提。如果通过文义解释,法条的含义得到确定,只有唯一的法律解释结论,那么,其他狭义的法律解释方法运用的必要性就大大降低,甚至可以认为,不必借助其他狭义的法律解释方法。因此,"法律解释首先是注疏性或者注释性的"。[①]

最后需要指出的是,从严格适用法律的角度来看,司法者服从于立法者的主要表现就是对法律条文含义的服从。裁判者一旦摆脱了法律文义的约束,法律就成了没有意义的摆设。[②] 在成文法的背景下,立法者是借助于书面语言来表明其意旨。法律文本之外的因素,如立法史、社会学考量等,其在探究立法者意旨和立法意旨方面的意义,显然不如法律文本本身。解释法律的目的就是要探究立法意旨,所以,文义解释是首要的方法,也是重要的解释方法。从司法的职责来看,其首先必须遵从立法者通过语言所确定下来的规则,而文义解释正是实现这一目的的重要途径。

(二)文义解释是法律解释的终点

文义不仅是一切法律解释的出发点,也是一切法律解释的终点。"法学之终极目的,固在穷究法之目的,惟终不能离开法文字句。"[③]因

---

① 孔祥俊:《论法律解释的基本特性——裁判者在裁判中的法律解释哲学》,载中国民商法律网,2021年5月3日访问。

② 参见陈金钊等:《法律解释学》,中国政法大学出版社2006年版,第317页。

③ 杨仁寿:《法学方法论》,台北,三民书局1986年版,第112页。

为一方面,所有解释的方法都要在文义解释的基础上,确定文义的具体内涵。可能的文义范围往往是非常宽泛的,而文义解释的方式是有局限的,它仅仅是从语言学的角度进行的解释,所以,其解释的依据受到较大的限制。正因如此,解释者需要借助于其他解释方法来具体确定法律条文的含义,如立法史、法律的外在体系等,这些方法最终仍然是为了阐释文义。另一方面,当文义解释的运用尚不足以完成对新的社会现实的法律调整时,就需要运用其他狭义解释方法。但是,在运用其他解释方法之后,如果最终解释的结果与法律文本的文义有较大的差距,产生了一定的字面含义的背离,此时就需要解释者运用其他解释方法进行阐述和说明,以证明其解释结果与文义的背离是科学运用解释方法的结果,而不是恣意判断的结果。也就是说,一切狭义解释最终仍要回到文义解释,以判断其解释结论的科学性和合理性,即文义解释也是法律解释的终点。还要看到,解释的目的是准确阐释文本的含义,因此需要综合考虑文本所在的体系、立法原意和历史背景资料等多重因素,才能得出妥当的结论。

三、文义解释的功能和局限

(一)文义解释的功能

美国解释学家 D. C. 霍埃指出:“科学本身便是一种释义。”①文义解释,顾名思义,就是确定法律文本的字面含义。具体来说,文义解释的功能包括如下方面:

第一,确定文本的字面含义,以寻求妥当的法律解释结论。文义解释通过阐释文本的字面含义使文本的含义清晰确定,并能够经过阐释的法条准确地运用到裁判中去。一方面,法律条文实际上是将生活语言用法律语言表述出来,在这个过程中,如果法律语言没有特别的含义,则可以用人们对生活语言的一般理解来解释,但如果法律语言有特殊的法律含义时,则需要借助文义解释方法对其进行解释。例如,法律上所说的“补偿”“责任”“债务”“因果关系”等,都与生活中的相关用语的含义存在区别,这就需要通过文义解释的方法明确其含义。另一方面,对大量的法律文本而言,都可以通过文义解释来得出裁判所需的大

① [美]D. C. 霍埃:《批评的循环》,兰金仁译,辽宁人民出版社 1987 年版,第 115 页。

前提,因此,如果能够阐明字面含义,则已经达到了阐明法律含义的目的,就解决了找法的问题。凡是能够通过文义解释确定法律文本的含义,都应当通过文义解释来解决,这也有利于规范裁判者的解释活动,保障严格执法、实现司法公正。

第二,确定法律条文的可能文义范围。文义解释方法运用的基本前提是明确法律文本文义的可能范围,这也为其他法律解释方法的运用提供了基本前提。确定可能文义的范围包括确定法律条文的核心文义和边缘文义,在核心文义的范围内,法律的适用通常是没有争议的,如果待决案件处于该范围内,就可以直接得出结论,而不必进一步进行解释。而在边缘文义之中,法律的适用通常争议较大,这也常常被称为概念外延边缘的模糊性。① 正如有学者所言,“一个概念的中心含义也许是清楚和明确的,但当我们离开该中心时它就趋于变得模糊不清了”。② 概念外延边缘的模糊性,几乎可以说是一种普遍现象。③ 此时,就需要借助于各种法律解释方法来确定其具体含义。

任何概念、术语和用语都可能存在核心文义与边缘文义的区别。在仅存在核心文义而不存在边缘区域时,此时文义可以清晰地解释出来的。例如,数字、人名、地名等确定的概念不需要解释。④ 还有一些法律条款所确立的规则非常清晰,在实践中极少发生争议,因此通常也不需要进行解释。例如,《民法典》第397条第1款规定:“以建筑物抵押的,该建筑物占用范围内的建设用地使用权一并抵押。以建设用地使用权抵押的,该土地上的建筑物一并抵押。”从该条规定来看,如果当事人以建筑物抵押,则其占有范围内的建设用地使用权一并抵押,如何理解此处“一并抵押”的内涵?此种抵押权的设立是否需要办理抵押登记?从该条规定的文义来看,其并没有对此种情形下抵押权设定的公示要件作出要求,因此,即便当事人没有办理抵押登记,也可以依法设立抵押权。可见,如果法律文本的文义通过字面的解释能够阐释清楚,不存在复数解释结论,就不需要借助其他解释方法探求其内涵。

① 参见雍琦:《法律逻辑学》,法律出版社2004年版,第34页。

② [美]E.博登海默:《法理学——法律哲学与法律方法》,邓正来译,中国政法大学出版社1999年版,第487页。

③ 参见雍琦:《法律逻辑学》,法律出版社2004年版,第35页。

④ 参见梁慧星:《裁判的方法》,法律出版社2003年版,第52页。

第三,决定是否可以运用其他狭义的法律解释方法。如果文义解释的结果是,其核心文义和边缘文义是明晰的,对于核心文义也是没有争议的,就不需要运用其他方法进行解释。法律语言的含义可以区分为核心区域和边缘区域,其射程的远近应依据法律意旨来确定,在边际灰色地带可以有判断的余地,但不能超过其可能的文义,否则就进入了漏洞填补的领域。① 例如,《民法典》第1176条关于自甘冒险的规定适用于自愿参加具有一定风险的文体活动,它通常是指此类活动具有一定内在的、固有风险,能够产生对他人的损害,但某人跳广场舞、转呼啦圈,则超出了此处文体活动的范畴。对于核心文义,通常可以通过文义解释来予以确定。对于核心区域的理解发生争议,裁判者通常直接运用文义解释就可以明确其含义。而对于边缘的文义,文义解释往往难以胜任,就必须运用论理解释和社会学解释方法。对于该区域发生的争议,裁判者必须借助其他解释方法来解释。

(二)文义解释的局限性

在我国司法实践中,裁判者经常使用文义解释的方法。但是,在采用这种方法的时候,有时难以意识到这种方法的局限性。某些情形下过度强调此种解释方法,就会拘泥于法律文本的字面含义,而不注重探求法条本身的立法目的和规范意图,从而使文义解释走向了反面,最终有损于法律的妥当性。在狭义的法律解释中,文义解释具有其固有的局限性,主要表现如下:

第一,文义解释主要是采用语义学的方法进行解释,并不需要探求立法目的,也不需要考究其历史上的立法者真意。文义解释也不涉及对法律条文的立法目的的妥当性的评价,只是为了帮助裁判者在裁判案件时能够准确地理解法律条文的含义提供帮助,因此,文义解释以理解立法者立法时对于该文字的真实含义为目的。而拘泥于文义字面含义作出的解释甚至会导致明显的荒谬结果,并可能对裁判者产生拘束力。②

第二,文义解释关注特定的法律条文本身,可能导致断章取义。解

① 参见王泽鉴:《民法总则》,中国政法大学出版社2001年版,第220页。

② See James A. Holland JuLians &,Webb,*Learning Legal Rules Blackstone Press Limited*, 1993,p.186 - 187.

释法律不可断章取义，必须注意条文间的关联性，尤其需要把握整部法律的立法意旨，才能避免违背法律的真意。[①] 但是，文义解释本身并不能解决这一问题，只有借助于体系解释才能克服这一弊端。

第三，文义解释自身并未涉及解释结论的社会效果考量。文义解释属于“就法论法”的解释方法，如果完全采用文义解释的方法，可能使得法律的适用变得机械和僵化呆板，无法实现法律与社会的互动。[②] 仅仅运用文义解释，就可能与社会的价值追求和社会的实际情况发生冲突。[③] 文义解释本身并不涉及对法律解释结论的社会学考量，因此可能导致对解释结论社会效果的忽视。

第四，从司法的发展趋势来看，过度拘泥于法律的字面含义，可能导致法律适用的僵化，产生极端的司法克制主义，它并不符合司法发展的规律。克拉默（Kramer）教授曾经指出，天真地拥抱文义，并奉其为圭臬，是欠缺水准的法律人。[④] 正是因为这一点，文义解释需要借助于其他方法来验证或校正。

在一般条款和不确定概念的具体化之中，文义解释也存在其局限性。这主要是因为，不确定概念和一般条款本身无法通过定义的方式清晰界定，它只能采用类型化的方法，通过归类、对比等方法确定出相同点和差异点，这就使得文义解释的方法很难有适用的余地。[⑤] 在价值补充的情况下，法条的文义具有模糊性，甚至可以说具有空洞性，因此，文义解释并不足以明确法条的含义，难以揭示蕴含在法条中的价值。至于在漏洞填补的情况下，因为待决案件并没有既存的法律条文可供适用，所以也无法运用文义解释方法，而只能采用各种漏洞填补的方法，如类推适用等。

需要指出的是，文义解释的局限性正是其他解释方法得以适用的原因所在。假如所有的法律条文都可以通过文义解释的方法进行解释，法律解释学本身就失去了其存在的价值。应当承认：“文义解释之步骤，固然以文法之方法为推敲文义的主要方式，但是相关系统概念之

---

① 参见管欧：《法学绪论》，台北，五南图书出版公司2007年版，第237～238页。

② 参见苏彩霞：《刑法解释方法的位阶与运用》，载《中国法学》2008年第5期。

③ 参见陈金钊等：《法律解释学》，中国政法大学出版社2006年版，第446页。

④ 参见黄异：《法学方法》，台北，元照出版有限公司2009年版，第87页。

⑤ 参见林立：《法学方法论与德沃金》，中国政法大学出版社2002年版，第70页。

演绎与推理,亦为不可偏废之重要方法。”[①]但法律解释仅靠文义解释是不够的,是很难确切地阐释法条的真意的。正如有学者所指出的,“探求文本的意义脉络并不是一种简单的方法,理解很大程度上依赖于语言与法律的接合,任何对合同法律的解释都需要将规则等社会的现实联系起来考虑”。[②] 在何种情况下,文义解释还不足以解决问题,而需要借助其他法律解释方法?通常认为,如果文义解释的结论有多种可能,或者说存在复数的解释结论,才需要借助于其他法律解释方法,[③]而不能仅凭文义解释来得出解释结论。也就是说,如果法条本身有数种含义,就要进一步阐述法条本身的含义,从体系、历史和目的等角度确定该条文应有的含义。

四、文义解释的对象

法律解释的对象是法律文本,但其具有特殊性,表现在:一方面,就文义解释而言,其不可能以整个法律文本为对象。对于整个法律文本的体系、结构、制度的解释,不应当是文义解释应承担的任务。因为通常来说,整体的制度无法作为文义解释的对象,对整个制度的解释应综合运用文义解释和其他解释方法来完成。另一方面,文义解释并非对所有的法律文本进行解释,“法律不可能对某一个案件的整体进行单独规定,任何案件总是被涵摄于某一条抽象规则之下”。[④] 因为在法律文本中,有一些条文、概念等可能是不需要解释的。例如,民法中的一些宣示性规范,这些规范主要以不完全法条的形式出现,其本身并不涉及具体权利义务,也不产生一定的拘束力,不可能作为裁判规范出现,因此是不必进行解释的。所以,文义解释只是针对拟适用于待决案件中的法律文本或法律条款进行的解释。

文义解释的对象主要包括如下几个方面:

---

① 刘凯湘:《论民法解释之依据与解释方法之运用》,载《山东警察学院学报》2006年第2期。

② Larry A. DiMatteo, *Reason and Context*:*A Dual Track Theory of Interpretation*, 109 Penn St. L. Rev. 403.

③ 参见杨良宜:《合约的解释》,法律出版社2007年版,第23页。

④ [德]萨维尼、格林:《萨维尼法学方法论讲义与格林笔记》,杨代雄译,胡晓静校,法律出版社2008年版,第27页。

(一)法律概念或术语

康德曾经把“表达多个客体之共性的观念”称为“概念”。[①] 所谓法律概念,是指法律文本中所使用的、一般具有特定内涵和外延的专门用语,如“善意”“所有权”“物权”“业主”“占有”等。法律术语是法律中所使用的专门用语。例如,法律中的“以上”“以下”等都属于专门术语,都有特定的含义。在文义解释中,就法律概念的解释,需要判断和确定概念的内涵和外延。内涵和外延是概念所具有的逻辑特征。[②] 法律术语虽可能不必确定其内涵和外延,但也需要澄清其含义。

法律概念、术语之所以需要进行文义解释,首先在于法律上对概念、术语和一般的生活用语具有较大的差异,不能简单地套用一般的生活用语来对法律概念、术语进行解释,否则会引起极大的误解和混乱。如边沁曾经指出:“法律语言的特殊性决定其要有特殊的阐述方法。”[③] 例如,民法上常用的一个概念是“善意”,该词在生活用语上的意思是指好心,而在法律上,善意却有独特的含义,即当事人的不知情或不可能知情。再如,法律上“损失”的概念和生活用语上的“损失”也不一样,在法律上的损失特指经济利益的丧失,不包括精神损害。而生活中损失的范围是非常广泛的。因此,不能随意使用生活中的用语和日常的理解来对法律概念进行解释,否则也会使文义解释失去其应有的功能。尤其是因为这些概念、术语往往构成一个法律规则的核心内容时,不了解这些概念、术语,会导致整个法律规则的适用困难。例如,对业主权利的解释,首先必须对业主的概念进行解释。此外,并非所有的法律概念、术语都有必要在法律上给出定义。立法者有时也有意省略特定概念、术语的定义,以实现法律的简洁,这就必须由裁判者在个案中进行解释。

法律上常常借助“定义性规范”来给法律术语下定义。此种“法律定义”形成对其他规范的补充。[④] 例如,《民法典》第 180 条第 2 款规

---

① 参见[德]齐佩利乌斯:《法学方法论》,金振豹译,法律出版社 2009 年版,第 29 页。

② 参见刘江编著:《逻辑学推理和论证》,华南理工大学出版社 2004 年版,第 13 页。

③ [英]H. L. A. 哈特:《法理学与哲学论文集》,支振锋译,法律出版社 2005 年版,第 28 页。

④ F. Bydlinski, *Juristische Methodenlehre und Rechtsbegriff*, Wien/New York, 1982, S. 441.

定:“不可抗力是不能预见、不能避免且不能克服的客观情况。”这实际上是借助于辅助性规范来对法律术语下定义。运用《民法典》第180条的规定来解释该法其他法条中“不可抗力”的含义,此时仍然采用的是文义解释方法,只不过文义的确定依据是法律的直接规定,而不是法学文献或日常生活经验等。法律本身所给出的定义属于立法解释,而不属于法律适用中的解释。问题在于,对于法律直接阐释的概念是否有必要解释?笔者认为,即便是法律给出的解释,在适用中也会产生不确定性的问题。例如,“非典”是否属于不能预见、不能避免并不能克服的“不可抗力”情况,曾经引发过争议。由此表明,即便是立法作出了解释,也有再解释的问题。尤其应当看到,法律概念不宜主要通过立法的途径进行解释,因为毕竟立法者不可能预料到各种具体案件的特殊情况,概念术语主要通过立法来解释,容易导致法条的僵化。概念术语的含义可能随着社会的发展和法学理论的发展而出现变化,而主要通过立法进行解释以后,裁判者就难以进行灵活的解释。所以笔者认为,法律概念主要应通过司法的途径等进行解释。

文义解释旨在探求概念的内涵和外延。所谓概念的内涵,就是概念中包含的对事物本质属性的描述。一般来说,法律概念的内涵既可以从其通常的文义理解中确定,也可以通过文义解释方法来确定。例如,《民法典》物权编中的“权利人”的内涵限于物权人,但是,从文义解释来看,其内涵并非限于物权人,而包括各种权利人如债权人。所以,简单的文义解释无法准确界定其内涵,此时就需要借助其他方法来解释。一般来说,概念的内涵的界定常常需要借助其他方式,如体系解释、目的解释等。所谓概念的外延,就是概念所包含的事物的范围。[①]概念的外延,是具有概念所反映的本质属性的事物所组成的类。[②]例如,按照《民法典》第388条的规定,“担保合同”这一概念的外延包括抵押合同、质押合同和其他具有担保功能的合同。而该概念的内涵是指具有担保债权实现功能的合同。再如,某书法协会在网上发布公告举行书法比赛,公告载明,对前三名获奖者,分别奖励十万元、二十万元、

---

① 参见中国人民大学哲学系逻辑教研室编:《形式逻辑》,中国人民大学出版社1980年版,第24页。

② 参见朱志凯主编:《逻辑与方法》,人民出版社1995年版,第19页。

三十万元。在评审结束后,前三名获奖者要求书法协会支付奖金,该书法协会提出因为赞助商的赞助费用没有到位,因而不能支付奖励。我国《民法典》第 499 条虽然规定了悬赏广告,但是对于优等悬赏广告没有规定。本案涉及悬赏广告是否包括一般的悬赏和优等悬赏。笔者认为,从文义解释上来看,悬赏广告应该包括优等悬赏。在把握概念时,首先应当确定其内涵,内涵决定了事物的外延。但由于概念的外延往往是比较模糊的,因此就存在复数解释的可能性。

对于法律概念,按照通常的理解就可以大致得出该概念的内涵,至于其外延,则可能需要结合该概念所处的法律体系来判断。例如,业主的内涵通常是确定的,即指房屋的所有权人(包括已领取房产证的所有权人和未办理房产证但已实际占有房屋的购买人),但是,业主的具体外延则需要根据不同的语境进行分析。在选举业主委员会等活动时,该“业主”只能是房屋所有权人;而在要求物业公司提供物业服务时,除上述房屋所有权人以外,承租人、借用人应当也属于“业主”的范畴。

讨论对法律用语的解释,有必要对如下几个常用概念作重点阐释:

1. 对“应当”一词的解释。“应当”一词是文义解释中经常遇到的概念。哈特认为,“必须”和“应当”的区别,关键在于,对其的违反是否会招致某种法律后果,特别是受到惩罚。① 而凯尔森认为,“应该”与其他类似的术语一样,既可以是工具性的,也可以是描述性的。如果是前者,就是创造一个规范;如果是后者,就是指出规范的存在。② 以我国法律中大量采用的“应当”一词为例。“应当”一词的含义历来是法律解释中的争议话题,从法律条文的表述来看,“应当”一词有如下几种含义:一是管理性强行性规范意义上的“应当”。此种意义上的“应当”是为了实现国家对社会管理的需要,对这类规范的违反通常不会影响具体民事法律关系的效力,但违反了国家的管理秩序。例如,《民法典》第 218 条规定:“权利人、利害关系人可以申请查询、复制不动产登记资料,登记机构应当提供。”二是作为强行性规范中的效力性规范。例如,《民法典》第 208 条规定:“不动产物权的设立、变更、转让和消灭,应当

---

① 参见[英]H. L. A. 哈特:《法律的概念》,法律出版社 2006 年版,第 10 页。

② 参见[英]约瑟夫·拉兹:《法律体系的概念》,吴玉章译,中国法制出版社 2003 年版,第 57 页。

依照法律规定登记。动产物权的设立和转让,应当依照法律规定交付。”此类规范的特点在于,违反此类规范的特定行为和社会关系的法律效力将会受到影响,甚至会引起相应的民事法律责任。例如,如果民事主体没有按照规定办理登记,其欲设立的物权就无效,不能取得物权。三是作为授权第三人规范,而并非强行性规范。这类规范授予第三人决定未来民事法律关系效力的权利,允许第三人根据自身情况予以选择。例如,《民法典》第 461 条规定:“占有的不动产或者动产毁损、灭失,该不动产或者动产的权利人请求赔偿的,占有人应当将因毁损、灭失取得的保险金、赔偿金或者补偿金等返还给权利人;权利人的损害未得到足够弥补的,恶意占有人还应当赔偿损失。”据此,权利人有权请求恶意占有人赔偿损失,也可以放弃该项权利。四是倡导性的规范。[①]这类规范通常不会引起实质的法律效果,只是从法律上倡导民事主体按照特定的方式从事法律行为。民事主体也可以排除该规范,按照其他不违反法律法规的行为方式从事行为。例如,《残疾人保障法》第 39 条规定:“残疾职工所在单位应当对残疾职工进行岗位技术培训,提高其劳动技能和技术水平。”由此可见,简单地对“应当”一词进行文义解释是无法得出结论的,因为文义解释中可以得出其是“必须”“一定要”“只能这样”等含义。而事实上,这样的理解均可以运用于某些条文,但并非可以运用于所有的条文。法律中“应当”与“可以”并列,或者“应当”与“必须”并列,因此,应当考虑其具体的语境和规范之间的脉络联系。如果通过文义解释无法确定其是否属于效力性规范,就应当借助其他法律解释方法。举例而言,借助体系解释方法来确定将该条款置于整个法律体系之中,借助于法律规范之间的相互关系来确定其含义。例如,法律规定了“应当”以后,又明确规定,违反该约定的法律行为无效。通过体系解释就可以确定,此处所说的“应当”表明该条属于效力性规范。

2. 对法条中“等”字的理解。在我国法律之中,不少法条使用了“等”字,但是,对于“等”字如何理解也需要研究。法律中使用“等”字,实际上体现了立法者采用了具体列举与开放性结合的技术。其优点在于:一方面,提高了法律的可操作性,即通过具体的列举性规定使裁判

---

① 关于法律规范的类型,可参见王轶:《论物权法的规范配置》,载《中国法学》2007 年第 6 期。

者获得明确的指示；另一方面，保持了法律的开放性，即通过"等"字表明立法者承认其有限理性，同时保持法律的开放性。但"等"字的理解也要遵循一定的规则。在学理上，存在"等内"与"等外"之区分，但笔者认为，原则上，"等"字所包含的内容应当与法律条文中已经明确列举的事物具有性质上的共同性。例如，《民法典》第1239条使用了"等高度危险物"的表述，如何理解这一规定？笔者认为，应当依据第1239条所列举的易燃、易爆、剧毒、高放射性、强腐蚀性、高致病性的危险性来判断哪些物属于高度危险物。如果某人在高速公路上遗撒普通货物，或者从列车上抛掷的垃圾，都可能对他人造成重大伤害，但因为其不具有易燃、易爆、剧毒、放射性的特性，所以，不能认定为高度危险物。当然，在特殊情况下，如果基于特殊原因考虑，也可以在"等"字中包含与具体列举不同的事物。

3. 对于"一般包括"的理解。例如，我国《民法典》等法律中经常使用"一般包括"的概念，"一般包括"不同于"必须包括"和"应当包括"，表明这些条款只是任意性的，而不是强制性的，它在一定范围内授权当事人自行作出不同的约定。例如，《民法典》第348条第2款规定："建设用地使用权出让合同一般包括下列条款：(一)当事人的名称和住所；(二)土地界址、面积等；(三)建筑物、构筑物及其附属设施占用的空间；(四)土地用途、规划条件；(五)建设用地使用权期限；(六)出让金等费用及其支付方式；(七)解决争议的方法。""一般包括"说明，这些条款并非订立建设用地使用权出让合同中的必备条款，缺少其中某项条款不一定会导致合同无效。

(二)法律条文

所谓法律条文，是指法律文本中具体的条款。文义解释就是从法条的字面含义发现可供适用的"法律规范"。因此，对法条含义的解释是文义解释的最终目的。对概念、术语等的解释也是为解释法条含义做准备。郑玉波先生将法律条文分为以下十二种：基本型、括弧型、拆配型、定义型、列举排斥型、例示概括型、注解型、但书型、除外型、准用适用型、视为型、推定型，并根据每种法条的类型，探讨了不同的解释方法。[①] 文义解释是对法条文义本身的解释，其解释的依据是法律条文本

---

① 参见郑玉波：《法谚(一)》，法律出版社2007年版，第198页。

身,它的目的是要探究文义本身的准确内涵。通过文义解释,可以澄清法律条文的如下含义:

第一,法律条文的字面含义。许多条款看起来不清晰,但是,按照一般的理解是可以明确其含义的。例如,《民法典》第1188条第1款后部规定:“监护人尽到监护职责的,可以减轻其侵权责任。”从字面含义来说,监护人履行了其监护义务的,就可以减轻其责任,但不能完全免除其责任。而减轻责任的主要依据是监护人是否尽到了监护责任。

第二,法律条文内在的相互关系。例如,《民法典》第207条在规定平等保护原则时,规定了“其他权利人的物权受法律平等保护”,此处所规定的“权利人”是否包括债权人,如果望文生义,也可能会作出此种的解释,但由于该条是专门就物权平等保护作出的规定,因此“权利人”仅限于物权人。就法律术语来说,虽然它们较之日常语言更为专业和清晰,但是,同一概念也可以作不同的理解。例如,“登记”一词在《民法典》物权编中是指公示方法,即将物权享有和变动的状态记载于登记簿的行为;而在《防震减灾法》中,地震预报的“登记”只是将报告记录下来。所以,相对明确和专业的法律术语也仍然有解释的必要。

第三,法律条文的整体意思。通过文义解释确定某条款各部分的文义以及各部分的逻辑联系之后,再根据逻辑联系将各部分的意思联系起来,可以获得整个条文的整体意思。例如,《民法典》第791条第2款后部规定:“承包人不得将其承包的全部建设工程转包给第三人或者将其承包的全部建设工程支解以后以分包的名义分别转包给第三人。”该条并未明确规定承包人与第三人之间合同的效力问题。那么,承包人与第三人之间的合同是无效的呢,还是可撤销的呢?从整体上看,该条禁止承包人将其承包的工程的分包转包是法律明确规定的一项法定义务,属于效力性禁止性规范,任何违反该规定的行为都无效。因此,承包人与第三人之间关于工程分包、转包的合同无效。

(三)其他法律用语和符号

其他法律用语和符号是指法律条文中除了法律概念之外的用语。这些用语可能只是名词、动词、大小标题、旁注等,或者是标点符号。但是,对这些法律用语的解释可能直接影响到整个法条文义的理解。例如,《民法典》第297条后部规定:“共有包括按份共有和共同共有。”其中“包括”两字如何理解?这实际上涉及这两种类型的共有之外是否还包括其他共有。如果“包括”等同于“分为”，那就意味着共有只限于这两种类型；如果“包括”的含义是“主要是指”而“不限于”，则共有的两种被指明的类型仅仅属于典型形态，它还包括在此之外的非典型形态。标点符号在法律解释中也具有重要性。例如，如果是逗号，在逗号前后的词句具有联系性和整体性，不能仅截取逗号前后的一句话来进行解释。文义解释除了解释概念、条款，还包括某些文字的表达，如法律中经常使用的“一般”“包括”“必须”“其他”“有关”“相关”，对这些概念的不同理解也将影响法律解释的结果。

(四)文义解释的依据

在解释文义的过程中，主要从语义学和法律学的角度进行，具体如下。

1. 借助于法理进行解释

在进行文义解释时，应当借助于人们在法学领域的共识来进行。此处所说的共识主要是指法理。例如，对于“占有”的概念来说，虽然有事实说和权利说，但是，多数学者认为应当采事实说。因此，在解释这一概念时，应当借助多数学者的见解。法理是长期法学研究的结果，也是法律人的共识，借助法理来解释法律的文义，既是法律解释科学性的要求，也是准确理解文义的需要。

2. 运用文法进行解释

文法，就是用词造句的规则系统，它是词的构成规则、变化规则、组合规则的总和。运用文法进行解释，主要是对法律条文的词组联系、句子结构、文字结构、文字排列及标点符号等进行语法结构的分析，从而阐明法律条文的含义和内容。[①] 文义解释就是要解释书面语言，首先需要通过语义学来解释，遵守汉语的基本文法和语法。例如，在关联词的选择方面，“或者”表明一种选择，“应当”表明法律的强制义务，“或”指替代方案，“和”指并列，“等”表示一种开放式的列举。在陈述的时态方面，法律使用现在时，就表明一种要求；法律使用将来时，表示一种必须达到的命令或强制。否定句表达的是一种禁止。[②] 当然，文义解释也不是简单的、仅从语义学的角度来阐释概念。法律的含义原则上应当

---

① 参见任彦君：《刑法解释方法的选择和运用》，载《平顶山工学院学报》2007年第4期。

② Jean-Louis Bergel, *Méthode juridique*, PUF, Thémis, Droit privé, 2001, p. 246－248.

按照社会一般人的理解进行解释。

3. 借助词典进行解释

在运用语言知识来解释法律条文的含义时,法官有时可以借助于词典。较之于个别法官对词语的理解,词典中的解释更为明确、可靠。当然,“词典对法律文本词语的解释只能提供解释的起点而不是依据词典来确定词语的终点”。① 例如,我国《民法典》第 1239 条中规定了“易燃”“易爆”“剧毒”“高放射性”等词语,这些专门词语需要借助词典进行解释。但词典的含义只是提供一种参考,不能直接成为法官作为论断的依据。② 例如,对于“信用”一词,《牛津法律大辞典》将其解释为“为得到或提供货物或服务后并不立即而是允诺在将来付给报酬的做法”,“一方是否通过信贷与另一方做交易,取决于他对债务人的特点、偿还能力和提供的担保的估计”。③ 这一解释可以作为法官解释的参考,但不能作为解释的最终依据,因为它不是从信用权客体(即经济上的可靠性和经济上的支付能力)的角度,而是从交易对象的角度来理解“信用”一词的。

4. 根据文义的语境进行解释

语境,是指写作所处的环境。④ 也就是说,在使用某个词时,其是在何种场合中使用特定的用语。语境包括言内语境、言伴语境、言外语境,解释学上所谓“情景化”(situation),即结合具体的情事来进行解释,也是指语境。⑤ 语言的意义是在特定语境当中反复使用而形成的。如果所使用的语境没有发生变化,语义也不会发生变化。如果一般人对某个词语有通常的理解,表明该词语在当前所使用的语境也应当是统一的。法律作为大多数人的意志的体现,也应当被推定为与前述语境相同,因此,必须根据语境来把握语言的准确含义。

具体来说,理解文本的语境应当考虑如下几个方面的因素:一是语言在文本中所处的位置。正如霍姆斯所指出的,“即使是在字典里,一

---

① Bergen Evans, But What's a Dictionary For?, ATLANTIC MONTHLY, May 1962, at 62.

② Pioneer Inv. Servs. v. Brunswick Assocs. Ltd., 113 S. Ct. 1489, 1502 (1993).

③ [英]戴维·M. 沃克主编:《牛津法律大辞典》,李双元等译,法律出版社 2003 年版,第 225 页。

④ 参见谢晖:《法律的意义模糊及其救济方法》,载《法制与社会发展》2009 年第 1 期。

⑤ Jeanne Simard, "Linterprétation législative au Canada: la théorie à l'épreuve de la pratique", in *R. J. T.*, Vol. 35, 2001, p. 645.

个词也通常有多种含义。因此,你必须考虑词所在的句子来确定其含义”。[①] 这就是说,要从言内语境(包括文章的段落、语篇等所构成的语境)考虑,从某一法律文本的内在结构和上下文的体例安排来理解法律的文义。例如,《民法典》中“损害”的概念,其有时指的是财产损失,有时则既包括财产损失,也包括精神损害,甚至包括各种损失之外的危险、不当妨害等。为此需要根据具体的条款所欲表达的意思来予以确定。再如,《民法典》第 1166 条所规定的“损害”是作为名词使用的,而在其他条款中的“损害”又是作为动词使用的,这就要确定同一概念在不同语境下的含义。二是要考虑概念与概念的整体联系。在解释中,要区分不同的法律部门的概念,明确其可能具有的不同含义。例如,在民法上,含有三聚氰胺的产品,可归入缺陷产品的范畴;而在刑法上,含有三聚氰胺的产品,可能被认定为《刑法》第 144 条中的在生产、销售的食品中掺入的“有毒、有害的非食品原料”。再如,民法上“婚姻”的概念与刑法上“婚姻”的概念也不完全相同,在刑法上承认事实婚姻,而在民法上,婚姻都是指已经办理了结婚登记的婚姻。根据有关司法解释,1994 年 2 月 1 日以后,我国就不再承认事实婚姻。在同一法律部门内部,同一概念、术语在不同的语境下,其含义也可能不同。例如,“应当”一词在某些条文中,其表明该规范是强行性规范,而在另一些条文中,其只是表明一种倡导,而不影响法律行为的效力,需要解释者根据条文来具体判断。

5. 采用生活经验等其他方式进行解释

采用生活经验等其他方式进行解释:一是要注重生活经验。法律是社会生活的产物,它是人类生活经验的反映。所以,在法律解释时,要基于生活经验对其进行解释。对日常用语的理解是进行法律解释的重要依据,日常用语必须与法律用语相互拉近,才能使日常世界与法律规范的世界不会发生割裂。[②] 所以,日常生活中理解的语言的含义,应当成为文义解释的重要标准。对于法律规范文义的解释,原则上应当依照社会一般人的理解进行。因此,法官自身的生活经验,也可以作为

---

① Oliver Wendell Holmes, *The Theory of Legal Interpretation*, Harvard Law Review, Vol. 12, No. 6, p. 419 (1899).

② 参见[德]考夫曼:《法律哲学》,刘幸义译,法律出版社 2005 年版,第 175 页。

文义解释的依据。二是要注重逻辑知识。传统理论认为文义解释是一种语义解释和逻辑解释方法。法条都是将概念、术语按照一定的逻辑组织起来的,因此,文义解释也必须遵循形式逻辑的要求。基于此种考虑,文义解释中也应当借助于逻辑知识,确切地说是形式逻辑的知识。逻辑知识主要运用于体系解释等论理解释之中,但是,在文义解释中,也可能借助于逻辑知识而确定法律规范的含义,因为法律条文的字面含义有时也需要运用形式逻辑的一般原理来确定。

五、文义解释方法的运用

文义解释是诸种法律解释方法中最为基础的方法,其对解释者阅读法律文本的方法有特殊的要求。对法律文本的阅读方式要区别于对一般文本的阅读,如对文学作品、科幻作品的阅读。在非法律文本的阅读过程中,读者可能无须字斟句酌,充分发挥自己的构想能力就能把握甚至超越作品所要表达的意境,并且这种理解符合阅读鉴赏的目的。但与此不同,对法律文本文义的阅读则必须字斟句酌,要挖掘立法者在每一个词语、句子和段落中表达的立法原意,并予以准确的阐释。一方面,解释者不能进行一目十行的跳跃式阅读,必须对法条进行认真领会;另一方面,解释者不能随意发挥自己的想象能力,随意在法律文本的基础上构想其所要表达的意思。"解释者首先要形成对有疑问的条文段落的可能的意义,提出各种不同的假设;然后根据这里所概述过的、不同的观点,对条文进行研究,并且据此进行权衡,看看哪一种假设证明是最能够站得住脚的。"①在进行文义解释的过程中,解释者应当考虑如下因素。

(一)文义清晰与否的判断

如前述,"清晰的文本无须解释"(interpretatio cessat in claris)。文义解释不仅仅是裁判者探寻文义的出发点,同时,也界定了裁判者进行狭义的法律解释的范围。② 这就是说,在文义解释中,首先要确定拟援引的法律条款或者概念、术语等的含义是否清晰。按照文义解释的目

---

① [德]H. 科殷:《法哲学》,林荣远译,华夏出版社2002年版,第213页。

② 参见[德]卡尔·拉伦茨:《法学方法论》,黄家镇译,商务印书馆2020年版,第406页。

的,只是在文义不清晰或不明确时,才需要进行文义解释。然而,在实践中,“清晰”的文本也仍是少见的。一方面,语言表达的局限性决定了解释常常很难是唯一的,法律语言在对生活语言进行抽象的过程中,也可能会发生偏差,难以准确地表达立法者的本意和概括生活现象。另一方面,法律语言本身具有概括性、一般性表述的特点,为了使法律具有更广泛的适应性,法律语言可能就具有一定的模糊性。[①] 在解释过程中难免在内涵和外延上具有不确定性,且文本一旦颁布,就具有固定性,会随着社会生活的发展而显得滞后。具体来说,文义不清晰、需要进行文义解释的情况主要表现在如下几个方面:

第一,文义内涵和外延的不确定性。这就是说,法律的概念、术语等的内涵可以作多种解释,其所涵盖的对象也是不确定的,这给解释者留下了极大的解释空间。法律条文是案件裁判的依据,裁判者需要据此阐述裁判的理由,只有在法律条文中所适用的概念的内涵和外延都具有明确的含义,裁判者方才可以形成具有说服力的裁判理由。但实践中,由于法律技术的局限性以及立法者的局限性,许多法律条文的含义往往具有不确定性和模糊性。即使一般人认为,特定概念的内涵是确定的,但是,从法律的角度来看,其也可能具有不确定性,因此也需要通过文义解释等方法来确定概念的内涵和外延。例如,《民法典》物权编中的“物权人”“公共利益”“合理期间”“利害关系人”“补偿”“同等条件”等,这些概念常常可以作多种解释,其所涵盖的对象都是不确定的。这也导致相关法律规则的内涵和外延具有不确定性。对此也需要通过文义解释等方法来澄清概念的内涵和外延。此外,法条中有时也使用一些非法律术语,如“有关部门”“有关单位”等表述,其内涵和外延都不清晰,这也会导致法律规则的内涵具有不确定性。

第二,文义表述不完整。中文本有言简意赅、语句精简的特色,但有些法律规则的表述并不清晰,这也可能导致其存在多种解释可能。同时,法律经常规定一些不完全法条,一个不完全法条只有与另一个不完全法条结合,才能构成完整的法律规范。但法律在规定这些不完全法条之后,其并没有规定这些不完全法条应当与哪些法条结合形成完全法条,也没有指明违反这些法条的法律效果。不完全法条的大量采

---

① 参见许中缘:《体系化的民法与法学方法》,法律出版社 2007 年版,第 185 页。

用也加剧了法律规则文义的不确定性,影响其适用。例如,《民法典》第810条规定:“从事公共运输的承运人不得拒绝旅客、托运人通常、合理的运输要求。”该条是关于从事公共运输承运人强制缔约义务的规定,但该条并没有规定从事公共运输的承运人违反该规定的法律后果,违反该规定是导致合同直接订立?还是从事公共运输的承运人承担违约责任?或者是承担缔约过失责任?该条规定并没有予以明确,这也使得该法条的文义具有一定的不确定性。

第三,文义的相互矛盾。在法律中,表现为对于同一事项的法律规范之间的相互冲突。例如,《民法典》合同编使用标的物“瑕疵”的概念,时而使用“不符合质量要求”(第610条、第617条、第781条),时而使用质量不符合约定(第621条、第801条、第907条),有时则使用“质量不合格”(第731条)。质量瑕疵用语的不一致可能影响当事人对瑕疵的判断。再如,《民法典》侵权责任编中关于“补偿”的表述,有的直接采用“补偿”的表述(第1254条),有的则采用“适当补偿”的表述(第1190条)。如何区分“补偿”与“适当补偿”,《民法典》侵权责任编并没有作出明确规定,文义表述的不一致可能影响人们对补偿责任的理解。

法律用语一般都是十分精确的,但是由于语言表达的局限性和立法者在立法时的疏忽,也会出现文义相互矛盾、词不达意等现象。例如,《民法典》第992条规定:“人格权不得放弃、转让或者继承。”而第1116条规定了法人和非法人组织有权转让其名称。这两个条款相互之间显然是矛盾的,这就有必要通过解释消除此种矛盾。在文义相互矛盾的情况下,可能需要通过文义和体系解释的方法来消除矛盾,也可能需要作为法律漏洞来进行填补。

第四,文义的多义性。所谓多义性,是指法律语言可以作多种不同的理解。法律语言大多直接采用生活语言,因此,其与科学语言相比,往往具有多义性特征,因而其内涵并非唯一的。例如,古人说“春风风人”,前风为名词,后风为动词。正如伽达默尔所指出的,语言是以复述或表述的形式而存在的,这必然要依赖于使用语言者对其所要表述的语意的确定性把握。在主观与客观相作用的情况下,难免产生因解释者本身的客观条件与主观认知的差异而使语意表达无法达到完善的情况,这在现实中也几乎是不可能完成的任务,尤其是当争议出现在某些抽象性质的内容上时。这种不确定性的存在,一方面否定了法律可以事无巨细地对一切事物作出细则性的规范的可能。另一方面体现出了法律解释本身的重要性。[①] 在民法上,经常出现一词多义的现象。例如,我国《民法典》第218条中的“利害关系人”和《民法典》第24条第1款中的“利害关系人”等,其含义就不相同,要依据不同的法律关系确定利害关系人所包含的范围。再如,登记的概念,在民法上有时是指物权变动的公示方法,有时是指一种具有管理性质的登记注册。这就出现了同一概念、术语应如何进行解释的问题。在此情况下,需要对条文的用语和语句按照通常的意思以及法律用语的特殊意思进行直接解释,或者根据一定的语境进行解释。如果不能从文义解释来确定其内涵,就需要借助其他方法来阐释。例如,运用目的解释、历史解释等方法予以确定。

第五,文义的抽象性。法律概念和法律条文是对社会生活的一种规范。为了使法律更能够适用于一般的人和一般的事,从而对社会进行调整,法律条文必须保持其抽象性,才能保障其规范社会生活的灵活性与适应性。一般而言,法律概念较之于生活用语更为抽象。因为法律概念本身就是从大量发生的生活事实中抽象出来的,而且许多法律概念本身就是为了保持其开放性和包容性的特点而创造性地发展的。例如,我国《民法典》中所规定的民事法律行为、善意、财产权等概念,就具有较高的抽象性。

第六,文义的滞后性。阐明文义的必要来自文义的历史性特征。克尔克加德指出:“任何概念都拥有自身的历史,他们不能抵抗时代的变化。”[②]词义可能会出现历史性变化,这就是说,随着时代的发展,法律语言的含义也会逐渐发生变化。例如,“财产”的概念也是随着社会的不断发展而发展和变化的,随着互联网的发展网络虚拟财产等也成为财产的一种类型。

第七,文义的地域差异性。阐明文义的必要来自语义本身的地域性差异。“我们很难说词语只具有一种单一的含义,更准确地说,我们

---

① 参见黄宏耿等:《学术论文与研究丛书——硕士论文集3》,澳门大学法学院2007年版,第141页。

② 转引自[德]魏德士:《法理学》,吴越等译,法律出版社2005年版,第81页。

只有在特定的词语中明确词语的特定含义”。[①] 例如,在法语中,“canard”是鸭子的含义,但是在英语中,该词同时具有“戏弄、欺骗、撒谎”的含义。通过语境解释就可以知道该词的具体含义,这就要说明,对立法者的意图进行阐明,需要明确的是立法者基于何种特定的含义对此进行阐明。[②] 在阿拉伯国家,“家畜”一词会包括骆驼,而在我国东部沿海,骆驼不可能被理解为“家畜”。

我们还可以列举出文义不清晰的其他表现,但是,无论在何种情况下,裁判者要判断文义是否清晰,首先要考虑的是,文义的内涵和外延是否有多种解释可能。其次要考虑的是,当事人是否就待适用的法律规则产生不同的理解。因为法律语言追求更高的严谨性和精确性,远远超出了生活中人们对语言理解的要求。因而,在日常生活中没有歧义的概念、术语等都可能在法律中出现分歧,或者法律条文虽然有明确规定,但是相关当事人仍然存在不同理解,并产生争议。例如,《民法典》第 17 条规定:“十八周岁以上的自然人为成年人。不满十八周岁的自然人为未成年人。”按照一般人的理解,该条规定的“十八周岁”是非常清晰的,但当事人对于“十八周岁”的起算点、其结束的时间点等都可能发生争议,这也需要解释。[③] 此时,裁判者在裁判案件时就需要对相关法条的含义进行解释。再如,《劳动合同法》第 68 条规定:“非全日制用工,是指以小时计酬为主,劳动者在同一用人单位一般平均每日工作时间不超过四小时,每周工作时间累计不超过二十四小时的用工形式。”这里所说的“周”如何理解?是按照实际工作时间计算,还是按照 1 周等于 7 天计算?按照《劳动合同法》上述条文的含义进行理解,1 周应当按照 7 天计算,而不应当按照工作时间计算。但如果当事人一方对此提出异议,裁判者仍然需要进行解释。可见,即使是法律关于数字的规定,也有可能需要解释。

(二)确定文义的可能范围

在确定法律文本的含义不清晰以后,就需要通过文义解释来确定

---

① Walter Sinnott-Armstrong, *Word-Meaning in Legal Interpretation*, 42 *San Diego L. Rev.* 465(2005).

② See Antonin Scalia, *Common-Law Courts in a Civil-Law System: The Role of United States Federal Courts in Interpreting the Constitution and Laws*, in Amy Gutmann ed., A matter of Interpretation: Federal Courts and the Courts and the Law17, 1997, p. 975.

③ 参见陈兴良主编:《刑法方法论研究》,清华大学出版社 2006 年版,第 245 页。

文义的可能范围。在文义解释过程中,应当通过如下方式确定文义的可能范围:

一是在区分核心文义和边缘文义的基础上确定核心文义的内涵。法律文本的核心文义是其中相对固定的、处于中心区域的含义。文义解释可以区分出其核心文义和边缘文义,对于核心文义,其适用通常没有争议,可以适用清晰的文义不必解释的规则。在确定文本的核心区域和边缘区域时,还有必要区分积极的确定性和消极的确定性。积极的确定性就是指该法律概念包含了什么内容。例如,法律中的“消费者”的概念包含了商品的买受人和服务的接受者,这就是对消费者概念的内容的积极确定。消极的确定性就是指该法律可以确定排除哪些内容。例如,“消费者”的概念中就排除了生产资料买受人作为消费者的身份。①

二是确定边缘范围的最大射程。日本著名民法学者加藤一郎指出,法律规定犹如一个“框”,但其不是一般的框,而是一个中心浓厚而越向边缘越稀薄的框。规范事项如果在框的中心,则较为明确;越趋四周则越为模糊,以致分不出框内框外。② 例如,“返还原物”中的“原物”最初是指被侵占的物,这就是“原物”意义的核心区域,而通过转租获得的孳息是否还属于“原物”的范畴,这就是“原物”意义的边缘地带,而边缘地带往往并不清晰。文义解释就是要确定文义的边缘范围的最大射程,这实际上是区分狭义的法律解释和漏洞填补的基础。可能的文义划定了法律解释的最大空间,进而确定了狭义的法律解释和漏洞填补的界限。因为超出了文义边缘范围的最大射程以后,就进入漏洞填补领域,而不属于狭义的法律解释。文义解释只是法律解释的一种方法,裁判者最终确定法律的含义,可能还需要借助其他解释方法。正是从这个意义上,有学者将文义解释称为“范围性因素”。③

三是澄清边缘文义的含义。在文义解释时,我们需要将法律条文边缘文义的含义尽可能地阐释清楚。在此情形下,立法者通过语言记载的法律文本也可能只是为裁判者提供了规则性框架,它允许裁判者

---

① See Mac Cormick/summers, *Interpretus seatutes*, Aldershot, 1991, p. 82 – 89.

② 参见[日]加藤一郎:《民法的论理与利益衡量》,有斐阁昭和四十九年(1974年)版,第36页。转引自梁慧星:《民法解释学》,中国政法大学出版社2003年版,第215~216页。

③ 参见黄茂荣:《法学方法与现代民法》(第5版),法律出版社2007年版,第334页。

在该框架之内具体确定法律的含义,具有解释的余地。[①] 例如,在“浙江东方科学仪器进出口公司诉以星轮船有限公司等海上货物运输合同货损赔偿纠纷案”中,当事人就《海商法》第46条所规定的“掌管”一词发生争议,[②]法院认为:“该条规定的措辞是货物处于承运人‘掌管’之下,而未使用‘实际掌管’。按照法律文件的一般用语习惯,‘掌管’一词前没有限定语时,不但指实际掌管,而且指拟制的或法律上的掌管,即根据承运人的意思,由第三人代为履行掌管职责。如买卖合同上货物的‘交付’一词,包括实际交付和拟制交付。故而从最基本的文义解释出发,没有理由将‘掌管’理解为仅仅包括由承运人本人实际掌管的情形。”[③]在该案中,“掌管”一词的核心文义为自己对物进行占有和控制,在拟制交付的情形下,主体是间接占有某物,其已经属于“掌管”的边缘文义,裁判者将其也认定为“掌管”,其应当进行充分的说理论证。

确定文义的边缘范围的意义在于:第一,文义解释无论采取何种方式,就是要确定其边缘范围。同时,如果解释超出了文义的可能范围,就不再是狭义的法律解释的范畴。第二,在文义解释中,如果有必要区分文义的核心范围和边缘范围,就应当确定其核心文义。第三,为确定文义是否清晰提供基础。通常来说,待决案件处于核心文义的范围之内,就可以认定其是清晰的,不需要进一步解释。如果解释的结论损及了核心文义,就属于目的性限缩,而不是狭义的法律解释。在舍文义解释而采取其他解释方法时,原则上又不得超越文义“预测可能性”的范围。[④]

(三)确定文本的通常含义

在文义解释的过程中,首先要按照通常的理解进行解释,这就是所谓“平义解释的规则”(plain-meaning rule)。所谓文义解释,是指“依照法文用语之文义及通常使用方式而为解释,据以确定法律之意义而

---

① 参见苏彩霞:《刑法解释方法的位阶与运用》,载《中国法学》2008年第5期。

② 《海商法》第46条规定:“承运人对集装箱装运的货物的责任期间,是指从装货港接收货物时起至卸货港交付货物时止,货物处于承运人掌管之下的全部期间……”

③ 宁波海事法院民事判决书,(2000)甬海商初字第218号。

④ 参见杨仁寿:《法学方法论》,台北,三民书局1986年版,第123页。

言”。[①] 具体来说,按照通常的理解进行解释包括如下几个方面的含义:

第一,在法律用语与生活用语完全吻合的情况下,应当按照一般生活习惯的理解来进行解释。法律文本中的许多概念术语和规则都取自于生活用语,当许多生活用语上升为法律用语之后,已经具有了特定的含义,此时应当按照其在法律上的含义来进行理解。但如果该词语没有上升为法律特定用语,此时仍应当遵循日常生活中民众对其的通常理解。例如,《民法典》第311条第1款规定,“符合下列情形的”可以适用善意取得制度,此处没有指明其意味着究竟是“符合下列情形之一”或“符合下列全部要件”。但是,一般人均会认为,只要法条没有指明仅符合下列情形之一,它就应当是指符合下列全部要件,立法者不需要加上“符合下列全部情形”的字眼,符合立法简略性的需要。所以,法律虽然没有特别指明,但是,裁判者应当以通常的理解进行解释,而不能偏离人们的通常理解。

第二,通常的理解应当是社会一般人所进行的理解。文义解释应当是按照社会的一般理解进行解释,而不能按照个别人的独特理解、特定职业的独特理解或者特定地域人群的独特理解进行。[②] 例如,在建筑物区分所有中,对专有部分的理解,开发商和业主常常产生不同的理解,开发商可能认为专有部分仅指套内面积,而业主则认为专有部分不仅包括套内面积,还包括分摊部分、车库、车位等面积,这就需要借助于交易习惯来准确理解专有部分应该如何解释。

当然,在确定社会一般人对法律条文的理解时,裁判者不能单凭自己的主观认识,他应当借助于各种途径,如词典、生活经验、既有的判决文书等来确定通常理解的含义。[③] 上述词语以外的词语既非专业领域的词汇,也没有不同于通常理解的法律含义,应当按照社会大众的通常理解来解释。例如,《民法典》第18条第2款规定:“十六周岁以上的未成年人,以自己的劳动收入为主要生活来源的,视为完全民事行为能力人。”此处所说的“以自己的劳动收入为主要生活来源”,是指能够以自

---

① 杨仁寿:《法学方法论》,台北,三民书局1986年版,第124页。

② F. Bydlinski, *Juristische Methodenlehre und Rechtsbegriff*, Wien/New York, 1982, S. 132.

③ F. Bydlinski, *Juristische Methodenlehre und Rechtsbegriff*, Wien/New York, 1982, S. 442.

己的劳动收入维持当地一般生活水平,还是指能够以自己的劳动收入维持当地最低生活水平,这就要按照当地一般人的理解来确定。再如,在“杨庆峰诉无锡市劳动和社会保障局工伤认定行政纠纷案”中,关于《工伤保险条例》第 17 条第 2 款规定的“事故伤害发生之日”的理解产生了歧义。法院认为,应当按照通常理解,是指伤害结果发生之日,而不是指事故发生之日。[①] 要特别强调的是,在解释文义时,裁判者应当按照社会生活中一般人的理解,而不能按照个别人的特殊理解进行解释。所以,裁判者应当将其置于社会一般人的地位,来理解概念、术语等的含义,而不能完全凭借自己的感觉、好恶来理解。否则,就不可能通过文义解释确定出普遍认同的含义。

第三,通常的理解并非意味着法律文本的通常含义只是单一的,在特定情况下,人们对于概念、术语的通常理解也可能是复数的。虽然在一些情况下,法律文本的通常含义是单一的,人们对其存在共识,但是,在特殊情况下,法律的通常理解也可能存在多种,此时,裁判者仍然需要运用其他法律解释方法进一步确定法律文本的含义。之所以需要按照通常理解来解释,理由在于:一方面,按照通常理解来解释法律,就可以确定其客观的含义。列贝尔指出:“语言的含义应采用表达者可能要表达的含义。存在疑义时,我们应该采纳惯常的含义,而不是语法上的或古典的含义。”[②]也就是说,绝大多数人对其有一致的认识。另一方面,文本需要反映生活,“但凡自然反映生活的语言,必然不够精确,精确的语言又必然不自然”。[③] 解释者按照通常的理解进行解释,可以避免得出荒谬的结论,避免完全按照个人的理解来曲解法律。此外,它还可以增加法律的稳定性和统一性。按照通常的理解,还可以消除地域的差异,从而实现法律的统一。法律制定的目的就是要统一规则,如果因为地域的差异而对法律有不同的理解,就会破坏法制的统一。法律解释就是要将抽象的法条运用到具体的个案中,在这一过程中,越能使解释的含义符合大多数人的理解和看法,就使得判决具有越强的可预测性。此外,按照通常的理解,其也符合法律的意旨。

---

① 参见《最高人民法院公报》2008 年第 1 期。

② Francis Lieber, *Legal and Political Hermeneutics, or, Principles of Interpretation and Construction in Law and Politics*, F. H. Thomas, 1880, p. 19.

③ 苏永钦:《寻找新民法》,台北,元照出版有限公司 2008 年版,第 66 页。

文义解释的目标就是阐明文本的客观含义,也就是说,"法律的解释更应该遵循词语的普通含义,也就是说,在此时,确定词语的共同含义是首要和基本的"。①

第四,对于专业领域的专门术语,应当借助于专业知识来进行解释。"在法律适用中,人们通常认为,法律的专业用语是法律解释的基本规则。"②如《民法典》第1239条中的"高放射性"高度危险物就应当按照物理学领域依据射线波长和频率所作的判断。再如,"三聚氰胺"一词就应当按照化学物品领域的专业知识进行判断。"药品"一词,根据医药行业的定义,是不包括保健品在内的。对于特定专业领域的概念和术语,裁判者在解释时,也必须考虑该概念、术语的特定含义,或者说,该领域内专业人士对其所具有的通常理解。从理论上讲,法律应当为人所知,具有易懂性。因此,它应当使用日常的语言,从约定俗成的意义上理解。但是,法律本身的技术性以及法律所必须具备的明确和安全等特点,有时要求使用专业性术语,因此,法律术语就具有了特殊的意义。③ 因此,裁判者也需要借助各个行业内专业人士的知识和经验,来确定其通常的含义。例如,我国《民法典》第252条规定:"无线电频谱资源属于国家所有。"显然,这里"无线电频谱资源"如何理解,需要借助该领域专业人士的知识。

（四）特殊用语应当特别解释

法律的概念术语来自生活,但又不同于日常生活语言,而且,许多法律上的概念术语还涉及特定领域的特殊用语,因此,对法律上的特殊用语应当进行特别解释,而不能简单地使用生活用语进行解释。对于不同于社会通常理解的法律含义的词语,应当按照其特定的法律含义来理解。有一些词语,日常生活中也在用,法律文本中也在用,但两者之间的含义存在较大的差异。法律文本中出现的词语就应当按照其特定的法律含义来理解。例如,"善意"一词,普通民众的理解是指友好、诚恳、通情达理等,而在民法领域,其具有特殊的含义,它是特定的法律

---

① Walter Sinnott-Armstrong, *What is Legal Interpretation*, 42 *San Diego L. Rev.* 467.

② Robert Alexy, Kiel and Ralf Dreier Göttingen, *Statutory Interpretation in the Federal Republic of Germany*, *Interpreting Statutes*, A Comparative Study, Aldershot/Brookfield/Hongkong/Singapore/ Sydney, 1991, p. 83 – 84.

③ Jean-Louis Bergel, *Méthode juridique*, PUF, Thémis, Droit privé, 2001, p. 246 – 248.

概念和术语,是指不知情或不应知情。再如,“撤销”一词,法律上的含义和日常生活中所说的“撤销”大体相同,但又不完全一样,法律上的撤销还涉及相应的后果,并具有特定的构成要件、时间限制等。民法上所说的“责任”“债务”等与日常生活中所说的概念也不完全相同,日常生活中所说的“责任”既包括道义上的责任,也包括各种义务,日常生活中所说的“债务”仅指金钱之债,而民法上的“债务”范围远比金钱之债的范围宽泛。所以,在解释相应概念时,应当以其专业上的含义来解释。

另外,某些用语如果来自习惯,可以按照习惯来解释文义,其目的在于增强法律的可接受性。例如,我国《民法典》第 1130 条第 3 款规定:“对被继承人尽了主要扶养义务或者与被继承人共同生活的继承人,分配遗产时,可以多分。”此处所提到的“多分”应当如何理解?在朱春道等诉张玉芹继承纠纷案中,法院裁量“多分”的幅度时,参照了当地农村在分配遗产中的“提份子”习惯。[①]

六、文义解释与其他方法的结合运用

(一)文义解释与其他方法的关系

文义解释和其他狭义的法律解释方法一样,都是要阐释文本的含义,而且都必须在法律文义的可能范围之内进行解释。但是,文义解释和其他狭义的法律解释方法是存在区别的。

第一,文义解释是所有法律解释方法的前提。法律条文是由文字词句所构成的,要确定法律的意义,必须先了解其所用词句,确定其词句的意义。[②] 不管语言的使用是模糊还是清晰,解释者并不能想当然得出其所需要的解释结论,裁判者还应对所涉及的条文意义和内容进行阐释。所以,可以说,条文的意义不可能是百解的。为此,裁判者需要探究条文所蕴含的意义。[③] 而这也说明,所有的法律解释方法都必须以

---

① 所谓“提份子”,是指当地农村在祖父去世时,挽发的长孙可得到一份遗产。参见王铭:《融民俗文化法律文化于一体求法律效果社会效果之统一》,载公丕祥主编:《法官办案经验》,法律出版社 2009 年版,第 31 页。

② 参见梁慧星:《民法总论》,法律出版社 1996 年版,第 278 页。

③ See E. Kellaway, *Principles of Legal Interpretation of Statutes*, *Contracts and Wills*, Butterworths, 1995, p. 15.

文义解释为出发点，不仅狭义的法律解释方法应以文义解释为出发点，漏洞填补也应以文义解释为出发点。

第二，文义解释可以不需要借助于其他方式来解释，它是所有法律解释方法中最为独立的方式。如果在文义的阐释中需借助其他因素，就是其他法律解释方法的运用。例如，借助法律的外在体系来解释，就是在文义解释的基础上再运用体系解释的方法。文义解释的重要特点在于，其可以不需要借助于立法目的考量和立法资料的考证，来确定立法者的立法目的，而直接可以从法律文本的字面含义出发对其进行阐释。文义解释首先不能包括其他狭义的法律解释方法，例如，立法的历史（历史解释）、比较法（比较法解释）、法条的位置（体系解释）。如果文义解释中包含了其他狭义的法律解释方法，这就会导致文义解释方法架空了其他法律解释方法，也使得文义解释变成内涵宽泛、无所不包的解释方法，从而替代其他解释方法。说到底，所有的解释方法最终都是要厘清概念、术语、法条的含义，但是，并非所有的方法都是文义解释的方法。例如，某客运班线的经营权设定了质押，但并没有办理登记，当事人就银行是否享有质押权发生了争议。银行主张，即使因没有办理登记不构成质押，也可以构成抵押。这就涉及对《民法典》第395条第1款第7项规定的“法律、行政法规未禁止抵押的其他财产”的解释。通过考察原《物权法》制定的历史背景，该条对抵押权的设定保持了开放的态度，通过采用负面清单的模式规定抵押财产的范围，即只要法律没有明确禁止某项财产抵押，其就可以成为抵押权的客体。因此，该案中的客运班线的经营权在性质上属于财产权，由于没有法律明确禁止其可以设定抵押，因此，其应当属于《民法典》所规定的抵押财产的范围。这实际上是借助历史解释的方法来确定特定法条的含义。

第三，文义解释可以与其他法律解释方法结合使用。

文义解释是法律解释的首要方法，也是其他狭义的法律解释方法运用的基础和前提。在文本本身模糊不清或者不完整时，此种方法可能不足以解决问题。但是，它至少可以揭示出法律文本在语法意义上的可能范围。“概念的意义不能仅仅参考习惯语言，以及立法者所给出的定义。同样应该考虑的是概念的上下文。”这就说明，文义解释在实践中常常是与其他法律解释方法相结合的。[①] 一方面,文义解释固有的缺陷决定其必须与其他方法结合起来运用。如果仅仅拘泥于字义解释,就会出现与立法者意图相反的情形。因为在解释过程中,仅仅拘泥于文字而不了解立法目的和意图,就可能使法律文本的含义被曲解。在文本中,字义解释离不开该词所处的环境,所以,仅仅根据字义解释往往并不能得出正确的解释。特别是根据字义解释方法不能得出既有的结论时,就应该根据目的解释方法,据此可以说字义解释方法是补充的解释方法。[②] 另一方面,准确、合理、严格的文义解释能够保证法律规范所使用的语言文字的内涵和外延的统一性,进而保证法律适用的可预期性和安定性,避免对同样的语言文字作出不同解释,防止裁判者和仲裁员解释的肆意。因为遵从法条文义的解释方法可以最大限度地维持法律的稳定性。但是,文义解释可能得出数种结果,此时,就必须借助于其他解释方法来确定法条的含义。如果一味地拘泥于法条文字,则有可能得出与立法目的相悖的解释结果,所以也需要借助于合宪性法律解释方法。

(二)文义解释之外的法律方法的适用前提

文义解释和其他方法的综合运用,在何种情况下才有必要?笔者认为,如果文义解释的结论是单一的,且经过验证并不违反立法目的,也不会造成体系冲突,而只能采取文义解释的方法。但是,如果出现了如下几种情况,就应当适用其他解释方法:第一,出现了复数解释结论。文义解释导致了数个解释的可能,就需要借助其他解释方法,确定文义的含义。第二,文义解释结论不合宪。依据宪法的规范和精神,确定文义解释结论违反宪法的,就需要借助于合宪性解释方法。第三,文义解释结论明显违反立法目的。通过立法目的的衡量,确定文义解释的结论不符合立法目的,就需要借助于其他方法。第四,文义解释结论导致体系违反。文义解释的结论也可能导致体系的违反,即法律体系的内在冲突,此时很可能构成冲突性法律漏洞,这一结论也不能直接运用于司法判决,而应当通过漏洞填补的方法予以解决。

---

① Jean Louis Bergel, *Méthode juridique*, PUF, Thémis, Droit privé, 2001, p. 249 - 250.

② Schrorer Aantekeninge 252 in init, Schomaker 1 c 19 n 38, 6 c 22. 12 - 14. See E. Kellaway, *Principles of Legal Interpretation of Statutes, Contracts and Wills*, Butterworths, 1995, p. 56.

文义解释方法经常与目的解释、体系解释等方法结合起来运用。例如,甲系某城市居民,其父亲在郊区拥有一块承包经营用地,甲未经任何批准手续,在该承包经营地上建设了一套小型别墅,但一直未前往居住。后被另一村民乙占有。甲后来要求乙搬出别墅并返还房屋。乙认为,甲的别墅系违章建筑,甲并不享有物权,因此,甲无权请求乙搬出别墅。《民法典》第462条第2款规定:“占有人返还原物的请求权,自侵占发生之日起一年内未行使的,该请求权消灭。”此处所说的侵占是否包括对于非法占有的侵占?当事人通常会有不同的理解,因此需要解释何为“侵占”以及此处的“占有人”是否包括非法占有人。对这一问题的回答应当通过何种解释方法来完成?笔者认为,首先要采取文义解释的方法,从文义解释的角度来看,占有在《民法典》物权编中有时是指合法占有,有时则又包括非法占有,因此出现了复数解释。此时,单纯通过文义解释还不能得出结论,还需要借助于目的解释、体系解释等方法的综合运用,以得出妥当的解释结论。从目的解释的角度来看,法律规定占有制度的目的是维护财产安全和占有的秩序,即使对于非法占有,也必须通过法定的程序才能予以剥夺。因此,该条中所要保护的占有既包括合法占有,又包括非法占有。从体系解释的角度来看,《民法典》物权编占有分编中所说的占有,既包括了合法占有,又包括了非法占有。所以,此处所说的侵占包括了对于非法占有的侵占。之所以应当将文义解释置于首位,是因为我们应当尊重立法本意,这也是有法必依原则的体现。

七、文义解释的主要规则

(一)尊重文本的规则

文义解释就是要从文本的字面含义出发进行解释,因此必须尊重文本。在文义解释中,法官解释的唯一依据就是法律文本,包括法律的概念、术语、规则、条款等,所以法官在进行文义解释时,必须尊重本文,而不能脱离文本进行解释,否则就会导致裁判权的滥用。尊重文本,在实质上也就是尊重立法原意和立法目的。

(二)按照通常理解进行解释的规则(plain-meaning rule)

按照通常理解进行解释的规则,又称为避免荒谬解释的规则(avoiding absurdity),它要求按照一般人的理解来解释法律。孟德斯鸠指出,“法律是为具有一般理解力的人们制定的”。[①] 法律语言是一般语言的运用,但是按照拉伦茨的看法,它又是一般语言的特殊运用。即便如此,它也不能完全脱离一般语言。如果立法者在适用一般语言时,赋予了它特殊的法律含义,就应该按照法律的含义进行解释,但是,在很多情况下,法律没有赋予它特殊的法律含义,那么就应当按照一般语言的理解进行解释。[②]

文义本身可能是在特定语境下使用,在不同的时代和不同的时期,人们对其有不同的理解。但是,人们对文义的基本含义还是可以形成共识。[③] 正是基于此种共识,文义解释成为可能。之所以需要按照通常理解来解释,理由在于:第一,按照通常理解来解释法律往往可以确定其客观的含义。列贝尔指出:“语言的含义应采用表达者可能要表达的含义。存在疑义时,我们应该采纳惯常的含义,而不是语法上的或古典的含义。”[④]第二,解释者按照通常的理解进行解释,可以避免荒谬的结论,避免完全按照个人的理解来曲解法律。第三,按照通常理解可以实现解释的统一性。它意味着要消除地域的差异,从而实现法律的统一。法律制定的目的就是要统一规则,因为地域的差异而对法律有不同的理解,就会破坏法治的统一。第四,它可以使判决结果具有可预期性。法律解释就是要将抽象的法条运用到具体的个案中,在这一过程中,解释的含义符合大多数人的理解和看法,就使得判决具有可预测性。

(三)指示规则(Andeutungstheorie)

指示规则,是指在法律条文的含义不清晰、不明确的时候,只允许在法律文义所应当涵盖的(即使是不完美的)或有所“指示”的解释结果中作出选择。[⑤] 例如,法律规定了“交付”一词,法官只能在“现实交付、简易交付、指示交付、占有改定”的范围内进行解释,而不能超出该范围进行解释。按照指示规则的要求,法官解释法律时,要尊重法律条

---

① [法]孟德斯鸠:《论法的精神》(下卷),张雁深译,商务印书馆1963年版,第298页。

② 参见[德]卡尔·拉伦茨:《法学方法论》,黄家镇译,商务印书馆2020年版,第404页。

③ F. Bydlinski, Juristische Methodenlehre und Rechtsbegriff, Wien/New York, 1982, S. 442.

④ 转引自徐振东:《宪法解释的哲学》,法律出版社2006年版,第48页。

⑤ 参见[德]魏德士:《法理学》,吴越等译,法律出版社2005年版,第316页。

文所表达出来的文义，只能在法律条文所表达出来的可能文义范围之内进行选择，而不能逾越这一范围。这一规则不仅确定了选择的范围，而且确定了选择的对象。这也表明了文义解释的一个重要功能，即文义解释实际上确定了法律解释结论的可能选择范围。一般来说，指示的范围和对象，应当按照法律文本的含义来确定，包括其核心文义和边缘文义。在确定指示对象时，要根据语法、逻辑、生活经验、语境等综合考虑。

（四）同一解释规则

同一解释规则，又称为“同一概念原则上应当保持同一含义”，是指同一概念在同一法律部门内部，甚至在不同的法律部门之中，都应当尽可能保持含义的一致。这也是拉伦茨所说的“法律的意义脉络”①。例如，在法律中多次使用“近亲属”，如何理解这一术语的含义？原则上，应当在法律之中，至少在同一法律之中，该词具有同一含义。《民法典》第1045条第2款规定：“配偶、父母、子女、兄弟姐妹、祖父母、外祖父母、孙子女、外孙子女为近亲属。”因此，《民法典》中有关“近亲属”的规定都应当按照这一理解进行解释。尽管同一解释规则要求“同一概念、同样解释”，但是，如果有充足的理由，同一概念也可以作不同的理解。每一个词语、每一个概念在不同的场合也可能有不同的表达，立法者在不同法律规则中体现其价值判断的确定性和清晰性是有差异的。例如，《民法典》第1180条规定：“因同一侵权行为造成多人死亡的，可以以相同数额确定死亡赔偿金。”此处与《民法典》其他地方所表述的“可以”的含义不完全相同。它实际上指的是原则上应当，而不是既可以也不可以的含义。同一词，其具体内涵与其所处的语境、使用的主体等是密切相连的。在进行文义解释时，必须遵循如下规则，即如果没有特别的理由，法律中所使用的概念都应当是含义相同的。当然，如果确实有正当的特殊原因，也可以进行不同的解释，但应对此进行充分说理。

强调同一解释的原因在于：一方面，这是法律体系一致性的需要。法律体系本身是体系化的概念组合而成的，从法律解释的角度来看，其所使用的概念、术语应当保持同一的含义，从而保持法律体系的一致。

---

① ［德］卡尔·拉伦茨：《法学方法论》，黄家镇译，商务印书馆2020年版，第408页。

如果概念本身在解释时是相互冲突的,就无法形成和谐、统一的法律体系。另一方面,法律文义的解释应当保证其客观性和预测可能性。如果概念的解释不能保持同一性,人们就无法实现法律的客观性和可预测性,从而损害法律的安定性。[①] 当然,如果确实有特殊原因,也可以进行不同的解释。解构主义语言学大师德里达认为:“一个语词概念具有其他语词概念的踪迹,正如后者有前者的一样。”[②]所以,每一个词语、每一个概念在不同的场合也可能有不同的表达,立法者在不同法律规则中体现其价值判断的确定性和清晰性也是有差异的。例如,《民法典》第1180条所使用的“可以”是指原则上应当,但其他条款中所规定的可以,大多是任意性规定。语言作为表达主体意思的方式,也受到使用人或者说其主体的影响。

(五)特定的法律术语按照其特定含义理解

在文义解释中,既要注重阐释其普通含义,也要注重阐释其专业含义。法律语言中有部分特定的法律术语,对于这些专门法律术语的解释,不能按照社会一般人的通常理解进行,而应当探寻它的特定含义。[③] 例如,“善意”一词,从一般人的理解出发,是指心肠好,或者用意好。但法律中使用的“善意”是指不知情,“恶意”是指知情,它们都不能按照社会一般人的理解进行解释。再如,一般人所理解的“死亡”就是指自然死亡。而法律上的死亡通常有呼吸停止说、心跳停止说和脑电波消失说等不同的标准,死亡的类型包括自然死亡和宣告死亡。

对于专门的法律术语,要按照其特定含义进行理解,原因在于:一方面,这符合立法者的真实意思。立法者在立法之时运用专门的法律术语来规范社会生活,其所借助专门术语表达的含义是特定的。如果按照社会一般人的理解进行解释,就会偏离立法者的真意。例如,《民法典》第18条规定:“成年人为完全民事行为能力人,可以独立实施民事法律行为。十六周岁以上的未成年人,以自己的劳动收入为主要生活来源的,视为完全民事行为能力人。”其中的“视为”不允许通过反证

---

① 参见倪业群:《刑法文义解释方法的位阶及其运用》,载《广西师范大学学报(哲学社会科学版)》2006年第2期。

② 转引自刘星:《法律是什么》,中国政法大学出版社1998年版,第224页。

③ 参见梁慧星:《民法解释学》,中国政法大学出版社1995年版,第214页。

来推翻,如此理解才符合立法者的真实意思。另一方面,这是法律适用中科学性的要求。法律是一门经过长期历史演变而形成的科学性的知识。如果不按照其特定的含义进行理解,就无法实现法律适用中的科学性。此外,法律用语和一般的生活用语不同,其本身可能蕴含着法律价值、立法政策等因素,其具有特定的、不同于生活语言的内涵。[①] 例如,《民法典》合同编中的"承诺"就和日常生活中所说的"承诺"不同,其本身具有特定的含义、构成要件、时间限制等。

(六)误载不害真意

在罗马法中,就有"误载不害真意"(falsa demonstrio nocet)和"矛盾行为不予尊重"(protestatiodeclarationi)。[②] 该规则不仅可以在合同解释中适用,也可以在法律解释中适用。这就是说,立法者可能因为各种原因而出现表述上的错误,因此,法律难免有缺点(Non est regula quin fallet)。但是,在解释时不应当拘泥于该错误的表述,而应当考虑法律的立法目的和意旨,准确解释出法律应当表达出来的文义。例如,我国《民法典》第 671 条第 2 款规定:"借款人未按照约定的日期、数额收取借款的,应当按照约定的日期、数额支付利息。"该条中使用了"收取借款"一词,这一用语显然不太妥当。但是,在解释法律时,不应拘泥于这一文字表述,而应当结合立法本意进行解释。

(七)文义解释不可断章取义

法谚云,"最佳的解释,要前后对照"。[③] "不可断章取义发表意见。"(Incivile est,nisi tota sentential,de aliqua parte judicare)正如阅读必须要通读上下文,才能理解作者的真意一样,同样,法律的解释必须全面理解,而不能孤立地进行理解。毕竟法律构成一个意义的整体,法律解释要探求各个法律条文之间的意义关联。例如,在《民法典》侵权责任编之中,过错的概念有时被表述为"过失",两者的含义是相同的。而有时法律条文所表述的"过失",又仅仅是过错的一种类型,不包括故意。因此,在进行法律解释时,不能脱离整个文本而进行孤立的解释。

---

① 参见杨仁寿:《法学方法论》,台北,三民书局 1986 年版,第 124 页。

② 参见王泽鉴:《债法原理》(第 1 册),中国政法大学出版社 2001 年版,第 213 页。

③ 郑玉波:《法谚(一)》,法律出版社 2007 年版,第 310 页。

(八)尽可能采纳用语清晰的文义

罗马法谚云,"当法律的字义出现模糊时,应尽可能地采纳没有缺陷的含义"。(In ambigua voce legis ea potius accipienda est signification, quae vitio caret)①这一规则也属于文义解释的一项规则。这就是说,解释者在解释法律规则时,可能得出复数解释,有的解释是清晰的,而有的解释则是不清晰的,在此情形下,应当尽量选择文义清晰的解释,因为清晰的文义可能最能体现立法者的立法目的。例如,《民法典》物权编关于善意的表述,确实个别条款存在不明确、不清晰之处。例如,《民法典》第313条规定:"善意受让人取得动产后,该动产上的原有权利消灭。但是,善意受让人在受让时知道或者应当知道该权利的除外。"本来,"善意"就是指不知情,如果已经知情就不是善意,因而本条中的"善意"的含义即与其通常的含义不太一致。在此情形下,应当将《民法典》物权编中关于善意的相关规定进行比较。例如,《民法典》第311条规定了受让人受让该不动产或者动产时是善意的,显然,该条对善意的表述更为明确,此时,即应当依据该条规定确定善意的含义。也就是说,在存在多个解释方案时,应当选择妥当的解释结论,在多个解释方案中,应当尽量选择用语清晰的文义解释方案。

(九)尽可能选择最有利于纠纷解决的解释方案

"如果一个表述包含两种含义,应采纳更适合于事务处理的含义。"(Quotiens idem sermo duas sententias exprimit, ea potissimum excipiatur, quae rei gerendae aptior est.)②法律规则最终是需要运用于案件的裁判以解决纠纷,如果某个规则出现了多种含义时,在解释上应当尽可能地采取有利于解决纠纷的解释来确立规则的含义。例如,在涉及纯粹经济损失的保护时,依据《民法典》第1164条规定:"本编调整因侵害民事权益产生的民事关系。"该条所说的"民事权益"可能包括纯粹经济损失,另外,总则编第120条的规定,也涉及纯粹经济损失的保护。而第120条的规定相较于第1164条的规定更为清晰,可以直接构成请求承担侵权责任的请求权基础,因此应选择该条作为裁判依据。

---

① Savigny, *System des heutigen Römischen Rechts*, Bd. 1, Berlin, 1840, S. 230.

② Savigny, *System des heutigen Römischen Rechts*, Bd. 1, Berlin, 1840, S. 230.

第三节　体系解释

文章不可断章取义,法律亦然。

——法谚

最佳的解释,要前后对照。①

——法谚

表达一种意思意味着排除其他意思。(Expressio unius exclusio alterius)

——拉丁法谚

案例:某政府将其管辖范围内的一处居民区拆迁,并于 2021 年 2 月 20 日公布了政府的征收决定。但因为拆迁人(某拆迁公司)一直没有与被拆迁人达成补偿协议,因而,李某和张某拒绝拆迁。后来,拆迁公司直接向法院起诉,要求李某和张某搬出该房屋,并请求法院强制拆迁。其理由就是《民法典》第 229 条的规定:"因人民法院、仲裁机构的法律文书或者人民政府的征收决定等,导致物权设立、变更、转让或者消灭的,自法律文书或者征收决定等生效时发生效力。"

本案涉及征收的效力问题,依据《民法典》第 229 条规定:"因人民法院、仲裁机构的法律文书或者人民政府的征收决定等,导致物权设立、变更、转让或者消灭的,自法律文书或者征收决定等生效时发生效力。"问题在于,在政府征收决定生效时,房屋所有权是否因此发生变动?笔者认为,理解"征收决定等生效时发生效力"必须与《民法典》第 243 条结合考虑进行体系解释。既然该法第 243 条明确规定,征收必须符合公共利益的需要、必须符合法定的程序、必须依法作出补偿,因此,只有在符合这三个要件的情况下,才能构成《民法典》第 229 条规定的"征收",从而导致被征收人房屋所有权的移转。

---

① 郑玉波:《法谚(一)》,法律出版社 2007 年版,第 310 页。

一、体系解释的概念和特征

体系解释,也称为体系与逻辑解释、系统解释、整体解释和结构解释,它是指以法律条文在法律体系中的地位(依其编章节条款项的前后关联位置)或相关法条的法意,阐明法律条文含义的解释方法。法律制度本身是一个完整的体系,体系解释就是从法律制度本身的体系性出发来阐释文本的含义。我国司法实践也运用了体系解释的方法。例如,甲乙之间签订了借款合同,由甲向乙借款一千万元,利息按年利率百分之二十计算,一年后到期,甲无力偿还,甲的好友丙向乙表示愿意为债务人清偿,甲通知乙,乙表示同意,本案究竟属于债务加入还是第三人代为履行?从体系解释角度来看,我国《民法典》第 524 条是区别于债的移转规则的,第三人代为履行规则指规定在债的履行规则之中,而债的移转规则是规定在合同的变更和转让部分的,从体系解释的角度看,显然,二者属于不同的法律制度,第三人代为履行不能归入债的移转的范畴。在债务加入的情形下,第三人将加入债的关系,与原债务人共同负担债务。笔者认为,本案应当属于债务加入,因为一方面,第三人代为履行制度旨在保护第三人的利益,因而仅在第三人具有合法利益时,债权人才不得拒绝其履行。而本案中丙的履行不存在合法利益问题。另一方面,第三人代为履行时,不需要债权人同意,而在债务加入中,如果没有第三人的明确同意,不应当使得第三人负有债务。在本案中,丙愿意承担乙的债务,甲通知乙,乙明确表示同意,可见本案应当属于债务加入。

在罗马法时期就已经产生了体系解释的思想。罗马法谚称:“没有考察法律的全部内容,而只引用了该法律的细微部分就进行评价和解答,这种做法在法律上看是不正确的。”(Incivile est, nisi tota lege perspecta, una aliqua particular ejus proposita, judicare vel respondere.)① 自近代以来,各国制定法律都强调其形式合理性,以避免法律体系的冲突和矛盾。在此背景下,体系解释应运而生,它实际上是以“法律体系一致性”为前提而进行的解释。康德认为,体系的一致性是“使我们对

① Savigny, *System des heutigen Römischen Rechts*, Bd. 1, Berlin, 1840, 213.

科学有最佳的共同认识”。[1] 大陆法历来注重体系解释方法,而英美法的解释规则之一“黄金法则”(The Golden Rule),与大陆法的体系解释极为类似。我国古代思想家大多强调应当进行整体和体系的理解,避免“断章取义”。朱子曾言,“凡读书,须看上下文意是如何,不可泥著一字”。[2] 因此,在法律解释中,必须贯彻体系一致的思想。法律内部应当有某种前后和谐贯通的体系,许多法律问题均可通过体系解释予以解决。[3] 随着各国法律制度越来越重视其形式合理性以及法律的不断复杂化,体系解释在法律解释中的作用日益受到重视。

体系解释是狭义法律解释中的重要方法,是以法律的外在体系为依据进行的解释。[4] 所谓体系(system),是指具有一定逻辑的系统构成。法律体系是由具有内在逻辑联系的制度和规范所构成的,由具有内在一致性的价值所组合的体系结构。体系解释的前提是,解释者确信法律是一个合理的、符合逻辑的完整体系。每一个制度、规范是法律体系的组成部分。法律体系分为内在体系与外在体系。[5] 外在体系(Ausere Systematik),又称为形式体系,它是指篇章节、基本制度的安排等形成的逻辑体系。外在体系的形成包括了“从单纯的字母或者数字排序,到根据所规定事项而进行的教条式抽象,最后发展为一个完善、复杂和富有系统性特征的秩序,这是一个严格的逻辑——公理式演绎过程”。[6] 内在体系(Innere Systematik),又称为实质体系或价值体系,[7] 是指各单个法律制度之间的基本价值的内在联系。这一区分首先由利益法学派的代表人物赫克(Heck)在 20 世纪 30 年代提出,在此之后得到了众多民法学者的认同。拉伦茨认为,所谓“外在体系”就是指对法律事实和法律制度所作的概念上的争论和阐明。所谓“内在体系”,是

---

① 吴从周:《民事法学与法学方法》(第 2 册),台北,一品文化出版社 2007 年版,第 2 页。

② 黎靖德编:《朱子语类》,中华书局 1986 年版,第 192 页。

③ 参见颜厥安:《规范、论证与行动——法认识论论文集》,台北,元照出版有限公司 2004 年版,第 13 页。

④ F. Bydlinski, *Juristische Methodenlehre und Rechtsbegriff*, Wien/New York 1982, S. 443.

⑤ Vgl. Heck, *Begriffsbildung und Interessenjurisprudenz*(1932).

⑥ Franz Bydlinski, *System und Prinzipien des Privatrechts* 421 (1996), p. 9 – 17, 64 – 65.

⑦ 参见王泽鉴:《法律思维与民法实例》,中国政法大学出版社 2001 年版,第 225 页。

指支配整个民法的基本原则以及这些原则之间的实质联系。[①] 体系解释中的"体系"是指外在体系,不包括内在体系。比德林斯基认为,"体系解释,法律规范的含义,可以通过法律的外在体系获得"。[②] 恩吉施指出,"法学应不断地从法的整体、法的内在意义脉络出发发展更新,以此使得法的整体作为一种意义脉络清晰呈现,澄明可解"。[③] 从法律解释学的角度来看,内在体系和外在体系的分类对解释方法的区分有一定的意义。内在体系属于目的解释和文义解释的范畴。例如,法律的基本原则可以作为规范目的从而用于解释法律条文。而外在体系属于体系解释的范畴。体系解释要求解释者在解释时首先确信法律是具有体系性的,而不能认为法律是散乱的,各个条文之间是没有逻辑联系的。所以,列贝尔指出:"为了保证公平、忠诚的诠释,对整个文本进行考量是必需的。"[④]体系解释是以法律外在体系的一致性为依据进行的解释。

体系解释是在文义解释出现了复数解释的情况下而采用的一种解释方法,其在法律解释方法体系中处于仅次于文义解释的优先位阶,这主要是因为,其和文义解释一样,是从文本的字面含义和结构来进行的解释,且此种方法与文义解释具有密切的联系,甚至在很多情况下难以区分。例如,根据概念、条文在文本中所处的位置进行解释,既可能是文义解释,也可能是体系解释。在个案中,裁判者通过体系解释,不仅能够准确阐释文本的含义,妥当寻求法律解释的结论,而且有助于强化法律的体系结构。当然,通过体系解释消除体系矛盾,或者说体系违反,只能是消除形式上的体系矛盾。如果法律条文之间构成实质上的矛盾,就属于"碰撞式法律漏洞",需要借助漏洞填补的方法来解决,而无法通过体系解释的方法解决。

从方法论的角度来看,体系解释是受到了系统论、逻辑学、解释学等方法的影响,也可以说是这些方法在法律解释中的具体运用。具体来说,体系解释的特点主要表现为以下几个方面:

---

① 参见[德]卡尔·拉伦茨:《德国民法通论》(上),谢怀栻等译,法律出版社2003年版,沃尔夫序;[德]卡尔·拉伦茨:《法学方法论》,黄家镇译,商务印书馆2020年版,第593页以下。

② F. Bydlinski, *Juristische Methodenlehre und Rechtsbegriff*, Wien/New York 1982, S. 443.

③ [德]卡尔·拉伦茨:《法学方法论》,黄家镇译,商务印书馆2020年版,第218页。

④ 转引自徐振东:《宪法解释的哲学》,法律出版社2006年版,第51页。

第一,它是通过整体来解释某一具体法律规范的含义。体系解释的最大特点是运用系统论方法来解释法律。系统论方法认为,系统的性质和规律存在于整体的全部要素的相互联系和相互作用中,因此,要从整体性上解释和把握解释对象。[①] 这一方法运用在法律解释中,就是体系解释的方法。体系解释是哲学上整体的观点、联系的观点在法解释学中的具体运用。从解释学的角度来看,体系解释体现了解释学循环(hermeneutischer Zirkel)的规律。解释学循环是重要的现象,即部分的理解要借助于整体,而整体的理解又要借助于部分。在体系解释中,解释学循环的现象表现得最为明显。[②] 体系解释将法律规范置于整个体系之中来理解,不能孤立地理解特定的条文和概念,而是要将其与其他的条文甚至整部法律结合起来、联系起来进行解释,将整部法律中的一些基本概念、原则、一般条款等加以运用,和相关的制度结合起来进行理解。在这个意义上来说,体系解释也被称为整体解释。

第二,它是逻辑学方法的具体展开。在解释学上,通过整体来理解部分,再通过部分来理解整体,这被称为"解释学循环"。解释学循环最早由德国学者阿斯特(Friderich Ast)提出,他认为,一切理解的基本原则都是要从作品的个别部分发现整体的精神,或通过整体部分来理解作品的个别部分。而这一理论被德国学者施莱尔马赫(Schleiermacher)等人继承。[③] 萨维尼将体系解释称为体系和逻辑解释,这是因为体系解释中也贯彻了逻辑的要求。从大陆法系的立法技术来看,其法律结构的安排是以逻辑为基础的。民法典编纂本身就是要实现民法规则的体系化,而由单行法到法典,很大程度上就是要发挥法典体系化的效应。正如有学者所指出的,法律条文是一个整体,具有统一的价值与原则,而各个条文之间也具有密切的联系,这是逻辑的展开。[④] 体系解释就假定法律存在外在体系,立法者构建了合理的外在体系。在体系解释中,要借助于法律规则的逻辑结构,即立法者在构建规则体系时所运用的

---

① 参见朱志凯主编:《逻辑与方法》,人民出版社 1995 年版,第 368 页。

② F. Bydlinski, Juristische Methodenlehre und Rechtsbegriff, Wien/New York 1982, S. 443.

③ 参见徐振东:《宪法解释的哲学》,法律出版社 2006 年版,第 21 页。

④ Zweigert & Puttfarken, *Statutory Interpretation—Civilian Style*, 44 *TUL. L. REV*, p. 704, 707 - 708 (1970).

逻辑。[1] 例如,我国《民法典》第525～527条规定了同时履行抗辩权、后履行抗辩权和不安抗辩权。通过体系考察可以发现,这三项抗辩权都是“合同的履行”一章中所规定的抗辩权,因而属于履行中的抗辩权,任何一方主张这三项抗辩权都必须在履行过程中提出,而不能在履行已经终止后提出,也不能在履行过程中不提出而在诉讼过程中提出,否则就超过了履行抗辩权行使的合理期限。

第三,它是以法律的外在体系为基础进行的解释。体系解释假定法律存在外在体系,立法者构建了合理的外在体系。所以,体系解释以“法律不会自相矛盾”(das Postulat der Widerspruchsfreiheit)的推定为基础。正是因为法律有所谓外在体系,法律本身的章节安排、各个法律条文的排列等都是合乎理性的。因此,体系解释要借助于法律规则的逻辑结构,即立法者在构建规则体系时所运用的逻辑。[2] 可以说,《民法典》的颁布为体系解释奠定了良好的基础。一方面,《民法典》构建了完整的体系,为体系解释奠定基础。《民法典》使各编以及各项制度之间内在的联系更为密切,形成了条文的互动,使许多规则可以相互援引,避免了法律的重复规定。《民法典》的规则具有齐备性,因而也便于进行体系解释。另一方面,对于解释者而言,单行法模式难以使法律人形成体系思考的方式。单行法自成体系,且相互独立,导致法律人在处理民事纠纷时经常只能是“就合同论合同”“就侵权论侵权”,而时常忽略了一个简单的合同案件可能涉及《民法典》相关领域方方面面的制度和规则的事实。而完整且富有体系化的《民法典》更有助于培养解释者体系思考的能力。因此,必须从整体上理解好、适用好《民法典》,才能展开体系解释。

第四,它是作为解释对象的法律规范嵌入作为整体的语境之中。正是因为这一点,体系解释并不仅仅从法律规范的字面表述来考虑,而是从法律整体的角度来考虑。例如,依据《民法典》第11条规定:“其他法律对民事关系有特别规定的,依照其规定。”从字面含义上看,似乎凡是特别法有规定的都要适用特别法。但是,如果按照体系解释,就不能

---

① F. Bydlinski, *Juristische Methodenlehre und Rechtsbegriff*, Wien/New York 1982, S. 443.

② F. Bydlinski, *Juristische Methodenlehre und Rechtsbegriff*, Wien/New York 1982, S. 443.

如此理解。从体系解释来看,《民法典》的许多内容已经修改了特别法的相关规定,按照新法优先于旧法的规则,应当适用《民法典》的相关规则。因此,此处所说的"其他法律对民事关系有特别规定"是指其他法律的规定与《民法典》之间不存在冲突的特别规定。如果这些规定与《民法典》没有冲突和矛盾,都可以适用;如果这些规定与《民法典》的规定不一致,则必须要适用《民法典》的规则。由此可见,个别规范和规则的解释必须借助于体系解释的方法。同时,法律的整体也是由各个法律规范组成的,对整体法律制度的理解也必须借助于对各个法律规范的理解。

体系解释并非要解释法律的整个体系,而是要解释特定法律条文的含义。在这一点上,法律解释学上的体系解释与学理解释中的体系解释是不同的。在学理解释中,通常要对于整个法律文本的体系、结构、制度进行解释,但是,法律解释学上的体系解释只是要寻求裁判依据,所以是对特定法律规范的解释。"法律不可能对某一个案件的整体进行单独规定,任何案件总是被涵摄于某一条抽象规则之下。"①

第五,它不考虑法律文本的内在价值体系。法律体系既包括内在体系和外在体系,内在体系是指价值体系,它是指贯彻于法典始终的价值,如人文关怀、公平正义、私法自治、法的安定性等。法典始终要追求价值的统一,但是体系解释的依据只是法律的外在体系,不必考虑价值体系因素,也就是说,对价值体系的考量主要是适用目的解释等解释方法时需要考虑的因素。而对体系解释而言,其并不考虑法律文本背后的价值体系。例如,关于相邻权的性质,历来有所有权延伸说和法定地役权说的争议。我国《民法典》物权编将相邻关系规定在所有权中,而没有规定在他物权中,通过对物权编整个体系的考察,相邻权不并未规定于他物权中,自然不能认定其成为法定地役权。如果法律解释中考虑了法律外在体系以外的因素,就转化为其他的解释方法。例如,通过考察立法者真意来解释法律条文,这就属于历史解释,而不是体系解释。

体系解释是以完备的法律体系为前提的,立法体系越完善、越科

---

① [德]萨维尼:《萨维尼法学方法论讲义与格林笔记》,杨代雄译,胡晓静校,法律出版社2008年版,第27页。

学,则越能通过体系解释得出合理的解释结论。在众多解释方法中,体系解释对文本的体系化要求程度最高,越是具有严密体系的文本,越能够充分展现体系解释的功能。体系解释不仅使立法者的立法体系更清晰地展现出来,也能够借助于体系解释消除体系内部的矛盾和冲突,维护法律整体的统一。我国《民法典》的颁布为准确地适用法律解释,尤其是体系解释的方法解释法律、丰富和完善法律提供了极大的便利。体系解释是法律解释的重要方法,是准确理解条文文义的重要工具。虽然法律解释始于文义解释,但是也要关照该条文与本章相关条文、所在章节,甚至是其他各编中条文的关系。因为这些条文形成了解释该条文的外在框架和解释边界。只有通过法典化,在体系化的前提下,通过体系之间的相互关联来确定规范的射程,使规范的含义更为清晰,同时有助于发现与待解决案件相关的其他规范。法典化就是体系化,民法典奠定了体系解释的基础。

二、体系解释方法的主要功能

19 世纪英国宗教学之父马克斯·缪勒指出:"只知其一的人等于一无所知。"(He,who knows one,knows none.)这就指明了体系解释的重要性。体系解释作为系统论方法的运用,其在整个法律解释环节中具有广泛适用的价值。体系解释的主要功能如下。

第一,寻找可供适用的裁判依据。体系解释是为了阐释法律条文的含义,但是,从其实际作用来看,可以起到确定法律适用根据的作用。在寻找可供适用的法律依据时,有时是通过选择确定可供适用的法律,有时是相互矛盾的法律规定相互废止(碰撞式法律漏洞),前者才属于体系解释的范畴。例如,《民法典》第 1168 条关于共同侵权中的共同是采共同过错说,还是客观关联说,存在不同的解释。通过结合《民法典》第 1171 条和第 1172 条关于数人主观上无意思联络,但客观行为结合致人损害的侵权的规定,可以明确第 1168 条中的共同已经排斥了无意思联络的数人侵权,因此,其应当是指共同过错。通过体系解释就选择了一项结论,而排除了另一项结论。

体系解释还有助于不完全法条的准确适用。我国的立法大量采用了不完全法条,这也给裁判者适用法律规则带来了一定困难。例如,《民法典》第 629 条后部规定:"买受人拒绝接收多交部分的,应当及时通知出卖人。”如果买受人拒绝接收多交部分，但未及时通知出卖人，将产生何种法律效果，该条并没有作出规定，因此，其属于不完全法条。该条确立了买受人的通知义务，该义务是法定义务，但买受人对是否负有妥善保管多交部分标的物的义务，该条并没有作出规定。但《民法典》第7条规定：“民事主体从事民事活动，应当遵循诚信原则，秉持诚实，恪守承诺。”该条可以与《民法典》第629条相结合，从而确立买受人有妥善保管多交部分标的物的义务。

第二，阐释法律文本的含义。体系解释与文义解释等方法一样，都是狭义的法律解释方法中的内在解释方法，它们都旨在阐释法律文本的含义。作为从法律内部进行的解释，其着眼点是法律本身，所以可能更真实地反映立法者的意旨。确切地说，体系解释就是要明确以制定法形式表现出来的法律条文的含义，确保法律的可预测性和确定性。法律文本含义的阐释可以借助于多种方法，而体系解释的方法具有其自身的特点，是不可替代的，它是在文义解释不能确定法律文本的含义时，借助于法律体系来阐释其含义的方法。在许多情况下，某个法律文本、法律概念或条文，从其自身来看，难以确定其含义，甚至是冲突的、矛盾的，但是将各个法条放在一起就形成了一个完整的体系，各个条款之间就能相互印证补充，此时，从其相互之间的关系就能够阐明其含义。古人读《春秋》时常借助于《左传》，因为《左传》是鲁史的原文，此种做法和体系解释的道理是相通的。体系解释通常需要以文义解释作为适用的前提和基础，但在文义出现复数解释的情况下，也可以通过体系解释来确定法律文本的含义。赫克认为，体系并不应当作为一个解释的标准。所以，在许多情况下，体系解释必须与其他的解释方法（包括字义、立法资料等）相互配合，以准确阐释文本的含义，而不能单独作为法律发现的基础。① 例如，《民法典》第525条规定了同时履行抗辩权，但没有规定行使抗辩权的期间，由于该条规定在“合同的履行”一章中，可见立法者的本意是规定履行中的抗辩权，故其只能在履行中行使。正是因为体系解释具有其自身的特点，它在法律解释学中具有非常重要的地位。

第三，维护法律规则的统一性。法律的解释应当尽可能地使体系

---

① Heck, *Gesetzesauslegung*, S. 92.

得到调和。法谚有云:“法律解释的最佳方法,在于使法律与法律调和。”法律即使制定得再完备,也难免出现法律规则之间冲突和不和谐的现象,通过体系解释,尽量消除各个法律条文之间的矛盾和冲突,维持法律规定之间的和谐统一。[①] 正因如此,体系解释实际上可以起到一种“润滑剂”的作用。某一法条,若孤立来看可能与其他法条的表述并不一致,但若从宏观角度来看,这些法条往往构成整体的有机组成部分,则解释者在解释的过程中应当从整体性和统一性出发进行解释,防止出现同法不同解的局面,避免解释不统一而产生的矛盾。具体而言,

一是《民法典》总则与分则应当作统一解释。例如,虽然《民法典》总则编第 168 条禁止自己代理,但关于行纪合同,依据《民法典》合同编第 956 条第 1 款的规定,“行纪人卖出或者买入具有市场定价的商品,除委托人有相反的意思表示外,行纪人自己可以作为买受人或者出卖人”。表面上看,这两条规定是不一致的,但事实上,禁止自己代理主要是因为在自己代理的情形下,代理人与被代理人之间存在利益冲突,而依据《民法典》第 956 条的规定,对具有市场定价的商品的卖出或者买入而言,在委托人没有相反的意思表示的情形下,当事人之间并不存在上述利益冲突,没有必要予以禁止。因此,在解释《民法典》规则的过程中,应当始终秉持规则统一性的原则。

二是对《民法典》各编之间的规则应当作统一理解。例如,《民法典》合同编有规则涉及债权债务表述的,表明该规则不仅可以适用于合同,还可以适用非合同之债;而凡是涉及合同权利义务表述的,则都应当仅仅适用于合同。

三是《民法典》各编的规则应当保持解释的一致性。例如,《民法典》合同编第 551 条第 1 款规定:“债务人将债务的全部或者部分转移给第三人的,应当经债权人同意。”依据该条规定,债务移转应当经债权人同意。但是,《民法典》第 941 条第 2 款又规定:“物业服务人不得将其应当提供的全部物业服务转委托给第三人,或者将全部物业服务支解后分别转委托给第三人。”依据该规定,物业服务人不得将其应当提供的全部物业服务一并转委托给第三人。所谓一并转委托,是指物业服务人通过与其他物业服务人签订合同,约定由后者提供其在与业主

① 参见梁慧星:《民法解释学》,中国政法大学出版社 2000 年版,第 214 页。

签订的物业服务合同中所承担的全部物业服务。该规定并不禁止物业服务人将部分物业服务转委托给第三人。从表面上看,《民法典》第551条与第941条的规定不一致,但事实上,物业服务的转委托不同于债务的移转,在物业服务人部分转委托的情形下,物业服务人并没有退出物业服务合同关系,仍然是债务人,因此物业服务转委托无法适用债务移转的一般规则。

总之,通过体系解释,可以将表面上看起来相互冲突的条文变得可以相互兼容。体系解释可以让不同语境下的概念、术语保持统一的含义,也使得下位规范保持与上位规范的一致性、特别规定与一般规定之间形成完整的整体。

第四,消除各个法律条文之间的矛盾和冲突,维持法律规定之间的和谐统一。一方面,它可以将表面上看起来相互冲突的条文变得可以相互兼容。体系解释可以使不同语境下的概念、术语保持统一的含义。同时,它也使得下位规范保持与上位规范的一致性,特别规定与一般规定之间形成完整的整体。另一方面,体系解释可以减少和消除各个法律条款相互之间可能会发生的冲突和矛盾,消除"体系违反"现象。如果按照立法者的意旨进行解释可能出现规范之间的冲突,裁判者就负有一种通过法律解释艺术,尽可能地避免此种规范矛盾发生的义务。例如,《民法典》第992条明确规定:"人格权不得放弃、转让或者继承。"而《民法典》第1013条规定:"法人、非法人组织享有名称权,有权依法决定、使用、变更、转让或者许可他人使用自己的名称。"此处,第1013条规定的法人可以转让其名称权,而第992条并未规定人格权不得转让的例外,因此二者之间就发生了一定的冲突。在解释上,就应当认为第1013条构成法人名称权的特别规范,优先于人格权的一般规范而适用,从而消弭二者之间的冲突。

第五,明确法律概念和规则适用的范围。体系的考察可以界定某个概念和规则的适用范围,这就体现了法律制度的整体性和体系性。通过体系解释可以明确各法律规则在体系中所处的位置,从而明确其特定的适用范围。例如,《民法典》第525条规定的同时履行抗辩规则能否适用于违约责任,受害人能否以该规则要求对方承担违约责任?笔者认为,既然同时履行抗辩规则置于《民法典》合同编第四章"合同的履行"中规定,就表明该规则只是一个合同履行的规则,不能适用于违约责任。所以,从体系解释中就可以得出某个制度所适用的对象和范围。再如,《民法典》第1165条第1款规定:“行为人因过错侵害他人民事权益造成损害的,应当承担侵权责任。”这就在法律上确立了过错责任的一般条款。采用体系解释的方法,将该条第1款和该条第2款与第1166条比较,就可以发现,在过错推定责任和严格责任的规定中,出现了“法律规定”四个字,而在过错责任的规定中没有出现这四个字。可见,过错推定责任的规定和严格责任的规定都适用于法律有特别规定的情形,而过错责任可以适用于法律没有规定的情形。这就表明,过错责任是普遍适用于法律规定和没有规定的各种情形的一般条款。

应当指出,法律体系仅仅属于法律的外在形式,利用体系解释也不过是根据外在形式而解释法律,这就可能忽视法的实质目的和本意。因此,体系解释有一定的局限性。法律的外在体系只是被推定为合理。体系解释是以推定的外在体系的协调性、逻辑的一致性为基础而进行的解释。实际上,该外在体系是否符合了形式理性的要求,并非不可质疑。因此,依据该外在体系进行的推理也未必是可靠的。另外,由于法律体系仅仅属于法律的外在形式,利用体系解释也不过是根据外在形式而解释法律,而可能忽视法的实质目的和本意,所以体系解释也有一定的局限性。较之于法律的规范目的等内在因素,法律的外在体系属于外在因素,在许多情况下,法律解释中也应当注重法律的规范目的等内在因素的考量。例如,《民法典》第404条规定:“以动产抵押的,不得对抗正常经营活动中已经支付合理价款并取得抵押财产的买受人。”该条规范正常经营活动买受人的规则只适用于动产抵押,但实际上,在所有权保留和融资租赁等情形中,同样涉及正常经营活动中买受人是否享有优先权的问题。有学者认为,该条规则留下了立法上的缺漏,但实际上依据《民法典》第388条,既然担保合同包括抵押合同、质押合同和其他具有担保功能的合同,因此动产抵押的规则也能够适用于具有担保功能的合同。因此,正常经营活动买受人规则可以适用于所有权保留和融资租赁等情形中。

体系解释本身存在一定的局限,经常需要借助于目的解释等方法进行验证。诚如杨仁寿先生所言:“唯法律体系仅属法律之外在形式而已,利用体系解释如过于机械,拘泥于此项形式,忽视法的实质目的或法意,亦非妥适。”①法律解释的最终目的是要实现这种逻辑和体系之中法律所体现的规范社会生活的目的。因此,单纯根据法律的逻辑和体系所进行的解释,即便这一体系是逻辑严谨的,依据体系和逻辑进行的解释也要再根据法律规范社会生活的目的进行验证。

三、体系解释与文义解释

体系解释的基本功能是确定法律条文的含义,它与文义解释相同,都是从法律文本自身出发来阐释法律。在这一点上,它们与历史解释、社会学解释等是不同的。因此,这两种方式都不需要裁判者进行价值判断,在一定程度上可以对裁判者进行比较严格的限制。另外,体系解释与文义解释相同,都受到解释学循环理论的影响。受解释学循环理论的影响,文义解释强调要依据语境来解释文义。概念、术语都是在特定的语境下使用的,只有将其置于特定的位置,才能理解其准确的含义。例如,“等”的解释,究竟是对前面的总结,还是开放的结构?只有在特定的语境下才能理解其含义。解释学上所说的语境,就是要从文本的内在结构和上下文的体例安排,以及法律的语法、词汇等来理解法律的文义。任何法律文本的概念、术语的使用都是在特定的语境之下,离开了该语境,就无法对其进行理解。正如拉伦茨所言:“语词的意义大多有或大或小的变化范围,此处所指的是,或应被了解的意义究系何者,经常需借助语词在文句中的位置,以及(在某段谈话或文字的该当位置上的)该当语词所处的意义脉络来确定。”②从这个意义上说,根据语境来解释文义,某种程度上具有体系解释的功能。此外,按照解释学循环理论,体系解释中要从整体来理解部分,法律条文要从其在法律体系中所处的位置以及与相关法条的关系中来阐明其含义。但是,体系解释只是解释学循环的部分运用,它只是通过整体来理解部分,并不是通过部分来理解整体。

体系解释的主要作用就是在文义解释出现复数解释的情况下,借助于体系解释进一步阐释法律文本的含义,或者说,是以法律条文在体系上的关联性来探求其含义。正如萨维尼所言:“每一个解释都必须力

---

① 杨仁寿:《法学方法论》,台北,三民书局1986年版,第131页。

② [德]卡尔·拉伦茨:《法学方法论》,黄家镇译,商务印书馆2020年版,第266页。

求为体系提供一个结论,即每一个解释都应当具有实践目的,因为它必须以阐明体系中的一条规则为己任。"[①]一方面,体系解释与文义解释相比,其已不限于条文自身的解释,而是将解释对象扩展到该条文前后相关联的条文或者整个法律甚至与其他法律的关系。[②] 所以,体系解释首先以文义解释为基础,或者说,它是对文义解释的一种辅助性的方式。离开了体系解释,仅仅根据文义解释难以明确法条的准确含义。另一方面,文义解释也需要借助于体系解释。在进行文义解释时,裁判者也可能需要从相关法律的规定之中确定法律概念的含义。

当然,作为两种不同的法律解释方法,体系解释和文义解释也存在较大的差别,具体表现如下:

第一,两者的解释依据不同。文义解释的依据是法律条文的字面含义,它通过法律条文所使用概念、术语等的解释,来明确法律条文的含义。而体系解释的依据是法律的外在体系,包括法律条文的位置、相关关系等。虽然文义解释和体系解释都需要借助于语境来对法律文本进行解释,但文义解释本质上还是就字面含义进行理解,不需要借助于法律体系整体进行解释。而体系解释则需要将待解释的规则置于整个法律体系中加以全面理解。根据体系解释,对个别词句的理解必须借助条文的整体来考虑。这种整体包括:整个条文的含义、各个词句在整个制度中的含义,甚至在整个法律中的含义。[③] 因为立法的文本是一个整体,首先需要对整体的文本进行解释。"在文本的含义的解释中,字语与文本是从来不能分离的。"而且,"孤立的文本从来不会具有一个明确的、普通的含义"。[④] 例如,民法中的"过失"和刑法中的"过失"并非同一概念,必须将这些概念置于不同的法律体系中进行解释,而不能仅仅从字面上进行解释。再如,在同一法律中,不同规则之间往往起到相互衔接、相互补充的作用,存在意义上的关联。因此,可以运用其相互关系进行解释。例如,《民法典》人格权编中有关人格权主体的规定,有

---

① [德]萨维尼:《萨维尼法学方法论讲义与格林笔记》,杨代雄译,胡晓静校,法律出版社2008年版,第91~92页。

② 参见袁春湘:《法律解释的解释》,载《法律适用》2008年第8期。

③ 参见[德]霍恩:《法律科学与法哲学导论》,罗莉译,法律出版社2005年版,第133页。

④ E. Kellaway, *Principles of Legal Interpretation of Statutes, Contracts and Wills*, Butterworths, 1995, p. 54.

的使用自然人的表述,有的使用民事主体的表述,通过体系解释可以发现,凡是使用自然人表述的,就意味着该权利只适用于自然人,凡使用“民事主体”表述的,则表明该权利不仅仅适用于自然人,也适用于法人和非法人组织。

第二,两者的适用顺序不同。文义解释是一切法律解释的起点,当然也是体系解释运用的前提。在法律解释中,如果通过文义解释不能明确法律条文的含义,就应当借助于体系解释的方法。体系解释需要先从文义解释着手,并且是对文义解释方法的重要补充。事实上,在进行任何体系解释的时候,都需要首先进行文义解释,体系解释是文义解释等的重要补充。在体系解释中,裁判者需要通过法律条文所处的位置、法律条文之间的相互关系等来明确法律条文的含义。但是,法律条文所处的位置和相关法条含义的明确也需要运用文义解释方法。体系解释常常可以作为文义解释的辅助方法和验证方法,尤其是在文义解释并非十分清楚的情况下,可以参照解释对象所在同一体系中的相同术语的含义。

第三,两者的功能不同。文义解释是借助语义学的方法来阐明法律文本的含义。它不仅要确定法律的可能文义范围,而且还要确定核心文义和边缘文义。所以,文义解释确定了狭义的法律解释的范围,并且区分了狭义的法律解释和漏洞填补的界限。而体系解释的功能与此不同,它的功能就是要阐明法律文本的含义,具体来说,就是借助于法律的外在体系来阐明法律文本的含义。同时,体系解释也有助于实现法律概念的统一,并消除法律条文之间形式上的冲突和矛盾。在《民法典》总则编中,对自然人人格权的列举与其他民事权利的列举,在表述上是不一致的。《民法典》总则编关于人格权以外的其他民事权利的规定,采用“依法享有”的表述①,但是在人格权的规定中,没有采用“依法”两个字的表述。这并不是一个疏漏。立法目的在于,人格权保护应当保持开放性。立法者实际上是为了表明自然人的人格权,不能仅限于法律列举的权利,即使对于法律没有规定的新型人格权益,也要进行保护。这就意味着,必须借助体系解释的方法才能将文义阐释清楚,而单纯运用文义解释方法不能阐明其含义。

---

① 如第 114 条第 1 款规定:“民事主体依法享有物权。”第 118 条第 1 款规定:“民事主体依法享有债权。”

四、体系解释的步骤

(一)文义解释是体系解释的前提

在进行体系解释时,首先要进行文义解释。只有在通过文义解释得出复数解释结论时,才有必要进行体系解释。由于体系解释需要对多个法律条文进行整体解释,因此,其并不限于对某个法律条文进行解释,而要对多个法律条文进行解释。一般而言,在进行体系解释时,要对两个方面的内容进行文义解释。

一是对拟适用的法律条文进行文义解释。例如,关于《民法典》中是否承认了法人享有名誉权,对此存在争议。有学者认为,《民法典》在人格权编并没有明确规定法人是否享有名誉权,但是通过体系解释可以发现,《民法典》实际上承认了法人享有名誉权。其原因有如下两点。一是《民法典》第1024条第1款规定:“民事主体享有名誉权。任何组织或者个人不得以侮辱、诽谤等方式侵害他人的名誉权。”此处的表述是民事主体,从人格权编相关条文的表述,如果某项人格权仅能由自然人享有,则条文使用了“自然人”的表述,如果某项人格权不限于由自然人享有,则条文使用了“民事主体”的表述。二是依据《民法典》第110条第2款规定:“法人、非法人组织享有名称权、名誉权和荣誉权。”该条虽然只是规定于总则编,但显然适用于人格权编,因此从体系解释来看,法人应享有名誉权。

二是要考虑可能涉及的相关法条。因为体系解释不仅涉及单一的法条,其还可能涉及其他法条,涉及《民法典》各编、各章之间的规定,甚至涉及《民法典》与特别法规则之间的关系。因此,在运用体系解释方法时,可能还需要解释相关法条。因为体系解释不仅仅只是针对某一个条款,体系是由多个条款构成的整体,因此,在进行体系解释时不可避免地需要对与待适用条文有关的其他条文进行整体解释。体系解释与文义解释的区别就在于,它不限于对某个条文自身的解释,而是将解释对象扩展到该条文前后相关联的条文甚至整部法律。[①] 作为解释依据的相关法律条文的含义也必须能够以某种方式加以确定,否则难以确定拟解释洪律条文的含义。例如,《民法典》合同编中,相关规范有的

---

① 参见袁春湘:《法律解释的解释》,载《法律适用》2008年第8期。

表述为“债权债务”,有的表述为“合同权利义务”,通过体系解释可以发现,凡是使用“债权债务”表述的规范(例如,在《民法典》合同编第六章“合同的变更和转让”中,规定了债权转让与债务移转),就不仅仅适用于合同关系,还可以适用于其他债权债务关系。而凡是使用“合同的权利义务”表述的规范(例如,《民法典》第556条关于合同的概括转让,则采取“合同的权利和义务一并转让”的表述),就仅仅适用于合同关系。

(二)确定体系解释的必要性

体系解释首先需要从文义解释出发,而文义解释所确定的可能文义的范围,也确定了体系解释所最终确定的文义的范围。换言之,体系解释旨在从体系角度阐明文本的含义,而这个含义必须在可能文义的范围,不能超越这一范围。但在明确了可能文义的范围之后,解释者就要确定是否有必要运用体系解释的方法。这主要有如下几种情况:一是虽然确定了可能文义的范围,但其边缘区域仍然是模糊的,这样才有必要通过体系解释来澄清边缘文义的范围;如果通过文义解释之后,核心文义也处于不清晰的状态,此时还不能直接进入体系解释,而可能要运用目的解释等方法来探求立法目的和立法意图,以澄清核心文义。例如,《民法典》第274条规定“其他公共场所”归业主共有。这里所说的“公共场所”的核心文义是指能够为全体业主所共同使用或利用的场所,包括广场、园林、走廊、门庭、大堂等。通过解释可以认为公共场所的边缘文义包括闲置的空地和绿地改造的空地等。边缘范围不清晰需要进行解释,但如果核心区域都存在模糊性,那么理解起来就存在困难,将难以进行体系解释。二是边缘范围不清晰能够通过体系解释来予以确定。体系解释所确定的文义,既包括了法律文本的核心文义,也包括法律文本的边缘文义。如果只能解释出法律文本的核心文义,体系解释并没有完成其任务,只有最终确定了其边缘文义,体系解释才真正发挥了其作用。但是,在进行体系解释时,其边缘范围是否要求在一定体系内予以确定?笔者认为,边缘范围也可能通过体系解释加以明确。例如,某一概念的边缘范围不确定,但是在某个法律条文之中则可以确定其外延。再如,某个法条的边缘文义存在不确定之处,但是和相关的多个条文联系起来进行整体考察,就可以理解其边缘文义。这就可以通过整体来确定部分的文义,从而有必要进行体系解释。三是文义解释可以确定出条文的边缘范围,但可能存在复数结论,而体系解释可通过对规范群的整体解释来确定出该规范群的整体适用范围,因此,通过该整体适用范围的检验,就可以将之前文义解释所出现的复数结论进行筛选,从而得出最为准确的单一结论。这就是体系解释与文义解释的相互验证功能。如果存在这种验证的必要性,也就存在体系解释的必要性。

(三)确定是否属于同一法律位阶

体系解释通常是在同一法律位阶中进行的。在不同位阶的法律规定之间,应当按照上位法优先于下位法的规则来确定法律的适用,而不能进行体系解释。[①] 例如,《民法典》侵权责任编和《医疗事故处理条例》之间就属于上位法和下位法的关系,原则上不能运用体系解释的方法确定具体可适用的规则。尤其是如果部门法的规定与宪法规定相互矛盾,就纳入合宪性解释的范畴,不属于体系解释。

(四)依据一定的体系阐明文本的含义

在确定有必要进行体系解释之后,就要根据一定的体系来阐明文本的含义。笔者认为,对体系的考察应当是全方位的考察,法律的体系就是由具有内在逻辑联系的制度和规范所构成的、由具有内在一致性的价值所组合的体系结构。这种考察不仅仅针对相关法条的关系,而且要针对特定法律内部的相关制度之间的关系甚至整个法律体系。这就决定了,我们对体系的考察应当是更宏观、更全面的。正如德国学者旺克所指出的:“适用一个规定,实际也是对整个法秩序的适用。因此,在对任何规范进行解释时,均应考虑该规范在一项法律或者法秩序中具有的外在地位(外在体系),以及其评价(作为解释的结论)是否符合其他规定的评价”[②]。根据一定的体系来阐释法律文本,可以分为如下几种情况:

1. 依据同一法律部门内部不同法律之间的体系进行解释。以民法为例,法律之间的解释一般是指民事法律之间的相互解释,包括民事基本法与民事特别法之间、商事特别法与民法之间的解释。例如,《民法

---

① 参见[德]英格博格·普珀:《法学思维小学堂》,蔡圣伟译,台北,元照出版有限公司2010年版,第80页。

② [德]罗尔夫·旺克:《法律解释》(第6版),蒋毅、季红明译,北京大学出版社2020年版,第110页。

典》的法人制度部分确定了法人依法独立承担民事责任的规则，这就是关于法人有限责任的规定。但是，《公司法》除了承认有限责任制度之外，还规定了法人人格否认制度。从体系解释的角度来看，《公司法》的规定仅仅适用于公司法人，而《民法典》总则编适用于所有的法人。所以，公司之外的其他法人并不能适用法人人格否认制度。再如，在“潘某某与余某某、浙江省三门县远征造纸厂等民间借贷纠纷案”中，法院认为：“《最高人民法院关于审理民事案件适用诉讼时效制度若干问题的规定》第五条规定：‘当事人约定同一债务分期履行的，诉讼时效期间从最后一期履行期限届满之日起计算。’虽然该规定针对诉讼时效而言，但其本意，实际确定了债权人可于债务最后一期履行期限届满之日起两年内主张债权，根据体系解释，《担保法》有关‘主合同规定的债务履行期届满’也应解释为最后一期履行期限届满之日，故原审法院对此作出如此解释并无不妥。”①

需要指出的是，体系解释中法律之间的解释不应包括部门法与宪法之间的解释。因为通过确定部门法与宪法之间的关系来进行的解释属于合宪性解释的范畴，如果将其包括在体系解释之中，就使得体系解释和合宪性解释难以区分。原则上，体系解释只能在同一部法律内部进行解释，在特殊情况下，才可以扩展到同一法律部门的体系之中，只有在极为例外的情况下，才需要将视野扩展到其他法律部门的体系之中。当然，在依据不同法律部门的法律规定进行体系解释时，也要注意到各个法律部门之间的区别。例如，就“过失”的概念而言，刑法中的“过失”是指主观过失，因为刑法是依据犯罪人的主观心理状态而定罪量刑的，不能采客观过失标准。但是，在民法上，出于受害人保护和确定一般行为标准考虑，现代各国司法实务基本上都倾向于采过失的客观标准。

2. 依据同一法律内部不同法律制度之间的体系进行解释。某一个法条的概念在同一法律内部不同位置使用时，其具体含义可能有所不同。例如，《民法典》物权编中的“占有”一词，它在所有权中使用时，其意指所有权的一项权能，即占有权能，是所有权的一项重要内容。但在“占有”一编中使用时，其意指一种事实，既可能是指有权占

---

① 浙江省台州市中级人民法院民事判决书，(2014)浙台商终字第143号。

有,也有可能是指无权占有。因此,在理解法律中的概念时,应当结合同一法律内部其他制度进行整体理解。尤其是对有些法律条款,不能完全孤立地从法律条文本身来理解,而要结合其他法律条文进行整体理解。

3. 依据同一法律之中规范所处的位置和不同规范之间的关系进行解释。各个法条之间存在意义关联,借助法条的位置和法条之间的相互关系可以确定出具体法条的含义。例如,《民法典》第 367 条第 2 款针对居住权合同的内容中规定,“居住权合同一般包括下列条款:(一)当事人的姓名或者名称和住所……”此处,立法者使用了“姓名或者名称”,从体系解释上来看,《民法典》第 1012 条规定:“自然人享有姓名权,有权依法决定、使用、变更或者许可他人使用自己的姓名,但是不得违背公序良俗。”而《民法典》第 1013 条规定:“法人、非法人组织享有名称权,有权依法决定、使用、变更、转让或者许可他人使用自己的名称。”可见,在《民法典》中,明确区分了姓名与名称,立法者只是在法人和非法人组织中使用“名称”的概念。因此,基于这种体系解释的方法,应当认为居住权的权利人主体不限于自然人,而应当包括法人与非法人组织。在体系解释中,依据同一法律之中法律条文的位置和不同法律条文的相互关系进行解释,这是运用最为广泛的方法。具体来说,应当从如下几个方面来考虑:

第一,同一法律中不同规范之间的关系。不同规范之间往往起到相互衔接、相互补充的作用,形成了一种意义脉络,存在意义上的关联。因此,可以运用其相互关系进行解释。例如,在理解建设用地使用权抵押时,就必须准确把握建设用地使用权的设立规则。要在建设用地使用权上设立地役权,除了要把握有关地役权的设立和效力的规则以外,还必须准确把握建设用地使用权的设立和效力规则。在一个法律概念上可能涉及多个法律规范,这些概念往往需要在与其他法律规范的关系之中才能获得理解。再如,《民法典》物权编中关于交付移转所有权的规则,因为交付必须通过移转占有才能完成,这就涉及对占有的解释,因此必须理解物权编有关占有的概念的意义。

第二,考虑法律概念和条文在该部法律之中所处的位置。如前所述,解释文义要考虑语境,从语境出发,而语境所包括的含义是非常宽泛的,其不仅仅涉及概念所使用的社会环境,还涉及其在文本之中的语境问题。因为“规范的内容是彼此联系的整体,这就是体系。不仅如此,这些规范内容是建立在各个文本之中,是依赖于整体而存在,所以这些内容需要在整体中才能获得解释”。[①] 某个概念的条文所处的位置十分重要,处于不同的位置就可能具有不同的含义。例如,《民法典》物权编上的“占有”一词,处于所有权编和占有编之中的意义就各不相同。

从体系解释的角度来看,对法律条文的解释也要考虑其在文本中所处的位置,因为体系解释包括根据上下文的含义、法律条文在整部法律中的章节位置、相关法条的内容等进行的解释,从而确定法律文本的客观含义。在法律文本设定的特定语境下,前后多处使用的同一术语可能指称的都是区别于惯常含义的特别含义,此时的体系解释就应当因循该语境下的特别含义。[②] 德国学者旺克指出:“具体的规范并非孤立,而是法秩序的一部分,因此,和其他规范之间的联系可以对应予解释之规范的意义的确认具有重要助益。”[③]哈特认为:“一个普通具有同种意义的词语不仅仅在单一的规则中适用,而且出现在其他法律体系中。在不同的问题、不同的情形中,并没有努力尝试对该种词语进行解释。”[④]某个条文和概念在某个整体中所处的位置不同,也可能具有不同的含义,因此也需要从整体出发来理解每个条文的含义。这就应当根据某部法律的整体内容和精神出发,来确定待解释的条文、概念等在该部法律中的特殊含义。例如,“权利人”的概念从语义上理解范围十分宽泛,但在《民法典》物权编中特指物权人。在许多情况下,该法律或法条是针对特定的主体制定的,就应当按照该特定主体的理解来解释。[⑤]

---

① Friedricb Möller, *Discours de la méthode juridique*, Traduit de l'Allemand par Olivier Jouanjan, PUF, 1996, p. 268.

② See E. Kellaway, *Principles of Legal Interpretation of Statutes, Contracts and Wills*, Butterworths, 1995, p. 69.

③ [德]罗尔夫·旺克:《法律解释》(第6版),蒋毅、季红明译,北京大学出版社2020年版,第95页。

④ P. Wahlgren, *Automation of Legal Reasoning*, Kluwer Law and Taxation Publishers, 1992, p. 50.

⑤ E. Kellaway, *Principles of Legal Interpretation of Statutes, Contracts and Wills*, Butterworths, 1995, p. 69.

第三,考虑同一法律条文内部不同部分的关系。即使在同一法律条文内部,其不同部分之间也可能存在相互限制、相互补充等关系,可以借助其相互关系来阐明法律文本的含义。例如,《民法典》第274条规定:“建筑区划内的道路,属于业主共有,但是属于城镇公共道路的除外。建筑区划内的绿地,属于业主共有,但是属于城镇公共绿地或者明示属于个人的除外。建筑区划内的其他公共场所、公用设施和物业服务用房,属于业主共有。”如何理解“建筑区划内的其他公共场所”?这就需要通过该条中的前句来理解,根据前句和后句之间的关系,从而确定后句中的“建筑区划内的其他公共场所”是指道路、绿地以外的公共场所。

同一法律条文内部可能存在一般规定和特别规定,在进行体系解释时,应当优先考虑特别规定,或通过特别规定来确定文本的具体含义。例如,某市居民张某为其小孩取名为“张髪坤”,但当地派出所认为“髪”字有简体写法“发”,因此应该使用简体字“发”。但张某认为其小孩作为民事主体依法享有姓名权,取名为“髪”是合法的,派出所无权拒绝登记。《国家通用语言文字法》第17条规定:“本章有关规定中,有下列情形的,可以保留或使用繁体字、异体字:(一)文物古迹;(二)姓氏中的异体字;(三)书法、篆刻等艺术作品;(四)题词和招牌的手书字;(五)出版、教学、研究中需要使用的;(六)经国务院有关部门批准的特殊情况。”该条中允许姓氏使用异体字,但是否允许使用繁体字?双方为此发生了争议。笔者认为,对于该条首先要适用文义解释的方法。既然第2项明确规定“姓氏中的异体字”,那就意味着只有异体字可以作为例外情况在姓氏中加以采用,且仅仅只是在姓氏中可以使用异体字,在该条列明的其他五种情况下都允许使用异体字和繁体字。同时,依据该规定,既然只允许公民在姓氏中使用异体字,公民就不能在姓氏中使用繁体字。

4. 依据法律部门内部不同法律之间的体系进行解释。在大陆法系国家,法律被划分为不同的部门,各个部门都具有自身的体系。该体系是由法律部门内部不同的法律、制度、规范等构成的一种完整的体系。因而,在某个条款本身存在争议的情况下,也可能有必要依据法律部门内部不同法律之间的体系进行解释,因为“法律体系作为内在和谐与协调的整体,规范之间在体系中具有密切的联系”。[①] 在进行体系解释时,要考虑民法的各个不同组成部分之间的体系。这首先涉及对整个法律性质的定位。例如,民法中各个部分所贯彻的价值、原则和基本理念也存在一定的差异,因此必须考虑到这些差异才能准确理解和把握规范的性质。从整体上看,物权法是财产归属和利用的法,合同法是鼓励交易的法,侵权法是民事权利的救济法。在法律解释中,解释者要考虑法律部门内部不同法律体系的特点进行解释。例如,合同法规范大量的是任意法规范,任意性规范体现了法律对当事人意思自治的尊重,因此,裁判者在进行解释时就应当更多地尊重当事人的意思。而在物权法中,大量规定的是强行法规范,因此,裁判者应当从强行法规范的角度进行解释,将当事人的意思自治与国家对财产秩序的管理和一定程度的介入结合起来,从而既尊重当事人的意思自治,又注重维护财产交易秩序和交易安全。

在同一法律部门内部也涉及上位法与下位法、普通法与特别法的关系,要准确地把握法律的效力级别和适用的先后顺序,尽管这些规则属于效力性的规则而不是解释规则,但在解释时也要考虑这些效力性规则。如果被参照的解释对象分别位于特别法和一般法时,通常要遵守特别法条优先于一般法条的原理,这也是根据法律内部相关法条的关系进行的解释。在体系解释中,根据“规范等级”原则,下位概念不得与上位概念相违背。[②] 整体解释需要从整个法律体系出发来把握规范等级和法律关系,去理解规范的含义。如果被参照的解释对象分别位于上位法和下位法,通常要遵守上位法优于下位法的原则来进行解释。裁判者在选择不同法律适用时要考虑这些规则,因为我国在立法时,有些法律的层级较低,但却与上位法不一致。例如,《民法典》第 1240 条规定:“从事高空、高压、地下挖掘活动或者使用高速轨道运输工具造成他人损害的,经营者应当承担侵权责任;但是,能够证明损害是因受害人故意或者不可抗力造成的,不承担责任。被侵权人对损害的发生有重大过失的,可以减轻经营者的责任。”而《电力

---

① Robert Alexy, Kiel and Ralf Dreier Göttingen, *Statutory Interpretation in the Federal Republic of Germany*, in D. Neil MacCormic and Robert S. Summers (eds.), Interpreting Statutes, A Comparative Study, Dartmouth, 1991, p. 88.

② 参见王泽鉴:《法律思维与民法实例》,中国政法大学出版社 2001 年版,第 225 页。

法》第 60 条第 2 款规定:“电力运行事故由下列原因之一造成的,电力企业不承担赔偿责任:(一)不可抗力;(二)用户自身的过错。”此处的免责事由采用过错的概念,从文义上讲,它既包括故意,又包括过失,因此与《民法典》侵权责任编的相关规定并不一致。这就涉及在解释时,两部法律之间是上位法和下位法的关系,还是一般法与特别法的关系。因此要从体系着手进行解释。笔者认为,由于《民法典》与《电力法》不是普通法与特别法的关系,因此上述两个条文之间也不是普通法与特别法的关系。另外,《民法典》的规则是对《电力法》的规则作出了有意的修改,因此在二者存在矛盾的情况下,应当优先适用《民法典》的规定。

5. 依据法律部门的体系进行解释。各个法律部门都有自身的逻辑体系,并且这种体系也是准确界定不同部门法中法律概念和术语内涵的依据。例如,关于“近亲属”的概念,不同的法律部门的解释并不相同。《民法典》第 1045 条第 2 款规定:“配偶、父母、子女、兄弟姐妹、祖父母、外祖父母、孙子女、外孙子女为近亲属。”《刑事诉讼法》第 108 条规定:“本法下列用语的含意是:……(六)‘近亲属’是指夫、妻、父、母、子、女、同胞兄弟姊妹。”从体系解释上来看,《民法典》因为涉及继承、死者人格利益保护以及死亡赔偿金的请求权主体等问题,为了保护死者利益以及死者的被扶养人等利益,所以其近亲属的范围较为广泛。而《刑事诉讼法》主要是从保障刑事司法程序、保护当事人的权利出发,对近亲属的范围作出了规定。相比之下,《民法典》中的近亲属范围要比《刑事诉讼法》中近亲属的范围更为广泛。因为民法更加注重保护民事主体的权利和合法利益,应当对自然人的近亲属作较为宽泛的界定,这样才能对民事主体形成更加周密的保护。而《刑事诉讼法》作为公法性质的程序法,其不仅涉及国家审判权的行使和对刑事犯罪受害人及其近亲属的权益保护,也涉及对刑事被告人正当权利的保护,还涉及对证人等当事人合法权益的保护。刑事诉讼程序中有关近亲属的规定大多是围绕保障程序正义而展开。例如,近亲属有申请审判人员回避的权利等,因而《刑事诉讼法》对于近亲属的范围作出了适当的限定,使得这一范围较《民法典》的范围为窄。当然,也有人从扩大对刑事诉讼当事人的合法权益保护的角度出发,建议应当扩大《刑事诉讼法》中近亲属的范围,“将祖父母、外祖父母、孙子女、外孙子女纳入‘近亲属'的范围"。[1] 因此,在进行体系解释的时候,应当依据不同的法律部门所具有的体系进行解释。

五、体系解释与法律适用规则的关系

法的适用,有广义和狭义之分。广义的法的适用是指运用法律规范调整社会关系。[2] 它包括法的遵守和司法适用。而狭义的法的适用,仅指司法适用,即法院和仲裁机构依据法定职权和法定程序行使司法权、运用法律处理具体案件的专门活动。[3] 本书采广义的法的适用的概念。由于民法法源的多元化,民法的适用应当遵循一定的原则,以便准确适用法律。法律适用的规则包括上位法优先于下位法、新法优先于旧法、特别法优先于普通法、强行法优先于任意法、法律文本优先于法律解释等。所有民法规则的适用都必须遵循这些规则。

应当看到,法律适用的规则与体系解释规则具有密切联系。第一,二者都要服务于对裁判规则的寻找,也就是说,如何确定裁判中的规则,无论是法律适用规则还是体系解释规则,都要服务于这一目的。第二,二者都体现了借助整体理解部分的理念,以诠释学的规则为基础。正因如此,体系解释和法律适用规则都属于"以文本理解为目标"的规则。第三,两者都有助于实现法秩序的统一,消除法律的矛盾。体系解释和法律适用规则有助于消除法律条文与法律条文之间或法律与法律之间的矛盾或不一致,从而实现法的外在体系性。尤其是在实践中,体系解释的规则也涉及法律适用规则,主要表现为:

一是在数个法律规范都可能适用时,究竟选择哪一个法律规范,此时要适用法律适用的规则。例如,《民法典》第 1216 条规定,如果机动车参加了强制保险,保险公司应当在交强险限额范围内予以赔偿,《机动车交通事故责任强制保险条例》第 22 条也对此作出了规定。在此情况下,法官究竟应当选择哪一个法律规范作为裁判依据,并进行解释,这也是体系解释应当解决的问题。

---

① 杨仲杰:《建议扩大刑事诉讼法"近亲属"的范围》,载《检察日报》2007 年 10 月 15 日。

② 参见梁慧星:《民法总论》,法律出版社 2007 年版,第 274 页。

③ 参见孙国华、朱景文主编:《法理学》,法律出版社 1999 年版,第 315 页。

二是在可能适用的数个法律规范之间存在明显的矛盾,此时,也要借助法律适用的规则来处理。例如,《民法典》关于高度危险责任中的免责事由就与特别法(如《电力法》)存在不一致的现象。再如,《民法典》所规定的诉讼时效与《海商法》所规定的诉讼时效并不一致。这就涉及应当适用哪一规则的问题。

三是数个可能适用的法律规范之间虽然存在矛盾,但是可以借助解释方法或法律适用规则予以解决。也就是说,如果某一法律事实受多个法律规则调整,而各个法律规则的规定并不一致,此时,也需要借助法律解释规则或者法律适用规则予以解决。

四是引致规范的适用。如果按照某规则中包含引致规范所确定的法律规则与该规则规定不一致,究竟应当如何适用规则?例如,《民法典》第1208条规定:"机动车发生交通事故造成损害的,依照道路交通安全法律和本法的有关规定承担赔偿责任。"依据该规定,在机动车发生交通事故造成损害的情形下,应当适用《道路交通安全法》的规则,但问题在于,如果《道路交通安全法》与《民法典》规定不一致,则应当如何适用法律规则。

但应当看到,法律适用规则与体系解释规则仍然存在区别,法律适用的规则是找法的规则,是用来确定司法三段论中的大前提的规则。而体系解释是在找到可能适用的法律规范之后,运用体系方法妥当确定其含义的规则。在司法三段论中,首先需要确定大前提,法律适用规则更多的是一种找法的规则,而体系解释是在找法之后的解释规则。因此,法律适用规则通常不应置于体系解释之中。另外,法律适用规则往往是在数个法律中选择可供适用的法律规范,而体系解释,常常都是解决在一部法律内部,特别是在一个文本中如何进行解释的问题。

六、体系解释的规则

(一)法律制度体系化的推定

法律制度体系化的推定规则(das Postulat der Widerspruchsfreiheit),又称为法律不会自相矛盾的规则,它是指解释者在进行法律解释时,首先应当推定法律制度是已经经过了体系化过程,形成了一个完整的、具有内在一致性的体系。[①] “一个法律体系当中的所有法律规则应当尽可能不相互冲突,以为人类共同生活确立有效的秩序。”[②]事实上,在我国,法律制度都是在宪法指导下形成的有机整体。这是我国社会主义法律体系的重要特征所在。法律解释的目的就是要保障法律适用的统一性,促进法律制度的统一,防止出现类似案件不同处理的现象。只有首先推定法律制度的体系化,才有可能运用体系解释的方法。具体包括:一是推定所有的法律都是依据宪法制定,并且符合宪法的。二是法律制度内部,单行法和基本法、特别法和一般法之间的关系都应当协调一致,不能出现法律体系内部的冲突。三是同一法律之中,不同的法律规范之间也保持一致,总则与分则、各个法律制度和法律规范之间,也保持协调一致。正是因为推定存在这种体系,体系解释才成为可能的解释方法。

在消除法律条文的相互矛盾时,应当确定要适用的法律条文,同时,要排除其他条文的可适用性。此时,裁判者应当运用一些法律适用的规则,尤其是通过适用“上位法优先于下位法”“特别法优先于一般法”的规则等,选择应适用的法律规范,排除其他法律规范。但是,此种选择并非要使得被排除的法律规范被废止,而只是就特定案件而言,确定应当适用的法律规范。如果两个规则相互矛盾,能够选择适用其中一个规则,就应当尽可能不解释出两个规则相互废止的结论。

(二)清晰的规则应当优先于模糊的规则而适用

在两个规则之间,应当尽可能优先适用清晰的规则,而不是模糊的规则。[③] 例如,就双方签订的技术合同涉嫌技术垄断时,可以适用《民法典》第153条第1款的规定:“违反法律、行政法规的强制性规定的民事法律行为无效。但是,该强制性规定不导致该民事法律行为无效的除外。”同时,该情形也可以适用《民法典》第850条:“非法垄断技术或者侵害他人技术成果的技术合同无效。”此时,由于第850条的规定属于清晰的规则,而第153条第1款则属于模糊的规则,在规则的选择上应当尽可能选择《民法典》第850条。

---

① 参见[德]英格博格·普珀:《法学思维小学堂》,蔡圣伟译,台北,元照出版有限公司2010年版,第77页。

② [德]齐佩利乌斯:《法学方法论》,金振豹译,法律出版社2009年版,第126页。

③ 参见黄异:《法学方法》,台北,元照出版有限公司2009年版,第93页。

(三)借助整体来理解个别

法谚有云:只有理解了整体,才能理解部分。在进行法律解释时,必须要对法律的整体有全面的理解。在法律解释中的所谓"整体",既包括某个特定法条的全部内容,也包括整个法律制度,还包括各个法律部门。而所谓"部分"则是指待适用的具体法律条文和具体规范。只有借助整体来理解个别的规则,才能避免法律解释中仅仅考虑特定的法条,而对该法条进行误读。

一是要考虑法律条文的具体位置,来确定其含义。在法律解释学上,存在"上下文和谐论点",即要根据上下文的联系对法律规定予以解释,上下文构成法律解释的一种语境。① 通常,如果一个条文中出现了多个条款,第 1 款的规定常常属于一般规定,其他条款属于特别规定。例如,《民法典》第 1183 条第 1 款是关于精神损害赔偿的一般规则,而第 2 款关于侵害具有人身意义的特定物所造成的精神损害,属于精神损害赔偿的特殊规则。

二是根据位置的安排来确定法律规则的适用范围。前面的条款往往更为抽象,而后面的条款往往针对具体事项。因此,前面的条款对后面的条款具有可适用性。例如,《民法典》第 1245 条规定:"饲养的动物造成他人损害的,动物饲养人或者管理人应当承担侵权责任;但是,能够证明损害是因被侵权人故意或者重大过失造成的,可以不承担或者减轻责任。"该条规定置于《民法典》第 1249 条关于遗弃或逃逸的动物致人损害之前,而第 1249 条没有确定免责和减轻责任的事由,有关此种事由应当适用第 1245 条的规定。再如,《民法典》第 1198 条关于安全保障义务的规定,置于第 1201 条关于教育机构责任的规定之前,因此,第 1198 条更为抽象,其可以用于解释第 1201 条的规定。

三是根据整体与部分的关系来理解法律规范的含义。例如,以采矿权作担保,究竟应当属于"权利质押"还是"权利抵押"?需要比较"权利质押"和"权利抵押"的相关规定。按照《民法典》第 440 条第 7 项的规定,"法律、行政法规规定可以出质的其他财产权利"都可以质押。因此,只有法律、行政法规有明确规定时,才能成为质押的客体。而对于权利抵押,法律采取开放性的态度,《民法典》第 395 条第 1 款第

---

① 参见张志铭:《法律解释学》,中国人民大学出版社 2015 年版,第 72 页。

7 项规定，"法律、行政法规未禁止抵押的其他财产"都可以抵押。因此，从整体来理解，采矿权的担保属于权利抵押，而不是权利质押。当然，法官在进行整体解释时，其前提是对整个法律部门和制度规范的全面而准确的掌握。

(四)未定范围，即指全体

法谚有云，"未定范围，即指全体"(Indefinitum equipolletuniversali)。在法律解释中，法律常常对其适用的事项作出特别规定。如果法律对于其适用范围没有作出特殊的规定，则应当理解为其属于一般法，也就是说，可以普遍适用于所有的主体、所有的事项、所有的地域。例如，《民法典》第 1165 条第 1 款关于过错责任的一般规定，以"造成损害"为要件，因而其是普遍适用于损害赔偿的规则。

(五)同类解释

同类解释规则(拉丁语为 Eiusdem Generis)，是指如果法律上列举了具体的人或物，然后将其归属于"同类型的类别"，那么，对开放性规定的解释，就应当与具体列举的人或物属于同一类型。例如，比较法上，有法律规定：饲养狗、猫、鹦鹉和其他动物必须申请许可。此处的"其他动物"即为类概念，那么，其应当如何理解，是否应当包括猪、牛、羊等各种其他动物呢？在同一解释规则下，"其他动物"应当是与被列举的动物属于同一类别的动物，应当属于"动物"的下位概念。具体而言，"狗、猫、鹦鹉"等动物属于宠物，其功能在于供人们消遣和娱乐。因此，"其他动物"也应当属于宠物，而不应当包括"猪、牛、羊"等畜牧业动物。[①] 在我国，同类解释规则也具有重要意义。由于文义本身存在多义，而法律术语在表述时也可能存在不同的表述，解释者应当从体系解释出发来对概念和术语进行同一的解释，以尽可能地保持用语的统一性，从而满足体系协调性的要求。[②]

同类解释就是强调概念的体系化，尽可能避免概念含义的冲突。体系解释就是将各个法律部门、制度、规则作为一个整体，从整体的把握上来理解某一个规范的含义。它就是要挖掘立法者从总体上贯彻的

---

① James Holland & Julian Webb, *Learning Legal Rules*, 6th edition, Oxford University Press 2006, p. 241.

② 参见张绍谦等：《刑法解释方法在犯罪认定中的运用》，载《审判前沿观察》2009 年第 1 辑，上海人民出版社 2009 年版，第 93 页。

一种价值和理念,从而正确地把握某一个规范的内容。例如,依据《民法典》第185条的规定,行为人承担民事责任必须是侵害了英雄烈士等的人格利益。但关于本条中"等"字的理解,存在争议。笔者认为,该条使用"英雄烈士等"这一表述,表明本条的保护范围不限于英雄、烈士,也包括其他人格利益,但按照同类解释(Eiusdem Generis)规则,其他人也应当是与英雄、烈士类似的人,如为了人民利益英勇斗争牺牲、堪称楷模的人,以及在保卫国家和国家建设中做出巨大贡献、建立卓越功勋的已经故去的人。[①] 因此,该条并不包括一般的死者人格利益。再如,我国《民法典》第1239条规定,"占有或者使用易燃、易爆、剧毒、高放射性、强腐蚀性、高致病性等高度危险物造成他人损害的",应当承担责任。如何理解"等高度危险物造成他人损害"的表达?此处采用"等"字表明高度危险物采用了开放式列举,但是,按照同类解释规则,"等高度危险物"应当是与已经列举的易燃、易爆、剧毒、高放射性等具有类似属性的物。同类解释方法还要求将概念和术语置于特定语境中进行同一表述,在不同的语境中其可能存在不同的含义。例如,过错,在过错责任中和在过错归责原则中的含义是不同的。有时仅指过失,有时包括了故意和过失,在一个法律用语有几个不同的解释时,通常应优先考虑与整个体系含义相协调的一种解释。[②]

(六)明示其一,排斥其他

"明示其一,排斥其他"的规则(expressio unius exclusion alterius),简称为"明示排除其他",是指法律文本中明确提及特定种类的一种或者多种事项,可以视为以默示的方法排除了该种类以外的其他事项。按照该规则,如果法规中明文提及某类东西中的一些事项,可解释为它无意包括同一类别中并未被提及的事项。例如,我国《民法典》继承编第1144条中规定,在继承人篡改、遗嘱的情况下,导致继承权的丧失。按照明示其一即排斥其他的规则,在其他情况下,如隐匿遗嘱等,并不能导致继承人继承权的丧失。再如,我国《民法典》第1245条规定,在饲养动物致人损害责任中,如果能够证明损害是因被侵权人故意或者

① 参见李适时主编:《中华人民共和国民法总则释义》,法律出版社2017年版,第580页。

② 参见孔祥俊:《法律方法论》(第2卷),人民法院出版社2006年版,第1018页。

重大过失造成的，可以不承担或者减轻责任。按照这一解释规则，除该条明确规定的情形以外，被侵权人具有一般过失不会减轻或免除责任。

一般来说，运用该规则时必须符合如下要求：第一，必须要确定法律所进行的列举是否为完全列举。在法律上，列举分为封闭式列举和开放式列举。在封闭式列举的情况下，才有该规则适用的可能；而在开放式列举的情况下，该规则不能适用。当然，封闭和开放是相对的，在某些情况下，相对于特定的事项是封闭的，而相对于其他事项就是开放的。例如，《民法典》第 153 条第 1 款规定，“违反法律、行政法规的强制性规定”的民事法律行为无效。其本身是兜底性条款，具有一定的封闭性，因此，可以解释为违反行政规章并不一定导致民事法律行为无效。但是，该条中的“法律、行政法规”也具有一定的开放性，其所包含的范围十分广泛，可以认为是“引介性”条款，将很多法律和行政法规都引入其中，作为判断民事法律行为效力的标准。第二，只有在法律未提及的事项是立法者有意排斥的事项时，才能将其他的情况排斥在外。倘若不是这样，若因立法者的疏忽而将无意排除的事项未予提及，按照这种规则解释就会违背立法者的本意。这就决定了，该规则必须与其他规则结合起来适用，特别是要与立法目的结合起来，注意识别被排除的内容是否为立法者易于排除的事项。① 第三，法律中所进行的列举必须具有“相互排斥”的特点，而不允许进行类推适用。如果采用类推适用的方法，即使是封闭性列举，也可以扩张其适用范围，从而得出与“排斥其他”相反的结论。因此，必须明确法律文本中的列举究竟是具有“排他”性的列举，还是“示例”性的列举。体系解释对“明示其一即排斥其他规则”实际上是通过分析立法者明确表述的文义，从而推论出立法者不愿意将除此之外的情形纳入法律之中。

（七）法律不作无意义的次序编排

法律不作无意义的次序编排（das Postulat der systematische Ordnung），该规则是推定法律外在体系合理性的引申，也是体系解释的出发点。例如，《民法典》第 1195 条规定了网络侵权中的通知规则，第 1197 条规定了网络侵权中的知道规则。从逻辑排列来看，通知规则是一般规则，而知道规则是例外规则。所以，在通常情况下，都应当适用通知规则。

---

① 参见孔祥俊：《法律方法论》（第 2 卷），人民法院出版社 2006 年版，第 1020 页。

(八)例示性规定优先于概括性规定

所谓例示性规定,是指法律通过具体列举的方式所作的规定。所谓概括性规定,是指法律通过不确定概念和一般条款所作的规定。从立法技术的角度来看,立法者为了同时实现法律的可操作性和法律的适应性的目标,往往同时设计了例示性规定和概括性规定。[①] 在适用时,应当优先适用例示性规定。例如,《民法典》第 1222 条规定,"隐匿或者拒绝提供与纠纷有关的病历资料",该法第 1225 条又对病历资料的具体类型作出了规定,包括住院志、医嘱单、检验报告等。所以,在解释《民法典》第 1222 条的规定时,应当参照《民法典》第 1225 条的规定。

(九)例外规定应严格解释

法谚云,"例外规定应严格解释"(Exceptio est strictissimae interpretationis)。在法律上,一切规定莫不有例外,法律虽然通常是为普遍和一般情况设置的规定,但是,其都有适用范围,因此,法律往往要对例外情形作出特殊规定。德国学者雷讷指出:"如果某个规范属于一般规范的例外规则,则很显然不能将例外情形扩展到让一般规则失去适用范围的地步。此外,在应用这项解释原则时需要非常小心,因为它只提供了解释的第一个支撑点,还需要经过特别仔细的目的解释才能确保它真的可行。"[②]对于这些特殊规定,要作严格的限定,不能随意进行扩张解释,也不能随意进行类推适用。例如,《民法典》第 1190 条第 1 款规定:"完全民事行为能力人对自己的行为暂时没有意识或者失去控制造成他人损害有过错的,应当承担侵权责任;没有过错的,根据行为人的经济状况对受害人适当补偿。"本条中,如果行为人没有过错的,应当给予适当补偿,这就属于例外规定。对此,应当进行严格解释,也就是说,必须是完全民事行为能力人对于自己的行为暂时没有意识或者失去控制造成他人损害没有过错。

(十)法律无赘言(das Postulat der Nichtredundanz)

法律应当无赘言,这是法律体系合理性的要求。[③] 法谚云:"文句应

① 参见黄异:《法学方法》,台北,元照出版有限公司 2009 年版,第 93 页。

② [德]德特勒夫·雷讷:《法学方法论的基础知识》,黄卉译,载《中国应用法学》2021 年第 3 期。

③ 参见[德]英格博格·普珀:《法学思维小学堂》,蔡圣伟译,台北,元照出版有限公司 2010 年版,第 84 页。

作有效之理解。”（Verba cum effectu accipienda sunt.）这就是说，在进行体系解释时，所得出的解释结论应当是综合解释各个法律规则的结果，该解释结论不应当使部分法律条文失去意义，成为具文。解释者在运用体系解释方法时，应当避免某一法律规范无任何适用对象的现象。例如，《民法典》第 1173 条规定了受害人的过错，该法第 1174 条规定了受害人的故意，基于法律无赘言的要求，第 1173 条中的受害人的过错应当限于受害人的过失。如果该条中所规定的受害人过错也包括受害人故意，则第 1174 条就没有了适用对象，从而成为被架空的条文。

第四节　当然解释

见微知著，举一反三。

——成语

诸断罪无正条，其应出罪者，则举重以明轻，其应入罪者，则举轻以明重。

——《唐律疏仪 · 名例篇》

案例 1：某市居民陈某购买别墅后，曾经专门花 15 万元从外地购买了一对石狮子，并置于别墅的门前。后来，陈某因生意上的需要到银行借款 1000 万元，并以其别墅一栋办理了抵押。债务到期后，因陈某无力清偿借款，银行请求法院拍卖该别墅。但在拍卖时，陈某提出，石狮子并非抵押物，不能一并拍卖。因此，在拍卖之前，他雇人将石狮子运走，但银行认为，当时抵押时已经将石狮子一并考虑在内，如果陈某将其运走，将降低抵押物的价值。双方为此发生争议。一审法院审理认为，对于抵押权设立时没有约定的从物是否属于抵押财产的范围，当事人没有约定法律没有规定，因此，不属于抵押财产的范围。《民法典》第 320 条规定：“主物转让的，从物随主物转让，但是当事人另有约定的除外。”由于转让要移转所有权，而抵押并不移转所有权，由于移转权属于设立担保，负担同属处分行为，既然主物转让的，从物也要随主物转让，那么，按照举重以明轻的解释规则，主物抵押的，从物当然随同抵押。

从对物权人物权的限制的角度来看,转让较抵押的情况更重,根据举重以明轻的规则,主物抵押时,可以及于从物。因此,石狮子属于抵押财产的范围。

案例2:某市锦标房地产开发公司向银行借款8000万元,到期不能清偿债务,到期后东方置业公司董事长谢某因与锦标房地产公司董事长的私交甚好。便利用职务之便,召开董事会以过半数同意的方式,决定由东方置业公司以债务加入的方式,帮助锦标房地产开发公司清偿债务。但是东方置业公司章程中对于公司对外担保要求必须召开股东大会,且需要经过董事会三分之二以上同意,才可以进行决定,但并没有对债务加入的程序进行规定。董事长谢某认为,既然公司章程没有规定对于债务加入的表决程序,那么只要经过董事会一半以上决定即可。东方置业公司加入债务后,清偿了8000万元债务和1000万元利息,共计9000万元。后来,东方置业公司的小股东向法院提出要求撤销债务加入协议。本案中,从我国现行法律规定来看,对于债务加入的程序并未提出具体要求,《公司法》仅规定了公司为他人提供担保的程序。如《公司法》第16条第1款规定:"公司向其他企业投资或者为他人提供担保,依照公司章程的规定,由董事会或者股东会、股东大会决议;公司章程对投资或者担保的总额及单项投资或者担保的数额有限额规定的,不得超过规定的限额。"但是相较于对外担保而言,债务加入显然使得公司承担了更大的风险,因此根据举轻以明重的当然解释方法,应当认为债务加入也同样应当适用对外提供担保的程序要求,即应按照公司章程的规定,召开股东大会,且须董事会三分之二以上表决同意。

一、当然解释的概述

(一)当然解释的概念和特征

所谓当然解释,就是指法律虽无明文规定,但根据法律规定的目的考虑,如果特定案件的事实较法律所规定的情况,更有适用的理由,就可以直接适用该法律规定。[①] 当然解释是根据逻辑的当然推论而产生的,在当然推论中存在一个"程度可增加的要素"(ein steigerungsfaehiger Begriff)。如果"程度可增加的要素"显示越明显,则法律效果就越应该

① 参见梁慧星:《民法解释学》,中国政法大学出版社2000年版,第221页。

发生。如果“程度可增加的要素”显示越不明显，法律效果就越不应该发生。据此就产生了“举重以明轻”（argumento a maiori ad minus）和“举轻以明重”（arguments a minori ad mains）两种方法。[①]

我国古代思想家曾提出了“举一反三”的概念，这实际上也包含了当然解释的思想。《唐律疏仪・名例篇》中曾规定：“诸断罪无正条，其应出罪者，则举重以明轻，其应入罪者，则举轻以明重。”这可以认为我国古代法中很早就已经提出了当然解释的规则，只不过其仅仅适用于刑法。在新中国成立以来的刑事司法实践中，也一直承认举轻以明重的规则。民事审判实践中对于当然解释的运用一直存在。例如，在“高远控股有限公司、上海高远置业（集团）有限公司、毛某某与邹某某、上海录润置业有限公司与李某某民间借贷纠纷案”中，法院认为：“《公司法》第16条规定，公司为他人提供担保须依公司机关议事规则决议通过。如为股东或实际控制人提供担保，更必须经公司权力机关——股东会决议同意，且当事股东还要回避表决。依举重以明轻的法律解释原则，对公司享有最终实益受益地位的股东尚且如此，遑论董事长、经理（一般任职公司法定代表人）等一般高级管理人员。”[②]这就是采取了举重以明轻的方式。按照王泽鉴先生的观点，当然解释所采用的论辩方式是“尚且……当然”的方式。

当然解释具有如下特点：

第一，当然解释是通过比较性质相同的事物而进行的推论。当然解释中要进行“举轻明重”或“举重明轻”的推理，而这一推理的前提就是两个事物之间具有性质上的相同性，从而可以进行比较。例如，就买卖和抵押而言，二者都属于处分行为的范畴，具有可比较性，可以进行当然解释。如果两个事物之间没有任何相同性，就无法进行比较，也不能进行当然解释的推理。例如，在侵权责任中，可以请求精神损害赔偿，我们是否可以依据当然解释确定违约中可以进行精神损害赔偿？笔者认为，因为这两者性质截然不同，无法进行比较，所以不能进行当然解释。

---

① 参见［德］英格博格・普珀：《法学思维小学堂》，蔡圣伟译，台北，元照出版有限公司2010年版，第130页。

② 中华人民共和国最高人民法院民事判决书，（2014）民一终字第109号。

第二,它要运用逻辑推演的方法。在当然解释中,解释者要进行逻辑的推演,其推演的具体形式就是“举重以明轻”或“举轻以明重”。当然解释就是解释者从被解释的规范中推论出其他相似的或对应的规范,尤其是采用了逻辑的要素而进行的一种推理。在当然解释中,通常涉及“较多”与“较少”的比较。① 因为立法者认为,“见微知著”,或以大见小,故往往进行省略性的规定,并不详细地列举各种“大小覆盖”的情况,从而确定其法律效果,而是将这一问题留给解释者来加以完善。解释者并不需要采用填补漏洞的方法,而只是从文本的含义出发,运用逻辑推演的方法推导出解释的结论。

第三,它应考虑法律的规范目的。当然解释并非仅仅是“轻”与“重”的衡量,在衡量的背后,还应当进行法律的规范目的的考量。逻辑的考虑与法律的目的相比较,逻辑是服从于目的的,任何解释都不能因为严格符合逻辑,而忽略了法律的立法目的。这就要求,在当然解释的情况下,需要在法律确定的限度内进行解释。解释者首先要明确法律的立法目的是否允许作此种逻辑推论,在多大限度内允许进行逻辑推论,以及法律对其是否有例外的规定等。例如,《民法典》第497条第2项规定,提供格式条款一方“不合理地免除或者减轻其责任、加重对方责任、限制对方主要权利的”,该格式条款无效。按照举轻以明重的规则,如果当事人运用格式条款排除对方所有权利的,该条款当然无效。当然解释实际上是对立法者意思的推定。之所以需要当然解释,是因为:一方面,为了追求法律规则的简洁性,立法者并没有将其意思明确地阐明,需要借助于解释来阐明立法者的意图。另一方面,在当然解释的情况下,尽管文义有一定的模糊性,但是,其并不需要借助价值填补就可以获得结论。所以,从这个意义上说,它仍然被归入狭义的法律解释之中,而与价值补充并不相同。

所以,无论是举重以明轻还是举轻以明重,被参考的“轻”和“重”可以理解为法律设置的禁止或者允许的最大限度。在这一限度之内的,就应当适用这一法律规范;而超过这一限度,就应当适用相反的规范。例如,对于如何在租赁权和居住权的关系中解释优先购买权的适

---

① 参见[葡]孟狄士:《法律研究概述》,黄显辉译,澳门大学法学院1998年版,第148页。

用问题,虽然在《民法典》物权编关于居住权的规定中没有明确居住权人是否享有优先购买权,但由于无论是租赁权还是居住权,都是为了保持居住的稳定性,而居住权相对于租赁物,其更有保护的必要,也更有维持居住关系稳定的必要性,因此按照举轻以明重的当然解释规则,应当认定居住权人享有优先购买权。

第四,当然解释实际上是对立法者意思的推定。也就是说,从法律条文的表述来看,从立法者对于特定事项确定的规则中,就可以推论出立法者更会将该规则适用于待决案件。所以,当然解释是直接推论,按照逻辑的思维方式而推导出来的。[①] 德国法律逻辑学的重要学者乌尔里克·克鲁格(Ulrich Klug)指出,轻重相举之论证在法学方法上绝非只是形式逻辑的推论,更重要的是一种以目的论为条件的法学论证方式,与类推适用一样均须探求立法意旨,始能判断构成要件与法律效果间之轻重宽严。[②] 尤其是在许多情况下,运用这一方法未必能当然得出妥当的结论。因为这一方法仅仅是从待决事实与法律规定的事实比较的角度进行的考量,而法律解释中需要考虑的因素往往不限于此,还包括立法目的等。例如,公司对外担保是一种无偿行为,会对公司正常经营、股东利益、债权人债权实现产生不利影响。为此,《公司法》专门规定了公司对外担保的程序和要件。而债务加入的责任更重,举轻以明重,承担担保这种从属性债务尚且需要符合公司法的程序要求,而法定代表人以公司名义加入债务的,必须作出加入债务的决议,遵守决议程序,而不能通过债务加入来进行规避公司对外担保规则进行处理。

第五,它是在法律条文文义的可能范围之内进行的解释。在当然解释的情况下,法律对于待决案件并没有明确的规定,这是否意味着它就属于漏洞填补的方法?在理论上,也有学者认为,当然解释属于漏洞填补的方法。[③] 但是,笔者认为,当然解释仍然属于狭义的法律解释方法,因为当然解释的结论尚处于法条文义的可能范围之内。法条文义的可能范围并不限于其字面含义,而是指其射程范围。在当然解释的情况下,虽然法律条文的字面含义不能包括待决案件,但是,通过对其

---

① 参见杨仁寿:《法学方法论》,台北,三民书局1986年版,第146页。

② Ulrich Klug, *Juristische Logik*, 4. Aufl., 1982, S. 151.

③ Franz Bydlinski, *Juristische Methodenlehre und Rechtsbegriff*, Wien 1982, S. 472.

进行“扩张”就可以适用,而且此种“扩张”还处于法条文义的可预测范围。

当然解释的适用范围主要限于立法者为了节约立法资源而有意遗漏的条文。如果过分扩张当然解释,就会得出违背法律目的的解释。当然解释方法的适用范围十分有限,特别是在适用中对两种情形的程度的比较有时也比较困难,究竟何者为“重”,何者为“轻”,从字面上看,并非一目了然。因此,当然解释可能导致不适当地扩大裁判者的自由裁量权。相应地,当然解释的缺陷就在于,裁判者可能借当然解释之名,而行任意创设法律规则之实。为此,需要对当然解释方法及其适用进行规范。当然解释属于狭义的法律解释方法,其适用中必须通过“举轻以明重”或“举重以明轻”的操作来发现立法者的真意,确定立法者没有明确表示出来但属于其预测范围之内的可适用的规则。假如立法者只希望于法律所规定的法律要件被满足时才能产生特定的法律效果,或在立法者就其他情形法律故意不予规定时,则就此法律要件,不得为当然解释,可采取“明示其一视为排斥其他”等原则。① 这就是说,法律明确表示只能采取此种意思,而不能采取另外的意思。

(二)当然解释的性质

关于当然解释,究竟是独立的解释方法,还是应当被纳入类推适用的范畴?对此,存在不同观点:一种观点认为,当然解释并非独立的狭义的法律解释方法,它或者应被置于文义解释之中,或者应被置于体系解释之中。另一种观点认为,当然解释与类推适用、目的性扩张等方式一样,属于法律漏洞填补方法的一种。德国通说认为,当然解释在性质上是一种与类推适用、反面推论、目的性限缩并列的续造法律的论证方式。② 正是因为这一点,不少学者认为,其已经逾越了法律解释的范畴,不应称为法律解释的方法。③

笔者认为,应当从如下几个方面理解当然解释的性质:

第一,当然解释是一种狭义解释方法,而不是漏洞填补的方法。当然解释是在法律条文文义的可能范围之内进行的解释。对此种解释,

---

① 参见黄立:《民法总则》,台北,1994 年自版发行,第 42 ~ 43 页。

② Franz Bydlinski, *Juristische Methodenlehre und Rechtsbegriff*, Wien 1982, S. 472.

③ 参见吴元曜:《法律适用方法论》,台北,元照出版有限公司 2010 年版,第 23 页。

立法者认为,这是不言自明的,所以根本就不存在漏洞,更没有必要填补漏洞。假如将其当作法律漏洞,不仅扩大了法律漏洞的范围,而且给予了裁判者自由解释的权力。从体系解释的角度来看,其也具有体系解释的特点,因为法条的含义被置于法律的整体之中才能被表现出来。法条文义的可能范围,并不限于其字面含义,而是指其射程范围。在当然解释的情况下,虽然法律条文的字面含义不能包括待决案件,但是,通过对其进行"扩张",就可以适用,而且此种"扩张"还处于法条文义的可预测范围。

当然解释规则之所以能够作为一种独立的解释方法,其原因就在于:裁判者可以根据待决案件的事实与法律规定之间的比较直接认定法律规定能够适用于待决案件。从表面上看,法律对于待决案件没有规定,裁判者似乎是在创设规则。但是,裁判者进行当然解释时仍然处于法条文义的可能范围之内,而且并没有超出立法者可预测的范围。进行当然解释,不仅可以阐释文本的含义,而且可以选择可供适用的裁判规则,因此,其不同于法律漏洞填补规则。

第二,当然解释是一种独立的狭义解释方法,不能为其他狭义法律解释方法所包含。一方面,当然解释不同于文义解释,虽然当然解释也需要解释法律文本的文义,但其不能从法律文本直接得出解释结论,而是有其独特的解释方法,即"举轻以明重"与"举重以明轻";另一方面,其不同于体系解释,不需要考虑法律文本的外在体系,也不需要借助其他法律规则来解释相关的规则。

(三)当然解释的价值基础

当然解释的价值基础其实是类似问题类似处理的正义要求。正义原则强调衡平即平等(Equity is equality),在司法中体现为,遵循平等原则即区别原则或差别原则(difference principle)。[①] 这种反映正义的同类案件同类处理原则构成了当然解释的价值基础。无论是举轻以明重,还是举重以明轻,其实是一种以大推小或以小推大的论证。它们"都在于正义的命令:评价上相同的事实构成,应作相同处理,除非基于正当的理由,制定法规定应当为不同的处理,或者不同的处理可基于特

① 参见王洪:《制定法推理与判例法推理》,中国政法大学出版社2016年版,第359页。

殊的理由被正当化”。[①]

二、当然解释的方法

(一)举重以明轻

举重以明轻,也称为以大推小(a minore ad maius),即根据法律规定的目的来考虑,如果其事实较法律所规定的情况更轻,就可以直接适用该法律规定。[②] 法谚云:“大者包括小者。”(Omne majus continent in se minus.)“举重明轻”的逻辑推论是在符合 T1 法律要件时,有 F 法律效果发生,在有类似的较轻的 T2 法律要件之情况下,也应产生 F 效果。[③] 此种方法常常被称为“理由更强者更应适用相关法律规定”。[④] 例如,《民法典》第 728 条规定,“出租人未通知承租人或者有其他妨害承租人行使优先购买权情形的,承租人可以请求出租人承担赔偿责任。但是,出租人与第三人订立的房屋买卖合同的效力不受影响。”据此,在符合《民法典》第 311 条关于善意取得制度规定的情况下,善意受让人所取得的权利可以对抗承租人的优先购买权。根据“举重以明轻”的规则,在第三人善意购买出租房屋并办理登记手续的情形下,更可以对抗承租人优先购买房屋的请求。

具体而言,依据“举轻明重”进行解释,应当遵循一定的规则。以《民法典》第 320 条关于“主物的转让及于从物”的规定为例,举重以明轻规则的适用应当遵循如下规则:

第一,两种情况必须存在共性。也就是说,待决案件与相关法条中构成要件的规定之间存在某种共性。在当然解释的情况下,裁判者并不能找到可以直接适用的依据,但是,此时并非存在法律漏洞,而是裁判者没有找到可以直接适用的规则。例如,《民法典》第 320 条关于“主物的转让及于从物”的规定是否适用于主物抵押及于从物的情形?对此,我们首先要分析抵押与转让之间是否存在共性,因为抵押和转让都是处分行为。因此,在抵押的情况下,对从物是否随同抵押并没有规定,按照举重以明轻的规则,从随主的规则也应当适用。

---

① [德]卡尔·拉伦茨:《法学方法论》,黄家镇译,商务印书馆 2020 年版,第 490 页。

② 参见杨仁寿:《法学方法论》,台北,三民书局 1986 年版,第 146 页。

③ 参见黄立:《民法总则》,台北,1994 年自版发行,第 42 页。

④ 吴元曜:《法律适用方法论》,台北,元照出版有限公司 2010 年版,第 23 页。

第二,两种情况存在“轻”“重”差别。推论的前提必须是两种情况存在“轻”“重”差别。在推论时,需要借助社会经验、法律价值判断等来确定所谓的“轻”与“重”。例如,上例中,“转让”和“抵押”比较,虽然两者都是处分行为,但是,转让要移转所有权,而抵押只是设定担保,并不当然移转所有权,所以,就对处分权人的权利限制来看,抵押的限制较少。因此,转让较抵押属于更“重”的情形。在这个例子中,不完全是根据一般的社会经验来进行判断的,实际上还需要从法律的规范意旨等角度来考量。例如,法律规定对主物的转让及于从物,但是,其是否可以适用于抵押,则需要考虑法律的规范意旨,尤其是关于所有权转让的规则进行判断。

第三,法律的明确规定可以适用于待决案件中的情形。举重以明轻是逻辑推论的结果,但是,在适用该规则时,并不能仅仅考虑形式逻辑的规则,还必须从法律的规范目的角度考虑。也就是说,裁判者作出此种推论,必须考虑既有的规定可以适用于待决案件,并且不违反法律的规范目的。例如,上例中,“转让”和“抵押”比较,只限于主物和从物的关系,即便作出推论也不违反法律的规范目的,甚至可以说契合了法律的规范目的,即从随主的规则。从随主的现象可能存在于多种法律行为之中,法律没有必要一一作出规定,立法者可能有意省略了相关的规定,允许裁判者作出合乎规范目的的解释。但是,这并非等于只要两种情形存在共性时就可以进行推论,能否进行推论还必须考虑立法者的目的。从这个意义上说,举重以明轻的规则必须与目的解释等结合起来运用,否则可能导致裁判者滥用当然解释规则,成为裁判者随意造法的工具。我们之所以强调当然解释并非漏洞填补,在很大程度上是要求裁判者去发现立法的真意,尽可能发现立法者的意思,尊重立法者的意思,而不是首先考虑漏洞填补,进行法律补充。

（二）举轻以明重

举轻以明重,也称为以小推大(a maiore ad minus),即根据法律规定的目的来考虑,如果其事实较法律所规定的情况更重,那么按照立法者的意思,既然较轻的行为都适用该规则,较重的规则就更有理由适用该法律规定。[①]“举轻明重”之逻辑推论是:假设某一法规针对某一构

① 参见杨仁寿:《法学方法论》,台北,三民书局1986年版,第146页。

成要件事实 F1,规定法律效果 R。现有一事实 F2,该法规未明白加以规范。但相较于事实 F1,依该法规之目的,F2 事实更为重要,则适用于 F1 之法规的法律效果当然更适用于该事实 F2。[①] 例如,根据《民法典》第 261 条第 2 款的规定,土地补偿费等费用的使用、分配办法应当依照法定程序经本集体成员决定。那么,土地补偿费的处分是否需要依照法定程序经本集体成员决定？按照举轻以明重的规则,既然使用、分配都需要本集体成员决定,其处分更应当经过本集体成员来决定。再如,依据《民法典》第 680 条第 3 款规定:“借款合同对支付利息约定不明确,当事人不能达成补充协议的,按照当地或者当事人的交易方式、交易习惯、市场利率等因素确定利息;自然人之间借款的,视为没有利息。”在约定不明时,应当依据交易习惯等进行填补,按照举轻以明重的原则,则在没有约定的情形时,同样不应当认为借款合同没有利息,而应当同样依据上述规则进行填补。

举轻以明重的方式大多运用于刑法之中,但是在民法中也有适用的余地。这尤其表现在对责任的认定上,在法律规定较“轻”的情况下要承担责任,而出现了较“重”的情形时就更应当负责。如前所述,与举重以明轻的规则类似,在适用举轻以明重的情况下,也需要比较法律的规定与待决案件的共性、两种情形之间的“轻”“重”关系、既有的规定是否适用于待决案件(尤其是考虑法律的规范目的),从而确定该规则的适用。

(三)“轻”与“重”的分析比较

在法律解释上,存在一个规则,即如果法律允许了举轻明重,也就意味着允许了举重明轻。[②] 这就是说,在同一法律文本中,如果可以采取举轻以明重,也就意味着可以举重以明轻。不过,在进行当然解释时,需要将待决案件事实与拟适用法律规范所调整的案件事实进行“轻”与“重”的比较,其主要是从法律评价上对二者进行比较。在进行“轻”“重”的比较时,主要应当考察二者在法律后果上的轻与重:“其所谓‘重’者,指其法律要件较宽或法律效果较广,而所谓‘轻’者,指其法

---

① 参见吴从周:《民事法学与法学方法》(第 1 册),台北,一品文化出版社 2007 年版,第 89 页。

② See Eveline T. Feteris, *Fundamentals of Legal Argumentation: A Survey of Theories on the Justification of Judicial Decisions*, Kluwer Academic Publishers, 1999, p. 152.

律要件较严，法律效果较狭。”[①]这就是说，在比较轻重的时候，主要应当考量两个方面的因素：

第一，要考量法律构成要件的涵盖面。例如，《民法典》第1206条第1款规定：“产品投入流通后发现存在缺陷的，生产者、销售者应当及时采取停止销售、警示、召回等补救措施；未及时采取补救措施或者补救措施不力造成损害扩大的，对扩大的损害也应当承担侵权责任。”据此，产品投入流通后发现存在缺陷的，生产者负有警示、召回等义务，从该条规定来看，其并不涉及产品未投入流通的情形，但按照举重以明轻的规则，在产品未投入流通时，相关主体更应负有此种义务。再如，关于合同的解除，对于已经生效的合同，在因不可抗力导致合同目的无法实现的，当事人都可以依法解除合同，那么，对于附生效条件的合同，在条件尚未成就时，合同尚未生效，如果出现了不可抗力，导致合同目的无法实现，按照举重以明轻的解释规则，当事人也应当有权依法解除合同。

第二，要考量法律效果的宽严程度。例如，就举轻以明重而言，如果某种行为所可能产生的法律后果比相关法律规范所调整行为的法律后果要更为严重，则应当适用该规则。当然，在对法律效果进行“轻”“重”的比较时，需要结合相关法律规则的立法目的进行判断。因为某一行为的法律后果的“轻”与“重”，不能单从其行为外观和其产生的后果进行判断，而需要结合相关法律规则的目的加以判断。例如，依据2012年《最高人民法院〈关于审理道路交通事故损害赔偿案件适用法律若干问题的解释〉》第18条规定，驾驶人未取得驾驶资格或者未取得相应驾驶资格，醉酒、服用国家管制的精神药品或者麻醉药品后驾驶机动车发生交通事故，驾驶人故意制造交通事故三种情形下，保险公司有权在赔偿范围内向侵权人主张追偿权。在驾驶人交通肇事后逃逸的情形下，保险公司能否追偿，法律对此并未作出明确规定，从法律效果层面看，交通肇事后逃逸行为与上述三种情形相比，其社会危害性甚至更大，根据“举轻以明重”的法律解释原则，逃逸的交通事故责任人应当承担终局赔偿责任，保险公司在赔偿范围内有权向侵权人主张追偿权，我

① 王泽鉴：《民法学说与判例研究》（第8册），中国政法大学出版社2005年版，第7页。

国司法实践也采取了此种立场。[1]

三、当然解释与其他法律解释方法

(一)当然解释与文义解释

当然解释与文义解释的关系如何,值得探讨。有学者认为,当然解释是文义解释的一种,因为它是从字面的角度来推断立法者的相反的意思。笔者认为,当然解释与文义解释也存在一定的联系。当然解释的解释依据是法律所使用的词句,从这一点上来看,当然解释与文义解释有类似之处。由于当然解释也是从文义的角度进行的解释,因此也有学者认为当然解释就是文义解释中的一种方法。

当然解释作为一种独立的方法,其与文义解释存在重大区别,具体表现在:一方面,当然解释并非仅仅从法律条文的字面含义出发来进行,其不是简单地解释文字本身的含义,而是要考量立法者的意图。在当然解释中,所谓“轻”与“重”的考量并非仅仅是词句的推演,还包含法律条文的规范目的的考量。从这个意义上来说,当然解释的内涵超出了文义解释。另一方面,当然解释是在文义解释出现复数解释的可能之后才采用的方法。例如,按照一般人的理解,在“过失”概念中包括重大过失,这一点从文义解释中就能得出结论,无须采用当然解释。但是,如果法律条文规定的一般过失,应当负责,则重大过失更应当负责,此时是否应当采用举轻以明重的方式,就属于当然解释的方法。此外,当然解释中还蕴含“类推适用”的法理,当然解释借助于“轻”与“重”的分析,将法律的规定“类推于”待决案件,因此,也有学者将其作为类推适用的变化形态理解。[2] 所以,卡纳里斯教授指出:“轻重相举之论证方式与类推适用均非单纯根据形式逻辑的论证过程,而是根据目的论之本质。此种论证之正当性,终究仍在于正义之要求,盖此种论证同样要求同样事物相同处理,不仅因为它有同类的构成要件,而且因为它以更强的程度满足了待比较之案型的要求。在此,这种平等原则的性质仍不可避免地要回溯到法律的评价。”[3]因此,它应当作为一种独立的解释

---

① 参见“中国太平洋财产保险股份有限公司淮安中心支公司与张某某追偿权纠纷案”,江苏省淮安市中级人民法院民事判决书,(2015)淮中民终字第02049号。

② Franz Bydlinski, *Juristische Methodenlehre und Rechtsbegriff*, Wien 1982, S. 472.

③ Canaris, *Die Feststellung von Luecken im Gesetz*, 2. Aufl., 1983, S. 78.

方法。

（二）当然解释与体系解释

当然解释与体系解释关系密切。总体上讲，当然解释是在体系之内进行的解释，没有否定和突破法律的体系。另外，当然解释和体系解释都是从法律文本本身出发进行的解释。正因如此，有学者认为，当然解释属于狭义的法律解释中的体系解释的一种。当然解释是以"立法意旨"为其射程范围，仍然属于立法者可预测的范围，所以，仍然是狭义解释的一种。[①] 例如，关于租赁权的转让，是否需要出租人的同意，存在不同的看法。有一种观点认为，根据《民法典》第716条的规定，承租人转租需要经过出租人同意。据此也应当认为，转租是在租赁期间内出租，应当经过出租人同意。如果承租人转让其租赁权，更应当经过出租人的同意。但是，从体系解释的角度来看，如果承租人转让其租赁权要经过出租人同意，则与债权转让的规则相互冲突，因为在债权转让的情况下不需要经过债务人的同意。从这个例子可以看出，当然解释是一种特殊的解释方法，它既可以与体系解释并用，也可以与体系解释分开适用。

（三）当然解释与类推适用

类推适用是漏洞填补的一种重要方法，其与当然解释存在较为密切的关系。后文将对此进行详细论述。从广义上看，当然解释属于类推适用的范畴，属于类推的一种特殊形式，[②]"轻重相举的推论也属于类推"。[③] 这主要是因为当然解释本质上仍然是将适用于一种案件事实类型的规则类推到另一种法律没有规定的案件事实类型，只不过这两种事实类型之间处于一种程度上或轻或重的纵向比较关系而已。

笔者之所以将当然解释和类推适用分别归属于狭义的法律解释方法和漏洞填补方法两大不同类别，应当将两者区分开，具体表现为：第一，当然解释适用于没有出现法律漏洞的情况，它通常是立法者立法技术运用的结果，解释的结论实际上蕴含于法律的含义之中，只不过没有直接地表述出来，它还处于法律条文的可能文义范围之内。而类推适

---

① 参见吴从周：《民事法学与法学方法》（第1册），台北，一品文化出版社2007年版，第85页。

② 参见［德］魏德士：《法理学》，吴越等译，法律出版社2005年版，第374页。

③ ［德］考夫曼：《法律哲学》，刘幸义译，法律出版社2005年版，第126页。

用存在的前提是出现了法律漏洞,而类推的结论通常不是出于立法者的预计和安排。第二,从推理的逻辑模式上看,当然解释是直接推论,按照逻辑的思维方式而推导出来的。[①] 类推适用是间接推论,必须衡量全部立法意图,透过 M 是 P(大前提),S 与 M 类似(小前提),故 S 是 P(结论)三段论法,而进行的漏洞填补。[②] 类推适用是借助于“类似案件类似处理”的规则进行的推论。[③] 第三,当然解释时,待决案件与法律规范的情形之间存在“轻”“重”之别,被比较的两个案件事实类型通常处于纵向的比较关系中;而在类推适用中,待决案件与法律规范的情形之间并不必然存在“轻”“重”之别,而仅有类似性,通常处于横向的比较关系中。

四、当然解释的规则

(一)遵循逻辑的规则

当然解释的前提是特定条文按照逻辑推论可以适用于“更重”或“更轻”的情形。因此,在进行当然解释时,必须遵循逻辑的规则,将待决案件与法律条文中对构成要件和法律后果的规定相比较,从而确定是否可以进行举重以明轻或举轻以明重的推论。在进行比较时,是否考虑“轻”与“重”的比较,应当属于同一范畴,两者具有可比较性。例如,《森林法》第 39 条第 3 款规定:“禁止在幼林地砍柴、毁苗、放牧。”按照举轻以明重的解释,禁止在幼林地砍柴,当然也包含了禁止在幼林地中伐木。但是,对于专门用于家庭采伐的薪炭林,依法允许砍伐的,属于例外规定。因此,在进行当然解释时,必须考虑到立法的例外性规定,而不能简单地作僵硬的解释。

(二)遵循立法目的

在当然解释中,裁判者实际上是从字义的角度进行推论,但是,裁判者进行此种推论不能仅仅从语言学的角度考虑,而应当遵循法律的立法目的。裁判者进行推论的过程要符合法律的立法目的、人们能够接受的含义等。因为当然解释已经在一定程度上超出了法律条文的字

① 参见杨仁寿:《法学方法论》,台北,三民书局 1986 年版,第 146 页。
② 参见杨仁寿:《法学方法论》,台北,三民书局 1986 年版,第 147 页。
③ 参见梁慧星:《民法解释学》,中国政法大学出版社 2000 年版,第 202 页。

面含义，裁判者作出此种解释，应当以尊重法律的规范目的为重要标准。毕竟法律解释不是为了满足逻辑的需要，而是要最大限度地实现法律的规范目的。例如，在“宁夏荣恒房地产集团有限责任公司与中国信达资产管理股份有限公司宁夏回族自治区分公司保证合同纠纷案”中，法院认为：“一审适用《破产法》第二十条规定并无不当。该条第一款规定‘人民法院受理破产申请后，已经开始而尚未终结的有关债务人的民事诉讼或者仲裁应当中止’，但第二款同时规定‘在管理人接管债务人的财产后，该诉讼或者仲裁继续进行’。举重以明轻，此条仅针对破产债务人或以破产债务人及担保人一并提起的诉讼，在破产程序开始后应当中止，但‘在管理人接管债务人的财产后，该诉讼或者仲裁继续进行’，说明法律并未禁止在破产程序中或破产程序终结前向连带保证人单独提起的诉讼。”①该案中，法院探究了立法目的，“法律并未禁止在破产程序中或破产程序终结前向连带保证人单独提起的诉讼”，因此，得出在破产程序中也可以向连带责任保证的保证人提起诉讼的结论。

（三）在有具体法律规则可以适用时，不得进行当然解释

在存在可以适用的法律规则时，应当直接适用相应的法律规则，而不应当适用当然解释的法律规则。例如，在“刘某某因与奚某某确认合同无效纠纷案”中，法院认为：“最高人民法院《关于审理涉及国有土地使用权合同纠纷案件适用法律问题的解释》第十一条规定：‘土地使用权人未经有批准权的人民政府批准，与受让方订立合同转让划拨土地使用权的，应当认定合同无效。但起诉前经有批准权的人民政府批准办理土地使用权出让手续的，应当认定合同有效。’据此规定，对国有划拨土地享有使用权的人未经有批准权的人民政府批准转让划拨土地使用权的，应当认定合同无效。依举轻以明重的法律适用原则，奚某某对本案国有划拨土地无合法使用权却将之作为投资与刘世勇订立合作建房协议，而该协议本质上属土地使用权转让合同，当然应认定其合同无效。”②在本案中，当事人对划拨土地不享有使用权，相关的土地使用权转让也没有经过批准，当事人所订立的土地使用权转让合同违反了法律的

① 中华人民共和国最高人民法院民事判决书，(2013)民二终字第117号。

② 海南省第二中级人民法院民事判决书，(2015)海南二中民一终字第1152号。

强制性规定,应当宣告其无效,而不需要进行当然解释。

(四)当然解释不仅适用于法律条文中构成要件的推论,而且适用于法律条文中法律后果的推论

当然解释作为一种狭义的解释方法,可有效适用于对文本的文义解释,它不仅可适用于法律条文中的构成要件部分。也可以适用于法律条文中的法律后果部分。这就是说,如果法律条文中所规定的法律后果与待决案件中的可能的法律后果比较,也可以得出“更重”或“更轻”的结论,法官就可以进行当然解释。

第五节 反面解释

确认一面,即否认他面。①

——法谚

非此即彼。

——成语

一个词如无对应物就没有含义。

——[英]路德维希·维特根斯坦(Ludwig Wittgenstein)②

案例1:乐都公司是一家经营音乐器材的公司。因为它的音像设备出现了故障,将其价值约50万元的一台设备交付给专门的维修公司京鑫公司进行维修。此前,京鑫公司曾经卖给乐都公司50台电脑,其中5万元的价款乐都公司还没有支付。在设备维修完毕以后,乐都公司支付了维修费用,但是,京鑫公司以其此前的货款没有支付完毕为由,对该音乐设备进行留置。乐都公司提出异议:一方面,维修音乐设备与电脑货款无关;另一方面,电脑货款仅欠5万元,而被留置的那台音乐设

① 郑玉波:《法谚(二)》,法律出版社2007年版,第101页。

② [英]路德维希·维特根斯坦:《哲学研究》,陈嘉映译,上海人民出版社2005年版,第25页。

备的价值约50万元，远远超出了债权数额。第一方面的异议并不能成立，因为商事留置权对于留置的标的物与债权之间的牵连性的要求不同，反映在我国《民法典》上，便是对“同一法律关系”的例外规定。[①] 因此，本案得以成立商事留置权。就第二方面的异议而言，笔者认为，这涉及《民法典》第450条的规定的适用。根据该规定，“留置财产为可分物的，留置财产的价值应当相当于债务的金额”。但是，《民法典》对于留置财产是不可分物的情形没有作出规定。按照反面解释的规则，如果留置财产是不可分物，则留置财产价值与债务金额之间的“相当性”要求就不是必要的。因此，京鑫公司留置音乐设备的行为是合法的，它可以享有对该音乐设备的留置权。

案例2：2019年11月3日17时许，大学生张某与同学在某大学篮球场自发组织篮球比赛。比赛时，68岁的李婆婆横穿篮球场。张某在接球跑动过程中，后背不慎碰到李婆婆，将其撞倒在地。李婆婆受伤后被就近送往医院，住院加门诊治疗，共计支付医疗费3.3万元，其中张军垫付6000元。经司法鉴定，其伤情不构成伤残。二审法院认为，“篮球运动作为典型的群体性、对抗性体育运动，在剧烈运动中出现身体碰撞行为是正常现象。张军在篮球场上背身跑动接球，系篮球运动中的常规动作，即使与其他球员发生碰撞，亦不能视为其存在过错……反观李婆婆，作为完全民事行为能力人，应懂得篮球场明显区别于一般道路，看到球场上有学生进行对抗性的篮球比赛，应当预见横穿球场潜在风险，但李婆婆仍选择横穿球场，应视为‘自甘冒险’行为，所产生的损害后果应由其自行承担。”[②]笔者认为，根据《民法典》第1176条，“自愿参加具有一定风险的文体活动，因其他参加者的行为受到损害的，受害人不得请求其他参加者承担侵权责任；但是，其他参加者对损害的发生有故意或者重大过失的除外”。依据该规定，自甘冒险者应当是“自愿参加具有一定风险的文体活动”的人，该条的核心文义十分清晰，其适用范围也十分明确，按照反面解释规则，对于非“自愿参加具有一定风险的文体活动”的人，即使遭受损害，也无法适用自甘冒险规则。本案中，受害人李婆婆只是为了走近道穿越球场，其并非参与文体活动，因

---

① 参见孟强：《论我国〈物权法〉上的商事留置权》，载《政治与法律》2008年第10期。

② 《老人横穿篮球比赛场地被撞伤》，载《长江日报》2021年5月9日。

此,在认定行为人的责任时不应适用自甘冒险规则。

一、反面解释的概念和特征

所谓反面解释,就是指依照法律文本规定的正面视角意思类推出相反的结果,据此阐明法律条款的真实含义。[①] 换言之,是要从法律条文规定的内容来推论出反面的结果。法谚有云,“确认一面,即否认他面”(Qui dicit de uno ngegat de altero)。从逻辑的反面推论而言,反面解释是符合逻辑的。例如,《民法典》第 522 条第 2 款规定:“法律规定或者当事人约定第三人可以直接请求债务人向其履行债务,第三人未在合理期限内明确拒绝,债务人未向第三人履行债务或者履行债务不符合约定的,第三人可以请求债务人承担违约责任……”依据这一规定,真正利益第三人合同中,第三人在债务人违约时享有请求其承担违约责任的权利,依据反面解释,那么就应当认为,在非真正利益第三人合同之中,债务人违约时,第三人不享有请求其承担违约责任的权利,而只能由债权人请求。再如,《民法典》规定年满 18 周岁为成年人,因此,从反面解释来看,未满 18 周岁的人应为非完全行为能力的人。

反面解释的称谓本身就是一个有争议的话题。有学者采用“反对解释”的概念,[②]也有学者采用“反面解释”,还有学者采用“反面推论”一词。[③] 笔者认为,较反对解释和反面推论,“反面解释”的提法更为妥当,原因在于:一方面,从词义上讲,“反对”一词带有一定的感情色彩,可能会被误解为解释者对解释对象的否定态度,或者被误解为对法律条文本身的否定态度,而“反面解释”强调从被解释对象的另一面进行解释,能够更清楚地表达出反面解释的具体内涵。另一方面,“推论”一词强调的是逻辑学上的演绎过程和逻辑上的周延性。而事实上,此处它是作为一种解释方法采用的。虽然对于反面解释究竟属于狭义的法律解释,还是漏洞填补方法,仍然存在争议。但毫无疑问,它仍然属于法律解释学的范畴,将其称为“反面解释”更为确切。反面解释要求,根

---

① 参见杨仁寿:《法学方法论》,台北,三民书局 1986 年版,第 139 页。

② 参见杨仁寿:《法学方法论》,台北,三民书局 1986 年版,第 139 页;梁慧星:《民法解释学》,中国政法大学出版社 2000 年版,第 272 页。

③ 参见黄茂荣:《法学方法与现代民法》(第 5 版),法律出版社 2007 年版,第 423 页;王泽鉴:《民法学说与判例研究》(第 8 册),中国政法大学出版社 2005 年版,第 67 ~ 68 页。

据现有素材推导出来的结论是法律条文的真实意旨,因此能更准确地反映法律解释活动的目标。

反面解释的特点如下:

第一,它是在法律条文的文义范围之内进行的解释。在反面解释的情况下,其仍然在文义的范围内采用反面推论的方式得出结论。在反面解释中,法律条文的核心文义是清晰的,其适用范围是比较明确的。例如,《民法典》第231条规定:"因合法建造、拆除房屋等事实行为设立或者消灭物权的,自事实行为成就时发生效力。"采用反面解释,就意味着,非法建造房屋,并不能自事实行为成就时发生物权变动的效果。尽管反面解释是从反面进行的推论,但是其推论的依据仍然是文本的字面含义,并没有脱离和超越文本的直接含义,只是其所采取的视角是从文义正面规定的反面进行解释。

第二,它是通过采取"非此即彼"的形式逻辑的推理方法所进行的解释。反面解释是指依据法律规定的命题(判断),推断其反方面命题(判断)的一种法律解释方法,所以也被称为"反对推论""反面解释"等。反面解释的前提是,法律条文的规定仅仅适用于其所明确规定的情形。换言之,法律仅仅赋予其所规定的情形以特定的法律效果,超出该情形就出现相反的效果。因此,解释者在解释中针对其他情形就会出现不同的法律后果。在反面解释中,往往要求法律条文所规范的事实具有完整性,其所载明的事实之外的其他事实应当与此相对应,适用相反的规则。由于立法者在立法之时往往从法律简约等考虑,对同一类法律事实所产生的法律效果,只是从正面或者反面进行规定,而不会从正反两个方面来规定。但是,立法者的本意是允许解释者通过反面解释推导出其相应的结论。所以,通过"非此即彼"的推论是符合立法意图的。

反面解释如何推定其反面的意思?在进行反面解释时,实际上是将该法条反过来进行理解的解释。进行反面解释的具体操作过程是:确定法条中的构成要件是否是法律后果的充分必要条件,然后推论其相反的结果。例如,《城市房地产抵押管理办法》第11条规定:"以在建工程已完工部分抵押的,其土地使用权随之抵押。"从反面来解释,如果以未完工的在建工程设定抵押,则其建设用地使用权不能一并抵押。

第三,它依据“相异的事件应当有相异的处理”的法理进行解释。[1]反面解释的法理依据是法治追求的价值目标之一,即平等原则。平等原则从广义上理解包括:类似情况类似处理和不同情况不同处理。而反面解释就是要实现不同情况不同处理。反面解释和类推适用的法理基础恰恰相反,类推适用的基础是“类似情况类似处理”,而反面解释的法理基础是“不同情况不同处理”。因此,在反面解释中,应当确定待决案件事实与法律规定的构成要件之间存在差异性,并且,因为此种差异而要作不同的处理。反面解释适用的情况经常采用正面列举的方式,但是,正面列举并非它的所有形态,法律也可以采取反面列举的形式。例如,《民法典》第 497 条第 2 项规定,提供格式条款一方“不合理地免除或者减轻其责任、加重对方责任、限制对方主要权利”的,该条款无效。这就是从反面列举的形式来进行的规定,对此种情况也可以适用反面解释。因为无论是反面列举还是正面列举,都不影响反面解释的适用。如果法律以正面方式全面要求行为人以某种方式行为,那么就意味着法律的本意是对被要求行为之外行为的否定;如果法律从反面全面列举了某种事实,禁止行为人以某种方式行为,那就意味着,法律的本意是对反面的行为持肯定态度。

在我国司法实践中,法院也经常采用反面解释的方法。例如,在“张某某诉王某股权转让合同纠纷案”中,针对《公司法》第 147 条所规定的禁止发起人转让股份的行为,法院认为,该规定是禁止发起人自公司成立之日起 3 年内实际转让股份,那么从反面推之,法律并不禁止发起人在公司成立 3 年之后转让股份,因此,发起人为了在公司成立 3 年之后转让股份而预先签订合同的行为不能认定为无效。[2] 法律文本为什么能够进行反面解释?一方面,立法技术对法律条文简洁性的要求决定了,法律通常不能对某一问题同时从正反两个方面加以规定,因为在许多情况下,正面或者反面的外延都十分宽泛,难以穷尽。另一方面,法律规范的容纳性是有限的,一旦法律对某一方面的内容作出规定,外延之内的其他内容就可以依据既有法律的规定加以推论。如果法律不允许进行反面解释,则必然造成立法过程中要对各个法条的相

---

① 参见杨仁寿:《法学方法论》,台北,三民书局 1986 年版,第 140 页。

② 参见《最高人民法院公报》2007 年第 5 期。

反运用都加以规定,从而导致法律的过分臃肿。例如,《民法典》第209条第1款规定:“不动产物权的设立、变更、转让和消灭,经依法登记,发生效力;未经登记,不发生效力,但是法律另有规定的除外。”此处,立法就正反两个方面都作出了规定,因此,就没有进行反面解释的余地。但是,大量的法条通常只是从一个角度进行规定,特别是从正面进行规定。例如,《民法典》第214条规定:“不动产物权的设立、变更、转让和消灭,依照法律规定应当登记的,自记载于不动产登记簿时发生效力。”这就是从正面加以规定的,通过反面解释,可以得出结论,如果不动产物权的变动还没有记载于不动产登记簿,即使当事人提出了登记申请,登记机构也已经受理了该申请,也不能发生不动产物权变动的效力。

二、反面解释的功能

关于反面解释,其究竟是狭义的法律解释方法,还是漏洞填补方法,对此存在争议。一种观点认为,反面解释属于狭义的法律解释方法。[①] 其理由在于,反面解释仍然是体系解释的一种,其仍然是从体系考虑来确定法条的含义。另一种观点认为,反面解释属于漏洞填补的方法。因为在反面解释的情况下,法律条文本身不是狭义解释,而只是在法律存在漏洞的情况下,出现了违反计划的不圆满性时才采用的法律补充的方法。[②] 虽然有学者将反面解释归入法律漏洞填补的一种方式,[③]但笔者认为,反面解释并不是一种漏洞填补的方法。一方面,在反面解释的情况下,立法者并非没有预见到此种情形,法律并不存在漏洞,因为立法者已经有计划有意识地进行了安排,只是出于立法上简洁性的需要而没有对其反面加以规定。实际上,在反面解释的情况下,并不存在违反计划的不圆满性。反面解释只是根据立法者的目的,对法律制度的字面意思,从其正面表述的反面进行推论,从而明确其适用的范围和规制的对象,因此不属于对法律完全未加以规定的漏洞填补。另一方面,狭义的法律解释和漏洞填补区分的根本在于,解释出来的内容是否在法条文义的可能射程范围之内。在反面解释的情况下,并没

---

① 参见杨仁寿:《法学方法论》,台北,三民书局1986年版,第139页。

② 参见梁慧星:《裁判的方法》,法律出版社2003年版,第168页。

③ 参见梁慧星:《民法解释学》,中国政法大学出版社2000年版,第273页。

有超出法条文义的可能射程范围,因此,不能认定其属于法律漏洞。

笔者认为,反面解释作为狭义的法律解释方法,主要具有如下功能:

第一,通过阐明法条的反面含义,妥当确定法律规则的含义。正是因为反面解释这一解释技术的运用,使法律文本更为简约化,因为立法者在从正面或者反面规范特定案件事实类型之后,无须再从另一面加以规定。既然立法者意识到,特定法条的相反方面只是出于某种考虑而没有作出规定,在可以运用反面解释的情形下,立法者往往已经预见到特定情形,并且认为没有必要作出规定。立法者的意思实际上比较明显,可以通过法条本身的简单推演而得到确定。所以,通过反面解释方法来选择法律解释结论简便而准确。当然,在这样一个解读过程中,也有必要将法条的上下文等结合起来,从而得出妥当的结论。

第二,在法条的文义射程范围内进行解释,避免法律漏洞的认定。反面解释仍然是在法律条文的可能文义范围之内进行解释。法律条文的可能文义范围是划定狭义的法律解释和漏洞填补界限的标准。凡是处于法律条文的可能文义范围的,都属于狭义的法律解释。这里所说的可能的文义范围,并非法律条文的字面含义,而是指法律条文的预测可能性范围,或者说法律条文的射程范围。在反面解释的情况下,其解释结论是相对比较明显的,可以通过简单的“非此即彼”的逻辑推演得出解释结论,且并没有超出可能的文义范围。反面解释旨在使被解释文本的含义更为清晰、确定。如果不进行反面解释,就可能出现法律的漏洞,从而需要进行漏洞填补。

第三,规范裁判者的解释活动。如果认为反面解释是狭义的法律解释方法,当然是裁判者行使法律解释权的范围。将反面解释认定为狭义的法律解释,有利于规范裁判者对法律进行解释和适用。

从逻辑上看,反面推论具有很强的、似乎不证自明的说服力,但反面解释也有其局限性,此种方法只能适用于穷尽性列举和“非此即彼”的事实类型规定的情形,因此,其真正可供适用的范围比较少,且容易产生误用的可能。在很多情况下,其只是发挥一种对文义解释的补充作用。所以,在正确认识反面解释的功能的时候,不能将其适用范围扩大化。

三、反面解释的适用条件和范围

(一)反面解释的适用条件

反面解释的特殊性在于,它通常适用于特殊情形,只有满足了比较严格的适用条件时,才能予以适用。从法律规范的角度来看,反面解释的适用条件如下。

1. 构成要件是法律效果的必要条件或充分必要条件,符合逻辑推论的要求。反面解释实际上是形式逻辑的典型运用,所以,它的运用必须符合形式逻辑的要求。学者常常引证克鲁格公式来确定反面解释的基本形式。克鲁克(U. Klug)从形式逻辑的三段论出发,阐述了反面解释的经典公式,即在一个法条中,如构成要件为 M,法律效果为 P,当 M 是 P 的必要条件($M \leftarrow P$),或者是 P 的充分且必要条件时($M \longleftrightarrow P$),就能对这个法条进行反面解释,得出“$\overline{M} \rightarrow \overline{P}$”的结论。[①] 试举《民法典》第 497 条第 3 项关于格式条款排除对方主要权利无效的规定为例:

构成要件(M):通过格式条款来排除对方主要权利。

法律效果(P):该格式条款无效。

必要条件($M \leftarrow P$):格式条款排除对方主要权利,是条款无效的必要条件。

反面解释,得出“$\overline{M} \rightarrow \overline{P}$”的结论:如果格式条款未不合理地免除或者减轻自己的责任或加重对方责任、限制对方主要权利,甚至于排除了对方次要权利的,该格式条款有效。此处$\overline{M}$是非 M,$\overline{P}$是非 P,即 M 和 P 的相反的内容。

符合逻辑推论的要求,就意味着,构成要件和法律效果之间存在特殊关系,即构成要件是法律效果的必要条件或者充分必要条件。它不仅确定了反面解释的适用条件,而且也是适用反面解释的逻辑前提。反过来说,如果构成要件和法律效果之间不存在必要条件或充分必要条件,就不能进行反面解释。例如,《民法典》第 490 条第 1 款第 1 句规定:“当事人采用合同书形式订立合同的,自当事人均签名、盖章或者按指印时合同成立。”因为该条第 2 款规定,实际履行也可使合同成立。所以,当事人签字盖章,并非合同成立的必要条件。因而,我们不能通过反面解释得出结

---

① 参见黄茂荣:《法学方法与现代民法》(第 5 版),法律出版社 2007 年版,第 423 页。

论,即当事人没有采用合同书形式订约,合同即不成立。

如果被解释法条的构成要件和法律后果之间是充分条件的关系,当前提条件为假时(反面前提),则结论既可能为真,也可能为假。[①] 此时,不能从前提的反面直接判断结论的真假。也就是说,充分条件不能进行反面解释。例如,《民法典》第992条规定:"人格权不得放弃、转让或者继承。"但是"人格权"只是"不得放弃、转让或者继承"的充分条件而不是必要条件,所以,该条不能进行反面解释,认为其他权利(如身份权)均可放弃、转让和继承。

2. 所要解释的法条必须是确定的法律规范。反面解释是以既有规范中的构成要件和法律后果来推定其相反的事项,它应当是以法律条文形式表现出来的法律规范。因为在反面解释中,必须对其构成要件和法律后果进行解释,如果不是包含了构成要件和法律后果的法律规范,就无法进行反面解释。因此,只有在特定法条的构成要件和法律后果都比较明确时,才可能通过形式逻辑的方法进行反面推理。所谓确定的法律规范,应当包含如下几个方面的含义:

第一,法律规范的确定性。法律规范的概念、术语等必须是明确的、具体的、确定的。通过这些确定的概念、术语,法律规范的构成要件就是确定的,法律效果也是确定的。此时,我们才能判断特定的构成要件是否是法律效果的必要条件。一般来说,可以作反面解释的规范都是与特定的法律效果联系在一起的强制性规范。因为任意性规范只是用于补充当事人的意思,且在违反该任意性规范的情况下,可能未必会引发相应的法律效果。在任意性规范中,当事人可以通过约定来排除适用,或者说可以通过约定来推翻特定的构成要件。这就意味着,在法律规范的适用前提仍不确定的情况下,难以进行反面解释。只有强制性规范才需要通过反面解释确定相应的含义,从而适用于待决案件。

第二,法律规范适用范围和法律后果的封闭性。法律规范适用范围的封闭性,是指法律规范可供适用的范围被明确界定,而且这种界定是十分周延的,不存在例外的情形。反面解释只有在封闭的文义之下,才能从正面推测立法者的反面意思。如果立法者本身的意思具有开放性,就无从把握哪些属于反面的意思。例如,《民法典》第294条规定:

---

① 参见杨武金:《逻辑和批判性思维》,北京大学出版社2007年版,第55页。

"不动产权利人不得违反国家规定弃置固体废物，排放大气污染物、水污染物、土壤污染物、噪声、光辐射、电磁辐射等有害物质。"从字面解释，只要违反国家规定弃置固体废物，排放大气污染物、水污染物、噪声等有害物质，将构成对相邻关系的侵害，行为人也应当承担相应的民事责任。但是，是否可以对该条进行反面解释，即只要不违反国家规定，而实施的不可量物的侵害，就是合法的？笔者认为，这一规定并非封闭性的规定，即使排污符合国家标准，排污人也可能要承担侵权责任。所以，"符合国家规定"并不是不可量物侵害合法性的充分必要条件，在此情况下，不能进行前述的反面解释。

再如，我国《民法典》第1246条规定："违反管理规定，未对动物采取安全措施造成他人损害的，动物饲养人或者管理人应当承担侵权责任；但是，能够证明损害是因被侵权人故意造成的，可以减轻责任。"对该条是否可以进行反面解释，如果符合管理规定，饲养人或管理人就不应当承担责任？笔者认为，考虑到"违反管理规定"与"承担侵权责任"之间并非充分必要条件关系，所以，不能进行反面解释。

第三，法律概念的核心文义和边缘文义都是确定的。反面解释涉及法律概念的解释，因此需要确定该概念的核心文义和边缘文义。例如，善意是相对于恶意而言的，非法是相对于合法而言的。在反面解释中，核心文义和边缘文义都应是确定的。一旦概念的边缘文义是模糊的，其反面解释就难以进行。例如，如果将恶意界定为明知，则其核心文义和边缘文义都是清晰的，其反面意思就是不知，至于有无过失就不必考虑。但如果将恶意界定为明知和应知而不知，则其反面的意思就有所不同，难以进行反面解释。

3. 反面解释须不违反法律的规定。在进行反面解释的过程中还应当考虑，法律是否允许进行反面解释。考虑到不同法律领域内存在不同的价值原则，所以，反面解释的适用空间也有所不同。在公法领域，适用"法无明文允许则为禁止"，而在私法领域，适用"法无明文禁止即为允许"。因此，在公法领域，进行反面解释的可能性较小；而在私法领域，采用反面解释的空间比较大。①

---

① 参见王文胜、周晓晨：《重构法律解释学中的反面解释》，载王利明主编：《判解研究》第6辑，人民法院出版社2007年版。

(二)反面解释的适用范围

由于反面解释的适用前提是,构成要件是法律效果的必要条件或充分必要条件,因此,反面解释可以适用于以下两种情形:

一是M是P的充分必要条件(M←→P)。所谓充分必要条件,是指对于特定结果的发生而言,特定条件不仅是必需的,而且足以导致该结果。按照形式逻辑的规则可以得知,当出现相反的情形时便会得出相反的法律效果。例如,在一个标准的大气压下,水温达到100℃,则水就烧开了。反过来说,如果水烧开了,水温就达到了100℃。水温达到100℃水才烧开,由此我们可以推出,在水没有达到100℃时,水就不会烧开。具体到法律之中,如果不符合构成要件,必然不能引发相应的法律效果;如果未引发相应的法律效果,必然是因为不符合构成要件。例如,违约行为是承担违约责任的前提,如果没有违约行为,就不必承担违约责任。《民法典》第577条规定:"当事人一方不履行合同义务或者履行合同义务不符合约定的,应当承担继续履行、采取补救措施或者赔偿损失等违约责任。"如果进行反面解释,则当事人一方履行了合同义务且履行义务符合约定,则不必承担违约责任。因为违约行为是承担违约责任的充分必要条件,因而可以进行反面解释。

二是构成要件和法律效果之间形成必要条件关系。所谓必要条件,是指对于特定结果的发生而言,必须具有某种特定的条件,当然,仅具有该特定的条件未必一定能够导致特定结果的发生,但不具备该特定的条件时,则不能发生该特定的结果。必要条件与充分必要条件的区别在于:充分必要条件对于特定后果的产生不仅是必备的,而且足以导致其产生;而必要条件不一定导致特定的后果,但是,对于特定后果的产生是必备的。例如,损害是侵权损害赔偿的必要条件。虽然产生了损害,未必有侵权损害赔偿;但是,没有损害,就一定不必承担侵权损害赔偿责任。再如,根据"不告不理"原则,当事人不起诉,法院不会主动干预。但是,当事人起诉,法院也未必受理该案件。具体到反面解释,如果不符合构成要件,必然不能引发相应的法律后果;但是,具备该构成要件,也不一定导致相应的法律后果。

必要条件和充分必要条件的区分对于反面解释的适用具有一定的意义。在充分必要条件的情况下,因为法律规定已经明确,所以能够直接进行反面解释,在逻辑学上称为充足理由律。而在必要条件的情况下，是否可以进行反面解释，还需要根据具体情况分析，因为充足理由律并不具备，在某些情况下，推论的理由是充足的，而在另一些情况下，推论的理由是不充足的，条件和结论之间并不一定具有严密的逻辑关系。再如，《民法典》第1075条规定："有负担能力的兄、姐，对于父母已经死亡或者父母无力抚养的未成年的弟、妹，有扶养的义务。由兄、姐扶养长大的有负担能力的弟、妹，对于缺乏劳动能力又缺乏生活来源的兄、姐，有扶养的义务。"从该条规定来看，兄、姐"有负担能力"，这只是兄、姐负担扶养义务的必要条件，由此可以得出结论，没有负担能力的兄、姐对于其弟、妹没有扶养义务。

四、排除反面解释适用的情形

反面解释应当具有其确定的适用范围。反面解释只是在法律上作了正面的规定，且能够从反面解释出不同含义的情况下才能适用。而且，并不是任何一个条文都可以作反面解释，可以作反面解释的法律条文，其适用范围必须是封闭的。[①] 反面解释的前提是M和P之间或者是充分必要条件（$M \longleftrightarrow P$），或者是必要条件（$M \leftarrow P$）。只有在这两种情况下，才能够进行反面解释。对这两种情形之外的情况就不能适用反面解释。不适用反面解释的情况如下：

第一，开放式列举的情形。反面解释必须适用于法律规范的适用范围具有封闭性的情形。例如，《民法典》第1019条第2款规定："未经肖像权人同意，肖像作品权利人不得以发表、复制、发行、出租、展览等方式使用或者公开肖像权人的肖像。"因为该条使用了"等"字，表明其采用了开放式列举的形式，因此肖像作品权利人侵害肖像权的方式不限于上述列举的发表、复制、发行、出租、展览方式，还可能包括其他方式，因此不能对该条进行反面解释，认为只要不属于上述列举的方式，就不构成侵权。再如，法律常常采取兜底规定，这就表明该列举的是开放式的，因而发生特定法律效果的情形不仅限于兜底条款前列举的事项，也不能通过反面解释认为，只要不属于兜底事项前的列举，就不能发生该法律效果。

第二，例示性列举。例示性列举，是指法律规范通过对相关概念的

---

① 参见梁慧星：《裁判的方法》，法律出版社2003年版，第170页。

典型情形加以列举,从而起到例示性的作用。在我国民事立法上常用“一般包括”的表述(如《民法典》第 348 条第 2 款),[1]通过这个表述,就使具体列举也保持一定的弹性。在此情况下,列举就是例示性列举,而非完全列举。因为例示性列举不具有封闭性,所以缺乏反面解释的前提。即使法条中没有明确使用“一般包括”等字样,其也有可能属于例示性列举。这尤其表现在不少法条中使用“等”字的情形,或者使用“法律另有规定的除外”的表述。还有一些法律规定中没有使用“等”字,但通过文义解释等方法,可以确定其属于例示性列举。

第三,类型化的规定。类型思维本身是一种独特的方法,它应该属于价值的范畴,不能进行反面解释。因为类型化规定的适用范围本身是非封闭性的,而且,类型化规定中往往采用了不确定的概念。因此,对于不确定概念的类型化规定,也不能采用反面解释等方法。例如,《民法典》第 1015 条第 1 款规定:“自然人应当随父姓或者母姓,但是有下列情形之一的,可以在父姓和母姓之外选取姓氏:(一)选取其他直系长辈血亲的姓氏;(二)因由法定扶养人以外的人扶养而选取扶养人姓氏;(三)有不违背公序良俗的其他正当理由。”该规定是通过类型化方法对在父姓和母姓之外选取姓氏的情形进行界定。

五、反面解释与其他解释方法

(一)反面解释与文义解释的关系

反面解释以文义解释为起点和基础,它要求从文义出发。反面解释的前提是进行文义解释,当 M 是 P 的必要条件($M \leftarrow P$),或者充分且必要条件时($M \longleftrightarrow P$),就能对这个法条进行反面解释,得出“$\overline{M} \rightarrow \overline{P}$”的结论。因此,在进行反面解释之前,就必须确定 M 的内涵,从而才可能确定$\overline{M}$的内涵;也只有确定了 P 的内涵,才能推出$\overline{P}$的内涵。[2] 此外,M 和$\overline{M}$的区分前提也是界定 M 的准确内涵。在“中国人民解放军警卫第

---

[1] 《民法典》第 348 条第 2 款规定:“建设用地使用权出让合同一般包括下列条款:(一)当事人的名称和住所;(二)土地界址、面积等;(三)建筑物、构筑物及其附属设施占用的空间;(四)土地用途、规划条件;(五)建设用地使用权期限;(六)出让金等费用及其支付方式;(七)解决争议的方法。”

[2] 王文胜、周晓晨:《重构法律解释学中的反面解释》,载王利明主编:《判解研究》第 6 辑,人民法院出版社 2007 年版。

一师仪仗大队与深圳市信禾工艺品有限公司名称权、肖像权、名誉权侵权纠纷上诉案”中，[①]一审法院和二审法院产生分歧的原因之一是，信禾公司是否采用“干涉、盗用、假冒”的手段，并以此作为是否构成侵害名称权的要件。一审法院从反面解释中认为，依据我国《民法通则》的规定，民事主体有权禁止他人干涉、盗用、假冒其名称权，但信禾公司的行为既不构成对专有名称的干涉、冒用、假冒，也未使用“三军仪仗队”的名称直接为其产品进行文字宣传，故不构成侵犯三军仪仗队的名称权。而二审法院认为，从反面解释中不能得出该结论，“未经许可使用他人名称的，应当认定为侵犯名称权。本案中，信禾公司在对商品的宣传中多次使用‘三军仪仗队’的名称，并未征得三军仪仗队的同意……信禾公司以营利为目的使用三军仪仗队的名称，其行为构成对三军仪仗队名称权的侵犯。”在反面解释的运用上，两级法院出现了争议。实际上，两级法院都认为，以营利为目的的使用不是“盗用”，如此才引发了是否要进行反面解释的问题。如果“盗用”中包括了以营利为目的的使用，通过文义解释，就可以直接适用原《民法通则》第 99 条的规定来解决本案的争议。但如果文义解释无法得出案件争议中的裁判依据，就需要运用反面解释。由于反面解释是从文义出发，所以，其可以作为特殊的文义解释对待。

但是，反面解释也不同于文义解释，两者的区别表现在：第一，逻辑结构不同。文义解释是通过对文本字面含义的解释，不需要过多地运用逻辑推理。而反面解释则需要运用逻辑推理。第二，文义解释是一般性的方法，在所有的解释中都需要运用。而反面解释是在特定情况下才运用的方法，而且，其适用的前提条件比较严格。第三，文义解释是从法条文义本身出发进行的解释，它可以理解为对法条的“正面解释”，而不包括从反面对法条的解释，否则，文义解释将变得无所不包，并将反面解释也纳入其中。而反面解释是从法条文义的反面进行的解释，它的解释依据不限于对文字的解读，还包括对立法者意图的判

---

① 参见北京市第一中级人民法院民事判决书，(2006)一中民终字第 3240 号。该案的案情为：2005 年上半年，三军仪仗大队官兵在北京市场上发现了一个出售“红色八一步枪”和“将军佩剑”的商家宣传册，宣传册当中随意使用了三军仪仗大队的名称和形象。2005 年 4 月，仪仗大队在法院提起诉讼，认为信禾公司蓄意侵犯仪仗队的名称权、肖像权、名誉权，请求法院判令信禾公司赔偿 248 万元。

断等。

(二)反面解释与体系解释

反面解释与体系解释的关系也十分密切,两者之间存在相互补充、相得益彰的关系。反面解释是在法律条文的框架内进行的解释,它是从特定的事实以及其引发的法律效果中得出反面的结论。法律的“正面”或“反面”的事实和效果本身构成了完整的体系。所以,只有了解了法律的整体结构,才能进行妥当的反面解释。而体系解释不仅有助于准确理解法条的正面含义,而且有助于确定法条中构成要件和法律效果之间是否存在充分必要条件。脱离了整体,文本的意义很难被正确地解释。[①] 从这个意义上说,反面解释也要采用体系的方法。在进行反面解释时,常常需要进行体系解释,通过法条之间的关系来确定特定法条的含义,同时,明确特定法条的适用范围是否具有封闭性。例如,按照《民法典》第 403 条的规定,未经登记不得对抗善意第三人,从反面解释来看,已经登记的就可以对抗善意第三人;但是已经登记的并不是能够对抗全部善意第三人,按照《民法典》第 414 条的规定,还需要以登记的先后顺序判断能够对抗的第三人范围。在同一动产之上设定两个抵押权时,登记在先的优先于登记在后的。此时就不能说登记在后的抵押权人可以对抗登记在先的抵押权人。所以,某个法律条文是否可以进行反面解释,就要确定其适用范围,而在确定其适用范围时,还必须考虑相关法条的含义。总之,反面解释也必须与其他解释方法(如体系解释)结合起来进行。

反面解释与体系解释作为两种不同的解释方法,也存在明显的区别,表现在:第一,在功能上,二者是存在差别的,体系解释是从正面的角度来确定法条的含义,而反面解释是从反面来确定法条的含义。体系解释主要是在文义解释不能有效探明法律术语的含义时进行的解释,其针对的是法律用语有多重含义或者含义模糊的情形,为了实现法律术语的统一性和一致性而采取的解释方法。但是,通过反面解释所确定的内容往往是法律条文中没有明确规定的,是对已经规定的内容以外的含义加以确定。第二,两者分别是从微观和宏观两个不同角度进行的解释。反面解释是从特定的条文出发,从条文自身来进行解释。

---

① 参见朱志凯主编:《逻辑与方法》,人民出版社 1995 年版,第 368 页。

体系解释是从文本整体的角度，依据部分与整体之间的关系，从文本的体系出发，借助于其他条文来进行解释。按照体系解释，不能仅仅拘泥于单个法条的含义，而必须将法条置于整部法律之中来理解，或者置于同一部门法之中来理解。第三，体系解释具有辅助性，它要辅助其他方法来确定解释结论。而反面解释具有独立性，它自身可以独立地作为解释的方法。

（三）反面解释与当然解释

反面解释和当然解释也存在一定的联系。反面解释和当然解释都要以文义解释为基础，所以，从这个意义上说，它们都可以看作文义解释的特殊形态。同时，这两种方法都要运用一定的逻辑方法。

但是，它们之间也存在明显的差异，具体表现在：第一，当然解释是从法律文义的正面出发进行的推理，而反面解释是从法律文义的反面来进行推理。第二，两者的适用要件不同。当然解释没有前述封闭性的要求，而反面解释的适用前提比较严格。第三，解释结论的确定性不同。在当然解释中，其解释结论是比较确定的。而在反面解释中，解释结论并非完全确定。

六、反面解释的适用步骤

（一）确定法条是否是确定的规范

在反面解释中，首先要确定法律就特定事项是否已经作出了明确的规定，反面解释是以既有规范中的构成要件和法律后果来推定其相反的事项。如果既有法条的构成要件和法律后果是不确定的，就很难推出其相反的事项，具体而言：

第一，要进行文义解释，对法律本身的固有含义进行界定。通常，从现有法律条文看，法律禁止的是什么行为，反对的是什么行为，法律规范仅仅只是规定了其适用的正面情形，还是对正反两面的情形都作出了规定，对此应当作出准确的判断。如果法律规范已经就正反两面作出了规定，就不能进行反面解释。

第二，必须确定法律规定的适用范围。一方面，法律规范的可能文义是确定的，虽然该文义范围未必是封闭的，但是，它至少应当是确定的，从而为反面推理提供可能。例如，《民法典》第 1255 条规定："堆放物倒塌、滚落或者滑落造成他人损害，堆放人不能证明自己没有过错的,应当承担侵权责任。"从该条规定的反面解释来看,堆放人能够证明自己没有过错的,就不应当承担侵权责任。另一方面,法律规范的事实是确定的,具有特定的构成要件。法律规范事实的确定性,既指其适用范围的确定性,也指其构成要件的确定性。适用范围的确定性,通常表明其是封闭的,在法律上有明确的适用界限。一般来说,在可能的文义确定以后,法律规范可得适用的范围也大体清楚,这一可供适用的范围被限定后,才能适用反面解释的方法。

第三,明确法律中规定的法律效果。法律规定的特定事实是与法律效果相联系的,因为一定的事实出现才引发了相应的法律效果。如果法律条文之中仅仅规定了事实,而没有规定法律效果,反面解释就没有意义。所以,如果法律条文规定的法律效果是确定的,在特定法律事实出现后就会引发特定的法律效果。例如,在"姚某某、邱某某等与岑某某等土地使用权转让合同纠纷案"中,法院认为:"姚某某、邱某某、黄某某虽与岑某某的代理人岑某某签署了涉案土地使用权转让协议书,但并未办理权属转移登记,因此,姚某某、邱某某、黄某某并非涉案土地使用权的权属人。在此情况下,姚某某、邱某某、黄某某与岑某某签署的涉案土地使用权转让协议应属效力待定。对《中华人民共和国合同法》第五十一条作反面解释,如果订立无权处分合同后,权利人不予追认,处分人也未取得处分权的,该合同无效。姚某某、邱某某、黄某某订立该无权处分合同后至今未取得权属人的追认,亦未取得处分权,应认定其与岑某某签订的上述《土地使用权转让协议书》无效。"①该判决就是根据对原《合同法》第 51 条的反面解释,从而确定无权处分合同在没有经过权利人追认时应当被认定为无效。虽然该条文已经被《民法典》更改,但法院在该案中采用的方法是妥当的。

(二)确定法条中构成要件与法律后果之间的必要条件关系或充分必要条件关系

在进行反面推论时,还要考虑如下因素:法条的相反意思是否只有一种推论,而不能有其他推论。这就是说,要确定法条中构成要件和法律后果之间是否构成必要条件关系或者充分必要条件关系。德国学者克鲁克(U. Klug)提出,某一法律规定是否可以进行反面解释,应当考

---

① 广东省中山市中级人民法院民事判决书,(2014)中中法民一终字第 22 号。

虑其构成要件与法律效果之间的“行文”及其逻辑关系，并非任何条文都可以进行反面解释。法律条文是否可以进行反面解释，要取决于“法律要件”与“法律效果”之间是否具有“内涵的包含”及“相互的包含”的逻辑关系。[①] 从逻辑关系的角度来看，反面解释的适用前提是，其只能进行一种反对的推论，而不能是多种反对的推论。例如，《民法典》第1218条规定：“患者在诊疗活动中受到损害，医疗机构或者其医务人员有过错的，由医疗机构承担赔偿责任。”从反面解释来看，只要患者不是在诊疗活动中遭受损害，或者医疗机构及其医务人员没有过错的，医疗机构就不承担医疗损害责任。

（三）推论

反面解释如何推定其反面的意思？反面解释实际上是逻辑学上逆否命题的一种运用，逆否命题的逻辑是：如果原命题为若a，则b；其逆否命题为若非b，则非a。在逆否命题推论中，原命题和逆否命题为等价命题，如果原命题成立，则逆否命题也成立。在反面解释中，如果从某个条件能够推论出某个法律结论，而且该条件是该结论的必要或者充分必要条件，则在不存在该条件时，该法律结论也无法得出。

七、反面解释适用的规则

（一）非此即彼的推论规则

反面解释的前提就是要从法律的正面含义推导出相反的含义。非此即彼的规则其实包含两层含义：一是肯定其中一种解释，即否定了另外一种解释。此种情形主要适用于两种解释选择是相反的。法谚云：“正反两种主张，如肯定其一，即否定其他。”（Posito uno oppositorum, negatur alterum.）二是肯定了正面解释成立，同时也表明其反面也可得出一种解释结论。即对于正面解释而言，如果能够进行反面解释，则其相反的条件也应当能够得出相反的结论。法谚云：“得积极者，亦得消极。”（Ejus est nolle, qui potest velle.）其实表达的也是此种意思。当然，如果某一法律规则不符合进行反面解释的条件，则不得进行反面解释。例如，《民法典》第1249条规定：“遗弃、逃逸的动物在遗弃、逃逸期间造成他人损害的，由动物原饲养人或者管理人承担侵权责任。”对于该条

---

① 参见杨仁寿：《法学方法论》，台北，三民书局1986年版，第141～145页。

不能进行反面解释,进而确定动物不是在遗弃或逃逸期间造成他人损害的,动物饲养人或者管理人就不必承担责任。

(二)例示性规定不适用反面解释

例示性规定属于法律就典型形态所作的规定,所以,法律中的例示性规定与法律后果之间并不存在充分必要条件或必要条件关系。因此,例示性规定不适用反面解释。例如,我国《民法典》第500条规定:“当事人在订立合同过程中有下列情形之一,造成对方损失的,应当承担损害赔偿责任:(一)假借订立合同,恶意进行磋商;(二)故意隐瞒与订立合同有关的重要事实或者提供虚假情况;(三)有其他违背诚信原则的行为。”该条第1项、第2项属于例示性规定,无法对其进行反面解释。依据反面解释原则,非故意隐瞒与订立合同有关的重要事实或者提供虚假情况,不构成缔约过失责任。但在实践中,被告因重大过失而提供了虚假情况,给原告造成了重大损失,也可能属于违背诚实信用原则的行为,应当承担缔约过失责任。所以,笔者认为,该条属于例示性规定,难以适用反面解释。

(三)开放性规定不适用反面解释

法律中的有些规定属于开放性规定,立法者之所以作出开放性规定,是为了避免遗漏,法律的未来发展和适用范围的扩张预留空间。对于开放性规定,反面解释无法适用,这同样是考虑到既有规定中的构成要件和法律后果之间不存在必要条件关系或充分必要条件关系。例如,《民法典》第563条第1款规定:“有下列情形之一的,当事人可以解除合同:(一)因不可抗力致使不能实现合同目的……(五)法律规定的其他情形。”该条实际上是规定,在若干种根本违约的情况下,当事人可以解除合同。但是,该条的规定属于开放性规定,因而无法对其进行反面解释。

第六节　目的解释

目的是所有法律的创造者。

——[德]鲁道夫·冯·耶林(Rudolph von Jhering)

没有目的，就没有法律文本。①

——［美］斯坦利·费什（Stanley Fish）

在解释现代法律的许多案件中，可以假定立法者的意图和目的是促进合理目标的实现。②

——［英］约瑟夫·拉兹（Joseph Raz）

不知法之义而正法之数，虽博每临事必乱。

——荀子《君道篇第十二》

案例1：张某和赵某有生意上的往来。某天，张某因资金周转困难，而向赵某借款50万元。双方协商，张某以其面粉机两台设立动产质押，并完成了现实交付。但1周后，考虑到张某仍然需要使用该面粉机，双方又订立协议约定，张某通过向赵某"借用面粉机"的形式继续占有该面粉机。后来，张某的另一债权人钱某因为债务纠纷，申请法院就该面粉机强制执行，赵某主张其对该面粉机享有质权。该案中，赵某是否享有质权取决于赵某是否可以通过占有改定的方式来设定质权。根据《民法典》第429条的规定，"质权自出质人交付质押财产时设立"。但是，该条并没有明确"交付"（或移转占有）后债务人能否将质物返还给债权人，由债权人重新恢复占有和使用。通过目的解释，我们可以确定，质权属于留置型的担保，其目的是通过占有债务人的财产，一方面对债务人产生心理压力，从而迫使其尽快清偿债务。另一方面防止债务人处分担保财产，保证债权优先受偿。如果允许当事人采取占有改定的方式设立质权，就违背了动产质权制度的设立目的。

案例2：李某是某城市居民，一天，他骑车前往郊区的水库边钓鱼。在一条鱼上钩之后，他用力拉鱼时，鱼钩和鱼线甩到高压电线上，导致其被电击死亡。他的妻子张某在法院提起诉讼，要求该市电力企业承担赔偿责任。经法院查明，电线距离地面的高度是符合要求的，该水库

---

① Stanley Fish, Adrian Vermeule, *Editor's symposium: What is Legal Interpretation? There is no Textualist Position*, 42 San Diego L. Rev (2005), p. 616.

② ［英］约瑟夫·拉兹：《法律的权威》，朱峰译，法律出版社2005年版，第181页。

边上经常有垂钓者,但从未发生过触电事故。电力企业提出,根据《电力法》第60条的规定:"因电力运行事故给用户或者第三人造成损害的,电力企业应当依法承担赔偿责任。电力运行事故由下列原因之一造成的,电力企业不承担赔偿责任:(一)不可抗力;(二)用户自身的过错。……"原告之夫的死亡是因其自己的过失造成,所以,电力企业不承担赔偿责任。原告提出,依据《民法典》第1240条的规定:"从事高空、高压、地下挖掘活动或者使用高速轨道运输工具造成他人损害的,经营者应当承担侵权责任;但是,能够证明损害是因受害人故意或者不可抗力造成的,不承担责任。被侵权人对损害的发生有重大过失的,可以减轻经营者的责任。"本案中受害人李某并不存在故意,因此电力企业不能免责。笔者认为,高压电属于高度危险设施,从目的解释看,《民法典》对于因高度危险设施而遭受损害的受害人提供更高的保护,因此应当认为,《民法典》已经修改了《电力法》的规制,在本案中应当适用《民法典》的规定。既然本案要适用《民法典》第1240条的规定,因此只有在受害人具有故意的情形下,电力企业才能免责。而受害人在本案中只有过失,所以,电力企业不应当免责。

一、目的解释的概念和特征

目的解释,是指通过探求制定法律文本的目的以及特定法律条文等的立法目的,来阐释法律的含义。"目的"一词源自古希腊文"to telos",意思为"目标"(dasziel)。[①] 荀子曾经指出:"不知法之义而正法之数,虽博每临事必乱。"[②]这句话的意思是说,要想理解法律,必须明白法律的目的和精神,否则懂得再多也遇事必乱。目的解释通过考察具体法律规则的规范目的,确定其内涵,这有利于保障法律规则的准确适用。例如,我国《民法典》在确认了私法自治作为基本价值的同时,全面贯彻了人文关怀的精神,注重对《宪法》维护人格尊严、保护弱势群体的落实。针对当事人在行使权利中可能发生的权益冲突现象,《民法典》通过相关规则解决冲突。例如,在生命健康权与其他民事权利发生冲

---

① [德]德特勒夫·雷讷:《法学方法论的基础知识》,黄卉译,载《中国应用法学》2021年第3期。

② 荀子:《君道篇第十二》。

突时，优先保护生命健康权；在交易安全与其他财产利益发生冲突时，优先保护交易安全；在未成年人利益与其他民事主体利益发生冲突时，充分贯彻未成年人利益最大化这一原则，在人格尊严和著作权发生冲突时也优先维护人格尊严。在适用这些相关规则时，确实要理解《民法典》设定这些规则的目的考量，也只有把握这些规则背后的目的，才能理解规则设计的科学性、合理性，只有遵循这些利益冲突时的衡量规则才能确保《民法典》价值统一的实现。

在崇尚严格文义解释的罗马法时期，目的解释规则受到严格限制。因为目的解释结论会与法律规则的文义存在一定偏差，但即使在这个时期，目的解释也作为一种独立的法律解释方法得到了采用。《学说汇纂》中有句名言："认识法律，不仅在于明白其词语，而系在于明白效力及意向。"[①]（scire leges non hoc est, verba earum tenere, sed vim ac potestatem.）罗马法谚也称："认识法律并非固守它们的文辞，而要掌握它们的效力和意向。"（Scire leges non est verba earum tenere, sed vim ac potestatem.）其本意在于，解释者应该进行立法目的的探究。但在罗马法时期，目的解释也没有形成为独立的解释方法。概念法学派宣称：法律解释学的任务无非是合乎逻辑的"概念计算"。尽管萨维尼认为，法律都存在立法者的"Gedanke"（意图）[②]，但他反对将目的解释作为法律解释的一种方法，在萨维尼所说的四种解释方式中包括语法、逻辑、历史、体系，其中就没有包括目的解释。[③] 耶林起初赞成萨维尼提出的"概念计算"思想。但是，到 19 世纪 70 年代以后，他开始对概念法学提出挑战，主张应当克服形式主义解释的弊端，而根据功利的要求自由进行社会利益的衡量和调整。[④] 因此，从耶林开始，目的解释的重要性也受到关注。耶林在其名著《法律中的目的》一书中明确宣称，"目的是所有法律的创造者"，"所有在法律之泥土上的一切，都是为目的所唤醒的，而且是因为某一个目的而存在，整个法律无非就是一个独一的目的创

---

① D,1,13,17.

② 这个词在德语中的含义是"思考"或"思想"，指的是立法者在制定法律时所追求的意图，参见 Savigny, *System des heutigen Römischen Rechts*, Bd. 1, Berlin, 1840, S. 213。

③ Savigny, *System des heutigen Römischen Rechts*, Bd. 1, Berlin, 1840, S. 213.

④ 参见季卫东：《法律解释的真谛——探索实用法学的第三道路》，载《中外法学》1998 年第 6 期。

造行为”。[①] 因而其主张应当将目的解释作为法律解释中的重要方法。耶林之后的目的法学、自由法学等也逐渐弱化历史解释的地位,而且强调目的解释的重要意义。在现代法律解释学中,目的解释成为重要的解释方法之一。拉伦茨指出,法规范始终在追寻特定目的,且不仅是各立法者所定之目的,其亦追求“法秩序的客观目的,后者是基于法秩序内在的合理性所提出的要求”。这些目的彼此必须有一阶层秩序存在,且目的本身构成一种体系,“除最高目的之外,每个目的都可由另一个目的推导出来,或者说当这个金字塔式秩序的每一个部分都是其所隶属部分的目的,并且(除最高顶点外)都是其所隶属部分的手段”。[②] 且其高低秩序又非全然取决于立法者的好恶。[③] 在英美法的法律解释规则中也有体系解释规则,旨在强调解释者应探究文本所表达的立法者的目的。

我国司法实践一向重视文义解释,甚至不少裁判者过于拘泥于法律规则的文义,而忽略了目的解释方法的运用。但学者普遍认为目的解释是法律解释的基本方法。在我国司法实践中,也有不少判决采纳目的解释方法。例如,在“王华诉张桂平股权转让合同纠纷案”中,江苏省高级人民法院认为:原《公司法》第147条规定“发起人持有的本公司股份,自公司成立之日起三年内不得转让”,该条的立法目的在于防止发起人利用公司设立谋取不当利益,并通过转让股份逃避发起人可能承担的发起人责任。该法条所禁止的发起人转让股份应是对股份变动行为的禁止,而不是对签订合同的债权行为的禁止。该股权转让合同不违反《公司法》关于发起人在一定期限内禁止转让股份的立法目的,协议双方在《公司法》所规定的发起人股份禁售期内,将股权委托给未来的股权受让方行使也并不违反法律的强制性规定。[④]

耶林曾言,“法律都是有目的的”。立法目的的探求旨在阐释法律文本的含义。正如星野英一教授所言:“社会在发展,立法者在起草时

---

① Jhering, *Der Zweck im Recht*, *Bd.* I, 3. Aufl., 1898, S. 442.

② [德]卡尔·拉伦茨:《法学方法论》,黄家镇译,商务印书馆2020年版,第225页。

③ 参见[德]卡尔·拉伦茨:《法学方法论》,黄家镇译,商务印书馆2020年版,第174页。

④ 参见江苏省高级人民法院(2005)苏民二初字第0009号(2005年12月3日),载《最高人民法院公报》2007年第5期。

他们的考虑会发生变化,与其如此,不如忠实于法律条文的意思。法律是人制定的,立法者也有可能制定不出较好的法律。在这种情况下进行解释时,就要从法律条文应该具有什么样的现实意义来加以解释。即应该按照这一法律条文现在应有的宗旨,应该达到的目的来解释。"①作为一种独立的法律解释方法,目的解释具有其独特的内容。目的解释的特点主要表现如下。

第一,它是借助于对立法目的的探究,来阐释法律的含义。如果法律条文的含义本身是清晰的,或者能够通过体系解释等明确,就不需要借助立法目的来确定其含义。只有在文义解释仍然有复数解释可能时,才需要通过立法目的和立法意旨的探究,来阐释法律文本的含义。具体来说,法律概念和术语的解释,往往需要通过立法目的的考量来确定。而法律条文的表达不清晰或不准确,或者因立法者有意省略而使得法律文字的含义难以理解,均需要进行目的解释。所谓立法目的,是指立法者在制定某个制度、规范、概念时所持的目的。立法目的主要是针对某一部法律来说的,具有宏观意义,其强调某个法律所追求的规范社会的目标。立法目的对于立法意旨具有指导作用,而立法意旨是立法目的的具体化,任何法律条文的立法意旨都是立法目的的具体展开。正是由于各种立法意旨的组合,才能够实现立法目的。一部法律通常具有一个统一明确的立法目的,但是,法律中的个别法律条文可能表现出不同于整部法律的立法意旨。例如,我国《民法典》第 1246 条规定:"违反管理规定,未对动物采取安全措施造成他人损害的,动物饲养人或者管理人应当承担侵权责任;但是,能够证明损害是因被侵权人故意造成的,可以减轻责任。"该条并没有设定免责事由,对于是否存在免责事由,学界存在不同的解释。笔者认为,该条设立的意旨在于,强化对受害人的保护,在一定程度上体现对动物饲养人的惩罚,因此,一旦出现该条所规定的动物致害情况,饲养人或管理人不具有免责事由。

第二,它主要是从文本出发探讨立法目的。目的解释中的目的,是指从法律文本出发,探究法律文本本身的目的,以及制定法条的目的。

① 参见[日]星野英一:《民法的另一种学习方法》,冷罗生等译,法律出版社 2008 年版,第 80 页。

从这个意义上说,目的解释表现为对“条文的目的与意义”的解释。[①]美国法官思科尼亚曾有一句名言:“是法律文本在规范人们的行为,而不是立法者的意图来规范人们的行为。”[②]这就要从文本出发,来探求立法者的立法目的。如果从法律文本出发难以探究立法目的和立法意旨,就应当借助于其他方式来解释,如体系、历史、比较法等各种方式。所有这些方式都是为了探求立法目的,但是,目的解释主要依据文本来探究立法目的,如果借助其他方法来探究立法目的,就可能转化为其他的法律解释方法,如历史解释等。一方面,探究法律的目的应当从文本出发,而不应当借助于立法史的考察,应当要求法官从客观的文本出发来探究立法目的,从而尽可能消除前见对解释的不利影响。另一方面,如果立法者的意旨与法律文本的意旨不同,应当按照法律文本的意旨来确定其含义。在这一点上,目的解释与历史解释是不同的。例如,《道路交通安全法》第76条第2款规定:“交通事故的损失是由非机动车驾驶人、行人故意碰撞机动车造成的,机动车一方不承担赔偿责任。”从字面意义来看,“故意碰撞”的含义可以作宽泛的解释,只要是故意与机动车接触,都可能导致免责。从立法资料来看,立法者的真意是,只有故意导致交通事故的行为(如“碰瓷”),才可以导致免责。但是,从该条的现实意旨来考察,其并非限于故意导致交通事故的行为,所以,应当按照法律文本的目的来进行解释。只有从文本出发探求立法目的,才能把握立法者的真实意图,准确地理解法律的含义。

第三,需要进行多层次的立法目的考量。目的解释既要进行微观的观察,又要有宏观的观察,因为立法目的既可以是整部法律的立法目的(如《民法典》第1条所确立的制定目的),也可以是一部法律各编所确立的立法目的,还可以是特定制度的立法目的(如担保物权的立法目的),甚至是特定法律规范的立法目的(如允许抵押财产转让的立法目的)。从法律解释目标的角度来看,就需要进行多层次的考量,才能准

---

① See Robert Alexy, *Kiel and Ralf Dreier Göttingen*, *Statutory Interpretation in the Federal Republic of Germany*, Interpreting Statutes, A Comparative Study, Aldershot/Brookfield/Hongkong/Singapore/Sydney 1991, p. 88.

② Antonin Scalia, *Common-Law Courts in a Civil-Law System: The Role of United States Federal Courts in Interpreting the Constitution and Laws*, *in A matter of Interpretation*: Federal Courts and the Courts and the Law17 (Amy Gutmann ed. 1997).

确运用目的解释方法。解释目标就是通过法律文本来探究法律的意旨,而不是抽象意义上的公平正义理念,在目的解释中,需要考量历史上立法者的目的,通过这种考量,也有利于明确立法者的立法意旨,但又不能拘泥于立法者的意思,而需要结合法律颁行后社会生活的变化,明确相关的立法目的,这也是立法适应社会生活发展需要而不断发展完善的重要途径。

第四,它是一种不拘泥于法律文字的解释方法。目的解释方法主要是从法律文本的目的出发来阐释法律文本的含义。但它与文义解释、体系解释等存在区别。例如,《民法典》第 1180 条规定同一案件同一赔偿的规则,使用了“可以”的表述。如果依文义解释,应属于任意性规范;但是,通过立法目的的考察,立法者实际上是要通过该规则修改、补充《关于审理人身损害赔偿案件适用法律若干问题的解释》第 29 条确立了区分城乡不同户籍确定不同赔偿标准的规则①。所以,此处所说的“可以”应当解释为“原则上应当”。当然,目的解释也不能超出法律文本的可能文义范围,如果通过立法目的的考量作出超出文本的文义射程范围的解释,就属于目的性扩张,从而进入漏洞填补的领域。

第五,目的解释是一种独立的狭义解释方法。一方面,虽然目的的探究可能需要运用多种方法,但是,其本质上是一种独立的方法。在许多情形下,目的解释也是其他法律解释方法的前提。例如,目的性扩张、目的性限缩等,都要确定法律的目的。只有在进行目的解释而不能得出妥当的解释结论时,才能运用目的性扩张或目的性限缩的方法。另一方面,目的解释是一种狭义的法律解释方法,其并非法律漏洞填补。在进行目的解释时,并非法律存在漏洞,而只是通过文义解释发现了两种以上的解释可能时,需要通过目的解释予以取舍。目的解释和目的性扩张、目的性限缩虽然有类似之处,但目的解释属于狭义的法律解释。因为目的解释的解释结论仍然处于法律的可能文义范围之内,而不能超出该可能的文义范围。而在目的性扩张和目的性限缩的情况下,其或者超出了法律的可能文义范围或者损及了核心文义,因此都属于漏洞填补。正是基于这一原因,我们不能将目的性扩张和目的性限缩作为目的解释的次类型来理解。尤其应当看到,目的解释在法律解

① 该条现已被删除。

释中居于十分重要的地位。任何法律的制定都追求一定的目的,目的解释是以法律文本的目的为根据来阐述法条的意义。任何法条本身都有一定的目的,在解释法律时就应当充分贯彻立法者的目的。[①] 此即萨维尼所言:“解释者应当站在立法者的立场上,模拟后者再次形成法律思想。”[②]探究立法目的,才能忠实执行法律,实现法律目的。

我国《民法典》的颁布为目的解释提供了极大便利。在单行法时代,各单行法之间的价值时常发生冲突。例如,原《合同法》第 51 条关于无权处分的规定与原《物权法》第 106 条善意取得规则在价值上就存在一定的冲突,因为前者注重保护权利人的权利,而后者则更注重保护交易安全。而《民法典》的颁布使得民法的价值保持了统一。如果说规则的统一是《民法典》体系化的外在表现,那么价值的统一则是《民法典》体系化的内在表现。正是因为这种价值的统一性,使得立法的目的价值得以统一,也为法律解释中探寻立法目的提供了便利。

二、目的解释的对象

所谓目的解释的对象,是指目的解释所探求的法律规范所欲实现的具体目标。解释者的重要任务就是要探究立法目的。德国学者魏根特强调:“只有目的论的解释方法直接追求所有解释之本来目的,寻找出目的观点和价值观点,从中最终得出有约束力的重要的法律意思;而从根本上讲,其他的解释方法只不过是人们接近法律意思的特殊途径。”[③]然而,究竟如何理解目的解释,学界的看法存在较大差异。在此涉及两个重要问题,必须首先予以澄清。

1. 目的解释中的“目的”是指文本表现出来的目的

目的解释中的目的是立法者制定法律所希望达到的目标。但目的解释中的目的究竟是主观目的,还是客观目的,德国学界对此存在不同的看法。以拉伦茨为代表的学者认为,目的解释是主观目的和客观目的的两重因素的有机结合。解释者首先需要探明历史上立法者所确定的

---

① 参见梁慧星:《裁判的方法》,法律出版社 2003 年版,第 118 页。

② [德]萨维尼:《萨维尼法学方法论讲义与格林笔记》,杨代雄译,胡晓静校,法律出版社 2008 年版,第 7 页。

③ [德]耶赛克、托马斯·魏根特:《德国刑法教科书(总论)》,徐久生译,中国法制出版社 2001 年版,第 193 页。

目的,再以此为基础,探讨法律作为社会关系调整工具的固有目的。[①]

笔者认为,尽管在解释中,立法者对“何处是立法者的真实意图”不能找到非常合适的解释,但是,目的解释中的目的主要是指客观目的,即文本表现出来的目的。关于何为客观目的,学理上有不同的看法。一种观点认为,所谓客观目的,是指公平正义的价值理念。任何法条在制定时都有一定的目的,在解释法律时就应当充分贯彻法律规范的目的。根据法律的客观目的解释法律的应有含义,也称为客观解释或者客观目的解释。这些客观目的常常包括法的一些基本价值,如公平、正义、安全、对权利的保障等。[②] 另一种观点认为,所谓客观目的,是指法律规范中包含的客观目的。此种观点认为,目的解释表现为对“条文的目的与意义”(Sinn und Zweck des Gesetzes)的解释。[③] 如果按照前一种理论,它实际上不考虑法律文本,而是根据裁判者的判断来确定。

笔者认为,公平正义是法律解释中应当秉持的价值判断,但目的解释,首先仍应从文本中体现的目的出发来解释文本的含义,只有在不能或不宜通过文本确定立法目的时,才能通过公平正义的目的解释。因为一方面,“公平正义的价值理念”是比较抽象的概念,且是一个非常模糊的标准,不同的裁判者对其有不同的理解。如果以这个抽象的标准来指导法律解释,就会使法律解释权限过大,不能有效地规范裁判者的解释行为。且公平正义是一切良法的普遍价值,如果裁判者以公平正义来判案,无须援引任何法律条文便可进行裁判,这也不符合立法目的。另一方面,如果以公平正义作为目的解释的依据,将使目的解释处于最高的位阶,任何解释的结果都可以通过目的解释来修正,甚至可以在不通过文义解释的情况下来进行解释。这就使法律具体规范的含义变得不再重要,裁判者可以凭借公平正义的理念比较随意地解释。此外,如果以公平正义的观念来解释,就可能与社会学解释方法混淆。法律解释的结论最终要通过公平正义来衡量,而且,公平正义也是社会学

---

① 参见[德]卡尔·拉伦茨:《法学方法论》,黄家镇译,商务印书馆 2020 年版,第 418 页。

② 参见陈靖宇:《论现代法律解释的基本理念》,载褚红军主编:《历史与变革:无锡法院纪念改革开放 30 周年文萃》,人民法院出版社 2008 年版,第 463 页。

③ Robert Alexy, Kiel and Ralf Dreier Göttingen, *Statutory Interpretation in the Federal Republic of Germany*, *Interpreting Statutes*, *A Comparative Study*, Aldershot/Brookfield/Hongkong/Singapore/ Sydney 1991, p. 88.

解释中应当考量的重要因素。如果以公平正义作为目的解释的依据,就混淆了目的解释和社会学解释。目的解释就是要确定特定条文的含义,如果以公平正义来解释,就可能架空特定条文的含义。

在法律解释中之所以以文本为基础得出立法目的,主要是因为立法者在制定法律时都要追求一定的目的,或者是希望通过制定法律所直接达到的效果。我国民事立法具有一个特点,即每一部法律都在第1条阐明了其立法目的。法律规定立法的目的,不仅仅是要表达立法者制定法律的宗旨和目标,而且为法律适用和法律遵守提供指导。《民法典》的颁布,使民法的立法目的形成了统一,尤其是《民法典》第1条所规定的立法目的,成为目的解释的最重要依据。立法目的通常表现为法律所追求的一定实然的社会秩序,它侧重于法律适用和法律遵守的直接结果,侧重于法律的社会功能。但立法者的目的需要通过法律文本表达出来,或者在文本背后体现出来,目的解释就是要探寻法律文本所展现的立法目的,而不能完全抛开文本去假定和臆想立法目的。正如 Delnoy 指出,"这一'目的'在性质上并不在于让人相对于某一特定文本而言去理解其意图(volonté)。(解释者所)应当致力于去寻求的,是基于什么原因立法者期待民众去采取或者不采取某一具体的行为模式,基于什么原因立法者希冀事情如此发展。"①这就是说,立法目的是法律文本所体现的一种客观明确的含义;法律主体按照法律规定采取立法者所希冀的行为模式,是法律的"目的";而立法者如此规定的背后的动因,才是其"意图"。② 而立法意图是通过具体法律条款而确定的立法者真意。

所以,笔者认为,目的解释中的目的就是指解释者应当探求的法律文本自身的目的以及立法者制定法条的目的。从这个意义上说,目的就是指客观目的。当然,即使采此种观点,目的解释也会给予裁判者较大的自由裁量权,因为客观目的的概念本身并不清楚,裁判者进行的判断可能会有主观因素的介入。因此有必要通过强化裁判者的论证义务等予以规范。

2. 目的解释中的目的包括了文本本身和文本背后的立法目的

立法者在制定任何一部法律或制定任何条款时,都有其特定的意

---

① Paul Delnoy, *Elément de méthodologie juridique*, 2e éd., Larcier, 2006, Bruxelles, p. 173.

② Paul Delnoy, *Elément de méthodologie juridique*, 2e éd., Larcier, 2006, Bruxelles, p. 173.

图,要达到某种目标。我国许多法律文本都明确指明了立法目的。例如,《民法典》第1条宣示,以“保护民事主体的合法权益,调整民事关系,维护社会和经济秩序,适应中国特色社会主义发展要求,弘扬社会主义核心价值观”为目的。就立法目的来说,我国法律常常在法律的开始部分予以明确。但是,立法者也可能并不在制定法之中明确表达其立法目的。此时,就需要对立法史、整部法律的精神等的探求来阐明其立法目的。除了依据整部法律的目的(立法目的)之外,裁判者还可以依据制度的目的来进行解释。这里所说的制度目的,是指特定法律规范所隶属的法律制度的目的。例如,我国《民法典》第266条扩张了私人的合法收入、房屋、生活用品、生产工具、原材料等财产。问题在于,这些财产在遭受侵害时,权利人能否行使物权请求权?考察立法目的,该法第266条的本意是要将平等保护原则扩大到所有的私人财产,但这并非意味着这些权利都可以行使物权请求权,毕竟储蓄、投资等之上的权利属于债权或股东权等,不符合物权请求权的适用要件。因此,在理解私人所有权概念时,必须考察物权请求权制度的目的,从而确定是否所有的私人财产受到侵害后都可以主张物权请求权。

当然,法律并不一定都通过文本表现出立法目的,因为从有的法律条文中能够明显看出立法目的,但有的条文本身并不能明确看出立法目的,裁判者的任务就是揭示出法律条文背后的立法目的,这也是目的解释所要完成的任务。例如,《民法典》第1019条第1款规定:“……未经肖像权人同意,不得制作、使用、公开肖像权人的肖像,但是法律另有规定的除外。”该条实际上规定了在肖像权和著作权发生冲突的情形下,应当优先保护肖像权,该条文背后所揭示的立法目的是要进一步强化对人格尊严的保护,毕竟肖像权和著作权相比,肖像权直接体现了个人的人格尊严,而著作权体现的是财产利益,因此,应当优先保护人格尊严。

3. 目的解释中目的包括了立法者所秉持和追求的价值理念

法律体系分为形式体系和价值体系,如果说体系解释中更多地考虑的是形式体系,以形式体系为基础和前提,那么目的解释就是以价值体系为基础,这就是说,目的解释就是要揭示立法者在条文背后所追求的价值,正是因为这种价值的统一性,才使得法典构成内在价值统一的体系。这些价值包括诚实守信、公平正义、人文关怀、私法自治、人格尊严、保障私权,等等。裁判者在解释法律时,探寻立法背后的价值,实际上就是在进行一种目的的考量。例如,《民法典》第 1019 条第 1 款规定背后的价值就是人格尊严,所以,探求该条文背后的人格尊严价值,实际上也是目的解释方法的一种运用。

综上所述,目的解释就是指从文本出发,通过探寻立法目的和立法意旨,阐明法律条文含义、寻求妥当的裁判依据的方法。

三、目的解释的功能及其局限性

(一)目的解释的功能

德国学者耶鲁克教授认为,目的解释在今日是“解释的王冠”。[①] 如果能够从条文的原意和目的(Sinn und Zweck)得到满意的答案,目的解释可以成为解释方法上的瑰宝。[②] “立法精神的明确为我们指出了规范所规限的各种利益的‘价值’或评价,因而亦为我们指出了该等利益的相对比重,以及由规范表达的解决方法所揭示的利益取向。”[③]这就说明了目的解释的重要性。应当看到,目的解释具有如下功能:

一是通过发现立法目的和立法意旨来确定妥当的解释结论。法谚云:“死啃条文,其毒如蛇。”(Viperina est exposition quae corrodit viscera textus)目的解释要求不拘泥于文字,而要求考察立法的目的、意旨等,从而准确把握法律文本的含义。从我国司法实践来看,长期以来,由于不重视目的解释,导致许多裁判者机械地按照法律文本的字面含义来适用法律、死抠文字字眼、僵硬地适用法律,个别裁判者甚至不受任何解释规则的约束,随意解释法律。同案不同判、同法不同解的现象在司法实践中时有发生,导致司法不统一,有损司法的权威性。要求解释者遵从立法目的和立法意旨,可以形成相对统一的标准来理解法律规范,从而实现类似案件类似处理。[④] 目的解释需要探求的立法目的和立法意旨,首先通过法律条文表现出来,因此,当文义解释出现复数解释的情况下,就有必要通过对文本的立法目的和立法意旨的探究来得出最

---

① Jescheck/Weigend AT § 17 IV 1b, S. 156. 转引自[德]英格博格·普珀:《法学思维小学堂》,蔡圣伟译,台北,元照出版有限公司 2010 年版,第 96 页。

② 参见李太正等:《法学入门》,台北,元照出版有限公司 2003 年版,第 165 页。

③ [葡]马沙度:《法律及正当论题导论》(第 2 版),黄清薇、杜慧芳译,澳门大学法学院 2007 年版,第 152 页。

④ 参见黄宏耿:《基本法解释的若干问题》,载澳门大学法学院编:《硕士论文集》,2007 年,第 145 页。

妥当的法律解释结论。例如,就合同法来说,其中的任意性规范是否必须写明“当事人另有约定或者另有不同的交易习惯的除外”?我国《民法典》合同编中的许多条款都作出了规定,①但是,也有一些条款并没有作出此种规定,对于没有作出规定的条款,是否允许当事人通过约定来改变,这就要探究这些条款的立法目的。笔者认为,可以通过目的解释来确定这些条款是否是任意性规范。

二是贯彻立法目的和立法意旨。在通过立法目的确定裁判依据(大前提)之后,大前提本可能具有多种合理的文义解释方案,此时,仍然需要借助立法目的确定该大前提的准确含义。一般而言,通过立法目的确定相关的解释选择方案时,其适用前提应当是存在多个合理的文义解释方案,如果某一法律规则只有一种合理的文义解释方案,则不存在适用目的解释的余地。在法律规则的文义十分清晰时,裁判者不得借助立法目的对该法律规则的文义作他种解释。目的解释虽然可能涉及可能的文义,但是,它主要是为了确定法律文本的含义。在法律解释的过程中,如果通过文义解释不能得出妥当的解释结论,就可以通过目的解释来确定解释结论。例如,《民法典》总则中关于其他民事权利的规定中,都是用“依法享有”,如第 114 条第 1 款规定:“民事主体依法享有物权”;第 118 条第 1 款规定:“民事主体依法享有债权。”但是在人格权的表述中,“依法”两个字没有写上去。对此通过文义解释将面临解释困难,但通过目的解释,就会发现立法者实际上是为了表明自然人的人格权,不能仅仅限于法律列举的权利,即使是法律没有明确列举的人格权益,符合保护的要求,也应当予以保护。因此,通过目的解释,就可以发现立法者的价值判断,并将其贯彻在司法过程之中。

三是探求法律文本的含义。通过目的解释,要确定拟适用法律条文的准确含义。目的解释是在法律文义存在模糊性、通过文义解释无法得出解释结论的情况下才运用的解释方法。而且,法律都是基于一定的目的而制定的,要准确阐释法律,就必须阐明并贯彻这一立

① 例如,《民法典》第 480 条规定:“承诺应当以通知的方式作出;但是,根据交易习惯或者要约表明可以通过行为作出承诺的除外。”第 484 条第 1 款规定:“以通知方式作出的承诺,生效的时间使用本法第一百三十七条的规定。”

法目的。对于立法目的的认识,“成为确定规范含义的一种最重要的帮助”。[①] 通过目的的探究,也可以消除文义的模糊性和多义性等。实践中,我们经常遇到一词多义等现象,此时就要追问立法目的究竟如何,而追问的目的说到底就是要阐释法律文本的含义。因此,目的解释也是要解释可能的文义。笔者认为,目的解释虽然可能涉及可能的文义,但是,它主要是为了确定法律文本的含义。“解释不应限于字面含义,而应从字面含义发掘‘立法思想’。字面含义(文本)与法律精神(思想)相对,表示解释活动必须在字面含义中找寻法律精神。”[②]尤其需要指出的是,在进行利益衡量时,也要考虑立法目的,实现法律效果和社会效果的统一。因为立法者在制定法律时就已经考虑了社会效果,考虑到了法条所涉及的多方利益之间的平衡和取舍,因此,通过目的解释实际上就可以发现立法者的价值判断,并将其贯彻在司法过程之中。法律的适用不是就条文而论条文,更不是咬文嚼字,借助于目的解释可以突破文义解释的局限性。可以说,目的解释是实现法律效果和社会效果结合的工具。

四是探求法律条文背后的价值。立法目的和价值都是立法者借助立法所表达的意旨,其都是要追求某种目的、实现某种利益、建立某种秩序。一般而言,立法目的和价值是统一的,价值都是目的的具体展现,正是通过对立法价值的探求,准确把握条文的目的,才能准确运用法律规则,实现立法者所要实现的立法目的。

五是为漏洞填补和价值补充提供借鉴。在目的性限缩和目的性扩张的情况下,通常要确定法律的目的。而在确定法律的目的时,目的解释中探求法律目的的方法也可以作为目的性扩张和目的性限缩的借鉴。立法目的和立法意旨往往隐藏在法律条文背后,或者需要借助比较法等方法来确定,或者需要通过法律体系来发现。因此,目的解释往往需要与历史解释、比较法解释等结合起来适用,以确定法律的目的。此外,目的解释也是价值补充中类型化的基础。在价值补充中,要对不确定概念和一般条款进行类型化,也必须首先探究立法目的,只有在立

---

① [葡]马沙度:《法律及正当论题导论》(第2版),黄清薇、杜慧芳译,澳门大学法学院2007年版,第152页。

② [葡]马沙度:《法律及正当论题导论》(第2版),黄清薇、杜慧芳译,澳门大学法学院2007年版,第157页。

法目的的指引下才能进行妥当的类型化。例如，在“公共利益”概念的类型化中，必须与实现社会公共利益这一目的保持一致，与实现不特定人的利益这一目的相符合。

六是验证其他解释方法得出的结论。目的解释的过程就是确定立法目的和立法意旨的过程。应当看到，许多狭义的法律解释方法，如文义解释、体系解释，本身也涉及立法目的的探究，可以通过目的解释来验证这些方法所得出的结论的妥当性。从法律解释经济性的角度考虑，文义解释、体系解释是比较容易操作的解释方法，裁判者往往优先采用这些解释方法。而目的解释属于相对比较复杂的解释方法。裁判者在运用文义、体系等解释方法得出了初步的法律解释结论之后，再运用目的解释方法进行验证，尤其是在法条可以作多种解释的情况下更是如此。

（二）目的解释的局限性

目的解释也存在其固有的缺陷。一方面，由于立法者在文本中表达出的目的可能并不清晰，因此在确定立法目的时，可能掺杂了解释者的主观因素。目的解释中“目的”的确定难免介入解释者的主观因素。解释者很可能超越文本的可能含义，而以其主观目的来代替文本的含义。所以，在目的解释的情况下，其被滥用的可能性比较大，从而为裁判者恣意裁判提供可能。因此，在目的解释的情况下，解释者应当负有较重的论证义务，以保证其解释的客观性。另一方面，立法者表达的目的可能是多元的，并非单一的，此时可能就无法得出唯一的解释结论，而解释者也要选择特定的立法目的，表明其立场。在这一过程中，也可能较多地渗入解释者的价值判断。如果解释者随意进行目的解释，可能损害法的安定性价值。所以，萨维尼才会说，“只有怀着十二万分的小心”，才可以借助立法目的来解释法律。① 还要看到，过度强调目的解释也有可能导致对法律文本的忽略。在运用目的解释方法时，裁判者可能撇开法律文本的字面含义进行解释，甚至可能通过目的的考量来否定法律的字面含义，作出与字面含义完全不同的解释。有学者认为，在例外情况下，可以采取为了追求立法目的，而忽视法律文本的表达的

① ［德］德特勒夫·雷讷：《法学方法论的基础知识》，黄卉译，载《中国应用法学》2021年第3期。

做法。[1] 笔者认为,这一观点并不完全妥当,因为其不仅赋予裁判者过大的自由裁量权,而且与裁判者依法裁判的宗旨相违背。

四、目的解释与其他解释方法

(一)目的解释与文义解释

目的解释与文义解释之间的关系非常密切。在目的解释之前,先要进行文义解释,然后才应对条文的目的进行探讨。[2] 一般认为,目的解释是对文义解释的补充,因为如果法律条文本身出现疑义,或者有多种解释,即采用文义解释出现困难时,就需要通过目的解释的方法来补充。一方面,由于严格的文义解释理论具有不可避免的缺陷,[3]因此,有必要借助于目的解释的方法。语言是服务于特定目的的。[4] 在解释过程中,仅仅拘泥于文字而不了解立法目的和意图,就可能使得法律文本的含义被曲解。如果文义解释忽视了其所存在的目的,就会使法律解释与立法的功能相悖。[5] 因为法律所使用文字的含义有时是模糊与不合理的,因而通过文义解释常常会出现复数解释,这需要借助立法者的目的考量来阐释文义。当然,裁判者在法律适用时需要考虑条文应该要实现的目的,而不是少数立法者所要实现的内容。[6] 另一方面,文义解释要探究法律的可能文义范围,但是,如何避免对该范围的探究过于宽泛,就必须借助立法目的来作出限定。"法律文本的阐述是我们对立法者意图进行阐释的基础。目的解释'停止规则'保障了立法的解释拘束于法律文本的内容而不致偏离太远。"[7]例如,我国《民法典》第725条规定:"租赁物在承租人按照租赁合同占有期限内发生所有权变动

---

① 参见[德]霍恩:《法律科学与法哲学导论》,罗莉译,法律出版社2005年版,第137页。

② See E. Kellaway, *Principles of Legal Interpretation of Statutes, Contracts and Wills*, Butterworths, 1995, p. 49.

③ River Wear Commissioners v. Adamson, 1877(2) App cas 743 765.

④ William O'grady & Michael Dobrovolsky, *Contemporary Linguistics*: An Introduction 1.

⑤ Schrorer Aantekeninge 252 in init, Schomaker 1 c 19 n 38, 6 c 22. 12 – 14. E. Kellaway, *Principles of Legal Interpretation of Statutes, Contracts and Wills*, Butterworths, 1995, p. 56.

⑥ See Michael S. Moore, *The Senmantics of judging* 54 S. Cal . L. Rev. 151. Rev. 151, p. 259 – 260.

⑦ See Adrian Vermeule, Editor's symposium: *What is Legal Interpretation? Three strategies of interpretation*, 42 San Diego L. Rev(2005), p. 617.

的,不影响租赁合同的效力。”从文义来看,其似乎表明,租赁物在承租人按照租赁合同占有期限内发生所有权变动的,承租人和原所有权人之间的租赁合同仍然有效。但是,从本条的立法目的来看,其是要确立买卖不破租赁的规则,即发生租赁合同的法定移转,在新买受人和承租人之间产生租赁合同关系。

不过,作为两种不同的法律解释方法,文义解释和目的解释之间也存在较大的差异,具体表现为:第一,解释的依据不同。文义解释以法律条文的字面含义为基础,因为语言是由要素和规则构成的清晰的系统,[1]对法律的语言本身进行分析,就可能阐明法律条文的含义。而目的解释是以法律的目的为基础的,通过探究法律的目的来揭示法律文本所蕴含的“真正价值”,也就是要揭示“根据法律文本中的目的来对法律文本进行解释”。[2] 第二,解释的难度不同。从两种法律解释方法的难易程度来看,文义解释是比较简单的、比较“经济”的法律解释方法,它通过运用语义学等知识,通过解读法律条文本身来进行解释。而目的解释是相对比较困难的解释方法,裁判者进行目的解释,要通过各种途径来探求法律的目的。第三,价值不同。严格的文义解释可以促进法律的可预期性和安全性,防止裁判者随意超越法律,使法律处于稳定的状况,但是它也会导致法律的机械化倾向。目的解释追求的价值是法律的实质正义,但是这一解释方法又容易使裁判者的解释权限过大,因此必须对目的解释进行严格的限制,即要求这种解释必须与法律的目的相符合。第四,在解释过程中的顺序不同。文义解释是法律解释的开始,它的重要意义是确定可能的多个法律解释结论。而目的解释只不过是帮助裁判者从文义解释得出的复数解释中作出选择。

在实践中,文义解释方法可能会与目的解释相冲突,这主要表现在:如果仅仅拘泥于文本的字义进行解释,可能会出现与立法者意图相反的情形。因为在文本中,文义解释离不开该词所处的环境,所以,仅仅根据字义解释并不能得出正确的解释。特别是根据字义解释方法不能得出妥当的结论时,此时可以采用目的解释方法,据此,可以说目的

---

① William O'grady & Michael Dobrovolsky, *Contemporary Linguistics: An Introduction* 1, at 4 (Mark Aronoff ed., 1989).

② Michael S. Moore, *A Natural Law Theory of Interpretation*, 58 S. cal L. Rev. 277. 354 (1985).

解释方法是补充文义解释的解释方法。①

(二)目的解释与体系解释

体系解释和目的解释具有一定程度的类似性,法律体系有内在体系和外在体系之分,其中体系解释主要针对外在体系进行解释,而目的解释则是内在体系的体现。因此,体系解释常常和目的解释联系在一起,统称为体系目的解释(systematisch-teleologische Auslegung)。因为规范的目的性并不仅仅体现在孤立的单个规范中,而应当从整个法律体系背景出发,确定规范的具体目的。② 目的解释和体系解释是可以并用的。这两种解释方法之所以可以并用,是因为:

第一,两者都是以法律的体系性为基础进行的解释。根据法律的内在体系即价值体系进行解释,就是目的解释;而根据法律的外在体系进行解释,就是体系解释。③ 有学者认为,体系解释所依赖的"体系"并非通过形式逻辑而建立的外部体系,而是在于实现法秩序在价值判断上一贯性的"内部体系"。④ 这事实上已经将体系解释等同于目的解释,显然,两者仍然应当分开。

第二,两者的目的都在于实现法律体系的一致性,避免法律在形式上或价值上的冲突,无论是追求价值体系,还是追求形式体系,目的都是使法律体系能够保持和谐一致,防止制度和价值的冲突。"法秩序是个阶层结构,犹如金字塔,宪法居其顶层,其下为命令,基于法秩序统一性的理念,应使其互相协合,不生冲突。"⑤目的解释是为了贯彻法律的目的,实现法律的价值体系的一致性。而体系解释是按照法律的外在体系进行的解释。在解释中,每一个用语、条文或规定均必须考量其整个法律体系,如此才能避免被断章取义。"故解释当事人所立书据之真意,自应以当时之事实即其他一切证据资料为其判断之标准,不能拘泥字面或截取书据中一两语,任意推解致失真意。"⑥

---

① Schrorer Aantekeninge 252 in init, Schomaker 1 c 19 n 38, 6 c 22. 12 – 14. E. Kellaway, *Principles of Legal Interpretation of Statutes, Contracts and Wills*, Butterworths, 1995, p. 56.

② Anne Roethel, *Normkonkretisierung im Privatrecht*, 2004, S. 136ff.

③ 参见王泽鉴:《法律思维与民法实例》,中国政法大学出版社 2001 年版,第 223 页以下。

④ 参见王彬:《体系解释的反思与重构》,载《内蒙古社会科学》2009 年第 1 期。

⑤ 王泽鉴:《民法总则》,中国政法大学出版社 2001 年版,第 51 页。

⑥ 吴光明:《民法总则》,台北,三民书局 2008 年版,第 26 页。

第三,法律体系的设计本身也会体现一定的目的,因此,体系解释与目的解释联系密切,有学者认为体系解释就是一种目的解释。① 正是因为两者具有类似性,在司法实践中,一些裁判者往往将两种方法结合起来适用。例如,对某个规范的解释可能需要从区分民法和商法着手,这既有体系解释的成分,也有目的解释的成分。在民法中,更注重平等;而在商法中,更注重效率。因此,在法律解释中,涉及商法规范时,其规范目的往往包含了促进效率,应当以此作为目的解释中考虑的因素。

但是,作为两种不同的法律解释方法,体系解释和目的解释也存在明显的区别,表现在:第一,解释的依据不同。例如,我国《民法典》第1240条规定了高速轨道运输工具的严格责任,同时,《道路交通安全法》第76条规定了机动车事故责任,从体系解释角度来看,《民法典》第1240条中的高速轨道运输工具就不包括机动车。而目的解释是以法律的内在体系为依据进行的解释,该解释方法的存在基础是,法律的价值体系应当具有一致性,法律制度的解释应当符合立法目的。第二,解释方法的价值考量不同。目的解释强调价值的体系性,更注重价值考量,而体系解释强调外在体系。外在体系上的瑕疵可能是难以避免的,而立法者的立法目的一般都应当是清晰和明确的。在某些情况下,价值考量比体系考量更显得重要。例如,在前述"钓鱼触电案"中,电力企业提出,根据《电力法》第60条的规定:"因电力运行事故给用户或者第三人造成损害的,电力企业应当依法承担赔偿责任。电力运行事故由下列原因之一造成的,电力企业不承担赔偿责任:(一)不可抗力;(二)用户自身的过错……"原告之夫的死亡是因其自己的过失造成,所以,电力企业不承担赔偿责任。笔者认为,此时应当优先采用目的解释方法。《电力法》的价值考量是保障电力供应的正常运行,维护电力企业的合法权益。而《民法典》的价值考量则是从受害人保护出发,同时通过承担责任的方式鼓励电力企业积极采取措施预防损害。因此两个立法背后存在不同的价值考量。第三,解释方法的难易程度不同。体系解释是通过法条的位置、法条之间的相互关系等进行的解释,而目的解释是

---

① Friedricb Möller, *Discours de la méthode juridique*, Traduit de l'Allemand par Olivier Jouanjan, PUF, 1996, p. 270 – 271.

通过法律目的等进行的解释。体系解释是以法律的外在体系为依据进行的解释,该解释方法存在的基础是,法律的外在体系应当具有一致性,从而实现法律的形式合理性。体系解释是从文本出发进行的解释,而目的解释在一定程度上要脱离文本。所以,通常只是在体系解释难以确定法律条文的含义时,才应当适用目的解释。因此,总体而言,体系解释相对目的解释,是比较容易操作的解释方法。目的解释毕竟在一定程度上具有一定的主观性,相对于体系解释而言,它掺杂了更多的解释者的主观价值判断。如果通过体系解释可以阐明法律条文的含义,就不必继续进行目的解释。

(三)目的解释与当然解释

虽然当然解释是从字面上进行推论,但是,它需要目的解释予以配合,也需要通过目的解释相互验证。因为在某些情况下,如果采用当然解释不符合立法目的,就不应当作出此种解释。例如,《民法典》第276条规定:"建筑区划内,规划用于停放汽车的车位、车库应当首先满足业主的需要。"如果进行反面解释,似乎建筑区划外的车位、车库,不必首先满足业主的需要。但是,这不符合《民法典》的立法目的。所以,目的解释可以限制当然解释的作用。

但目的解释和当然解释作为两种不同的解释方法,存在明显的区别:第一,当然解释是以文义为基础进行的推理,目的解释是通过立法目的的探求而进行的解释,其属于目的论的推理。第二,两者的适用条件不同。相对而言,当然解释的适用条件比较严格,其必须满足"轻""重"比较上的差异。而目的解释的适用似乎没有限制,因为一切法律文本都有其立法目的,都可以依据立法目的进行解释。

(四)目的解释与反面解释

目的解释与反面解释之间也存在一定的联系。目的解释是直接依据立法目的阐释文义,而反面解释表面上是依据反面推理的方式进行解释,实际上这种推理也应当符合立法目的。所以,目的解释在一定程度上也可以验证反面解释的合理性。例如,《民法典》第497条规定,格式条款不合理地免除或者减轻其责任、加重对方责任、限制对方主要权利的无效。对于该条是否可以从反面推论,非格式条款不合理地免除或者减轻其责任、加重对方责任、限制对方主要权利的有效?从目的解释的角度来看,该反面解释就违背立法目的。因为该条设立的目的是保护交易相对方的利益,维护交易的公平。如果通过非格式条款来排除对方主要权利,也可能使交易不公平,从而也应被宣告无效。

但是,两种解释方法之间也存在明显的区别:第一,两者的出发点不同。目的解释是从立法目的出发进行推论,进而阐释法律文本的含义。而反面解释是从法律文本中构成要件和法律效果之间的逻辑关系(如充分必要条件关系)出发,来阐释法律文本。第二,两者的解释依据不同。在目的解释中,其解释的依据是"法律都是有目的的",所以,解释法律必须符合其立法目的。而在反面解释中,其解释的依据是形式逻辑的规律,因为法律的制定是符合形式逻辑规律的,所以,能够按照这一规律进行解释。第三,两者的适用范围不同。反面解释的适用范围有限,其必须满足构成要件和法律效果之间的特定逻辑关系,因而适用范围比较狭窄。目的解释的适用没有条件限制,任何法律文本都可以进行目的解释。第四,解释者主观因素介入的程度不同。在反面解释中,裁判者是按照形式逻辑的规律进行推理的,主观因素介入的程度较低。而在目的解释中,立法目的的探究本身比较复杂,立法目的也具有多元化特点,因此,解释者主观因素介入的程度往往较高。

五、目的解释方法的运用

目的解释和文义解释、体系解释等相比较,已经在一定程度上脱离了文本。目的解释是在文本的含义不清晰时所采用的方法。当文本的意思明确时,一般不需要借助立法目的来明确其含义。通常来讲,目的解释运用的大致步骤如下:

1. 从文义出发解释法律条文,确定其可能存在的多种解释结论。许多国家的法院认为,"制定法所用的语词是立法意图的最好证据"。[①] 在进行文义解释后,考虑到文义解释所确定的解释结论是复数的,难以明确其妥当的解释结果,所以,还需要借助目的解释方法来对多种解释可能进行筛选,从而确定符合目的的解释。在进行文义解释后,如果考虑到文义解释所确定的解释结论是复数的,难以明确妥当的解释结果,那么,可能就需要借助目的解释方法来对多种解释可能进行筛选,从而确定符合目的的解释。例如,在某小区高楼之上,突然有人抛出一只大

① 张志铭:《法律解释学》,中国人民大学出版社 2015 年版,第 78 页。

型犬,将过往行人砸成重伤。该抛出的大型犬是否属于《民法典》第1254条所规定的“从建筑物中抛掷物品”？由于该条仅限于楼上抛掷的物品,或者坠落的物品,而楼上抛出的大型犬是否属于此类情况,则引发了争议。笔者认为,在判断抛出的大型犬本身是否可以归入《民法典》第1254条所说“物品”的范畴时,应当考虑该条的立法目的。该条的重要目的就是对难以根据过错责任获得救济的受害人,依据公平原则提供救济。据此,将抛出的大型犬解释为“物品”,更契合为受害人提供公平救济的立法目的。法律的文义不清晰主要包括如下几种情况:

第一,法律本身的文义不清晰。例如,《民法典》第997条规定:“民事主体有证据证明行为人正在实施或者即将实施侵害其人格权的违法行为,不及时制止将使其合法权益受到难以弥补的损害的,有权依法向人民法院申请采取责令行为人停止有关行为的措施。”在该条中,涉及“有证据证明”“难以弥补的损害”的解释,究竟证据证明到何种程度,才能“达到有证据证明”的程度,损害证明到何种程度,才属于“难以弥补的损害”,都需要解释。

第二,法律的文义有复数解释的可能。例如,依据《民法典》第323条的规定,用益物权人对他人所有的不动产或者动产,依法享有占有、使用和收益的权利。该条规定用益物权可以在动产上设立,对此存在不同理解。一种观点认为,按照物权法定原则,我国《民法典》仅承认了不动产之上可设立用益物权,并没有承认动产上可以设立用益物权,因此,此处规定属于表述错误。另一种规定认为,《民法典》承认了动产之上可自由设立用益物权。笔者认为,从立法目的考量,《民法典》规定“动产”作为用益物权客体,主要是为了缓和物权法定原则,为未来动产用益物权制度的发展预留了空间。因为随着财富利用方式的多样化,特别是由于科技的突飞猛进和金融等领域大量的制度创新,动产的价值在不断提高,利用方式也越来越多样化,为了应对这种动产利用多样化的趋势,《民法典》允许在动产上设定用益物权。但当事人究竟可以设立何种用益物权,需要立法作出明确规定。

第三,法律条文没有准确地表达立法目的。例如,《民法典》第303条规定,按份共有人在存在禁止分割的约定的情况下,如果有重大理由需要分割,也可以请求分割。从字面上看,该条并没有表示出《民法典》关于物尽其用的立法目的,要准确理解“重大理由”,必须结合立法目的进行解释。

第四,法律条文本身与立法目的相冲突。如果立法采用的语言所表达的意义与立法者的意图是相反的,裁判者在裁判中发现条文没有明确表达立法者所掩盖的意图,此时裁判者就会对立法所阐述的意义进行探讨。[①] 例如,《劳动法》第20条第2款规定:“劳动者在同一用人单位连续工作满十年以上,当事人双方同意续延劳动合同的,如果劳动者提出订立无固定期限的劳动合同,应当订立无固定期限的劳动合同。”如果该条侧重于“当事人双方同意”,则该条保护劳动者的目的就难以实现,因为实践中,用人单位往往不会同意。“当事人双方同意”的表述实际上与立法目的相冲突。正因如此,《劳动合同法》修改了该规定。[②]

2. 从法律文本自身出发来探求立法目的。当法律条文的内容不明晰时,有必要通过探求立法目的来确定解释结论。在目的解释确有必要的情况下,应当从如下几个方面来确定立法目的:

第一,通过法律文本的直接表述来确定其立法目的。法律文本中可能明确阐明了立法目的,这在我国法律中比较普遍,通常是在法律的第1条明确其立法目的。目的解释应该从客观的文本出发来探究立法者的目的。任何法律的设定,立法者都要确定一定的目的,这里所说的目的就是法律规范所要达到的效果。法律在设定任何一个条款的时候都具有其目的性。绝大多数法律规范在适用过程中都可以直接发现立法者的意图。按照立法目的进行解释,才能实现该法律的目标。“解释者应当站在立法者的立场上,模拟后者再次形成法律思想。”[③]例如,在“林某某因与赖某某、赖某某、中国平安财产保险股份有限公司云浮中心支公司道路交通事故人身损害赔偿纠纷案”中,法院认为,依据《机动车交通事故责任强制保险条例》第22条,如果驾驶人未取得驾驶资格或者醉酒的,发生交通事故,造成受害人的财产损失的,保险公司不承

---

① E. Kellaway, *Principles of Legal Interpretation of Statutes*, *Contracts and Wills*, Butterworths, 1995, p. 64.

② 《劳动合同法》第14条第2款规定:“用人单位与劳动者协商一致,可以订立无固定期限劳动合同。有下列情形之一,劳动者提出或者同意续订、订立劳动合同的,除劳动者提出订立固定期限劳动合同外,应当订立无固定期限劳动合同……”

③ [德]萨维尼:《萨维尼法学方法论讲义与格林笔记》,杨代雄译,胡晓静校,法律出版社2008年版,第7页。

担赔偿责任。对于受害人所遭受的人身损害,保险公司是否应当赔偿,并不明确,依据该条例第21条的规定,被保险机动车发生道路交通事故造成本车人员、被保险人以外的受害人人身伤亡、财产损失的,由保险公司依法在机动车交通事故责任强制保险限额范围内予以赔偿。受害人故意造成的,保险公司不予赔偿。可见,第三人的损失包括人身损失和财产损失,且并列分开表述,而《机动车交通事故责任强制保险条例》第22条规定的免赔范围只用了"财产损失"的概念,这也意味着对受害人的人身损害,保险公司应当予以赔偿。[①] 在该案中,法院在适用《机动车交通事故责任强制保险条例》第22条时,即运用了目的解释的方法。

第二,制度目的探究。目的解释具有层次性,从宏观方面讲,立法目的指整个法律所追求的目的;从微观方面讲,是指某一具体法律条文在具体规范某一类具体法律关系中所追求的目的。例如,《民法典》物权编第四分编规定了担保物权,其目的在于规范民事主体的担保法律行为,使担保物权的变动符合该编确立的法律秩序,明确担保物权设立变动过程中各项权利的归属。《民法典》人格权编确认和保护各项人格权益,都旨在维护人格尊严。一般而言,一部法律所体现的立法目的应具有一致性,但是,某些法律中的个别法律条文可能体现出不同于整部法律的立法目的或具有其自身的特殊性。[②] 例如,在中国农业银行汇金支行诉张家港涤纶厂代位权纠纷案中,江苏省高级人民法院认为:"代位权制度的立法本意是鼓励债权人积极行使权利。本案中,进入代位权诉讼程序后,债务人即丧失了主动处分次债务人债权的权利。"[③]这就需要对代位权制度的具体目的予以阐释。

第三,法律条文、概念所包含的目的分析。法律条文、概念中所包含的规范目的常常没有明文表述,但是,通过各种方式可以分析出其规范目的,从而作为法律解释的依据。例如,在郑某峰、陈某青诉江苏省人民医院医疗服务合同纠纷案中,法院认为:"该法(指《消费者权益保护法》)所指的服务,是经营者为获取经济利益而提供的商业性服务。法院向江苏省卫生厅调取的证据表明,人民医院不是以营利为目的的

---

① 广东省高级人民法院民事判决书,(2013)粤高法审监民提字第95号。

② 参见杨仁寿:《法学方法论》,台北,三民书局1986年版,第154页。

③ 《最高人民法院公报》(2004年卷),人民法院出版社2005年版,第374页。

机构，不属于经营者。"[①]再如，在"北京国玉大酒店有限公司诉北京市朝阳区劳动和社会保障局工伤认定行政纠纷案"中，《工伤保险条例》第14条第6项规定，职工在上下班途中，受到机动车事故伤害的，应当认定为工伤。但如何理解"上下班途中"，发生了争议。原告认为，受害人上下班应当走规定的路线，而其没有按照这一路线行走，不属于"上下班途中"。法院认为，对"上下班途中"不能作过于机械的理解，既不能理解为最近的路径，也不能理解为职工平常较多选择的路径，更不能以用人单位提供的路径作为职工上下班必须选择的唯一路径。对该概念的理解，应当从保障工伤事故受害者的立场出发，即通过目的解释的方法来确定文义。[②]

第四，在许多情况下，仅仅考察法律的一个目的是不恰当的。立法者在设定某项制度或者确立某一规则时，往往需要协调多个目标。因此，目的解释需要探究规范所追求的各项目的，选择最为重要的目的进行解释。例如，王海知假买假，其是否属于"消费者"，能否运用《消费者权益保护法》第49条中的惩罚性赔偿？从文义上难以解释"消费者"的含义，这就要从立法目的的角度进行探讨。但是，《消费者权益保护法》第49条的目的是多元的，它既包括惩罚经营者的欺诈行为，又包括维护消费者权益、鼓励消费者监督经营者合法经营的目的。笔者认为，通过考察上述各项目的，后一个目的更为重要。

3. 从法律文本以外的因素来探究立法目的和立法意旨。目的解释主要应当从文本出发来探究立法目的和立法意旨，然而，立法目的既包括法律之中已经明确表达出来的立法目的，也包括法律之中没有明确表达出来的立法目的，因此，也有必要通过文本以外的因素来探究立法目的。具体来说，在法律文本以外探究立法目的和立法意旨的途径主要有如下几种：

第一，通过体系分析来探明法律中没有直接表述的立法目的。这需要裁判者考察制度和制度之间、条文和条文之间的内在联系，从中发现立法目的。有时需要研究法律文本中其他各节的内容，来探究目的。[③] 例

---

① 《最高人民法院公报》(2004年卷)，人民法院出版社2005年版，第401页。

② 参见《最高人民法院公报》2008年第9期。

③ See E. Kellaway, *Principles of Legal Interpretation of Statutes, Contracts and Wills*, Butterworths, 1995, 69.

如,在侵权责任编中关于补偿责任的含义如何界定,单纯地从某个条文本身是难以解释的,但是,将补偿责任与赔偿责任的规定相比较就可以看出,法律凡是适用赔偿责任的,应当依据完全赔偿原则进行赔偿,而适用补偿原则的,则赋予了法官自由裁量权,其可以根据具体情形裁决行为人适当补偿。

第二,通过历史考察来确定法律的立法目的。通过立法时各种立法资料(包括立法时的社会背景、各个法律草案的变迁、学者的草案建议稿等)的考察,也可以探究立法目的。例如,在实践中出现了多起冒名顶替上大学的案例,在这些案例中,不少学者认为冒名顶替者侵害了受害人的受教育权,因此应当适用人格权编对受害人提供保护。但关于人格权编所规定的人格权是否可以适用于公民政治、社会等方面权利(包括受教育权等),在制定人格权编时,立法机关已经在草案的说明中对此作出了解释。2020 年 5 月 22 日在第十三届全国人民代表大会第三次会议上,全国人民代表大会常务委员会副委员长王晨同志所作的《关于〈中华人民共和国民法典(草案)〉的说明》中已经非常明确地指出:"草案第四编'人格权'在现行有关法律法规和司法解释的基础上,从民事法律规范的角度规定自然人和其他民事主体人格权的内容、边界和保护方式,不涉及公民政治、社会等方面权利。"这就严格限定了人格权的适用范围。因此有关冒名顶替上大学的行为,如果受害人以侵害其姓名权等人格权为由提起诉讼可以适用《民法典》人格权编的规定,而如果以受教育权提起诉讼则不能适用人格权编的规定。

第三,通过探求规范的性质,来确定立法目的。在探求立法目的时,也要探明法律规范属于强制性规范(包括义务性规范和禁止性规范),还是任意性规范。就禁止性规范而言,也要确定其是效力性禁止规范(也称效力规范),还是管理性禁止规范(也称取缔规范)。例如,《律师法》第 13 条规定:"没有取得律师执业证书的人员,不得以律师名义从事法律服务业务……"该规定旨在强化对律师代理的管理,并非要使得委托合同无效。因此,其性质上是一般管理性规范而不是效力性规范,如果出现无律师资格者与第三人订立有偿代理合同,并不宜使该合同无效。

第四,通过法社会学方法的运用来确立立法目的。法社会学的方法实际上是从法律之外来确定立法目的。例如,《民法典》第 279 条关于小区内“住改商”应取得“有利害关系的业主一致同意”的规定，其所针对的现象是，随着城市高层建筑的兴起，利用住宅从事商业活动大量产生，商业利益与居住利益之间的矛盾是这一法律条文所要解决的主要社会问题。因此，该条的立法目的就是在保护居住利益不受损害的情况下，协调业主的居住利益与商用者的商业利益。从这一立法目的出发，该条中的“有利害关系的业主”，就是指因商业活动而使其正常居住利益受到影响的业主。[①]

第五，通过比较法的方法来确定立法目的。一般来说，比较法的方式是通过借鉴域外的经验来探求立法目的，其适用范围较为狭窄，但是仍然有存在的余地。尤其是在民商法律方面，作为“法律输入国”，我们的法律解释可能更多地需要比较法的方法。例如，我国《民法典》第311条规定的善意取得制度，其立法目的如何，可以通过比较法的方法来予以确定。

4. 综合考量立法目的和立法意旨。如前所述，我们所说的目的解释，既要考虑立法目的，也要考虑具体条文的立法意旨。但是，在具体运用时，应当将两者结合起来进行考虑。《民法典》第1条规定：“为了保护民事主体的合法权益，调整民事关系，维护社会和经济秩序，适应中国特色社会主义发展要求，弘扬社会主义核心价值观，根据宪法，制定本法。”该条确立了整部法典的立法目的，也是目的解释的最重要的依据。例如，《民法典》第1180条规定：“因同一侵权行为造成多人死亡的，可以以相同数额确定死亡赔偿金。”该条设定的立法意旨是在因同一侵权行为造成数人死亡的情形下，尽可能地以同一标准确定死亡赔偿金，避免因同命不同价造成的不公正。因此，在法律解释中，就应当综合考量上述立法目的和立法意旨，因为《民法典》第1180条采用了“可以”的表述，似乎裁判者可以选择适用。但是，既然本条设计的目的是要避免同命不同价的问题，如果裁判者可以选择适用，该条设立的目的就落空了。另外，结合《民法典》第1条的立法目的，如果“同命不同价”，就无法实现“保护民事主体的合法权益”的目标。

5. 按照立法目的，选取符合目的的解释结果。探明立法目的，是为了明确解释的结果。因此，立法目的确定之后，就必须运用于解释之中。

---

① 参见熊丙万：《论住宅商用法律制度》，载《政治与法律》2009年第8期。

具体来说,就是按照立法目的来选择其中符合立法目的的解释结论。由于每部法律的立法目的都需要通过具体的制度和规范来体现,这就决定了,制度和规范的目的不太可能与整部法律的立法目的相冲突。但是,因为整部法律的立法目的本身是多元的,在每个具体制度中可能存在各个目的的选择。例如,在善意取得制度中,就出现了“保护权利人的物权”和“维护经济秩序”这两个目的的冲突。这两个目的都是立法所要达到的目的,但是,在具体制度中,究竟要追求哪个目的,这就需要通过具体制度的目的来予以明确。在目的解释中出现复数解释的时候,要尽可能从法律规范的目的考虑来确定其解释结论。其原因就在于,立法者设立具体法律规范时,考虑了特定的生活事实而确立了特定的目的,因此,立法者就整部法律所设计的目的就具体化为该特定法律规范的目的。

如果待解释的法律条文具有多元的立法目的,此时,裁判者应当通过价值判断,既要尽可能实现法律所确定的多元价值目标,又要在多元价值目标中有所取舍。例如,在善意取得的情况下,占有改定是否可以导致善意取得,这就需要通过立法目的加以明确,因为这里存在“保护权利人的物权”和“发挥物的效用”立法目的之间的冲突。“保护权利人的物权”要求占有改定不能导致善意取得,而“发挥物的效用”则要求占有改定可以导致善意取得。再如,在留置权制度中,债权人占有第三人的动产,是否可以享有留置权?此时存在“维护社会主义市场经济秩序”和“保护权利人的物权”之间的冲突。如果考虑“维护社会主义市场经济秩序”,则应当使债权人享有留置权;而如果考虑“保护权利人的物权”,则不应当使债权人享有留置权。

六、目的解释应当遵守的规则

(一)立法者意图的阐释最大化

任何法律的制定,任何制度的设计,任何法条的拟定,都要体现特定的目的。正如学者所说:“没有目的,就没有法律文本。”①所以,法律效果是目的的直接体现,也就是说,立法者所要追求的效果就是它的目的,裁判者解释和适用法律就是要将立法者的目的具体化。因此,对立

---

① Stanley Fish, Adrian Vermeule, Editor's symposium: *What is Legal Interpretation? There is no textualist position*, 42 San Diego L. Rev(2005), p. 616.

法者目的阐释的最大化,就是要最大限度地实现其法律效果,从而实现法律的作用,完成司法应有的使命。这一原则具体包括如下几个方面:一是在解释过程中,需要对文本所包含的立法者隐含的意图进行最大化的阐释,①准确把握立法者的意图。对目的的阐释也需要依据法律文本。二是在立法者各种意图并存时,要实现各种意图的协调,尽可能保证各个立法目的的实现。三是如果立法者的意图不能符合当前的社会情势,则应当从立法目的出发作出符合当前社会需要的解释。当然,对立法者意图的最大化揭示也不能仅仅依据立法者所依赖的文本,而需要考虑法律文本中的其他法律条文的内容,运用体系解释、反对解释、当然解释、同一解释的方法进行解释。②

(二)考虑法律规则的特定目的

如果立法者所使用的特定用语是为了实现特定的立法目的,则裁判者在解释法律规则时即应当考虑该规则的特定目的。法谚云:“为某一目的所设之用语,不可附会用于他一目的。”(Quae ad unum finem loquuta sunt, non debent ad alium detorqueri.)同一法律概念在不同的语境中可能有不同的解释,在具体解释相关法律概念时,不应忽略其所处的具体语境。例如,《民法典》侵权责任编在多个条文中使用了“过错”的概念,其有时仅指过失,有时则同时包含过失与故意的含义;再如,《民法典》侵权责任编所使用的“损失”,其有时指财产损失,有时包括人身伤害,其具体含义应当结合其所处的语境加以认定。

(三)解释法律不可拘泥于文字

法谚有云:“裁判者不可拘泥于文字。”(Aucupia verborum sunt judice indigna.)解释法律必须尊重文本,而不能脱离文本进行解释,否则就会导致裁判权的滥用。尊重文本,在实质上也就是尊重立法原意和立法目的。但是,尊重文本并不是说,要拘泥于文字而死抠字眼,关键是要考虑立法者的立法目的和意旨,准确地阐释法律的真意。例如,《民法典》第1180条规定:“因同一侵权行为造成多人死亡的,可以以相同数额确定死亡赔偿金。”本条虽然使用了“可以”的表述,但是,从立法

---

① Adrian Vermeule, Editor's symposium: *What is Legal Interpretation? Three strategies of interpretation*, 42 San Diego L. Rev(2005), p. 616.

② Campbell v. Bd. of Dental Exam'rs, 125 Cal. Rptr. 694, 696 n3(1975).

者的意旨考量,其实际上是要求,在同一事故中造成数人死亡的,应当确定相同的死亡赔偿金。如果裁判者拘泥于“可以”的表述,就无法贯彻立法者的真意。

(四)省略之规定视为故意省略(casus omissus pro omisso habendus est)

该规则起源于罗马法,它意味着,在不属于法律漏洞的前提下,如果法律文本对于特定事项没有规定,可以推定立法者故意不作规定,或者说,立法者对被省略的规定持否定的立场。例如,我国《民法典》物权编没有规定取得时效,这可以推定为立法者对该制度持否定立场。当然,省略的规定并不一定就意味着属于立法者的有意沉默,仍然可以通过各种解释方法予以推翻。

(五)法律不作区分,则解释不必作区分

法谚云,“法律不作区分,则解释不必作出区分”。(Uni lex non distinguit,nec nos distinguere debemus.)。[①] 一般认为,从立法意图考虑,如果法律对某个概念术语所包含的各项内容没有区分其不同类型作出不同的规定,则可以认为立法者在该概念、术语中包含了所有的类型。[②] 此种解释还是要求从文本出发,考量立法目的,尊重法律的意旨。例如,我国《民法典》第663条第1款规定,赠与人可以因下列情形撤销赠与:(1)受赠人严重侵害赠与人或赠与人近亲属的合法权益;(2)对赠与人有扶养义务而不履行;(3)不履行赠与合同约定的义务。如何理解此处“对赠与人负有抚养义务”?是仅限于法定的抚养还是应当包括约定的抚养?从法律解释的规则来看,如果法律未作出区分则解释时也不宜作区分,既然此处所说的抚养不限于法定的抚养,则应当包括约定的抚养。再如,法律上没有区分占有的善意和恶意,就可以理解为占有包括了善意占有和恶意占有。如果法律特别指明“善意占有人”,就不能将其扩大到恶意占有人。[③]

但是,如果法律已经作出区分的,则表明立法者已经作出选择,应当依照法律进行区分。例如,《公务员法》第62条规定:“处分分为:警告、记

---

① 郑玉波:《民法债编各论》(上册),台北,三民书局1981年版,第158页。

② Paul Delnoy, *Elément de méthodologie juridique*, Larcier, 2006, Bruxelles, p. 185.

③ Paul Delnoy, *Elément de méthodologie juridique*, Larcier, 2006, Bruxelles, p. 185.

过、记大过、降级、撤职、开除。”但《行政强制法》第 63 条第 1 款规定：“行政机关将查封、扣押的财物或者划拨的存款、汇款以及拍卖和依法处理所得的款项，截留、私分或者变相私分的，由财政部门或者有关部门予以追缴；对直接负责的主管人员和其他直接责任人员依法给予记大过、降级、撤职或者开除的处分。”显然，该条中所说的行政处分已经对《公务员法》关于处分种类的规定作出了限制，不包括警告、记过，因此，在解释《行政强制法》第 63 条时，就不能依照《公务员法》第 62 条规定来作出解释。

（六）尽量作有效解释（utres magis valeat guam preat）

从立法者的本意来说，立法都是依照宪法的精神进行的，立法者都是有权制定法律的。而且，法律作为社会行为规范，其应当是有效的。立法者制定法律的目的是要使所有的法律条文都有效，从而实现其社会效果。因此，应当尽量对于现有法律规范作生效的法律解释。

（七）发展性规则

在法律制定以后，其所使用的词句已经固定化，但是，这并非意味着法律中所使用的文字的含义是一成不变的。卡纳里斯指出：“体系不是静态的，而是动态的，因此表现出历史性的结构。”[①]法律所使用的语言也具有发展性的特点，特定的概念、术语随着时代的变化，也会出现含义的演变。通过目的性探讨，发现立法者的目的和意图允许作出此种演变，则解释者在进行文义解释时，应当注意其发展性，适应社会生活的实际状况对其进行解释。[②] 诚如郑玉波先生所言：“从时间着眼，法文之解释应注意其进化性，因文字之含义每随时代之进化而变迁，一法律虽不能万古长存，然亦不可朝令夕改，因此法文之意义，自亦应与时代而俱新，否则不足以应社会之需要，但辞典在学说上颇有争议。”[③]例如，许多国家的法律规定，法律行为违反公序良俗的无效。但是，“公序良俗”没有固定的、绝对的标准，应当随时间和空间而变更其观念。换言之，是否违反公序良俗，应当根据当地社会生活的实际情况来认定。[④]但在目的解释中，发展性规则主要是指通过目的解释来探寻立法者是否追求这种演变的效果。

---

① ［德］卡尔·拉伦茨：《法学方法论》，黄家镇译，商务印书馆 2020 年版，610 页。

② 参见管欧：《法学绪论》，台北，五南图书出版股份有限公司 2007 年版，第 237 页。

③ 郑玉波：《法学绪论》，台北，三民书局 2008 年版，第 73 页。

④ 参见管欧：《法学绪论》，台北，五南图书出版股份有限公司 2007 年版，第 237 页。

第七节　限缩解释和扩张解释

法律之解释,不外阐释、引申及限缩而已。

——法谚

法律解释不是拘泥于文字,而是要实现其意义和目的。①

——[古罗马]塞尔修斯(Celsus)

案例1:2021年6月中旬,位于某市区某路段的张某中午开车上高速路,因为违章并线,与前行车辆追尾,导致被撞车辆尾灯损害,且两车因相撞横跨马路。两人下车以后发生争吵,导致严重交通堵塞(后交警认定张某负全责)。紧跟其后的一辆冷藏大货车因堵塞受阻3个多小时,到达目的地的时间比预定时间晚了3小时,部分海鲜已经变质,且未能赶上某五星级饭店的大型晚宴筹备活动,造成该酒店营业收入损失5万元。该酒店和货运公司要求张某赔偿6万元损失。《民法典》第120条规定:"民事权益受到侵害的,被侵权人有权请求侵权人承担侵权责任。"该规定中,"民事权益"应当如何理解?酒店和货运公司认为,张某追尾的行为直接导致其财产受到损害,已经侵害他人民事权益,应当按照该条规定赔偿该损失。而张某认为,其行为并没有直接侵害酒店与货运公司的财产利益,不负有赔偿责任。笔者认为,本案涉及对《民法典》第120条规定的"民事权益"的范围的界定,应当对该范围进行限缩解释,不应当包括所有的纯粹经济损失,但对于因故意造成他人纯粹经济损失的,被侵权人应当有权请求侵权人承担侵权责任。在本案中,由于张某的行为只是过失,而不是故意,难以预见到酒店和货运公司所遭受的损失,所以,不应当对此损失承担损害赔偿责任。

案例2:某房地产开发公司为了销售房屋的便利,在其开发的小区内购买了两棵大榕树,价值100多万元。在楼房销售完毕之后,该公司

---

① Dig. 1,3,17.

提出,要移走其购买的大榕树。移走理由是,其只是出售了房屋,而并没有出售该树木。但业主们认为,在买房时就存在这两棵树,大榕树也属于小区绿化的一部分。后来因发生争议,业主起诉到法院。

笔者认为,我国《民法典》对于小区内的树木的归属问题并无明确规定,属于法律漏洞。但依据该法第274条的规定,“建筑区划内的绿地,属于业主共有,但是属于城镇公共绿地或者明示属于个人的除外”。从该条规定来看,借助于扩张解释,对于建筑区划内的绿地而言,只要开发商没有在售房合同中明示其对相关的物享有所有权,则大榕树就应当属于业主共有。

一、限缩解释

(一)限缩解释的概念和特征

所谓限缩解释,也称为缩小解释,是指法律规定的文义过于宽泛,应当将其所适用的范围加以限制,缩小其适用的范围。在法律制定过程中,法律文本的文字表述过于宽泛,因此与立法者所想要表达的意图不符,没有将特定的案件类型排除在外,就会导致立法者的意图难以真正实现,出现了立法者的表述比其意愿要多的现象(maius dixit quam voluit)。[①] 在此情况下,就需要进行限缩解释,将特定法律规范的适用限缩到立法者原本希望适用的案件类型或特定的法律关系。例如,《民法典》第11条规定:“其他法律对民事关系有特别规定的,依照其规定。”该条在适用中容易产生误解,因为从字面上看,凡是其他法律有规定的,不管是否与《民法典》存在不一致的现象,都要适用其他法律的规定。但是,此种理解并不符合立法的目的和意图。如果与《民法典》存在冲突和矛盾,不仅要适用特别法优先于普通法的规则,还应当按照新法优先于旧法的规则、上位法优先于下位法的规则等,来确定具体应当适用的法律。事实上,《民法典》已经对现行法律中的许多规定进行了修改,因此不能认为这些规则属于特别法,就要优先适用《民法典》的规定。因为对于《民法典》第11条所说的“其他法律”的特别规定应当作限缩解释,不能理解为与《民法典》有冲突和矛盾的特别规定,而只能理

① 参见[葡]孟狄士:《法律研究概述》,黄显辉译,澳门大学法学院1998年版,第152页。

解为与《民法典》没有冲突的且是对《民法典》所调整的对象的更为具体的法律规定。

限缩解释的特点如下：

第一，限缩解释是将法律文本的文义的适用范围予以缩小，再适用到具体案件。限缩解释是对文义的限缩，因此，其首先要从文义出发，阐释法律文本的客观含义。限缩解释是狭义的法律解释方法的一种，[①]"乃缩小法条所用文字之含义，以为法律之真意"。[②] 限缩解释通过缩小文义的范围而限制了其适用范围。这就是说，限缩解释首先要缩小法律文本确定的含义。之所以需要进行限缩解释，就是因为法条的字面含义过于宽泛，已经超越了其核心文义的范围和边缘区域，需要通过限缩使文义回到其射程范围之内，防止对其进行不恰当的理解和解释。

第二，限缩解释的依据主要是立法目的、立法意图的考量。之所以在法律解释中要进行限缩解释，原因就在于：一方面，通过对文义的立法目的的考量，确定文义所表达出来的立法目的超出了真实的立法目的范围，对文义进行限缩就是为了重新回归立法原意。因为立法中语言表述的模糊性和立法技术的局限性，使立法的表述有时出现过宽的现象。就需要通过限缩法条的文义，更符合立法意图。立法意图限定了限缩解释的前提，也规定了限缩解释的范围。立法意图体现为具体法律规范目的，其规范了文义的准确含义。因此，在解释文义时，也要按照规范目的来进行解释。例如，《民法典》第 1165 条第 1 款规定："行为人因过错侵害他人民事权益造成损害的，应当承担侵权责任。"此处，将过错责任的承担加入了"造成损害"的要件，此时应当理解为本条只是针对损害赔偿的侵权责任方式而言的。应当对本条进行限缩解释，将该条规范仅局限于损害赔偿的责任形式，对于其他侵权责任的承担方式而言，则并不一定要求造成损害的要件。这种限缩符合侵权法的立法目的和规范意图，既能够维持规范的效力，又能够起到鼓励交易的目的。当然，立法目的和立法意图的探求，可以通过目的解释、体系解释、历史解释等各种方法进行。所以，限缩解释并不能被简单地置于某

---

① 参见黄建辉：《法律阐释论》，台北，新学林出版股份有限公司 2000 年版，第 59 页。

② 杨与龄：《民法概要》，中国政法大学出版社 2002 年版，第 9 页。

种法律解释方法之中。[①]

第三,限缩解释不能损及核心文义。限缩解释作为一种狭义的解释方法,其仍然属于狭义解释方法的一种。在限缩解释的情况下,只是对法律条文的文义进行限缩,但并不损及其核心文义。如果裁判者要进行损及法条的核心文义的解释,就必须运用目的性限缩的解释方法,而不是限缩解释。无论采取何种方式进行限缩解释,只能是在可能的范围之内。在进行限缩解释时,要依据社会一般人的理解来确定,其仍然没有脱离立法的原意,只是属于法律的狭窄文义。[②] 再如,依据我国《民法典》第 153 条第 1 款,违反法律、行政法规的强制性规定的民事法律行为无效,但强制性规定种类繁多,应当对其作限缩解释,将其解释为与合同效力有关的强制性规定,即效力性强制性规定,管理类的强制性规定就不在该条的立法目的范围之内。我国司法实践也采纳了此种法律解释方法。例如,在“黄某某等与李某等确认合同有效纠纷案”中,法院认为,“从最高人民法院《关于适用〈中华人民共和国合同法〉若干问题的解释(二)》的规定看,合同法所称的强制性规定应作限缩解释,仅指在违反法律效力性强制性规定时才能致使合同无效。李闯虽然主张该四方协议违反法律规定而应无效,但并不能举证证明该四方协议存在违反法律效力性强制性规定的情况”。因此,其提出的合同无效主张不能成立。[③] 但在对法条进行解释时,必须区分其核心文义和边缘范围。从法律上看,强制性规定是指由法律法规所规定的禁止行为人从事某种行为或有关事项的管理性的规范。强制性规范的范围很广,但与合同效力相联系的是其核心文义,即效力性规范,其边缘范围则包括了管理性规范。而在限缩解释时,不能将效力性规定也排除在外,否则该条的规定就形同虚设。

在限缩解释中,对文义范围进行缩小,主要目的是要实现法律文本的“合目的性”。限缩有可能是限缩为文本的核心文义,也有可能限缩为文本的边缘范围。但无论采取哪一种,无论缩小到哪一范围,都要符合规范的目的。且无论采取何种方式进行限缩,其都必须在法律的可

---

① F. Bydlinsky, *Juristische Methodenlehre und Rechtsbegriff*, Wien/New York 1982, S. 440.

② F. Bydlinski, *Juristische Methodenlehre und Rechtsbegriff*, Wien/New York 1982, S. 440.

③ 重庆市第五中级人民法院民事判决书,(2014)渝五中法民终字第 03135 号。

能文义范围之内。限缩解释是对法律条文文义的限缩,它应当是依据各种法律解释方法进行的,不能是任意的限缩。否则,在不符合限缩解释的情况下进行限缩解释,就必然损害法律规范的正当适用。[①]

(二)限缩解释与其他相关解释方法

限缩解释不同于其他法律解释方法的原因就在于,它并非单纯采用某一种法律解释方法(如目的解释),而要借助于其他各种法律解释方法。但限缩解释与相关其他法律解释方法又存在区别。

1. 限缩解释与文义解释。限缩解释与文义解释的关系十分密切,因为限缩的基础就是文义的阐释,只能在文义的可能范围内进行限缩。限缩解释仍然处于法律文义的范围之内,"只不过,其所欲解释的法律概念具有模糊性、歧义性或评价上的开放性,因而具有语意上的游动空间"。[②] 但限缩解释不同于文义解释,表现在:第一,文义解释是确定字面含义,而限缩解释不能简单地依据字面含义进行阐释,因为此时字面含义已经超出了立法目的。按照文义解释,字面的意义过于宽泛,所以,应当将其内容加以缩减。第二,文义解释通常不需要作目的考量,而限缩解释还加入了对法律文本所体现的立法目的的考量。所以,限缩解释和目的解释之间也发生一定的联系。第三,文义解释只需要对文本的字面含义进行探究,不需要扩大或缩小。而限缩解释是在文本字面含义的基础上进行缩小。

2. 限缩解释与目的解释。限缩解释与目的解释之间具有密切的联系,具体表现在,在限缩过程中需要进行目的考量。限缩解释究竟应当归属于目的解释,还是应当作为一种独立的解释方法?有一种观点认为,限缩解释和扩张解释是基于目的考量而进行的,因此,应当置于目的解释之中。但是,笔者认为,限缩解释和扩张解释不能完全等同于目的解释,原因在于:扩张解释和限缩解释是从解释结果与文义直接的差异角度来进行的法律解释方法的分类;如果其仅仅是基于目的考量而进行的解释,就不能作为独特的方法,而应当归入目的解释的范畴。限缩解释和目的解释的区别还表现在,目的解释是以立法中的目的来解

---

① 参见孔祥俊:《法律方法论》(第2卷),人民法院出版社2006年版,第895~896页。

② 王鹏翔:《目的性限缩之论证结构》,载王文杰主编:《法学方法论》,清华大学出版社2004年版,第15页。

释,而限缩解释是因为字面意义的适用会导致不公平而采用的解释方法。在进行限缩解释和扩张解释时,解释者所参考的因素包括立法史、立法目的、法律体系、比较法、社会学等。

3. 限缩解释与体系解释。在限缩过程中,也需要进行体系的考量。例如,《道路交通安全法》中规定的“机动车”,似乎包括所有动力驱动的非人力车。但是,该法同时规定,农业用车不属于该法的适用范围。因此,通过体系解释,我们可以对“机动车”一词进行限缩解释,限缩其含义的范围。但是,限缩解释与体系解释并不相同,限缩解释是对文义范围的限缩,原则上并不涉及体系解释,且限缩解释一般并不具有消除体系冲突的功能。这些作用需要通过体系解释来发挥。

(三)限缩解释适用的步骤

限缩解释是在法条文义可能涵盖的范围内进行的限缩,因而与目的性限缩不同。在我国司法实践中,法院也时常采用限缩解释的方法。例如,在丁某春诉南通市教育局、江苏美术出版社侵犯著作权纠纷案中,法院认为,我国《著作权法》所说的“教科书”并非泛指中小学使用的所有教材。因此,“著作权法第二十三条第一款规定的教科书,应当界定为经省级以上教育行政部门批准编写、经国家专门设立的学科审查委员会通过,并报送审定委员会批准后,由国家教育委员会列入全国普通中小学教学用书目录的中小学课堂正式用书”。[①] 该案中,法院对教科书的概念进行了限缩解释,这种方式的优点在于,通过限缩法律条文的字面含义,从而实现法律的规范意旨。但在适用限缩解释时,应当遵循如下步骤:

第一,确定法律条文的含义,即通过文义解释方法,确定法律条文的文义。限缩解释必须首先明确法条的核心文义和边缘文义。一般来说,限缩解释都是对法律作比其字面含义要狭窄的理解,甚至要限缩到其核心文义的范围。如果限缩的程度超出了核心文义,或者说损及核心文义,就不再是限缩解释,而属于目的性限缩。

第二,通过对立法目的、立法意图、体系等各种因素的考察,确定是否需要限缩以及限缩的范围。一方面,通过对立法史、法律体系、立法目的等来确定是否有必要进行限缩。法律上之所以需要采用限缩解释

---

① 《最高人民法院公报》2006 年第 9 期。

的方式,是因为法条的文义不足以表达立法者的真意,使法条形成了一定程度的不周延,或者表述不准确。此时,通过限缩解释就可以克服法律的缺陷。文义的确定常常与法律表达的含义有密切关系。另一方面,通过对立法目的等的考察,确定出限缩的范围,即如何使文本表达的字面含义回到文本的原初状态和应该达到的范围,这就需要对立法目的进行准确的探究,再确定如何对文义进行限缩。例如,在某一案件中,债权人甲和债务人乙之间订立了购买某种型号设备的买卖合同,第三人丙主动要求代债务人乙向债权人甲交付该套设备。但是该设备涉及其质量是否合格以及交付后的维修、维护等问题,因此甲拒绝了第三人代为履行。在该案中就涉及丙是否对该债务的履行享有合法利益的问题,即是否可以适用《民法典》第524条规定的第三人代为履行制度?笔者认为,从立法目的考量来看,第三人代为履行允许第三人介入债的关系,这实际上是对债的相对性的一种突破,但这种突破必须被限制在合理的范围之内,如果不对其适用条件进行必要的限制,则任何人都可以随意介入债的关系,债权人无权介入,且无须取得债务人同意,则将在很大程度上架空债的相对性原则,导致规则在适用中相互冲突。因此,对《民法典》第524条规定的第三人对债的履行所享有的"合法利益",应当进行限缩解释,如果债务的履行确需要债务人亲自履行,则第三人不构成具有"合法利益"。

我们所说的限缩也要受到法律条文的文义范围的宽窄的影响,一般来说,法律条文的文义范围越宽,需要进行限缩的可能性就越大,反之则越小。正如伯莱尔(Boulle)指出,法律条款的范围越宽泛,确定法律条款的意义则越困难。[①] 例如,《民法典》第921条规定:"委托人应当预付处理委托事务的费用。受托人为处理委托事务垫付的必要费用,委托人应当偿还该费用并支付利息。"该条是针对所有委托合同进行的规定,所以,其可以适用于有偿合同和无偿合同。但是,也有学者认为,该条关于偿还"利息"的规定不能适用于无偿的委托,而应当进行限缩解释。因为既然当事人约定为无偿委托,就应当理解为不能要求返还利息,否则与无偿委托的性质相违背。此种看法不无道理。

第三,确定限缩解释之后是否损及核心文义。这就要求,在限缩解

① Anrence Boulle, *Elements in the crucile* 1987, SALJ 116.

释时,要确定法律条文的核心文义。在进行限缩解释时,不能损及核心文义,否则就可能演变成为目的性限缩,而进入法律漏洞填补的领域。限缩解释和目的性限缩的区别在于:限缩解释是狭义的法律解释方法,而目的性限缩是漏洞填补的方法。另外,限缩解释是依据条文的立法本意,即立法者本来设想的适用范围,而目的性限缩所依据的是立法目的。[①] 可见,限缩解释和目的性限缩的依据不同,前者是依据立法者的本来意愿进行的解释,而后者是依据立法目的进行的漏洞填补。这二者的区别主要在于:是否超出了文义的可能范围。如果在法律文义的预测可能性范围之内,就属于限缩解释;而如果在法律文义的预测可能性范围之外,就属于目的性限缩。需要指出的是,判断是否损及核心文义,首先,要从立法目的来判断。例如,如何理解《民法典》第 153 条第 1 款规定的"强制性规定"? 将违反法律法规的强行性规定限缩解释为效力性规定,是为了实现合同法的鼓励交易的目的,因此应当限制合同无效的范围,有必要将强行性规定作出限制性解释,而这种解释也并未违反合同法的立法目的。其次,要考虑社会一般人的看法,即根据社会一般人的观点,来确定是否因限缩而损及核心文义。

第四,说理论证。在限缩解释过程中,对于文义是否超出立法目的、是否需要缩小、如何缩小等,都需要进行充分的说理论证。在没有充分而且必要理由的前提下,裁判者都应当尊重立法者的表述,不能随意进行限缩。例如,在某预告登记纠纷案[②]中,当事人就抵押权预告登记能否有效设立抵押权发生争议,法院认为,根据《民法典》第 209 条和《不动产登记暂行条例》第 3 条的规定,不动产登记分为设立登记、变更登记、转移登记和消灭登记,但《民法典》第 402 条所规定的"抵押权自登记时设立"中的"登记"应限缩解释为设立登记,而不宜扩张解释为预告登记。由于预购商品房抵押权预告登记的对象为将来设立抵押权的请求权,该请求权虽经预告登记后产生了一定的物权效力,即排他性,但并不产生抵押权设立的法律后果,因此,在未变更为正式抵押权登记前,债权人尚未取得该预购商品房的抵押权,故不应支持原告的请求。在该案中,法院即运用了限缩解释的方法,将《民法典》第 402 条所规定

---

① 参见梁慧星:《裁判的方法》,法律出版社 2003 年版,第 164 页。

② 参见重庆市江津区人民法院民事裁定书,(2015)津法民特字第 00027 号。

的“登记”解释为设立登记。但在解释中,法院既从目的上进行论证,而且结合《民法典》物权编的规则进行说理,在运用限缩解释时进行有效的说理论证,从而得出了比较妥当的解释结论。

二、扩张解释

(一)扩张解释的概念和特点

与限缩解释相反,扩张解释是指与立法目的和立法意图相比较,法条的字面含义过于狭窄,需要通过解释使法条的字面含义扩张,以符合立法目的和立法意图的一种解释方法。在立法过程中,立法者的表述较立法意图要狭窄,或者说,出现了立法者的表述比其意愿要少的现象(minus dixit quam voluit)时,基于立法目的的考量,就需要进行扩张解释。[①] 例如,在“无锡冷冻胚胎案”中,沈某与刘某都是独生子女,两人于2010年10月登记结婚。2012年8月,因自然生育困难,沈某与刘某到江苏省南京市鼓楼医院,通过人工辅助生殖方式培育了13枚受精胚胎,其中4枚符合移植标准。但就在植入母体前一天,夫妻二人因交通事故死亡。夫妻双方的父母就4枚冷冻胚胎的归属产生争议,协商不成,诉诸法院。一审法院经审理认为,体外受精胚胎具有发展为生命的潜能,是含有未来生命特征的特殊之物,不能像一般物一样任意转让或继承,故其不能成为继承的标的。沈某夫妇已死亡,通过手术达到生育的目的已无法实现,故手术过程中留下的胚胎不能被继承。[②] 2014年5月21日,一审法院驳回了原告的诉请。但该案中,法院并没有援引相关法律规定。问题在于,如果该案适用《民法典》的规则,可否适用《民法典》第1002条规定的“生命尊严”?“生命尊严”是一个不确定概念,包含了非常丰富的内容。笔者认为,《民法典》第1002条规定的“生命尊严”,可以作扩张解释,将其包括一切具有生命的人格物,从而为冷冻胚胎保护提供法律依据。因为胚胎本身不是一般的物,而是体现了生命价值、生命尊严的物。但在实践中,扩张解释方法经常应用在刑法

---

① 参见[葡]孟狄士:《法律研究概述》,黄显辉译,澳门大学法学院1998年版,第152页。

② 欧阳铭琪:《无锡人体冷冻胚胎权属纠纷案》,载《人民法院报》2019年9月5日,第3版。

中，而在民法中相对较少。[1] 扩张解释的特点如下：

第一，扩张解释是对法条文义予以扩张后，再适用于具体案件。在进行扩张解释时因为法律所规定的文义过于狭窄，不能完全表明其立法目的，因此需要扩张其适用范围，以符合立法目的。一方面，扩张解释是对文义的扩张，或者说，扩张解释是扩大法条字面含义的解释。因此，首先要从文义出发，阐释文本的客观含义。也就是说，要通过扩张法条的含义，使其适用于其应当适用的情形，从而实现法律的意旨。另一方面，在扩张解释的情况下，核心文义是清晰的，扩张只是将其边缘文义予以扩大，使其涵盖的范围更加宽泛。扩张解释的目的仍然是为裁判寻找依据，要能够使待适用的法律与待决案件发生联系。

第二，扩张解释的依据主要是立法目的、立法意图的考量。与限缩解释类似，裁判者之所以要进行扩张解释，就是要通过法条文义的扩张，使其符合立法目的和立法意图，使文本的含义回复到立法者的目的和意图。所以，虽然扩张解释要从文义出发，但是也要考量立法目的，确定立法目的是否允许裁判者扩张适用法律。在扩张解释的情况下，“尽管为此需要将法律文字延伸，因为确认这些文字蒙蔽了立法者的实现，而立法者在制定有关规范时，所作表述较其实际希望表述的要少。但有关情况已被顾及，并不存有未作规定”。[2] 例如，建筑物区分所有中的“业主”是否包括尚未办理登记的业主？根据《最高人民法院关于审理建筑物区分所有权纠纷案件适用法律若干问题的解释》第 1 条第 2 款的规定，基于与建设单位之间的商品房买卖行为，已经合法占有建筑物专有部分，但尚未依法办理所有权登记的人，可以认定为《民法典》第二编第六章所称的“业主”。该条司法解释正是采用了扩张解释的方法，将“业主”概念进行了一定的扩张适用。但这一扩张的前提是，符合该项制度保护私人财产权利的立法目的，虽然买受人尚未办理登记，但是已经交付房款并占有房屋的，按照一般社会标准，应当属于业主的范围。而且，在预告登记比较发达的前提下，承认此类主体业主的身份，

---

① 郑永流教授认为，由于刑法中有禁止类推戒律，人们遂用超越法律的字面含义扩大法律的适用范围的扩张解释方法来应对立法未预计的行为。从结果上看，两种解释无甚区别，参见郑永流：《出释入造——法律诠释学及其与法律解释学的关系》，载《法学研究》2002 年第 3 期。

② ［葡］孟狄士：《法律研究概述》，黄显辉译，澳门大学法学院 1998 年版，第 160 页。

也不会发生房屋产权的纠纷。所以,该条司法解释对业主概念的扩张解释是十分必要的。

第三,扩张解释必须在可能的文义范围内。扩张解释和限缩解释一样,都属于狭义解释方法,因此,法条含义的扩张也应当受到一定的限制,即在文义的射程范围之内(或称文义的可能范围之内)。如果逾越了可能的文义范围,就不再属于狭义的法律解释方法,而进入漏洞填补的范畴。例如,业主的概念能否包括承租人?笔者认为,承租人能够取得业主的一些权利,但是承租人本身并不是业主,因为根据《民法典》第271条的规定:"业主对建筑物内的住宅、经营性用房等专有部分享有所有权,对专有部分以外的共有部分享有共有和共同管理的权利。"据此,业主的边缘范围必须是对专有部分享有所有权的权利人,无论其是否办理登记,都属于业主的范围,而承租人既不享有专有部分所有权,又不享有共有权,所以不是业主。如果将承租人解释成业主,就超出了该条可能的文义范围。

扩张解释也是一种解释文义的可行方法,在我国司法实践中,法院也偶尔采用扩张解释的做法。例如,在王德钦诉杨德胜、泸州市汽车二队交通事故损害赔偿纠纷案中,法院认为:"'死者生前扶养的人',既包括死者生前实际扶养的人,也包括应当由死者抚养,但因为死亡事故发生,死者尚未抚养的子女。"[①]这实际上扩张了法律文本的含义,而且,借助于法律文本自身来作出判决,将法律条款适用于待决案件,有利于保护当事人的合法权益,产生了良好的社会效果。

(二)扩张解释的运用

扩张解释是在法律文本的边缘范围之内寻找裁判依据,这种理解往往不同于对其的惯常理解,可能不同人的理解存在较大的差异,为了提高对边缘文义理解的准确性,运用扩张解释也要遵循一定的步骤,以保证解释结论的妥当性。

第一,通过文义解释,字面含义不足以适用于待决案件。也就是说,法律条文对于待决案件有所规定,但是其字面含义较为狭窄,不能涵盖该案件类型。裁判者在寻找大前提的过程中,确定了某个待决案件的社会关系之后,找到与该关系联系最为紧密的法律条文,但是该法

---

① 《最高人民法院公报》2006年第3期。

条的核心含义过于狭窄,难以涵盖待决的关系。例如,甲乙之间订立了一份借款合同,因甲在外地,便通过电子签名方式签订了合同。乙认为,甲的签名系电子签名,不属于《民法典》第 490 条所规定的“签名”。因此,双方的合同并未成立。而甲认为,电子签名属于签名,与纸质签名具有同样的效力。在本案中,应当认为电子签名也是当事人认可的合同内容,双方当事人意思表示达成一致。因而,《民法典》第 490 条中的“签名”应当包括电子签名的形式。

第二,目的性探究。目的考量具有两方面的意义:一方面,在确定是否有必要对文义进行扩张解释之后,裁判者必须对立法目的进行考量。之所以要进行扩张解释,就是要扩张解释条文的范围,使其能调整争议的案件,在核心文义之外进行的解释不得超越立法目的,而作出过于宽泛的解释。针对特定法律关系,并不是所有的边缘文义都可以适用。裁判者要考虑立法者是否允许进行扩张解释,即不仅要考察这种扩张是否违反法律的禁止性规定,而且要看这种扩张是否与立法目的和立法意图相背离。另一方面,这种扩张可以进行到什么程度,对此,也要进行一个立法目的考量。为了确定立法意图,可以运用除文义解释以外的各种狭义的法律解释方法,如历史解释、目的解释、体系解释、社会学解释等。

第三,确定扩张解释是否符合法律规定。判断是否符合法律规定,必须要确定文本能否进行扩张解释。如果法律已经对某类情况作出了明确的准用、参照的规定,就应当按照法律的规定进行参照或准用,而不能采用扩张解释的方法。例如,《民法典》第 310 条规定:“两个以上组织、个人共同享有用益物权、担保物权的,参照适用本章的有关规定。”该条文是否属于扩张解释?从法律上来说,“参照”或“准用”等规定使法律规则的适用范围得以扩张。但是,“参照”“准用”并不属于扩张解释的范畴。因为在这些情况下,通过文义解释就可以确定其含义,即只要被参照或被准用的事项,依据其性质可以适用特定的法律规则,就应当予以适用,所以就没有必要采用扩张解释的方法。

第四,确定是否在法律的可能文义范围之内。例如,在实践中出现了从高楼上抛出大型犬或泼洒热水等造成楼下行人人身损害的案例。在这些案件中,都涉及抛出的大型犬、泼洒的热水是否构成《民法典》第

1254 条规定的“从建筑物中抛掷物品”,并适用该规则。对此存在争议。上述大型犬和热水本身都是可能造成损害的“物”,可能的文义范围是扩张解释所能够达到的范围,逾越该范围,则已经不属于扩张解释的内容。

三、限缩、扩张解释与相关概念比较

(一)限缩、扩张解释与文义解释

法谚有云:“法律之解释,不外阐释、引申及限缩而已。”这里所言的阐释,实际上就是对文本含义的解释。而引申则是在文本含义之外加以扩张,限缩则是在文义可能的范围内加以限制。文义解释和限缩解释、扩张解释的联系非常密切。无论是文义解释还是限缩、扩张解释,都是从字面含义出发来阐释文本、确定文本的含义,正是从这个意义上讲,限缩、扩张解释不过是文义解释的特殊形式,其最终都是要确定文本的字面含义。例如,在高淳县民政局诉王某胜等交通事故人身损害赔偿纠纷案中,南京市中级人民法院认为,《民事诉讼法》规定的“与本案有直接利害关系”,即指民事权利义务关系。但是,是否有民事权利义务关系,又需要根据法律规定加以确定。在该案中,其实际上运用了两种方法:一是文义解释,即解释什么是“与本案有直接利害关系”,二是扩张解释,即将“与本案有直接利害关系”解释为有民事权利义务关系。通过这两种方式的结合,确定了法律文本的含义。①

限缩、扩张解释与文义解释也存在较大的区别,具体表现为:第一,解释的依据不同。文义解释主要是从语义学的角度进行的解释,而限缩、扩张解释常常需要在语义学解释之后,通过立法目的的考量来阐释文本的含义。第二,文义解释大多采用通常解释的方法,不需要将文义进行限缩或扩张,而限缩解释或扩张解释则不是通过通常解释的方法进行的解释,而是将文本的字面含义进行限缩或扩张,以缩小或扩大其适用范围。第三,地位和作用不同。文义解释是一切解释方法的基础,其他解释方法都需要从文义解释开始,文义解释能够与其他解释方法结合使用。而限缩或扩张解释只是一种特殊的解释方法,一般而言,限缩或扩张解释很难与其他解释方法结合进行。第四,文义解释只需要

① 参见《最高人民法院公报》2007 年第 6 期。

对文本的字面含义进行探究,不需要扩大或缩小。而限缩解释是在文本字面含义的基础上进行缩小。例如,《涉外民事关系法律适用法》第47条规定:“不当得利、无因管理,适用当事人协议选择适用的法律……”从文义解释来看,“当事人协议选择”包括当事人事先约定,也包括当事人事后的约定。笔者认为,对此处所说的“当事人协议选择”应当采用限缩解释,即是指当不当得利、无因管理发生之后,当事人对由此所产生债务适用法律的选择,因为在不当得利、无因管理发生之前,当事人不可能选择适用法律。

(二)限缩、扩张解释与目的解释

限缩、扩张解释都需要考虑立法目的,也就是说,只有在考量立法目的基础上,才能够确定是否有必要进行限缩或者扩张解释。例如,根据《民法典》第278条的规定,制定和修改业主大会议事规则、制定或者修改管理规约、筹集和使用资金等事项的决定,需要经专有部分占建筑物总面积一定比例的业主的同意。问题在于,仅购买了小区停车位而未购买住宅房屋的人是否享有参与决策权?也就是说,单纯的停车位、摊位是否属于该条所称的“专有部分”?从前述《民法典》第271条来解释,业主是对专有部分享有所有权和对共有部分享有共有权的人,而业主对停车位、摊位享有所有权并不能使其成为“共有人”。据此,从专有部分的核心文义而言,其仅仅是指业主所购买的房屋,但是,从立法目的考量,为了保障仅拥有停车位、摊位所有权的人能够共同参与小区的管理,维护其合法权益,因此,有必要对专有部分作扩张解释。《最高人民法院关于审理建筑物区分所有权纠纷案件适用法律若干问题的解释》第2条的规定也承认单纯的停车位、摊位也可以称为专有部分。这主要是从目的考量出发所作出的一种扩张解释。

还应当看到,目的解释也有助于确定限缩和扩张以后的结果是否妥当,即是否符合立法目的和立法意图。据此,有一种观点认为,限缩解释和扩张解释都是目的解释的方式之一。但限缩、扩张解释与目的解释存在明显区别,主要表现在:第一,解释的依据不同。目的解释是指在文义解释出现复数解释的情况下,通过考量立法目的来确定应选择何种可能文义作为最终法律结论。但是,限缩、扩张解释是指文义的核心范围过宽或者过窄,直接从字面含义出发来阐释文义,通过限缩或者扩张来决定文义的含义,而目的考量只是限缩和扩张的基础。第二,解释的功能不同。在通常情况下,目的解释中的诸种复数解释的可能文义都是比较明确的,主要是如何在多种可能文义中选择一种妥当的结论。而限缩、扩张解释通常是在核心文义比较明确的情况下发生的,解释的功能在于:在核心文义之外,是否有必要扩大文义范围或者限缩文义范围。例如,我国《民法典》第725条规定:"租赁物在承租人按照租赁合同占有期限内发生所有权变动的,不影响租赁合同的效力。"从该条的字面含义来说,"不影响租赁合同的效力"中的"合同"有两种不同的理解:一种观点认为,其是指承租人与房屋出卖人(原出租人)之间的合同;另一种观点认为,合同不仅包括前者,还包括承租人与房屋买受人之间的合同。从相关立法史料来看,制定该条文的目的在于确立"买卖不破租赁"规则,保护承租人在租赁期限内的利益。从这个意义上讲,后一种理解更为准确,应当以后者作为解释的结论。有学者认为,从立法史的角度来看,应当对其作扩张解释,即该条实际上包含了租赁合同的法定移转,导致租赁合同在买受人与承租人之间发生效力。笔者认为,该条只涉及目的解释,而不应该涉及扩张解释。第三,寻找目的的方法不同。目的解释主要是通过文本来考察立法目的和立法意图,而限缩解释要通过各种方法来考察立法目的和立法意图。

(三)限缩、扩张解释与目的性限缩、目的性扩张

限缩和扩张解释与目的性限缩与扩张之间往往存在密切的联系。扩张解释和目的性扩张有类似之处,两者都是要扩大法律条文的字面含义,从而将其适用于待决案件。但是,限缩、扩张解释与目的性限缩、目的性扩张的区别主要表现在,限缩和扩张解释是在可能的文义范围内进行解释,而目的性扩张或者限缩则超出了可能文义的范围,或者说已经超出了法条的"文义的可能射程范围",进入漏洞填补的领域。正因如此,限缩和扩张解释是狭义的法律解释的一种具体方法。例如,我国《民法典》第1173条规定:"被侵权人对同一损害的发生或者扩大有过错的,可以减轻侵权人的责任。"如果受害人的法定监护人具有过错,那么,其是否属于"受害人一方"的过错?对此,有两种不同的理解:一种观点认为,人身伤害的受害人应当严格按照字面解释,其是指身体遭到直接侵害的人,而不包括监护人等可能间接受损的人。另一种观点认为,监护人负有对被监护人的监护义务,监护人的过错对于损害的发

生具有直接的原因力关系,因此,监护人的过错也应当作为分担损失的一种原因。笔者认为,将监护人理解为“受害人一方”,即采用了目的性扩张解释,此种理解已经超出了“受害人”的文义范围,但从强化监护人的义务、维护被监护人的利益的目的出发,作出此种扩张解释是必要的。

四、限缩解释和扩张解释的规则

(一)尊重立法目的

立法目的确定了法律规定某一条款所要追求的目的和所要达到的效果。立法目的是法律效果的集中体现,在不能通过文本的字面含义确定其含义时,就需要从立法目的入手来进行限缩解释或扩张解释。限缩解释或扩张解释都是从立法目的出发进行的限缩或扩张。通过对文义的立法目的进行考量,确定文义所表达出来的立法目的超出或处于立法目的确定的范围。这两种解释方法得出结论的妥当与否,很大程度上取决于立法目的作出了何种限制和规范。如果不符合立法目的,则其解释结论就不具有妥当性。所以,在进行限缩或扩张解释时,必须充分尊重立法目的。例如,张某是某住宅小区业主,他希望在家里设置购物网站,但只是在其家里进行信息处理,实物的存储和交付都在小区之外的某地。按照该市的地方性法规的规定,办理网上购物,必须经过相关部门的批准登记。张某便前往工商部门办理登记,此时工商部门提出,按照《民法典》第279条的规定,必须获得有关利害关系的业主的一致同意。本案涉及《民法典》第279条所说的“有利害关系的业主”究竟应当如何理解,从文义解释的角度难以确定其含义。但是,从目的解释的角度来看,法律主要是为了防止经营活动给广大业主的正常居住利益和生活环境造成破坏性影响,因此,有利害关系的业主是指因经营活动而直接受到影响的业主。由于其他单元的业主并没有因此而受到实质影响,如果将其都视为有利害关系的业主,就属于扩张解释,即将“有利害关系的业主”包括了所有直接利害关系人和间接利害关系人,而从立法目的考虑,应当限于直接的利害关系人。间接的、可能受到影响的业主不属于《民法典》第279条规定的范畴。

(二)为个人创设负担的规范应作严格解释,为个人创设权利的规范要作扩大解释规则(Favores ampliandi, odiasa sunt restingenda)①

民法以保障私权为目的,为了最大限度地实现这一目的、实现个人的福祉,从而在涉及个人权利的事项的解释时,裁判者应当从法律的目的出发,在必要的时候作扩张解释。因此,从另一个角度来看,凡是在涉及个人义务和负担的情况下,裁判者不能作扩张解释,否则将无限制地扩张个人的义务,变相缩减个人的权利,从而从根本上违背了民法保护个人权利的目的。例如,《民法典》第279条规定:“业主不得违反法律、法规以及管理规约,将住宅改变为经营性用房。业主将住宅改变为经营性用房的,除遵守法律、法规以及管理规约外,应当经有利害关系的业主一致同意。”该条规定仅限于建筑物区分所有的情况,是对区分所有的业主设定的一种负担,而不能对该条作扩张解释,即扩张到其他类型的建筑物业主,否则将会侵害业主的个人房屋所有权。

(三)例外应作严格解释规则(Exceptio strictisssimae intertetationis est)②

在适用扩张解释时,对法律的例外规定原则上不能作扩张解释。这主要是因为,例外规定是基于特殊的法政策考量而作出的。从一般规定和例外规定的关系来看,凡是不能适用例外规定的,都应当适用一般规定。例外规定必须作严格解释,意味着一般不能将例外规定扩张适用于其他情况。按照霍恩的观点:“它们(指例外规定)虽然在一般法面前有优先权,但该优先权仅限于一个完全特定的、被称为例外规范的特殊领域。”③所以,如果对例外规定作扩张解释,不仅违反了立法之时的特殊法政策考量,而且违背了一般规定和例外规定的关系。因为例外规定本身就是法律对某种特殊情况的规定,如果将例外情况作扩张解释,将违反法律设立例外的目的。因此,在对例外规定进行解释时,必须采取严格解释的立场,以尽可能符合立法者作出的法政策判断。此外,在体系解释中,也应当通过一般规定和例外规定之间的关系,来确定法律规范之

① Paul Delnoy, *Elément de méthodologie juridique*, 2e éd., Larcier, 2006, p. 187.

② Paul Delnoy, *Elément de méthodologie juridique*, 2e éd., Larcier, 2006, p. 188.

③ [德]霍恩:《法律科学与法哲学导论》,罗莉译,法律出版社2005年版,第135页。

中的例外规定，并对该例外规定作比较严格的解释。[①]

第八节　历史解释

文本总是由解释者的历史情境所共同规定的，因而也就是为整个历史的客观进程所规定。

——[德]汉斯·格奥尔格·伽达默尔(Hans－Georg Gadamer)

只有考虑历史上立法者的规定意向及其具体的规范想法，而不是完全忽视它，如此才能确定法律在整个法秩序的标准意义。

——[德]卡尔·拉伦茨(Karl Larenz)

解释的最终目标不是查明历史上的立法者的“实际意志”，而是查明制定法在今日法秩序中的决定性意义。

——[德]卡尔·拉伦茨(Karl Larenz)

要理解法律是什么，我们必须了解它以前是什么，以及它未来会变成什么样子。[②]

——[美]霍姆斯(Holmes)大法官

案例1：2007年11月，某村居民李某因急需资金，将其房屋出典给同村居民王某，约定王某支付典价30万元，典期20年，并将房屋交付给王某。后李某又将该房屋卖给同村另一居民张某，张某支付了全部价款50万元，并办理了房屋登记变更手续。后张某要求王某从房屋中搬出，王某以其享有典权为由拒绝搬出。双方为此发生争议。本案中，针对王某享有的典权是否具有对抗效力，存在不同看法。一种观点认为，王某的典权具有物权效力，张某取得所有权在后，王某的典权能够

---

① 参见[德]霍恩：《法律科学与法哲学导论》，罗莉译，法律出版社2005年版，第135页。

② [美]霍姆斯：《普通法》，冉昊等译，中国政法大学出版社2006年版，第1页。

对抗张某的所有权;另一种观点认为,王某的所谓典权只能作为债权来看待,其不能对抗张某的所有权。《民法典》第116条规定:“物权的种类和内容,由法律规定。”该条是否认可权为物权呢?从历史解释的角度来看,该条在原《物权法(草案)》第五次审议稿第3条曾规定:“物权的种类和内容由法律规定;法律未作规定的,符合物权特征的权利,视为物权。”同年的第六次审议稿第5条也规定:“物权的种类和内容,由法律规定;法律未作规定的,符合物权性质的权利,视为物权。”这两个草案都未采取绝对的“物权法定”原则,承认习惯法在一定条件下创设物权。但最终颁行的原《物权法》删除了类似于“法律未作规定的,符合物权性质的权利,视为物权”的规定,采用了严格的物权法定原则。《民法典》也吸收了这一规则。既然典权没有为《民法典》或者其他法律明确规定,因而,根据《民法典》第116条的规定,典权并不是物权。所以,本案中,王某不能以其约定了典权为由而对抗第三人(原告张某),而只能以其与李某的合同要求李某承担违约责任。

案例2:某市居民王某在外地购买了一套房屋,因其要享受有关购买第一套房屋的优惠政策,借用了其亲戚张某的名义购买,并以张某的名义签订合同、办理了登记。后来,张某得知此事后,背着王某擅自将房屋卖给李某。李某查阅登记以后,就办理了过户手续。半年后,王某发现房屋被过户给李某,就起诉到法院,要求李某返还该房屋。本案中,涉及的争议问题之一是,张某以登记在其名下的房屋出售是否属于无权处分,并应适用《民法典》第311条的规定?根据《民法典》第311条规定:“无处分权人将不动产或者动产转让给受让人的,所有权人有权追回……”此处所说的“无处分权人”是否包括在错误登记情况下的登记权利人?通过历史的考察可以发现,原《物权法(草案)》(一次审议稿)中最初区分了不动产的公信制度和动产的善意取得。但在以后的草案中,将动产的善意取得和不动产的公信制度合并,因而,原《物权法》第106条既适用于动产,也适用于不动产。而《民法典》第311条则是吸收了《物权法》的规定。因此,此处所说的“无处分权人”就应当包括在错误登记情况下的登记权利人。

一、历史解释概述

(一)历史解释的概念和特征

历史解释又称“法意解释”或“沿革解释”，是指通过对立法过程的考察，探求立法目的和意旨，从而阐明法律文本的含义。在进行历史解释时，主要应当参考立法过程中的记录、文件、立法理由书等因素，以及颁布法律时的法律环境、社会环境、立法动机、立法者所追求的目的、先例、草案等，[①]从中探求立法者的真意，从而对法律文本的含义作出正确的解释。例如，在某“汽车自燃致损案”中，张某从某经销商处购买了某厂家生产的汽车一辆，置于仓库之中。后来，在启动汽车时，发动机起火，导致汽车本身被烧毁，仓库中其他物品并没有遭受损害，车主也没有遭受人身损害。张某无法找到经销商，他以该厂家为被告，基于产品责任请求赔偿。一审法院认为，该案不符合《产品质量法》第 41 条的规定，张某于是根据《民法典》第 1202 条的规定，提起上诉，要求赔偿。本案涉及关于缺陷产品自身的损害是否能通过产品责任予以赔偿的问题，《民法典》第 1202 条规定：“因产品存在缺陷造成他人损害的，生产者应当承担侵权责任。”一种观点认为，《民法典》第 1202 条使用的是“他人损害”，而没有如同《产品质量法》第 41 条那样将缺陷产品自身的损害排除在外，因此，即便是缺陷产品自身的损害也能通过产品责任加以赔偿。另一种观点认为，尽管《民法典》第 1202 条使用的是“他人损害”，但是由于《产品质量法》属于规范产品责任的特别法，因此在赔偿的问题上仍然应当适用《产品质量法》的规定，缺陷产品自身的损害不应被包括在内。究竟应当如何理解第 1202 条的规定，就有必要通过历史解释的方法进行解释。《民法典》第 1202 条来源于原《侵权责任法》第 41 条，而根据有关立法资料，在原《侵权责任法》的制定中，立法者为了扩张损害的概念，有意删除了《产品质量法》第 41 条中的“人身、缺陷产品以外的其他财产损害”的表述，这样有利于及时、便捷地保护用户、消费者的合法权益。由此表明，原《侵权责任法》将产品自身的损

---

① Robert Alexy, Kiel and Ralf Dreier Göttingen, *Statutory Interpretation in the Federal Republic of Germany*, *Interpreting Statutes*, *A Comparative Study*, Aldershot/Brookfield/Hongkong/Singapore/Sydney 1991, p. 87.

害也作为产品责任的救济对象。[①]《民法典》吸收了原《侵权责任法》的规则,在解释上也应当认为采取了与《侵权责任法》相同的态度。可见,单纯通过文义解释、体系解释等方法,是无法得出此种解释结论的。这意味着,在因产品缺陷造成损害的情况下,无论是何种损害(包括缺陷产品本身的损害),受害人都可以请求赔偿。因此,历史解释具有辅助其他法律解释方法的作用,尤其是辅助目的解释、目的性扩张、目的性限缩等方法而发挥作用。

历史解释可以通过探究制定法律时的历史情况,以探求立法者的真实意图,从而对于待解释的文本的含义作出解释。伽达默尔指出:"法律的规范内容却必须通过它要被应用的现存情况来规定。为了正确地认识这种规范内容,他们必须对原本的意义有历史性的认识,并且正是为了这一点法律解释者才关注法律通过法律实践而具有的历史价值。"[②]霍姆斯在谈及历史解释的重要性时曾指出:"对法律的理性研究很大程度上是对历史的研究。如果没有基于对历史的研究,我们将无法准确探知研究对象的确切范围。其之所以是理性的分析(rational study),是因为这是走向怀疑主义,即走向对规则价值谨慎地重新思考的第一步。就像你将一条龙引出山洞,你可以数它的牙齿,看它下颌(肌肉的力量),看什么是它的强处。下一步就是杀死它或者将其驯服为一个有用之物。"[③]霍姆斯认为,法律的解释可以分为两步:第一步是对法律发展历史的研究,即对其原意的探究,这是理解法律制度的前置程序,第二步才是结合现实需要的废止、调整或修正。因此,历史解释是法律研究与法律解释的前置性工作。但在法律解释中,一般认为,只是在文义解释和体系解释出现复数结论时候才有必要采用历史解释方法。因为一方面,如果能够通过文本解释得出某种结论,该结论具有较高的共识,就没有必要采用历史解释方法,有时通过文本自身难以探求立法者的意图,通过对历史资料的考察以探求立法真意,可以对成文规

---

① 参见全国人大常委会法制工作委员会民法室编:《中华人民共和国侵权责任法条文说明、立法理由及相关规定》,北京大学出版社 2010 年版,第 174 页。

② [德]汉斯·格奥尔格·伽达默尔:《真理与方法——哲学诠释学的基本特征(诠释学 I)》,洪汉鼎译,商务印书馆 2017 年版,第 444 页。

③ Oliver Wendell Holmes, *The Path of the Law*, Kessinger Publishing, 2004, p. 13.

范的含义有更为清晰的理解,也可以对该法的字面含义进行一些修改补充。另一方面,毕竟法律文本是立法者意思的直接体现,在能够通过文本确定出立法者意思的时候,没有必要借助于文本之外的材料来探究文本的含义。历史解释的特点主要如下:

第一,它是借助于历史资料所进行的解释。历史解释与其他解释方法的不同之处在于,它已经脱离了法律文本自身,而转向借助于立法过程中的历史资料而对文本进行解释,因此其解释对象虽然是文本,但参考的是文本以外的因素,即立法过程中的各种历史资料。历史解释中所依据的资料包括:法律颁布前的法律状况和事实状况、法律颁布的原因、法律建议稿、法律起草人的私人学术著作等。① 历史解释属于历史考察的范畴,借助于历史资料可以理解法条的来龙去脉、变化过程,从而可以探明立法者的真实意思,最终服务于法律文本的阐释。"在历史解释中,原则上不再借助于法律文本,而是要借助于法律文本以外的立法资料。"②"想要理解当代法在今时今日的状况,就必须同时考察它的历史演变,以及它朝向未来的开放性。"③在历史解释中,所有用于确定立法者所作的价值判断和目的设定的书面资料都可以使用。例如,我国《森林法》《草原法》所规定的"征用"概念,与《民法典》第245条所规定的"征用"概念并不相同。通过历史考察,可以发现,《森林法》《草原法》所规定的"征用"实际上是指"征收",这主要是因为这些法律制定时还没有区分征用与征收,但实际上两者是有明显区别的。

第二,它旨在通过探求立法者在立法之时的意思而寻求文本的含义。传统上,一般认为,历史解释就是要把握历史上的立法者的意图。"在司法实践中,特别是普通法国家的司法,裁判者要假想自己是立法者,或者假想立法者根据当下的语境,会怎样来理解法律、解决问题。"④这是和法律解释目标中的"主观说"存在密切关系的。按照"主观说"的看法,法律解释的目标就是探求立法者的意旨,裁判者的任务就是忠

---

① F. Bydlinski, *Juristische Methodenlehre und Rechtsbegriff*, Wien/New York 1982, S. 449.

② F. Bydlinski, *Juristische Methodenlehre und Rechtsbegriff*, Wien/New York 1982, S. 451.

③ [德]卡尔·拉伦茨:《法学方法论》,黄家镇译,商务印书馆2020年版,第247页。

④ 张志铭:《法律解释原理》(中),载《国家检察官学院学报》2008年第1期。

实地贯彻立法者的原意。但历史解释的目的是探究立法者的意思,而且是立法之时的原意。如何理解历史解释中所探究的“目的”?对此存在两种不同的看法:一是立法者在立法之时的意思,也称为历史上的意旨;二是法律所体现出来的立法者的意思。笔者认为,首先应当肯定,历史解释就是要探究立法者的真意(der Wille des Gesetzgebers)。而探究真意的过程,首先是通过探寻历史上立法者的真意实现的,进而再准确把握文本的真实含义。一方面,历史解释需要探寻历史上立法者的意思。对此种意思的探究,不是通过法律文本来探究的,而是通过历史资料的分析来确定的。正如我们在后文要指出的,历史解释不同于目的解释之处在于,历史解释探求历史上的意旨,以立法者的真意作为解释的依据,而目的解释是以法律条文现在的规范意旨为依据。所以,历史解释的目的就是要探究并贯彻立法者的真意,从而使解释者受到立法者真意的拘束。历史解释所要探求的是历史上的立法者的真意,而不是立法者立于当前的情势所应当具有的意思。[①] 历史解释就是通过考虑立法的背景而考察立法者本来的用意。另一方面,通过探寻历史上的意思来解释文本。正如拉伦茨所指出的:“解释的最终目标不是查明历史上的立法者的‘实际意志’,而是查明制定法在今日法秩序中的决定性意义。”[②]历史上的含义可能随着时代的变迁已经发生了变化,解释者要了解这一变化的过程仍然需要从历史上的源头开始,才能准确把握此种变化,把握文本的本来含义。“历史解释最终证明是具有决定意义的方法可靠性的标准。只有对产生历史和历史的规范目的进行解释,才能使客观规定的要求内容具有可能的清晰性。”[③]例如,《民法典》第323条规定:“用益物权人对他人所有的不动产或者动产,依法享有占有、使用和收益的权利。”根据立法的目的,尽管《民法典》物权编中没有关于动产用益物权的类型,但是,该条又允许在动产之上设定用益物权。立法者在制定该条时经过了反复的讨论,主要考虑到未来可能会在动产上设定用益物权,因而有必要在用益物权的定义中留下余地,从

---

① 参见黄宏耿:《基本法解释的若干问题》,载澳门大学法学院编:《硕士论文集》,2007年版,第142页。

② [德]卡尔·拉伦茨:《法学方法论》,黄家镇译,商务印书馆2020年版,第445页。

③ [德]魏德士:《法理学》,吴越等译,法律出版社2005年版,第335页。

而使物权的体系具有开放性。

第三,历史解释需要借助于立法资料展开,因而在解释方法上具有独特性。历史解释就是将立法活动本身看作一个整体,通过历史资料的考察来确定历史上的立法者的真实意思。在历史解释中,解释者要探寻立法者的真意,但这并非解释者的最终目的,也不是历史解释的最终功能。作为一种狭义的法律解释方法,历史解释最终是为了阐释法律文本的含义。历史解释作为一种解释方法,它存在的价值就在于为个案中确定法律裁判依据服务,而不是作为考据学对象的意义。例如,我国《民法典》第1229条规定:"因污染环境、破坏生态造成他人损害的,侵权人应当承担侵权责任。"该条继承了《侵权责任法》的规则,删除了《民法通则》第124条关于"违反国家保护环境防止污染的规定"和"依法"承担侵权责任的表述,[①]这表明立法者的意图在于,只要因排污行为造成了损害,就应当承担损害赔偿责任,而不论污染行为是否符合排污标准。

历史解释是狭义解释的一种独特的方法。霍姆斯说:"要理解法律是什么,我们必须了解它以前是什么,以及它未来会变成什么样子"。[②]波斯纳指出:"成文法是立法者和裁判者之间的一种交流活动(communication),立法者通过这种交流向裁判者传输行为指令,就像将军向士兵传达命令一样。但是,如果裁判者无法找到立法历史,且法律模糊,则裁判者就失去了指令。其需要按照自己去想象,立法者会向自己发出何种指令。"[③]作为一种狭义的法律解释方法,历史解释最终是为了阐释法律文本的含义。例如,在某个高速公路收费权质押的纠纷中,涉及高速公路收费权质押是否应包括在应收账款质押范围内,能否适用《民法典》第440条关于应收账款质押的规定,为此发生争议。通过历史解释可以发现,在十届人大二十五次会议审议原《物权法》草案的过程中,有的常委会委员提出,公路、桥梁等收费权可以纳入应收账

---

① 《民法通则》第124条规定:"违反国家保护环境防止污染的规定,污染环境造成他人损害的,应当依法承担民事责任。"

② [美]霍姆斯:《普通法》,冉昊等译,中国政法大学出版社2006年版,第1页。

③ Richard A. Posner, Legal Formalism, *Legal Realism, and the Interpretation of Statutes and the Constitution*, 37 Case Western Reserve Law Review 179 (1986 - 1987).

款,但目前收费情况比较混乱,哪些收费权可以质押,哪些不能质押,还需要进一步清理。因此,在这一条中规定“应收账款”即可,不必明确列出“公路、桥梁等收费权”。根据这些意见,全国人大宪法和法律委员会关于原《物权法》第七次草案的审议报告中明确指出:“考虑到全国已经建立信贷征信系统,该系统覆盖面广,信息量大,信息处理快捷,能够满足应收账款登记和查询需要,建议增加规定:以应收账款出质的,质权自信贷征信机构办理出质登记时发生效力。”①有关立法机关的著述也明确指出:“物权法采纳了这一意见,将‘公路、桥梁等收费权’的概念纳入‘应收账款’的概念中。”②而《民法典》第440条在原《物权法》的基础上,将“应收账款”修改为“现有的以及将有的应收账款”,这就进一步表明立法者已经将此种收费权纳入了可以质押的权利范围。因此可以得出结论:应收账款质押可以包括收费权质押。由此可以看出,历史解释作为一种解释方法,它存在的价值就在于为个案中确定法律裁判依据服务,而不是作为考据学对象的意义。历史解释只不过是借助于立法者的真意来重新审视法律文本,确定法律文本的含义。此外,因为历史解释仍然是狭义的解释方法,因此,其对于文义的阐明仍然必须在文义的可能范围内。

在罗马法时期,历史解释并没有受到重视。但是,到19世纪,萨维尼将其作为重要的法律解释方法,成为其所认定的四种解释方法之一。他认为:“历史要素的解释是以通过法规则确定存在的法律关系为目的的制定法在制定之时的情势。制定法通过特定的方式影响到此情势,此种影响通过此制定法而被新嵌入法之中,而历史要素使得此种影响的性质清晰可见。”③而根据法律解释的主观说,历史解释也是非常重要的解释方法。虽然在现代社会,历史解释的地位已经逐渐衰落,但历史解释仍然因为其独特功能而在法律解释方法中占有一席之地。在英美法上,历史解释方法也受到高度的重视。霍姆斯认为:“历史必须成为(法学)研究的一部分。”④在我国古代的律学中,经常对罪名、刑名的历

---

① 《物权法草案:哪些财产归国家所有由法律规定》,载中华人民共和国中央政府网,http://www.gov.cn/ztzl/2006-12/24/content_477253.htm,最后访问日期:2021年7月4日。

② 胡康生主编:《中华人民共和国物权法释义》,法律出版社2007年版,第481页。

③ Savigny, *System des heutigen Römischen Rechts*, Bd. 1, Berlin, 1840, S. 214.

④ Oliver W. Holmes, *The Path of the Law*, Kessinger Publishing, 2004, p. 13.

史沿革和变迁进行解释,这实际上采取的是历史解释的方法,只不过没有将其归纳整理上升到理论层面。历史解释虽然重要,但在我国当前的司法实践中,法院极少采用历史解释的方法,主要原因在于:一是我国是成文法国家,强调以现行有效的法律作为裁判依据,否则,判决结果可能被上级法院推翻。二是裁判者对现行法进行立法的历史解释可能会被误认为是超越权限,难以为当事人所接受。三是我国立法资料的公布较少且难以考察,裁判者运用此种方法进行解释受到较多的限制。因此,此种方式作为一种法律解释方法虽然受到学者公认,且普遍存在于学理解释之中,但是,在司法实践中却运用较少。从今后的发展趋势来看,历史解释也应当为裁判者所重视,作为阐释法律文本含义的重要工具。

(二)历史解释的方法与历史研究的方法

从广义上说,历史解释的方法可以包括在历史研究的方法之中。历史研究往往需要考证法律概念、术语、规则、制度等的演变历程,需要说明概念、规则、制度等的历史以及其在历史进程中的演变规律。而历史解释也需要借助历史的考察,通过历史还原的方式,来探究立法者的真意。应当看到,历史解释具有历史研究的特点。从方法论上来说,历史解释仍然属于历史研究的方法。可以说,历史解释是一种特殊的历史研究方法,其在主体、范围、对象、时间等多个方面都显然不同于一般历史研究的方法。其与一般历史研究方法的区别表现在:一是历史解释存在解释依据上的限制性,即历史解释的依据只限于特定法律的立法资料本身,具体来说,限于立法者制定特定法律时的相关资料。二是历史解释存在解释时间的限制性,即历史解释中的解释依据只是立法过程本身的资料,一般不包括制度的最初缘起和在各个国家的发展演变过程。三是历史解释的目的具有受限制性,即只能通过探究历史上立法者的真意来解释法律文本的含义,从而准确地适用法律。四是历史解释的主体具有受限制性,即历史解释的主体限于法律解释的主体,或者说,法律适用中进行有权解释的主体。而一般历史研究的范围原则上不受限制,不仅不受地域的限制,而且不受时间的限制。历史研究常常进行各个国家法律制度的比较,服务于研究者的特定目的。通过历史研究的方法,可以阐释法律的积淀性、继承性和历史性。[①]

二、历史解释的功能与局限性

(一)历史解释的功能

历史解释的立论基础是,由经济和社会关系以及法律状态去考察立法者的原意,从而查明立法者希望实现的政策目标。借助历史解释,解释者要探明,立法者在立法之时要解决的是何种利益冲突,以及该法律条文适用的特定案例类型。[②] 概括而言,历史解释的功能主要在于如下方面:

一是探求历史上的立法者真意,从而确定法律文本的含义。历史解释属于狭义的法律解释方法,在进行历史解释前,首先需要对法律文本进行文义解释,在文义解释出现复数合理解释选择时,即可通过历史解释的方法,探求立法者的真意,从而进行妥当的解释选择。在文本本身不足以解决问题的时候,就应当诉诸外在要素,如历史学和社会学等背景,从而揭示出文本通过的历史背景、所针对的特殊问题、所要实现的历史使命,全面了解立法者的意图,并确定文本的准确含义。历史解释主要是探求立法者在立法时的立法意图,尤其是针对具体法律规范的含义产生分歧时,就应当查明立法者设置该规范的意图,以确定文本的含义。[③] 在实践中,我们经常要回答这样的问题,即法律的原意是什么?而要回答这一问题,立法过程的探究是十分重要的。探求立法者的真意,又称为立法者的意旨,也就是制定法律时立法者的意思。每一个法律条款在制定之时,都是要实现立法者的意旨。如果在立法过程中就相关问题发生了争议。后来,立法者采纳了某种观点,并提出了支持的理由,这些资料都有助于我们准确理解法律条文的含义。例如,《民法典》第207条规定:"国家、集体、私人的物权和其他权利人的物权受法律平等保护,任何组织或者个人不得侵犯。"其中的"其他权利人"究竟指哪些人?在原《物权法》立法过程中,曾经就国家、集体和私人之外是否存在其他主体进行过争论,大多数学者认为,还存在其他主体,

---

① 参见谢晖:《法律哲学》,湖南人民出版社2009年版,第58页。

② 参见李太正等:《法学入门》,台北,元照出版有限公司2005年版,第164页。

③ Michael S. Moore, *A natural law theory of interpretation*, 58 S. cal L. Rev. 397(1985).

如寺庙、基金、信托财产等。也有人认为,财团法人所有权既不属于国家所有权,也不是集体所有权,更不是个人所有权,对如此重要的所有权类型不加规定是不妥当的。[①] 而“其他权利人”主要是对国家、集体和私人之外的物权人的概括,显然不包括债权人,所以通过历史解释就可以明确这一概念的含义。再如,《民法典》第 395 条第 1 款第 7 项规定:“法律、行政法规未禁止抵押的其他财产”是可以抵押的。但是,在原《物权法》立法中最初的多个草案中都使用“依法可以抵押的其他财产”的表述。在原《物权法》最终颁布时,改为“法律、行政法规未禁止抵押的其他财产”,而《民法典》对这一规则予以吸收。这表明,立法者要通过该规定来扩大抵押财产的范围,同时,立法的意图还在于保持抵押权制度的开放性。

当然,如果通过其他方式来确定的立法目的更符合法律在社会生活中的作用,就不必采取历史解释方法。美国学者鲍威尔指出:“历史不是宪法解释的主人,而是仆人。”[②]在许多情况下,因为社会的发展,立法者的意图可能不能适应新的社会需要,这就应当考虑立法者处于当前情景所可能的意思。辅助其他解释方法的功能,也包括了对通过其他解释方法得出的结论的验证过程。

二是通过探究历史上的立法者真意,确定是否存在法律漏洞。“历史解释可以作为限制解释和法律续造(漏洞填补)的工具。”[③]对于历史解释而言,其重要的功能是查明立法者在立法时的意旨是否符合现实的需要,从而确定是否存在法律漏洞。判断法律漏洞存在与否的最重要依据是法秩序的整体精神和法律的目的。通过历史解释来明确立法者的目的,有助于对法律漏洞存在与否的判断,这尤其表现在立法者“有意沉默”的判断方面。如果法律对于特定事项没有作出规定,通过立法史的考察,我们可以判断立法者是否是“有意沉默”,如果答案是肯定的,就应当否定法律漏洞的存在。例如,我国原《物权法》对于盗赃物是否应当适用善意取得存在争议,但立法者决定不规定盗赃物的善意取得。“立法的考虑是,对被盗、被抢的财物,所有权人主要通过司法机

① 参见孙宪忠:《我国物权法中所有权体系的应然结构》,载《法商研究》2002 年第 5 期。

② [美]鲍威尔:《原始主义者的规则》,戚渊译,载刘士国主编:《法解释的基本问题》,山东人民出版社 2003 年版,第 106 页。

③ [德]魏德士:《法理学》,吴越等译,法律出版社 2005 年版,第 335 页。

关依照《刑法》《刑事诉讼法》《治安管理处罚法》等有关法律的规定追缴后退回。在追赃过程中,如何保护善意受让人的权益,维护交易安全和社会经济秩序,可以通过进一步完善有关法律规定解决,物权法对此可以不作规定。”①而《民法典》采纳了《物权法》的观点,对盗赃物的善意取得问题进行了保留。

三是历史解释可以单独作为一种狭义的法律解释方法,解释立法者的立法原意,同时,其也具有辅助其他法律解释方法的作用,尤其是辅助文义解释、目的解释等方法而发挥作用。也就是说,当运用相关的狭义法律解释方法难以得出妥当的解释结论时,可以借助历史解释方法作出妥当的解释选择。

(二)历史解释的局限性

历史解释对于探明立法者的真意具有重要作用。但是,历史解释方法也具有其局限性,主要表现在如下几个方面:

第一,立法资料的获取比较困难。历史解释往往要依赖于详尽且权威的立法资料。而我国长期以来立法资料的公开非常有限。近年来,我国立法机关才开始针对重要的立法编辑出版条文和立法理由书。因此,借助立法资料进行历史解释就显得尤其困难。尤其是,裁判者在司法审判实践中往往难以获得所有的法律解释材料,所以,历史解释方法为裁判者所使用也会遇到很多的困难。例如,裁判者审判案件要受到审判时限的限制,其不可能搜集所有的立法资料。再如,立法资料包括的范围比较广泛,裁判者搜集所有的立法资料并进行综合分析的难度也比较大。所以,历史解释往往是学者运用的解释方法,当然学者的解释结果也可以为裁判者解释所借鉴。

第二,立法者真实意思的探求比较困难。法律制定的年代久远,立法者的意思就很难考证,或者立法者在立法之时就没有明确其立法意图。即使从当时的立法资料来看,可以了解立法者的某种价值取向,但时间一长,考证立法者的意思就比较困难。尤其是对于立法资料的分析,也是因人而异的。解释者对于立法资料本身的分析可能带有主观倾向意见。如果解释者过多地将其个人主观意见置于其中,则可能导

---

① 全国人大常委会法制工作委员会民法室:《中华人民共和国物权法条文说明、立法理由及相关规定》,北京大学出版社2007年版,第195页。

致对立法原意的曲解。因为任何立法背景资料,解释者对其的认识、解读都会不同,而且,这些资料也可能是残缺不全的,或者资料丢失,或者立法机关披露的资料是不全面的。因此,历史解释的方法也不可避免地带有主观色彩。

第三,法律颁布时间的长短对历史解释影响较大。历史解释的局限性还在于,它受到法律颁布时间长短的影响较大。历史解释的价值高低取决于法律颁行时间距离待决案件的时间长短。法律颁行的时间越久远,历史解释的价值就越低;而法律颁行的时间越短暂,历史解释的价值就越高。诚如王泽鉴教授所言:“立法资料的价值,应依社会变迁予以评估。一般言之,法律越新,立法资料越有参考价值,法律越老,参考价值较少,但仍不能因此而认其无参考价值。”[①]对于颁布时间较长的法律,探寻立法者立法时的意图更困难,如果运用历史解释方法来探求立法者的真意,就可能得出更多的解释结论。

第四,立法者真实意思可能不符合现实的需要。通过历史解释确定的立法者意思,可能会因为立法者在立法之时的考量而与现实的需要未必完全符合。立法者的真意是以其所处的特定情景为基础的,而解释者所处的情景与立法者所处的情景可能是有差异的,如果以立法者的真意来作为解释依据,可能并不能实现法律解释的目标。在法律颁布较长时间之后,社会就可能发生较大的变化,尤其是发生立法者不曾预测到的情况变化,因此,立法者的真意就很可能不能适应新的社会变迁。此时,如果仍然考虑立法者的真意,就可能与法律解释中的妥当性目标相冲突。“因为20世纪的人不可能以17~18世纪乃至19世纪的音调和口音来讲话。背景是不同的;所指的范围是不同的;以及,不管其意图如何,神圣的权威话语本身就是在其讲话中重新塑造的内容。在这种有限的意义上,时间老人把我们都当成了革新的工具。”[②]但是,立法原意不等于法律文本的解释结论,或者说,立法原意不等于对法律文本解释出来的最终意思。在很多情况下,对立法意图的探索,主要是

---

① 王泽鉴:《法律思维与民法实例》,中国政法大学出版社2001年版,第228页。

② Viscount Radcliffe, *The Lawyer and his Times*, in Not in Feather Beds: Some Collected Papers 265, 271 (1968).

为了说明或者证明,法律文本在目前的社会情势下所应当具有的意思。[①] 这就是说,当立法原意已经不符合当前的社会背景时,应当赋予法律文本不同于立法原意的新的意思。历史上的立法者的意图,也许是重要的,但是,它如果不能够解决现实的问题,不能实现法的妥当性价值,这种探究就是没有必要的。所以,鲍威尔指出:“历史只能引出可能性,而不是确定性。”[②]历史解释方法并“不具有决定性的作用”(No decisive importance)。[③]

三、历史解释与其他解释方法

(一)历史解释与文义解释

从表面上看,历史解释要还原立法过程,探求立法者立法时的真意,但实际上,探求立法者立法时的真意只是手段,其真正的目的在于确定文本的含义。为此,历史解释需要从文本解释出发,并最终回归文本的含义,在这一点上,其与文义解释关系密切。历史解释通常是在文义解释和体系解释方法出现复数解释时才应采用的方法。所以,在解释方法上,很多学者认为,它应当是在文本本身不能作出准确解释时才采用的方法。例如,在美国,联邦最高法院认为,按照通常理解进行解释的规则(the plain meaning rule)是解释的一般规则。这就是说,如果法律文本本身所使用的语言是清晰的,就没有必要借助法律文本之外的因素进行解释。只有当依据法律文本本身无法进行解释时,才需要借助立法的历史进行解释。[④] 所以,斯卡利亚大裁判者(Scalia)很早就指出,应当将法律解释的重点放在法律文本本身的解释上,而不是借助立法史来进行。[⑤] 在德国,历史解释的方法相对于其他解释方法并不具有优越性,因为如果采用文义解释、体系解释等方式

① Friedricb Müller, *Discours de la méthode juridique*, Traduit de l'Allemand par Olivier Jouanjan, PUF, 1996, p. 268.

② 刘士国主编:《法解释的基本问题》,山东人民出版社2003年版,第119页。

③ See Donald P. Kommers, *The Constitutional Jurisprudence of the Federal Republic of Germanny*, 1997, p. 42.

④ Yule Kim, *Statutory Interpretation: General Principles and Recent Trends*, CRS Report for Congress, Aug. 31, 2008, p. 2.

⑤ United Savings Ass'n v. Timbers of Inwood Forest Associates, 484U. W. 365, 371 (1988).

能够确定文本的客观含义，就没有必要采用历史解释来探求立法者的真意。①

笔者认为，历史解释作为一种独立的解释方法，显然不同于文义解释的方法。一方面，历史解释实际上是在法律文本之外对法律条文进行的解释，尊重文本的客观的、明晰的含义。文义解释是从法律文本自身出发进行的法律解释。“历史解释要求对历史相关概念、理论、制度以及立法目的进行调查，这也是区别于文义解释之所在。”②所以，历史解释的方法只有在文义解释方法之后运用，而且它应当是辅助文义解释方法的。在通常的情况下，按照解释规则的适用顺序，不能首先进行历史解释，而历史解释只是在文义解释、体系解释存在复数结论的时候才能被采用。另一方面，历史解释需要探究立法原意，通过历史解释所获得的立法原意主要是一种证明素材，以证明法律文本的意思。所以，历史解释是借助立法原意来阐明法律文本的含义。而文本解释是从语法学、语言习惯等角度来阐明法律文本的含义的。

(二)历史解释与体系解释

历史解释与体系解释具有一定的联系，在体系解释中也可能需要运用历史解释方法。按照一些学者的观点，体系解释就是对文本中的内容，结合整个文本来进行解释。③ 体系解释也不仅仅是对生效的法律文本进行解释，其实也包括对旧有法律中的调整内容以及立法的相关资料的内容进行解释。体系是在历史演进中逐步形成的，其本身是一个历史积累的过程，所以，对历史的考察有助于准确把握体系。体系的确定也要借助于体系形成的整体背景和历史过程。正是从这个意义上，有学者认为：“历史解释与起源解释乃是体系解释中的再解释的方法。”④例如，对于抵押权效力的规定，其最初规定在原《民法通则》之

---

① Gustav Radbruch, *Rechtsphilosophie*, 4th ed., Stuttgart: K. E. Koehler Verlag, 1963, p. 210.

② Robert Alexy, Kiel and Ralf Dreier Göttingen, *Statutory Interpretation in the Federal Republic of Germany*, in D. Neil MacCormic and Robert S. Summers (eds.), Interpreting Statutes, A Comparative Study, Dartmouth, 1991, p. 87.

③ Friedricb Müller, *Discours de la méthode juridique*, Traduit de l'Allemand par Olivier Jouanjan, PUF, 1996, p. 268.

④ Friedricb Müller, *Discours de la méthode juridique*, Traduit de l'Allemand par Olivier Jouanjan, PUF, 1996, p. 271.

中,是作为债权加以规定的。① 原《担保法》将其作为担保的类型来规定,并将其与质押、留置区分开来,明确了抵押权人享有的优先受偿的权利。后来,原《物权法》则明确地将其置于“担保物权”部分加以规定。《民法典》也同样将这一制度规定于物权编担保物权分编。这一体系发展的历史说明,法律关于抵押权的规定不仅是逐步完善的,且抵押权的效力也在不断强化。再如,在解释占有的含义时,要明确“占有”究竟是事实还是权利,这就需要借助于《民法典》的体系,考虑到物权编将“占有”而不是占有权作为独立的一分编来规定,明确了其作为“事实”而不是权利的性质。

但历史解释与体系解释之间存在明显的区别:第一,体系解释是从法律文本之内进行的解释,而历史解释是从法律文本之外进行的解释。体系解释并不需要检索立法史,并不需要借助于历史解释的方法,而是从法律目前的体系中来发现解释的依据;而历史解释是通过立法史的考察,需要对立法资料进行考察,所以,解释的依据从现行法的条文转向了法律制定的背景。第二,体系解释着重于客观的外在体系,其要将具体的条文嵌入体系之中,并不涉及立法者原意;而历史解释是要通过立法者原意的考察,来确定法条的含义。历史解释注重于立法者的主观意思。② 第三,体系解释要优先于历史解释而适用,因为体系解释是从法律文本自身进行的解释,其更能体现“依法裁判”的要求,也比较容易操作,是成本较低的解释方法。

(三)历史解释与目的解释

目的解释和历史解释存在一定的联系。一方面,在许多情况下,目的解释中的立法目的(也称法律的规范目的)的确定也需要借助于立法史的考察,通过立法资料来确定法律的目的。历史解释本身也不仅仅是解释目的,它还包括通过历史解释的方式来探究立法的意图。所以,历史解释就是借助于历史的考察来确定立法目的和立法意图。正如有学者所指出的,法律的规范目的(ratio legis)必须部分地根据立法者的历史动机(包括立法材料、立法时的法律政治文献、论战等),部分地从

① 参见《民法通则》第 89 条第 2 项。

② Friedricb Müller, *Discours de la méthode juridique*, Traduit de l'Allemand par Olivier Jouanjan, PUF, 1996, p. 271.

系统性思考或者从当前的法律文献(可以反映目标立场的转变)来考察。① 而目的解释也是探求法律的目的,立法目的与历史上的立法者的意思在许多情况下都是一致的。尤其是在立法目的所基于的背景没有重大变化时,为了实现立法目的的规范意思也通常保持不变。另一方面,目的解释和历史解释旨在通过对立法者的意思的考察来探求规范的意思。但是,作为两种不同的解释方法,两者存在较大的区别,主要表现如下:

第一,解释的依据不同。历史解释不是直接从文本出发进行解释,而是依据制定法律的历史资料来对立法者的真意进行解释,它要回溯到立法者的原意,就是回归历史真实,探求立法者的内心真意。其所依据的是立法史料,通过对这些史料的考察来确定规范的意思,但是,目的解释则主要是凭借文本所载明的立法目的来决定待解释条文的意思。与历史解释不同,目的解释是从条文所表现出来的目的进行解释。正如德国学者拉德布鲁赫(Radbruch)所指出的:"国家的意志并不是通过立法者个人的意志所表达出来,而是通过法律本身表达出来。"②而目的解释是依据立法目的来阐明法律条文的含义,确定隐藏在法律文本之后的立法目的,通过目的解释仍然是要阐明文本的含义。而裁判者进行目的解释还可以依据特定法律规范的目的。此时,必须区分历史解释中的立法者的原意和规范目的,否则,历史解释和目的解释就难以区分。例如,《民法典》第395条第1款第7项规定,"法律、行政法规未禁止抵押的其他财产"都可以抵押。如果探究该条的目的是扩大抵押财产的范围,那么,只要有适当的公示方法,法律法规未禁止抵押的其他财产也应允许其抵押。

第二,作为决定法律文本意思的考量因素不同。在历史解释方法中,立法者在立法时赋予特定规范的意思通常直接决定了待解释规范的意思,其不需要考察法律条文背后的目的因素。但在目的解释中,用于决定待解释规范意思的因素不再是立法者在立法时所赋予的规范意思,而是根据立法者欲凭借法律条文所实现的立法目的来

---

① 参见[德]霍恩:《法律科学与法哲学导论》,罗莉译,法律出版社2005年版,第137页。

② Gustav Radbruch, *Rechtsphilosophie*, 4th ed. Stuttgart: K. E. Koehler Verlag, 1963, p. 210.

考察待解释条文的意思。历史解释是要通过历史还原的方式来探求历史上的立法者的真意。而目的解释是通过探究客观的立法目的来进行的解释。换言之,目的解释是探究某部法律、某项制度、某个条文的立法目的。不少学者将目的解释称为"客观目的解释"。所谓客观目的,就是通过法律文本所表示出来的目的。法律文本所表示出来的立法目的和通过立法资料考察确定的立法者真意是不同的。立法者在制定法律的时候,可能对此并没有特意安排;[①]但是,文本中作出的制度安排和规定可以解决现实中存在的问题。从这个意义上讲,"法规比立法者更聪明"。[②]

第三,解释者是否考虑社会发展变化不同。追求对立法原意的准确理解,要求解释者从法律产生时的历史与社会背景、立法史与原始的立法资料的上下文,乃至立法者的调整意旨,确定与明确法律规范的内容与要求的过程。[③] 也正因如此,历史解释方法仅仅探究历史上的立法者的意思,有其固有的缺陷,因为一旦作为法律赖以存在的社会背景发生变化之后,通过历史解释方法得出的规范意思很可能已经不再适应新的社会背景。因为立法者的真意是以其所处的特定情景为基础的,而解释者所处的情景与立法者所处的情景可能是有差异的,如果以立法者在立法时的真意来作为解释依据,可能并不能实现法律解释的目标。在这种情况下,解释者需要运用目的解释、社会学解释等其他方法来重新确定法律文本在当前社会背景下应当具有的妥当意思。相比历史解释而言,目的解释是对立法目的乃至法律背后立法者的价值选择,包括立法者在特定时间、地点进行价值选择的依据与考量,并推断在现今情况下,按当时立法者的考量将如何处理。对这一过程,德沃金作了生动的描述:"假如,我简单地告诉我的孩子,我希望他们不要不公平地对待别人。无疑,在我的头脑中我有不想鼓励的那种行为的例子。但是,我不能接受这样的说法,即我的'本意'只限于这些例子。这有两个原因。其一,我希望我的孩子们

---

① Michael S. Moore, *The Senmantics of judging* 54 S. Cal . L. Rev. 151, p. 263 – 265.

② [德]霍恩:《法律科学与法哲学导论》,罗莉译,法律出版社 2005 年版,第 134 页。

③ 参见黄宏耿:《基本法解释的若干问题》,载澳门大学法学院编:《硕士论文集》,2007 年版,第 142 页。

把我的教导用于我没有想到,也不可能想到的那些情况。其二,我准备承认,当我在说这些话时,我所认为的某些公平的行为实际上是不公平的。”①

四、历史解释需要考虑的因素

历史解释方法的考虑,不是简单地从某个立法者的意思来确定,而应当从客观的资料中表现出来的立法者的整体意思来确定。在历史解释中,所有立法资料都可以用于确定立法者的真意。② 采用此种方式所依据的资料一般应当是有文献记载的资料,历史解释所依据的仅仅是以书面材料形式表现出来的历史资料。③ 同时,这些资料应当与立法过程有关,或者说,历史解释的资料应当是立法资料。④ 否则,解释者就会将自己对立法文本的内容的理解融入立法者的意图,导致立法者的意图的无限扩大。具体来说,历史解释应当参考如下资料。

第一,法律本身的演进历史。这就是说,在法律条款本身难以把握其含义时,应当考察各部法律的相关规定,探求法律本身的发展历程。例如,《民法典》第 347 条第 1 款、第 2 款规定:“设立建设用地使用权,可以采取出让或者划拨等方式。工业、商业、旅游、娱乐和商品住宅等经营性用地以及同一土地有两个以上意向用地者的,应当采取招标、拍卖等公开竞价的方式出让。”此处采用了“应当”的表述,该规定是否是强行性规范,违反该规定是否导致交易无效?历来存在争议,这就需要从立法目的来探究。根据 1994 年《城市房地产管理法》第 12 条,土地使用权可以采取公开竞价的方式出让,也可以采取双方协议的方式出让,这就赋予了政府极大的审批权,政府可以自由决定出让的方式,从而导致在实践中,大量的土地不通过公开竞价的方式出让,而采用协议转让的方式,造成了土地的低价转让和权力寻租等不良现象。根据原《物权法》第 137 条第 2 款规定,经营性用地一律实行公开竞价的方式出让,这就有效地规范了政府批地权。原《物权法》的规定有利于提高土地的利用效率,有利于保障建设用地使用权设

---

① [美]德沃金:《认真对待权利》,信春鹰等译,上海三联书店 2008 年版,第 185 页。

② F. Bydlinski, *Juristische Methodenlehre und Rechtsbegriff*, Wien/New York 1982, S. 449.

③ F. Bydlinski, *Juristische Methodenlehre und Rechtsbegriff*, Wien/New York 1982, S. 449.

④ Campbell v. Bd. of Dental Exam'rs, 125 Cal. Rptr. 694, 696 n3(1975).

立程序的公开、公平和公正。公开竞价实际上就是要允许所有的不特定的人都参与竞争,按照市场交易规则竞价交易,实现阳光用地,并保障用地程序的公正。[①] 而《民法典》也同样延续了原《物权法》的规则。因此,从历史解释出发,该条款属于强行性规范而不是任意性规范,违反该规定将导致合同无效。

第二,立法草案的说明。在我国,尤其是改革开放以来,大多数法律都有关于立法草案的说明。草案说明既是立法者的真实意思,也是其最终意思,对理解法律具有十分重要的意义。如果其他立法资料与该草案说明相冲突,应当以该草案说明为准来确定立法者的意思。尤其是在我国,在立法资料大多不公开的情况下,草案说明作为向社会公开的立法资料,成了最重要的历史解释的依据。例如,关于《民法典》中是否采纳了功能性担保物权,王晨同志在《关于〈中华人民共和国民法典(草案)〉的说明》中指出,为进一步完善担保物权制度,为优化营商环境提供法治保障,《民法典》"扩大担保合同的范围,明确融资租赁、保理、所有权保留等非典型担保合同的担保功能,增加规定担保合同包括抵押合同、质押合同和其他具有担保功能的合同(草案第三百八十八条第一款)",可见《民法典》中采纳了功能性担保物权。

第三,立法过程中的相关资料。其中很重要的就是立法过程中立法者就特定问题所产生的争议的讨论意见。例如,在原《物权法》制定过程中,围绕是否规定典权,曾经发生了激烈的争议。但是,立法者最终删除了最初法律草案中关于这种权利的规定。通过对该争议的考察和立法者最终的选择,可知立法者不允许设立典权,而并非构成法律漏洞。法律审议中的争议情况记录,对于理解该法律中相关制度的含义,具有较大意义。例如,原《合同法》第 52 条第 1 项规定,"一方以欺诈、胁迫的手段订立合同,损害国家利益"。此处所说的国家利益,是否包括国有企业以及国家控股、参股企业的利益?在原《合同法》起草时,曾有不同的意见。有学者认为,国有企业以及国家控股、参股公司的利益最终应当归属于国家,因此,这种利益应被认定为国家利益。但立法机

① 参见原国土资源部 2007 年发布的《招标拍卖挂牌出让国有建设用地使用权规定》第 1 条。

关认为,国有企业以及国家控股、参股公司的利益并非国家利益,在性质上是分属于不同企业的个体利益。[①] 因此,不应对市场主体进行类型的区分,分别设置不同的法律规则,可见,从历史资料的角度来看,应当对此处所说的国家利益作限缩解释,不应包括国有企业以及国家控股、参股企业的利益。

第四,立法当时的社会环境。在历史解释中,证明法律的出现及其制定时的一系列社会环境(统称为立法环境 occasio legis),也是历史解释中要考虑的因素。例如,《劳动合同法》第 1 条规定:"为了完善劳动合同制度,明确劳动合同双方当事人的权利和义务,保护劳动者的合法权益,构建和发展和谐稳定的劳动关系,制定本法。"在该法制定过程中,争议较大的问题是,该法的目的是否也包括保护用人单位(资方)? 该法第 1 条最终没有表述出"要保护用人单位利益"的目的,而只是提出要"明确劳动合同双方当事人的权利义务",且明确提出要"保护劳动者的合法权益",这就意味着,《劳动合同法》的目的之一就是强化对劳动者的保护。主要原因在于:起草《劳动合同法》之时,立法者考虑到劳动者在就业中处于明显的劣势地位,且实践中侵害劳动者权益的现象也频繁出现,因此有必要对劳动者实行倾斜性保护。

需要指出的是,上述立法史料必须是客观存在的,只有在能找到这些资料时,才能够进行历史解释,从这些资料中探讨立法历史上的争议。如果没有这些资料,或者资料记录残缺,无法从中探究,则不能拘泥于历史解释方法,而应当采用其他解释方法。

五、历史解释方法的适用过程

(一)进行文义解释

裁判者首先要运用文义解释的方法进行解释。历史解释的前提是文义解释,如果通过文义解释认定法律文本本身的含义是清晰的,就没有必要进行历史解释。通常是在文义、体系解释等方法的运用出现复数结论时,才可能需要运用历史解释方法。

---

① 参见胡康生主编:《中华人民共和国合同法释义》,法律出版社 1999 年版,第 89 ~ 90 页。

尤其应当看到,历史解释方法的运用需要借助于立法资料,而立法资料可能种类繁多且难以查找,因此,历史解释方法是成本较高的法律解释方法,从“经济”的角度考虑,也不宜首先进行历史解释。例如,甲公司是一家国际商贸公司,它以自己的名义与香港的乙公司订立了出口家具的合同。而实际上,甲公司是作为代理人为丙公司山东某家具厂做出口贸易。后来,乙公司长期拖欠货款,丙公司希望直接起诉乙公司要求其支付货款。但是,在诉讼过程中,丙公司无法证明它与甲公司之间有委托关系。丙公司提出,甲公司和丙公司之间存在长期的代理关系,而且乙公司应当知道。该案中争议的焦点就在于,乙公司的“应当知道”是否可以导致合同直接约束丙公司和乙公司。《民法典》第925条规定:“受托人以自己的名义,在委托人的授权范围内与第三人订立的合同,第三人在订立合同时知道受托人与委托人之间的代理关系的,该合同直接约束委托人和第三人;但是,有确切证据证明该合同只约束受托人和第三人的除外。”该条只是规定了“知道”,并没有规定“应当知道”。笔者认为,在本案中,从文义解释的角度来看,“知道”一词应当指明知,而不包括应当知道但当事人因其过错却不知道。从体系解释的角度来看,立法者如果希望将“应当知道”包括其中,往往采取明示的方式,使用“知道或者应当知道”的表述。如果仅仅只是规定知道,显然不包括应当知道。但是,此种解释仍然可能不具有充足的说服力,需要借助历史解释方法来进一步证实。而通过立法史的考察我们发现,立法者有意将“应当知道”的情形排除在其适用范围之外。实际上,我国原《合同法》在制定过程中借鉴了《国际货物销售代理公约》。该公约第12条规定:“代理人于其权限范围内代理本人实施行为,而且第三人知道或理应知道代理人是以代理身份实施行为时,代理人的行为直接约束本人与第三人,但代理人实施该行为只对自己发生拘束力时(如所涉及的是行纪合同),不在此限。”这表明立法者排除了“应当知道”的适用。

(二)考察立法资料,具体确定立法者的意思

在历史解释中,立法资料都是客观存在的资料。但是,对于立法资料的分析过程以及对立法资料的看法,也会夹杂主观因素,会导致对其的分析结果因人而异。由于文义的多样性和不确定性,为了更好地阐释立法时的立法者意图,便要求解释者在解释的过程中,应当遵循尽可

能中立和客观的态度进行解释，而不应过多地夹杂个人的主观意志，尤其是个人对历史资料的判断和看法。如果各种资料都能够佐证立法者的意图，就容易阐释法律文本的含义。但是，在有些情况下，立法资料本身会相互冲突，此时，就应该在各种立法资料中进行甄别，分别确定其在解释中的作用。例如，立法者公布的资料应当优先于民间法律建议而被考虑。立法机关争论资料和立法机关召集的会议讨论资料也应有区别。立法机关整体的意见（如全国人大宪法和法律委员会的意见）应当优先于立法机关中个别人的意见，立法者后公布的资料应当优先于其先公布的资料而被考虑。通过如此甄别，可以尽可能地还原立法者的真实意思。

历史解释的功能是通过还原历史的方式来探寻立法者的真意，在进行历史解释时，应该从文本出发探寻立法者的意思。如果文本内涵较为清晰，则不需要进行历史考察，只有在法律文本内涵不清晰、无法准确判断立法的意图时，才有必要通过对立法过程的考察、分析立法资料来确定其含义。例如，在“山东诺邦特生物工程有限公司与刘某某劳动争议案”①中，在劳动者造成用人单位损害后，用人单位能否向劳动者追偿，法院认为，如果用人单位和劳动者在劳动合同中没有约定劳动者的赔偿责任，则在劳动者给用人单位造成经济损失时，用人单位不能要求劳动者赔偿，因为：“在我国，立法者的本意是限制用人单位向劳动者索赔的权利的。在本案中，诺邦特公司和刘某某之间没有签订劳动合同，因此，也就没有对损害赔偿进行约定。而诺邦特公司亦未提供证据证明其有相关的规章制度对损害赔偿进行了规定。因此，虽然制冷机的损坏发生于刘某某工作期间，诺邦特公司也无权要求刘某某赔偿其损失。”在该案中，法院即运用了历史解释方法，通过探寻立法者立法本意的方法，否定了用人单位的损害赔偿请求权。

（三）探寻立法者的真意

我国法学十分强调法律的当下性、时代性，从最大限度地实现立法者意思而言，这是必要的，但过分强调这一点，而不重视法律的积淀性、继承性和历史性，可能模糊了一些法律词汇、概念的本来面目。② 历史

① 山东省济南市中级人民法院民事判决书，(2014)济民一终字第856号。

② 参见谢晖：《法律哲学》，湖南人民出版社2009年版，第58页。

解释的功能是通过还原历史的方式,来探寻立法者的真意,在文义解释后进行历史解释时,应该从文本出发探寻立法者的意思。如果文本已经表示出立法者的意思,就没有必要进行历史考察。因为法律文本客观表述出来的立法目的更应当被优先考虑。毕竟立法史是难以为人们所知悉的,而法律文本是为人们所共同了解的。所以,要对文义背后的立法意图进行解释;通过立法意图的考察仍不能清晰解释法律文本时,才有必要通过对立法过程的考察,分析立法资料来确定其含义。例如,《民法典》在制定过程中,经历了多次审议。每一次的审议稿修改过程以及争议过程中争论的问题对于我们理解《民法典》都是有重要意义的。

六、历史解释方法应当遵循的规则

(一)注重立法历史

在历史解释过程中,应当结合法律本身诞生的历史,包括法律起草、审议过程中的重要讨论和争议,以及其他重要的立法资料。依据这些信息,解释立法者对于特定条文的立法意旨。历史解释作为规范具体化的基础,即只有通过对规范形成历史的考察,才能够了解规范的起初含义。例如,在法律起草活动中,就某些条款产生了激烈的争论,但在最终的法律条文表述中,并没有直接反映这些争论的结果,而在适用这些法律规范时,应当考虑到规范起草时的本意。[①] 在历史解释中,所有立法资料的运用,可能是为了确定立法者在法律颁布之时的立法目的和价值判断。[②] 不过,如果待决案件可能是历史上的立法者所没有预料到的,此时,解释者要确定立法者立足于当前案件而可能作出的价值判断和立法目的。[③]

(二)服务于寻找妥当的解释结论

历史解释作为法律解释的一种方法,旨在还原被记载于文本之中的彼时的立法目的。然而,立法者的理性总是具有一定的局限性,历史

---

① Anne Roethel, *Normkonkretisierung im Privatrecht*, 2004, S. 128.

② F. Bydlinski, *Juristische Methodenlehre und Rechtsbegriff*, Wien/New York 1982, S. 453.

③ F. Bydlinski, *Juristische Methodenlehre und Rechtsbegriff*, Wien/New York 1982, S. 451.

解释的结论总是依附于“促使立法产生的社会框架条件”，[①]在法律的发展过程之中，社会生活的不断变动必然会使当时的立法目的与现今的时代背景发生脱节，原有的立法目的可能已经不再适用于新的社会背景。但是，“制定法解释的目标最终只能是：确定制定法在现今法律上的标准意义，也就是确定制定法的规范性意义”，[②]这就要求解释者在进行历史解释时，必须将当下的法律适用作为立脚点，而不可本末倒置，削当今社会现实之足，以适历史解释之履。例如，在《劳动合同法》制定时，平台用工并不多见，立法者的立法也显然针对的是传统的用工模式。此时，如果严格遵循历史解释，认为《劳动合同法》所保护的劳动者仅限于传统用工模式，就会人为地导致平台用工制度的缺失。也正是有基于此，科殷（Coing）认为，历史解释所能提供的只是一个参照点，解释者必须还要明确历史解释的结论是可以适用于当下的案情，还是有必要进一步造法。[③] 所以，历史解释的结论必须要通过当下社会背景的妥当性检验，解释者要将历史解释作为服务于探寻妥当结论的工具，而非解释活动的目的。

（三）采用多种方式对历史解释得出的结论予以验证

历史解释确实具有较多的局限性，尤其是我国长期不重视立法资料的整理，解释者难以从历史资料中探究立法者的意思。再加上有些资料本身因为残缺不全，给法律解释本身带来了很大程度上的主观任意性，导致了在历史解释中所得出的立法者原意可能是多种的，甚至是冲突的。以前述“汽车自燃致损案”为例，从历史考察来看，《民法典》第1202条修改了《产品质量法》第41条的规定，扩张了损害的范围。这就意味着，在因产品缺陷造成损害的情况下，无论是何种损害（包括缺陷产品本身的损害），受害人都可以请求赔偿。但此种做法是否妥当，需要以其他方式进行验证。例如，从《民法典》的立法目的出发，需要充分救济受害人，但如果受害人不能依据《民法典》第1202条提出主张，而其与生产者之间并无产品合同关系，其也不能对生产者提出合同

① ［奥］恩斯特·A. 克莱默：《法律方法论》，周万里译，法律出版社2019年版，第89页。

② 参见［德］卡尔·拉伦茨：《法学方法论》，黄家镇译，商务印书馆2020年版，第400页。

③ ［德］H. 科殷：《法哲学》，林荣远译，华夏出版社2002年版，第217页。

赔偿主张,在此情况下,其权利将无法得到救济。再从体系解释角度来看,本案涉及违约责任和侵权责任的竞合问题,我国《民法典》第186条允许受害人在此种情形下自行选择请求权,但这一解释显然未考虑到同一种侵权行为造成多种损害的后果,在产品责任所保护的损害范围受到严格限制的情形下,仅仅选择侵权或者违约的方式,仍难以充分弥补受害人的损失,因此,《民法典》第1202条的扩张就弥补了《民法典》第186条可能产生的缺陷。可见,通过多种方式可以验证这一解释的合理性。

第九节　合宪性解释

在多数可能的解释中,应始终优先选用最能符合宪法原则者。

——[德]卡尔·拉伦茨(Karl Larenz)

合宪性解释既是规范控制,又是规范解释。

——[德]米勒(Miller)

案例:某市居民张某,其父亲去世,张某将其父亲的尸体送到殡仪馆火化。殡仪馆在两天后通知张某领取骨灰。当时,殡仪馆的工作人员因一时疏忽错将他人的骨灰交给了张某。张某将其父亲的骨灰领回之后,立即召开了追悼会,并邀请亲友近百人参加。在追悼会进行1个小时后,殡仪馆派人来到追悼会现场,要求调换骨灰,并承认他们的工作存在疏忽。张某认为,他本人及其全家的人格权受到侵害,诉至法院,请求殡仪馆赔偿其精神损害10万元,并要求殡仪馆公开赔礼道歉。在审理中,一审法院就张某的人格权是否受到侵害存在争议。一种观点认为,我国《民法典》人格权编规定的十项具体人格权益都不能适用此类情形,因此,被告并没有侵害原告的人格权益。另一种观点认为,《民法典》第990条第2款规定:"除前款规定的人格权外,自然人享有基于人身自由、人格尊严产生的其他人格权益。"上述情形可以认为被告的行为侵害了原告享有"基于人身自由、人格尊严产生的其他人格权益"。笔者赞成第二种观点,虽然对该条究竟包括哪些内容,有待进一步解释,但是依据《宪法》第38条规定:“中华人民共和国公民的人格尊严不受侵犯。……”而《民法典》第990条的规定就是对《宪法》这一规则的具体化,因此在本案中,被告侵害的就是原告的人格尊严,因此,应该予以赔偿。尤其应看到,从合宪性解释角度来看,对原告的人格利益予以保护,符合宪法的原则和精神。

一、合宪性解释的概念和特征

(一)合宪性解释的概念

所谓合宪性解释,是指在出现复数解释的情况下,以宪法的原则、价值和规则为依据,确定文本的含义,得出与宪法相一致的法律解释结论。通过合宪性解释来确定法律文本含义时,通常采取选择或排除的方式。也就是说,如果某个解释结论符合宪法,就应当选择其作为解释结论;如果所作的法律解释违反了宪法,就应当予以排除。通过这种方式,使文本的含义能够与宪法保持一致。例如,在“张某某诉蔡某某因遗赠所附条件妨碍婚姻自由被认定无效案”中,法院认为:“张某某去世后,蔡某某是否再婚应完全由蔡某某自行决定,如蔡某某选择再婚也是法定权利。张某某立下遗嘱但设定了约束内容,限制蔡某某的婚姻自由,违反了有关婚姻自由的宪法和法律的规定,故张某某所立遗嘱中‘如我妻蔡某某今后嫁人,三间平房归我侄子张某某所有’的内容应属无效,即张某某受遗赠的内容无效。”①在该案中,张某某在遗嘱中将蔡某某不得再婚作为遗赠的条件,这显然不符合《宪法》对公民婚姻自由的保护。因此,在解释中,应当认为该遗嘱内容违反了《民法典》第153条第2款的规定,应当认定遗嘱因违反公序良俗而无效。

在合宪性解释中,有必要区分作为解释对象的文本和作为解释依据的文本。作为解释对象的文本,是拟适用于具体案件中的部门法规定,而作为解释依据的文本,是宪法文本。合宪性解释是要运用解释的依据来确定解释对象的含义,并非直接对解释的依据进行解释,这也是合宪性解释和宪法解释的区别所在。合宪性解释的特点如下:

---

① 江苏省无锡市中级人民法院民事判决书,(2013)锡民终字第0453号。

第一,合宪性解释是在无法通过其他狭义的法律解释方法得出唯一妥当结论后适用的方法。裁判者在适用法律时,不能直接依据宪法来裁判,也不能首先依据宪法进行解释。就民事案件而言,裁判者应当以民法的规定作为裁判依据,并且首先要运用文义解释等其他法律解释方法来确定法律文本的含义。如果通过其他解释方法得出了唯一的结论,就无须采合宪性解释。只有在出现了复数解释,且部分解释结论可能违反宪法时,才有必要运用合宪性解释,加入作为决定判断标准的宪法论点。[①] 据此,合宪性解释只有在具备如下条件时才能运用:一方面,出现了复数解释,难以确定文本的含义。在出现了复数解释的情况下,依赖于裁判规范难以解决数个解释结果的冲突问题,此时,以宪法为依据进行解释,与宪法作为根本大法的地位是相符合的。在多数可能的解释中,应始终优先选用最能符合宪法原则者。[②] 另一方面,出现了复数解释时,涉及宪法问题且有必要运用宪法来解释。在一些案件中,由于复数解释的争议焦点涉及宪法中的原则、价值和规则,或者说,它们与宪法的联系较为紧密,因此有必要采用合宪性解释。如果在复数解释中不涉及是否符合宪法的判断问题,也就不必要进行合宪性的解释。

第二,合宪性解释是依据宪法对部门法进行的解释。一方面,合宪性解释并不是解释宪法,它只是依据宪法解释待适用的法律规范。合宪性解释所直接解释的对象是法律文本而不是宪法文本。合宪性解释仍然是法律解释而不是宪法解释,只不过,在具体解释法律的过程中,也可能要对宪法进行必要的解释。[③] 合宪性解释很大程度上是验证解释的结论,而不是为了阐明宪法自身的含义。另一方面,裁判者进行合宪性解释只是在宪法允许的范围内针对要适用的法律文本进行解释,而不是直接将宪法作为裁判规范运用到案件之中。之所以需要运用合宪性解释,是因为根据部门法(如民法)本身难以确定该解释结论,从而需要从更高位阶的宪法出发进行解释并选择最妥当的解释结论。尤其是从部门法本身出发不能判断其是否与宪法相一致。因为从法秩序统

---

① Müller, *Juristische Methodik*, 3 Aufl., Berlin 1989, S. 65.

② [德]卡尔·拉伦茨:《法学方法论》,黄家镇译,商务印书馆2020年版,第428页。

③ 参见王泽鉴:《法律思维与民法实例》,中国政法大学出版社2001年版,第197页。

一的角度考虑,任何部门法都必须符合宪法的规则和精神。法律体系实质上是内部的法律价值体系,该体系应当保持一致性。[①] 而宪法中的价值具有最高的位阶,部门法的解释必须符合宪法价值。还应当看到,合宪性解释只是针对法律文本而不是针对当事人的意思表示而进行的解释。例如,在某工伤事故案件中,最高人民法院于1988年10月14日在给天津市高级人民法院的《关于雇工合同应当严格执行劳动保护法规问题的批复》中指出:"对劳动者实行劳动保护,在我国宪法中已有明文规定,这是劳动者所享有的权利,受国家法律保护,任何组织和个人都不得任意侵犯。张学珍、徐广秋身为雇主,对雇员理应依法给予劳动保护,但他们却在招工登记表中注明'工伤概不负责'。这是违反宪法和有关劳动保护法规的,也严重违反了社会主义公德,对这种行为应认定无效。"在该案中,最高人民法院对于合同是否应当宣告无效采用了合宪性审查的方式。但这只是根据宪法对意思表示作出的解释,而不是针对法律进行的解释。

第三,合宪性解释的功能在于选择和排除解释结论。根据宪法的基本原则和精神,尤其是主要根据宪法赋予人们的基本权利,排除违反宪法原则的解释,在多种解释中作出判断和选择,使法律解释的结论符合宪法。[②] 在我国,合宪性解释虽然以宪法为依据,但并非要直接适用宪法进行裁判,也不是运用宪法来填补法律漏洞。因为宪法作为根本大法,它只是立法的指导,本身并不能作为裁判的规范。合宪性解释的功能就是针对多种解释结论作出选择或排除解释结论,并确定文本的含义。具体来说:一是选择解释结论。合宪性解释要求,在出现了复数解释,难以确定法律文本的含义时,应当选择与宪法相符合的解释结论。对同一法条有多种解释的可能性时,应当选择与宪法相一致的结论。二是排除解释结论。也就是说,排除各种解释结论中与宪法相违背的解释。因此,合宪性解释具有验证方法的特点。它并非要对法律条文是否违宪进行审查,也不是要认定特定条文无效,而是针对具体案件,对法律条文的解释结论进行验证。因此,合宪性解释可以起到验证

---

① 参见[德]魏德士:《法理学》,吴越等译,法律出版社2005年版,第229页。

② Leibholz/Rinck/Hesselberger, *Grundgesetz-Kommentar an Hand der Rechtsprechung des Bundesverfassungsgerichts*, Bd. I,6 Aufl. ,Köln 1989,S. 10.

部门法是否符合宪法的功能。“合宪性法律解释是一种顾及宪法的解释,寻求一种使宪法原则可能公正实现的解释;引领法律合乎宪法的解释,通常就规范意义的确认上,能使法律在宪法精神中获得充实,甚或纠正。”[①]

合宪性解释本身也经历了一个产生和发展的过程。在传统的法律解释方法中并不存在此种法律解释方法,19 世纪初期萨维尼归纳的法律解释方法之中就没有将其包括在内。但是,有人认为,萨维尼的体系解释内容比较宽泛,可以包含合宪性解释。[②] 据学者考证,1908 年瑞士联邦法院在一个判决中首次采用合宪性解释,并提出:“法律解释不逾越宪法的范围,才能称为正确的解释。”[③]一般认为,该案是合宪性解释的发端。自此以后,尤其是第二次世界大战以来,其地位日益突出。早在德国帝国法院时期就曾经提到,法律如果有疑义,除非明白显示偏离宪法规定,否则应解释为与宪法规定是相符合的。1953 年,德国联邦宪法法院在一项决议中正式使用了合宪性解释的规则。[④] 而奥地利法院自 1951 年起开始使用合宪性解释。在 20 世纪 60 年代,欧洲的违宪审查制度的发展进一步促进了合宪性解释方法的运用。[⑤] 正如苏永钦教授在总结合宪性解释的发展后认为,无论是在美国还是欧洲,合宪性解释作为一种解释方法,都是在违宪审查制度确立之后发展而成的,而且这种解释方法具有不断扩张的趋势。[⑥] 在此期间,德国学说发展了“符合宪法的原则”,提出合宪性解释方法,作为法律适用中法律解释的最高位阶的准则。宪法的效力优于一般法律,法律解释的结果不得与宪法条文相抵触,如果有多种不同解释之机会时,其中使该规范与宪法相符的解释,具有优先的效力。[⑦] 在法律解释方法中,合宪性解释的地位

---

① H. Bogs, *Die verfassungskonformes Auslegung von Gesetzen*, Stuttgart/Berlin/Köln/Mainz 1966, S. 15.

② 参见舒国滢等:《法学方法论问题研究》,中国政法大学出版社 2007 年版,第 392 页。

③ 苏永钦:《合宪性控制的理论与实际》,台北,月旦出版社股份有限公司 1994 年版,第 1 页。

④ BVerfGE 2,266(282).

⑤ 参见苏永钦:《合宪性控制的理论与实际》,台北,月旦出版社股份有限公司 1994 年版,第 80 页。

⑥ 参见苏永钦:《合宪法律解释原则——从功能法上考量其运用界限与效力问题》,载苏永钦:《合宪性控制的理论与实际》,台北,月旦出版社股份有限公司 1994 年版,第 111 页。

⑦ 参见龙卫球:《民法总论》,中国法制出版社 2001 年版,第 92 页。

和作用越来越突出,最终发展成为一种独立的法律解释方法。有学者认为,合宪性解释是基于现代文明社会突出强调宪法的基本价值而发展出来的一种法律解释方法。① 在我国司法实践中,虽然较少采用合宪性解释方法,但是其作为一种重要的法律解释方法,具有独立存在的价值。这首先是因为宪法是国家的根本法,具有最高的法律效力。因此,在司法实践中,为维护宪法的权威和正确实施宪法,裁判者也应当"以宪法为根本的活动准则",进行合宪性解释。其次,合宪性解释也可以看作广义的体系解释的组成部分。我国法律是在宪法统率下的各个部门法组成的有机整体,任何部门法都不能违反宪法,这也是我国法制统一的要求,是体系解释的具体化。所以,笔者认为,依据宪法和法律的规定,合宪性解释具有法律依据。

(二)《民法典》第1条关于"根据宪法,制定本法"的规定是合宪性解释的依据

《民法典》第1条在立法目的中明确规定"根据宪法,制定本法"。这就表明,我国《民法典》以宪法为上位法依据,《民法典》的规范实际上是宪法的具体化。《民法典》在立法目的中作出此种规定,对于维护整个法律体系的和谐、保障《民法典》的编纂符合宪法的精神等,都具有如下重要的现实意义:一方面,表明宪法具有最高的法律效力,《民法典》的规范不得与宪法的规定相抵触。在我国,宪法是国家的根本大法,是治国安邦的总章程,是保障国家统一、民族团结、经济发展、社会进步和长治久安的法律基础。② 我国是一个集中统一的社会主义国家,法制不统一,就不能依法维护国家统一、政治安定、社会稳定。我国社会主义法律体系是以宪法为核心构建的完整体系,它在宪法的指引下,形成了一个规则的体系和价值的体系。因此,要维护法制的统一,首先必须保障宪法的实施,维护宪法的权威。③ 另一方面,表明《民法典》规范的价值和效力来源于宪法规定。④ 这就是宪法学者所说的"法源法定"。在《民法典》编纂过程中,相关规则的设计应当立足于宪法文本,

① 参见姜福东:《司法过程中的合宪性解释》,载《国家检察官学院学报》2008年第4期。

② 参见胡康生:《学习宪法　忠于宪法　维护宪法权威》,载《中国人大》2009年第5期。

③ 参见胡康生:《学习宪法　忠于宪法　维护宪法权威》,载《中国人大》2009年第5期。

④ 参见韩大元:《由〈物权法(草案)〉的争论想到的若干宪法问题》,载《法学》2006年第3期。

遵守宪法的规定。[①] 我国《宪法》第5条第3款规定:“一切法律、行政法规和地方性法规都不得同宪法相抵触。”这也表明,《民法典》的制定必须符合宪法的原则和精神。因此,有必要通过合宪性解释的方式,实现对民法规范的合宪性控制,使《民法典》符合宪法的精神。

(三)合宪性解释是独立的解释方法

关于合宪性解释是否为一种独立的解释方法,学者对此有不同的看法。肯定说认为,合宪性解释是法律解释的一般方法,所有法律的解释都必须遵循这一规则,即下位法不能与上位法相冲突原则。[②] 我国有学者认为,合宪性解释是指依据宪法及位阶较高的法律规范,解释位阶较低的法律规范的一种法律解释方法。[③] 合宪性解释的宗旨是维护以宪法为基础规范建立起来的整个法律体系的稳定性,避免因作出违宪裁判而引发法律秩序的混乱。这就决定了合宪性解释有必要作为一种独立的解释方法。[④] 否定说认为,合宪性解释实际上难以与其他解释方法截然分开。“我们可以相当笼统地把合宪性解释作为体系解释之一种,也可以将宪法设定的价值看作法律之目的,而将合宪性解释看作目的解释的内容,甚至在裁判者超越文义的界限而进行法律续造时,我们依然能看到合宪性解释的身影。”[⑤]也有学者认为,制定法不得与宪法相抵触,这是宪法的应有之义。以宪法为根本法,统率各个法律,形成完整的法律体系。依据宪法解释,就是体系解释。[⑥] 因此,合宪性解释不是一种独立的解释方法。

从实践来看,合宪性解释作为一种解释方法,虽然在我国的法律解释和实践中极少运用,但并不能因此否认其作为一种独立的解释方法的地位。其原因在于:第一,合宪性解释的独特性及其对于确定文本的含义所发挥的重要作用,决定了不宜将其纳入体系解释之中,而应当作为一种独特的方法。合宪性解释既包含了体系解释的因素,又具有其自身的特点。合宪性解释可以理解为通过部门法与宪法的关系来解释

① 参见叶海波:《“根据宪法,制定本法”的规范内涵》,载《法学家》2013年第5期。

② F. Bydlinski, *Juristische Methodenlehre und Rechtsbegriff*, Wien/New York 1982, S. 456.

③ 参见梁慧星:《民法总论》,法律出版社1995年版,第280页。

④ 参见姜福东:《司法过程中的合宪性解释》,载《国家检察官学院学报》2008年第4期。

⑤ 张翔:《两种宪法案件:从合宪性解释看宪法对司法的可能影响》,载《中国法学》2008年第3期。

⑥ 参见舒国滢等:《法学方法论问题研究》,中国政法大学出版社2007年版,第391页。

法律的方法。但是,并不是也不能依据部门法来解释宪法,而只是依据宪法来解释部门法。第二,合宪性解释还包含了目的解释的因素,宪法的规定往往可以理解为立法目的的部分内容。宪法作为根本法,其位阶最高。任何与宪法不符合的解释,都是无效的。[①] 宪法的根本法地位决定了,法律法规的立法目的也应当与宪法保持一致。所以,宪法的规定对于确定法律的立法目的具有重要意义。在实际运用中,它有助于判断既有规范的哪一种含义符合宪法的意思。第三,尽管在立法学中存在下位法不能与上位法相冲突的原则,根据该原则,所有的法律法规都不得违背宪法,但这并不能代表该原则能够取代合宪性解释本身。有人认为,这一规则可以替代合宪性解释方法,这显然是不妥当的。一方面,这一规则主要是立法论上的原则,而合宪性解释主要是一个法律解释的原则;从适用的结果来看,下位法不能与上位法相冲突原则适用的结果往往是宣告某一法律无效,而合宪性解释主要是从某法律规范的多重含义中选择符合宪法精神的意思,确保法律规范符合宪法,维护法律规范的合宪性。另一方面,下位法不得与上位法相冲突的原则,除了包含任何法律不得与宪法相违背的原则以外,更多的是处理法律、法规、规章等法律规范彼此之间的关系,而且在我国,详细规定法律位阶的是《立法法》,而不是宪法。《立法法》虽然属于宪法性文件,但不是宪法本身,所以,下位法不能违背上位法的原则不能取代合宪性解释。

虽然合宪性解释要求保持法律符合宪法的精神,但是,在方法论上,合宪性解释只能是众多具体化方法的一种,而不能凌驾于其他方法之上。[②] 笔者认为,合宪性解释在各种狭义解释方法中应该处于最后的序位,只有在其他方法不能适用的情况下,才能采用合宪性解释。这是因为:一方面,合宪性解释主要是发挥控制性的功能,即控制其他解释方法所得出的解释结论是否符合宪法的精神和规定。另一方面,合宪性解释毕竟主要依据宪法来进行解释,在通常情况下,在部门法能解决问题时,一般不需要借助于宪法,所以,一般认为,合宪性解释只有在通过其他方法不能有效探明法律意旨时才能运用。

---

① 参见伦海波:《论民法的渊源》,载易继明主编:《私法》(第 1 卷第 8 辑),华中科技大学出版社 2008 年版,第 106 页。

② F. Müller, *Juristische Methodik*, 3 Aufl., Berlin 1989, S. 85f.

二、合宪性解释与相关法律解释方法

(一)合宪性解释与文义解释

文义解释是法律解释的起点,因此也是合宪性解释运用的前提。文义解释的功能之一是,确定法律条文的含义是否是清晰的。如果文本的含义是清晰的,或者没有出现复数解释,就不需要再采用其他法律解释方法。此时,也不需要进行合宪性解释,而应当推定立法者在立法时尽到了合宪义务。如果采用了文义解释方法之后,仍然存在多种解释的可能性时,就可能需要进行合宪性解释。例如,《民法典》第 580 条第 1 款中,“债务的标的不适于强制履行”应当如何理解?从文义解释来看,其主要包括两大类:第一类是基于信任对方的特殊技能、业务水平、忠诚等所产生的债务,第二类是许多提供服务和劳务的合同,其标的本身都具有不得实际履行的性质。在提供一定的服务或劳务的合同中,一般不得采用实际履行的方式。强制人身曾经在许多国家的历史上采用过,但已被现代民法抛弃。现在大陆法系国家往往采用替代履行方式予以解决。从合宪性解释来看,我国宪法和民法都规定公民的人格尊严和人身自由不受侵害,这也意味着对公民个人的人身不得实行强制的方法,如果采取实际履行措施,则将对个人实施某种人身强制,这与我国宪法和法律关于公民的人身自由不受侵害的规定是相违背的。①

而进行合宪性解释时,虽然针对拟适用法律条文的文义解释已经完成,但是,宪法本身也需要进行文义解释。而对宪法本身的文义解释只是对作为解释依据的宪法的解释,而不是对解释对象的解释。因此,在合宪性解释中,应当将这两种解释区分开。

(二)合宪性解释与体系解释

合宪性解释与体系解释具有类似之处。从广义上说,以宪法为统帅而形成的法律制度和规范体系形成了特定国家或地区的法律体系。我国整个法律体系就是在宪法统率之下由法律、法规等构成的完整体系。以最高位阶的法律规范来解释位阶较低的法律规范,即按照宪法

---

① 参见黄薇主编:《中华人民共和国民法典合同编解读》(上册),中国法制出版社 2020 年版,第 415 页。

的精神来解释现有法律,属于体系解释的组成部分。事实上,合宪性解释和体系解释都以"体系思考"为其特点,强调法律体系的一致性。所以,一些德国学者认为,合宪性解释不过是体系和目的解释。[①] 体系解释的一种亚类型是合宪性解释(verfassungskonforme Auslegung)。[②] 在我国,有学者认为,以宪法为根本法的"法律体系"不是一个外部的法律条文体系,而是通过其背后的价值形成一个法律思想体系。因此,合宪性解释属于体系解释的范畴。[③] 王泽鉴教授也认为,合宪性解释不过是体系解释的一种。[④] 但从狭义上理解,体系解释具有独特的含义,它只限于部门法内部,而不包括借助宪法来解释部门法。合宪性解释与狭义的解释方法中的体系解释是不同的,其区别主要表现如下:

第一,体系解释是以部门法特别是民法的体系为基础进行的解释,一般不需要运用宪法规范,而合宪性解释是以整个法律体系为基础进行的解释,需要运用宪法规范进行解释。在体系解释中,需要运用体系解释方法来解释法律文本。而在合宪性解释中,需要以宪法的原则、规则、价值等来进行解释。以部门法的体系为基础,就是以裁判规则为基础;而以宪法和部门法的关系为基础进行的解释,并非以裁判规则为基础。

第二,体系解释作为一种解释方法,是为了阐明法律条文的含义,弥补文义解释的不足。而合宪性解释,虽然也具有确定法律文本含义的功能,但其更多地具有验证的功能,即在出现复数解释时验证何种结果符合宪法的规定。如果解释的结果不符合宪法,就是无效的。因此,合宪性解释还担负着合宪性控制的重要功能。

第三,体系解释是以外在体系为基础进行的解释,而合宪性解释并非仅仅以外在体系为基础。体系解释的法理基础在于部门法的外在体系的合理性。而合宪性解释需要运用宪法的价值、理念、精神来解释部门法,或者说验证解释的结果。所以,它主要不是运用外在体系,而是进行价值判断,从而保障法律规范的解释的结果尽可能避免与宪法的

---

① F. Bydlinski, *Juristische Methodenlehre und Rechtsbegriff*, Wien/New York 1982, S. 455.

② F. Bydlinski, *Juristische Methodenlehre und Rechtsbegriff*, Wien/New York 1982, S. 455.

③ 参见舒国滢等:《法学方法论问题研究》,中国政法大学出版社 2007 年版,第 391 页。

④ 参见王泽鉴:《法律思维与民法实例》,中国政法大学出版社 2001 年版,第 196 页。

冲突。[①] 因此,合宪性解释包括两部分:一是依据宪法进行解释,二是依据位阶高的法律来解释位阶低的法律。笔者认为,合宪性解释中所依据的仅仅是宪法,如果是依据位阶高的法律来解释位阶低的法律,就属于体系解释的范畴。

第四,体系解释是以特定的部门法为基础,在该部门法内部进行的解释,而合宪性解释已经超出了部门法的范畴。在体系解释中,其以部门法为对象,而且解释依据也是部门法。而在合宪性解释中,其以宪法和部门法的关系为基础,所以,超出了部门法的范畴。

合宪性解释也可以与体系解释合并运用。例如,在"莫女与陈男等隐私权纠纷上诉案"中,法院认为:"我国婚姻法规定,夫妻应当互相忠实,陈男在发现莫女有反常行为后,其有权知道自己作为莫女配偶所享有的对莫女的专属身份权益是否受到了威胁或者侵犯,且其所调取的密码及用户账单不属于公民通信秘密,其获得信息后也未予以传播、扩散和作出丑化莫女的宣传行为,其行使权利并未超过必要的限度。因此,陈男擅自变更莫女手机密码、调取用户账单的行为并不构成对莫女隐私权的侵犯。"[②]笔者认为,本案的裁判结论值得商榷。在该案中,《婚姻法》中所规定的夫妻之间的忠实义务与个人的隐私权之间产生了一定的冲突,夫妻双方的隐私权在某种程度上应当受到夫妻之间忠实义务的限制,但并不能据此否定夫妻双方依法享有隐私权。依据《宪法》第40条规定,公民的通信自由和通信秘密受法律保护,这就为个人通信秘密的隐私权保护提供了宪法依据。在夫妻关系存续期间,如果夫妻双方的忠实义务与双方的隐私权保护发生冲突,需要通过合宪性解释的方法,对二者的关系进行协调,即在解释夫妻双方忠实义务规则、确定其范围时,不得排除双方的隐私权。在本案中,手机密码、用户账单等均属于个人隐私权的客体,应当依法受到法律保护,陈某擅自变更莫女手机密码、调取其账单的行为应当构成对其隐私权的侵害。

(三)合宪性解释与目的解释

合宪性解释与目的解释的关系较为密切。我国法律都是依据宪法

---

① F. Bydlinski, *Juristische Methodenlehre und Rechtsbegriff*, Wien/New York 1982, S. 45.5.

② 汤然:《婚内隐私权与配偶知情权争议案件评析》,载《人民司法(应用)》2007年第19期。

制定的,所以要贯彻宪法的目的。一方面,在进行任何解释时,裁判者应当确信,立法者制定法律时的目的都是合宪的,而不能对法律目的的合宪性产生怀疑。另一方面,合宪性解释有助于确定被解释文本的立法目的。在解释特定法律文本时,如果不能从文义解释等方式明确文本的含义,就可能需要进行目的解释,而通过合宪性解释也可以准确探究特定法律文本的立法目的。例如,解释《民法典》中私人所有权的概念,必须从宪法保护私有财产的目的考量。再如,《民法典》第1011条关于禁止非法搜查他人身体的规定究竟侵害了受害人的人身自由还是人格尊严,就需要结合《宪法》第37条、第38条关于人身自由和人格尊严的规定加以解释,实际上该条就是为了具体落实《宪法》保护人身自由和人格尊严的规定。民法中保护人格权的规定,也需要从宪法保障人权的原则出发来考量。此外,合宪性解释也有助于检验所确定的立法目的是否合宪。也就是说,目的解释中所探究的法律的规范目的往往也要借助于宪法规定进行验证。据此,我国也有学者认为,合宪性解释属于客观目的解释的问题。[①]

但笔者认为,合宪性解释作为一种独立的狭义法律解释方法,其也不同于目的解释,区别在于:一方面,解释的依据不同。在目的解释中,其解释的依据是法律的立法目的(或者称规范目的)。而合宪性解释中,其解释的依据包括宪法的规则和精神。另一方面,目的解释是从特定法律部门中特定法律条文的规范目的进行考量,属于目的论的考察;而合宪性解释是从部门法与宪法的关系角度进行考量,它是考虑到上位法和下位法之间的关系而进行的解释。换言之,合宪性解释是合宪性控制在法律解释学中的运用。

(四)合宪性解释与历史解释

历史解释与合宪性解释也有一定的联系。就合宪性解释而言,其依据的宪法规范或宪法精神,往往也需要借助于历史解释的方法来予以确定。例如,我国宪法关于计划经济的规定到社会主义市场经济体制的确立,这只有通过历史解释才能准确地理解。但是合宪性解释与历史解释之间存在较大的差异,表现在:第一,两者的解释依据不同。历史解释是通过立法史的考察来确定立法者的意旨,从而明确法律条

---

① 参见龙卫球:《民法总论》,中国法制出版社2001年版,第92页。

文的含义。而合宪性解释是要通过宪法规范和宪法精神来确定法律解释结论。第二,解释的作用不同。历史解释具有积极确定法律条文含义的功能,而合宪性解释主要是发挥消极的排除功能,即排除与宪法不一致的解释结论。

(五)合宪性解释与价值补充

价值补充,即一般条款和不确定概念的具体化问题。合宪性解释与价值补充之间联系密切。一方面,在价值补充之中也需要进行合宪性解释。价值补充就是对不确定概念和一般条款进行解释的过程,这一过程同样要接受合宪性控制。因此,价值补充的结论也需要借助于合宪性解释方法进行验证,排除其中与宪法相违背的结论。例如,宪法中确立了平等保护原则,因此,在解释中,应当按照地位平等、权利平等、受到侵害之后的救济平等解释法律。如果价值补充的结果违反平等原则,该结果可能要被排除。另一方面,宪法可以直接作为价值补充中参考的因素。正如拉伦茨教授所言:"合宪性法律解释乃系一法道德原则,使法律的解释提升至最高宪法原则的层次,以加强法律的含义,尤其是宪法在基本权利部分所宣示之价值决定。"[①]在我国,许多学者认为,宪法保障人权的规定,如自由、平等、人格尊严,应视为全部法律秩序的基本价值或目的,这样可以充实民法中若干原则规定或不确定概念的内容,使之具体化和实在化。[②] 正如德国学者普裕姆教授(Prümm)所指出的,当被解释的规范高度抽象以至于近似空洞公式时(如公序良俗条款),宪法就直接融入法律。[③] 因此,宪法要作为法律解释中参考的因素,就必须通过民法上的相关设计(通常是不确定概念和一般条款)等渗入宪法的价值和精神。例如,在劳动合同中约定禁止女工怀孕,裁判者应当依据公序良俗条款而宣告该约定无效,而在判断是否违反公序良俗时可以依据宪法的规定。

但是,合宪性解释不同于价值补充,主要区别在于:第一,对象不同。价值补充是以不确定概念和一般条款为适用对象,而合宪性解释

---

① K. Larenz, *Methodenlehre der Rechtswissenschaft*, 6. Aufl., Berlin/Heidelberg/New York 1991, S. 339.

② 参见孔祥俊:《法律规范冲突的选择适用与漏洞填补》,人民法院出版社2004年版,第40页。

③ H. P. Prümm, *Verfassung und Methodik*, Berlin 1977, S. 83f.

的适用对象还包括制定法的其他规定。因此,合宪性解释的适用范围非常宽泛。第二,解释方法不同。价值补充的概念是所有不确定概念和一般条款具体化方法的总称,而合宪性解释只是狭义的法律解释方法的一种。第三,价值补充考虑的价值是多方面的,宪法只是其中考虑最重要的方面。如诚实信用在宪法中就没有规定,不必用宪法来补充,其是规范私人领域的事务的规则,属于私法的范畴。在很多法律领域,不确定概念和一般条款的具体化并不需要依据宪法进行解释。在寻找法律的过程中,运用宪法进行思考并非合宪性解释,而通常是价值补充方法的运用。

(六)合宪性解释与漏洞填补

关于宪法是否可以用于漏洞填补,学界存在不同的看法。肯定说认为,宪法也可以作为漏洞填补的依据。尤其是当法律完全无法保障某项基本权利,而基本权利侵害的救济又极为迫切时,可以用宪法上基本权利的条款去造法。[①] 否定说认为,以宪法作为漏洞填补的依据,这就改变了合宪性解释的性质和特点,也超出了合宪性解释的功能范围。上述两种观点都不无道理,但笔者认为,合宪性解释只能作为狭义的法律解释方法,而不能作为漏洞填补的方法,理由如下:

第一,依据宪法进行漏洞填补,可能导致裁判者直接援引宪法的规定来判决,这违反了宪法不得直接适用的原理。在我国,宪法历来不是民事裁判规则,因为宪法是规范公民与国家关系的,并非规范公民之间关系的。宪法上的义务主体是国家,而不是公民。如果允许法院援引宪法填补漏洞,这意味着所有法院都可以解释宪法,而在我国现行体制下,宪法解释权专属于全国人大及其常委会,法院不享有释宪权。

第二,宪法本身不具有裁判规范的特点。宪法内容关涉一国法治的根基,具有原则性和无责任后果的特点。它通常都采用宽泛的、一般性的语言,表述的是原则而不是规则,因而其可操作性不强。[②] 具体来说,宪法规范都不包含构成要件和法律效果,裁判者实际上也很难将其适用于具体案件。

---

① 参见张翔:《两种宪法案件:从合宪性解释看宪法对司法的可能影响》,载《中国法学》2008 年第 3 期。

② 参见伦海波:《论民法的渊源》,载易继明主编:《私法》(第 1 卷第 8 辑),华中科技大学出版社 2008 年版,第 106 页。

第三,依据宪法进行漏洞填补,也不具有实际意义。在漏洞填补中,习惯法、类推适用、目的性扩张、目的性限缩都可以发挥重要作用。即使这些方法不足以填补漏洞,也可以借助于法律原则、利益衡量等,完全没有必要借助于宪法进行漏洞填补。

在我国司法实践中确实存在这种情况,即在涉及合同无效等案件中,裁判者运用了宪法进行判断,尤其是运用宪法上的基本权利规则来判断合同的效力。例如,宪法确定了公民的居住自由、劳动权、休息权和受教育权等基本权利,如果用人单位与雇员约定"在职工作期间不得在职工宿舍外居住""工作期间不能结婚"等条款,从表面上看,是双方当事人的自由契约行为,符合合同自由的基本精神,但实质上,这些约定因为违反了宪法赋予公民的基本权利而应当被宣告为无效。但是,即便法院要适用宪法的规定,也应当将其转化为部门法的制度和规则。例如,在上述情况下,应当以宪法的规则或精神来对《民法典》第 153 条第 2 款中的"公序良俗"概念进行具体化。正因如此,法院对宪法的适用并非依据宪法进行漏洞填补,也不是进行合宪性解释,它实际上是运用宪法所确立的价值来对民法中的相关规定进行具体化。

三、合宪性解释的功能

关于合宪性解释的性质定位,历来为学者所争论。瑞士学者卡姆皮史(Campische)就总结出三个规则:一是单纯的解释规则,指宪法相关规定应在法律解释时直接发生一定影响;二是冲突规则,指在数种可能的法律解释中优先选择与宪法内容相符的;三是保全规则,指当法律有违宪可能而有数种解释可能时,应选择不违宪的解释。① 德国学者米勒教授(Müller)等人也基本赞成此种看法。米勒认为:"合宪性解释既是规范控制,又是规范解释。"②笔者认为,合宪性解释中不应当包括"单纯的解释规则"的内容,因为这一规则意味着宪法规范可以作为裁判规则而直接在法律适用中援引,并产生直接效力。而事实上,基于各个部门法独立性的考虑,并不承认宪法具有直接适用于裁判的效力。此种规则要求在法律解释中首先要依据宪法进行,以宪法的规则和精

---

① Campische, *Die verfassungskonforme Auslegung*, Zürich 1978, S. 1ff.

② Müller, *Juristische Methodik*, 3. Aufl., Berlin 1989, S. 85.

神裁判案件,这是以承认宪法规范是裁判规则为前提,显然不符合我国的法律体制。而且,宪法规范直接运用于裁判案件,也为裁判者的司法裁判带来了较大的困难,因为宪法规范通常都不包含构成要件和法律后果两个部分,很难运用于具体案件。笔者认为,合宪性解释主要由冲突规则和保全规则构成:所谓冲突规则,是指在数种可能的法律解释中应优先选择与宪法内容相符合的规则;而所谓保全规则,是指当法律有数种解释可能时,如果有的可能违宪,应选择不违宪的解释。但是,这种表述未能准确阐释合宪性解释的功能。主要是因为,在我国并不存在由司法机关进行的违宪审查制度,因此,还不能完全用冲突规则和保全规则来对合宪性解释进行区分。具体来说,合宪性解释在法律解释实践的重要功能体现在如下几个方面:

1. 依据宪法解释本法,确定妥当的法律解释结论。合宪性解释是在文义解释产生复数解释时采用的,旨在配合其他法律解释方法来确定法律文本的含义。正如德国学者哈福林(U. Häfelin)所说,运用合宪性法律解释原则,“其目的乃当其察觉法律中某一法律概念不明确或有待解释时,它认为不明确的概念须受限于最高的法律使其明确,有待解释之概念亦运用最高的法来解释”。[①] 当然,通过合宪性解释确定法律文本的含义,具有特殊性,它不是可以直接确定,而是通过是否符合宪法的方式来确定。具体来说,合宪性解释只是在已经初步得出的复数解释中进行选择或排除。与此相应,合宪性解释在阐释法律文本中的功能包含两个:一是选择功能,即在数种法律解释的可能中,选择符合宪法的规则和精神的解释结论。合宪性解释的宗旨就是避免法律法规与宪法发生冲突。整个法律体系应该具有稳定性和协调性,在此基础上构建的法律秩序才能够具有统一性,这是合宪性解释的理论基础。[②] 我国《宪法》第5条第3款规定:“一切法律、行政法规和地方性法规都不得同宪法相抵触。”据此,在数种法律解释的可能中,裁判者应当选择其中符合宪法的解释结论。二是排除功能,即在数种法律解释的可能中,排除不符合宪法的规则和精神的解释结论。正是依据排除功能,合

---

① U. Häfelin, *Die verfassungskonforme Auslegung and ihre Grenzen*, in: Fsfü H. Huber, Berlin 1981, S. 243.

② 参见姜福东:《司法过程中的合宪性解释》,载《国家检察官学院学报》2008年第4期。

宪性解释必须以存在复数解释为前提,或者说,以法律条文的可能含义不明确为前提。如果法律条文的规定明确,不应适用法律的合宪性解释。如果法律条文极为明确,而仍要进行所谓合宪性解释,无异于在法律解释的幌子下进行违宪审查。这对于没有违宪审查权的我国裁判者而言,是不可逾越的绝对禁区。[①] 另外,按照排除功能,必须排除不符合宪法的解释结论,这实际上体现了合宪性解释的规范控制功能。所以,合宪性解释是在通常的法律解释方法运用以后采用的,或者说其是作为最终的控制方法采用的。在合宪性解释中,"宪法规范实际上被看作用来控制被解释的法律规范的内容的指导性原则"。[②] 可见,宪法可以为民法典规范的解释与适用提供指引,即在民法典规范存在多种解释时,裁判者可以运用合宪性解释的方法进行解释选择,从而使民法典规范的适用符合宪法的精神和价值。因此,合宪性解释方法的运用,也有利于准确解释民法规则。

2. 进行合宪性控制、保障宪法的实施。斯蒙德教授(Rudolf Smend)曾指出,宪法具有统一性,宪法代表了一种统一的价值,在这些价值之下促使民族的团结和统一。[③] 在我国,宪法是国家的根本大法,是治国安邦的总章程,是保障国家统一、民族团结、经济发展、社会进步和长治久安的法律基础。[④] 但由于宪法规范不具有司法性,无法直接适用于案件裁判,所以,有必要通过部门法将宪法的原则、规范予以具体化,这也是我国宪法实施的重要方式。同时,宪法是国家的根本大法,其虽然规定了国家的政治经济体制和公民的基本权利,但其规定大多较为抽象,难以直接适用于具体的经济社会生活事实,而合宪性解释则有利于保障宪法的实施。在审判实践中,合宪性解释具有进行合宪性控制的功能,进而起到保障宪法的实施、维护宪法的根本法地位的作用。我国《宪法》第 5 条第 3 款规定:"一切法律、行政法规和地方性法规都不得同宪法相抵触。"因此,在法律的解释结论可能违反宪法时,裁判者就应当对其进行合宪性控制,从而使宪法得到贯彻和落实。在我

---

① 参见张翔:《两种宪法案件:从合宪性解释看宪法对司法的可能影响》,载《中国法学》2008 年第 3 期。

② F. Bydlinski, *Juristische Methodenlehre und Rechtsbegriff*, Wien/New York 1982, S. 457.

③ Stein, Staatrsrecht, 8th ed, Tübinger, J. C. B. Morh (paul Siebeck), 1982, p. 50 – 251.

④ 参见胡康生:《学习宪法　忠于宪法　维护宪法权威》,载《中国人大》2009 年第 5 期。

国,各部法律一般也开宗明义地表明,其是依据宪法制定的。因此,在法律的解释结论可能违反宪法时,法官就应当对其进行合宪性控制,从而使宪法得到贯彻和落实。

3. 保障基本权利的实现。“在传统的理论中,宪法的主要功能之一,便是保障人民的基本权利。”[①]基本权利是人民所享有的重要权利,既是对抗国家权力的重要工具,也是现代社会的要求。作为法律解释主体的裁判者,不论其有没有违宪审查权,其都有义务将宪法的基本权利和价值安排通过法律解释的技术贯彻于部门法的规范体系。[②] 就法律解释而言,裁判者通过合宪性解释,就可以达到基本权利实现的目的,甚至要尽可能充分地实现基本权利。但这首先涉及宪法中基本权利规则的适用问题,或者说基本权利对第三人效力的问题。对此,存在三种不同的观点:一是直接适用说。此种观点认为,宪法对于基本权利的规定可以直接适用于民事关系。二是不得适用说。此种观点认为,宪法中对于基本权利的规定是不能适用于民事关系的,因为宪法是规范国家与人民关系的。三是间接适用说。此种观点认为,宪法对于基本权利的规定只能间接适用于民事关系,其只能通过间接适用的方式适用于民事关系,如借助于民法上的转介条款(如公序良俗条款等)。[③] 笔者认为,从宪法的非司法性和部门法的独立性的角度考虑,间接适用说较为妥当。从世界范围来看,宪法的可直接适用性也没有被广泛认可。宪法规范通常都仅仅是宣示性条款,其并不包括构成要件和法律后果的设计,裁判者也不太可能将其作为裁判者依据直接适用于具体案件。在传统的宪法学框架下,基本权利的权利主体是个人,而义务主体是国家,这几乎成了基本权利分析无须检讨的基本框架。[④] 宪法中基本权利规范要发挥作用,必须借助于部门法的相关规定使其具体化。例如,我国《宪法》关于保障人权的规定,必须通过民法中的人格权的规定予以具体化。在具体化的过程中,一般条款和不确定概念起到了桥梁的作用。

---

① 陈新民:《德国公法学基础理论》(上册),山东人民出版社2001年版,第287页。

② 参见张翔:《两种宪法案件:从合宪性解释看宪法对司法的可能影响》,载《中国法学》2008年第3期。

③ 参见陈新民:《德国公法学基础理论》(上册),山东人民出版社2001年版,第287页以下。

④ 参见张翔:《基本权利的规范建构》,高等教育出版社2008年版,第4页。

4.维护法律体系的统一性。这种解释方式实际上就是根据法律的位阶来解释。首先,宪法的位阶最高,所有的法律都不得与宪法的规定相违背。如果把法律的等级看作"金字塔",宪法则处于塔尖的位置,其效力要高于一般的法律,任何法律、法规如果与宪法的效力相抵触,都必须被认定为无效。[①] 而合宪性解释实际上是以尊重法律的位阶、尊重宪法的最高位阶为基础的。因此,合宪性解释,有助于维护法律体系的统一性。斯蒙德教授(Rudolf Smend)曾指出,宪法具有统一性,宪法代表了一种统一的价值,在这些价值之下促使民族的团结和统一。[②] 在我国,社会主义法律体系是以宪法为核心构建的完整体系,它在宪法的指引下,形成了一个规则的体系和价值的体系。我国是一个统一的多民族的社会主义国家,如果法制不统一,就不能依法维护国家统一、政治安定、社会稳定。而维护法制的统一,首先必须保障宪法的实施,维护宪法的权威。[③] 因此,各个部门法都应当服从于宪法。在合宪性解释中,裁判者实际上就是按照宪法的规则和精神进行解释,从而避免部门法的规定与宪法相抵触。虽然合宪性解释在实现法律体系统一性方面的作用是有限的,但是,其毕竟可以在法律解释允许的限度内实现法律体系的一致性。

四、合宪性解释与违宪审查的关系

合宪性控制可以体现在两个方面,即合宪性解释和违宪审查。这两种途径存在共同之处,具体表现为:一方面,二者都是以尊重宪法的基本法地位为前提,以维护宪法和宪法价值的至高无上地位为目的。另一方面,二者都以实现法律体系的一致性为目的。无论是合宪性解释还是违宪审查,都是为了贯彻宪法的规则和价值取向,从而使得部门法的规则与宪法规则保持一致。正是因为两者存在相似性,有人会误以为合宪性解释就是进行违宪审查。事实上,合宪性解释与违宪审查存在明显的区别,表现如下:

第一,对象不同。合宪性解释适用的对象是法律条文的可能解释

---

① 参见刘士国主编:《法解释的基本问题》,山东人民出版社 2003 年版,第 273 页。

② Stein, *Staatrsrecht*, 8th ed., Tübinger, J. C. B. Morh(paul Siebeck), 1982, p. 50 - 251.

③ 参见胡康生:《学习宪法 忠于宪法 维护宪法权威》,载《中国人大》2009 年第 5 期。

结论。合宪性解释是通过解释来协调部门法与宪法冲突的活动。而在违宪审查中,其适用的对象是法律中的特定条文,甚至是整部法律。当然,这两者之间也有可能相互转化。例如,在德国,在具体案件审理中,当事人主张所适用的法律违宪,裁判者就会中止案件审理,报送联邦宪法法院进行违宪审查,审查完毕以后继续进行审理。而在我国,并不存在真正意义上的司法性的违宪审查制度,所以不会发生与德国类似的两者间转化问题。

第二,目的不同。在违宪审查时,通过该审查要确定特定的法律条文是否无效,甚至整部法律是否有效。它的重要功能是阻止特定法律条文或者特定法律的适用。在合宪性解释中,被解释文本有多种解释的可能,即复数解释,通过合宪性解释排除不符合宪法的可能解释,但其并不会导致该法律条文的无效。合宪性解释只是检验某个法律解释的结论是否可以被采用,在存在多个解释的可能时,进行合宪性的控制,并非要宣告法律本身的无效。在我国,宪法和法律没有赋予裁判者在具体个案中审查法律违宪的权力,所以,裁判者进行合宪性解释的同时也无法进行违宪审查。

第三,主体不同。依据我国现行法律的规定,违宪审查仍然属于全国人大的权限。依据《宪法》的规定,只有全国人大及其常委会负有"监督宪法的实施"职责,①因而全国人大及其常委会具有合宪性审查的最高权威,并享有终局性的合宪性审查权;②而人民法院尚不具有从事违宪审查的职能。但合宪性解释是所有法院都可以进行的活动。在法律有规定的情况下,裁判者要考虑该规定是否符合宪法规定,但裁判者没有权力作违宪宣告,而只能提交相关立法机关进行违宪审查。如果需要进行违宪审查,应当启动违宪审查程序,不能直接宣告某个条款违反宪法而无效。如果裁判者直接进行违宪审查,就构成越权。

第四,程序不同。违宪审查的程序比较严格,通常各国都对其设置了专门的程序。例如,有些国家规定,只有在诉讼程序中才能提起违宪审查;而有些国家规定,即便在诉讼程序之外,也可以独立地提起违宪

---

①　参见《宪法》第62条第2项和第67条第1项。

②　参见黄明涛:《具体合宪性审查的必要性及其制度空间》,载《比较法研究》2020年第5期。

审查。在我国,违宪审查必须遵循法律规定的特殊程序,只能向全国人大提起违宪审查的请求,合宪性审查的权能主要包括合宪认定、违宪认定和违宪宣告,法院不享有违宪审查的权力。[①] 而合宪性解释并不要求严格的程序,裁判者适用法律时就自然拥有进行合宪性解释的权力。

在此,我们有必要讨论著名的“种子案”。[②] 该案涉及有关事实的确定是否可以适用《河南省农作物种子管理条例》的规定。法院认为,该条例与《种子法》的相关规定不符,因此宣告该条例无效。笔者认为,该案不属于我们所说的合宪性解释。主要原因在于,合宪性解释的宗旨不在于审查某法律规范的效力,而是探求某一法律规范是否符合宪法精神。在该案中,裁判者实际上进行了违宪审查,宣告地方性法规无效,逾越了现行宪法和法律赋予裁判者的权力。

五、合宪性解释的运用步骤

合宪性解释方法的适用应遵循如下步骤。

(一)确定作为解释对象的法律文本是否存在复数解释

合宪性解释是在出现复数解释结论的情形下所采用的解释方式,“合宪性解释要求在根据文义和脉络可以得出数个解释时,应给予符合宪法原则的、因此能够持续采取的规范性解释以优先地位,而且从事解释的法院应当尊重立法者的具体化宪法原则的优先权”,[③]此处所说的复数解释,并非通过文义解释得出了复数解释,而是说,通过文义解释和其他论理解释出现了复数解释,才有必要进行合宪性解释。例如,某地发生了一起重大交通事故,导致 3 人死亡。其中两人属于该市的居民,另一人属于郊区的农民。死者家属提起诉讼之后,两位城镇户口死

---

① 参见李海平:《合宪性解释的功能》,载《法律科学》2021 年第 2 期。

② 该案的简单案情如下:2001 年 5 月 22 日,汝阳县种子公司(以下简称汝阳公司)委托伊川县种子公司(以下简称伊川公司)代为繁殖玉米杂交种子,并约定由汝阳公司全部收购,但伊川公司却未按合同的约定将繁殖后的种子卖给汝阳公司,而是以高价卖给了其他公司。争议的焦点在于,在追究伊川公司违约责任时,其赔偿的数额到底应该依据市场确定价还是政府指导价来计算。伊川公司主张以《河南省农作物种子管理条例》第 36 条的规定为依据,即“种子的收购和销售必须严格执行省内统一价格,不得随意提价”。一审法院认为,“《种子法》实施后,玉米种子的价格已由市场调节,《河南省农作物种子管理条例》作为法律位阶较低的地方性法规,其与《种子法》相冲突的条款自然无效”。

③ [德]卡尔·拉伦茨:《法学方法论》,黄家镇译,商务印书馆 2020 年版,第 433 ~ 434 页。

者的家人各自得到了二十余万元的死亡赔偿金。而另一名郊区农民虽然长期在该市主城区生活，但属于农村户口。在确定死亡赔偿金时，有观点认为，《民法典》第 1180 条适用的是“可以”以相同数额确定死亡赔偿金。这就意味着三人的死亡赔偿金是否相同可以由法官自由裁量。另一种观点认为，对于《民法典》第 1180 条中的“可以”以相同数额确定死亡赔偿金，应解释为“应当”。只有这样解释才符合《宪法》所确定的“法律面前人人平等”原则。笔者认为，完全不考虑不同案件中的客观情况而采取“一刀切”的赔偿方案，可能导致新的不公平。不同地区的城乡居民的收入状况、生活成本、消费水平等都存在较大差异。不能简单地认为，区分不同地区的城乡所确定的标准就一定违宪。但是，在同一案件中，如果因为交通事故、矿难等原因导致多人死亡，针对城乡居民区别对待，甚至赔偿的标准相差数倍，这确实不符合宪法上确定的人人平等原则。在同一案件中，笔者认为，不宜根据城乡区分不同的标准，对受害人作出不同的赔偿。对本案中应当适用的《民法典》第 1180 条所说的“可以”应当解释为“原则上应当”，这是符合宪法规定的。所以，只有在对于法条的适用存在复数解释时，才有必要进行合宪性解释。

（二）确定待决案件是否涉及有关的宪法规范、原则和精神的解释

即使出现了复数解释结论，也未必都要运用合宪性解释方法。这是因为，在实践中，复数解释的可能性经常存在，如果都运用合宪性解释，就使得合宪性解释的运用范围过于宽泛。只有在出现复数解释且可能涉及违反宪法时，才需要进行合宪性解释。在前述“交通事故赔偿案”中，《民法典》第 1180 条中的“可以”出现了复数解释，这就需要援引宪法的平等原则，从而作出解释选择。这就有必要运用宪法来解释，才需要运用宪法进行解释。同时，通过合宪性解释，可以借助于宪法的规定准确阐释该概念的文义。再如，某人患乙肝病，在就业时，遭受明显歧视，用人单位直接以该求职者患乙肝病而予以拒绝。求职者认为，用人单位违反《民法典》第 990 条规定，该条第 2 款规定：“除前款规定的人格权外，自然人享有基于人身自由、人格尊严产生的其他人格权益。”本案中，求职者“基于人身自由、人格尊严产生的其他人格权益”是否遭受了侵害？依据《宪法》第 38 条前部规定：“中华人民共和国公民的人格尊严不受侵犯。”在就业中，用人单位对乙肝病人进行明显歧视，

使受害人人格尊严遭受侵害,行为人应当承担相应的责任。当然,合宪性解释不同于宪法解释,它的目的不在于解释宪法,而是要解释拟适用的部门法的文本。但是,在合宪性解释中,宪法文本自身也可能并不清晰,因此,宪法文本本身也需要进行解释。如果采用宪法的原则、价值等进行解释时,也不一定要对宪法文本进行文义解释。

(三)运用宪法的规则、原则和精神来解释被解释的法律文本

一旦确定了被解释的法律文本,需要进行合宪性解释,就应当以宪法为依据进行解释。以宪法为依据,不仅仅是以宪法的规则为依据,还包括以宪法的精神为依据。以上述乙肝歧视案为例,裁判者在解释特定法律规范时,并不是直接适用宪法,也没有解释宪法。裁判者只是依据宪法的规定来解释民法的相关规定,认为《民法典》第 990 条第 2 款中所说的侵害"基于人身自由、人格尊严产生的其他人格权益"包括就业歧视,因此,受害人张某等人的人格尊严也应当受到保护。具体来说,依据宪法进行解释包括如下几个方面:

一是根据宪法中的基本权利规则进行解释。宪法所确定的基本权利在性质上是公民享有的基本权利,也是基本法所确立的"价值秩序",这一秩序构成立法机关建构国家各种制度的原则,也构成裁判者在解释法律时的上位指导原则。[①] 例如,某警察在缺乏合法授权的情形下,侵入他人住宅,搜查黄碟。由于该案发生在《民法典》颁布之前,难以适用《民法典》第 1033 条关于不得非法进入他人住宅等私密空间的规定,但裁判者可以依据《宪法》第 39 条关于"公民的住宅不受侵犯"的基本权利保护原则而认定该行为不合法。

二是依据宪法中基本权利以外的规则。由于宪法往往都是原则性规定,大多涉及法政策的内容,必然包含高度的政策性考量。例如,宪法上的平等原则对于民法中许多案件的处理有借鉴意义。在一些情况下,宪法上的平等原则可以被理解为公共秩序,从而作为解释公序良俗的重要内容。因而,对特定人群在就业、招生等方面的歧视,有可能被解释为违反公序良俗。这在某种程度上可以理解为合宪性解释。

三是宪法的原则和精神。宪法中的原则和规则众多,在解释法律规则时,我们并不可能选择所有的宪法原则和规则来进行合宪性解释,

---

① Volker Epping, *Grundrechte*, Berlin 2005, S. 121f.

而只能选择与待决案件有关的宪法原则和规则进行解释。例如,双方在擂台比武前签订了“生死状”,其中约定“擂台比武,生死自负”。后因为一方将另一方打成重伤,受伤者要求对方赔偿。依据《民法典》第506条规定,造成对方人身损害的免责条款无效。该条规定实际上就是对《宪法》保障人权原则的具体化。对个人而言,最宝贵和最重要的利益就是人身的安全利益,公民的生命健康权是人权的最核心的内容,保护公民的人身安全是法律最重要的任务。如果允许当事人通过免责条款免除造成对方人身伤害的责任,违背了《宪法》保障人权的基本原则。因而,在确认该“生死状”无效时也可以援引《宪法》进行说理。

(四)选择和排除法律解释中的可能结论

合宪性解释自身并不具有积极确定法律文本含义的功能,它的功能只是在已经确定的可能解释结论中进行选择和排除。一方面,在可能的解释结论中进行选择。也就是说,如果复数解释中的有些解释是符合宪法的,就应当选择这些解释作为最终的解释结论。另一方面,在可能的解释结论中进行排除。如果复数解释中的有些解释违背宪法,就应当排除这些解释,以避免最终的解释结论与宪法冲突。

六、合宪性解释的规则

(一)推定合宪的规则

在合宪性解释中,要审核法律条文的含义是否符合宪法的基本价值判断,首先应当推定解释的文本是符合宪法的。某一个规范,如果可以作违反宪法的解释,又可以作合乎宪法的解释,就要作合乎宪法的解释。早在1782年,美国弗吉尼亚州的司法实践中就运用了“合宪性推定原则”。[①] 正如德国联邦宪法法院在一则判决中所指出的,“如果有一种解释可以使一项法律与宪法相符,该项法律并不违宪,则此一法律便可依这一解释继续存在”。[②] 反之,只要其中任何一种解释结论符合宪法,就优先选择其作为解释结论,避免该法律条文被宣告违宪。[③] 推定合宪的规则就是将法律条文违宪的举证责任分配给主张其违宪的

---

① 参见王书成:《合宪性推定论:一种宪法方法》,清华大学出版社2011年版,第18页。

② BverfGE,2,266.

③ 参见吴庚:《政法理论与法学方法》,中国人民大学出版社2007年版,第362页。

人,由其证明特定的法律条文违宪。按照凯尔森的规范等级理论,全部的现代法律体制都立足于这一基本原则,即在金字塔形状的法律构成中,宪法居于塔顶,其他法律位于其下。因此,法律应当是在符合宪法的情况下制定的,这是推定合宪规则的基础。在我国,社会主义法律是在宪法指导下构成的一个有机的整体,立法者制定法律必须充分遵循宪法。从我国立法的现实来看,我国的法律都是依据宪法制定的。《民法典》第1条规定:"……根据宪法,制定本法。"这本身也表明,法律是符合宪法的原则和规范的。尤其是通过合宪性推定,有助于维护法律体系的统一性,也有助于维护法律秩序的稳定。①

(二)基本权利充分实现的规则

在合宪性解释中,要尽可能充分实现宪法所赋予的基本权利。解释者所依据的宪法规则和精神是广泛的,但是,其中重要的依据是基本权利的规则。宪法上的基本权利(如劳动权)既是个人可以向国家主张的权利,也是为国家设定的义务。宪法上基本权利的效力,不仅应体现在立法之中,而且应体现在司法之中。立法者要通过立法活动来实现基本权利;裁判者也要通过司法活动来保证基本权利的实现。② 在合宪性解释中,裁判者尤其要尽可能充分地实现基本权利,使基本权利的效用最大化。在进行法律解释时,如果数个解释可能中包含了一项可以最充分地实现基本权利的结论,就应当以该结论作为最终的解释结论。例如,在实践中,曾经出现法院在作出赔礼道歉的判决后,责任人拒不道歉,在权利人申请强制执行后,法院直接以责任人的名义,在报纸上刊登道歉信。③ 有观点认为,此种直接以责任人名义在报纸上刊登道歉信的行为,干涉了他人的自由,不符合宪法基本权利保护的要求。④ 笔者认为,这种直接以他人的名义刊登道歉信的行为确实有不当干涉他人自由之嫌,也难以实现赔礼道歉责任的目的。实践中,采用诸如在报纸上公开判决书等方式,可更有效地实现赔礼道歉的功能。从《宪法》所保护的公民基本权利的角度来看,上述做法显然也不符合其基本精神。

---

① 参见吴庚:《政法理论与法学方法》,中国人民大学出版社2007年版,第364~365页。

② 参见张翔:《基本权利的双重性质》,载《法学研究》2005年第3期。

③ 参见(2013)沪二中执恢复字第57号。

④ 参见胡晓东、武博:《登报道歉的强制执行模式》,载《人民司法·案例》2013年第20期。

（三）协同解释原则

合宪性解释必须与其他法律解释方法结合起来，从而对法律文本作出清晰的解释。合宪性解释本身可以作为审查的标准，但不能用来发现法律文本的含义。如果要发现法律条文的可能含义，就必须借助于文义解释和其他论理解释方法。通过这些方法得出了复数解释结论时，再运用合宪性解释进行选择和验证。因此，合宪性解释必须和其他解释方法结合起来运用。例如，《民法典》第 1022 条第 2 款对肖像权许可使用合同即使有期限，肖像权人有正当理由的，也可以在期限内解除合同的规定。对此处所说的“正当理由”应当如何理解？存在不同看法。笔者认为，应当对“正当理由”进行限缩解释，只有在继续肖像权许可使用合同将有损于人格尊严时（如为某治疗性病的药物做广告等），才可以允许肖像权人随时解除。从合宪性解释层面来看，这样才符合《宪法》第 38 条关于维护人格尊严规定的精神。因此，合宪性解释可以与限缩解释、文义解释等方法合并使用。

第十节　社会学解释

法律绝非一成不变的，相反地，正如天空和海面因风浪而起变化一样，法律也因情况和时运而变化。①

——［德］黑格尔（Hegel）

法律必须确定，却不能呆滞。（Law must be stable and yet it cannot stand still.）

——［美］庞德（R. Pound）

裁判者应当以追求艺术的方式对法律作出科学的解释，对既存的规则适用新的情况作出正确判断。②

——［美］柯宾（Cabin A. L.）

① ［德］黑格尔：《法哲学原理》，杨东柱等译，北京出版社 2007 年版，第 7 页。

② Cabin A. L., *The Judicial Process Revisited*, *Introduction*, 71 Yale L. J. 195 (1961 - 1962), p. 199.

案例1:某品牌加盟店在加盟合同到期后,继续使用许可人的商标从事经营活动。商标权人多次要求该加盟店停止使用其持有的商标,但加盟店不予理会,且也拒绝支付许可使用费。由于该商标在饮食行业广受认可,加盟店使用该商标期间获得了巨额的利润。《民法典》第1185条规定:"故意侵害他人知识产权,情节严重的,被侵权人有权请求相应的惩罚性赔偿。"但如何理解"情节严重"?从实践来看,通常认为如果侵权人侵权行为持续时间较长,重复性侵权,甚至以侵权为业,或者给权利人造成的损失比较大,或者产品的质量比较差,粗制滥造,严重损害消费者的利益等,都是判断行为人侵权"情节严重"的重要参考。本案中法院认为,加盟店重复性侵权,且从侵权中获得了巨额利润,构成"情节严重",因而应当适用惩罚性赔偿。对此类案件,如果不适用惩罚性赔偿,则无法有效遏制此类侵权,且因为一般赔偿中损害难以确定,因此难以收到良好的及时制止侵害知识产权的效果。因此,在此时允许惩罚性赔偿,有利于增强对知识产权的保护力度。

案例2:甲开办了一家体育用品商店,为了招揽顾客,在注册名称时,未经他人许可,就使用了某著名运动员乙的姓名,作为其店铺名称。后乙发现后,多次去函要求甲更改店铺名称,但甲提出重名的现象十分常见,自己店铺适用该名称并没有侵害乙的姓名权。乙便向法院提起诉讼,请求甲停止侵害,并要求甲返还使用其姓名所带来的获益。法院在审理中发现,依据原《侵权责任法》第20条的规定:"侵害他人人身权益造成财产损失的,按照被侵权人因此受到的损失赔偿;被侵权人的损失难以确定,侵权人因此获得利益的,按照其获得的利益赔偿……"①因此乙需要先证明其遭受的损失,只有在遭受的损失难以认定时,才能主张按照获得的利益进行赔偿。在本案中,乙难以证明甲利用其姓名的行为给自己遭受的损失。但是乙能够证明甲在使用了自己的姓名后增加的营业额。法院审理认为,如果按照实际损失进行赔偿,无法遏制类似侵权行为的发生,为了实现良好的社会效果,遏制侵害他人人格权行为的发生,法院应当直接判决以甲获得的额外利润进行赔偿。

---

① 《民法典》第1182条对该条已作出修改。

一、社会学解释的概念和特征

社会学解释,是指在法律文本出现复数解释的情况下,将社会效果等因素的考量引入法律解释中,以解释文本在当前社会生活中应具有的含义,从而阐释法律文本的意义。在适用该方法时,法官需要通过社会效果等因素考量,探究文本的含义与立法目的,选择妥当的解释结论,但不能简单地以社会效果为由否定文义与立法意旨。例如,甲主办一次歌舞晚会,后因为甲的工作人员操作失误,不慎将晚会现场的电源关闭,乙在出场时不慎撞倒了丙,丙被撞到台下跌伤,花费医药费 50 万元。丙请求甲和乙承担责任。甲作为组织者,赔偿 50 万元后,依据《民法典》第 1198 条第 2 款要求向乙全部追偿。《民法典》第 1198 条第 2 款规定:“……经营者、管理者或者组织者承担补充责任后,可以向第三人追偿。”从文义解释来看,组织者在承担补充责任后,确实有权向第三人追偿,但从社会效果考量来看,允许组织者向第三人全额追偿存在一定的问题,因为在该案中,甲对丙损害后果的发生具有一定的过错,而且该过错对受害人损害的发生具有一定的影响,其应当承担相应的责任。另外,就过错程度而言,组织者的过错甚至大于第三人,在该案中,如果没有甲的工作人员操作失误,乙不会撞倒丙。还应当看到,如果允许组织者向第三人全额追偿,则不利于督促组织者尽到其安全保障义务,不利于预防损害事故的发生。因此,按照社会学解释方法,应当允许甲向乙追偿,但不应当是全额追偿,甲应当对其过错承担相应的责任。

在现代社会,随着法律日趋健全,法律的社会价值考量也越来越显示其重要性。如何使纸面上的法能够成为“活法”(lebende Recht)、“行动中的法”(law in action),[①]成为两大法系关注的焦点,也成为法律解释中的研究重点。社会学解释方法实际上是通过引入社会学的方法,衡量法律的社会效果,从而使法律与当下的社会需求相吻合,实现法律与社会的互动。社会学解释方法主要从法的妥当性出发,确切地说,就是强调法律在当前社会的妥当性,通过预测和考虑法律规范适用后的

① 参见[德]托马斯·莱塞尔:《法社会学导论》,高旭军等译,上海人民出版社 2008 年版,第 6 页。

社会效果来解释法律。通过社会学解释,能够使法律文本保持对社会环境的适应性,缓解法律本身固有的滞后性,充分发挥法律调整社会关系的功能。虽然这种方法存在一定的局限,但是,其不失为一种法律解释的良好方法,对于实现司法的社会认同、发挥法律在社会中的实际作用也具有重要意义,社会学解释具有如下特点:

第一,它是社会学方法在法律解释中的应用。所谓社会学方法,是指结合特定社会在某一特定时期的各项要素,包括当时的思想潮流、社会需要、风土人情、经济社会形势等情况,而研究社会发展规律的方法。① 将这种方法引入法学中来,就形成了法社会学。法社会学就是研究法律与社会的关系、法律规范如何在社会中转化为现实等问题的学问,是社会学的一个组成部分,也是法学的一个分支。② "法社会学"的概念最早由昂齐洛迪(Anzilotti)在《社会哲学和社会学》(1892 年)一书中提出。③ 在 19 世纪末期,法律社会学首先在欧洲大陆兴起,以后逐渐扩展到北美地区。此种解释方法要求考虑特定国家的实际情况,使法律解释能够适应其社会实际的需要,④其优势在于:一方面,立法者承认自己所制定的成文法的局限性,允许裁判者在解释法律时参考经济社会变化、道德观念演进等因素,在一定程度上克服成文法的滞后性。另一方面,注释法学通常局限于对法条的注释演绎,因而会出现解释和适用法律僵化的现象,而社会学解释方法打破了这一局限,将社会需求、社会考量等因素引入法律解释当中,建立了以社会观察为基础的解释方法。因此,社会学解释方法既是借鉴法社会学的结果,而且也随着法社会学的发展而不断完善。瑞士学者皮亚杰指出,法社会学的目标与法律学不同,它根本不是研究规范有效性的条件,而是分析与某些规范

---

① Paul Delnoy, *Eléments de méthodologie de l'interprétation juridique*, Larcier, 2006, p. 175.

② 参见[德]托马斯·莱塞尔:《法社会学导论》,高旭军等译,上海人民出版社 2008 年版,第 10 页。

③ 参见[法]布律尔:《法律社会学》,廖美天译,台北,1990 年(公元年)自版发行,第 89 页。

④ 例如,《比利时民法典》第 1326 条规定,以私署文书承认一项债务的存在,其必须完全采取书面形式,并且需要债务人亲笔签名,并且要写明"经本人同意字样"以及大写的债务金额。但是,如果该文书出自一位农民之手,则无须亲笔签名及大写金额等要求。解释学上认为,当时居民的主体为农民,而且农民不识字,或者被认为未受过文化教育。Paul Delnoy, *Eléments de méthodologie de l'interprétation juridique*, Larcier, 2006, p. 175.

的构成和作用有关的社会事实。因此,这一学科的专家们,引入了"规范性事实"这一丰富而普遍的概念。[①] 所以,社会学解释方法与其他法律解释方法的区别就在于,其要借助于法律之外的要素来解释法律,它"跳出"了法律文本的狭隘视界,从广阔的社会角度来阐释法律。通过这种解释方法,使法律条文的意义能够适应社会的实际生活状况。[②]

第二,它以法律在当前社会的妥当性为价值判断标准。法的妥当性,是指法律适用中要实现的最佳效果。法的妥当性的判断,不能仅仅局限于法律内部,还必须将视野拓展到法律之外,即立足于社会来考察。法律规则不仅仅是"书本上的法律"而是"活的法律",它必须能够针对特定社会的现实需要而加以灵活地运用,才能产生法律调整的最佳效果。正如欧米拉(O'Meara)所指出的:"如果不想使法律条文变成一潭死水,而是活生生地在司法判决过程中正确地、合理地解决人类现实生活上永无止息的纷争,最重要的前提是,它必须能配合和适应人类各种不同的需要,而此前提有效成立的必要条件就是裁判者的态度。"[③] 所以,社会学解释方法在价值判断上并非完全依据法的安定性,而是依据法的妥当性来探求法律在当前社会应当具有的意义。"法律需要变化,老的原则总是需要被新的原则代替。法律规范的科学性的保持并不是静态的,而是动态的"。[④] 尤其是社会变化日趋频繁,社会生活关系纷繁复杂,导致法律越来越显示出滞后性,并与法律的社会控制功能发生了冲突。在解释法律时,不能完全从文本出发,局限于法律的逻辑和体系,而应当借助对社会关系及其变化的考察,作出妥当解释。社会学解释方法是将政治、经济、文化等因素引入法律解释中的重要通道,如果缺少了社会学解释,法律解释就成为就法论法,无法从更广阔的视野考量法律解释的妥当性。在这一点上,社会学解释与其他狭义的法律解释方法得以区分开来。如果不考虑当前社会因素,通过其他解释方法在复数解释中选择的结论可能并不符合当前社会的需要,而社会学

---

① 参见[瑞士]皮亚杰:《人文科学认识》,郑文彬译,中央编译出版社1999年版,第7页。

② 参见管欧:《法学绪论》,台北,五南图书出版股份有限公司2008年版,第237页。

③ O'Meara, J. *Natural Law and Everyday Law*, In Macquigan M. R. Jurisprudence, University of Toronto Press, 2nd, ed., 1966, p. 621.

④ Xavier LABBEE, *Les critères de la norme juridique*, Droit / Manuel, Presses Universitaires de Lille, 1995, p. 84.

解释方法通过对社会考量因素的引入,使复数解释结论的选择切合当前社会的需要。例如,对公序良俗的解释,在不同的时期,特定群体的道德观念可能发生了变化,关于某一行为是否违背了公序良俗的要求也可能发生了改变,引入当前社会考量因素来解释就是要使公序良俗的内涵符合当前社会的普遍认知。

第三,它是依据社会效果等因素的考量来阐释法律文本的含义。一方面,社会学解释方法是依据法律之外的因素来阐释法律文本的含义。与一般解释方法的不同就在于,它虽然最终也要解释法律文本的含义,但是,它所依据的因素是不同的,社会学解释并非主要从文本出发来解释法律或探究立法意图,而是从文本之外的因素来解释法律文本。它不是研究文义的字面含义,也不是探究立法者的真意,而是通过社会效果的考量和目的衡量,在法律文义的可能范围之内,确定文本的含义,使法律解释能够更好地实现其社会目的。[①] "说到底,法律是某一既定的社会中占主流的意识形态、文化、社会习俗的产物,因此,所谓的法律这一文本,其在制定时的'社会状况',对于理解文本本身的概念及其来源,具有不可忽视的作用。"[②]另一方面,针对复数解释结论,通过社会学解释方法,考量社会效果,选取最妥当的解释结论。社会学解释是将社会学方法运用于法律解释,通过社会效果的预测和目的衡量,在法律条文可能的文义范围内,确定法律规定的具体内容,甚至在特殊情况下可以变通法律的严格适用。[③] 例如,《消费者权益保护法》第2条规定:"消费者为生活消费需要购买、使用商品或者接受服务,其权益受本法保护;本法未作规定的,受其他有关法律、法规保护。"本条所说的"生活消费"应如何解释,存在争议。它常常被理解为是为了自己的生活消费而购买商品或接受服务,这显然不利于实现该法的社会目的。事实上,以投资为目的购买珠宝、集邮册等行为也属于生活消费。此外,生活消费不仅包括为自己生活需要购买物品的行为,也包括为了收藏、保存、送人等需要而购买商品,以及替家人、朋友购买物品,代理他人购买

---

① 参见孔祥俊:《法律解释方法与判解研究》,人民法院出版社2004年版,第441页。

② Paul Delnoy, *Eléments de méthodologie de l'interprétation juridique*, Larcier, 2006, p. 176.

③ 参见孔祥俊:《法律方法论》(第2卷),人民法院出版社2006年版,第909页。

生活用品的行为。[①] 甚至“知假买假”也应被纳入“生活消费”之中。因此,通过社会学解释方法,从社会需要和法律发展的需要考察,应当将该条中“生活消费”的含义作扩大解释。这实际上就是在数种解释结论中选取了一种妥当的解释结论。

第四,它仍然是在可能的文义范围内所作的解释。社会学解释方法要依据文本之外的因素进行考量,在一定程度上脱离了法律文本,这就要求法律文本与社会需要相一致。这种解释不是从文本出发进行的阐释。当然,通过社会学解释来实现法律的“与时俱进”,只能在法律解释允许的范围之内,即在法律文义的可能范围之内。正如凯尔森所言,一切规范可能包含数种意思,在数种意思中选择最符合要求的含义,这是法政策的问题。因此,法律解释就是要寻求文本“最有意义的意思”。这就要求在解释的时候,从文本确定的措辞出发,通过解释的方法来面对变动中的环境和社会需要。[②] 社会学解释方法考量的因素尽管在文本之外,但其仍然是在法律文本可能的文义范围之内所作的解释,只不过对文义的选择过程中加入了时代的色彩。从这个意义上讲,其仍然是狭义的法律解释方法。

在法律解释学的发展史上,社会学解释作为一种解释方法,其出现得较晚,乃是法社会学发展的产物。[③] 因为古代法律实行严格解释方法,不仅要求尊重文本,而且要求按照文本的字面含义来解释,这就在客观上排斥了社会学解释方法的运用。近代自然法学和概念法学都认为法律本身要么是理性的统一体,或者是概念的金字塔,法律本身不存在缺陷,裁判者也无须凭借法律之外的其他因素来解释法律。社会学解释方法是随着近代法社会学的产生而出现的一种方法。这种方法认为,法律应该保持与社会的互动,法不能局限于规范的法,而应当表现为行动中的法。[④] 与时俱进是法律的重要特征,法社会学理论运用于法律解释领域,就产生了社会学解释方法。在日本,碧海纯一等学者都力倡法律的社会学解释方法,并逐步使社会学解释方法成为一种独特的

---

① *The Shorter Oxford English Dictionary*, Vol. 1, Clarendon Press, Oxford, 1973, p. 282.

② Jean-Louis Bergel, *Méthode juridique*, PUF, Thémis, Droit privé, 2001, p. 246 – 250.

③ 参见杨仁寿:《法学方法论》,台北,三民书局 1986 年版,第 161 页。

④ 参见陈兴良:《刑法知识论》,中国人民大学出版社 2007 年版,第 17 ~ 18 页。

法律解释方法。[①] 在我国古代社会,司法活动中强调“情与法”的结合,这在一定程度上体现了社会学解释方法的特点和精神。在当前的司法实践中,裁判者经常采用社会学解释方法,例如,在张某诉蒋某履行遗嘱案中,纳溪区人民法院认为,黄某将遗产赠送给“第三者”的这种民事行为违反了《民法通则》第7条“民事活动应当尊重社会公德,不得损害社会公共利益”的规定,因此驳回原告张某的诉讼请求。笔者认为,本案中裁判者认为,如果按照继承法的规定,支持原告张某的诉讼主张,将滋长“第三者”“包二奶”等不良社会风气。[②] 因此,本案中的裁判者实际上运用了社会学解释方法,从而认定遗赠给二奶的遗嘱属于违反善良风俗的遗嘱。尤其是近年来,司法活动强调法律效果与社会效果的统一,因而,许多裁判者在审判实践中大量运用案件结论可能对社会产生的影响,根据社会考量来解释和适用法律。事实上,社会学解释方法已经成为一种普遍采用和适用的方法。

二、社会学解释是一种狭义的法律解释方法

从法社会学来看,可以将法律文本作为一种社会现象来进行研究。所以,可以运用社会学的方法来解释法律条文的含义。[③] 极端的原意主义者曾指出:“除了原文,没有任何东西可供人们引用。”[④]但此种观点显然不符合法律发展的趋势,在许多情况下,如果完全援引原文,并不能准确地解释法律,裁判者必须借助法律以外的因素来完善法律,弥补法律的缺陷。社会学解释方法通常运用在法律本身虽然有规定,但是又存在缺陷的情况,如存在表述瑕疵、立法滞后等情况。在此情况下,有必要通过社会效果等的考量,来促使法律与社会需要相吻合。但社会学解释究竟是一种法律解释方法,还是一种单纯的法律论证方法?对此,学界存在不同的看法。肯定说认为,社会学解释方法是独立的解

---

① 参见黄建辉:《法律阐释论》,台北,新学林出版股份有限公司2000年版,第140页。

② 参见王甘霖:《“第三者”为何不能继承遗产?》,载网易女性频道2005年3月25日,http://lady.163.com/lady2003/editor/sight/050325/050325_219599(1).html。

③ 参见[德]托马斯·莱塞尔:《法社会学导论》,高旭军等译,上海人民出版社2008年版,第7页。

④ [美]J.斯托里:《美国宪法解说》(波士顿1858年)。转引自刘士国主编:《法解释的基本问题》,山东人民出版社2003年版,第107页。

释方法,应将社会学方法引入法律解释,就是社会学解释方法。[①] 否定说认为,在社会学解释中,因为脱离了文本,裁判者可能滥用权力,因为裁判者不是依照法律而是完全自由地依据主观感觉来判决。[②] 此种观点认为,社会学实际上是通过社会学的研究来论证法律解释结论的合理性。因此,它本身并不能提供可能的解释结论,而只是辅助其他解释方法来运用,证明其解释结论的妥当性。

笔者认为,一方面,社会学解释方法并不是一种单纯的论证方法,因为法律解释过程都必须伴随一定的论证,某些解释方法需要更多的论证,但这并不是说,法律论证方法都是独立于法律解释之外的方法。尤其是就社会学解释方法而言,该方法运用的目的主要在解释法律,因解释法律而需要辅以必要的论证。另一方面,社会学解释方法通过社会效果的预测和目的衡量,确定法律条文的具体含义,并针对复数解释选择妥当的解释结论。[③] 社会学解释方法是通过社会效果的考量来解释法律,而社会效果本身具有范围广泛和难以明确界定的特点,因此,社会学解释方法难免具有一定的任意性,所以,该解释方法对于解释者的拘束较少。如果将其运用于漏洞填补,就可能赋予裁判者过大的自由裁量权。尤其应当看到,社会学解释并非单纯地分析解释中的社会效果,它实际上是通过社会效果的分析,来确定法律条文的可能含义。因此,社会学解释方法并非单纯地论证既有法律结论的合理性,而是一种帮助解释者正确理解法律文本含义的途径。它可以单独运用,也可以与其他法律解释方法配合使用。正是从这一意义上,笔者认为,社会学解释也是一种法律解释方法。

问题在于,社会学解释方法究竟是狭义的法律解释方法,还是漏洞填补方法?从表面上看,社会学解释方法似乎已经脱离了文义的束缚,更多地从社会目标、社会需求的角度来解释法律,但是,它仍然是狭义的法律解释方法。理由在于:第一,社会学解释仍然要在法律的可能文义范围之内进行的解释。法社会学研究要以"实然"法为对象,[④]社会

---

① Grüber, *Zur Anwendbarkeit der Soziologie in der Jurisprundenz*, JZ 1974, S. 665ff.

② Franz Bydlinski, *Juristische Methodenlehre und Rechtsbegriff*, Wien/New York 1982, S. 103.

③ 参见孔祥俊:《法律解释方法与判解研究》,人民法院出版社 2004 年版,第 441 页。

④ 参见陈兴良主编:《刑法方法论研究》,清华大学出版社 2006 年版,第 19 页。

学解释仍然是从法律文本的可能文义出发,通过考量社会影响因素来选择一种可能的文义。社会学解释本身具有一定的任意性,社会效果的考量涉及的范围较为广泛,很难清晰界定。因此,裁判者只有在法律的可能文义范围之内进行社会学解释,才能使其解释受到拘束,避免解释的过分任意性。如果按照文义解释方法进行解释,确定了其可能的文义范围,但是存在多种解释可能,那么,社会学解释方法就可以用来确定应当选择的解释。第二,社会学解释要以文本为研究对象,且最终探究的是法律文本的含义。社会学解释方法的运用并非以法律存在漏洞为前提,而适用于法律已经有规定的情况,只不过,裁判者选择何种解释结论更为合理,需要考虑社会相关因素。社会效果本身并非法律文本;相反,裁判者是要通过社会效果的考量来阐释法律文本的含义。第三,社会学解释方法具有辅助其他狭义的法律解释方法的作用。各种狭义的法律解释方法都是从法律自身出发进行的解释,而没有从法律之外的角度来考量解释问题,这就可能导致"就法论法"的弊端。而社会学解释方法从社会的角度来考虑法律,这增加了法律解释的新的因素,从而可以辅助其他法律解释方法。

笔者认为,社会学解释方法是可以运用到整个法律解释领域的方法,它既可以作为狭义的法律解释方法,在特殊情况下也可以作为漏洞填补的方法。我们将其归入狭义的法律解释方法,主要是考虑到,在狭义的法律解释方法中,其可以作为阐释法律的依据,可以作为选择妥当的法律解释结论的方法。但是,这并不必然排斥其可以适用于法律漏洞填补。社会学解释方法作为狭义的法律解释方法的优点在于,其可以丰富狭义的法律解释方法,实际上,从法律之内走向法律之外,从社会学的角度来对法律进行观察,可以实现法律与社会的有效互动。社会学解释作为一种独立的方法,也可以在其他解释方法中辅助适用。如果文义解释后出现了多种解释的结论并且难以选择时,可以采用社会学解释方法来辅助选择解释结论。

三、社会学解释与相关概念

(一)社会学解释与文义解释

如前所述,文义解释是各种法律解释方法运用的出发点,或者说,在各种法律解释方法中具有最为优先的顺位,而且各种法律解释方法最终都服务于法律条文的文义确定。在这种意义上，文义解释相对于社会学解释具有优先性，并且，社会学解释也旨在阐释法律条文的文义，不存在脱离法律文本的社会学解释。例如，在“河南广汇房地产开发公司诉河南省职工医学院联合建房合同纠纷案”中，当事人签订联建合同，后因分配面积发生纠纷。法院认为：“因双方所签合同未约定总建筑面积，仅约定了职工医学院应分得的面积，酿成分配纠纷，双方均有责任。对于超建部分的处理，根据双方投资情况及公平原则和双方均有分割超建面积的意思表示，本着交易安全，社会稳定，按照法律效果与社会效果统一原则，根据联建大楼现状，对超面积部分，扣除广汇公司建楼的成本，由双方按原拟分配比例分享。”①本案中，法院直接根据法律效果与社会效果相统一的原则进行裁判，不符合司法三段论的要求，因为法院在裁判时，首先应当寻找大前提，社会学解释方法的运用，只是针对大前提能否运用于具体的案件事实而采用，换言之，只是在考虑大前提能否运用于案件事实，从而实现法律效果与社会效果的统一，而不能为了实现特定的社会效果而忽略大前提。按照依法裁判的要求，需要寻找裁判依据，因此社会学解释方法不仅要从法律文本的可能含义出发，而且最终要阐释法律的文义，不能超越文本的可能文义范围。

但文义解释依赖法律条文的字面含义，而社会学解释则将各种社会因素纳入确定法律条文文义的过程中。一般来说，文义解释不需要作过多的价值判断，而仅仅是文本的字面含义解释。在社会学解释中，解释者进行法律解释时需要考虑的不仅仅是法律条文的字面含义，还要考虑社会的背景、主流民意等因素。哪些是需要考量的社会背景、何种是主流民意，这个判断过程就是价值判断过程。在通过价值判断作出解释之后，得出的结论也可能与字面含义不完全符合。“规范的字面含义与规范的解释所具有的含义不同。特别是当解释中所持的价值判断出现时，对符号解释的差别性就更加明显。”②正是基于这一原因，有学者认为，社会学解释方法是不考虑文本的解释方法。但实际情况并

---

① 河南省高级人民法院民事判决书，(2000)豫法民初字第11号。

② Robert Alexy, Kiel and Ralf Dreier Göttingen, *Statutory Interpretation in the Federal Republic of Germany*, *Interpreting Statutes*, A Comparative Study, Aldershot/Brookfield/Hongkong/Singapore/ Sydney 1991, p. 84.

非如此,社会学解释的目的最终是要确定法律文本的准确含义,这与文义解释的目的是相同的。只不过,社会学解释不是从文本出发来探究文本的含义,而是从文本之外的因素来探究文本的含义。社会学解释方法一定程度上弥补了文义解释等其他狭义的法律解释方法的不足。

文义解释与社会学解释经常需要结合起来才能得出妥当的解释结论。例如,在一些交通事故中,受害人既可能是城镇居民也可能是农村居民,在确定死亡赔偿金时,就涉及《民法典》第 1180 条规定的适用问题。依据该条规定:“因同一侵权行为造成多人死亡的,可以以相同数额确定死亡赔偿金。”对此处所说的“相同数额”应当如何理解,实践中经常出现争议。是应当以不同地区城镇居民收入为标准确定死亡赔偿金,还是应当以不同地区城乡平均收入标准进行确定,由于各地情形差异很大,采取不同的标准差别较大。此时,法官应当从社会效果的角度出发,寻求死亡赔偿金的合理标准,如果当地城乡标准确实差异较大,可以平均标准进行确定。如果差异不大可以按照城镇居民收入标准确定。此外,还要考虑受害人中城镇居民与农村居民的数量,寻求最符合社会效果的方案。

(二)社会学解释与目的解释

社会学解释也要符合立法目的。任何解释方法都不能背离法律的目的和精神而随意进行社会效果的考量。在对法律条文规定进行社会学解释的时候,必须明确法律为什么要作出这种规定、法律的真实意图是什么,在此基础上,才能接近法律的精神实质。[①] 而且,社会学解释和目的解释一样,仍然属于狭义的法律解释方法,都要服务于法律文本含义的最终确定。从这一点上看,社会学解释与目的解释具有紧密的联系。正因如此,有学者认为,目的解释不仅仅是指立法者制定该法律的目的,还包括探究该法律在特定社会背景下的意思。如果制定法律时的目的已不符合当前的需要了,就需要通过法律解释使其符合当前的需要。[②] 例如,《民法典》第 153 条第 2 款中的“公序良俗”的概念,随着社会的变化也在不断发展。再如,合理避税在过去也被认为是违反公序良俗的,而现在则普遍认为,法律不应当对此种行为一概予以禁止,也不能认为此种行为都违反了公序良俗。

---

① 参见江必新:《在法律之内寻求社会效果》,载《中国法学》2009 年第 3 期。

② 参见沈宗灵主编:《法理学》,高等教育出版社 1994 年版,第 426 页。

社会学解释和目的解释的区别主要表现在：第一，解释的依据不同。目的解释的解释依据是立法目的，而社会学解释的解释依据是社会效果。虽然立法目的和社会效果有可能趋于一致，但是，两者的观察角度是不同的。第二，解释的性质不同。目的解释仍然是从法律的角度进行的解释，属于论理解释的一种。而社会学解释已经走出了法律的视野，从社会学的角度进行解释。第三，对社会现实的回应程度不同。目的解释主要是从立法者表达在文本中的立法目的进行解释，一般不需要考虑对社会现实的回应。社会现实的需要只有从立法目的的角度来予以考虑。而社会学解释需要直接面向社会效果，社会现实的需要被直接纳入解释者所考虑的因素之中。第四，社会学解释具有发展法律的功能。而单独依赖目的解释，则无法实现发展法律的目的。社会学解释回应社会现实的过程，就是法律与时俱进的过程。

（三）社会学解释与历史解释

社会学解释和历史解释的共同之处在于，它们都要参考法律文本之外的因素来阐释文本的含义，且都要考虑相关立法目的，服务于法律文本含义的最终确定。在法律存在表述不清晰、不周延等缺陷时，可以借助于历史解释，通过还原历史来弥补其缺陷。此时，也可以通过社会学解释，从社会需要出发，确定其妥当的含义。不过，两种解释方法仍然存在明显的区别，表现如下：

第一，社会学解释着眼于现在，而历史解释着眼于过去。这也说明了两种方法的区别。也就是说，历史解释要通过历史过程的考察来判断历史上的立法者的意思。而社会学解释是通过对社会现状的考察，确定立法者面对当下的社会状况可能表达的意思。例如，我国原《民法通则》第137条规定："诉讼时效期间从知道或者应当知道权利被侵害时起计算。但是，从权利被侵害之日起超过二十年的，人民法院不予保护。有特殊情况的，人民法院可以延长诉讼时效期间。"有立法资料表明，原《民法通则》制定之初，该条规定"有特殊情况的，人民法院可以延长诉讼时效期间"，这主要是考虑到我国台湾同胞回归后的财产权利问题，[①]但是，《民法典》吸纳这一制度后，该规定在当前的适用范围已经

---

① 参见马原：《关于人民法院处理涉台民事案件的几个法律问题》，1988年8月9日在最高人民法院举行的第一次新闻发布会上。

不再局限于立法的原意,其他情形也可能纳入延长的事由。根据新的社会情况,裁判者可以援引该条文解决新问题。

第二,如果存在充足的理由说明,历史上立法者的意思存在缺陷,无法适应社会现实的需要,就必须借助社会学解释修正原有的立法者意图。由于立法者认识能力的局限性,当法律存续很长时间之后,立法者当时赋予法律条文的意思很可能已经不能再满足调整当前新的社会关系的需要。在这种情况下,通过社会学考察的方法,可以检测出法律文本的历史原意是否与当前社会背景相适应。如果不相符合,则可以通过社会学解释方法来弥补它们的缺陷。

第三,相对于历史解释而言,社会学解释中裁判者的自由裁量权较大。历史解释仍然是在法律之内的解释,它借助的是立法资料,其所依赖的素材是受限定的。而社会学解释是从法律之外进行的解释,其所依赖的素材具有广泛性。所以,就解释者自由判断空间来看,在社会学解释中,解释者享有较大的自由判断余地,这主要是因为社会效果考量中所考察的因素多、范围广。在社会学解释中,裁判者要尽到更重的论证责任。

(四)社会学解释与利益衡量

社会学解释方法和利益衡量的关系十分密切,两者都要考虑法律中所涉及的各方利益,并对各方的利益进行比较、权衡,进而作出取舍。但是,正如我们在后面所要讨论的,利益衡量不是一种可以单独运用的法律解释方法,而只是论证和验证的方法。因此,利益衡量本身并不是去寻找裁判案件的大前提,而只是论证某种结论的合理性。社会学解释方法考量的范围比较广泛,不限于利益的比较;而利益衡量中思考的范围仅限于利益的比较和取舍,其考量因素的范围相对较窄。如果运用各种解释方法以后出现了复数解释可能,需要通过利益衡量来选择解释结论,此时就要运用社会学解释方法。在此情况下,利益衡量已经成为社会学解释方法。

四、社会学解释方法的功能

社会学解释方法以法律适用活动对社会效果的重视为前提,其反映了能动司法的理念。司法是能动的,社会学的方法就要发挥其作用;司法是克制的,社会学的方法就要被克制地运用。“民事司法的方法是一种社会活动,而不是单纯的司法概念逻辑的推演。这就意味着民事

司法需要紧密结合社会的需要。”①具体来说,社会学解释方法在司法活动中包括如下多方面的功能:

一是确定实现最佳社会效果的法律解释结论。裁判者在解释法律过程中,针对特定的争议案件,可能涉及多个可供适用的法律,或出现多种解释结论。但是,如何选择可供适用的法律,就可以借助于社会学的考量。也就是说,通过社会学考量可以确定可供适用的大前提,选择最为妥当的法律规则。例如,因铁路交通事故造成损害,根据《铁路法》第58条第1款规定:“因铁路行车事故及其他铁路运营事故造成人身伤亡的,铁路运输企业应当承担赔偿责任;如果人身伤亡是因不可抗力或者由于受害人自身的原因造成的,铁路运输企业不承担赔偿责任。”显然,该规定在归责原则上实行过错责任原则,但按照《民法典》第1240条的规定,铁路运输作业实行严格责任。究竟适用《铁路法》第58条第1款,还是适用《民法典》第1240条,可以借助于社会学的考量。鉴于《铁路法》的规定,在适用上会导致对保护受害人不利的效果,因而应当适用《民法典》的规定。

二是准确阐释法律文本的含义。社会学解释所具有的阐释法律的功能经常运用在有复数解释可能的情形中。在这种情况下,解释结论的最终选择就可以借助于社会学解释。在复数解释中选择一种符合社会发展趋势的结论,对于未来社会关系的形成和人们的行为具有引导作用,进而可以达到法律所要实现的目的。社会学解释方法之所以可以用于准确阐释法律文本的含义,正是因为它在文本的可能文义范围内,借助于社会效果的考量来选择能够实现最佳社会效果的解释结论。“法学实际上是适应社会发展变化的学问,它反映了社会的需要,它是每个有思想的个人针对社会发展而形成的规则和思考。所以,法学体系必然都是开放性的。”②尤其是因为法律颁行时间较长,其可能与当下的社会存在脱节,这就有必要引入社会学解释方法,来阐释法律文本的含义。例如,在王海知假买假一案中,就涉及知假买假行为是否为消费行为,此种行为是否适用我国《消费者权益保护法》的规定?有关法院认定,知假买假行为不符合该法第2条的规定,不能适用《消费者权益

---

① Henry M. Hart, Jr. & Albert M. Sacks, The Legal Process 1220 (tent. ed., 1958), p. 1220.

② [日]松尾弘:《民法的体系》(第4版),应庆义塾大学出版社2005年版,第4页。

保护法》。[①] 本案涉及如何通过社会学解释方法来确定可供适用的法律问题,即知假买假是否适用《消费者权益保护法》的问题。法院所持的"知假买假"者不属于消费者的观点,并没有充分体现强化对消费者保护的立法意图。这一观点限制了"消费者"概念的范围,无异于保护了销售假冒伪劣产品的人。因为不支持购买人的惩罚性赔偿请求,该购买方因为能退货而没有受到损害,但因为对销售假冒伪劣产品的另一方并没有受到制裁,这就很难防止其继续将假货投入市场,从而可能损害广大的消费者的利益。所以,基于社会效果考量,有必要将"知假买假"者也纳入消费者的概念之中。

社会学解释也有助于阐释许多法律概念、术语的含义。基于特定时期法制背景和社会背景的考虑,某个时期的法律使用了某个特定概念和术语,但因为社会的变化,这些概念、术语已经不再符合社会发展的需要,就有必要通过社会学解释方法予以重新解释。如我国《森林法》《草原法》等使用的"征用"的概念,实际上既包括了征收,又包括了征用,应当根据社会发展的情况予以准确解释。

三是结合社会现实,实现法律的发展。法律作为社会治理的一种方式,其解释和适用应当考虑具体的适用情形,努力追求法律适用的最佳社会效果。因为社会学解释是在法律文义的可能范围之内进行创造性的解释,可以有效地发展法律。法律自其颁布之日起就已经落后于社会现实的发展。立法者在进行法律起草时,不可能预见到法律颁布之后所有的社会状况。而且,对于法律起草时已存在的社会状况,也会有考虑不周的情形。借助社会学的解释方法,通过考察社会现实的需要而发现立法盲点,就是要立足于追求社会秩序和社会效果,努力发现、描述并解释人类生活特定的秩序。[②] 例如,根据《票据法》第 35 条第 2 款的规定,票据质权的设立以作成票据质押背书为生效要件;而根据《民法典》第 441 条的规定,票据质权的设立只需要质押合同、票据实际交付行为两项要件,而无须背书。那么,票据质权的设立到底需不需要背书呢?有学者提出,在商业交易实践中,背书通常需要公司的签章,完成该环节往往需要一定的时间,有时根本不能满足及时为债权设定担保并完成商业交易的需要。

---

① 参见王利明:《也谈王海现象与惩罚性赔偿的运用》,载《判解研究》2000 年第 1 辑。

② 参见张文伯编:《庞德学述》,中华大典编印会 1967 年版,第 36 页。

假设某债务人通过交付票据取得了借款，而后来因为没有背书则票据质权被认定为不成立，那么，其债权就面临更大的风险。反之，如果允许其通过相应方式实现质权，则有利于对其债权的保护。承认这种质押方式的法律效力非但没有负面影响，反而丰富了商业交易的融资担保方式。[①] 再如，科学技术的发展产生了人工生殖、遗传基因工程、无性生殖等技术，网络技术的发展产生了虚拟财产等，这些都导致了在出现相关纠纷之后，如何确定相关的规则来适用法律的问题。在此情况下，也可以考虑通过社会学解释适用于新出现的案件类型。如果在法律文本的可能文义范围之内进行解释，也属于社会学解释方法的范畴。

四是辅助其他解释方法的功能。社会学解释常常与体系解释、文义解释等方法结合适用。社会学解释方法经常发挥了辅助性解释方法的作用。其辅助性表现为，裁判者首先借助于文义解释和论理解释方法确定了可能的解释结论，此时，再运用社会学解释方法来进一步验证已经得出的初步结论的合理性。例如，原《民法通则》第 120 条第 1 款规定："公民的姓名权、肖像权、名誉权、荣誉权受到侵害的，有权要求停止侵害，恢复名誉，消除影响，赔礼道歉，并可以要求赔偿损失。"根据历史解释，当时的"赔偿损失"并没有包括精神损害赔偿。但依据社会学解释方法，可以认为应当包括精神损害赔偿，因为如此才能有效保护受害人的人格权，达到最佳的社会效果。社会学解释方法之所以作为辅助性的解释方法，其原因在于：一方面，社会学解释方法是借助于法律之外的因素进行的考量，其所涉及的社会因素过多，裁判者往往难以进行全面的社会学考量，其结论的可靠性往往低于论理解释方法。另一方面，社会学解释要借助于社会学的分析，具有一定的主观性，其也不应当是裁判者首选的法律解释方法。

社会学解释方法也具有其固有的局限性，这主要表现在：第一，它更多地从文本之外的因素考虑，可能脱离法律的文义范围，让解释者享有较大的自由裁量权。正如有学者所说的，此种方法可能会在一定程度上忽视了"合法"的问题。[②] 社会学解释方法更注重合情合理，因而

---

① 参见熊丙万：《论票据质押背书的效力》，载《当代法学》2009 年第 4 期。

② 参见[德]托马斯·莱塞尔：《法社会学导论》，高旭军等译，上海人民出版社 2008 年版，第 7 页。

有可能导致与法律的偏离。[①] 在实践中,有的裁判者将法律效果和社会效果对立起来,以注重社会效果为由曲解法律,甚至违背法律的规定进行裁判。这显然是不恰当地运用了社会学的解释方法。第二,社会效果考察的主观性过强,缺乏量化的标准,在什么情况下才属于良好的社会效果,难有定论,因此可能赋予裁判者过大的自由裁量权,导致有的裁判者按照其所理解的社会效果而任意解释法律。在成文法系国家,法律的适用应当尊重立法,以立法为中心,裁判者的自由裁量权不宜过大。第三,社会学方法的成本较高,难以在每个案件中适用。社会学解释方法的运用程序相对比较烦琐,步骤相对比较复杂,它通常都要以相应的社会实证方法的运用作为进行法律解释的前提条件。例如,以扎实的社会调查作为解释的前提。这一套运作方式成本较高,而且耗时耗力。正因如此,有学者对社会学解释提出批判,认为"社会状况是难以确定的,对于某一法律,通常不可能仅仅受到单一的社会因素的影响,往往是各种因素综合影响的产物,法律本身就是一种妥协。所以,对于解释者来说,我们很难确定法律文本所受影响的社会因素的真实来源"。[②]

笔者认为,社会学解释方法是在法条文义的预测可能性范围之内进行的社会学解释,而不是完全脱离文本的社会学解释。社会学解释也并非法律解释的唯一方法,它必须与其他法律解释方法共同使用,以确定法律文本的含义。所以,我们在采用社会学解释方法的同时,也应当明确其适当的适用范围,不能随意扩大适用。

五、社会学解释方法的适用步骤

(一)文义解释后出现复数解释

文义解释方法是一切解释的起点,在社会学解释方法中也不例外。在运用社会学解释方法时,首先应当采用文义解释的方法确定文字的基本含义。文义解释的目的就是确定法律条文的含义,尤其是确定其可能的文义范围。如果法律文本是清晰的,并且不存在复数解释的可

---

① 参见谢晖:《司法的社会认同》,载《法制日报》2008 年 9 月 7 日版。

② Paul Delnoy, *Eléments de méthodologie de l'interprétation juridique*, Larcier, 2006, p. 177.

能,就不必再进行论理解释,更不需要进行社会学解释。

社会学解释方法在运用中必须从法律文本出发进行,以可能的文义为其解释的最大范围。在适用该方法时,裁判者的基本义务就是探究文本的含义与立法目的,不能简单地以社会效果为由否定文义与立法意旨。例如,在“甘肃省工业交通投资公司与平凉崆峒水泥有限责任公司出资纠纷案”中,当事人因投资协议和以物抵债协议发生纠纷,甘肃省高级人民法院认为:“鉴于双方对以崆峒公司所有的华陇宾馆的房产及土地使用权评估作价后抵顶债务的法律事实确属客观存在的实际,在保护投资公司债权的同时也应当综合考虑双方自愿以物权抵偿债务的客观事实,才能达到法律效果与社会效果的有机统一的目的。”① 虽然该案的处理结果是妥当的,但其分析过程值得商榷。因为即使采用社会学解释的方法,其仍然需要按照司法三段论的程序寻找大前提,即寻找裁判规则,不应该忽略具体的法律规则,而直接依据特定社会效果裁判。同时,即便采用社会学解释方法,也应当首先从具体法律规则的文义出发,确定文义是否存在复数解释的可能。只有在存在复数解释可能时,才需要借助社会学解释方法,选择妥当的解释结论。

有学者主张强调社会效果优先,强调普遍适用社会学解释,其主要理由在于,实践中存在大量的疑难案件(hard case),法律的普遍性特点导致其无法适用到疑难案件中,因此,在这种情形下可以不严格依据法律文本进行解释。笔者认为,从实践来看,确实存在许多难以找到相应法律规定的疑难案件,但这正是法律解释学所要解决的问题,裁判者的一项基本任务就是要找到可用于具体案件的法律规定(大前提),不能因为疑难而根本放弃找法即大前提的寻找工作。而在寻找妥当的裁判依据时,仍然需要严格依据法律文本进行解释。如果片面强调疑难,放弃找法的过程,不依据法律规定而依据社会效果判案,将可能背离“司法”的本意,不能尽到法官依法公正裁判的义务。而且,在司法实践中,虽然存在疑难案件,但从数量上看,绝大多数案件仍是一般性的民事案件,仍要在传统的解释框架下处理。同时,在寻找到大前提后,如何使法律规定与有关案件对应,是司法三段论的基本任务。法官的基本义务就是探究文本的含义与立法目的,不能简单地以社会效果为由否定文义与立法

① 中华人民共和国最高人民法院民事判决书,(2009)民二终字第2号。

意旨。社会学解释的潜在危险性在于过分强调社会效果而偏离文本，损害法律的安全性，破坏人们基于制定法而产生的正当的期待。①

(二)无法通过其他法律解释方法得出妥当的法律解释结论

在一般情况下，如果法律文本自身的含义不够明确，可以通过探究立法目的等方式来确定其含义，但是，当文本出现了滞后性和不完备性之后，完全拘泥于文本将无法实现妥当的社会效果。在有些情况下，文本的不完备性可以通过历史解释等方法来解决。而对于法律规范的滞后性，是无法通过历史解释解决的。所以，社会学解释方法主要适用于如下几种情况：

第一，法律规范的滞后性。社会生活日新月异、社会经济不断发展，法律总是存在滞后性，这是各国成文法普遍存在的问题。从某种程度上说，法律颁布越久，其滞后性就越突出。尤其我国社会目前处于急剧的转型期，一些规则在制定当时可能符合社会需要，但在各方面因素发生变化时，便可能无法满足社会发展的需要。法律解释的最终目的就是要实现法的安定性与妥当性的平衡。安定性是法律的稳定性与可预期性，而妥当性则是法律公平正义的价值体现。当然，在民法领域中，所谓法律的滞后，通常指个别条款的滞后，并非整部法律的滞后。面对滞后性，裁判者在解释法律的过程中仍有一定的选择空间，可以根据案件的实际情况，选择最合适的大前提。如果法律制定的质量较高，体系完整，尤其是通过适度的抽象条款(如采用一般条款等方式)，使法律保持了其应有的开放性与包容性，就可以克服法律滞后的现象。当然，即便出现了滞后的问题，裁判者引入社会学的方式进行解释，仍应充分阐述其理由。

第二，法律规范的不完备性。法律规范的不完备性，主要是指因立法者表述错误，或者立法者考虑不周等，导致法律不能妥当规范待决案件。例如，关于当事人之间的对赌协议，实践中纠纷频繁，我国立法并未对此作出规定，故法官在裁判此类纠纷时缺乏法律依据。

第三，法律规则相互冲突。如果法律规则之间发生了冲突，需要借助社会效果的考量来确定应当适用的法律规范。例如，《民法典》第992条规定人格权不得转让，但《民法典》第1016条又规定法人、非法

---

① 参见陈金钊等：《法律解释学》，中国政法大学出版社2006年版，第431页。

人组织有权转让名称,两者之间发生冲突。为此,裁判者在选择应当适用的规则时,就应当通过社会学的方法,考察不同的社会效果,进而作出选择。当然,社会学解释方法不能解决实质性的规则冲突,因为此时构成碰撞式漏洞,必须借助漏洞填补的方法。

(三)裁判者考量社会效果、民情等因素进行法律解释

法律本身是主流的哲学、意识形态、习俗等社会因素综合影响的产物。法律作为社会规范,不可能脱离其他的社会影响因素而独立存在。詹姆斯·霍兰德(James Holland)指出,任何社会都要受正式法律渊源之外的其他规则的调整,这些规则大多是社会规范(social convention),用于确保人们以适当的方式行为。所以,法律规则与社会规范往往是密切联系在一起的。① 法律的存在也是这些综合因素影响的反映。因此,对于法律本身的完整理解,必须结合对它的制定产生影响的社会因素。② 在我国审判实践中,对社会学的考量主要包括对社会效果、民情等因素的考量。

1. 社会效果考量

如何理解社会效果?所谓社会效果就是指法律作用于社会生活所产生的社会效应。或者说,就是指法律所要实现的社会统治目的。③ 有学者认为,法律效果倾向于法律的证明,侧重于法律条文的准确适用;社会效果倾向于法律价值的实现,侧重于司法目的的实现。④ 实际上,我们所说的社会效果,就是指通过案件裁判,促进社会经济、文化等的发展,实现社会的安定有序。法律作为一种社会生活规范,其本身就要追求良好有序的社会效果,这是毫无疑问的。庞德指出:"法律的工作,可以说是一种社会工程(social engineering),它是一种能努力满足众人的需要及欲望,能为众人提供生活必需品一样的工作,这就是因为法律的目的旨在实现社会正义。"⑤追求法律的目的,根本上就是要形成良好

---

① James Holland & Julian Web, *Learning Legal Rules*, 6th edition, Oxford University Press 2006, p. 2.

② Paul Delnoy, *Elément de méthodologie juridique*, Larcier, 2006, Bruxelles, p. 175 - 177.

③ 参见杨仁寿:《法学方法论》,台北,三民书局1986年版,第164页。

④ 参见李国光:《认清形势 统一认识 与时俱进 开拓创新 努力开创民商事审判工作新局面 为全面建设小康社会提供司法保障》(2002年12月9日在全国法院民商事审判工作会议上的讲话)。

⑤ Pound, *Sources and Forms of Law*, pt111 22 Nolre Dame Law, 1, 71 - 72(1946).

的社会秩序,实现良好的社会效果。可以说,实现最大限度的社会效果就是法律所追求的目的。

近年来,我国司法机关提出了“法律效果与社会效果的统一”的原则,并成为指导法院审判工作的一项重要司法原则,考虑到我国社会仍处于转型时期,社会矛盾尖锐,社会价值和利益多元化,社会不断增长的司法需求与法治的供给之间出现矛盾。在此情况下,不能机械地适用法律,否则会导致法律与社会实际需要脱节的现象。因此,注重“法律效果与社会效果的统一”,具有积极意义。但关于这一原则的内涵和精神仍然存在争议。从审判实践来看,出现了两种状况:一是有的裁判者比较僵化地理解法律,以法律条文的字面含义作为唯一的解释依据。有人将该原则作为权宜性的司法策略,甚至有人认为该原则有损法律秩序而不适用。[①] 二是有的裁判者以重视社会效果为名,完全撇开既有法律的规定,进行裁量权极大的司法造法。

笔者认为,社会效果不能简单地等同于某一特定时期部分民众对某一案件处理结果的看法。因为某些民众对于案情的了解可能并不深入,或者未能深入了解特定案件判决结果对于未来社会的引导作用。审判的社会效果是通过审判活动来实现法律的秩序、公正、效益等基本价值的效果。法律效果是从法律内部的角度来观察法律适用所产生的效果;社会效果则是从法律作用于社会生活所产生的效果的角度来观察的。法律效果倾向于法律条文的准确适用的效果;社会效果倾向于法律价值的实现,侧重于司法目的的实现。[②] 是否符合一定的社会效果,不应作单纯的主观判断,应当具有一定的客观判断标准。

笔者认为,符合社会效果,应当考量如下因素:第一,案件的处理结果在程序和实体上是公正的。“辨法析理、胜败皆服”。如果案件的处理结果因明显不公正而不能为当事人所接受,就不能称为实现了其社会效果。例如,特定案件的处理可以服务于地方经济的发展,但是明显损害一方当事人的利益,就可能导致当事人的上诉或缠诉等问题,影响

---

① 参见褚红军主编:《历史与变革:无锡法院纪念改革开放 30 周年文萃》,人民法院出版社 2008 年版,第 467 页。

② 参见李国光:《认清形势　统一认识　与时俱进　开拓创新　努力开创民商事审判工作新局面　为全面建设小康社会提供司法保障》(2002 年 12 月 9 日在全国法院民商事审判工作会议上的讲话)。

社会稳定。案件的处理不仅在实体上应当是合法的，而且在程序上也应当是正当的、公开的、透明的。程序正义才能够保证当事人相信实体正义，从而化解纠纷，保障案件的执行。第二，案件的处理要服务于社会需要。虽然社会需要是抽象的，但是，其反映了一个国家特定时期政治、经济、文化的趋势和需求。例如，在金融危机下，债务纠纷应当考虑保增长、促就业的需要，能够和解或重组的，就尽可能不宣告企业破产，以挽救企业。第三，符合社会公众的法感情。也就是说，社会公众的朴素的法意识、公平正义观念等，也应当作为考量社会学解释结论的妥当性的因素之一。如果法院判决明显违反了社会多数人的法感情，就会导致公众的不满，影响法律的权威。

社会效果和法律效果是不可分离的，不能将两者对立起来。在进行社会效果考量时，裁判者首先要尊重文本，尊重文本实际上就是要尊重法律。伯尔曼指出，在法治社会中，“法律必须被信仰，否则它将形同虚设”。[①] 而要树立全社会对法律的崇尚、尊重乃至信仰，必须借助司法机构的严格执法行为才得以实现。裁判者在解释中，只有树立了对法律文本的崇尚和尊重，才能真正树立法律至高无上的权威，并形成全社会对法律的普遍尊重。就具体的法律规范而言，可能因为立法者的疏忽，也可能因为立法技术的因素，其可能并没有充分体现法律、法律制度或法律规范的目的。因此，裁判者需要借助目的解释的方法来明确其具体含义、扩大其字面意思或限缩其字面意思，从而作出最符合目的的解释。如果法律中确实存在个别条款不合理，裁判者也应当通过体系解释、历史解释等方式确定立法者真实的意思；如果法律中个别条款的规定确实不妥当，裁判者也只能在法律解释方法所允许的范围内适当加以修正，而不能使自己居于立法者的地位、以自己的判断代替立法者的判断来适用法律。此外，社会效果不是裁判者个人主观上理解的“社会效果”，而应当是从社会一般观念出发来认定的社会效果。

社会学解释在注重判决的社会效果的同时，也要对这种法律解释方法加以限制和约束。因为立法时立法者面对的是抽象的、概括性的法律适用对象，而在案件判决过程中针对的则是具体的当事人，此时的

---

① [美]伯尔曼：《法律与宗教》，梁治平译，三联书店 1991 年版，第 14 页。

社会效果与立法时考虑的社会效果已经发生偏差。因此,对社会效果的考量要妥当地进行利益平衡。此外,在对具体案件的法律适用进行社会效果的考察时,仍然应当尊重法律条文的基本含义,不能偏离立法所赋予的法条的基本含义。在判决的过程中,应当增强判决书的说理性,在逻辑上论证法律适用的正确性,这种说理性的要求可以避免裁判者对法律的任意解释,约束裁判者的自由裁量权,尤其是裁判者以社会效果为名而较大地偏离法律条文本身的含义时,应当加以约束和限制。

2. 主流民意考量

法律解释时应当考虑社情民意。民意是社会效果的一个方面,但不是社会效果的全部含义。民意在一定程度上能体现社会效果,但是,它并不能完全等同于社会效果。一方面,社会效果所包含的内容相当宽泛,除了民意之外,还包含其他内容。民意往往是指社会公众对于某一事件的即时和短期的反应,而社会效果还包含中期和长期的效果和反应。① 另一方面,社会效果要保持一定的持续性和稳定性,而民意可能会发生变化。对某一事件,民众在该事件发生时可能是一种反应,而在事件逐渐沉淀之后,经过一段较长时间的反思,民意完全可能发生逆转性变化;即使就短期的公众反应而言,对某一事件,不同的群体往往存在不同的看法和评价,民意本身有时候就是对立和分裂的;这个时候,不能简单地认为多数人的意见就必然是正确的,否则就容易陷入司法民粹主义的窠臼之中。此外,社会效果存在客观的评价,而民意往往是很难把握的。

需要指出的是,社会效果考量中的民意应当是指主流民意,即社会大多数成员的意愿,而不是特定团体、特定区域的人群的意愿。例如,关闭一些小煤矿,可能遭到本地居民的反对,但是,它符合大多数民众的意愿,所以仍然符合主流民意。再如,部分网民的意见可能与其他民众的看法并不完全一致。因此,在考量民意时,需要考虑主流民意,而不是任意选择部分人的意愿。

民意不可违。法律解释中之所以要参考主流民意,这是因为,法律本身就是人民群众意愿的体现,法律解释中尊重民意,既符合法的目

① 参见韩蕾:《社会转型中的司法与民意》,载《理论观察》2009年第3期。

标,也符合法的价值。尊重民意使法律更贴近民众的需要,更符合民众的期待。但是,尊重民意并不意味着完全依据民意来适用法律,完全以民意代替审判。民意是裁判的重要参考,但不是唯一的、决定性的因素。在许多情形下,民意的把握可能是很困难的。例如,在网络侵权案件中,某些民众可能仅仅看到当事人权益的保护,而对于信息自由、技术创新的理解没有形成共识,所以,其理解可能并不全面。而如何平衡当事人权益保护与信息自由和技术创新的关系,正是裁判者要考量的问题,在进行社会学解释时,其不应简单地依据民意,更不能简单地依据"网民之意"来解释并适用法律。当然,在绝大多数情况下,民众的意见可能充分地反映了社会的需要,裁判者在确定社会效果时要予以充分重视,并应当经过充分的社会调查来了解民意。

3. 社会需求考量

社会需求是指社会实际生活对法律所提出的要求。社会需求是比较抽象的概念,它实际上包含了社会的各种需求,如政治、经济、文化等方面的需求。社会需求和社会效果存在一定的交叉,但又不完全等同,社会需求包含了前瞻性的要素,反映了社会未来的要求;而社会效果更强调当前的社会实际。"在解释现代法律的许多案件中,可以假定立法者的意图和目的是促进合理目标的实现",①但事实上,立法者所表述的法律条文可能与社会的实际需要并不完全吻合。因为成文法天然具有滞后性,尤其是在社会转型时期,立法者曾经设想的社会目标可能会因社会发展而不能完全实现。在进行社会需求考量时,必须借助于裁判者对规则的准确理解、对规则是否可运用于特定事实的准确判断,从而使规则获得及时最佳的运用。社会需求包括的范围是非常宽泛的,不仅具有经济层面的需要,而且还有文化等方面的需要。有学者认为,"当代的法社会学研究以'文化'(culture)一词替代了法律体系和制度。文化成了无所不包的常青树,显示出了诸多优于法律制度的特征"。②在社会学解释方法中,此种文化的需求也是社会学解释需要考虑的因素。解释者通过考量法律所要实现的社会需求、社会目标,妥当确定法

---

①　[英]约瑟夫·拉兹:《法律的权威》,朱峰译,法律出版社2005年版,第181页。

②　H. Patrick Glenn, *Legal Traditions of the World*, 3rd edition, Oxford University Press 2007, p. 154.

律条文的含义,并最终增进社会福祉。法律解释和适用也应当以此为目的,能否达到这一目标是衡量法律适用和解释的重要标准。事实上,社会效果也是检验法律解释和适用的重要尺度。在法律解释和适用上追求社会效果,也是与法律的终极目的相吻合的。[①]

(四)论证说理

社会学解释方法不同于其他法律解释方法,其更强调论证和说理的作用。这主要是因为:一方面,社会学解释是借助于法律之外的因素进行的解释,它已经超出了法律文本自身。在社会学解释中,法律文本的文义、外在体系、内在体系等已经被暂时撇开,而是从法律之外的社会领域中寻求解释的依据,这就给了裁判者较大的自由裁量余地。另一方面,社会学解释只有在绝大多数法律解释方法被运用之后,仍然无法得出解释结论时,才予以适用。裁判者对于存在此种社会学解释的必要性,应当进行论证。此外,社会学解释是采用社会效果的判断,而社会效果的分析是相对比较困难的,而且包含了一定程度的主观性。为了避免裁判者通过比较片面和主观的分析就得出结论,必须要求其尽到较充分的说明义务。总之,在社会学解释方法中,裁判者所受的拘束较少,因而,其应当负有更重的论证义务。具体来说,解释者所进行的论证说理要注意如下几点。

第一,要注重实证分析。社会学解释作为法社会学发展的结果,其也应当体现法社会学的要求,即应当注重社会学方法的运用,其中最主要的是社会实证的方法。当然,考虑到裁判者审理案件的时限、裁判者的社会学知识局限等问题,裁判者也并非一定要直接进行社会实证研究,其可以借助于社会学的研究成果。为了避免裁判者享有过大的自由裁量的权力,以追求社会效果为由而违背法治的原则和精神,就必须要求其以客观的标准来衡量社会效果。例如,社会稳定的考虑、服务于特定时期的经济政策(如宏观调控和克服金融危机等)、和谐人际关系的维持等。

第二,综合考虑法律的政治、经济、文化等各个因素。在社会学解释中,"社会效果"是广义上的社会效果,这里所说的"社会"并非与政治、经济、文化相对应的概念,而是包含所有这些因素的概念。在社会

① 参见孔祥俊:《法律解释方法与判解研究》,人民法院出版社 2004 年版,第 459 页。

学解释中,并非简单地考虑社会中某个方面,而应当考虑各个因素,以实现综合意义上的社会效果。例如,在我国,曾经出现过在交通事故领域"撞了白撞"的讨论,如果仅仅进行法律的经济分析,可能也具有其合理性,[①]但是,综合考虑各种因素就会发现此种观点会产生不良的社会效果,可见,单纯地将经济效果等同于社会效果是不妥当的。从实践来看,有的地方法院认为,判决本地企业败诉会影响当地经济的发展,这实际上是地方保护主义的翻版,而不是真正考虑了社会效果。

第三,尊重立法者对社会效果的考量。法律之中所确立的价值判断实际上是通过民主的立法程序确立的,其反映了人民的意志,这是司法者不能随意加以更改的。事实上,立法者在立法的过程中已经充分考虑了法律的社会效果,而有的司法者可能并没有真正理解法律的含义,通过个人的简单考察就判断其不能实现社会效果。在法律解释中,解释者虽然要独立地判断特定法律解释结论的社会效果,但是,其也应当尊重立法之时立法机关所考虑的社会效果。当然,立法者所考量的社会效果也可能在当下的社会背景下难以实现。例如,有关的劳动立法强调保护劳动者合法利益,但如果将保护标准制定得过高,可能导致劳动者大量失业,无法找到工作。再如,在法律上强化对妇女权益的保护是必要的,但是,在离婚财产分配时过分保护女性,也可能导致离婚率的增加。所以,解释者要妥当进行利益平衡、全面考量立法者所作的社会效果考量。

第四,注重法律规范与其他社会规范之间的互动,如与道德规范、宗教规范等的互动。社会秩序的形成需要多种规范的共同作用,它是各种规范相互协作、共同作用的结果。在这一规范综合体中,法律只是行为规范系统中的一个组成部分,它是具有强制力的规范。而其他规范,或者规范人的内心世界,或者规范人的行为,但不具有强制力。在社会学解释中,法律条文的含义确定也应当考虑到法律规范与其他规范的相互配合,而不能以法律规范代替其他社会规范。社会学解释需要考量各种规范不同的作用范围以及其相互配合的情况。

---

① 参见王成:《侵权损害赔偿的经济分析》,中国人民大学出版社2002年版,第211页。

六、社会学解释的规则

(一)法律效果与社会效果的统一

通常,社会效果一定是法律作用于社会后产生的效果。因此,社会效果与法律效果是不可分离的。在进行社会学解释的过程中,不能将法律效果和社会效果对立起来。裁判者首先要考虑的是法律效果。一方面,法律本身也是为了实现规范社会的目的,因此,社会效果与法律效果是不可分离的。只有在充分实现法律效果的情况下,才能真正实现其社会效果。换言之,社会效果正是孕育于法律效果之中。这是因为,法律本身是全民意志的体现,立法过程是社会效果的考量过程,也是社会效果最大化的确定过程。立法时所作的价值选择本身就是基于社会效果的考量而确定的,因此,实现了法律中的价值选择,通常都会实现其社会效果。另一方面,法律考量的是一般的社会效果,在特殊情况下,因为法律所追求的普遍正义与具体案件中的个案正义并不完全吻合,也可能导致一定程度上的法律效果和社会效果的背离。在此情况下,裁判者就要考虑在法律效果之外进一步追求立法的社会效果。但是在进行社会效果考量的过程中,完全撇开法律的目的、精神,纯粹以裁判者自身所理解的社会效果来进行判断,则只能导致裁判者的专断而不能真正实现良好的社会效果。因此,对于社会效果的考量必须是在遵循法律的目的、精神等价值下进行的考量。[①]

法律效果与社会效果的统一,要求法官应当尽可能在法律解释规则允许的范围之内适用法律。一方面,法官在考量社会效果时,必须坚持"依法裁判"的精神,不能以社会效果为名逾越法律的界限,法官,顾名思义就是"司法之官",其基本职责就是严格地执行法律,法官对法律的服从,首先表现在对法律文本的服从。法官解释法律,首先要推定文本都是合理的,而不能对文本的科学性和合理性持怀疑态度。法官不能以怀疑的态度来对待法律文本,而应对文本高度尊重。解释者不能简单地以"追求社会效果"为由,撇开法律文本,而以自己理解的意思来代替法律的意旨。另一方面,裁判者必须要在文义的可能范围内解释法律。此外,其还必须在法律规定的自由裁量权范围内追求社会效果。

---

① 参见江必新:《在法律之内寻求社会效果》,载《中国法学》2009 年第 3 期。

如果法律文本已经表达出了明确的法律解释结论，则通常无须法官再根据社会效果的考量来重新依自由裁量权确定法律文本的含义。如果法律文本已经表达了复数解释结论，裁判者通常也只能在此种复数结论中予以选择，而不能超出这些可能的解释结论而另求其他解。实际上，法律被认真对待或法律应受尊重本身也是一种重要的社会效果。

（二）社会学解释的结论不能超出法律的可能文义

社会学解释方法并非要逾越法律条文的文义可能范围，而只是在该文义可能范围之内，通过社会学的考量，针对复数结论，从中选取能够实现最佳社会效果的解释结论；或通过社会效果等的考量来阐释文本的含义。如果超出法律的可能文义，就属于漏洞填补的范畴。而在漏洞填补中一般不需要借助于社会学解释方法，因为漏洞填补可以采用基本原则等宽泛的解释方法。

（三）演进解释的规则

“解释的所有原则都有效地适用于阐释时”，这就是说，在采用社会学解释方法时，必须注意到，法律本身并不是停滞不前的，而是处于发展变化之中的。法律也要随着社会发展而发展，而社会学解释的目的就是在不脱离文本的情况下，使文本保持时代性。例如，法律上的财产通常是指动产和不动产。但随着网络虚拟财产的出现，其概念也会发生变化，所以，财产在法律意义上是否应包括网络虚拟财产，就不能作终局的解释。随着社会的发展，解释者对法律的解释也应当考虑到社会情势的变化，应该根据社会的实际需要来进行必要的修正。例如，《铁路法》第 17 条第 1 款规定：“铁路运输企业应当对承运的货物、包裹、行李自接受承运时起到交付时止发生的灭失、短少、变质、污染或者损坏，承担赔偿责任：（一）托运人或者旅客根据自愿申请办理保价运输的，按照实际损失赔偿，但最高不超过保价额。（二）未按保价运输承运的，按照实际损失赔偿，但最高不超过国务院铁路主管部门规定的赔偿限额；如果损失是由于铁路运输企业的故意或者重大过失造成的，不适用赔偿限额的规定，按照实际损失赔偿。”在实践中，不合理的限额赔偿不能对受害人提供充分的保护。① 这就是说，《铁路法》制定之时要保护铁路运输企业，避免因加重其责任而妨碍铁路事业的发展，但是，这

① 参见杨佩正：《选择视角中的和谐司法》，载《中国审判》2008 年第 12 期。

一目的很难与现代社会的需要相符合,现代社会强调以人为本,充分保护受害人的利益。尤其是,现代的铁路已经实行企业化,并占据垄断地位,这更加显示出该规定的不合理性,需要根据社会的需要进行必要的限制。

(四)尊重立法者所作的利益取舍

立法过程本身就是价值衡量的过程,立法者在立法过程中已经充分进行了利益考量。正如有学者所指出的,如果大面积的都是法律外部的利益衡量,那么作为一个成文法国家,其立法就是失败的。[①] 所以,在立法的价值衡量已经明确的情况下,裁判者应当尊重立法者所作的利益衡量,而不能再进行不同的利益衡量。例如,在遗失物的善意取得之中,《民法典》第312条规定,失主在2年内享有请求返还原物的权利。但在实践中,部分遗失物可能已经无法恢复原状,或者被拾得人用于其他特殊的用途,这时法官要考虑具体情形,而不能简单地要求拾得人返还原物。

在法律规定不明确或者没有规定的情况下,应当考虑立法意图。第二次世界大战后日本学者的利益衡量说认为,利益衡量可以不考虑法律条文,也可以不考虑立法目的,而基于特殊的理论作体系演绎的解释。[②] 日本学者星野英一教授认为,此种做法是不妥当的。他认为,要作为解释的决定性手段,必须判断什么利益如何加以实现,什么利益如何加以保护。而从具体的顺序上来看,一方面要进行文理的解释、逻辑的解释,另一方面要探讨立法者乃至起草者的意思。在这个过程中,应尽可能尊重条文文言和自然意思;然后,探讨立法者、起草者的意思,考虑这样的解释在今天是否具有合理性。[③] 笔者认为,此种观点是不无道理的。在法律解释之中,解释者不能抛开立法者所作的利益衡量,尤其是不能抛开在法条之中已经明确表示出来的利益衡量。即使法律没有规定,或者法律规定可以作多种利益衡量的情况下,也应当首先探究立法者的真实意图以及法律的意旨,而不能抛开这些因素进行独立的利益衡量,否则就会对法的安定性造成极大危害。

---

① 参见孔祥俊:《法律方法论》(第3卷),人民法院出版社2006年版,第1267页。

② 参见段匡:《日本的民法解释学》,复旦大学出版社2005年版,第272页。

③ 参见段匡:《日本的民法解释学》,复旦大学出版社2005年版,第272页。

（五）妥当进行利益衡量

法律解释是对各种解释结论的选择，但在社会学解释中，需要通过社会考量，对解释结论所体现的各种利益及其冲突进行平衡和考量，因此有必要妥当地进行利益衡量。在审判实践中，经常遇到诸多的价值冲突问题。例如，在生命权与财产权发生冲突时，应当优先考虑生命权的维护；当公共利益与个人的财产利益发生冲突时，优先考虑公共利益；等等。这些价值考量本身就是利益衡量的结果。

第四章　不确定概念和一般条款的具体化

法无精确之定义，而委诸善良人之判断。

——法谚

不确定之概念，必须予以具体化。①

——王泽鉴

案例1：甲向某银行乙借款1000万元，以自己的一套价值1200万元的房屋作抵押，并办理了抵押登记，后第三人丙因急需购房居住，丙看中甲抵押给乙的房屋，便与甲达成买卖房屋合同，然后丙向乙提出愿代甲偿还本金和利息，银行则解除抵押，乙认为该项债务与丙无关，拒绝了丙的请求，丙认为，其有权依据《民法典》第524条代为履行。本案中，有必要通过类型化对代为履行的第三人享有的合法利益进行解释。笔者认为，第三人对债务履行具有合法利益主要包括如下情形：一是抵押物转让中受让人代为清偿主债务，这一涤除权规则原来被规定于《物权法》第191条之中。所谓涤除权，是指在标的物之上存在抵押权时，如果抵押人将标的物转让给第三人，第三人愿意代债务人清偿债务，以消除标的物之上的抵押权。但《民法典》删除了《物权法》中的

---

① 王泽鉴：《民法学说与判例研究》（第1册），中国政法大学出版社1998年版，第277页。

涤除权规则，改为通过本条进行调整，即在抵押人转让抵押财产的情形下，可适用《民法典》第524条，认定买受人对债务的履行具有合法利益，从而允许其代为清偿债务，以消除抵押权负担。二是转租中次承租人代承租人支付租金，以避免因承租人不交租金导致租赁合同被解除，使自身承租的权利遭受损害。三是母公司为子公司代为偿还债务，由于子公司的债务问题可能会对母公司的信用评级产生不利影响，因此，母公司可代子公司清偿债务。四是存在其他合法利益。法律很难穷尽对具有合法利益的情形的列举。可通过类型化的学说和裁判案例的归纳与总结，进一步明确第三人代为履行制度的适用范围。

案例2：李某诉某航空公司案。李某曾供职于某航空公司，后来，因故与该公司的领导之间产生了矛盾，其一气之下离开了该航空公司，但其与公司之间的劳资关系并未得到妥善解决。作为一名离职人员，他连续多次搭乘该航空公司的班机，都被该公司以各种理由拒绝登机。后来，李某打听到自己被该航空公司列入了“黑名单”的事实，属于被永久拒绝登机的人员，他在一怒之下提起诉讼，请求法院判令该航空公司停止侵权行为，赔礼道歉，并赔偿精神抚慰金5.5万元。在本案中，原告认为，其被航空公司拒绝登机，侵害了其人格利益。但是，该案中原告是否可以依据《民法典》第990条第2款中的“其他人格权益”来起诉？这取决于对于“其他人格权益”这一不确定概念的理解。依据该款规定：“除前款规定的人格权外，自然人享有基于人身自由、人格尊严产生的其他人格权益。”笔者认为，通过体系解释，该条所规定的“其他人格权益”，是指除了《民法典》第990条第1款中明确规定的人格权以外的人格权益。通过运用类型化的方法予以具体化，它应当包括：人格自由、人格平等、人格尊严等。本案中，李某与其他消费者一样有选择航空公司的权利，但是，航空公司没有正当理由将其纳入“黑名单”，使其受到了不平等的对待，这显然违反“人格平等”，可以解释为被告侵犯了其“其他人格权益”。

第一节　不确定概念和一般条款具体化的概述

一、价值补充的概念和特点

不确定概念和一般条款的具体化,学理上多称为“价值补充”,①即在不确定概念和一般条款所作的概括性、抽象性价值判断框架下,针对特定待决案件的纠纷,就此种价值判断予以进一步具体化和明确化。价值补充可以从广义和狭义两个角度来理解。从广义上讲,其是指价值衡量或者价值判断,强调的是裁判者将一定的价值取向运用于法律解释活动中。在法律解释活动中,针对具有高度抽象性的不确定概念或者一般条款,裁判者通过对不同价值的衡量和取舍,得出一个能适用于具体法律关系的价值判断结论。② 从广义上讲,价值补充既是解释的过程,又是解释的结果,依据一定的价值进行的解释都可以看作价值补充。从狭义上理解,价值补充特指对于不确定概念和一般条款进行的解释,③即将这些概念和条款具体化。价值补充的特点在于:

第一,针对的对象是不确定概念和一般条款。不确定概念是作为与确定概念相对应的术语被提出来的,它是指在内涵和外延上都具有广泛不确定性的概念,如公共利益、公序良俗、合理期限等。所谓一般条款(clausula generalis)是指在成文法中居于重要地位的,能够概括法律关系共通属性的,具有普遍指导意义的条款,④如过错责任、严格责任等一般条款。价值补充作为一种解释方法,其并非适用于所有法律文本,它只适用于不确定概念和一般条款,具体明确的法律规范通常不需要作价值补充,这是其适用对象的独特性。有学者将一般条款分为两类:一类是一词多义的概念;另一类是概括条款,如诚实信用、显失公平、公序良俗、情势变更等。但公共利益的概念既是一个弹性条款,也

---

① 参见杨仁寿:《法学方法论》,台北,三民书局1986年版,第167页。

② J. Esser, *Vorverstädnis und Methodenwahl in der Rechtsfindung*, 1970, S. 159ff.

③ 参见黄茂荣:《法学方法与现代民法》(第5版),法律出版社2007年版,第463页。

④ 参见张新宝:《侵权责任法的一般条款》,载《法学研究》2001年第4期。

是一个概括条款。[①] 我们认为,从价值补充的对象来看,可以分为两类,即不确定概念和一般条款,价值补充主要适用于这两种情况。对于此类概念和条款,虽难以定义,但可以通过类型化方式弥补其无法具体定义的不足。[②]

第二,它是通过将不确定概念和一般条款进行类型化处理而产生的。由于不确定概念和一般条款难以被定义,难以被具体阐释,所以在解释学上,只能采取一种特殊的方式,即解释者往往从一般的生活或社会经验中,将这些概念和一般条款典型化、具体化,所以拉伦茨将其称为"规范性的现实类型"。[③] 例如,民法上规定的"重大过失"就属于不确定概念,应当予以具体化。再如,民法上针对法律行为的效力规定的"公序良俗"条款属于一般条款,也应当予以具体化。这些都属于价值补充。尽管笔者在本书中将不确定概念和一般条款的具体化以及价值补充等同对待,但具体分析,可见二者仍然是有区别的。具体化强调通过法律解释使得不确定法律概念变得更加明确具体,从而适用于待决案件。而价值补充强调的是,裁判者应当按照立法者的价值指引来补充不确定概念的内涵,使该概念变得具体明确。但在一般情形下,都是将这两个概念等同使用的。

第三,作为司法三段论中大前提的特殊性。德国学者斯特拉赫指出不确定概念无法被定义,必须一再重新被具体化。价值补充,确切地说是在个案中的具体化,而不是要通过具体化确定一般性的、普遍适用的裁判规则,并不是要为同类案件确定具体的标准,而要采用个案判断的原则,依据法律的精神、立法目的,针对社会的情形和需要,来进行具体化。[④] 也就是说,如何具体化,裁判者应结合个案来考虑。在有些情况下,需要对其进行类型化;而在有些情况下,需要澄清其边缘地带。此外,一般条款和不确定概念的内涵确定,也要结合不断发展的社会现实,其本身具有较为明显的"发展性"特点。

---

① 参见邱聪智:《回复原状的规范意义》,载《民事法学新思维之开展》,台北,元照出版有限公司2008年版,第330页。

② 参见邱聪智:《法律哲理与制度:基础法学》,载《马汉宝教授八十华诞祝寿论文集》,台北,元照出版有限公司2006年版,第239~318页。

③ [德]卡尔·拉伦茨:《法学方法论》,黄家镇译,商务印书馆2020年版,第583页。

④ 参见杨仁寿:《法学方法论》,台北,三民书局1986年版,第168页。

之所以在立法上会出现不确定概念和一般条款,是有其深厚的内在原因的。在成文法国家,立法者希望通过法律规范的预先确立来规范所有的社会生活,但是又只能就社会生活中普遍性的基本规则进行规定,而无法对各种具体情况全部作出规定。波塔利斯曾经说,“节制精神是立法者的真正精神”。立法者在立法的时候,有必要保持某种谦卑的心态,不能认为自己具有预见一切的能力,而要承认认知力的局限,从而给未来的发展预留空间。[①] 反之,如果一部法典规定得事无巨细,则必然会随着社会的演进而频繁更改,损害其稳定性,降低其适应性,也必然削弱其生命力。法国学者伯格指出,法典条文的含义必须广泛到足以调整与社会生活所能产生的某种现象有关的所有问题,而绝不能只限于规定对特定问题的具体解决方法。[②] 实践也表明,法典规定得越具体、越烦琐,法典的衰老越快。所以,民法典应当保持法律条文的适度抽象,以适应未来社会发展的需要。保持法典的抽象性不单纯是一个立法技术的问题,而应当是民法典体系设计时所应当遵循的一般规律。一般条款和不确定概念正是这种规律在立法上的体现。尽管在立法上不确定概念和一般条款的产生是不可避免的,但是它们给裁判者在司法过程中带来了巨大的挑战,它既赋予了裁判者一定的自由裁量权,可以使得裁判者通过司法活动保证法律适应社会生活的发展,但也会导致裁判者的自由裁量权过大,甚至存在被滥用的可能,导致法律存在很大的不确定性。因此,如何对这些不确定概念和一般条款进行准确的解释,以寻求妥当的裁判结论,是法律解释学的重要任务,这正是法律解释学中价值补充所要解决的问题。

价值补充概念的产生以及类型化方式的出现,是对概念法学的重大突破。概念法学严守概念的完整性与逻辑性。概念法学派代表人物普赫塔认为,法学能够像自然科学一样,借助精确的概念获得成功推理,揭示普遍有效的法律规则。[③] 根据概念法学,法与社会、法与政治是

---

① Pierre Serrand, *La loi dans la pensée des rédacteurs du Code civl*, in Droits, PUF, Vol. 42, 2006, p. 34－35.

② 参见[法]让·路易·伯格:《法典编纂的主要方法和特征》,郭琛译,载《清华法学》2006 年第 2 期。

③ Bernd Rüthers, Rechtstheorie, 4 Aufl, Verlag C. H. Becker 2008, S. 301.

完全分离的，[①]法律的解释活动如自然科学一样，只是符合逻辑的概念计算，无须运用解释者的价值观来补充特定法律概念。然而，随着自由法学派、利益法学派的兴起，法律概念的确定性逐渐遭到了质疑，因为，“法律中的绝对确定概念十分罕见，至少，大多数概念在某一部分上是不确定的”。[②] 18 世纪 70 年代以后，耶林则主张克服形式主义解释的弊端，根据功利的要求自由进行社会利益的衡量和调整。[③] 赫克认为，立法者依据价值判断界定人类的利益，而裁判者则有任务透过他的判决去实现这种终局目的。[④] 自由法学派极力主张强化价值补充的作用，因为价值补充是实现法的目的的根本手段。惹尼曾经指出：“无论如何，实定法是活法，活法就意味着，它处于运动之中和变化之中。某种意义上说，法律是一个斗争的过程，目的在于获得完美和永恒的对社会生活需要的适应。”这些学者反对将法律作为一个静态的文本，反对“成文法和法典法的物神崇拜”。[⑤] 所以，价值补充概念的产生以及类型化方式的出现，是对传统概念法学的重大修正，使法学方法脱离了自然科学逻辑方法的枷锁，[⑥]使法律解释更为贴近社会现实和生活，反映社会现实的需求。

二、价值补充在法律解释方法体系中的地位

（一）价值补充不同于狭义的法律解释与漏洞填补

一是狭义的法律解释说。此种观点认为，不确定概念的价值补充属于狭义的法律解释，理由在于：既然立法者已经认识到特定的社会关系，并已经作出了规定，就不能认为存在无法具体调整社会关系的漏洞的情形。另外，法律规定虽然抽象且不确定，但是它仍然作了规定。不

---

① Bernd Rüthers, Rechtstheorie, 4Aufl, Verlag C. H. Becker 2008, S. 302.

② Karl Engisch, Einführung in das juristische Denken, 10Aufl, Verlag W. Kohlhammer Stuttgart 2005, S. 140.

③ 参见季卫东：《法律解释的真谛——探索实用法学的第三道路》，载《中外法学》1998 年第 6 期。

④ Heck, Begriffsbildung und Interessenjurisprudenz, in: Ellscheid Günter (Hrsg.), Interessenjurisprudenz, Darmstadt 1974, S. 106f.

⑤ Jean-Louis Bergel, *Méthode juridique*, PUF, Thémis, Droit privé, 2001, p. 246 – 250.

⑥ 有学者认为，概念法学就是将原本应用于自然科学的方法错误地照搬到了法律这一社会科学领域中。

确定概念和一般条款中没有足够的法律上的评价,但是它作出了法律上的指令。法律上的指令的有无,是认定法律漏洞是否存在的标准。因此,不能说在存在不确定概念和一般条款时存在法律漏洞。①

二是漏洞填补说。此种观点认为,不确定概念的价值补充属于漏洞填补,理由在于:不确定概念和一般条款的存在,体现了人类在规范设计上的力不从心。它们也具有不圆满状态,从而表明法律漏洞的存在,只不过,应称为"授权补充的漏洞",或"法内漏洞"。立法者授权法院依具体情况进行衡量,此过程属于法律漏洞的填补过程。②

三是折中说。此种观点认为,价值补充既不同于狭义的解释方法,也不同于漏洞填补方法,其是介于两者之间的解释方法。③ 按照此种观点,应当将价值补充作为一种独立的法律解释方法。

上述三种观点都不无道理。但笔者认为,价值补充的方法可能既需要采用狭义的法律解释方法,也需要采用其自身的特有方法,如类型化的方法。但是,价值补充与狭义的解释方法和漏洞填补都存在区别,因此是一种特殊的解释方法。

1. 价值补充与狭义的解释方法

首先,应当看到,价值补充与狭义的法律解释具有类似性,且二者在适用中具有密切联系,这表现在如下方面:第一,不确定概念和一般条款存在可能的文义。这些概念和条款虽然具有外延和内涵上的不确定性,但是,其仍然存在可能的文义。例如,《民法典》第311条中所说的"善意"与该法第243条中的"公共利益"比较,显然"善意"概念比"公共利益"概念更为确定,也更容易把握。所以,我们将"善意"作为不确定概念,而将《民法典》第243条作为一般条款。也正是因为不确定概念的可能文义的确定性更强,它也与一般条款存在区别,所以,不确定概念的具体化不能归入漏洞填补之中。第二,在不确定概念和一般条款的具体化中,也可以借助狭义的法律解释方法使其具体化。例如,在对"公共利益"概念的具体化中,文义解释可以明确其并未包括单纯的私人利益。而目的解释可以明确其是为了保证征收、征用的合目

① Canaris, *Die Feststellung von Lücken im Gesezt*, 2 Aufl., Berlin 1983, S. 28.

② 参见黄茂荣:《法学方法与现代民法》(第5版),法律出版社2007年版,第384页。另参见 Tour, *Das Schweizerische Zivilgesetzbuch*, 1968, S. 36ff。

③ 参见杨仁寿:《法学方法论》,台北,三民书局1986年版,第168页。

的性，避免任意地限制或剥夺他人的私权。由此可见，不确定概念和一般条款的具体化可以与狭义的法律解释方法结合起来运用。第三，不确定概念和一般条款的存在，通常是立法者的有意安排，实际上是授权裁判者进行具体化。但价值补充中必须遵循立法者所确定的价值选择。如前所述，在价值补充的情况下，解释者要遵循立法者通过不确定概念和一般条款所作出的价值判断。在这个意义上，不确定概念和一般条款本身在一定程度上确定了价值指引。例如，公序良俗中的“良俗”，实际上就意味着裁判者所认定的风俗必须是“善良风俗”。虽然这一概念具有模糊的特点，但是，它毕竟设置了相应的规则，与法律对特定事项没有规定的情形并不相同，其本身就为法律解释设定了应予遵循的基本精神。①

当然，价值补充仍然与一般的狭义法律解释存在区别，主要表现如下：

第一，解释的对象不同。价值补充适用于不确定概念和一般条款的解释，而狭义的法律解释方法适用于一般的法律文本的解释。无论是狭义的解释方法还是价值补充的方法，二者都以法律文本为解释对象，以存在制定法为前提。但是，二者在解释的对象上也有一定的区别：一方面，价值补充的解释对象只能是不确定概念和一般条款，而狭义的解释方法不限于对概念的解释，还包括了对整个制度的解释；另一方面，价值补充所解释对象的抽象化程度比较高，往往在外延上不易确定，具有开放性、发展性和不确定性，而狭义法律解释方法的抽象化程度比较低，内涵和外延相对容易确定。

第二，方法不同。不确定概念和一般条款很难通过狭义的法律解释来阐明其文义。这主要是因为：文义解释的功能有限。在运用文义解释时，应当确定法条文义的含义。但是，在价值补充中，法条仅仅规定了价值指引，其文义相当模糊，且这些概念和条款本身就没有通过定义的方式表述，所以无法通过狭义的法律解释阐明其内涵和外延。针对这些概念，能否适用扩张解释？笔者认为，由于扩张解释就是通过解释得出超出法条字面含义的结论。但是，对于不确定概念和一般条款来说，其文义比较宽泛，所以，扩张解释似乎没有可能。尤其应当看到，

---

① 参见杨仁寿：《法学方法论》，台北，三民书局1986年版，第172页。

立法者的目的本身就是要通过这些条款保持一定的抽象性和开放性,因此,通过目的考量也无法确定其含义。正是因为这样,所以这些概念和条款不能通过狭义的法律解释,而只能通过具体化的方式阐明其含义。在价值补充中,由于不确定概念和一般条款的固有特点,使其无法被完全地阐明,也无法界定其全部的外延。

第三,裁判者的自由裁量权不同。在价值补充过程之中,类型化的对象、类型化的方式都有一定的限制,但毕竟裁判者是进行价值补充,所以其自由裁量权较大。而在狭义的法律解释中,裁判者虽享有一定的自由裁量权,但是,其权力相对要小一些。

第四,价值补充过程要直接面对生活事实或案例,而狭义的法律解释方法可能并不直接面对生活事实。例如,体系解释就仅仅是从法律条文的位置和相互关系着眼而进行的解释。类型化主要是针对类型事务的调整,是立法者对某类事务的抽象,价值补充侧重于寻求各种类型的共同点,"类型是将事务的多数要素的一体性"表现出来,[①]而狭义的法律解释并不着眼于类型的共同点的探明,而只是通过文义、历史、法系等因素来阐明法律的含义。

2. 价值补充与漏洞填补

价值补充与漏洞填补也存在一定的联系。因为不确定概念和一般条款具有高度的模糊性和不确定性,有时候也很容易和法律漏洞,特别是与隐藏漏洞发生混淆。在某些情况下,不确定概念也可以通过目的性考量,采取目的性限缩的方式加以解释。例如,"国家利益"是否包括国有企业利益,在某些情况下就有必要进行目的性限缩,因为国有企业利益一经市场化,从交易平等、交易自由等角度考虑,不宜将其作为国家利益来对待。此时,要对"国家利益"的概念进行目的性限缩解释。但价值补充与漏洞填补之间存在较大差异,属于两种不同的解释方法。从根本上说,不确定概念和一般条款是立法者有意运用此种立法技术调整社会关系的结果,并不意味着其存在法律漏洞。这就意味着,立法者已经认识到特定问题的存在,并且已经作出了一定的规范,它既没有违反立法的计划,也不存在不圆满状态。在价值补充的情况下,不确定概念和一般条款的含义比较概括和抽象,裁判者所作

---

① 参见许中缘:《体系化的民法与法学方法》,法律出版社 2007 年版,第 104 页。

的具体化不可能超出其文义的可能范围。而漏洞填补方法已经超出了可能文义的范围。有关价值补充与漏洞填补的联系和区别,我们将在后文详述。

(二)价值补充是一种特殊的解释方法

"价值补充",是一种特殊的法律解释方法。这种特殊性主要表现在如下几点:

第一,它要考虑价值判断的问题。所谓补充,就是指不确定概念和一般条款原本就表达了立法者一定程度的价值判断,但是这种判断仍然是高度抽象的,需要通过具体化的过程来使立法者所作的价值选择更为清晰明确,能够被准确地运用到需要被裁判的案件之中。具体化的过程,实际上就是根据法律之内或法律之外的价值判断标准,从抽象的法律条文中得出某一具体的规则的过程。由于不确定概念和一般条款具有高度的抽象性和模糊性的特点,又难以通过定义的方式加以确定,这就决定了其在解释方法上的特殊性。在不确定概念和一般条款与具体事实相结合之前,这些规范必须具体化,使之运用于具体案件。应当看到,价值补充也是一种价值判断。在价值补充中,也可能涉及价值的考量。具体表现为:价值补充过程中要考虑法的安定性与妥当性问题。而且,价值补充要遵从法律所作的价值指导,遵从社会一般人的价值判断,而不能由裁判者随意进行。但是,在法律解释学中,仍有必要区分价值补充与价值判断。一方面,价值判断表现为立法者和司法者在法政策上的取舍和选择,它适用的范围极为宽泛,"任何完整的法律规范都是以实现特定的价值观为目的,并评价特定的法益和行为方式,在规范的事实构成与法律效果的联系中总是存在着立法者的价值判断"。[①] 由于"价值判断,也就是'价值秩序'的存在,人们才获得了行为安定性。任何具体的法律秩序都是以立法者肯定的、通过规范证实和巩固的价值秩序为基础"。[②] 而价值补充是一个特定的法律解释学上的概念。另一方面,在法律解释中,价值判断是所有方法应当采用的方法,而价值补充只是一种特殊的方法。价值判断并不意味着要寻找具体的裁判规则,而价值补充则表现为裁判者在作出解释时针对某种法

---

① [德]魏德士:《法理学》,吴越等译,法律出版社2005年版,第52页。

② [德]魏德士:《法理学》,吴越等译,法律出版社2005年版,第52~53页。

律价值,根据相应的法律规则所作出的选择判断,它是贯穿于整个法律解释过程中的思考方式。

第二,核心文义难以确定。与狭义的法律解释不同,价值补充虽然也是在法律文义的可能范围之内作出的补充,但是,作为其解释对象的一般条款和不确定概念的文义非常宽泛。这主要是因为,一般条款和不确定概念的核心文义难以确定,通常只能确定其边缘文义。而事实上,一般条款和不确定概念的边缘文义也非常宽泛,所以,只能结合具体案件将其边缘文义具体化。笔者认为,裁判者的具体化操作并没有超出其可能的文义范围。例如,《最高人民法院关于确定民事侵权精神损害赔偿责任若干问题的解释》第 1 条第 2 款中的"其他人格利益",其边缘文义都非常模糊,所以,要对其进行具体化。但需要指出的是,价值补充也不能超出法律条文的边缘文义范围,否则,就进入漏洞填补的领域。例如,在将其他人格利益具体化的过程中,所有人对其珍藏之物具有的特殊感情就不能解释为"其他人格利益",否则,就不能称其为价值补充了。

第三,主要通过类型化的方式完成解释。价值补充与狭义法律解释的重要区别在于,狭义法律解释可能通过定义式或阐释式的方式对法律文本进行解释,而在一般条款和不确定概念的具体化中,则主要通过类型化的方法完成。

第二节　不确定概念的具体化

没有评价,法律寸步难行。

——[德]罗伯特·阿列克西(Robert Alexy)

相同处理之原则可谓是法律诠释学之灵魂。①

——[德]齐佩利乌斯(Zippelius)

---

① Zippelius, *Der Typenvergleich als Instrument der Gesetzesauslegung*, in: Jahrbuch für Rehctssoziologie und Rechtstheorie Band 2, S. 486.

一、不确定概念的定义和特点

不确定概念是指在内涵和外延上都具有广泛不确定性的概念。"不确定法律概念是指未明确表示而具有流动的特征之法律概念,其包含一个确定的概念核心以及一个多多少少广泛不清的概念外围。此种不明确的概念,多见于法规之构成要件层面,亦有见于法规之法律效果层面。"[①]一般来说,法律概念都具有抽象性,因为它们是对社会生活事实的提炼和总结。"但凡自然反映生活的语言,必然不够精确,精确的语言又必然不自然。"[②]以内涵和外延是否确定为标准,法律概念大致可以分为两类:一类是确定概念,它是指内涵和外延相对确定的法律概念,对于某一法律事实是否属于此概念的范畴,解释者能够根据其特征作出直接的判断。另一类是不确定概念,它是指一种内容与范围均广泛不确定的概念。[③] 例如,"合理期限""善意""公序良俗""显失公平""相当数额"等。现代民法为了克服法律的滞后性,避免法律的僵化,大量运用不确定概念,以保持法律的适度,更好地适应社会的发展,并能够维持其开放性。所以,不确定概念已经成为立法中常用的技术,而因为其特殊,也导致对不确定概念的解释成为解释学中的重要问题。不确定概念具有如下特点:

第一,概念的高度概括性。所谓不确定概念的高度概括性,是指不确定概念对社会生活进行了高度的概括和抽象,从而使其具有较大的包容性,能够适用于较为广泛的对象。拉德布鲁赫(Radbruch)提出,"生活现象的认识只是一种流动的过渡,但概念却强硬地要在这些过渡中划分出一条明确的界限。在生活现象仅仅显得'或多或少'的(模糊)地带,概念却要求须作出'非此即彼'的判断",因此,"概括的主要成就并不在于'包含':包含某种特定的思维内涵;而在于'界定':作为一道防护墙,使概念得借以向外界隔绝其他的思维内涵"。[④] 不确定概念是指称某一类事物的概念,通常而言,它只是包含在一个条款之中,

① 翁岳生:《行政法》(上册),中国法制出版社 2002 年版,第 225 页。

② 苏永钦:《寻找新民法》,台北,元照出版有限公司 2008 年版,第 66 页。

③ K. Engisch, *Einfuehrung in das juristische Denken*, 8. Aufl., 1983, S. 108f.

④ Radburuch, Klassenbegriffe und Ordnungsbegriffe im Rechtsdenken, in: Internationale Zeitschrift fure Theorie des Rechts Ⅻ (1938), S. 46.

其自身不能组成一个条款。例如,重大误解、显失公平是不确定概念,但这些概念通常适用于交易背景下的法律关系。这些概念包含的范围非常宽泛,其可适用的对象往往无法作穷尽式列举。而重大误解、显失公平这两个概念所能涵盖的案件事实类型十分广泛,无法进行完全列举。不确定概念的高度抽象性,使其能够涵盖的事实类型更为广泛,具有包容性和开放性,其可以应对社会不断发展的需要。正因如此,从20世纪下半叶以来,对于不确定概念的解释方法转向了类型化思考。[①]

应当看到,绝大多数法律概念都具有一定程度的抽象性和概括性,只是程度有所差异。"不确定概念"与一般法律概念的区别就在于,它达到了相当程度的抽象与概括,而一般概念的程度要低一些。例如,"法人"的概念也具有一定的抽象与概括性,但是,其程度较低,因此不宜认定为不确定概念。而"重大误解"的概念具有较大的不确定性,因而就属于不确定概念,需要借助解释或价值补充才能确定。尤其应当看到,不确定概念具有一定的弹性,它赋予裁判者自由裁量的权利,使得裁判者可以根据个案情形来妥当适用法律。

第二,内涵和外延的不确定性。不确定概念的最大特点在于其内涵和外延的不确定性,即无法清晰界定其内涵和外延。通常所说的不确定概念的"难以定义性",就是由其内涵和外延的不确定性造成的。一方面,许多不确定概念的内涵具有不确定性。也就是说,这些概念所指称对象的性质是难以界定的。例如,"善意""合理期限"等,很难在性质上给出准确的定义。当然,有一些不确定概念也可能在一定程度上可以定性。例如,公共利益在性质上是和私人利益相区别的,这在一定程度上仍然是可以定性的。另一方面,它的外延也具有不确定性。这就是说,概念所指涉的具体对象本身是难以界定的。除了数量、时间、金钱等概念以外,大量的不确定概念都是因为其外延具有开放性,无法界定其边界。例如,诚实信用这一不确定概念的功能在于,在法律遇到生活情况的改变或其特殊性时起调节和转化作用,所以,虽然在内涵上可能能够界定,但其外延无法界定。[②] 由于这些概念涵盖的内容没

① 参见邱聪智:《回复原状的规范意义》,载《民事法学新思维之开展》,台北,元照出版有限公司2008年版,第330页。

② 参见[葡]马沙度:《法律及正当论题导论》(第2版),黄清薇、杜慧芳译,澳门大学法学院2007年版,第97页。

有一个严格的边界,甚至被称为“包罗万象”,因此,这类概念在理解和描述上具有一定的困难。

第三,适用上的开放性。不确定概念的不确定性还表现在其发展的、变动的属性上。因此,其在内涵和外延上始终保持了开放性。不确定概念与法律上因立法技术欠缺而导致的模糊性概念不同:前者是立法者审慎选择的结果,后者则是因立法的疏漏而留下的缺陷。前者的不确定性所带来的开放是立法者的应有之义,而后者也能在文义上具有一定的开放性,但这种开放性非但不是立法者的有意安排,反而很可能违反立法者的立法计划。在社会生活发生重大变化的情况下,不确定性概念的包容性更强。[①] 例如,公序良俗的概念包含的类型非常多,而且随着社会的发展会出现一些新的情况,如代孕问题、器官移植问题、克隆引发的问题等可能涉及公序良俗的判断。当然,法律上对该概念毕竟作出了规定,并且,该规定可以规范一定范围的事项。法律对概念的规定本身也为裁判者的具体化提供了指引。虽然不确定概念在适用上具有开放性,但裁判者仍然应当在具体化的过程中遵循立法的价值指引。

正是因为不确定概念具有上述特点,所以,在解释学上,作为一种解释对象,其要适用特殊的解释方法。因为不确定概念解释上的特殊性,所以,对于这类概念应当单独作为一种特殊的解释活动来对待。

二、不确定概念的分类

(一)描述性不确定概念和规范性不确定概念

在学理上,可以将不确定概念区分为描述性不确定概念和规范性不确定概念。所谓描述性不确定概念,其特点在于,通过经验的途径,以描述的方式对生活事实予以陈述与概括。[②] 例如,行为动机等。动机在法律上很难作出准确的定义,它具有非常明显的主观性,而且在相当程度上取决于行为人的主观情况、客观背景等多种因素。再如,在相邻关系中使用了“过度妨碍”概念,什么是“过度妨碍”? 这就属于描述性

① 参见[葡]马沙度:《法律及正当论题导论》(第2版),黄清薇、杜慧芳译,澳门大学法学院2007年版,第97页。

② 参见翁岳生:《行政法》(上册),中国法制出版社2002年版,第225页。

不确定概念。所谓规范性不确定概念,[①]它并非归属于某一个法律规范体系或构成要件,而是表达了一种价值上的判断,对法律主体的行为提供必要的指引,如公序良俗、诚实信用等不确定概念都表达了立法者所作的应然性规范指导。[②]

描述性不确定概念和规范性不确定概念的区别在于,前者通常是对现实的直接反映和陈述,并不包含价值指引的因素,而后者则包含了立法者的价值倾向。例如,在法律中使用了"诚实信用"的概念时,便有要求行为主体遵从该规则的要求行事的目的。

(二)事实型不确定概念和价值型不确定概念

事实型不确定概念,是描述客观事物的概念,属于经验概念的范畴,它通常涉及实际标的、事件,涉及可感觉的或其他可体验的客体如时间、大小等。所谓价值型不确定概念,是指在不确定概念中法律作出了一定的价值判断,而不仅仅是对客观事实的归纳和概括。例如,《民法典》第243条中的"公共利益"概念就属于价值型的不确定概念,它实际上包含了价值决定,即强调利益的"公共"特点。[③] 价值型的不确定概念不存在可感觉的客体,诸如需要、可靠性、危险等通过主观判断方能确认的概念。[④]

事实型不确定概念和价值型不确定概念这两者的区别主要在于:是否需要裁判者在立法者的价值指引之下进行补充。对于事实型的不确定概念,裁判者只是需要通过对生活事实的考察等来确定其具体包含的对象,一般不需要再进行价值判断。但对于价值型的不确定概念,裁判者需要通过立法者的价值指引,再结合生活事实、立法目的等进行价值补充。

(三)量的不确定概念和质的不确定概念

所谓量的不确定概念,既包括数量上的不确定性,也包括程度上的不确定性,例如,合理价格、合理期限等属于数量上的不确定性。所谓

---

① 规范性概念的英文表达是 normative,用"应然"来表达更为合适。

② K. Engisch, *Einfuehrung in das juristische Denken*, 8. Aufl., 1983, S. 108f.

③ 参见陈新民:《德国公法学基础理论》(上册),山东人民出版社2001年版,第182～187页。

④ 参见陈振宇:《不确定法律概念与司法审查》,载《云南大学学报(法学版)》2008年第4期。

程度上的不确定概念，主要是指描述某种程度的概念如"重大损害""过分高于"等概念。所谓质的不确定概念，是指具有性质或本质属性上不确定的概念，如善良风俗、显失公平等。

不论是量的不确定概念，还是质的不确定概念，都需要裁判者根据具体情况予以具体化。区分二者的意义在于，前者是在最高限度以下或者最低限度以上进行判断，而后者重在判断两种不同性质事实类型的界分点。

三、不确定概念的具体化

（一）不确定概念应当进行具体化

所谓不确定概念的具体化，是指通过法律解释的过程，使不确定概念的内涵和外延得以明晰，从而能够作为裁判依据，适用于具体个案。例如，"善良风俗"作为不确定概念，非常抽象模糊，需要裁判者按照该价值指引，结合社会生活、判例学说等进行具体化（所谓"价值补充"）。不确定概念的具体化是基于对19世纪概念法学加以反思的基础上产生的，它是使法律保持一定的弹性、克服成文法的滞后性而产生的一种独特的解释方法。正是在认识不确定概念的特点的基础上，人们越来越认识到应当有一种独特的方法对其进行处理，其中，类型化的方式已经成为独特的解释方法。

不确定概念的具体化，实际上是授权裁判者结合个案将其内涵和外延通过具体列举和类型化等方式加以界定，使其能够与个案的情形相结合。之所以需要对不确定概念进行具体化，主要原因在于：一方面，不确定概念属于授权性的概念。如前所述，由于不确定概念具有高度概括性、内涵和外延的不确定性、适用上的开放性，因此，很难通过定义的方式来界定其内涵。由于不确定概念仅能为个案的判断提供一定的价值指引，裁判者应当根据具体案情、社会情势等各种特殊因素将不确定概念具体化。[①] 另一方面，在适用不确定概念的情形下，只有通过类型化等具体化的方法，才能确定司法三段论中的大前提，也才能保证裁判者真正做到类似问题类似处理。在实践中，大量的不确定概念仅

---

① 参见［葡］马沙度：《法律及正当论题导论》（第2版），黄清薇、杜慧芳译，澳门大学法学院2007年版，第97页。

仅通过定义的方式无法指导裁判者的判决。裁判者主要通过如下途径对不确定概念进行具体化：

一是定义方式。不确定概念的解释需要定义,虽然在通常情形下,很难对不确定概念进行定义,但其并非完全不能定义。通过定义的方式对不确定概念的内涵进行界定,明确其大概的文义范围,可以为裁判者运用不确定概念提供明确的裁判依据。

二是类型化。不确定概念具体化的最重要方法是类型化,即基于一定的目的,按照一定的标准,列举不确定概念的典型情况。例如,《民法典》第 1198 条第 1 款使用了“经营场所、公共场所”的概念,同时,该条列举了七种经营场所、公共场所,即宾馆、商场、银行、车站、机场、体育场馆、娱乐场所。所以,在对“经营场所、公共场所”这一概念进行类型化时,就要遵守同类解释规则,参照已经列举的几种经营场所和公共场所进行具体化。

三是确定一些不确定概念的参考适用标准,对不确定概念的司法适用进行限定,从而得出具体的裁判依据。例如,《民法典》第 183 条规定:“因保护他人民事权益使自己受到损害的,由侵权人承担民事责任,受益人可以给予适当补偿。没有侵权人、侵权人逃逸或者无力承担民事责任,受害人请求补偿的,受益人应当给予适当补偿。”该条规定的“适当补偿”就是一个不确定概念,在具体运用时,可以通过确定一些适当考量的因素,认定“适当补偿”的内涵。

一般认为,裁判者在确定补偿的具体范围时,主要应当考虑如下因素,包括受害人遭受的损失、当事人双方的经济状况、受益人的受益情况、侵权人的赔偿数额、受害人对于损害发生是否具有过失以及受益人对于侵权行为的发生是否具有过失等。

(二)不确定概念具体化的方法

笔者认为,不确定概念的具体化要遵循如下程序。

1. 应当进行文义解释。要判断一个概念是否为一个不确定概念,必须从文义解释入手。一般来说,不确定概念难以通过文义解释来阐释其含义。在具体化过程中进行文义解释的主要功能在于:一方面,确定哪些概念属于不确定概念,如果不属于不确定概念,则通过狭义的解释方法加以解释。另一方面,文义解释只是确定了一个大致的范围,或者只能是明确不确定概念大致的内涵。例如,《民法典》第 524 条所规定的第三人对债务的履行具有合法利益是有权代为履行。但“合法利益”作为一个不确定概念,需要具体化。从司法实践来看,主要包括如下情形:一是抵押物转让中受让人代为清偿主债务,其对债务的履行具有合法利益,应当允许其代为清偿债务,以消除抵押权。二是转租中次承租人代承租人支付租金,以避免因承租人不交租金导致租赁合同被解除,使自身承租的权利遭受损害。三是母公司为子公司代为偿还债务,由于子公司的债务问题可能会对母公司的信用评级产生不利影响,因此,母公司可代子公司清偿债务。四是其他合法利益。例如,物上担保人具有其特殊利益请求履行。对于合法利益的情形,法律很难穷尽对具有合法利益的情形的列举。通过将合法利益的概念类型化,第三人代为履行制度才能够得以有效实施。

2. 考量个案所涉及的各项因素。由于不确定概念的含义比较模糊,仅能为个案的判断提供一定的价值指引,裁判者应当根据具体案情、社会情势等各种特殊因素将不确定概念具体化。① 裁判者在具体化过程中应当考虑如下一些因素:

一是法律条款中的相关规定。作为一种立法技术,立法者会在法律中同时使用不确定概念和不确定概念所包括的某种具体类型,但对这些概念的使用仍要遵循一定的规则,符合立法者所设定的范围。例如,在合同关系中涉及公共利益与物权关系中涉及公共利益时,法律的考量是不完全相同的。因此,在不确定概念具体化过程中,要结合法律的具体语境来加以确定。一般来说,不确定概念难以通过文义解释来阐释其含义。例如,“非典”期间工厂的工人被隔离,导致工厂停工,无法按照合同约定的时间交货,此时是否能够推迟交货期限或免除交货人的责任,这就涉及合同法中的多个不确定概念,如不可抗力、显失公平、诚实信用的运用。所以,裁判者在解释中应当选择一个最恰当的不确定概念。

二是立法目的和立法意图考量。在不确定概念中,立法者已经作出了一定的价值指引。这在一定程度上可以实现对裁判者具体化的拘束,裁判者的具体化操作有了方向性的指导。裁判者在具体化过程中

① 参见[葡]马沙度:《法律及正当论题导论》(第2版),黄清薇、杜慧芳译,澳门大学法学院2007年版,第97页。

不能偏离该价值指引,应当按照立法者的既定思路来进行解释。[①] 立法目的和立法意图是对不确定概念和一般条款进行类型化的重要标准。类型化应当依据特定的目的进行,类型区分应当服务于特定的立法目的。例如,动物在动物学上被类型化为哺乳动物、鱼类、鸟类等,但民法并不关心这些分类,而主要根据动物与人的关系,将其分为家畜、野生动物和驯养动物,而《民法典》侵权责任编则主要依据动物的危险性以及动物与饲养人的关系对其进行类型化区分,即将其区分为禁止饲养的烈性动物,一般饲养的动物,动物园饲养的动物,遗弃和逃逸的动物等多种类型,从而确立了动物致人损害的不同责任类型。

三是社会生活经验的运用。社会生活经验包括交易习惯、日常生活经验。不确定概念的具体化不能脱离社会生活的经验。虽然不确定概念的内涵和外延都不确定,但仍然能够在法律文本中出现,就是因为立法者预期在一定的社会阶段,人们围绕着不确定概念,一般都有一定程度的来源于社会生活经验的价值共识。这也是有学者所说的社会一般观念和伦理标准。[②] 当然,裁判者在借助社会生活经验进行解释时,不能仅仅凭借自己的生活经验,而应当考虑社会一般人的生活经验。

四是社会发展的需要。类型化本身就意味着其应当是开放的,此种开放性的表现之一就是要能够适应社会发展的需要。类型化并非封闭性的,而且并非过分的具体化,即便是类型化的结果,也仍然是具有一定概括性的子类型,并不一定都能针对个案的情形。因此,它可以实现抽象性和具体性之间的平衡。在具体类型化中,也要考虑社会的发展,保持类型化的前瞻性。例如,《民法典》第 120 条所保护的"民事权益"的范围可以根据社会发展的需要而作出新的解释,一些新的利益如数据权益、信托受益人的权利、虚拟财产、特许经营权、纯粹经济损失等也有必要进行类型化并纳入民事权益的范畴之中进行保护。

3. 根据上述考量因素进行类型化。不确定概念本身授予了裁判者解释的权限,裁判者在解释时享有极大的自由裁量的权力。[③] 从一定意义上说,不确定概念的具体化首先要通过对其内涵、外延的列举与明确

---

① 参见杨仁寿:《法学方法论》,台北,三民书局 1986 年版,第 167 页。

② 参见梁慧星:《民法解释学》,中国政法大学出版社 2000 年版,第 292 页。

③ 参见[德]迪特尔·施瓦布:《民法导论》,郑冲译,法律出版社 2006 年版,第 75 页。

完成，类型化不过是在这一基础上的整理和归纳。但是，类型化必须考虑上述因素来进行，而不能盲目开展。在类型化过程中，裁判者需要通过案件整理进行经验的归纳。案件整理实际上就是将司法实践的经验归类、整理，从而确定不确定概念所包含的内涵、外延。与一般的法律规范相比，不确定概念的不确定性较大，这实际上是立法者授予裁判者较大的权力，而且，其所规范的案件类型也是立法者难以预见的，并且这一点也是为立法者所明知的。所以，对具体案件，应当通过对既有案件的归纳整理从而得出结论。

4. 具体化与案件事实的连接。具体化本身不是目的，其根本目的是要通过具体化使其明晰，从而可以运用到具体案件中去。不确定概念的具体化，也需要结合特定案件的事实进行判断。例如，在 2021 年，某电力公司与某石油公司签订了购买 1 万吨石油的合同，在合同签订以后，石油价格上涨了 1 倍。石油公司提出，希望变更价格条款，而电力公司表示反对。双方为此发生了争议。我国《民法典》第 151 条规定："一方利用对方处于危困状态、缺乏判断能力等情形，致使民事法律行为成立时显失公平的，受损害方有权请求人民法院或者仲裁机构予以撤销。"该条中的"显失公平"就是不确定概念，它虽然确立了撤销的根据，但是，究竟如何解释这一概念仍然需要裁判者予以具体化。裁判者可以通过比较法的方法，借鉴罗马法上的"短少逾半"规则，从而认定属于显失公平的情形，允许变更合同价格条款。在这个过程中，裁判者必须结合具体的个案而进行类型化。

5. 说理与论证。在不确定概念具体化的过程中，应当强化裁判者的说理和论证义务。不确定概念，其内涵具有较大的模糊性，只有通过解释才能确定其比较明确的内涵。诚如杨仁寿先生所言，"在具体化的过程中，裁判者并非为同类案件厘定一个具体的标准，而是应根据个案，依照法律的精神、立法目的，针对社会的情形和需要，予以具体化，以求实质的公平与妥当。因之，裁判者于具体化时，须将理由述说明确，而且切莫引用他例，以为判断之基准"。① 尤其是，较狭义的法律解释而言，裁判者在进行不确定概念的类型化时，必须进行更为充分的说理和论证。

① 杨仁寿：《法学方法论》，台北，三民书局 1986 年版，第 168 页。

第三节 一般条款的解释和具体化

一般条款属于判断标准,其内容还需要加以填补。[①]

——[德]卡尔·拉伦茨

优秀的裁判者能够拓展正义的疆域(A good judge can extend the boundary of justice)。

——法谚

案例:原被告双方签订房屋出租协议1份,协议约定:租赁的用途为住宿,租赁期限为2010年6月1日至2011年11月30日止,每月租金为1550元。2010年10月5日,原告了解到,在其入住之前,曾有一承租人在该房屋内采取上吊的方式自杀身亡,故原告以房屋为"凶宅"为由起诉解除租赁合同,并要求被告赔偿。该案涉及对"公序良俗"概念的理解。"公序良俗"在性质上属于不确定概念,需要结合个案的情形进行具体化。在对该概念进行具体化的过程中,首先需要明确公序良俗的内涵,并判断待决纠纷能否纳入该概念的调整范围。在该案中,法院认为,根据当地习惯,"凶宅"不宜出租,"趋吉避凶"的风俗习惯在性质上符合公序良俗,据此认为,被告以"凶宅"出租构成根本违约,判决解除合同,被告应赔偿损失。

一、一般条款的概念和特征

一般条款是具有普遍指导意义或适用意义的条款,如过错责任、严格责任等条款。在罗马法上,因为采取决疑式的方法,重视具体问题具体解决,在法律中尚未出现过多的一般条款。此外,罗马法坚持"严格法"(ius strictum)的理念,强调法律用语的精确性,也导致其难以运用

---

① [德]卡尔·拉伦茨:《德国民法通论》(上),谢怀栻等译,法律出版社2003年版,第34页。

一般条款。[1] 例如,古罗马的阿德亚鲁斯皇帝曾命令尤里安颁布《永久告示》,剥夺了裁判官的衡平立法权。[2] 在优士丁尼编纂法典时,他仍然奉行"严格法"的理念,尽可能对裁判者的自由裁量进行限制。所以,在古罗马法中极少出现一般条款。当然,这与当时的立法技术水平以及当时社会关系的复杂程度都有密切的关系。在近代以来的大陆法国家的法典化运动中,由于法典的制定者希望借助法典全面规范社会生活,法典成为唯一的法律渊源。但是,法律规定过于具体、详尽则难以具有足够的包容性,也可能使法典内容过于庞杂。在此背景下,学者们提出了立法节制的思想。"节制精神是立法者的真正精神。"认为立法者在立法时,有必要保持某种谦卑的心态,不能认为自己具有预见一切的能力,而要承认认知力的局限,从而给未来的发展预留空间。[3] 在此指导思想之下,《法国民法典》大量采用了一般条款,最典型的就是第 1382 条,该条被认为是自然法思想"任何人不得伤害他人"的法律表述。[4]《瑞士民法典》也借鉴了法国法上运用一般条款的经验,比较广泛地使用了一般条款。到 20 世纪初,德国学者海德曼(Hedemann)也提出了一般条款的概念,并与特别条款(Spezialklausel)相互区分,从而在德国开始了对一般条款的讨论。[5]

一般条款具有较为宽泛的适用范围,同时可以极大地弥补具体规定所留下的立法调整的空白,尤其是,立法者考虑到转型时期的特点,也注重运用一般条款来保持法律的开放性和适应性。例如,张某下班之后邀请李某、王某一起吃饭喝酒,在席间,因为王某不胜酒力,几杯下去之后便醉倒在座椅上,张某和李某便护送王某回家,走到王某家门口时,王某突然清醒,提出既然已到家门口,无须再送,请张某、李某回家。待张某、李某回家之后,王某便在门前的石凳上睡着。因北方天气寒冷,王某因处于醉酒状态而在夜间被冻死。在该案中,因为《民法典》第 1198 条所规定的安全保障义务范围限定于"场所责任"和"组织者责

---

① Hedemann, *Die Flucht in die Generalklauseln*, Tübingen 1933, S. 1 f.

② 参见徐国栋:《民法基本原则解释》,中国政法大学出版社 2001 年版,第 232 页。

③ Pierre Serrand, *La loi dans la pensée des rédacteurs du Code civl*, in Droits, PUF, Vol. 42, 2006, p. 34 – 35.

④ 《法国民法典》第 1382 条规定:"任何行为使他人受损害时,因自己的过失而致行为发生之人对该他人负赔偿责任。"

⑤ 参见[德]诺伯特・霍恩:《百年民法典》,申卫星译,载《中外法学》2001 年第 1 期。

任”两大类,该条采用的是封闭式列举的方式,而该案无法归入这两种类型之中,因而该案只能借助于过错责任的一般条款进行裁判。《民法典》第1165条第1款规定:“行为人因过错侵害他人民事权益造成损害的,应当承担侵权责任。”一般认为,该条属于过错责任的一般条款,可以普遍适用于法律没有规定的各种特殊情况。[①] 再如,《民法典》第1236条规定:“从事高度危险作业造成他人损害的,应当承担侵权责任。”该条在性质上是高度危险责任的一般条款,可以适用于各种高度危险责任的情形。在法律上,一般条款具有如下特征:

第一,统率性。一方面,现代的社会关系通常都十分广泛复杂,法律规范也十分复杂。另一方面,在某些情况下,立法者也难以都通过具体的法律规范对各种类型的社会关系进行调整。在这一背景下,一般条款既有统领现有的具体规范的作用,也有在欠缺具体规范时提供指引的作用,从而使法律保持较高的适应性。一般条款通常体现了对社会行为的一定评价标准,最典型的是,侵权法中关于过错责任的一般条款,体现了对主观过错的否定性评价。一般条款往往成为具体规定适用的基础性规则,它具有统率作用,可以统率多个规则。例如,侵权法中过错侵权的一般条款可以统率许多过错侵权的类型。

第二,概括和抽象性。一方面,一般条款是对某一类法律问题的概括性规定,也就是说,它不是针对某一特定社会现象所作出的规定,而是对某一类的社会现象作出集中的规定。这种规定并非针对某一个别问题而言,而是对所有问题的共通性要素的提炼。例如,广西某地曾发生热气球爆炸,导致多人伤亡。由于热气球不属于高空作业,因此也不能适用《民法典》第1240条的规定,但可以适用《民法典》第1236条高度危险责任一般条款的规定。因为一般条款的规定并非针对某一个别问题而言的,而是对所有问题的共通性要素的提炼。正是因为一般条款要涵盖所有具体的类型,因此,其具有较高的抽象性。概括是归纳的体现,抽象则是演绎的结果。在抽象出相应规范后,又可以以此为基础推导出适用于各类具体情形的规范。据此,一般条款在功能上超出了狭义的法律解释所能达到的范围,需要借助于具体化才能弥补法典的

---

① 从“中国裁判文书网”所载案例来看,直接适用《侵权责任法》第6条第1款的案件就有十多万件。

局限性。[①]

第三，开放性。所谓开放性，是指一般条款的内涵与外延不是封闭的，而可以应社会的发展而不断变化。例如，《民法典》第1165条第1款可以适应关于过错责任的一些新类型案件的发展而为受害人提供救济。一般条款的设置具有兜底条款的作用，能够适应各种不同个案的需要，并满足社会发展的需要。例如，在侵权责任法之中，设置过错侵权的一般条款，就可以保持法典本身的开放，从而使侵权责任法可以调整不断涌现的新形态侵权。尤其是一般条款在很多情况下往往可以与例示性规定合并运用，从而可以弥补例示性规定的不足。一般条款的最大优点是能够立即适应新的情况，特别是应对社会、技术结构变化所引发的新型侵权。在保持一般条款的开放性方面，法国的经验值得借鉴。例如，在1804年《法国民法典》制定的时候，尚未预见到不正当竞争、欺骗消费者以及各种侵害人格利益的情况，而法院通过适用一般条款，对受害人进行了有效的损害赔偿救济，取得了良好的效果。法国最初就是通过《法国民法典》第1382条关于侵权行为的一般条款来规制反不正当竞争行为的。[②] 一般条款的基本功能就在于使法律具有包容性和适应性，使其能够面对不断变化的社会生活需要，以便裁判者在日后的法律适用中，根据社会发展的实际需要，对这些范畴进行灵活的解释，这是为了确保法律的开放性和生命力的需要。

第四，基础性。一般条款体现了特定法律制度的一般原则和精神，它实际上构成了该制度的基础，为具体规则的设立与阐释提供参照。相比统率性而言，基础性并不包含具体规则，其主要确立特定的价值基础，为其他制度提供构建与发展的起点。例如，《民法典》第1165条第1款实际上为该法第1165条第2款的过错推定奠定了基础，因为过错推定最终还是要确定过错。尤其应当看到，《民法典》侵权责任编第一章关于“不承担责任和减轻责任的情形”的规定，都是围绕过错责任的一般条款展开的。拉伦茨将类型归属表述为一种价值导向的思考程序，实际上也说明了这些条款的基础性。[③] 与一般条款配合使用的具体规

---

① 参见石佳友：《民法典与裁判者裁量权》，载《法学家》2007年第6期。

② 参见石佳友：《民法典与裁判者裁量权》，载《法学家》2007年第6期。

③ 参见闫军：《概念与类型法律思维之比较》，载《福建法学》2009年第1期。

定,往往都是这一原则和精神的具体体现,或者说是在典型案型中的运用。以一般条款为中心的各个具体法律制度,应以一般条款所确立的精神和规则为基础。

毫无疑问,我国立法中注重一般条款的运用,这在立法技术上值得肯定。但是,在解释学上,它也给裁判者的司法活动带来了新的问题。一般条款与不确定概念一样,都因其特殊性而决定了其解释方法上的独特性。一般条款的含义很难通过文义解释的方法准确界定,也难以通过其他狭义的解释方法清晰地阐明。另外,一般条款的开放性特点决定了其无法通过法律解释穷尽其含义,这与不确定概念类似,必须借助于类型思维的方式,通过类型化方式进行具体化的操作。因为一般条款在内容上往往难以把握,适用中有一定的技术障碍和技术困难,因此,在审判实践中裁判者往往极少运用一般条款判案,甚至宁愿选择基本原则条款也不愿采用一般条款。在法律解释中,如何正确运用一般条款的价值补充对保障依法审判与公正裁判都有重要意义。

二、一般条款的分类

(一)法律原则性一般条款与裁判规则性一般条款

我国学者所指称的一般条款具体包括两种类型:一是具有基本原则性质的一般条款,此类条款是指在性质上具有双重属性,既可以作为一般条款,又兼承担基本原则功能的条款。其中最典型的是诚实信用原则。该原则是民法的基本原则,同时作为"帝王条款",其内容极为抽象,在适用具体案件时,必须经过具体化才能进行适用。[①] 在民法解释学上,学者所谓"避免向一般条款逃逸"中的"一般条款"通常是指具有基本原则意义的一般条款。二是作为具体裁判规则的一般条款,大量的一般条款主要存在于具体规则之中。虽然其须经过具体化方能使用,但较基本原则更为具体,调整范围也有所限定。例如,《民法典》第1165条第1款规定的过错责任原则并不适用于某一种具体案件,而是调整某一类的案件类型。在民法各项具体制度中,学者通常所说的一般条款是可以作为具体裁判依据的一般条款。区分这两种类型的一般条款的主要意义在于,针对具有基本原则性质的一般条款,应当区分不

① 参见杨仁寿:《法学方法论》,台北,三民书局1986年版,第172～173页。

同的性质确定其在法律解释中不同的功能。如果是作为一般条款适用,应通过具体化的方式进行适用;但作为基本原则,则只能通过填补漏洞的方式适用。而作为具体裁判规则的一般条款则不存在此种情况。

(二)直接作为价值补充依据的一般条款和作为兜底条款的一般条款

直接作为价值补充依据的一般条款,其通常不与具体列举发生联系,而直接独立地作为一般条款适用,如诚实信用、善良风俗等。作为兜底条款的一般条款,通常是与具体类型的列举相联系的一般条款,这种一般条款一定是以具体列举作为基础的。如前所说,一般条款具有兜底条款的作用,在没有特别规定的情况下,一般条款如何发挥其兜底条款的功能,成为解释学上的重要问题。一般条款作为兜底条款实际意味着一般条款与例示性规定的并用。为了避免列举性规定的遗漏,法律往往以一般条款作为兜底条款。例如,我国《民法典》第500条规定:"当事人在订立合同过程中有下列情形之一,造成对方损失的,应当承担赔偿责任:(一)假借订立合同,恶意进行磋商;(二)故意隐瞒与订立合同有关的重要事实或者提供虚假情况;(三)有其他违背诚信原则的行为。"该条第3项与第1项、第2项之间形成了兜底条款与例示性规定的并用。因此,在解释"其他违背诚信原则的行为"时,就必须考虑其与例示性规定的关系。《民法典》第500条第3项作为兜底条款,包含了许多类型,如违反初步的协议和许诺、违反有效的要约邀请、要约人违反有效的要约、违反强制订约义务等。这些都属于缔约之际违反诚信原则的行为,裁判者都可以依据该条第3款将其解释出来。

区分这两种类型的一般条款的主要意义在于:一方面,直接作为价值补充依据的一般条款一般不与具体列举的类型相联系,而只是独立地作为一种概括条款而存在。而作为兜底条款的一般条款通常要与具体列举相联系,其内容应参照具体列举中所提供的标准加以确定。另一方面,两种类型的条款都具有开放性和包容性,但直接作为价值补充依据的一般条款本身即可提供价值指引,在法律文本上也不存在限定其内容的相关规定,而作为兜底条款的一般条款则通常要依据具体列举条款所确立的标准进行进一步的延伸。

三、一般条款与相关概念的比较

(一)一般条款与不确定概念

一般条款与不确定概念具有相似性,二者都是立法者为了在立法中保持一定的抽象性、模糊性和开放性,从而在一定程度上赋予裁判者自由裁量权,允许裁判者进行价值补充。据此,有人认为,一般条款与不确定概念没有本质区别,甚至有人认为,一般条款属于不确定概念的次类型。① 从解释学的角度来看,裁判者对于一般条款和不确定概念都要进行价值补充,或者说是按照立法者的价值引导进行具体化。从解释学上,可以将二者都归入价值补充的范畴。一般条款和不确定概念确实存在联系,前述的原则性一般条款和规则性一般条款都有可能包含不确定概念。而且,有一些概念本身具有双重属性,既可能是不确定概念,又可能是一般条款。例如,维护社会公共利益和公序良俗条款中的"公序良俗"就是不确定概念。

虽然一般条款和不确定概念都是价值补充的对象,但它们仍然是存在区别的,德沃金没有使用"不确定概念"与"一般条款",但他注意到了二者的差别。他认为,一些模糊概念如"合理的""过失""不公平""意义重大的"等词的存在,使这些概念看起来似乎变得更像"法律原则",但他认为这些概念在性质上属于规则性的,其与原则仍是有差别的。不确定概念的存在"并没有把规则完全变成一条原则,因为虽然这些词汇的界限很微妙,但它仍然限制着这条规则所依赖的其他原则和政策的种类。如果我们接受'不合理的合同'一概无效或者严重'不公平'的合同一概不得履行这样的规则约束,那么,同没有这些词汇的时候相比,就需要多方面的判断"。② 也就是说,在存在这些不确定概念的法律规范中,尽管因此导致条文的内涵和外延具有模糊性,但是,因为它们不是原则,所以这些概念的阐释仍要遵循既有案件类型的积累,包括要遵循一般条款和法律原则的主旨。由于德沃金所说的原则实际上包括了一般条款,因此表明其对不确定概念和一般条款作

---

① Peztoldt, *Die Problematik der Generalklauseln im Nebenstrafrecht und im Ordnungswidrigkeitenrecht*, Duersseldorf 1968, S. 7.

② [美]德沃金:《认真对待权利》,信春鹰等译,上海三联书店 2008 年版,第 49 页。

出了区分。笔者认为,一般条款和不确定概念的区别具体表现为:一方面,从包容性的程度来看,一般条款所具有的包容性更强,其可适用的范围更为广泛。另一方面,从文本的表述来看,不确定概念只是一种概念性的存在,其自身通常不形成独立的条款。一般条款虽然由概念组成,但本身形成了一个完整的条款,而不仅仅是一个概念、术语。例如,在没有规定合同履行期限的情况下,债权人应当为债务人保留合理的期限。其中,“合理期限”就属于不确定概念,而不能理解为一般条款。而不确定概念甚至在整个条款中并不占据核心的位置。此外,通常来说,如果一般条款之中包含了多个不确定概念,首先就需要对不确定概念进行阐释,然后再将一般条款适用于具体案件。例如,我国《民法典》第 1165 条第 1 款之中就包含了“过错”“民事权益”“损害”“侵权责任”等多个不确定概念。在解释该条的时候,就要首先对这些概念进行阐释。但不确定概念的复杂程度通常相对较低,一般不可能再包括一般条款。

(二)一般条款与基本原则

如前所述,法律原则性条款可以直接作为法律基本原则,此类条款在性质上实际上具有双重性,既是一般条款,又是基本原则。但大量的一般条款都是作为具体规则的一般条款。无论是何种一般条款,其与法律原则都具有一定的相似性,表现在:一方面,二者都具有较高的普遍性和抽象性,可以比较广泛地适用于法律中的某个领域。一般条款都是法律原则的具体化,甚至某些一般条款就是法律原则本身。例如,《民法典》第 509 条第 2 款规定:“当事人应当遵循诚信原则,根据合同的性质、目的和交易习惯履行通知、协助、保密等义务。”这实际上就是诚实信用原则的具体化。德国学者迪特尔·施瓦布认为,“一般条款指的是以非常一般性的方式表述的思想内容,这些思想内容被赋予原则性意义,如‘诚实信用’原则(第 242 条)、‘善良风俗’原则”(《德国民法典》第 138 条、第 826 条)等”。也正是基于这样的原因,有的学者并没有严格区分法律原则和一般条款。[①] 另一方面,与作为具体规则的一般条款一样,法律原则也具有抽象性、概括性和开放性特征。有学者认

① 参见[德]迪特尔·施瓦布:《民法导论》,郑冲译,法律出版社 2006 年版,第 107 页。

为,“一般条款是法律原则的一种表现形式或者形态”。[①] 笔者认为,这种观点值得商榷。诚然,在某些情况下,法律的基本原则是以一般条款的形式表现出来,或者说,可以从一般条款之中提炼出法律的基本原则。例如,我国《民法典》第 153 条第 2 款规定,“违背公序良俗的民事法律行为无效”。该条就属于一般条款,该一般条款便是公序良俗原则的具体体现。

虽然一般条款与法律原则具有类似性,但不能说一般条款就是法律原则的简单表现或者将两者完全等同。具体来说,二者之间存在如下区别:

第一,性质不同。法律原则是指不能为个别或具体的法律规则所涵盖的、贯穿于整个法律之中的法律的基本价值与精神。在国外,法律原则大多源于判例与学说的总结,并不直接以独立条文的形式规定在法律之中。而在我国,立法中首先都集中规定基本原则,为裁判者的审判活动提供基本的指导。从我国的立法规定来看,与法律原则不同的是,一方面,一般条款本质上仍然是法律规则,通常是由立法机关制定的,可导致确定法律后果的行为规则,适用于较为具体的事项。[②] 法律原则仅仅是价值的宣示,它只是一般的法律思想,如个人责任原则、尊重人性尊严的原则等。但是,法律原则并不包括构成要件和法律后果,难以直接适用于具体案件之中。另一方面,法律原则体现了整个法律的价值和精神。相对于一般条款而言,其具有更高的价值位阶和更高的抽象性程度。而一般条款虽然也宣示了价值,但它通常同时包含了构成要件和法律后果,可构成完全法条,成为请求权依据。例如,《民法典》第 1186 条规定:“受害人和行为人对损害的发生都没有过错的,依照法律的规定由双方分担损失。”显然,在该条中就预设了特定情况下的法律后果。所以,我们在谈及法律原则时,并不是从法律规则意义上讨论的,而是从规则之外的具有普遍指导意义的原则的意义上讨论的。而一般条款仍然具有规则的意义。

第二,功能不同。一般条款作为法律规则,是裁判性规范,为诉争中的司法裁判提供了直接依据和准则,裁判者在确定案件事实之后,

---

① 谢晓尧、吴思罕:《论一般条款的确定性》,载《法学评论》2004 年第 3 期。

② 参见薛波主编:《元照英美法词典》,法律出版社 2003 年版,第 1211 页。

通常可以直接根据三段论的推理方式得出裁判结果。而法律原则通常并不能作为裁判的直接依据,其更多的是为立法、司法、执法和守法提供基础性的指导。即便其在司法裁判结论的演绎中具有指导意义,但裁判结论仍然是通过适用一般条款和具体规定等法律规则得出的。

第三,法律层次不同。从相对应的概念来看,一般条款是与具体列举相对应的,而法律原则是与法律规则相对应的。与法律原则相比,一般条款仍然对其所包含的众多不特定的个案设置特定的权利义务关系和法律后果。一般条款与个案式具体列举的结合通常有两种模式。一是一般条款在先,具体列举在后。具体列举的作用在于以一定的方式局部地突出一般条款的范围。二是一般条款在具体列举之后,一般条款对于弥补个案式列举的不足具有重要作用。例如,《民法典》第 1186 条关于公平责任一般条款的规定,就需要与该法第 1188 条关于监护人责任中的公平责任的具体规定相结合的。而法律原则是与法律规则相对应的概念,其并不直接涉及当事人的权利义务关系,通常不与具体的条款直接对应。

第四,法律适用上的不同。由于一般条款与基本原则相比较,在具体性方面的程度更强,因此,在有一般条款的情况下,应当先引用该一般条款,而不能直接引用法律原则。例如,关于公平责任的适用规则,应当适用《民法典》侵权责任编第 1186 条关于公平责任的规定,以及具体确定公平责任的条文,而不能直接援引《民法典》第 6 条关于公平原则的规定。正如日本著名民法学家我妻荣指出:"一般条款也叫作概括条款,通常是指把法律上的要件制定为抽象的、一般规定的条款,其具体的适用听任裁判者,具有灵活性,在根据社会情况变化可追求妥当性这一点上,是有特点的。"①由于一般条款仍然规定了特定的构成要件,对一类社会关系具有直接的调整功能,如果某社会关系并没有个案式的具体规定予以规范,则通常可以归入某一般条款所规范的范畴,可以通过适用一般条款得出法律结论。与此不同的是,法律原则的意义在于对立法、司法和执法提供指导思想,一般不能直接适用于个案。即使

---

① [日]我妻荣主编:《新法律学辞典》,董璠舆译,中国政法大学出版社 1991 年版,第 25 页。

是因为填补漏洞的需要,有必要援引基本原则时,也必须是在穷尽了所有的填补漏洞的方法之后才能援引。

第五,层次性不同。这就是说,在民法中,有贯穿于民法各个领域的基本原则,也有仅在民法的某一个领域中存在的原则,它们都构成民法的基本原则,但在层次上还是有区别的。例如,民法的基本原则是平等,而婚姻法的基本原则是男女平等。民法奉行私法自治原则,在合同法中体现为合同自由。这就体现了法律原则的层次性,也是法律价值体系的表现。而一般条款则不具有层次性,它们相互之间不存在抽象与具体的区分。此外,法律原则包括成文化的和不成文化的两种,而一般条款都是成文化的,不存在所谓"不成文化的一般条款"。因此,法律原则并非必然存在于制定法之中,而一般条款必然存在于制定法之中。

四、一般条款与狭义的解释方法

一般条款的解释虽然具有特殊性,但是,从解释方法上来看,其也需要运用狭义的法律解释方法。尤其是,其首先要进行文义解释,必要时也要进行目的解释、体系解释、历史解释、比较法解释、社会学解释等。例如,某公司在某地选址建厂,在将该片土地进行四通一平开发时,发现该土地上有一处属于张某家的祖坟。在未经与张某协商的情形下,公司将该祖坟推平。并在其上加盖了建筑物。其后,张某主张该公司的行为侵害了其一般人格权益,要求损害赔偿。此时,就需要对《民法典》第990条第2款关于一般人格权的规定进行解释,即"基于人身自由、人格尊严产生的其他人格权益"究竟包括哪些权益,从而确定该推平祖坟的行为是否属于侵害了"其他人格权益"。事实上,死者家属对于死者的祭奠等关系到家属的人格尊严。从目的解释上看,《民法典》第990条第2款关于一般人格权的规定也正是以保护难以一一列举的与人身自由、人格尊严相关的权益。确认家属享有对死者坟墓之上的人格利益,也符合一般的社会观念。因此,应当认为,此处该公司推平他人祖坟的行为侵害了家属的一般人格权。

在审判实践中,对于《民法典》第509条关于合同履行的规定中,"诚信"概念应当包含哪些内容,需要结合合同的性质、目的和交易习惯等来确定,但如何解释合同的性质、目的和交易习惯,这本身也是对诚信原则解释的过程,可以认为是体系解释方法的运用。试举一例说明,甲和乙之间订立了房屋租赁合同,合同中并没有约定房租的支付时间,但是,在最初的1年内,承租人都是在月底支付下月租金。且当地的交易习惯都是采取此种支付方法。但是,第二年出租人要求承租人提前两个月支付,承租人予以拒绝。出租人提出,既然合同没有约定,提前两个月支付租金并不违反合同约定。双方为此发生争议,裁判者根据交易习惯,确定出租人提前两个月收取租金不符合诚信原则。这本身也是对诚信原则这一不确定概念的解释。

五、一般条款的具体化

(一)一般条款的具体化概述

由于一般条款具有概括和抽象性、开放性等特征,常常难以通过对其中包含的概念进行定义的方式予以具体化,因此,裁判者在运用一般条款时必须对其进行具体化的处理。所谓一般条款的具体化,是指将一般条款所涵盖的情况类型具体化,使之可适用于特定的具体案件。例如,在"游某诉刘某侵权责任纠纷案"[①]中:原告游某与被告刘某的小女儿系同学及邻居关系。2013年3月26日晚,原告游某白天上了幼儿园,晚上在家吃完晚饭后,就独自去被告家里和被告的小孩一起玩耍,结果不慎跌入被告家中的盛满热水的水桶内烫伤,后被送至深圳市宝安区人民医院住院治疗,合计住院30天,住院医疗费用122,428.83元。原告诉至法院,请求被告承担侵权责任。法院认为,本案中,被告刘某明知家中有两名年仅五岁左右的儿童在玩闹,应承担谨慎注意和保障安全的义务,被告应当预见其将装着热水的水桶摆放在室内可能会出现的情况而未能避免或及时采取防范措施,最终导致原告不慎跌坐在水桶中并被烫伤的损害后果,被告的行为存在重大过错,应当对原告的损害结果承担主要责任。法院依据原《侵权责任法》第6条第1款关于过错责任的一般条款,[②]判令被告承担事故责任的70%。在该案中,原《侵权责任法》第6条第1款属于过错责任的一般条款,其具有抽象性和概括性,难以直接适用。结合本案来说,其属于不作为侵权案件,被

---

① 广东省深圳市宝安区人民法院民事判决书,(2013)深宝法少民初字第219号。

② 现为《民法典》第1165条。

告将装着热水的水桶放置在儿童可能跌入的地方,基于此种“先前行为”,其就负有作为义务。被告违反了此种作为义务,就应当承担不作为侵权责任。不过,《侵权责任法》第6条第1款要适用于不作为侵权,必须进行具体化,从而为该案提供具体的裁判依据。这就是说,可以将该条区分为作为侵权和不作为侵权,然后再进一步确定其各自的构成要件。在不作为侵权的情况下,作为义务的产生原因又可以分为法律规定、合同约定、先前行为等类型。而本案正是基于先前行为而负有作为义务的案件。

一般条款的具体化主要是指类型化,但除了类型化之外,也不排除在特殊情形下通过定义等方式进行具体化。裁判者运用一般条款的核心任务是要实现一般条款的具体化,毕竟一般条款仅为裁判者提供了价值指引,无法成为个案裁判的直接依据。一般条款具体化的原因在于:一方面,这是法律推理中逻辑性的需要。由于一般条款具有高度的抽象性和概括性,它适用于具体的案件时,必须借助于具体化的操作,才能明确司法三段论中的大前提。而三段论中的大前提必须是清晰的、明确的、具体的。大前提越具体,事实涵摄于法律之下就越明确。大前提的具体化可以实现推理过程的严密和严谨,使事实与法律之间的联系更为紧密,这是联结规范的价值与事实的需要。一般条款的具体化形成了一个动态的法律实现的过程。另一方面,这是克服一般条款局限性的需要。一般条款在具有其优势的同时,也具有一定的弊端。正如法国的维内教授所指出的,“一般条款的优势和弱点都是它的普遍性”。其以《法国民法典》第1382条为例,认为该一般条款建立在“过错”和“因果关系”这两个概念之上,而法律对这两个概念都没有定义,裁判者就享有很大的自由,对一般条款的解释就非常灵活。[①] 一般条款的弊端主要在于,其具有较高的抽象性,给予裁判者过大的自由裁量空间,从而使其具有较大的不确定性。一般条款具有沟通法律与其他价值规范功能的效果。它实际上具有窗口性的功能,使法律之外的价值规范可能被纳入法律之中。只有通过具体化,裁判者才能将法律之外的价值规范纳入法律之中,从而实现一般条款的“窗口性功能”。此外,

---

① [法]热内维那芙·维内:《一般条款和具体列举条款》,载全国人大法工委编:《“侵权法改革”国际论坛论文集》(2008年),第3页。

这是强化司法说理性的需要。在运用一般条款来裁判时，必须强化裁判者的说理性。因为一般条款具有抽象性，如果裁判者不尽到其充分说理的责任，就难以让当事人信服。此时，裁判者必须尽到其充分说理的义务，而且，不能单纯引用某个判例来作为说理的依据。[①]

（二）一般条款具体化的步骤

第一，一般条款的具体化首先要从文义解释着手，判断其是否属于一般条款还是具体的裁判规范，或者是法律原则。如果是具体的裁判规范，则应纳入狭义的法律解释方法中处理；如果属于法律原则，则应当纳入漏洞填补的范围内。而在判断其适用范围时，需要考虑文义、立法目的、体系等因素。

第二，对一般条款具体适用范围的确定。例如，诚实信用和善良风俗都涉及道德要求的法律化，但二者的适用范围存在差异。诚实信用是最低限度的交易道德的法律化，通常适用于财产法领域；而善良风俗则确定了伦理生活领域不得逾越的道德准则，通常适用于亲属法和人格权法领域。[②] 再如，《民法典》第 1165 条第 1 款关于过错责任的规定仅仅适用于侵权责任领域，而不适用于合同领域。从该条的规定来看，其立法目的在于确立过错责任原则，作为侵权法的兜底性条款，因此，凡是法律没有特别规定的侵权行为，都应当适用该条来处理。

第三，从案件的积累出发，找出特定的典型案件类群（bestimmte typische fallgrupen），进行类型化处理。也就是说，应当对一般条款所适用的案件进行归类整理，确定一般条款所能够涵盖的范围。例如，前述缔约过程中违反诚信原则的情况类型较多，某些案件究竟应当适用《民法典》合同编的规则还是应当适用《民法典》侵权责任编的规则需要加以确定。其次，还要判断《民法典》第 500 条第 3 项中规定的行为究竟包括哪些类型。如果案件并无适用的具体规范或没有具体化的原则，或不知有此原则，则适用法律的人要自己去探寻规范。但是，对于一些直接确定裁判规则的一般条款，则需要确定待决案件的事实是否属于该条款所能调整的对象。这也主要是一个涵摄的问题。

第四，认定个案情况（Umstände des Einzelfalles），并与特定案件类

---

① 参见杨仁寿：《法学方法论》，台北，三民书局 1986 年版，第 168 页。

② 参见马俊驹、余延满：《民法原论》，法律出版社 2005 年版，第 39 ~ 47 页。

型相联结,即确定前述的案件类型群是否可以与待决的特定案件相互联结,这需要裁判者进行比较处理。如果待决案件与案件类型群之间能够联结,就应当将其归入特定的类型。例如,在缔约过程中,撤销有效的要约导致相对人信赖利益损失,确实属于《民法典》第 500 条第 3 项所规定的案件类型。

第五,说理论证。说理论证应当体现在具体化的各个方面。例如,就法律行为是否违反公序良俗,应就法律行为的内容、附随情况以及当事人的动机、目的及其他相关因素客观地综合判断。另外,还需要探求"社会上通常合理的人的共同价值确信"。并且,基于解释因素和法政策因素得出的规范目的的规范下加以评价,从而保证个案的公正解决。①

第四节　不确定概念和一般条款的类型化

方以类聚,物以群分。

——《周易·系辞上》

概念没有型是空的,类型没有概念是盲目的。②

——[德]阿图尔·考夫曼(Arthur Kaufmann)

案例:张某的儿子刘某患病 1 个月未愈,经邻居介绍,邀请当地知名的"活神仙"司某到家办法事。双方约定,"活神仙"到张家工作 3 天,费用 666 元。张某事先支付了 333 元,在 3 天法事完成之后,张某之夫从外地回家,认为虽然儿子病情有所好转,但也不是因为法事导致的,"活神仙"实属行骗,便拒绝支付剩余的 333 元。后来,"活神仙"诉请当地的派出法庭,要求张某支付剩余的 333 元工资,因为其已经依照约定付出了劳务。审理中,关于是否应当支持原告的诉讼请求存有争议:一种观点认为,按照当地的风俗习惯,法师一般都能在事后获得全

① Schmalz, *Methodenlehre für das juristische Studium*, 2. Aufl., Münster 1990, S. 128.

② [德]考夫曼:《法律哲学》,刘幸义等译,法律出版社 2004 年版,第 192 页。

部约定的费用,少有拒绝支付者,因此,应当支持原告的请求。另一种观点认为,虽然我国法律没有关于该问题的具体规定,但是,合同以"办法事"为标的,应当适用《民法典》第153条第2款关于民事法律行为因违反公序良俗而无效的规则,因此应当宣告合同无效。在该案中,需要对违反"公序良俗"进行解释,应当认为从事封建迷信活动属于典型的违反公序良俗的情形,因而应当适用《民法典》第153条第2款的规则,不支持其要求继续履行的请求。

一、类型化的概念和特点

不确定概念和一般条款的具体化主要是指类型化。所谓类型化,是指通过对某一类事物进行抽象、归类,从而对不确定概念和一般条款进行具体化。一般来说,类型化是以事物的根本特征为标准对研究对象的类属划分。① 类型化本身是立法者调整社会生活的一种方式,按照拉伦茨的观点:"在调整一种生活事实时,立法者通常可以选择,要么是通过尽可能清晰地将意指的案件事实规定为不可或缺并且终极确定的特征,也就是说,以概念的方式来调整,或者是通过类型描述的方式,借助一些例示性特征或事例来说明案件事实。立法者对两种方式的取与舍都有其理由。"②而立法者常常采用概念式规定的方式来调整社会生活,这些概念在难以定义的情形下,就必须借助于类型化的方式,才能使它变得清晰明确。例如,《民法典》第243条中的"公共利益"的概念存在不同的认识。一些法院的法官在处理有关土地征收案件中涉及对公共利益的判断,通过类型化方式将公共利益概念具体化,从而适用《民法典》的上述规定。通过将公共利益概念类型化为国家主权利益、国家军事国防利益、教育卫生事业等。再进一步确定,争议案件可以归入上述类型的哪一类,这一过程就是法律类型化适用的过程。再如,《民法典》第1183条规定,只有造成他人"严重精神损害"的,才能请求精神损害赔偿。此处所说的"严重精神损害"也是不确定概念,必须要进行类型化,可以将其区分为侵害物质性人格权所造成的严重精神损

---

① 参见李可:《类型思维及其法学方法论意义——以传统抽象思维作为参照》,载《金陵法律评论》2003年第2期。

② [德]卡尔·拉伦茨:《法学方法论》,黄家镇译,商务印书馆2020年版,第287页。

害、侵害精神性人格权所造成的严重精神损害。在不同的情形下,对严重与否的判断标准是不同的。例如,对于物质性人格权的侵害,通常是造成了人身伤亡和健康损害,而对于精神性人格权的侵害,通常是超出了社会一般人的容忍限度。当然,不确定概念和一般条款的具体化除了类型化以外,还包括其他解释方法,狭义的法律解释方法在某些情况下也可以起到具体化的作用。例如,文义解释、体系解释等也可以作为不确定概念和一般条款的解释方法。

类型的概念来自希腊语,最初被运用于中世纪教父时期神学家的拉丁文神学著作中,以后逐渐演化成一种解释的方法。据学者考证,古代罗马法的法学家曾经采用类型化解释方法,①但并没有对此进行系统总结。即便是在法律解释方面具有开创性贡献的萨维尼也没有对此种方法给予应有的重视。但是,拉伦茨赞成类型化的方式。其认为,当抽象——一般概念及其逻辑体系不足以掌握某生活现象或意义脉络的多样表现形态时,首先会想到的补充思考的形式是"类型"。② 德国学者考夫曼也有类似的观点。他认为,概念而无类型是空洞的,类型而无概念是盲目的。③ 其实,我国古代哲学思想中曾经包含了类型化的思想。例如,《周易·系辞上》云:"方以类聚,物以群分。"这就表达了类型化的意思。迄今为止,类型化在各个学科中已经成为一种专门的术语。尤其是类型思维作为与概念思维相对应的一种思维方式,在各个学科中都得到了广泛的运用,这种思维方式在法学中的运用就是类型化的方式。正是因为类型化运用的范围比较广泛,有学者甚至声称:"在人文科学的领域内,当前绝对没有一个用语像'类型'这个词一样受到人们的喜好。"④从今后的发展趋势来看,类型化也会在法律解释中发挥越来越重要的作用。

从表面上看,类型化本身作为一种解释方法,并没有探求立法的原意,也没有足够清楚地澄清文义。从这个意义上说,类型化似乎不是一

---

① E. Kellaway, *Principles of Legal Interpretation of Statutes Contracts and Wills*, Butterworths, 1995, p. 3.

② 参见[德]卡尔·拉伦茨:《法学方法论》,黄家镇译,商务印书馆 2020 年版,第 577 页。

③ 参见[德]考夫曼:《法律哲学》,刘幸义等译,法律出版社 2004 年版,第 192 页。

④ J. E. Heyde, Typus: *Ein Beitrag zur Bedeutungsgeschichte des Wortes Typus*, in: Forschungen und Fortschrift17(1941), S. 220.

种法律解释技术,而只是作为一种概念所指涉事物的归纳和整理。但如果我们仔细分析,类型化仍然是法律解释方法,理由如下。

第一,它是针对不确定概念和一般条款的特殊解释。如前所述,类型化是针对不确定概念和一般条款所采取的特定的价值补充的方法。不确定概念和一般条款无法通过狭义的法律解释方法得到完全清楚的解释,但是,这些概念和条款因其抽象性、模糊性等特点,不能自动地与案件相联结,它如何才能适用于具体案件中呢?我们不能期待裁判者直接运用这一抽象的概念和条款来判决,又不能将其作为漏洞来处理。只有借助类型化的方式,才能将其含义阐释清楚。通过类型化,不确定概念和一般条款变得更为具体、明确,尤其是能够与特定的案件相联结。而且裁判者直接面对案件事实,能够通过司法审判来对不确定概念和一般条款进行具体化。类型化推动了法律的发展,也是保障司法公正的重要手段。通过类型化,理论的研究与生活事实的联系更为紧密;同时,类型化也促使理论研究更为深入和精致。类型化实际上是在具体和抽象之间寻求一个平衡点,有助于实现法的安定性与个案正义之间的平衡。

第二,它是阐明法律文义的一种方式。诚然,在一般的法律概念中也可能出现分类的问题。例如,占有可以分为善意占有和恶意占有。但这种分类不能等同于类型化,因为这种分类是非此即彼的绝对划分,而在类型化的过程中,裁判者通过归类的方式,实际上是对不确定概念和一般条款的含义进行了不完全的、比较具体化的列举。类型化所列举的类型越详细,就越贴近社会生活,也就越能阐明法律文本的含义。虽然类型化中的具体化具有不完全列举的特点,但是,其毕竟在一定程度上阐明了法律文本的含义。

第三,它是寻找大前提的过程。法律解释不同于一般的解释,其都是要为司法三段论的推理寻找大前提,从而为涵摄做必要准备。类型化同样如此,它在对不确定概念和一般条款的解释中,是以具体案件事实为基础的,旨在寻找大前提,实现大前提和小前提之间的联结。例如,在一方构成根本违约、另一方享有法定解除权的情况下,经过多长的时间可以解除合同?对此,我国法律并没有明确规定解除的期限。我国《民法典》第564条第2款规定:“法律没有规定或者当事人没有约定解除权行使期限,自解除权人知道或者应当知道解除事由之日起一年内不行使,或者经对方催告后在合理期限内不行使的,该权利消灭。”据此可见,合同编实际上将界定“合理期限”的权力交给法院行使。所谓“合理期限”是一个不确定的概念,赋予裁判者一定的自由裁量权,可以依据具体案情来加以判断。但是在实践中,完全由裁判者判断合理期限,可能使裁判者享有过大的自由裁量权。这就是不确定概念的具体化问题,通常对此应当结合具体法律关系进行类型化处理。例如,商品房买卖中的合理期限就应当不同于一般交易中的合理期限。①

第四,类型化具有狭义的法律解释方法和漏洞填补方法不可替代的功能。它既不同于狭义的法律解释方法,也无法通过漏洞填补的方式来解决。由于类型化在功能上的不可替代性,它作为一种法律解释方法,具有其独立存在的价值。

第五,我国司法实践的经验证明,类型化是解释法律的有效方式。事实上,类型化的方法还可以运用于制定法律和制定司法解释的工作中。尤其是在司法解释之中大量运用了类型化的方式,并成为成功的经验。例如,关于共有土地之上的房屋征收,必须满足公共利益的要求,但公共利益是一个不确定概念,必须类型化,否则,对该概念任意解释,很可能使公共利益被滥用。《国有土地上房屋征收与补偿条例》第8条规定:“为了保障国家安全、促进国民经济和社会发展等公共利益的需要,有下列情形之一,确需征收房屋的,由市、县级人民政府作出房屋征收决定:(一)国防和外交的需要;(二)由政府组织实施的能源、交通、水利等基础设施建设的需要;(三)由政府组织实施的科技、教育、文化、卫生、体育、环境和资源保护、防灾减灾、文物保护、社会福利、市政公用等公共事业的需要;(四)由政府组织实施的保障性安居工程建设的需要;(五)由政府依照城乡规划法有关规定组织实施的对危房集中、基础设施落后等地段进行旧城区改建的需要;(六)法律、行政法规规定的其他公共利益的需要。”此种类型化规定,使得法律的抽象规定变得适度具体,从而便于裁判者裁判案件,也有利于司法的统一。因此,立法中运用类型化的经验表明,类型化可以作为法律解释的方法。在实

---

① 例如,《最高人民法院关于审理商品房买卖合同纠纷案件适用法律若干问题的解释》第11条第1款规定:“根据民法典第五百六十三条的规定,出卖人迟延交付房屋或者买受人迟延支付购房款,经催告后在三个月的合理期限内仍未履行,解除权人请求解除合同的,应予支持,但当事人另有约定的除外。”

践中,有一些地方法院对公序良俗等概念作出了类型化的解释。① 一些司法机关通过个案判断公共利益是否存在,并形成了一些比较成熟、成功的判决。这些司法中的智慧和经验应当进行总结,并通过立法的方式确定下来。

类型化既不同于狭义的法律解释方法,又不同于漏洞填补方法。在现代法律解释学上,类型化作为专门的术语,具有其特定的含义。它不同于其他解释方法的特点表现如下:

1. 对象的特殊性

类型化的对象主要是不确定概念和一般条款,而不是一般的法律文本。与一般的解释方法不同,它仅针对不确定概念和一般条款进行具体化。其原因如下。

第一,不确定概念和一般条款的不确定性和模糊性。它们的不确定性决定了无法通过定义的方式来界定其内涵,而只能通过具体化的方式来把握其内涵。由于不确定概念和一般条款的特殊性,难以进行概念的定义,这也是概念思维的局限性所致。此时就要借助归类整理的方式进行解释,这就是通常意义上所说的类型化。

第二,不确定概念和一般条款的宽泛性。它们的可适用范围较为广泛,且难以把握其可能文义的范围,不仅其边缘文义的范围难以确定,而且其核心文义的范围也难以确定。也有学者将这一特点称为“流动性”或“边界的不明确性”,即一个类型到另一个类型之间是由“流动的过渡”相接的。② 例如,公共利益的概念在学理上是与商业利益分开的;但是,近几十年的实践发展表明,公共利益和商业利益往往交织在一起,而且国外有关判例认为,即使是商业开发,也可能有助于不特定的利益。

第三,不确定概念和一般条款具有开放性和发展性。在法律上,一般的法律概念都有其固定的属性,具有其自身的内涵。它的特征在于封闭性,是可以完全列举的。一般的概念和规范对于所要调整的事实类型基本上是封闭的界定。例如,我国《民法典》规定,18 周岁以下属

① 参见 2004 年 10 月 28 日姜堰市人民法院审判委员会讨论通过的《关于将善良风俗引入民事审判工作的指导意见三(分割家庭共有财产)》。

② Detlef Leenen, *Typus und Rechtsfindung*, Berlin 1971, S. 34f.

于未成年人。凡是处于18周岁以下,不管其心智是否成熟,都属于未成年人。因此,未成年人的界定是比较明确的,而且是封闭的。但不确定概念和一般条款总是处于发展和变动的状态,其内涵与外延均有不确定性,既无法用定义的方式来界定,也无法用完全列举的方式来界定。针对这一特点,狭义的法律解释方法往往遇到困难。例如,文义解释、体系解释都要确定可能文义的射程,但是,在适用于不确定概念和一般条款时,难以借助狭义的法律解释方法来阐明含义。不确定概念和一般条款的设立本身就体现了立法技术上的特点,即运用其发展性和开放性特征,以适应不断变化的社会生活。例如,随着国家和社会的发展需要,公共利益的概念在不同的时期具有不同的内涵。正是因为其发展性和开放性,可以使其具有适应性,从而使裁判者能够结合不同时期的发展需要,平衡各方利益,以满足社会的需要。再如,以公序良俗的概念为例,梅仲协教授曾经指出:"至善良风俗一语,其含义殊难确定。因时代之推移,与文明之进展,随时随地,变更其内容。是故何者得视为善良风俗,应就整个民族之意志决之,初不能拘于某一特殊情形也。"①立法者通过不确定概念和一般条款的运用,赋予了裁判者一定自由裁量权力,使其能够应对社会发展变化的需要,衡平个案中当事人的利益冲突,使不确定概念和一般条款能够涵盖到争议的案件,并使其能够妥当适应于具体个案。

2. 方法的特殊性

由于不确定概念和一般条款无法通过狭义的解释方法来阐释含义,因此只能通过类型化等具体化的方式来使其具体明确,从而适用于具体案件。类型化的方法与狭义的解释方法的区别主要表现如下:

第一,类型化的特点不是要澄清概念等的客观文义,而是通过将某一类事物进行分类、归纳、列举的方式,将具有相似性的事物纳入特定的法律条文之下。类型的特点表现在它的"同意义性",即同类型的各种事物之间具有一定程度的相似性,可以归纳为一类而进行比较。②

第二,狭义的解释方法都必须在文义的可能范围进行,因此需要明确法律文义的射程范围。而类型化的方法针对的是不确定概念和一般

---

① 梅仲协:《民法要义》,中国政法大学出版社2004年版,第119页。

② 参见林立:《法学方法论与德沃金》,中国政法大学出版社2002年版,第128页。

条款,它们的外延并不确定,类型化的过程并非归纳出其所有的外延,而只是要归纳出其部分典型的形态。它不是穷尽性地阐明法律文本的含义,而只是就其中所包含的内容作开放式的列举。所以,在进行类型化的过程中,不一定需要明确概念和条款的文义射程。

第三,在类型化的过程中,首先对一般条款和不确定概念进行类型整理,再将待决案件纳入特定的类型之中。在类型化的过程中,也可能通过次级概念的运用来实现具体化。例如,《民法典》第 1183 条第 1 款规定:“侵害自然人人身权益造成严重精神损害的,被侵权人有权请求精神损害赔偿。”其中,“严重”后果是一个不确定概念,它是指社会一般人在权利遭受侵害的情况下,都难以忍受的精神痛苦和肉体痛苦。它往往也会对受害人的正常生产、生活造成负面影响。“严重”后果应当区分侵害物质性人格权所致精神损害与侵害精神性人格权所致精神损害,并进行类型整理,这一特点是狭义的法律解释所不具备的。

第四,在类型化过程中,裁判者往往要创造性地确定其内涵,从而使得成文法能够适应现实生活的变化。而在一般的狭义法律解释中,裁判者不需要开展太多的创造性活动,而应更多地去发现法律的原本含义。类型化,实际上是将司法的经验和生活的经验进行归纳整理,并将其列举出来。通过这一过程,人们拉近了抽象的法条和生活经验之间的距离,使抽象的概念或条文趋于具体化,尤其是通过分层次性的类型化,使分类越来越接近现实生活。[①] 因为实务经验和生活经验是纷繁复杂的,我们不可能借助立法将每个不确定概念和一般条款具体化。只能在这些不确定概念和一般条款规定之后,留给裁判者基于审判实践和生活经验进行整理。

3. 思维的特殊性

类型化是以类型思维为基础的法律解释方法。所谓类型思维,是指以特征为判断标准,以归类和列举为手段,以变动和开放为特点的思维方式。一般认为,“类型”理论源自著名社会学家马克斯·韦伯提出的“理想类型”。[②] 类型思维是和概念思维相对应的,两者通常被认为

---

① 参见许中缘:《体系化的民法与法学方法》,法律出版社 2007 年版,第 100 页。

② 参见胡玉鸿:《韦伯“理想类型”及其法学方法论意义——兼论法学中的类型建构》,载《广西师范大学学报》2003 年第 2 期。

是基本的思维方式。[①] 两者的区别表现在:一方面,概念思维以定义的方式表现,其通常采用的方法是种属加差别的方法(per genus et differentiam)。此种思维模式的特点是将某类事物定性,明确其本质属性,并在此基础上将特定事物归于一定的种属,然后表明其区别于其他事物的差异。[②] 例如,动产就是可以移动且不影响其价值的有体物。动产的"种属"是有体物,其(与不动产的)"差别"就是可以移动且不影响其价值。而在类型思维中,难以准确界定某类事物的本质属性,而只是借助于事物的主要特征来进行描述,它所指称的事物无法通过抽象概念来界定。另一方面,在概念思维中,惯常的思维模式是对事物的本质属性作清晰明了的界定,概念的内涵和外延被预设为准确、清晰的,事实上,概念思维难以应对不确定概念等问题。因为在类型思维中,事物的本质属性和外延无法被准确界定,只能通过其主要特征来描述。[③] 因而,只能以主要特征为基础,不完全地列举其中的若干次类型的事物,而且各个次类型之间还具有变动性的特点。产生这种区别的原因在于:社会生活纷繁复杂,在实际生活当中,许多生活关系的特征具有模糊性,这些特征是定性的,不符合抽象概念的所有特征,而只能借助具有模糊性的不确定概念来指称,从而导致类型化适用的必要。例如,前述"动产"是可以定性的,各种可以移动的有体物都可以归入其概念之下。人们通过法律上"动产"的概念,可以实现对有体物的归纳和抽象。但许多的事物是无法定义的,如质量、数量、色彩等。在法律上,有些事物是无法确定本质属性,并给出精确定义的,如公共利益的概念就曾经困扰了无数学者,迄今为止,法律上仍然无法对其给出定义。这并不是因为学者的知识有限,而是因为这类概念本身具有不确定性,无法进行内涵的界定。正是因为这一特点,此类概念只能采用类型化的方式分析与应用。从总体上说,类型化思维弥补了概念思维的不足,或者说,它是概念思维之外的独特思维方式。从法律解释学的角度来看,类型化思维的适用范围较为宽泛,不仅在价值补充中有类型化的方法,在其他法律解释方法中也有类型思维的体现。例如,类推适用也在一定程

---

① 参见林立:《法学方法论与德沃金》,中国政法大学出版社 2002 年版,第 125 页。

② 参见林立:《法学方法论与德沃金》,中国政法大学出版社 2002 年版,第 125 页。

③ 参见李可:《类型思维及其法学方法论意义——以传统抽象思维作为参照》,载《金陵法律评论》2003 年第 2 期。

度上运用了类型思维，它是对不确定概念和一般条款进行适当解释。类型化作为一种解释方法，在不确定概念和一般条款的运用中可以说是最恰当、最准确的解释方法。因为定义解释仍然是概念思维，其无法运用于不确定概念和一般条款之中，借助类型化使得这些过于抽象的不确定概念和一般条款得到了具体化，而且使得待决案件能够有效地与其联结。

正是因为类型化是一种特殊的方法，所以也常常被称为"合类型解释方法"。有学者认为，它是一种有用的法律解释方法。[①] 因为这一原因，本书将其作为独立的法律解释方法。

二、类型化的功能和局限性

类型化的功能，是指类型化在法律解释中所发挥的作用。例如，在前述"铲平祖坟"案中，死者亲属向法院提起诉讼，以侵害其人格权益为由，要求该公司赔礼道歉并赔偿损失。本案涉及对《民法典》第 990 条第 2 款"除前款规定的人格权外，自然人享有基于人身自由、人格尊严产生的其他人格权益"的适用。但是在适用该条时，应当注意"其他人格权益"属于不确定概念，难以通过定义的方式予以解释，而需要进行类型化。在类型化的过程中，必须以人身自由、人格尊严为标准，区分不同的情形来确定是否侵害他人的人格权益。在本案中，因为该公司铲平他人祖坟的行为确实使得死者亲属难以在墓前祭奠祖先，人格尊严遭受了一定的损害，因此可以确定此种行为构成了对"其他人格权益"的侵害。

类型化的功能主要表现在如下几个方面。

1. 使不确定概念和一般条款具体化

类型化作为一种法律解释方法，其不等于具体列举，它只是对可适用的案件类型和生活经验进行归纳和总结。类型思维的实质在于相似而非同一，它实际上是将主要特征相同的案件类型和生活经验加以归纳，从而使不确定概念和一般条款具体化。通过生活事实或典型案例的分析，归纳出若干类型，从而将不确定概念和一般条款具体化，使不

---

① Zippelius, *Der Typenvergleich als Instrumengt der Gesetzesauslegung*, in: Jahrbuch fuer Rechtssoziologie und Rechtsthorie Band 2, S. 486.

确定概念和一般条款具有可适用性和可操作性,以弥补其难以具体适用的不足。[①] 正如星野英一教授所指出的,类型化是要将要件和效果使非专业人士明白易懂,使法律大众化。[②] 例如,在前述租房案例中,某承租人在承租他人房屋后,发现在此之前,曾经有租房的实际使用人在该房屋内采取上吊的方式自杀身亡,故承租人以房屋价值贬损为由起诉要求解除合同、赔偿损失。泛泛地讨论根本违约或者不能实现合同目的,都很难使一般人理解,但是,通过民间习俗的引入使其具体化,这就使其变得更为清晰。因为按照当地的习俗,在房屋内办理过丧事,就使得买受人的购房目的不能实现。所以,类型比抽象概念更具体,具有更高的认识价值。

在类型化的情况下,概念的外延可以通过特殊案件的归类和筛除进一步精确化。它通过归类的方法,可以实现"类似案件的类似处理"。对于不确定概念而言,它的核心区域可能是明确的,而概念的边缘区域比较模糊,此时,可以借助类型化的方法明确概念边缘区域的内容,从而降低因概念的模糊性带来的不确定性。[③] 例如,在上述租房案例中,关键要判断在房屋内办理丧事是否属于导致合同目的不能实现的"其他违约行为",法律并没有严格限定其他违约行为的含义。在该案中,出卖人一方知道,按照习俗,在房屋内办理丧事就难以为买受人所接受,所以,可以纳入"其他违约行为"的范畴。再如,机动车事故责任中"机动车一方"的含义,其核心区域是机动车通常情况下的所有人和占有人,或者实际使用人。但是,在其边缘区域可能包括借用人、承租人、分期付款的买受人、挂靠人、盗窃者、抢劫者等。如果将这些概念类型化,就可以进行归类处理,符合"机动车一方"的人就可以将其归入这些类型之中。

2. 通过类型化,寻找大前提

如前所述,类型化的过程不是一种学理的研究和探讨,而是为了解决具体案件裁判中的法律适用问题。法律上设定不确定概念和一般条款,是适应社会生活发展和变动需要而采取的立法技术,就是要授权裁

---

① Bydlinski, S. 548.

② 参见段匡:《日本的民法解释学》,复旦大学出版社2005年版,第274页。

③ Zippelius, *Der Typenvergleich als Instrument der Gesetzesauslegung*, in: Jahrbuch für Rehctssoziologie und Rechtstheorie Band 2, S. 231.

判者通过类型化等方式来辅助立法。这也是不确定概念和一般条款能够在个案裁判中得以准确适用的前提。就上述租房案例来说,如果泛泛地说某个案件事实属于“其他违约行为”,不具有较强的说服力,也无法使当事人信服。但是,通过考察民间习俗,对其加以总结,可以大致得出特定社会条件下“其他违约行为”的主要特征。然后考察特定案件事实是否符合这些特征,并据此确定典型的概念子类型,进而确定该事实是否属于“其他违约行为”。类型化使不确定内容的判断相对更为具体,这是一个从抽象概念到具体规则的过程,因而也是一个寻找大前提的过程。

类型化以类型思维为基础,克服了概念思维的不足。就不确定概念的类型化而言,类型思维与概念思维相比较,其优点在于:一是克服了不确定概念和一般条款难以严格准确定义的缺陷。相对不确定概念和一般条款而言,概念思维表现出的局限在于,这些概念和条款的外延极宽,发展变动性较大,导致边界不明,因而难以界定。且从法律逻辑的角度来分析,如果一个概念的外延越广,则其内涵就越难以准确界定。这样一来,通过概念思维的方式,对这类事务进行定义,将更难涵盖其外延。① 在类型化思维框架下,裁判者无须为了找出概念的确定内涵和外延而绞尽脑汁,其通过总结不确定概念的特征,总结出多个子类型,并通过比照事实得出妥当的裁判结论。二是提高了法律的可操作性,因为类型化可以使得规范更具体,特征更为明确,从而提高案件事实与规范的契合程度,有利于增强判决的准确性和说服力。关于类型比较,沃尔夫教授曾指出:应当根据案件的类型进行分类。在类型化之后,法律规则的内涵更清晰,能够有效适用于特定的个案。② 三是保持了不确定概念和一般条款的开放性和弹性。概念本身都是固定的、僵硬的,而类型则具有流动性和较大的弹性,且其内涵和外延都是开放的。③ 所以,类型化的过程使得这些概念和条款得以保持其固有的特点,能够适应经济社会生活不断发展的需求。例如,公共利益是一个发展的、变动的概念。今天人们公认的社会公共利益,明天可能不再属于

---

① 参见李可:《类型思维及其法学方法论意义——以传统抽象思维作为参照》,载《金陵法律评论》2003 年第 2 期。

② W. Schluep, *Die methodologische Bedeutung des Typus im Recht*, Solothurn 1961, S. 17.

③ 参见许中缘:《体系化的民法与法学方法》,法律出版社 2007 年版,第 101 页。

社会公共利益。随着社会的发展、时间的流逝,社会公共利益的内容也会发生一定的变化。[①] 随着我国社会的发展,环境问题越来越引起人们的关注,生态平衡、自然资源、食品安全等都会成为重要的公共利益。随着网络时代的发展,网络已在人们日常生活中占据重要的地位,因此,网络公共安全的问题也成了一种新型的社会公共利益。再如,消费者权益在过去未曾被认定为公共利益,而现在却被普遍地理解为一种公共利益。如果法律对公共利益作出过于具体的规定,它就使得法律缺乏开放性,不能容纳不断发展的社会需要。而且,此种规定也可能使得法律难以应对社会发展。四是保持了不确定概念和一般条款的包容性。类型化的基础和出发点在于,类似问题类似处理。类型化的方式实际上是一种进行归类的方式,即只要某一类型具有了某些事物的共同点或相似性,就可以归入其中,从而使得不确定概念和一般条款的包容范围非常广泛。在这一点上,其与概念思维不同,后者采取的是非此即彼的思维方式,[②]而类型思维则只是强调其相似性。五是保持了各种类型相互之间的法律脉络。概念思维强调的始终是个别、彼此孤立的要素,其不足以穷尽被指涉的生活类型、行为类型或法律上的意义脉络。[③] 而类型思维突出了其相似性的特点。各种类型相互之间都具有一种共性和整体性。

3. 提供类型思维的方法

类型思维是把握事物的本质属性、联结抽象概念和具体事实的桥梁。在法律解释过程中,它使抽象的法律能够与具体的生活事实联结,完成了从抽象到具体的过程,是一个联结抽象与具体的工具。例如,就"公序良俗"而言,裁判者应当就法律的相关规定进行归纳整理。日本学者曾将公序良俗依据法条的规定进行了详尽的类型化。[④] 从实践来看,类型化在法律解释上具有重要作用。

但是,作为一种特殊的解释方法,类型化的局限性主要表现在:一

---

① 参见王轶等:《论〈物权法〉中的"公共利益"》,载《判解研究》2007年第2期。

② 参见[德]卡尔·拉伦茨:《法学方法论》,黄家镇译,商务印书馆2020年版,第569页。

③ 参见[德]卡尔·拉伦茨:《法学方法论》,黄家镇译,商务印书馆2020年版,第569页。

④ 参见梁慧星:《市场经济与公序良俗原则》,载《民商法论丛》(第1辑),法律出版社1994年版,第57~58页。

方面,可靠性不足。类型化的对象往往具有抽象性和模糊性,特定案件类型是否属于其范围,并不能简单地作出非此即彼的认定。每一个具体案件的情况都有所不同,在进行类型化的过程中,裁判者对于类型化对象的认识也不一样,因此可能导致类似情况被归入不同的类型,出现类似情况不同判决的情形。另一方面,类型化的准确性往往取决于裁判者对于生活经验、审判经验的把握,具有较大的主观性。类型化是类型思维的运用形态之一。类型的思考方式是显示事物本质的思考方式。但是,在实际生活当中,许多生活关系的特征具有模糊性,这些特征是不能完全列举的。这些生活关系的本质特征虽然是可以把握的,但在判断某一法律事实是否属于特定的类型化概念的特征时,必须判断法律事实的特征在多大程度上符合类型化概念的特征,而不同的裁判者如何把握这些生活经验是不一样的。这就导致类型化的结果也可能是因人而异的,从而可能导致法律的适用结果不完全统一。

三、类型化与相关概念的比较

(一)类型化与漏洞填补

类型化也不是漏洞填补的方式。漏洞填补是以法律漏洞的存在为前提的,它是裁判者在制定法之外进行的创造性司法活动。如前所述,不确定概念和一般条款虽然具有极大的模糊性,但是,它们毕竟不是法律漏洞。它们的存在是立法者有意设计的结果,并没有违反立法计划。价值补充仍然在可能的文义范围内,不能作为漏洞填补的方式。

关于不确定概念和一般条款是否属于法律漏洞的问题,这似乎仅仅是学理上争论的问题,但实际上也是法律解释中的重大问题。从表面上看,不确定概念和一般条款过于抽象,难以涵盖待决案件。从这一角度来看,其似乎构成法律漏洞。在审判实践中,对于这一问题,也容易发生误解。例如,《民法典》第580条规定的债务的标的不适宜强制履行,此处“不适于强制履行”本身也属于一个不确定概念。此时同样需要进行类型化处理:如果解释过于宽泛,就会使得应实际履行的无法实际履行;如果解释过于狭窄,则会导致本不应实际履行的却获得了实际履行。

在审判实践中一直存在这样一种看法,即认为法律适用中必须存在具体明确的法律规定,以直接适用于特定的案件。如果法律的规定过于抽象,不能直接运用于争议的案件,就认定法律没有作出规定,因此存在法律漏洞。笔者认为,此种观点并不妥当。因为个案中即使不存在具体规则,也可能存在不确定概念和一般条款,因此,不能认为这些案件存在法律漏洞。

区分不确定概念和一般条款的具体化与漏洞填补是十分必要的。也就是说,凡是能够通过具体化来解决的问题,就应当通过具体化的方式来解决,而不能通过漏洞填补的方式解决。只有在无法进行具体化时,才可能认定法律漏洞的存在,进而进行漏洞填补。一方面,从顺序上说,这是法律解释方法的适用顺序,毕竟价值补充仍然属于狭义的法律解释,其应当优先于漏洞填补而适用。另一方面,这也是符合立法原意的。立法者之所以要规定不确定概念和一般条款,就是要使其涵盖到待决案件,而不是使其成为法律漏洞。还要看到,确定这一顺序还可以限制裁判者的自由裁量,避免其在解释中享有过大的权限。不确定概念和一般条款是抽象的,但是,其毕竟较之于法律的基本原则更为具体,裁判者直接运用基本原则等进行漏洞填补时,其享有的自由裁量权过大。所以,笔者认为,在可以适用不确定概念和一般条款的情况下,不能将其作为法律漏洞来对待。

在比较类型化和漏洞填补的过程中,必须区分类型化与类推适用。在类推适用中,首先应认定存在法律漏洞,相关的法律事实缺乏相应的法律规范来调整,则可以通过类型化将与这一类法律事实相类似的法律规范用于调整待决的案件。在类型化过程中,特定的案件已经有特定的法律规范,并不存在法律漏洞,只是将类型化规范的特征与待决案件的特征进行比较。关于类推适用,其必须透过比较对象,评价两个被比较的对象的要件事实之间是否具有类似性。而类型化则注重案件事实与法律文本所包含类型的特征的比照,且并不将某一法律规则运用于解决案件。

(二)类型化与分类

类型化不同于分类。在法律解释过程中也大量地运用分类的方法。例如,将过错分为故意、重大过失和轻过失。故意又分为直接故意和间接故意。应当承认,分类对于澄清法律的含义也有一定的意义,但并非等同于类型化。分类和类型化的区别在于:第一,类型化是一种法律解释方法,而分类是运用于法律解释或法学研究中的一种技术手段。

第二,分类可以运用于所有的概念之中,而类型化只能适用于不确定概念和一般条款。分类既可以针对封闭的概念,也可以针对开放的概念。但类型化只能针对开放的概念。第三,分类主要是在法学研究中运用,而类型化既可以作为一种立法技术,又可以作为一种法律解释方法,还可以作为一种思维方式在法学研究中运用。

四、类型化的具体运用

德国学者科勒(Koller)认为,“合类型解释”应当从积极和消极两个角度来观察。从积极方面来看,它是指裁判者在探求个别规范的意义时,应严格地受到法定类型的拘束;而从消极方面来看,它是指裁判者在解释法律时,应将偏离的类型排除在考虑之外。① 这可以说确定了类型化在运用中的重要规则。具体来说,类型化的运用应当采取如下步骤:

1. 确定拟解释对象是否属于不确定概念和一般条款

在判断拟解释对象是否属于不确定概念和一般条款时,首先,需要通过文义解释等方法判断某个概念或条款是否具有模糊性、宽泛性、包容性等特点,文义解释可以确定其文义的可能范围,至少确定其核心文义。如果不了解法律条款的内涵和外延,就不可能对法律条款进行类型化。例如,“公序良俗”中公共秩序和公共道德是其核心文义,凡是与此相关的情形都可能属于其范围。除文义解释方法之外,历史解释等方法也可以确定立法者的意思。例如,《民法典》第243条并没有对“公共利益”作出界定,其目的就是要留给裁判者具体阐明,同时,立法者还要借助这一要件控制征收征用的适用范围,避免其成为获取私人利益的工具。其次,要确定能否通过狭义法律解释方法解决问题。如果完全可以通过狭义法律解释方法明确拟解释对象的内涵,就没有必要借助类型化的方法。例如,《民法典》第1253条规定的“其他设施”致人损害责任,其中“其他设施”是一个不确定概念,需要在法律上对其进行类型化。但从实践来看,有关其他设施造成的损害主要包括电线杆倾倒、塔机坠落、脚手架坍塌等造成损害。如果能够通过文义解释方法将“其他设施”的含义阐释清楚,也不一定实行类型化。

---

① A. Koller, *Grundfragen einer Typologie im Gesellschaft*, S. 146ff.

2. 从立法目的考量,确定立法者使用某一概念和条款是否为适应社会的变化,使其具有更宽泛的适用范围

按照法律无赘言的规则,每个法律规范都应当具有自己的适用范围,不确定概念和一般条款也是如此。[①] 在价值补充中,要对不确定概念和一般条款进行类型化,也必须首先探究立法目的。类型化,首先要依据一定的立法目的确定类型区分的标准。所以,类型化过程中,应当探求立法目的,确定法律上设定不确定概念和一般条款的目的。而且,在法律上作类型区分,都是实现特定价值判断结论的手段。例如,区分经营者和消费者,也是为了贯彻立法者保护消费者的立法目的。同时,解释者还应当结合其所面对的待决案件,确定其要解决的问题。不同的类型区分要实现不同的目的。例如,在"潼南县财政局与王某某等埋藏物返还纠纷案"中,2012 年 10 月,被告王某某等在涪江河潼南县梓潼街道办事处前进村河段河道内发现乌木一根(长约 30 米)。后经鉴定该乌木不属文物,潼南县文物管理所不予收藏。后八名被告将该乌木卖掉,并进行了私自处分,原告遂诉至法院,请求返还乌木价款。法院认为:"除法律规定属于集体所有的以外,自然资源属于国家所有。乌木是由楠木、红椿等树木因自然灾害埋入淤泥,在缺氧高压状态下,在细菌等微生物的作用下,经长期的碳化过程形成的碳化木。因此,乌木形成于自然,属于自然资源,且不属法律规定属于集体所有的范围,故乌木应属于国家所有。因此,原告潼南县财政局作为潼南县国有资产管理部门,要求八名被告返还分得的乌木款项的诉讼请求于法有据,本院予以支持。"[②]该案判决以后,曾引起广泛争议。该案涉及对原《物权法》第 48 条规定的属于国家所有的自然资源的解释问题。笔者认为,原《物权法》第 48 条并不是要将所有的自然资源都认定为国家所有,而只是出于保护自然资源、保障经济发展等目的,将具有重要的经济和科研价值的自然资源纳入国家所有的范畴。而在本案中,乌木不应属于《宪法》第 9 条和原《物权法》第 48 条中所指的其他自然资源。笔者认为,虽然上述两条款使用了"等"字,但这两条列举的典型形态是矿藏、

---

① 参见[德]英格博格·普珀:《法学思维小学堂》,蔡圣伟译,台北,元照出版有限公司 2010 年版,第 84 页。

② 重庆市潼南县人民法院民事判决书,(2013)潼法民初字第 00393 号。

森林、山岭、草原、荒地、滩涂等形态，乌木与上述自然资源并不类似，其性质上应不属于国家所有的自然资源。

3. 运用狭义的法律解释方法初步阐明拟解释对象的含义

一是文义解释，文义解释可以确定拟解释对象的可能范围，至少确定其核心文义。在类型化的过程中，司法者应当明确法律条款的内涵、外延，明确法律文义的射程范围，这是类型化的基础和前提。如果不了解法律条款的内涵和外延，就不可能对法律条款进行类型化。例如，"公共利益"文义的可能范围是不特定多数人的利益，其最核心文义是与私人利益相对应的。[①] 再如，"公序良俗"中公共秩序和公共道德是其核心文义，凡是与此相关的都属于其范围。二是历史解释。历史解释也可以确定立法者的意思，例如，《民法典》第 243 条并没有对"公共利益"作出界定，其目的就是要留给裁判者具体阐明，同时，立法者还要借助这一要件控制征收的适用范围，避免其成为获取私人利益的工具。三是目的解释。目的解释就是通过探究法律的规范目的来阐释法律文本。不确定概念的解释需要符合立法目的。例如，《民法典》第 132 条规定："民事主体不得滥用民事权利损害国家利益、社会公共利益或者他人合法权益。"该条确认了禁止权利滥用的规则。然而"滥用民事权利"属于一个不确定概念，其范围如何需要通过解释加以确定。该条的立法目的在于平衡民事权利与国家、社会公共利益和他人合法权益。[②] 因此，在对"滥用权利"这一不确定概念进行解释时，需要将这一立法目的予以充分考量，即认为只有在滥用权利，并且造成国家、社会公共利益和他人合法权益的损害时，才成立"权利滥用"。虽然权利行使不当，但并非以损害国家、社会公共利益和他人合法权益为目的，未造成损害后果的，不宜认为构成"权利滥用"。例如，在司法实践中，出现了大量为达成推迟还款期限，而提起恶意诉讼，以妨碍债权人到期债权的实现的行为。这种行为虽然在形式上是行使权利，但以拖延清偿为目的，侵害了债权人的合法民事权益，造成债权人债权不能及时获得清偿的损害，因而在解释上，应当认为此种情形构成滥用权利。四是社会学解释。不确定概念和一般条款也有必要根据社会发展的需要、社会效果

① 参见王轶：《论物权法的规范配置》，载《中国法学》2007 年第 6 期。

② 黄薇主编：《中华人民共和国民法典总则编释义》，法律出版社 2020 年版，第 345 页。

的考量来进行类型化。例如,善良风俗是一个时代的概念,在不同的时期,人们对善良风俗的理解不同。因此,裁判者在解释时就要考虑人们的一般道德观念,尤其是随着社会的发展,要考虑其与当时社会的主流价值观和道德观是否吻合。在解释这些概念和条款时,社会效果的考量也十分重要。例如,公共利益的解释要考虑不同时期的社会发展需要。

4. 归纳和概括

类型大体上可以分为经验类型、逻辑类型和规范类型三种。[①] 这就要求以生活经验为基础进行逻辑上的归纳和总结,发现存在的类型,进而上升到法律规范的层面,成为裁判案件的依据。类型化的过程如下:

第一,共性把握。即对不同的事物的共同特征进行描述分析,而不是定性分析,这一过程实际上就是把握类型的“整体性”过程,也就是说,要抽象出各种不同事物相互之间的共同特点。[②] 例如,对公共利益进行类型化时,首先应当把握公共利益自身具有的一些特征。只有在把握这些特征的基础上,才能将大致符合这些特征的利益归入其中。

第二,根据共性归类。即将某些具有共性的事物归类,类型化的方法就是要把握特定概念的属性,将符合该属性的事物进行归纳列举,从而实现概念的具体化。[③] 类型化不是将各种毫无关联的事物聚拢组合在一起,而是依据一定的生活经验和案件类型进行归类。[④] 某个法律事实是否属于某一抽象概念的范畴,要依据这一法律事实所具有的特征与抽象概念特征的相似性来判断。如果它符合抽象概念的某些特征,就可能要归入这一类事物之中。有学者认为,类型的特点在于:一是多次重复出现,二是具有大致相同的外部特征。[⑤] 类型的构建主要是找出某类事物的共通因素,并加以总结表达,构成法律中的类型。[⑥] 这些观点不无道理。类型化具有分类的功能,但它不是简单的分类,而是从具

---

① 参见李可:《类型思维及其法学方法论意义——以传统抽象思维作为参照》,载《金陵法律评论》2003 年第 2 期。

② 参见林立:《法学方法论与德沃金》,中国政法大学出版社 2002 年版,第 129 页。

③ 参见许中缘:《体系化的民法与法学方法》,法律出版社 2007 年版,第 101 页。

④ 参见闫军:《概念与类型法律思维之比较》,载《福建法学》2009 年第 1 期。

⑤ 参见[德]考夫曼:《类推与“事物本质”——兼论类型理论》,吴从周译,台北,学林文化事业有限公司 1999 年版,第 13 页。

⑥ 参见许中缘:《论体系化的民法与法学方法》,法律出版社 2007 年版,第 106 页。

体事物出发进行的归类操作。类型化实质上是一种提炼、抽象和概括，是将具有相同特征的事物归纳为同一类别的过程。类型化只是对于生活中频繁发生的、理论上比较成熟的类型进行归纳，而不可能对其所涵盖的所有类型进行归纳。①

类型化与简单列举是不同的，简单列举是对大量的形态各异的现象进行简单的记录，它本身并不从这些现象中寻求和提炼一般性要素。例如，在简单列举的情况下，就物致人损害，需要对致害的物进行仔细的区分；但是在类型化的情况下，显然不能采取这种方式。类型化需要总结不确定概念和一般条款所可能适用的生活事实和案件类型，并按照其主要特征进行分类。例如，公共利益概念虽然是不确定概念，但是，它可以通过类型化实现具体化，从而增强其可操作性。所以，法院在审理有关的征收、征用案件中，为了准确地判断公共利益的内涵，应当将实践中出现的公共利益进行归类，以准确把握其内涵。从实践来看，对于集体土地的征收、城市房屋的拆迁、建设用地使用权的提前收回就可以进行类型化。

第三，体系化整理。这里所说的体系化整理有两层含义：一方面是指特定的类型是否符合一般条款的本意；另一方面是将已经归类出来的结果进行进一步的体系化整理，确保这些范畴在逻辑上属于同一个层次，构成并置关系，如果是不同层次的关系，则应当在不同层面上予以考虑。类型化不同于一般的概念思维，很大程度上是因为这些提炼出的概念之间具有内在联系，而简单的概念群之间并无内在联系。类型可以是分层次的，但是无论分为多少层次，它们之间都有内在的逻辑关联。

在对不确定概念和一般条款进行类型化的过程中，通过分层次的类型化，使得分类越来越接近现实生活。② 事实上，在类型化的过程中，归纳整理的结果可能会出现一系列不同的范畴，不过，由于它们在价值体系中所处的层次不同，形成了一个多层次的范畴体系。由此，有必要对这个范畴体系进行等级化操作，分清其所处的逻辑层次。分层次性

---

① 参见朱岩：《危险责任的一般条款立法模式研究》，载《中国法学》2009 年第 3 期。

② 参见吴从周：《论法学上之“类型”思维》，载《法理学论丛——纪念杨日然教授》，台北，月旦出版社股份有限公司 1997 年版，第 315 ~ 316 页。

的类型化,使不确定概念和一般条款的内涵越来越清晰,且更能与特定案件相联系。[①] 也就是说,在类型化之中,可以将各种法律现象、法律事实进行分层次的处理。在理解任何法律现象和法律事实时,都可以运用分类的方式进行思考。正是通过这种分类思考,法律的概念变得越来越清晰,越来越具体,并且与我们的社会实际生活的联系越来越密切。当然,类型化并非层次越多、越具体越好。在进行类型化的过程中,也需要协调类型具体化与类型的适用性之间的关系。如果类型过分具体,将削弱一般条款和不确定概念的开放性功能,影响法律的适应性。

5. 类似性比较

在法律已经作了类型区分的情形下,要将法律未明确规定的情形纳入法律已经规定的类型之中,将法律未规定的情形与法律明确规定的情形进行类似性比较,从而确定是否具有类似性,以保障类似案件类似处理。类似性表现在多个方面:

一是利益关系的类似性。也就是说,类似的情形实际上就是当事人利益关系的类似。例如,《民法典》第 250 条将属于国家所有的自然资源具体类型化为:森林、山岭、草原、荒地、滩涂等自然资源,这实际上是从利益和价值层面进行的类型化。

二是事物性质的类似性。例如,《民法典》第 1239 条将高度危险物类型化为:易燃、易爆、剧毒、高放射性、强腐蚀性、高致病性等类型。这里所说的类型化处理就是从事物的性质出发,进行类型化处理。再如,《国有土地上房屋征收与补偿条例》第 8 条将作为征收条件的“公共利益”作出了具体界定,这是从事物性质的角度,在立法层面对不确定概念进行的类型化。

三是法律给予保护的理由的类似性。类型化的处理,还可能是因为就特定类型的事物,法律上给予保护的理由具有类似性。类型化的方法的重要功能在于确保同类情况获得类似处理。例如,在对《民法典》中的“担保物权”进行解释时,就需要考虑到《民法典》构建了功能化的担保物权观念,所有权保留买卖中出卖人的权利、融资租赁中出租人的权利等经过登记以后,也往往被作为担保物权加以对待。这主要

① 参见许中缘:《体系化的民法与法学方法》,法律出版社 2007 年版,第 101 页。

是考虑到,这些权利均具有相同或类似的公示方法,均是通过《民法典》第388条规定的担保合同予以设立,而且这些权利均具有担保债权实现的功能。因此,对于这些与《民法典》物权编中抵押权、质权相类似的权利,《民法典》也将其纳入担保物权的范畴,从而确保这些权利获得相同或类似的保护。

类型化不是为了满足简单的理论偏好,而是为了依法公正裁判案件的需要,在案件的处理过程中,为了解决实际问题,需要将列举出来的概念涵盖于大前提之下,并与特定的案件事实相联系。

6. 完成涵摄

这就是说,要从特定案件的具体事实出发,建立与所归纳的范畴之间的联系。裁判者所进行的类型化毕竟是为司法三段论服务的,最终是为了确定大前提,并使其能够与案件事实产生联结。所以,类型化的结论应当是可以适用于待决案件的结论。如果不确定概念和一般条款不能通过类型化来明确,就使得具体个案的解决变得非常困难。当然,在涵摄过程中,裁判者应当对特定事实属于有关类型的理由作出论证。

五、类型化应当遵守的规则

(一)禁止向一般条款逃逸

裁判者在裁判案件中,有具体规定的,应当援引具体规定,而不应援引一般规定,裁判者援引的规定越具体、与案件联系越紧密,对于裁判者的自由裁量限制就越多,案件的裁判就越精确。然而,在实践中,不少裁判者仍然偏爱选择抽象的一般条款,而不愿意过多援引具体规则。以中国裁判文书网所载案例为例,直接适用原《侵权责任法》第6条第1款的案件有十万件以上。事实上,原《侵权责任法》第6条第1款属于过错责任的一般条款,在有具体法律规则可以适用时,应当适用具体的法律规则,而不应当适用过错责任的一般条款。从我国司法实践来看,法院大量使用了过错责任的一般条款,显然具有向一般条款逃逸的倾向。

在类型化的过程中,从维护法律秩序稳定性的角度考虑,在有具体的法律规则可以适用时,应当禁止直接适用一般条款,禁止向一般条款逃逸。因为一般条款的内涵较为宽泛,允许裁判者绕开具体规则直接依据一般条款裁判,会赋予裁判者较大的自由裁量权,影响法律秩序的稳定。

(二)类型化应注重类似性

类似并非同一,但是,类似也表明了不同事物之间的相似性。法谚云:“同一理由,同一法律;类似事项,类似判决。”[Ubi eadem ratio, ibi eadem les(idem jus);et de similibus idem est judicium.]这也说明了,对于类似事物应当类似处理,是符合正义原则的。因此,在类型化过程中,应当以类似性为基础进行归类处理。无论是对不确定概念还是一般条款,要进行类型化,必须强调类似的事物具有类似性。法律规则明确列举了一些示例,如果需要将相关事项纳入该规则的调整范围,则该事项应当与该规则所明确列举的事项具有相似性,从而做到类似事项,类似判决。如果法律没有作出例示性的规定,类型化应当从社会生活事实出发,尤其是从司法裁判出发,总结出具有类似性的情形。

(三)贯彻立法目的

目的解释也是价值补充中类型化的基础。在价值补充中,要对不确定概念和一般条款进行类型化,也必须首先探究立法目的。只有在立法目的的指引下,才能进行妥当的类型化。例如,在“公共利益”概念的类型化中,必须与实现社会公共利益这一目的保持一致,与实现不特定人的利益这一目的相符合。

(四)进行妥当的价值判断

在类型化的过程中,裁判者也应始终进行妥当的价值判断。也就是说,在不确定概念和一般条款具体化的过程中,裁判者应当对案件所涉及的各种利益进行妥当的平衡。同时,在进行价值判断时,裁判者还应当考虑不确定概念自身的发展性,类型化并非封闭性的,而且也并非过分的具体化。即便是经过类型化处理,不确定概念中也仍然包含具有一定概括性的子类型,而不能仅仅是具体个案的列举。因此,不确定概念的类型化可以实现抽象性和具体性之间的平衡。

第五章　法律漏洞的填补

法典不可能没有缝隙。①

——[德]Hattenhauer

如果法典未规定解决某一案件的方法，就出现了漏洞。

——法谚

第一节　法律漏洞的概念及其认定

裁判者是法律世界的国王，除了法律就没有别的上司。

——[德]卡尔·马克思(Karl Marx)

法律必须确定，却不能呆滞(Law must be stable and yet it cannot stand still)。

——[美]庞德(R. Pound)

案例 1:新天鹅公司是一家办公用品公司。2008 年 1 月，如心建材公司向新天鹅公司发来信函，要求交付一批办公用品。新天鹅公司甚感意外，声称其没有与对

① Hans Hattenhauer, *Einführung*, in Allgemeines Landrecht für die Preußischen Staaten von 1794, at 1, 21.

方签订该合同。后经查明,原来是第三人李某借用新天鹅公司的名义,私刻新天鹅公司的印章与如心公司签订合同,并套取了一笔预付款。后来,李某下落不明,公安机关进行追捕。如心公司要求新天鹅公司履行合同,因为李某的行为构成表见代理。而新天鹅公司表示,李某私刻印章并签订合同,与其毫无关系。笔者认为,根据《民法典》第172条的规定,"行为人没有代理权、超越代理权或者代理权终止后,仍然实施代理行为,相对人有理由相信行为人有代理权的,代理行为有效"。据此,在构成表见代理的情形下,必须被代理人对代理权的外观的形成存在可归责性,如果被代理人对代理权外观的形成毫不知情,也无过错,则不应适用表见代理制度。在本案中,假冒他人名义从事代理行为与被代理人的行为毫无关系,因此,合同法的上述规定也难以适用于此种情况。本案中李某的行为构成冒名行为,可以类推适用无权代理的规定,应由冒名人承担责任。

案例2:2005年6月,莫某的摩托车被盗。他四处寻找,也没有结果。2005年9月,莫某突然发现,同村的杨某驾驶的摩托车就是其被盗的摩托车。但是,杨某称,自己是从第三人李某处购买。莫某要求杨某返还。杨某则提出,要等到公安机关抓捕到李某时再说。于是,莫某向公安机关报案。但是,公安机关一直没有抓到李某。2009年3月,莫某要求杨某返还。杨某则提出,莫某的所有物返还请求权已经超过了诉讼时效。《民法典》第312条规定:"所有权人或者其他权利人有权追回遗失物。该遗失物通过转让被他人占有的,权利人有权向无处分权人请求损害赔偿,或者自知道或者应当知道受让人之日起二年内向受让人请求返还原物。"我国《民法典》只规定了遗失物的善意取得规则及回复请求权的问题,但未涉及盗赃物的相关问题。那么,本案中的争议没有可供适用的法律规定,存在漏洞。对此,应当由裁判者结合具体案情,采用漏洞填补的方法予以填补。例如,可以通过类推适用《民法典》第312条关于"遗失物"的法律规则,赋予所有人对盗赃物的回复请求权;也可以通过比较法解释,借鉴大陆法系关于排除"占有脱离物"善意取得的通行做法,承认所有人的回复请求权;还可以根据法律的目的,将该条的"遗失物"扩张到"盗赃物、遗失物等占有脱离物",使《民法典》第312条扩张适用于盗赃物的回复请求权。

一、法律漏洞的概念

所谓法律漏洞(英语:gap in law,德语:gesetzeslücke),是指由于立法者在立法时未能充分预见待调整的社会关系,或者未能有效协调与现有法律之间的关系,或者由于社会关系的发展变化超越了立法者立法时的预见范围等原因导致的立法缺陷。这种缺陷表现为:调整特定社会关系的具体法律规范的缺失,或者既有法律规范之间存在矛盾,或者既有法律规则的适用明显违背了法律对公平正义的基本要求。[①] 例如,我国《民法典》对于祖父母的探望权没有作出规定,对于此类纠纷,裁判者无法从现行法之中寻找到裁判依据,这就构成法律漏洞。

"法典不可能没有缝隙。"[②]事实上,无论在成文法国家,还是在判例法国家,法律漏洞都是各国共同面临的法律难题,如何确定法律漏洞以及如何对其进行填补成为几十年来法学界讨论的核心问题之一。如前所述,人类认识客观世界的局限性和法律的滞后性等原因决定了,法律漏洞是任何国家民法中都不能回避的一个问题。在法律解释学上,讨论法律漏洞的概念具有重要意义:一是帮助裁判者正确发现法律漏洞,以防止裁判者因错误地确定法律漏洞,而随意行使填补漏洞的权力。因为在很多情况下,立法者可能有意回避或不愿对某一事项作出规定;或者某些事项属于通过立法而不是通过司法来解决的问题;或者某些事项存在可以通过狭义法律解释或价值补充来弥补的缺陷,则其属于立法者的有意沉默,而不属于法律漏洞。二是引导裁判者以正确的方法填补法律漏洞。法律漏洞的填补是具有技术性的操作,裁判者应当掌握填补漏洞的科学方法。具体到法律适用中,由于法律的不完善和缺失,裁判者经常面临适用法律的困难。裁判者有时无法找到据以裁判案件的依据,有时找到的依据不止一个,且存在冲突,如此必然使裁判者的裁判面临困难,而裁判者又不能以法无明文规定为由拒绝裁判。在此情况下,立法机关很难在短时间内做出及时反应,裁判者只能积极地填补法律漏洞,以顺利完成案件的审判。从这个意义上讲,填

---

① 在学理上,法律漏洞也通常被界定为"违反立法计划的不圆满状态"。参见黄茂荣:《法学方法与现代民法》(第5版),法律出版社2007年版,第377页。

② Hans Hattenhauer, Einführung, in Allgemeines Landrecht für die Preußischen Staaten von 1794, at 1,21.

补法律漏洞是裁判者行使司法审判权过程中的一项重要作业,也可以说是他们的一项权力。但这种权力又存在被误用的可能,如对所谓“假想漏洞”进行填补[①]、对漏洞进行恣意填补等,这可能侵害了立法权,也不恰当地使用了填补漏洞的权力。因此,必须在法律上准确界定法律漏洞的概念。

在法律解释学上,法律漏洞主要具有如下几个特点:

1. 裁判依据的欠缺性。从法律解释学的角度来说,法律漏洞是与个案的裁判依据联系在一起的。也就是说,法律漏洞不是从宏观角度来观察法律存在不完善性,而是从微观的角度来观察现行法律无法为待决案件提供裁判依据,或者说,体现为制定法不能为个案提供有效的裁判规则。法条有限,世事无穷。立法者的理性是有限的,期望法律能够规范社会生活的方方面面,只能是法学家的幻想。即便是在民法法典化国家,一部法典也难以涵盖社会生活的方方面面,难以为所有纷繁复杂的纠纷提供裁判依据。即使在《民法典》颁布后,法律漏洞的存在也是在所难免的。存在法律漏洞的客观事实带来的直接后果就是,裁判者无法依据制定法中的特定具体规范对特定诉争案件进行裁判。需要指出的是,在我国,裁判依据是多样的,不仅包括法律、行政法规,还包括司法解释等。虽然法律上缺少相关规定,但如果存在相关的司法解释,仍然不能认为存在法律漏洞。然而,如果法律存在原则性规定,但缺乏适用于个案的具体裁判规则,也可能存在法律漏洞。所以,我们所说的裁判依据的欠缺性是指能够适用于个案的具体裁判规则的欠缺性。

2. 规则存在不完备性或冲突性。从广义上讲,法律漏洞的概念包容性极广,“漏洞总是一种不完整、一种缺陷或差错”。[②] 其不仅指法律规定的缺漏,还包括法律制度、立法技术等的不完善和局限性。[③] 但并非所有的法律不完善或缺陷都可以称为法律漏洞,法律漏洞不仅表现为具体案件中裁判规则的缺乏,还表现为规则本身的不完善、相互冲突

---

① 原本存在相关案件事实的法律规定,但裁判者撇开该规定,认为缺乏调整待决案件的规范,继而从事漏洞填补作业。

② [葡]马沙度:《法律及正当论题导论》(第2版),黄清薇、杜慧芳译,澳门大学法学院2007年版,第161页。

③ 参见杨解君:《法律漏洞略论》,载《法律科学》1997年第5期。

或表述错误等，而导致成文法不能为个案提供裁判依据。从法律漏洞的表现形式上看，其具体包括三类：

第一，调整特定社会关系的具体法律规范的缺失，即根本不存在调整特定社会关系的相关规则。例如，关于赃物能否善意取得问题，我国《民法典》根本没有作出任何规定。

第二，既有法律规范之间存在矛盾。此种情况又可以分为两种情形：一种情况是同一部法律内部存在法律术语、法律规则之间的冲突，另一种情况是不同法律之间针对同一问题的法律规则存在明显差异。例如，《票据法》第 35 条第 2 款明确要求票据质押应予背书，但《民法典》第 441 条规定票据质押需要交付或登记，同时又规定法律另有规定的除外。实践中，采用《票据法》的规则不能有效解决电子票据质押问题，在此情形下，根据《民法典》关于公示制度的规定可以解决该问题。

第三，既有法律规则在表述上存在重大错误，导致其难以适用于具体的个案。需要指出的是，尽管法律存在缺陷和不完善，但如果没有在个案中反映出来，仅仅只是学者在学术研究中发现了法律体系存在缺失，其也不是司法适用中的法律漏洞。所以，我们所研究的法律漏洞主要是与个案裁判直接联系的，都是法律在案件的具体适用中所表现出来的规则缺失。

3. 立法计划的相悖性。从法律漏洞的产生上看，具体裁判规则缺失还必须是违反了立法计划。此处所说的立法计划，是指从法律的立法目的考量，其应当作出的规范设计。而法律漏洞都是因为法律不符合立法计划，导致法律不能对社会生活进行有效调整。违反立法计划的原因是多样的，要么是由于立法者未能充分预见待调整的社会关系，要么是社会关系的发展变化超越了立法者立法时的预见范围，要么是未能有效协调与现有法律之间的关系等，导致法律不能有效调整社会关系，造成具体裁判规则的缺失。例如，《固体废物污染环境防治法》《大气污染防治法》《水污染防治法》有关免责事由的规定与《民法典》侵权责任编关于环境侵权责任的免责事由的规定存有冲突。

我们之所以强调法律漏洞是指立法计划的相悖性，就是要将法律漏洞与立法者的有意沉默区别开。一般认为，“有意沉默”是指立法者已经预测到法律调整的对象和情形,但由于诸多原因而未能直接予以明确规定,而要留待理论或司法实践来解决。德国学者和我国台湾地区学者往往称之为“违反计划”。法律漏洞应当与立法者的“有意沉默”相互区分。[①] 拉伦茨指出,“制定法的‘漏洞’并不是‘没有任何规定’,而是欠缺依制定法的调整计划或者其整体脉络应当逾期被设定的特定规则”。[②] 因为立法者“有意沉默”也没有任何规定,但并非法律漏洞。笔者认为,这两者之间存在一定的区别,主要表现在:

第一,从存在的形态上看,出现“违反立法计划”大多是由于立法者未能预见到法律所需要调整的社会情形,而“有意沉默”则是立法者在预见到法律所需要调整的社会情形后有意保持的沉默,有意不作规定。

第二,从解决的方法上看,违反立法计划通常表现为规则的缺失,但“有意沉默”并非完全表现为规则的缺失。有的“有意沉默”是立法者故意采取了回避态度,而有的“有意沉默”则是立法者通过指引参照其他法律规范的方法来予以解决的。前一种情况可能构成法律漏洞,而后一种情况则不能视为法律漏洞。例如,《民法典》中对于小产权房所产生的法律问题没有作出具体的规定,这属于法律的一种“有意沉默”,但并不构成法律漏洞。

第三,从立法目的来看,“违反立法计划”并非立法者有意安排的,因而立法者允许裁判者在个案中寻求可供适用的规则。但是,“有意沉默”有可能体现了立法者的某种态度。“如果法院认为,这些地方存在漏洞并对其进行补充,那么,就违反了法律。”[③]例如,关于取得时效,《民法典》对其没有规定,而按照历史解释、体系解释和目的解释,表明立法者实际上对此制度采否定的态度。以体系解释为例,考虑到《民法典》中对于物权的取得方式采取了法定的方式,即凡未被《民法典》所规定的物权取得方式均不能予以承认,因此,借助于体系解释,我们可以得出结论,《民法典》对于把取得时效作为一种物权取得方式的观点是采取排斥态度的。所以,《民法典》未规定取得时效并不是法律漏洞,法官也不能主动填补此种漏洞。

---

① 参见[德]魏德士:《法理学》,吴越等译,法律出版社2005年版,第354页。

② [德]卡尔·拉伦茨:《法学方法论》,黄家镇译,商务印书馆2020年版,第471页。

③ [德]魏德士:《法理学》,吴越等译,法律出版社2005年版,第354页。

4. 狭义的法律解释方法的不可适用性。法律尽管存在不完善的情况,但如果能够通过狭义解释等方法而加以完善,也不会产生法律漏洞。所以,法律漏洞都是在不能仅借助狭义的法律解释方法得出妥当的解释结论时才会产生。法律漏洞与语义抽象模糊、一词存有复数解释可能的法律规范不同,后者大多能够通过诸种狭义的法律解释方法弥补"抽象模糊"的不足,而法律漏洞无法通过文义、体系、历史、目的等法律解释方法来解决。或者说,狭义的法律解释方法具有不可适用性。例如,对于法律根本没有任何相关规定的问题,狭义的解释方法就失去了解释的对象。如果通过狭义的法律解释方法无法得出待决案件所需要的法律规范,就表明可能存在法律漏洞。当然,是否存在法律漏洞还必须慎重地认定,即借助于法秩序的整体精神和法律的目的来综合衡量,确定待决的案件是否需要通过漏洞填补的方法确定其可供适用的大前提。毕竟法律漏洞赋予了裁判者自由裁量权,有破坏法律统一性和安定性的可能。因此,为了规范裁判者的自由裁量的运用范围,凡是能够通过狭义的法律解释和价值补充来解释法律的,则不必采取漏洞填补的方式。更何况,法律的模糊性、不确定性是经常发生的,如果轻易地认定法律漏洞的存在,则可能使狭义的法律解释方法形同虚设。因此,法律漏洞通常是在尝试运用多种狭义的解释方法而无法明确法律适用大前提之后方才确定。

严格地说,法律漏洞现象并非为大陆法国家所独有的现象,即使在判例法国家,也经常发生"无先例的案件"的现象,此种情况也属于一种法律漏洞。法律漏洞现象的存在,无疑为裁判者适用法律、实现法的价值造成了困难,也为其留下了极大地选择法律适用的权力。在存在法律漏洞的情况下,对裁判者选择法律适用的裁量权实行严格的限制主义看来是不现实的,然而,完全抛弃现行法的原则、精神及条文,而由裁判者自身随意创造法律,不仅会导致"司法越权"(judicial usurpation),也会为司法专横提供机会。因此,如何对裁判者创造性地填补漏洞行为进行合理规范,则是一个值得研究的课题。

二、法律漏洞的认定

(一)一般原则

"法典如同一张网,立法者在其中包括了从平常的小事到永恒的运动的一切”。[①] 体系化能够及时发现规范的潜在冲突。《民法典》颁布后,必须采取体系化的思维方式,全方位检索《民法典》的相关规则以解决具体的个案,在这个过程中,就可以发现法律漏洞。这尤其表现在,隐蔽冲突在单行法的时代可能难以发现,但是在《民法典》颁布后,通过体系的考察,相对容易发现。体系检索功能还有助于查漏补缺,发现规则是否存在缺失和漏洞。因为表面上看,《民法典》中可能欠缺某些规则,但是通过体系解释之后,可以发现并不存在缺漏,仍然能够找到可供适用的法律规则。此类情形在《民法典》中大量存在,例如,《民法典》没有明确规定涤除权,但《民法典》第 524 条第 1 款规定了“第三人对履行该债务具有合法权益”,债权人应当接受第三人的履行,涤除权制度即属于此种情形。尤其是《民法典》大量采用了参照适用、引致条款等方法,在很大程度上解决了规则缺失的问题,也极大地消除了法律漏洞的存在,但这并不意味着,《民法典》完全消除了法律漏洞,其中仍然有一些法律漏洞需要法官认定。

法律漏洞的认定应当遵循如下规则:

第一,从制定法出发,即法律漏洞应当是指制定法中存在漏洞。也就是说,法律漏洞是法无规定或规定存在冲突所导致的。首先需要通过狭义的法律解释方法来确定是否存在法律漏洞,不能认为只要法律没有规定就构成了法律漏洞。只有在穷尽狭义的法律解释方法而仍然不能有效解释时,才能认为出现了法律漏洞,进而使用法律漏洞填补的方法来填补漏洞。例如,混合共同担保中,抵押人以其财产清偿了债务时,其是否有权向其他担保人追偿?《民法典》对此并未进行规定,通过法律解释的方法可以判断,这显然也属于法律漏洞,但是鉴于《民法典》第 700 条规定了保证人在承担保证责任后,有权向保证人追偿,而保证关系与抵押关系具有相似性,因此可以类推适用于抵押。

第二,确定具体规则是否存在缺失和矛盾。我们所说的法律漏洞都是在具体的个案裁判中缺乏具体的法律适用规则。从最广泛的意义上讲,由于法律基本原则的涵盖范围较宽,故某种程度上也能涵盖相关的法律纠纷。但考虑到法律基本原则的抽象性和模糊性,以及缺少案

---

① François Terré, Conférence de Montréal, octobre 1981, Codification et Langage. Cité par Alain VIANDIER, Recherche de légistique comparée, Springer Verlag, 1988, p. 43.

件裁判的直接适用性，笔者认为，因为此时缺少直接据以判案的法律具体规则，故仍然应当认为存在法律漏洞。尤其应当看到，在许多情况下，法律虽然没有作出直接规定，但已经明确指引参照其他的法律规范，此时应当认为法律已经作出了明确规定，而不能认为存在法律漏洞。例如，《民法典》第361条规定："集体所有的土地作为建设用地的，应当依照土地管理的法律规定办理。"该规定即属于此种情形。

漏洞必须是具体规则存在缺失和矛盾，因此，漏洞的认定应当就法律本身进行判断，而不应直接以案件事实作为判断依据。例如，在"叶某甲、叶某乙与被告黄某、陈某、何某雇员受害赔偿纠纷案"中，法院认为，"原告乃三被告的雇员，在工作期间摔倒致残，三被告应承担赔偿责任。根据浙江大学司法鉴定中心出具的鉴定意见书，原告自身患有脑动脉瘤的疾病，外伤是导致脑动脉瘤破裂的诱因，且从证据上看，无法证明原告在酒楼摔倒的原因是因地湿滑倒还是脑动脉瘤发作而倒地致残，根据公平原则，本院酌情认定三被告对原告的损失按照25%的比例承担赔偿责任。"①从该案来看，因果关系不明不是认定是否存在漏洞的判断依据。法律漏洞的判断是以是否存在违反立法计划的不圆满状态为标准的。就本案来说，在判决当时，我国原《侵权责任法》第24条已经规定了公平责任，裁判者可以直接依据该条作出判决，而不应绕过第24条而直接适用公平原则。

第三，以立法目的和意图为依据，确定是否违反立法计划。如前所述，法律漏洞本身就是违反立法计划的结果。至于是否违反立法计划，应当从立法目的和意图等考虑，不能随意确定。在实践中，存在大量法无明文规定的情况，许多法官即认为存在法律漏洞。实际上，许多规则是立法者刻意回避，或者立法者有意留待未来法律作出安排的，并不允许司法者创设规则。对于此种情况，也不能作为法律漏洞来对待。例如，我国《信托法》中受托人的权利是否属于物权，立法者实际上对其采取了回避态度，希望未来法律来规范。而且，我国《民法典》采物权法定原则，受托人的权利如果属于物权，其即应受到该原则的拘束。再如，关于取得时效是否可以作为物权取得的一种方式，《民法典》并未进行规定。立法者主要是考虑到这种方式可能会导致国有资产的流失，从

① 浙江省三门县人民法院民事判决书，(2009)台三民初字第594号。

而并未规定。这显然属于立法者"有意义的沉默"。如果立法者已经预见到相关社会需求并有意采取排斥态度的,则应当认为是立法者已经给出了否定的结论,而非存在法律漏洞;反之,如果立法者确实是因为没有预见到相关社会需求而采取了立法沉默的,则应当认定为是法律漏洞。

(二)通过解释认定规范缺失或矛盾是否存在

第一,如果立法者已经作出了安排,则不宜认定规范存在缺失。"如果制定法以特定方式调整案件事实 A,但对于相关价值评价应属同类的 B 案则缺乏规定,这种调整规则的缺失会被视为制定法漏洞。"① 出现这样一种现象之后,如果完全由法官自己进行判断,将本来适用于 A 的规则适用于 B,一方面,这会给法官找法带来极大的负担;另一方面,在判断 A 与 B 的类似性过程中,裁判者就具有过大的自由裁量权。因此,立法者可以通过参照适用规范,规定如果 A 与 B 的类似,则 B 可以参照适用 A 的规范。这在很大程度上消除了法律固有的制定法漏洞。

第二,通过法律解释能否找到可适用的规范。在许多情况下,从表面上看,法律规定是缺失的,但是,如果通过解释的方法能发现可适用的规则,就不能认定为存在法律漏洞。例如,《民法典》第 1198 条规定的违反安全保障义务的责任仅限于公共场所的经营者和管理者、群众性活动的组织者违反安全保障义务的责任,没有对违反因在先行为引发的安全保障义务作出规定,如果在实践中出现了此类案件,也并非属于法律漏洞,而应当适用侵权责任的一般条款(《民法典》第 1165 条第 1 款)。

第三,通过解释是否能够消除规范冲突。在法律之中,条文之间的矛盾和冲突是时常存在的。例如,针对同一事项的两个法律条款,一个清晰一个模糊,或者两个条款的表述并不一致,此时,有可能需要通过解释来消除矛盾和冲突,并非一定要认定为法律漏洞。在解释中,法官要尽可能通过各种解释方法来消除其矛盾和冲突,而并非只要出现漏洞和矛盾,就作为法律漏洞对待。例如,《民法典》第 1252 条规定,"有其他责任人的",建设单位和施工单位可以追偿。"因其他责任人的原

---

① [德]卡尔·拉伦茨:《法学方法论》,黄家镇译,商务印书馆 2020 年版,第 470 页。

因”导致建筑物等倒塌的,其他责任人应承担责任。两者在表述上并不一致,但是,通过体系解释可以澄清其含义,所以,此种情形也不属于法律漏洞。再如,根据《民法典》第 1233 条规定:“因第三人的过错污染环境、破坏生态的,被侵权人可以向侵权人请求赔偿,也可以向第三人请求赔偿。”但根据《民法典》第 1175 条的规定,“损害是因第三人造成的,第三人应当承担侵权责任”。在第三人造成损害的情况下,原则上应当按照责任自负的原则,由第三人承担侵权责任,这似乎也形成了法条之间的相互矛盾。在这种情况下,按照特别规定优先于普通规定的规则,应当优先适用《民法典》第 1233 条的规定,不应适用第 1175 条。

法律漏洞的认定并非以法条的字面含义为标准,而是以法条的可能文义范围为标准。所谓法条的可能文义,就是法条的预测可能性范围内的文义,它远远超过了文义的字面含义。以法条文义的可能范围为认定依据,还意味着在进行法律漏洞的认定过程中,应当通过穷尽各种狭义法律解释方法来判断是否可以找到适合的法律依据,如此仍不能实现法律解释目的时,方才有认定法律漏洞存在的可能。

所以,在认定法律漏洞时,应当满足严格的条件。① 在审判实践中,一方面,存在法律漏洞认定过于宽泛的现象。裁判者往往将法律没有规定的情形都认定为法律漏洞,并可能自行采用法律基本原则等方法来填补法律漏洞。另一方面,存在法律漏洞认定过于狭窄的问题。用过于僵化的标准来认定法律漏洞的存在,往往会导致法律适用的不准确和案件裁判的不公。为了规范裁判者的自由裁量权,必须规范法律漏洞的认定行为,严格按相关程序和标准认定法律漏洞。

三、法律漏洞的分类

(一)明显漏洞与隐藏漏洞

根据漏洞在表现形式上的差异,可以分为明显漏洞和隐藏漏洞。

所谓明显漏洞,也称为公开漏洞,是指依据立法计划,法律应当积极地设置规定而没有作出规定的情况。② 例如,《民法典》第 341 条规定:“流转期限为五年以上的土地经营权,自流转合同生效时设立。”此

---

① Claus-Wilhelm Canaris, *Die Feststellung von Lücken im Gesetz*, 2. Aufl. 1983.

② 参见王泽鉴:《法律思维与民法实例》,中国政法大学出版社 2001 年版,第 253 页。

处土地经营权是物权,还是仅仅具有登记能力的债权,并不明确。同时,对于流转期限在5年以下的土地经营权,其在性质上究竟属于何种权利,法律也并未说明,因此,可以说这条规定存在开放的漏洞。

所谓隐藏漏洞(Verdeckte Rechtslücke),是指依据立法计划,法律应当对某种事项消极作出限制规定而未能作出限制。[①] 隐藏漏洞的概念最初是由拉伦茨提出的,并为学界所采纳。[②] 隐藏漏洞的表现形式可以是碰撞式漏洞,即法律之间相互冲突,从而使裁判者难以适用;也可以表现为法律制定时所依据的社会背景发生了重大变迁,现行法律规则已经不适于新的社会背景;还可以表现为适用范围过宽,涵盖了不应该涵盖的现象。当然,如果法律规则之间的冲突可以通过体系解释的方法加以消除,则不应当属于漏洞。例如,《民法典》第171条第3款规定:"行为人实施的行为未被追认的,善意相对人有权请求行为人履行债务或者就其受到的损害请求行为人赔偿。但是,赔偿的范围不得超过被代理人追认时相对人所能获得的利益。"该款并不区分无权代理人的善意与恶意,这就导致在无权代理人为善意时,也可能承担较重的履行债务的责任形式,因而构成了隐藏的漏洞,[③]需要进行目的性限缩,将行为人履行债务的范围限制在恶意上。

区分明显漏洞和隐藏漏洞的意义在于,填补这两种漏洞的方法存在一定的区别,表现在:一是对于明显漏洞,通常采取类推适用、目的性扩张等方式来弥补漏洞。而对于隐藏漏洞,则应当区分隐藏漏洞的不同情形,采用不同的法律规则。如果某一法律规范涵盖的法律关系过于宽泛,则应当通过目的性限缩的方式来填补漏洞;[④]如果出现碰撞式法律漏洞,通常运用类推等方式来填补漏洞。二是在明显漏洞的情况

---

① 参见王泽鉴:《法律思维与民法实例》,中国政法大学出版社2001年版,第256页。

② 也有人认为,"隐藏漏洞"的概念最初来源于哲特曼(Zitelmann),他在讨论法律漏洞时曾经指出:"除了无意而有疏失形成的漏洞外,还存在一些明示的法律规定——可能是肯定的内容,也可能是否定的内容——裁判者可以适用这些法律规定对个案作完整的判决,但据此作出的判决有违法律公平、正义的基本精神,裁判者因而不想加以适用;此时他并不是在填补法律漏洞,而是透过为系争案型创设一个例外命题的方式,修正该现行法律规定。" Zitelmann, *Lücken im Recht*, 1902, Bonn, S. 20.

③ 参见潘重阳:《无权代理人对善意相对人责任之析分——以〈民法总则〉第171条第3款的解释为中心》,载《华东政法大学学报》2019年第3期。

④ 参见王泽鉴:《民法学说与判例研究》(第1册),中国政法大学出版社1998年版,第288页。

下,裁判者通过漏洞填补就足以确定司法三段论中的大前提;而在隐藏漏洞的情况下,裁判者通过目的性限缩还不足以提供大前提,必须借助其他法律解释方法(包括狭义的法律解释方法和漏洞填补方法)来填补漏洞。

(二)自始漏洞与嗣后漏洞

这是以漏洞产生的时间为标准所作的区分。所谓自始漏洞,是指在立法之时,因为立法者的疏忽等原因而导致的法律漏洞。自始漏洞又可以分为:认知的法律漏洞与非认知的法律漏洞。二者区别的标准是立法者在制定法律时是否对法律漏洞有所认识。① 对于认知的法律漏洞,立法者通常认为制定具体规范的时机尚不成熟,留待学理深入讨论和司法实践继续总结,以免因为操之过急而作出不成熟而又僵硬的规范,妨碍社会生活的有序发展。② 例如,在我国《民法典》第196条规定"不动产物权和登记的动产物权的权利人请求返还财产"不适用诉讼时效的规定,但是对于未登记的动产物权请求权是否适用诉讼时效并没有规定,这就属于认知的漏洞。

嗣后漏洞是指在立法之时,法律能对社会关系进行有效调整,但随着社会的发展,社会经济条件的变化,出现了立法者立法时不可能想象到的纠纷类型,未能得到法律的规范。在立法时,绝大多数规范已经充分考虑了当时的社会背景和各种社会关系,但是,由于社会的重大变化,原有的社会背景可能发生重大变化,使法律规范无法涵盖新出现的社会现象。③ 例如,传统民法上大多没有认可种类繁多的人格权益,一些新的人格权益在出现之后就可能形成自始漏洞。再如,我国《企业破产法》对于破产还债程序没有规定人身伤害的优先赔偿。这是因为当时没有发生大规模侵权,相应问题并不突出。因为三鹿奶粉案件的发生,出现了法律不能适应新的社会需要的情形,这就属于嗣后漏洞。

区分自始漏洞与嗣后漏洞,其意义在于:其一,对于自始漏洞,要分析其是否属于立法者明知的漏洞,如果是立法者的"有意沉默",则并不

① 参见舒国滢等:《法学方法论问题研究》,中国政法大学出版社2007年版,第396页。

② Karl Engisch, *Einführung in das juristische Denken*, 1971, S. 137. 转引自黄茂荣:《法学方法与现代民法》,法律出版社2007年版,第429页。

③ 参见李青、翁焱:《论法律漏洞及其补充》,载《安徽工业大学学报(社会科学版)》2006年第1期。

构成真正意义上的法律漏洞。如果属于明知的法律漏洞,因为立法者已经认识到这一问题,则可以通过立法资料的考察来了解问题的相关背景。而对于非明知的法律漏洞,无法通过历史解释的方法确定。对于明知的漏洞,立法授权裁判者结合法律的一般条款,通过解释来妥当地行使自由裁量权,作出妥当的裁判。其二,对于明知的法律漏洞,因为立法者已经认识到法律漏洞,所以,裁判者只应按照立法者的意思来认定并填补漏洞,不必自行进行认定。而对于非明知的法律漏洞,则属于立法者没有认识到的漏洞,裁判者要对其进行认定,此时就负有较重的论证义务。

(三)全部漏洞与部分漏洞

依据法律是否对于特定事项有所规范,可以将法律漏洞分为部分漏洞和全部漏洞。此种分类由德国学者达姆(Dahm)提出。[①] 全部漏洞又要区分两种情况:第一种是法律应当对某种事项作出规定而未能作出规定,整体缺乏规定;第二种是虽有规定,但是存在体系碰撞和违反的现象,导致无法确定解决纠纷的大前提。这两种情况都属于全部漏洞。而部分漏洞,是指法律对于特定事项有所规范但并未涵盖该事项的各个部分的内容。[②] 例如,对于无因管理,我国《民法典》第121条和合同编准合同部分对此作出了规定,但是,该法中对于无因管理中费用返还的范围、不真正无因管理、不适法的无因管理等都没有规定,这就属于部分漏洞。

区分全部漏洞与部分漏洞的意义在于:第一,在全部漏洞的情况下,裁判者填补漏洞必须完全依靠裁判者造法来确定可供适用的大前提。而在部分漏洞的情况下,裁判者并不一定都要采用漏洞填补的方式来确定纠纷处理的大前提,如果能够通过狭义的解释方法,特别是扩张解释方法等找到法律适用的大前提,则没有必要进行法律漏洞的填补。第二,在部分漏洞的情况下,如果采用填补漏洞的方式,所填补的法律规则不得与关于该问题的既存制度发生冲突。而在全部漏洞的情况下,裁判者填补漏洞就不必受此拘束。

---

① 参见李青、翁焱:《论法律漏洞及其补允》,载《安徽工业大学学报(社会科学版)》2006年第1期。

② 参见梁慧星:《民法解释学》,中国政法大学出版社2000年版,第254页。

（四）碰撞漏洞和非碰撞漏洞

碰撞漏洞又称为冲突漏洞，是指因为规范矛盾、价值矛盾和体系矛盾而产生的法律漏洞。除此以外的法律漏洞称为非碰撞漏洞。从表面上看，法律对相关事项设有比较明确的规则，但该规则并非唯一，可能存在多项规则，且数项规则之间存在冲突关系，导致裁判者无法确定纠纷处理的大前提。更何况，社会关系纷繁复杂，法律关系不可能穷尽一切，对各种社会现象都作出规定，必然会留下法律调整的空白。如果这些规则之间的冲突能够通过法律适用的规则加以调整（例如，通过特别法优于一般法、上位法优于下位法、新法优于旧法等规则来加以确定），该矛盾就不存在漏洞填补的问题。例如，《票据法》第 35 条第 2 款明确要求票据质押应予背书，但《民法典》规定票据质押需要交付或登记，同时又规定法律另有规定的除外。实践中，采用《票据法》的规则不能有效解决电子票据质押问题，故而，《民法典》在编纂中对《票据法》的规定予以修改，实质上是废止了单行法规定的法律效力，按照新法优于旧法的原则，应当适用《民法典》的规定，所以不构成法律漏洞。只有在这些方式无法解决规范冲突的情况下，才成为碰撞漏洞，从这个意义上讲，碰撞漏洞也被称为“不可化解的规范矛盾”。① 产生碰撞漏洞的主要原因如下：

一是规范矛盾，它是指数个不同的法律规范对同一法律事实加以规范，并赋予不同的法律效果。规范矛盾是数个法律规范的价值判断之间存在冲突。② 例如，《民法典》第 171 条第 3 款规定了无权代理人可能承担履行债务或损害赔偿的责任形式，而《民法典》第 500 条却规定缔约过失中，有过错的一方只需要承担损害赔偿的责任形式。事实上，无权代理人可能是善意的，此时并没有理由要求其对有过错的缔约过失责任人承担更为严苛的责任。因此，这两个条文之间就出现了隐藏的矛盾。

二是价值矛盾。它是指从规范本身无法确定是否存在冲突关系，但依据体现在法律规则之中的价值取向可以确定法律规则之间存在冲突关系。例如，我国原《合同法》第 51 条关于无权处分合同效力的规

① 参见杨解君：《法律漏洞略论》，载《法律科学》1997 年第 3 期。

② 参见黄茂荣：《法学方法与现代民法》（第 5 版），法律出版社 2007 年版，第 277 页。

定,其注重保护权利人的利益,该规则与原《物权法》第 106 条关于善意取得规则的规定存在价值矛盾。为消除这一矛盾,我国《民法典》第 597 条承认了无权处分行为有效。

三是体系矛盾。其不仅是指规范之间的相互矛盾,而且包括不同的制度甚至法律之间存在的相互冲突和矛盾的现象。[①] 规范矛盾和体系矛盾还可能表现为:个别法律规范与整个立法目的存在冲突。例如,《固体废物污染环境防治法》《大气污染防治法》《水污染防治法》中的免责事由,与《民法典》侵权责任编中关于环境侵权责任的免责事由存有冲突。《电力法》的相关规定也与《民法典》侵权责任编中对于高度危险免责事由的规定不相一致。再如,《民法典》第 992 条规定:"人格权不得放弃、转让或者继承。"该条没有设置但书的规定,这就意味着第 992 条的规定禁止了全部人格权的放弃、转让和继承。但是《民法典》第 1013 条规定:"法人、非法人组织享有名称权,有权依法决定、使用、变更、转让或者许可他人使用自己的名称。"此时,应当认为,《民法典》第 1013 条的规定构成了《民法典》第 992 条规定的特别规范。只有将《民法典》第 1013 条的规定解释为对《民法典》第 992 条规定的例外,才能够避免出现法律规则的冲突和矛盾。因此,在这两条的解释中,应当依据特别法优先于一般法的规则,认为在名称权这一具体人格权中,依据第 1013 条的规定,存在允许转让的例外,该条应优先于第 992 条不得转让的规则适用。

碰撞漏洞和非碰撞漏洞的区别主要表现在:一方面,漏洞的表现形式不同。在碰撞漏洞的情况下,存在法律规定,只不过就同一事项的两个法律规定之间存在冲突。而在非碰撞漏洞中,并不存在法律规定。另一方面,碰撞漏洞也可能通过狭义解释方法(尤其是体系解释)来解决,而非碰撞漏洞无法通过狭义解释方法解决。此外,在碰撞漏洞的情况下,裁判者要选择可供适用的法律规定,而在非碰撞漏洞的情况下,并不存在类似的选择问题。

---

① 参见杨解君:《法律漏洞略论》,载《法律科学》1997 年第 3 期。

第二节　法律漏洞填补的基本原理

案例 1:2008 年 8 月,鑫通达公司向广源公司购买高档医疗器材数套,总价款 52 万元。双方在广源公司办公地点签订了买卖合同,约定货到后 1 个月内付款。为了保障价款的支付,合同同时约定,鑫通达公司以其票面金额为 30 万元的远期汇票质押(合同载明了汇票编号)。在合同签订的当天,鑫通达公司虽然交付了票据,但是没有携带财务章,未能在票据上签章并质押背书。后来,鑫通达公司一直没有办理该票据质押的背书和签章。2009 年 1 月,广源公司如期交付了货物,但是,鑫通达公司因经营不善,迟迟没有付款。广源公司持合同和票据,要求付款银行承兑该票据,但银行予以拒绝。本案争议的焦点在于:《票据法》第 35 条第 2 款规定,票据质权的设立以作成票据质押背书为生效要件,而根据《民法典》第 441 条的规定,票据质权的设立只需要质押合同、票据实际交付行为两项要件,无须背书。因此,《民法典》与《票据法》之间出现了立法冲突和漏洞,需要通过漏洞填补方法予以协调。[①] 笔者认为,从鼓励交易、丰富融资担保方式出发,应当承认票据质权的成立,而且,采取此种立场也不会损害出质人的利益。

案例 2:2007 年 6 月 3 日,万港造船有限公司(以下简称造船公司)因资金周转困难,向某建设银行贷款 2 亿元,分 2 年偿还。双方约定以造船公司正在建造的 3 万吨级的破浪 2 号散装货船设立抵押,但未办理登记。2008 年 2 月 28 日,造船公司又将该船以 2.5 亿元的价格出售给某海运公司。双方签订《船舶买卖合同》后的第 5 天,海运公司就向造船公司支付了 2 亿元,并在指定的码头提取了破浪 2 号散装货船。建设银行知道后,诉至人民法院,要求行使对该船舶的抵押权。本案争议的焦点在于,船舶公司在将该船舶设立抵押和出售过程中,均没有办理登记。《民法典》第 225 条规定:“船舶、航空器和机动车等物权的设立、变更、转让和消灭,未经登记,不得对抗善意第三人。”因此,即使没

① 参见熊丙万:《论票据质押背书的效力——〈物权法〉与〈票据法〉之间立法冲突的协调》,载《当代法学》2009 年第 4 期。

有办理登记,建设银行仍可以取得抵押权,买受人也可以取得对该船舶的物权,只不过是不能对抗善意第三人。但两个物权之间发生冲突,应当优先保护哪一个物权?法律对此未作规定,属于法律漏洞。笔者认为,可以根据物权设立的先后顺序等规则来确定物权优先保护的规则。

一、法律漏洞填补的概念和特征

法律漏洞的填补又称法律补充或法律续造,它是指在存在法律漏洞的情况下,由裁判者根据一定的标准和程序,针对特定的待决案件,寻找妥当的法律规则,并据此进行相关的案件裁判。“任何法律秩序都有漏洞”,①在出现法律漏洞的情况下,表明了立法的不完善,应当尽可能通过法律的废、立、改来弥补。如果将所有的法律完善的问题交给裁判者来处理,将侵蚀立法权,而且给予法官过大的自由裁量权。而且,法律漏洞交给裁判者来填补,也只能满足个案的需要,不能实现制度的完善。所以,笔者认为,法律漏洞首先要通过立法来解决,而不是通过司法来解决。问题在于,在个案裁判中,因法律存在漏洞,而立法又不能及时作出回应,裁判者又不能以存在法律漏洞为由拒绝审判,这就要求裁判者必须进行漏洞填补。法律漏洞填补具有如下特点:

第一,法律漏洞填补必须以法律漏洞的存在为前提。通说认为,法律漏洞的存在是漏洞填补的前提。② 因此,裁判者必须首先识别并判断法律漏洞的存在及形式,而不能盲目地直接进行漏洞填补。一方面,即便在没有具体法律规定的情况下,裁判者也不能当然地、简单地认定存在法律漏洞,并运用自由裁量权去填补漏洞。因为在没有具体规定的情况下,立法者可能对这种情况具有充分的认知,根本不希望(甚至禁止)裁判者去填补法律漏洞。在此情况下,根本就不存在法律漏洞。另一方面,法律规则彼此间可能存在冲突和矛盾,或者法律概念具有高度的模糊性和不确定性。但是,如果能够通过狭义的法律解释方法,或者通过对不确定概念进行类型化的方式来阐释这些条文和概念的含义,

① [德]魏德士:《法理学》,吴越等译,法律出版社2005年版,第348页。

② Franz Bydlinski, *Juristische Methodenlehre und Rechtsbegriff*, Wien/New York 1982, S. 472.

也不能认为存在法律漏洞。因而,只有在穷尽了所有的狭义法律解释方法后,才能够确定是否存在法律漏洞。也只有在确定存在法律漏洞的前提下,才有运用漏洞填补方法寻求法律规范的必要。

第二,漏洞填补以寻找适用于个案裁判的妥当法律规则为目标。填补漏洞都是在个案裁判中,为了确定司法三段论中的大前提而采取的创造性的司法方式。在个案裁判中,因为可供裁判的法律依据的缺失,才有裁判者填补法律漏洞的必要。所谓填补漏洞,本质上就是裁判者通过一定的标准和方法,在既有法律规范之外,努力寻求可适用到具体个案的裁判规则,以解决个案争议。漏洞填补只是为了解决个案中的争议,而确定司法三段论中的大前提,漏洞填补中确立的规则并不具有普遍的拘束力。但在我国,针对实务中存在的问题,最高人民法院颁布了大量的司法解释,它不仅具有司法中填补漏洞的特点,而且能够提供具有普遍拘束力的规则,这可以说是我国存在的特殊现象。[①]

第三,漏洞填补是创造性地适用法律的活动。首先,漏洞填补是针对个案适用法律的一个环节,它本质上还是为了个案中适用法律而确定大前提的活动,虽然是在既有法律文本意义体系之外来寻求法律规则,但仍必须遵循法律体系以及立法目的。其次,漏洞填补并非一个简单地确定法律规范的活动,而是裁判者创造性地找法活动。在漏洞填补的情况下,最终解释出来的大前提要么是制定法中不存在的,要么是不符合制定法预设的社会背景和具体规则的。尤其是在不存在对相关案件事实的具体规定的情况下,法律解释活动不是从现有的具体的规则出发来解释规则、确定大前提,而要通过习惯法、法律原则等其他非规则来创造法律规范。在填补漏洞的过程中,裁判者必须伴随相应的价值判断和利益衡量,并以此作为填补漏洞的判断标准。离开了相应的价值和目的的指引,裁判者的漏洞填补必将成为一个肆意妄为的任性行为。漏洞填补是一种典型的价值判断。"裁判者裁判案件时基于某种事实关系(语境)在参照制定法时也会融入自己的价值判断。"[②]由此我们可以说,所有的法律解释方法都存在一种价值判断的内容,"对

---

① 笔者认为,在我国,司法解释存在的必要性之一就在于,针对个案中的法律漏洞,裁判者往往不敢适用法律解释规则填补漏洞,而最高人民法院可以通过司法解释直接填补漏洞,且具有普遍拘束力。

② 陈金钊等:《法律解释学》,中国政法大学出版社 2006 年版,第 36 页。

判断主体而言,价值判断这种行为是以价值的优先选择为媒介的,具有高度主观性的活动"。① 虽然所有的解释活动都伴随价值判断,但其在漏洞填补活动中表现得更为突出,因而裁判者具有较大的自由裁量权。

第四,法律漏洞的填补是在立法目的和精神指导下所开展的法律适用活动。漏洞填补与狭义的法律解释不同,狭义的法律解释以法律文义的可能范围为界限,如果待决案件处于法律文义的可能范围之内,就不能认定存在法律漏洞。然而,在漏洞填补的情况下,因为具体适用规则的缺失,故法官将不再受法律规范可能文义的拘束,但这并不意味着法官在填补漏洞时可以无拘无束地自由创设规则。虽然法律漏洞填补是一个创造性的法律适用活动,但其性质上仍然属于广义的法律解释的活动。其原因在于,法官在填补漏洞中所寻找的可适用于案件裁判的法律规则,无论怎样都必须与法律精神和原则相吻合。具体表现为:其一,在漏洞填补之前,针对法律没有规定的情形,法官必须依据立法目的和立法意图的考量以确定立法者是有意排斥某项规则,还是因为疏忽而未作任何安排。若立法者在立法时明显地否定某项规则的存在,则不能认为此时存在法律漏洞。裁判者确定法律漏洞是否存在,应当从法律的总体来考虑,明确是否存在违反计划的不圆满状态。此时,应当考虑的因素包括:法律的价值、法律的目的、法律的原则等。② 例如,我国《民法典》对典权没有作出规定,这实际上表明了立法者不愿意认可此种他物权形式的态度,故立法者没有规定典权并不构成法律漏洞。

其二,法官在填补漏洞过程中,也应当遵循合宪性的要求。宪法是国家的根本大法,一切立法和司法活动,都应当遵循宪法,不能违反宪法的规则和精神。不仅在狭义的法律解释中,应当满足合宪性的要求,而且在漏洞填补中,同样要遵循合宪性的要求。法官通过漏洞填补所发现的大前提,不能违反宪法的规则和精神。

其三,裁判者在填补漏洞时要符合法律的目的和精神。立法的目的、精神和价值都体现了立法者制定法律的终极目的,也是实现社会正

---

① [日]川岛武宜:《现代化与法》,王志安等译,中国政法大学出版社 1994 年版,第 246 页。

② Franz Bydlinski, *Juristische Methodenlehre und Rechtsbegriff*, Wien/New York 1982, S. 473.

义的重要途径。在进行漏洞填补时,裁判者发现司法三段论中的大前提,必须符合法律的目的。例如,在"范志毅诉文汇新民联合报业集团侵犯名誉权案"中,裁判者实际上创造了"公众人物人格权受限制"的规则。从表面上看,这似乎是创设了规则,但其仍然是在法律保护人格权的一般精神下创造的,其与法律的整体制度和精神是相吻合的。①

正是因为上述原因,拉伦茨认为法律漏洞填补,"这种法续造虽然在'制定法之外'(extralegem),即超越制定法的规则体,但仍在'法之内'(intra ius),仍在整体法秩序及其赖以为基础的法律原则的框架内"。② 漏洞填补的方法包括:类推适用、目的性扩张、目的性限缩、基于习惯法和比较法填补漏洞,以及基于法律原则填补漏洞等。漏洞填补可以分为两大类:一类为法律体系内的填补。所谓法律体系内的填补,是指借助于现有法律体系内的规则来进行相关漏洞填补,如类推、目的性扩张解释、目的性限缩解释。另一类为法律体系外的填补。它是指在现有法律体系外寻求相关规则来填补漏洞,如基于习惯法和比较法填补漏洞等。在成文法系国家,漏洞填补首先应当采用法律体系内的填补,即以现有成文法规范为基础,尝试填补漏洞,推动法律的发展。在不能依据体系内因素填补漏洞时,才能选用体系外因素进行漏洞填补。因为在成文法系国家,"受法律拘束"是裁判者裁判的基本原则,裁判者应当援引法律进行裁判,不能随意脱离法律规定裁判,虽然存在法律漏洞,但在援引相关法律进行裁判时,也不失为一种"依法裁判"。还要指出的是,引用体系内的法律规范进行裁判相较于引用体系外规则进行裁判,对于裁判者的自由裁量权的限制更为严格。当然,由于成文法始终无法摆脱体系外的漏洞问题,因此,在一定的条件下,体系外的

---

① 该案的案情是:2002 年 6 月 16 日,文汇新民联合报业集团在其出版发行的《东方体育日报》上刊出题名"中哥战传闻范志毅涉嫌赌球"的报道,报载范志毅据传闻涉嫌赌球,并且表明将进一步关注此事件。同年 7 月,范志毅以《东方体育日报》在 2002 年 6 月 16 日刊登的"中哥战传闻范志毅涉嫌赌球"侵害名誉权为由,起诉到上海市静安区人民法院,要求被告文汇新民联合报业集团向他公开赔礼道歉,并赔偿精神损失费人民币 5 万元。2002 年 12 月 18 日下午,上海市静安区人民法院判决认定,范志毅作为"公众人物","对媒体在行使正当舆论监督的过程中,可能造成的轻微损害应当予以容忍与理解"。据此,法院判决,范志毅的诉讼请求不予支持。笔者认为,本案中,法院首次提出了"公众人物"的概念,并且确立了"公众人物人格权限制规则"。参见《媒体舆论监督并没有不当"赌球案"范志毅一审败诉》,载《法制日报》2002 年 12 月 19 日版。

② [德]卡尔·拉伦茨:《法学方法论》,黄家镇译,商务印书馆 2020 年版,第 519 页。

漏洞填补也是非常必要的。体系外的漏洞填补反映了成文法无法达到绝对的完善性,仍有必要由裁判者在个案中填补漏洞。

二、裁判者填补漏洞是现代司法的发展趋势

古代法中并没有形成漏洞填补方法。虽然罗马法时期已经出现了法律解释活动,但主要限于狭义的法律解释活动,而不包括法律漏洞填补,尤其是罗马法强调法律的严格解释,也限制了法律漏洞填补活动的展开。在18~19世纪法典化时期,由于强调立法至上,所以在司法中回避了法律漏洞问题。根据理性主义原则,法典化的目标在于体系化和法律的简约化,由此,有必要起草一部无漏洞、连贯、清楚和完整的法律规则。① 因此,民法典制定的功能应在于追求完备性和确定性。所谓完备性,是指民法典应当全面规定社会生活所需要的基本规则,为裁判者裁判民事案件提供基本的法律规则。为了追求法典的全面性,甚至引申出"法典应当预见一切"的理论。所谓确定性,就是说民法典不应留空白。法典应该尽可能地消除一切法律漏洞(gaps/lacunae),尽可能不给裁判者留下过多的自由裁量权。法谚有云:"如果法典未规定解决某一案件的方法,就出现了漏洞",但立法者相信,通过制定一部体系完整、内容完备的法典,并借助类推适用,就可以为任何民事法律纠纷的解决提供相应的法律规范,成为调整市民生活和保障民事权利的系统性宪章。②

从18世纪末19世纪初开始,法律不存在漏洞的观念受到了现实立法的冲击。1794年《普鲁士民法典》导论中的第49条和第50条也允许裁判者根据"本法典所采用的基本原则"作出判决和进行类推,这实际上在一定程度上给裁判者授予了一定程度的自由裁量权。③ 作为《普鲁士民法典》先驱者之一的萨缪尔·普芬道夫也引用亚里士多德的观点来说明裁判者在审理案件中应起着创造性的作用。④ 1811年的《奥地利民

---

① See John Merryman et al., *The Civil Law Tradition: Europe, Latin America and East Asia* 3(1994), p. 449-451.

② 参见张礼洪:《民法典的分解现象和中国民法典的制定》,载《法学》2006年第5期。

③ 参见[美]约翰·亨利·梅利曼:《大陆法系》,顾陪东、禄正平译,法律出版社2004年版,第39页。

④ Franz Wieacker, *Aufstieg, Blüte und Krisis der Kodifikationsidee*, in Festschrift für Gustav Boehmer at 34, 39(1954).

法典》中也有类似条文，该法典第 7 条允许裁判者在遇到法典无法解决的案件时可以诉诸“自然法则”（natürliche Rechtsgrundsätze）。因此，奥地利立法机关明确地规定了裁判者遇到立法空白时应遵循的法律适用程序。《奥地利民法典》的起草人之一泽乐（Franz von Zeiller，1751 ~ 1828）就声称，要在法典中找到一种妥协的办法，既给予裁判者自由裁量权，又规范裁判者的自由裁量权。[①]《法国民法典》的起草者波塔利斯也深刻意识到法典的内在缺陷，在他的《关于民法典草案的预备性说明》（*Discours Préliminaire sur le Projet du Code Civil*）中提到，即使是最好的法典也难免会有缝隙，而这将交由裁判者来解释法典。[②] 他曾声称法典化“要避免预见一切和规定一切的企图”，因此，法典中包含漏洞是不可避免的。正是基于这样的考虑，《法国民法典》第 4 条规定，“裁判者不得借口法律存在空白、模糊或缺陷，而拒绝审判”，否则构成“拒绝司法”，应受到追究。这实际上已经是一种软化了的“法典中心主义”，因为其承认法典存在“空白、模糊或者缺陷”，以及在这些情形下裁判者享有有限的填补漏洞的权力。[③]

近代以来的自然法学家否认法律漏洞的存在，认为自然法是客观存在的现象，是一个完整的体系，不可能存在疏漏，即便存在漏洞，也只是由于裁判者未能发现相应法律规则而造成的。自然法学派的代表 W. 布莱克斯通（W. Blackstone）认为，实定法之上存在较高层次的、永恒不变的自然法，裁判者的职责就是发现埋藏在习惯法中的既存法律。因此，也就无所谓法律漏洞。[④] 概念法学认为，法律本身是完美无缺的概念体系，裁判者的作用就是依据形式逻辑的三段论方法简单地演绎。裁判者适用法律就如同自动售货机一样，从而产生判决。既有的法律足以规范所有的问题，因此，不可能存在法律漏洞。概念法学强调法律体系逻辑的自足性，主张法秩序不存在漏洞。[⑤] 任何问题都可以从法律

---

① Heinz Hübner, *Kodifikation und Entscheidungsfreiheit des Richters in der Geschichte des Privatrechts* 11(1980).

② Vgl. Hans Schlosser, *Grundzüge der Neueren Privatrechtsgeschichte* 182 – 186(6th ed. 1988).

③ 参见石佳友：《民法法典化的方法论问题研究》，法律出版社 2007 年版，第 174 ~ 175 页。

④ See W. Blackstone, *Commentaries on the Laws of England*, Beacon Press, 1962, p. 69.

⑤ K. Larenz, *Allgemaier Teil des Deutschen Bürgerlichen Gesetzbuch*, 6. Aufl. 1983, S. 70.

体系中既存的法律来解决,不需要以其他法源来补充成文法。因此,在概念法学之下,裁判者只是“法律之嘴”,裁判者不能造法,从而也不能填补法律漏洞。[①] 但自19世纪后期,耶林首倡目的法学,从而开启了自由法运动。在自由法运动中,学者都对概念法学持批判态度,认为成文法只是“活法”的文字形式,除了制定法,还存在许多“活法”。因此,应认可法律漏洞,而且,裁判者必须依据科学的方法来探求如何进行漏洞的填补。自由法学的代表人物埃尔利希(Ehrlich)认为,法律主要不是制定法,而是从社会中自然产生的行为规范,即所谓“活的法律”。法律应该是多元的,法律人的任务便是探究生活中的法。立法者因疏忽而没有预见,或者因情势变更等原因而导致法律出现漏洞,这些都是难免的。此时,裁判者应当享有自由裁量权,自主发现法律。[②] 在这一过程中,通过法院裁判而填补漏洞,正是法律成长和完善的动力和来源。[③]

自20世纪以来,由于社会生活的急剧发展,法律的滞后性日益凸显,填补法律漏洞的需求日益增加。法律解释学之所以能在大陆法系成为一门重要学问,主要原因就在于其能弥补成文法背景下的法律漏洞。理性的法学者都知道:“立法者的思考也是不完美的,也仅仅是一种尝试。法典只有通过处于其侧位的法学的反思,才能获得真正的生命。”[④]在遇到法律漏洞和缺陷时,就需要发挥法律解释的创造法的功能。法律漏洞的存在使裁判者不能成为机械的执法者,裁判者在适用法律时,“必须填补漏洞,并解决法律制度之间的冲突,以使法律适应不断变化的社会情势”。[⑤] 例如,“在法国,使裁判者有发展法律的机会的是《法国民法典》的缺漏和技术上的缺陷,而德国法院则主要依靠民法典第138条、第157条、第242条和第826条的一般条款。这些一般条款起着一种安全阀的作用,没有它们,《德国民法典》的一些僵硬的、严

---

① 参见洪逊欣:《法理学》,台北,1983年自版发行,第97页。

② 参见梁慧星:《20世纪民法学思潮回顾》,载《中国社会科学院研究生学报》1995年第1期。

③ See Ehrlich, *The Sociology of Law*, 36 Harv. Law Rev. 130(1930), p. 134.

④ [德]霍尔斯特·海因里希·雅科布斯:《十九世纪德国民法科学与立法》,王娜译,法律出版社2003年版,第108页。

⑤ John Henry Merryman & Rogelio Perez-Perdomo, *The Civil Law Tradition*, 3rd ed., Stanford University Press, 2007, p. 43.

谨的条文可能已经在社会变化的压力之下爆炸了”。[①] 法国学者撒莱指出：“民法的解释必须从法典中来，但又要超出民法典之外。”[②]此处所说的“超出”实际上指的是裁判者在填补漏洞方面的作用。有学者认为，在大陆法系，裁判者创造性司法主要表现在三个方面，即“裁判者明确和补充法律；裁判者通过消除矛盾来保障法律秩序的协调一致；裁判者使法适应于事实的发展”。[③]

在美国，霍姆斯认为，“在逻辑形式之后，是对于各种不同立法理由彼此之间的相关价值与重要性的判断”。[④] 裁判者对既定规则的适用，并不是严格地依循某种规则，在很大程度上，规则是逐步进行修改，从而适应社会发展的需要。在他看来，裁判者造法是“在空隙间”(interstitially)造法，也就是在法典的空隙中填补法律漏洞。[⑤] 实践中，在判例法国家也经常发生“无先例案件”(unprovided case)的现象，此种情况也属于一种法律漏洞，从而需要裁判者填补漏洞。英美法的解释规则中，就有漏洞规则(The Mischief Rule)，允许裁判者在发现法律漏洞后予以填补。卡多佐认为，司法的能动性和创造性并不仅仅是司法的固有特征，而是司法在现代社会所必须具备的特征。裁判者“只是在空白处立法，他填补着法律中的空缺地带。他可以走多远，并且不越过这些空缺，这都不能在一张图表上为他标示出来”。[⑥] 社会法学派代表R. 庞德(R. Pound)曾提出，“法律必须确定，却不能呆滞”。[⑦] 他认为，法律是社会统治的工具，如果要将其正确地适用于社会实际，必须承认，它自颁布之日起，就会逐渐与社会现实发生脱节，从而产生法律漏洞。因此，“裁判者应当以追求艺术的方式对法律做出科学的解释，

---

① [德]K. 茨威克特、H. 克茨：《略论德国民法典及其世界影响》，载《民法的体系与发展》，中国政法大学教材，第126页。转引自谢怀栻：《谢怀栻法学文选》，中国法制出版社2002年版，第415～416页。

② 石佳友：《民法法典化的方法论问题研究》，法律出版社2007年版，第68页。

③ [法]雅克·盖斯旦、吉勒·古博：《法国民法总论》，陈鹏等译，法律出版社2004年版，第415页。

④ Holmes, *The Path of the Law*, In Collected Legal Papers (Peter Smith, N. Y. 1952), p. 181.

⑤ 参见[英]丹尼斯·劳埃德：《法理学》，许章润译，法律出版社2007年版，第535页。

⑥ [美]本杰明·卡多佐：《司法过程的性质》，苏力译，商务印书馆1998年版，第70页。

⑦ R. Pound, Interpretation of Legal History, p. 1. 转引自[美]本杰明·N. 卡多佐：《法律的成长法律科学的悖论》，董炯、彭冰译，中国法制出版社2002年版，第4页。

对既存的规则适用新的情况做出正确判断”。[①] 当然,美国学者德沃金对此有不同的看法。他指出:“古典法理学假定,裁判者以两个步骤判案:他们寻找公开的法律所要求的限度,然后,发挥一种独立的自由裁决以便在法律尚未涉及的影响上立法。”[②]但即使在这样的过程中,裁判者仍然要检索相关的法律规定是否确实对应裁决的事项未作规定,仍要认真判断法律确定有所疏漏还是的确不作规定。而在司法过程中,裁判者总要把自己对某一判决的论证与先例或法律联系起来。[③] 因此,他认为裁判者可以填补漏洞,但这并不是在“造法”,而不过是在原有立法的框架下进行的法律适用。

从总的发展趋势来看,20 世纪以来,各国都通过立法进一步扩大了裁判者的自由裁量权,从而使裁判者填补法律漏洞的功能不断增强。在我国,法律漏洞填补是裁判者面临的一项长期的任务。一方面,每一个立法者都具有历史局限性和立法技术的局限性,其都可能受到那个时代或者所处时期的历史条件、对法律的认知程度、理论水平等的影响,很难要求立法者超越时代对未来有极强的预见力。另一方面,尽管我国立法不断健全,改革开放以来,我国用短短 40 多年的时间走完了西方数百年的立法进程,但也要看到,我国法律体系建设毕竟时间不长,还存在诸多不完善的地方。尤其应当看到,我国处于一个转型时期,社会关系处于激烈的变化中,立法者不可能预见全部的社会发展现象及其发展趋势。所以,面对社会生活中出现的各类新问题、新现象,现有法律规范体系往往表现得力不从心、捉襟见肘。“立法者难以预见到社会生活中涌现出来的大量错综复杂、各种各项的情况”是时有发生的。[④] 法律的漏洞都是在所难免的。针对法律不完善的现象,我们需要加强法律的废、立、改,但是,我们不能期望通过立法一劳永逸地解决问题。由于立法成本高、周期长,很难及时作出反应,或者立法根本不能作出应对,而裁判者又不能因为没有法律规定而拒绝审判,因此,在个

---

① Cabin A. L., *The Judicial Process Revisited, Introduction*, 71 Yale L. J. 195 (1961 - 1962), p. 199.

② [美]德沃金:《法律帝国》,李常青译,中国大百科全书出版社 1996 年版,第 172 页。

③ [美]德沃金:《法律帝国》,李常青译,中国大百科全书出版社 1996 年版,第 156 页。

④ 参见[法]莱维 · 布律尔:《法律社会学》,许钧译,上海人民出版社 1987 年版,第 63 页。

案裁判中,需要裁判者根据一定的法律依据填补法律漏洞。承认法律漏洞的存在,并不意味着否认法律的意义和价值,关键是如何通过配套法律法规的完善来努力消除法律漏洞;也可以采取法律解释的方法,通过创造性的解释来对法律中的不足和漏洞进行填补。

应当看到,法律漏洞填补也可能导致法的安定性受到较大的威胁。具体表现在两个方面:一方面,法律漏洞填补在一定程度上与法律不溯及既往的规则存在冲突。另一方面,法律漏洞填补中裁判者所享有的自由裁量余地较大,无论是判断法律漏洞是否存在,还是确定填补漏洞时的方法,裁判者都享有较大的判断权力。这就需要有效地规范裁判者的漏洞填补活动,保障其自由裁量权的正当行使。因此,在法律漏洞填补的操作中,无论采用何种填补漏洞的方法,裁判者都应当尽可能地充分论证其合理性,并尽到充分说理的义务。

三、法律漏洞填补与相关法律概念

(一)法律漏洞填补与狭义的法律解释

在中世纪的注释法学派就已经形成了所谓释法性的解释(comprehensio legis)和造法性的解释(extensio legis)。现代解释学普遍承认狭义的法律解释和漏洞填补这两种基本的法律解释。法律漏洞填补与狭义的法律解释作为两类重要的法律解释技术,两者之间的关系十分密切。一方面,许多法律漏洞在识别时,首先要运用狭义的法律解释方法进行目的考量、社会效果考量等,以确定现有法律规范是否针对具体个案存在法律规则的缺失,以及立法者立法时对于该缺失所采取的态度。另一方面,在漏洞填补中,也可能需要借助狭义的法律解释方法。例如,社会学解释方法既可以运用于狭义的法律解释,也可以运用于漏洞填补。再如,体系解释也应当可以用于确定法律的目的,从而进行目的性扩张。因此,狭义的法律解释和漏洞填补并非完全分离的方法。正是从这个意义上说,"法律解释在法律中扮演填补漏洞的特殊角色"。[①] 此外,法律漏洞的发现过程本身也是解释的过程。狭义的解释方法的运用一旦超出可能文义的范围,则进入漏洞填补范畴。换言

① [奥]汉斯·凯尔森:《论法律解释理论》,李鑫译,载陈金钊、谢晖主编:《法律方法》(第7卷),山东人民出版社2008年版,第135页。

之,适用漏洞填补方法就是为了解决狭义的法律解释方法无法寻求合适的法律适用大前提的难题。

但是,法律漏洞填补与狭义的法律解释之间存在明显的区别,对此存在三种不同的观点:一是法律规定说。此种观点认为,区分狭义的法律解释方法与漏洞填补方法的依据是,法律上是否存在依据。凡是裁判者适用法律中存在法律依据的,都属于狭义的法律解释,而没有法律依据时,就属于漏洞填补。二是文义的可能范围说。此种观点认为,区分狭义的法律解释方法和漏洞填补方法的依据是,解释结论是否处于法律条文的文义可能范围之内。凡是在此范围之内的,都属于狭义的法律解释方法,而超出此范围的,就属于漏洞填补的方法。三是适法性解释说。此种观点认为,区分狭义的法律解释方法和漏洞填补方法的依据是,其究竟属于适法性解释,还是属于造法性解释。凡是适法性解释,都属于狭义的法律解释,而造法性解释,都属于漏洞填补。笔者认为,上述各种观点都无不道理。但"法律规定说"过于宽泛,因为在漏洞填补中也可能存在法律依据,只不过法律解释的结论已经超出了其文义的可能范围。例如,在类推适用中,裁判者也是依据现行法的规定进行解释的,只不过过分扩张了其适用范围。而单纯采纳"文义的可能范围说"或"适法性解释说"也有失偏颇,应当结合这两种观点来认定狭义的法律解释方法,即解释者在法律条文的文义可能范围之内对法律进行阐释的方法。而其中最关键的标准在于两点:一是是否存在制定法的规定;二是是否在文义的可能范围之内进行解释。具体来说,两者之间的区别表现如下。

第一,解释的依据不同。狭义的法律解释方法仍然处于法律文义的预测可能性范围之内,而漏洞填补是超出法律文义的预测可能性范围的法律解释。狭义的法律解释要依据法律的规定来进行(secundum legem),从已有的规范出发,更多的是采用文义解释等方法,从法律本身的含义进行解释。而填补漏洞则要超越法律之外(praeter legem),更多地采用类推、目的性扩张等方式进行创造性的解释。[①] 这就是霍姆斯

① 参见[葡]马沙度:《法律及正当论题导论》(第2版),黄清薇、杜慧芳译,澳门大学法学院2007年版,第160页。

所称的“在空隙间”造法，也就是在法律规定的空隙中填补法律漏洞。[①]

第二，方法不同。狭义的法律解释又被称为适法性解释，漏洞填补被称为造法性解释，因为漏洞填补在一定程度上已经超出了现有成文法的具体规定内容。狭义的法律解释要运用文义解释、论理解释和社会学解释的方法，其重心在于阐释法律文本的文义。[②] 而漏洞填补的方法包括类推、目的性扩张、目的性限缩等，其重心则在于创造性地寻找可供案件裁判的法律规则。虽然两者具有共同之处，即都要实现法律的意旨，但是，具体的方法存在较大的差异。

第三，裁判者所享有的自由裁量权不同。在狭义的法律解释中，裁判者要在法律的文义可能范围之内进行解释，受到了较多的拘束。在可能的文义范围内，裁判者自由裁量的范围是有限的。换言之，狭义的解释方法受到既存法律条文的拘束，且必须遵循法定的各种解释方法的优先顺序。而漏洞填补虽然要受到整个法律的价值和目的的约束，但因为具体裁判规则的缺失使其不受具体的法律规则的限制，故裁判者可以自由裁量的余地较大。

（二）法律漏洞填补与价值补充

关于价值补充与法律漏洞的关系，主要涉及不确定概念和一般条款是否属于法律漏洞的问题。对此存在肯定说和否定说两种不同的观点：肯定说主张，法律漏洞可以分为“法内漏洞”和“法外漏洞”。“法外漏洞”即指“没有任何法律规范”的情形，而“法内漏洞”是指存在法律规范，但相应规范设计“不圆满”，立法者对此也有明确的认识，需要通过解释者结合个案作具体判断方能予以确定的情形。不确定概念和一般条款就属于此种情形，[③]因而价值补充属于漏洞填补的方式。卡纳里斯（Canaris）教授曾经指出：“概念本身具有模糊边缘”，因为法律制定于过去，但要适用于现在，并预见将来。而在法律不能轻易修改的情况下，确有承认法律漏洞存在的必要。[④] 否定说认为，不确定概念和一般

① 参见［英］丹尼斯·劳埃德：《法理学》，许章润译，法律出版社2007年版，第535页。

② 参见［葡］马沙度：《法律及正当论题导论》（第2版），黄清薇、杜慧芳译，澳门大学法学院2007年版，第160页。

③ 参见黄茂荣：《法学方法与现代民法》（第5版），法律出版社2007年版，第386～388页；梁慧星：《民法解释学》，中国政法大学出版社2000年版，第291～292页。

④ Canaris, *Die Feststellung von Lücke im Gesetz*, 1964, S. 89.

条款不属于法律漏洞。尽管它们在内涵或者外延上具有不确定性,但是,不确定概念和一般条款的解释活动仍然在概念的可能文义范围之内,而且它们的存在也没有违反立法计划。所以,它们不属于法律漏洞,而属于一种独立的规范类型。[①] 这些观点都不无道理。笔者认为,应当采用否定说,即不确定概念和一般条款不属于法律漏洞,主要理由如下:

第一,是否违反了立法计划不同。不确定概念和一般条款的存在本身就是立法设计的结果,而并非立法者没有预见的情形。换言之,是立法者运用立法技术的结果,其具有的高度抽象性和概括性是处于立法者的预料范围之内的。所以,规定不确定概念和一般条款的原因主要在于,立法者希望保持适度的抽象,以使法律保持开放性,故授权裁判者结合个案情势予以具体化。由于制定法已经对特定案件作出了规范,因而立法者对于特定案件已经预见,这与立法者没有预见到的法律漏洞存在明显区别。

第二,是否处于文义的可能范围不同。不确定概念和一般条款仍然具有可能的文义范围,因此,对于二者的具体化仍然是在法律文义的可能范围之内进行的。例如,公共利益的含义较为抽象,但一般认为,其是指不特定公众的整体利益,这就确定了其可能的文义范围。而法律漏洞的填补已经超出法律文义的可能范围。

第三,是否存在裁判依据不同。不确定概念和一般条款仍然属于现有法律规范范围,可以直接作为裁判依据。换言之,在存在不确定概念和一般条款的情况下,立法者已经为裁判者裁判提供了依据,只不过该依据的内涵和外延具有较高的模糊性和不确定性,需要进一步具体化。毫无疑问,裁判者仍然可以直接援引这些规范来裁判。而在漏洞填补的情况下,在现有法律规范体系内,裁判者无法获得任何可供直接援引适用的法律条文。此外,虽然不确定概念和一般条款没有给裁判者判断法律关系提供直接明确的标准,但是,其仍然为裁判者提供了方向性指导,裁判者可以依据一定的方法做出判断,因此,不能说其是需要填补的法律漏洞。

---

① Leenen, Typusunder Rechtsfindung, 1971. 转引自黄茂荣:《法学方法与现代民法》(第5版),法律出版社2007年版,第387页。

第四,方法不同。价值补充主要是通过不确定概念和一般条款的具体化的方法来实现的;法律漏洞填补方法与此完全不同,其包括类推、目的性扩张、目的性限缩、依据法律原则补充等。在漏洞填补的诸种方法中,目的性扩张、目的性限缩、类推适用等方法都难以直接运用于价值补充。前述三种方法实际上都是以现行法上的具体规则为依托来予以适用的。但是,在价值补充的情况下,实际上是对不确定概念和一般条款进行具体化,很难再以现行法的其他规定为基础。

第五,对裁判者的约束不同。将不确定概念都当作漏洞来填补,这也是不妥当的,这将使裁判者完全超出现行法的规定进行法律补充。因为任何概念都可能具有一定程度的模糊性,如果一旦因概念具有模糊性便将其作为漏洞来对待,法律漏洞的概念就被不适当地扩大,从而不利于合理约束裁判者的自由裁量权,可能使裁判者完全突破法条文义的可能范围而进行任意解释。而且,裁判者在进行解释时也不需要遵循狭义的法律解释方法,如历史解释、目的解释等,这就使裁判者的解释行为很少受到立法资料、法律目的等的拘束,导致解释的随意性。因此,不能将不确定概念当作漏洞来填补。例如,《民法典》第 1247 条中使用了“危险动物”的概念,其属于不确定概念,裁判者应当对其进行具体化,而不应进行漏洞填补。再如,对于《民法典》第 243 条中的“公共利益”的概念,裁判者不应当随意进行解释,而必须进行比较严格的价值补充。所以,价值补充相对于漏洞填补而言,对裁判者的约束更为严格。

(三)法律漏洞填补与合同漏洞填补

法律漏洞填补和合同漏洞填补是不同的法律范畴。虽然从广义上看,二者均需要在个案中发挥裁判者的填补、补充的作用,并因此使裁判者享有一定的自由裁量权,但其区别是明显的。

一方面,法律漏洞的填补针对的是法律规则的缺失,其旨在确定个案裁判中可以依据的法律规则;而合同漏洞的填补针对的是当事人意思表示不完整,确切地说,是指当事人意思表示中常素的欠缺,其旨在使合同的内容通过填补得以充实和完善,以便合同得以顺利履行。在合同漏洞填补中,当事人之间的系列交易习惯可以直接纳入合同之中。“在解释法律行为中当事人的意思时,颇有参考的价值,学说上称之为合意惯行(usages conventionals, geschaftsgebrauch)。当事人于行为时,即默认这是他们意思的一部分,所以在解释意思表示时,极有参考价值。”[①]但是,系列交易本身不能作为填补法律漏洞的依据,而必须成为习惯法才能用于填补漏洞。

另一方面,法律漏洞填补的主体是裁判者,而合同漏洞填补的主体不限于裁判者,还应当由当事人通过补充协议来自行填补。例如,我国《民法典》第510条规定:“合同生效后,当事人就质量、价款或者报酬、履行地点等内容没有约定或者约定不明确的,可以协议补充;不能达成补充协议的,按照合同相关条款或者交易习惯确定。”该条实际上确立了合同漏洞填补的程序。因此,在存在合同漏洞的情况下,首先要由当事人达成补充协议,如果不能达成补充协议,就要按照合同有关条款或者交易习惯来确定。在这个过程中,应由当事人发挥填补漏洞的作用。

此外,关于合同漏洞的填补,法律往往规定了具体的规则和程序。但是,关于法律漏洞的填补,现行法律则缺乏明确规定。法律往往预测了当事人在缔结合同过程中可能出现的条款的疏漏,并根据习惯设置了相应的填补规则。

(四)法律漏洞与法外空间

法外空间是指根据应当由法律之外的其他社会规范来调整的社会关系,如不以发生法律效果为目的的情意行为、朋友之间的私人约会等。在法律对于特定事项没有作出规定的时候,认定法律漏洞,必须将其与法外空间相区分。法外空间和法律漏洞的区别在于,法律漏洞是法律应当予以规范的,而法外空间是法律本不应加以规范的。[②] 所以,法外空间不属于法律规范调整的对象,也没有填补法律漏洞的需要。法外空间的认定对于诉讼仍然具有较大的意义。如果某些生活事实争执被认定为法外空间,则在诉讼程序上,裁判者可以直接认定原告没有保护的必要而裁定驳回。所以,法外空间的认定,就是要剔除不必要的诉讼案件,以达到诉讼经济的要求。[③]

(五)法律漏洞与立法者有意沉默

如前所述,“有意沉默”是指立法者已经预测到法律调整的对象和

---

① 王伯琦:《近代法律思潮与中国固有文化》,清华大学出版社2005年版,第313页。

② 参见黄建辉:《法律阐释论》,台北,新学林出版股份有限公司2000年版,第116页。

③ 参见黄建辉:《法律阐释论》,台北,新学林出版股份有限公司2000年版,第116页。

情形，但由于诸多原因而未能直接予以明确规定，而要留待进一步研究或交由司法实践来解决。立法者有意沉默不属于法律漏洞，不能完全由裁判者采用漏洞填补的方式填补漏洞。但毕竟在立法者有意沉默时，并不存在相关的法律规则，此时，应当结合相关的法律规定，并考察立法目的和立法意旨，妥当地适用相关规则。例如，关于宅基地使用权是否可以转让，《民法典》第 363 条规定："宅基地使用权的取得、行使和转让，适用土地管理的法律和国家有关规定。"该条实际上维持了现有的做法，为今后逐步放开宅基地的转让、修改有关法律或调整有关政策留有余地，①这也为宅基地使用权制度的改革预留了空间。因此，裁判者在审理宅基地使用权流转的相关纠纷中，应当考虑上述法律规定和宅基地使用权制度的发展趋势，妥当作出裁判结论。

四、填补漏洞的性质

（一）填补漏洞本质上是创造性地适用法律的活动

在学理上，关于漏洞填补是否属于裁判者造法活动，一直存在争议。德国学者大多认为，漏洞填补是裁判者造法。② 但美国学者德沃金对此存在不同的看法，他认为，裁判者在处理疑难案件的时候，虽然所从事的法律解释活动具有创造性，但这种创造性活动应完全遵循既有法律体系所提供的价值立场（典型的如法律基本原则），因此，其不是造法活动。③ 笔者认为，漏洞填补性质上不是裁判者造法的立法活动，而是裁判者创造性地适用法律的活动，或者说，裁判者进行漏洞填补并非造法活动，而只是法律补充，其原因如下：

第一，必须准确理解"法"的概念。"法"是一种具有普遍约束力的一般规范，要针对不特定公众普遍发生效力。而裁判者在漏洞填补中所确定的规则一般认为只具有个案的妥当性、合理性，只能针对特定的个案产生拘束力，而不具有普遍的效力。从这个意义上说，裁判者在漏洞填补时为个案裁判所创造性地确定的规则不是法律，也不具有立法效力。当然，就最高人民法院所制定的司法解释而言，因其具有普遍的

---

① 参见王兆国：《关于〈中华人民共和国物权法（草案）〉的说明》，载中国政府网，http://www.gov.cn/2007lh/content_545775.htm，最后访问时间：2021 年 7 月 4 日。

② 参见［德］魏德士：《法理学》，吴越等译，法律出版社 2005 年版，第 349 页。

③ 参见林立：《法学方法论与德沃金》，中国政法大学出版社 2002 年版，第 216 页。

约束力,故也可以认为是一种"法"。

第二,依据我国《宪法》和法律的规定,裁判者并不享有立法权。承认裁判者造法,实际上违反了现行的法律制度,将造成对立法权的侵蚀。如果每个裁判者都可以创设法律,这就意味着,每个裁判者可以任意寻找法律适用的大前提,这就无法保证法律适用的统一。在我国,将漏洞填补理解为裁判者造法,则很可能盲目扩张裁判者的权限,损害立法机关的权限,这在实践中也是有害的。如果对裁判者的权力不加限制,在现阶段裁判者素质有待提高的情况下,就会导致裁判者的恣意。裁判者填补漏洞并非法律制度的完善,而仅仅具有个案拘束的效力。如果需要从立法层面完善法律,也应当通过立法程序来解决,尽快进行法律的废、立、改、释工作,而裁判者自身并不享有完善立法的权限。法律漏洞是法律不完善的表现,虽然法律允许裁判者行使漏洞填补的权力,但这在某种程度上也是不得已而为之。① 因为法律的制定和修改过程比较复杂,而且,立法机关的立法任务比较繁重,并非所有的法律漏洞都可以及时地通过立法活动予以弥补。法律漏洞的填补并不意味着裁判者享有立法权。

第三,裁判者填补漏洞仍然处于法律的框架范围。一方面,裁判者填补漏洞并非意味着裁判者可以肆意妄为,其仍然必须遵循法律的基本价值和目标。② 从方法论的角度来看,在个案中,通过填补漏洞的方式,保证了类似问题类似处理。"在填补漏洞的情况下,解释者看起来是在法律之外,但实际上,他又是在法律之内。因为解释者必须在'体系的精神之中'作出解决。"③从根本上来说,解释者仍然是从立法的目的出发进行的漏洞填补,其并没有超越自己的权限。另一方面,即便在法律存在碰撞漏洞的情况下,裁判者也只能采取变通的办法灵活适用法律,而不能宣告法律无效。也就是说,裁判者不能完全撇开法律而自由创设规则,无论是在发现漏洞,还是在填补漏洞的过程中,裁判者都必须进行立法目的和价值的考量,在法律价值和目标的框架内进行漏

---

① 参见袁明圣:《法律漏洞填补的边界》,载《江西财经大学学报》2002 年第 4 期。

② 参见[葡]马沙度:《法律及正当论题导论》(第 2 版),黄清薇、杜慧芳译,澳门大学法学院 2007 年版,第 168 页。

③ [葡]马沙度:《法律及正当论题导论》(第 2 版),黄清薇、杜慧芳译,澳门大学法学院 2007 年版,第 168 页。

洞填补。裁判者填补漏洞实际上发挥着辅助立法者的功能,从而成为完善法律的重要途径。

第四,在漏洞填补中,裁判者也可能需要借助狭义的法律解释方法来解释法律。这是因为,一方面,法律漏洞需要在穷尽所有的狭义解释方法而不能找到合适的法律规范的情况下才能够予以认定;另一方面,在进行漏洞填补时,也需要借助各种狭义的解释方法来寻找合适的规则,或运用漏洞填补的方法。例如,裁判者可以根据体系解释、目的解释、历史解释等方法来为类推适用、目的性扩张、目的性限缩等作解释的基础。从这个角度上说,漏洞填补仍然是适用法律而非创造法律。

(二)裁判者填补漏洞是完善我国法律的重要途径

如前所述,裁判者填补漏洞不是裁判者造法活动,而是为依法裁判、公正司法的需要而开展的创造性的法律适用活动。在现代社会,社会生活和社会关系不断发展和丰富,这对裁判者的司法素质、法律素养以及司法理念等都提出了更高的要求。正如卡纳里斯教授指出:民法典是体系化的,但它并不是一个外延穷尽所有民事法律关系、逻辑严谨、高度体系化的法律规范群,不能认为通过采用民法解释技术,对每一个民法问题,都能够在民法典中找到一个且只有一个答案。① 裁判者适用法律本身是一门实现善与公正的艺术,裁判者既要严格地遵守法律,保障法律的真正适用,又不能机械地适用法律,而需要通过高超的法律解释技术,填补法律的漏洞,保障裁判结论的统一与公正。当遇到法律漏洞时,裁判者应按照一定的规则,在法律目的和法律精神框架内,创造性地解释法律、填补法律漏洞。如果禁止裁判者灵活地运用法律,则根本不可能填补法律的漏洞。而法律的漏洞不能得到填补,法律也就不可能对社会生活中的案件进行规范,保障裁判的公正。在我国司法实践中,实际上裁判者已经广泛地采取了法律解释的方法以填补法律的漏洞。例如,我国原《合同法》并没有规定债务加入,但法官在实践中广泛承认了债务加入,填补了法律漏洞。

裁判者填补漏洞是我国法律完善的重要途径。赋予裁判者创造性地填补法律漏洞的权力,不仅是满足社会生活和社会关系发展变化的

① 参见孙宪忠主编:《制定科学的民法典》,法律出版社2003年版,第39页。

需要,[①]而且是法律发展和完善的重要方式。具体来说,法律漏洞填补对法律的完善作用体现在如下方面:一是可以通过个案的裁判发现现行成文法的缺陷,从而为今后法律的制定和修改提供方向和目标。无论法律漏洞的表现形式如何,其都表现为法律规则的不完善。但立法者自身往往难以在立法时发现这些缺陷,往往是在法律适用过程之中才显露出来。二是能够为立法方案提供制度设计蓝本,并可以提供实证经验。裁判者填补法律漏洞的最终结果表现为具体规则的形成和在个案中的运用,其虽不是具有普遍适用意义的立法活动,但多次反复的漏洞填补实践的开展为立法提供了可供借鉴的经验。三是实现法律的体系化。法律的体系包括外在体系和内在体系,前者指规则体系,后者指价值体系。通过漏洞填补,有助于构建法律外在体系的体系化。这尤其体现在碰撞式法律漏洞的填补活动中,因为不同的法律规范对于特定事项赋予了不同的法律后果,从而导致法律体系的不协调。通过法律漏洞的填补,可以完善相应的制度和体系,以实现其严密地规范社会生活的目的。正如埃尔利希指出的,"每一已发展的法律体系,都必须经过一段由司法判决形成法律的时期",[②]由裁判者通过裁判而填补法律漏洞,正是法律成长和完善的动力和来源。

五、填补漏洞的具体规则

在法律规定本身十分明确,规则对特定案件事实的可适用性十分确定时,裁判者毫无必要从事所谓造法活动,而必须严格执行现行法,并依据现行法作出裁判,决不可违背现行法或曲解法律进行裁判。但弥补法律漏洞的司法判决体现了实践理性的要求,也是法律所追求的公平正义的体现。[③] 应当看到,填补法律漏洞确实赋予了裁判者较大的自由裁量权,这也就引发了司法裁判不统一、法律安定性受损的风险。如果此种权限不受制约,有可能"将案件事实置于司法擅断和不负责任的危险之中"。[④] 因此,法律漏洞填补活动需要遵循特定的规则和程序。

---

① 参见[德]魏德士:《法理学》,吴越等译,法律出版社2005年版,第349页。

② Ehrlich E. ,*The Sociology of Law*,36 *Harv*. Law Rev. 130(1930),p. 134.

③ Hermann Hill,*Einfuhrung in die Gesetzgebungslehre* 14 – 15(1982).

④ 梅利曼:《大陆法系》,顾培东、禄正平译,知识出版社1994年版,第55页。

(一)穷尽所有狭义的法律解释方法和不确定概念、一般条款的具体化

对法律漏洞的填补应当作严格限制。也就是说,必须在穷尽了所有狭义的法律解释方法之后也无法寻找法律适用的大前提时,才能进行漏洞填补。在判断是否存在法律漏洞时,也需要运用狭义的法律解释方法,而不仅仅是借助"制定法规范"本身来判断。[①] 例如,对于特定的案件事实,立法者有意保持沉默,此时就不存在法律漏洞,但可能需要运用历史解释方法,以明确立法者是有意沉默。[②] 再如,在确定法律漏洞时,裁判者有时要借助目的解释方法,从而确定如果待决案件不予处理,将违反立法目的。[③] 在法律解释学中,探讨法律漏洞填补的规则并非鼓励裁判者进行漏洞填补,而是限制裁判者的裁量权。裁判者必须在不得已的情况下才能进行漏洞填补,而且,此种漏洞填补必须借助严格的程序和条件加以规范。

在法律适用中,裁判者必须在进行不确定概念和一般条款的具体化之后,才能填补漏洞。因为在存在不确定概念和一般条款的情况下,并不存在法律漏洞。

(二)漏洞填补应当符合法律的立法目的

裁判者应当如何填补法律漏洞,是应当完全置现行法于不顾,还是应当从现行法的规则、原则、立法精神出发,通过对各种利益的衡量来适用法律并填补漏洞,这确实是一个值得探讨的问题。笔者认为,填补漏洞并不是指裁判者可以在不受任何拘束的情况下,完全以裁判者的个人意思进行漏洞填补,裁判中所形成的规则完全体现的是裁判者个人的意志。此种做法将导致裁判者的恣意妄为,使法律的适用"很可能完全变成儿戏而得到完全相反的结果"。[④] 实际上,裁判者所要做的是努力发现立法者针对新的社会生活状况应当表达的意思。其不仅包括立法者在立法时的意思,还包括在裁判者作出裁判时的立法者的意思。

---

① Franz Bydlinski, *Juristische Methodenlehre und Rechtsbegriff*, Wien/New York 1982, S. 473.

② Franz Bydlinski, *Juristische Methodenlehre und Rechtsbegriff*, Wien/New York 1982, S. 475.

③ Franz Bydlinski, *Juristische Methodenlehre und Rechtsbegriff*, Wien/New York 1982, S. 474.

④ 《列宁全集》(第37卷),人民出版社1996年版,第365页。

裁判者需要根据现行立法者的规则、原则和精神,努力将立法者的意思与社会需要相结合,促进公平、正义、安全、效率等法的价值的实现。在漏洞填补中,裁判者也要时刻秉承公平、正义的观念,裁判者得出的解释结论在裁判个案中的妥当性,取决于其是否符合公平、正义等基本价值取向。因此,用于填补漏洞的规则与法律既有的规则之间应当保持其体系性,包括外在体系和内在体系。所以,通过体系化思维而进行的漏洞填补,就应当能够纳入法律体系之中,尤其是不能与宪法、法律的价值体系发生冲突。①

裁判者进行漏洞填补,应当符合法律的立法目的。在判断是否构成法律漏洞方面,裁判者负有论证的义务,应当根据识别漏洞的程序和规则进行判断。例如,《民法典》第1019条修改了《民法通则》第100条的规定,对于肖像权的侵害不再将"以营利为目的"作为要件。此时,裁判者在适用该条时,就不能认为该规定存在法政策错误,而擅自漏洞填补,将侵害肖像权加入"以营利为目的"的要件。否则,就使法律解释超越了其应有的作用范围,而成为真正意义上的立法活动。

(三)漏洞填补方法的运用应当遵循一定的顺序

如前所述,漏洞填补的各类方法大体上可以分为两大类:一类为法律体系内的填补,如类推、目的性限缩、目的性扩张等;另一类为法律体系外的漏洞填补,如习惯法填补、比较法填补等。一般来说,在填补法律漏洞时,首先应寻求法律体系内部的填补方式。法律体系内部的填补,是指如果可以找到规范依据,裁判者应当尽可能寻找规范来适用,而不宜采用习惯法、比较法等方式来创设新的规则。例如,在司法过程中,应当尽可能地从现行法的规则中寻找依据。所以,类推适用、目的性扩张、目的性限缩应当优先于其他填补漏洞的方式适用。但需要指出的是,由于法律原则是十分抽象、包容性极广的考量因素,其虽然也属于法律体系内的填补方法,但通常只能作为最后一种填补漏洞的方式。法律原则是一切制度、目的的基本标准,在采用法律原则填补漏洞之后,就无须采用其他漏洞填补方式。

(四)漏洞填补应当寻找具体可供适用的规则

法律解释学讨论法律漏洞的填补,并非要赋予裁判者填补漏洞的

---

① 参见梁迎修:《方法论视野中的法律体系与体系思维》,载《政法论坛》2008年第1期。

权限。与此相反,它要探讨如何对裁判者填补漏洞进行规范和限制。在填补漏洞中,裁判者应当受到的限制主要包括如下方面:

第一,必须努力寻找可供案件裁判的具体规则,而不能简单地用法律原则来填补漏洞。漏洞填补以裁判规则的缺失为前提,但是在填补漏洞时,裁判者应尽可能选择适用具体的规则,从而与案件事实相联系。例如,通过类推的方式确定裁判规则。如果确实需要适用法律原则填补漏洞,也应尽可能将其转化为具体的规则。

第二,所寻求的法律规则应当具有可直接适用性,尤其是能够直接与待决案件的事实发生联系。

第三,当法条之间出现矛盾或者相互冲突的情况下,裁判者不能通过法律解释的方式任意修改或废弃相应的法律规则。由于立法滞后等多方面的原因,导致立法中难免出现各种法律漏洞,裁判者可以依法填补漏洞,但在漏洞填补过程中,裁判者无权宣告法律规则无效。

(五)在漏洞填补的情况下,裁判者更应当通过探明事理、查明通说见解等方式来进行创造性补充

漏洞填补具有最明显的裁判者创造性司法的色彩,而这与大陆法系禁止司法者创造法律的传统相违背。虽然填补漏洞不可避免,但在从事此种活动中,裁判者应当尽可能遵循学界通说见解。如果裁判者采取了少数说,就应当尽到更加充分的论证义务。漏洞填补要坚持司法克制的原则。在选择各种漏洞填补方法时,也应当负有更重的论证义务,尤其要避免随意选择漏洞填补的方法,得出不妥当的解释结论。填补漏洞应当有正当充分的理由,而且应当尽到更充分的论证义务。这主要是考虑到,填补漏洞是授权裁判者进行创造性司法,其在一定程度上已经脱离了现行法的拘束。如果裁判者填补漏洞时不具有十分正当且充分的理由,就难免导致填补漏洞的随意性。

第三节　类推适用

其有法者以法行,无法者以类举,听之尽也。

——《荀子·王制》

类推介于“同一”与“差异”之间。①

——[德]阿图尔·考夫曼(Arthur Kaufmann)

类比,更确切地说,类推是阐释的主要指针。

——[美]列贝尔

案例1:甲因长期居留在国外,委托其好友乙照料其房屋并保管房屋所有权证书等文件。乙伪造了甲的身份证,谎称自己就是甲,将该房屋出售给丙,并办理了登记过户手续。在丙将房屋价款支付给乙后,乙携款潜逃至国外。丙请求甲和乙承担损害赔偿责任。在本案中,乙的行为应当属于冒名行为。所谓冒名行为,是冒用他人名义从事民事行为,而使相对人对此产生同一性的看法。② 通常认为,在冒用他人的姓名时,如果该被冒用人的身份对于相对人和交易并不重要,则行为在相对人和冒用人之间存在。但如果被冒用人的身份在交易中具有重要作用,则要考虑该行为是否在被冒用人和相对人之间生效。在此种情况下,主流观点认为冒名行为应当类推适用代理法的规则。也就是说,如果被冒用人同意他人冒用行为,就如同追认无权代理行为一样,直接承受该行为的效力;如果被冒用人不进行追认,则可以类推适用广义无权代理的规则,判断行为的效力。冒名行为之所以可能类推适用代理的规定,其原因在于,冒名人和相对人均希望法律行为的效果是归属于被冒名人,而非冒名人,这与代理制度所追求的效果是一致的;同时,冒名人的行为外观与代理行为十分相似,即当冒名人签下被冒用人姓名时,这实际上和以被代理人的名义从事行为相似。③

案例2:李某途经某工地旁边的小道,恰逢一停放在路边的吊车钩部上的一块附着泥土脱落,头部不幸被砸中,经检查为重伤,并花去医疗费用2万元,因无法正常上班损失8000元。李某依据《民法典》第1253条请求建筑公司赔偿损失2.8万元。该条规定:“建筑物、构筑物或者其他设施及其搁置物、悬挂物发生脱落、坠落造成他人损害,所有

① [德]考夫曼:《法律哲学》,刘幸义等译,法律出版社2005年版,第118页。

② 参见黄立:《民法债编总论》,中国政法大学出版社2004年版,第164页。

③ 参见[德]维尔纳·弗卢梅:《法律行为论》,迟颖译,法律出版社2013年版,第928页。

人、管理人或者使用人不能证明自己没有过错的,应当承担侵权责任。所有人、管理人或者使用人赔偿后,有其他责任人的,有权向其他责任人追偿。”但建筑公司提出抗辩认为,《民法典》第1253条规定的是“建筑物、构筑物或者其他设施及其搁置物、悬挂物”,本案中致害的泥土并不属于“搁置物、悬挂物”的范畴。笔者认为,吊车与建筑物引发的损害都是由于所有人、管理人的管理不当引起的,且二者都是因为其上的物发生倒塌、脱落、坠落造成他人损害的,在侵权上具有高度的相似性,尤其是二者在性质上都属于危险活动,因此本案可类推适用《民法典》第1253条的规定。

一、类推适用的概念和特征

所谓类推适用,是指在对特定的案件缺乏法律规定时,裁判者比照援引与该案件类似的法律规定,将法律的明文规定适用于法律没有规定,但与明文规定类似的情形。[①] 简单地说,类推适用是指“对于法律无直接规定之事项,而择其关于类似事项之规定,以为适用”。[②] 例如,在股权转让中,能否类推适用物权善意取得规则?我国《公司法》并未就股权的善意取得制度作出明确的法律规定,但《民法典》第311条第1款和第2款规定了动产及不动产的善意取得制度,其立法意旨在于维护善意第三人对权利公示之信赖,以保障交易秩序的稳定及安全。虽然股权并不属于物权,但对于股权的善意取得符合《民法典》第311条第1款和第2款的立法目的,因此可以通过类推适用实现“类似问题类似处理”,这符合人们的公平正义观念。

类推适用虽然是以法律的规定为基础,是从文本出发进行的法律解释,但是,其已经超出了法律文义的可能范围,属于漏洞填补方法,而不属于狭义的法律解释方法。从方法论上说,类推适用是以类比推理的逻辑方法为基础的。类比推理是不同于演绎推理和归纳推理的另一种逻辑方式。在逻辑学上,它是指根据两个或两类对象之间存在某些属性的相同或相似,而推出它们的另一属性也相同或类似的推理。[③]

---

① 参见黄茂荣:《法学方法与现代民法》(第5版),法律出版社2007年版,第492页。

② 郑玉波:《民法总则》,台北,三民书局1984年版,第21页。

③ 参见刘江编著:《逻辑学推理和论证》,华南理工大学出版社2004年版,第189页。

“类比推理思维进程的方向,亦即它由前提得出结论的思维过程,是一种‘由此及彼’的推导活动。所以说,类比推理是由‘特殊’推向‘特殊’的推理。”[①]其表现形式是:A 具有 a、b、c、d 属性,A1 也具有 a、b、c 属性,因此可以推出,A1 也具有 d 属性。也就是说,将 A 和 A1 所包含的属性进行类比,虽然目前不知道 A1 中是否包含 d 属性,但是,从 A 和 A1 的类似性可以推出,A1 也具有 d 属性。[②] 类比推理具有较强的逻辑性,但是,由此得出的结论并非一定能够推导出正确的结论,而具有或然性。所以,在法律解释学上,不宜将类比推理作为狭义的法律解释方法,但是,在存在法律漏洞的情况下,可以借鉴此种方式。

具体来说,在运用类推适用的方法时应当注意以下几点:

第一,类推适用的前提是法律没有明确规定的情形。在类推的情况下,其前提是法律存在漏洞,或者说,法律对争议的案件没有规定。这里所说的法律没有明确规定,也包括法律上没有准用的规定。因为法律上规定了准用,明确了只要与特定事物的性质不相违背,就可以适用,此种情形也属于法律作出了明确规定。类推适用是填补漏洞的一种方法。但是,它与其他填补漏洞的方法不同,它适用于法律没有规定的漏洞,而不适用于隐藏漏洞,即不适用于法律规定过于宽泛并违背了其规范目的的情形。例如,股权之所以可以类推适用《民法典》善意取得的规则,就是因为《公司法》没有对股权善意取得的相关规则作出规定,构成法律漏洞。此处所说的法律没有明确规定,也包括法律上没有准用的规定,如果法律规定了准用规则,则其就属于法律已经作出明确规定的情形,而不属于法律漏洞。

第二,类推是将法律的已有规定适用于法律没有规定的案件。也就是说,类推是将与法定案件内涵特征相类似的系争案件归入该法定案件的法律规范框架之内。通过类推适用,可以将介于同一性和差异中的类似性案件赋予现行法上的规范基础。[③] 星野英一教授认为,类推适用的特点在于,以“如果具有符合 A 的事实,就会产生 X 的效果”的规定为前提,如果产生了 A1 的事实,类推解释就会认为“虽然 A 与 A1

---

① 雍琦:《法律逻辑学》,法律出版社 2004 年版,第 170 页。

② 参见刘江编著:《逻辑学推理和论证》,华南理工大学出版社 2004 年版,第 189 页。

③ 杨晓娜:《法律类推适用新探》,中国政法大学出版社 2013 年版,第 59 页。

存在差别，但是都包含着共同的要素 A2，正是由于 A2，才应该承认 X 的效果，所以对于 A1 也会产生同样的结果”。[①] 其主要特征在于，将制定法为某构成要件所作的规定，适用到与该构成要件相类似的另一构成要件中。严格地说，类推适用不是逻辑的推论，而是比较。[②] 换言之，它不是单纯进行逻辑上的类似性推演，而是要从已有规定和待决案件的比较分析中得出结论。

第三，待决案件的情形与法律的既有规定存在类似性。对于待决案件的情形，法律虽无相关规定，但是经过评价，法律已规定的情形与待决案件情形具有类似性，因此可以类推。在类推适用中，关键要进行比较分析，寻找其间的类似性。根据《说文解字》的解释：“类，种类相似，惟犬最甚。”这也说明，适用类推应当以相似性为前提。德国学者埃瑟(Esser)教授认为，类推适用与三段论具有相同的构造，但是，类推适用的核心在于“类似性”的认定，而类似性的认定要依据规范意旨来确定。[③] 如果虽然存在法律漏洞，但是法律对于类似的情形作出了规定，那么这就为类推适用提供了制定法的基础。例如，抵押期限与质押期限确实具有类似性，因为它们都适用于担保物权，而且都是主债权诉讼时效已经届满的情形。因为有制定法的依据，所以，类推适用较其他方法，更能够保证法律解释的统一性和安定性。在类推适用中，要进行“类似性”的检验。

类推是基于平等原则而进行的漏洞填补。类推的理论基础在于平等原则，即类似情形类似处理。类推与目的性扩张类似，但是，目的性扩张理论的基础是立法目的，而类推的理论基础是平等原则。通过类推适用，可以实现法的适用的妥当性的效果。如果现行法存在法律漏洞，则应诉诸类推适用的方法。也就是说，类推实际上包含了一项以评价为基础的一般化(Generalisierung)：法律规定的情形与法律未规定的情形之间虽然存在差别，但这一差别的重要性并不足以证成对两种情形进行区别处理。[④] 换言之，这两种情形包含的共同的、一般性的要素

---

① [日]井上英治：《民法总则》，东京法曹同人 1998 年版，第 174 页。

② 参见[德]考夫曼：《法律哲学》，刘幸义译，法律出版社 2005 年版，第 115 页以下。

③ Esser, *Vorverständnis und Methodenwahl in der Rechtsfingdung*, 3. Aufl. 1975, S. 183.

④ Zippelius, Juristische Methodenlehre, 12. Aufl., C. H. Beck, 2021, § 11 II, S. 56.

能够证成,将法律规定情形的法律效果适用于法律未规定的情形。[①] 类推就是要在法律具有漏洞的前提下,将类似价值的法律规范适用到法律尚未直接调整的领域。[②] 因此,类推方法是依据平等原则来弥补法律规定的不足,促进法律的发展的。类推不能简单地视为逻辑推理过程;相反,应当在符合法律价值的前提下填补法律漏洞。[③]

自罗马法以来,各国法律大多认可类推适用的规则。《学说汇纂》就曾确认,在出现法律漏洞的情况下,按照类似情况处理(ad similia procedere)。[④] 一些罗马法学家主张,根据类推而扩张个别法律规定。[⑤] 罗马法上类推的经验也对后世各国产生了深远影响。许多国家甚至在民法典中明确规定了类推的规则。[⑥] 例如,《德国民法典》的制定者在起草该法典时推崇通过类推的方式来填补民法典的漏洞。《德国民法第一草案》第1条曾规定:“法律未设规定的事项,类推适用其他规定,无其他规定时,适用由法律精神所产生的原则。”[⑦]在意大利,甚至明文规定了类推适用的规则。《意大利民法典》第12条第2款规定:“无法根据一项明确的规则解决歧义的,应当根据调整类似情况或者类似领域的规则进行确定。”

在我国古代,也较为重视类推的方式。《荀子·王制》指出:“无法者以类举”。所谓人情万变而法条有穷,所以在刑法里面采用了“比附援引”等补救的办法。我国学者一般认为,古代法上的“比附援引”相当于今天所说的类推。郑玉波教授就曾指出:类推适用“相当于我国旧律

---

① Zippelius, Juristische Methodenlehre, 12. Aufl., C. H. Beck, 2021, § 11 II, S. 56 f.

② F. Bydlinski, *Juristische Methodelehre und Rechtsbegriff*, S. 475ff.

③ Anne Roethel, *Normkonkretisierung im Privatrecht*, 2004, S. 127.

④ D. 1. 3. 12.

⑤ Savigny, *System des heutigen Römischen Rechts*, Bd. 1, Berlin, 1840, S. 320. 但也有学者对此提出异议。根据D,1,3,14.记载:“然而,对于那些违反法理性而已被接受的规则而言,这些规则不应进一步发展为结果。”(Quod vero contra rationem juris receptum est, non est producendum ad consequentias) D,50,17,162. 更进一步指明:“任何因为必要而被接受的规则不应被作为论据。”(Quae propter necessitatem recepta sunt, non debent in argumentum trahi) See Savigny, *System des heutigen Römischen Rechts*, Bd. 1, Berlin, 1840, S. 295.

⑥ 参见《葡萄牙民法典》第10条、《意大利民法典》第12条。

⑦ 吴从周:《民事法学与法学方法》(第1册),台北,一品文化出版社2008年版,第11页。

之比附援引”。[1] 比附援引，即“如一定事件，为法令所未规定，准用相似之规定”，[2]是指对于实践中需要对某种行为施以刑罚，但法律中又没有对其作出规定时，可以比照类似的规定对其予以处罚。[3] 比附援引的方法最早可以追溯到周代，据《周礼》记载，“凡庶民之狱讼，以邦成弊之”，即用八种官方的判例来断罪。比附作为一种定罪量刑的方法正式出现在秦朝。例如，湖北云梦睡虎地出土秦代竹简《法律答问》记载：“臣强与主奸，可论比殴主。斗折脊项骨，可论？比折支。”比附援引作为一种定罪量刑的方法，用于论证判决的结果，可见，我国古代法律就十分重视类推的运用。

在我国司法实践中，法院也注重运用类推的方式。例如“荷花女”案件中，[4]天津市中级人民法院认为，作者魏某林以虚构事实、散布隐私等方式毁损死者吉某贞的人格，构成侵犯名誉权，故应承担民事责任。当死者的名誉权受到侵犯时，可参照文化部颁发的《图书、期刊版权保护试行条例》[5]第 11 条关于作者死亡后，其署名等权利受到侵害时，由作者的合法继承人保护其不受侵犯的规定的精神，“荷花女”之母陈某琴有权提起诉讼。此处，天津市中级人民法院实际上通过类推适用《图书、期刊版权保护试行条例》第 11 条来确定侵害死者名誉时的诉讼主体资格问题。该判决实际上运用了类推适用的方法来进行法律漏洞的填补，具有较大的方法论价值，这就是典型的运用类推的案例。在某些案件中，有些法院甚至将类推运用到刑法和行政法领域。[6] 虽然我国法

---

① 郑玉波：《法学绪论》，台北，三民书局 2008 年版，第 77 页。

② ［日］冈田朝太郎口述，熊元瀚编：《法学通论》，上海人民出版社 2013 年版，第 54 页。

③ 参见白雪峰、陈加奎：《比附援引法律制度的历史考察：对于重构我国现代类推制度的启示》，载《河北法学》2016 年第 2 期。

④ 该案的案情是：原告陈某琴系天津已故艺人吉某贞之母。被告魏某林自行创作完成了名为《荷花女》的小说，自 1987 年 4 月 18 日开始在《今晚报》副刊上连载，并配有插图。魏某林所著小说《荷花女》使用了原告之女吉某贞的真实姓名及其艺名，在有些章节中仅根据一些传闻及当时旧报上的消息进行了虚构。对于魏某林所虚构的内容，陈某琴认为是对吉某贞及自己的侮辱侵权，而且确无证据证明被告魏某林所写上述内容属实。于是，陈某琴于 1987 年 6 月向天津市中级人民法院起诉，认为魏某林未经原告同意在其创作发表的小说《荷花女》中故意歪曲并捏造事实，侵害了已故艺人吉某贞和原告的名誉。

⑤ 本条例现已失效。

⑥ 不过，这种做法受到学者的批评，被认为违反了罪刑法定原则和处罚法定原则。参见江必新：《在法律之内寻求社会效果》，载《中国法学》2009 年第 3 期。

律处于不断完善之中,但是,法律漏洞的不可避免性决定了,类推适用在一定程度上可规范裁判者自由创制和解释法律的空间,此种活动仍然限于成文法的范围,维护了成文法法律渊源的地位,保障了法的统一性和权威性。

类推作为填补漏洞的方法,并非可以适用于所有的法律部门,它主要适用于民法领域。“现代类推解释,仅可用于民法,而在刑法,则绝不采用。”①有的国家法律甚至明确禁止在刑法上适用类推。② 也有学者认为,在税法、行政法等法律领域也不能运用类推的方式。这主要是基于如下考虑:第一,这些法律采用了法定原则,要求严格依据法律的直接规定来适用,即根据法律明确规定的构成要件和法律后果来适用。例如,在刑法上,有所谓“罪刑法定原则”;在税法上,有所谓“税收法定主义”;在行政法上,有所谓“行政处罚法定主义”,这就在客观上排斥了类推的适用。第二,这也是保护人民权利的需要。刑法、税法等法律都是为人民设置负担的法律,如果允许类推适用,就使人民的权利得不到保障。有学者认为,在一般情况下,刑法上禁止类推,是罪刑法定原则的要求,凡是要追究犯罪人的责任,都必须有法律的明确规定。“唯类推解释,须特别慎重,凡关于人民权利义务得丧变更之重大事项当力求避免。尤以刑法因采罪刑法定主义之结果,关于此种解释绝对不得采用,否则出入人罪,非等闲也。”③当然,刑法上的类推也并非绝对禁止。一般来说,有利于被告人的类推解释是可能成立的。④ 但是,在民法上,除了特定的领域实行法定主义之外(如物权法),其他法律领域一般都不禁止类推适用。在法律规定缺失的情况下,类推适用的方法具有非常重要的意义。

二、类推的功能及其局限性

类推究竟是狭义的法律解释方法,还是漏洞填补方法?对此,学界存在不同的看法,争议的核心在于,类推是否超越了文义的可能范围。萨维尼认为,“类推也属于对立法的补充,但它是立法的自我补充,而不

---

① 陈朝璧:《罗马法原理》,法律出版社 2006 年版,第 25 页。

② 例如,《葡萄牙刑法典》第 1 条第 3 款明确规定,禁止在刑法中适用类推。

③ 郑玉波:《法学绪论》,台北,三民书局 2008 年版,第 77 页。

④ 参见陈兴良主编:《刑法方法论研究》,清华大学出版社 2006 年版,第 199 页。

是从外部把某种东西添加给立法”。[①] 但许多学者认为,类推已经超出了可能文义的范围,因而属于漏洞填补方法。笔者也认为,类推适用是一种漏洞填补方法,类推只是在法律存在明显漏洞的情况下所采用的,是一种填补漏洞的方法。[②] 正如郑玉波指出的,所谓类推适用,是指对于法律无直接规定之事项,而择其关于类似事项之规定,以为适用。[③] 一方面,在类推适用的情况下,解释结论已经超出了法条文义的可能范围。因为类推就是要将制定法对某构成要件的规定适用于制定法没有规定的另一情形。而待决案件中的事实不能为法律的已有规定所涵盖,无论如何扩张既有法律规定的文义,都无法涵盖待决案件。另一方面,在没有超出法律条文的文义可能范围时,就不需要运用类推适用的方法,而可以通过狭义的法律解释对既有的法律规定进行扩张解释。此外,如果立法者在条文中针对构成要件明定法律结果,并可以限制其适用范围,则是法律规定仅就有明文规定的类型可以适用,而不能类推。[④] 此时,因为立法者仅仅将其法条适用于特定情形,可以认为,并不存在违反立法计划的不圆满状态,不存在法律漏洞。

类推作为一种填补漏洞的方法,其功能主要在于:一是弥补法律规定的不足。尽管类推适用是假定立法者在立法之初就在某个法律规范中包括了类似情况类似处理的含义,因为将某一种法律的规定类推适用到另一种相似的情况,实际上是假定立法者要将该法律适用于另一种相似的情况,它仅仅是扩大了法律规范的适用范围,或者说是对法律规范适用范围的一种解释,但毕竟法律没有对此作出规定,所以依然属于法律漏洞。而且,即使通过扩张解释,也无法将待决案件纳入已有的规定之中。正如德国学者施瓦布指出的:类推是“把一个规范套用于如下案件,这些案件虽然不符合规范构成要件,但是在根本问题上却与规范构成要件极其类似,于是使同样的法律后果看上去是恰当的,此种情况只适用于法律存在漏洞的情形”。[⑤]

---

① [德]萨维尼:《萨维尼法学方法论讲义与格林笔记》,杨代雄译,胡晓静校,法律出版社 2008 年版,第 27 页。

② 参见梁慧星:《裁判的方法》,法律出版社 2003 年版,第 157 页。

③ 参见郑玉波:《民法总则》,台北,三民书局 1984 年版,第 21 页。

④ 参见李太正等:《法学入门》,台北,元照出版有限公司 2003 年版,第 169 页。

⑤ [德]迪特尔·施瓦布:《民法导论》,郑冲译,法律出版社 2006 年版,第 107 页。

二是创设个案适用的裁判规则。填补法律漏洞都是在裁判规则缺失的情况下寻求裁判规则。而类推适用是从既有的法律规定出发来寻求司法三段论的大前提。类推适用是裁判者创造性司法的体现。裁判者通过类似性的考量,将既有的法律规定"扩张"适用于争议的案件,这实际上扩大了既有法律规定的适用范围,创设了法律上原本不存在的规则。类推适用包括两种,即个别类推和总体类推。在这两种情况下,裁判者都是从既有的法律规定出发,创造了新的法律规则。在个别类推的情况下,裁判者是从一个特定的法条出发创设法律规则;而在总体类推的情况下,裁判者是从数个法条出发创设法律规则。但通过类推的方式来创设个案的裁判规则,并非创设具有普遍拘束力的规则,而仅仅是为个案确定裁判依据。

三是发展和完善法律。类推实际上是在现行法的框架内,针对法律的不足而发展法律。无论现行法如何完备,其都不可能涵盖社会生活的所有情形,因而必须从法秩序的总体精神出发,将其类推到类似的案件。一方面,类推适用不仅可以创设具体的裁判规则,而且还能弥补现行法的缺陷。另一方面,类推适用也可以为立法积累经验,从而起到立法前期准备的作用。

类推适用应当置于各种漏洞填补方法之前。可以说,类推是填补漏洞的首要方法,原因在于:第一,在适用类推的情况下,毕竟法律存在规定,裁判者进行漏洞填补是有制定法依据的,这也是尊重立法的表现。也就是说,裁判者进行类推时,类似事实是已经为法律所规范的,只不过,待决案件并没有被法律所规范。因为类推适用是以制定法为基础的,所以,其适用的结果相对比较确定,有助于实现法的安定性价值。第二,在类推适用的情况下,其依据是"类似情况类似处理"规则,因此可以在很大程度上实现法的说服力和可靠性。"在类推时,拟加以认识的事物,并不是在它之中或者接近它加以认识的,而是在一个与另一比他为众所周知的事物的关联中,加以认识的。"①在各种漏洞填补方法中,尤其是通过"类似性"的要求,裁判者进行的类推适用具有较高的可靠性。所以,类推适用能够协调法的发展和现行法的关系。② 第三,

---

① [德]考夫曼:《法律哲学》,刘幸义译,法律出版社 2005 年版,第 118 页。

② Anne Roethel, *Normkonkretisierung im Privatrecht*, 2004, S. 127.

类推适用可以比较有效地限制裁判者的自由裁量权。裁判者进行的类推适用要受到类似性的约束，其自由裁量的余地较小，因此，通过类推适用来填补漏洞，可以保证法律适用中的确定性。较其他法律漏洞填补方法，类推可以维系法律的体系性和安全性，并可以防止裁判者利用一般条款恣意判决，维护法律权威。

但类推适用也存在一定的局限性：一方面，类比推理和演绎推理、归纳推理相比，其只是将两个相似的事物进行比较，根据其同一性推导出未知的属性。如果这一未知的属性确实是两个事物的共性，这一类比推理就是正确的；但如果这一未知的属性是两个事物的差异性，这一类比推理就是错误的。从逻辑学的角度来看，类比推理属于或然性推理，其结论并不十分可靠。[①] 另一方面，在类推适用中，如果考量法律的规范目的不够充分，而仅仅从"类似性"的角度出发进行推理，则可能出现盲目类推、违反法律的规范目的的现象。正是因为这些原因，法律上的类推适用也可能具有其局限性。从类推在法律解释体系中的地位来看，其是一种法律适用的补充性方法，不能作为广泛运用的方法，或者说应当将其适用范围限定在特定的领域，必须符合严格的构成要件。如果裁判者可以随意地进行类推，就会侵害立法权。因为法律规定的关系之间都可能具有这样或那样的相似性，尤其是在同一法律文本内部存在普遍的关联，如果仅凭相似性就可以类推，必然导致司法的恣意。

三、类推与相关概念的区别

（一）类推与参照适用（准用）

1. 参照适用的概念

参照适用，又称为准用，是指法律明确规定特定法律规定可以参照适用于其他的情形。作为一种立法技术，参照适用的方法在《民法典》中得到了广泛的适用，据统计，《民法典》中共有 28 个条文使用了"参照适用"的表述。例如，《民法典》第 310 条规定："两个以上组织、个人共同享有用益物权、担保物权的，参照适用本章的有关规定。"参照适用是《民法典》体系效应的体现，在《民法典》尚未出台时，由于单行法并行，给参照适用带来了巨大的难度。而《民法典》的颁布则为参照适用的立

① 参见刘江编著：《逻辑学推理和论证》，华南理工大学出版社 2004 年版，第 190 页。

法技术使用提供了便利。参照适用的立法技术,充分体现了避免重复规范储存和资讯集中的功能。参照适用技术的运用,使裁判者可以通过参照某一项制度解决其他制度的问题。

参照适用的法律特征主要表现在:

第一,参照适用是一种立法技术。准用(entsprechende Anwendung)"乃为法律简洁,避免复杂的规定,以明文使类推适用关于类似事项之规定"。[①] 通过采用这种立法技术,立法者明确地要求将类似的法律关系中的规范应用于其他法律关系之中,从而实现立法简洁,避免规范的重复。可以说,参照适用型法条是一种立法对法律适用的明确指示,具有普遍反复适用的特点,因此,参照适用也被称为法定类推适用或者说授权式类推适用。[②]

第二,参照适用规范旨在将被参照适用的法律规范的适用范围予以扩张。本来被参照适用的法律规范具有自身特定的适用对象,但立法者通过法定准用的方式,使某一法律规范不再局限于该法律关系之中,而是扩张到相类似的法律关系中。参照适用就是根据法律的规定(准用规定),对有关 A 的规定进行修正,适用于 B。准用、参照就意味着,只要被准用、参照的事项依据其性质可以适用相关的法律规范,就应当予以适用,而不能解释为类推适用。例如,有关共有的份额的规定都可以适用于准共有。参照适用又区分分为典内参照和典外参照。所谓典内参照是指被参照适用的《民法典》内规范,而典外参照是指被参照适用的规范是《民法典》外的规范。例如,《民法典》第 71 条就是参照适用《公司法》等特别法。

第三,在参照适用(准用)中,由于立法者已经作出了明确的适用指引,因而裁判者并不需要确定漏洞是否存在,同时也不必寻找作为大前提的规范。裁判者的任务主要是确定特定的法律关系与被参照适用的规范是否具有相似性。例如,《民法典》第 467 条第 1 款规定:"本法或者其他法律没有明文规定的合同,适用本编通则的规定,并可以参照适用本编或者其他法律最相类似合同的规定。"因此,在不能适用合同编

---

① 史尚宽:《民法总论》,中国政法大学出版社 2000 年版,第 51 页。

② 参见王雷:《论身份关系协议对民法典合同编的参照适用》,载《法学家》2020 年第 1 期。

通则的规定时,依照该条规定可以适用合同编分则的规定。但在确定参照适用合同编分则规定时,需要由裁判者判断争议的合同案件与合同编分则规定的哪一类典型合同最相类似,从而才能适用该类合同的相关规则。

参照适用不同于直接"适用"。所谓适用,是指法律明确规定,在某一法律关系中适用该法的其他规定。适用是指相同或从属的法律关系可以直接适用有关该法律关系的其他规范。在司法实践中,有的观点将参照适用等同于适用,[①]实际上,《民法典》对参照适用和适用作出明确区分。在有的法律条文中,法律既规定了适用,又规定了参照适用。例如,《民法典》第467条第1款规定:"本法或者其他法律没有明文规定的合同,适用本编通则的规定,并可以参照适用本编或者其他法律最相类似合同的规定。"此时就涉及究竟如何区分适用与参照适用。参照适用不同于直接适用的区别在于:第一,是否需要找法不同。参照适用是一种法定的"类推",也有学者将其称为"授权式类推适用"。[②] 在参照适用的情形下,法官也需要在被参照适用的规范中继续寻找裁判依据,因而存在继续找法的问题。而适用是法律规则的直接适用,其并不需要寻找需要直接适用的规范。直接适用就表明无须裁判者再论证适用对象和被适用对象之间的相同性和不同性,立法者已经明确规定两者之间相似性作出了法律上的评价,认为应当将两者同一处理,直接适用法律规定。第二,是否需要辨别相似性不同。在直接适用的情形下,需要适用的规范所调整的法律关系与待适用的案件事实法律关系是相同的或具有从属性的。而在参照适用中,参照适用的规范所调整的法律关系与待适用案件事实法律关系之间具有相似性,但并非完全相同。而且,在参照适用的情形下,裁判者还需要进行相似性的判断,这其实就是对构成要件相似性的判断。第三,是否可以排除某些规范的适用不同。在适用的情形下,应当直接适用,并没有可选择性,而只能直接适用。但是在参照适用的情形下,法官应当进行选择,有一定的自由裁量空间来确定哪些规范可以参照适用。在立法者作出概括性适用的规

---

① 参见鼎和财产保险股份有限公司河南分公司、杜超保险人代位求偿权纠纷案,河南省郑州市中级人民法院民事判决书,(2021)豫01民终4425号。

② 参见张弓长:《民法典中"参照适用"》,载《清华法学》2020年第4期。

范时,裁判者应当在可能被参照适用的规范中进行挑选。在两种规范的使用上,对于参照适用规范而言,尤其是对于概括式的参照适用规范,适用者必须在适用中进行筛选,辨别哪些规范是可以参照适用,哪些规范是不可以参照适用的。而对于适用规范而言,除非某一特殊的法律关系由特别条款规范,否则被适用的规范均应当适用于该法律关系之中。

2. 参照适用与类推适用的区别

广义的类推包括了参照适用(准用)和狭义的类推。参照适用(准用)是法律明确规定的“类推”,而狭义的类推是指未被法律规定,但根据事物的本质的相似性应当被适用。我们通常使用的“类推”概念是狭义的类推。

第一,性质不同。参照适用主要是立法技术问题,而不是法律解释问题。在参照适用的情形下,并不需要法官采用一定的法律技术进行解释法律,并填补法律漏洞。[①] 参照适用这一立法技术的合理性在于,保持法律的稳定性和连续性,避免过于频繁地修改法律。[②] 如果存在法无规定的情况,不一定都准用其他法律规范,可能需要及时修改法律。而类推适用属于法律解释中的重要方法。在进行类推适用时,裁判者需要通过解释的方法确定漏洞的存在,进而通过类推适用的方式填补漏洞。因此,类推适用是典型的漏洞填补手段,是在通过解释的方式续造法律。

第二,是否存在法律漏洞不同。如前所述,参照适用是指立法者从防止就同一事项进行反复、节省篇幅的立法技术角度出发,规定就类似事项的相关规定可以方便适用的一种立法方式。在准用的情况下,法律已经明确规定了特定条款适用于特定情形,它实际上是出于立法简约的考虑,而没有将被准用的情形作详细的规范。一般的类推是一种法律漏洞的填补方法,旨在缺乏相关裁判规范时,寻求类似法律关系中的规范,进行漏洞填补。但是在准用中,并不存在法律漏洞,立法者已经明确要求在某一法律关系中适用有关其他法律关系的规范。因此,

---

① 参见刘德福:《法律准用问题分析——以民事法律制度为例》,载《江西公安专科学校学报》2007年第6期。

② 参见王雷:《论身份关系协议对民法典合同编的参照适用》,载《法学家》2020年第1期。

准用并不是一种漏洞填补方法，而是一种立法技术。在法律明确规定了准用的情况下，并非存在法律漏洞，而类推适用的前提是存在法律漏洞。例如，在“湖北联亮纺织有限公司与仙桃市天韵物流有限公司运输合同纠纷案”中，当事人就运输合同发生争议。法院认为，“《合同法》第一百二十四条规定：‘本法分则或者其他法律没有明文规定的合同，适用本法总则的规定，并可以参照本法分则或者其他法律最相类似的规定。’依照上述规定，虽然仙桃天韵公司在与湖北联亮公司订立《货物承运合同》后并没有实际运输其中一段路程，这种方式不是典型的单式联运合同方式，但与单式联运合同最为类似，可以类推适用单式联运合同的法律规则”，依据原《合同法》第 313 条的规定，应当由仙桃天韵公司与上海永奔公司对湖北联亮公司的损失承担连带责任。① 从原《合同法》第 124 条的规定来看，该案应当属于准用，因为原《合同法》第 124 条已就此种情形规定了准用规则，此时不存在法律漏洞，依据原《合同法》第 124 条的规定，该案应当属于准用原《合同法》第 313 条的规定，而法院认为其属于类推适用，有失妥当。

第三，立法者是否已经替裁判者作出判断不同。在参照适用之中，立法者已经代替裁判者作出了一定的判断，因而以立法的形式直接规定了具有相似性的法律关系可以适用同样的规则。也就是说，立法者已经为裁判者确定了找法的范围。而类推适用则完全是由裁判者主导的找法活动，立法者在这一过程中并未出现。在参照适用的情况下，不需要裁判者对法律关系是否类似或是否存在法律漏洞进行判断，立法者已经在立法过程中，进行了明确的判断。“而准用则并非对于所准用之规定完全适用，仍应依事项之性质而为变通之适用者是也。”②因此，裁判者的自由裁量权较小，裁判者只不过要对参照适用的法律关系与被参照适用的法律关系的相似性进行对比。而在类推适用的情况下，裁判者需要对是否存在漏洞，以及法律关系的相似性，作出识别和判断，因此裁判者的自由裁量权较大，其享有判断待决案件的事实与特定法条中构成要件之间是否具有类似性的权力。

第四，法律适用者的论证负担不同。在参照适用（准用）中，立法者

---

① 参见湖北省汉江中级人民法院民事判决书，(2014)鄂汉江中民二终字第 00108 号。

② 郑玉波：《法学绪论》，台北，三民书局 2008 年版，第 77 ~ 78 页。

已经对事物的相似性进行了评价,此时就不需要法律适用者再进行论证,而在不参照适用时,才需要承担论证责任,即法律适用者只需要承担消极的论证负担。而对于狭义的类推而言,其作为一种漏洞填补的方式,需要法律适用者论证事物之间的相似性,即类推根据的存在,法律适用者承担的是积极的论证负担。在上述几种类型中,论证负担最小的是具体列举式的参照适用,然后是概括式的参照适用,论证负担最大的是类推。

参照适用与类推适用之间实际上是一种此消彼长的关系,如果参照适用规范越多,类推适用的余地就越小,就越意味着立法者已经代替了裁判者进行了法律适用的判断。由于《民法典》大量采用了参照适用条款,所以已经使类推适用的余地越来越小。在此种情形下,法官必须依据法律的相关规定适用参照适用条款,而不能通过类推适用填补漏洞。

(二)类推适用与一般条款的类型化

类推适用是在法律存在明显漏洞的情况下才予以适用的方法,其目的是填补法律漏洞。但是,在存在一般条款的情况下,即使法律存在较大的模糊性,也毕竟存在法律规定。而且,如前所述,一般条款可以分为两种,即作为法律原则的一般条款和作为具体规则的一般条款。如果存在作为具体规则的一般条款,就表明立法对待决案件的裁判依据已经作出了明确规定,不存在法律漏洞。因为一般条款的存在表明立法者对其有一定的预见并规定了相应的价值指引,不宜认定为存在违反计划的不圆满状态。因此,一般条款的存在表明并不存在法律漏洞。

从表面上看,类型化也强调通过类型的判断,使特定案件归入一般条款具体化之后的特定类型,而且,类型化也要注重相同情况同等对待,这也是以事物具有类似性为基础而进行的归类处理。① 但是,类推适用本质上是与一般条款的类型化存在差异的。一方面,类型化适用于不确定概念和一般条款的具体化,而类推适用于法律漏洞的填补。另一方面,类型化是以类型思维为基础的法律解释方法,而类推并非以类型思维为基础。类型化思维的适用范围比较广泛,不仅仅运用于类

---

① 参见李可:《类型思维及其法学方法论意义》,载《金陵法律评论》2003 年第 2 期。

推之中,还是可以适用于狭义的法律解释、价值补充和漏洞填补各个部分的一种方法,它在价值补充中的作用尤其突出。所以,笔者认为,类型化不能为类推所替代,类推也不能为类型化所替代。

(三)类推与反面解释

类推与反面解释之间具有类似性。从思维逻辑上讲,两者都是以"类"为基础的逻辑推导。此处所说的"类"要么是相同的类别,要么是相反的类别。在法律解释学当中,通过相反的类别推导出法律解释结论的模式主要表现为反面解释;而通过相同或相似类别推导出法律解释结论的模式主要运用于类推解释。类推与反面解释的法理基础都是平等原则,只不过,在类推的情况下,其法理基础是"类似情况类似处理",而在反面解释的情况下,其法理基础是"不同情况不同处理"。但是,类推与反面解释也存在较大的差异,具体表现如下:

第一,适用的前提不同。类推适用的前提是存在法律漏洞,而反面解释的适用以不存在法律漏洞为前提。类推适用是将法律的规定适用于其他情形,而反面解释是在法律规定之内进行的解释,或者说是在法律文义的可能范围之内进行的解释。

第二,性质不同。类推是漏洞填补的方法,而反面解释是狭义的法律解释方法,当然,决定其性质差异的根本在于,类推所得出的解释结论已经超出了法律文义的可能范围,而反面解释所得出的解释结论并没有超出法律文义的可能范围。

第三,适用的依据不同。在类推适用中,适用的重要前提是存在类似性,而在反面解释中,其适用的重要前提是法律规定的后果并不能适用于其没有明确规定的情形。

第四,方法不同。类推适用不是单纯地进行逻辑上的类似性推演,类似性检验本身是复杂的过程,不是简单的比较,还包含了规范意旨的考量。而反面解释是逻辑上的推论,其本身并不包括规范意旨的考量。

(四)类推与扩张解释

类推与扩张解释也具有类似之处,两者都要考虑到法律的规范意旨,从而将法律条文延伸适用到待决案件,即两者实际上都超出了法律条文的字面含义,但两者之间也存在以下明显的区别:

第一,性质不同。扩张解释属于狭义的法律解释的范畴,而类推适用是漏洞填补的范畴。在扩张解释的情况下,实际上将制定法的字面含义予以扩张;而在类推适用的情况下,要将制定法的规定适用于其根本没有规定的情形。扩张解释虽然超出了法律文本的字面含义,但并没有超出其文义的可能范围;而类推适用不仅超出了法律文本的字面含义,而且超出了其文义的可能范围。

第二,扩张解释是具体阐释文义的一种方法,只是从解释结论与法律条文的字面含义的关系所进行的观察;而类推适用是填补漏洞的方法,并未解释文本的字面含义。

第三,解释依据不同。在扩张解释的情况下,解释的依据可以是单一的,也可以是多元的,如历史解释、目的解释、体系解释等;而在类推适用中,其解释的依据是单一的,即根据"类似情况类似处理"来进行解释。

第四,二者的适用对象不同。例如,例外规定不能作类推解释,但可以作扩张解释。①

四、类推的分类

(一)个别类推与总体类推

一般认为,类推适用可分为个别类推和总体类推。② 个别类推也称为法律类推或制定法类推(Gesetzesanalogie),③它是指就某个别法律规定而为类推适用,也就是说,被类推适用的是个别规定。例如,《民法典》第291条就利用他人土地的通行作出了规定,但是,就利用他人房屋通行并没有规定。考虑到二者之间具有类似性,可以采用类推适用的方法来填补这一漏洞,这属于个别类推。一般所说的类推,都是指个别类推。

总体类推也称为法的类推(Rechtsanalogie),它是指就多数同类法律规定抽象出的一般法律原则,而为类推适用。④ 德国学者卡纳里斯认为,总体类推不是类推,而是一种归纳,它是从特殊到普遍的一种逻辑

---

① 参见[葡]孟狄士:《法律研究概述》,黄显辉译,澳门大学法学院1998年版,第160页。

② 不过,在学理上,对于此种分类是否科学,也存在不同看法。参见[葡]孟狄士:《法律研究概述》,黄显辉译,澳门大学法学院1998年版,第159页。

③ 参见[德]迪特尔·施瓦布:《民法导论》,郑冲译,法律出版社2006年版,第107页。

④ 参见王泽鉴:《法律思维与民法实例》,中国政法大学出版社2001年版,第261~262页。

推导。[1] 但事实上，总体类推与类推最终的适用效果是相同的，均可以导致某一本不属于规范适用范围的法律关系可以适用于该法律规范。例如，在仓储合同中，如果当事人逾期提货，仓储期限已经到期后，而仓储人继续代为保管，另一方继续支付仓储费，应当如何认定双方的法律关系？此时可以通过总体类推《民法典》第734条第1款关于租赁合同到期后的当事人继续支付租金可视为不定期租赁的规定，以及《民法典》第948条第1款规定的物业服务合同期限届满，继续提供物业服务的视为不定期合同的规则，抽象出继续性合同到期后双方继续履行的视为不定期限的继续性合同这一规则，进而在这类案件中，将继续支付仓储费用的仓储合同作为不定期的仓储合同对待。[2] 再如，在我国《民法典》分则中，在无偿赠与合同、无偿委托合同的情况下，合同一方当事人只对其故意和重大过失负责。按照总体类推的规则，裁判者应当先从这几个法条之中抽象出一个共同的规则，即在无偿合同之中，合同当事人只对其故意和重大过失负责。此后，裁判者才能将该抽象出来的规则类推适用于待决案件之中。

总体类推和个别类推虽然都属于类推适用，但二者之间仍然存在一定的差异，具体体现在以下几个方面：

第一，两者的适用前提存在差异。在个别类推的情况下，其从单一法律规定出发，将其类推适用于待决案件；而在总体类推的情况下，其从复数法律规定出发，将其共同的原理类推适用于待决案件。“总体类推所援引者，并非单一的法条，而是许多的法条，使用归纳法之许多法律规定中，就其在某方面相同之法律要件，寻出一普遍法律原则，而此原则可适用于法律所未规定之事实。”[3]

第二，两者在逻辑方法的运用上存在差异。在个别类推中，仅仅有演绎的方法，即借助于类似问题类似处理来进行演绎，裁判者没有进行

---

① 参见[德]卡尔·拉伦茨：《法学方法论》，黄家镇译，商务印书馆2020年版，第482页。

② 《民法典》第734条第1款关于租赁合同到期后的当事人继续支付租金可视为不定期租赁的规定，可以视为不定期的仓储合同的规定。《民法典》第948条第1款规定：“物业服务期限届满后，业主没有依法作出续聘或者另聘物业服务人的决定，物业服务人继续提供物业服务的，原物业服务合同继续有效，但是服务期限为不定期。”

③ 黄立：《民法总则》，台北，1994年自版，第43页。

归纳的操作。[1] 而在总体类推中,其不仅有演绎的方法,还有归纳的方法,即通过数个法律规定,归纳出共同的法理,进而将其类推适用于法律没有规定的情形。

第三,从立法目的考虑,个别类推需要分析单个法律规范的规范目的,考虑法律已经作出的个别规范的立法目的,是否可以适用于待决案件的情形。总体类推则是根据法律规范整体进行的类推,即依据一系列法律规范进行的类推。[2] 需要分析的是一系列法律规范所包含的共同的立法目的和意旨。[3]

第四,从适用情况来看,个别类推是常态,属于类推适用的一般情况,而总体类推是特别规定,仅适用于特殊情况。

(二)概括式类推与单个式类推

所谓概括式类推,是指在存在法律漏洞的情形下,通过比较两种不同法律关系的相似性,在符合类推的条件下,将适用于某一法律关系的多项规则概括性地适用于另一种法律关系之中。例如,《民法典》第524 条第 1 款规定了第三人对履行具有合法利益的,可以代为履行。依据《民法典》第 524 条第 2 款的规定,在第三人代为履行后,债权人如果接受了履行,那么债权人享有的对债务人的债权将转让给第三人,这就表明将发生法定的债权移转。也就是说,在第三人代为履行后,第三人将在履行债务的范围内取得债权人对债务人的债权,如果第三人已经作出了全部清偿,则可以要求债权债务人向其进行全部履行。如果第三人只作出了部分的履行,则第三人只能在其履行的范围内,向债务人进行请求。因此,在第三人向债务人提出请求时,可以适用《民法典》中关于债权让与的规则。但是,债权让与的哪些规则可以类推适用于代为履行的情形,法律并未明确规定,也并未采用参照适用的条款提供指引。此时就存在法律漏洞,需要通过解释,确定法定的债权让与的哪些规则适用意定债权让与中。笔者认为,此种情形下应当属于概括性的类推方式。在债权转让的情况下,《民法典》规定从权利也一并转让

---

① 参见张平华:《权利位阶论》,载《清华法学》2008 年第 1 期。

② Rüthers/Fischer/Birk, Rechtstheorie, 10. Aufl., C. H. Beck, 2018, Rn. 891 f.; Wank, Juristische Methodenlehre, Vahlen, 2019, § 15, Rn. 112.

③ Bydlinski/Bydlinski, Grundzüge der juristischen Methodenlehre, 3. Aufl., Facultas, 2018, S. 92 f.

(《民法典》第 547 条第 1 款)、在债权转让时应当通知债务人(《民法典》第 546 条)、债务人的抗辩可以向第三人主张(《民法典》第 548 条)、债务人可以依法向第三人行使抵销权(《民法典》第 549 条),这些规则都可以类推适用于法定债权让与的情形。

所谓单个式类推,即一般的类推,是指将单个的规范类推适用于其他法律关系之中。例如,法律并没有对股权能否善意取得进行规定,但是依据股权的性质,其可以类推适用《民法典》第 311 条的规定,允许股权的善意取得。

上述二者的主要区别在于类推适用的规范的数量不同。此外,在整体类推中,并非所有的类推适用规范都可以直接适用,需要裁判者在多数的可能适用的规范中进行筛选。而在单个式的类推中,则该单数的规范应当是可以直接类推适用的规范。

五、类推适用的步骤

类推适用的步骤,也是类推适用的构成要件。裁判者在个案中,只有在完成一定的步骤、符合特定的构成要件的情况下,才能进行类推。

(一)漏洞的判断

类推适用作为漏洞填补的一种方法,其适用应当注重如下前提要件:一是裁判者必须确定漏洞的存在。也就是说,在法律适用中,存在具体规则缺失,或者法律规定相互冲突(碰撞式漏洞)。二是不存在法律规定准用的情况。如果法律对于其适用已有明确规定,就不存在法律漏洞,也没有类推适用的问题。如前所述,在法律已经明确规定了参照适用条款时,就意味着并不存在法律漏洞,应当直接适用该参照适用的条款。但如果法律没有明确规定适用条款或参照适用条款,则可能出现法律漏洞。例如,《民法典》物权编关于居住权的规则并未规定在所有人转让所有权时,居住权人是否享有优先购买权。笔者认为,此时可以类推适用承租人的优先购买权规则,既然房屋承租人都可以享有优先购买权,那么按照举轻以明重的原则,应当承认居住权人也同样享有优先购买权。所以,此时可以类推适用《民法典》第 726 条关于房屋承租人的优先购买权的规则。三是已经穷尽了狭义的法律解释方法或价值补充的方式仍然无法确定法律适用的依据。裁判者必须先穷尽狭义的解释方法、价值补充之后,发现确实存在法律漏洞,而又能找到准确的比较点,在符合这样的前提条件下,才能适用类推的解释方法,从而避免裁判者的无限类推。

(二)类似规则的选择

在进行类推时,法院要选择与待决案件最相类似的规则,但是,这个类似规则不应当是泛泛的,而应当是具体的。被类推适用的规则,可以是一个规则,也可以是数个规则。在运用类推技术之前,首先需要确定在存在漏洞的情形下,法律是否允许类推,即所欲类推的法规范是否具有类推能力(Analogiefähigkeit)。① 实际上,是否允许类推,按照是否允许法官填补漏洞来判断:如果允许填补漏洞,那么,也应当允许类推。② 其次,要寻找可供类推适用的规则。但是,无论如何,裁判者不能以整部法律的所有规则为基础进行类推,而只能以其中的某个或数个规则为基础。例如,在“百威英博哈尔滨啤酒有限公司诉上海金炀风味餐饮有限公司等擅自使用知名商品特有名称、包装、装潢纠纷案”中,当事人就产品包装装潢是否构成侵权产生争议。法院认为,“该三被告销售了带有被控侵权包装装潢的喜盈门啤酒,其是否应承担侵权责任应依照法律确定。我国反不正当竞争法对此行为并无明文规定,但因知名商品特有包装装潢属于标识性权益,类似于商标权,故在相关法律没有明文规定的情况下,可类推适用商标法的规定”,“未经许可销售侵犯知名商品特有包装装潢的商品的,应属不正当竞争行为,理应承担停止不正当竞争的责任。”③在这一案件中,法院认为,“标识性权益”的保护确实是法律漏洞。现行立法对此没有作出规定,虽然它是在市场竞争中提出的问题,但是《反不正当竞争法》也没有规定。法院认为,应当适用《商标法》的相关规定,但是没有具体指明被类推的规则,只是泛泛地指明要类推适用《商标法》的规则。如果裁判者不指明被类推的规则,就无法确定具体的裁判规则。

(三)类似性的判断

在逻辑学上,类比推理原理的可靠程度是建立在两个事物相同属性之间相关程度的基础之上的。这种相关程度越高,类比推理的可靠

① Würdinger AcP 206 (2006), 946.

② Wank, Juristische Methodenlehre, Vahlen, 2019, § 15, Rn. 104.

③ 上海市第一中级人民法院民事判决书,(2012)沪一中民五(知)初字第138号。

性就越大。[①] 类推是类比推理原则在解释学中的运用,因此,类推适用中也应当要求“相关程度”,或者称为“类似性”。在类推适用中,类似性判断是其最关键的步骤。这是因为,类推顾名思义就是建立在类似性基础上的推导。诚如考夫曼所言:“类推介于同一与差异之间!”[②]因此,裁判者必须谨慎对待类推方法,深入分析已有法律规范和系争案件的相似之处与差异之处,认真选择比较点,使类比推理的过程具有合理性,这样才能得出科学的结论。类比并不是寻求个体间的相同点,而只是相似点的比较;与列举不同,类比并不取决于例子的量(quantity),而是取决于相似点的质(quality)。[③] 可以说,其类似性越强,其推理的可靠性越高。尤其是从广义上说,只要是法律规范,都具有某种相似性,因为在本质上都属于国家制定的调整社会关系的规范。类推的弊端就在于,这种解释方法一旦被无限扩大适用,则任何法律规范都可以被当作比较点,任何法律规范都可以与待决问题找到某种相似之处。这样的话,类推将成为裁判者恣意裁判的借口,制定法的安定性将被破坏殆尽。

如何认定“类似性”?学者有不同的看法,主要有如下几种观点:(1)构成要件类似说,即通过构成要件的比较来认定类似性。(2)实质一致说,即通过考察系争案件事实与法律规定的案件之间是否具有“实质一致”来认定类似性。(3)同一思想基础说,即从系争案件事实与法律规定的案件的基础事实来看,如果两者具有“同一利益状态”,即认定其具有相同的基本事实,从而认定其类似性。[④] (4)相同特征说,即认为构成类似性,应当是法律所预设的案型与待决案件之间在具有法律评价上重要意义之点方面具有相同特征。[⑤]

上述主张都不无道理,从我国《民法典》关于类推规则的规定来看,大都要求“根据其性质”参照适用,这就要求考虑争议案件的法律关系

---

① 参见李廉、张桂岳、孙志成主编:《逻辑科学纲要》,湖南人民出版社 1986 年版,第 235 页。

② [德]考夫曼:《法律哲学》,刘幸义等译,法律出版社 2004 年版,第 118 页。

③ 参见[美]鲁格罗·亚狄瑟:《法律的逻辑》,唐欣伟译,台北,商周出版社 2005 年版,第 125 页。

④ 参见黄建辉:《法律阐释论》,台北,新学林出版股份有限公司 2000 年版,第 36 ~ 37 页。

⑤ 参见吴元曜:《法律适用方法论》,台北,元照出版有限公司 2010 年版,第 21 页。

的性质、考虑被参照适用的法律规定的性质进行比较,确定是否具有相似性。笔者认为,"类似性"的认定应当从构成要件和立法目的两个角度进行,理由在于:一方面,类推适用既有事实认定,也有价值判断。[①]就其事实认定来说,应当从法律规定的构成要件出发,与待决案件相比较,从而认定其在事实上的类似性。而就价值判断来说,类推适用就是要实现法律的规范目的,因此,类似性的考察还必须考虑法律的规范目的,以免与法律的规范目的相违背。另一方面,类推适用并非仅是逻辑的推演,如果仅仅从构成要件的类似性来进行判断,就与其性质不相符合。在类推适用中,比较点的选择并非完全是客观的,其有时可能是基于裁判者的主观判断。[②] 因此,通过立法目的考量,可以限制裁判者进行类似性认定中比较任意的判断。具体来说,类似性的判断应当从以下两个方面着手:

1. 适用情形的类似。所谓适用情形的类似,是指构成要件上的类似。这就是说,待决案件中的事实与法律既有规定中的构成要件具有类似性。一般来说,判断适用情形的类似主要从如下几个方面考虑。

第一,被类推的法律规定与待决案件法律关系的性质必须处于民法领域,受民法调整。我们不能对不同法律部门的法律进行随意类推。例如,不能将刑法的某些规范随意类推到民法,[③]也不能将民法的规定随意类推到行政法。例如,行政许可法中的制度不能类推适用到民法中的登记制度。

第二,通常限于民法内同一法律领域内部的类推。类推通常限于合同法、物权法等法律内部,而一般不能在它们相互之间类推。例如,违约损害赔偿的可预见性规则就不能适用到侵权损害赔偿之中,因为合同上的请求权和侵权损害赔偿请求权不属于同一法律领域。

第三,必须在法律关系方面具有类似性。法律关系的类似性是类似性认定中的重要考量因素。在判断法律关系类似性时,应当准确地选择比较点。所谓比较点,是指对被类推的法律关系具有决定性影响的因素。找到这样的因素,才能确定能否类推。通过对比较点的分析,

---

① 参见[德]考夫曼:《法律哲学》,刘幸义译,法律出版社 2004 年版,第 116 页。

② 参见[德]考夫曼:《法律哲学》,刘幸义译,法律出版社 2004 年版,第 116 页。

③ 我国刑法根据罪刑法定的原则而禁止类推,这是为了更好地保护犯罪嫌疑人的权益。

认定其具有适用情形的类似且符合立法目的，就可以确定类似性。在类推中，待认识的法律关系，并不是在其自身或者接近其自身的本质而加以认识的，而是在另一类更为典型的法律关系的关联中加以认识的，是通过与其他事物进行比较而完成法律适用的。两个事物的突出的共性之处就是比较点。例如，飞机、汽车、火车都属于交通工具，都是民法中的特殊动产，因此，从它们作为特殊的动产适用特殊的登记规则来说，其权属变动规则可以类推。所以，“特殊的动产”是其比较点。在侵权法上，它们都是高速运输工具，因此，就严格责任的适用而言是可以相互类推的。所以，“高速运输工具”是其比较点。但是，在某些方面又不能类推，如就赔偿方面，航空事故实行限额赔偿，而汽车、火车事故就实行完全赔偿，在这方面不能类推。再如，我国《民法典》第 312 条规定，“所有权人或者其他权利人有权追回遗失物”。据此，遗失物原则上是不适用善意取得的。而盗赃物和遗失物都是非基于原物权人的意思脱离占有的，二者具有高度的相似性，因此，裁判者可以将遗失物的规则类推适用到盗赃物去。[①]

第四，两种法律关系处于同一层次，不存在包含、递进或其他关系，否则就不再是类推适用，而是其他法律解释方法。例如，某机动车驾驶人喝酒后驾驶机动车撞人，保险公司垫付费用以后，是否有权向机动车驾驶人追偿。《民法典》第 1216 条虽然规定，如果机动车参加了强制保险，保险公司应当在交强险限额范围内予以赔偿，但没有规定赔偿后是否可以向事故责任人追偿。《机动车交通事故责任强制保险条例》第 22 条规定：“有下列情形之一的，保险公司在机动车交通事故责任强制保险责任限额范围内垫付抢救费用，并有权向致害人追偿：(一)驾驶人未取得驾驶资格或者醉酒的；(二)被保险机动车被盗抢期间肇事的；(三)被保险人故意制造道路交通事故的……”事实上，此种饮酒后肇事逃逸的行为，导致无法判断当事人是否醉酒，但由于此种行为与醉酒驾驶的行为存在相似性，因而可以类推适用《机动车交通事故责任强制保险条例》第 22 条的规定。在该案中，酒后驾车逃逸与醉酒驾驶行为处于同一层次，并非包含关系，因此可以进行类推适用。

第五，必要时采用反类比的方式来判断类似性。在进行类推时，也

① 参见熊丙万：《论赃物的善意取得及其回复请求权》，载《法律科学》2008 年第 2 期。

可能要进行反类比的操作。所谓反类比,是指在比较事物间相同属性时,进一步找出它们的不同属性,然后分析这些不同属性与推理出的属性之间是否存在不相容性,从而进一步验证类比结论的可靠性。如果存在不相容性,即使两个或两类事物之间存在许多的相同属性,类比得出的结论也是不可靠的。① 反类比能够进一步发现两者之间的差异,从而确定其类似性的程度。

在具体比较两类事物是否具有类似性时,需要进行比较点的分析。认定"类似性"的学界通说是构成要件类似说,具体方法是假设有法定案型 A,其内涵特征可析述为 M1、M2、M3、M4、M5 几点,系争案件 B 之内涵特征有 M2、M3、M4、M5、M6、M7 几点,相互比较可知 A、B 两案之相同特征为 M2、M3、M4 三点,若此三点在法律评价上对 A、B 两案具有重大意义,则可认定两案具有"类似性"。② 也就是说,就比较点而言,被类推的关系和待决关系分别是 A 和 B。在确定了符合法律规定的 A 之后,将其与待解决的 B 进行比较,如果发现两者之间具有内在相似性和关联性,那么 A 就是 B 的比较点。从 A 和 B 具有的内在相似性之中,可以推论出 A 的法律规范也可以适用到 B 之中,因此,待解决的 B 就可以类推适用 A 的法律规范,从而完成对系争问题的找法过程。在这个过程中,确定比较点非常重要。

总体上说,比较点应当具有高度的类似性,仅仅认为待决案件与既有法律规定之间具有某种相似性,是不够的,因为在许多情况下,两个事物之间总会存在或多或少的相似性。我们之所以强调比较点,就是强调相似性必须达到较高的程度才能类推,因此,法律解释学上不应当存在所谓"弱类推"(较低程度相似性上的类推)。类推是根据比较点与系争案件在本质上的相似性和内在关联性而做出的,因此,比较点一定要选择与系争案件具有最高相似性和最密切内在联系的对象才能发挥出类推的最佳效果。

2. 立法目的和规范意旨考量。所谓立法目的和规范意旨考量,是指既有法律规则的立法目的可以适用于待决案件的调整。类推并非简单的形式上的逻辑判断。而要着眼于实质的价值判断。为了追求类推

---

① 参见刘江编著:《逻辑学推理和论证》,华南理工大学出版社 2004 年版,第 192 页。

② 黄建辉:《法律漏洞 · 类推适用》,台北,蔚理法律出版社 1988 年版,第 110 页。

适用所要达到的目的,在类推的时候,裁判者不仅要比较两个事实之间是否具有类似性,而且要考量立法者的立法目的,决定将特定法条类推适用是否与其立法目的相吻合。[①] 对此,解释者必须进行论证,而不能简单地阐明两种事实之间的类似。缺乏论证,裁判者的权力就过大,因为简单的事实类似是经常遇到的。但是,两种情形能够类推,必须考量立法目的。例如,合同法中的违约损害赔偿的可预见性规则,不能适用于侵权损害赔偿。因为可预见性规则是为了鼓励交易而设定的规则,与侵权损害赔偿旨在保护受害人的目的不完全相同。考量立法目的,应当从如下几个方面着手:

第一,法律是否允许裁判者在特定案件中进行类推适用。如果法律不允许裁判者进行类推,就不得进行类推适用。类推适用属于法律漏洞填补方法,裁判者在进行类推适用时,首先应当确定是否存在法律漏洞。例如,法律已经规定了"视为""准用"等表述,表明法律已经对此种情形作出了规定,此时就不存在法律漏洞,裁判者也不得运用类推适用的方法。

第二,在类推过程中,应当了解立法者预想事件的利益状况、立法者最重视何种利益,然后才能类推。因此,利益是类推的核心。[②] "在类推的过程中,还要注意系争个案的评价、利益衡量等,因为类似性的判断本身并非纯事实的分析比较,而是价值评价活动。"[③]日本学者石田穰认为,在类推过程中,应当了解立法者预想事件的利益状况、立法者最重视何种利益,然后才能类推。因此,利益是类推的核心。[④] 所以,在采用类推方法时,应当考虑立法者追求的利益。类推解释是在法律规定没有涵盖的情况下对法律意思的扩大,严密的类推解释是"法的创造"。例如,《民法典》第303条规定了共有中有"重大理由"可以分割共有财产,这是否可以类推适用《民法典》之中的建筑物区分所有权?笔者认为,虽然两者之间也具有一定的相似性,但共有制度和建筑物区分所有权制度的规范目的不同,因此,《民法典》规定的共有中分割共有财产的"重大理由"并不能类推适用于建筑物区分所有权的分割。

---

① Paul Delnoy, *Elément de méthodologie juridique*, Larcier, 2006, Bruxelles, p. 410.

② 参见[日]井上英治:《民法总则》,东京法曹同人1998年版,第175页。

③ T. Heller, *Logik und Axiologie der analogen Rechtsanwendung*, 1961, S. 34.

④ 参见陈兴良主编:《刑法方法论研究》,清华大学出版社2006年版,第175页。

第三,考虑法律设定特定的规则是否是为了追求特定的法律效果,包含了某种特殊的考虑因素。在特殊的情况下,法律可能针对特殊情况设计了特殊的立法目的,且仅适用于特殊案件,对特殊情形,就不能进行类推。例如,机动车与马车之间发生碰撞,究竟应当类推适用机动车与行人之间的规则,还是类推适用机动车与机动车之间的规则?笔者认为,关键是碰撞之后是否造成了人身伤害,如果造成了人身伤害,就应当适用机动车与行人之间的规则,适用严格责任,因为立法确立这一规则的目的主要是为了保护人身,不能适用于其他情形。

第四,从法律效果来看,类推不得加重当事人的责任。在此需要探讨,连带责任的规定是否可以类推适用的问题。笔者认为,一般情况下,对于连带责任的适用不能进行类推,因为连带责任实际上是加重责任,对于当事人的利益影响重大,如果允许裁判者随意类推,就可能加重当事人的责任,并赋予裁判者过大的自由裁量余地。所以对此不宜进行类推,以免给当事人强加过重的责任。例如,对于网络经营者的责任,有人主张应当类推适用动物致人损害的责任规则。笔者认为,这种观点是不正确的,因为网络侵权和动物侵权不同,网络侵权往往是无数的网民散布各种信息或个人资料而对他人造成的侵害,是由于别人的行为造成的侵害,网络经营者只是对其审查义务的未履行或者故意帮助散布各种侵权信息的行为而承担责任,这和饲养的动物致人损害是不同的。尤其是,如果将动物致害的规定类推到网络侵权,将给网络经营者强加过重的责任。

第五,不存在适用类推的障碍,也就是说,这种类推不违反法律和宪法。类推适用不仅要在正面上符合类推的要件,也要从反面上排除类推适用的障碍。虽然民法与刑法等法律部门不同,类推适用在民法领域原则上不受限制,但是,就民法中的特定领域来说,其也可能存在类推的障碍。例如,我国《民法典》确认了物权法定原则,所以,不能通过类推来设定新型物权。例如,不能将《民法典》物权编中关于用益物权的规定类推适用到典当关系。

六、类推适用的规则

(一)类似事项,类似判决

法谚云:“类似事项,类似判决”(et de similibus idem est judicium)。

法律适用中的平等原则包含两层含义：一是类似案件类似处理；二是不同案件不同处理。[①] 类推适用遵循“类似案件，类似处理”的原则，实际上是平等原则的重要体现。当然，类似事项并不是两个法律事实在所有方面都相同，其只是互相“类似”。[②]

（二）遵守“类似性”的规则

类推适用的法理就是要“类似问题类似处理”，因此，其适用的规则之一就是要遵守类似性规则。首先，就不同法律领域的规则，其无法类推。例如，侵权责任法中的精神损害赔偿不能类推适用于合同责任。其次，即便是同一领域的法律规则，其类推适用也要进行类似性检验。所谓“类似性检验”是指通过分析确定待决案件与特定的法律规则是否具有相似性，能否实现有效的契合。试举一例加以说明：大成公司在某市工商银行借款，并委托第三人以 10 台车床出质，担保借款的偿还。后来，工商银行因各种原因没有在债权的诉讼时效期间内行使质押权。第三人认为，质押权已经消灭，要求取回质押财产。而工商银行则认为，法律对于质押期限没有规定，虽然超过了诉讼时效期限，其仍然可以行使质押权。《民法典》第 419 条规定：“抵押权人应当在主债权诉讼时效期间行使抵押权；未行使的，人民法院不予保护。”问题在于，该规定能否类推适用到质押？这就有必要考虑类推适用规则。在该例中，抵押期限与质押期限确实具有类似性，因为它们都适用于担保物权，而且都是主债权诉讼时效已经届满的情形。“虽然既存的法律规范，并不能因为‘类似性’的考量而直接类推适用于待决案件，但是，法律规范中所包含的一般法律原则是可以基于‘类似性’而适用于待决案件的。”[③]

（三）类推适用不能违背立法者的意愿

就类推适用来说，其不能违背立法者的意愿，否则，就可能使立法者意志不能得到贯彻，其妥当性就值得怀疑。例如，在侵权法中，就严格责任来说，其属于侵权法中特殊类型的责任，立法者只是希望其适用于法律特别规定的情形，如果类推适用就会违背立法者的意愿。例如，

---

① Canaris, Die Feststellung von Luecken im Gesetz, 1964, S. 70ff.

② 参见黄茂荣：《法学方法与现代民法》（第 5 版），中国政法大学出版社 2001 年版，第 382～383 页。

③ Franz Bydlinski, Juristische Methodenlehre und Rechtsbegriff, Wien/New York 1982, S. 486.

大型船舶之间发生碰撞,对此我国法律没有明确规定,能否类推适用机动车与行人之间发生碰撞的规则?笔者认为,因为机动车和行人之间的责任属于严格责任,所以不能进行类推适用,而应类推适用机动车之间发生碰撞的规则。否则,就违反了立法者的意愿,是不妥当的。

(四)类推适用原则上不能加重当事人的责任

在法律适用中,对当事人责任的加重应当非常谨慎,这也符合现代法治的精神。就类推适用来说,其原则上不能加重当事人的责任。即使要加重当事人的责任,也必须有充分的理由。例如,我国立法没有对公司进行债务加入的程序作出特别规定,但是《公司法》第16条规定了公司对外提供担保的程序。由于相较于担保而言,债务加入对于公司的利益影响更为重大,因此,根据举轻以明重的规则,此时应当类推适用《公司法》关于对外提供担保的程序要求。此种类推的适用,也并没有增加当事人的责任,而是与对外担保适用共同的程序规则。

(五)法律有参照适用规定时不使用类推

在某些情形下,法律已经明确规定了参照适用的条款,此时法官就应当直接依据该条款适用被参照的规范,而不能再适用类推的方式寻找规范。例如,在陕西迪普物业有限公司确认合同效力纠纷再审审查与审判监督民事裁定书中,[①]涉及股权转让合同中解除权的行使期限问题。对于股权转让合同中解除权的行使期限,法律没有作出明确规定,但针对买卖合同中当事人解除权的行使期限,法律进行了规定。《最高人民法院关于审理商品房买卖合同纠纷案件适用法律若干问题的解释》第11条针对商品房买卖合同之解除权的行使,就未催告时的期限明确规定:"……对方当事人没有催告的,解除权应当自知道或者应当知道解除事由之日起一年内行使。逾期不行使的,解除权消灭。"因此,法院在该案中认为:"根据类推适用的民法基本原理,本案是股权转让合同,尽管与商品房买卖合同不同,但股权转让合同与商品房买卖合同在性质上均属于价值较大的转移财产所有权的合同,具有一定的参照性。股权一旦进行工商变更登记、完成权属的转移,如果放任解除权行使的合理期限过长,不仅将使股权的归属处于长期不确定状态,影响股权的正常交易和公司的经营,也将使新股东无法安心对公司进行投入

① 中华人民共和国最高人民法院民事裁定书,(2018)最高法民申4613号。

经营使公司资产不断增值,违背商事交易倡导的效率价值。因此,股权转让合同解除权的行使,即便对方不催告,亦应有合理期限。”笔者认为,将商品房买卖合同中有关解除权行使的期限适用到股权转让合同中是值得商榷的。因为依据原《合同法》第 174 条的规定,[①]法律对有偿合同没有规定的,可以参照适用买卖合同的有关规定。既然,法律已经对这一规则进行了确认,此时裁判者就应当援引该规则,而无须通过类推的方式进行漏洞填补。

(六)类推适用原则上不适用于例外规定

例外规定都是基于特殊的法政策考量而确立的,例外规定表明立法者已经就特定情形作出了规定,且仅适用于特定情形,因此例外规定原则上不可以类推适用,否则不仅会不适当地扩大其适用范围,而且可能会加重一方当事人的责任,从而不利于维护其权益。此外,如果例外规定可以类推适用,也会违反其立法目的。当然,如果不能确定某种情况是否是法律规定的例外情况,此时也可以作为一般情况来对待。例如,《民法典》第 359 条第 1 款规定:“住宅建设用地使用权期限届满的,自动续期。”这一规定属于例外规定,其就不能类推适用于其他用益物权。

(七)反面推论与类推相互排斥

反面推论(Umkehrschluss, argumentum e contrario,也称反向推理),是指制定法只规定事实构成 A 产生法律后果 R,进而可以推论其他事实构成不能产生法律效果 R,[②]反面推论与类推是两种截然对立的解释方法。[③] 因为立法者在法规范中仅就特定的构成要件规定法律效果,但这同时意味着对法律文本不包括的情形不会发生法条所规定的法律效果。[④] 例如,《民法典》第 171 条第 3 款规定了善意相对人可以请求无权代理人承担履行债务的责任,如果对这一规则进行反面推论,就意味着恶意的相对人不得请求无权代理人履行债务,而只能请求损害

---

① 现为《民法典》第 646 条。

② 参见[德]卡尔·拉伦茨:《法学方法论》,黄家镇译,商务印书馆 2020 年版,第 490 页。

③ Bydlinski/Bydlinski, Grundzüge der juristischen Methodenlehre, 3. Aufl., Facultas, 2018, S. 90.

④ Bydlinski/Bydlinski, Grundzüge der juristischen Methodenlehre, 3. Aufl., Facultas, 2018, S. 90.

赔偿。反面推论意味着在解释某一规则时,凡是法律没有明确规定的事实构成,均不得适用该法律后果。例如,《民法典》第 1032 条将隐私权的主体限定于自然人,因此,如果借助反面推论,可以认为法人不享有隐私权。而类推则恰恰相反,类推是将法律没有规定的事实构成,适用该法律后果。例如,同样对《民法典》第 1032 条进行解释,如果采取类推的方法,则可以认为,既然自然人享有隐私权,那么法人与自然人均是民事主体,那么法人也可以享有隐私权,由此得出的结论显然不妥当。可见,反面推论与类推的解释方法是完全相反的,二者只能择一适用,相互排斥。

在二者的选择适用上,解释者需要从立法目的出发,考察立法者是否希望将法律后果仅仅局限于构成要件所包括的事实进而采取反面推论,抑或是不限于构成要件所包括的事实,进而采取类推。[①]

(八)具体列举(Aufzählung)规定一般不适用类推

在一些法律规范中,立法者会对构成事实进行明确的列举(Enumeration),以明确可以发生特定法律效果的事实构成。如果立法者就特定情形作出了无歧义的、特殊的决断,那么,这就构成禁止法的续造的表征(Indiz für ein Verbot der Rechtsfortbildung)。[②] 因此,这种立法技术的使用,往往就意味着立法者有意将事实构成局限于其所列举的情形。一般而言,如果立法者在法条中进行了列举,那么,具体列举应当严格解释(singularia non sunt extendenda),而不得类推。[③] 例如,《民法典》第 96 条规定:"本节规定的机关法人、农村集体经济组织法人、城镇农村的合作经济组织法人、基层群众性自治组织法人,为特别法人。"此处立法者就采取了具体列举的方法,规定了特别法人的四种类型,且为封闭列举。这就意味着,对于其他组织不得类推适用特别法人的规定。法律适用中解释者仍然可以通过论证,证明立法者在采取列举的立法技术时,并不排斥其他可以产生该法效果的情形。

---

① Bydlinski/Bydlinski, Grundzüge der juristischen Methodenlehre, 3. Aufl., Facultas, 2018, S. 91.

② Wank, Juristische Methodenlehre, Vahlen, 2019, § 15, Rn. 107.

③ Wank, Juristische Methodenlehre, Vahlen, 2019, § 15, Rn. 109.

第四节　目的性扩张和目的性限缩

法律条款的范围越宽泛,确定法律条款的意义则越困难。①

——[美]劳伦斯·布勒(Anrence Boulle)

一个裁判者绝不可以改变法律织物的编制材料,但是它可以,也应该把皱褶熨平。②

——[英]丹宁勋爵(Lord Denning)

案例1:小萌是个七岁的孩子,获得了全市数学大奖赛第二名,其伯父章某要奖励其50万元,小萌父母因为与章某素来不和,便对此赠与表示拒绝,而该小孩表示接受,此时该赠与是否有效?《民法典》第20条规定:"不满八周岁的未成年人为无民事行为能力人,由其法定代理人代理实施民事法律行为。"依据《民法典》第144条规定,无民事行为能力人实施的民事法律行为无效,该条没有规定任何例外情形,所以在解释上可能是无效。但从立法目的考虑,《民法典》第144条之所以规定无民事行为能力人实施的民事法律行为无效,主要目的在于保护无民事行为能力人,防止其因行为能力欠缺、缺乏判断能力而遭受损害,而在无民事行为能力人接受无负担赠予的情形下,其接受赠予的行为使其纯获利益,而不会遭受损害,因此,应当对《民法典》第144条进行目的性限缩,将无民事行为能力人接受赠予的情形排除在外,承认其效力。

案例2:某民政部门的工作人员张某具体负责婚姻登记工作。张某的好友罗某开设了一家婚庆公司。罗某与张某达成协议,每获得一对新人的信息,支付给张某好处费5元。后来,罗某获得了受害人蒋某夫妇的信息资料,按照登记的电话给其打电话,在遭到拒绝后,甚至亲自上门要求为其操办婚事。蒋某夫妇认为,其隐私权遭受侵害,起诉该民

---

① Anrence Boulle, *Elements in the crucile* 1987, SALJ 116.

② [英]丹宁:《法律的训诫》,杨百揆等译,群众出版社1985年版,第10页。

政部门,要求民政部门不得再将其资料泄露给其他人,因此向法院主张停止侵害、赔礼道歉、赔偿损失。该案在审理中,对于受害人的主张,裁判者存在不同的看法。原《国家赔偿法》第30条规定:"赔偿义务机关对依法确认有本法第三条第(一)、(二)项,第十五条第(一)、(二)、(三)项规定的情形之一,并造成受害人名誉权、荣誉权损害的,应当在侵权行为影响的范围内,为受害人消除影响,恢复名誉,赔礼道歉。"对于该条规定,裁判者有两种不同的理解:一种观点认为,原《国家赔偿法》第30条仅仅适用于名誉权和荣誉权的侵害,这属于法律的有意沉默,不属于法律漏洞。另一种观点认为,原《国家赔偿法》第30条的规定属于法律漏洞,应当通过目的性扩张的方法予以适用。笔者认为,原《国家赔偿法》第30条采取具体列举的方式,明确其适用范围是"名誉权、荣誉权"受到侵害,而不包括隐私权和个人信息。因此,通过扩张解释无法将该条适用于隐私权和个人信息的侵害,因为这已经超出了文义的可能范围。但可以通过目的性扩张的方式,实现这一解释目的。

一、目的性扩张的概念与特征

所谓目的性扩张,是指为了贯彻立法目的,对法律条文作出超过其文义的解释,使其包括原本没有包括的案型。① 目的性扩张是在存在明显漏洞的情况下,裁判者填补漏洞的方法,其也是基于法律的目的考量而进行的操作②。裁判者在适用法律时,发现有关法律规范因涵盖的案件种类过于狭窄,不能实现特定法律调整目的的要求,则其可以从立法目的出发,扩大有关法律规定的适用范围,将特定案件类型纳入拟扩张的法律规定的适用范围之内。换言之,法律条文所涵盖的案件,如果根据立法的本意来看,在表述上显得过于狭窄,裁判者可以从探求立法目的出发,将法律条款所适用的案件类型予以扩张。③ 例如,《民法典》第801条规定:"因施工人的原因致使建设工程质量不符合约定的,发包人有权请求施工人在合理期限内无偿修理或者返工、改建。经过修理或者返工、改建后,造成逾期交付的,施工人应当承担违约责任。"在该

① 参见黄茂荣:《法学方法与现代民法》(第5版),法律出版社2007年版,第499页。

② Canaris, *Die Feststellung von Luecken im Gesetz*, 2. Aufl. 1983, S. 83f.

③ 参见[日]井上英治:《民法总则》,东京法曹同人1998年版,第13页。

条中,没有明确施工人与发包人之间是否存在委托关系。从文义解释来看,只要因施工人原因致使建设工程质量不符合约定的,都要向发包人承担责任,在施工人与发包人无合同关系的情况下,施工人也应当承担违约责任。此种规定显然与合同相对性原则不符。笔者认为,从实践来看,在两者无合同关系时,要求施工人承担违约责任,确实有利于发包人权利的实现,也有利于督促施工人的正确施工。尤其是在很多情况下,发包人、转包人、分包人等难以承担责任,此时,要求施工人承担责任,有利于保障发包人的权益。所以,基于立法目的考量,可以采用目的性扩张解释,即认为在施工人和发包人没有签订合同时,发包人和施工人之间形成了事实上的合同关系,因此,因施工人的原因致使建设工程质量不符合约定的,施工人应当承担违约责任。

目的性扩张的主要特点在于:

第一,它是以法律条文的立法目的(或称规范意旨)为基础进行的漏洞填补。目的性扩张就是法律规定的文义相对于其意义有可能过于狭窄,此时从法律条文的规范意旨(或称为立法意旨、法律理由)出发将该规范的适用范围予以扩张。[①] 之所以采用目的性扩张,是因为"立法上衡诸其立法意旨,所选取之类型太过具体(过度类型化)。因此,为贯彻该立法意旨,乃放松其类型化,将之再予抽象化,以兼容其他适当案型"[②]。

第二,它是填补法律的公开漏洞的方法。法律漏洞可以分为公开漏洞和隐藏漏洞,目的性限缩是隐藏漏洞的填补方法,而目的性扩张则是填补公开漏洞的重要方法。此处所说的公开漏洞是指法律没有就某事项作出规定,且该规则的缺乏违反立法计划。

第三,它属于演绎推理的范畴。目的性扩张属于间接推论的一种类型,即将与特定法律规则所调整事项类似的事项也纳入该条的适用范围,因此,目的性扩张本质上并不是归纳,而是演绎推理,其属于从一般到特殊的推论。[③]

第四,目的性扩张是解决法律规避问题的重要方法。法律规避并

---

① 参见吴元曜:《法律适用方法论》,台北,元照出版有限公司2010年版,第116页。

② 黄茂荣:《法学方法与现代民法》(第5版),法律出版社2007年版,第401页。

③ 参见杨仁寿:《法学方法论》,台北,三民书局1986年版,第190~192页。

非都应当受到法秩序的否定性评价。但如果法律要对法律规避行为作出否定性评价,并非需要特别规定法律规避的处理规则,而可以借助法律解释方法,其中重要的方法就是目的性扩张。例如,《民法典》第185条规定:“侵害英雄烈士等的姓名、肖像、名誉、荣誉,损害社会公共利益的,应当承担民事责任。”该条没有规定侵害英雄烈士等的隐私、个人信息遭受侵害时,其人格利益能否依据该条受到保护,因此构成法律漏洞。笔者认为,从立法者强化对英雄烈士等人格利益的目的考虑来看,应当将该条扩张适用于对英雄烈士等的隐私及个人信息的保护。

目的性扩张之所以作为法律漏洞的填补方法,是因为它已经超出了法律文义的可能射程范围。另外,目的性扩张是以立法目的为基础的,而在立法目的的确定方面,法官具有较大的自由裁量空间,因为何为立法目的,需要结合法律制定的过程、社会的变迁、社会普遍观念等因素来确定。也可以通过运用目的性扩张使法律的解释能够适应社会的变化。

二、目的性限缩的概念与特征

所谓目的性限缩,是指裁判者在适用法律时,发现有关法律规范适用于某个特定案件,不符合法律目的的要求,则可以缩小待解释条文适用的范围,将该案件排除在法律规定的适用范围之外。据学者考证,目的性限缩的概念是由拉伦茨教授提出并首先加以使用的。[①] 该方法是限定条文原本规定的调整范围的漏洞填补方法。在某些情况下,如果出现碰撞法律漏洞,就可以采用目的性限缩的解释方法来加以消除。因而,目的性限缩的正当性基础在于,不同类型的事项应当进行不同的处理,即差异化的处理,因此其从根本上而言,仍是由正义原则推导出来的。[②] 例如,《民法典》第171条第3款规定:“行为人实施的行为未被追认的,善意相对人有权请求行为人履行债务或者就其受到的损害请求行为人赔偿。但是,赔偿的范围不得超过被代理人追认时相对人所能获得的利益。”该款并不区分无权代理人的善意与恶意,这就导致

---

① Larenz/Canaris, *Methodenlehre der Rechtswissenschaft*, 3. Aufl., Heidelberg, 1995, S.211.

② 参见[德]卡尔·拉伦茨:《法学方法论》,黄家镇译,商务印书馆2020年版,第493页。

在无权代理人为善意时,也可能承担较重的履行债务的责任形式,相较于缔约过失责任中的债务人仅承担损害赔偿责任,出现了法律评价上的矛盾,因而构成了隐藏的漏洞,[①]需要进行目的性限缩,将行为人履行债务的范围限制在恶意上。

三、目的性限缩与目的性扩张的并同

(一)两者的相同点

目的性限缩和目的性扩张都是填补漏洞的方式,在解释方法上,两者通常被合并在一起讨论,这实际上是强调了其共通性。具体来说,两者的共同之处如下:

1. 两者都以法律漏洞的存在为前提。无论是目的性限缩还是目的性扩张,都是漏洞填补的方法。要适用这两种方法,都必须首先认定法律漏洞的存在。一般而言,目的性扩张适用于明显漏洞,而目的性限缩则适用于隐藏漏洞。例如,《民法典》第229条规定:"因人民法院、仲裁机构的法律文书或者人民政府的征收决定等,导致物权设立、变更、转让或者消灭的,自法律文书或者征收决定等生效时发生效力。"按照该条规定,人民法院的所有类型的判决文书都可以导致物权的变动,且不需要经过公示。但是,该条实际上存在隐藏漏洞,因为确认判决直接宣示了物权的归属,而给付判决要发生物权变动的效力需要借助于相对人的给付行为。所以,对该条应当进行目的性限缩,即将人民法院的判决文书的效力限定为确认判决,只有确认判决可以直接发生物权变动的效力。

2. 两者都以法律目的作为漏洞填补的基础和依据。顾名思义,无论是目的性限缩还是目的性扩张,都要受"目的"限制,都以确定法律目的为适用的前提条件,法律目的决定了是否有必要进行限缩或扩张。此处所说的"法律目的",是指立法者借助于法律文本所表示出来的立法目的。目的性扩张和目的性限缩中的法律目的可以通过法律文本直接得以体现,也可以通过狭义的解释方法来显现,还可以通过该部法律

---

① 参见潘重阳:《无权代理人对善意相对人责任之析分——以〈民法总则〉第171条第3款的解释为中心》,载《华东政法大学学报》2019年第3期。

立法宗旨和法律原则予以确定。[①] 立法目的不仅决定了扩张或限缩的必要性,而且也制约着扩张或限缩的范围。例如,《民法典》第 1086 条规定了离婚后未与子女共同生活的一方对子女的探望权,而并没有规定祖父母、外祖父母等其他近亲属对未成年子女的探望权。考虑到法律规定探望权的目的是更好地保障未成年人的健康生活,而祖父母、外祖父母等其他近亲属的探望是有助于未成年人的,因此,笔者认为,可以采用目的性扩张解释,将探望权的主体扩大到祖父母、外祖父母等近亲属。

3. 两者适用的结果都超出了法律文本可能的文义范围。一般来说,运用目的性限缩是因为法律条文可能的文义范围涵盖的案件类型过于广泛,从而与确定的法律目的发生抵触或冲突。为了实现该法律目的,有必要限缩待解释法律条文的适用范围。与此类似,目的性扩张是因为法律条文文义的可能射程范围已经不能涵盖待决的案型,也与确定的法律目的不相吻合,因此,有必要作出超出此范围的“扩张”解释。例如,甲公司向乙银行借款,借款时以甲公司 3 年后修建好的高速公路的收费权进行质押。我国原《物权法》没有规定收费权的质押,只是在第 223 条第 6 项规定了应收账款的质押。但是应收账款是否应当包括“未来取得的收费”?从立法目的解释,收费权应当包括在应收账款之中,而收费权通常都是未来才可以获得的收费权利。因此,应当采取目的性扩张的方式,将“应收账款”进行扩张,使其包括“未来取得的收费”[②]。

裁判者进行的法律解释之所以可以超出文义的可能范围,是因为通过考察法律目的,可以确定立法者的立法意图,从而为裁判者适用目的性限缩或者目的性扩张解释方法提供了正当性基础。而且,在大多数情形下,如果不通过目的性扩张和目的性限缩来修正法律条文的文义解释结论,就会导致同一部法律中出现法律规则之间的矛盾和冲突,也会导致具体法律规则的结论与整部法律的宗旨和法律原则相冲突。

4. 两者都属于确定解决纠纷大前提的作业。尽管两者都需发现和

---

① 参见[日]井上英治:《民法总则》,东京法曹同人 1998 年版,第 13 页。

② 需要指出的是,我国《民法典》第 440 条已经对此进行修改,将“应收账款”改为“现有的以及将有的应收账款”,从而将此种未来取得的收费纳入权利质押的客体范围。

阐释立法目的，但是，二者的最终目标都是为待决案件提供裁判依据。但二者又与限缩解释或者扩张解释不同。限缩解释、扩张解释既然是在法律文本的可能含义范围内进行的狭义解释，裁判者的解释活动必然受立法者意图的制约程度较高，而目的性扩张、限缩则是在法律文本可能的文义范围之外寻找裁判依据，尽管仍要受到立法者法律目的的制约，但解释者进行价值判断的裁量余地相对较高。

除了类推适用之外，这两种方法在诸种漏洞填补方法中具有优先的顺位。法律漏洞的填补方法较多，就适用顺位来说，目的性扩张和目的性限缩必须优先适用。一方面，它有利于贯彻法律的规范目的。法律解释的重要目的之一就是要贯彻法律的规范目的。而目的性扩张和目的性限缩正是以法律的规范目的作为基础进行的操作，最能够实现法律的规范目的。另一方面，它是以实定法中的规则为基础的，有利于妥当规范裁判者的自由裁量权。较习惯法和法律基本原则来说，目的性扩张和目的性限缩都是以法律上既有的规则为基础的，因此，裁判者运用时要受到实定法的制约，从而可以尽可能避免其任意解释法律。

（二）两者的区别

虽然目的性限缩和目的性扩张具有若干共同之处，但是，它们毕竟是两种不同的漏洞填补方式。尽管其具有共性，但也并不否认两者之间的差异。它们的区别主要表现如下：

第一，两者适用的法律漏洞形式不同。目的性限缩和目的性扩张作为法律漏洞填补方法，其适用的前提都是法律漏洞的存在。但是，两者所适用的前提存在差异，目的性限缩适用于隐藏漏洞的填补，而目的性扩张适用于明显漏洞的填补。如前所述，法律漏洞可以分为明显漏洞和隐藏漏洞，明显漏洞是指较之于法律的规范目的，法律条文的含义过于狭窄；而隐藏漏洞是指较之于法律的规范目的，法律条文的含义过分宽泛。① 明显漏洞通常是借助于习惯、类推适用、目的性扩张等方式来填补，而隐藏漏洞通常是通过目的性限缩来填补。因为就争议的案件来说，法律上原本存在规定，但是，其含义过宽，按照法律的规范目的应将其排除在适用范围之外。

---

① Franz Bydlinski, *Juristische Methodenlehre und Rechtsbegriff*, Wien/New York, 1982, S. 480.

第二,两者在法律解释中的表现形态不同。就其本质,“目的性扩张和目的性限缩是基于立法本意对法律规定适用范围所进行的调整”。① 在个案中,如果拟适用于待决案件的法律条文的字面含义不足以涵盖该案件,或者适用于该案件违反其立法目的,则基于立法目的的考量,有必要对法条的字面含义予以扩张或限缩。但是,目的性扩张与目的性限缩之间存在差异。目的性扩张扩张了法律的文义,进而扩大了法律文本的适用范围。而目的性限缩限缩了法律的文义,进而缩小了法律文本的适用范围。

第三,两者在对核心文义的解释上存在不同。目的性扩张和目的性限缩都是以法律的规范目的为基础的,同时,也要解决文义解释结论无法涵盖待决案件的问题。但是,两者在是否损及核心文义上存在不同。在目的性扩张的情况下,裁判者所作的解释结论只是核心文义的延伸,虽然超出了可能文义的范围,但没有实质性地改变核心文义。而且,目的性扩张通常都是在核心文义的基础上展开的。而目的性限缩就有所不同,它明显缩小了法律文本可能的文义范围,将原本由法条文义所涵盖的案件类型排除于法规范的适用范围之外,通常都会损及法律文本的核心文义。②

第四,两者在如何运用平等原则进行推理上有所不同。平等原则包括两层含义,即“类似问题类似处理”和“不同问题不同处理”。平等原则是目的性限缩和目的性扩张的共同基础,但是,两者在具体运用时各有侧重。在目的性扩张的情况下,其所运用的是平等原则中的“类似问题类似处理”。所以,目的性扩张的适用以法律关系之间的相似性为必要。而对于目的性限缩的依据,学者之间存在不同的看法。有学者认为,目的性限缩是基于“不同情况不同处理”的原理。③ 也有学者认为,目的性限缩是基于法律的目的考量。④ 笔者认为,目的性限缩不仅要考虑法律的规范目的,也要考虑平等原则,也就是说,其也要依据“不

---

① E. Kramer, *Juristische Methodenlehre*, S. 161ff.

② 参见王鹏翔:《目的性限缩之论证结构》,载王文杰主编:《法学方法论》,清华大学出版社2004年版,第15页。

③ 参见黄建辉:《法律阐释论》,台北,新学林出版股份有限公司2000年版,第59页。

④ Franz Bydlinski, *Juristische Methodenlehre und Rechtsbegriff*, Wien/New York, 1982, S. 480.

同问题不同处理”的规则进行推理。[①] 从这一意义上说，目的性限缩方法的运用以法律关系之间存在区别性为必要。《民法典》规则体系使法律人能够观察到不同法律关系之间的相似性和区别性。

四、目的性限缩和目的性扩张的类型

拉伦茨教授曾经将目的性限缩分为三种类型：其一，仅就某法律规定本身的意旨来考虑，将其适用范围予以限缩，此种类型最为常见；其二，兼顾其他相关规定的规范目的而进行目的性限缩，使之达成其他规定的目的；其三，经由法律一般原则或事理（Natur der Sache）的考量而就某案件将法律规定予以目的性限缩。[②] 笔者认为，通过确定法律目的的途径差异，可以将目的性限缩和目的性扩张进行进一步的类型区分。结合我国立法和司法实践，主要可分为如下几种类型：

第一，依据某一法律规定的目的和意图，限缩或扩张该法律规定的适用范围。例如，《民法典》第 19 条的但书规定，限制行为能力的未成年人“可以独立实施纯获利益的民事法律行为或者与其年龄、智力相适应的民事法律行为”。该条的立法目的在于保护限制民事行为能力人，使其不会因为行为能力的欠缺而不能作出纯获利益的行为。但是，除纯获利益的行为外，还有一些行为属于中性行为，这些行为是指未成年人作出这些行为，既不会使其获益，也不会使其受损。对于这类行为而言，也应当认为其属于限制行为能力的未成年人可以独立实施的行为。[③] 允许从事这些行为，并不与保护未成年人的立法目的相悖，允许其更广泛地从事不损害其利益的民事行为反而是对其保护的加强。基于这种解释，就可以将“纯获利益的民事法律行为”目的性扩张至中性行为。

第二，依据若干法律规则组成的法律制度，探寻该法律制度的立法目的，进而扩张该法律制度中部分规则的适用范围。这种方式将视角拓宽至多个法律规则组成的法律制度，从法律制度的角度寻找立法目

---

① 参见黄茂荣：《法学方法与现代民法》（第 5 版），法律出版社 2007 年版，第 495 页。

② 参见［德］卡尔·拉伦茨：《法学方法论》，黄家镇译，商务印书馆 2020 年版，第 492 页以下。

③ 参见［德］卡尔·拉伦茨：《法学方法论》，黄家镇译，商务印书馆 2020 年版，第 502 页。

的,因此,在符合立法目的的范围内,该制度内的规则均有目的性扩张的解释方法的适用余地。例如,《民法典》第 311 条规定了善意取得制度,但是该条并没有明确,法条中所说的动产是否包括盗赃物。从善意取得制度的目的考量,其旨在寻求静态私权利保护和动态交易安全的平衡,而盗赃物的善意取得虽然保护了交易安全,但是对受害人权利的保护略显不足。因此,从目的考量出发,可以考虑将盗赃物排除在《民法典》第 311 条规定中所说的动产之外,这就是采用了目的性限缩的解释方法。

第三,依据法律的立法宗旨来确定立法目的,以此为根据,扩张具体规则的适用范围。这种方式以更宏观的视角探寻立法目的,通过被解释的法律的立法目的,实现对具体规则的适用范围扩张。例如,在电子票据广泛使用的情况下,票据信息登记与电子化已经逐渐成熟,进行电子票据登记已经改变了纸质票据背书转让的交易方式。但是《票据法》中仍规定了大量的背书转让的规则。在这种情况下,依据《票据法》鼓励票据流通的立法目的,应当对这些关于背书转让的规则进行目的性扩张,使其能够适应电子票据的发展。

五、目的性扩张和目的性限缩与相关概念的区别

(一)目的性扩张、目的性限缩与目的解释

关于目的解释与目的性扩张和目的性限缩的关系,存在三种不同的观点:一种观点认为,目的性扩张和目的性限缩属于目的解释的次类型。另一种观点认为,目的解释属于狭义的法律解释方法,而目的性扩张和目的性限缩属于漏洞填补的方法,二者存在明显的区别。还有一种观点认为,扩张解释和限缩解释属于目的解释的范畴,是按照法律目的而进行的宽于或窄于其字面意思的解释。笔者认为,从表面上看,目的解释似乎可以包括目的性扩张和目的性限缩,因为它们都包含探究法律目的的作业,并依据法律的目的来阐释法律,“目的性限缩并非任意而为,裁判者要运用此种解释方法,必须考量法律的目的”。[①] 目的性扩张和目的性限缩通常也要以目的解释的结论为前提。但是,目的性扩张和目的性限缩与目的解释之间仍然存在明显差异,表现如下:

---

① Franz Bydlinski, *Juristische Methodenlehre und Rechtsbegriff*, Wien/New York, 1982, S. 480.

第一,目的解释并非法律漏洞的填补方法,它属于狭义的法律解释方法,而目的性扩张和目的性限缩属于法律漏洞的填补方法,以法律漏洞的存在为前提。

第二,目的解释的解释结论仍然处于法律文义的预测可能性范围之内。然而,在目的性扩张的情况下,解释结论已经超出了法律文义的预测可能性的范围;在目的性限缩的情况下,解释结论则已经损及法律条文的核心文义。例如,我国《民法典》第1127条第1款规定,配偶是第一顺位的法定继承人。问题是,存在长期同居关系的人是否可以成为第一顺位的法定继承人?从文义本身来看,"配偶"的含义不能扩张到长期同居关系的人。而按照我国法律的规定,目前已经不承认事实婚姻,这意味着,法律否定了长期同居的人属于配偶。所以,长期同居的人按照配偶来主张相应的权利,已经超出了可能文义的范围。所以,不能采用目的性扩张的方式,将其适用于长期同居者。此外,目的解释的解释结论或许是与法律条文的字面含义吻合的;而在目的性扩张和目的性限缩的情况下,解释结论都与法律条文的字面含义不同,已经超出了可能文义的范围。

第三,目的解释可以直接确定法律适用中的大前提,而目的性扩张和目的性限缩并不一定能够确定大前提。目的解释的结果是确定了法律文本的含义,从而可以提供待决案件的法律依据。在目的性扩张的情况下,其也可以确定该大前提。但是,在目的性限缩的情况下,仅排除了法律条文的核心文义,导致待决案件不适用该具有隐藏法律漏洞的法条,但待决案件的法律适用问题仍然没有确定。所以,在目的性限缩之后,仍然要进一步确定适用于待决案件的法律规范。此时,可能需要根据具体的案件事实,确定究竟是运用狭义的法律解释方法、价值补充的方法,还是漏洞填补方法。

第四,两者的论证义务的要求不同。在目的解释中,裁判者是在法律文义的可能范围之内,按照法律的规范目的进行的解释。其不仅是"有法可依",而且自由裁量的余地较小。所以,裁判者的论证义务较轻。而在目的性扩张和目的性限缩中,裁判者不仅要确定漏洞的存在,而且要运用特定的方法来填补这一漏洞,其所受的拘束较小。因此,裁判者要承担较重的论证义务,包括漏洞存在的论证和漏洞填补方法运用中的论证。

(二)目的性扩张、目的性限缩与扩张解释、限缩解释

1. 目的性扩张与扩张解释

目的性扩张与扩张解释都是法律解释的方法,两者之间存在类似之处,具体表现为:一方面,两者都要作出超出法条字面含义的解释。另一方面,两者的解释依据都包括了立法意图。无论是扩张解释还是目的性扩张,都要以立法目的和立法意图作为基础。不过,扩张解释与目的性扩张之间也存在较大的差异,具体表现如下:

第一,扩张解释是狭义的法律解释方法,而目的性扩张是法律漏洞填补的方法。所以,扩张解释适用于法律无漏洞的情形,而目的性扩张则适用于法律存在漏洞的情形,确切而言,其适用于明显漏洞的情形。例如,《民法典》第525条规定:"当事人互负债务,没有先后履行顺序的,应当同时履行。一方在对方履行之前有权拒绝其履行请求。一方在对方履行债务不符合约定时,有权拒绝其相应的履行请求。"该条确定了同时履行抗辩的规则。但该条可否适用于一方违约、另一方拒绝履行的情况?例如,一方迟延交付货款,另一方能否援引该条规定迟延交付货物?这就涉及对该条中所说的"债务"的理解。如果"债务"的内涵既包括履行中的债务,又包括违约之后的责任,则该条可以进行扩张解释。但如果该条中的"债务"不能包括违约之后的责任,要将该条适用于违约的情况,就只能采用目的性扩张的解释方法来进行漏洞填补。

第二,扩张解释适用于待决案件事实属于法条文义的射程范围之内的情形,而目的性扩张适用于待决案件事实超出了法条文义的射程范围的情形。例如,张某看见一条流浪狗,其用一根绳子将其拴在路边的一棵树上,并为其提供食物,但因为绳子过长,该狗突然从树根下蹿起来,咬伤路边的一个行人。在此情况下,张某是否承担责任?在该案中,能否将《民法典》第1245条中所说的"动物饲养人或者管理人"包括动物的占有和使用人?从文义上看,饲养人和管理人具有较为明确的含义,难以解释出"单纯占有"这一情形,因此,我们不能通过狭义的扩张解释得出《民法典》第1245条的"动物饲养人或者管理人"包括占有人的结论。但从立法目的来看,法律要求"动物饲养人和管理人"承担责任的主要原因在于:动物的饲养人和管理人对动物的危险具有管领和控制能力,要求其承担责任有利于控制动物的危险,防止动物致人损害。管理人的概念在法律上有特定含义,它是指受所有人委托进行管

理的人。本案中,虽然当事人不是流浪狗的“饲养人和管理人”,但其对流浪狗具有实际上的管领和支配能力,尤其是提供了食物,已经从事了一定的饲养行为,因此,其也应当对因这种管领和支配产生的危险承担责任。从这一目的出发,可以将“饲养人和管理人”扩张解释为包括饲养、管理和占有在内的诸多具有对危险动物实际支配能力的主体。在该案中,将张某纳入动物的饲养人和管理人范畴,就运用了目的性扩张的方法。

第三,在扩张解释的情况下,裁判者的自由裁量权较小,而在目的性扩张的情况下,裁判者的自由裁量权较大。在扩张解释的情况下,仍然要尊重立法者的价值判断结论,但是,在目的性扩张的情况下,已经超出了立法者的价值判断结论,赋予了裁判者更大的自由裁量权力。之所以要采用目的性扩张,很大程度上可能是因为立法者的表述出现了错误,此时的目的性扩张是为了弥补立法者的错误和漏洞。所以,在进行目的性扩张的情况下,裁判者应当更充分地进行论证,以免其滥用此项法律解释方法。

2. 目的性限缩和限缩解释

与目的性扩张和扩张解释类似,目的性限缩和限缩解释之间也存在类似之处,具体表现为:两者都需要考虑立法目的,而且其解释结论要窄于法条的字面含义。限缩解释和目的性限缩的适用前提都是,法条字面含义过于宽泛,需要依据立法目的对其进行限制。

不过,目的性限缩和限缩解释也存在较大的差异,具体表现为:第一,限缩解释是狭义的法律解释方法,而目的性限缩是法律漏洞填补的方法。目的性限缩适用的前提是存在法律漏洞,确切而言,是存在隐藏漏洞。而限缩解释的适用前提是不存在法律漏洞。从这个意义上说,两者适用的前提不同。① 目的性限缩是因为立法者没有将特定案件排除在法律条文的适用范围之外,形成违反立法计划的不圆满状态。而限缩解释则并不以此为前提。考虑到狭义的法律解释方法应当优先于漏洞填补方法来予以适用,所以,限缩解释的运用应当优先于目的性限缩。第二,在进行目的性限缩的情况下,它对法律条文含义所作的“限

---

① 参见吴从周:《民事法学与法学方法》(第1册),台北,一品文化出版社2007年自版,第151页。

缩”已经损及法律条文的核心文义,相当于进行新的立法。目的性限缩一般被称为法律漏洞的填补方法,因为其超出了法条的文义范围。正如一些学者所指出的,限缩解释仅在消极地限缩法条文义,目的性限缩则在积极地将不合规范意旨部分予以剔除。[①] 第三,在限缩解释的情况下,裁判者的自由裁量权较小,而在目的性限缩的情况下,裁判者的自由裁量权较大。在限缩解释的情况下,仍然要尊重立法者的价值判断结论,但是,在目的性限缩的情况下,已经超出了立法者的价值判断结论,赋予了裁判者更大的自由裁量权力。

(三)目的性扩张、目的性限缩与类推适用

1. 目的性扩张与类推适用

类推适用与目的性扩张都是漏洞填补的方法,两者之间具有类似之处,具体表现为:一方面,类推适用和目的性扩张都是以制定法的规定为基础而进行的漏洞填补方法。无论是类推适用还是目的性扩张,都以制定法上的法律规定作为运用的前提,只不过,该法律规定即便经过了扩张解释也难以适用于待决的案件。所以,两者运用的结果都是,解释结论超出了法条文义的可能范围。另一方面,类推适用与目的性扩张的解释对象都是明显的漏洞。在这一点上,它们与目的性限缩不同。此外,目的性扩张和类推适用都是以“类似情况类似处理”的平等原则为基础的。

目的性扩张与类推适用在实践中也经常发生混淆。拉伦茨指出,在类推、整体类推和目的性限缩之中,均是在“法律内部的续造”,而目的性扩张则并非在“法律内部的续造”,而是超出了法律可能的问题。例如,在“陈某某、宋某与许某某股权转让纠纷案”中,法院认为,“许某某等为将陈某某名下股份转入己方名下,通过安排他人以陈某某身份签名的方式制作了案涉《股权转让协议》,并据此办理了工商变更登记。在许某某既是《股权转让协议》的受让方,又是安排他人实施冒名行为的主体的情况下,虽然在协议签订时,该《股权转让协议》因缺少当事人合意要件而未成立,但二审法院就这一冒名行为类推适用无权代理制度,认为被冒名人陈某某享有追认权,是妥当的。”[②]虽然在该案中法院

---

① 参见梁慧星:《民法解释学》,中国政法大学出版社1995年版,第224页。

② 浙江省高级人民法院民事裁定书,(2015)浙民申字第868号。

使用了类推适用的提法,而并没有采用目的性扩张的观点,但在另一些案件中,有的法院则是通过对概念进行目的性扩张的方式填补法律漏洞。目的性扩张与类推适用存在类似之处,但两者之间也存在一些差异,具体如下:

第一,是否考虑立法目的不同。在类推适用的情况下,其理论基础是平等原则,即类似情况类似处理。而在目的性扩张的情况下,除了适用类似问题类似处理之外,还有必要进行目的考量。而类推适用则主要是进行类似性考量。举例而言,甲享有对某公司20%的股权,乙通过伪造印章和签名等方式,到工商行政管理部门办理了股权变更登记,将股权变更到自己名下。乙后来将登记在其名下的股权转让给丙,并到工商行政管理部门办理了变更登记。问题在于,丙能否根据《民法典》第311条的规定适用善意取得制度?在这个案例中,裁判者要将《民法典》第311条适用于股权的善意取得,其究竟是采用目的性扩张,还是类推适用的方法,就取决于其是依据平等原则进行推理,还是依据立法目的进行推理。如果认为股权转让与动产转让具有相似性,可以类推适用善意取得的规定。但是,如果认为股权和动产是不同性质的财产,就只能从保护交易安全这一立法目的出发,进行目的性扩张,才能适用善意取得的规定。

第二,是否具有类似性不同。在类推适用的情况下,其适用的依据是类似性,即需要确定待决案件和法律条文中构成要件的类似性,并将该法律条文类推适用于该案件。而目的性扩张并不强调类似性,而是要通过考量立法目的,对法律的字面含义进行扩张性解释,从而确定适用于待决案件的结论。

第三,裁判者裁量的范围也有区别。在类推适用的情况下,裁判者享有的自由裁量权虽然较大,但是,毕竟不能直接对文义本身进行改造。而在目的性扩张的情况下,裁判者要对文义进行改造,所以,裁判者在目的性扩张中的自由裁量余地较大。因为这一原因,在进行漏洞填补时,目的性扩张应当后于类推的方法进行适用。

2. 目的性限缩与类推适用

目的性限缩与类推适用都是法律漏洞的填补方法,虽然二者都是基于平等原则而进行的法律解释,但二者属于不同的法律解释方法。二者的主要区别体现如下:

第一,虽然两者都要适用平等原则,但是目的性限缩是要对不同的案件作不同的处理,其要实现的是“不同问题不同处理”;而类推适用是要实现类似案件类似处理,其要实现的是“类似问题类似处理”。

第二,适用对象不同。目的性限缩是将既有条文的适用范围中排除该条文所包含的,但按照其规范意旨不应为该规范所涵盖的情形,其针对的是隐藏漏洞。[①] 而类推适用是援引既有的条文适用到法律没有规定的系争案件,其针对的是明显漏洞。

第三,类推适用要先寻求“类似性”,将既有的法律规定延伸到待决的案件;而目的性限缩则是通过立法目的的考察,从既有的法律规定中排除待决的案型。例如,《民法典》第 429 条规定:“质权自出质人交付质押财产时设立。”从文义解释的角度来看,该条中的交付应当包括现实交付、简易交付、指示交付和占有改定。但是,质权设立的目的就是要产生留置的效力,即通过占有标的物使债务人产生心理压力,而占有改定就不能实现这一立法目的。所以,基于该目的考量,该条中的“交付”不应当包括占有改定。

六、目的性扩张和目的性限缩的适用步骤

目的性扩张与目的性限缩一样,其作为漏洞填补的方法,在运用中要给予裁判者一定的自由裁量权。裁判者必须在法律文本之外探寻立法目的,找到公平解决案件的方法。目的性扩张是创造性的司法活动,其要求裁判者具有更高的司法技术。不过,为了保障正确适用这两种方法,实现法律适用的妥当性,裁判者必须严格遵循相应的步骤。

(一)判断是否存在法律漏洞

存在法律漏洞是适用目的性扩张和目的性限缩的前提。但在判断是否存在法律漏洞时,要从法律文本出发,确定是否存在法律的不完善和缺陷。另外,也要通过各种法律解释方法的运用,来确定法律文本的含义。借助狭义的法律解释方法,才能够判断法律条文的内涵是否过于狭窄或者过于宽泛。[②] 也就是说,要确定法律条文的内涵是否过于狭

---

① 参见黄建辉:《民法上之类推适用》,台湾大学法律学研究所 1988 年硕士学位论文,第 130 页。

② Franz Bydlinski, *Juristische Methodenlehre und Rechtsbegriff*, Wien/New York, 1982, S. 480.

窄，且能否通过狭义的法律解释方法来进行解释。目的性扩张指裁判者在适用法律时，发现有关法律规范因涵盖的案件种类过于狭窄，不能实现立法目的的要求，则其可以扩大有关法律规定的适用范围，使特定案件纳入法律规定的适用范围之内。换言之，如果根据立法目的，法律条文所涵盖的案件，在表述上显得过于狭窄，裁判者可以从探求立法目的的角度出发，将法律条款所适用的案件进一步扩张。[①] 在进行目的性扩张时，不仅要确定条文的内涵是否狭窄，而且要判断是否存在明显漏洞。例如，原告在为单位外出办事时，由于被告过失造成交通事故而受到伤害，送到医院抢救，花费了一百多万元的医疗费，其单位无力支付。被告同意支付医疗费用，但由于种种原因，被告未支付，此时原告是否可以请求社会保险基金先行支付医疗费用？《社会保险法》第 42 条规定："由于第三人的原因造成工伤，第三人不支付工伤医疗费用或者无法确定第三人的，由工伤保险基金先行支付。工伤保险基金先行支付后，有权向第三人追偿。"对该条中所说的"不支付"应当如何理解，存在不同看法。依据文义解释，不支付应当是指明确表示拒绝支付。但如果不支付仅限于拒绝支付，显然大量的无故拖延而导致的未支付等情况就不能适用，受害人就无法得到社会救助基金的救助，这对受害人的保护极为不利。笔者认为，此种情形就属于法律漏洞，对此应当采取目的性扩张解释来填补法律漏洞，即应当将此处所说的"不支付"扩张解释为不仅包括拒绝支付，而且还包括因拖延、支付不能等原因而导致的不支付的情况，易言之，是指第三人未支付医疗费用等情况，至于第三人是主观上不愿意支付还是客观上无法支付，则不必考虑。

在目的性限缩的情况下，必须查明是否存在隐藏漏洞。在判断漏洞的时候，还必须考虑是否可以通过狭义的法律解释方法来解决，尤其是能否通过限缩解释来解决。例如，《民法典》第 448 条规定："债权人留置的动产，应当与债权属于同一法律关系，但是企业之间留置的除外。"从本条的立法目的考量，其是为了避免企业之间因经营活动而留置受到"牵连关系"的过分限制，从而适当放松企业之间留置权产生的条件。但是，条文本身的表述并不符合这一立法目的，而且通过限缩解释也无法实现这一立法目的。所以，应当认定该条存在隐藏漏洞，必须

① 参见[日]井上英治：《民法总则》，东京法曹同人 1998 年版，第 13 页。

借助于目的性限缩的方法来解决。也就是说,“企业之间的留置的除外”,应当仅仅解释为企业之间因经营活动而留置的除外,而并不是说,企业从事各种活动中留置动产都不受“牵连关系”要件的拘束。

(二)考量立法目的

《民法典》的颁布为目的性限缩和扩张提供了便利。具体而言:一是《民法典》为漏洞的发现提供了便利。应当看到,法律漏洞虽然不可避免,但通常需要在经过传统的法律解释方法解释后,仍然不能达成圆满性的解释时,才能确定是否存在漏洞。《民法典》的体系性特征,使法律人可以借助于各种法律解释方法有效地发现漏洞的存在。二是《民法典》为发现法律关系之间的相似性和区别性提供了可能。例如,在漏洞填补方法中,目的性扩张的适用以法律关系之间的相似性为必要,目的性限缩恰恰相反,以法律关系之间存在区别性为必要,《民法典》规则体系使法律人能够观察到不同法律关系之间的相似性和区别性。三是《民法典》的颁布形成了内在的统一价值体系。目的性限缩和目的性扩张等漏洞填补方式均是服务于实现立法目的的,而《民法典》的颁布,使立法所追求的价值得到了有机统一,法律人可在统一的价值体系内探寻立法目的,从而便于目的性扩张和目的性限缩方法的适用。

无论是目的性扩张,还是目的性限缩,都要以立法目的的确定为前提。顾名思义,无论是目的性扩张还是目的性限缩,都要从法律目的出发。目的性考量的作用在于:一是对于识别漏洞具有重要意义。如果虽然法律没有规定,但是,从立法目的考量,法律是故意不作规定,则此时并不存在法律漏洞。二是目的性考量可以确定扩张和限缩的边界。无论是扩张还是限缩,都要受到立法目的的限制,可以有效防范裁判者的恣意妄为。目的考量在一定程度上赋予裁判者较大的自由裁量权,为了防止其背离该制度运用的宗旨,必须要求其进行分析、判断,并且充分地论证该法律规范有修正之必要,才能对法律规范进行限制。① 例如,《民法典》第 235 条规定:“无权占有不动产或者动产的,权利人可以请求返还原物。”该条规定了“原物”的返还,而没有规定“原物”所生孳息的返还,从而形成了法律漏洞。从恢复物权人对其物的占有及保护

① Brandenberg, *Die teleologische Reduktion*, S. 65. 转引自吴从周:《民事法学与法学方法》(第 1 册),台北,一品文化出版社 2007 年自版,第 158 页。

物权人的立法目的来看，可以对该条进行目的性扩张，即将返还原物扩张适用于“原物”所生孳息的返还。

（三）扩张或限缩

在适用目的性扩张和目的性限缩方法时，需要对法律文本的文义进行扩张或者限缩，具体如下：

一是目的性扩张。这里所说的扩张，是指扩大法律条文的适用范围，即超出法律条文的文义范围来适用法律。在扩张的情况下，已经超出了文义的射程。因此，解释者应严格遵循立法目的，其对法律的服从就体现为遵循立法目的。立法目的也确定了解释者对文义进行扩张的最大限度。例如，我国《民法典》第 397 条第 1 款规定：“以建筑物抵押的，该建筑物占用范围内的建设用地使用权一并抵押。以建设用地使用权抵押的，该土地上的建筑物一并抵押。”此处所说的“土地上的建筑物”，是指以该建设用地使用权为基础建造的建筑物。建设用地使用权抵押时，只要土地之上已经建造了建筑物，该建筑物也要抵押。那么除了建筑物之外，其他构造物、工作物等是否也应当抵押？对此存在不同的观点。从《民法典》对该条的规定来看，其目的在于保证土地和土地上的不动产能够一并处分，以提高土地的利用价值。因此，从这一目的来看，除了建筑物之外的其他不动产附着物也应当同土地一并抵押。但是，毕竟法律没有对构筑物、工作物等是否一并抵押作出规定，且其在文义上不属于“建筑物”的范畴。而我们结合上述目的进行的推理，扩张了“建筑物”的范围，即为目的性扩张解释运用的结果。否则，建设用地使用权人就可能行使妨害排除请求权，要求构造物或工作物的所有人拆除其他构造物和工作物。当然，适用《民法典》第 397 条的前提是，抵押时该房屋以及其他构造物、工作物已经存在。[①]

二是目的性限缩。限缩是指限缩法律条文的文义范围，将待决案型排除于法律条文的文义范围之外。从文本的字面含义来看，其应当涵盖待决的案件。但基于立法目的的考虑，待决案件事实已超出文本的文义范围，因此应通过限缩将该法律条文适用于待决案件。不过，在限缩以后，要损害法律条文的核心文义。例如，《民法典》第 522 条第 2

① 参见郭明瑞主编：《中华人民共和国物权法释义》，中国法制出版社 2007 年版，第 331 页。

款规定:“法律规定或者当事人约定第三人可以直接请求债务人向其履行债务,第三人未在合理期限内明确拒绝,债务人未向第三人履行债务或者履行债务不符合约定的,第三人可以请求债务人承担违约责任;债务人对债权人的抗辩,可以向第三人主张。”此处所说的“第三人可以请求债务人承担违约责任”并非指第三人可以请求债务人承担各种违约责任,而主要是指请求债务人承担继续履行和赔偿损失的责任,至于可得利益的赔偿等,则不应当有权提出赔偿。这就进行了目的性限缩。拉伦茨曾经指出,法律解释方法在运用中,既可能包括积极审查也可能包括消极审查。[①] 目的性限缩方法运用的结果仅仅是排除特定规范不应当包括的内容,而该规范所应包括的内容仍然需要通过一定的解释方法来确定其内涵。

(四)说理和论证

立法目的的考量并非任意的行为,裁判者也不能任意解释,其必须结合每个法律的具体目的进行阐述。当然,在阐明立法目的时,也需要借助于各种法律解释方法,尤其是历史解释、比较法解释等各种方法。与目的性扩张不同,目的性限缩中并不需要考虑两种情形的关联性,所以,不需要对两种情形进行对比,而只是将法律条文进行“损及核心文义”的限缩。在限缩时,为了防止裁判者自由裁量权的滥用,裁判者也必须阐明立法目的,并充分论证其目的性限缩的合理性。

七、目的性扩张和目的性限缩的适用规则

(一)目的性扩张和目的性限缩都必须依据立法目的

无论是目的性扩张还是目的性限缩,其都必须依据立法目的来进行。这里所说的立法目的,也可以称为法律的规范意旨。目的性扩张和目的性限缩必须依据立法目的,是为了保障此种漏洞填补不成为裁判者恣意的工具。虽然在目的性扩张和目的性限缩的情况下,解释可以脱离法律文本的可能含义,但是不能偏离太远,必须受立法目的拘束。无论是“扩张”还是“限缩”,其解释结论都不能过分偏离法律文本的字面含义。所以,在目的性限缩和目的性扩张时,解释者必须首先确定立法目的,然后

---

① Vgl. Larenz /Canaris, Methodenlehre der Rechtswissenschaft, 3. Aufl., Springer, 1995, S. 205f., 217 f., 205.

依据该目的谨慎地进行“扩张”或者“限缩”，而不能以自己的主观意思代替立法目的，从而导致任意解释法律，甚至是曲解法律。

（二）区分公开漏洞与隐藏漏洞

法律漏洞的类型不同，其填补方法也不同。目的性扩张适用于公开漏洞，而目的性限缩适用于隐藏漏洞。也就是说，目的性限缩的适用范围是特定的，即它仅适用于隐藏漏洞。在存在隐藏漏洞时，法律条文的字面含义超出了依据立法目的确定的其应当适用的范围。目的性限缩并不适用于明显漏洞，而只能适用于隐藏漏洞。因此，在适用这两种漏洞填补方法之前，应当确定法律漏洞究竟属于公开漏洞还是隐藏漏洞。

（三）目的性限缩仅适用于隐藏漏洞

目的性限缩的适用范围是特定的，即它仅适用于隐藏漏洞。在存在隐藏漏洞时，法律条文的字面含义超出了依据立法目的确定的其应当适用的范围。例如，《民法典》第 585 条第 2 款规定，“约定的违约金过分高于造成的损失的，人民法院或者仲裁机构可以根据当事人的请求予以适当减少”。有观点认为，事实上立法者制定该条款主要是针对民事合同而非商事合同，因此在解释上，应当将合同限缩解释为民事合同。①

（四）目的性扩张不能改变法律条文的核心文义

在目的性扩张的情况下，其作出了超出法律条文可能文义范围的解释。如果仍然处于法律条文的可能文义范围之内，则属于扩张解释，而不属于目的性扩张。目的性扩张不仅要超出法律条文的字面含义，而且要超出其文义的射程范围。当然，目的性扩张也要遵循立法目的，而不能改变法律条文的核心文义。

第五节　基于习惯法的漏洞填补

习惯虽是一种事实，但同时就是法律。

——［德］普赫塔（Puchta）

---

① 参见黄薇主编：《中华人民共和国民法典合同编解读》（上册），中国法制出版社 2020 年版，第 446 页。

习惯也是法律之最早的解释者。(Optima enim est legume interpres consuetude)

——罗马法谚

案例1:某市爱家房屋租赁公司(以下简称爱家公司)急需订购一批家具,该公司便通过小红马快递公司向该市安心家具有限公司(以下简称安心公司),发出了一封快递信件。在该信函中,爱家公司称,“求购安心牌双人床100张,办公桌50件,按照市价计算,请速答复”。根据小红马快递公司反馈的签收单,安心公司收发室工作人员已经接收到该信件。但是,在1个月内,安心公司一直没有答复。同年4月5日,安心公司的法定代表人来到爱家公司,提出已经备好了货物,要求其接收。爱家公司提出,因为安心公司迟迟没有答复,它已经在半个月以前向另一家公司订购了上述家具,并已签订合同。双方为此发生争议。安心公司向法院提起诉讼。本案涉及对《民法典》第481条的理解,该条第2款第2项规定:“要约以非对话方式作出的,承诺应当在合理期限内到达。”问题是,对该条中所规定的“合理期限”应当如何确定?“合理期限”实际上是一个不确定概念,需要裁判者根据当事人之间或者特定地区的交易习惯来做出解释。被告提出,按照当地的惯例,收到以后3天内就要答复,如果不答复,可以另找买家。而原告认为,其作出承诺仍然在合理的期限之内,因此,合同已经订立,要求对方接收。在本案中,裁判者认为,本案可以根据交易习惯来解释合理期限。因此,可以认为,被告提出要约后,原告在合理期限内没有答复,所以要约失效。

案例2:原告和被告是五兄弟姐妹,在其母亲去世以后,被告三人与原告二人商议在其母墓前立石碑一块,要求各人平均出资,两名原告没有同意。被告三人便共同出资立碑,并在碑上署名,但没有将两名原告的名字刻在墓碑上。两名原告得知后,向法院起诉,要求在墓碑上刻上自己的名字。为此,原告于2001年诉至某市人民法院,要求判令被告在墓碑上刻上自己的名字,并赔偿精神损失费1万元。对于在墓碑上刻上自己名字的权利是否属于人格利益,并且在其受到侵害的情况下,是否可以要求精神损害赔偿及其他责任,法律并没有作出规定。在本案中,裁判者认为,民间的习惯是人们在长期的生活实践中逐渐形成的。人们对于逝去的亲人树碑以进行悼念是我国的传统风俗习惯，对此应该予以尊重。按照我国传统伦理道德的一般观念，只要属于死者的近亲属，均可对死者进行祭奠活动。墓碑上篆刻死者子女等的姓名通常按照长幼顺序排列，而且不应有所遗漏。据此，笔者认为，在墓碑上刻上自己名字的权利是一种人格利益，被告没有将两名原告的名字刻在墓碑上，确实有损原告的人格尊严。因此，在墓碑上刻上自己名字的权利属于《民法典》第990条第2款中的"其他人格利益"的范围。当然，因修建、修改墓碑铭字的费用，原告应当予以分担。

一、基于习惯法的漏洞填补的概念和特征

所谓基于习惯法的漏洞填补，是指将经过反复实践并受到认可的习惯作为法律的渊源来填补漏洞。法谚云："习惯乃法律之最佳说明（Consuetudo est optimus interpres legum）。"习惯是指在某区域范围内基于长期的生产生活实践而为社会公众所知悉并普遍遵守的生活和交易习惯。习惯作为社会生活的规则，是人们长期以来生产生活经验的总结，它确立了人与人正常交往关系的规范，是社会公共道德和善良风俗的反映。习惯具有长期性、区域性、惯行性的特点。长期性是指习惯是在人们长期的生产生活实践中形成的一种规则。区域性是指习惯是生活在一定范围内的人们形成的一种行为规则，也称为"活的法"[①]。习惯体现了不同民族、不同地区生产生活方式之间的差异，某地的、某民族的习惯和其他地区、其他民族的习惯是存在差异的。惯行性也称为"反复适用性"，即习惯是人们行为中确信某个习惯为生活规范，从而自觉或不自觉受其约束。[②] 习惯包括生活习惯和交易习惯。所谓生活习惯，是指人们在长期的社会生活中形成的习惯。所谓交易习惯，是指在当时、当地或者某一行业、某一类交易关系中，为人们所普遍采纳的，且不违反公序良俗的习惯做法。

在我国，习惯可以作为法律的渊源。我国是幅员辽阔的多民族国家，在少数民族聚居的地区，生活习惯在民法渊源中具有一定的意义。

---

① 杨建军：《惯例的法律适用》，载《法制与社会发展》2009年第2期。

② 参见姜堰市人民法院：《司法运用习惯　促进社会和谐——人民法院民俗习惯司法运用经验》，载公丕祥主编：《审判工作经验（三）》，法律出版社2009年版，第338页。

虽然习惯可以作为法律渊源,但并不意味着所有的习惯都可以直接作为法律规则来填补漏洞。能够作为习惯法来填补漏洞的习惯,都是具有法律价值的、符合公序良俗的习惯①,此类习惯可以认定为习惯法。

基于习惯法的漏洞填补有以下三个特征:第一,它是基于法律以外的法律渊源来填补法律漏洞。以习惯法填补漏洞,与类推、目的性扩张、目的性限缩、依据法律基本原则的方法不同,该方法不以现行成文法为裁判依据。例如,虽然类推等方式不是以法律规定作为裁判依据,但是,毕竟是以现行法中的规定为基础进行漏洞填补。依据习惯法来填补漏洞也不同于依据法律的基本原则来填补漏洞。习惯法不是法律的基本原则,依据习惯法来填补漏洞,就是要跳出成文法自身的框架来寻找裁判依据。在成文法之外,习惯法是最可行也是最能够为当事人所接受的裁判依据。尤其是我国幅员辽阔、人口众多,各地发展不平衡,制定法不可能预见到社会生活中可能发生的所有情形,势必存在对某些社会实践缺少法律规范的情况。虽然制定法在现代社会的功效已经越来越强大、越来越完善,但仍不能完全排斥习惯法在填补法律漏洞方面的功能,毕竟制定法不能穷尽所有的事项,其必然要留下“法律空白”。而习惯法固有的行为规则性、当事人认可性、内心确信性等特点决定了其可以发挥法律渊源的作用。习惯法作为特定地区、特定人群长期默认、遵守的行为规则,必然可以发挥拾遗补阙的功能。尤其是制定法的一般性特点也决定了其不能满足社会生活对规则多样性的需求。以这一立法技术为基础,制定法就必然具有一般性的特点,而难以适应丰富的社会生活的需要,因此需要借助习惯法进行漏洞填补。此外,制定法有时可能故意预留法律漏洞,将其交给习惯法来填补。因为习惯法可以考虑各个不同行业、不同地域、不同民族等的特殊需要,而形成针对性的规则。即使在成文法最发达的国家,也都承认习惯可以作为辅助性的渊源。

第二,它是基于习惯法来填补法律漏洞。正如我们在下文要讨论的,习惯和习惯法不同,习惯虽然可以上升为法律的渊源,但是,它不能直接作为漏洞填补的依据。因为在填补漏洞的情况下,需要寻找具体的裁判规则。例如,我国《民法典》第289条规定:“法律、法规对处理相

---

① 参见郑玉波:《法谚(一)》,法律出版社2007年版,第44页。

邻关系有规定的,依照其规定;法律、法规没有规定的,可以按照当地习惯。"这里所说的"当地习惯"实际上是"习惯法",因为其是以法律渊源的形式出现的。在具体的裁判过程中,针对规则的缺失,不能盲目地将所有的习惯直接纳入裁判之中,而必须对其进行形式上和实质上的审查。一方面,从形式上,习惯必须经过法院的认可之后,才能进入司法裁判。另一方面,习惯必须在实质上不违反法律的强制性规定和公序良俗,才可以作为行为规则使用。在漏洞填补中,应当基于习惯法而不是习惯来填补法律漏洞,符合法律渊源的一般理论。在司法三段论中,大前提是法律问题,小前提是事实问题,而习惯作为漏洞填补的依据,其属于大前提,因此,它属于法律问题。基于习惯法而不是习惯来填补法律漏洞,这就决定了在审判过程中,如果一方当事人就习惯进行主张,这是事实问题;如果习惯上升为习惯法,那么就应当由法官依据职权来调查认定。

第三,习惯法可以直接作为个案的裁判依据。这就是说,在存在法律漏洞的情况下,裁判者依据习惯法来进行裁判,并不需要进行合法性审查,也不需要对其进行进一步的解释。一方面,习惯上升为习惯法本身就意味着其已经经过了合法性审查。在实践中,有些法院将经过审查并认可的习惯通称为"善良风俗"。[①] 应当说,这种做法是我国裁判者创造性司法,在现有法制框架下承认习惯法效力,发挥习惯法的法律漏洞填补功能的一个典型事例。如果经过审查认定习惯不违反法律的强制性规定和善良风俗,就表明裁判者已经完成了解释的任务,所以,也不必重新进行解释。另一方面,习惯法本身就是明确、具体的行为规则,它作为长期的生活经验,是作为行为规则来发挥作用的,具有明确性和可适用性。[②] 所以,在漏洞填补过程中,只要习惯通过了裁判者的审查,具备了法律规范的内在属性,裁判者就可以在案件裁判中直接加以适用。相应地,裁判者也不需要对采用习惯法填补法律漏洞的必要性再进行阐释。

---

① 参见姜堰市人民法院:《司法运用习惯促进社会和谐——人民法院民俗习惯司法运用经验》,载公丕祥主编:《审判工作经验(三)》,法律出版社 2009 年版,第 336 页以下。

② 参见杨建军:《惯例的法律适用》,载《法制与社会发展》2009 年第 2 期。

二、基于习惯法的漏洞填补的历史发展

从比较法的经验来看,各国在法典化的进程中大都注重对本国既有习惯做法的梳理和总结。习惯法是罗马法的重要组成部分,是罗马法的法源(Rechtsquelle)之一。[①] 根据罗马法记载,“古老的习惯经人们加以沿用的同意而获得效力,就等于法律”。[②] 罗马法谚云:习惯也是法律之最早的解释者。习惯是法律解释的重要依据。萨维尼指出:“如果罗马法承认有权解释(authentische Auslegung)和习惯解释(usuelle Auslegung)的决定性力量,则在此承认中并未包含特殊的法观点,毋宁说,它仅仅是以下事实的一个简单推论,即制定法和习惯被承认为法律渊源。”[③]

近代以来,习惯的作用也得到了确认。尤其是在商事领域,习惯具有非常重要的作用。可以说,近代商法(lex mercatoria)就是从习惯法发展而来的,其基本内容就是商事习惯。[④] 法国法学家波塔利斯曾言:《法国民法典》实现了成文法和习惯法的折中,[⑤]习惯法占据了《法国民法典》的重要内容。《法国民法典》中的习惯法尤其集中于所谓的“固有法”领域,如家庭法(如夫妻财产制度,收养制度)和继承制度(如长子继承制,配偶在继承法上的法律地位等)等领域。在物权法领域,人役权制度也是典型的习惯法产物。《德国民法典》中保留了大量的习惯,例如,德国物权法中的不少规则如土地债务、定期土地债务等规则都来源于习惯法。在当今德国实践中,习惯法也可以通过法官法(Richterrecht)产生[⑥]。《瑞士民法典》第 1 条明确承认了习惯法(Gewohnheitsrecht)为法律渊源,使习惯法在法律体系中的地位得以正

---

① Savigny, System des heutigen römischen Rechts, Bd. 1, Berlin, 1840, S. 34 ff., 66, 76 ff.

② [古罗马]查士丁尼:《法学总论——法学阶梯》,张企泰译,商务印书馆 1989 年版,第 11 页。

③ Savigny, System des heutigen Römischen Rechts, Bd. 1, Berlin, 1840, S. 296.

④ Moses, The Principles and Practice of International Commercial Arbitration, 2nd edition, Cambridge University Press, 2012, p. 64; Bederman, Custom as a Source of Law, Cambridge University Press, 2010, p. 117.

⑤ Alan Watson, The Evolution of Western Private Law, 2001, Ch. 5, Note 66; Levasseur, Code Napoleon or Code Portalis?, in: Tulane Law Review, Vol. 43, 1969, p. 763.

⑥ Thomas Zerres, Bürgerliches Recht, Heidelberg, 2013, S. 10. Vgl. Larenz/Wolf/Neuner, Allgemeiner Teil des Bürgerlichen Rechts, 10. Aufl., 2012, § 4, Rn. 8.

式确认。该法第1条第2项规定："法律无规定之事项，法院应依习惯法裁判之。"该条规定开创了大陆法系国家确认习惯法为民法渊源的先河，同时明确了习惯法是一种补充性的民法渊源。

"在现今各国法制，在民事方面，不论其法典本身有无明文规定，几无不承认习惯为法源之一种。"①当然，尽管习惯在现代社会中作为一种法律渊源得到了法律的认可，但其适用范围仍然受到严格限制，主要原因在于：一方面，现代社会成文法的调整对象越来越庞杂，调整程度越来越详尽，留给习惯调整的空间在日益缩小。另一方面，随着现代社会经济的发展，社会变迁日益剧烈，社会分工日益精细，规则也日益具体，传统社会中习惯的适用空间也因而被大大压缩。这就是说，习惯直接作为案件裁判依据的功效正在逐步减弱。卡多佐曾经宣称，"在普通法发展中，习惯在今天的创造能力已不如它在过去的年代了"。② 事实上，大陆法系国家也是如此。但习惯仍然是重要的民法渊源，其在民法规则的创设和解释方面仍然具有重要作用。

从我国民事立法的历史来看，我们也曾经注重对民事习惯的整理。早在清末变法时，修订法律大臣俞廉三将制定《大清民律草案》的宗旨概括为四项，即"注重世界最普遍之法则""原本后出最精确之法理""求最适于中国民情之法则"和"期于改进上最有利益之法则"。其中，"中国民情"就包括了习惯。沈家本在《裁判访问录序》一文中就曾经指出："夫必熟审乎政教风俗之故，而又能通乎法理之原，虚其心，达其聪，损益而会通焉，庶不为悖且愚乎。"③其观点旨在强调在《民法典》制定中，只有注重善良风俗，才能使法律不悖于民情，充分吸纳民情民意，以符合现实需要，展现时代特色。清末民初曾经进行过两次全国性的民事习惯调查活动，民国时期曾经整理出版过民事习惯调查报告。虽然《中华民国民法典》大量借鉴了《德国民法典》等法典的经验，甚至一些条款直接照搬他国，但其不少规则仍然来源于本土的习惯。以"物权编"为例，地上权、永佃权、典权等主要来自习惯。

新中国成立以来，我国多部民事立法也充分考虑到了对生活习惯

---

① 王伯琦：《近代法律思潮与中国固有文化》，清华大学出版社2005年版，第306页。

② ［美］本杰明·卡多佐：《司法过程的性质》，苏力译，商务印书馆1998年版，第35页。

③ (清)沈家本：《历代刑法考》，邓经元、骈宇骞点校，《寄簃文存》(卷六)，中华书局1985年版，第2237页。

和交易习惯的尊重,早在1951年,最高人民法院西南分院在《关于赘婿要求继承岳父母财产问题的批复》中指出:“如当地有习惯,而不违反政策精神者,则可酌情处理。”有些地方法院就曾经专门整理民风民俗,并研讨其对民事审判的影响[①]。一些法院的法官也重视援引民间习惯来解释法律或填补漏洞[②]。我国现行法律也明确规定,在某些情形下,可以适用习惯。例如,原《婚姻法》第50条也曾经规定:“民族自治地方的人民代表大会有权结合当地民族婚姻家庭的具体情况,制定变通规定。”这实际上强调对少数民族婚俗习惯的尊重。再如,《民法典》合同编的许多规则也都特别强调当事人的约定和交易习惯可以优先于《民法典》合同编的规定而优先适用。[③] 尤其需要指出的是,我国《民法典》物权编中有多个条款都确立了习惯的法律地位,如第289条在处理相邻关系时规定:“法律、法规对处理相邻关系有规定的,依照其规定;法律、法规没有规定的,可以按照当地习惯。”该法第321条也规定:“法定孳息,当事人有约定的,按照约定取得;没有约定或者约定不明确的,按照交易习惯取得。”但是,在《民法典》出台之前,习惯在民法规则体系和司法裁判中究竟处于何种地位,一直未被明确。这也导致司法实践中法官不敢大量直接援引习惯裁判。《民法典》第10条规定:“处理民事纠纷,应当依照法律;法律没有规定的,可以适用习惯,但是不得违背公序良俗。”这实际上也确立了习惯的民法渊源地位。在我国司法实践中,也应当高度重视习俗在裁判说理中的作用。“入国而问俗”“入乡随俗”已内化于心,外化于行。了解民俗习惯,尊重民俗习惯,运用民俗习惯,这是法官进行裁判说理时应当考虑的因素。[④] 依据《民法典》第10条的规定,依据习惯也包括了依据习惯法进行漏洞填补。

---

① 参见姜堰市人民法院:《司法运用习惯　促进社会和谐——人民法院民俗习惯司法运用经验》,载公丕祥主编:《审判工作经验(三)》,法律出版社2009年版,第338页。

② 参见2004年10月28日姜堰市人民法院审判委员会讨论通过了《关于将善良风俗引入民事审判的指导意见》,2007年又制定了《关于将善良风俗引入分割家庭共有财产的指导意见》。

③ 例如,《民法典》第510条规定:“合同生效后,当事人就质量、价款或者报酬、履行地点等内容没有约定或者约定不明确的,可以协议补充;不能达成补充协议的,按照合同相关条款或者交易习惯确定。”

④ 赵旭东:《习俗、权威与纠纷解决的场域——河北一村落的法律人类学考察》,载《社会学研究》2001年第2期。

从司法审判来看,也有一些法院援引习惯作为裁判的依据。据统计,习惯的适用在婚姻、继承和相邻关系这三类案件中几乎占 75%,而商事案件仅占 7%。[①] 这一统计是否准确,还有待于进一步考证,但可以肯定的是,民间习惯在法律解释中的作用仍然是不可忽视的。例如,在某个案件中,法院认为,红白喜事气氛迥异,按照风俗习惯不能在同地同时举行。新纪元酒楼明知一方举办婚礼,另一方举办丧事还同时承办,违反了善良的习惯风俗,有损于原告人格,应当承担民事责任,最终判决被告承担责任。[②] 再如,在"曾意龙与江西金马拍卖有限公司、中国银行股份有限公司上饶市分行、徐声炬拍卖纠纷案"中,最高人民法院认为,"三声报价法"是拍卖行业的惯例,"在本案涉及的拍卖活动一开始就采取此种报价方法,并为包括曾意龙在内的全体竞买人所接受。虽然法律、拍卖规则对此种报价方式没有规定,但行业惯例在具体的民事活动中被各方当事人所认同,即具有法律上的约束力,本案拍卖活动的当事人必须遵守。"[③]

三、习惯和习惯法在法律解释中的功能

(一)习惯在狭义法律解释和价值补充中的作用

第一,习惯可以作为解释法律的依据。法律的许多概念、术语都是长期生产生活经验的总结和概括,因此,当这些概念发生争议时,借助于习惯的含义来对这些概念进行解释可以更加准确地理解立法者的真实原意,正确解释法律。例如,在"李某华诉立融典当公司典当纠纷案"中,法院认为,绝当的意思是指典当关系断绝,且典当关系一旦断绝,附随于典当关系的回赎权也消灭。这是符合典当行业惯例和社会公众一

---

① 参见广东省高级人民法院民一庭、中山大学法学院:《民俗习惯在我国审判中运用的调查报告》,载《法律适用》2008 年第 5 期。

② 2005 年 11 月 5 日,广西宜州市的蒙先生与吴女士举行婚礼,根据当地的习俗,他们在宜州市新纪元酒楼订了 20 桌酒席(大厅共 40 桌),宴请双方亲友。婚宴提前 1 个月预订,但在婚礼当天,酒店将大厅的另外 20 桌订给了一家举办丧宴的客户。由于婚礼的时间地点已经提前通知,按照风俗不能临时更改,婚礼结束后,蒙先生和吴女士将酒楼诉至法院,请求精神损害赔偿 9160 元。2007 年 4 月 15 日,广西壮族自治区河池市中级人民法院作出终审判决,判决酒楼承担 1600 元的精神抚慰金。参见陈光:《司法判决中民间规范作用的社会心理学分析》,载谢晖等主编:《民间法》(第 7 卷),山东人民出版社 2008 年版,第 102～103 页。

③ 《最高人民法院公报》2006 年卷,法律出版社 2007 年版,第 176 页。

般理解的。[①] 再如,关于家庭共有财产的分割,哪些人属于家庭成员,并可以参与共有财产的分割,哪些财产属于共有财产,可以分割;以及在实际分割中应当采用哪些方法,也可以按照习俗来考虑。[②] “家庭成员”概念在实践中也曾引起了一些纠纷。有人认为,家庭成员仅限于户口同时登记在一处的亲属之间。也有人认为,家庭成员应当按照共同生活的实际状态进行判断,只要是共同生活在一起,不论户口是否在一起,甚至不论是否具有直接的亲属关系,都应当是家庭成员。这些都需要依据习惯进行解释。习惯作为解释法律的依据,更贴近现实生活,能够真实地再现当事人的真实意图。它是一种通行的做法,具有一定的约束力,因此,以习惯解释法律概念也更具有说服力。

在合同法中,交易习惯可以成为解释合同和合同法的依据。许多交易惯例既不是法律渊源,也不是习惯法,它虽然可以作为解释合同的依据,但是并不能作为行为规则采用。也就是说,当事人不一定要严格按照交易习惯订立合同或从事某种行为。因此,某些交易习惯不具有指导人们如何行为的功能。但是,也有一些交易习惯已经成为惯例,并且成为商事法的重要内容,对于解释商事规则具有重要意义。例如,前述“三声报价法”是拍卖行业的惯例,也是交易习惯,可以直接用于解释拍卖法中的规则。当然,交易惯例和商业习惯只有在符合法律制度的价值标准的范围内才具有意义,它们本身不能作为法律的渊源。正如拉伦茨所说,不遵守交易惯例者,可能会因此遭受损害,因为法律制度通常保护那些期待或可以期待其对方当事人遵守交易惯例的一方的利益。然而,违反交易惯例,还不足以使某项行为“违法”。[③]

第二,习惯可以作为价值补充的具体依据。在我国现有主流法律规范中,还极少承认习惯法的法律约束力,甚至存在排斥习惯在案件裁判中发挥功效的思想。因此,实践中,我国的许多裁判者为了使习惯法填补法律漏洞的功能更具现实“合法性”,转而将相应的习惯的内容确

---

① 参见《最高人民法院公报》2006 年第 1 期。

② 例如,将家神柜一般分给长子;大银杏树可以分给长子,银杏树大小不等的,适当贴补差价;对于家庭贡献较大的长子,可以分给长孙适当的份额。参见 2004 年 10 月 28 日姜堰市人民法院审判委员会讨论通过:《关于将善良风俗引入民事审判工作的指导意见三(分割家庭共有财产)》。

③ 参见[德]卡尔·拉伦茨:《德国民法通论》(上),谢怀栻等译,法律出版社 2003 年版,第 12 页。

定为“善良风俗”的具体内涵。毫无疑问,这种做法客观上使“善良风俗”的含义具体化、确定化了。上述善良风俗概念的具体化实质就是法院运用习惯的内容进行价值补充。这种补充的特点在于:一是将民间未以书面形式记载的习惯进行了“成文化”。例如,江苏省姜堰市于2007年2月制定了《关于将善良风俗引入分割家庭共有财产的指导意见》等规范性文件。二是裁判者对于众多的民间习惯进行了审查、筛选,将其中不符合我国法律精神、违背公序良俗原则的习惯予以剔除和否定,而将可供适用的习惯内容进行整理,方便了以后的司法适用。

在某些情况下,法律规定了一些不确定概念,但并没有对这些概念进行具体的阐释,如果就这些概念的内涵发生争议,可以通过习惯使之具体化。例如,某案件中,在转让某人房屋时,如果当事人未特别约定,是否应当将门前的一对石狮子作为从物一同转让。原告认为,根据《民法典》第320条的规定,主物转让的,从物随主物转让,故该对石狮子应当连同房屋一并转让。但被告对于该对石狮子是否属于从物提出了异议。关于从物的理解,《民法典》本身并没有对此作出明确的规定,而当事人又没有做出特别的约定,因此,在发生争议后,可以结合一般交易习惯来确定该对石狮子是否属于《民法典》中的从物。换言之,如果当地的交易习惯认为石狮子并不能独立存在,而应当连同房屋一并转让的,则该石狮子应当认定为《民法典》中的从物;反之,如果当地习惯认为石狮子可以和房屋分离而独立存在,并不需要必然地连同房屋一并转让,则该石狮子并非《民法典》物权编中的从物。如果按照当地的习惯,石狮子是不能搬走的,它就有从属于特定的物发挥作用的特点,从而可以认为是从物。再如,《民法典》第990条第2款规定了“其他人格利益”。在前述墓碑案之中,墓碑上没有刻上其姓名的死者的子女要求刻上其姓名。按照习惯,死者子女的姓名都应当刻在墓碑之上,这一习惯应当作为“其他人格利益”的具体化依据。它可以用于解释法律的不确定概念。

(二)习惯法在填补漏洞中的作用

在存在法律漏洞的情况下,上升为习惯法的习惯可以作为漏洞填补的依据。习惯要具有法律的约束力,必须经过国家的认可,上升为习惯法。但即便是为法院案件裁判所认可的习惯法,其效力和制定法还有相当的差距,其在效力的适用范围、强制力程度等方面要远远弱于后者。与前面习惯在法律解释中的作用不同,习惯法在作为法律漏洞填补工具时,不是作为理解、解释其他法律规范的辅助手段,而是直接可以作为判案的法律依据。因此,法院在运用习惯法作为法律漏洞填补工具,直接引用习惯法裁判案件时,应当对于习惯的内容进行更为严格的审查。例如,我国《民法典》婚姻家庭编没有规定上门女婿对于岳父母的赡养义务。实践中,如果出现了类似案件,而且当地存在上门女婿赡养岳父母的习惯,则应当以该习惯(习惯法)作为填补漏洞的依据,因为在当地不仅有此惯行,而且人们对其有法的确信,又不违反法律的强行性规定和公序良俗。

承认习惯法作为一种法律漏洞的填补方法,主要是考虑到如下因素:

首先,习惯法具有自身的内在特点,可以作为填补漏洞的依据。具体表现在:一是行为规则的预先存在性。在法律漏洞的情况下,由于制定法缺少明确规定,相关行为规则是不明确的,但是,习惯法作为人们生产生活中实际遵守的现实存在的行为规则,其相关内容是预先明确的,行为界限是清晰的。因为习惯本身是人们自觉遵守的行为规则,它已经在社会生活实践中自发地调整人们的行为。当然,这并不意味着裁判者就不需要再去判断和审查这一习惯的内容,裁判者仍然需要尽到相应的职责。二是一定程度的客观性。习惯作为一种客观事实已经预先存在,并不以裁判者的主观价值判断而发生转移。裁判者可以发现和审核习惯法,但并不能对习惯的内容进行更改,相较于其他的法律漏洞填补方法,采用习惯法进行漏洞填补时,裁判者的主观能动被限制到较小的范围。习惯的适用不需要进行价值判断,裁判者不必借助法律目的对其进行解释,也不会掺入裁判者个人的主观价值判断。三是当事人的认可性。习惯法是已经事实上约束当事人行为的规则,已经为当事人内心所确信,只不过裁判者在案件裁判时加以明确、引用,其效力一般已经获得了相关当事人的认可和遵守。习惯的适用不是外在力量强加的,而是符合当事人意思的,并且能够体现民法上尊重当事人意思自治的基本特征。

其次,习惯法固有的内在属性决定了其能够发挥填补法律漏洞的功效。习惯法是基于人们的惯行和对其的法的确信而形成的。人们对相应的习惯的效力存在普遍的认可,习惯在实践中已经起到了调整人们行为的作用。习惯与习惯法区分的关键就在于人们对于习惯法有“法的确信”。如果仅仅存在惯行,人们对其并不存在“法的确信”,就不能认定其为习惯法。习惯的惯行性也称为反复适用性,是使习惯作为规则可约束人们的行为,其约定俗成、世代相传,规范着人们的行为,并指导着人们的生活。[①] 其虽然没有国家强制力保障实施,但是仍然具有一定的约束力。由于习惯法是在实际生活中现实地发挥作用,约束人们的行为的“活法”,故习惯法具有作为法律渊源裁判案件的天然优势。

最后,以习惯填补漏洞实际上就是尊重市民社会内在的自发形成的秩序。从法律发展的历史来看,许多法律实际上是在习惯中演化而来,或者说是国家对习惯的总结、提炼的一个成文化过程。尤其在商事领域,许多商事规则都是对商事习惯的提炼和总结,许多国际贸易术语也是根据习惯来确定其内涵的。然而由于立法的滞后性和不完备性,许多商事交易规则还没有成文化,没有由习惯法转化为成文法。因此,在遇到相关纠纷缺少相关制定法时,我们可以适用相关的商事习惯,直接作为案件裁判的依据。习惯还具有增强成文法合法性的功能。习惯通过补充和变通成文法,可以增强成文法的合法性。将现实中的交易规则引入相对僵化的法律体系,可以使法律适应社会生活。

(三)习惯法作为法律渊源的辅助性地位

虽然习惯可以作为解释法律概念或价值补充的工具,但习惯在法律解释学中最突出的作用仍然是填补法律漏洞。正是从这个意义上,我们将习惯作为填补漏洞的方法来对待。在漏洞填补的情况下,裁判者实际上以习惯(习惯法)作为司法三段论中的大前提。习惯法在调整社会关系中的作用是不可代替的,此点也已经为学界所公认。在关于习惯法与制定法的关系方面,学界存在两种不同的观点:

一是补充效力说。此种观点认为,习惯法只能是处于补充制定法的地位,它只有在制定法没有规定时才能适用,而不能更改制定法的规定。这是学界的通说见解。[②] 例如,《瑞士民法典》第 1 条规定:“关于

---

① 参见姜堰市人民法院:《司法运用习惯促进社会和谐——人民法院民俗习惯司法运用经验》,载公丕祥主编:《审判工作经验(三)》,法律出版社 2009 年版,第 337 页。

② 参见李宜琛:《民法总则》,中国方正出版社 2004 年版,第 8 页。

文字上或者解释上本法律存在规定的法律问题,都适用本法律。本法律无规定时,裁判者依习惯法,习惯法也不存在的场合,自己应依若为立法者作为法规将设定的内容进行裁判。"

二是更改制定法说。此种观点认为,习惯具有更改成文法的作用,因此,也具有最终的效力。历史法学派认为,法律就是民族精神的产物,习惯法是最重要的法的渊源,而制定法是相对次要的。这一观点虽然没有成为通说,但习惯可以更改制定法的观点还是被许多学者所采纳。我妻荣教授认为,习惯法比成文法更具有活力。"只要社会生活在流动,习惯法就自发地不断发生,无论成文法是多么完备,都不能永久地阻止这种社会事实,不管哪种学说占优势,这种事实都是存在的。"① 在民法解释时,应当承认习惯法具有更改成文法的地位,赋予习惯法终局的效力。②

上述两种观点都不无道理,笔者认为,在法律解释过程中,应当正视习惯法的作用,习惯法虽然发挥着调整人们行为的实际作用,但是,在制定法越来越完备的现代社会,它应当仅仅具有补充的效力。习惯曾经被萨维尼及自由主义法学的代表人奉为"真正的法律""活的法律""生活中的法律",并被推崇至可替代成文法的地位。但在我国,习惯包括交易中的惯例、传统的生活习惯等,都只具有补充法律规定不足的作用,即使在填补漏洞的情况下,裁判者也会考虑援引习惯和惯例作为填补漏洞的依据,理由如下:

第一,从我国法律体系来看,我国是成文法国家,应当遵循成文法优先的原则。在存在明确的法律规范条文时,应当优先适用成文法,只有在成文法缺少规定时,才可以发挥习惯法的漏洞填补功能。制定法是立法机关通过严格的立法程序制定的,具有较强的科学性和公正性,此点是习惯法所不能比拟的。习惯一般是在社会生活实践中逐步形成,具有一定的随意性和自发性,并没有经过严格的科学论证,故其适用的公正性、合理性是不能和制定法相提并论的。因此,笔者认为,从习惯法的地位来看,其无论如何是不可能替代或修改成文法的。从我

① [日]我妻荣:《新订民法总则》,于敏译,中国法制出版社2008年版,第17页。

② 参见[日]我妻荣:《新订民法总则》,于敏译,中国法制出版社2008年版,第18页。

国立法者的态度来看,也是采用补充效力说。

第二,从我国的立法体制来看,我国虽然采用多元立法体制,但只有法律法规才具有法律的效力,而且具有普遍约束力。我国的各类法律法规都是依据宪法制定的,具有内在精神的统一性,任何规范都不能与宪法相抵触,也不能与各类法律法规相抵触,习惯法也不能例外。因此,在具体法律适用时,应当优先适用法律法规,只有在法律法规没有规定时,才可以适用习惯。习惯只能发挥补充法律、法规不足的作用,而在法律、法规有明确规定的情况下,应当首先适用法律、法规等成文法律规范。更何况,我国幅员辽阔,人口众多,各地的习惯千差万别,即便是在同一地区,习惯也可能不一致。例如,就交易习惯而言,不同地域、不同行业的习惯也是不同的。如果允许通过习惯来变更制定法,就会导致法制的不统一。

第三,从我国审判实践来看,裁判者一般都优先援引法律法规的规定,在没有法律法规时,一般会援引司法解释。只有在法律法规、司法解释均没有规定时,裁判者才考虑适用习惯法作为案件裁判依据。制定法应当处于比习惯更优先的地位。另外,如果允许裁判者通过习惯来变更现行法的规定,就可能对法的安定性造成较大的影响。尤其应当看到,按照狭义的法律解释优先于漏洞填补的原则,只要有制定法的规定,就不应当再运用习惯来进行漏洞填补。

第四,从规范裁判者自由裁量、确保司法公正来看,也不宜允许裁判者随意适用习惯法,修改制定法。运用习惯法来修改成文法,赋予了裁判者过大的自由裁量权。习惯是不成文的,因此,其也是不固定的。裁判者既要调查习惯的内容,也要审核习惯的效力,故在适用习惯法裁判案件过程中,裁判者势必具有较大的自由裁量权。且实践中,要对于裁判者的这一自由裁量权进行控制,从技术层面上讲也存在一定的困难。相比较而言,成文法的内容较为固定,构成要件相对较为明确,故裁判者适用时的自由裁量权较小。因此,就适用成文法而言,裁判者的自由裁量权要比适用习惯法小得多。更何况,各地的习惯也存在区别,如果允许习惯可以变更成文法,则给予裁判者极大的自由裁量权,损害法制的统一和安定。

正是因为习惯法是制定法的补充,所以,它应当作为漏洞填补的依据,而不应当作为变更制定法的依据。正视这一点,对于发挥习惯在填补漏洞中的作用具有重要意义。

我们必须注意到,以习惯法来填补法律漏洞也存在其缺陷,主要表现在:第一,习惯法的不成文性。虽然有些地方的法院在整理相关的习惯规则,但通常来说,习惯都是以不成文的形式表现出来的。这种缺少文字表达的方式增加了习惯法内容的不确定性。习惯的产生是基于人类模仿的本能,其是通过口耳相传、耳濡目染的方式来传播的。因此,如何认定习惯的存在、如何认定其具体内容,这些都使裁判者享有一定的裁量余地,从而对于法的安定性产生不利影响。第二,习惯的特定性。习惯通常只能适用于特定的地域、特定的人群,因此,习惯法的适用范围和对象都有严格的限制。不同行业、不同群体,其习惯具有自己的特点。如果裁判者不加区分地滥用习惯,对于相关当事人不加区分地适用所谓习惯,可能会与法制统一的整体目标发生冲突。例如,关于赡养老人的做法,有的地方采取了分养的方法,还有的地方采用了合住的方法。可见,不能以某地的生活习惯作为其他地方的当事人是否尽到赡养义务的标准。因此,以习惯法作为法律漏洞填补的方法,也是应当受到限制的。第三,习惯内容的复杂性。习惯的内容并非单一的,其往往具有复杂性。裁判者在具体认定习惯的内容时,如何从中选择符合"合法性"要求的习惯,剔除违反"合法性"要求的习惯,是一个相对复杂的过程。许多习惯不一定是符合公序良俗原则的。例如,在民间习惯中,存在因所谓"风水"问题引发的相邻关系的纠纷。有的地方认为,建筑物、树木的位置不当会妨碍一方的"风水",或相邻关系中的一方当事人认为邻居的一些行为"冲""克"邻居家庭,由此引发了各种纠纷。① 裁判者在填补法律漏洞时,若审查不严,将所有的习惯都承认为习惯法并直接作为案件裁判的依据,将会产生不良的效果。正是因为考虑到习惯具有一定的缺陷,我们在填补漏洞中,也应当注重其作用的局限性,并且应当遵循严格的程序来适用。

四、填补法律漏洞的规则是习惯法而非习惯

如前所述,习惯在法律解释中的作用是多方面的,但是,其最突出

---

① 参见汤建国等主编:《习惯在民事审判中的运用》,人民法院出版社2008年版,第60页。

的作用表现为，在法律存在漏洞的情况下，以习惯作为漏洞填补的依据。正是从这个意义上，我们将习惯作为填补漏洞的方法来对待。习惯以漏洞填补的依据出现时，其实际上构成了习惯法。

在发挥习惯法的法律漏洞填补功能时，关于习惯和习惯法是否可以区分，存在同质说和异质说两种观点。[①] 同质说认为，习惯和习惯法在本质上是相同的，并不存在差别。有学者认为，习惯和习惯法的内涵是相同的。异质说认为，习惯和习惯法存在性质上的差别，习惯仅仅是人们有此惯行，而习惯法还要求人们对此惯行有法的确信。[②] 习惯只是一种规则，而不是严格意义上的法。[③]

笔者赞同异质说，因为区分习惯和习惯法的概念在法律解释中意义重大。习惯法是指在制定法之外，为特定人群生活或者交往中所遵循的，并为国家所认可的行为规则。《牛津法律大辞典》将习惯法界定为："当一些习惯、惯例和通行的做法在相当一部分地区已经确定，被人们所公认并被视为具有法律约束力，像建立在成文的立法规则之上一样时，他们就理所当然可称为习惯法。"[④]韦伯认为，习惯是在一定范围内存在的事实上的实践或机会，如果这种习惯具有长期存在的性质，则可以称为"习俗"；但习惯或习俗不具有规范性，因此，缺乏外在保障。为此，理想的和理性的秩序类型，只能包含"违背时有制裁予以保证"的惯例和"具有外在强制力"的国家法律。[⑤] 事实上，习惯法是在制定法之外，规范特定群体的规则，这些规则通常是这些群体在共同生活中反复实践的基础上产生的，并为这一群体内心所确信，也在实践中为他们所遵循。从这个意义上说，其也是这个群体共同意志的体现。[⑥] 习惯法与习惯是不同的，二者的主要区别如下：

第一，习惯的外延要宽于习惯法。"习惯"一词主要是一个事实概念，不具有价值上的褒贬评判。它是人们日常生活中经过反复实践的

---

① 参见杨建军：《惯例的法律适用》，载《法制与社会发展》2009 年第 2 期。

② 参见王泽鉴：《民法总则》，中国政法大学出版社 2001 年版，第 58 页。

③ 参见眭鸿明：《遵从习惯是一种理性思维方式》，载《金陵法律评论》2004 年第 1 期。

④ [美]戴维 · M. 沃克：《牛津法律大辞典》，北京社会与科技发展研究所组织翻译，光明日报出版社 1989 年版，第 236 页。

⑤ [德]马克斯 · 韦伯：《经济和社会》(上卷)，林荣远译，商务印书馆 1997 年版，第 60 ~ 67页、第 356 ~ 357 页。

⑥ 参见高其才：《中国习惯法论》，中国法制出版社 2008 年版，第 4 页。

交往规则,然而这些习惯能否被承认为习惯法,还需要区别对待。对于其中那些符合公序良俗原则,与国家整个法制精神相统一的习惯,可以被承认为习惯法;反之,对于那些违背公序良俗,与一国整体法制精神相违背的习惯,将不会被承认为习惯法,甚至可能会被有关制定法否定其效力。[①]《瑞士民法典》第 1 条承认了"习惯"的法律效力。但通说认为,这里所说的"习惯"仅特指"有普遍性之习惯"而言,否则法律的统一性将被破坏,将根本违反制定统一法典的目的。[②] 地方性或职业性的习惯,除法律有特别规定依习惯外,不能发生法的效力。[③] 按照德国学者的观点,习惯法具备三项要件:该习惯在相当长的时间内持续适用(eine längere Zeit andauernde Übung, longa consuetudo),参与的法共同体成员(Rechtsgenossen)对该习惯的适用具有法的确信(Rechtsüberzeugung, consensus omnium),以及按照这一法的确信,在法共同体成员的观念中,该习惯是具有约束力的规则(eine verbindliche Norm; opinio iuris oder necessitatis)。[④] 在我国,一般认为,习惯法只是被国家认可、承认的习惯。习惯法是被赋予一定的法律约束力的习惯,其只是习惯中的一部分。在认可其法律效力的过程中,法院需要就其是否符合公序良俗,是否符合制定法律规范等因素予以评判。

第二,构成要件不同。习惯是较为宽泛的概念,在实践中为人们所普遍践行的规则都可以称为习惯。但是,习惯法的构成条件要远远高于习惯。有学者认为,习惯要上升为习惯法,首先必须具备两种积极的要件:一是有经久的惯行,二是其效力得到了社会一般人的认可。这就是说,一方面,某种习惯必须是为特定区域内的社会成员所普遍认可的规则,因此形成了一种"法的确信",成为社会成员的共同法律信念。[⑤]

---

① 参见杨建军:《惯例的法律适用》,载《法制与社会发展》2009 年第 2 期。

② Traducion, *Henri Deschenaux*, p. 34 – 35. 转引自王伯琦:《近代法律思潮与中国固有文化》,清华大学出版社 2005 年版,第 311 页。

③ 参见王伯琦:《近代法律思潮与中国固有文化》,清华大学出版社 2005 年版,第 311 页。

④ Staudinger/Honsell, Einleitung zum BGB (2013), Rn. 234. 也有学者将其总结为两项构成要件,即长期的适用(longa consuetudo)和法的确信(opinio necessitatis)。Larenz/Wolf/Neuner, Allgemeiner Teil des Bürgerlichen Rechts, 10. Aufl., 2012, § 4, Rn. 5; Hübner, Allgemeiner Teil des Bürgerlichen Gesetzbuches, 1996, Rn. 37.

⑤ 参见[德]卡尔·拉伦茨:《德国民法通论》(上),谢怀栻等译,法律出版社 2003 年版,第 7 页。

换言之，习惯法所体现的行为规则为特定群体所普遍认可，并为他们信奉为必须遵循的行为规则。违背该规则的行为将被该群体认为具有可非难性。而习惯只是被认为是一个惯常做法，当事人通过协商变更该习惯并不会被认为不当。另一方面，习惯法是获得国家认可的部分习惯，只有符合公序良俗和法律规定条件的习惯，才能作为法律渊源，其他习惯则不能依法作为法律渊源。

第三，是否需要经过"合法性"审查方面不同。一般认为，习惯要成为习惯法还需要符合两种消极要件：一是不与成文法抵触，二是不违反公序良俗。[①] 对于这种消极要件的判断过程实质上就是对于习惯的"合法性"的审查过程。习惯是特定群体的实践规则，但这些规则的类型和数量众多，未必都获得了国家的认可。例如，在我国，有的地区的少数民族习惯将"渔场"规定为集体所有，任何人都可以捕捞。[②] 这一习惯显然与我国现行《民法典》的"森林、山岭、草原、荒地、滩涂等自然资源，属于国家所有"的规定不符合。再如，我国很多地方习俗认为，出嫁女不享有继承权和分割家庭财产的权利。[③] 这显然也违背我国《民法典》的基本规定。而习惯法是在获得国家认可的情况下，具备了法律拘束力的规范，如果违反了这些习惯法，将引起法律责任。这种国家的认可能够通过制定法进行概括性的承认（如《民法典》第 289 条的规定），待遇特定问题时具体化，其也可以通过司法审判中法官的援用来实现。正如有学者指出的"习惯之有法的效力，即由于其自身的价值，则在裁判者援用时，已有法的效力了"。[④]

第四，在证明责任方面是不同的。习惯是事实问题，而不是法律问题。在法律发展史上，从罗马法的注释法学派直至 19 世纪初学说上的权威意见，均认为习惯仅是一种事实，应由当事人主张并负举证责任，

---

① 参见王伯琦：《近代法律思潮与中国固有文化》，清华大学出版社 2005 年版，第 310 页。

② 参见周林彬等：《物权法中"习惯"的法经济学研究》，载谢晖等主编：《民间法》（第 7 卷），山东人民出版社 2008 年版，第 194～195 页。

③ 参见汤建国等主编：《习惯在民事审判中的运用》，人民法院出版社 2008 年版，第 34 页。

④ 王伯琦：《近代法律思潮与中国固有文化》，清华大学出版社 2005 年版，第 309 页。

否则法院可以置之不问。此种观点旨在排斥地方习惯而重视罗马法。[①] 至19世纪初历史法学派兴起之后,对习惯的性质认定发生了变化,认为习惯虽是一种事实,但同时就是法律,所以裁判者应当知道,其应当和成文法律一样依职权适用。[②] 在我国,通说认为,有关习惯的是否存在本质上是一个事实问题,应当由有关当事人来承担举证责任,但是,习惯法作为一种法律渊源,是一个法律适用的问题,而选择何种法律来裁判案件应当是裁判者的职责。所以,如果承认习惯法作为一种法律渊源,自然应当由裁判者依职权予以查明。

之所以要区分习惯和习惯法,从法律解释学的角度来说,习惯在解释法律文本以及价值补充方面具有其特定功效,但在法律漏洞填补时,习惯是不能直接适用的,习惯法才具有法律漏洞填补的功能。裁判者在运用习惯解释法律和价值补充时,因为其不是直接依据习惯来作为判案的依据,仅仅只是借助于习惯的内容来理解制定法的含义,故不需要严格判断习惯的法律效力。但是,在运用习惯进行法律漏洞填补时,其是直接依据习惯作为案件裁判的依据,故必须严格判断这些习惯是否具有了普遍的法律约束力,即是否已经上升为习惯法。习惯可以作为狭义的法律解释方法或价值补充的工具,但其不能直接适用于法律漏洞的填补。在填补法律漏洞时,习惯必须转化为习惯法,其原因在于:一方面,习惯仅仅作为狭义的法律解释的根据时,其不是直接作为个案中的裁判依据存在的,只是作为阐释法律规范的根据、含义的辅助手段而存在的,只是为了帮助裁判者更好地理解、说明法律文本的含义。因此,其本身是否具有法律约束力,是否得到社会公众的普遍遵守,裁判者无须加以严格审查。但是,在适用习惯法填补法律漏洞时,因为习惯法是直接作为一种裁判依据加以适用的,故其是否具备法律规范的内在属性,则必须加以严格的审核。[③] 另一方面,习惯作为法律解释的依据出现时,是不能直接引用的,法院仍然要依据相关法律条文进行裁判,习惯只是在帮助裁判者理解、论证法律条文的含义时具有一

① 参见王伯琦:《近代法律思潮与中国固有文化》,清华大学出版社2005年版,第309页。

② 参见王伯琦:《近代法律思潮与中国固有文化》,清华大学出版社2005年版,第309页。

③ 参见杨建军:《惯例的法律适用》,载《法制与社会发展》2009年第2期。

定的辅助作用。所以,这些习惯是否满足裁判依据的要件,裁判者并不需要多加考虑。而在法律漏洞填补时,法院需要直接引用习惯法作为案件裁判的依据,故需要对于习惯是否具备法律的属性进行更加严格的审查。习惯在满足一定要件并经审查后,可以成为习惯法,直接作为案件裁判的依据。但是,一般情况下,并非所有的习惯都具有这样的效力。

五、依据习惯法填补漏洞与其他漏洞填补方法的关系

(一)依据习惯法填补漏洞与类推适用和目的性扩张

依据习惯法填补漏洞与类推适用和目的性扩张都是漏洞填补的方法,都以发现个案中的裁判依据为目的,而不是要确立具有普遍拘束力的法律规则。依据习惯法填补漏洞和类推适用、目的性扩张存在明显的区别,表现在:一方面,类推适用和目的性扩张都是依据现行法上的具体规则进行的漏洞填补。而依据习惯法填补法律漏洞是以制定法之外的法律渊源作为裁判依据的。另一方面,依据习惯法填补漏洞,是以当事人认可的行为规则为依据,更能够为当事人所认可。而类推适用和目的性扩张是以制定法为基础的,更多地体现了法律的目的和精神。

习惯法虽然是填补法律漏洞的重要方法,但是,其并不能优先于类推、目的性扩张来适用原因有以下两点。一方面,在类推适用和目的性扩张的情况下,制定法已经就适用依据作出了相关的规定,而裁判者仍然是依据制定法来予以适用。可以说,在类推适用和目的性扩张的情况下,裁判者实际上是依据制定法相关规范中蕴含的“目的”来进行漏洞填补。而在采用习惯法填补法律漏洞时,裁判者实际上已经没有任何的法律规范可以适用了。另一方面,在类推适用和目的性扩张的情况下,裁判者虽然有一定的自由裁量权,但在采用习惯法填补法律漏洞时,裁判者享有更大的自由裁量权。习惯的不成文性、内容的复杂性等,都决定了裁判者在判断习惯法时具有较大的自由裁量权,因而应对此种方式作更严格的限制,不能优先于类推和目的性扩张适用。当然,如果法律特别规定习惯法优先适用,也应依照该规定。

(二)依据习惯法填补漏洞与依据法律基本原则填补漏洞

依据习惯法填补漏洞与依据法律基本原则填补漏洞具有一些类似性,许多习惯法也体现了法律的基本价值。从制定法和习惯法的关系

来看,制定法往往是习惯法的成文化,所以,习惯法常常与法律的基本原则具有一致性。

但是,对于习惯法和法律基本原则作为漏洞填补的依据,究竟何者优先,存在不同的观点和立法例。一是习惯法优先于法律的基本原则说。此种观点认为,在漏洞填补中,习惯法应当优先于法律的基本原则而运用。例如,《瑞士民法典》第1条第2款规定:"如本法无相应规定时,裁判者应依据惯例,如无惯例时,依据自己作为立法人所提出的规则裁判。"二是法律的基本原则优先于习惯法说。此种观点认为,在漏洞填补中,法律的基本原则应当优先于习惯法而运用。例如,《意大利民法典》第12条第2款规定,"无法根据一项明确的规则解决歧义的,应当根据调整类似情况或者类似领域的规则进行确定;如果仍然存在疑问,则应当根据国家法治的一般原则加以确定"。从该条规定来看,裁判者应当先适用类推的方法,然后依据法律的基本原则进行漏洞填补。这似乎表明,法律的基本原则要优先于习惯法而作为漏洞填补的依据。

我国法律虽然没有明确规定习惯法和法律的基本原则在漏洞填补中的优先顺序问题,但是,笔者认为,以习惯法来填补法律漏洞,其应当优先于依据法律的基本原则来填补漏洞的方法而适用。主要原因如下:

第一,从法律规定来看,我国相关的法律在承认习惯法填补法律漏洞的同时,一般均强调依据习惯法填补漏洞必须优先于依据法律基本原则填补漏洞的方法而适用。从《民法典》第289条的规定来看,其明确了"法律、法规没有规定的,可以按照当地习惯"。此处所说的"法律、法规"是指具体的法律规范,而并不能认为其包括了法律的基本原则。据此,习惯法作为法律漏洞补充方法适用时可以优先于法律基本原则。

第二,从内涵来看,习惯法较法律基本原则更为具体。习惯法优先于法律基本原则作为填补法律漏洞的方式,可以有效地防止案件裁判向一般条款逃逸。法律基本原则作为法律漏洞填补方法,其内涵极其丰富和庞杂。以诚实信用原则为例,其甚至可以认为包括善良风俗原则,因此,如果依习惯法填补法律漏洞也可以认为是运用诚实信用原则这一法律基本原则来填补法律漏洞,则法律基本原则填补法律漏洞就将无所不包了。

第三,从规范裁判者的自由裁量权的角度看,在运用法律的基本原则进行漏洞填补时,并不存在具体的规则,而在运用习惯法的情况下,习惯法中包含了比较明确具体的规则。因此,较习惯法,裁判者在运用法律的基本原则时,其自由裁量的空间较大。以诚实信用原则为例,其范围非常宽泛,可以泛指一切法律原则、指导思想,甚至可以包括并替代习惯法作为法律漏洞的填补方法。但若如此,裁判者的自由裁量权就过大,必然影响司法的公正。在现阶段仍需要提高裁判者的全面素质的情况下,有必要对各地法院特别是基层法院的裁判者在填补法律漏洞方面的作为进行严格限制。为此,首先需要立法机关尽可能制定较为详尽严密的规则,增加法律的可适用性和可操作性,严格限制裁判者的自由裁量。

第四,从方便裁判者具体操作来看,在运用法律的基本原则进行漏洞填补时,虽然裁判者可以寻找到可供适用的法律的基本原则,但是,法律的基本原则都是法律的价值取向的体现,其具有抽象性的特点。法律的基本原则要运用于漏洞填补还必须经过一个程序,即将法律的基本原则具体化为可供适用的规则。而在运用习惯法进行漏洞填补时,虽然裁判者也需要寻找、确定习惯法的存在,但这些习惯作为客观事实是已经实际存在的,且必然在审判中为当事人所提及和辨认,故裁判者在适用习惯法时将相对更为便捷。裁判者运用习惯法来填补法律漏洞,其可操作性较强。可见,即使是从法律适用经济性的角度考虑,裁判者也首先应当选择以习惯法来作为法律渊源,而不是法律的基本原则。

六、习惯法填补法律漏洞的程序

根据习惯法进行法律漏洞填补时,需要遵循如下法律解释的程序。

(一)确定漏洞

习惯法仅能够补充法律,而不能修改现行法。因此,只有在现行法存在漏洞时,才具有习惯法适用的空间。制定法存在法律漏洞是运用习惯法填补法律漏洞的前提。在认定法律漏洞时,必须区分两个概念,即“法”和“法律”。“法律”是指制定法,而“法”是指一切具有普遍约束力的行为规则。在存在法律漏洞时,只是表明“制定法”本身存在缺陷,不能表明“法”存在缺陷。在制定法存在缺陷的情况下,可以借助于习惯法等其他法律渊源来填补漏洞。正如比德林斯基所言,在法律适用中,不仅仅要运用制定法、解释制定法,而且要进行法的续造(漏洞填补)。因此,制定法并不是法律适用中的唯一依据。[①] 虽然目前成文法体系越来越庞大、越来越详尽,其中更包含公序良俗、诚实信用等一般条款,但是,受限于成文法立法技术的限制,立法者不可能完全预见现实生活中发生的所有纠纷,预设相应的法律规范,故仍然需要借助于习惯法予以漏洞填补。

需要指出的是,如果法律法规已经明确规定在何种情况下应当适用习惯法,在此情况下是否应当认为存在法律漏洞?例如,我国《民法典》第289条明确规定:“法律、法规对处理相邻关系有规定的,依照其规定;法律、法规没有规定的,可以按照当地习惯。”笔者认为,这种情况并不符合法律漏洞的构成要件。法律漏洞是立法者由于立法技术的不完整性,对于现实生活中的纠纷考虑不足,从而在法律规范中留下了空白,法官在案件裁判中无法依据制定法加以裁判。但在《民法典》第289条中,既然法律法规已经在法律条文中明确指引法律适用者在一定情况下采用习惯来裁判案件,这就说明立法者已经充分预见到了相关社会纠纷的存在,并意图加以有效规范。虽然限于立法技术的限制,立法者没有提出明确的规则,但其已经明确授权司法者采用习惯来作为案件裁判依据,故这种情况不能认为是立法者的一种立法漏洞,因为此时法律对其已经作出了规定,只不过运用了“不确定概念”。因此,法官应当根据社会生活来具体确定“当地习惯”的含义,这实际上是不确定法律概念的具体化问题,而非漏洞填补问题。所以,采用习惯法填补法律漏洞必须是特指法律法规没有明确规定,且法律法规也没有明确授权采用习惯来裁判案件时,直接引用习惯法来裁判纠纷的情形。

(二)找寻习惯

找寻习惯是采用习惯法填补法律漏洞的必经步骤。它既是一个当事人举证证明的过程,也是一个裁判者依职权判断的过程。在习惯找寻过程中,应当完成如下几个步骤:

---

① Franz Bydlinski, *Juristische Methodenlehre und Rechtsbegriff*, Wien/New York, 1982, S. 59.

第一,习惯存在的证明。习惯不同于习惯法,习惯本身是一个事实问题,所以需要当事人举证证明。每一方当事人都有义务证明该习惯的存在和内容。裁判者没有必要为了当事人的利益而主动地找寻习惯的存在,否则会丧失裁判者的中立立场。而作为漏洞填补的习惯,其性质上属于法律,而不属于事实。习惯法既然是作为法的渊源出现,因此,它属于法律依据问题,属于裁判者依职权而查明的事项,不应要求当事人提供证据证明。既然习惯法不是当事人举证证明的范围,也就不实行"谁主张,谁举证"的规则。当然,如果当事人为了获得有利裁判而自愿予以证明,裁判者也不必禁止。另外,由于当事人更接近习惯,更熟悉习惯的存在及其内容,裁判者也可以要求当事人提供相关的证据。

第二,在多个习惯存在的情况下,确认和案件最相关联的习惯,针对习惯的适用,裁判者还要判断其与具体案件的关联性和结合性。由于民间存在的习惯可能数量众多,法官在依据习惯进行漏洞填补时,必须选择与系争案件关系最为紧密的习惯,而不能任意加以选择。此种关联性的判断,既是法官的义务,也是依职权进行的判断。例如,在某案件中,当事人在转让房屋时,未特别约定是否应当将门前的一对石狮子作为从物一同转让。原告认为,根据《民法典》第320条,主物转让的,从物随主物转让,故该对石狮子应当连同房屋一并转让。但被告对于该对石狮子是否属于从物提出了异议。关于从物的理解,《民法典》本身并没有作出明确的规定,而当事人又没有作出特别的约定,因此,在发生争议后,是否应当根据当地习惯来确定该对石狮子是否属于《民法典》中的从物?笔者认为,习惯也可能体现为交易习惯、当地的生活习惯等。如果几种习惯之间存在矛盾,则应当以交易习惯作为填补法律漏洞的依据。换言之,如果当地的交易习惯认为石狮子并不能独立存在,而应当连同房屋一并转让的,则该对石狮子应当认定为《民法典》中的从物;反之,如果当地交易习惯认为石狮子可以和房屋分离而独立存在,并不需要必然地连同房屋一并转让,则该对石狮子并非《民法典》中的从物。习惯虽然具有具体性,但是,习惯要适用于待决案件,仍然必须满足个案针对性的要求。裁判者依职权选择所适用的习惯,此种关联性的判断,既是裁判者的义务,也是依职权进行的判断。

第三,习惯的适用范围的判断。习惯都是在特定区域、特定人群内适用的,超出了此范围,即不存在习惯适用的空间。裁判者在适用习惯裁判案件时,必须判断当事人是否都是适用习惯的合适对象。习惯都是在特定区域、特定人群内适用的,超出了此范围,即不存在习惯适用的空间。法官在适用习惯裁判案件时,必须要判断当事人是否都是适用习惯的合适对象,对于非习惯适用范围内的当事人,法官不得采用习惯作为相关纠纷的裁判依据。

在判断习惯时,是否需要根据习惯有明确的文字记载而区别对待?习惯通常是以不成文的形式表现出来的,因为习惯是人们的惯常行为,其一般不以文字的形式记载下来。但是,在例外情况下,习惯也可以以文字的形式记载下来。例如,有的法院已经将大量的民间习惯以明确善良风俗的具体含义的名义整理成书面的文字。也有不少交易习惯实际上是相关主管机关的行政规章或者规范性文件,它们也是以文本的形式表现出来的。在国际上,许多国家的商事规则已经由行业协会出面整理成了书面的商事交易规则。国际商会作为一非政府机构,制定了许多国际商事交易习惯,如《国际贸易术语解释通则》(INCOTERMS),关于信用证的UCP600规则,这些在性质上都被广泛接受,成为具有法律约束力的法律渊源。再如,我国实践中,有些习惯是以文本的形式呈现出来的。在其含义出现分歧的情况下,就有可能对这些文本进行法律解释作业。但实践中大量的习惯是不成文的。所以,找寻习惯不一定以成文化为标准。

(三)审核习惯

审核习惯,就是习惯的合法性判断。正如郑玉波教授所指出的,习惯必须经过严格审查,“习惯得补充法律而适用,不可轻易为之,必须严格解释而后可。例如该习惯客观上是否存在?是否一般人均确信其为社会生活规范?有无法律价值(是否违背公序良俗)?均应严格加以审核后始得适用之”。[①] 所以,将习惯上升为习惯法,必须经过裁判者的审核认定。审核既是裁判者的职权,也是裁判者的义务。也就是说,在面对众多的习惯时,裁判者不能放弃审核而直接将其导入到习惯法中。或者说,裁判者在认定某一习惯为习惯法时,必须提供充分的理由。如

① 郑玉波:《法谚(一)》,法律出版社2007年版,第43页。

果不作任何的审查与过滤，一方面容易使陈规陋习堂而皇之地成为有约束力的习惯法，另一方面会破坏法律本身的安定性，破坏人们对法律的稳定预期。

习惯上升为习惯法，需要满足形式和实质两方面的要件。从形式上说，习惯需要经过裁判者严格的审查，确定其已经具备了法律的内在属性时，才可以直接作为法律渊源裁判案件。当然，在采用习惯解释法律时，并不是不需要对于习惯的内容进行审查，而只是说在采用习惯法进行法律漏洞填补时，需要对于该习惯是否已经具备了法律规范的内在属性进行更为严格的审核。具体来说，习惯上升为习惯法必须满足如下实质条件：

一是习惯已经形成了约束人们行为的规则，人们对于其存在已经产生了一种"法的确信"。习惯不像成文法那样是立法者主导或者介入之下形成的，而是在长期的生活和交易过程中，经日积月累逐步自发形成的。例如，在有些地方建造粪坑、汪塘、灰堆等，不能正对邻居家的门窗；航行中，装有粪便等污秽物品的船只应当避让其他船只；等等。[①] 有的习惯已经作为行为规则存在，得到了普遍的认可，而有的习惯仅仅是在特定条件下、特定时期内形成的，并不具有普遍约束性。对于后者，虽然在解释相关法律规范时可以酌情考虑，但其是不能被承认为习惯法的，无法用于填补法律漏洞。如果习惯不是行为规则的话，裁判者也无法直接援引其裁判案件。

二是不违反法律的强制性规定和公序良俗。习惯作为千百年来人们生产生活经验的总结，包罗万象、林林总总，故不可能所有的习惯都能发挥法律漏洞填补的功能，更不能说所有的习惯都可以直接作为司法案件裁判的规则。习惯要转化为习惯法，其就必须能够作为法律渊源，能够纳入整个法秩序之中。因此，习惯要转化为习惯法，就必须对其进行"合法性"判断。此处所说的"合法性"包括不违反法律的强制性规定和公序良俗。一方面，习惯不能违反法律的强制性规定。习惯是作为填补法律漏洞的依据发挥作用，考虑到各种法的渊源之间应当保持一致性，并且，制定法应当对其他法律渊源的运用发挥约束性作

---

① 参见汤建国等主编：《习惯在民事审判中的运用》，人民法院出版社 2008 年版，第 61 ~ 62页。

用,因此,凡是违反制定法中确立的强制性规定的习惯都不能作为法律漏洞填补的依据。例如,在我国,裁判者是否可以运用习惯来填补法律漏洞,从而将典权和居住权认定为物权?笔者认为,我国《民法典》第116条规定:"物权的种类和内容,由法律规定。"该条是对物权法定原则的规定,属于强制性规定。裁判者此时运用习惯来填补漏洞,就违反了这一强制性规定。另一方面,习惯不能违反公序良俗。违反公序良俗的习惯也不能作为漏洞填补的依据,否则就与法的渊源的性质相违背。对于一些与国家法治理念和法治原则存在较大的冲突的"陋俗",需要进行判断,这就涉及按照"公序良俗"来进行审查的问题。[①] 例如,有的地方的习惯规定,如男方入赘到女方后,不但以后的孩子要随女方姓,男方自己也要随女方姓。笔者认为,这样的习惯有违公序良俗,应当作为"陋习"认定,不能承认其法律效力。实践中,"合法性"的判断是由裁判者在个案裁判过程中具体认定的。

近几年来,有些法院将经过审查并认可的习惯通称为"善良风俗",有些法院将相关习惯整理成成文化的"善良风俗"。[②] 其实质是通过法院审查,将习惯转化为习惯法。但笔者认为,善良风俗只能在价值补充方面发挥功效,而不能代替习惯法的法律漏洞填补功能。这是因为,一方面,有些习惯适用于生产经营活动中,其追求的是效率等目标,和"善良风俗"所追求的道德标准相去甚远;另一方面,善良风俗不能作为法律渊源,其适用范围也是有限的。通过调查习惯,确定善良风俗的内涵,旨在充分发挥善良风俗的价值补充作用,但其不能完全替代习惯法的法律漏洞填补功能。在对"善良风俗"的概念具体化的过程中,借鉴相关习惯的内容,确定"善良风俗"的相关含义,这也确实是必要的。但是,善良风俗条款主要还是要发挥价值补充的功效,其不能完全替代习惯法的法律漏洞补充功能,价值补充和法律漏洞填补之间仍然是有区别的,因此,完全借助于善良风俗含义的扩张来代替习惯法的法律漏洞填补功能,是十分困难的。

---

① 参见广东省高级人民法院民一庭、中山大学法学院:《民间习惯在我国审判中运用的调查报告》,载《法律适用》2008年第5期。

② 参见姜堰市人民法院:《司法运用习惯促进社会和谐——人民法院民俗习惯司法运用经验》,载公丕祥主编:《审判工作经验(三)》,法律出版社2009年版,第336页以下。

(四)论证说理

以习惯法来填补法律漏洞是否需要进行论证说理?如前所述,只要裁判者对于法律漏洞的存在以及习惯法的存在进行了论证,就可以直接引用习惯法来裁判案件,而无须对于该习惯法为什么能够适用于此案件的裁判以及适用的合理性再进行阐述和论证。例如,上海某装修公司因其装修工在业主的房屋内自杀而应当赔偿业主的精神损失,但法院驳回了业主关于房屋贬值损失的索赔。[①] 在该案中,我国现行法对于侵害房屋所有权情况下的精神损害赔偿并没有作出规定。这实际上构成法律漏洞,因此,可以借助习惯来进行填补。该案的裁判者若需要以习惯法来填补法律漏洞,首先,需要判断法律漏洞的存在;其次,需要论证对于侵害房屋所有权情况下的精神损害赔偿是否存在某种习惯;最后,对习惯是否符合法律强制性规定和公序良俗应当进行论证,也就是说,要证明该习惯是否具有习惯法的效力。结合本案,裁判者应论证,根据习惯,新婚夫妇的新房不应是"凶宅"(发生过不正常死亡等伤害事件的房屋),故该装修工人的自杀行为必然给当事人造成心理上的伤害,造成精神损害。所以,笔者认为,只有在存在法律漏洞的情况下才能运用习惯来填补漏洞,否则就属于价值补充的范畴。

七、习惯解释的规则

(一)遵循法律的强制性规定和公序良俗

既然习惯已经上升到法的渊源的层级,因此,其当然不得与制定法中的强制性规定发生冲突,否则,就会与立法者制定强制性规定的立法目的相违背。另外,公序良俗是广义上的违法性判断标准,如果习惯违反了法秩序的统一原则,违反了法律的强制性规定和公序良俗,就不能成为填补漏洞的依据,这就是习惯的合法性控制,它意味着在运用习惯来填补漏洞时,该习惯必须符合法律的强制性规定与公序良俗的要求。如果与这两者相互冲突,其也不能取得法的渊源的地位。因此,通过公序良俗规则的检验,就可以将"陈规陋俗"等与整体法秩序不一致的习惯排除在外。

---

① 参见上海市黄浦区人民法院民事判决书,(2000)黄民初字第608号。

（二）习惯需经司法审查才能成为漏洞填补的依据

这就是说，无论是何种习惯，即便当事人对其有法的确信，也不能自动地成为漏洞填补的依据。裁判者在适用时，要对习惯进行审查，以确定其是否可以作为漏洞填补的依据。习惯事实上须经裁判者的认可方能上升为习惯法。柯克认为，惯例(consuetudo)“是英格兰法律的三大支柱之一：这些法律被划分为普通法、制定法和习惯”。对于习惯如何成为习惯法，庞德更明确地指出：“习惯就是司法决定的习惯，而不是民众活动的某个习惯。”①这些看法虽然是对普通法中习惯上升为习惯法的过程的描述，但其也强调了习惯与习惯法的区别。在我国，民间存在诸多习惯，它们也在很大程度上规范或影响着人们的行为。大量的习惯是可以作为法律渊源的，但是，在填补漏洞时，习惯不能直接作为裁判规范。在裁判过程中，只有在面对尚未成为法律的习惯时，对其是否属于习惯法的判断才十分必要。此项任务通常要在司法过程中完成。例如，在“陈丙诉陈甲、陈乙墓碑漏刻姓名纠纷案”中，原被告是亲兄弟，2000 年 12 月 27 日，陈父去世，骨灰盒一直放在陈乙家中。2003 年，陈甲、陈乙出资为陈父购置一块墓地，并立了一块墓碑，但未将陈丙夫妇的姓名篆刻在墓碑上。陈丙在法院提起诉讼，认为陈甲、陈乙在碑文上故意漏刻其姓名，损害其人格尊严和名誉，要求陈甲和陈乙停止侵害、赔礼道歉，并将其姓名刻在墓碑上。二审法院认为，死者亲属按照长幼顺序在墓碑上篆刻姓名的做法符合我国传统伦理道德的一般观念，应视为一种社会公序良俗，被告漏刻原告的姓名，侵害了其基于与死者的亲属关系所享有的身份上的权利。② 在该案中，关于在近亲属墓碑上篆刻自己姓名的权利，现行法律没有对此作出规定，这显然属于法律漏洞，但死者亲属按照长幼顺序在墓碑上篆刻姓名的做法符合生活习惯。如果某个近亲属的名字被漏刻，或者篆刻以后被铲除、涂抹，一般人会认为，该人与死者之间存在重大的矛盾和纠纷，或篆刻其姓名有违死者意愿。因此，法院经审理认为，此种习惯符合公序良俗，可以作为填补法律

① 转引自[美]本杰明·卡多佐：《司法过程的性质》，苏力译，商务印书馆 1998 年版，第 35 页。

② 参见上海市第二中级人民法院民事判决书，(2004)沪二民一终字第 866 号。

漏洞的依据。

(三)习惯从严解释

法谚云:习惯从严解释(Custome serra prise stricte)。因为习惯作为一种法律渊源,可以补充法律的不足,在某些情况下甚至可以优先于法律的任意性规则和法律原则适用。但在适用习惯时,应当坚持从严解释的原则,因为一方面,习惯的存在需要裁判者进行判断,裁判者在将习惯作为裁判依据时,其应当确定该习惯是否存在,对习惯的认定应当从严把握;另一方面,与法律规则不同,习惯并不是明文记载的,其内涵具有较大的不确定性,要求裁判者从严解释,有利于限制其自由裁量权,保护当事人的合理预期。此外,并不是所有的习惯都能成为法律漏洞填补的依据,能够填补法律漏洞的习惯必须符合法律规定和公序良俗。例如,在"周某某与张某某、李某某等扶养纠纷案"中,当事人就出嫁的女儿是否对父母负有扶养义务发生争议。按照当地的民间习俗,父母都是由儿子、媳妇承担扶养义务,要求出嫁的女儿承担扶养义务会视为儿子或媳妇不孝,但法院认为,该习惯与法律规定相违背,属于陋习,不应当受到法律认可。① 该案表明,在运用习惯进行裁判时,不能一概认可习惯的法律效力,而应当对习惯进行从严解释,如果习惯违反了法律规定,则不应当适用。

(四)习惯应具有特定的适用范围

习惯是特定区域、特定人群在长期的生产生活实践中形成的行为规则。俗话说,"十里不同风,百里不同俗",可见,习惯具有较强的地域性。在特定区域或行业内,习惯为人们所公认,并能约束该地区、行业的人们的行为,而超出了此范围则往往不能得到社会公众的认可。因此,在寻求裁判依据时,不能把特定地区的习惯推及全社会,也不能将特定行业的习惯适用于所有行业。除非相关的地区、行业具有相同的习惯,才可以参照既存习惯规则裁判案件,如果将非本地区、本行业的习惯强加于某地区、某行业的当事人,可能导致不公正的裁判结论。因此,即使是作为填补法律漏洞的规则,也必须明确特定的习惯的适用对象和范围。

---

① 参见姜堰市中级人民法院民事判决书,(2004)姜法溱民初字第 228 号。

第六节 基于比较法的漏洞填补

一切知识和认识都可溯源于比较。

——[德]诺瓦利斯(Novalis)

外国法律制度的接受问题并不是一个“国格”问题,而是一个单纯的适合使用和需要的问题……只有傻子才会因为金鸡纳树皮并不是在他自己的菜园里生长出来的为其理由而拒绝接受。①

——[德]鲁道夫·冯·耶林(Rudolph von Jhering)

案例1:某著名歌星应邀到某市举办演唱会,并与该市的演出公司签订了合同。该演出公司的总经理李某与某小报记者何某之间有些过节。何某得悉该著名歌星将于某日来该市演出,便在演出前两天在其小报上发表一则消息称,“著名歌星某某某因身体不适需要住院治疗,不能如期来我市演出”。该消息登出以后,导致门票销售量锐减,还有不少人退票,赞助商也有部分退出。李某立即与该报交涉,次日该报又登载了更正的声明,但门票收入和赞助收入仍遭受不少损失。后来,演出公司在法院提起诉讼,要求该报和记者李某赔偿。但该案在审理中,对于报社是否应当赔偿,有两种不同的观点。一种观点认为,报社和公司之间不存在合同关系,虽然报社基于过失侵害了该公司的债权,但由于现行法没有规定侵害债权的责任,所以,无法获得救济。另一种观点认为,虽然现行法没有规定侵害债权的责任,但是,通过比较法的考察,许多国家和地区规定了积极侵害债权的责任,借鉴其规定,可以将《民法典》第120条的“民事权益”解释为包括被积极侵害的债权。笔者认为,后一种观点借鉴了比较法上的通常做法,且这种做法考虑到了侵权人的主观心态等因素,也强化了对受害人的保护,符合侵权法的发展趋势,值得肯定。

案例2:张某和杨某在上学的路上拾到被人刮开并丢弃的彩票一

① 转引自[德]K.茨威格特、H.克茨:《比较法总论》,潘汉典等译,贵州人民出版社1992年版,第4页。

张。杨某拿着这张彩票去兑奖,获得6万元。后来,张某的父亲知道此事,就起诉到法院,要求杨某返还一半的奖金。法院判决,要求杨某返还一半的奖金给张某的父亲。在诉讼结束后,作为该彩票销售单位的该市民政局提出,该彩票的奖金应当收归民政局。按民政部1994年12月2日发布的《中国福利彩票管理办法》(现已失效)第19条的规定,"奖金用于奖励取得中奖资格的购票者。"据此,市民政局认为,所有人抛弃奖券,领奖资格即消灭,不能由别人替代,因而拾得人也就不存在原始取得的问题。而该市检察机关则提出,彩票的奖金应当归国家所有,拾得物在不能确定原所有人的情况下,应根据《民事诉讼法》规定的程序和原则推定为无主财产,收归国家所有。笔者赞成法院的判决,该案中奖金应当归拾得彩票的两人共同所有。在本案中,彩票已经被人刮开并丢弃,属于抛弃物。因此,杨某和张某拾得彩票后,不能按照遗失物的规则处理,也不能类推适用法律关于遗失物要返还失主的规定。鉴于其他填补漏洞的方式也无法解决本案的纠纷,笔者认为,可以采取比较法的方法,借鉴各国物权法所普遍采纳的规则,即通过先占制度来解决,拾得人可以通过先占取得彩票权利。杨某和张某拾得彩票后,已经符合先占的条件,应当享有对彩票的所有权。而奖金作为彩票的法定孳息,其也应当归原物的所有人。

一、比较法方法的概念和特点

在法律解释学上,比较法的方法是指通过借鉴国外立法和判例,并结合我国国情,确定裁判依据,以填补法律漏洞。例如,我国1995年《保险法》没有规定保险人因投保人未履行告知义务而行使解除权的期限,实践中经常发生争议。但是,通过比较法的解释,解除权的行使应当在一定的期限内(如1个月)进行。[①] 因此,有的法院在个案裁判中通过比较法的方法弥补了这一缺陷。

在传统的法律解释方法中并没有比较法的方法,但是,自19世纪

---

① 例如,《德国保险合同法》第20条规定:"解除权仅可以在一个月内行使。该期限自保险人知道告知义务的违反之时起算。"《日本商法典》第645条第2款也规定:"自保险人知道解除权原因时起1个月内不行使,该解除权消灭。自合同订立时起经过5年亦同。"这些经验都是值得借鉴的。

以来,德国的历史法学派倡导比较法方法,并推动了比较法研究方法的发展。[①] 1900 年,在法国巴黎召开了第一次国际比较法大会,在这次大会上,由法国人萨莱耶(Saleilles)和朗贝(Lambert)倡导,提出了"共同法"的概念,并将其作为比较法的口号。[②] 经过利益法学派学者的推动,比较法作为一种法学研究方法得到重视。自20世纪以来,比较法的研究方法日益重要,并成为法学研究普遍认可的重要方法。从法学研究的角度来看,比较法是指不同国家或者地区的法律制度的比较研究,其可以分为三个不同的层次:一是单纯的外国法研究,重点在于阐释外国法;二是比较不同国家法律制度的异同及其发展趋势,重点在于总结和评述;三是研究不同法律制度之间的现实与历史的关系,重点在于对不同制度之间沿革与联系的考察。[③] 随着经济全球化的发展,比较法的方式彰显出其日益重要的地位,比较法学也成为法学中的重要学科。而比较法研究方法的发展也必然导致比较法成为法律解释的重要方法。

比较法的方法在法律解释中的运用,主要就是运用比较法的方法来填补法律漏洞。作为一种漏洞填补的方法,比较法方法的特点表现在:

第一,它是在个案中因缺乏本国法律规则而采纳的法律解释方法。该方法运用的前提是出现了法律漏洞。但这种漏洞不同于一般的法律漏洞,其是指适用于个案的本国法律规则明显缺失。在适用比较法时,其前提是本国的制定法上存在法律漏洞。然后就需要考察其他国家和地区的法律规定中是否存在解决同一问题的法律规定。在存在法律漏洞的情况下,由于现行法上不存在相应的依据,而裁判者又不能拒绝裁判,此时,其可以运用比较法的方法来填补漏洞。在存在法律漏洞的情况下,虽然裁判者可以运用抽象、宽泛的法律基本原则来填补,但比较法较基本原则更为具体,毕竟比较是对具体制度的比较,其有助于发现具体的制度和规则。通过比较法的方法,可以确立具体的规则,而且,这些规则经过国外的司法运用,已经

---

① 参见张鼎昌:《比较法之研究》,载何勤华、李秀清主编:《民国法学论文精萃》(第一卷"基础法律篇"),法律出版社 2003 年版,第 524 页以下。

② 参见[日]大木雅夫:《比较法》,范愉译,法律出版社 1999 年版,第 54 页。

③ 参见朱景文:《比较法总论》,中国人民大学出版社 2004 年版,第 1 页。

成为成熟的经验，成为一种填补法律漏洞的方法。

第二，它是采用比较的方法来寻找可供适用的法律规则。从学理上讲，关于“比较方法”存在不同的界定，有关于概念的比较，也有所谓功能的比较。[①] 茨威格特认为，“比较法就是在实质上或形式上将不同的法律秩序加以对照；或者是从不同的法律秩序中挑出具有可比性的制度或解决办法来加以对照”。[②] 但笔者认为，漏洞填补中的比较应当注重国外的法律制度与中国法的比较。既然要从比较法中寻找可供填补漏洞的裁判依据，则比较法方法，必须结合我国的国情来比较。一方面，比较法方法必须在我国宪法和法律的框架内进行，它既不能与我国宪法的规则和原则相冲突，又不能与我国法律的目的和精神相违背。另一方面，比较法不能与本国的社会生活实际相冲突。孟德斯鸠早在18世纪中期就指出：“为某一国人民而制定的法律，应该是非常适合于该国的人民的；所以如果某个国家的法律竟能适合于另外一个国家的话，那只是非常凑巧的事。”[③]这句话虽然过于极端，但其强调域外法律制度应当密切结合本国国情的看法也是可取的。法为人而定，非人为法而生。每一个制度和体系安排都要反映本国的历史文化传统，符合社会的实际需要。春秋战国时期的晏子曾经说过，“橘生淮南则为橘，生于淮北则为枳。”所以，在运用比较法方法时，一定要结合中国的国情，不能简单地从国外的经验出发来确定我国的应有规则，更不能削足适履，盲目引入相关制度。正是因为考虑到比较法要结合中国实际，所以，它不能作为独立的狭义法律解释方法，而只能辅助其他方法来确定法律的文义。

第三，它是运用国外成熟的制度经验来填补漏洞。他山之石，可以攻玉，人类的一些经验是具有共同性的，包括运用法律手段协调利益冲突的法律经验。这在民商事领域体现得更为明显，尤其是随着经济的全球化发展，国际交往日益频繁，法律已经出现了相互借鉴和融合的趋

---

① 功能主义比较方法是指观察者必须尽量全面地观察所比较的对象，将之放在特定地域的整体制度以及关联因素制约的大背景下进行分析和评判，将之定位为具有特定功能的关联系统的一个子系统。参见［德］K. 茨威格特、H. 克茨：《比较法总论》，潘汉典等译，贵州人民出版社1992年版，第56～58页、第77页。

② ［日］五十岚清：《比较法是比较的方法？》，何其荣译，载《贵州警官职业学院学报》1991年第2期。

③ ［法］孟德斯鸠：《论法的精神》，张雁深译，商务印书馆1982年版，第6页。

势,一些规则甚至呈现出国际化和统一化趋势,在合同、担保和票据等领域尤为明显。事实上,民商事领域的许多规则是可以相互借鉴的。“比较法把我们的目光转向其他法律制度,并把我们从民族主义的夜郎自大之中拯救出来。”[①]如果在比较法上存在对具体问题进行协调的具体的法律规则,在不与本国的法制背景和社会背景冲突的情况下,运用国外的经验解决本国的问题也具有较高的可行性。

梅里曼指出:“法律根植于文化中,它在一定的文化范围内对特定社会在特定的时间和地点提出的特定要求产生反映。”[②]法律虽然具有本土性,但是作为一种文化,又可以相互借鉴。在我国,无论是立法实践还是法学研究,比较法的方法可谓是最常见的方法。[③] 但在我国司法实践中,这一方法却很少作为解释方法加以运用。这主要是因为我国强调依法裁判,所以,即便出现法律规则缺失,法官宁可适用比较抽象的法律原则,也一般不援引比较的做法,以防被指未能依法裁判。实际上,这种做法的结果可能导致“向一般条款逃逸”。从我国法院的司法实践来看,法官在裁判中基本不可能表明其是参考了国外立法、判例或学说,但是,从其实际推理过程来看,其时常采用了比较法的方法。例如,在“原告刘某斌诉被告洪某凤离婚案”中,[④]法院认为,原《婚姻法》关于离婚时一方经济困难,另一方给予适当帮助的规定,借鉴大陆法系国家的经验,引入了“终身定期金”的做法,判决原告在离婚后继续负担被告的部分生活费。虽然在判决中没有明确表明是借鉴国外的经验,但是,主审裁判者在解说中认为,其是采用比较法经验所作出的判决。[⑤]再如,在“杨丽娟诉广州某报名誉侵权纠纷案”中,广州市中级人民法院借鉴美国法中公众人物人格权应受限制的规则,认定杨丽娟为“自愿型公众人物”,其名誉权应受限制。[⑥] 虽然随着我国立法的不断完善,法律

① [德]伯恩哈德·格罗斯菲尔德:《比较法的力量与弱点》,孙世彦、姚建宗译,清华大学出版社2002年版,第21页。

② [美]约翰·亨利·梅里曼:《大陆法系》(第2版),顾培东、禄正平译,法律出版社2004年版,第155页。

③ 参见米健:《比较法学与近现代中国法制之命运》,载《现代法学》2005年第2期。

④ 参见江苏省盐城市城区人民法院民事判决书,(2001)城初字第468号。

⑤ 参见王铭:《融民俗文化法律文化于一体求法律效果社会效果之统一》,载公丕祥主编:《裁判者办案经验》,法律出版社2009年版,第29页。

⑥ 参见《杨丽娟名誉权案败诉　被称自愿型公众人物》,载《华商报》2009年9月23日版。

漏洞会日益减少,但是,毕竟法律漏洞的存在不可避免,所以,比较法的方法具有其存在的价值。

二、比较法方法的功能及其局限性

在实践中,比较法的方法发挥着越来越重要的作用,因为随着经济全球化的发展,法律的相互影响和相互借鉴十分重要。但在法律解释学上,比较法的方法能否成为一项独立的解释方法不无争议。有学者认为,比较法方法不能成为一种独立的漏洞填补方法,因为通过比较法上的考察,解释者所获得的信息通常是比较法上针对同一法律关系或者相似法律关系所采用的一种或者多种做法,但基于域外法律经验的考察并不能直接作为判决本国诉争案件的依据,其最多是为本国法律漏洞填补提供一个或者多个可供选择的可能。在通过比较法方法得出多种解释结论之后,还需要结合本国的立法目的、社会需要等诸多因素来作出最终选择。笔者认为,这种看法不无道理,但关键在于如何界定和运用比较法的方法。事实上,任何一种解释方法的出发点和归宿点都是为了解决本国社会背景下的法律问题,在法律解释学上,运用比较法的方法不是为了探讨外国法的问题,而是为了解决我国司法裁判中的个案问题,尤其是在本国法律缺乏的情况下,采用比较法的方法有助于寻找可供适用的大前提。从这个意义上讲,其可以作为一种解释方法运用。通过运用比较法的方法,不仅可以解释法律文本,而且可以发挥其填补法律漏洞、辅助各种法律解释方法的适用等作用。

(一)解释法律文本的功能

比较法的方法在功能上具有多重性,这首先表现在,比较法的方法可以作为一种狭义的解释方法,阐释本国法律文本的含义。因为在民商事领域,许多法律规则都反映了交易的共同需求,或者说是人类社会生活经验的共同认识,因而,许多规则都是可以相互借鉴的。例如,甲喂养的一条宠物狗在早晨遛狗时不慎丢失,后该宠物狗出现在某公园的西北角,后乙经常去投喂该宠物狗,有一天,丙路过该公园西北角时,被该宠物狗咬伤。丙认为,乙是该宠物狗的饲养人,应当对其损害承担赔偿责任。《民法典》第1245条规定:“饲养的动物造成他人损害的,动物饲养人或者管理人应当承担侵权责任;但是,能够证明损害是因被侵权人故意或者重大过失造成的,可以不承担或者减轻责任”。本案中,乙只是暂时对该宠物狗进行投喂,并没有对该宠物狗进行管理和控制,是否属于动物的饲养人?从比较法上来看,德国司法实务中通说认为,如果仅仅只是对动物进行暂时照料,保管他人走失的宠物,则不属于动物的保有人①。该观点是值得借鉴的,在该案中,因为乙并没有对该宠物狗进行饲养和管理,只是出于爱好而投喂该宠物狗,不宜被认定为动物的饲养人或者管理人。② 所以,从这个意义上说,比较法可以作为一种阐释法律文本的狭义解释方法。

但比较法的方法作为狭义解释方法是受到严格限制的,主要原因在于:一方面,在法律已经存在规定但并不明确的情况下,完全可以通过文义解释、体系解释等方法来解释,或通过历史解释来探究立法者真意,还可以借助社会学解释方法来确定其含义。这些方法都足以确定法律文本的含义,没有必要再运用外国法来予以解释。另一方面,如果裁判者运用外国法确定我国法律文本的含义,将引发诸多矛盾,因为外国法的文献繁多,汗牛充栋,各国的立法、判例、学说都有其自己的特点,且因为翻译等原因,其是否可以用来解释我国的法律,尚有疑问。笔者认为,即便是国外的制度都是与其本国的国情结合在一起的,也不能盲目照搬。尤其是在判决中大量援引域外法律制度来解决本国问题,容易引发大量争议。从这个意义上讲,比较法的解释方法作为一种狭义的法律解释方法,其功能仍然是有限的。

(二)填补法律漏洞的功能

比较法的方法原则上主要适用于我国法律没有规定的情形,也就是说存在法律漏洞的情形。在存在法律漏洞的情况下,通过比较国外的法律,从中吸取有益的经验,从而填补现行法律的漏洞,是一种可行的方法,其原因在于:第一,在存在法律漏洞的情况下,裁判者不能以法无明文规定为由而拒绝裁判,其必须进行创造性的司法活动。虽然裁判者可以通过类推、援引习惯法等方式来填补法律漏洞,但是,在这些方法不能有效地填补法律漏洞的情况下,比较法也不失为

---

① LG Düsseldorf VersR 1968, S. 99; Nürnberg MDR 1978, S. 757.

② 参见朱晓峰:《比较法上动物侵权责任主体的界定标准及启示》,载《比较法研究》2018年第3期。

一种有效的方法。第二,在许多法律领域,尤其是民商事领域,法律规则的国际化已经成为重要的发展趋势。这也为比较法能够作为漏洞填补的依据奠定了基础。近几十年来,两大法系已经出现了相互融合的趋势。在一个法系内部,相互之间的制度借鉴更为频繁。[①] 这些都为比较法方法的运用提供了可行性。因为其他国家或地区的法律是客观存在的,这种援引能够避免裁判者司法中掺入主观色彩,保障司法的客观性。[②] 第三,在漏洞填补中,裁判者所负有的说理义务较重,从而可以克服比较法在适用中的弊端。

(三)验证的功能

所谓验证的功能,是指通过比较法的方法,来验证通过其他法律解释方法中所得出结论的合理性。作为一种辅助性的法律解释方法,比较法被用来加强既定判决的说服力。[③] 比较法的方法可以配合其他狭义的法律解释方法发挥作用,其常常起到的作用就是验证。尤其是在确定现行法上某项法律规范含义的时候,可以通过比较法方法的运用,参考域外相关的法律规定来妥当确定法律规范的含义,[④]或者检验解释结果。例如,《民法典》第 448 条规定:"债权人留置的动产,应当与债权属于同一法律关系,但是企业之间留置的除外。"如何理解此处所说的"企业之间留置的除外"?是否不再要求"同一法律关系"?如果不再作此要求,是否有其他的要件?通过比较法可见,此处关于企业之间留置的规定实际上借鉴了其他国家商法上留置权的规定。按照外国一些国家的商法规定,商人之间的留置,不要求动产与债权之间具有牵连关系,只要是基于营业关系而占有的动产都可以留置。所以,在理解该条规定时,必须从比较法的角度入手,才能对该条做出准确的解释。

具体来说,采用比较法的方法验证其他狭义的法律解释方法所得出的结论,其具体表现为如下几方面:

---

① 参见周新铭:《试论法学研究的比较方法》,载《现代法学》1981 年第 1 期。

② See H. Patrick Glenn, *Centennial World Congress on Comparative Law: Comparative Law and Legal Practice: On Removing the Borders*, 75 Tul. L. Rev. 904(2001).

③ 参见[德]伯恩哈德·格罗斯菲尔德:《比较法的力量与弱点》,孙世彦、姚建宗译,清华大学出版社 2002 年版,第 57 页。

④ 参见王泽鉴:《法律思维与民法实例》,中国政法大学出版社 2001 年版,第 228 页。

第一,在文义解释中,通过采用比较法的方法,有助于确定法律的文义。文义解释是从语言学的角度进行的解释,但是,其中所依据的因素包括语言习惯、专业词典等。而比较法上的立法和判例也可以辅助确定法律的文义。例如,在国外很多立法中,都有对专业术语的解释。这些法律规定可以作为文义解释中的参照。

第二,在目的解释中,通过比较法的方法,有助于了解我国有关法律的规范目的。例如,我国《民法典》中明确规定的商事留置权,源于中世纪意大利商人团体的习惯法,[①]在性质上不同于民事上一般留置权。我国《民法典》之所以采纳这一制度,在很大程度上是因为在市场交易中,要求对债权人提供更多的担保手段,降低交易成本,因此,在商事交易中有必要突破一般留置权对牵连性的要求,而商事留置权降低了各类企业在经济往来中寻找担保的成本,有助于交易安全的保障和交易效率的维持,可以鼓励企业积极从事交易。[②] 我国原《物权法》第231条域外立法经验,正式规定了商事留置权制度,后该制度又为《民法典》所吸收。

第三,在历史解释中,比较法的方法也有助于辅助发现立法者真意。在现代的立法活动中,法律移植和法律借鉴已经成为比较频繁使用的方法。尤其是在我国,法律借鉴往往成为立法活动的重要内容。在立法过程中,无论是法律建议稿的拟定,还是法律草案的起草,往往都借鉴了不少国外的立法和判例。所以,比较法的方法可以辅助历史解释方法,用于准确阐明立法者的真意。例如,《民法典》合同编借鉴了有关国际公约和示范法以及两大法系关于合同立法的先进经验,与世界立法趋势保持一致,也与国际商事交易习惯相契合。《民法典》合同编规定的承诺的实质变更规则、格式条款的法律规制规则、无权处分不影响合同效力规则以及争议解决条款的独立性规则,均反映了合同立法的最新趋势。《民法典》规定了情势变更制度的引入、利益第三人合同制度的确立、第三人代为履行制度的创设和清偿抵充制度,确认了禁止债权转让特约的效力,完善了债权转让中的债务人保护规则,构建了

---

① 参见史尚宽:《物权法论》,中国政法大学出版社2000年版,第483页;谢在全:《民法物权论》(下册),台北,2003年作者自版,第383页。

② 参见孟强:《论我国〈物权法〉上的商事留置权》,载《政治与法律》2008年第10期。

全新的根本违约制度,并引入了继续性合同终止规则,衔接了预期违约与不安抗辩权制度。《民法典》合同编的这些变化,既根植于深厚的中国交易实践经验,也具有广阔的国际化的视野,展现了全球化时代民法典的中国特色和时代特征①。在进行法律解释时,就可以参考相关国际条约的规定,进而确定立法者的真实意思。

第四,社会学解释。社会学解释是从法律的社会效果考察的角度来阐明法律文本的含义,但是,社会学解释中也可能需要国外相关经验的辅助。例如,侵权法中的安全保障义务,在发达国家中已经成为一个较为成熟的法律制度。但在我国改革开放初期,经济社会发展水平不高,对企业等经营主体不宜赋予过重的安全保障义务。随着我国社会主义市场经济的发展,个人的生命、财产权利得到法律的严密保护,此时对于商场、旅馆等场所的顾客的人身安全就需要加以更加严密的保护。我国最高人民法院借鉴发达国家,如德国、日本等国的先进经验,通过司法解释的方式引进了安全保障义务,原《侵权责任法》采纳了这一经验,《民法典》也予以吸收,使我国民事法律制度对人身财产权利的保护更加周密。这些都是我国立法上通过比较法的方式借鉴他国成熟立法经验的典型事例。比较法对于了解外国法的社会、政治和文化背景,并体系性地理解其法律规则是非常必要的。②

(四)强化说理论证的功能

在法律解释中,裁判者往往负有说理和论证的义务,以证成其法律解释的正当性,而比较法的方法可以强化裁判者的说理论证。正如德国学者伯恩哈德所言,“作为一种辅助性的法律解释方法,比较法被用来加强既定判决的说服力。”③以上述《民法典》第448条的规定为例,裁判者通过比较法的借鉴,可以对其已经做出的解释进行说理论证,强化已做出解释的说服力。比较法的方法之所以可以发挥强化说理论证的功能,就在于其为我们提供了域外的先进经验,而且这些经验是成熟

① 参见王利明:《具有国际化视野的〈民法典〉合同编立法》,载《经贸法律评论》2021年第4期。

② Dölle, *Der Beitrag der Rechtsvergleichung zum deutschen Recht*, in Hundert Jahre Deutsches Rechtsleben, Bd. 2, Karlsruhe, 1960, S. 34.

③ [德]伯恩哈德·格罗斯菲尔德:《比较法的力量与弱点》,孙世彦、姚建宗译,清华大学出版社2002年版,第57页。

的经验,因而可以用于解释法律过程中的说理论证。

需要注意的是,比较法解释也有其不足。国外的法律制度是纷繁复杂的,我国要选择哪个国家的法律规则作为参照的依据,必须考虑我国自己的社会生活状况和主流的价值取向,从而判断其可适用性。从这个意义上讲,比较法解释扮演着一种补充性角色。① 就比较法来看,其局限性在于:第一,了解外国法存在困难。即使我们可以了解外国的法律条文,但是,对于其实际运用的效果很难了解。“法院自己也不可能更多地进行法律的比较,最起码是因为缺乏时间,也缺乏足够的图书资料;因此,它们通常必须依靠比较法学者的著作。简言之,法院在运用比较法时应该小心谨慎。”②即使熟悉国外成文法的规定,但是,对于该法条在其国内适用的效果如何,常常很难了解。即使是对于国外的成文法,我们有时也很难深入了解,这首先是因为翻译上往往难以找到对应的词汇来表述国外的法律制度,尤其是各国的法律制度很难一一对应。因此,在翻译的过程中就会出现表述不准确的情形,这也会影响到比较法方法的运用。第二,特定国家的法律制度都是与其语言、文化、地理、宗教等紧密相连的。例如,一个国家的文化与法律依赖于该国的国情。③ 波斯纳曾经指出:“每个理论家都宣布一些他们认为适用于任何法律制度的原则,而事实上最好是把他们每个人都理解为是对某个民族的法律制度的描述,在哈特那里是英国,在德沃金那里是美国,而在哈贝马斯那里是德国。”④这就说明比较法的方法可能会出现脱离该国国情的情形。各国的法律是特定国家的法律体系的内容,如果仅仅适用某特定制度,容易导致对比较法的误解,出现适用法律错误的危险。⑤ 而国外的立法、判例和学说可能远离我国的社会生活,且可能

---

① F. Bydlinski, *Juristische Methodenlehre und Rechtsbegriff*, Wien/New York, 1982, S.461.

② [德]伯恩哈德·格罗斯菲尔德:《比较法的力量与弱点》,孙世彦、姚建宗译,清华大学出版社2002年版,第23页。

③ 参见[德]伯恩哈德·格罗斯菲尔德:《比较法的力量与弱点》,孙世彦、姚建宗译,清华大学出版社2002年版,第120~121页。

④ [美]理查德·A. 波斯纳:《道德和法律理论的疑问》,苏力译,中国政法大学出版社2001年版,第107页。

⑤ Cf. Stanford v. Kentucky, 492 U. S. 361, 369 – 370 n. 1 (1989); Printz v. United States, 521 U. S. 898, 921 n. 11 (1997).

远离我国法律的立法目的，其说服力往往较弱。如果生搬硬套外国法律规则，可能难以产生应有的效果。第三，比较法的运用难以避免裁判者主观因素的介入。事实上，各个国家的法律制度往往存在差异，因此，选择哪个国家的制度作为解释法律的依据，就可能受到裁判者主观因素的影响。[①] 所以，不能夸大比较法方法的重要性，只有在传统的解释方法并不能对现有的问题进行解释时才需要适用比较法的解释方法，如果既存的解释方法能解决裁判依据问题，援引比较法解释则没有必要。即使在漏洞填补中，除基于基本原则填补漏洞外，如果能够通过其他方法完成漏洞填补，就不必适用比较法的解释方法。从我国司法实践来看，比较法较少运用于漏洞填补，这也反映了法院对比较法运用的谨慎态度。

三、比较法方法与相关法律解释方法

（一）比较法方法与体系解释

比较法方法与体系解释也有一定的联系。这主要表现在：在运用比较法时，也有必要在本国法的法律规定中运用体系解释等方法。例如，依据《民法典》第 1245 条规定："饲养的动物造成他人损害的，动物饲养人或者管理人应当承担侵权责任；但是，能够证明损害是因被侵权人故意或者重大过失造成的，可以不承担或者减轻责任。"从体系解释的角度出发，临时投喂也可能会被认定为饲养，因为本条规定并没有区分长期饲养和临时饲养，其在文义上可以涵盖临时投喂动物的情形。因此，临时投喂人也可能被认定为动物饲养人。

比较法的方法与体系解释是有区别的：一方面，体系解释是从我国既有的法律体系出发所作的解释，而比较法的方法是从国外的立法和判例出发进行的解释。另一方面，体系解释是独立的狭义法律解释方法，而比较法的方法不能作为独立的狭义法律解释方法。比较法的方法只能辅助体系解释来发挥作用。例如，就相邻关系的性质来说，在比较法上，其有两种不同的立法例，或者作为法定地役权，或者作为所有权的限制和扩张。从体系解释的角度来看，其在我国

---

① 参见［德］伯恩哈德·格罗斯菲尔德：《比较法的力量与弱点》，孙世彦、姚建宗译，清华大学出版社 2002 年版，第 3 页。

《民法典》物权编中的章节位置表明其属于所有权的限制和扩张,这也可以通过比较法的方法得到验证。比较法方法辅助体系解释发挥作用时,也必须与我国生活实际相结合,尤其是通过比较法的方法所寻求的规则,应当与既有的制定法规则和体系相契合,至少不能与既有的制度体系相矛盾。

(二)比较法方法与目的解释

比较法方法与目的解释也存在一定的关系。在许多情况下,目的解释中法律的规范目的难以探究,也可能需要借助于比较法的方法予以查明。例如,《民法典》第311条关于善意取得制度的规定,法律上并没有明确指明其立法目的,在探究该制度的目的时,有必要从比较法的角度,借助其他国家的立法和判例来确定。借助于比较法的方法来查明法律的规范目的,这尤其适用于各国的法律制度大体相同,而我国也进行了法律继受的情形。所以,通过对国外立法和判例的考察,有助于我们探究法律的规范目的。

但是,比较法的方法与目的解释也存在较大的差别,表现为:一方面,目的解释是从我国既有的法律规定出发来探究立法目的,而比较法的方法是从国外的立法和判例出发来进行法律解释。另一方面,目的解释是法律解释中的独立方法,而比较法方法不是狭义法律解释中的独立方法,只是漏洞填补中的独立方法。也就是说,不能单独运用比较法的方法来阐明法律的含义,而只能进行漏洞填补。例如,关于《民法典》第311条的解释,不能独立运用比较法的方法,而应当配合目的解释来运用。因为比较法的方法毕竟是域外的经验,其必须结合我国的制度实际和社会实际加以运用。

(三)比较法方法与依据基本原则填补漏洞

比较法方法与依据基本原则填补漏洞的方法之间具有密切的联系。一方面,比较法方法的运用有助于阐明法律的基本原则。通过考察比较法上在相关问题上的做法,可以从一个侧面反映具有共通性的基本原则的具体内容,进而有助于理解和阐明基本原则的含义。另一方面,基本原则也是比较法方法中的重要考量因素。如前文所述,通过直接比较得出的一种或者多种比较法规则就需要结合本国的具体国情,借助基本原则判断其可适用性。此外,在比较法方法中,寻找的规则具体化程度越高,可操作性和可适用性就越强。运用法律原则填补漏洞的方式也与此类似,法律原则越具体,越容易据此解释出一个具体可供适用的规则。

但是,比较法方法与依据基本原则填补漏洞作为两种不同的漏洞填补方法,存在如下区别:

第一,比较法方法限于具体规则的比较,而不包括对基本原则的比较。比较法作为一种研究方法,在运用中常常要借鉴域外的法律基本原则和价值。例如,民法中的诚实信用原则、公序良俗原则是大陆法系民法中的普遍原则,受到比较法的普遍重视。但是,从法律解释的角度来看,比较法方法不能进行原则的比较。在比较法上,寻找的应当是具体规则,而不应当包括法律原则。

第二,在适用比较法方法中,解释者所要选择适用的外国法的资源比较多,范围十分宽泛。而依据法律基本原则来填补漏洞限于法定的原则,毕竟这些原则是由法律规定的,对裁判者的自由裁判仍然存在一定的限制。也正因如此,裁判者在运用比较法的方法时,应当谨慎地进行选择,尽可能地选择与我国既有的制度背景和社会实际比较契合的比较法规则,尤其是要尽可能地选择我国法律继受中的被借鉴国家的法律。

第三,比较法的方法要优先于依据基本原则的漏洞填补。虽然比较法方法的运用,需要依据国外的制度和规则,但是,毕竟其要寻求具体成熟的规则,而法律原则十分抽象,适用的范围较为宽泛。因此,比较法较依据基本原则填补漏洞,更严格地限制了裁判者的自由裁量,所以,它应当置于依据基本原则填补漏洞之前。

四、比较法解释方法的运用

为了保障比较法方法在漏洞填补中发挥应有的作用,防止裁判者随意照搬外国法裁判案件,有必要为比较法方法确立一些运用规则。笔者认为,如果运用比较法方法,应当遵守如下程序:

1. 确定本国法中规则缺失。运用比较法的方法填补漏洞,首先要确定存在法律漏洞,但其填补的漏洞具有一定的特殊性。这种特殊性表现在,本国法的相关规则明显缺失,而且对此种缺失存在共识。其既不是因为规则具有高度的模糊性,也不是表现为规则的冲突和矛盾,而是无法寻找到适用于可待决案件的规则。如果从比较法中发现外国已经提供了比较成熟的经验,可以借鉴国外的规则经验。

2. 确定是否可以采用除基本原则之外的其他填补漏洞的方法。毕竟比较法解释方法是一种借鉴域外制度经验的做法,实践中很多裁判者对比较法律制度规则本身具有较为充分的了解,但是对比较法制度存在的背景可能比较陌生,尤其是比较法解释方法的运用存在一些固有的缺陷。在这一背景下,如果可以采用其他方法填补漏洞(除基本原则填补漏洞之外),就没有必要再运用比较法解释方法了。

3. 采用比较的方法确定可适用的规则。采用比较的方法确定可适用的规则,应当是国外的成熟的制度经验,具体而言:

一是确定是否属于成熟的域外经验。用于填补漏洞的规则,应当是经过国外的实际运用,被证明为有效的和妥当的规则。即使某一个新型的规则可能代表了法律的发展方向,但是,如果没有经过实践的检验并被证明是行之有效的,也不宜借鉴。

二是确定是否属于值得借鉴的具体制度。用于填补漏洞的比较法制度应当是可供借鉴具体的制度,因为,既然适用此种方法填补漏洞,就需要寻找可供借鉴的具体规则而非基本原则,为此可采用功能主义的比较方法。功能主义的比较法是由德国学者拉贝尔在 1937 年所提出来的,他认为:"我们比较的不是(法律的)固定的资料和孤立的条文,而是把一个国家为了解决一个具体的实际问题而产生的解决办法,与另一个国家针对相同的实际问题而产生的解决办法进行比较;然后,我们要追问这些解决办法为什么会产生,以及它们有哪些成功之处。"[①]后来,他把这种方法称为"功能方法"。后世的学者总结出功能主义的比较法(Functional Comparative Law),即比较法不是简单地对法律制度的比较和援用,而应当从制度功能层面看其是否具有相似性,而且要注重法律规则背后的社会、经济、文化条件和环境等的比较。也就是要发挥比较法的社会功能,从而克服此前形式主义比较法的不足[②]。在法律解释学上,通过运用这样一种功能主义的比较,可以更加全面地了解所要

---

① David J. Gerber, *Sculpting the Agenda of Comparative Law: Ernst Rabel and the Façade of Language*, in Annelise Riles, ed. , Rethinking the Masters of Comparative Law, Hart Publishing, 2001, p. 199.

② 参见朱淑丽:《挣扎在理想与现实之间——功能主义比较法 90 年回顾》,载《中外法学》2011 年第 6 期。

借鉴的域外法经验是否具有先进性和可供借鉴性。比较法的重点并不限于制度或规范的阐明,而在于制度与其产生的相应基础的分析与比较。法律植根于特定历史时期的政治制度、历史文化传统、经济实践。因此,在制度或规范比较的层面,往往会局限于表象,而不能看到制度的深层根源。因此,在采用比较法方法时,不得局限于法律条文的比较,要全面比较,也要考察在外国土壤中孕育的法律制度能否生长在中国的法律体系中。比较法作为一种方法,应该是通过将中国的实际与域外的相关制度、价值、规范、理论、判例、学说等方面进行比较,适应中国的需求,得出合理的结论。通过全面比较,确定某项规则是否属于成熟的经验。

三是确定是否可作为裁判规则。与通过法律原则填补漏洞的方法相比,比较法方法的优势就在于其能够提供具体的规则,如果其仅仅是对法律原则的借鉴,则完全可以通过基本原则来填补,没有运用比较法的必要。在这种意义上,运用比较法的方法填补漏洞,是运用基本原则填补漏洞的前置方法。在借鉴域外经验时,要考虑其是否符合我国的国情。

4. 关联性分析。所谓关联性,是指与诉争案件具有相关性,裁判者应当对此予以论证;如果与诉争的案件没有关联,就没有必要予以参照。与其他漏洞填补方法不同,比较法的方法参照的对象是国外的相关的立法和判例。在无法通过其他方法得出法律解释结论时,解释者采用比较法解释方法,通过综合比较相似法域法律制度,得出比较法上关于待决法律关系的法律规则。如果比较法上也有不同的做法,则可以通过与待决案件的相似性的对比,确定应采用哪种模式。在选择参照的对象时,要确定域外的法律制度是否与我国的法律制度具有类似性,从而使比较法的借鉴与国内法的规定保持相适应性。决定采用哪种模式的关键因素主要有两个:第一,案件事实是否与比较法上的规则所假设的事实相同;第二,待决案件所基于的背景是否与比较法规则存在的背景相同。如果存在一些差异,则应当根据个案的具体情况,对比较法制度加以调整,以选择能够适用于待决案件的具体规则。需要指出的是,在涉外民商事案件中,案件可能依当事人约定或法律规定适用某国或地区的法律,裁判者因此需要寻找并适用外国法律。[①] 但严格地

---

① 参见朱景文:《比较法总论》,中国人民大学出版社 2004 年版,第 67 页。

说,此种意义上的比较法研究并不同于法律解释学中的比较法研究,因为根据国际私法规则寻找到的比较法的规则就是裁判案件的真正法律依据,不需要将其转换为国内的某项具体规则之后再适用。

5. 通过比较分析确定可供适用的大前提。需要强调的是,并非所有比较法上的规则都能直接适用。具体来说,对规则的采纳有两种不同方法:第一种是直接适用的方法。例如,在原《物权法》颁布之前,我国司法实践在通过比较法解释方法运用善意取得制度时,基本上沿用了比较法上关于善意取得制度的构成要件。第二种是加工改造的方法。比较法的研究应当在我国的语境下进行,不能完全离开中国的语境,而纯粹从外国的话语、术语出发进行探讨。例如,"营业"和"营业权"的概念在我国已经多年不用,而采用"经营""经营权"的概念,如果运用国外"营业"和"营业权"的制度经验,就必须进行适当的改造和加工。比较法的分析应当注重对中国实务操作方法的研究。

五、依据比较法填补漏洞的规则

无论是在法学研究领域,还是在法律适用领域,比较法方法都是广泛应用的方法,但这种方法并不是简单地照搬域外法律体系的经验和做法。如果比较法方法适用不当,有可能背离国情,甚至因生搬硬套造成对既有法律体系的破坏。正如科夏卡尔(Koschaker)所说,"劣质比较法比根本不存在任何比较法更糟糕"。[①] 为了克服比较法方法可能带来的弊端,该方法的运用也应当遵循一定的规则。裁判者不能随意使用比较法的方法进行法律解释。具体来说,比较法解释应当遵循如下规则。

(一)全面比较规则

所谓全面比较,是指从比较法的角度探寻可供适用于特定案件的大前提,不仅要了解国外针对相应社会关系采用的法律规则,而且要了解域外规则产生和存在的经济、社会、文化背景和法律传统,判例学说的演进、发展脉络,确定影响该制度的根本因素。单纯的待调整社会关

① vanDunné, The use of Comparative Law by the Legislator in the Netherlands, In: Ulrich H., D'Oliveira J. (eds.) Netherlands Reports to the 11th International Congress of Comparative Law Caracas, Springer, 1983, S. 37.

系的相同性本身，还不足以说明采用比较法规则的正当性，其正当性还来源于社会关系存在的社会背景具有相似性。日本学者五十岚清认为，比较法中的所谓比较，是指将两个以上的法律体系的规范、原理、制度等方面加以对比，由此找出两者的异同点来。① 因此，在进行比较法解释时，不得局限于法律条文的比较，应扩及判例学说，尽可能对外国法的真意和现实作用有充分了解。② 通常，比较法的方法主要适用于国际化程度比较高的领域（如合同法等具有国际通用性、惯例性的商事交易规则），在固有性较强的领域，比较法的方法一定要慎重使用。例如，在物权法、亲属法等领域，其具有较强的固有法色彩，应当谨慎运用比较法方法。值得注意的是，在寻求比较法的渊源时，除了关注一些成熟的国家法律制度、规则和经验之外，还可以考察比较法上判例和学说的发展经验，观察他国法律发展的动态和趋势。例如，合同法中的履行不能、瑕疵担保等在国外逐渐被淘汰的法律制度，就缺乏借鉴的意义，因此，没有必要予以借鉴。

（二）符合本国法体系规则

法律是根植于特定历史时期、特定社会背景下的一种文化，是诸多因素综合影响的产物。③ 比较法的借鉴应防止因片面借鉴域外法律制度而带来的弊病。之所以要求全面比较，说到底，就是要考察在外国土壤中孕育的法律制度能否生长在中国的法律体系中。各国法律制度运用的社会背景不同，如语言、文化、地理等，这也会影响到比较法运用的效果。比较法的方法说到底是为了解决本国的法律问题，既然比较法是为了解决在个案中的裁判依据，弥补本国法规定的不足，因此，采纳此种方式应以不违反本国法律的整体精神为前提。例如，有些国家的法律规定，非婚生子女的继承份额只是婚生子女的一半。这一规定显然与我国《民法典》的基本原则是相冲突的，因为我国《民法典》采平等原则，婚生子女和非婚生子女都具有平等的法律地位。在借鉴外国立法、判例和学说时，也要考虑我国法律规则与外国法律规则的区别。例

---

① ［日］五十岚清：《比较法的方法》（上），何其荣译，载《贵州警官职业学院学报》1993年第1期。

② 参见丁南：《论民事审判中的比较法解释》，载《当代法学》2003年第12期。

③ John Henry Merryman & Rogelio Perez-Perdomo, *The Civil Law Tradition*, 3rd ed., Stanford University Press, 2007, p. 150.

如,我国《民法典》不承认不动产留置权,因此,在解释《民法典》第807条关于建筑工程价款优先权的规定时,就不宜借鉴国外的不动产留置权制度。正如有学者所指出的,“应经由解释之途径,将英美法之概念用语,纳入吾既有之‘法律体系’,使之与‘现行法’之概念用语相契合。盖法律为一有机体,部分应与整体调和,始能实现其规范之功能”。[①] 此种观点不无道理。

(三)关联性规则

所谓关联,是指域外的法律规则和判例原则所提供的成熟的规则经验能够适用于具体的案件,或者说这些规则与具体个案的事实具有相关性。比较法的方法不同于比较法的研究方法,其不是为了单纯梳理法律制度发展的历史,也不是为了总结丰富的规则存在形态,而是为了寻求一个能够适用于特定案件的法律依据。一方面,比较法的方法并非在任何情况下都可以引用,也不是要运用外国法来裁判案件。只有在具体案件中因为本国法律没有规定,形成个案规则的缺失时,才有必要运用比较法解释方法。如果本国法律有规定只是不明确时,不能直接援引外国法来裁判。因为在此情况下,可以采用其他填补漏洞的方法来解决。[②] 另一方面,我们在漏洞填补中运用比较法的方法,必须要确定比较法的规则是否涵盖了待决案件所体现的法律事实,尤其是能不能与具体的案件事实发生联系。在这个过程中,裁判者应当通过充分的说理论证,来说明该规则适用于个案的合理性。如果所找到的法律规则不能与待决案件的事实相切合,无论该规则在体系上和精神上如何完美,也不能轻易适用。

第七节　基于法律原则的漏洞填补

原则明确作出价值判断。

——[德]卡纳里斯(C. W. Canaris)

---

① 王泽鉴:《民法学说与判例研究》(第1册),中国政法大学出版社1998年版,第130页。

② 参见丁南:《论民事审判中的比较法解释》,载《当代法学》2003年第12期。

裁判者应当是立法者的忠实代理者。①

——[美]亚历山大(Alexander)

防止向一般条款逃逸。

——法谚

案例1:甲与某公司签订了一份对赌协议,协议约定,甲将向乙公司投资2000万元,但乙公司必须在3年内上市,如不能上市,乙公司应退回甲的投资,并赔偿甲5000万元的损失。后乙公司在3年内未能成功上市,甲依据该协议请求乙公司退还投资,并赔偿损失。法院在裁判过程中,认为现行法律没有对对赌协议作出规定,显然属于法律漏洞。但关于该协议是否应当受到保护,存在不同的观点。笔者认为,该协议中关于赔偿甲5000万元的损失的约定应当被宣告无效,依据《民法典》第3条关于保护民事权利的原则,以及第8条所规定的公序良俗原则,应当认定该协议无效,因为该对赌协议具有赌博性质,其履行将损害乙公司股东和债权人的利益,不应受到保护。当然,如果对赌协议中只是约定乙公司应当退还甲的投资,并支付合理的利息,则应当受到保护。

案例2:位于同一闹市区的两间相邻的酒吧之间存在明显的竞争关系。A酒吧经营管理良好,经常邀请小有名气的某歌手来酒吧内演唱,生意兴隆。而B酒吧因管理不善,且经常贩卖假酒,因而门可罗雀。该酒吧老板见隔壁A酒吧生意红火,便心生嫉妒,伙同其店员埋伏在当晚某歌手必经的路线上,殴打了隔壁酒吧邀请的某歌手,使其无法按照与A酒吧的约定完成演出。由于当晚歌手未能演唱,导致当晚A酒吧的顾客纷纷离场,之前的宣传费用也白白支出。A酒吧老板遂以B酒吧老板侵害了其债权为由,要求B酒吧老板赔偿其遭受的损失。《民法典》第120条规定:"民事权益受到侵害的,被侵权人有权请求侵权人承担侵权责任。"但是该条中的"民事权益"是否包括债权?根据《民法典》第3条规定的民事权益受保护原则,应当认为,在满足特定条件时(如在侵权人存在恶意时),债权也同样可以成为侵权责任所保护的范

① Alexander & Saikrishna Prakash, *Is That English You're Speaking*?, 41 San Diego L. Rev. 968.

围。因此,应当认定 A 酒吧老板具有主张侵权损害赔偿的权利。

一、基于法律原则的漏洞填补概述

(一)基于法律原则进行漏洞填补的概念和特点

基于法律原则的漏洞填补,是指在存在法律漏洞时,裁判者根据法律原则进行创造性的司法活动,确定具体规则的填补漏洞。“原则”一词来源于拉丁文 Principium,有“开始、起源、基础、原则、原理、要素”等含义。[①] 原则是指包括立法、司法、执法和守法的指导思想和根本法律准则。一方面,法律原则在民法中的作用体现为“原则明确作出价值判断”“更适合重述法的价值统一性”[②]。原则在法律中也常常表述为一种价值和理念,贯穿于法律的各个部分。就民法而言,它确立了平等、公平、诚实信用、保护民事权利、权利不得滥用等原则,它们本身是贯穿于民法之中的基本价值,体现了法律的价值和精神。另一方面,法律原则能够保持一定的开放性,为法官发展法律提供了空间。这就是拉伦茨所讲的,原则使法的体系保持了开放性[③]。法官通过援引法律原则来不断地发展和续造法律。在存在法律漏洞的情形下,依据法律的基本原则进行漏洞填补不失为一种有效的办法。例如,关于侵权之债的抵销,《民法典》第 568 条第 1 款规定:“当事人互负债务,该债务的标的物种类、品质相同的,任何一方可以将自己的债务与对方的到期债务抵销;但是,根据债务性质、按照当事人约定或者依照法律规定不得抵销的除外。”此处仅规定了“根据债务性质”“按照当事人约定”“依照法律规定”不得抵销三种例外。对于侵权之债的抵销,法律没有特别规定,其也并不属于具有不得抵销性质的债权。那么是否就意味着侵权之债一概不得抵销呢?笔者认为,此时可以通过公序良俗原则对侵权之债能否抵销进行解释。由于故意侵权行为造成的损害,在道德上具有明显的可非难性,因此基于公序良俗原则,对于此种侵权不能抵销。

基于法律原则进行漏洞填补的特点如下:

第一,基于法律原则的漏洞填补适用于各种法律漏洞。法律原则

---

① 参见徐国栋:《民法基本原则解释》,中国政法大学出版社 1992 年版,第 7 页。

② 参见[德]卡尔·拉伦茨:《法学方法论》,黄家镇译,商务印书馆 2020 年版,第 222 页。

③ 参见[德]卡尔·拉伦茨:《法学方法论》,黄家镇译,商务印书馆 2020 年版,第 222 页。

本身是非常宽泛的,是一切具体法律制度的发展来源,根据各项基本法律原则可以推导出一切具体法律制度。因此,基于原则的漏洞都填补方法是一个兜底性寻法工具。从理论上说,几乎所有的漏洞都能够运用原则来填补,这也是基于法律原则的法律漏洞填补方法与其他漏洞填补方法的重要区别。也就是说,该方法的适用范围是最为宽泛的。例如,在《最高人民法院关于适用〈中华人民共和国合同法〉若干问题的解释(二)》出台之前,法律没有规定情势变更制度,裁判者不能直接依据该制度变更或解除合同,所以,裁判者只能依据诚实信用原则填补这一法律漏洞。① 采用基本原则填补漏洞的前提是存在漏洞,且没有可供适用的具体法律规则。据此,一方面,如果仍然可以援引有关的具体规则判案,裁判者首先要援引具体规则,即便规则存在模糊性、体系违反等情况,裁判者也要通过文义解释、体系解释等方法尽可能弥补法律具体规则的缺陷,而不能援引法律的基本原则。另一方面,基本原则不能作为狭义的法律解释方法,因为在狭义的法律解释中,即使法律存在缺陷,裁判者也应当通过具体的规则来作出判决。采取狭义的法律解释和价值补充,都是在可能的文义范围内进行解释,而基于基本原则填补漏洞已超出文义的射程范围,属于创造性司法活动。

第二,需要裁判者运用基本法律原则进行漏洞填补。德沃金认为,法律解释的对象既包括了"法律规则"(legal rules),又包括了"法律原则"(legal principles),这两者皆为裁判者判案的依据。在疑难案件中,裁判者即使无明确的"规则"可依,也并非无"法律"可依,因为构成法律的尚有"原则",其将可以为裁判者提供足以解决一切案件的依据。② 原则是指包括立法、司法和执法在内的总的指导思想和根本法律准则。能够填补漏洞的原则具有如下特点:一是高度的抽象性和概括性,原则"不预先设定任何确定的、具体的事实状态,没有规定具体的权利和义务,更没有规定确定的法律后果。但是,它指导和协调着全部社会关系或某一领域的社会关系的法律调整机制"。③ 法律原则与规则的区别在

① 《最高人民法院关于适用〈中华人民共和国合同法〉若干问题的解释(二)》第26条现已对情势变更制度作出了明确规定。

② 参见林立:《法学方法论与德沃金》,中国政法大学出版社2002年版,第66~67页。

③ [美]迈克尔·D.贝勒斯:《法律的原则》,张文显等译,中国大百科全书出版社1996年版,第486页。

于,原则具有一般性,而规则具有具体性。[①] 裁判者在裁判案件中,通常只能援引具体的规则来作出判决,而不能援引抽象的原则,否则就属于“向一般条款逃逸”。但是,在存在明显漏洞的情况下,争议的案件没有具体的规则可供援引,裁判者又不能拒绝裁判,其只能依据基本原则来进行漏洞填补。正是因为原则具有高度的抽象性和概括性,所以它只能作为最后的漏洞填补方法。法律原则几乎可以普遍适用于该法律领域的所有问题,如果依据法律原则来填补漏洞可以优先适用,则其他漏洞填补方法就没有存在的必要。二是法定性。依据法定的原则填补漏洞,是指该原则由法律明文规定,不应当包括没有成文化的原则。“在有些情况下,一般的法律原则部分地被制定法明文规定,此时,它也可以作为漏洞填补的依据。如果特定的法律原则只是部分地被‘成文化’,此时,超越法律上规定的范围后,该原则仍然要用于漏洞填补。”[②] 用于漏洞填补的一般的法律原则是具有普遍适用效力的,可以作为填补漏洞的依据。[③] 但因为裁判者是依据法定的原则来填补漏洞,所以,其填补漏洞是具有法律依据的,这决定了裁判者可以援引基本原则的规定作为裁判依据。尤其是我国法律中往往开宗明义地宣示该部法律的基本原则,这也为裁判者依据法定的原则填补漏洞提供了立法基础。三是价值性。法律的基本原则集中体现了特定法律的价值取向,体现了一定的立法目的。由于我国《民法典》所规定的基本原则最集中地反映了法的公平、自愿、平等、保障权利等价值,因此,裁判者在裁判中遇到法律缺乏具体规定的情况,援引民法的基本原则,无疑可有效地进行漏洞的填补。另外,自由、平等等价值“常常关联到对法律原则的性质和结果的评价”。[④] 所以,运用基本原则时,要考虑特定案件是否符合基本原则所包含的价值。例如,在有关公平责任的案件中,裁判者就要考虑是否符合民法的公平和平等的价值;在有关欺诈的案件中,裁判者就

---

① 参见[美]迈克尔·D. 贝勒斯:《法律的原则》,张文显等译,中国大百科全书出版社1995年版,第13页。

② Franz Bydlinski, *Juristische Methodenlehre und Rechtsbegriff*, Wien/New York, 1982, S. 488.

③ Franz Bydlinski, *Juristische Methodenlehre und Rechtsbegriff*, Wien/New York, 1982, S. 488.

④ [美]迈克尔·D. 贝勒斯:《法律的原则》,张文显等译,中国大百科全书出版社1995年版,第8页。

要考虑是否符合民法的诚信价值。正因如此,运用基本原则填补漏洞,也可以实现法律的基本价值。

第三,需要裁判者运用基本原则创设具体规则。填补漏洞的前提是具体规则的缺失,裁判者的找法活动仍然需要寻找某个具体的规则,并将该规则与具体的案件的事实相连接。运用基本原则填补法律漏洞时,虽然适用的是基本原则,但这并不是说裁判者就应简单地直接根据基本原则作为裁判的依据,因为将原则直接作为裁判结论的做法缺乏说服力。例如,公平正义是一项基本的法律原则,如果仅仅根据该原则来填补法律漏洞,则一切案件都可以据此得以裁判,那么当法律制度不清晰或者有复数解释时,都可以直接依据基本原则裁判,便无须其他解释方法了。另外,从司法三段论的角度来看,漏洞填补就是要确定大前提,基本原则不包含构成要件和法律后果,无法作为大前提。[①] 因此,正确的做法应当是先根据基本原则推导出一个适用于特定案件的具体规则。例如,在"非典"期间,因为情势变更致使合同不能履行,但我国法律并没有规定情势变更原则。实践中,有的裁判者直接依据公平正义的基本原则作出了判决,这显然是不妥当的。如果裁判者能够先根据基本原则推导出情势变更之类的具体规则,再将其适用于具体案件,不但增强了法律解释结论的准确性,而且提高了裁判结论的说服力,增进了司法裁判的可接受性。

第四,它是填补漏洞的方法中的后位的方法。一方面,该方法是兜底性的工具,仅在其他漏洞填补方法不足以达成可供适用的规则时才适用。另一方面,此种方法给予了裁判者较大的自由裁量权。因为基本原则非常抽象,其适用范围十分宽泛,事实上,它几乎可以涵盖所有的情形。如果优先采用基本原则来填补漏洞,就导致其他方法几乎没有适用的余地。因此,裁判者应当首先借助习惯法、目的性扩张、目的性限缩、类推适用的方法进行漏洞填补。在这些方法都无法运用时,再借助法律原则进行漏洞填补。也就是说,即使存在漏洞,如果能够通过目的性扩张或类推适用等方式填补漏洞,也不必采用基于法律原则填补漏洞的方式。在基于法律原则进行漏洞填补的时候,也要进行具体化,将其作为后位的漏洞填补方法,如此才能保证法的安定性,符合立

---

① 参见徐国栋:《民法基本原则解释》,中国政法大学出版社 2001 年版,第 32 页。

法目的。所以,庞德指出:“没有一个公式能够告诉我们什么行为是不道德,从而是不正当的……讲究实际的法学家所关注的是将各种不同的情况加以归类,并找出每一类情况所应适应的特定原则。”①一般来说,在各种填补漏洞的方法中,如果采取其他的方式填补与依据法律基本原则填补发生冲突,应当优先适用其他漏洞填补方法。当然,如果难以通过上述方法填补法律漏洞,可援用诚信原则等原则直接填补法律漏洞,“诚信原则具有弹性,内容不确定,系有待于就特定案件予以具体化的规范,论其功能,实为实体法之窗户,实体法赖之以与外界的社会变迁,价值判断及道德观念相联系,互相声息,庶几能与时俱进,故一般判例学说均视诚信为法律之基本原则。”②

从比较法上来看,许多国家的民法典中都明确规定,在法律没有规定的情况下,应当依据基本原则填补漏洞。例如,《葡萄牙民法典》第10条第3款规定,在存在法律漏洞的情况下,“以解释者自己定出之规范处理,而该规范应与解释者如为立法者根据法治精神制定之规定无异”。《意大利民法典》第12条更明确规定,在存在法律漏洞的情况下,首先适用类推的规则,“如果仍然存在疑问,则应当根据国家法制的一般原则加以确定”。这就在法律上明确了其可以作为漏洞填补方法,使裁判者进行此种漏洞填补具有了明确依据。这种方式给予了裁判者一定的造法的权利,所以,许多制度从中演化而来。例如,情势变更、缔约过失、滥用权利等规则都是从诚信原则之中演化出来的。③ 在我国司法实践中,我国法院时常运用法律的基本原则作出判决,甚至出现了一种援引基本原则的“偏好”,在不少案例中,裁判者本来可以适用具体法律条文的规定,但仍然倾向于运用基本原则来判案。例如,在一个双方都没有过错的案件中,法院没有援引《民法通则》第132条的规定(公平责任),而是直接援引了《民法通则》第4条的规定作出判决。④ 再如,在

---

① [美]庞德:《通过法律的社会控制法律的任务》,沈宗灵、董世忠译,商务印书馆1984年版,第99页。

② 王泽鉴:《民法学说与判例研究》(第1卷),中国政法大学出版社1998年版,第303页。

③ 参见[德]魏德士:《法理学》,吴越等译,法律出版社2005年版,第354页。

④ 参见国家法官学院、中国人民大学法学院编:《中国审判案例要览》(2004年民事审判案例卷),中国人民大学出版社、人民法院出版社2005年版,第302页。

著名的五月花案中，本来可以适用公平责任，但法院采用了公平原则。[1]产生这一现象的原因在于：第一，法律基本原则的适用范围广泛，它体现了法律的基本价值，裁判者援引基本原则不会出现适用错误。第二，我国民法解释学不发达，只要出现了法律没有明确规定的情形，裁判者求助于法律的基本原则，仍然属于依法裁判。但这种做法极易导致“向一般条款逃逸”，使裁判缺乏说理性，难以保障裁判的公正性。所以，法律解释学在承认依据法律基本原则来填补漏洞的同时，也要对其适用的条件、适用的顺序等做出限制。

（二）依据基本原则填补漏洞的功能及局限性

基本原则不仅体现了立法目的，而且集中体现了法律价值，但是，法律的基本原则也是法理的重要组成部分。依据基本原则填补漏洞主要发挥如下几个方面的功能：

一是确定法律适用的依据。法律的基本原则是漏洞填补的手段，这就是说，它的运用就是为了明确司法三段论中的大前提。当然，法律的基本原则运用于法律适用之中，其必须转化为具体的规则。从审判实践来看，我国法院已经就运用基本原则来填补漏洞进行了有益的尝试。例如，情势变更、悬赏广告等规则的创设表明，依据基本原则进行漏洞填补就可以明确法律适用的依据，从而进行司法三段论的推理。再如，实践中对于对赌协议，法律没有作出规定，因而构成了法律漏洞。有的法院从保护债权人权益的角度出发，认为凡是侵害债权人利益的对赌协议均不予保护，此种观点也不无道理。

二是贯彻法律的基本价值。基本原则体现了法律的基本价值，它既可以为法律解释提供价值指引，也为正确的价值判断提供基础。川岛武宜认为，法律的基本原则在一定的历史时期内具有客观性和稳定

---

① 1999 年 10 月 24 日傍晚，珠海市方洲碧涛花园五月花餐厅发生爆炸事件，造成 2 人死亡，14 人受伤。死者之一就是龚某的儿子，龚某妻子则失去脾脏和左手。2000 年 2 月 23 日，龚氏夫妇向珠海市中级人民法院提起诉讼，向五月花餐厅索赔医疗费、丧失生育能力赔偿金等共计人民币 403 万元。同年 9 月，珠海市中级人民法院一审判决驳回龚氏夫妇的诉请。龚氏夫妇不服一审判决，上诉至广东省高级人民法院。广东省高级人民法院审理认为，该案的损害结果并非五月花餐厅侵权或违约所致，故不能以此为由判令其给予赔偿。但五月花餐厅为营利而接受顾客自带酒水到餐厅消费，从而形成某医生自带伪装成酒水的炸弹到餐厅消费的事实，其营业行为与爆炸案的发生有客观联系。为平衡当事人的损害结果，贯彻民法的公平原则，应酌情由五月花餐厅补偿龚氏夫妇 30 万元。

性,而且与特定时期法律的基本理念是一致的,并体现了一定的普适性。所以,基本原则可以为裁判者进行价值判断提供基础和参照。[①] 基本原则反映了特定法律中基本的价值取向,是法律中理念的集中体现。例如,甲欠乙 100 万元,甲将其价值 1000 万元的房屋,以 100 万元的低价,移转给自己的前妻丙。丙又以 1000 万元的价格将该财产转让给了丁。在该转让过程中,丁对甲丙之间的交易完全不知情。乙向法院提起撤销甲和丙以及丙和丁之间两个买卖合同的诉讼。法院发现,甲和丙之间的买卖合同符合撤销权行使的条件。但是对于丙和丁之间的买卖合同能否适用债权人撤销权,《民法典》第 539 条仅规定了债务人的处分财产行为,而并未规定接受该处分的后手受让人的处分行为是否适用撤销权的规定,因此,这就构成法律的漏洞。笔者认为,根据维护交易安全原则,此时由于丁完全不知情,如果允许一并撤销,将会危害交易安全,有可能损害市场秩序。按照保罗(Paul)教授所言,裁判者援引法律的基本原则,应进行充分的说理。如果缺乏合理的、充足的理由,就不应进行漏洞的填补,这就是还原正义。[②]

三是作为论证的基础和依据。在进行狭义法律解释和价值补充时,法律原则可以成为裁判者说理论证的依据。例如,在进行目的解释、体系解释时,需要进行解释选择,法律原则所体现的立法精神和立法目的即可成为解释选择的依据。拉伦茨认为,"在法律续造中,原则能保证评判的同意性与连贯性",是"支撑一个法秩序的所有基本价值判断的整体"。[③] 当具体的法律规范在适用时相互矛盾或违背法律的立法目的时,民法基本原则则授权裁判者依据实际要求对具体法律规范加以变通适用,以求得个别正义的实现。[④] 这也表明,依据基本原则填补漏洞在一定程度上是符合立法目的的。在立法之时,立法者之所以要规定高度抽象的法律原则条款,就是希望在出现立法不能预料的新情况时,裁判者能够运用其填补法律漏洞,完成对案件的裁判。通过基

---

① 参见段匡:《日本的民法解释学》,复旦大学出版社 2005 年版,第 279 页。

② Paul Delnoy, *Elément de méthodologie juridique*, Larcier, 2006, Bruxelles, p. 390.

③ 参见[德]卡尔・拉伦茨:《法学方法论》,黄家镇译,商务印书馆 2020 年版,第 223 页。

④ 参见孙钻:《略论诚实信用原则》,载《金陵科技学院学报(社会科学版)》2005 年第 1 期。

本原则填补漏洞,可以使法律适应社会发展的需要,这最终也是符合立法目的的。正如有学者所指出的,“裁判者可根据社会生活发展的需要,通过解释基本原则,把经济、政治、哲学方面的新要求补充到法律中去,以使法律追随时代的发展而与时俱进,实现法律的灵活价值”。[①]

但是,运用基本原则填补漏洞仍然存在明显的局限性。原则本身具有高度的抽象性和概括性,因此可能给法官提供过大的解释空间。“只有通过原则间相互的补充和限制,原则固有的意义、内涵才能被阐明,必须通过一些具有独立的实质内容的下位原则和个别价值判断,才能实现这些原则的具体化。”[②]我国审判实践中出现的运用基本原则来判案的“偏好”,需要对此种方式的运用作出合理的限制。此种方式的局限性在于:一是可能导致“向一般条款逃逸”。所谓“向一般条款逃逸”,是指在存在法律规则的情况下,裁判者不援引法律规则,而直接援引法律原则来作出判决。逃逸的结果会使具体的法律规则虚化,裁判者严格执法的要求也受到挑战。裁判者可能会按照其个人喜好,决定是否适用法律的规定。例如,在本可以适用具体规则时,裁判者却仍然适用民法的一般原则进行裁判,从而使法律的具体规则形同虚设。二是赋予了裁判者过大的自由裁量权。例如,在“勋怡公司诉瑞申公司财产权属纠纷案”中,某高级人民法院认为,双方当事人恶意串通,隐瞒事实,编织理由进行诉讼,企图通过法院的确权来对抗法院的查封,是诉讼欺诈行为,违反了原《民法通则》第 4 条关于民事活动应当遵循诚实信用原则的规定。[③] 笔者认为,在该案例中,通过诉讼欺诈行为来变更产权登记,在性质上可以解释为一种侵权行为,适用过错责任的规定,不必援引基本原则填补漏洞。三是不利于法律适用的统一。法律的基本原则不包括具体的构成要件和法律效果,裁判的结果可能是千差万别的,从而不利于法律适用的统一,损害法律的可预见性。另外,法律的基本原则本身也是多元化的,其价值取向可能存在冲突。例如,平等原则和公平原则之间就是存在相互限制的关系的。裁判者选择不同的基本原则作出判决,其结果也可能存在较大的差异。

---

① 徐国栋:《民法基本原则解释》,中国政法大学出版社 2001 年版,第 356 页、第 357 页。

② [德]卡尔·拉伦茨:《法学方法论》,黄家镇译,商务印书馆 2020 年版,第 222 页。

③ 参见《最高人民法院公报》2004 年卷,第 366 页。

二、运用基本原则填补漏洞与相关概念

(一)运用基本原则填补漏洞与狭义的法律解释方法

运用基本原则填补漏洞与狭义的法律解释方法之间也存在一定的联系,具体表现为:一方面,在一些情况下,狭义的法律解释方法的运用需要适当考虑法律的基本原则,以其阐释或验证狭义的法律解释方法得出的结论。例如,法律的基本原则可能同时是特定法律制度的目的,如果要进行目的解释,就可能需要参照法律的基本原则来确定特定制度的目的。因此,在运用目的解释方法时,有时也需要考虑法律的基本原则。另一方面,狭义的法律解释方法是运用基本原则进行漏洞填补的基础。例如,文义解释、历史解释等是确定基本原则含义的基础,也是认定法律漏洞的基础。在运用法律原则填补碰撞式漏洞时,必须以确定相互碰撞的两个规范的字面意思为前提,而该事实的确定有赖于文义解释、历史解释等不同的方法。但是,二者之间的差别也十分明显,主要表现如下:

第一,狭义的法律解释方法主要用于阐释法律的文义并确定法律裁判依据,而运用法律的基本原则主要适用于填补法律漏洞。在不存在法律漏洞的情况下,通常裁判者不能直接以基本原则作为裁判依据。这主要是考虑到,基本原则本身的内涵过于模糊,其既无构成要件,又无法律后果,如果将其作为裁判的依据,就难免降低了对裁判者说理义务的要求,导致法律适用的随意性。①

第二,狭义的法律解释方法的适用应优先于法律的基本原则。凡是能够进行狭义的法律解释的,都应当运用狭义的法律解释方法来阐明法律文本的含义。即便法律明文规定了某些基本原则,在适用上也应当后于狭义的法律解释方法。裁判者运用狭义的法律解释方法时,法律对于待决案件作出了规定,因此,裁判者应当先运用这些明确具体的规定,否则就会脱离法律的拘束。只有当法律对于待决案件没有明确规定时,才能运用法律的基本原则来进行漏洞填补,这也是狭义的法律解释与漏洞填补的适用顺序的体现。

第三,狭义的法律解释方法要考虑的因素是比较确定的,如通常文

① 参见徐国栋:《民法基本原则解释》,中国政法大学出版社 2001 年版,第 32 页。

义、法律体系之间的相互关系以及立法者针对特定社会关系调整的目的。而在运用法律的基本原则进行漏洞填补时，所需要考虑的因素往往具有更大的不确定性。例如，可能需要考量多个基本原则究竟如何选择适用，以及综合运用多个基本原则来适用。因为法律的基本原则并不包含构成要件和法律后果，其适用范围难以界定，尤其是法律的基本原则究竟包括哪些原则，本身便存在争议。例如，民法的基本原则究竟包括哪些内容，长期以来一直是一个众说纷纭的问题，时至今日依然没有形成通说，①这也为运用法律的基本原则进行漏洞填补带来了一定的困难。

（二）运用基本原则填补漏洞与价值补充

1. 运用基本原则填补漏洞与价值补充的联系

运用基本原则填补漏洞与价值补充之间存在一定的联系。例如，过错责任的一般条款可以直接作为法律基本原则。此类条款在性质上具有双重性，它既是一般条款，又是基本原则。但大量的一般条款都是作为具体规则的一般条款。无论是何种一般条款，其与法律原则都具有一定的相似性，表现在：一方面，二者都具有较高的普遍性和抽象性，可以比较广泛地适用于法律中的某个领域。一般条款都是法律原则的具体化，甚至某些一般条款就是法律原则本身。例如，维护公序良俗既是民法的原则，也是在判断民事法律行为效力中的一项具体规则。《民法典》第 153 条第 2 款规定“违背公序良俗的民事法律行为无效”，就是对公序良俗原则的具体化。另一方面，与作为具体规则的一般条款一样，法律原则也具有抽象性、概括性和开放性特征。有学者认为，“一般条款是法律原则的一种表现形式或者形态”。② 笔者认为，这种观点值得商榷。诚然，在某些情况下，法律的基本原则是以一般条款的形式表现出来，或者说，可以从一般条款之中提升出法律的基本原则。

但是，有些法律的基本原则（如诚实信用原则、公序良俗原则等），其本身是以不确定概念和一般条款的形式出现的。例如，有学者认为，

---

① 参见王轶：《中国民法学三十年》，载姜明安主编：《中国法学三十年》，中国人民大学出版社 2008 年版，第 102 页。

② 谢晓尧、吴思罕：《论一般条款的确定性》，载《法学评论》2004 年第 3 期。

如果将善良风俗理解为包含公共秩序,则它似乎包括了一般的法律原则。[①] 在有些原则的表述中包含了不确定概念,或者与不确定概念之间存在密不可分的关系。例如,《民法典》第509条规定:“当事人应当按照约定全面履行自己的义务。当事人应当遵循诚信原则,根据合同的性质、目的和交易习惯履行通知、协助、保密等义务。”在该条中,“诚信原则”是一个不确定概念,它并非针对特定的法律领域而抽象规定的原则,而是运用于具体的情形(合同履行)之中,所以,它在本条中失去了法律基本原则的特点。但是,在《民法典》第7条中,“诚信原则”又是以法律基本原则的形式出现的。与《民法典》第509条的规定不同,它是普遍适用于一切民事领域的、不包含构成要件和法律后果的原则。

当然,由于不确定概念和一般条款的内涵较为宽泛,在某些情形下,价值补充方法可能难以与适用基本原则填补漏洞的方法相区分。例如,在前述“勋怡公司诉瑞申公司财产权属纠纷案”中,一方当事人通过法院的确权来对抗法院的查封,究竟是违反了原《民法通则》第4条关于民事活动应当遵循诚实信用原则的规定,还是应当扩张适用原《侵权责任法》第6条第1款的规定。这就涉及运用基本原则填补漏洞和价值补充的关系。根据前文对一般条款和不确定概念的界定和分析,基本原则有时也可能表现为一般条款和不确定概念,甚至是部分学者所称的一般条款的基本来源。但是,如果以一般条款和不确定概念的形式表现出来,其属于具体化的范畴,如果单纯以基本原则的形式表现,则属于漏洞填补的范畴。所以,针对具有多重属性的概念,如诚实信用、公序良俗等,首先要对其进行判断,确定其究竟属于单纯的基本原则,还是不确定概念和一般条款,解释者应当区分不同的情况进行不同的法律解释操作。

2. 运用法律原则填补漏洞和价值补充的区别

运用法律原则填补漏洞和价值补充的区别在于:一方面,适用的前提不同。前者适用的前提是存在法律漏洞,而后者适用的前提是不存在法律漏洞,具体而言,在价值补充的情况下以不确定概念和一般条款作为调整待决案件的依据。价值补充的前提是,法律上存在不确定概

---

① Franz Bydlinski, *Juristische Methodenlehre und Rechtsbegriff*, Wien/New York, 1982, S. 496.

念和一般条款,而且,对于裁判者的具体化操作给予了指引。但是,在漏洞填补的情况下,法律没有给予裁判者相对具体的价值指引。另一方面,法律原则较之于一般条款和不确定概念具有更高的位阶。法律原则体现了法律的基本价值取向和精神内涵,它可以指导不确定概念和一般条款的具体化。此外,按照不能"向一般条款逃逸"的原则,裁判者不能直接适用法律原则,而只能将其适用于漏洞填补的情形。而不确定概念和一般条款都具有可适用性,包含了构成要件和法律后果。因此,在适用顺序上,如果有些基本原则同时以一般条款或不确定概念的形式存在,就应当先进行具体化的操作,因为具体化所得出的解释结论的可靠性和确定性更高。

(三)依据基本原则的漏洞填补与目的性扩张和目的性限缩

依据基本原则填补漏洞与目的性扩张和目的性限缩之间也存在密切的联系。一方面,从表面上看,作为两类不同的法律漏洞填补技术,目的性扩张和目的性限缩依据的是立法目的,而不是法律的基本原则。但是,立法目的与法律的基本原则之间存在密切的联系。法律的基本原则表达了该法律最核心的价值取向,也是该部法律所追求的社会目的的集中体现。所以,立法目的的确定有时需要借助于法律的基本原则。另一方面,目的性扩张和目的性限缩是为了实现立法目的,同时,它也有助于贯彻法律的基本原则。如果不进行目的性扩张和目的性限缩,法律适用的结果就可能与法律的基本原则相抵触。尽管如此,它们之间也存在明显的差异,表现如下:

第一,适用的范围不同。目的性扩张和目的性限缩是要考量立法目的,通过目的的考量来扩张法律文本的含义并超出其文义的射程范围,或者限缩法律文本的含义并损及其核心文义。因此,目的性扩张适用于明显漏洞,而目的性限缩适用于隐藏漏洞。但依据法律的基本原则进行漏洞填补,其适用范围非常广泛,可以适用于所有类型的法律漏洞。目的性扩张解释主要适用于"明显的法律漏洞",即法律规范规定得过于狭窄。法律条文的用语根本无法涵盖需要调整的社会关系,但将此种社会关系纳入该法律条文的规则中去,却符合法律规范的目的。因此,有必要通过扩张法律规范涵盖的外延来填补法律漏洞。例如,我国《民法典》第313条规定:"善意受让人取得动产后,该动产上的原有权利消灭。但是,善意受让人在受让时知道或者应当知道该权利的除外。"该规定确立了动产适用善意取得制度后的规则,但是没有提及不动产。由于我国法律对动产和不动产采用了严格的区分规则,从可能的文义范围来看,该条根本无法适用于不动产。但是,既然《民法典》第311条确立了关于动产和不动产的统一善意取得规则,那么,第313条应当对动产和不动产适用善意取得制度后的效果都作出规定。从此种目的出发,第313条应当作目的性扩张,包括不动产。事实上,我国已经有法院在判决中运用了此种解释方法。[①] 在目的性限缩的情况下,其主要针对的是隐藏漏洞,即因为法律规定过宽,不应适用到其所调整的全部事实,则必须对其采取目的性限缩解释。

第二,依据不同。目的性扩张和目的性限缩是以法律的具体规则为基础的,因此,解释活动是以法律上的具体规则为基础进行的,只不过要对这些规则进行文义的扩张和限缩,使法律的规范目的得以贯彻。在运用基本原则进行漏洞填补时,其是以法定化的法律原则为基础的,不存在文义的扩张和限缩。

第三,主观判断程度不同。前述两类漏洞填补方法都离不开解释者自身的价值判断,都赋予了裁判者较大的自由裁量空间。但毕竟在目的性扩张和目的性限缩中,法律已经作出了明确的规定,而且,裁判者进行此种解释必须严格遵循立法目的,所以,其自由裁量的空间相对较小。而依据法律的基本原则来填补漏洞,裁判者遵循的通常是抽象的法律原则,其究竟选择哪一个基本原则,如何具体运用这一基本原则,存在较大的自由裁量余地。

第四,适用的顺位不同。就适用顺序来说,目的性扩张和目的性限缩要优先于依据法律基本原则的漏洞填补。在目的性扩张和目的性限缩的情况下,法律已经确立了明确的规则,该规则包含了构成要件和法律后果,只不过要通过"扩张"和"限缩"的解释方法来贯彻立法目的。这两种方法不仅能够提供比较明确的规则,而且比较严格地拘束了裁判者的自由裁量,所以,它们应当作为优先运用的方法。而依据基本原则来填补漏洞,裁判者享有的自由裁量限度更大,法律解释活动的不确定性风险也增加,因此,其应作为后位的漏洞填补方法。

---

① 参见陈俊杰、蒋春燕:《妻瞒夫私自将房屋出售丈夫起诉被驳》,载《新京报》2007年4月29日版。

三、依据基本原则填补法律漏洞的步骤

(一)确定适用前提

如前所述,依据基本原则填补漏洞,必须是存在法律漏洞,且不存在具体的相关规则,这是运用法律基本原则的前提。具体来说,它包括三个方面:

第一,漏洞的识别和确定。依据基本原则来填补漏洞的方法,其适用范围非常广泛,几乎可以适用于一切法律漏洞。但是,基本原则的适用前提是存在法律漏洞,即法律对于特定案件应当作出规定而没有作出规定。在识别漏洞的过程中,必须要确定是否存在具体的法律规则,只有不存在可供适用的具体法律规则时,才能认定法律漏洞的存在。此处所说的具体规则,不仅包括一般的法律规则,而且包括一般条款和不确定概念。

在司法实践中,有的法院在有明确的法律规则可以适用,不存在法律漏洞的情形下,仍然依据基本原则进行裁判,这显然不符合法律原则的适用方法,也可能使相关的法律规则成为具文。例如,在“薛某与周某某民间借贷纠纷案”中,被告周某某因经营所需,于2012年11月2日向原告薛某借款人民币28,000元,约定2013年6月15日前归还,并出具借条一份。借款到期后,经原告多次催要,被告均以种种理由予以推诿,至今未能偿还。后原告诉至法院,请求被告还本付息。法院认为,“原、被告之间的民间借贷关系合法有效,应受法律保护。被告向原告借款人民币28,000元,借款到期后,被告未能归还原告借款,其行为有违诚信原则,应及时归还借款”。[①] 在该案中,债务人在借款到期后未按时还款,债权人有权基于合同关系请求其承担违约责任,而法院忽略违约责任的具体规则,直接依据诚信原则进行裁判,显然有失妥当。

第二,穷尽了狭义法律解释方法和价值补充的方法。一般来说,只要确定了法律漏洞的存在,就不可能运用狭义的法律解释方法和价值补充的方法。例如,在“帕某诉张某某等道路交通事故损害赔偿纠纷案”中,当事人之间的机动车发生碰撞,造成受害人受伤,其车辆受损。法院认为,“由于张某某已向原告给付了25,000元。相抵后,张某某的

---

① 江苏省如东县人民法院民事判决书,(2014)东栟民初字0273号。

赔偿义务已履行完毕。对于多支付的部分,张某某虽没有明确要求原告退还,但本院认为,在其不知应承担多少赔偿额的情况下,难以明确主张退还多少。另从原告诉讼主张中主动扣除被告方已付款的意思表示以及被告张某某表达的愿依法承担应承担的部分的意思表示,表明张某某希望退还为原告多承担的部分。为体现公平原则,原告应再退还张某某 8072.19 元。"[①]虽然该裁判结论是妥当的,但其直接援引公平原则进行裁判,是值得商榷的。因为机动车之间发生交通事故,实行过错责任的归责原则。《道路交通安全法》第 76 条的规定,"机动车之间发生交通事故的,由有过错的一方承担赔偿责任;双方都有过错的,按照各自过错的比例分担责任",此处所说的过错,一般认为主要是指机动车一方因故意或过失违反了有关道路交通安全的法律法规和规章,或者因驾驶不当导致了交通事故的发生。在机动车之间发生损害的情况下,只要双方证明自己没有过错,就可以减轻或免除责任。所谓按照各自的过错比例分担责任,也就是指根据过错程度的大小来确定责任,过错越大则责任越重。所以,对本案应当按照上述规则进行裁判,确定当事人的责任,而不应当直接援引公平原则进行裁判。只有在出现法律漏洞的情形下,才能直接援引法律原则进行裁判。

但是,基本原则类型多样,有些基本原则还表现为法律的规则,如诚实信用原则本身也可以以不确定概念和一般条款的形式表现出来。这就要求,在法律解释过程中,能否通过狭义法律解释方法和价值补充的方法来确定大前提。例如,能够通过具体化的方法确定大前提,就不必适用法律的基本原则。我们之所以要区分基本原则的不同表现形式,其意义也在于此。

在没有穷尽狭义的法律解释方法和价值补充方法的前提下,如果我们将法定化的法律原则作为裁判的依据,则我国民法的适用将不存在。因为法律原则大多是价值的宣示,不宜直接作为裁判依据。从法律解释学的角度来看,裁判者可以运用法律原则进行漏洞填补,但这并不是说法律原则涵盖了所有情形,就不存在法律漏洞。

第三,穷尽了其他漏洞填补方法。漏洞填补方法中的习惯法、类推适用、目的性扩张、目的性限缩,都以比较明确的法律规则为基础,

---

① 新疆维吾尔自治区吐鲁番市人民法院民事判决书,(2014)吐民初字第 523 号。

而基于法律原则来填补漏洞则应当作为最后一种填补漏洞的方法。这主要是因为,基本原则的适用范围非常宽泛,其体现了法律的基本价值,所以它几乎可以适用于各种法律漏洞,涵盖各种情形。例如,诚实信用原则作为帝王条款,几乎可以适用于所有民事领域。如果基于原则填补漏洞优先适用,则其他的漏洞填补方法就没有了适用的空间,也几乎丧失了存在的价值。另外,基本原则的适用存在较大的任意性,裁判者所享有的自由裁量权较大。因此,法律的基本原则作为漏洞填补的依据,其应当作为后位的方法。举例而言,就法律的基本原则和类推适用来看,它们的区别比较明显:被类推的法律规定包含了构成要件和法律后果两个部分;而法律原则仅仅包含了价值取向或者一般的价值目标,并不包含明确的法律后果。① 类推适用对于保障法的安定性具有重要意义,而法律的基本原则却难以保障法的安定性,因此,在同等条件下,应当优先适用类推方法,而非以法律基本原则进行漏洞填补。

(二)适用基本原则

1. 寻找适当的基本原则

尽管法律原则较多,但在寻找基本原则时,应当把握如下规则。

第一,要尽可能寻求法定化的基本原则。基本原则可以分为两类:一类是法律上明文规定的基本原则,如《民法典》规定的诚信原则、平等原则等,另一类是法律上没有规定的基本原则,如学者在合同法的规定中推导出的鼓励交易原则。就漏洞填补来说,这两类基本原则都可以作为漏洞填补的依据。原则上,运用基本原则来填补漏洞,要首先依据法律上明文规定的基本原则。其理由主要在于:一方面,在我国,《民法典》在总则第一章开宗明义地规定了基本原则,这就具有法律原则的成文化和显现化的特点,与许多国家的民法中并不规定法律原则存在明显的区别。大陆法系国家往往不在法律中规定基本原则,而常常在具体条文中有所体现,并经过学者的总结和提炼而形成基本原则。这就决定了,在我国裁判者能够从法律中寻找到可供适用的基本原则。另一方面,既然法律对基本原则作出了明文规定,裁判者在解释法律时就

① Franz Bydlinski, *Juristische Methodenlehre und Rechtsbegriff*, Wien/New York, 1982, S. 485.

可以援引相应的法条。虽然依据的并非法律规则,但是,毕竟是依法裁判。而如果仅仅适用学者总结出来的基本原则,就可能导致法律依据不足的问题。此外,非法定化的基本原则究竟包括哪些原则,本身就存在争议。法律上的基本原则是立法者意志的表达,而学者总结的基本原则则表现了学者的认识。所以,不能首先以法律上没有规定的基本原则作为解释的依据。如果以非法定化的基本原则直接作为裁判依据,则可能出现类似情况不同处理的现象。

需要注意的是,在例外情况下,如果法律中没有规定某项基本原则,裁判者是否可以援引从现行法的规定中归纳出的法律的基本原则?此类原则是以现行法的若干规定为基础,归纳出其背后的一般价值和目标。① 例如,以《民法典》合同编的相关规定为基础,归纳出债的相对性原则。笔者认为,基本原则本身也处于不断的发展变动之中,立法规定的基本原则虽然涵盖范围广泛,但是,仍然存在一些法律虽然没有明文规定,但由学者所总结出来的原则。例如,我国学界通说认为,一物一权原则是物权法中的一项基本原则,该原则的确立是物权的支配性特征、排他性效力、优先性效力得以存在的重要理论基础。但是,与"平等保护"原则不同的是,我国《民法典》物权编并没有通过法律条文直接规定该原则。再如,许多学者认为,鼓励交易原则是合同法的一项基本原则,是判断合同效力问题的重要准则,但是,《民法典》合同编一般也未明文规定该原则。依据法律规定总结出来的基本原则,必须存在法理和实践的基础,可能还需要借助于法制史学的研究,从过去的判例、法律规范制定的由来、历史的沿革等来发现。② 尤其是还必须对其进行检验,确定其是否与现行法的规定或者原理相冲突。如果存在冲突,也不能用于漏洞填补。③

第二,尽可能考虑特定法律领域的特殊的基本原则。就民法来说,基本原则的类型很多,除了适用于整个民法领域的基本原则外(如平等原则、自愿原则),还有存在于民法内部各个具体领域的基本原则,如物

① Franz Bydlinski, *Juristische Methodenlehre und Rechtsbegriff*, Wien/New York, 1982, S. 485.

② 参见杨日然:《法理学论文集》,台北,月旦出版社股份有限公司1997年版,第9页。

③ Franz Bydlinski, *Juristische Methodenlehre und Rechtsbegriff*, Wien/New York, 1982, S. 486.

权法的基本原则、合同法的基本原则等。一般来说,在成文法国家,法律原则在实定法上可以分为如下类型:一是等级最高的法律基本原则。这主要体现为正义原则。法律的精神就是正义,整个民法都是以追求公平正义为目的,它是最高的理念,也表达了法律的最高目的。二是民法所普遍适用的基本原则。例如,《民法典》第3～9条规定了保护民事权益、平等、自愿、公平、诚实信用、公序良俗、保护生态环境等原则。这些原则都是实体法规定的民法的基本原则,它可以适用于整个法律部门。其中,有些原则需要通过法律规则来具体化,而有些原则并不需要通过法律规则来具体化。法律用专门的条文规定了法律原则,这些规定并不直接涉及当事人之间的权利义务关系,也不涉及法律后果。三是民法内部各个法律领域自身的原则。例如,物权法中的公示公信原则,合同法中的合同自由原则、鼓励交易原则等。在这三个层次中,要尽可能寻找更为具体的原则。因为越具体的原则,其与裁判的联系就越密切,而且,裁判者的裁量权也受到更多的限制。同时,寻求更具体的原则,也可以为案件的裁判提供更具体的价值指引。

在此需要探讨的是,是否有必要将宪法的原则作为填补漏洞的依据?笔者认为,宪法的根本法地位决定了,它的原则几乎都已经转化为各个部门法中的原则,所以,部门法的原则已经足以作为填补漏洞的依据,不必再借助于宪法的原则。另外,从保持各个法律部门相对独立性考虑,宪法的原则也不宜直接进入各个部门法。因此,就民法而言,漏洞填补的依据就是民法的基本原则。例如,宪法上的平等原则已经具体化为民法上的平等原则,即《民法典》第4条关于“民事主体在民事活动中的法律地位一律平等”的规定,因此,填补漏洞的依据应当是《民法典》第4条,而不应当是宪法上的平等原则。

2. 相关性检验

针对各个法律的基本原则,如何选择最恰当的基本原则适用于个案,就有必要进行“相关性检验”。所谓“相关性检验”,是指通过分析确定待决案件与特定的法律基本原则能否实现最佳的契合,即选择最佳的适用于具体个案的原则。在进行相关性检验时,必须对具体案件中需要调整的法律关系性质进行判断。不同类型的法律规范所协调的不同类型的利益关系,其所应遵循的相对具体的法律原则也可能存在差异。例如,在交易背景下的民事法律关系中,更多地强调当事人的意思自治和合同自由;在非交易背景下的民事法律关系中,更多地强调固有权利的保护和公权力的限制等精神。“相关性检验”是以对待决案件事实的精确分析为基础的,从而确定待决案件不能适用其他的法律原则予以处理。

3. 对基本原则的阐释

法律的基本原则必须具体化,因为基本原则是高度抽象的,其只有通过具体化才能演化为构成要件和法律后果,从而为待决案件提供大前提。以公序良俗原则为例,该原则也可以归入不确定概念的范畴。在两大法系中,公序良俗是裁判者填补漏洞时所遵循的重要依据。当然,“公序良俗”一词本身抽象程度较高,比较模糊。“有时候它所包含的内容,完全就是法律演变过程中,立法或司法功能上,最根本的伦理、政治和社会等诸原则和概念。”①在缺乏可供援引的规则的情况下,裁判者根据公序良俗原则作出裁判,已成为适用法律的一种方式。② 再如,在英美法上,“公共政策”也是一项基本原则。正如博登海默所指出的,在美国,公共政策“主要是指尚未纳入法律中的政府政策和惯例”,已经起着裁判案件的独立法源作用。③ 此种经验也为我国司法实践所接受。我国《民法典》第 8 条规定的公序良俗原则即是这一原则的体现。2019 年最高人民法院《全国法院民商事审判工作会议纪要》规定,违反规章一般不影响合同效力,但涉及金融安全、市场秩序、国际宏观政策学公序良俗的,应当认定合同无效。学界也有人认为,在运用法律原则填补漏洞时,也应该以政策作为填补漏洞的依据。笔者认为,此种观点值得商榷。因为政策时常灵活多变,且大多以内部文件的形式存在,因此,政策不能代替法律原则,政策如果作为法律解释的依据,必须将其法定化、具体化。

对基本原则进行阐释,并非意味着要对每一项原则进行准确的定义。因为原则不同于一般的概念和术语,它体现的是法律的基本价值,甚至是法律的最高价值,因此,其是无法定义的。我们所说的要对其进行阐释,具体表现为:第一,要阐明原则所包含的基本价值,从而为裁判者填补漏洞提供价值指引。例如,公平原则体现了公平的价值,而诚信

---

① 邓衍森:《法律哲学上司法造法的若干问题》,载《法律学报》第 4 卷第 2 期。

② See Winfield P. H. ,*Public Policy in English Common Law*,42 Harv. L,Rev. 76(1929).

③ 参见[美]E. 博登海默:《法理学——法律哲学与法律方法》,邓正来译,中国政法大学出版社 1999 年版,第 449 页。

原则体现了诚信的价值。这些价值也可能是特定法律领域内公认的基本价值,如平等、公平、诚信等。第二,要阐明基本原则的适用范围及其限制。例如,合同自由原则可以适用于合同领域,而遗嘱自由原则仅适用于遗嘱领域。一般来说,法律的基本原则往往会受到限制,例如,自愿原则要受到诚信原则的限制。这一限制也可以理解为基本原则的例外。结合特定案件,也要考虑这一例外情形是否存在。第三,基本原则应尽可能转化为具体规则。基本原则具有非法律规范性的特点,法律规范都包含了构成要件和法律后果两个部分,而基本原则之中并不包含这两部分,仅仅确定了价值取向。因此,在法律解释中,以基本原则来填补漏洞,应将其转化为包含了构成要件和法律后果的具体规则。例如,诚实信用原则用来填补漏洞时,就必须将其转化为情势变更制度的规则。第四,如果适用某个原则会与其他原则的运用发生冲突,就要进行解释,以确定适用特定基本原则的合理性。考虑到法律的基本原则之间存在相互冲突、相互补充的特点,裁判者在必要的时候,需要综合运用两个甚至两个以上的法律基本原则进行漏洞填补。尤其是法律的基本原则通常都是多元的,而且多个法律基本原则之间往往还会存在一定的冲突。例如,在物权法上,在无权处分的情况下,如果过分坚持物尽其用的原则,就违反了保护物权的原则。此外,法律的基本原则本身仅仅是作出了价值宣示,在适用已经选择的法律原则时,也要阐明如何具体适用于特定的案件。

(三)基本原则与案件事实的连接

基本原则虽然具有较高的抽象性和适用的宽泛性,但是,其仍然要与特定的案件事实相连接。在填补漏洞时,要考虑基本原则与案件事实是否一致。在依据基本原则填补漏洞时,考虑到民法的一般原则过于抽象和概括,且法律的基本原则自身并不包括明确的构成要件和法律效果,如果以其为依据进行漏洞填补,就会给予裁判者过大的自由裁量的权力。所以,在填补漏洞时,还应当尽可能使其具体化。在实践中,有些裁判者判案时常常直接援引某项原则作出判决,而没有指明该项原则与案件事实的连接,甚至在许多案件中,裁判者偏爱援引公平原则来判决,但是,实际上其所依据的判决理由过于空泛。有的裁判者依据其所理解的公平原则作出此种判决,而有的裁判者则依据其所理解的公平原则来作出另一种判决,这就不能实现类似问题类似处理。所

以,在运用基本原则填补漏洞时,必须实现基本原则与案件事实的连接,具体如下:

第一,要尽可能运用比较具体的原则。就民法而言,凡是能够适用民法中各个领域的特殊原则的,就不应当再适用民法的一般原则。例如,《民法典》第7条中的诚信原则,已经具体化为《民法典》第509条中的附随义务。所以,在合同案件中,应当直接援引《民法典》第509条的规定,而不应再援引《民法典》第7条的规定。

第二,在运用基本原则填补漏洞时,要根据案件的需要尽可能将其转化为具体的规则。因为毕竟直接援引基本原则得出的裁判结论过于宽泛。如果裁判者将其运用到具体案件时,可以将其具体化为规则,就可以使其更有针对性。例如,从诚信原则中解释出的情势变更原则。

第三,在同一法律内部,如果法律就特定制度规定了基本原则,则不应再适用该法律的一般原则。例如,《民法典》第241条规定:"……用益物权人、担保物权人行使权利,不得损害所有权人的权益。"其是针对他物的行使所确立的原则,不应适用于其他领域。

(四)充分的说理论证

在运用基本原则进行漏洞填补时,裁判者享有较大的自由裁量权,所以,裁判者要进行充分的说理论证。这有利于防止裁判者滥用其自由裁量权,而且,要实现法的稳定性,就必须强化裁判者的说理论证的义务。由于基本原则较为抽象,在适用于具体案件时,存在法律规定与案件事实之间的距离问题。如何能够将抽象的原则适用于鲜活的事实,就需要裁判者对这一过程进行充分的论证和说理,以证明其裁判的合理性,而不是"向一般规定的逃逸"。裁判者应以基本原则以及依据原则所阐释出的规则为大前提,以案件事实为小前提,从而得出判决的结果,并对这一过程进行完整而充分的论述。例如,原告之父去世以后,在出殡的当日,全家处于悲痛之中。被告是其邻居,因平日与原告不和,就在出殡之日故意播放喜庆欢快的音乐,严重扰乱了原告家里悲痛的气氛。原告认为,被告的行为使其遭受极大的精神伤害,要求赔礼道歉,并赔偿精神损失。本案中,因缺乏法律适用的依据,可以适用法律的基本原则。法院认为,被告的行为违背了公序良俗原则,判令被告赔礼道歉。但是,笔者认为,裁判者在解释的过程中应当尽可能进行具体化的阐释,对基本原则的可适用性、其内容的具体化进行详细的说理论证。

四、依据基本原则填补法律漏洞的规则

（一）具体的基本原则优先适用

法律的基本原则可以表现为不同的层次，或者说具有不同的抽象性程度，有的法律基本原则比较抽象，而有的法律基本原则比较具体。虽然我国《民法典》从第3条到第9条规定了保护民事权益、平等、自愿、公平、诚实信用、公序良俗、保护生态环境等原则，但在这些基本原则之下，还有一些法定的或者没有通过条文予以展现的更为具体的原则。例如，信赖利益保护原则、禁止滥用权利原则、鼓励交易原则、合同自由原则、合同相对性原则、物权法定原则等。拉伦茨将这些原则称为"下位法律原则"①。可以说，它们是这些基本原则之下的更为具体的原则。因此，在选择基本原则时，应当尽可能选择比较具体的基本原则。因为越具体的基本原则，就越能够与案件事实连接。与比较抽象的法律原则相比较，具体的法律原则更容易适用。裁判者进行三段论推理，其前提就是确定大前提。因此，选择比较具体的法律原则，就有利于裁判者依据该原则确定比较具体的可供适用的大前提。一般来说，能够适用特定法律的原则，就不必适用民法的一般原则；能够适用该特定法律中比较具体的原则，就不要适用其中比较抽象的原则。例如，在民法中，平等原则是比较抽象的原则，而婚姻法中的男女平等原则则是比较具体的原则，后者应当优先适用。由于较《民法典》第4条的平等原则而言，《民法典》第206条规定的平等保护原则更为具体，所以，《民法典》物权编的原则要优先适用。再如，我国《民法典》物权编中没有规定先占制度，如果实践中出现了基于先占是否可以取得所有权的争议，就可能涉及究竟是要采用物权编中的物尽其用原则，还是采用民法中的公平原则来进行漏洞填补。此时，选择物尽其用的原则进行填补是比较妥当的。因为法律本身就是公平正义的产物，如果都选择公平原则来填补漏洞，其他的法律原则就没有适用余地了。

（二）防止"向一般条款逃逸"

如前所述，所谓"向一般条款逃逸"，是指针对某一案件事实，法律本有具体规定，且无论是适用该规定还是法律基本原则，均能获得同一

---

① ［德］卡尔·拉伦茨：《法学方法论》，黄家镇译，商务印书馆2020年版，第594页。

结论,但裁判者不适用该具体规定而适用法律基本原则,此种现象应予禁止。[①] 防止向一般条款逃逸,是解释和适用法律的一项重要原则。裁判者适用法律就是在逻辑三段论中寻求大前提,其所寻求的大前提越具体,就越能得出有说服力的结论。直接适用宽泛的原则,就给予了裁判者过大的自由裁量权。另外,立法者既规定了具体的规定,又规定了一般条款,其本身也暗含着要求裁判者优先适用具体规定的意思。所以,裁判者直接适用一般条款就违背了立法者的意思。我们知道,法律规定得越具体,就越贴近生活现实;法律规定得越抽象,就越远离生活现实。而基本原则都是比较抽象的规定,因此与具体的生活现实存在一定的距离。案件的审理同样如此。在适用法律时,首先应当寻找具体的法律制度,只有当没有具体规定可适用时,才可以寻求基本原则的解释。如果存在比法律的基本原则更为具体的规则,就应当适用具体的规则。例如,在前述"薛某与周某某民间借贷纠纷案"中,法院认为,被告到期未还款的行为有违诚信原则,应及时归还借款。[②] 笔者认为,法律原则一般不得作为裁判依据,其主要用于漏洞填补。在该案中,债务人在借款到期后未按时还款,债权人有权基于合同关系请求其承担违约责任,该案并不存在法律漏洞。但法院直接依据诚信原则判案,忽略民间借贷违约责任的具体规则,是不妥当的。

(三)基本原则的内容要尽可能具体化

基本原则具有较高的抽象性,在法律解释的适用中,基本原则的内容应尽可能被具体化为法律规则。一方面,毕竟基本原则是比较空泛的,直接依据其进行裁判,结论仍然过于空泛。运用法律的基本原则来进行漏洞填补,就必须对其进行具体化的操作,即要从原则中引申出更为具体的规范和标准。[③] "原则通过它的具体化才能被澄清,而具体化又只有在与原则的意义关联中才能进行。"[④]裁判者运用三段论的方法进行演绎推理,必须确定其大前提。这里所说的大前提应当是包含了具体的构成要件和法律后果的大前提。因此,裁判者在运用法律的基

① 参见梁慧星:《诚实信用原则与漏洞补充》,载梁慧星主编:《民商法论丛》(第 2 卷),法律出版社 1994 年版,第 71 页。

② 参见江苏省如东县人民法院民事判决书,(2014)东栟民初字 0273 号。

③ 参见孔祥俊:《法律方法论》(第 3 卷),人民法院出版社 2006 年版,第 1496 页。

④ [德]卡尔·拉伦茨:《法学方法论》,黄家镇译,商务印书馆 2020 年版,第 595 页。

本原则进行漏洞填补时，还必须进行具体化的操作，即将法律的基本原则具体化为包含构成要件和法律后果的具体规则。[①] 另一方面，法律本身是一门注重经验和逻辑的科学，虽然其不能像概念法学所主张的那样进行精确计算，但任何一个法律结论的得出，都应当是逻辑推导的过程。[②] 要使抽象的法律原则不断具体化，并最终适用于具体的案件事实，这就要求在寻找裁判依据时不断降低这种抽象程度和不确定程度，以提高解释结论和案件事实相连接的关联度和紧密性。例如，在先占的案件中，裁判者运用物权编中的物尽其用原则来填补漏洞，就必须确立具体的规则，如确定先占无主物的人取得该物的所有权的规则。再如，因订约后客观情势的变化导致当事人之间的利益严重失衡，不宜直接援引诚实信用原则变更合同，而应当从诚信原则中解释出情势变更原则，才能为变更合同提供充足的根据。

（四）创设法律规则时应考虑法律体系

运用基本原则创设具体规则时，该规则的设定不得与既有的规定相冲突，如果基于基本原则可以创设多个可供适用的具体规则时，应当选择与现行法律体系和法律秩序最相契合的规则。也就是说，在基于原则而创设法律规则时，必须考虑整个现行法秩序。新创设的规则不能与其他现有的规则发生矛盾和冲突，从而实现整个法秩序的统一[③]。例如，在实践中，对于参与者在聚会饮酒的场合中，由于饮酒过量造成人身损害或死亡时，有的法官就依据公平原则创设规则，要求所有参与聚会的人员均向受害人承担赔偿责任。这一通过基本原则创设规则的行为就与《民法典》第 1186 条的规定产生了冲突。依据《民法典》第 1186 条的规定，公平责任的适用仅仅可以依据法律的规定而发生。而在聚会饮酒的场合，法律并没有直接规定公平责任的适用。因此，在这类案件中，不能依据基本原则创设与现有规范矛盾的具体规则，而应当继续适用《民法典》侵权责任编关于过错责任的规定。

---

① 参见孔祥俊：《法律方法论》（第 3 卷），人民法院出版社 2006 年版，第 1496 页。

② 参见王洪：《司法判决与法律推理》，时事出版社 2002 年版，第 142 ~ 148 页。

③ 参见黄异：《法学方法》，台北，元照出版有限公司 2009 年版，第 124 页。

第六章　解释方法的综合运用及适用顺序

解释，维持法律生命力的心脏。

——［美］帕特里克·Patrick Nerhot

方法是通向正确方向的道路。

——古希腊谚语

案例 1：【王海打假案】原告王海于 1996 年 9 月 15 日在被告处购买日本索尼公司生产的 SPP—X90 型无绳电话机两部，每部价格人民币 3173 元，共计人民币 6346 元。同年 10 月 7 日，案外人李某某代理王海到被告处投诉，以该商品不符合国家频率标准，无邮电部进网许可证和商检局安全质量许可证为由，要求被告退货款并加倍赔偿人民币 12,692 元，因协商未果，王海依据《消费者权益保护法》第 49 条（2013 年修订后为第 55 条）向人民法院提起诉讼，要求销售者支付双倍赔偿。法院认为，“原告明知是禁销产品而购买的行为也是有过错的。原告在三十几天内购买现代通信设备如此之多，并非为个人生活消费需要，因此，该纠纷不宜适用《中华人民共和国消费者权益保护法》第四十九条的规定处理”。

简要评析：在该案中，法官首先需要回答这样一个关键问题：王海是否属于《消费者权益保护法》第 49 条规定的“消费者”。《消费者权益保护法》第 2 条规定：

“消费者为生活需要购买、使用商品或者接受服务,其权益受本法保护;本法未作规定的,受其他有关法律、法规保护。”在该案中,法院认为,王海知假买假不是为了满足生活消费需要,因此不属于“消费者”。关于王海是否属于消费者,应当综合运用法律解释学的各种方法对其进行评判。本书认为,在解释这一概念时,至少要运用法律解释中的三种解释方法:一是文义解释,即从“生活消费”的字面含义确定消费者的内涵。二是目的解释,即通过考察《消费者权益保护法》的立法目的和相关规则的立法意旨来解释该概念。从目的解释来看,《消费者权益保护法》本身蕴含了立法者所考虑的公共政策和目的,特别是对消费者群体的保护。这里所保护的消费者并不限于已经实际购买商品的消费者,还包括潜在的未来消费者群体。三是社会学解释,即从有效遏制经营者的售假行为和遏制不诚信的经营行为出发,应当将知假买假行为也归入“生活消费”的概念,这有利于提高商品或者服务的质量,有利于保护潜在未来消费者的人身、财产权益。

案例2:受害人是农民(有残障),一天傍晚在铁道旁的田地里种地,经过铁轨因身体原因没有注意到火车已急速驶来,后来被火车撞伤。《铁路法》第58条第1款规定:“因铁路行车事故及其他铁路运营事故造成人身伤亡的,铁路运输企业应当承担赔偿责任;如果人身伤亡是因不可抗力或者由于受害人自身的原因造成的,铁路运输企业不承担赔偿责任。”从文义解释的角度来看,“受害人自身的原因”包括受害人的故意和过失行为。而从历史解释来看,立法者的真实意图就是要限制铁路企业的责任,因此,其也应当包括受害人的故意和过失行为。但在本案中,基于《铁路法》的上述规定而完全免除铁路企业的责任,由受害人自行承受损失,确实不妥当。

本案可以通过综合运用各种解释方法得出解释结论。首先应当采用多种狭义的解释方法寻求妥当的解释结论。从多种狭义解释的结论来看,“受害人自身的原因”应当限于受害人故意导致损害的情形(如自杀),受害人的过失(包括重大过失)不应当导致铁路运输企业的免责。理由在于:第一,从体系解释的角度来看,《民法典》第1240条将火车规定为“高速轨道运输工具”,从而应适用高度危险作业的责任。在严格责任的情况下,只有在受害人有故意的情况下,才涉及免除责任。尤其应当看到,《民法典》第1240条所确立的严格责任应当为单行法所遵循,单行法只能将其具体化,而不能改变其归责原则。从总体上看,《铁路法》和《民法典》是两个不同的法律,无法确定两者之间是否存在普通法和特别法的关系,但就相关人身损害赔偿责任方面的法律规范而言,两者之间应当是下位法和上位法之间的关系,《铁路法》不应改变《民法典》的规定。第二,从目的解释的角度来看,法律设计铁路事故责任的目的在于为受害人提供尽可能充分的救济,同时要预防危险行为的发生。因此,如果将受害人自身的原因解释过宽,就不利于对受害人的补救。第三,从社会学方法来看,要求铁路部门承担严格责任,将促使其在铁路道旁、交叉路口等位置设置防护栏,或设置标志,就可以防止类似事件的发生,避免或减少人身伤亡。而如果铁路运输企业的免责事由过多,它就没有动力来防止损害的发生。因而,使铁路部门承担严格责任有利于损害事故的预防,这是符合社会效果的。

从价值补充的角度看,根据《民法典》第 1240 条的规定,高速轨道运输工具应当适用严格责任,但何为“高速轨道运输工具”？一直存在争论。笔者认为,该概念构成不确定条款,很难通过定义的方式确定其内涵和外延。因此,有必要通过类型化的方式来明晰其含义。如果通过类型化方式能够确定火车也属于“高速轨道运输工具”,则《铁路法》所确定的相关人身损害赔偿也应当采用严格责任原则。

从漏洞填补的角度来看,如果我们将《民法典》第 1240 条和《铁路法》第 58 条之间的矛盾视为一种碰撞漏洞,则需要采用漏洞填补的方法来消除其中的矛盾和冲突。笔者认为,在本案中,漏洞填补方法可以采用两种方法:一是目的性限缩方法,即通过考量立法者的目的(该条款的立法目的应当是强化对受害者的保护),从该目的出发,可以将“受害人自身的原因”作限缩解释。因为受害人自身原因包括的范围可能非常广泛,如在夜晚,受害人因视力不佳,没有注意到火车的到来,导致被火车撞伤。如果将各种因受害人自身原因而导致损害的情形都包括在内,就可能过于宽泛,而对受害人极为不利。基于目的考量,“受害人自身的原因”应当限缩理解为“受害人故意”。二是比较法方法。从比较法的角度来看,各国法律对于火车事故,大都规定适用严格责任,这一经验也值得借鉴。

第一节　各种解释方法的综合运用

一、综合运用多种解释方法的必要性

所谓综合运用各种解释方法，是指在法律解释中，解释者根据个案情形结合各种解释方法相互验证，以得出妥当的解释结论。笔者在本章开篇谈到了王海知假买假的案件，对“消费者”这一概念，不能仅通过文义解释方法予以解释，而必须综合运用多种法律解释方法，才能得出妥当的解释结论。综合运用的形式主要有两种：一是结合各种方法以寻找最妥当的解释结论。在法律解释的过程中，采用文义解释的方法在某些情况下就可以直接确定法条含义。但在许多情况下，由于单一的法律解释方法往往具有局限性，因此，除了文义解释之外，其他解释方法都不能单独运用而直接确定出文本的含义，需要与文义解释等方法结合起来才能确定出文本的含义。即使就文义解释而言，因为文字本身的歧义性和模糊性，以及语言表达的局限性等，在许多情况下，仅仅通过文义解释也不能够得出最妥当的解释结论，而必须与其他解释方法结合起来运用，才能寻找到最妥当的大前提。在法律解释中，通过文义解释可能仅确定出大致的文义，而不能确定文义最终的含义，还需要其他解释方法的辅助才能确定所设案件需要适用的大前提的准确文义。二是各种解释方法对解释结论可以相互验证。在通过文义解释或其他解释方法得出某个解释结论之后，该结论是否是最妥当的解释结论，还需要运用其他解释方法进行检验。例如，目的解释方法可以从解释结论是否符合立法者的目的的角度来验证解释结论的正当性，而社会学解释方法则可以从社会效果的角度来检验解释结论的社会效果是否最佳；又如，合宪性解释可以从宪法规范的角度对解释结论进行最后的“把关”，以保障解释结论符合宪法的精神。可以说，各种解释结论都具有相互验证的功能和作用。通过各种解释方法的相互验证，可以确保解释结论不是匆忙仓促得出的，而是法官经过解释方法的科学运用，并加以充分说理论证之后得出的，该结论是最为妥当的，因此，在各种解释方法的检验之下，其结论仍然是妥当的。通过各种方法的综合运

用,可以保障裁判结果的正确性和妥当性。

综合运用各种解释方法的目的,就在于探求妥当的裁判结论,该结论可能不是唯一正确的,但其一定是在各种复数解释结论中所选择的最佳的结论。有关解释结论是否是唯一正确或者最为妥当的结论,涉及价值判断问题。综合运用各种解释方法,首先是因为案件的复杂性增加了寻求妥当的裁判依据的难度。通常学者将案件区分为常规案件和疑难案件。所谓常规案件,是指在案件事实的认定和法律的适用上,案情比较简单,待适用的法律规则较为清晰,当事人对于法律的适用可能没有太大的争议的案件。就常规案件而言,通常依据文义解释或体系解释的方法即可确定待适用的法律及其文义。而所谓疑难案件,是指案件事实的认定或者法律的适用或者以上两个方面都存在较大的争议的案件。就这一类案件而言,可能需要依次运用多种法律解释的方法。针对疑难案件的解释问题,美国著名法理学家德沃金认为,疑难案件也应当具有唯一的正确答案。但以波斯纳为代表的实证主义法学家则坚决不能接受这一结论。波斯纳认为,疑难案件的决定经常不是非对即错的,而是处于中间状态。因为某些案件的"正确解答",或许正存在于这些中间状态之中,因此限定"是"与"否"这两种结论,因其本身的缺陷而无法涵盖所有的答案,从而导致疑难案件并无"唯一正解"。①从实质上看,学者们对"唯一正解"的理解产生了分歧,但由此可以看出疑难案件中综合运用解释方法的必要性。笔者认为,区分常规案件和疑难案件是必要的。因为在疑难案件中,经常会遇到寻求解释结论妥当性的困难,而单一的解释方法无法得出裁判结论。即使是在常规案件中,也可能在解释法律文本时得出复数的解释结论,甚至可能运用不同的解释方法就会得出不同的解释结论。因此,单一的解释方法得出的结论并不一定是最为可靠的,只有多种解释方法的综合运用,所得出的结论才是最为妥当和准确的。

综合运用各种解释方法也是由各种解释方法固有的功能的特定性和局限性所决定的。"民法解释的任务,并不是对各个场合罗列出由各种解释技术得出的结果,而是应当判断按照哪种解释技术进行解释是

---

① 参见[美]波斯纳:《法理学问题》,苏力译,中国政法大学出版社 2002 年版,第 249 页。

最妥当的。所以说,作为民法的解释,一般地论述什么方法最适当,是根本不可能的。”[①]各种法律解释方法具有其自身的局限性。因为各种法律解释方法的运用都以一定前提条件的具备为基础;且各种法律解释方法的作用都是独特的,它们都是从单一的角度出发所进行的解释,其并没有考虑到法律解释中的各种因素,依据其得出的结论也未必妥当。还应当看到,各个解释方法虽然各自独立,但是,彼此之间也具有密切的内在联系。在法律解释中,某些解释方法的运用依赖于其他方法,这些法律解释方法需要相互配合使用,难以单独适用。例如,目的解释方法需要借助于历史解释、体系解释等,才能准确地探求其立法目的。再如,在漏洞填补的过程中,法官要进行目的性扩张,其首先必须探明特定法条的立法目的,而立法目的的查明可能需要借助于狭义的法律解释方法,如历史解释等。

通过综合运用各种解释方法来寻求解释结论,也就是要经过相互验证的过程,寻求妥当的裁判结论。法学是否像自然科学那样具有可验证性,本身是一个值得探讨的问题,但是毫无疑问,法律解释方法是可以通过综合运用来对结论进行证实或证伪,这个过程就是一个检验的过程。“越能经得起所有证伪实验考验的理论,其可靠性越强。”[②]各种解释方法之所以需要结合起来相互验证,一方面,因为单个的解释方法都有其固有的局限性,单纯使用某种解释方法很难在具体案件中圆满地完成寻找妥当大前提的任务。例如,文义解释在通常情况下是一种非常可靠的解释方法,但是此种方法也有其局限性,单凭文义解释经常无法得出妥当的结论。在许多情况下,如果仅拘泥于文义解释,就可能陷入含糊的词汇之中无法自拔,而需要采用体系解释等方式进行解释。另一方面,每一种解释方法在运用中,只有在能够获得其他解释方法验证的情况下,其解释结论才是最为妥当的。各种解释方法越能够获得其他解释方法的检验和支撑,其所得出的结论也就越具有正确性和妥当性。例如,通过文义解释或体系解释得出的结论,如果获得了其他解释结论的支持,则其解释结论更具有妥当性。如果通过某种解释方法得出的结论,与接受其他解释方法的检验时得出的结论是不同的甚至相反的,则该解释结论的正

---

① [日]我妻荣:《新订民法总则》,于敏译,中国法制出版社 2008 年版,第 26 页。

② [德]卡尔·拉伦茨:《法学方法论》,黄家镇译,商务印书馆 2020 年版,第 565 页。

确性和妥当性就有待于进一步探讨。此外,在法律解释中,为克服解释者的前见带来的不利影响,增强结论的说服力和可靠性,对解释方法的运用应强化论证和说理,各种解释方法之间也应当相互验证。

在解释过程中,寻找大前提的过程其实是各种解释方法相互结合、相互验证的过程。如果裁判者通过文义解释得出了结论,再将该结论置于法律文本整体之中去加以理解,运用体系解释方法来进行验证,该结论能够符合所适用法律的体系要求和立法意图,则裁判者所得出的结论是最为妥当的。因为综合运用各种解释方法之后都能够证明该结论是成立的,所得出的结论能够得到各种解释方法的验证和支持。例如,《民法典》合同编第 551 条第 1 款规定:"债务人将债务的全部或者部分转移给第三人的,应当经债权人同意。"依据该条规定,债务移转应当经债权人同意。但是,《民法典》第 941 条第 2 款又规定:"物业服务人不得将其应当提供的全部物业服务转委托给第三人,或者将全部物业服务支解后分别转委托给第三人。"依据该规定,物业服务人不得将其应当提供的全部物业服务一并转委托给第三人。从表面上看,《民法典》第 551 条与第 941 条的规定似乎相似,但事实上,物业服务的转委托不同于债务的移转。首先,从文义解释来看,在物业服务人部分转委托的情形下,物业服务人并没有退出物业服务合同关系,其仍然是债务人,因此物业服务转委托无法适用债务移转的一般规则。其次,从目的解释来看,物业服务包括的类型十分复杂,有些服务只能由第三人提供,如此可能更有利于保护业主利益。部分转委托后,受托人只是物业服务企业的债务履行辅助人,其不能履行或不适当履行,仍然应该由物业服务企业对业主负责。最后,从社会学解释来看,此种转委托既有利于物业服务企业,也有利于为业主提供更好的服务。[①] 因此,一般来说,在适用中能够相互验证的结论,其可靠性更强,尤其是在出现复数解释的情况下,较之于不能得到相互验证的结论,能够得到相互验证的结论就更具有说服力。

总之,各种解释方法都是借助特定的因素来解释法律,它们都各有其独特的功能、适用范围以及局限性。虽然各种方法解释的依据不同,

① 参见黄薇主编:《中华人民共和国民法典合同编解读》(下册),中国法制出版社 2020 年版,第 1318 页。

但是却可能得出相同的结论，或者从不同的方面验证解释结论，此时的解释结论就具有较高的妥当性，正所谓“殊途同归”。每一种解释方法的功能虽有不同，但彼此之间可以相互补充和辅助，将各种方法结合起来综合运用，可以得出最为妥当的解释结论，从而在个案中妥当调和当事人利益，贯彻正义的理念。[①] 在法律解释中，要实现法的安定性和法的妥当性之间的平衡，往往需要运用多种法律解释方法。

二、多种解释方法的结合适用

（一）各种狭义的解释方法的综合运用

1. 文义解释与其他狭义的法律解释方法的综合运用

各种狭义的解释方法都要以文义解释为前提。法谚云：“文言如非不明确，即应严守”（Verbis standum ubi nulla ambiguitas）。也就是说，如果对法律规则进行文义解释，仅能得出一种解释结论，则原则上应当将此种解释结论作为裁判依据，而不应忽略该解释结论。文义解释是法律解释的起点，因为只有在文义解释出现复数解释的情况下，方才需要运用其他解释方法，且所有的狭义解释都是在文义可能的范围内进行解释的，这就需要首先通过文义解释来确定文义可能的范围。因此，所有的狭义法律解释方法，都必须以文义解释为基础才能得到运用。

各种狭义的解释方法都要以确定文义为结果。归根结底，狭义的法律解释的最终目的是阐释文本的含义，文义解释是各种狭义的法律解释方法的基础和前提。[②] 无论通过目的解释来确定立法者的目的，还是通过社会学解释来确定法律规范是否符合社会价值，最终仍然为确定法律文义，即是为了寻找并解释大前提。当出现复数解释结果时，或者不能明确其含义时，应该通过采用历史解释、目的解释、比较法解释等方法，以明确立法者的意旨，但这些方法仍然是为了确定文本的含义。这就表明，各种狭义的解释方法必须与文义解释方法结合起来才能运用。文义解释所提供的解释可能实际上为论理解释和社会学解释确定了解释的范围。各种解释方法还可以验证文义解释结论的合理

---

① 参见王泽鉴：《法律思维与民法实例》，中国政法大学出版社 2001 年版，第 240 ~ 241 页。

② 参见杨仁寿：《法学方法论》，台北，三民书局 1995 年版，第 125 页。

性。正是从这个意义上,有学者认为,文义解释的方法会形成“从文义出发,再回到文义”的逻辑,形成文义的循环往复。① 这种观点也不无道理。

2. 论理解释中的一些方法往往需要相互配合使用

有些论理解释方法需借助其他论理解释方法才能得出妥当的法律解释结论。例如,目的解释的特点就在于,它必须借助于其他论理解释方法来探明立法目的,如历史解释、体系解释等。再如,体系解释常常需要通过对于立法过程的考察,探求立法者的意图,方能确定立法者所要构建的体系。因此,体系解释和历史解释的关系是十分密切的。同时,论理解释方法可以在彼此之间起到相互验证的作用。例如,采用历史解释方法只能阐释历史上的立法者的原意,但是,立法者历史上的意图完全可能和文本所表现出来的立法目的之间存在相当距离,因此,裁判者不能仅仅从立法过程中立法者的意图来确定法律的目的,也不能仅凭立法时的立法目的来确定法律文本在当下现实生活中所应追求的立法目的。在此情况下,还需要通过其他的解释方法来验证历史解释方法的妥当性。另外,在论理解释中,有些方法不能独立得出结论,只能借助于其他解释方法才能得出妥当的结论。最典型的就是合宪性解释方法,其本身仅具有排除特定解释结论的功能,而不具有积极确定特定解释结论的功能。所以,合宪性解释必须与其他论理解释方法共同适用,才能实现合宪性控制的目的。

论理解释方法的密切联系性要求各种解释方法可能需要配合使用。试举一例说明:某村坐落在丘陵地带,该村村民偶然发现该丘陵中有地下溶洞。村民认为,该溶洞是集体土地之下的,应当属于集体所有。而市政府有关部门则认为,土地虽然属于集体所有,但是,地下溶洞仍然属于自然资源的范畴。尤其是该地下溶洞蕴含有矿产资源,且具有较大的旅游开发前景,如果完全归集体所有,则可能导致资源的浪费。为此引发争议,并诉至法院。《民法典》第 247 条规定:“矿藏、水流、海域属于国家所有。”该法第 250 条规定:“森林、山岭、草原、荒地、滩涂等自然资源,属于国家所有,但法律规定属于集体所有的除外。”此处并没有提到集体所有的山岭中地下溶洞的所有权归属。一种观点认

---

① 参见杨仁寿:《法学方法论》,台北,三民书局 1986 年版,第 112 页以下。

为,该溶洞依附于集体土地之下,因此应当属于"集体土地"的组成部分,故应归属于集体所有。另一种观点认为,该溶洞虽然位于集体土地之下,但其性质属于自然资源,故应当归国家所有。笔者认为,这两种观点都有一定道理。但是,由于《民法典》物权编关于集体所有权制度并没有对此做出规定,所以,从文义解释的角度很难得出恰当的结论。对此案可以运用多种狭义的法律解释方法,从而确定其含义。一是从文义解释的角度来看,《民法典》第250条对于国家所有权的客体用了"等"字,所以,溶洞也可以归入其中。尤其是从文义解释的角度来看,第250条规定的"自然资源"的含义比较宽泛,其可以包含溶洞。而且,溶洞与山岭、滩涂等自然资源也具有类似性,所以,从《民法典》第250条中的"等"字可以解释出,自然资源包括溶洞。二是从体系解释的角度来看,《民法典》第260条的规定中所列举的集体所有权的客体并没有包括溶洞在内。因此,通过结合《民法典》第250条和第260条的规定可以认定,国家所有权的客体包括溶洞。三是从目的解释来看,依据《民法典》第250条的规定,法律实际上是推定,凡是没有规定为集体所有的,都归国家所有。既然法律没有规定溶洞属于集体所有,将其解释为归国家所有就是符合该立法目的的。四是从合宪性解释来看,我国《宪法》第9条第1款规定:"矿藏、水流、森林、山岭、草原、荒地、滩涂等自然资源,都属于国家所有,即全民所有;由法律规定属于集体所有的森林和山岭、草原、荒地、滩涂除外。"可见,依据宪法规定,除非法律规定属集体所有,否则,都属于国家所有。因此,本案中解释为归国家所有是合乎宪法规定的。

3. 社会学解释方法与其他狭义的解释方法的综合运用

文义解释方法是法律解释的起点,所以,社会学解释方法必然与文义解释方法综合运用。同时,社会学解释方法往往也辅助于论理解释方法而使用。这表现在,法律需要与时俱进,为此需要探求法律在今日法秩序的标准意义,但也同时需要考虑历史上的立法者的规定意向及其具体的规范想法。[①] 为此,就要求采用历史解释方法来探求立法者在立法时的情况,进而确定立法者的意图是否和现实需要脱

---

① 参见[德]卡尔·拉伦茨:《法学方法论》,黄家镇译,商务印书馆2020年版,第402页。

节。在社会学解释方法的运用中,解释者要对法律解释的结果进行社会效果预测,通过社会效果的考察来确定妥当的解释结论。但是,对社会效果的考量必须忠于立法目的和立法精神,裁判者不能在完全撇开立法目的的情况下,完全以自己的理解来代替法律的立法目的。裁判者也不能以自己所理解的个别正义来代替社会的一般正义。另外,解释者在运用社会学解释方法时,因其在一定程度上可能会偏离文本,其解释结论的可验证性也比较难以保证。为此,在运用社会学解释方法时,必须借助于其他解释方法加以验证。从解释实践来看,社会学解释方法往往可以辅助论理解释方法来运用,或者作为验证论理解释所得出结论的方法,或者用于推翻论理解释所得出的结论。

(二)狭义的法律解释方法与价值补充的综合运用

从广义上说,价值补充也属于狭义的解释方法的范畴,因为不确定概念和一般条款虽然具有较高的模糊性,但毕竟存在可能的文义范围,而且立法者授权法官根据社会具体情势和法外价值来予以具体化。但是,对不确定概念和一般条款的类型化是一种特殊的解释方法,不同于狭义的解释方法,从这个意义上,我们可将其单独归为一类。虽然如此,价值补充和狭义的解释方法具有密切的联系。一方面,在价值补充时,首先要进行文义解释。例如,对于诚实信用、显失公平、过度损害等不确定概念,首先要从文义解释的角度对其进行阐释,确定其文义的基本内涵。另一方面,不确定概念和一般条款具体化过程中也需要狭义的解释方法进行配合,这尤其表现在,在进行具体化过程中也经常要考虑立法目的,对任何概念进行类型化时不能偏离立法目的的要求。例如,在对"公序良俗"类型化时,就需要对于该概念的立法目的进行考虑,而不能无限制扩大其适用的范围。此外,不确定概念和一般条款在具体化过程中也需要运用社会学解释方法予以辅助,因为类型化都是开放的,因此,在类型化过程中必须考虑社会发展变化和社会效果。例如,"公序良俗"概念是发展的、变动的,具有不确定性、模糊性和开放性,因此,在将该概念类型化时必须考虑社会的发展需要。社会学方法对于价值补充也具有重要的辅助作用,因为价值补充的结论也必须经受社会效果的检验,实现最佳的社会效果。还要看到,价值补充的方法也需要通过各种狭义的解释方法进行验证。在进行价值补充时,法律上毕竟存在不确定概念和一般条款,其含义比较模糊。因此,针对这些不确定概念和一般条款,其立法者真意如何、法律的规范目的如何、其在法律中的位置及与相关条文的关系等,都可以借助于一些狭义的解释方法加以验证。例如,甲乙二人为兄弟关系,乙欠丙200万元的债务,丙一直上门讨债未果。后乙因病昏迷住院,面对着积攒的越来越多的利息,甲向丙表示,自己愿意向丙支付金钱,用于偿还弟弟的债务。但是丙因为与乙有其他债权债务的往来而表示拒绝。甲认为自己具有《民法典》第524条中的"合法利益",因而丙不能拒绝自己的清偿。在本案中,甲是否具有"合法利益"呢?笔者认为,"合法利益"应当被理解为具有法律上的利害关系,甲作为乙的亲属,应当具有此种法律上的利害关系。这实际上需要通过目的解释来确定其含义。社会学解释方法的独特功能在于,其要通过社会效果的考虑来确定解释结论的妥当性。例如,在前例中,甲向丙表示,自己愿意向丙支付金钱,用于偿还弟弟的债务,认定其具有合法利益,既有利于保护债权人的利益,也有利于保护债务人的利益,所以,此时承认其具有代为清偿的权利,在社会效果上也是妥当的。针对不确定概念和一般条款的具体化,会导致不同的社会效果。通过社会学方法的运用,可以验证已经初步得出的价值补充结论。

(三)狭义的法律解释方法与漏洞填补的综合运用

首先,尽管狭义的法律解释方法和漏洞填补方法适用于不同的情形,但有些法律解释方法具有交叉性和多功能性,其既是狭义的法律解释方法,也可以发挥漏洞填补的作用。我们之所以将其归入狭义的法律解释方法或漏洞填补方法,是基于其主要作用来考虑的。例如,比较法方法不仅可以运用于漏洞填补,而且可以运用于狭义的法律解释。但是,考虑到其主要适用于漏洞填补,所以,并没有将其作为狭义的法律解释方法。

其次,在漏洞的发现过程中,必须借助狭义的解释方法。漏洞必须是在穷尽全部狭义的法律解释方法之后,仍然无法完成对法律的解释,方可认为有漏洞的存在。实践中,在法律存在"瑕疵"的情况下,法院往往简单地以法律不符合社会效果等理由直接排除该法律的适用,从而误认为存在法律"漏洞"。笔者认为,这种做法未必妥当。在许多情况下,表面上法律没有相应的规定,但实际上立法者已经做出相应的安排。例如,《民法典》虽然并未规定典权,但结合历史解释,可以认为,此时立法者事实上是作出了“有意义的沉默”,表明了其不将典权视为一项物权。法院必须穷尽各种狭义解释方法,确定存在漏洞对法律字面上的缺失加以填补,或者对字面上的“瑕疵”通过解释进行矫正,从而准确地适用法律。在没有穷尽各种解释方法之前,如果直接认为法律存在漏洞而拒绝适用,则无异于司法权僭越了立法权。

再次,在填补漏洞过程中,所采用的各种填补漏洞的方法和规则也要符合立法目的。在判断立法是否具有漏洞时,有时就需要结合狭义的法律解释方法。在某一法律存在漏洞的情况下,通过比较法、习惯等漏洞填补方法,便可以获得用于填补漏洞的相关规范。例如《民法典》第 171 条第 3 款关于无权代理人对于善意第三人的责任中,法律规定了第三人可以请求无权代理人履行债务或进行损害赔偿两种责任形式。但是借助比较法上的经验可以发现,在无权代理人善意的场合,如果要求其承担过重的责任事实上并不合理。因此,在解释上就应当对本款采取目的性限缩,将承担两种责任形式的情形局限于非善意无过失的无权代理人。在填补漏洞过程中,所运用的规范也需要通过狭义的解释方法来确定立法的目的,并加以验证。

最后,漏洞填补方法的运用,有时也需要借助于狭义的法律解释方法。特别是在漏洞填补的过程中,对于被类推适用的规范,同样需要通过狭义的法律解释方法来确定其含义。例如,甲在花店订购了一盆玉兰花,价值 1000 元,并约定由花店送给其朋友丙,并且约定,在丙的生日期间不能送到时,需要支付 200 元的违约金。甲并将这一情况告诉了丙,后花店并未按期送到,丙能否请求支付违约金?《民法典》第 522 条第 2 款只是规定了第三人可以请求债务人承担违约责任,但是未规定其可以请求承担何种违约责任。此时,丙作为单纯的利益享有者,并未支付对价,其可以请求继续履行或信赖履行遭受的实际损失,但是不能请求支付违约金。在解释中,要以文义解释为基础,综合适用体系解释等各种法律解释方法,正确揭示被类推适用的法律规范的含义。以此为基础,确定该法律规定与待决案件之间存在“类似性”。再如,在目的性限缩和扩张中,解释者首先必须确定法律的规范目的,才能在此基础上进行限缩和扩张,而确定该目的就可能需要借助于目的解释、历史解释等方法。

从以上分析可以看出,狭义的解释方法、价值补充、漏洞填补三者之间尽管从理论上看是完全不同的解释方法，但在实际运用中完全可能相互配合、相互协力，以明确文本的含义、寻找妥当的解释结论。

三、综合运用解释方法的实例分析：天外飞石归谁所有？

据报载，2011 年 7 月，新疆阿尔泰地区发现了中国第二、世界第四的铁陨石。当地政府发现后，认为陨石应归国家所有，便将该陨石拉走。时隔一年半后，当初向科研单位报告了陨石具体位置的两位哈萨克族向导海拉提·阿依萨和加尔恒·哈布德海，委托律师状告政府，索要陨石。其理由是，陨石由其最先发现，依据先占规则，陨石所有权应当归其所有。[①] 在实践中，我国曾多次发生陨石坠落事件，并因陨石的归属问题引发了多次争议。究竟应当归发现者所有，还是归国家所有，抑或归二者共有？对此，我国现行的法律缺乏明确规定。

我国《宪法》第 9 条规定："矿藏、水流、森林、山岭、草原、荒地、滩涂等自然资源，都属于国家所有，即全民所有。"依据《宪法》的规定，原《物权法》第 48 条[②]进一步规定："森林、山岭、草原、荒地、滩涂等自然资源，属于国家所有，但法律规定属于集体所有的除外。"《民法典》第 250 条也采纳了这一规定。据此，有学者认为，陨石源自大自然，是自然形成的，本质上属于一种自然资源，当然应属于《民法典》第 250 条所规定的"等自然资源"范围。在现有其他法律条文没有明确规定陨石性质、归属的情况下，应将陨石视为《民法典》第 250 条所规定的"等自然资源"范围。

笔者认为，这一看法虽不无道理，但并不能据此认为，所有的陨石都归国家所有，只有那些具有重要科研价值的陨石，才有必要归国家所有。虽然《宪法》第 9 条和《民法典》第 250 条使用了"等"字，但这两条列举的典型形态是矿藏、森林、山岭、草原、荒地、滩涂等形态，按照"明示其一，排斥其他"的规则，只有与列举事项具有相同性质的物才能适用该规则。如果不属于法律文本中明确提及特定种类的一种或者多种事项，可以视为以默示的方法排除了该种类以外的其他事项。虽然《宪法》第 9 条和《民法典》第 250 条使用了"等"字，但这两条列举的典型

---

① 《阿尔泰世界第四铁陨石引官争民抢》，载《阿克苏日报》2013 年 2 月 6 日。

② 《民法典》第 250 条。

形态是矿藏、森林、山岭、草原、荒地、滩涂,它们都是重要的自然资源,而非价值较小的自然资源。陨石虽然属于自然资源,但要归属到《宪法》第9条和《民法典》第250条所规定的"自然资源"范畴,其必须具有重要的科研价值。

从目的解释和体系解释来看,《民法典》第250条规定的国有"自然资源",乃是对于国民经济发展与社会发展具有重要作用,从而避免其他主体无序开发利用。[①] 因此,法律没有必要将没有重要科研价值的陨石都规定为国家所有。从《民法典》第250条、第251条的规定来看,其规定某些自然资源属于国家所有,要么是因为此类自然资源具有重要的价值,要么是出于保护特定的野生动植物资源的需要,并非所有的自然资源都属于国家所有。例如,《民法典》第251条规定了"野生动植物资源"属于国家所有,但这并不意味着要将路边的野花、野草都归属于国家所有,只有列入国家相关法律保护范围的动植物资源,才归属于国家所有。陨石也属于一种自然资源,在确定陨石的法律归属时,原则上也应当按照《民法典》上述规则的目的进行。从实际情况来看,陨石的类型多种多样,并非所有的陨石都具有重要的科研价值,小块的陨石可能不具有重要的科研价值和其他价值,有的地方甚至已经出现了陨石市场,从而为这些小块陨石的交易提供场所。因此,对于那些没有科研价值的陨石,从《民法典》保护私权的理念角度出发,也没有必要将其归属于国家所有。

但是,对于具有重要科研价值的陨石,仍然应当依据《民法典》第250条的规定,认定其属于国家所有:一方面,陨石在性质上确实属于自然资源,凡是具有重要价值的陨石,应当归属到《宪法》第9条和《民法典》第250条所规定的"自然资源"范畴,此处所说的"重要价值",主要应当是指科研价值,而非经济价值。对于具有重要科研价值的陨石,将其归属于国家所有,有利于国家的科研活动,有利于探索未知的世界,实现人类的福祉。如果适用先占规则将其归属于个人所有,则可能影响相关科研活动的进行。我们说陨石应当作为自然资源属于国家所有,并不是说要过度扩张国有的范围,在一定程度上也是考虑到了对陨

---

① 参见黄薇:《中华人民共和国民法典解读 · 物权编》,中国法制出版社2020年版,第101~102页。

石充分和有效率的利用。通常,陨石属于高度稀有的自然资源,具有很高的科研价值。针对陨石的科研成果很可能带来重要的公共福利。如果将坠落的陨石都规定为属于发现者所有,则发现人可能在向国家科研机构转让过程中要价过高,进而影响相关科研活动的开展。另一方面,从经济学上看,法律之所以确认和保护财产权,在很大程度上是为了激励财产权人去创造社会财富。但对于陨石这样的自然资源,其通常是因为偶发因素产生并被人们所发现的。换句话说,这类自然资源并不需要人们付出巨大的成本去创造和发掘。因此,法律就没有必要通过赋予发现人所有权来激励陨石财富的创造。对于陨石这样的偶发自然资源,其出现和利用并不在人们对财产的通常预期和规划之中。因此,将其确认为国家所有,并不会影响人们正常的生产活动和生活安排。当然,依法给予陨石发现人一定的奖励是妥当的,这有利于鼓励发现者积极向国家报告这样的自然资源,也有利于国家及时保护和利用这样的财富。①

还应当看到,从比较法上来看,对于重要的陨石,各国一般也将其纳入国家保护的范围。例如,对于具有科研价值的陨石,澳大利亚等国将其视为文化遗产,严禁其运出国门。我国 1995 年颁行的部门规章《地质遗迹保护管理规定》提到,陨石作为奇特地质景观应予以保护。笔者认为,应当将陨石解释为《宪法》第 9 条和《民法典》第 250 条所规定的"自然资源",在这些规定中都用了一个"等"字,表明立法者已经预料到未来可能出现的一些新的自然资源。具有重要价值的陨石符合《宪法》第 9 条和《民法典》第 250 条的规定,在该条"等"字所保护的范围之内。因为陨石属于稀缺资源,具有极大的科研价值。国家虽然已经开始外层空间探索和探月计划,但要从月球和其他星球取回岩样,仍然耗资巨大。

通过法律解释,我们认为,对于具有重要科研价值的陨石,依据《宪法》和《民法典》的有关规定,其应当属于国家所有,对于并不具有重要科研价值的陨石,则不应当归属于国家所有,而可以确认为发现者所有。当然,即便确认部分陨石归属于国家所有,对于发现者的利益也应

---

① See Steven Shavell, *Foundations of Economic Analysis of Law*, Harvard University Press 2004, p. 33 – 39.

当给予必要保护,国家应当按照陨石的价值给予相应比例的奖励。一是如果发现者进行了勘察、定位等劳动,应当奖励。二是对发现者的奖励有助于鼓励人们保护陨石,这也是社会生活经验的总结。

第二节　法律解释方法的适用顺序

一、法律解释方法的适用顺序概述

在法律解释方法的适用中,如何最大限度地发挥其作用,有效规范裁判者的自由裁量权,寻找妥当的解释结论,这就要求法律解释方法的运用应当有先后顺序。所谓法律解释方法的适用顺序,是指各种法律解释方法在具体运用中的先后次序。在法律解释学发展的早期,人们并没有注意到法律解释方法的适用顺序问题。例如,萨维尼认为,文义、逻辑、历史、体系这四种方式可以完全允许裁判者自由选择,并不存在位阶和次序。在此之后,随着法律解释学的发展,法律解释方法不断增多,其具体适用也变得比较复杂,此时,学者开始意识到各种方法的适用顺序问题。因为在有些案件中,运用不同的法律解释方法,得出的解释结论是不同的。① 所以,德国学者卡尔·恩吉施等人则认为,各种解释方法完全由法院根据个案来选择,"依据个案来选择这些解释方法,以获致令人满意的结果"。② 迄今为止,关于各种解释方法是否存在先后顺序,法律解释方法的运用本身是否存在一定的顺序规则,学界存在几种不同的观点。

1. 否定说。此种观点认为,法律解释的各种方法都是裁判者可以自由选择的方式,如何选择使用,完全取决于裁判者的自由。一些德国学者认为,各种解释方法发挥着各种不同的作用。通过文义解释等方法来探究法律文本中概念和语句的真实意思,而体系解释则通过整体来探讨文本的含义,目的解释主要是为了寻求立法的目标,历史解释旨

① Franz Bydlinski, *Juristische Methodenlehre und Rechtsbegriff*, Wien/New York, 1982, S. 556.

② 转引自[德]考夫曼:《法律哲学》,刘幸义译,法律出版社2005年版,第83页。

在探讨立法者最初的意思。在这些方法中,除了历史解释外,其他方法都是要探明法律文本客观的意思;而历史解释主要是为了探讨立法者主观的意愿。① 因此,许多德国学者认为,在解释方法中并没有一个优先的顺位,只要一种解释方法更有利于得出一个正确的结论,即为可适用的办法。② “关于法律解释,或许可以认为,这里不需要什么科学方法,这项工作毋宁取决于直觉的领会和正确的‘判断’。”③各种解释方法都是裁判者可以选择适用的方法,而且,彼此之间并不存在优先顺序的问题,也不存在效力强弱的问题。各种法律解释方法都是为了寻求特定案件中的大前提,只要能够确定出文本的客观含义,无论采取何种方式都是恰当的。④ 日本有学说认为,各种解释方法都具有其合理性,在法律上不存在优劣之分,各种解释方法只不过是服务于法律解释妥当性的需要,只要某种或某些方法能够得出最妥当的结论,就应当采用此种方法进行解释。例如,我妻荣教授认为,“民法解释的任务,并不是对各个场合罗列出由各种解释技术得出的结果,而是应当判断按照哪种解释技术进行解释是最妥当的。所以说,作为民法的解释,一般地论述什么方法最适当,是根本不可能的”。⑤ 我国也有学者赞成此种观点。⑥

2. 肯定说。此种观点认为,在法律解释的各种方法中存在适用上的先后顺序。德国学者比德林斯基等人赞成这种观点。在我国,有学者认为文义解释具有严格的优先性;只有具备足够的理由对文义解释结果表示怀疑时,才考虑体系解释;当这些解释结果都不能明显成立时,才考虑法意解释(历史解释)和目的解释;而比较法解释和社会学解释是更次的选择;合宪性解释被看作是最后的选择。⑦ 在一定程度上,法律解释方法体现了司法的智慧,各种备用的解释方法使司法在形式

---

① Donald. P. Kommers, *The Constitutional Jurisprudence of the Federal Republic of Germanny*, 1997, p. 43.

② Donald. P. Kommers, *The Constitutional Jurisprudence of the Federal Republic of Germanny*, 1997, p. 43.

③ [德]卡尔·拉伦茨:《论作为科学的法学的不可或缺性——1966 年 4 月 20 日在柏林法学会的演讲》,赵阳译,载《比较法研究》2005 年第 3 期。

④ Hans Joachim Koch and Helmut Russmann, *Juristische Begründungslehre*(Munich:C. H. Beck, 1982), p. 21 – 25.

⑤ [日]我妻荣:《新订民法总则》,于敏译,中国法制出版社 2008 年版,第 26 页。

⑥ 参见林维:《刑法解释的权力分析》,中国人民公安大学出版社 2006 年版,第 127 页。

⑦ 参见陈金钊等:《法律解释学》,中国政法大学出版社 2006 年版,第 318 ~ 319 页。

合理性和实质合理性之间获得了一个闪转腾挪的空间。①

3. 折中说。此种观点认为,各种法律解释方法之间并不存在严格不变的优先次序,而只存在初步性的或推定性的优先次序。所谓初步性的优先次序,是指某种法律解释方法虽然第一眼看来具有优先性,但其仍可能被其他更优先的法律解释方法所推翻。而不同的法律解释方法之间的优先性如何,则必须考量各种法律解释方法的依据在个案中的相对重要性。② 有一些德国学者认为,不同的解释方法必须根据解释需求来确定。解释需求来自不同的案例所应当适用的不同的规范,将具体的工作步骤依次运用于同一规范的词句上。然后,在此基础上总结出法律解释结论;如果得到不同的部分结果,则必须以一个统一的眼光来衡量并论证其中哪一种结果更为合适。③ 在我国,也有学者认为,对各种解释方法的排序并不形成一个真正的程序性指令,它不是规范性的,而是描述性的,只具有统计学意义。对于解决疑难案件而言,它的功能仅仅是告诫性的。④

笔者认为,各种法律解释方法之间很难说存在绝对的、非常明晰的优先次序,但是,各种解释方法之间也并不是不存在任何顺序,此种顺序主要是引导裁判者正确思考的路径或思维的方式。换言之,不能说某种方法绝对优先于另一种方法。例如,文义解释通常是优先于其他解释方法,但是,这并非意味着,文义解释方法得出的结论比其他方法得出的结论更准确。以《民法典》第 1180 条规定的规定为例,该条规定:"因同一侵权行为造成多人死亡的,可以以相同数额确定死亡赔偿金。"该条确立了同一案件造成数人死亡,可以采取同一赔偿标准的规则。从文义解释来看,该条属于任意性规范,因为其表述为"可以",但是,从目的解释和历史解释来看,应当解释为"原则上应当",可见,文义解释并不具有绝对的优先性。但是,在法律解释中,文义解释又具有相对的优先性。⑤ 通常情况下,首先进行的应当是文义解释,它是法律解

---

① 参见陈金钊等:《法律解释学》,中国政法大学出版社 2006 年版,第 318 ~ 319 页。

② Alexy, *Juristische Interpretation*, in: *ders.*, *Recht*, *Vernunft*, Diskurs, Frankfurt am Main, 1995, S. 89.

③ 参见[德]霍恩:《法律科学与法哲学导论》,罗莉译,法律出版社 2005 年版,第 132 页。

④ 参见桑本谦:《法律解释的困境》,载《法学研究》2004 年第 5 期。

⑤ 参见[德]齐佩利乌斯:《法学方法论》,金振豹译,法律出版社 2009 年版,第 110 页。

释的起点。在各种解释方法相互之间存在先后适用的指导原则，但并不是像工厂流水线那样的程式化流程。各种法律解释方法之间存在优先次序的原因如下：

第一，各种解释方法对于立法者本意的尊重程度存在差异。法律解释的目标是发现和转述立法者体现在实定法中的结论。因此，法律解释方法的运用本质上是由立法权和司法权的配置关系决定的。[①] 在法治社会中，司法权的行使应当受到立法权的限制，尊重立法者意志较高的解释方法应当处于较为优先的序位，对司法者自由裁量限制越多的解释方法要处于较为优先的序位。例如，文义解释是直接依照立法者设计的法律条文来确定其含义，充分体现了裁判者对立法者价值判断的尊重，应当处于最为优先的地位。而体系解释是依据法律的上下文确定相关法律规则的含义，仍然是依据法律文本发现立法者的价值判断结论。尽管该方法不如文义解释重要，但采用该方法依然直接尊重了文本的含义。在体系解释之后才能进行目的解释，因为目的解释要求依据文本可能确定的立法者目的解释法律的含义，它应当置于历史解释等方法之前。尽管历史解释要发现立法者的价值判断结论，但其凭借的解释依据已经不限于法律文本本身，尚包括立法理由书、审议记录等法律文本的其他资料，其所发现的立法者价值判断的因素具有一定推断的因素。至于社会学解释固然重要，但在此种方式的运用过程中，司法者自由裁量的因素明显高于其他几种法律解释方法。所以，应该将这种方式置于其他方法之后。

第二，各种解释方法在解释者中获得的共识程度是不一样的。此处所说的共识，是指解释方法在准确发现妥当的解释结论方面所形成的共识程度是不同的。与共识程度联系较高的解释方法应当存在较为优先的序位，在这个意义上，文义解释对解释者价值共识的要求最高，所以应当处于最为优先的地位，体系解释次之，历史解释再次之，最后是目的解释等体现个体主观性较强的解释方法。一般来说，在法律解释中，法官自由裁量权越大，其位置就应当更靠后。反之，法官自由裁量权越小，其位置就应当越靠前。法律解释学的研究目的之一，就是要规范法官的自由裁量权。通过此种位序排列，有助于实现对法官自由

---

① 参见公丕祥：《法理学》，复旦大学出版社 2016 年版，第 280 页。

裁量权的合理限制。例如,从历史解释的角度来看,其是从立法者原意的角度来进行解释的,要借助于立法资料的考察来解释,法官自由判断的余地很小。而社会学解释是从法律的社会效果考察进行解释,因为其涉及的因素较多,法官享有的判断余地较大。因此,社会学解释应当后位于历史解释而适用。

第三,各种解释方法对于发现文本的可能文义的功能是不一样的。如果文义解释不能得出唯一的解释结论,就应当运用体系解释方法,借助法条之间的关系来进行解释。通过体系解释仍然不能消除法条含义的模糊性,就应当运用历史解释方法。通过历史解释仍然不能得出解释结论,才应当采用目的解释方法。① 正如拉伦茨所说:“在多种字义上可能的解释之中,应优先考虑有助于维持该规定与其他规定——事理上的一致性者。”②法律解释的对象是文本,法律解释的中心也是文本。所有法律解释都不能偏离以文本为中心的目标。凡是能够从文本中得出解释结论的,就不应当采用过多的价值评价。正是基于这一原因,文义解释应当置于所有法律解释方法之首,而与文本联系密切的方法,如体系解释、当然解释、反面解释等,都应当置于其他的法律解释方法之前来运用。

第四,各种解释方法具体适用的功能是不同的。尽管各种解释方法都可以从不同的角度来解释法律的意旨,但是,毕竟各种方法都只是确定法律意旨的方式之一,单一的解释方法并不能作为解释的决定性标准。每一种解释方法虽各具功能,但都受到其适用范围的限制。每一种解释方法针对的法条类型、案件类型等并不完全相同,所以,其各自具有其作用的范围,也都存在其各自的局限性。正是因为各种法律解释方法都各有其作用范围,因此,诸种法律解释方法之间要相互配合、相互协力,从而共同服务于法律解释的工作。③ 在各种解释方法中,有的解释方法是发现文义的,有的解释方法是检验解释的正当性的。如果某种解释方法只是对其他方法予以验证,就应当置于其他方法之后。例如,合宪性解释就应当置于体系解释等之后,因为只有运用了其

① Franz Bydlinski, *Juristische Methodenlehre und Rechtsbegriff*, Wien/New York 1982, S. 557.

② [德]卡尔·拉伦茨:《法学方法论》,陈爱娥译,商务印书馆2003年版,第205页。

③ 参见林孟皇:《内线交易事务问题之研究》,载《法学丛刊》2008年第4期。

他论理解释方法,才需要进行合宪性解释。再如,社会学解释应当置于论理解释之后适用,因为社会学解释中法官的自由裁量余地较大,其具有从社会学效果的角度来验证其他法律解释方法妥当性的作用。法律解释学的重要任务就是要规范法官的自由裁量权。这不仅体现在法律解释方法的探讨方面,而且体现在各种法律解释方法的运用方面。通过确定各种法律解释方法的先后顺序,就可以避免法官采取“六经注我”的方式来任意适用各种法律解释方法。

需要强调的是,狭义的解释方法的优先顺序并不是一个倡导性的规则,而是一个寻求妥当的法律解释结论的必然要求,也是法官应遵守的一个解释规则。这主要是因为,在运用狭义解释方法的过程中,如果出现了复数解释,此时可以采用多种方法相互验证,但验证结果可能仍然存在矛盾和冲突,此时有必要依据方法适用的顺序来寻求妥当的解释结论。例如,《民法典》第 311 条、第 312 条关于善意取得的规定并不涉及赃物的善意取得问题,如果运用历史解释的方法,我们可以发现,立法原意是禁止赃物适用善意取得的,但是从社会学解释和目的解释的角度考量,尤其是从维护社会交易秩序和防患交易风险的角度考虑,盗赃物等部分赃物应当适用善意取得制度,并且这也符合比较法上的通常做法。[①] 此时就产生了运用历史解释得出的结论和运用其他方法得出的结论之间的差异。笔者认为,因为目的解释是优先于历史解释的,故而可以认为赃物应当适用善意取得。因此,如果各种结论之间是冲突和矛盾的,则在一般情况下,可以通过解释方法运用的优先顺序来确定何种结论更为妥当。如果解释者确有足够的理由认为不应遵守解释方法适用的顺序,应予以充分论证。

需要讨论的是,在确定先后顺序时,是否可以根据各种解释方法在法律解释的难易程度方面的不同而确定先后顺序。按照“经济原则”,如果法官运用简单的方法可以解释出结论,就不必采用比较复杂的方法。这既符合法官进行法律解释的常态,也符合法律解释成本的要求。有学者认为,从法律解释的目的考虑,应当坚持“经济原则”,即首先运用比较简单的法律解释方法,只有当运用简单的法律解释方法不能解决问题时,才采用比较复杂的法律解释方法。注重适用简单的法律解

① 参见熊丙万:《论善意取得制度正当性的运用》,载《判解研究》2009 年第 7 期。

释方法对于法的安定性和统一性具有重要意义,解释方法越简单,越易于为解释者所理解和掌握,基于此方法的解释结论就越可靠,越一致,从而越能够保证法律适用的可预见性。[①] 对于一个理性的人来说,如果其借助于简单的或可靠的方法已经得出了解释结论,其就不会再运用复杂的或不可靠的方法来进行解释。[②] 例如,文义解释仅仅从法律文本本身出发进行,其操作比较简单。而历史解释要考察法律文本之外的立法资料,其解释过程比较复杂。因此,历史解释应当后位于文义解释而适用。笔者认为,此种观点也不无道理,但是,单纯地以简单和复杂来判断选择解释方法的运用顺序是不妥当的。因为司法判决追求的终极目的是正义,而不是经济的合理性,不能用裁判者适用解释方法的成本论证判决结果的正当性。

二、狭义的法律解释方法中的先后顺序

原则上,狭义的法律解释应当从三个方面入手展开,即从确定文义可能包括的范围、探求立法目的、社会效果等考量。这三个方面既是法律解释的程序,也是法律解释方法运用的顺序。依据这三个方面的因素,我们可以大体上依照文义解释、体系解释、当然解释、反面解释、限缩解释和扩张解释、目的解释、历史解释、合宪性解释的顺序依次进行。

(一)确定文义可能包括的范围

确定文义可能包括的范围,也就是我们通常所说的文义的"射程"。法律解释学与一般的解释学的区别在于,其并非要确定文义的确切含义,而是要借助于各种方法来确定文义可能的含义。这种可能文义的范围似乎带有一定程度的模糊性和不确定性,而这正是法律解释学所要解决的问题。确定文义的可能含义必然要求确定解释对象的核心文义与文义的边缘范围。例如,机动车的概念,其核心的文义是指轿车、卡车等以非人力作为动力来源的,专门从事公共道路客运、货运运输的车辆,其边缘范围包括新能源机动车等。

为什么确定文义可能包括的范围应当作为法律解释的第一个步

---

① Franz Bydlinski, *Juristische Methodenlehre und Rechtsbegriff*, Wien/New York 1982, S. 557.

② Franz Bydlinski, *Juristische Methodenlehre und Rechtsbegriff*, Wien/New York 1982, S. 559f.

骤？这主要是考虑到如下两方面：一方面，确定法律可能文义的范围是成文法国家适用法律的前提，适用法律必须首先要解释法律的文义。确定可能的文义范围才能为法院判决的准确性提供依据，从而维护法律适用的权威性、统一性。一方面，确定法律可能文义的范围也限制了裁判者的恣意性。例如，在刑法中，受制于罪刑法定原则的限制，裁判者适用法律时必须界定刑法上“犯罪”概念的可能文义范围，以决定该概念的射程。[①] 在民法上，也应当采用相同的规则。从解释的客观性出发，法律解释应当依据文本来进行，不能脱离文本任意解释立法目的，毕竟目的具有一定程度的主观性，在脱离可能文义的情况下随意解释立法目的，就可能导致司法对立法的僭越，可能会以裁判者的意志来代替立法者的意志。另一方面，文义可能包括的范围实际上是狭义的法律解释的最大范围。确定文义可能包括的范围也是区分狭义的法律解释和漏洞填补的依据。区分狭义的法律解释与漏洞填补的标准就在于，是否超出了可能的文义范围。所以，确定了文义可能包括的范围，就可以确定究竟是应继续进行狭义的法律解释，还是应进行漏洞填补。

确定文义可能包括的范围的方法主要有文义解释、体系解释、当然解释和反面解释。这些方法应当按照如下顺序考虑：

第一，首先应当采用文义解释的方法。文义解释应当置于各种法律解释方法之首。文义解释是法律解释的开始，也是法律解释的终点。[②] 文义解释确定了法律文义的可能范围，而这一范围就是狭义的法律解释和漏洞填补区分的基础。所以，文义解释是首要的法律解释方法。例如，关于如何理解《民法典》侵权责任编第 1245 条所规定的“饲养的动物造成他人损害”这一表述，学者之间存在不同观点。从文义解释的角度来看，既可以理解为动物造成他人人身权益的侵害，也可以理解为动物造成他人人身权益或财产权益的侵害。从体系解释的角度来看，损害赔偿中所说的损害包括侵害人身权益，也包括侵害财产权益。而从社会学解释的角度来看，也可能得出其他的结论。但是，在解释该条文的时候，必须先根据文义进行解释。

第二，在文义解释之后，应当采用体系解释的方法。如果文义解释

---

① 参见苏彩霞：《刑法解释方法的位阶与运用》，载《中国法学》2008 年第 5 期。

② 参见王泽鉴：《法律思维与民法实例》，中国政法大学出版社 2001 年版，第 220 页。

无法揭示出条文的真实含义,则应该考虑采取体系解释的方法,考虑和其他条文、制度的整合性以及可以适用于其他相似事态、状态的法律条文的整合性。[①] 体系解释实际上是结合具体法律条文所处的上下文、在某一制度整体中所处的地位等因素来进行解释,这可以被看作是对文本全部含义的进一步挖掘和再现,它和文义解释一起,都是为了防止解释活动偏离文本本身。正如杨仁寿所指出的:"法学之终极目的,固在穷法的目的,惟终不能离开法文字句,一旦离开法文的字句,即无以维持法律之尊严及其适用安定性。"[②]

第三,在探寻可能文义的过程中,也可以采用当然解释和反面解释的方法确定含义。这两种方法实际上是文义解释派生的具体解释方法,是从文义中的逻辑关系推导出文字的真实含义。之所以将这两种方式排在文义解释和体系解释之后,是因为这两种解释方法和文义及体系解释方法具有密切的联系。在许多情况下,在进行文义解释的同时,也会运用到这两种解释方法。当然解释是在法律条文的文义范围之内进行的解释。在当然解释的情况下,虽然法律条文的字面含义不能包括待决案件,但是,通过采用"举重明轻""举轻明重"的方式对其进行"扩张",就可以寻找妥当的解释结论,而且,此种"扩张"还处于法条文义的可预测范围。反面解释采用了形式逻辑的推理方法。在反面解释中,法律条文的核心文义是清晰的,其适用范围是比较明确的。另外,采用这两种方法不需要进行过多的价值评价,因此,应当将这两种方法置于目的解释、历史解释等解释方法之前。

第四,在探寻可能文义的过程中,也有必要采用限缩解释和扩张解释的方法。限缩解释和扩张解释都是从字面上来对文义进行的客观的阐释,其本来与文义解释存在特殊的联系,甚至有人将其称为文义解释的方法。但事实上,限缩或者扩张解释只是在探究了目的之后的操作,有时是在体系解释之后所进行的限缩或者扩张,裁判者不能凭空对于文义进行扩张和限缩。

按照上述的过程,在解释特定的法律条文时,必须借助于各种法律

---

① 参见[日]星野英一:《民法的另一种学习方法》,冷罗生等译,法律出版社 2008 年版,第 184 页。

② 杨仁寿:《法学方法论》,台北,三民书局 1986 年版,第 112 ~ 113 页。

解释方法,按照各个方法的先后顺序运用,可能得到妥当的判决结论。例如,我国《民法典》第 251 条规定:“法律规定属于国家所有的野生动植物资源,属于国家所有。”从文义解释来说,该条使用了“法律规定”的表述,这实际上是将国家所有的野生动植物资源的范围委诸“法律”来加以确定。但是,现行法律并没有对此做出规定。我国《野生动物保护法》第 3 条规定,野生动物资源归国家所有。实际上,其范围较之于《民法典》物权编更为宽泛。《民法典》第 251 条中的“法律”应当是指全国人大及其常委会制定的法律,而不包括行政法规、规章、地方性法规等规范性法律文件。因为《民法典》第 68 条、第 70 条等之中都是将“法律”与“法人章程”并列,故显然具有此种含义。但是,在法律上也不可能将所有的野生动物资源都确定为归国家所有,毕竟不是所有的野生动物都需要保护,国家也不能对于所有的野生动物都进行管理和保护。所以,从文义解释的角度,无法对该条的含义予以澄清。从体系解释的角度来看,应当将《野生动物保护法》和《民法典》第 251 条的规定相互结合来理解。根据《野生动物保护法》第 3 条的规定,实际上要作限缩性解释。根据《野生动物保护法》第 21 条的规定,因科学研究、种群调控、疫源疫病监测或者其他特殊情况,需要猎捕国家一级保护野生动物的,应当向国务院野生动物需要主管部门申请特许猎捕证;需要猎捕国家二级保护野生动物的,应当向省、自治区、直辖市人民政府野生动物保护主管部门申请特许猎捕证。对猎捕实行分类许可,实际上已经将野生动物进行了分类。据此可见,只有在《野生动物保护法》明确规定应当受法律保护的野生动物,才归国家所有。因此,在理解本条含义时,既要作体系解释,又要作限缩解释。通过上述解释方法的综合运用,可以明确,根据《野生动物保护法》的规定,需要进行保护的野生动物才属于国家所有。

(二)立法目的考量

立法目的考量应当置于可能文义的确定之后,但又应当置于社会效果等价值评价之前。其原因主要如下:

第一,立法目的的探究仍然是以法律条文本身作为基础,属于法内解释的范畴。所谓立法目的的考量,考察的是文字背后的立法者的真实意图。关于该目的究竟是具体的立法目的还是抽象的公平正义理念,值得考虑。前者一般被称为主观目的,后者一般被称为客观目的。

因为后者赋予裁判者的自由裁量权过大,影响裁判的可预期性和稳定性,所以,我们所说的目的解释的目的主要是指立法者通过法律条文直接体现出来的具体立法目的。探讨立法目的也必须围绕着法律条文展开,目的解释本身仍然在法律文本的范围内,往往可以通过法律文本就可以进行直接判断,通过对法律文本的解读,可以探寻立法的目的。因此,目的解释不能脱离文本。从立法论上看,是目的产生了条文;而从法律解释上看,只能从条文本身来研究立法目的。因此,对立法目的的探究不能离开法律条文,也正是这个原因,立法目的的探究应当置于文义范围确定之后才能进行。

第二,可能文义的探究是目的解释方法的前置程序。如果通过文义解释得出的结论是单一的,那么,其通常可以直接作为法律解释的最终结论。如果通过体系解释等方法能够确定可能的文义,且不存在复数解释的可能,则应当以该文义作为解释的结论,这也是优先确定可能的文义的原因。但是,可能的文义也可能是复数的,解释者必须借助于立法目的来进一步确定可能的文义。因为任何法律都是以一定的目的为基础而制定的,对于立法目的的探求,其最终的目的仍然是确定法律文本的真实文义。[①] 所以,在法律解释中,目的探究不是法律解释的最终目标,而是确定法律文本意思的手段。从这个意义上讲,目的解释应当置于文义、体系解释等方法之后。万变不离其宗,立法目的就是法律规则的宗,各项具体的法律条文就是这个"宗"的具体体现。通过目的解释,可以在法律文本的范围内确定其具体文义。但是在绝大多数情况下,文义解释、体系解释较之目的解释更能直接确定文本含义,因此从这个意义上,体系解释在运用序列上应置于目的解释之前。且体系解释毕竟是按照立法者表述出来的规范结构,按照立法者明确表述出来的意思来进行解释较为容易,而目的解释中的立法目的探求比较困难。

第三,目的解释应当优先于文义、体系解释方法之外的其他解释方法。这就是说,除了能够直接确定文本的含义的解释方法(如文义解释、体系解释、当然解释、反面解释)之外,目的解释可以优先于其他法律解释方法。一方面,目的解释是在直接确定文本含义的方法之外的

---

① 参见苏彩霞:《刑法解释方法的位阶与运用》,载《中国法学》2008 年第 5 期。

最佳方法,因为目的是解释立法者真实意图的最佳判断因素,立法活动的展开和立法文本的设计都是围绕立法目的的实现来进行的。另一方面,其他一些方式都要以目的解释为基础。此外,在探寻可能文义的过程中,也有必要直接运用目的解释。目的解释可能与体系解释交叉使用,也可以从文义解释直接进入目的解释。

目的解释应当优先于历史解释的方法,历史解释较之于目的解释存在诸多的局限性。立法资料的种类较多,包括立法理由书、立法报告、学者建议稿、参与立法者的论述和回忆等,这些资料较为庞杂,裁判者对立法资料的选择难免带有主观性的判断,而且不同裁判者对立法历史资料的掌握情况也是不同的,因此,不同的主体对立法史料的选择可能会有较大差异。立法的历史资料披露的信息可能与法律规则本身是矛盾的,历史资料的分析和选取本身也存在较强的主观因素。显然,历史解释常常不如目的解释更为尊重法律文本。例如,《民法典》第232条规定:"未经登记,不发生物权效力",要理解"不发生物权效力"的含义,就需要依据原《物权法》立法过程中的审议记录确定其含义。立法过程中的有关立法资料显示,该"不发生物权效力"的含义应当理解为合同有效,但因为登记尚未完成,因而在当事人之间不能发生物权变动。但根据《民法典》第215条关于区分合同效力和物权变动效力的立法目的,可以确定第232条的真实含义,就不必要借助对原《物权法》第15条的原意进行解释。因此,能够采用目的解释方法的,就不必采用历史解释方法。

(三)合宪性解释

在运用文义解释、体系解释、目的解释等解释方法之后,如果仍然存在复数的解释方案,则需要运用合宪性解释方法。因为合宪性解释既是一种解释的方法,也是法律解释检验的标准。宪法是具有最高效力的法律规范,任何法律都不能与之冲突,因此需要运用合宪性解释的方法验证解释结论的合宪性。之所以将其作为狭义解释的最后一种方法,是因为这种解释方法将部门法置于宪法条文的审视之下,是在法律条文出现重大争议而难以通过其他狭义解释方法判断的情况下才能运用的解释方法。在各种解释方法中,有学者认为,在进行了文义解释之后,就应该进行合宪性解释,因为各种解释的重点是考察其是否符合宪法。① 但笔者认为,合宪性解释主要是通过宪法来对法律解释进行"范围性控制",即对于法律的诸种解释结论都不得超出宪法许可的范围,凡是与宪法的原则和精神相互冲突的解释,都不能成为最终的解释结论。合宪性解释主要发挥选择和排除的功能,即在诸多解释结论中选择合宪性的结论,排除违反宪法的结论。

(四)社会效果考量

在运用上述解释方法之后,也可以通过社会效果考量的方式,进一步确定解释结论的妥当性。在探寻法律条文的文义过程中,也有必要将社会效果考虑到法律解释之中。之所以将社会效果考量作为最后的步骤,主要原因在于:首先,此种方式在一定程度上脱离了法律文本,以法律之外的因素作为解释的依据,属于法外解释的范畴。因此,较之于可能文义的确定和立法目的的解释,其赋予了法官更大的自由裁量余地,更可能导致解释的主观性。其次,这些素材是立法者在立法过程中未必考虑到的情况。尤其是因为法律具有滞后性,所以,依据立法当时制定的法律规则未必适应未来社会的需要,因此需要社会学解释等方法推动法律与时俱进。还要看到,如果过于强调法律的社会效果,将社会效果评价置于文义、体系、目的等解释方法之前,就意味着法官在解释时就可以脱离法律的束缚,完全根据法官自己理解的社会效果自由裁量,这可能影响法律的安定性和权威性,容易造成法官专断。② 所以,社会学解释方法只能在前述各种解释方法穷尽之后,才能发挥作用。

在狭义的法律解释方法中,确定这一顺序的目的在于,要强调以法律文本为中心。只有按照此种先后顺序,才可能寻找到最妥当的解释结论。所以,解释方法的顺序给解释者提供了一种指引,依循这种方法来展开,才能获得最妥当的解释结论。试举一例进行分析:张某向李某借款,以其一辆汽车作为质押标的物。后来李某的债权超过了诉讼时效,而李某仍然占有该汽车,其希望通过变卖该汽车来实现自己的债权。张某却主张,主债权的诉讼时效届满,质权也已经消灭,其不能行使质权。本案中,质权是否因其主债权存续期间届满而消灭?不同的学者依据不同解释方法得出了相反的结论。具体来说,有如下几种解

① 参见黄立:《民法总则》,台北1994年自版发行,第38页。

② 参见江必新:《在法律之内寻求社会效果》,载《中国法学》2009年第3期。

释方法及其结论：一是文义解释说。此种观点认为，根据原《最高人民法院关于适用〈中华人民共和国担保法〉若干问题的解释》第12条第2款的规定，“担保物权所担保的债权的诉讼时效结束后，担保权人在诉讼时效结束后的二年内行使担保物权的，人民法院应当予以支持”。质押权即属此处所谓“担保物权”，因此，质权人可以在诉讼时效届满后两年内行使其担保物权。二是体系解释说。此种观点认为，根据我国原《物权法》第202条的规定，“抵押权人应当在主债权诉讼时效期间行使抵押权；未行使的，人民法院不予保护”。据此，抵押权的存续期间与诉讼时效期间相同。根据“明示其一、排斥其他”的规则，质权的存续期限并不是与诉讼时效期间相同，其仍然应当适用原《最高人民法院关于适用〈中华人民共和国担保法〉若干问题的解释》的规定。因此，本案中质权人有权行使质权。三是历史解释说。此种观点认为，通过历史资料考察可见，立法者不认可质权的存续期间。因为原《物权法》二次审议稿(2004年10月)第221条规定：“债务人未履行到期债务的，担保物权人可以依照本法和其他法律规定实现担保物权。主债权诉讼时效期间届满未行使担保物权的，担保物权消灭。”但原《物权法》最终未做出此种规定，因此，应当认为立法者不再坚持二审稿的立场，即在主债权消灭之后，质权可以继续有效存在。四是类推适用说。此种观点认为，我国原《物权法》第210条要求质押合同规定“债务人履行债务的期限”，而没有规定质权的存续期间。因此，可以类推适用原《物权法》关于抵押权的存续期间。五是比较法解释。此种观点认为，在质权的存续期间没有规定的情况下，构成法律漏洞，应当根据比较法来确定。例如，日本民法规定，质权的存续期间是主债权诉讼时效期间届满后5年。可以借鉴这些规定，确定我国质权的存续期间。笔者认为，质权的存续期限与抵押权的存续期限类似，如果不作类似处理，会导致法秩序的内部矛盾，在狭义的法律解释中，如果能够通过位序在先的解释方法得出结论，原则上不必考虑位序在后的法律解释方法的运用。在本案中，通过文义、体系解释无法得出妥当结论，所以需要运用漏洞填补的方法。

需要指出的是，我们所说的解释顺序在一般情况下可以保障解释者寻找妥当的解释结论，但在个案中，并非绝对遵循这一顺序才能得出妥当的解释结论。因为在特殊情况下,后位的解释方法可能更符合立法者意旨或立法目的。例如,如果法律颁布不久,探究立法者原意是比较容易的,甚至在我国一部法律颁布之后往往伴随着参与立法的人员撰写的释义书,这就为历史解释提供了有利条件。如果能够通过历史解释准确地阐释立法者的真实意图,历史解释方法可能比体系解释等方法更优先适用。举例而言,原《物权法》第 223 条关于应收账款质押是否包括收费权质押,从全国人大法律委有关物权法草案的说明书中直接可以看出,立法意图是包括收费权质押的,因此,这种解释比体系解释更能反映立法者的意图。所以,我们所说的狭义的法律解释方法的顺序只是原则上的顺序。而在个案中,其情况非常复杂,还必须考虑具体案情来确定适用的顺序。但是,如果要改变前述规则来适用法律解释方法,法官应当尽到比较充分的说理和论证义务。

三、狭义的解释方法与价值补充、漏洞填补的关系

狭义的法律解释方法应当优先于不确定概念和一般条款的具体化。不确定概念和一般条款的具体化,学理上也称为"价值补充"[①],它们和狭义的解释方法联系密切。不确定概念和一般条款通常是立法者的有意安排,实际上是授权法官根据个案进行具体化。不确定概念和一般条款的具体化并没有超出其可能的文义范围。与狭义的法律解释不同,价值补充虽然也是在法律文义的可能范围之内,但解释者要遵循立法者通过不确定概念和一般条款所做出的价值判断。所以,虽然不确定概念和一般条款与狭义的法律解释方法的关系十分密切,但不确定概念和一般条款在运用过程中大多采取类型化的方式,类型化本身可以作为一种解释的方法。法官在解释这些条款中,依据其生活经验将类似案件分类,实现同类案件同样解决,这就是解释活动的重要组成部分。基于这个原因,我们将其独立出来,成为一类解释方法。在类型化的过程中,首先还是需要运用狭义的解释方法,这也是类型化的基础和前提。例如,《民法典》第 120 条中"民事权益"的概念,其既可以进行狭义的法律解释,也可以进行价值补充。因为这一概念是不确定概念,可以进行类型化。但是,笔者认为,可以通过狭义解释方法阐释其是否

---

① 杨仁寿:《法学方法论》,台北,三民书局 1986 年版,第 167 页。

包括债权,就不必通过类型化的方式来解释。较之于狭义的法律解释,在价值补充的情况下,司法者的权力较大,其可以根据习俗、道德、法律精神等来进行不确定概念和一般条款的具体化。从这个意义上说,狭义的解释方法应当优先于价值补充。

狭义的法律解释方法优先于漏洞填补。法律解释首先应当在法律文义的可能射程之内进行,超出此范围则属于漏洞填补。如果能够通过狭义的法律解释方法得出结论,就无须填补漏洞,也就是说,法官应当尽可能在文义可能范围内进行解释。例如,《民法典》没有规定取得时效制度。如果通过历史解释,确定立法者采用了否定的态度,而不是回避态度,就不属于法律漏洞。只有在立法意图不明,探寻不到立法者本意时,才可以采取漏洞填补的方式。再如,关于先占制度,立法意图不明,解释者可以从占有保护制度中解释出相应的规则。相反,对于取得时效,立法者在立法时是明确表示反对的,就不能采用漏洞填补方式。笔者认为,法官在法律解释过程中应主要运用狭义的解释方法,如果穷尽了各种解释方法之后还不能确定规则解决纠纷,则应当允许其在法律允许的范围内进行漏洞填补。

不确定概念和一般条款的具体化应当置于漏洞填补方法之前加以考虑。虽然具体化和漏洞填补的方法针对的对象是不同的,但是,不确定概念和一般条款也不一定能够完全通过具体化的方法来完成,个别情况下还需要借助于漏洞填补方法才能阐明其含义。两种方法既有明显区别,“也有接壤地带”①。即便是要运用漏洞填补方法来解释一般条款和不确定概念,也要遵循两种方法的先后顺序。立法者之所以采用大量的不确定概念和一般条款,实际上是对司法者在一定限度内的授权。这些概念在赋予法官一定自由裁量权的同时,也为其划定了边界,约束法官的自由裁量。在价值补充的情况,制定法对于特定事项毕竟做出了规范,不能认定违反了立法计划。例如,某游乐园的“太空迷航”娱乐项目设备突发故障,导致多人伤亡。在该案中,太空迷航设施并无轨道,不属于高速轨道运输工具,同时因为是娱乐活动,而不是一种生产活动,也不宜纳入高空作业的范畴。因此该案难以适用《民法典》第1240条的规定,这是否存在法律漏洞?笔者认为,通过体系解释

---

① 梁慧星:《民法解释学》,中国政法大学出版社2000年版,第290页。

和价值补充,该案可以适用《民法典》第 1236 条关于高度危险责任一般条款的规定,不属于漏洞填补。

而在漏洞填补的情况下,司法者的权力较大,因为此时因具体规则的缺失而缺乏制定法的拘束。凡是能够通过具体化来解决的问题,就应当通过具体化的方式来解决,而不能通过漏洞填补的方式解决。而只有在无法进行具体化时,才可能认定法律漏洞的存在,进而进行漏洞填补。例如,某高档集成电路制造商和某员工钱某在订立劳动合同时,资方提供的格式合同明确规定:“乙方三年内不得出国。”钱某在第二年获得国外著名科研机构的短期会议邀请函。在钱某出国参会期间,用人单位以其违反了合同为由,将其解雇。钱某半月后回国,提起劳动争议纠纷,请求法院确认“乙方三年内不得出国”这一条款无效,但法院在审理中形成了几种意见:一种意见认为,法律对此未作规定,属于法律漏洞,可以依据公平原则或者诚信原则确认其无效;另一种观点认为,该条款违反了公序良俗,属于《民法典》第 153 条第 2 款规定的“违背公序良俗的民事法律行为”;还有一种观点认为,这是合同当事人真实意思的体现,双方应当遵守,一方违约,另一方有权解除。笔者认为,在本案中,如果要确定该合同条款无效,首先应当寻找具体的规则,而不能根据基本原则确定合同无效,如果能够通过将《民法典》第 153 条第 2 款规定的“违背公序良俗”进行具体化,并可以将本案的情形纳入其中,则应当采用此种方式,而不宜采用漏洞填补的方法。

四、各种法律漏洞填补的方法及其运用

各种法律漏洞填补的方法都具有其共性,且各种方法都给予了法官在寻求个案裁判的具体规则方面的一定的自由裁量权,但是,各种方法之间存在区别:一是在是否完全脱离现行法方面存在区别。例如,类推适用仍然以现行法为依据,而比较法的方法完全脱离了现行法。二是在对法官的自由裁量权的拘束方面存在区别。例如,在目的性扩张时,法官只能以法律的规范目的为基础进行扩张,而在比较法的运用上,法官可以选取的比较法范围广泛,其自由裁量空间较大。三是在适用范围方面也存在区别。例如,类推适用仅仅适用于可以进行“类似性”检验的情况下,而依据法律的基本原则进行填补的方法则几乎可以适用于所有漏洞,其适用范围十分宽泛。正是因为各种漏洞填补方法

之间存在上述区别，所以，其在适用中存在先后顺序。该顺序大致可以从如下几个方面来考虑：

第一，类推。在漏洞填补的各种方式中，之所以要将类推作为首要的方法，是因为类推是在现行法律框架内运用现有的规则寻求裁判的依据。在类推的情况下，毕竟法律存在规定，法官进行漏洞填补是有制定法依据的，这也是尊重立法的表现。类推适用的结果符合法律的规范意旨。类推必须寻求与待决案件具有高度内在相似性和关联性的法律规范，并进而展开类比推理。因此，类推仍然受到既有法律规定的较大限制。所以，在出现法律漏洞的情况下，首先要考虑是否能够运用类推的方法。

第二，目的性限缩和目的性扩张。这两种方式较之于类推而言，应当是后位的方法，因为毕竟类推是直接从具体的规则出发，来确定法律适用的依据，在确定法律的规范目的时还要考虑各种复杂的因素，如立法史、比较法、制度目的等，法官在综合考虑各种因素而确定规范目的时享有较大的自由裁量权。且目的性限缩和目的性扩张，更可能距离法律文义的核心更为遥远。所以，它们应当置于类推之后适用。但是，较之于其他漏洞填补方法，其应当优先适用，毕竟在这两种情况下，其存在制定法的依据。这不仅符合了“依法裁判”的要求，而且可以为法官提供相对明确的大前提。而且，目的性扩张和目的性限缩是依据法律的规范目的进行的，更能够实现法秩序的统一。

第三，基于习惯法的漏洞填补。基于习惯法的漏洞填补的适用之所以要置于目的性扩张和目的性限缩之后，是因为后者是以现行法为依据的，依据其进行漏洞填补，也符合法律的规范目的。而基于习惯法的漏洞填补，毕竟是在成文法之外寻求法律适用的依据，习惯法是法官在法律的授权下对现实生活中存在的各种习惯进行审查和提炼的结果，要完成从习惯到习惯法的转化，这个过程是法官自由裁量权的体现，并没有明确的法律依据作为参考，所以，基于习惯法的漏洞填补是在法无规定时采用的方法，应当略后于那些有法律依据作为基础的方法适用。

第四，基于比较法的方法的漏洞填补。适用比较法的方法填补漏洞，较之于依据基本原则填补漏洞，更为具体，更具有针对性，且对法官自由裁量权的限制更为严格。所以，这种方法应当置于基于法律原则填补漏洞之前。但是,此种方式毕竟依据的不再是本国法,而是外国法的规定,由于各国的政治经济体制和社会文化都不同,各国的法律具有较大的差异性,所以,如果外国法的经验不符合我国的法制背景和社会背景,就有可能在寻求裁判依据方面发生偏差。更何况,比较法的方法运用的程序比较复杂,且要求法官准确地掌握外国法是相当困难的。所以,此种方式的运用应当谨慎,且在顺序上应当置于类推、目的性扩张和目的性限缩、习惯之后。事实上,在我国的审判实践中,法官也较少采用此种方式。

第五,基于法律原则填补漏洞。虽然这种方式在审判实践中运用得比较广泛,但应当对此种方式的适用进行严格规范,尤其是在适用顺序方面应当作为最后位的方法。这主要是考虑到,法律原则的包容性很强,其几乎可以适用于所有的争议案件。如果基于法律原则来填补漏洞可以先行适用,则其他漏洞填补方法几乎没有存在的价值。另外,法官运用法律原则来裁判案件,因原则往往比较模糊和宽泛,对法官的拘束较少。如果法官运用法律原则填补漏洞不受限制,就很可能出现法官不寻求具体规则而向一般条款逃逸,损害法律的安定性。

基于上述考虑,在审判实践中,我们可以运用上述顺序来具体进行漏洞填补。试举一案进行分析:被告某公司专门生产家用的燃气热水器,其在使用说明书中明确标明其使用期限为 10 年。原告之父购买该热水器之后,超期使用。后因使用中没有开窗通风,导致其煤气中毒死亡。原告在法院起诉,要求被告承担责任,其理由是,在超过使用期限以后,没有及时"召回",导致其父使用超期的热水器而死亡。在本案中,被告承担责任的前提是,其是否存在相关的"召回"义务。对此,有必要分析几种填补漏洞的方法。第一,要考虑是否采用类推适用的方式,确定该公司是否违反了"召回"义务。我国《食品安全法》第 63 条第 2 款规定:"食品经营者发现其经营的食品有前款规定情形的,应当立即停止经营,通知相关生产经营者和消费者,并记录停止经营和通知情况。食品生产者认为应当召回的,应当立即召回……"笔者认为,本案的情形不适合类推适用该规定,因为:一方面,热水器和食品在商品种类上存在重大差异,前者是不可消耗物,而后者是可消耗的食品,其随时都有食用后引发损害的风险。另一方面,对于有使用期限的热水器,在使用期限届满后,消费者应当知道其不能再使用。鉴于我国并没有对于此类产品超过使用期限后的召回做出规定，因此，不能采用类推适用的方式。即使法律规定了产品的召回，但是，其并非超过使用期限的产品的召回，也不能类推适用。第二，目的性扩张的适用。有学者认为，按照目的性扩张，从保护消费者和废物利用的目的出发，可以将法律对生产者的责任延伸到使用完毕后的回收、再生和处理。[①] 笔者认为，从法律上考虑，超过使用期限的产品作为废物利用是必要的。但是，如果将生产者的产品责任扩张到超过使用期限的产品，则未免给生产者强加了过重的责任。第三，习惯法考察。从我国的交易和生活习惯来看，通常来说，超过使用期限的产品往往由买受人自行将其报废，而不是由生产者负责回收处理。所以，从该习惯来看，本案中，不能确定生产者违反了召回义务，生产者不应对受害人的死亡负责。第四，基于比较法填补漏洞。笔者认为，虽然国外存在相关立法例，要求生产者“召回”超过使用期限的产品，但从我国实际情况出发，仍不应采纳此规则，因为从效率原则考虑，要求生产者承担此种责任，似乎违反了效率原则的要求。如果要求生产者承担回收的义务，则不仅大大提高了生产者的经营成本，而且会间接地导致商品价格提高，增加消费者的负担。第五，基于法律原则填补漏洞。笔者认为，从公平原则和保护消费者的人身出发，可以责令生产者承担适当的补偿责任，但不能承担全部的赔偿责任。从以上分析可见，在个案中填补法律漏洞，也应当按照填补漏洞方法的不同顺序进行。

---

① 参见马洪：《生产者延伸责任的扩张性解释》，载《法学研究》2009年第1期。

第七章　法律解释、法律论证与利益衡量

第一节　法律解释与法律论证的关系

良好的法律分析总是对于自身的法律论证形式念兹在兹。①

——[英]丹尼斯·劳埃德(Dennis Lloyd)

法律论证首先应当运用于法律解释活动过程中。②

——[英]詹姆斯·贺兰德(James Holland)

论证理论与诠释学是携手并进的。③

——[德]阿图尔·考夫曼(Arthur Kaufmann)

案例:受害人甲到乙美容院做美容手术,在手术前,乙美容院向甲承诺该手术会达到一定的美容效果,并许诺该美容手术没有任何风险,成功率百分之百。乙美容院在其散发的宣传单上明确承诺,"美容手术确保顾客

---

① [英]劳埃德:《法理学》,许章润译,法律出版社 2007 年版,第 488 页。

② James A. Holland & Julian S. Webb, Learning Legal Rules, 6th edition, Oxford University Press, 2006, p. 123.

③ [德]考夫曼:《法律哲学》,刘幸义等译,法律出版社 2004 年版,第 64 页。

满意”，“手术不成功包赔损失”。据此，甲同意乙美容院为其做美容手术。乙美容院便外请一名专家做手术，结果该手术失败，导致甲面部受损，甲因此承受了极大的精神和肉体痛苦。后甲向法院提起侵权诉讼要求乙美容院赔偿医疗费、住院费、误工费、精神损失费等。在该案中，原告基于《民法典》第1218条向法院提起诉讼要求赔偿，该条规定：“患者在诊疗活动中受到损害，医疗机构或者其医务人员过错的，由医疗机构承担赔偿责任。”如果法官依据该条规定，基于侵权支持原告的请求，必须要通过论证来阐明理由。在论证过程中，法官至少要论证如下问题：一是要论证美容是否属于“诊疗活动”；二是要论证外请的专家是否属于医疗机构的“医务人员”；三是要论证患者在诊疗活动中是否受到损害；四是要论证医疗机构是否具有过错；五是要论证过错和损害之间是否具有因果联系；六是要论证基于违约是否可以适用精神损害赔偿。通过这些论证可以保证裁判结论的公正性和妥当性。

一、法律论证概述

（一）法律论证的概念和特征

所谓法律论证（juristische argumentation，legal argument），是指通过提出理由（前提），以证明特定法律决定（裁判结论）的正当性和妥当性的活动，或者说是通过合乎逻辑、事实或理性的方式来证明立法意见、司法决定、法律陈述等有关法律主张的正确性和正当性。[①] 论证是为了将法律规范适用于特定的事实而获得结果提供正当性的依据。[②] 法律论证是一般论证实践活动中的一种特殊情形，其特殊性表现在论证的结论是与法律相关的陈述。[③] 一个典型的法律论证同样由一系列陈述构成，其中一个陈述称为“法律结论”，是具有争议性的法律陈述。通过法律论证得出的结论可以称为“法律判断”。其他陈述称为“前提”，旨在支持法律结论的真实性，或者说正当性。瓦瑟斯通（Wasserstrom）为法律推理提供了两种模式：一是发现过程（a process of discovery），即找

---

① 参见葛洪义：《试论法律论证的概念、意义与方法》，载《浙江社会科学》2004年第2期。

② See James A. Holland & Julian S. Webb, *Learning Legal Rules*, p. 124.

③ 参见舒国滢：《走出“明希豪森困境”》（代译序言），第8～9页，载［德］罗伯特·阿列克西：《法律论证理论》，舒国滢译，中国法制出版社2002年版。

法过程,二是论证过程(a process of justification),这两个过程都与规则的适用与每个案件的具体因素的评价具有紧密联系。[①]

自古以来,人们所说的“有理走遍天下”“以理服人”就是论证。一个普通的论证,应当包含论点、论据和论证三方面的要素。其中,论证这一要素是一项对证明过程的描述。就法律论证而言,其适用范围是非常宽泛的。就诉讼过程而言,当事人双方都要根据其各自的主张,提出各自的理由。[②] 法律论证贯穿于法律适用的全过程,不过,对裁判结论的论证是其重要内容。然而,在实践中,论证仍然是裁判活动中的薄弱环节。有的法官在判决书中,既不援引具体的法律规则,也不展现得出裁判结论的推理细节,该过程中的论证常常被忽略。而随着裁判的日益公开,社会大众对裁判说理预期的加强,对法律论证的要求也逐渐增强。相应地,裁判中的法律论证理论研究的重要性就凸显出来。从审判实践的发展来看,法官在裁判中也都要运用这样的论证过程。例如,著名法官宋鱼水提出了“辨法析理,胜败皆服”的经验,其中就蕴含了通过说理使当事人信服判决的思考。

在方法论中,法律论证体现在三段论推理中认定事实、寻找法律、以及将二者对应并得出结论的每一个环节。欲使其结论服人,裁判过程都要伴随说理过程,因为在整个小前提的确定、大前提的发现,以及大前提和小前提的连接中都伴随着论证,尤其是在价值判断的环节更需要论证。从这个意义上说,论证过程应伴随在法律适用过程的始终。法官应当在这些环节都遵循特定的法律论证的要求,在充分论证的基础上,“证立或证成”其法律主张或者判断。论证需要“提出一些似乎可以正当化某项主张,或使其至少看来值得讨论的理由。为满足前述目的,这些理由必须具备以下性质:它们必须能够说服预期的讨论伙伴,克服其可能提出的反对理由。[③] 在这个过程中,需要综合运用三段论的逻辑推理、法律解释、法律的价值分析等一系列方法论上的工具。

---

① P. Wahlgren, *Automation of Legal Reasoning: A Study on Artificial Intelligence and Law*, Kluwer Law and Taxation Publishers, 1992, p. 66.

② 参见[德]罗伯特·阿列克西:《法律论证理论》,舒国滢译,中国法制出版社 2002 年版,导论。

③ 参见[德]卡尔·拉伦茨:《法学方法论》,黄家镇译,商务印书馆 2020 年版,第 201 页。

法律论证不同于日常生活中的说理与论证，法律论证的整个过程都是与法律相关的，它们要么是对“法律规范”（大前提）的论证，要么是对“法律事实”（小前提）的论证，要么是对“法律规范”与“法律事实”衔接有效性的论证，要么是对法律裁判结论的最终论证。不过，无论是对那一项论证，都是在三段论框架中展开的论证活动，其特点主要在于：

第一，论证的主体是法官等裁判者。虽然从广义上说，一切法律人的论辩活动都需要进行法律论证，需要通过陈述理由说明自己法律主张的妥当性，论证者包括律师、法官、仲裁员和法律学者等。① 仅仅强调论证是法官使用的方法，不利于法律方法论共识的形成，以及法律共同体共同的法律思维的养成。但是，既然方法论主要聚焦于裁判活动，而法官在裁判过程中的论证活动具有典型性，是法律得以适用的典型形态，因此，法官裁判中的法律论证活动是研究法学论证方法的主要考察对象。虽然我国的司法审判权在人民法院，而不是法官个人，但是，司法责任制要求法官对其作出的裁判负责，从这个意义上说，法官不仅仅是代表人民法院进行裁判，更具有相对独立的裁判主体与法律适用者的身份。

第二，法律论证中的结论应当是具有争议的陈述。论证（argument）不同于阐释（explanation）。虽然论证和阐释都是为了证明某个陈述的真实性，但二者存在本质的区别。阐释的对象主要是指没有争议的陈述，尤其是已经发生的结论性陈述，其目的主要在于让听众有效理解特定陈述之所以发生的原因。而论证则不同，我们之所以对某个结论性陈述加以“论证”，是因为这个结论性陈述是有争议的，论证的目的就是为了说服听众相信陈述的真实性。② 例如，在高楼抛物致人损害、难以确定具体侵权人的情况下，依据《民法典》第1254条的规定，“禁止从建筑物中抛掷物品。从建筑物中抛掷物品或者从建筑物上坠落的物品造成他人损害的，由侵权人依法承担侵权责任；经调查难以确定具体侵权人的，除能够证明自己不是侵权人的外，由可能加害的建筑物使用人给

---

① See Eveline T. Feteris, *Fundamentals of Legal Argumentation: A Survey of Theories on the Justification of Judicial Decisions*, Kluwer Academic Publishers 1999, p. 1.

② See Elias E. Savellos, *Reasoning and the Law: The Elements*, Wadsworth 2001, p. 24, 26.

予补偿”。但在高空抛物案件中,关于“谁是可能加害的建筑物使用人”“何为抛掷物”等问题则可能是有争议的,在法律适用时需要加以论证。例如,有人从楼上倒出一盆开水致人烫伤,那么,“开水是否属于抛掷物”这一问题则富有争议,需要通过论证说明自己的主张。再如,住在事故发生地的楼房的一层业主是否属于“可能加害的建筑物使用人”,也是一个具有争议的问题,需要加以论证。

第三,法律论证在形式上表现为一定方法的运用。方法论上所说的论证,并不是公平正义观念模糊的描述,也不是基于简单的生活经验的直觉性判断,而要遵循特定的规律和规则。这些特定的规律和规则包括论证负担规则、论证秉持的原则、论证程度的区分等,尤其是要借助各种法律解释的、逻辑的、社会学的、效率分析等各种方法,综合运用于论证的过程。对论证方法的强调,有助于加强法律论证的可验证性。法学方法论上所说的“可验证性”也是以法律论证为基础的,因为存在法律论证,裁判才成为是可验证的。“可验证性”和“可辩论性”都是以达成共识的方法为基础的,否则,对于法院的裁判结论,人们就无法检验其是否是基于事实和法律,无法检验其妥当性,也无法保障法官依法作出公正的裁判。法律论证应当运用达成共识的方法,并依据普遍认可的论据。只有在相同的前提与概念之下,通过一些公认的方法进行说理,以进行理性的辩论,才能形成辩论的基础,最终达成最低限度的共识。[①] 从论证的目的来看,因价值具有多元性,裁判者在作出价值判断时,应当进行论证,以表明价值判断结论的合理性。还要看到,论证本身也是程序正义的要求。这就是说,在整个裁判过程中,都要遵循一定的程序,而论证就是必不可少的说理程序,严格按照论证的规则进行法律适用,才能保障实体正义的实现。

第四,法律论证贯穿于整个三段论过程之中。论证存在的主要目的是使三段论中的价值判断合理化,给价值判断提供令人信服的理由,使得其能够为人们普遍接受。贺兰德和韦伯(Julian Webb)指出,论证适用的范围,主要包括三个方面:一是查明案件事实。在这些事实中,有些有充分的证据支撑,是确定的事实,有些则是根据实际情况所推定的事实,而确定后者的过程中便需要法律论证。二是为通过规范基础

---

① René Sève, *Philosophie et théorie du droit*, Dalloz, 2007, p. 2.

获得的结果提供正当性依据。三是通过论证将事实与法律相结合,获得正当的结果。[①] 由此可见,论证不仅仅是在大前提的确定中存在,而且在小前提的确定以及事实与结论的连接中都发挥着作用。在三段论中,法律论证对于大前提、小前提的确定以及连接,都发挥了作用,或者说都要通过论证来完成。论证既是说理过程,同时也具有验证的功能,通过论证最终证成的结论,就是要寻求妥当的裁判结论。

第五,法律论证是法官应承担的基本义务。论证的目的在于追求裁判的正当化(rechtfertigung,justification),为裁判结论提供正当性依据(rightness reason)[②],论证最终就是为了形成证成。法律裁判活动是一个不断针对当事人提出的主张予以评价,并就裁判者最终选择确定的结论提出依据,说服他人信服自己主张的活动。这一个过程,从直接效果上看,是说服了争议之中的当事人,同时也具有规范和价值宣示的效果,即向社会宣示了裁判所体现的公平性与公正性,并通过实际案例,将法律抽象的价值具体化。虽然法律上并没有明确要求法官在判决中履行论证说理的义务,但论证说理应是司法裁判的基本要求和重要特征,是法官在裁判中应当履行的基本义务。判决要说明理由的做法,已经成为司法职业工作的基本要求。一些国家很早就已经确立了这些规则,例如,意大利、德国分别于16世纪、18世纪逐步确立这一规则。而法国在1790年将其确立为法官应负的一项普遍义务。[③] 荷兰《宪法》第121条明确规定,“司法裁判需要对据以作出判决的理由作出具体说明”。近年来,我国司法实践中越来越强调判决的说理性。法谚说,“正义是从判决中发声的”。正义是具体的,法律条文所表达的抽象正义只能隐藏于具体的生活事实中,判决的说理性越强,其公正性越强,也能够为当事人所接受,起到案结事了的作用。判决的说理越模糊,甚至没有说理,其很难为当事人所接受,并可能导致判决无法执行。因此,法官必须在裁判中兼顾法律规则与个案情势,平衡一般正义和个

---

① James A. Holland & Julian S. Webb, *Learning Legal Rules*, Oxford University Press, 2006, p. 124.

② James A. Holland & Julian S. Webb, *Learning Legal Rules*, Oxford University Press, 2006, p. 124.

③ 参见[法]勒内·达维德:《当代主要法律体系》,漆竹生译,上海译文出版社1984年版,第132页。

别正义。①

总之,法律论证是实现个案裁判正义的基本方法。对法律论证而言,结果的正义及实现正义的过程同样重要。的确,论证本身不是目的,其最终目的仍在于追求结论的正当性。但即便结果是公正的,而论证的单薄,也可能难以使当事人完全信服,尤其是难以使败诉一方当事人信服。一方面,法律论证就是使裁判具有说服力和正当性。在法律适用过程中,法官应当选择确定可供适用的法律,通过解释活动来确定其含义,最终确定妥当的结论。因此,只有提供充分的论证理由,才能让各方当事人接受法律规范所作出的价值判断。从实践来看,大量的民事裁判,在结果上都可能是公正的,但仍然不能够让当事人,特别是败诉一方当事人自愿地接受裁判结果。以至于在二审终结后仍不断通过申诉、诉讼外信访等方式寻求进一步的救济。其中的一个重要原因就在于法律论证过程的欠缺。本可很丰富、全面的判决说理,在欠缺论证的情形,变得苍白无力。另一方面,无论是对事实的整理,还是对作为裁判依据的大前提的解释以及大小前提的连接,在一定程度上体现了特定的价值判断,可以规范法官自由裁量的行使,克服裁判活动的任意性和随意性。还要看到,法律论证常常被看作是一场关于某种法律观点可以接受性对话的组成部分。在法律论证理论的构建过程中,阿尔尼尔、阿列克西、麦考密克等人都注重这一观点。② 法官所要说服的是特定时间、特定地域内所有构成法律共同体的理性人,因此,司法裁判的受众是特定历史时期、特定社会中确定的人群。按照 Perelman 的观点,法官的判决必须至少经得起三类主体的检验:一是案件当事人;二是法律职业人士;三是社会公众。这三类被法官设想出来的主体,构成了检验一项判决正当性的试金石(touchstone)③。如果让他们信服裁判的公正性和解释结论的妥当性,都必须要予以论证。应当看到,人们今天对司法的关注超过了以往的任何时候。此种关注当然不限于对判决结果的单纯关注,还包括对判决背后详细理由的关注。这不仅反映

---

① 参见桑本谦:《法律解释的困境》,载《法学研究》2004 年第 5 期。

② 参见[荷]伊夫林·T. 菲特丽丝:《法律论证原理》,张其山等译,商务印书馆 2005 年版,第 16 页。

③ See Eveline T. Feteris, *Fundamentals of Legal Argumentation: A survey of theories on the justification of judicial decisions*, Kluwer Academic Publishers 1999, p. 53.

了我国公民法律素养的普遍提升，也反映了公民对司法裁判活动提出的普遍要求。裁判结果不仅仅是要回应当事人的诉求，更应该经得起社会公众的检验。因而，其受众对象是广泛的[①]。为了实现裁判的社会认同，法官应当尽可能充分地进行论证说理，从而保障司法的公正。

二、法律解释与法律论证的关系

法律论证与法律解释关系十分密切，因为整个法律解释的过程必然伴随着法律论证。无论法律解释中运用何种方法，都要将解释的根据、理由、所运用的方法等阐释出来。尤其是大量涉及立法目的、宗旨、历史资料的考证等，更要通过论证来证明解释者的观点。一般来说，在可能文义范围内的解释，通常论证的义务较轻；但在超出可能文义范围的解释，或者进行不同于字面含义的解释，裁判者就应当负有更重的论证义务。因此劳埃德指出，"良好的法律分析总是对于自身的法律论证形式念兹在兹"。[②] 法律解释和法律论证是截然不可分开的整体。正如巴尔金所言，解释学家像一位代数学家，而传统的法律分析学家则为一介学童，二人均会做算术题，"但前者能够清晰阐明保证后者运算正确的较为一般的原理，而且可能更具深邃洞识。"[③]在解释法律的过程中，法官为什么应当负有法律论证的义务，这就是阿列克西所说的为什么形成论证负担规则。[④] 阿列克西曾经从四个方面指出了法律论证的必要性，即法律语言的模糊性、规范之间的冲突性、法律规则的缺失、裁判与规范原文的背离。[⑤] 因此，在他看来，所有的解释都需要论证，只不过，在不同的解释中论证的程度有所不同。

法律解释方法本身就是一种论证方法。运用文义解释、体系解释等方法都可以得出妥当的裁判结论，正是因为这一原因，许多学者在谈到论证方法时，也都大量采用了法律解释的方法。例如，阿列克西就将

---

① See Eveline T. Feteris, *Fundamentals of Legal Argumentation: A Survey of Theories on the Justification of Judicial Decisions*, Kluwer Academic Publishers 1999, p. 53

② [英]劳埃德：《法理学》，许章润译，法律出版社 2007 年版，第 488 页。

③ 转引自[英]劳埃德：《法理学》，许章润译，法律出版社 2007 年版，第 488 页。

④ 参见[德]罗伯特・阿列克西：《法律论证理论》，舒国滢译，中国法制出版社 2002 年版，第 338 页。

⑤ 参见[德]罗伯特・阿列克西：《法律论证理论》，舒国滢译，中国法制出版社 2002 年版，第 2～3 页。

解释规则作为论证的重要方法。他认为,“(解释)规则的一个最重要的任务在于对这个解释的证立”。① 在法律解释活动中,裁判者的核心任务就是要说明其为什么选择一种解释结论,而放弃另一种解释的可能性。法学方法论研究的目标是尽可能实现裁判者裁判结论的合理性(Rationalität)和可控制性(Kontrollierbarkeit)。② 为了实现这一目标,就应当要求裁判者阐明其对法律解释方法的选择,在运用解释方法时所依据的素材等。这一过程本身也就是论证的过程。此外,法律解释和法律论证可能是同一过程的不同方面。在法律解释过程中,裁判者就必须进行法律论证,而不是说,在法律解释过程结束之后,裁判者再进行法律论证的程序。

当然,虽然法律解释和法律论证具有密切的联系,但不能将法律论证等同于法律解释,二者的区别主要表现如下:

第一,法律解释这一论证方法主要是以价值判断为基本方法,包括解释者对“什么是法律”“法律应当体现什么样的价值取向”等问题所秉持的立场。法律解释方法较少直接采用形式逻辑方法,也少采用经验的方法。而法律解释之外的其他法律论证方法则多注重形式逻辑和经验方法的运用。三段论推理本身就是形式逻辑的直接运用,小前提客观真实性的确定主要是经验方法的结果,而大小前提的连接则体现了逻辑要求,如大前提和小前提要具有相同的法律要求,符合同一律等形式逻辑。

第二,就适用的范围来说,法律论证适用于所有法律人所从事的法律活动。例如,律师进行的辩论,甚至有学者认为,其可以适用于立法过程。在裁判过程中,法律论证和法律解释也是可以分开的。虽然法律解释中要运用法律论证,但论证不限于法律解释,它还包括事实的认定、大小前提的连接、价值判断等一系列的过程。而法律解释仅仅适用于裁判者进行的法律适用,尤其是裁判者的裁判活动。

第三,就解释本身来说,其更重要的是确定解释的程序和解释方法的选择。如果运用一定的方法可以直接得出解释结论,并不一定需要

---

① [德]罗伯特·阿列克西:《法律论证理论》,舒国滢译,中国法制出版社 2002 年版,第 290 页。

② Franz Bydlinski, *Juristische Methodenlehre und Rechtsbegriff*, Wien/New York, Springer-Verlag, 1982, S. 57.

论证。例如,运用文义解释得出了清晰的文义,并不一定伴随论证。但是,在司法三段论的整个过程中,论证都是必不可少的。

从解释学的角度来看,法律解释必须伴随法律论证,法律论证和法律解释是密不可分的。施拉马赫所言,"解释者的工作必须从事收集与归纳影响法律产生的决定性论点与资料,并以这样的工作为前提,通过'理解'从而使解释工作在根源上求得其相应的权威性,并借此起到排除任意解释法律将带来的广泛的不确定性,以及对法律权威性的损害,同时也起到了限制裁判者超越立法权限的作用"。[①] 但是,也有学者认为这纯属法院的事务,无论法院选择何种解释方法,只要达到满意的结果就是合理的。因此,德国学者纽曼(Ulfrid Neumann)等人认为,根本不存在法律论证的理论。[②] 笔者认为,法律解释和法律论证是截然不可分开的整体。因为任何解释都需要论证,解释活动主要是从文本出发,根据特定的方法和价值观念推演出一个规范结论,而该推演过程的正确性和最终结论的合理性只有通过论证,方能达到解释结论正当性的目的。法律解释和法律论证实际上是同一过程的不同方面。在法律解释过程中,裁判者必须进行法律论证,正如英国学者劳埃德所指出的:"良好的法律分析总是对于自身的法律论证形式念兹在兹。"[③]事实上,法律解释本身也就是说理和论证的过程,所以,二者也很难进行事实上的分割。

法律解释需要论证,这也是为了克服解释者的前见形成的消极影响所必需的。解释本身是解释者和被解释对象之间的互动过程。解释主体、语境、目的、个案等因素的不同和复杂性决定了解释目标本身的复杂性。[④] 解释者的主观因素,在解释中起到重要作用。对同一概念的理解,各个解释者会有不同。例如,出租人和承租人在合同中没有约定租金支付方式,在最初的1年内,承租人都是在月底支付下月租金。此种情况是否属于合同法中规定的交易习惯?对此,可能存在不同的理解。有人认为,交易习惯应当是经过当事人的多次交易,而且交易时间

---

① 黄宏耿:《基本法解释的若干问题》,载澳门大学法学院编:《硕士论文集》,2007年版,第142页。

② 参见[德]考夫曼:《法律哲学》,刘幸义译,法律出版社2005年版,第63页。

③ [英]劳埃德:《法理学》,许章润译,法律出版社2007年版,第488页。

④ 参见袁春湘:《法律解释的解释》,载《法律适用》2008年第8期。

较长,如此形成的惯例才能被称为交易习惯。也有人认为,交易习惯不必经过多次交易,一次房屋租赁中形成的惯例就足以被认定为交易习惯。这就使得解释在一定程度上带有主观的色彩。但是,法律解释学的目的就是要尽可能地降低解释者主观因素对解释结果的影响。因此,法律解释中必须进行充分的论证,避免法律解释中的片面性。

总之,法律论证和法律解释是密切联系在一起的。考夫曼认为,两者是携手并进的。① 法律解释过程中必须尽可能实现合理性(Rationalität)和可控制性(Kontrollierbarkeit)。② 为了实现这一目标,就必须排除通常的片面性,关注各种法学思考方式,研究各种法学思考方式的关系,③这些都要求加强法律解释中的论证。

三、法律论证的内容

德国学者阿列克西(Alexy)认为,法律论证包括内部证立(interne rechtfertigung)和外部证立(externe rechrfertigung)两个方面。内部证立所注重的是所要证立的法律结论是否是根据理由或者前提通过逻辑推演所推导出来的;而外部证立所注重的是理由或者前提本身的正确性和真实性。④ 该学说的出发点是,只有法律结论是按照法定程序得出的,该结论才是正确的。⑤ 该观点区分了论证的过程,认为法律论证的内容是多方面的,其在过程上大致可分为两类:一是对通过解释方法得出的解释结论的妥当性的论证;二是对通过三段论演绎得出的裁判结论的正当性的论证。本书所讨论的法律论证主要是从第一个意义上讲的法律论证。具体到这个环节的法律论证,其又可以分为三个方面。

---

① 参见[德]考夫曼:《法律哲学》,刘幸义译,法律出版社 2005 年版,第 64 页。

② Franz Bydlinski, *Juristische Methodenlehre und Rechtsbegriff*, Wien/New York, 1982, S. 57.

③ Franz Bydlinski, *Juristische Methodenlehre und Rechtsbegriff*, Wien/New York, 1982, S. 57.

④ Alexy, *Theorie der juristischen Argumentation*, S. 273ff. 转引自王鹏翔:《论涵摄的逻辑结构》,载《成大法学》2005 年第 9 期。

⑤ 参见季卫东:《法律解释的真谛——探索实用法学的第三条道路》,载《中外法学》1998 年第 5、6 期。

（一）解释过程的论证

解释过程是指解释者接触案件事实之后，针对特定社会关系开始寻找相关法律条文，然后对相关条文进行解释并得出解释结论的过程。寻找法律的过程，是解释的过程，也是论证的过程。对这一过程学者经常称为“发现（discovery）法律”的过程。① 具体来说，法律解释过程的论证又可以分为如下几个方面：一是根据小前提寻找大前提，这个过程虽然是广义上的法律方法论要解决的问题，但这个过程中也可能存在法律解释。因为法官寻找法律就必须解释法律。例如，双方在往来协商谈判过程中已经形成了初步协议，一方已经依此初步协议履行，另一方却予以拒绝。为此发生纠纷，究竟应选择适用合同法还是侵权法？如果适用合同法，究竟应适用缔约过失责任，还是违约责任？对此，法官必须说明理由进行论证。二是在确定大前提以后，针对大前提所作的解释。这是整个法律解释学探讨的关键所在，也是法律论证的核心内容。所谓阐释法律文本的含义，在很大程度上是指对大前提的含义的确定。三是在确定大前提之后，法官要确定大前提和特定案件的联系。大前提与小前提的联结性也需要论证。法律是普遍适用的一般规则，其不是针对个别的具体情况做出的，其需要最终与个案中的法律事实相连接。建立这种连接的活动主要是法律解释。司法三段论，应当以具有某个构成要件与法律效果的完全性法律规范作为大前提，特定的案件事实符合此构成要件作为小前提，而以法律效果适用于该案件事实作为结论。② Engisch 说，法律发现是“一种不断的交互作用，一种目光往返来回于大前提与事实之间的过程”。③ 没有解释者在法律文本与事实之间进行目光之交的互相流转，就不可能在法律与事实间建立起理性的逻辑关系。④ 法官必然要针对大前提与小前提之间的相互联结性进行论证，并作出逻辑推论，得出裁判结论。法律解释最终是为了在个案裁判中确定裁判依据。而适用法律的过程实际上是一个逻辑推

---

① Bruce Anderson, *Discovery in Legal Decision-Making* 1 (1996); Richard A. Wasserstrom, *The Judicial Decision: Toward a Theory of Legal Justification* 27 (1961).

② 参见王泽鉴：《法律思维与民法实例》，中国政法大学出版社 2001 年版，第 204 页；黄茂荣：《法学方法与现代民法》（第 5 版），法律出版社 2007 年版，第 249 页。

③ 转引自［德］考夫曼：《法律哲学》，刘幸义译，法律出版社 2005 年版，第 120 页。

④ 参见陈金钊：《再论法律解释学》，载《法学论坛》2004 年第 2 期。

论的过程。其中,法律规范是大前提,案件事实是小前提,发生关系后的结果即为判决。法官通过“涵摄”在案件事实与法律规范之间建立一种联系,即产生确定的司法判决。由于这个推理过程是从一般到特殊的推理,因此是必然推理,其结论是无懈可击的。[①]

(二)解释方法合理性的论证

在各种法律解释方法中,不论采用何种方法,都应当伴随论证的过程。因为各种法律解释方法有可能得出同样的结论,也可能得出不同的结论。为了尽量克服解释者前见对解释结论客观性和统一性的影响,就需要对解释方法的采用加以阐释和说明。在法律解释中,法律论证应当注意如下几点:第一,几乎所有的法律解释方法都只有伴随着论证,才能使解释的结论具有妥当性。例如,体系解释就是借助于法律的外在体系来论证,选择特定解释结论的合理性。在目的解释中,必须伴随对立法目的的论证,才能确保其结果的正确;而在历史解释中,只有伴随对立法资料的分析,才能得出立法者的原意;即使就文义解释而言,虽然在运用过程中不需要详细的论证,但也要伴随必要的论证。例如,采用通常理解还是专业领域的特殊理解进行解释,就必须说明其究竟属于特定专业的术语还是属于生活语言。第二,在狭义的法律解释中,要区分不同的法律解释方法,也要进行不同形式的论证。例如,体系解释就要指明其所依据的因素如何,如条文的位置、条文之间的相互关系等;历史解释时要指明其所援引的立法资料的含义,这些资料能揭示出什么样的立法意旨?第三,法官应当阐明其选择某种法律解释方法的理由。各种法律解释方法并非法官可以随意取舍的,而应当遵循一定的规则。法律解释是通过法律文本来解释出文本的意思,再通过论证来确认其是否成立。

(三)解释结论妥当性的论证

如果解释的结果出现了复数解释,究竟应选择何种解释结论,这是裁判者必须回答的问题。在法律规范存在复数解释时,在具体案件裁判中,解释者需要作出最终的唯一选择,并对该选择的理由予以论证和说明。在解释过程中,出现复数解释是难免的。甚至有学者认为,所有

---

① 参见陈靖宇:《论现代法律解释的基本理念》,载褚红军主编:《历史与变革:无锡法院纪念改革开放30周年文萃》,人民法院出版社2008年版,第463页。

的法律都有复数解释的可能。[①] 但是，裁判者适用法律中，可供运用的大前提应当是唯一的，所以，其必须从复数解释中作出唯一的选择。如果论证的结果不成立，则要采用其他的方法来解释。这些都需要解释者给予充分的论证。而解释是一个理解和决定的过程。[②] 如果出现多种解释可能，而又缺乏论证，容易产生同法不同解、同案不同判的风险，甚至可能导致解释者“操两可之说”“设无穷之辞”“是非无度”“所欲胜因胜、所欲罪因罪”等后果。

所以，解释的过程本身就是论证的过程。它要确定裁判的根据和特定的法律文本的含义，在这一过程中，必然要运用逻辑学、解释学等的有关规则，对法律的意义进行阐释和厘清。这一过程必然包含了论证和说明的过程。因为在实际运用中，法律解释方法大多都要伴随一定的论证，这就导致有些法律解释方法同时又可以成为法律论证方法。

第二节　法律论证的基本方法

所谓法律论证的基本方法，是指在从事法律活动中进行论证所依循的途径和方式。迄今为止，关于司法裁判中的论证方法，并没有形成真正的共识。学者对论证方法的认识并不完全相同。综合学者的各种观点，并结合我国司法实践，法律论证的基本的方法主要有如下九种。

一、法律语义分析方法

法律语义分析方法是指通过分析语言的词汇、结构和语境等要素，从而澄清文义，准确阐释法律文本的内涵。法律都是由语言组成的，但语言本身具有局限性，立法者使用的语言也可能存在模糊性、抽象性、多意性等特点，这就需要通过达成共识的语义分析方法来寻求准确、合理的语义。例如，从某个词语的词汇、发展脉络、词语使用的语境等方面，分析词语的含义，就可以获得最低限度的共识。在这个过程中，就

---

① 参见[日]星野英一：《民法的另一种学习方法》，冷罗生等译，法律出版社2008年版，第82页。

② Michel Troper, *La philosophie du droit*, PUF, *Que sais-je*, 2003, p. 107.

需要对语义进行分析论证。依据《民法典》第1165条第1款的规定,行为人因过错侵害他人民事权益造成损害的,应当承担侵权责任。但是,其中的“过错”“民事权益”“损害”,事实上均为不确定概念。对于上述概念应当如何理解,关系着法律适用的准确性。在此,就应当以语义分析为基础,对上述概念展开解释。但法律语义分析方法通常都包括在文义解释的方法之中,是法律解释中经常采用的一种方式。

二、法律价值分析方法

法律价值分析方法是指运用一定的价值准则,去评判、衡量法律条文的含义,并解释法律适用过程的正当性。如前所述,价值判断是裁判中大量运用的方法,这也决定了价值分析方法可以成为法律论证的方法。法律价值分析方法就是从一定的价值理念出发,去证成价值判断结论的正当性。例如,法官在个案裁判中以优先保护生命健康权、保障交易安全、强化人文关怀、实现人格平等、保障人身自由、实现效用的最大化、充分实现社会效果等作为理由来论证裁判的正当性,这实际上就是采用价值分析方法。法官运用公平、诚信、平等、自由、正当程序和相邻原则等也属于此类方法。[①] 这一方法在司法实践中经常被用来论证裁判结论的合理性。例如,在重庆台华房地产开发有限公司与重庆晨光实业发展(集团)有限责任公司、重庆晨光百货有限责任公司、重庆晨光大酒店有限责任公司房屋搬迁纠纷案中,最高人民法院认为,企业法人被吊销营业执照至其被注销登记前,该企业法人仍应视为存续,可以自己的名义进行诉讼活动。[②] 该判决实际上是以保障交易安全的价值来展开的。假设某人拖欠债务以后,故意不办年检,工商行政管理机关就吊销其执照。如果此时否认其主体资格,就会鼓励其通过此种方式逃债。但是,价值分析方法必须在司法三段论的框架内进行,其主要还是通过对大前提的阐释,以及大小前提的连接来达到证成结论的目的。在价值分析过程中,还应当注意价值的一致性,符合价值判断的基本规则和要求。

---

① [荷]伊夫林·T.菲特丽丝:《法律论证原理》,张其山等译,商务印书馆2005年版,第4页。

② 最高人民法院民事裁定书,(2005)民一终字第57号。

三、法律的经济分析方法

经济分析方法，就是从帕累托最优的模式出发，通过成本和收益分析，来论证法律适用的正当性。这种方法运用在论证中就形成了经济论证法(economic argument)，即以特定行为给社会整体带来的效用大小(utility)为评价行为正当性的标准①。美国盛行的经济分析法学就是这一学术潮流的典型。其代表人物波斯纳(Richard Posner)和卡拉布雷西(Guido Calabresi)虽然都采用了效率分析方法，但波斯纳更注重效率分析，而卡拉布雷西(Guido Calabresi)则强调兼顾公正。当然，他们在法律理性人的假定、经济效用最大化、公共选择等具有共性。法律的经济分析是一种结果导向的论证方法，此种方式是在出现复数解释结果的情况下，通过对不同方案在经济上妥当合理性的考虑来作出结论。法律的经济分析方法是运用经济学原理来分析法律现象，虽然其与传统法学理论关注、评价行为的视角不同，但经济学观察和法学观察在结论上很可能是一致的②。有美国学者对法律经济分析的功能作出如下评价，即传统法学价值判断方法给法律规则的正当性提供了内部正当性(internal justification)，而法律经济分析方法则对法律规则的正当性提供了外部正当性标准(external justification)。如果法律适用的结果可以起到促进社会财富增长、避免社会财富浪费等效果，就可以认定该裁判是妥当的，从而对判决理由进行证成。例如，在桂馨源公司诉全威公司等土地使用权转让合同纠纷案中，③法院认为签订国有土地使用权转让合同时，转让人虽未取得国有土地使用权证，但在诉讼前已经取得该证的，应认定转让合同有效。当事人取得国有土地使用权证后未足额缴纳土地出让金，或对转让土地的投资开发未达到投资总额25%以上的，属转让标的瑕疵，不影响转让合同的效力。此种裁判有利于避免财富的浪费，增加社会总体的经济效益。

---

① 参见[美]理查德·波斯纳：《法律的经济分析》，蒋兆康译，中国大百科出版社2003年版，第3页(中译者序言)。

② Jeffrey L. Harrison, Law and Economics, Thomson West, 2007, p. 1.

③ 最高人民法院民事判决书，(2004)民一终字第46号。

四、法律的社会学分析方法

社会学分析方法,也被称为社会学论证(sociological argument),或运用社会学方法进行的法律论证。社会学方法,是结合特定社会在某一特定时期的各项要素,包括当时的思想潮流、社会需要、风俗、文化状况、经济社会情势等情况,而研究社会发展规律的方法。[①] 由于每个人的行为都是在特定社会背景和关系中形成的,因此,对人们行为的理解和法律的解释,都需要考虑影响行为的社会因素,以及特定行为模式对社会产生的反作用。社会学方法注重社会效果的分析,它实际上属于法律实证分析的组成部分。在我国司法实践中,提倡法律效果与社会效果相结合,注重社会效果的考量实际上就是运用社会学方法进行法律论证。例如,在南京现代雕塑中心诉中科昆山高科技产业园管理委员会侵害著作权一案中,二审法院认为,现代雕塑中心对"希望之光"雕塑作品的利益期待通过时代雕塑公司的赔偿也能得到弥补。因此,时代雕塑公司制作"科技之光"雕塑虽然侵犯了现代雕塑中心对"希望之光"雕塑作品享有的著作权,但在现代雕塑中心对作品的署名权、复制权、展览权及获得报酬权得到保护,并且销毁涉案雕塑给使用者也会造成重大损失的情况下,再判令现代雕塑公司和昆山高科技园管委会销毁涉案雕塑会令个体利益与公共利益失衡,也并不符合著作权保护的初衷。[②] 这实际上是考虑到裁判所追求的社会效果,而作出的妥当选择。

五、法律的逻辑分析方法

毫无疑问,逻辑推理是论证中最常见的形式,这是因为司法三段论本身就是逻辑推理的运用。司法三段论是法律文献中运用得最为频繁的逻辑推理方式。[③]"对法律人的职业培训实际上就是一种逻辑的训练,

---

① Paul Delnoy, Eléments de méthodologie de l'interprétation juridique, Larcier, 2006, p. 175.

② 江苏省高级人民法院民事判决书,(2004)苏民三终字第040号。

③ 有学者认为,在法律推理构建中,除了三段论逻辑之外,还有命题逻辑(propositional logic)、谓词逻辑(predicate logic)、道义逻辑(Deontic Logic)等多种逻辑可用于检验结论性陈述的真实性。Eveline T. Feteris, Fundamentals of Legal Argumentation: A survey of theories on the justification of judicial decisions, Kluwer Academic Publishers 1999, p. 28.

司法裁判的语言主要是逻辑的语言。”[①]严复曾经指出,逻辑为“一切法之法,一切学之学”。从逻辑的角度来看,某一法律证立的可接受性的一个必要条件是,支持该证立的论述必须是逻辑有效的论述[②],在逻辑学者看来,论证可以分为归纳论证与演绎论证。演绎论证是一种从一般到个别的论证方法,在逻辑上说,其从前提到结论的过程具有必然性;而归纳论证是从个别到个别的论证方法,而其从前提到结论的推导具有或然性。[③] 在司法裁判过程中大量采用的都是演绎论证,但也不完全排斥归纳论证。例如,在英美法中,法官寻找先例作为大前提,常常采用归纳论证。逻辑的分析方法不仅要符合形式逻辑的基本要求,而且,也要遵循司法三段论中基本规则。“一个演绎论证是有效的,则如果其前提是真的,则其结论必定是真的。”[④]麦考密克解释说,合乎逻辑一词有两层含义,首先,“从演绎逻辑推理这一意义上讲,如果一个命题符合逻辑本身的要求,换句话说,如果结论部分是通过前提严格推理得出的,那么该命题就合乎逻辑”[⑤]。

逻辑论证是常用的方法,其在具体运用中又体现为各种方法,主要包括:

第一,相似性论证(argument a simili)。相似性论证也称类似性论证,它是指在法律说理活动中最为常用的方法。该方法要求相似的规范语境应当得到相同的解释,只能在所比较的两个对象具有相似性时才能采用。在裁判过程中,经常采用相似性论证,这是为了保障平等原则的实现。在对某一个案件和另一个案件的相似性进行比较之后,就可以确定它们之间的共同点和不同点,对于相类似的案件,可以尽可能地保持案件裁判结果的相似性,从而实现类似案件类似处理。从逻辑分析的角度来看,此种方法具有归纳法的特点。例如,《民法典》在保证

---

① Oliver Wendell Holmes, Jr. , *The Path of the Law*, 10 Harvard Law Review 457 (1897).

② 参见[荷]伊夫林·T. 菲特丽丝:《法律论证原理》,张其山等译,商务印书馆2005年版,第11页。

③ 参见[美]欧文·M. 柯匹、卡尔·科恩:《逻辑学导论》,张建军、潘天群等译,中国人民大学出版社2007年版,第52页。

④ [美]欧文·M. 柯匹、卡尔·科恩:《逻辑学导论》,张建军、潘天群等译,中国人民大学出版社2007年版,第49页。

⑤ Neil MacCormick, Legal Reasoning and Legal Theory, Oxford University Press, 1978, p. 38.

合同中规定了有关保证人的追偿权、抗辩权,但物上担保部分并没有对此作出规定,法官可以依据各类担保方式在性质上的相似性,而在物上担保中适用保证合同的相关规则。尤其是《民法典》大量采用了参照适用条款,在适用参照条款时,需要将参照适用的条款与被参照适用的情形进行相似性论证。

第二,反比论证(argument a contrario)。它是指从相反的事实出发,应当得出相反的结论。和相似性论证一样,反比论证也是类比论证。该方法与相似性论证相反,要求被类比的对象和待决对象之间存在实质性区别,因此,对二者适用不同的规则。① 在法律解释中,反比论证常常表现为反面解释方法,但是,在事实认定中,反比论证可以通过比较两个相反的事实的差异,来验证裁判结论的合理性。如果两个事实是完全相反的,而裁判结论却相同,就可能使裁判的正当性受到质疑。例如,《民法典》第 522 条第 2 款规定:"法律规定或者当事人约定第三人可以直接请求债务人向其履行债务,第三人未在合理期限内明确拒绝,债务人未向第三人履行债务或者履行债务不符合约定的,第三人可以请求债务人承担违约责任;债务人对债权人的抗辩,可以向第三人主张。"依据这一规定,真正利益第三人合同中,第三人在债务人违约时,享有请求其承担违约责任的权利,依据反比论证,那么就应当认为,在非真正利益第三人合同之中,债务人违约时,第三人不享有请求其承担违约责任的权利,而只能由债权人请求。

第三,当然论证(argument a fortiori)。此种方法也就是采用"举重以明轻"和"举轻以明重"的解释方法进行论证。② 当然论证是考虑两个事物之间的"轻""重"关系,然后,从一般事理出发,从而论证判断的合理性。在当然解释中,通常涉及"较多"与"较少"的比较③。当然论证的基础是一般的事理,其关键在于,确定两个事物之间是否存在"轻""重"关系。例如,裁判者为了解决价值冲突而进行价值判断时,应当考

---

① See Bartosz Brozek & Jerzy Stelmach, *Methods of Legal Reasoning*, Springer, 2006, p. 157.

② See Bartosz Brozek & Jerzy Stelmach, *Methods of Legal Reasoning*, Springer, 2006, p. 157.

③ 参见[葡]孟狄士:《法律研究概述》,黄显辉译,澳门大学法学院 1998 年版,第 148 页。

虑到法秩序的统一性。再如，就不作为侵权来说，某种不作为已经构成了犯罪，却不能认定为侵权行为，这就显然不符合当然论证的规则。前述举轻以明重和举重以明轻都属于当然论证的范畴。

第四，反证论证(argument per reductio ad absurdum)。此论证方法是指当论证人难以直接证明“A 是真实的”这一结论时，其可以先证明“非 A 是真实的”或者“非 A 是虚假的”，那么，其就可以反过来证明 A 的真实性。[①] 在法律解释过程中，采用反面解释的方法，就是反证论证的一种方式，也就是依照法律文本规定的正面意思推出相反的结果，据此阐明法律条款的真实含义。[②] 例如，在广西桂冠电力股份有限公司与广西泳臣房地产开发有限公司房屋买卖合同纠纷案中，[③]最高人民法院认为，原《合同法》第 97 条规定：“合同解除后，尚未履行的，终止履行；已经履行的，根据履行情况和合同性质，当事人可以请求恢复原状、采取其他补救措施，并有权要求赔偿损失。”其中所说的合同解除后的后果不表现为违约责任，而是返还不当得利、赔偿损失等形式的民事责任。这在一定程度上也采用了反证论证法。违约责任只是合同有效存在情况下的责任，而合同解除后的责任不属于合同有效存在的情况，因此，通过反证法可以得出结论，即合同解除后的效果不包括违约责任。但是这种论证显然忽略了反证论证主要适用于必要条件的场合，实际上在合同被解除的场合，并不影响违约责任的承担。因此，《民法典》第566 条第 2 款也规定了合同解除并不影响违约责任的承担。

第五，具体场景考虑的论证法(argument a loco specifici)。具体场景考虑的论证法要求在论证中综合考虑具体问题的特征和相应影响因素，并作出判断。在裁判中，此种方式就是要实现个案中的妥当性，保障法官依法作出公正的裁判。由于在许多情况下，法律不可能对裁判的具体数额作出僵硬的规定，但是，在适用法律过程中，为了限制法官自由裁量，又要求法官参酌有关因素，例如，精神损害赔偿数额的确定、惩罚性赔偿数额的确定、违约金数额的减少、显失公平的确定等，都存在量的不确定问题。在此情况下，要求考虑合理的因素，以帮助法官作

---

① See Bartosz Brozek & Jerzy Stelmach, *Methods of Legal Reasoning*, Springer, 2006, p. 158.

② 参见杨仁寿：《法学方法论》，台北，三民书局 1986 年版，第 139 页。

③ 最高人民法院民事判决书，(2009)民一终字第 23 号。

出准确的裁判。①

第六,体系论证(systematic argument)。它是指以法律的内在体系和外在体系为基础而进行的法律论证。19 世纪英国宗教学之父马克斯·缪勒指出:“只知其一的人等于一无所知(He, who knows one, knows none)。”这句话虽然讲得未免有些绝对,但是,其强调了体系论证的重要性。体系论证的前提是,调整相关问题的法律规范之间不应当存在根本矛盾。因此,在体系论证的过程中,必须始终注重法律体系的整体的一致性和完整性。体系论证的最终目标在于完善法律,使法律更契合社会、伦理、经济的发展与变迁。德沃金将法律的解释看作是对一个系列小说的创作和解读。要通过解释使整部小说更连贯,要通过解释使每个故事是最好的故事,而不仅仅是使那个故事成为它本身。② 通过体系论证,不仅可以确定出文义的准确含义,而且,可以消除法律规定相互之间的冲突和矛盾。因为在某些条文中,《民法典》的条文看似冲突,但是在经过体系解释之后,可以发现并不存在“碰撞的漏洞”。例如,《民法典》第 992 条规定,人格权不得放弃、转让或者继承,但《民法典》第 1016 条明确规定,法人、非法人组织决定、变更、转让名称。这似乎形成了一种“碰撞的漏洞”,但通过体系解释可以发现,《民法典》第 992 条属于一般规则,而第 1016 条属于人格权的特别规则,此时特别规则构成了一般规则的例外,在人格权保护中,两者发生冲突时,应当优先适用特别规则。

第七,一致性论证法(argument a cohaerentia)。此种方法强调法律论证中应当贯彻不矛盾性的要求。德国学者阿列克西(Alexy)认为,任何一个言谈者均不得自相矛盾,这是论证的基本规则。③ 一致性论证法,实际上是对裁判规范的形式逻辑要求,其涉及两个层面,即内部逻辑一致和外部逻辑一致。任何法律判断,包括典型案件和任何一种疑

① 例如,《精神损害赔偿司法解释》第 5 条第 1 款规定:“精神损害的赔偿数额根据以下因素确定:(一)侵权人的过错程度,但是法律另有规定的除外;(二)侵权行为的目的、方式、场合等具体情节;(三)侵权行为所造成的后果;(四)侵权人的获利情况;(五)侵权人承担责任的经济能力;(六)受理诉讼法院所在地平均生活水平。”

② Ronald Dworkin, Law, Philosophy and Interpretation, 80 Archiv für Rechts-und Sozialphilosophie, 463, 467 (1994).

③ 参见[德]罗伯特·阿列克西:《法律论证理论》,舒国滢译,中国法制出版社 2002 年版,第 366 页。

难案件，无论其大前提是如何获得的，最终都必须过三段论这一关，都必须达到内部一致性的证立要求，才能获得判决的形式合法性。[①] 例如，依据《民法典》第 388 条第 1 款："设立担保物权，应当依照本法和其他法律的规定订立担保合同。担保合同包括抵押合同、质押合同和其他具有担保功能的合同。"既然担保合同包括抵押合同、质押合同和其他具有担保功能的合同，因此动产抵押的规则也能够适用于具有担保功能的合同。因此，合同编关于保证合同中保证责任的规定与担保物权的规定具有相似性，可以将保证人权利的有关规则在确定有关担保物权人的权利方面参照适用。

六、法律的目的分析方法

法律的目的分析方法是指依据对法律目的的考虑，来论证法律适用的正当性和合理性。根据该论证方法，任何法律都有特定的目的，法律的解释不得背离法律所欲实现的目的。马莫(Marmor)指出，立法意图虽然是很难寻求的，但是，它是各种利益平衡的结果，它体现的是一群人，而不是单个人的利益。[②] 因此，裁判者要努力寻求立法者的意图。目的论证方式主要适用于目的解释之中，通过法律的特定目的，来阐释法律的大前提，寻求妥当的裁判结论。例如，《民法典》第 990 条第 2 款规定："除前款规定的人格权外，自然人享有基于人身自由、人格尊严产生的其他人格权益。"该条规定以立法的形式确定了一般人格权。由于一般人格权旨在弥补具体人格权僵化的不足，因此一般人格权的具体外延是不断随着实践的变化而越来越丰富的。该条的立法目的也在于宣示，人格尊严是一般人格权的内核，是判断所有新型人格利益的基本标准，任何一种权益受到侵害后，只要侵害了个人的人格尊严，都可以纳入一般人格权的保护范围。随着社会的发展出现各种人格利益时，是否要受到人格权的保护，要以人格尊严为标准进行判断，这由此也表明了人格尊严是所有值得法律保护的人格权益的基本标准。

七、法律的比较分析方法

法律的比较分析方法是指以比较法的考察为基础来进行法律的论

① 参见侯学勇：《法律论证的原则》，载《法律方法》(第 5 卷)2005 年第 1 期。

② Marmor, *Interpretation and Legal Theory*, Clarendon Press, Oxford, 1992, p. 161.

证。比较法是指不同国家或者地区的法律制度的比较研究,[①]在运用比较法的方法时,通过各国法律制度的功能考察,来进行实质意义上的比较。在一些法律继受国,比较法作为论证法律适用过程的重要参考,其作用更为重要。因为法律继受国的法律往往是以国外的立法、判例和学说为基础而制定的,通过比较法的方法确定不同法律制度之间的现实与历史的联系以及发展趋势,有助于裁判者在存在法律漏洞时选择妥当的裁判结论。例如,《民法典》侵权责任编第四章"产品责任"中的"缺陷"含义如何,可以进行比较法的论证,尤其是我国产品责任制度就是借鉴比较法经验的结果。所以在涉及对缺陷含义的解释时,也可以借鉴美国、欧盟等的法律规定和判例学说。

八、法律的历史分析方法

法律的历史分析方法是指通过运用历史考察的方式,确定法律条文的含义。这种方法运用在论证中就形成了历史论证法(historical argument)。它的特点在于,通过考察法律规则的历史变迁,从而明确其立法目的、条文的含义等。在许多情况下,通过追寻历史,可以明确立法目的和宗旨,可能得出与法律条文的字面文义不同的解释。如果法官能够用历史分析的方法来阐释法律条文,可能更符合立法原意。例如,《民法典》第1180条的规定:"因同一侵权行为造成多人死亡的,可以以相同数额确定死亡赔偿金。"该条确定了同一案件同一赔偿标准的规则,但采"可以"的表述,这似乎表明其是任意性规范。但如果考察该规则的产生的原因和过程,就会发现,它是为了弥补最高人民法院相关司法解释的不足而作的特殊规定,立法者的宗旨在于,在一般情况下,都应当适用这一规则。

九、情理分析的论证方法

情理分析的论证方法,是指法院在论证的过程中采用社会常理、人们通常接纳的感情取向等来论证裁判结论的正当性。在中国数千年的司法史中历来有"天理、人情、国法"的说法,实际上是阐述了自然法、法理与人情之间的关系。包含在法律典籍中的规范仅仅是裁判者论证裁

---

① 参见朱景文:《比较法总论》,中国人民大学出版社2004年版,第1页。

判结论正当性的一部分内容,大量的论证涉及情理的内容。对于天理和人情的阐释,常常要占据裁判结论的大部分篇幅。时至今日,在我国法院的判决书中,也有运用天理和人情的实例。例如,在北京市某法院审理的陆某诉其女儿张某房产纠纷一案中,法院判决在说理部分指出,中华民族自古以来就有“百善孝为先”的优良传统,儒家经典《孝经》甚至把“孝”誉为“天之经、地之义、人之行、德之本”。原告已经是八十高龄的老人,被告作为原告的女儿,理当孝顺原告,但其从原告处购买房产后,非但不给付原告房款,而且在法院判决后逃避债务,其行为不仅违反了法律的规定,也违背了社会道德,与和谐社会的宗旨背道而驰。因此判决被告败诉。① 这实际上是采用了情理分析的论证方法,通过这种方法,可以以理服人、以情服人。所谓辨法析理,就是要运用情理来说服当事人。这实际上也是我国司法实践中广泛采用的一种方法。情理通常体现为社会常理,也体现了一定的哲理,并且有可能成为支配人们行为的规则。情理分析就是以情理作为论证依据,它要求裁判过程考虑人情世故,符合公平正义的自然法理,遵从人们长期生活的习惯,尊重人们朴素的法感情。比如,夫妻离婚以后,已经分割了财产,但一方确实无房可住,此时,就适用离婚时的“经济扶助义务”制度,使一方在住房方面获得必要的扶助。

不同的法律论证方法,在证成价值判断结论的过程中的重要性是有差异的。在阿列克西等人看来,应当区分简易案件和疑难案件(hard cases)。在简易案件中,可以采取单一的论证方法。而在疑难案件中,应当采取多重的论证方法。此种观点不无道理,但是,对此并不能绝对化。有时对于简易案件,也需要借助于多重的论证方法,更充分地论证裁判的正当性②。通过各种法律论证方法的综合运用,可以实现裁判的正当化和可接受性。

---

① 参见《〈孝经〉入判决 尝试引热议》,载《人民日报》2010 年 6 月 10 日。

② 参见[荷]伊夫林 · T. 菲特丽丝:《法律论证原理》,张其山等译,商务印书馆 2005 年版,第 199 页。

第三节　法律解释过程中的论证负担

一、论证负担的概念

所谓论证负担,是指在面对特定命题时,确定论证者所负有的不同的论证责任。在裁判过程中,论证负担的规则确立了裁判者在何种情况下,应承担何种论证义务。论证本身需要遵守一定的规则,论证首先涉及负担规则,即谁有义务进行论证、在何种情况下有义务进行论证。阿列克西提出,论证负担规则为:如果有谁想将某人 A 与某人 B 做不同对待,则其负有责任对这样做的理由进行证立。如果有谁想对不属于讨论对象的命题或规范进行抨击,则其就必须说明这样做的理由。①这实际上是对论证负担的一般规则的概括。在法律解释中,论证负担主要包括如下具体规则:

1. 依据价值共识确定论证义务

在价值多元化的时期,虽然存在价值的冲突和矛盾,但仍然应当有最低限度的价值共识,以成为法律论证的前提。对某项命题,若存在基本的价值共识,则可以以此为基础确定论证的负担。有学者认为,应以民法学者最低限度的价值共识为内容确立有关的论证规则,其包含如下两项实体性论证规则:其一,在没有足够充分且正当理由的情况下,应当坚持强式意义上的平等对待;"正义意味着平等处理所有事物,只要它们在某一视域下是相同的,展现了同样的特征"②。其二,在没有足够充分且正当理由的情况下,不得主张限制主体的自由。③ 严格地说,这一论证规则,适用于各种法律论证,对裁判者论证负担的确定,也具有指导作用。这可以看作是对前述阿列克西论证规则理论的进一步发

① 参见[德]罗伯特·阿列克西:《法律论证理论》,舒国滢译,中国法制出版社 2002 年版,第 367 页。

② "dass gerecht sein eine gleiche Behandlung fuer alle Wesen bedeutet, die in bestimmter Hinsicht gleich sind, dasselbe Charakteristikum aufweisen"——Perelmann, Ueber die Gerechtigkeit, S. 27.

③ 参见王轶:《民法价值判断问题的实体性论证规则》,载《中国社会科学》2004 年第 6 期。

展。但正如哈贝马斯所指出的，由于价值具有多元性，很难要求人们达成绝对的共识，共识本身的形成，也需要沟通与论证。

2. 依据法律规定确定论证义务

在成文法背景下，裁判者基本的思维应当建立在既有规则的基础上。在很大程度上，法律，而不是抽象的价值，应当被认为是人们目前为止所能达成的最低共识。[①] 从这个意义上说，以法律规则为出发点的论证，是更具说服力的论证。实际上，在法律论证的语境下，所谓"讲事实，摆道理"的说法，首先是对"法理"的讨论和运用，而不仅仅只是阐述简单的生活道理。当然，法律也应适应社会的发展变化，在其不能适应社会的发展，或违背社会主流观念时，裁判者应负担更重的论证义务。

3. 依据法律文义确定论证义务

无论对法律进行限缩解释还是扩张解释，乃至目的性限缩和目的性扩张，都是对法律文义的改变。考虑到法律文义对裁判者应当具有的拘束，此时，裁判者必须要负有更重的论证义务。而如果单纯从文义出发进行解释，裁判者所负有的论证义务就较轻。若文义本身是清晰、不言自明的，裁判者也不需要作额外的论证。但是，若要改变该文义，就需要作特别的论证。以《民法典》第 1180 条的规定为例，该条确立了同一案件造成数人死亡，可以采取同一赔偿标准的规则。从文义解释来看，该条属于任意性规范，因为其表述为"可以"。但是，从目的解释和历史解释来看，应当解释为"原则上应当"，对此，法官应当负有更重的论证义务。

4. 根据指导性案例确定论证义务

在英美法系国家，裁判者可以通过援引先前类似的案件进行裁决，以增强裁决的连贯性。[②] 在我国推进司法改革的过程中，为了保障司法公正，确立了案例指导制度。在此制度下，产生了指导性案例。所谓指导性案例，是指由最高人民法院确定并发布的、对全国法院审判、执行

① 参见许德风：《论法教义学与价值判断》，载《中外法学》2008 年第 2 期。

② 参见[荷]伊芙琳 · T. 菲特丽丝：《法律论证原理》，张其山等译，商务印书馆 2005 年版，第 4 页。

工作具有指导作用的案例,[①]根据《最高人民法院关于案例指导工作的规定》第7条的规定,指导性案例的效力是“各级人民法院审判类似案例时应当参照”,笔者认为,这是对指导性案例的一种准确定位。参照的含义首先意味着其不是法律渊源,不能直接作为裁判依据。指导性案例一旦颁布,就应当对包括最高人民法院在内的全国法院都能够产生一定的拘束力。也就是说,所有的裁判者在遇到类似案件时,都应当参照指导性案例来进行裁判。在没有充分且正当的理由时,裁判者对于同类案件应当参照指导性案例做出裁判。但若某个指导性案例与所裁判案件具有同一性或高度的相似性,裁判者要改变指导性案例的结论,则必须进行充分的论证,否则将违反类似案件类似处理的原则。正如阿列克西所指出的,“当一项判例可以引证来支持或反对某一裁决时,则必须引证之”。“谁想偏离某个判例,则承受论证负担。”[②]

二、论证程度上的区分

所谓论证程度上的区分,是指在法律解释过程中,要区分不同的情况,确定裁判者的不同论证义务。此种情况又称为“论证程度上的分化”(differentiation)。[③] 尽管所有的解释都要伴随着论证义务,但是,在法律解释过程中,解释者的论证义务并不是相同的,它要随解释的对象、解释的方法以及解释过程的推进,而负有不同程度的论证义务。因此,论证义务的确定不可一概而论。波塔利斯在《法国民法典》起草的预备性说明中指出:当法律是清晰的时候,就必须严格遵守;当法律是模糊的时候,就有必要深入分析其规范;如果缺乏法律,就要参考习惯和衡平原则。在实定法存在缺漏、矛盾或者模糊的时候,衡平就是向自然法的回归。[④] 这就说明,在法律解释中,裁判者要依据法律规定的情况进行不同的解释活动,并且,在不同的情形下,裁判者负有的论证义务不同。在某些情况下,裁判者需要进行详尽的论证,而在另一些情况

---

① 《关于案例指导工作的规定》第2条规定:“本规定所称指导性案例,是指裁判已经发生法律效力,并符合以下条件的案例:(一)社会广泛关注的;(二)法律规定比较原则的;(三)具有典型性的;(四)疑难复杂或者新类型的;(五)其他具有指导作用的案例。”

② [德]罗伯特·阿列克西:《法律论证理论》,舒国滢译,中国法制出版社2002年版,第341页。

③ Paul Delnoy, *Elément de méthodologie juridique*, Larcier, 2006, Bruxelles, p. 389.

④ Portalis, “*Discours préliminaire*”, in Fenet, *Travaux préparatoire*, tome 1er, p. 471.

下，裁判者仅需要进行比较简略的说理。

1. 在狭义的法律解释中，论证义务的轻重可以从如下几个方面来分析：

第一，文义解释和体系解释比较，后者的论证义务更重。因为体系解释要考虑法律的外在体系，通过相关法条的比较，来确定法律文本的含义。体系解释不仅涉及多个法条，甚至可能涉及多部法律，其解释过程相对于文义解释更为复杂。如果法律规定参照适用某个条款，则应当就为何参照适用该条款负有论证义务，但如果法律规定直接适用某个条款，则论证义务较轻。

第二，单纯的文义解释与目的考量相比较，显然探究目的时裁判者的论证义务更重。因为文本字面含义的解释，主要按照一般的理解或者专业的含义进行理解，不需要裁判者做过多的说明。而目的的探明需要借助于各种方式，探究过程本身就要较多地介入主观因素，所以，裁判者负有更重的论证义务。

第三，就目的探究而言，一般的目的探究较通过历史的方法来探究，后者的论证义务更重，因为历史资料是非常丰富的，也可能存在相互矛盾和冲突。在目的解释中，裁判者应当指明立法者的意图和立法者的目的。尤其是当作出与规范目的有差异的解释时，解释者必须公开解释的结论，并承担特殊的说明义务。①

第四，合宪性解释较一般的文义解释，裁判者负有更多的论证义务。解释法律时应推定所有的规范性法律文件在整体上都是合宪的，但是，在例外情况下，法律的复数解释结论中也可能存在违反宪法的解释。此时，需要运用合宪性解释进行排除。在这个过程中，对于复数解释结论中哪些解释结论违反了宪法，对于排除或选择的结论也需要进行充分的论证。但是，对于体系解释、目的解释等方法的运用，裁判者负担的法律论证义务则相对又要轻一些。

第五，与其他解释方法相比较，在运用社会学解释时，裁判者负有更重的论证义务。在社会学解释中，已经在相当程度上要考虑文本之外的因素，它更应当注重社会效果的阐明，考虑到社会效果本身具有较大的不确定性和难以查明的特点，裁判者应当负有更重的论证义务。

---

① 参见［德］魏德士：《法理学》，吴越等译，法律出版社 2005 年版，第 346 ~ 347 页。

总之,法律规则与案件的联系越强,针对性越明确,裁判者的论证义务就越轻;而法律规则与案件的联系越弱,裁判者的论证义务就越重。

2. 在价值补充中,裁判者负有较重的论证义务。较之于各种内在解释方法(如文义解释、体系解释、当然解释等),裁判者在价值补充时负有更重的论证义务。因为不确定概念和一般条款的内涵比较模糊,裁判者很难阐明其确切含义。如果要借助各种方法将其具体化,就应当更充分地说理论证。例如,在"陈某、皮某某诉重庆碧波房地产开发有限公司、夏某某、重庆奥康置业有限公司合同纠纷案"①中,最高人民法院认为,对于原《合同法》第52条关于"恶意串通"行为的认定,应当分析合同双方当事人是否具有主观恶意,并全面分析订立合同时的具体情况、合同约定内容以及合同的履行情况,在此基础上加以综合判定。这实际上就是要求阐释恶意串通这一概念时,应考虑各种因素,进行详细的论证。

3. 在漏洞填补的情况下,法官需要负担更重的论证义务。在漏洞填补的情况下,法官没有从制定法之中寻找到可供适用的大前提,但又不能拒绝裁判。此时,法官必须发现法律规则。在漏洞填补的情况下,为了防止法官滥用其填补漏洞的权力,随意造法,就必须要求其负担较重的论证义务。按照一些学者的看法,在法律存在漏洞的情况下,不能通过简单的先前规则来提供大前提,此时法律的论证就要发挥作用。因为需要通过论证来解释为什么寻求某种解释结论②。法官也可以使用一般的法律原则,例如公平、诚信、平等、自由、公平竞争、正当程序和相邻原则等填补漏洞。但运用原则论证时,法官负有更重的论证义务。

正如法国学者鲍尔(Paul)所指出的:如果法律只是部分针对案件事实作出规定,此时,法官的论证义务就比较重;如果法律完全没有规定,此时,法官的论证义务就较轻。③ 漏洞填补中的论证需要具体表现为:第一,如何认定漏洞的存在,通常需要进行目的性考虑和立法者意思的探究。如果法律未对某种事项作出规定,其可能是立法者的有意

---

① 最高人民法院民事裁定书,(2009)民申字第1760号。

② Twining, W & Miers, D. (1991), *How to do Things with Rules* (3rd edn, London: Weidenfeld & Nicolson), p. 376.

③ Paul Delnoy, *Elément de méthodologie juridique*, Larcier, 2006, Bruxelles, p. 389.

沉默。在立法者“有意沉默”的情况下，立法者实际上表明了其对于特定法律制度的否定立场，此时并不存在违反立法计划的问题，因此也就不存在法律漏洞，无须法官进行漏洞填补。因此，针对特定社会关系，是否存在法律漏洞，需要加以论证。第二，即便出现了法律漏洞，但也未必需要完全通过漏洞填补的方式来填补漏洞，如果能够通过狭义的解释方法来消除漏洞，则没有必要填补漏洞。因此，漏洞填补应当是在穷尽了狭义解释方法之后采用的解释方法。通常来说，对于解释者是否已经穷尽了狭义的法律解释方法，也需要予以论证。第三，即便需要填补法律漏洞，应当采用何种漏洞填补方式也需要论证。由于漏洞填补的方式也存在一定的序位，因此，法官在采用某种方式填补漏洞时，也需要对这种选择加以说明。第四，如果运用某一种具体的漏洞填补方式，需要遵守该方式的相应规则。也就是说，在具体运用某种填补漏洞方式的时候，需要伴随着必要的论证。例如，运用类推适用的方法与运用法律基本原则之间就存在明显的区别。在类推适用的情况下，在对一个法律类推进行论证时，“通常要提供很多论据，因为这里又回到了相似性的范畴和价值取向问题”①。在类推的情况下，毕竟存在法律规范，只是将某一法律规范的适用范围类推到类似的案件之中。而在运用基本原则填补法律漏洞时，该基本原则的含义广泛，是否可以适用于待决案件，就需要慎重考虑。如果不具体阐释基本原则的内涵及其适用于待决案件的合理性和必要性，就很容易产生“向一般条款逃逸”的现象。因此，法官运用基本原则来填补漏洞，就负有更重的说明义务。法律的基本原则并非单一的，而是多元的。各个法律的基本原则之间还可能存在相互冲突，法官要运用法律的基本原则填补漏洞，就必须仔细甄别法律的基本原则的适用范围，从而进行比较详细的说理。最后需要指出的是，法律论证也可能结合事实来进行，而不仅仅是单纯的就法论法。在法律解释中，并不需要针对事实进行解释。但是，在法律论证过程中，有必要联系一定的事实进行论证。法律论证主要从应然角度说明解释结论的正当性，而不仅仅是实然的解读，因而法律论证应更多注重价值衡量和判断。在这个论证过程中，有时也需要结合事实进行论证。

---

①　[德]霍恩：《法律科学与法哲学导论》，罗莉译，法律出版社 2005 年版，第 139 页。

第四节 法律解释与利益衡量

两利相衡取其大,两害相较取其轻。

——谚语

"法爱衡平""法官心中应常有衡平"。

——法谚

案例:受害人张某在经过某小区时,被楼上抛出的建筑材料砸成重伤,后公安机关经调查,无法确定具体的行为人。张某向法院提起诉讼,请求住在该楼的150名住户承担一定的补偿责任。根据《民法典》第1254条第1款规定:"经调查难以确定具体侵权人的,除能够证明自己不是侵权人的外,由可能加害的建筑物使用人给予补偿。可能加害的建筑物使用人补偿后,有权向侵权人追偿。"在该案中,法院首先认定,物业服务企业未尽到安全保障义务,应当承担一定的赔偿责任,同时,法院也认定150名住户作为可能加害的建筑物使用人,应承担适当的补偿责任。法院在援引《民法典》第1254条认定相关主体的责任时,涉及一个问题,是应当由物业服务企业首先承担责任,还是应当首先由可能加害的业主补偿,法律对此并没有作出规定,法院通过如下利益衡量,确定由物业服务企业首先承担责任:一是如何对损失合理分担。在本案中,损害事故发生后,由于无法确定具体的行为人,这就需要对已经发生的损害后果进行适当分担,此时,法官不应当主要考虑过错程度,而应当考虑行为人和受害人两者之间由谁分担损失更为公平,更为合理。在本案中,物业服务企业是一家大企业,具有较强的经济实力,与可能加害的建筑物使用人相比,具有更强的负担能力,应当首先承担责任。二是如何强化对损害的预防。由物业服务企业首先负责,也有利于督促其采取必要的措施预防损害发生,如制定公约、社区宣教、安全检查、树立提请注意的标示、设置栅栏、搭建遮蔽沿棚、装置监视系统查处真正的行为人等各种措施以防止损害,这样可以较低的成本预防损害。三是考量过错因素。从过错考量,物业服务人具有过错,业主并不一定具有过错。所以，首先由业主负责并不公平。物业服务人已经构成了侵权行为，应当首先承担赔偿责任。

一、利益衡量的概念

所谓利益衡量，也称为利益考量、利益平衡，实际上是指当各方利益发生冲突时，裁判者对社会公共利益、当事人的利益等各种利益进行考量，以寻求各方利益的妥当平衡，实现社会公平正义。利益衡量本身不是一种独立的法律解释方法，但在法律解释中，裁判者在运用各种狭义的法律解释方法时，通过探究法律条文背后立法者对所协调的各方利益所进行的考量和判断，可寻求妥当的结论。因此，利益衡量是辅助各种解释方法运用的方法，也是对解释结论妥当性的一种论证和验证方法。当然，利益衡量也可以适用于价值补充和漏洞填补之中。利益衡量有两种方式：一种是法内的利益衡量。它主要是指裁判者在法律适用过程中所进行的考量，即裁判者在裁判过程中努力探究立法者在法律条文中对所协调的各方利益进行的考量和判断，通过利益平衡辅助各种解释方法，寻求妥当的结论。另一种是法外的利益衡量。它主要是指在法律没有规定或者法律规定不明确时，法官借助利益衡量的方法确定相应的裁判依据。例如，在企业进入破产清算程序后，对于因企业产品缺陷导致受害人人身损害的赔偿，此种债权能否优先于一般债权？有的法院就直接根据人身利益优先于财产利益的规则，将其解释为其具有优先性，这实际上就是一种法外的利益衡量。本书主要探讨的是法内的利益衡量。

在大陆法系，德国著名学者赫克（Heck）在20世纪初在其名著《法的解释及利益法学》中指出："法律的目的须在每一规范中考虑所涉及的利益，并衡量法律所旨在赋予价值的利益及牺牲的利益。"因此，利益衡量实际上成为对概念法学的挑战。利益衡量论是作为与概念法学相对应的方法论。但是，这一理论提出之后，一直没有得到系统的发展。直到20世纪60年代，适应法律解释的需要，由日本学者加藤一郎教授和星野英一教授等建立并发展起来，[①]其理论主要是基于对日本战前的

① 参见梁慧星：《民法解释学》，中国政法大学出版社2000年版，第314页。

概念法学思想中不考虑法的具体适当性所作反省的结果。① 在日本法上,从利益衡量理论的产生来看,其就是为了克服概念法学的弊端,发展出与概念法学不同的思考方法和研究方法。② 但在英美法系,利益衡量的方法一直得到广泛的采用,英美法中的衡平法实际上就是利益衡量的产物。19 世纪末期,美国产生了实证主义法学,其代表人物为霍尔姆斯、庞德等。20 世纪初期,出现了以格雷、弗兰克为代表的现实主义法学(legal realism)。近几十年又出现了以波斯纳为代表的经济分析法学。这些法学流派都认为,法律本身是不确定的,其是随着社会的发展而不断发生的,法律的关键在于适用,在法律适用中,法官应当享有造法的权限,而法官在造法过程中应当进行利益衡量。迄今为止,利益衡量理论已经成为法律解释中的重要理论。

法谚云:“法爱衡平”“法官心中应常有衡平”。所以,利益衡量是贯彻在整个法律解释过程中的思维方式。虽然理论上就利益衡量的性质存在争论,但笔者认为,利益衡量在法律解释学中既不是一种独立的狭义解释方法,也不是一种漏洞填补方法,而是在整个法律解释过程中广泛运用的论证和验证方法。例如,在“中国农业银行股份有限公司重庆巴南支行申请复议案”中,法院认为,“合理的解决方法应当是将《民事诉讼法》第二百五十三条及上述司法解释的规定和生效法律文书判定的内容结合起来进行判断,既体现《民事诉讼法》关于‘加倍支付迟延履行期间的债务利息’的文义解释和立法目的,又符合执行只能以生效判决为依据的基本原则,合理平衡双方当事人的利益”。③

利益衡量的特点主要表现在如下几个方面:

第一,利益衡量是裁判者针对个案中待适用的法律规范所涉及的利益进行平衡。法律作为一种协调社会利益关系的工具,其本身就是利益衡量的结果。法律解释中的利益衡量主要在两种场合中运用:一是发现并转述立法者在立法时所作的利益衡量。法律的制定过程就是一个复杂的利益衡量和选择的过程。立法者制定任何一部法律,甚至确定任何一个条款、规则,都无不体现他们对各种竞存的利益的抉择。

---

① 参见[日]井上英治:《民法总则》,东京法曹同人 1998 年版,第 20 页。

② 参见段匡:《日本民法解释学》,复旦大学出版社 2005 年版,第 26 页;梁慧星:《民法解释学》,中国政法大学出版社 2000 年版,第 314 页。

③ 中华人民共和国最高人民法院执行裁定书,(2013)执复字第 2 号。

解释者就是要准确地发现立法者的利益衡量，并在解释中予以转述。二是解释者在法律解释中的利益衡量。立法者在立法时所作出的利益衡量只是宏观层面的衡量，常常缺乏具体个案的针对性，因而不能完全代替解释者在个案中作出的利益衡量。在法律解释中，如果解释者能够便捷、准确地查明立法者所作的利益衡量，且此种衡量结果能够实现法律效果与社会效果的统一，则解释者的作业很大程度上是发现并转述立法中的利益衡量。但法律解释实践并非仅仅如“发现并转述”这么简单，在立法者利益衡量结果不清楚、不确定或者滞后等情况下，解释者就必须运用正当的价值判断标准，对诉争案件事实类型中的利益进行衡量。此种利益衡量也是本书所讨论的利益衡量。正如杨仁寿先生所指出的：“利益衡量乃在发现立法者对各种问题或利害冲突，表现在法律秩序内，有法律秩序可观察而得之立法者的价值判断。”①

第二，利益衡量需要裁判者根据案件利益类型作出判断。在法律解释中，除了发现并转述立法者所作出的利益衡量外，在一些情况下，解释者也需要根据个案的需要，作出独立的利益衡量，这主要是因为：一方面，立法者所作出的利益衡量并不符合个案的特定情况。在某些情况下，立法者可能未能对诉争利益类型作出衡量，或者衡量结论不明确，则解释者需要根据一定的标准对此作出衡量，并得出一个结论。另一方面，立法者作出的衡量可能与现实发生脱节。例如，通过利益衡量可以发现法律的漏洞，并加以填补。这种方式既可以运用于立法过程中，也可以运用于法律适用过程中，此外，利益衡量需要裁判者在针对主要利益类型的衡量之后，结合非主要利益类型作出进一步衡量。实践中，具体案件所涉及的利益种类远不止相对抽象的利益类型，还涉及诸多细枝末节的其他利益。对于这些主要利益类型之外的非主要利益，解释者在法律适用中也必须予以考虑。对这些非主要类型利益的考量，很可能需要对前述主要利益类型的衡量作出适当的调整。

第三，它是针对个案中利益冲突所进行的利益平衡和考量。利益衡量的过程就是对相关利益进行比较和取舍的过程，而这一过程属于典型的价值判断。首先，利益衡量要确定个案中可能涉及哪些利益？这些利益之间是否存在冲突关系？利益衡量也称为利益的考量、利益

① 杨仁寿：《法学方法论》，台北，三民书局1986年版，第214页。

的平衡,实际上是对当事人之间的利益以及当事人与社会公共利益之间的关系的考量,以寻求各方利益的平衡,从而维护社会实质正义。① 其次,利益衡量是在解释法律的过程中针对各方当事人之间的利益冲突进行的衡量。尽管立法者在制定法律的过程中已经针对具体规则的确立作出了利益选择,但是,其不可能充分考虑具体个案中的情事。所以,在法律解释过程中,仍然要对所涉及个案中的具体利益进行确定,并进行具体的衡量。在进行利益衡量时,也要考虑不同时期的社会需要,而不仅仅是当事人的利益。个案中的利益衡量具有变动性,而立法中的利益衡量具有稳定性与普遍适用性。通过此种利益的平衡,也可以避免就法条论法条所可能出现的法律适用的僵化。② 再次,利益衡量要在诸种利益中进行协调和兼顾。在利益多元化的时代,各种利益交织,难免发生冲突。这些利益不仅反映在立法之中,而且反映在法律适用之中。法官在司法中必然面对各种利益的选择,如何平衡各种利益,应当优先保护何种利益,对此必须作出决断。如果这些利益存在"非此即彼"的冲突,则不能片面地追求利益之间的协调和兼顾,而需要依据法律的精神作出选择。这正如韦伯所想象的,"奥林匹克山上的诸神,天生就是相互倾轧的"。每一个人或团体都面临鱼和熊掌的"选择",而每一种选择同时都意味着"放弃"。③ 通过利益衡量,可对拟适用的法律规则背后所涉及的利益进行平衡,通过这一平衡选择最佳的解释结论。在许多情况下,在选择一种价值的同时,并不一定要放弃其他价值,而是要尽量在冲突利益之间寻找平衡,并使法律应当优先保护的利益获得优先保护。"在这方面,立法者或者法官需要衡量,这些相互冲突的利益当中,哪些利益应当给予优先保护。"④由于各种利益的存在是客观的,因而利益衡量的价值判断也具有一定的客观性。正如博登海默所指出的,"法律是立法者为解决种种利益冲突而制定的原则和原理,我们必须把法律看成是价值判断,亦即一方利益优于另一方利益,

① 参见梁上上:《利益的层次结构与利益衡量的展开》,载《法学研究》2002 年第 1 期。

② 参见王轶:《民法价值判断问题的实体性论证规则》,载《中国社会科学》2004 年第 6 期。

③ 参见张钰光:《法律解释"客观性"之论证》,辅仁大学 1996 年法律学研究所硕士学位论文。

④ [德]莱茵荷德·齐柏里乌斯:《法学导论》(第 4 版),金振豹译,中国政法大学出版社 2007 年版,第 43 页。

或双方利益均服从第三方或社会整体利益。为了做出一个正义的判决，法官必须确立立法者通过某条特定的法律所旨在保护的利益”。[①]因此，法官在选择法律适用和解释法律的过程中，常常要采用利益衡量的价值判断方式。

第四，利益衡量是对解释结论妥当性的一种论证和验证方法。采用何种解释方法都可能包含利益衡量的成分，法官在解释的过程中也可能要进行利益的平衡，甚至在文义解释中也可能存在利益的评判。利益衡量往往是通过具体的法律规范和对具体法律规范的解释来实现的。利益衡量的意义在于为法律解释提供正当性依据。利益衡量的过程就是对相关利益进行比较和取舍的过程，利益衡量的结果通常要判断何种利益要受到优先的保护，这实际上就是价值立场的选择，属于价值判断的范畴。通过对利益的考量，从而实现法律社会效果的最大化，选择最妥当的解释结论，这实际上也是一种利益衡量的方法，但是，这一过程本质上是一个利益考量的过程，可以通过社会学的解释方法来完成。

二、法律解释与利益衡量

利益衡量很难与法律解释截然分离，事实上，利益衡量伴随着法的制定与实施的整个过程，法律解释的过程也始终伴随着利益衡量。例如，在进行解释选择时，也需要进行利益衡量，因为在法律解释过程中，就同一法律规范可能存在多个解释选择，裁判者在进行解释选择的过程，实际上也是利益衡量的过程。

但利益衡量既不是狭义的法律解释方法，也不是一种漏洞填补方法，而是附随于解释方法的验证和论证方法。因为利益衡量自身不能单独作为独立的狭义法律解释方法存在，其通常不能直接确定法律解释结论，而只是一种论证方法。而且各种狭义的法律解释方法中都涉及利益的考量，法官通常不能直接撇开法律文本进行利益衡量。[②] 笔者认为，利益衡量方法虽然有一定的局限性，但从我国的现实需要看，利

---

① ［美］博登海默：《法理学、法哲学与法律方法》，邓正来译，中国政法大学出版社 2004 年版，第 151 页。

② 参见张新宝：《侵权责任法立法的利益衡量》，载《中国法学》2009 年第 4 期。

益衡量仍然是一种可操作性很强的方法,值得借鉴,因为一方面,在利益多元化的时代,当事人间的利益冲突日趋多元化,利益冲突将会越来越广泛,个案中利益冲突的形态也表现各异。这就有必要通过利益衡量的方法,兼顾各方利益。另一方面,在个案中,当事人间的各种冲突最终都表现为利益冲突,需要法官在一定的价值指导下对各种利益进行衡量。价值判断虽然能在一定程度上解决这一问题,但其较为抽象,难以代替个案中具体的利益衡量。利益衡量是普遍适用于各种法律解释方法中的论证方法。具体来说,在司法裁判活动中,利益衡量的主要功能在于:

(一)释法功能

利益衡量可以辅助各种法律解释方法。在法律解释过程中,利益衡量可以辅助选择妥当的法律解释结论。例如,《民法典》第 1185 条、第 1232 条规定了特殊情形下,可以适用惩罚性赔偿,但惩罚性赔偿适用的条件之一是故意,此处所说的故意是否包括间接故意?一般认为,故意应当包括间接故意,但是从惩罚性赔偿具有极强的惩罚性和制裁性,以及为了避免使受害人获得不应有的利益出发,对此处所言的故意应当作出严格限制,即应该限定为直接故意,不包括间接故意。这就应当进行妥当的利益衡量,对相关利益的比较和分析,最终作出优先考虑某些利益或者实现利益之间平衡的结论。从这一意义上说,利益衡量的方法,可以辅助狭义的法律解释方法,从而得出妥当的解释结论。

(二)辅助填补功能

在漏洞填补的情况下,存在确定大前提的需要。法官也可以采用利益衡量的方式来寻找大前提。例如,运用公平、平等、诚实信用等民法基本原则对各方利益作出判断,因此基于基本原则来填补漏洞,选择何种原则,需要运用利益衡量的方法来确定。在确定填补法律漏洞的大前提后,也需要运用利益衡量的方法得出裁判结论。当然,由于利益衡量并不是独立的法律解释方法,因而在法律漏洞填补过程中,其主要起到一种辅助功能,即辅助寻找裁判的大前提,辅助得出妥当的裁判结论,但其本身不能直接用来确立裁判依据。如果允许裁判者直接运用利益衡量的方法进行裁判,可能造成司法僭越立法权,由于裁判者前见的不同,也可能导致裁判结论的极不统一。[①] 在填补漏洞的过程中,通常要进行各方的利益衡量,但这种衡量必须要以一定的原则为基础,借助一定的衡量标准,尤其是要以法律的原则和精神、目的等为依据,这实际上就是以基本原则为方法来进行漏洞的填补,而不是单纯以利益衡量的方式填补漏洞。

(三)验证功能

利益衡量不仅是解释法律的方法,而且常常是附随于解释方法的验证方法,其有利于验证裁判结论的妥当性。一些学者主张,当出现复数解释时,应当通过利益考量,选择妥当的法律解释结论[②],此种看法不无道理。尤其是在出现复数解释的情形时,裁判者通过利益衡量的方法,考虑诉争各方当事人的利益,对双方当事人的诉求进行合理的平衡,这有利于防止裁判结论失之偏颇。“利益衡量是法官处理具体案件之一种价值判断,一种裁判的结论,而非导出此项结论之方法。”[③]试举一案进行分析:原告张某是一个农民工,他与被告公司签订修缮房屋的合同,在工作一个月后,房屋修缮完成,原告要求被告支付报酬。但被告提出,原告必须给付发票,否则无法入账。因为原告无法给付发票,所以被告拒绝给付报酬。双方为此发生争议并诉至法院。被告认为,其拒付的理由是,依据《民法典》第525条的规定,在原告没有给付发票的情况下,其可以行使同时履行抗辩权,拒绝支付报酬。在该案中,如果单纯从法条考虑,即从《民法典》第525条所确立的“相应性规则”考虑,确定被告是否享有同时履行抗辩权是比较困难的。因为在理论上,“相应性”概念本身比较模糊,对它的理解也存在争议。但借助利益衡量有助于确定其解释结论。首先,本案的当事人一方是处于弱势地位的农民工,另一方是处于强势地位的公司。从对弱势群体关怀的角度考虑,农民工的报酬关系到民生,关系到其生存的保障等问题。其次,原告已经为被告修缮了房屋,被告从中获得了利益,如果允许被告不支付报酬,将使双方的利益失衡。最后,从社会一般观念来看,被告在签订合同时应当知道农民工无法给付发票,其后来又以此为由拒绝支付

---

① 参见张新宝:《侵权责任法立法的利益衡量》,载《中国法学》2009年第4期。

② 参见杨仁寿:《法学方法论》,中国政法大学出版社1999年版,第123~124页。

③ 杨仁寿:《法学方法论》,中国政法大学出版社1999年版,第214页。

报酬,表明被告本身是具有恶意的,这一抗辩不应当得到保护。

(四)论证功能

在选择特定的法律解释结论时,必须辅之以必要的论证,从而使解释的结论具有正当性。而利益衡量是论证解释结论是否具有妥当性的重要方法,它是进行实质性论证的方法。在整个法律解释中都要进行利益衡量,因为单纯依据操作规程未必能够得出妥当的结论。作为一种论证方法,它通过利益的比较,与特定的解释方法结合起来,论证解释结论的合理性。例如,在社会学解释中,通过对其中所涉及利益的比较,确定社会效果考量的合理性。再如,在目的解释中,通过相关利益的比较,确定依据法律的规范目的所作的结论的妥当性,保障法官依法作出公正的裁判。因此,从法的妥当性的角度考虑,利益衡量具有比较明显的作用,尤其可以基于法律解释之时的社会情事而进行利益衡量,得出妥当的解释结论,这也有利于增强判决的说理性。例如,在上述"拖欠工资案"中,利益衡量也可以作为一种论证方法。本案中,如果支持公司的主张,则等同于鼓励其实施不诚信的行为;而如果支持农民工的主张,则有助于保护弱势群体的利益。

利益衡量是伴随着法律解释过程的法律论证方法,在各种法律解释方法中都有利益衡量发挥作用的余地。这就是说,一方面,利益衡量具有依附性和伴随性,它总是伴随于或附着于一定的法律解释和漏洞填补过程。离开了法律解释和漏洞填补方法,利益衡量就是空洞的、没有价值的利益衡量。利益衡量最终要协助各种法律解释方法和漏洞填补方法,形成裁判依据,它自身并不能独立存在。另一方面,利益衡量体现的是思考问题的过程和方法。利益衡量在很大程度上是要求法官在运用法律解释方法时,考量规则背后的利益类型和不同类型利益之间的关系,并对不同类型利益所具有的重要程度进行权衡。将其作为一种狭义法律解释方法或漏洞填补,无疑没有妥当地认识到利益衡量的功能和作用。这也在事实上降低了利益衡量在法律解释中的地位。实践中,纠纷的发生说到底都是利益的纷争,采取利益衡量的方式,可以使法律的意旨更加清晰,法律条文的含义被阐释得更为准确,所作出的裁判结论更加妥当。

三、利益衡量在法律解释和漏洞填补中的具体运用

(一)确定待决案件所涉及的各方利益

与价值判断一样,利益衡量的过程并不是以利益的衡量来替代三段论,法官应当在三段论的适用中发现和衡量利益问题。也就是说,无论是大小前提的确定还是大小前提的连接,都要通过对利益的考量,来解决裁判规则的确定以及与具体案件事实的连接问题。在个案中,每一个纠纷究其实质都是利益的冲突。德国学者耶林把各种冲突的利益区分为个人的、国家的和社会的利益三种。① 庞德认为,法律是一种行为的秩序,法律要致力于调整各种冲突的利益,他将这些利益区分为个人利益、公共利益和社会利益。② 庞德把个人利益区分为人格利益、家庭利益和生活利益三种,公共利益又分为国家为维持其法人人格而具有的利益和国家为保护社会利益而具有的利益,社会利益区分为一般安全利益、有关社会制度的安全的利益、一般道德的利益、保存社会资源的利益、一般进步的利益、有关个人生活的利益。③ 赫克宽泛地指出,利益是"生活价值"和"对生活价值的追求",包括个体利益、群体利益、共同体利益、公共利益和人类利益,也包括观念性利益和物质性利益。④ 这些分类都不无道理,但是,法官在案件裁判中更多考虑的是三段论的操作中涉及哪些利益。如果撇开司法三段论,而完全从利益判断出发,以利益的衡量代替法律的裁判依据,显然可能导致法官的恣意,就会得出不妥当的结论。

在利益衡量时,首先要考虑当事人的纠纷背后的利益,或者说,其可以具体转化为何种利益,以及这些利益之间是否发生冲突。例如,尽管当事人主张损害赔偿,但是,其并非仅仅涉及财产利益,也可能涉及人身利益。因为在侵害人格权情况下的损害赔偿,既可能涉及生命健康利益,也可能涉及人身自由等利益。在侵害财产的情形,也可能涉及社会公共利益和个体的利益。只有确定了不同的利益,才能为利益衡

---

① Rudolf von Jhering, *Law as a Means to an Ende*, translated by Isaac Husik, p. 325, 328.

② 参见马汉宝:《法律思想与社会变迁》,清华大学出版社 2008 年版,第 161 页。

③ 参见马汉宝:《法律思想与社会变迁》,清华大学出版社 2008 年版,第 164 ~ 167 页。

④ 参见陈林林:《方法论上之盲目飞行——利益法学方法通盘置评》,载《浙江社会科学》2004 年第 5 期。

量提供前提。当然,利益的冲突是整个三段论操作过程中体现出来的,也应当结合三段论的操作分析利益冲突。

(二)发现立法者的价值取向

法律都是价值判断的产物,在利益的背后,实际上都包含着价值判断。例如,甲调入某市工作以后,急需租用房屋。后来,发现出租人乙有一套房屋的阁楼尚未出租,便提出要承租该房屋。乙提出,该阁楼年久失修,阁楼的地板有可能塌陷,会有人身安全的隐患。但承租人甲坚持要承租,后双方在租赁合同中明确规定,在租房之前,出租人已明确向承租人告知了房屋的可能风险,而后者表示自愿负担此风险;因此,如果发生损害,出租人不负责任。后来,阁楼的地板因年久失修,被甲踩断,导致甲受伤。造成损害之后,承租人甲要求出租人乙赔偿,遭到出租人的拒绝。出租人是否可以免责?根据《民法典》第731条,如果出租屋危及承租人的安全或者健康的,承租人可以要求解除合同。但是,该条并没有规定是否允许损害赔偿。在讨论中,法官有不同的观点:一种观点认为,既然该条中没有规定损害赔偿,就意味着,法律只允许解除合同,不允许请求损害赔偿。而且,合同中已经对此作出约定,承租人自愿承受损失。另一种观点认为,虽然《民法典》第731条没有规定损害赔偿,但是,造成了损害,仍然应当赔偿。笔者认为,在确定是否应当赔偿时,首先应当考虑立法者的价值取向,《民法典》以对人的保护为出发点,这种保护首先体现为对生命健康权的保护,因为生命健康权是最重要的法益。该案中涉及生命健康权与财产权的冲突。生命健康权优先是法律的基本精神,该条的目的就是优先保护生命健康权。即使受害人明知阁楼地板年久失修,但出租人对此危险的物业依法不能出租,如因此造成了承租人损失,理应赔偿。所以,从本案来看,关键是要确定立法者所作的价值判断。

(三)寻求正确的价值取向

在法律适用中,裁判者除了发现并转述立法者所作出的利益衡量外,在一些情况下,也应根据个案的需要,作出独立的利益衡量。这主要是因为:一方面,立法者的价值判断可能难以探寻。在有些情形中,立法者所作的价值判断不太容易澄清,尤其是在法律规定本身存在模糊性以及立法资料欠缺的情形更是如此。此时,裁判者所进行的利益衡量就可能在一定程度上脱离了立法者的价值判断。另一方面,立法者在制定法律的过程中虽然也进行了价值衡量，但随着社会生活的发展，立法者之前所作出的价值判断可能与现实脱节。

在无法发现立法者价值取向时，法官的自由裁量权较大，但其也应当受到更多的拘束，也就是说，法官应当采取正确的价值取向来进行利益衡量。如前所述，利益衡量本质上是一种价值衡量，不同的价值取向将会导致不同的裁判结果。对当事人间的利益是要进行平等保护，还是要优先保护哪一种利益，价值取向不同，其结果也会相去甚远。例如，"范志毅诉文汇新民联合报业集团侵犯名誉权纠纷案"实际上就是在漏洞填补情况下协调利益冲突的典型案例。一审法院经审理驳回了范志毅的请求。其理由主要在于，"即使原告认为争议的报道点名道姓称其涉嫌赌球有损其名誉，但作为公众人物的原告，对媒体在行使正当舆论监督的过程中，可能造成的轻微损害应当予以容忍与理解"。[①] 在该案中，实际上涉及两种利益的冲突，即公民权益的保护与公共利益的维护。在涉及媒体侵权的案件中，隐私权与新闻媒体的舆论监督权经常发生冲突。新闻媒体从事舆论监督，应当尊重公民的隐私权。如果是正当行使舆论监督权，即使因此造成对隐私权人的侵害，行为人也可以以正当的舆论监督为理由提出抗辩。如果将优先保护人格权作为首要的价值，则应当判被告构成侵权，并应承担相应的侵权责任。如果将舆论监督作为优先保护的价值，则要适当限制作为公众人物的范志毅的名誉权，认定本案不构成侵权，被告就无须承担相应的侵权责任。虽然，法院采纳了优先维护舆论监督的立场。

（四）协调各种利益的冲突

在明确了立法者的价值取向之后，就应当根据一定的价值取向，采取利益衡量的各种方法，协调各种利益冲突，包括财产利益与人身利益的冲突、静的利益与动的利益的冲突、生存利益与商业利益的冲突、人格利益与营业自由的关系等。在这个协调过程中，就要考虑利益的位

---

① 本案的案情是：2002 年 6 月 16 日，文汇新民联合报业集团在其出版发行的《东方体育日报》上刊出题名"中哥战传闻范志毅涉嫌赌球"的报道，刊登了对范志毅父亲的采访及范志毅没有赌球的声明；6 月 21 日《东方体育日报》以"真相大白：范志毅没有涉嫌赌球"为题，为整个事件撰写了编后文章。同年 7 月，范志毅以《东方体育日报》在 2002 年 6 月 16 日刊登的"中哥战传闻范志毅涉嫌赌球"侵害名誉权为由，起诉到上海市静安区法院，要求被告向他公开赔礼道歉，并赔偿精神损失费人民币 5 万元。参见《媒体舆论监督并没有不当"赌球案"范志毅一审败诉》，载《法制日报》2002 年 12 月 19 日版。

阶,从立法者的价值取向考虑,一般而言,生命健康利益要优先于财产利益,动态的交易安全利益要优先于静态的所有者利益,生存利益要优先于商业利益,人格尊严要优先于财产利益,公共利益一般优先于个别利益,权利优先于利益等。按照这样一个价值序位,可以协调各种利益之间的冲突。例如,某市公交运输公司的一辆通到郊区的公交车,在途经某村时,因拐弯时不慎将农民陈某临时搭建的工棚撞倒,并造成其中的某些财物损坏。陈某与公交车司机交涉,要求其赔偿。但是,公交车司机提出,必须由公司出面处理。陈某提出,如果司机不赔偿,就必须扣留该公交车。在交涉过程中,车上的乘客都提出,陈某可以记下车牌号,并扣住司机的驾驶证,但不必扣留该公交车。陈某认为,如果公司不赔偿,其权益无法得到保障,坚持扣留该公交车。因双方的纠纷,导致 60 多名乘客在路上被耽误了近三个小时。后来,部分乘客起诉公交公司,要求公司赔偿。公交公司起诉陈某,陈某认为,其行为是合法的自助行为,依据《民法典》第 1177 条,其有权要求公交公司赔偿其损失。在该案中能否适用《民法典》第 1177 条,涉及各种利益的衡量:一是陈某临时搭建的工棚被公交车撞倒,其中的某些财物也遭受损害,陈某的个人损害赔偿请求权需要实现;二是公交车的正常运营的保障。因为公交车是公共交通工具,要为人们提供交通的便利。实际上,在本案中这两种利益并没有实质的冲突。因为陈某不扣车,也可以实现其损害赔偿请求权。但因为陈某坚持认为,必须采取自助的方式才可以解决问题。这就涉及陈某的个人利益与公交车运营利益冲突。笔者认为,比较两种利益,显然保障公交车正常运营更为重要,毕竟陈某的损失涉及单个民事主体的利益,而公交车的运营会影响社会公众的利益。公交车运营的保障,有利于乘客的利益实现。从经济的角度来看,公交车运营的保障体现了更重要的利益。另外,公交车的正常运营具有更重要的意义,其关系到社会公共利益。从这个角度考虑,陈某的行为并非合法的自助,而构成权利的滥用,因此,不能适用《民法典》第 1177 条。

在实践中,具体案件所涉及的利益种类远不止相对抽象的利益类型,还涉及诸多细枝末节的其他利益。对于这些主要利益类型之外的利益,裁判者在法律适用中也必须予以考虑。对这些非主要类型利益的考量,很可能会对前述主要利益类型的衡量作出适当的调整。利益衡量作为法律解释的重要技术,必须按照特定步骤,遵循一定的思考顺序来展开。如此，才能保证这一方法适用的妥当性，并发挥其在法律解释中的应有作用。

（五）辅助各种漏洞填补方法

利益衡量常常大量运用在漏洞填补过程中，但即便如此，是否意味着利益衡量是一种独立于漏洞填补的方法，换言之，能否直接根据利益衡量来寻找大前提呢？笔者认为，利益衡量并不是独立于漏洞填补的方法，而是辅助于综合各种填补方法来填补漏洞，寻求妥当的裁判结论。与类推、目的性扩张等方法比较，各种漏洞填补方法必须包含着发现大前提的技术和规程。而利益衡量方法并不具有此种功能，其只是辅助漏洞填补的方法，发现填补漏洞的裁判依据，但不能直接通过利益衡量来确立裁判依据。利益衡量不能直接作为裁判的依据，它仍然需要借助于各种漏洞填补方法来寻求裁判依据。但是，在各种漏洞填补方法的运用中，可以借助于利益衡量来确定何种方法是最妥当的。所以，利益衡量只能辅助各种漏洞填补方法发挥作用。在填补漏洞的过程中，我们通常要进行各方的利益衡量，但这种衡量必须以一定的原则为基础，借助一定的衡量标准，尤其要以法律的原则和精神、目的等为依据，这实际上就是以基本原则为方法来进行漏洞的填补，而不是单纯以利益衡量的方式来填补漏洞。即使是在漏洞填补的情况下，法官也不能随意通过利益衡量来确定大前提。否则，会造成司法僭越立法权，并导致规则适用的极不统一。[①]

---

① 参见张新宝：《侵权责任法立法的利益衡量》，载《中国法学》2009 年第 4 期。

参考书目

一、中文书目

1. 王泽鉴:《法律思维与民法实例》,中国政法大学出版社 2001 年版。

2. 王伯琦:《近代法律思潮与中国固有文化》,清华大学出版社 2005 年版。

3. 王伯琦:《王伯琦法学论著集》,台北,三民书局 1999 年版。

4. 王文杰主编:《法学方法论》,清华大学出版社 2004 年版。

5. 史尚宽:《民法总论》,中国政法大学出版社 2000 年版。

6. 黄右昌:《罗马法与现代》,北京大学出版社 2008 年版。

7. 黄茂荣:《法学方法与现代民法》(第 5 版),法律出版社 2007 年版。

8. 林立:《法学方法论与德沃金》,中国政法大学出版社 2002 年版。

9. 郑玉波:《法学绪论》,台北,三民书局 2008 年版。

10. 戴东雄:《中世纪意大利法学与德国的继受罗马法》,1999 年自版发行。

11. 吴光明:《民法总则》,台北,三民书局 2008 年版。

12. 杨仁寿:《法学方法论》,中国政法大学出版社 1999 年版。

13. 杨与龄主编:《民法总则争议问题研究》,台北,五南图书出版股份有限公司 1999 年版。

14. 吴学义:《法学纲要》,中华书局 1935 年版。

15. 吴从周:《民事法学与法学方法》(第 1 册),2007 年自版发行。

16. 张钰光:《法律解释"客观性"之论证》,辅仁大学 1996 年法律学研究所硕士学位论文。

17. 梁慧星:《民法解释学》,中国政法大学出版社 2000 年版。

18. 梁慧星:《民法学说判例与立法研究》,法律出版社 2003 年版。

19. 梁慧星:《裁判的方法》,法律出版社 2003 年版。

20. 谢晖:《中国古典法律解释的哲学向度》,中国政法大学出版社 2005 年版。

21. 陈金钊:《法律解释的哲理》,山东人民出版社 1999 年版。

22. 陈金钊等:《法律解释学》,中国政法大学出版社 2006 年版。

23. 陈金钊等:《法律解释学》,湖南人民出版社 2009 年版。

24. 曹志平:《理解与科学解释》,社会科学文献出版社 2005 年版。

25. 徐振东:《宪法解释的哲学》,法律出版社 2006 年版。

26. 吴丙新:《修正的刑法解释理论》,山东人民出版社 2007 年版。

27. 陈金钊、谢晖主编:《法律方法》(第 1 ~ 4 卷),山东人民出版社 2002 ~ 2005 年版。

28. 董皞:《司法解释论》,中国政法大学出版社 1999 年版。

29. 范进学:《宪法解释的理论建构》,山东人民出版社 2004 年版。

30. 葛洪义主编:《法律方法与法律思维》(第 1 ~ 3 卷),中国政法大学出版社 2002 ~ 2005 年版。

31. 郭华成:《法律解释比较研究》,中国人民大学出版社 1993 年版。

32. 胡玉鸿:《法学方法论导论》,山东人民出版社 2002 年版。

33. 季卫东:《法治秩序的建构》,中国政法大学出版社 1999 年版。

34. 孔祥俊:《法律解释方法与判解研究》,人民法院出版社 2004 年版。

35. 李其瑞:《法学研究与方法论》,山东人民出版社 2005 年版。

36. 殷鼎:《理解的命运》,三联书店 1988 年版。

37. 洪汉鼎主编:《理解与解释》,东方出版社 2001 年版。

38. 梁庆寅主编:《法律逻辑研究》(第 1 卷),法律出版社 2005 年版。

39. 梁晓俭:《凯尔森法律效力论研究——基于法学方法论的视角》,山东人民出版社 2005 年版。

40. 刘士国主编:《法解释的基本问题》,山东人民出版社 2003 年版。

41. 雍琦:《法律逻辑学》,法律出版社 2004 年版。

42. 梁治平编:《法律的文化解释》,三联书店 1994 年版。

43. 梁治平编:《法律解释问题》,法律出版社 1998 年版。

44. 梁治平编:《在边缘处思考》,法律出版社 2003 年版。

45. 林喆:《法律思维学导论》,山东人民出版社 2000 年版。

46. 刘星:《语境中的法学与法律》,法律出版社 2001 年版。

47. 强世功:《法制与治理》,中国政法大学出版社 2003 年版。

48. 王铭铭、[英]王斯福主编:《乡土社会的秩序、公正与权威》,中国政法大学出版社 1997 年版。

49. 谢晖:《法的思辨与实证》,法律出版社 2001 年版。

50. 解兴权:《通向正义之路——法律推理的方法论研究》,中国政法大学出版社 1997 年版。

51. 徐国栋:《民法基本原则解释》,中国政法大学出版社 2004 年版。

52. 张保生:《法律推理的理论与方法》,中国政法大学出版社 2000 年版。

53. 张文显主编:《马克思主义法理学——理论、方法和前沿》,高等教育出版社 2003 年版。

54. 张志铭:《法律解释操作分析》,中国政法大学出版社 1998 年版。

55. 周旺生:《立法法》,法律出版社 2004 年版。

56. 陈兴良:《刑法方法论研究》,清华大学出版社 2006 年版。

57. 朱庆育:《意思表示的解释理论》,中国政法大学出版社 2004 年版。

58. 朱景文:《比较法总论》,中国人民大学出版社 2004 年版。

59. 龙卫球:《民法总论》(第2版),中国法制出版社2002年版。

60. 朱苏力:《法治及其本土资源》,中国政法大学出版社2004年版。

61. 谢晖:《中国古典法律解释的哲学向度》,中国政法大学出版社2005年版。

62. 舒国滢、王夏昊等:《法学方法论问题研究》,中国政法大学出版社2007年版。

63. 陈金钊、谢晖主编:《法律方法》(第7卷),山东人民出版社2008年版。

64. 周枏:《罗马法原论》(上册),商务印书馆2002年版。

65. 冯晓青:《知识产权利益平衡理论》,中国政法大学出版社2006年版。

66. 张志铭:《法律解释操作分析》,中国政法大学出版社1999年版。

67. 北京大学法律系法学理论研究室主编:《法学基础理论》,北京大学出版社1984年版。

68. 孙国华:《法学基础理论》,法律出版社1982年版。

69. 张玉卿、葛毅主编:《中国合同法比较法案例分析》,中国商务出版社2003年版。

70. 褚红军主编:《历史与变革:无锡法院纪念改革开放30周年文萃》,人民法院出版社2008年版。

71. 郭华成:《法律解释比较研究》,中国人民大学出版社1993年版。

72. 胡旭晟:《法学:理想与批判》,湖南人民出版社1999年版。

73. 张晋藩主编:《中国法制史》,高等教育出版社2007年版。

74. 张晋藩总主编:《中国法制通史》,法律出版社1999年版。

75. 杨一凡主编:《新编中国法制史》,社会科学文献出版社2005年版。

76. [德]罗伯特·阿列克西:《法律论证理论》,舒国滢译,中国法制出版社2002年版。

77. [德]汉斯-格奥尔格·加达默尔:《哲学解释学》,夏镇平等译,上海译文出版社2004年版。

78. [德]霍恩:《法律科学与法哲学导论》,罗莉译,法律出版社2005年版。

79. [德]伯恩·魏德士:《法理学》,丁小春等译,法律出版社2003年版。

80. [德]卡尔·恩吉施:《法律思维导论》,郑永流译,法律出版社2004年版。

81. [德]卡尔·拉伦茨:《法学方法论》,黄家镇译,商务印书馆2020年版。

82. [德]莱塞尔:《法社会学导论》,高旭军等译,上海人民出版社2008年版。

83. [德]考夫曼、哈斯默尔主编:《当代哲学和法律理论导论》,郑永流译,法律出版社2002年版。

84. [德]汉斯-格奥尔格·加达默尔:《真理与方法》,洪汉鼎译,商务印书馆2007年版。

85. [德]萨维尼:《萨维尼法学方法论讲义与格林笔记》,杨代雄译,法律出版社2008年版。

86. [德]马克斯·韦伯:《经济和社会》(上卷),林荣远译,商务印书馆1997年版。

87. [德]伯恩哈德·格罗斯菲尔德:《比较法的力量与弱点》,孙世彦、姚建宗译,清华大学出版社2002年版。

88. [德]科殷:《法哲学》,林莫远译,华夏出版社2002年版。

89. [法]勒内·达维德:《当代主要法律体系》,漆竹生译,上海译文出版社1984年版。

90. [法]雅克·盖斯旦、吉勒·古博:《法国民法总论》,陈鹏等译,法律出版社2004年版。

91. [荷]伊芙琳·T. 菲特丽丝:《法律论证原理》,张其山等译,商务印书馆2005年版。

92. [葡]马沙度:《法律及正当论题导论》(第2版),黄清薇、杜慧芳译,澳门大学法学院2007年版。

93. [英]H. L. A. 哈特:《法理学与哲学论文集》,支振锋译,法律出版社2005年版。

94. [英]H. L. A. 哈特:《法律的概念》,许家馨、李冠宜等译,法律出版社 2006 年版。

95. [英]尼尔·麦考密克:《法律推理与法律理论》,姜峰译,法律出版社 2005 年版。

96. [英]丹尼斯·罗伊德:《法律的理念》,张茂柏译,新星出版社 2005 年版。

97. [英]哈特:《法律的概念》,张文显等译,中国大百科全书出版社 2003 年版。

98. [英]丹尼斯·劳埃德:《法理学》,许章润译,法律出版社 2007 年版。

99. [英]彼得·斯坦、约翰·香德:《西方社会的法律价值》,王献平译,中国法制出版社 2004 年版。

100. [英]约瑟夫·拉兹:《法律体系的概念》,吴玉章译,中国法制出版社 2003 年版。

101. [美]朱尔斯·L. 科尔曼:《原则的实践——为法律理论的实用主义方法辩护》,丁海俊译,法律出版社 2006 年版。

102. [美]本杰明·卡多佐:《司法过程的性质》,朱苏力译,商务印书馆 1998 年版。

103. [美]德沃金:《认真对待权利》,信春鹰等译,上海三联书店 2008 年版。

104. [美]理查德·A. 波斯纳:《法理学问题》,苏力译,中国政法大学出版社 2002 年版。

105. [美]罗斯科·庞德:《法律史解释》,邓正来译,中国法制出版社 2002 年版。

106. [美]庞德:《通过法律的社会控制——法律的任务》,沈宗灵、董世忠译,商务印书馆 1984 年版。

107. [美]迈克尔·D. 贝勒斯:《法律的原则》,张文显等译,中国大百科全书出版社 1996 年版。

108. [美]艾伦·沃森:《民法法系的演变及形成》,李静冰、姚新华译,中国法制出版社 2005 年版。

109. [美]罗纳德·德沃金:《法律帝国》,李常青译,中国大百科全书出版社 1996 年版。

110. [美]约翰·亨利·梅利曼:《大陆法系》(第 2 版),顾培东、禄正平译,法律出版社 2004 年版。

111. [美]帕特森:《法律与真理》,陈锐译,中国法制出版社 2007 年版。

112. [日]山本敬三:《民法讲义》,解亘译,北京大学出版社 2004 年版。

113. [德]拉德布鲁赫:《法学导论》,米健等译,中国大百科全书出版社 1997 年版。

114. [德]K. 茨威格特、H. 克茨:《比较法总论》,潘汉典等译,贵州人民出版社 1992 年版。

115. [日]川岛武宜:《现代化与法》,王志安等译,中国政法大学出版社 1994 年版。

116. [日]北川善太郎:《日本民法体系》,李毅多等译,科学出版社 1995 年版。

117. [日]我妻荣:《债权在近代法中的优越地位》,王书江等译,中国大百科全书出版社 1999 年版。

118. [日]我妻荣:《新订民法总则》,于敏译,中国法制出版社 2008 年版。

二、外文书目

1. Fernando Atria, D. Neil MacCormic, *Law and Legal Interpretation*, Ashgate Dartmouth, 2003.

2. Ronald M. Dworkin, *Law's Empire. Cambridge/Mass*, The Belknap Press of Harvard University Press, 1986.

3. Geoffrey Samuel, *Epistemology and Method in Law*, Dartmouth Pub Co., 2003.

4. Larenz, Mehtodenlehre der Rechtswissenshcaft, 3. Aufl., 1975.

5. Donald. P. Kommers, *The Constitutional Jurisprudence of the Federal Republic of Germany*, 1997.

6. James Holland & Julian Webb, *Learning Legal Rules*, 6th edition, Oxford University Press, 2006.

7. Gerhard Wagner, Comparative Tort Law, Mathias Reimann & Reinhard Zimmermann, eds., *The Oxford handbook of Comparative Law*,

Oxford University Press, 2006.

8. John Henry Merryman & Rogelio Perez-Perdomo, *The Civil Law Tradition*, 3rd ed., Stanford University Press, 2007.

9. E. Kellaway, *Principles of Legal Interpretation of Statutes*, Contracts and Wills, Butterworths, 1995.

10. P. Wahlgren, *Automation of Legal Reasoning*, Kluwer Law and Taxation Publishers, 1992.

11. Michel Troper, Interprétation, in Denis Alland & Stéphane Rials, Dictionnaire de la Culture juridique, PUF, 2003.

12. J. Wroblewski, l'interprétation en droit: théorie et idéologie, in : A. P. D. 1972.

13. Franz Bydlinski, Juristische Methodenlehre und Rechtsbegriff, Wien/New York, 1982.

14. Larenz/Canaris, Methodenlehre der Rechtswissenschaft, 3. Aufl., Heidelberg, 1995.

15. Jean-Louis Bergel, *Méthodologie juridique*, PUF, 2001.

16. Zimmermann, Die Verbingdung von subjektiver und objektiver Auslegungsmethode, JBl, 1953.

17. Xavier LABBEE, Les critères de la norme juridique, Droit / Manuel, Presses Universitaires de Lille, 1995.

18. P. S. Atiyah, *An Introduction to the Law of Contract*, Clarendon Press, 1981.

19. Charles L. Knapp, Nathan M. Crystal & Harry G. Prince, *Problems in Contract Law: Case and Materials* 420 – 23 (4th ed., 1999).

20. Paul Delnoy, *Elément de méthodologie juridique*, 2e éd., Larcier, 2006.

21. LASSERRE-KIESOW Valérie, La technique législative-étude sur les codes civils français et allemand, LGDG, 2002.

22. François Ost, L'interprète logique et systématique et le postulat de rationalité du législateur, in *L'interpretation en droit*, Publications des FUSL, Bruxelles, 1978.

23. Robert Alexy, Kiel & Ralf Dreier Göttingen, *Statutory*

Interpretation in the Federal Republic of Germany, in D. Neil MacCormic and Robert S. Summers, eds. , Interpreting Statutes, A Comparative Study, Dartmouth, 1991.

24. H. Patrick Glenn, *Legal Traditions of the World*, 3rd edition, Oxford University Press, 2007.

25. Bernd Rüthers, Rechtstheorie, 4 Aufl, Verlag C. H. Becker 2008.

26. Karl Engisch, Einfuhruy in das juristische Denken, 10 Aufl, Verlag W. Kohlhammer Stuttgart, 2005.

27. Arthur Kaufmann, Grundprobleme der Rechtsphilosophie, C. H. Beck, 1994.

28. Pierre-André Côté, L'interprétation de la loi, Une création sujette à des contraintes, in D. Bourcier et P. Mackay, *Lire le droit*, *Langue*, *texte*, *cognition*, LGDJ, 1992.

29. Miranda Oshige Mcgowan, What is Legal Interpretations? Against Interpretation, 42 San Diego L. Rev. 711, 2005.

30. Louis Fisher, *Constitutional Dialogues*: *Interpretation as Political Process*, Princeton University, 1988.

31. Hans Joachim Koch & Helmut Russmann, Juristische Begründungslehre (Munich: C. H. Beck, 1982).

32. D. Neil MacCormic & Robert S. Summers, eds. , *Interpreting Statutes*, *A Comparative Study*, Dartmouth, 1991.

33. René Sève, *Philosophie et théorie du droit*, Dalloz, 2007.

34. Michel Troper, *La philosophie du droit*, PUF, Que sais-je, 2003.

35. [日]松尾弘:《民法的体系》(第4版),应庆义塾大学出版社2005年版。

36. [日]碧海纯一:《法哲学概论》,昭和五十六年(1981年)全订第一册。

37. [日]井上英治:《民法总则》,东京法曹同人1998年版。

38. [日]松坂佐一:《民法解释的基本问题》,名古屋大学出版会1997年版。

后 记

早在1999年，我在哈佛大学撰写《司法改革研究》时，曾计划撰写一本关于法学方法论的著作，并曾就法律漏洞填补等问题撰写了若干专题。回国之后，我因为参与物权法的起草等工作，关于法学方法论的研究计划就此中断。在物权法的研究工作告一段落之后，我便继续开始了关于法学方法论的研究工作。历经数年，终于完成本书，并于《民法典》颁行后，再次进行了修订。

本书为国家社科基金重大项目“法学方法论与中国民商法研究”（项目批准号13&ZD150）的阶段性成果。在本书写作过程中，北京大学法学院的许德风副教授，北京航空航天大学法学院的周友军教授，清华大学的程啸教授，中央财经大学的尹飞教授，对外经贸大学法学院的马特教授，中南大学法学院的许中缘教授，暨南大学法学院的廖焕国教授，华中科技大学法学院的冉克平教授，北京理工大学法学院的孟强副教授，武汉大学法学院的罗昆副教授，中央民族大学法学院的王叶刚博士，中国人民大学法学院的王轶教授、熊丙万博士等提出了许多宝贵意见，中国人民大学法学院的石佳友教授和朱虎教授等帮助收集并翻译了一些相关的法文和德文资料，在此也一并表示衷心的感谢。由于法律解释学涉及范围较广，内容复杂，本书中缺点错误在所难免，笔者诚恳地希望广大读者不吝指正。